TÜV Media GmbH

mt medizintechnik

DIN A4, geheftet, 44 Seiten
6 Ausgaben jährlich + Online-Ausgabe

Jahresabonnement:
67,00 EUR (inkl. MwSt.)

Die MT im Internet

Unter www.mt-medizintechnik.de finden Sie ab sofort ein zusätzliches Online-Informationsangebot zur Zeitschrift *mt medizintechnik*.

Tagesaktuell erhalten Sie hier:

- News aus den Bereichen medizinisch-technische Industrie, Forschung, Wirtschaft, Medizinprodukterecht und vieles mehr,
- Marktinformationen zu Herstellern, Zulieferern und Dienstleistern rund um die Medizintechnik,
- Terminhinweise zu wichtigen Kongressen, Tagungen, Messen und Seminaren.

Abonnenten der *mt medizintechnik* haben darüber hinaus einen exklusiven Zugriff auf die ePaper-Versionen der jeweils letzten 6 Ausgaben der Zeitschrift und das Fachartikelarchiv.

www.mt-medizintechnik.de

TÜV Media GmbH
Tel. +49 221 806-3511
Fax +49 221 806-3510
www.tuev-media.de

TÜVRheinland®
Genau. Richtig.

Praxiswissen Medizintechnik

Eine Vorschriftensammlung zum Medizinprodukterecht mit Fachwörterbuch

7. aktualisierte Auflage

TÜV Media

MPG & Co.

Böckmann / Frankenberger

TÜV Rheinland
Genau. Richtig.

Das Fachwörterbuch ist ein aktualisierter Auszug aus dem umfassenden Fachwörterbuch in:

Rolf-Dieter Böckmann / Horst Frankenberger
Durchführungshilfen zum Medizinproduktegesetz
Schwerpunkt Medizintechnik und In-vitro-Diagnostika
Praxisnahe Hinweise, Erläuterungen, Textsammlung
Loseblattwerk, TÜV Media GmbH, Köln
ISBN 3-8249-0227-3 (Grundwerk inklusive jeweils letzter Ergänzungslieferung)

Bibliografische Informationen Der Deutschen Nationalbibliothek

Die Deutsche Nationalbibliothek verzeichnet diese Publikation in der Deutschen Nationalbibliografie; detaillierte bibliografische Daten sind im Internet über http://portal.d-nb.de abrufbar.

ISBN 978-3-8249-1843-0

Inhalt

EG-Richtlinien

EG- und EU-Verordnungen

EU-Beschlüsse und EU-Empfehlungen

Vorwort zur 7. überarbeiteten und aktualisierten Auflage

Die 7. Auflage des Taschenbuchs *„MPG & Co“* umfasst zwei Schwerpunkte:

- konsolidierte Texte zum Medizinprodukterecht
  mit europäischer Richtlinien und Verordnungen, nationalen Gesetzen und Verordnungen und
- regulatorische Fachbegriffe zum Medizinprodukterecht, auch in englischer und französischer Übersetzung
  mit Angabe von Begriffsbestimmungen, Erläuterungen bzw. Empfehlungen.

Seit dem Erscheinen der 6. Auflage hat sich die Komplexität des Medizinprodukterechts durch eine Vielzahl von europäischen und nationalen Rechtsakten erhöht. Die Herausgeber haben sich aus diesem Grund zur Herausgabe der 7. Auflage entschlossen.

Dieses Taschenbuch enthält in handlicher Form die wichtigsten nationalen Gesetze und Verordnungen, EG-Richtlinien und EG/EU-Verordnungen, die für den täglichen Umgang mit dem Medizinprodukterecht von Bedeutung sind. Folgende neu erlassene und geänderte Rechtsnormen des Medizinprodukterechts werden berücksichtigt:

- Verordnung über die Abgabe von Medizinprodukten und zur Änderung medizinprodukterechtlicher Vorschriften vom 25. Juli 2014 einschließlich der Änderungen durch Artikel 4 der Verordnung vom 19. Dezember 2014,
- Gesetz zur Strukturreform des Gebührenrechts des Bundes vom 7. August 2013,
- Allgemeine Verwaltungsvorschrift zur Durchführung des Medizinproduktegesetzes vom 18. Mai 2012,
- Zweites Gesetz zur Änderung arzneimittelrechtlicher und anderer Vorschriften vom 19. Oktober 2012,
- Gesetz über die Neuordnung des Geräte- und Produktsicherheitsgesetzes vom 8. November 2011

Bei jeder geänderten Rechtsnorm ist in der Fußnote die Grundlage für die erfolgte Änderung angegeben.

Die 7. Auflage enthält die konsolidierten Fassungen der folgenden nationalen Regelungen (Stand Dezember 2014):

- Medizinproduktegesetz, zuletzt geändert am 21. Juli 2014,
- Heilmittelwerbegesetz, zuletzt geändert am 7. August 2013,
- Medizinprodukte-Verordnung, zuletzt geändert am 10. Mai 2010,
- Medizinprodukte-Betreiberverordnung, zuletzt geändert am 11. Dezember 2014,
- Medizinprodukte-Klinische Prüfungsverordnung, zuletzt geändert am 25. Juli 2014,
- Medizinprodukte-Sicherheitsplanverordnung, zuletzt geändert am 25. Juli 2014,
- DIMDI-Verordnung, zuletzt geändert am 25. Juli 2014,

- Medizinprodukte-Abgabeverordnung, zuletzt geändert am 29. Dezember 2014,
- Medizinprodukte-Gebührenverordnung, zuletzt geändert am 7. August 2013,
- Allgemeine Verwaltungsvorschrift zur Durchführung des Medizinproduktegesetzes vom 18. Mai 2012.

Darüber hinaus sind die Richtlinien 90/385/EWG, 93/42/EWG und 98/79/EG in der jeweils gültigen konsolidierten Fassung enthalten.

Neu aufgenommen werden folgende europäische Verordnungen und Beschlüsse/ Empfehlungen der EU-Kommission:

- Verordnung (EU) Nr. 207/2012 der Kommission vom 9. März 2012 über elektronische Gebrauchsanweisungen für Medizinprodukte,
- Verordnung (EU) Nr. 722/2012 der Kommission vom 8. August 2012 über besondere Anforderungen betreffend die in der Richtlinie 90/385/EWG bzw. 93/42/EWG des Rates festgelegten Anforderungen an unter Verwendung von Gewebe tierischen Ursprungs hergestellte aktive implantierbare medizinische Geräte und Medizinprodukte,
- Durchführungsverordnung (EU) Nr. 920/2013 der Kommission vom 24. September 2013 über die Benennung und Beaufsichtigung benannter Stellen gemäß der Richtlinie 90/385/EWG des Rates über aktive implantierbare medizinische Geräte und der Richtlinie 93/42/EWG des Rates über Medizinprodukte,
- Verordnung (EG) Nr. 765/2008 des Europäischen Parlaments und des Rates vom 9. Juli 2008 über die Vorschriften für die Akkreditierung und Marktüberwachung im Zusammenhang mit der Vermarktung von Produkten und zur Aufhebung der Verordnung (EWG) Nr. 339/93 des Rates,
- Beschluss Nr. 2010/227/EU vom 19. April 2010 der Kommission über die Europäische Datenbank für Medizinprodukte (Eudamed),
- Empfehlung der Kommission vom 5. April 2013 über einen gemeinsamen Rahmen für ein System einmaliger Produktkennzeichnung für Medizinprodukte in der Union (2013/172/EU),
- Empfehlung der Kommission vom 24. September 2013 zu den Audits und Bewertungen, die von benannten Stellen im Bereich der Medizinprodukte durchgeführt werden (2013/473/EU).

Das Fachwörterbuch ist um mehr als 200 regulatorische Begriffe erweitert worden und umfasst jetzt ca. 530 Fachbegriffe. Es werden Fachbegriffe, die im Zusammenhang mit dem Medizinprodukterecht von Bedeutung sind, zusammengefasst und zum großen Teil definiert bzw. kurz erläutert. Zu wichtigen Fachbegriffen, wie z. B. „*Einweisung*“, „*Audit*“, „*Sicherheitsbeauftragter für Medizinprodukte*“ werden praxisnahe Hinweise zur Umsetzung gegeben.

Zugrunde gelegt werden Definitionen und Begriffsbestimmungen. Berücksichtigt werden neben den regulatorischen Fachbegriffen aus den angegebenen nationalen Gesetzen und Verordnungen und den europäischen Richtlinien und Verordnungen u. a. Begriffe aus

- der von der Bundesärztekammer am 19. September 2014 als Neufassung veröffentlichten Richtlinie zur Qualitätssicherung laboratoriumsmedizinischer Untersuchungen und
- dem am 31. Juli 2009 veröffentlichten Akkreditierungsstellengesetz.

Kommentierungen und praxisnahe Erläuterungen zum Medizinproduktegesetz und zu den dazugehörigen Verordnungen sind in den *„Durchführungshilfen zum Medizinproduktegesetz"*[1] zu finden. Dieses Loseblattwerk zeigt Lösungen auf zur Umsetzung der Forderungen des Medizinprodukterechts und vermittelt einen umfassenden Überblick zu diesem Rechtsgebiet.

Rolf-Dieter Böckmann *Horst Frankenberger*

1) *Böckmann/Frankenberger*
Durchführungshilfen zum Medizinproduktegesetz
Schwerpunkt Medizintechnik und In-vitro-Diagnostika
Praxisnahe Hinweise, Erläuterungen, Textsammlung
Loseblattwerk, TÜV Media GmbH, Köln
ISBN 3-8249-0227-3 (Grundwerk inklusive jeweils letzter Ergänzungslieferung)
http://www.tuev-media.de

Einführung zur 7. überarbeiteten und aktualisierten Auflage

Medizinprodukte unterliegen im Europäischen Wirtschaftsraum (EWR) im Hinblick auf den freien Warenverkehr einheitlichen und verbindlichen regulatorischen Vorschriften in Form von europäischen Richtlinien (RL), Verordnungen (VO) und Beschlüssen. Europäische Richtlinien wenden sich an die Mitgliedstaaten und sind von diesen in nationales Recht umzusetzen. Europäische Verordnungen haben vom Zeitpunkt ihres Inkrafttretens an in jedem Mitgliedstaat Gesetzeskraft, sie haben in der Anwendung Vorrang vor nationalen Vorschriften.[1] *„Beschlüsse sind in allen ihren Teilen verbindlich. Sind sie an bestimmte Adressaten gerichtet, so sind sie nur für diese verbindlich."*[2] Darüber hinaus können von der EU-Kommission auch Empfehlungen und Stellungnahmen abgegeben werden, die nicht verbindlich sind.

Für Medizinprodukte sind u. a. folgende europäische Vorschriften verbindlich:

- RL 90/385/EWG über aktive implantierbare medizinische Geräte, zuletzt geändert durch Artikel 1 der Richtlinie 2007/47/EG;
- RL 93/42/EWG über Medizinprodukte, zuletzt geändert durch Artikel 2 der Richtlinie 2007/47/EG, einschließlich der Ergänzungsrichtlinien
- 2003/12/EG zur Neuklassifizierung von Brustimplantaten im Rahmen der RL 93/42/EWG über Medizinprodukte,
- 2005/50/EG zur Neuklassifizierung von Gelenkersatz für Hüfte, Knie und Schulter im Rahmen der RL 93/42/EWG über Medizinprodukte;
- RL 98/79/EG über In-vitro-Diagnostika, zuletzt geändert durch RL 2011/100/EU;
- VO (EU) Nr. 207/2012 der Kommission vom 9. März 2012 über elektronische Gebrauchsanweisungen für Medizinprodukte;
- VO (EU) Nr. 722/2012 der Kommission vom 8. August 2012 über besondere Anforderungen betreffend die in der RL 90/385/EWG bzw. 93/42/EWG des Rates festgelegten Anforderungen an unter Verwendung von Gewebe tierischen Ursprungs hergestellte aktive implantierbare medizinische Geräte und Medizinprodukte;
- Durchführungs-VO (EU) Nr. 920/2013 der Kommission vom 24. September 2013 über die Benennung und Beaufsichtigung benannter Stellen gemäß der RL 90/385/EWG des Rates über aktive implantierbare medizinische Geräte und der RL 93/42/EWG des Rates über Medizinprodukte;
- Beschluss Nr. 2010/227/EU vom 19. April 2010 der Kommission über die Europäische Datenbank für Medizinprodukte (Eudamed).

Darüber hinaus sind von der EU-Kommission u. a. folgende Empfehlungen ausgesprochen worden:

1) http://www.europarl.europa.eu/brussels/website/content/modul_03/start.html#01 (Stand: Januar 2015)
2) AEUV Artikel 288

- Empfehlung Nr. 2013/172/EU der Kommission vom 5. April 2013 über einen gemeinsamen Rahmen für ein System einmaliger Produktkennzeichnung für Medizinprodukte in der Union;
- Empfehlung Nr. 2013/473/EU der Kommission vom 24. September 2013 zu den Audits und Bewertungen, die von benannten Stellen im Bereich der Medizinprodukte durchgeführt werden.

Weitere auch das Medizinprodukterecht beeinflussende Vorschriften hat der europäische Gesetzgeber erlassen, beispielsweise:

- VO (EG) Nr. 765/2008 über die Vorschriften für die Akkreditierung und Marktüberwachung im Zusammenhang mit der Vermarktung von Produkten. Mit dieser Verordnung wird die „*Neue Konzeption*" weiter entwickelt und in wesentlichen Elementen reformiert.[3]
- Beschluss 768/2008/EG über einen gemeinsamen Rechtsrahmen für die Vermarktung von Produkten. „*Dieser Beschluss stellt somit einen allgemeinen horizontalen Rahmen für künftige Rechtsvorschriften zur Harmonisierung der Bedingungen für die Vermarktung von Produkten und einen Bezugspunkt für geltende Rechtsvorschriften dar.*"[4]

Nach *Anselmann* beseitigt die VO (EG) Nr. 765/2008 zusammen mit dem Beschluss 768/2008/EG bei der „*Neuen Konzeption*" aufgetretene Schwachstellen und „*führt erstmals eine europäische Rechtsgrundlage für die Akkreditierung ein.*"[5]

„*Die Verordnung (EG) Nr. 765/2008 und der Beschluss Nr. 768/2008/EG fassten im neuen Rechtsrahmen alle Elemente zusammen, die ein umfassender Rechtsrahmen haben muss, um wirksam für die Sicherheit und Vorschriftsmäßigkeit von Industrieprodukten entsprechend den Anforderungen funktionieren zu können, die zum Schutz der verschiedenen öffentlichen Belange und für das ordnungsgemäße Funktionieren des Binnenmarkts festgelegt wurden.*"[6]

Gemäß der VO (EG) Nr. 765/2008 müssen die Mitgliedstaaten seit dem 1. Januar 2010 eine einzige nationale Akkreditierungsstelle benannt haben. In Deutschland wurde die Deutsche Akkreditierungsstelle (DAkkS) errichtet, die die Anforderungen der VO (EG) Nr. 765/2008 erfüllt. Mit dem Akkreditierungsstellengesetz (AkkStelleG) vom 31. Juli 2009 wurde der gesetzliche Rahmen für die Organisation des bislang zersplitterten Akkreditierungswesens in Deutschland geschaffen.

3) Verordnung (EG) Nr. 765/2008 des Europäischen Parlaments und des Rates vom 9. Juli 2008 über die Vorschriften für die Akkreditierung und Marktüberwachung im Zusammenhang mit der Vermarktung von Produkten und zur Aufhebung der Verordnung (EWG) Nr. 339/93 des Rates (ABl. Nr. L 218 vom 13. August 2008, S. 30)

4) Beschluss Nr. 768/2008/EG des Europäischen Parlaments und des Rates vom 9. Juli 2008 über einen gemeinsamen Rechtsrahmen für die Vermarktung von Produkten und zur Aufhebung des Beschlusses 93/465/EWG des Rates (ABl. Nr. L 218 vom 13. August 2008, S. 82)

5) *Anselmann, N.*: Europäische technische Vorschriften und Normen – Grundlegende Reform mit Auswirkung auf Medizinprodukte. Medizinprodukte Journal 16 (2009), Nr. 1, S. 36

6) Blue Guide 2014 – „Leitfaden für die Umsetzung der Produktvorschriften der EU", Europäische Kommission.
http://ec.europa.eu/DocsRoom/documents/4942 (Stand: Januar 2015)

Schwerpunkte des europäischen Medizinprodukterechts, die mit dem Medizinproduktegesetz (MPG) und den dazugehörenden nationalen Verordnungen in deutsches Recht umgesetzt wurden, sind:

- **Nachweis der Erfüllung der Wesentlichen (Grundlegenden) Anforderungen**
  „Wesentliche Anforderungen definieren die zu erzielenden Ergebnisse oder die abzuwendenden Gefahren, ohne jedoch die technischen Lösungen dafür festzulegen. Die konkreten technischen Lösungen können nach Ermessen des Herstellers einer Norm oder anderen technischen Spezifikationen entnommen werden. Dieser flexible Ansatz erlaubt es den Herstellern, selbst zu bestimmen, wie sie die Anforderungen erfüllen wollen. Außerdem ist es auf diese Weise möglich, Werkstoffwahl und Produktgestaltung dem technischen Fortschritt anzupassen. Auf wesentliche Anforderungen gestützte Harmonisierungsrechtsakte der Union bedürfen also keiner regelmäßigen Anpassung an den technischen Fortschritt, da sich die Bewertung, ob die Anforderungen erfüllt wurden oder nicht, auf den Stand der Technik zum Zeitpunkt des Inverkehrbringens des Produkts gründet."[7]

  Da auf ein Produkt mehr als eine Richtlinie anwendbar sein kann – beispielsweise auf ein Medizinprodukt die RL 93/42/EWG und die Maschinenrichtlinie 2006/42/EG – sind die jeweils zutreffenden Grundlegenden Anforderungen und Grundlegenden Sicherheits- und Gesundheitsschutzanforderungen zu berücksichtigen (§ 7 Abs. 2 MPG).
- **Verweis auf freiwillig anwendbare „*Europäische Harmonisierte Normen*"**
  Die freiwillig anwendbaren „*Europäischen Harmonisierten Normen*" konkretisieren die Wesentlichen (Grundlegenden) Anforderungen der europäischen Richtlinien. Einer „*Europäischen Harmonisierten Norm*" wird eine „*Vermutung der Konformität mit den einschlägigen gesetzlichen Schutzanforderungen zugeschrieben*".[8] Im Anhang I des Beschlusses 768/2008/EG[9] wird eine Harmonisierte Norm definiert als: „*Norm, die von einem der in Anhang I der Richtlinie 98/34/EG anerkannten europäischen Normungsgremien auf der Grundlage eines Ersuchens der Kommission nach Artikel 6 jener Richtlinie erstellt wurde*".
  Die im Anhang I der Richtlinie 98/34/EG genannten anerkannten europäischen Normenorganisationen sind:
  – Europäisches Komitee für Normung (CEN),
  – Europäisches Komitee für Elektrotechnische Normung (CENELEC) und
  – Europäisches Institut für Telekommunikationsnormen (ETSI).

7) Blue Guide 2014 – „Leitfaden für die Umsetzung der Produktvorschriften der EU", Europäische Kommission.
http://ec.europa.eu/DocsRoom/documents/4942 (Stand: Januar 2015)

8) *Anselmann, N.*: Europäische technische Vorschriften und Normen – Grundlegende Reform mit Auswirkung auf Medizinprodukte. Medizinprodukte Journal 16 (2009), Nr. 1, S. 36

9) Beschluss Nr. 768/2008/EG des Europäischen Parlaments und des Rates vom 9. Juli 2008 über einen gemeinsamen Rechtsrahmen für die Vermarktung von Produkten und zur Aufhebung des Beschlusses 93/465/EWG des Rates (ABl. Nr. L 218 vom 13. August 2008, S. 82)

- **Bewertung der Konformität**
  Bezogen auf ein Medizinprodukt bedeutet *„Konformität"* die nachweisbare Erfüllung aller für das Medizinprodukt zutreffenden regulatorischen Anforderungen, die dem MPG, den nationalen Verordnungen zum MPG und ggf. den zutreffenden europäischen Verordnungen zu entnehmen sind.

  Medizinprodukte können im EWR nur dann in Verkehr gebracht werden, wenn der Hersteller ein in den Medizinprodukte-Verordnung (MPV) vorgegebenes Konformitätsbewertungsverfahren durchgeführt und das Medizinprodukt – von wenigen Ausnahmen abgesehen – mit der CE-Kennzeichnung versehen hat.

- **Module zur Konformitätsbewertung**
  In jeder der drei RL 90/385/EWG, 93/42/EWG und 98/79/EG sind verschiedene Module oder Modulkombinationen festgelegt, die vom Hersteller zur Durchführung eines Konformitätsbewertungsverfahrens – in der Regel unter Berücksichtigung der Klassenzuordnung des Medizinprodukts – angewandt werden können. Der Hersteller hat zur Durchführung eines Konformitätsbewertungsverfahrens die Freiheit, ein für sein Medizinprodukt zulässiges Modul bzw. eine für das jeweilige Medizinprodukt zulässige Modulkombination auszuwählen.

  Die Mehrzahl der Module zur Konformitätsbewertung erfordert die Errichtung und Pflege eines Qualitätsmanagementsystems (QM-Systems). Basierend auf den Definitionen der DIN EN ISO 9000:2005 ist unter einem QM-System ein strukturiertes Managementsystem zum Leiten und Lenken einer Organisation bezüglich der Qualität zu verstehen. Mit DIN EN ISO 13485 werden mit Ausnahme von nationalen regulatorischen Forderungen die Anforderungen der Richtlinien für Medizinprodukte an QM-Systeme erfüllt.

- **Einschalten einer Benannten Stelle in die Konformitätsbewertung**
  Bei Medizinprodukten mit höherem Risiko ist bei der Durchführung des Konformitätsbewertungsverfahrens die Einbeziehung einer Benannten Stelle erforderlich, die in regelmäßigen Abständen auch das QM-System auditiert.

  In den Richtlinien ist jeweils festgelegt, für welche Medizinprodukte eine vom Hersteller auszuwählende akkreditierte und notifizierte Konformitätsbewertungsstelle (Benannte Stelle) bei der Konformitätsbewertung einzuschalten ist. Unterliegt ein Medizinprodukt – beispielsweise ein Sterilisator – zwei gleichrangigen europäischen Richtlinien (RL 93/42/EWG über Medizinprodukte und Druckgeräterichtlinie 2014/68/EU[10]), so sind vom Hersteller ggf. zwei Benannte Stellen einzuschalten. Bei der CE-Kennzeichnung müssen beide Konformitätsbewertungsstellen berücksichtigt werden.

- **CE-Kennzeichnung**
  Gemäß der Begriffsbestimmung der Verordnung (EG) Nr. 765/2008 erklärt der Hersteller mit der *„CE-Kennzeichnung"*, *„[...] dass das Produkt den geltenden*

10) RL 2014/68/EU: Druckgeräterichtlinie *„Richtlinie 2014/68/EU des Europäischen Parlaments und des Rates vom 15. Mai 2014 zur Harmonisierung der Rechtsvorschriften der Mitgliedstaaten über die Bereitstellung von Druckgeräten auf dem Markt"*.

Anforderungen genügt, die in den Harmonisierungsrechtsvorschriften der Gemeinschaft über ihre Anbringung festgelegt sind."

Nach Erbringen des dokumentierten Nachweises, dass die Anforderungen der Richtlinie(n) eingehalten werden, ist vom Hersteller die CE-Kennzeichnung am Medizinprodukt anzubringen. Ausgenommen hiervon sind Sonderanfertigungen, Medizinprodukte aus Eigenherstellung, Medizinprodukte zur klinischen Prüfung, In-vitro-Diagnostika zur Leistungsbewertungsprüfung und Medizinprodukte, deren geometrische Abmessungen oder deren Beschaffenheit dies nicht zulassen (z. B. Kontaktlinsen).

Die CE-Kennzeichnung ist eine notwendige Voraussetzung für den freien Warenverkehr innerhalb des europäischen Wirtschaftsraums (EWR). Sie ist somit in erster Linie eine Art „*Verwaltungszeichen*" und erleichtert der zuständigen Behörde die Marktüberwachung. Darüber hinaus ist mit der CE-Kennzeichnung auch die Information an den Betreiber und Anwender verbunden, dass alle zutreffenden Schutzziele aller für das Medizinprodukt zu berücksichtigenden europäischen Richtlinien erfüllt sind. Weitere Kennzeichnungen sind nur dann zulässig, wenn sie die Sichtbarkeit und Lesbarkeit der CE-Kennzeichnung nicht beeinträchtigen oder wenn sie Dritte nicht bezüglich der Bedeutung oder der grafischen Gestaltung „*in die Irre zu führen*" (vgl. § 9 MPG).

- **EG-Konformitätserklärung**
  Abgeschlossen wird das Konformitätsbewertungsverfahren mit der EG-Konformitätserklärung. Hier erklärt der Hersteller, dass das Medizinprodukt die Anforderungen aller zutreffenden Richtlinien erfüllt.
- **Marktüberwachung**
  Die europäischen Medizinprodukte-Richtlinien sehen Maßnahmen der Marktüberwachung vor, die im MPG und Medizinprodukte-Sicherheitsplanverordnung (MPSV) konkretisiert werden:
  - Verpflichtung des Herstellers, „*ein systematisches Verfahren einzurichten und auf dem neuesten Stand zu halten, mit dem Erfahrungen mit Produkten in den der Herstellung nachgelagerten Phasen ausgewertet werden, und angemessene Vorkehrungen zu treffen, um erforderliche Korrekturen durchzuführen. Dies schließt die Verpflichtung des Herstellers ein, die zuständigen Behörden unverzüglich über [...] Vorkommnisse zu unterrichten, sobald er davon Kenntnis erlangt hat. [...]*" In der MPSV sind die Maßnahmen über die Erfassung, Bewertung und Abwehr von Risiken bei Medizinprodukten konkretisiert.
  - Verpflichtung des Sponsors, bei genehmigungspflichtigen klinischen Prüfungen von Medizinprodukten und bei genehmigungspflichtigen Leistungsbewertungsprüfungen von In-vitro-Diagnostika schwerwiegende unerwünschte Ereignisse zu erfassen und zu melden.

Das MPG schreibt ein risikogestuftes Vorgehen vor. Danach haben die zuständigen Behörden sich in angemessenem Umfang unter besonderer

Berücksichtigung möglicher Risiken der Medizinprodukte zu vergewissern, ob die Voraussetzungen zum Inverkehrbringen und zur Inbetriebnahme erfüllt sind, und gegebenenfalls die zur Beseitigung festgestellter und zur Verhütung künftiger Verstöße notwendigen Maßnahmen zu treffen.

Die behördliche Überwachung erstreckt sich in Deutschland auch auf weitere Bereiche bzw. Aktivitäten, die nicht Gegenstand der europäischen Medizinprodukte-Richtlinien sind (z. B. den Handel mit Medizinprodukten, das professionelle Betreiben und Anwenden sowie die Aufbereitung von Medizinprodukten).

Zuständig für die Überwachung sind in Deutschland grundsätzlich die Landesbehörden. Lediglich die zentrale Erfassung und Bewertung von Risiken im Rahmen des Medizinprodukte- Beobachtungs- und -Meldesystems obliegt dem Bundesinstitut für Arzneimittel und Medizinprodukte (BfArM) bzw. dem Paul-Ehrlich-Institut (PEI).

Bedingt durch die in 2007 und 2008 in der EU vorgenommenen Änderungen im Medizinprodukterecht wurde in Deutschland das MPG vom 2. August 1994 mit dem Gesetz zur Änderung medizinprodukterechtlicher Vorschriften vom 29. Juli 2009 aktualisiert und mit Artikel 16 des Gesetzes zur Weiterentwicklung der Finanzstruktur und der Qualität in der gesetzlichen Krankenversicherung vom 21. Juli 2014 letztmalig geändert.

Mit dem Begriff „*Medizinprodukt*" wird ein sehr weit gefächertes Spektrum von Produkten erfasst, das weit über den Rahmen der medizinisch-technischen Geräte hinausgeht: z. B. zur Chirurgie, Beatmung, Infusion, Endoskopie, Dialyse, Patientenüberwachung, Narkose, Dentalmedizin, Herz-Kreislaufdiagnostik, Röntgendiagnostik, Strahlentherapie. Produkte zur Wundversorgung und zur Empfängnisregelung fallen ebenso unter den Anwendungsbereich des MPG wie beispielsweise Herzschrittmacher, chirurgische Instrumente, chirurgisches Nahtmaterial, beschichtete Stents, In-vitro Diagnostika (klinische Laborgeräte und -Reagenzien), Implantate, Prothesen, künstliche Zähne, Dentallegierungen, Inlays, Wurzelkanalinstrumente und Hilfsmittel wie Brillen, Hörhilfen, Rollstühle, Gehhilfen, Kompressionsstrümpfe etc. Neu festgelegt wurde, dass Software mit medizinischer Zweckbestimmung ein aktives Medizinprodukt ist.

Wesentliche bei der Umsetzung der regulatorischen Anforderungen für Medizinprodukte zu erledigende und zu dokumentierende Punkte sind:

- Festlegen der Zweckbestimmung des Produkts;
- Prüfen, ob das Produkt im Sinne der Legaldefinition „*Medizinprodukt*" (vgl. § 3 Nr. 1 bis 6 MPG) eine oder mehrere Festlegungen erfüllt und damit das Produkt als Medizinprodukt dem Medizinprodukterecht unterliegt;
- Klassifizieren von Medizinprodukten, wenn es sich um Medizinprodukte der RL 93/42/EWG handelt;
- Auswahl und Durchführung eines für das Medizinprodukt zulässigen Konformitätsbewertungsverfahrens;

- Nachweis der Erfüllung der *„Grundlegenden Anforderungen"* – vorzugsweise unter Beachtung von Harmonisierten Normen bzw. bei In-vitro-Diagnostika ggf. unter Beachtung der Gemeinsamen Technischen Spezifikationen;
- Durchführen einer Risikoanalyse mit Bewertung und Beherrschung der Risiken;
- Durchführen einer klinischen Bewertung anhand von klinischen Daten – bei In-vitro-Diagnostika Durchführung einer Leistungsbewertung anhand von geeigneten Daten;
- Auswahl einer Benannten Stelle – falls für das Medizinprodukt erforderlich;
- Aufbau und Unterhaltung eines unternehmensspezifischen Medizinprodukte-Beobachtungs- und -Meldesystems;
- Beachtung der Anzeige- und Meldepflichten.

Medizinprodukte, die nach den Regelungen des MPG in Verkehr gebracht werden, sind grundsätzlich im Europäischen Wirtschaftsraum (EWR) frei verkehrsfähig.

Das MPG enthält darüber hinaus nationale Regelungen, die von Herstellern, Einführern, Händlern, Betreibern und professionellen Anwendern von Medizinprodukten zu beachten sind. Diese nationalen Festlegungen beziehen sich beispielsweise auf

- regelmäßig zu schulende Medizinprodukteberater eines Herstellers, Einführers oder Händlers von Medizinprodukten;
- die Pflicht der Verantwortlichen mit Sitz in Deutschland (Hersteller, Bevollmächtigter, Einführer) zur Beauftragung einer Person als Sicherheitsbeauftragter;
- Festlegungen zum Errichten, Betreiben und Anwenden von Medizinprodukten;
- Festlegungen zur Instandhaltung und zur Aufbereitung von Medizinprodukten;
- Festlegungen zu Sicherheitstechnischen und Messtechnischen Kontrollen von Medizinprodukten;
- Festlegungen zur Durchführung klinischer Prüfungen von Medizinprodukten;
- Eigenherstellung von Medizinprodukten.

Mit diesen nationalen Festlegungen wird das freie Inverkehrbringen von Medizinprodukten im EWR nicht beeinträchtigt.

Das MPG enthält Ermächtigungen für Verordnungen. Von diesen Verordnungen existieren zurzeit:

- Verordnung über Medizinprodukte (Medizinprodukte-Verordnung – MPV),
- Verordnung über das Errichten, Betreiben und Anwenden von Medizinprodukten (Medizinprodukte-Betreiberverordnung – MPBetreibV),
- Verordnung über Klinische Prüfungen von Medizinprodukten (Medizinprodukte-Klinische Prüfungsverordnung[11] – MPKPV),
- Verordnung über die Erfassung, Bewertung und Abwehr von Risiken bei Medizinprodukten (Medizinprodukte-Sicherheitsplanverordnung – MPSV),
- Verordnung über das datenbankgestützte Informationssystem über Medizinprodukte des Deutschen Instituts für Medizinische Dokumentation und Information (DIMDI-Verordnung – DIMDIV),

11) inoffizieller Kurzbegriff

- Verordnung zur Regelung der Abgabe von Medizinprodukten (Medizinprodukte-Abgabeverordnung – MPAV),
- Gebührenverordnung zum Medizinproduktegesetz und den zu seiner Ausführung ergangenen Rechtsverordnungen (Medizinprodukte-Gebührenverordnung – BGebV-MPG).

Mit dem Gesetz zur Änderung medizinprodukterechtlicher Vorschriften vom 29. Juli 2009 hat der Gesetzgeber im § 37 MPG folgende Verordnungsermächtigungen für das Bundesministerium für Gesundheit (BMG) vorgesehen, von der das BMG im § 4 MPBetreibV Gebrauch gemacht hat:

- Regelungen für eine sichere Aufbereitung von bestimmungsgemäß keimarm oder steril zur Anwendung kommender Medizinprodukte insbesondere im Hinblick auf Anforderungen an Aufbereiter, die Medizinprodukte mit besonderen Anforderungen aufbereiten.

Mit dem Gesetz zur Änderung medizinprodukterechtlicher Vorschriften vom 29. Juli 2009 wird die Bundesregierung aufgefordert, mit Zustimmung des Bundesrats eine zur Durchführung des Medizinproduktegesetzes erforderliche allgemeine Verwaltungsvorschrift zu erlassen. Diese Allgemeine Verwaltungsvorschrift zur Durchführung des MPG (Medizinprodukte-Durchführungsvorschrift – MPGVwV) vom 18. Mai 2012 ist am 1. Januar 2012 in Kraft getreten.

In dieser Medizinprodukte-Durchführungsvorschrift sind insbesondere Regelungen getroffen worden

- zur Durchführung und Qualitätssicherung der Überwachung durch die zuständigen Landesbehörden,
- zur Sachkenntnis der mit der Überwachung beauftragten Personen,
- zur Ausstattung,
- zum Informationsaustausch und
- zur Zusammenarbeit der zuständigen Behörden.

Hinzuweisen ist auch auf das Gesetz über die Werbung auf dem Gebiete des Heilwesens (Heilmittelwerbegesetz – HWG), das eine wesentliche Bedeutung für Medizinprodukte hat. Im Anwendungsbereich dieses Gesetzes sind Medizinprodukte explizit aufgeführt. Die Werbung für Medizinprodukte unterliegt allerdings nur bestimmten Vorschriften des HWG.

Mit der Medizinprodukte-Durchführungsvorschrift wird festgelegt, dass Betriebe und Einrichtungen nach § 26 Abs. 1 MPG im Hinblick auf die Einhaltung der Vorschriften des HWG durch die zuständigen Behörden zu überwachen sind.

Ausblick

Sowohl der Europäische Rat als auch das Europäische Parlament haben als Folge des bekannt gewordenen Skandals bei mit mangelhaftem Silikon gefüllten Brustimplantaten und den Problemen bei Endoprothesen auf die Notwendigkeit hingewiesen, die Rechtsvorschriften über Medizinprodukte den geänderten Erfordernissen anzupassen. Vor diesem Hintergrund hat die EU-Kommission Vorschläge für zwei EU-Verordnungen vorgelegt:

- Vorschlag für eine Verordnung des Europäischen Parlaments und des Rates über Medizinprodukte und zur Änderung der Richtlinie 2001/83/EG, der Verordnung (EG) Nr. 178/2002 und der Verordnung (EG) Nr. 1223/2009[12],
- Vorschlag für eine Verordnung des Europäischen Parlaments und des Rates über In-vitro-Diagnostika[13].

Der Website des BMG zu den Vorschlägen der EU-Kommission vom 26. September 2012 zum Erlass einer europäischen Medizinprodukte-Verordnung und einer europäischen IVD-Verordnung ist folgendes zu entnehmen: *„Seit Oktober 2012 wird über den neuen Rechtsrahmen für Medizinprodukte und In-vitro-Diagnostika im Europäischen Rat und im Europäischen Parlament verhandelt. Zurzeit ist noch nicht absehbar, wann diese Verhandlungen abgeschlossen sein werden und welchen Inhalt die beiden neuen Verordnungen dann haben werden.“*[14]

12) http://ec.europa.eu/health/medical-devices/files/revision_docs/proposal_2012_542_en.pdf (Stand: Januar 2015)
13) *http://ec.europa.eu/health/medical-devices/files/revision_docs/proposal_2012_541_en.pdf* (Stand: Januar 2015)
14) http://www.bmg.bund.de/gesundheitssystem/medizinprodukte/neue-eu-rechtsvorschriften.html (Stand: Januar 2015)

Gesetz über Medizinprodukte (Medizinproduktegesetz – MPG[1]

Vom 2. August 1994 (BGBl. I S. 1963),
in der Fassung der Bekanntmachung vom 7. August 2002 (BGBl. I S. 3146), zuletzt geändert durch Artikel 16 des Gesetzes zur Weiterentwicklung der Finanzstruktur und der Qualität in der gesetzlichen Krankenversicherung vom 21. Juli 2014 (BGBl. I S. 1133, 1145)

Inhaltsübersicht

---

1) Dieses Gesetz dient der Umsetzung

- der Richtlinie 90/385/EWG des Rates vom 20. Juni 1990 zur Angleichung der Rechtsvorschriften der Mitgliedstaaten über aktive implantierbare medizinische Geräte (ABl. EG Nr. L 189 S. 17), zuletzt geändert durch die Richtlinie 93/68/EWG (ABl. Nr. L 220 S. 1)
- der Richtlinie 93/42/EWG des Rates vom 14. Juni 1993 über Medizinprodukte (ABl. EG Nr. L 169 S. 1), zuletzt geändert durch die Richtlinie 2001/104/EG (ABl. EG Nr. L 6 S. 50 und
- der Richtlinie 98/79/EG des Europäischen Parlaments und des Rates vom 27. Oktober 1998 über In-vitro-Diagnostika (ABl. EG Nr. L 331 S. 1)

Erster Abschnitt
Zweck, Anwendungsbereich des Gesetzes, Begriffsbestimmungen

§ 1 Zweck des Gesetzes

Zweck dieses Gesetzes ist es, den Verkehr mit Medizinprodukten zu regeln und dadurch für die Sicherheit, Eignung und Leistung der Medizinprodukte sowie die Gesundheit und den erforderlichen Schutz der Patienten, Anwender und Dritter zu sorgen.

§ 2 Anwendungsbereich des Gesetzes

(1) Dieses Gesetz gilt für Medizinprodukte und deren Zubehör. Zubehör wird als eigenständiges Medizinprodukt behandelt.

(2) Dieses Gesetz gilt auch für das Anwenden, Betreiben und Instandhalten von Produkten, die nicht als Medizinprodukte in Verkehr gebracht wurden, aber mit der Zweckbestimmung eines Medizinproduktes im Sinne der Anlagen 1 und 2 der Medizinprodukte-Betreiberverordnung eingesetzt werden. Sie gelten als Medizinprodukte im Sinne dieses Gesetzes.

(3) Dieses Gesetz gilt auch für Produkte, die dazu bestimmt sind, Arzneimittel im Sinne des § 2 Abs. 1 des Arzneimittelgesetzes zu verabreichen. Werden die Medizinprodukte nach Satz 1 so in den Verkehr gebracht, dass Medizinprodukt und Arzneimittel ein einheitliches, miteinander verbundenes Produkt bilden, das ausschließlich zur Anwendung in dieser Verbindung bestimmt und nicht wiederverwendbar ist, gilt dieses Gesetz nur insoweit, als das Medizinprodukt die Grundlegenden Anforderungen nach § 7 erfüllen muss, die sicherheits- und leistungsbezogene Produktfunktionen betreffen. Im Übrigen gelten die Vorschriften des Arzneimittelgesetzes.

(4) Die Vorschriften des Atomgesetzes, der Strahlenschutzverordnung, der Röntgenverordnung und des Strahlenschutzvorsorgegesetzes, des Chemikaliengesetzes, der Gefahrstoffverordnung, der Betriebssicherheitsverordnung, der Druckgeräteverordnung, der Aerosolverpackungsverordnung sowie die Rechtsvorschriften über Geheimhaltung und Datenschutz bleiben unberührt.

(4a) Dieses Gesetz gilt auch für Produkte, die vom Hersteller sowohl zur Verwendung entsprechend den Vorschriften über persönliche Schutzausrüstungen der Richtlinie 89/686/EWG des Rates vom 21. Dezember 1989 zur Angleichung der Rechtsvorschriften der Mitgliedstaaten für persönliche Schutzausrüstungen (ABl. L 399 vom 30.12.1989, S. 18) als auch der Richtlinie 93/42/EWG des Rates vom 14 Juni 1993 über Medizinprodukte (ABl. L 169 vom 12.7.1993, S. 1) bestimmt sind.

(5) Dieses Gesetz gilt nicht für

1. Arzneimittel im Sinne des § 2 des Arzneimittelgesetzes: die Entscheidung darüber, ob ein Produkt ein Arzneimittel oder ein Medizinprodukt ist, erfolgt insbesondere unter Berücksichtigung der hauptsächlichen Wirkungsweise des Produkts, es sei denn, es handelt sich um ein Arzneimittel im Sinne des § 2 Absatz 1 Nummer 2 Buchstabe b des Arzneimittelgesetzes,
2. kosmetische Mittel im Sinne des § 2 Absatz 5 des Lebensmittel-, Bedarfsgegenstände- und Futtermittelgesetzbuchs,
3. menschliches Blut, Produkte aus menschlichem Blut, menschliches Plasma oder Blutzellen menschlichen Ursprungs oder Produkte, die zum Zeitpunkt des Inverkehrbringens Bluterzeugnisse, -plasma oder -zellen dieser Art enthalten, soweit es sich nicht um Medizinprodukte nach § 3 Nr. 3 oder § 3 Nr. 4 handelt,
4. Transplantate oder Gewebe oder Zellen menschlichen Ursprungs und Produkte, die Gewebe oder Zellen menschlichen Ursprungs enthalten oder aus solchen Geweben oder Zellen gewonnen wurden, soweit es sich nicht um Medizinprodukte nach § 3 Nr. 4 handelt,
5. Transplantate oder Gewebe oder Zellen tierischen Ursprungs, es sei denn, ein Produkt wird unter Verwendung von abgetötetem tierischen Gewebe oder von abgetöteten Erzeugnissen hergestellt, die aus tierischen Geweben gewonnen wurden, oder es handelt sich um Medizinprodukte nach § 3 Nr. 4.
6. (aufgehoben)

§ 3 Begriffsbestimmungen

1. Medizinprodukte sind alle einzeln oder miteinander verbunden verwendeten Instrumente, Apparate, Vorrichtungen, Software, Stoffe und Zubereitungen aus Stoffen oder andere Gegenstände einschließlich der vom Hersteller speziell zur Anwendung für diagnostische oder therapeutische Zwecke bestimmten und für ein einwandfreies Funktionieren des Medizinproduktes eingesetzten Software, die vom Hersteller zur Anwendung für Menschen mittels ihrer Funktionen zum Zwecke
   a) der Erkennung, Verhütung, Überwachung, Behandlung oder Linderung von Krankheiten,
   b) der Erkennung, Überwachung, Behandlung, Linderung oder Kompensierung von Verletzungen oder Behinderungen,
   c) der Untersuchung, der Ersetzung oder der Veränderung des anatomischen Aufbaus oder eines physiologischen Vorgangs oder
   d) der Empfängnisregelung

   zu dienen bestimmt sind und deren bestimmungsgemäße Hauptwirkung im oder am menschlichen Körper weder durch pharmakologisch oder immunologisch wirkende Mittel noch durch Metabolismus erreicht wird, deren Wirkungsweise aber durch solche Mittel unterstützt werden kann.

2. Medizinprodukte sind auch Produkte nach Nummer 1, die einen Stoff oder eine Zubereitung aus Stoffen enthalten oder auf die solche aufgetragen sind, die bei gesonderter Verwendung als Arzneimittel im Sinne des § 2 Abs. 1 des Arzneimittelgesetzes angesehen werden können und die in Ergänzung zu den Funktionen des Produktes eine Wirkung auf den menschlichen Körper entfalten können.

3. Medizinprodukte sind auch Produkte nach Nummer 1, die als Bestandteil einen Stoff enthalten, der gesondert verwendet als Bestandteil eines Arzneimittels oder Arzneimittel aus menschlichem Blut oder Blutplasma im Sinne des Artikels 1 der Richtlinie 2001/83/EG des Europäischen Parlaments und des Rates vom 6. November 2001 zur Schaffung eines Gemeinschaftskodexes für Humanarzneimittel (ABl. L 311 vom 28. 11. 2001, S. 67), die zuletzt durch die Verordnung (EG) Nr. 1394/2007 (ABl. L 324 vom 10. 12. 2007, S. 121) geändert worden ist, betrachtet werden und in Ergänzung zu dem Produkt eine Wirkung auf den menschlichen Körper entfalten kann.

4. In-vitro-Diagnostikum ist ein Medizinprodukt, das als Reagenz, Reagenzprodukt, Kalibriermaterial, Kontrollmaterial, Kit, Instrument, Apparat, Gerät oder System einzeln oder in Verbindung miteinander nach der vom Hersteller festgelegten Zweckbestimmung zur In-vitro-Untersuchung von aus dem menschlichen Körper stammenden Proben einschließlich Blut- und Gewebespenden bestimmt ist und ausschließlich oder hauptsächlich dazu dient, Information zu liefern

   a) über physiologische oder pathologische Zustände oder
   b) über angeborene Anomalien oder
   c) zur Prüfung auf Unbedenklichkeit oder Verträglichkeit bei den potentiellen Empfängern oder
   d) zur Überwachung therapeutischer Maßnahmen.

   Probenbehältnisse gelten als In-vitro-Diagnostika. Probenbehältnisse sind luftleere oder sonstige Medizinprodukte, die von ihrem Hersteller speziell dafür gefertigt werden, aus dem menschlichen Körper stammende Proben unmittelbar nach ihrer Entnahme aufzunehmen und im Hinblick auf eine In-vitro-Untersuchung aufzubewahren. Erzeugnisse für den allgemeinen Laborbedarf gelten nicht als In-vitro-Diagnostika, es sei denn, sie sind auf Grund ihrer Merkmale nach der vom Hersteller festgelegten Zweckbestimmung speziell für In-vitro-Untersuchungen zu verwenden.

5. In-vitro-Diagnostikum zur Eigenanwendung ist ein In-vitro-Diagnostikum, das nach der vom Hersteller festgelegten Zweckbestimmung von Laien in der häuslichen Umgebung angewendet werden kann.

6. Neu im Sinne dieses Gesetzes ist ein In-vitro-Diagnostikum, wenn
   a) ein derartiges Medizinprodukt für den entsprechenden Analyten oder anderen Parameter während der vorangegangenen drei Jahre innerhalb des Europäischen Wirtschaftsraums nicht fortwährend verfügbar war oder
   b) das Verfahren mit einer Analysetechnik arbeitet, die innerhalb des Europäischen Wirtschaftsraums während der vorangegangenen drei Jahre nicht fortwährend in Verbindung mit einem bestimmten Analyten oder anderen Parameter verwendet worden ist.
7. Als Kalibrier- und Kontrollmaterial gelten Substanzen, Materialien und Gegenstände, die von ihrem Hersteller vorgesehen sind zum Vergleich von Messdaten oder zur Prüfung der Leistungsmerkmale eines In-vitro-Diagnostikums im Hinblick auf die bestimmungsgemäße Anwendung. Zertifizierte internationale Referenzmaterialien und Materialien, die für externe Qualitätsbewertungsprogramme verwendet werden, sind keine In-vitro-Diagnostika im Sinne dieses Gesetzes.
8. Sonderanfertigung ist ein Medizinprodukt, das nach schriftlicher Verordnung nach spezifischen Auslegungsmerkmalen eigens angefertigt wird und zur ausschließlichen Anwendung bei einem namentlich benannten Patienten bestimmt ist. Das serienmäßig hergestellte Medizinprodukt, das angepasst werden muss, um den spezifischen Anforderungen des Arztes, Zahnarztes oder des sonstigen beruflichen Anwenders zu entsprechen, gilt nicht als Sonderanfertigung.
9. Zubehör für Medizinprodukte sind Gegenstände, Stoffe sowie Zubereitungen aus Stoffen, die selbst keine Medizinprodukte nach Nummer 1 sind, aber vom Hersteller dazu bestimmt sind, mit einem Medizinprodukt verwendet zu werden, damit dieses entsprechend der von ihm festgelegten Zweckbestimmung des Medizinproduktes angewendet werden kann. Invasive, zur Entnahme von Proben aus dem menschlichen Körper zur In-vitro-Untersuchung bestimmte Medizinprodukte sowie Medizinprodukte, die zum Zwecke der Probenahme in unmittelbaren Kontakt mit dem menschlichen Körper kommen, gelten nicht als Zubehör für In-vitro-Diagnostika.
10. Zweckbestimmung ist die Verwendung, für die das Medizinprodukt in der Kennzeichnung, der Gebrauchsanweisung oder den Werbematerialien nach den Angaben des in Nummer 15 genannten Personenkreises bestimmt ist.
11. Inverkehrbringen ist jede entgeltliche oder unentgeltliche Abgabe von Medizinprodukten an andere. Erstmaliges Inverkehrbringen ist die erste Abgabe von neuen oder als neu aufbereiteten Medizinprodukten an andere im Europäischen Wirtschaftsraum. Als Inverkehrbringen nach diesem Gesetz gilt nicht

a) die Abgabe von Medizinprodukten zum Zwecke der klinischen Prüfung,
b) die Abgabe von In-vitro-Diagnostika für Leistungsbewertungsprüfungen,
c) die erneute Abgabe eines Medizinproduktes nach seiner Inbetriebnahme an andere, es sei denn, dass es als neu aufbereitet oder wesentlich verändert worden ist.

Eine Abgabe an andere liegt nicht vor, wenn Medizinprodukte für einen anderen aufbereitet und an diesen zurückgegeben werden.

12. Inbetriebnahme ist der Zeitpunkt, zu dem das Medizinprodukt dem Endanwender als ein Erzeugnis zur Verfügung gestellt worden ist, das erstmals entsprechend seiner Zweckbestimmung im Europäischen Wirtschaftsraum angewendet werden kann. Bei aktiven implantierbaren Medizinprodukten gilt als Inbetriebnahme die Abgabe an das medizinische Personal zur Implantation.

13. Ausstellen ist das Aufstellen oder Vorführen von Medizinprodukten zum Zwecke der Werbung.

14. Die Aufbereitung von bestimmungsgemäß keimarm oder steril zur Anwendung kommenden Medizinprodukten ist die nach deren Inbetriebnahme zum Zwecke der erneuten Anwendung durchgeführte Reinigung, Desinfektion und Sterilisation einschließlich der damit zusammenhängenden Arbeitsschritte sowie die Prüfung und Wiederherstellung der technisch-funktionellen Sicherheit.

15. Hersteller ist die natürliche oder juristische Person, die für die Auslegung, Herstellung, Verpackung und Kennzeichnung eines Medizinproduktes im Hinblick auf das erstmalige Inverkehrbringen im eigenen Namen verantwortlich ist, unabhängig davon, ob diese Tätigkeiten von dieser Person oder stellvertretend für diese von einer dritten Person ausgeführt werden. Die dem Hersteller nach diesem Gesetz obliegenden Verpflichtungen gelten auch für die natürliche oder juristische Person, die ein oder mehrere vorgefertigte Medizinprodukte montiert, abpackt, behandelt, aufbereitet, kennzeichnet oder für die Festlegung der Zweckbestimmung als Medizinprodukt im Hinblick auf das erstmalige Inverkehrbringen im eigenen Namen verantwortlich ist. Dies gilt nicht für natürliche oder juristische Personen, die – ohne Hersteller im Sinne des Satzes 1 zu sein – bereits in Verkehr gebrachte Medizinprodukte für einen namentlich genannten Patienten entsprechend ihrer Zweckbestimmung montieren oder anpassen.

16. Bevollmächtigter ist die im Europäischen Wirtschaftsraum niedergelassene natürliche oder juristische Person, die vom Hersteller ausdrücklich dazu bestimmt wurde, im Hinblick auf seine Verpflichtungen nach diesem Gesetz in seinem Namen zu handeln und den Behörden und zuständigen Stellen zur Verfügung zu stehen.

17. Fachkreise sind Angehörige der Heilberufe, des Heilgewerbes oder von Einrichtungen, die der Gesundheit dienen, sowie sonstige Personen, soweit sie Medizinprodukte herstellen, prüfen, in der Ausübung ihres Berufes in den Verkehr bringen, implantieren, in Betrieb nehmen, betreiben oder anwenden.
18. Harmonisierte Normen sind solche Normen von Vertragsstaaten des Abkommens über den Europäischen Wirtschaftsraum, die den Normen entsprechen, deren Fundstellen als „harmonisierte Norm" für Medizinprodukte im Amtsblatt der Europäischen Union veröffentlicht wurden. Die Fundstellen der diesbezüglichen Normen werden vom Bundesinstitut für Arzneimittel und Medizinprodukte im Bundesanzeiger bekannt gemacht. Den Normen nach den Sätzen 1 und 2 sind die Medizinprodukte betreffenden Monographien des Europäischen Arzneibuches, deren Fundstellen im Amtsblatt der Europäischen Union veröffentlicht und die als Monographien des Europäischen Arzneibuchs, Amtliche deutsche Ausgabe, im Bundesanzeiger bekannt gemacht werden, gleichgestellt.
19. Gemeinsame Technische Spezifikationen sind solche Spezifikationen, die In-vitro-Diagnostika nach Anhang II Listen A und B der Richtlinie 98/79/EG des Europäischen Parlaments und des Rates vom 27. Oktober 1998 über In-vitro-Diagnostika (ABl. EG Nr. L 331 S. 1) in der jeweils geltenden Fassung betreffen und deren Fundstellen im Amtsblatt der Europäischen Union veröffentlicht und im Bundesanzeiger bekannt gemacht wurden. In diesen Spezifikationen werden Kriterien für die Bewertung und Neubewertung der Leistung, Chargenfreigabekriterien, Referenzmethoden und Referenzmaterialien festgelegt.
20. Benannte Stelle ist eine für die Durchführung von Prüfungen und Erteilung von Bescheinigungen im Zusammenhang mit Konformitätsbewertungsverfahren nach Maßgabe der Rechtsverordnung nach § 37 Abs. 1 vorgesehene Stelle, die der Europäischen Kommission und den Vertragsstaaten des Abkommens über den Europäischen Wirtschaftsraum von einem Vertragsstaat des Abkommens über den Europäischen Wirtschaftsraum benannt worden ist.
21. Medizinprodukte aus Eigenherstellung sind Medizinprodukte einschließlich Zubehör, die in einer Gesundheitseinrichtung hergestellt und angewendet werden, ohne dass sie in den Verkehr gebracht werden oder die Voraussetzungen einer Sonderanfertigung nach Nummer 8 erfüllen.
22. In-vitro-Diagnostika aus Eigenherstellung sind In-vitro-Diagnostika, die in Laboratorien von Gesundheitseinrichtungen hergestellt werden und in diesen Laboratorien oder in Räumen in unmittelbarer Nähe zu diesen angewendet werden, ohne dass sie in den Verkehr gebracht werden. Für In-vitro-Diagnostika, die im industriellen Maßstab hergestellt werden, sind die Vorschriften über Eigenherstellung nicht anwendbar. Die Sätze 1 und 2

sind entsprechend anzuwenden auf in Blutspendeeinrichtungen hergestellte In-vitro-Diagnostika, die der Prüfung von Blutzubereitungen dienen, sofern sie im Rahmen der arzneimittelrechtlichen Zulassung der Prüfung durch die zuständige Behörde des Bundes unterliegen.

23. Sponsor ist eine natürliche oder juristische Person, die die Verantwortung für die Veranlassung, Organisation und Finanzierung einer klinischen Prüfung bei Menschen oder einer Leistungsbewertungsprüfung von In-vitro-Diagnostika übernimmt.

24. Prüfer ist in der Regel ein für die Durchführung der klinischen Prüfung bei Menschen in einer Prüfstelle verantwortlicher Arzt oder in begründeten Ausnahmefällen eine andere Person, deren Beruf auf Grund seiner wissenschaftlichen Anforderungen und der seine Ausübung voraussetzenden Erfahrungen in der Patientenbetreuung für die Durchführung von Forschungen am Menschen qualifiziert. Wird eine Prüfung in einer Prüfstelle von mehreren Prüfern vorgenommen, so ist der verantwortliche Leiter der Gruppe der Hauptprüfer. Wird eine Prüfung in mehreren Prüfstellen durchgeführt, wird vom Sponsor ein Prüfer als Leiter der klinischen Prüfung benannt. Die Sätze 1 bis 3 gelten für genehmigungspflichtige Leistungsbewertungsprüfungen von In-vitro-Diagnostika entsprechend.

25. Klinische Daten sind Sicherheits- oder Leistungsangaben, die aus der Verwendung eines Medizinprodukts hervorgehen. Klinische Daten stammen aus folgenden Quellen:
    a) einer klinischen Prüfung des betreffenden Medizinprodukts oder
    b) klinischen Prüfungen oder sonstigen in der wissenschaftlichen Fachliteratur wiedergegebene Studien über ein ähnliches Produkt, dessen Gleichartigkeit mit dem betreffenden Medizinprodukt nachgewiesen werden kann, oder
    c) veröffentlichten oder unveröffentlichten Berichten über sonstige klinische Erfahrungen entweder mit dem betreffenden Medizinprodukt oder einem ähnlichen Produkt, dessen Gleichartigkeit mit dem betreffenden Medizinprodukt nachgewiesen werden kann.

26. Einführer im Sinne dieses Gesetzes ist jede in der Europäischen Union ansässige natürliche oder juristische Person, die ein Medizinprodukt aus einem Drittstaat in der Europäischen Gemeinschaft in Verkehr bringt.

Zweiter Abschnitt
Anforderungen an Medizinprodukte und deren Betrieb

§ 4 Verbote zum Schutz von Patienten, Anwendern und Dritten

(1) Es ist verboten, Medizinprodukte in den Verkehr zu bringen, zu errichten, in Betrieb zu nehmen, zu betreiben oder anzuwenden, wenn

1. der begründete Verdacht besteht, dass sie die Sicherheit und die Gesundheit der Patienten, der Anwender oder Dritter bei sachgemäßer Anwendung, Instandhaltung und ihrer Zweckbestimmung entsprechender Verwendung über ein nach den Erkenntnissen der medizinischen Wissenschaften vertretbares Maß hinausgehend unmittelbar oder mittelbar gefährden oder
2. das Datum abgelaufen ist, bis zu dem eine gefahrlose Anwendung nachweislich möglich ist.

(2) Es ist ferner verboten, Medizinprodukte in den Verkehr zu bringen, wenn sie mit irreführender Bezeichnung, Angabe oder Aufmachung versehen sind. Eine Irreführung liegt insbesondere dann vor, wenn
1. Medizinprodukten eine Leistung beigelegt wird, die sie nicht haben,
2. fälschlich der Eindruck erweckt wird, dass ein Erfolg mit Sicherheit erwartet werden kann oder dass nach bestimmungsgemäßem oder längerem Gebrauch keine schädlichen Wirkungen eintreten,
3. zur Täuschung über die in den Grundlegenden Anforderungen nach § 7 festgelegten Produkteigenschaften geeignete Bezeichnungen, Angaben oder Aufmachungen verwendet werden, die für die Bewertung des Medizinproduktes mitbestimmend sind.

§ 5 Verantwortlicher für das erstmalige Inverkehrbringen

Verantwortlicher für das erstmalige Inverkehrbringen von Medizinprodukten ist der Hersteller oder sein Bevollmächtigter. Werden Medizinprodukte nicht unter der Verantwortung des Bevollmächtigten in den Europäischen Wirtschaftsraum eingeführt, ist der Einführer Verantwortlicher. Der Name oder die Firma und die Anschrift des Verantwortlichen müssen in der Kennzeichnung oder Gebrauchsanweisung des Medizinproduktes enthalten sein.

§ 6 Voraussetzungen für das Inverkehrbringen und die Inbetriebnahme

(1) Medizinprodukte, mit Ausnahme von Sonderanfertigungen, Medizinprodukten aus Eigenherstellung, Medizinprodukten gemäß § 11 Abs. 1 sowie Medizinprodukten, die zur klinischen Prüfung oder In-vitro-Diagnostika, die für Leistungsbewertungszwecke bestimmt sind, dürfen in Deutschland nur in den Verkehr gebracht oder in Betrieb genommen werden, wenn sie mit einer CE-Kennzeichnung nach Maßgabe des Absatzes 2 Satz 1 und des Absatzes 3 Satz 1 versehen sind. Über die Beschaffenheitsanforderungen hinausgehende Bestimmungen, die das Betreiben oder das Anwenden von Medizinprodukten betreffen, bleiben unberührt.

(2) Mit der CE-Kennzeichnung dürfen Medizinprodukte nur versehen werden, wenn die Grundlegenden Anforderungen nach § 7, die auf sie unter Berücksichtigung ihrer Zweckbestimmung anwendbar sind, erfüllt sind und ein für das jeweilige Medizinprodukt vorgeschriebenes Konformitätsbewertungsverfahren nach Maßgabe der Rechtsverordnung nach § 37 Abs. 1 durchgeführt worden ist. Zwischenprodukte, die vom Hersteller spezifisch als Bestandteil für Sonderan-

fertigungen bestimmt sind, dürfen mit der CE-Kennzeichnung versehen werden, wenn die Voraussetzungen des Satzes 1 erfüllt sind. Hat der Hersteller seinen Sitz nicht im Europäischen Wirtschaftsraum, so darf das Medizinprodukt zusätzlich zu Satz 1 nur mit der CE-Kennzeichnung versehen werden, wenn der Hersteller einen einzigen für das jeweilige Medizinprodukt verantwortlichen Bevollmächtigten im Europäischen Wirtschaftsraum benannt hat.

(3) Gelten für das Medizinprodukt zusätzlich andere Rechtsvorschriften als die dieses Gesetzes, deren Einhaltung durch die CE-Kennzeichnung bestätigt wird, so darf der Hersteller das Medizinprodukt nur dann mit der CE-Kennzeichnung versehen, wenn auch diese anderen Rechtsvorschriften erfüllt sind. Steht dem Hersteller auf Grund einer oder mehrerer weiterer Rechtsvorschriften während einer Übergangszeit die Wahl der anzuwendenden Regelungen frei, so gibt er mit der CE-Kennzeichnung an, dass dieses Medizinprodukt nur den angewandten Rechtsvorschriften entspricht. In diesem Fall hat der Hersteller in den dem Medizinprodukt beiliegenden Unterlagen, Hinweisen oder Anleitungen die Nummern der mit den angewandten Rechtsvorschriften umgesetzten Richtlinien anzugeben, unter denen sie im Amtsblatt der Europäischen Union veröffentlicht sind. Bei sterilen Medizinprodukten müssen diese Unterlagen, Hinweise oder Anleitungen ohne Zerstörung der Verpackung, durch welche die Sterilität des Medizinproduktes gewährleistet wird, zugänglich sein.

(4) Die Durchführung von Konformitätsbewertungsverfahren lässt die zivil- und strafrechtliche Verantwortlichkeit des Verantwortlichen nach § 5 unberührt.

§ 7 Grundlegende Anforderungen

(1) Die Grundlegenden Anforderungen sind für aktive implantierbare Medizinprodukte die Anforderungen des Anhangs 1 der Richtlinie 90/385/EWG des Rates vom 20. Juni 1990 zur Angleichung der Rechtsvorschriften der Mitgliedstaaten über aktive implantierbare medizinische Geräte (ABl. L 189 vom 20. 7. 1990, S. 17), die zuletzt durch Artikel 1 der Richtlinie 2007/47/EG (ABl. L 247 vom 21. 9. 2007, S. 21) geändert worden ist, für In-vitro-Diagnostika die Anforderungen des Anhangs I der Richtlinie 98/79/EG und für die sonstigen Medizinprodukte die Anforderungen des Anhangs I der Richtlinie 93/42/EWG des Rates vom 14. Juni 1993 über Medizinprodukte (ABl. L 169 vom 12. 7. 1993, S. 1), die zuletzt durch Artikel 2 der Richtlinie 2007/47/EG (ABl. L 247 vom 21. 9. 2007, S. 21) geändert worden ist, in den jeweils geltenden Fassungen.

(2) Besteht ein einschlägiges Risiko, so müssen Medizinprodukte, die auch Maschinen im Sinne des Artikels 2 Buchstabe a der Richtlinie 2006/42/EG des Europäischen Parlaments und des Rates vom 17. Mai 2006 über Maschinen (ABl. L 157 vom 9.6.2006, S. 24) sind, auch den grundlegenden Gesundheits- und Sicherheitsanforderungen gemäß Anhang I der genannten Richtlinie entsprechen, sofern diese grundlegenden Gesundheits- und Sicherheitsanforderungen spezi-

fischer sind als die Grundlegenden Anforderungen gemäß Anhang I der Richtlinie 93/42/EWG oder gemäß Anhang 1 der Richtlinie 90/385/EWG.

(3) Bei Produkten, die vom Hersteller nicht nur als Medizinprodukt, sondern auch zur Verwendung entsprechend den Vorschriften über persönliche Schutzausrüstungen der Richtlinie 89/686/EWG bestimmt sind, müssen auch die einschlägigen grundlegenden Gesundheits- und Sicherheitsanforderungen dieser Richtlinie erfüllt werden.

§ 8 Harmonisierte Normen, Gemeinsame Technische Spezifikationen

(1) Stimmen Medizinprodukte mit harmonisierten Normen oder ihnen gleichgestellten Monographien des Europäischen Arzneibuches oder Gemeinsamen Technischen Spezifikationen, die das jeweilige Medizinprodukt betreffen, überein, wird insoweit vermutet, dass sie die Bestimmungen dieses Gesetzes einhalten.

(2) Die Gemeinsamen Technischen Spezifikationen sind in der Regel einzuhalten. Kommt der Hersteller in hinreichend begründeten Fällen diesen Spezifikationen nicht nach, muss er Lösungen wählen, die dem Niveau der Spezifikationen zumindest gleichwertig sind.

§ 9 CE-Kennzeichnung

(1) Die CE-Kennzeichnung ist für aktive implantierbare Medizinprodukte gemäß Anhang 9 der Richtlinie 90/385/EWG, für In-vitro-Diagnostika gemäß Anhang X der Richtlinie 98/79/EG und für die sonstigen Medizinprodukte gemäß Anhang XII der Richtlinie 93/42/EWG zu verwenden. Zeichen oder Aufschriften, die geeignet sind, Dritte bezüglich der Bedeutung oder der graphischen Gestaltung der CE-Kennzeichnung in die Irre zu leiten, dürfen nicht angebracht werden. Alle sonstigen Zeichen dürfen auf dem Medizinprodukt, der Verpackung oder der Gebrauchsanweisung des Medizinproduktes angebracht werden, sofern sie die Sichtbarkeit, Lesbarkeit und Bedeutung der CE-Kennzeichnung nicht beeinträchtigen.

(2) Die CE-Kennzeichnung muss von der Person angebracht werden, die in den Vorschriften zu den Konformitätsbewertungsverfahren gemäß der Rechtsverordnung nach § 37 Abs. 1 dazu bestimmt ist.

(3) Die CE-Kennzeichnung nach Absatz 1 Satz 1 muss deutlich sichtbar, gut lesbar und dauerhaft auf dem Medizinprodukt und, falls vorhanden, auf der Handelspackung sowie auf der Gebrauchsanweisung angebracht werden. Auf dem Medizinprodukt muss die CE-Kennzeichnung nicht angebracht werden, wenn es zu klein ist, seine Beschaffenheit dies nicht zulässt oder es nicht zweckmäßig ist. Der CE-Kennzeichnung muss die Kennnummer der Benannten Stelle hinzugefügt werden, die an der Durchführung des Konformitätsbewertungsverfahrens nach den Anhängen 2, 4 und 5 der Richtlinie 90/385/EWG, den Anhängen II, IV, V und VI der Richtlinie 93/42/EWG sowie den Anhängen III, IV, VI und VII der Richtlinie 98/79/EG beteiligt war, das zur Berechtigung zur Anbringung der CE-Kennzeichnung geführt hat. Bei Medizinprodukten, die eine CE-Kennzeichnung tragen müssen und in

sterilem Zustand in den Verkehr gebracht werden, muss die CE-Kennzeichnung auf der Steril-Verpackung und gegebenenfalls auf der Handelspackung angebracht sein. Ist für ein Medizinprodukt ein Konformitätsbewertungsverfahren vorgeschrieben, das nicht von einer Benannten Stelle durchgeführt werden muss, darf der CE-Kennzeichnung keine Kennnummer einer Benannten Stelle hinzugefügt werden.

§ 10 Voraussetzungen für das erstmalige Inverkehrbringen und die Inbetriebnahme von Systemen und Behandlungseinheiten sowie für das Sterilisieren von Medizinprodukten

(1) Medizinprodukte, die eine CE-Kennzeichnung tragen und die entsprechend ihrer Zweckbestimmung innerhalb der vom Hersteller vorgesehenen Anwendungsbeschränkungen zusammengesetzt werden, um in Form eines Systems oder einer Behandlungseinheit erstmalig in den Verkehr gebracht zu werden, müssen keinem Konformitätsbewertungsverfahren unterzogen werden. Wer für die Zusammensetzung des Systems oder der Behandlungseinheit verantwortlich ist, muss in diesem Fall eine Erklärung nach Maßgabe der Rechtsverordnung nach § 37 Abs. 1 abgeben.

(2) Enthalten das System oder die Behandlungseinheit Medizinprodukte oder sonstige Produkte, die keine CE-Kennzeichnung nach Maßgabe dieses Gesetzes tragen, oder ist die gewählte Kombination von Medizinprodukten nicht mit deren ursprünglicher Zweckbestimmung vereinbar, muss das System oder die Behandlungseinheit einem Konformitätsbewertungsverfahren nach Maßgabe der Rechtsverordnung nach § 37 Abs. 1 unterzogen werden.

(3) Wer Systeme oder Behandlungseinheiten gemäß Absatz 1 oder 2 oder andere Medizinprodukte, die eine CE-Kennzeichnung tragen, für die der Hersteller eine Sterilisation vor ihrer Verwendung vorgesehen hat, für das erstmalige Inverkehrbringen sterilisiert, muss dafür nach Maßgabe der Rechtsverordnung nach § 37 Abs. 1 ein Konformitätsbewertungsverfahren durchführen und eine Erklärung abgeben. Dies gilt entsprechend, wenn Medizinprodukte, die steril angewendet werden, nach dem erstmaligen Inverkehrbringen aufbereitet und an andere abgegeben werden.

(4) Medizinprodukte, Systeme und Behandlungseinheiten gemäß der Absätze 1 und 3 sind nicht mit einer zusätzlichen CE-Kennzeichnung zu versehen. Wer Systeme oder Behandlungseinheiten nach Absatz 1 zusammensetzt oder diese sowie Medizinprodukte nach Absatz 3 sterilisiert, hat dem Medizinprodukt nach Maßgabe des § 7 die nach den Nummern 11 bis 15 des Anhangs 1 der Richtlinie 90/385/EWG, nach den Nummern 13.1, 13.3, 13.4 und 13.6 des Anhangs I der Richtlinie 93/42/EWG oder den Nummern 8.1, 8.3 bis 8.5 und 8.7 des Anhangs I der Richtlinie 98/79/EG erforderlichen Informationen beizufügen, die auch die von dem Hersteller der Produkte, die zu dem System oder der Behandlungseinheit zusammengesetzt wurden, mitgelieferten Hinweise enthalten müssen.

§ 11 Sondervorschriften für das Inverkehrbringen und die Inbetriebnahme

(1) Abweichend von den Vorschriften des § 6 Abs. 1 und 2 kann die zuständige Bundesoberbehörde auf begründeten Antrag das erstmalige Inverkehrbringen oder die Inbetriebnahme einzelner Medizinprodukte, bei denen die Verfahren nach Maßgabe der Rechtsverordnung nach § 37 Abs. 1 nicht durchgeführt wurden, in Deutschland befristet zulassen, wenn deren Anwendung im Interesse des Gesundheitsschutzes liegt. Die Zulassung kann auf begründeten Antrag verlängert werden.

(2) Medizinprodukte dürfen nur an den Anwender abgegeben werden, wenn die für ihn bestimmten Informationen in deutscher Sprache abgefasst sind. In begründeten Fällen kann eine andere für den Anwender des Medizinproduktes leicht verständliche Sprache vorgesehen oder die Unterrichtung des Anwenders durch andere Maßnahmen gewährleistet werden. Dabei müssen jedoch die sicherheitsbezogenen Informationen in deutscher Sprache oder in der Sprache des Anwenders vorliegen.

(3) Regelungen über die Verschreibungspflicht von Medizinprodukten können durch Rechtsverordnung nach § 37 Abs. 2, Regelungen über die Vertriebswege von Medizinprodukten durch Rechtsverordnung nach § 37 Abs. 3 getroffen werden.

(3a) In-vitro-Diagnostika zur Erkennung von HIV-Infektionen dürfen nur an

1. Ärzte,
2. ambulante und stationäre Einrichtungen im Gesundheitswesen, Großhandel und Apotheken,
3. Gesundheitsbehörden des Bundes, der Länder, der Gemeinden und Gemeindeverbände

abgegeben werden.

(4) Durch Rechtsverordnung nach § 37 Abs. 4 können Regelungen für Betriebe und Einrichtungen erlassen werden, die Medizinprodukte in Deutschland in den Verkehr bringen oder lagern.

§ 12 Sonderanfertigungen, Medizinprodukte aus Eigenherstellung, Medizinprodukte zur klinischen Prüfung oder für Leistungsbewertungszwecke, Ausstellen

(1) Sonderanfertigungen dürfen nur in den Verkehr gebracht oder in Betrieb genommen werden, wenn die Grundlegenden Anforderungen nach § 7, die auf sie unter Berücksichtigung ihrer Zweckbestimmung anwendbar sind, erfüllt sind und das für sie vorgesehene Konformitätsbewertungsverfahren nach Maßgabe der Rechtsverordnung nach § 37 Abs. 1 durchgeführt worden ist. Der Verantwortliche nach § 5 ist verpflichtet, der zuständigen Behörde auf Anforderung eine Liste der Sonderanfertigungen vorzulegen. Für die Inbetriebnahme von Medizinprodukten aus Eigenherstellung nach § 3 Nr. 21 und 22 finden die Vorschriften des Satzes 1 entsprechende Anwendung.

(2) Medizinprodukte, die zur klinischen Prüfung bestimmt sind, dürfen zu diesem Zwecke an Ärzte, Zahnärzte oder sonstige Personen, die auf Grund ihrer beruflichen Qualifikation zur Durchführung dieser Prüfungen befugt sind, nur abgegeben werden, wenn bei aktiven implantierbaren Medizinprodukten die Anforderungen der Nummer 3.2 Satz 1 und 2 des Anhangs 6 der Richtlinie 90/385/EWG und bei sonstigen Medizinprodukten die Anforderungen der Nummer 3.2 des Anhangs VIII der Richtlinie 93/42/EWG erfüllt sind. Der Sponsor der klinischen Prüfung muss die Dokumentation nach Nummer 3.2 des Anhangs 6 der Richtlinie 90/385/EWG mindestens 15 Jahre und die Dokumentation nach Nummer 3.2 des Anhangs VIII der Richtlinie 93/42/EWG mindestens fünf und im Falle von implantierbaren Medizinprodukten mindestens 15 Jahre nach Beendigung der Prüfung aufbewahren.

(3) In-vitro-Diagnostika für Leistungsbewertungsprüfungen dürfen zu diesem Zwecke an Ärzte, Zahnärzte oder sonstige Personen, die auf Grund ihrer beruflichen Qualifikation zur Durchführung dieser Prüfungen befugt sind, nur abgegeben werden, wenn die Anforderungen der Nummer 3 des Anhangs VIII der Richtlinie 98/79/EG erfüllt sind. Der Sponsor der Leistungsbewertungsprüfung muss die Dokumentation nach Nummer 3 des Anhangs VIII der Richtlinie 98/79/EG mindestens fünf Jahre nach Beendigung der Prüfung aufbewahren.

(4) Medizinprodukte, die nicht den Voraussetzungen nach § 6 Abs. 1 und 2 oder § 10 entsprechen, dürfen nur ausgestellt werden, wenn ein sichtbares Schild deutlich darauf hinweist, dass sie nicht den Anforderungen entsprechen und erst erworben werden können, wenn die Übereinstimmung hergestellt ist. Bei Vorführungen sind die erforderlichen Vorkehrungen zum Schutz von Personen zu treffen. Nach Satz 1 ausgestellte In-vitro-Diagnostika dürfen an Proben, die von einem Besucher der Ausstellung stammen, nicht angewendet werden.

§ 13 Klassifizierung von Medizinprodukten, Abgrenzung zu anderen Produkten

(1) Medizinprodukte mit Ausnahme der In-vitro-Diagnostika und der aktiven implantierbaren Medizinprodukte werden Klassen zugeordnet. Die Klassifizierung erfolgt nach den Klassifizierungsregeln des Anhangs IX der Richtlinie 93/42/EWG[2]

(2) Bei Meinungsverschiedenheiten zwischen dem Hersteller und einer Benannten Stelle über die Anwendung der vorgenannten Regeln hat die Benannte Stelle der zuständigen Bundesoberbehörde die Angelegenheit zur Entscheidung vorzulegen.

2) redaktioneller Hinweis:
Brustimplantate werden ab dem 1. September 2003 der Klasse III zugeordnet – vgl. § 8 MPV,
Gelenkersatz für Hüfte, Knie und Schulter werden ab dem 1. September 2007 der Klasse III zugeordnet – vgl. § 9 MPV.

(3) Die zuständige Bundesoberbehörde entscheidet ferner auf Antrag einer zuständigen Behörde oder des Herstellers über die Klassifizierung einzelner Medizinprodukte oder über die Abgrenzung von Medizinprodukten zu anderen Produkten.

(4) Die zuständige Behörde übermittelt alle Entscheidungen über die Klassifizierung von Medizinprodukten und zur Abgrenzung von Medizinprodukten zu anderen Produkten an das Deutsche Institut für Medizinische Dokumentation und Information zur zentralen Verarbeitung und Nutzung nach § 33 Abs . 1 Satz 1. Dies gilt für Entscheidungen der zuständigen Bundesoberbehörde nach Absatz 2 und 3 entsprechend.

§ 14 Errichten, Betreiben, Anwenden und Instandhalten von Medizinprodukten

Medizinprodukte dürfen nur nach Maßgabe der Rechtsverordnung nach § 37 Abs. 5 errichtet, betrieben, angewendet und in Stand gehalten werden. Sie dürfen nicht betrieben und angewendet werden, wenn sie Mängel aufweisen, durch die Patienten, Beschäftigte oder Dritte gefährdet werden können.

Dritter Abschnitt
Benannte Stellen und Bescheinigungen

§ 15 Benennung und Überwachung der Stellen, Anerkennung und Beauftragung von Prüflaboratorien

(1) Das Bundesministerium für Gesundheit teilt dem Bundesministerium für Wirtschaft und Technologie die von der zuständigen Behörde für die Durchführung von Aufgaben im Zusammenhang mit der Konformitätsbewertung nach Maßgabe der Rechtsverordnung nach § 37 Abs. 1 benannten Stellen und deren Aufgabengebiete mit, die von diesem an die Europäische Kommission und die anderen Vertragsstaaten des Abkommens über den Europäischen Wirtschaftsraum weitergeleitet werden. Bei der zuständigen Behörde kann ein Antrag auf Benennung als Benannte Stelle gestellt werden. Voraussetzung für die Benennung ist, dass die Befähigung der Stelle zur Wahrnehmung ihrer Aufgaben sowie die Einhaltung der Kriterien des Anhangs 8 der Richtlinie 90/385/EWG, des Anhangs XI der Richtlinie 93/42/EWG oder des Anhangs IX der Richtlinie 98/79/EG entsprechend den Verfahren, für die sie benannt werden soll, durch die zuständige Behörde in einem Benennungsverfahren festgestellt wurden. Von den Stellen, die den Kriterien entsprechen, welche in den zur Umsetzung der einschlägigen harmonisierten Normen erlassenen einzelstaatlichen Normen festgelegt sind, wird angenommen, dass sie den einschlägigen Kriterien entsprechen. Die Benennung kann unter Auflagen erteilt werden und ist zu befristen. Erteilung, Ablauf, Rücknahme, Widerruf und Erlöschen der Benennung sind dem Bundesministerium für Gesundheit unverzüglich anzuzeigen.

(2) Die zuständige Behörde überwacht die Einhaltung der in Absatz 1 für Benannte Stellen festgelegten Verpflichtungen und Anforderungen. Sie trifft die zur Beseitigung festgestellter Mängel oder zur Verhütung künftiger Verstöße notwendigen Anordnungen. Die Überwachung der Benannten Stellen, die an der Durchführung von Konformitätsbewertungsverfahren für Medizinprodukte, die ionisierende Strahlen erzeugen oder radioaktive Stoffe enthalten, beteiligt sind, wird insoweit im Auftrag des Bundes durch die Länder ausgeführt. Die zuständige Behörde kann von der Benannten Stelle und ihrem mit der Leitung und der Durchführung von Fachaufgaben beauftragten Personal die zur Erfüllung ihrer Überwachungsaufgaben erforderlichen Auskünfte und sonstige Unterstützung verlangen; sie ist befugt, die Benannte Stelle bei Überprüfungen zu begleiten. Ihre Beauftragten sind befugt, zu den Betriebs- und Geschäftszeiten Grundstücke und Geschäftsräume sowie Prüflaboratorien zu betreten und zu besichtigen und die Vorlage von Unterlagen insbesondere über die Erteilung der Bescheinigungen und zum Nachweis der Erfüllung der Anforderungen des Absatzes 1 Satz 2 zu verlangen. Das Betretungsrecht erstreckt sich auch auf Grundstücke des Herstellers, soweit die Überwachung dort erfolgt. § 26 Abs. 4 und 5 gilt entsprechend.

(3) Stellen, die der Europäischen Kommission und den anderen Mitgliedstaaten der Europäischen Union auf Grund eines Rechtsaktes des Rats oder der Europäischen Kommission von einem Vertragsstaat des Abkommens über den Europäischen Wirtschaftsraum mitgeteilt wurden, sind Benannten Stellen nach Absatz 1 gleichgestellt.

(4) Die deutschen Benannten Stellen werden mit ihren jeweiligen Aufgaben und ihrer Kennnummer von der zuständigen Behörde auf ihrer Internetseite bekannt gemacht.

(5) Soweit eine Benannte Stelle zur Erfüllung ihrer Aufgaben Prüflaboratorien beauftragt, muss sie sicherstellen, dass diese die Kriterien des Anhangs 8 der Richtlinie 90/385/EWG, des Anhangs XI der Richtlinie 93/42/EWG oder des Anhangs IX der Richtlinie 98/79/EG entsprechend den Verfahren, für die sie beauftragt werden sollen, erfüllen. Die Erfüllung der Mindestkriterien ist in einem Anerkennungsverfahren durch die zuständige Behörde festzustellen.

§ 15a Benennung und Überwachung von Konformitätsbewertungsstellen für Drittstaaten

(1) Mit der Benennung als Konformitätsbewertungsstelle für Drittstaaten ist eine natürliche oder juristische Person oder eine rechtsfähige Personengesellschaft befugt, Aufgaben der Konformitätsbewertung im Bereich der Medizinprodukte für den oder die genannten Drittstaaten im Rahmen des jeweiligen Abkommens der Europäischen Gemeinschaft oder der Europäischen Union mit dritten Staaten oder Organisationen nach Artikel 216 des Vertrages über die Arbeitsweise der Europäischen Union wahrzunehmen. § 15 Absatz 1 und 2 gelten entsprechend.

(2) Grundlage für die Benennung als Konformitätsbewertungsstelle für Drittstaaten ist ein von der zuständigen Behörde durchgeführtes Benennungsverfahren, mit dem die Befähigung der Stelle zur Wahrnehmung ihrer Aufgaben gemäß den entsprechenden sektoralen Anforderungen der jeweiligen Abkommen festgestellt wird.

(3) Die Benennung als Konformitätsbewertungsstelle für Drittstaaten kann unter Auflagen erteilt werden und ist zu befristen. Erteilung, Ablauf, Rücknahme, Widerruf und Erlöschen der Benennung sind dem Bundesministerium für Gesundheit sowie den in den jeweiligen Abkommen genannten Institutionen unverzüglich anzuzeigen.

§ 16 Erlöschen, Rücknahme, Widerruf und Ruhen der Benennung

(1) Die Benennung erlischt mit Fristablauf, mit der Einstellung des Betriebs der Benannten Stelle oder durch Verzicht. Die Einstellung oder der Verzicht sind der zuständigen Behörde unverzüglich schriftlich mitzuteilen.

(2) Die zuständige Behörde nimmt die Benennung zurück, soweit nachträglich bekannt wird, dass eine Benannte Stelle bei der Benennung nicht die Voraussetzungen für eine Benennung erfüllt hat; sie widerruft die Benennung, soweit die Voraussetzungen für eine Benennung nachträglich weggefallen sind. An Stelle des Widerrufs kann das Ruhen der Benennung angeordnet werden.

(3) In den Fällen der Absätze 1 und 2 ist die bisherige Benannte Stelle verpflichtet, alle einschlägigen Informationen und Unterlagen der Benannten Stelle zur Verfügung zu stellen, mit der der Hersteller die Fortführung der Konformitätsbewertungsverfahren vereinbart.

(4) Die zuständige Behörde teilt das Erlöschen, die Rücknahme und den Widerruf unverzüglich dem Bundesministerium für Gesundheit sowie den anderen zuständigen Behörden in Deutschland unter Angabe der Gründe und der für notwendig erachteten Maßnahmen mit. Das Bundesministerium für Gesundheit unterrichtet darüber unverzüglich das Bundesministerium für Wirtschaft und Technologie, das unverzüglich die Europäischen Kommission und die anderen Vertragsstaaten des Abkommens über den Europäischen Wirtschaftsraum unterrichtet. Erlöschen, Rücknahme und Widerruf einer Benennung sind von der zuständigen Behörde auf deren Internetseite bekannt zu machen.

(5) Absätze 1, 2 und 4 gelten für Konformitätsbewertungsstellen für Drittstaaten entsprechend.

§ 17 Geltungsdauer von Bescheinigungen der Benannten Stellen

(1) Soweit die von einer Benannten Stelle im Rahmen eines Konformitätsbewertungsverfahrens nach Maßgabe der Rechtsverordnung nach § 37 Abs. 1 erteilte Bescheinigung eine begrenzte Geltungsdauer hat, kann die Geltungsdauer auf Antrag um jeweils höchstens fünf Jahre verlängert werden. Sollte diese Benannte Stelle nicht mehr bestehen oder andere Gründe den Wechsel der

Benannten Stelle erfordern, kann der Antrag bei einer anderen Benannten Stelle gestellt werden.

(2) Mit dem Antrag auf Verlängerung ist ein Bericht einzureichen, der Angaben darüber enthält, ob und in welchem Umfang sich die Beurteilungsmerkmale für die Konformitätsbewertung seit der Erteilung oder Verlängerung der Konformitätsbescheinigung geändert haben. Soweit nichts anderes mit der Benannten Stelle vereinbart wurde, ist der Antrag spätestens sechs Monate vor Ablauf der Gültigkeitsfrist zu stellen.

§ 18 Einschränkung, Aussetzung und Zurückziehung von Bescheinigungen, Unterrichtungspflichten

(1) Stellt eine Benannte Stelle fest, dass die Voraussetzungen zur Ausstellung einer Bescheinigung vom Hersteller nicht oder nicht mehr erfüllt werden oder die Bescheinigung nicht hätte ausgestellt werden dürfen, schränkt sie unter Berücksichtigung des Grundsatzes der Verhältnismäßigkeit die ausgestellte Bescheinigung ein, setzt sie aus oder zieht sie zurück, es sei denn, dass der Verantwortliche durch geeignete Abhilfemaßnahmen die Übereinstimmung mit den Voraussetzungen gewährleistet. Die Benannte Stelle trifft die erforderlichen Maßnahmen unverzüglich.

(2) Vor der Entscheidung über eine Maßnahme nach Absatz 1 ist der Hersteller von der Benannten Stelle anzuhören, es sei denn, dass eine solche Anhörung angesichts der Dringlichkeit der zu treffenden Entscheidung nicht möglich ist.

(3) Die Benannte Stelle unterrichtet

1. unverzüglich das Deutsche Institut für Medizinische Dokumentation und Information über alle ausgestellten, geänderten, ergänzten und, unter Angabe der Gründe, über alle abgelehnten, eingeschränkten, zurückgezogenen, ausgesetzten und wieder eingesetzten Bescheinigungen; § 25 Abs . 5 und 6 gilt entsprechend,
2. unverzüglich die für sie zuständige Behörde in Fällen, in denen sich ein Eingreifen der zuständigen Behörde als erforderlich erweisen könnte,
3. auf Anfrage die anderen Benannten Stellen oder die zuständigen Behörden über ihre Bescheinigungen und stellt zusätzliche Informationen, soweit erforderlich, zur Verfügung,
4. auf Anfrage Dritte über Angaben in Bescheinigungen, die ausgestellt, geändert, ergänzt, ausgesetzt oder widerrufen wurden.

(4) Das Deutsche Institut für Medizinische Dokumentation und Information unterrichtet über eingeschränkte, verweigert, ausgesetzte, wieder eingesetzte und zurückgezogene Bescheinigungen elektronisch die für den Verantwortlichen nach § 5 zuständige Behörde, die zuständige Behörde des Bundes, die Europäische Kommission, die anderen Vertragsstaaten des Abkommens über den Europäischen

Wirtschaftsraum und gewährt den Benannten Stellen eine Zugriffsmöglichkeit auf diese Informationen.

Vierter Abschnitt
Klinische Bewertung, Leistungsbewertung, klinische Prüfung, Leistungsbewertungsprüfung

§ 19 Klinische Bewertung, Leistungsbewertung

(1) Die Eignung von Medizinprodukten für den vorgesehenen Verwendungszweck ist durch eine klinische Bewertung anhand von klinischen Daten nach § 3 Nummer 25 zu belegen, soweit nicht in begründeten Ausnahmefällen andere Daten ausreichend sind. Die klinische Bewertung schließt die Beurteilung von unerwünschten Wirkungen sowie die Annehmbarkeit des in den Grundlegenden Anforderungen der Richtlinien 90/ 385/EWG und 93/42/EWG genannten Nutzen-/Risiko-Verhältnisses ein. Die klinische Bewertung muss gemäß einem definierten und methodisch einwandfreien Verfahren erfolgen und gegebenenfalls einschlägige harmonisierte Normen berücksichtigen.

(2) Die Eignung von In-vitro-Diagnostika für den vorgesehenen Verwendungszweck ist durch eine Leistungsbewertung anhand geeigneter Daten zu belegen. Die Leistungsbewertung ist zu stützen auf

1. Daten aus der wissenschaftlichen Literatur, die die vorgesehene Anwendung des Medizinproduktes und die dabei zum Einsatz kommenden Techniken behandeln, sowie einen schriftlichen Bericht, der eine kritische Würdigung dieser Daten enthält, oder
2. die Ergebnisse aller Leistungsbewertungsprüfungen oder sonstigen geeigneten Prüfungen.

§ 20 Allgemeine Voraussetzungen zur klinischen Prüfung

(1) Mit der klinischen Prüfung eines Medizinproduktes darf in Deutschland erst begonnen werden, wenn die zuständige Ethik-Kommission diese nach Maßgabe des § 22 zustimmend bewertet und die zuständige Bundesoberbehörde nach Maßgabe des § 22a genehmigt hat. Bei klinischen Prüfungen von Medizinprodukten mit geringem Sicherheitsrisiko kann die zuständige Bundesoberbehörde von einer Genehmigung absehen. Das Nähere zu diesem Verfahren wird in einer Rechtsverordnung nach § 37 Absatz 2a geregelt. Die klinische Prüfung eines Medizinproduktes darf bei Menschen nur durchgeführt werden, wenn und solange

1. die Risiken, die mit ihr für die Person verbunden sind, bei der sie durchgeführt werden soll, gemessen an der voraussichtlichen Bedeutung des Medizinproduktes für die Heilkunde ärztlich vertretbar sind,

1a. ein Sponsor oder ein Vertreter des Sponsors vorhanden ist, der seinen Sitz in einem Mitgliedstaat der Europäischen Union oder in einem anderen Vertragsstaat des Abkommens über den Europäischen Wirtschaftsraum hat,

2. die Person, bei der sie durchgeführt werden soll, ihre Einwilligung hierzu erteilt hat, nachdem sie durch einen Arzt, bei für die Zahnheilkunde bestimmten Medizinprodukten auch durch einen Zahnarzt, über Wesen, Bedeutung und Tragweite der klinischen Prüfung aufgeklärt worden ist und mit dieser Einwilligung zugleich erklärt, dass sie mit der im Rahmen der klinischen Prüfung erfolgenden Aufzeichnung von Gesundheitsdaten und mit der Einsichtnahme zu Prüfungszwecken durch Beauftragte des Auftraggebers oder der zuständigen Behörde einverstanden ist,
3. die Person, bei der sie durchgeführt werden soll, nicht auf gerichtliche oder behördliche Anordnung in einer Anstalt verwahrt ist,
4. sie in einer geeigneten Einrichtung und einem angemessen qualifizierten Prüfer durchgeführt und von einem entsprechend qualifizierten und spezialisierten Arzt, bei für die Zahnheilkunde bestimmten Medizinprodukten auch von einem Zahnarzt, oder einer sonstigen entsprechend qualifizierten und befugten Person geleitet wird, die mindestens eine zweijährige Erfahrung in der klinischen Prüfung von Medizinprodukten nachweisen können,
5. soweit erforderlich, eine dem jeweiligen Stand der wissenschaftlichen Erkenntnisse entsprechende biologische Sicherheitsprüfung oder sonstige für die vorgesehene Zweckbestimmung des Medizinproduktes erforderliche Prüfung durchgeführt worden ist,
6. soweit erforderlich, die sicherheitstechnische Unbedenklichkeit für die Anwendung des Medizinproduktes unter Berücksichtigung des Standes der Technik sowie der Arbeitsschutz- und Unfallverhütungsvorschriften nachgewiesen wird,
7. die Prüfer der klinischen Prüfung über die Ergebnisse der biologischen Sicherheitsprüfung und der Prüfung der technischen Unbedenklichkeit sowie die voraussichtlich mit der klinischen Prüfung verbundenen Risiken informiert worden sind,
8. ein dem jeweiligen Stand der wissenschaftlichen Erkenntnisse entsprechender Prüfplan vorhanden ist und
9. für den Fall, dass bei der Durchführung der klinischen Prüfung ein Mensch getötet oder der Körper oder die Gesundheit eines Menschen verletzt oder beeinträchtigt wird, eine Versicherung nach Maßgabe des Absatzes 3 besteht, die auch Leistungen gewährt, wenn kein anderer für den Schaden haftet.

(2) Eine Einwilligung nach Absatz 1 Nr. 2 ist nur wirksam, wenn die Person, die sie abgibt,

1. geschäftsfähig und in der Lage ist, Wesen, Risiken, Bedeutung und Tragweite der klinischen Prüfung einzusehen und ihren Willen hiernach zu bestimmen, und
2. die Einwilligung selbst und schriftlich erteilt hat.

Eine Einwilligung kann jederzeit widerrufen werden.

(3) Die Versicherung nach Absatz 1 Nr. 9 muss zugunsten der von der klinischen Prüfung betroffenen Person bei einem in Deutschland zum Geschäftsbetrieb befugten Versicherer genommen werden. Ihr Umfang muss in einem angemessenen Verhältnis zu den mit der klinischen Prüfung verbundenen Risiken stehen und auf der Grundlage der Risikoabschätzung so festgelegt werden, dass für jeden Fall des Todes oder der dauernden Erwerbsunfähigkeit einer von der klinischen Prüfung betroffenen Person mindestens 500.000 Euro zur Verfügung stehen. Soweit aus der Versicherung geleistet wird, erlischt ein Anspruch auf Schadensersatz.

(4) Auf eine klinische Prüfung bei Minderjährigen finden die Absätze 1 bis 3 mit folgender Maßgabe Anwendung:

1. Das Medizinprodukt muss zum Erkennen oder zum Verhüten von Krankheiten bei Minderjährigen bestimmt sein.
2. Die Anwendung des Medizinproduktes muss nach den Erkenntnissen der medizinischen Wissenschaft angezeigt sein, um bei dem Minderjährigen Krankheiten zu erkennen oder ihn vor Krankheiten zu schützen.
3. Die klinische Prüfung an Erwachsenen darf nach den Erkenntnissen der medizinischen Wissenschaft keine ausreichenden Prüfergebnisse erwarten lassen.
4. Die Einwilligung wird durch den gesetzlichen Vertreter oder Betreuer abgegeben. Sie ist nur wirksam, wenn dieser durch einen Arzt, bei für die Zahnheilkunde bestimmten Medizinprodukten auch durch einen Zahnarzt, über Wesen, Bedeutung und Tragweite der klinischen Prüfung aufgeklärt worden ist. Ist der Minderjährige in der Lage, Wesen, Bedeutung und Tragweite der klinischen Prüfung einzusehen und seinen Willen hiernach zu bestimmen, so ist auch seine schriftliche Einwilligung erforderlich.

(5) Auf eine klinische Prüfung bei Schwangeren oder Stillenden finden die Absätze 1 bis 4 mit folgender Maßgabe Anwendung: Die klinische Prüfung darf nur durchgeführt werden, wenn

1. das Medizinprodukt dazu bestimmt ist, bei schwangeren oder stillenden Frauen oder bei einem ungeborenen Kind Krankheiten zu verhüten, zu erkennen, zu heilen oder zu lindern,
2. die Anwendung des Medizinproduktes nach den Erkenntnissen der medizinischen Wissenschaft angezeigt ist, um bei der schwangeren oder stillenden Frau oder bei einem ungeborenen Kind Krankheiten oder deren Verlauf zu erkennen, Krankheiten zu heilen oder zu lindern oder die

schwangere oder stillende Frau oder das ungeborene Kind vor Krankheiten zu schützen,

3. nach den Erkenntnissen der medizinischen Wissenschaft die Durchführung der klinischen Prüfung für das ungeborene Kind keine unvertretbaren Risiken erwarten lässt und
4. die klinische Prüfung nach den Erkenntnissen der medizinischen Wissenschaft nur dann ausreichende Prüfergebnisse erwarten lässt, wenn sie an schwangeren oder stillenden Frauen durchgeführt wird.

(6) (aufgehoben)

(7) (aufgehoben)

(8) (aufgehoben)

§ 21 Besondere Voraussetzungen zur klinischen Prüfung

Auf eine klinische Prüfung bei einer Person, die an einer Krankheit leidet, zu deren Behebung das zu prüfende Medizinprodukt angewendet werden soll, findet § 20 Abs. 1 bis 3 mit folgender Maßgabe Anwendung:

1. Die klinische Prüfung darf nur durchgeführt werden, wenn die Anwendung des zu prüfenden Medizinproduktes nach den Erkenntnissen der medizinischen Wissenschaft angezeigt ist, um das Leben des Kranken zu retten, seine Gesundheit wiederherzustellen oder sein Leiden zu erleichtern.
2. Die klinische Prüfung darf auch bei einer Person, die geschäftsunfähig oder in der Geschäftsfähigkeit beschränkt ist, durchgeführt werden. Sie bedarf der Einwilligung des gesetzlichen Vertreters. Daneben bedarf es auch der Einwilligung des Vertretenen, wenn er in der Lage ist, Wesen, Bedeutung und Tragweite der klinischen Prüfung einzusehen und seinen Willen hiernach zu bestimmen.
3. Die Einwilligung des gesetzlichen Vertreters ist nur wirksam, wenn dieser durch einen Arzt, bei für die Zahnheilkunde bestimmten Medizinprodukten auch durch einen Zahnarzt, über Wesen, Bedeutung und Tragweite der klinischen Prüfung aufgeklärt worden ist. Auf den Widerruf findet § 20 Abs. 2 Satz 2 Anwendung. Der Einwilligung des gesetzlichen Vertreters bedarf es so lange nicht, als eine Behandlung ohne Aufschub erforderlich ist, um das Leben des Kranken zu retten, seine Gesundheit wiederherzustellen oder sein Leiden zu erleichtern, und eine Erklärung über die Einwilligung nicht herbeigeführt werden kann.
4. Die Einwilligung des Kranken oder des gesetzlichen Vertreters ist auch wirksam, wenn sie mündlich gegenüber dem behandelnden Arzt, bei für die Zahnheilkunde bestimmten Medizinprodukten auch gegenüber dem behandelnden Zahnarzt, in Gegenwart eines Zeugen abgegeben wird, der auch bei der Information der betroffenen Person einbezogen war. Der Zeuge darf keine bei der Prüfstelle beschäftigte Person und kein Mitglied

der Prüfgruppe sein. Die mündlich erteilte Einwilligung ist schriftlich zu dokumentieren, zu datieren und von dem Zeugen zu unterschreiben.

5. (aufgehoben)

§ 22 Verfahren bei der Ethik-Kommission

(1) Die nach § 20 Absatz 1 Satz 1 erforderliche zustimmende Bewertung der Ethik-Kommission ist vom Sponsor bei der nach Landesrecht für den Prüfer zuständigen unabhängigen interdisziplinär besetzten Ethik-Kommission zu beantragen. Wird die klinische Prüfung von mehreren Prüfern durchgeführt, so ist der Antrag bei der für den Hauptprüfer oder Leiter der klinischen Prüfung zuständigen unabhängigen Ethik-Kommission zu stellen. Bei multizentrischen klinischen Prüfungen genügt ein Votum. Das Nähere zur Bildung, Zusammensetzung und Finanzierung der Ethik-Kommission wird durch Landesrecht bestimmt. Der Sponsor hat der Ethik-Kommission alle Angaben und Unterlagen vorzulegen, die diese zur Bewertung benötigt. Zur Bewertung der Unterlagen kann die Ethik-Kommission eigene wissenschaftliche Erkenntnisse verwerten, Sachverständige beiziehen oder Gutachten anfordern. Sie hat Sachverständige beizuziehen oder Gutachten anzufordern, wenn es sich um eine klinische Prüfung bei Minderjährigen handelt und sie nicht über eigene Fachkenntnisse auf dem Gebiet der Kinderheilkunde, einschließlich ethischer und psychosozialer Fragen der Kinderheilkunde, verfügt. Das Nähere zum Verfahren wird in einer Rechtsverordnung nach § 37 Absatz 2a geregelt.

(2) Die Ethik-Kommission hat die Aufgabe, den Prüfplan und die erforderlichen Unterlagen, insbesondere nach ethischen und rechtlichen Gesichtspunkten, zu beraten und zu prüfen, ob die Voraussetzungen nach § 20 Absatz 1 Satz 4 Nummer 1 bis 4 und 7 bis 9 sowie Absatz 4 und 5 und nach § 21 erfüllt werden.

(3) Die zustimmende Bewertung darf nur versagt werden, wenn

1. die vorgelegten Unterlagen auch nach Ablauf einer dem Sponsor gesetzten angemessenen Frist zur Ergänzung unvollständig sind,
2. die vorgelegten Unterlagen einschließlich des Prüfplans, der Prüferinformation und der Modalitäten für die Auswahl der Probanden nicht dem Stand der wissenschaftlichen Erkenntnisse entsprechen, insbesondere die klinische Prüfung ungeeignet ist, den Nachweis der Unbedenklichkeit, Leistung oder Wirkung des Medizinproduktes zu erbringen, oder
3. die in § 20 Absatz 1 Satz 4 Nummer 1 bis 4 und 7 bis 9 sowie Absatz 4 und 5 und die in § 21 genannten Anforderungen nicht erfüllt sind.

(4) Die Ethik-Kommission hat eine Entscheidung über den Antrag nach Absatz 1 innerhalb einer Frist von 60 Tagen nach Eingang der erforderlichen Unterlagen zu übermitteln. Sie unterrichtet zusätzlich die zuständige Bundesoberbehörde über die Entscheidung.

§ 22a Genehmigungsverfahren bei der Bundesoberbehörde

(1) Die nach § 20 Absatz 1 Satz 1 erforderliche Genehmigung ist vom Sponsor bei der zuständigen Bundesoberbehörde zu beantragen. Der Antrag muss, jeweils mit Ausnahme der Stellungnahme der beteiligten Ethik-Kommission, bei aktiven implantierbaren Medizinprodukten die Angaben nach Nummer 2.2 des Anhangs 6 der Richtlinie 90/385/EWG und bei sonstigen Medizinprodukten die Angaben nach Nummer 2.2 des Anhangs VIII der Richtlinie 93/42/EWG enthalten. Zusätzlich hat der Sponsor alle Angaben und Unterlagen vorzulegen, die die zuständige Bundesoberbehörde zur Bewertung benötigt. Die Stellungnahme der Ethik-Kommission ist nachzureichen. Das Nähere zum Verfahren wird in einer Rechtsverordnung nach § 37 Absatz 2a geregelt.

(2) Die zuständige Bundesoberbehörde hat die Aufgabe, den Prüfplan und die erforderlichen Unterlagen, insbesondere nach wissenschaftlichen und technischen Gesichtspunkten zu prüfen, ob die Voraussetzungen nach § 20 Absatz 1 Satz 4 Nummer 1, 5, 6 und 8 erfüllt werden.

(3) Die Genehmigung darf nur versagt werden, wenn

1. die vorgelegten Unterlagen auch nach Ablauf einer dem Sponsor gesetzten angemessenen Frist zur Ergänzung unvollständig sind,
2. das Medizinprodukt oder die vorgelegten Unterlagen, insbesondere die Angaben zum Prüfplan einschließlich der Prüferinformation nicht dem Stand der wissenschaftlichen Erkenntnisse entsprechen, insbesondere die klinische Prüfung ungeeignet ist, den Nachweis der Unbedenklichkeit, Leistung oder Wirkung des Medizinproduktes zu erbringen oder
3. die in § 20 Absatz 1 Satz 4 Nummer 1, 5, 6 und 8 genannten Anforderungen nicht erfüllt sind.

(4) Die Genehmigung gilt als erteilt, wenn die zuständige Bundesoberbehörde dem Sponsor innerhalb von 30 Tagen nach Eingang der Antragsunterlagen keine mit Gründen versehenen Einwände übermittelt. Wenn der Sponsor auf mit Gründen versehene Einwände den Antrag nicht innerhalb einer Frist von 90 Tagen entsprechend abgeändert hat, gilt der Antrag als abgelehnt.

(5) Nach einer Entscheidung der zuständigen Bundesoberbehörde über den Genehmigungsantrag oder nach Ablauf der Frist nach Absatz 4 Satz 2 ist das Einreichen von Unterlagen zur Mängelbeseitigung ausgeschlossen.

(6) Die zuständige Bundesoberbehörde unterrichtet die zuständigen Behörden über genehmigte und abgelehnte klinische Prüfungen und Bewertungen der Ethik-Kommissionen und informiert die zuständigen Behörden der anderen Vertragsstaaten des Europäischen Wirtschaftsraums und die Europäische Kommission über abgelehnte klinische Prüfungen. Die Unterrichtung erfolgt automatisch über das Informationssystem des Deutschen Instituts für Medizinische Dokumentation und Information. § 25 Absatz 5 und 6 gilt entsprechend.

(7) Die für die Genehmigung einer klinischen Prüfung zuständige Bundesoberbehörde unterrichtet die zuständige Ethik-Kommission, sofern ihr Informationen zu anderen klinischen Prüfungen vorliegen, die für die Bewertung der von der Ethik-Kommission begutachteten Prüfung von Bedeutung sind; dies gilt insbesondere für Informationen über abgebrochene oder sonst vorzeitig beendete Prüfungen. Dabei unterbleibt die Übermittlung personenbezogener Daten, ferner sind Betriebs- und Geschäftsgeheimnisse dabei zu wahren. Absatz 6 Satz 2 und 3 gilt entsprechend.

§ 22b Rücknahme, Widerruf und Ruhen der Genehmigung oder der zustimmenden Bewertung

(1) Die Genehmigung nach § 22a ist zurückzunehmen, wenn bekannt wird, dass ein Versagungsgrund nach § 22a Absatz 3 bei der Erteilung vorgelegen hat. Sie ist zu widerrufen, wenn nachträglich Tatsachen eintreten, die die Versagung nach § 22a Absatz 3 Nummer 2 oder Nummer 3 rechtfertigen würden. In den Fällen des Satzes 1 kann auch das Ruhen der Genehmigung befristet angeordnet werden.

(2) Die zuständige Bundesoberbehörde kann die Genehmigung widerrufen, wenn die Gegebenheiten der klinischen Prüfung nicht mit den Angaben im Genehmigungsantrag übereinstimmen oder wenn Tatsachen Anlass zu Zweifeln an der Unbedenklichkeit oder der wissenschaftlichen Grundlage der klinischen Prüfung geben. In diesem Fall kann auch das Ruhen der Genehmigung befristet angeordnet werden.

(3) Vor einer Entscheidung nach den Absätzen 1 und 2 ist dem Sponsor Gelegenheit zur Stellungnahme innerhalb einer Frist von einer Woche zu geben. § 28 Absatz 2 Nummer 1 des Verwaltungsverfahrensgesetzes gilt entsprechend. Ordnet die zuständige Bundesoberbehörde den Widerruf, die Rücknahme oder das Ruhen der Genehmigung mit sofortiger Wirkung an, so übermittelt sie diese Anordnung unverzüglich dem Sponsor. Widerspruch und Anfechtungsklage haben keine aufschiebende Wirkung.

(4) Ist die Genehmigung einer klinischen Prüfung zurückgenommen oder widerrufen oder ruht sie, so darf die klinische Prüfung nicht fortgesetzt werden.

(5) Die zustimmende Bewertung durch die zuständige Ethik-Kommission ist zurückzunehmen, wenn die Ethik-Kommission nachträglich Kenntnis erlangt, dass ein Versagungsgrund nach § 22 Absatz 3 vorgelegen hat; sie ist zu widerrufen, wenn die Ethik-Kommission nachträglich Kenntnis erlangt, dass

1. die Anforderungen an die Eignung des Prüfers und der Prüfstelle nicht gegeben sind,
2. keine ordnungsgemäße Probandenversicherung besteht,
3. die Modalitäten für die Auswahl der Prüfungsteilnehmer nicht dem Stand der medizinischen Erkenntnisse entsprechen, insbesondere die klinische Prüfung ungeeignet ist, den Nachweis der Unbedenklichkeit, Leistung oder Wirkung des Medizinproduktes zu erbringen,

4. die Voraussetzungen für die Einbeziehung von Personen nach § 20 Absatz 4 und 5 oder § 21 nicht gegeben sind.

Die Absätze 3 und 4 gelten entsprechend. Die zuständige Ethik-Kommission unterrichtet unter Angabe von Gründen unverzüglich die zuständige Bundesoberbehörde und die anderen für die Überwachung zuständigen Behörden.

(6) Wird die Genehmigung einer klinischen Prüfung zurückgenommen, widerrufen oder das Ruhen einer Genehmigung angeordnet, so informiert die zuständige Bundesoberbehörde die zuständigen Behörden und die Behörden der anderen betroffenen Mitgliedstaaten des Europäischen Wirtschaftsraums über die getroffene Maßnahme und deren Gründe. § 22a Absatz 6 Satz 2 und 3 gilt entsprechend.

§ 22c Änderungen nach Genehmigung von klinischen Prüfungen

(1) Der Sponsor zeigt jede Änderung der Dokumentation der zuständigen Bundesoberbehörde an.

(2) Beabsichtigt der Sponsor nach Genehmigung der klinischen Prüfung eine wesentliche Änderung, so beantragt er unter Angabe des Inhalts und der Gründe der Änderung

1. bei der zuständigen Bundesoberbehörde eine Begutachtung und
2. bei der zuständigen Ethik-Kommission eine Bewertung.

(3) Als wesentlich gelten insbesondere Änderungen, die

1. sich auf die Sicherheit der Probanden auswirken können,
2. die Auslegung der Dokumente beeinflussen, auf die die Durchführung der klinischen Prüfung gestützt wird oder
3. die anderen von der Ethik-Kommission beurteilten Anforderungen beeinflussen.

(4) Die Ethik-Kommission nimmt innerhalb von 30 Tagen nach Eingang des Änderungsantrags dazu Stellung. § 22 Absatz 4 Satz 2 gilt entsprechend.

(5) Stimmt die Ethik-Kommission dem Antrag zu und äußert die zuständige Bundesoberbehörde innerhalb von 30 Tagen nach Eingang des Änderungsantrags keine Einwände, so kann der Sponsor die klinische Prüfung nach dem geänderten Prüfplan durchführen. Im Falle von Auflagen muss der Sponsor diese beachten und die Dokumentation entsprechend anpassen oder seinen Änderungsantrag zurückziehen. § 22a Absatz 6 gilt entsprechend. Für Rücknahme, Widerruf und Ruhen der Genehmigung der Bundesoberbehörde nach Satz 1 findet § 22b entsprechende Anwendung.

(6) Werden wesentliche Änderungen auf Grund von Maßnahmen der zuständigen Bundesoberbehörde an einer klinischen Prüfung veranlasst, so informiert die zuständige Bundesoberbehörde die zuständigen Behörden und die zuständigen Behörden der anderen betroffenen Vertragsstaaten des Abkommens über den

Europäischen Wirtschaftsraum über die getroffene Maßnahme und deren Gründe. § 22a Absatz 6 Satz 2 und 3 gilt entsprechend.

§ 23 Durchführung der klinischen Prüfung

Neben den §§ 20 bis 22c gelten für die Durchführung klinischer Prüfungen von aktiven implantierbaren Medizinprodukten auch die Bestimmungen der Nummer 2.3 des Anhangs 7 der Richtlinie 90/385/EWG und für die Durchführung klinischer Prüfungen von sonstigen Medizinprodukten die Bestimmungen der Nummer 2.3 des Anhangs X der Richtlinie 93/42/EWG.

§ 23a Meldungen über Beendigung oder Abbruch von klinischen Prüfungen

(1) Innerhalb von 90 Tagen nach Beendigung einer klinischen Prüfung meldet der Sponsor der zuständigen Bundesoberbehörde die Beendigung der klinischen Prüfung.

(2) Beim Abbruch der klinischen Prüfung verkürzt sich diese Frist auf 15 Tage. In der Meldung sind alle Gründe für den Abbruch anzugeben.

(3) Der Sponsor reicht der zuständigen Bundesoberbehörde innerhalb von zwölf Monaten nach Abbruch oder Abschluss der klinischen Prüfung den Schlussbericht ein.

(4) Im Falle eines Abbruchs der klinischen Prüfung aus Sicherheitsgründen informiert die zuständige Bundesoberbehörde alle zuständigen Behörden, die Behörden der Mitgliedstaaten des Europäischen Wirtschaftsraums und die Europäische Kommission. § 22a Absatz 6 Satz 2 und 3 gilt entsprechend.

§ 23b Ausnahmen zur klinischen Prüfung

Die §§ 20 bis 23a sind nicht anzuwenden, wenn eine klinische Prüfung mit Medizinprodukten durchgeführt wird, die nach den §§ 6 und 10 die CE-Kennzeichnung tragen dürfen, es sei denn, diese Prüfung hat eine andere Zweckbestimmung des Medizinproduktes zum Inhalt oder es werden zusätzlich invasive oder andere belastende Untersuchungen durchgeführt.

§ 24 Leistungsbewertungsprüfung

Auf Leistungsbewertungsprüfungen von In-vitro-Diagnostika sind die §§ 20 bis 23b entsprechend anzuwenden, wenn

1. eine invasive Probenahme ausschließlich oder in erheblicher zusätzlicher Menge zum Zwecke der Leistungsbewertung eines In-vitro-Diagnostikums erfolgt oder
2. im Rahmen der Leistungsbewertungsprüfung zusätzlich invasive oder andere belastende Untersuchungen durchgeführt werden oder
3. die im Rahmen der Leistungsbewertung erhaltenen Ergebnisse für die Diagnostik verwendet werden sollen, ohne dass sie mit etablierten Verfahren bestätigt werden können.

In den übrigen Fällen ist die Einwilligung der Person, von der die Proben entnommen werden, erforderlich, soweit das Persönlichkeitsrecht oder kommerzielle Interessen dieser Person berührt sind.

Fünfter Abschnitt
Überwachung und Schutz vor Risiken

§ 25 Allgemeine Anzeigepflicht

(1) Wer als Verantwortlicher im Sinne von § 5 Satz 1 und 2 seinen Sitz in Deutschland hat und Medizinprodukte mit Ausnahme derjenigen nach § 3 Nr. 8 erstmalig in den Verkehr bringt, hat dies vor Aufnahme der Tätigkeit unter Angabe seiner Anschrift der zuständigen Behörde anzuzeigen; dies gilt entsprechend für Betriebe und Einrichtungen, die Medizinprodukte, die bestimmungsgemäß keimarm oder steril zur Anwendung kommen, ausschließlich für andere aufbereiten.

(2) Wer Systeme oder Behandlungseinheiten nach § 10 Abs. 1 zusammensetzt oder diese sowie Medizinprodukte nach § 10 Abs. 3 sterilisiert und seinen Sitz in Deutschland hat, hat der zuständigen Behörde unter Angabe seiner Anschrift vor Aufnahme der Tätigkeit die Bezeichnung sowie bei Systemen oder Behandlungseinheiten die Beschreibung der betreffenden Medizinprodukte anzuzeigen.

(3) Wer als Verantwortlicher nach § 5 Satz 1 und 2 seinen Sitz in Deutschland hat und In-vitro-Diagnostika erstmalig in Verkehr bringt, hat der zuständigen Behörde unter Angabe seiner Anschrift vor Aufnahme der Tätigkeit anzuzeigen:

1. die die gemeinsamen technologischen Merkmale und Analyten betreffenden Angaben zu Reagenzien, Medizinprodukten mit Reagenzien und Kalibrier- und Kontrollmaterialien sowie bei sonstigen In-vitro-Diagnostika die geeigneten Angaben,
2. im Falle der In-vitro-Diagnostika gemäß Anhang II der Richtlinie 98/79/EG und der In-vitro-Diagnostika zur Eigenanwendung alle Angaben, die eine Identifizierung dieser In-vitro-Diagnostika ermöglichen, die analytischen und gegebenenfalls diagnostischen Leistungsdaten gemäß Anhang I Abschnitt A Nummer 3 der Richtlinie 98/79/EG, die Ergebnisse der Leistungsbewertung sowie Angaben zu Bescheinigungen,
3. bei einem „neuen In-vitro-Diagnostikum“ im Sinne von § 3 Nr. 6 zusätzlich die Angabe, dass es sich um ein „neues In-vitro-Diagnostikum“ handelt.

(4) Nachträgliche Änderungen der Angaben nach den Absätzen 1 bis 3 sowie eine Einstellung des Inverkehrbringens sind unverzüglich anzuzeigen.

(5) Die zuständige Behörde übermittelt die Daten gemäß den Absätzen 1 bis 4 dem Deutschen Institut für medizinische Dokumentation und Information zur zentralen Verarbeitung und Nutzung nach § 33. Dieses unterrichtet auf Anfrage die Europäische Kommission und die anderen Vertragsstaaten des Abkommens über den Europäischen Wirtschaftsraum über Anzeigen nach den Absätzen 1 bis 4.

(6) Näheres zu den Absätzen 1 bis 5 regelt die Rechtsverordnung nach § 37 Abs. 8.

§ 26 Durchführung der Überwachung

(1) Betriebe und Einrichtungen mit Sitz in Deutschland, in denen Medizinprodukte hergestellt, klinisch geprüft, einer Leistungsbewertungsprüfung unterzogen, verpackt, ausgestellt, in den Verkehr gebracht, errichtet, betrieben, angewendet oder Medizinprodukte, die bestimmungsgemäß keimarm oder steril zur Anwendung kommen, aufbereitet werden, unterliegen insoweit der Überwachung durch die zuständigen Behörden. Dies gilt auch für Sponsoren und für Personen, die die in Satz 1 genannten Tätigkeiten geschäftsmäßig ausüben, sowie für Personen oder Personenvereinigungen, die Medizinprodukte für andere sammeln.

(2) Die zuständige Behörde hat sich davon zu überzeugen, dass die Vorschriften über Medizinprodukte und die Werbung auf dem Gebiet des Heilwesens beachtet werden. Sie prüft in angemessenem Umfang unter besonderer Berücksichtigung möglicher Risiken, ob die Voraussetzungen zum Inverkehrbringen, zur Inbetriebnahme, zum Errichten, Betreiben und Anwenden erfüllt sind. Satz 2 gilt entsprechend für die Überwachung von klinischen Prüfungen und von Leistungsbewertungsprüfungen sowie für die Überwachung der Aufbereitung von Medizinprodukten, die bestimmungsgemäß keimarm oder steril angewendet werden. Die zuständige Behörde ergreift die Maßnahmen, die notwendig sind, um festgestellte Verstöße zu beseitigen und künftigen Verstößen vorzubeugen. Sie kann bei hinreichenden Anhaltspunkten für eine unrechtmäßige CE-Kennzeichnung oder eine von dem Medizinprodukt ausgehende Gefahr verlangen, dass der Verantwortliche im Sinne von § 5 das Medizinprodukt von einem Sachverständigen überprüfen lässt. Bei einem In-vitro-Diagnostikum nach § 3 Nummer 6 kann sie zu jedem Zeitpunkt innerhalb von zwei Jahren nach der Anzeige nach § 25 Absatz 3 und danach in begründeten Fällen die Vorlage eines Berichts über die Erkenntnisse aus den Erfahrungen mit dem neuen In-vitro-Diagnostikum nach dessen erstmaligem Inverkehrbringen verlangen.

(2a) Die zuständigen Behörden müssen über die zur Erfüllung ihrer Aufgaben notwendige personelle und sachliche Ausstattung verfügen sowie für eine dem allgemein anerkannten Stand der Wissenschaft und Technik entsprechende regelmäßige Fortbildung der überwachenden Mitarbeiter sorgen.

(2b) Die Einzelheiten zu den Absätzen 1 bis 2a, insbesondere zur Durchführung und Qualitätssicherung der Überwachung, regelt eine allgemeine Verwaltungsvorschrift nach § 37a.

(3) Die mit der Überwachung beauftragten Personen sind befugt,

1. Grundstücke, Geschäftsräume, Betriebsräume, Beförderungsmittel und zur Verhütung drohender Gefahr für die öffentliche Sicherheit und Ordnung auch Wohnräume zu den üblichen Geschäftszeiten zu betreten und zu

besichtigen, in denen eine Tätigkeit nach Absatz 1 ausgeübt wird; das Grundrecht der Unverletzlichkeit der Wohnung (Artikel 13 des Grundgesetzes) wird insoweit eingeschränkt,

2. Medizinprodukte zu prüfen, insbesondere hierzu in Betrieb nehmen zu lassen, sowie Proben unentgeltlich zu entnehmen,
3. Unterlagen über die Entwicklung, Herstellung, Prüfung, klinische Prüfung, Leistungsbewertungsprüfung oder Erwerb, Aufbereitung, Lagerung, Verpackung, Inverkehrbringen und sonstigen Verbleib der Medizinprodukte sowie über das im Verkehr befindliche Werbematerial einzusehen und hieraus in begründeten Fällen Abschriften oder Ablichtungen anzufertigen,
4. alle erforderlichen Auskünfte, insbesondere über die in Nummer 3 genannten Betriebsvorgänge, zu verlangen.

(4) Wer der Überwachung nach Absatz 1 unterliegt, hat Maßnahmen nach Absatz 3 Satz 1 Nr. 1 bis 3 zu dulden und die beauftragten Personen sowie die sonstigen in der Überwachung tätigen Personen bei der Erfüllung ihrer Aufgaben zu unterstützen. Dies beinhaltet insbesondere die Verpflichtung, diesen Personen die Medizinprodukte zugänglich zu machen, erforderliche Prüfungen zu gestatten, hierfür benötigte Mitarbeiter und Hilfsmittel bereitzustellen, Auskünfte zu erteilen und Unterlagen vorzulegen.

(5) Der im Rahmen der Überwachung zur Auskunft Verpflichtete kann die Auskunft auf solche Fragen verweigern, deren Beantwortung ihn selbst oder einen seiner in § 383 Abs. 1 Nr. 1 bis 3 der Zivilprozessordnung bezeichneten Angehörigen der Gefahr strafrechtlicher Verfolgung oder eines Verfahrens nach dem Gesetz über Ordnungswidrigkeiten aussetzen würde.

(6) Sachverständige, die im Rahmen des Absatzes 2 prüfen, müssen die dafür notwendige Sachkenntnis besitzen. Die Sachkenntnis kann auch durch ein Zertifikat einer von der zuständigen Behörde akkreditierten Stelle nachgewiesen werden.

(7) Die zuständige Behörde unterrichtet auf Anfrage das Bundesministerium für Gesundheit sowie die zuständigen Behörden der anderen Vertragsstaaten des Abkommens über den Europäischen Wirtschaftsraum über durchgeführte Überprüfungen, deren Ergebnisse sowie die getroffenen Maßnahmen.

§ 27 Verfahren bei unrechtmäßiger und unzulässiger Anbringung der CE-Kennzeichnung

(1) Stellt die zuständige Behörde fest, dass die CE-Kennzeichnung auf einem Medizinprodukt unrechtmäßig angebracht worden ist, ist der Verantwortliche nach § 5 verpflichtet, die Voraussetzungen für das rechtmäßige Anbringen der CE-Kennzeichnung nach Weisung der zuständigen Behörde zu erfüllen. Werden diese Voraussetzungen nicht erfüllt, so hat die zuständige Behörde das Inverkehrbringen dieses Medizinproduktes einzuschränken, von der Einhaltung bestimmter Auflagen

abhängig zu machen, zu untersagen oder zu veranlassen, dass das Medizinprodukt vom Markt genommen wird. Sie unterrichtet davon die übrigen zuständigen Behörden in Deutschland und das Bundesministerium für Gesundheit, das die Europäischen Kommission und die anderen Vertragsstaaten des Abkommens über den Europäischen Wirtschaftsraum hiervon unterrichtet.

(2) Trägt ein Produkt unzulässigerweise die CE-Kennzeichnung als Medizinprodukt, trifft die zuständige Behörde die erforderlichen Maßnahmen nach Absatz 1 Satz 2. Absatz 1 Satz 3 gilt entsprechend.

§ 28 Verfahren zum Schutze vor Risiken

(1) Die nach diesem Gesetz zuständige Behörde trifft alle erforderlichen Maßnahmen zum Schutz der Gesundheit und zur Sicherheit von Patienten, Anwendern und Dritten vor Gefahren durch Medizinprodukte, soweit nicht das Atomgesetz oder eine darauf gestützte Rechtsverordnung für Medizinprodukte, die ionisierende Strahlen erzeugen oder radioaktive Stoffe enthalten, für die danach zuständige Behörde entsprechende Befugnisse vorsieht.

(2) Die zuständige Behörde ist insbesondere befugt, Anordnungen, auch über die Schließung des Betriebs oder der Einrichtung, zu treffen, soweit es zur Abwehr einer drohenden Gefahr für die öffentliche Gesundheit, Sicherheit oder Ordnung geboten ist. Sie kann das Inverkehrbringen, die Inbetriebnahme, das Betreiben, die Anwendung der Medizinprodukte sowie den Beginn oder die weitere Durchführung der klinischen Prüfung oder der Leistungsbewertungsprüfung untersagen, beschränken oder von der Einhaltung bestimmter Auflagen abhängig machen oder den Rückruf oder die Sicherstellung der Medizinprodukte anordnen. Sie unterrichtet hiervon die übrigen zuständigen Behörden in Deutschland, die zuständige Bundesoberbehörde und das Bundesministerium für Gesundheit.

(3) Stellt die zuständige Behörde fest, dass CE-gekennzeichnete Medizinprodukte oder Sonderanfertigungen die Gesundheit oder Sicherheit von Patienten, Anwendern oder Dritten oder deren Eigentum gefährden können, auch wenn sie sachgemäß installiert, in Stand gehalten oder ihrer Zweckbestimmung entsprechend angewendet werden und trifft sie deshalb Maßnahmen mit dem Ziel, das Medizinprodukt vom Markt zu nehmen oder das Inverkehrbringen oder die Inbetriebnahme zu verbieten oder einzuschränken, teilt sie diese umgehend unter Angabe von Gründen dem Bundesministerium für Gesundheit zur Einleitung eines Schutzklauselverfahrens nach Artikel 7 der Richtlinie 90/385/EWG, Artikel 8 der Richtlinie 93/42/EWG oder Artikel 8 der Richtlinie 98/79/EG mit. In den Gründen ist insbesondere anzugeben, ob die Nichtübereinstimmung mit den Vorschriften dieses Gesetzes zurückzuführen ist auf

1. die Nichteinhaltung der Grundlegenden Anforderungen,
2. eine unzulängliche Anwendung harmonisierter Normen oder Gemeinsamer Technischer Spezifikationen, sofern deren Anwendung behauptet wird, oder

3. einen Mangel der harmonisierten Normen oder Gemeinsamen Technischen Spezifikationen selbst.

(4) Die zuständige Behörde kann veranlassen, dass alle, die einer von einem Medizinprodukt ausgehenden Gefahr ausgesetzt sein können, rechtzeitig in geeigneter Form auf diese Gefahr hingewiesen werden. Eine hoheitliche Warnung der Öffentlichkeit ist zulässig, wenn bei Gefahr im Verzug andere ebenso wirksame Maßnahmen nicht oder nicht rechtzeitig getroffen werden können.

(5) Maßnahmen nach Artikel 14b der Richtlinie 93/42/EWG und Artikel 13 der Richtlinie 98/79/EG trifft das Bundesministerium für Gesundheit durch Rechtsverordnung nach § 37 Abs. 6.

§ 29 Medizinprodukte-Beobachtungs- und -Meldesystem

(1) Die zuständige Bundesoberbehörde hat, soweit nicht eine oberste Bundesbehörde im Vollzug des Atomgesetzes oder der auf Grund dieses Gesetzes erlassenen Rechtsverordnungen zuständig ist, zur Verhütung einer Gefährdung der Gesundheit oder der Sicherheit von Patienten, Anwendern oder Dritten die bei der Anwendung oder Verwendung von Medizinprodukten auftretenden Risiken, insbesondere Nebenwirkungen, wechselseitige Beeinflussung mit anderen Stoffen oder Produkten, Gegenanzeigen, Verfälschungen, Funktionsfehler, Fehlfunktionen und technische Mängel zentral zu erfassen, auszuwerten und zu bewerten. Sie hat die zu ergreifenden Maßnahmen zu koordinieren, insbesondere, soweit sie alle schwerwiegenden unerwünschten Ereignisse während klinischer Prüfungen oder Leistungsbewertungsprüfungen von In-vitro-Diagnostika oder folgende Vorkommnisse betreffen:

1. jede Funktionsstörung, jeden Ausfall oder jede Änderung der Merkmale oder der Leistung eines Medizinproduktes sowie jede Unsachgemäßheit der Kennzeichnung oder Gebrauchsanweisung, die direkt oder indirekt zum Tod oder zu einer schwerwiegenden Verschlechterung des Gesundheitszustandes eines Patienten oder eines Anwenders oder einer anderen Person geführt haben oder hätten führen können,
2. jeden Grund technischer oder medizinischer Art, der auf Grund der in Nummer 1 genannten Ursachen durch die Merkmale und die Leistungen eines Medizinprodukts bedingt ist und zum systematischen Rückruf von Medizinprodukten desselben Typs durch den Hersteller geführt hat.

§ 26 Abs. 2 Satz 3 findet entsprechende Anwendung. Die zuständige Bundesoberbehörde teilt das Ergebnis der Bewertung der zuständigen Behörde mit, die über notwendige Maßnahmen entscheidet. Die zuständige Bundesoberbehörde übermittelt Daten aus der Beobachtung, Sammlung, Auswertung und Bewertung von Risiken in Verbindung mit Medizinprodukten an das Deutsche Institut für Medizinische Dokumentation und Information zur zentralen Verarbeitung und Nutzung nach § 33. Näheres regelt die Rechtsverordnung nach § 37 Abs. 8.

(2) Soweit dies zur Erfüllung der in Absatz 1 aufgeführten Aufgaben erforderlich ist, dürfen an die danach zuständigen Behörden auch Name, Anschrift und Geburtsdatum von Patienten, Anwendern oder Dritten übermittelt werden. Die nach Absatz 1 zuständige Behörde darf die nach Landesrecht zuständige Behörde auf Ersuchen über die von ihr gemeldeten Fälle und die festgestellten Erkenntnisse in Bezug auf personenbezogene Daten unterrichten. Bei der Zusammenarbeit nach Absatz 3 dürfen keine personenbezogenen Daten von Patienten übermittelt werden. Satz 3 gilt auch für die Übermittlung von Daten an das Informationssystem nach § 33.

(3) Die Behörde nach Absatz 1 wirkt bei der Erfüllung der dort genannten Aufgaben mit den Dienststellen der anderen Vertragsstaaten des Abkommens über den Europäischen Wirtschaftsraum und der Europäischen Kommission, der Weltgesundheitsorganisation, den für die Gesundheit und den Arbeitsschutz zuständigen Behörden anderer Staaten, den für die Gesundheit, den Arbeitsschutz, den Strahlenschutz und das Mess- und Eichwesen zuständigen Behörden der Länder und den anderen fachlich berührten Bundesoberbehörden, Benannten Stellen in Deutschland, den zuständigen Trägern der gesetzlichen Unfallversicherung, dem Medizinischen Dienst des Spitzenverbandes Bund der Krankenkassen, den einschlägigen Fachgesellschaften, den Herstellern und Vertreibern sowie mit anderen Stellen zusammen, die bei der Durchführung ihrer Aufgaben Risiken von Medizinprodukten erfassen. Besteht der Verdacht, dass ein Zwischenfall durch eine elektromagnetische Einwirkung eines anderen Gerätes als ein Medizinprodukt verursacht wurde, ist das Bundesamt für Post und Telekommunikation zu beteiligen.

(4) Einzelheiten zur Durchführung der Aufgaben nach § 29 regelt der Sicherheitsplan nach § 37 Abs. 7.

§ 30 Sicherheitsbeauftragter für Medizinprodukte

(1) Wer als Verantwortlicher nach § 5 Satz 1 und 2 seinen Sitz in Deutschland hat, hat unverzüglich nach Aufnahme der Tätigkeit eine Person mit der zur Ausübung ihrer Tätigkeit erforderlichen Sachkenntnis und der erforderlichen Zuverlässigkeit als Sicherheitsbeauftragten für Medizinprodukte zu bestimmen.

(2) Der Verantwortliche nach § 5 Satz 1 und 2 hat, soweit er nicht ausschließlich Medizinprodukte nach § 3 Nr. 8 erstmalig in den Verkehr bringt, der zuständigen Behörde den Sicherheitsbeauftragten sowie jeden Wechsel in der Person unverzüglich anzuzeigen. Die zuständige Behörde übermittelt die Daten nach Satz 1 an das Deutsche Institut für Medizinische Dokumentation und Information zur zentralen Verarbeitung und Nutzung nach § 33.

(3) Der Nachweis der erforderlichen Sachkenntnis als Sicherheitsbeauftragter für Medizinprodukte wird erbracht durch

1. das Zeugnis über eine abgeschlossene naturwissenschaftliche, medizinische oder technische Hochschulausbildung oder

2. eine andere Ausbildung, die zur Durchführung der unter Absatz 4 genannten Aufgaben befähigt,

und eine mindestens zweijährige Berufserfahrung. Die Sachkenntnis ist auf Verlangen der zuständigen Behörde nachzuweisen.

(4) Der Sicherheitsbeauftragte für Medizinprodukte hat bekannt gewordene Meldungen über Risiken bei Medizinprodukten zu sammeln, zu bewerten und die notwendigen Maßnahmen zu koordinieren. Er ist für die Erfüllung von Anzeigepflichten verantwortlich, soweit sie Medizinprodukterisiken betreffen.

(5) Der Sicherheitsbeauftragte für Medizinprodukte darf wegen der Erfüllung der ihm übertragenen Aufgaben nicht benachteiligt werden.

§ 31 Medizinprodukteberater

(1) Wer berufsmäßig Fachkreise fachlich informiert oder in die sachgerechte Handhabung der Medizinprodukte einweist (Medizinprodukteberater), darf diese Tätigkeit nur ausüben, wenn er die für die jeweiligen Medizinprodukte erforderliche Sachkenntnis und Erfahrung für die Information und, soweit erforderlich, für die Einweisung in die Handhabung der jeweiligen Medizinprodukte besitzt. Dies gilt auch für die fernmündliche Information.

(2) Die Sachkenntnis besitzt, wer

1. eine Ausbildung in einem naturwissenschaftlichen, medizinischen oder technischen Beruf erfolgreich abgeschlossen hat und auf die jeweiligen Medizinprodukte bezogen geschult worden ist oder
2. durch eine mindestens einjährige Tätigkeit, die in begründeten Fällen auch kürzer sein kann, Erfahrungen in der Information über die jeweiligen Medizinprodukte und, soweit erforderlich, in der Einweisung in deren Handhabung erworben hat.

(3) Der Medizinprodukteberater hat der zuständigen Behörde auf Verlangen seine Sachkenntnis nachzuweisen. Er hält sich auf dem neuesten Erkenntnisstand über die jeweiligen Medizinprodukte, um sachkundig beraten zu können. Der Auftraggeber hat für eine regelmäßige Schulung des Medizinprodukteberaters zu sorgen.

(4) Der Medizinprodukteberater hat Mitteilungen von Angehörigen der Fachkreise über Nebenwirkungen, wechselseitige Beeinflussungen, Fehlfunktionen, technische Mängel, Gegenanzeigen, Verfälschungen oder sonstige Risiken bei Medizinprodukten schriftlich aufzuzeichnen und unverzüglich dem Verantwortlichen nach § 5 Satz 1 und 2 oder dessen Sicherheitsbeauftragten für Medizinprodukte schriftlich zu übermitteln.

Sechster Abschnitt
Zuständige Behörden, Rechtsverordnungen, sonstige Bestimmungen

§ 32 Aufgaben und Zuständigkeiten der Bundesoberbehörden im Medizinproduktebereich

(1) Das Bundesinstitut für Arzneimittel und Medizinprodukte ist insbesondere zuständig für

1. die Aufgaben nach § 29 Absatz 1 und 3,
2. die Bewertung hinsichtlich der technischen und medizinischen Anforderungen und der Sicherheit von Medizinprodukten, es sei denn, dass dieses Gesetz anderes vorschreibt oder andere Bundesoberbehörden zuständig sind,
3. Genehmigungen von klinischen Prüfungen und Leistungsbewertungsprüfungen nach den §§ 22a und 24,
4. Entscheidungen zur Abgrenzung und Klassifizierung von Medizinprodukten nach § 13 Absatz 2 und 3,
5. Sonderzulassungen nach § 11 Absatz 1 und
6. die Beratung der zuständigen Behörden, der Verantwortlichen nach § 5, von Sponsoren und Benannten Stellen.

(2) Das Paul-Ehrlich-Institut ist zuständig für die Aufgaben nach Absatz 1, soweit es sich um in Anhang II der Richtlinie 98/79/EG genannte In-vitro-Diagnostika handelt, die zur Prüfung der Unbedenklichkeit oder Verträglichkeit von Blut- oder Gewebespenden bestimmt sind oder Infektionskrankheiten betreffen. Beim Paul-Ehrlich-Institut kann ein fachlich unabhängiges Prüflabor eingerichtet werden, das mit Benannten Stellen und anderen Organisationen zusammenarbeiten kann.

(3) Die Physikalisch-Technische Bundesanstalt ist zuständig für die Sicherung der Einheitlichkeit des Messwesens in der Heilkunde und hat

1. Medizinprodukte mit Messfunktion gutachterlich zu bewerten und, soweit sie nach § 15 dafür benannt ist, Baumusterprüfungen durchzuführen,
2. Referenzmessverfahren, Normalmessgeräte und Prüfhilfsmittel zu entwickeln und auf Antrag zu prüfen und
3. die zuständigen Behörden und Benannten Stellen wissenschaftlich zu beraten.

§ 33 Datenbankgestütztes Informationssystem, Europäische Datenbank

(1) Das Deutsche Institut für medizinische Dokumentation und Information richtet ein Informationssystem über Medizinprodukte zur Unterstützung des Vollzugs dieses Gesetzes ein und stellt den für die Medizinprodukte zuständigen Behörden des Bundes und der Länder die hierfür erforderlichen Informationen zur Verfügung. Es stellt die erforderlichen Daten für die Europäische Datenbank im Sinne von Artikel 10b der Richtlinie 90/385/EWG, Artikel 14a der Richtlinie 93/42/ EWG und

Artikel 12 der Richtlinie 98/79/EG zur Verfügung. Eine Bereitstellung dieser Informationen für nicht-öffentliche Stellen ist zulässig, soweit dies die Rechtsverordnung nach § 37 Abs. 8 vorsieht. Für seine Leistungen kann es Entgelte verlangen. Diese werden in einem Entgeltkatalog festgelegt, der der Zustimmung des Bundesministeriums für Gesundheit bedarf.

(2) Im Sinne des Absatzes 1 hat das dort genannte Institut insbesondere folgende Aufgaben:

1. zentrale Verarbeitung und Nutzung von Informationen nach § 25 Abs. 5, auch in Verbindung mit § 18 Abs. 3, §§ 22a bis 23a und § 24,
2. zentrale Verarbeitung und Nutzung von Basisinformationen der in Verkehr befindlichen Medizinprodukte,
3. zentrale Verarbeitung und Nutzung von Daten aus der Beobachtung, Sammlung, Auswertung und Bewertung von Risiken in Verbindung mit Medizinprodukten,
4. Informationsbeschaffung und Übermittlung von Daten an Datenbanken anderer Mitgliedstaaten und Institutionen der Europäischen Union und anderer Vertragsstaaten des Abkommens über den Europäischen Wirtschaftsraum, insbesondere im Zusammenhang mit der Erkennung und Abwehr von Risiken in Verbindung mit Medizinprodukten,
5. Aufbau und Unterhaltung von Zugängen zu Datenbanken, die einen Bezug zu Medizinprodukten haben.

(3) Das in Absatz 1 genannte Institut ergreift die notwendigen Maßnahmen, damit Daten nur dazu befugten Personen übermittelt werden oder diese Zugang zu diesen Daten erhalten.

§ 34 Ausfuhr

(1) Auf Antrag eines Herstellers oder Bevollmächtigten stellt die zuständige Behörde für die Ausfuhr eine Bescheinigung über die Verkehrsfähigkeit des Medizinproduktes in Deutschland aus.

(2) Medizinprodukte, die einem Verbot nach § 4 Abs. 1 unterliegen, dürfen nur ausgeführt werden, wenn die zuständige Behörde des Bestimmungslandes die Einfuhr genehmigt hat, nachdem sie von der zuständigen Behörde über die jeweiligen Verbotsgründe informiert wurde.

§ 35 Gebühren und Auslagen

Für individuell zurechenbare öffentliche Leistungen nach diesem Gesetz und den zur Durchführung dieses Gesetzes erlassenen Rechtsverordnungen sind Gebühren und Auslagen nach Maßgabe der Rechtsverordnung nach § 37 Absatz 9 zu erheben.

§ 36 Zusammenarbeit der Behörden und Benannten Stellen im Europäischen Wirtschaftsraum und der Europäischen Kommission

Die für die Durchführung des Medizinprodukterechts zuständigen Behörden und Benannten Stellen arbeiten mit den zuständigen Behörden und Benannten Stellen der anderen Vertragsstaaten des Abkommens über den Europäischen Wirtschaftsraum und der Europäischen Kommission zusammen und erteilen einander die notwendigen Auskünfte, um eine einheitliche Anwendung der zur Umsetzung der Richtlinien 90/385/EWG, 93/42/EWG und 98/79/EG erlassenen Vorschriften zu erreichen.

§ 37 Verordnungsermächtigungen

(1) Das Bundesministerium für Gesundheit wird ermächtigt, zur Umsetzung von Rechtsakten der Europäischen Gemeinschaft oder der Europäischen Union durch Rechtsverordnung die Voraussetzungen für die Erteilung der Konformitätsbescheinigungen, die Durchführung der Konformitätsbewertungsverfahren und ihre Zuordnung zu Klassen von Medizinprodukten sowie Sonderverfahren für Systeme und Behandlungseinheiten zu regeln.

(2) Das Bundesministerium für Gesundheit wird ermächtigt, durch Rechtsverordnung für Medizinprodukte, die

1. die Gesundheit des Menschen auch bei bestimmungsgemäßer Anwendung unmittelbar oder mittelbar gefährden können, wenn sie ohne ärztliche oder zahnärztliche Überwachung angewendet werden, oder
2. häufig in erheblichem Umfang nicht bestimmungsgemäß angewendet werden, wenn dadurch die Gesundheit von Menschen unmittelbar oder mittelbar gefährdet wird,

die Verschreibungspflicht vorzuschreiben. In der Rechtsverordnung nach Satz 1 können weiterhin Abgabebeschränkungen geregelt werden.

(2a) Das Bundesministerium für Gesundheit wird ermächtigt, durch Rechtsverordnung Regelungen zur ordnungsgemäßen Durchführung der klinischen Prüfung und der genehmigungspflichtigen Leistungsbewertungsprüfung sowie der Erzielung dem wissenschaftlichen Erkenntnisstand entsprechender Unterlagen zu treffen. In der Rechtsverordnung können insbesondere Regelungen getroffen werden über:

1. Aufgaben und Verantwortungsbereiche des Sponsors, der Prüfer oder anderer Personen, die die klinische Prüfung durchführen oder kontrollieren einschließlich von Anzeige-, Dokumentations- und Berichtspflichten insbesondere über schwerwiegende unerwünschte Ereignisse, die während der Prüfung auftreten und die Sicherheit der Studienteilnehmer oder die Durchführung der Studie beeinträchtigen könnten,
2. Aufgaben und Verfahren bei Ethik-Kommissionen einschließlich der einzureichenden Unterlagen, auch mit Angaben zur angemessenen Beteiligung von Frauen und Männern als Prüfungsteilnehmerinnen und Prüfungsteil-

nehmer, der Unterbrechung, Verlängerung oder Verkürzung der Bearbeitungsfrist und der besonderen Anforderungen an die Ethik-Kommissionen bei klinischen Prüfungen nach § 20 Absatz 4 und 5 sowie nach § 21,

3. die Aufgaben der zuständigen Behörden und das behördliche Genehmigungsverfahren einschließlich der einzureichenden Unterlagen, auch mit Angaben zur angemessenen Beteiligung von Frauen und Männern als Prüfungsteilnehmerinnen und Prüfungsteilnehmer und der Unterbrechung oder Verlängerung oder Verkürzung der Bearbeitungsfrist, das Verfahren zur Überprüfung von Unterlagen in Betrieben und Einrichtungen sowie die Voraussetzungen und das Verfahren für Rücknahme, Widerruf und Ruhen der Genehmigung oder Untersagung einer klinischen Prüfung,
4. die Anforderungen an die Prüfeinrichtung und an das Führen und Aufbewahren von Nachweisen,
5. die Übermittlung von Namen und Sitz des Sponsors und des verantwortlichen Prüfers und nicht personenbezogener Angaben zur klinischen Prüfung von der zuständigen Behörde an eine europäische Datenbank,
6. die Art und Weise der Weiterleitung von Unterlagen und Ausfertigung der Entscheidungen an die zuständigen Behörden und die für die Prüfer zuständigen Ethik-Kommissionen bestimmt werden,
7. Sonderregelungen für Medizinprodukte mit geringem Sicherheitsrisiko.

(3) Das Bundesministerium für Gesundheit wird ermächtigt, durch Rechtsverordnung Vertriebswege für Medizinprodukte vorzuschreiben, soweit es geboten ist, die erforderliche Qualität des Medizinproduktes zu erhalten oder die bei der Abgabe oder Anwendung von Medizinprodukten notwendigen Erfordernisse für die Sicherheit des Patienten, Anwenders oder Dritten zu erfüllen.

(4) Das Bundesministerium für Gesundheit wird ermächtigt, durch Rechtsverordnung Regelungen für Betriebe oder Einrichtungen zu erlassen (Betriebsverordnungen), die Medizinprodukte in Deutschland in den Verkehr bringen oder lagern, soweit es geboten ist, um einen ordnungsgemäßen Betrieb und die erforderliche Qualität, Sicherheit und Leistung der Medizinprodukte sicherzustellen sowie die Sicherheit und Gesundheit der Patienten, der Anwender und Dritter nicht zu gefährden. In der Rechtsverordnung können insbesondere Regelungen getroffen werden über die Lagerung, den Erwerb, den Vertrieb, die Information und Beratung sowie die Einweisung in den Betrieb einschließlich Funktionsprüfung nach Installation und die Anwendung der Medizinprodukte. Die Regelungen können auch für Personen getroffen werden, die die genannten Tätigkeiten berufsmäßig ausüben.

(5) Das Bundesministerium für Gesundheit wird ermächtigt, durch Rechtsverordnung

1. Anforderungen an das Errichten, Betreiben, Anwenden und Instandhalten von Medizinprodukten festzulegen, Regelungen zu treffen über die Einweisung der Betreiber und Anwender, die sicherheitstechnischen Kontrollen, Funktionsprüfungen, Meldepflichten und Einzelheiten der Meldepflichten von Vorkommnissen und Risiken, das Bestandsverzeichnis und das Medizinproduktebuch sowie weitere Anforderungen festzulegen, soweit dies für das sichere Betreiben und die sichere Anwendung oder die ordnungsgemäße Instandhaltung einschließlich der sicheren Aufbereitung von Medizinprodukten notwendig ist,

1a. Anforderungen an die sichere Aufbereitung von bestimmungsgemäß keimarm oder steril zur Anwendung kommenden Medizinprodukten festzulegen und Regelungen zu treffen über
   a) zusätzliche Anforderungen an Aufbereiter, die Medizinprodukte mit besonders hohen Anforderungen an die Aufbereitung aufbereiten,
   b) die Zertifizierung von Aufbereitern nach Buchstabe a,
   c) die Anforderungen an die von der zuständigen Behörde anerkannten Konformitätsbewertungsstellen, die Zertifizierungen nach Buchstabe b vornehmen,

2. a) Anforderungen an das Qualitätssicherungssystem beim Betreiben und Anwenden von In-vitro-Diagnostika festzulegen,
   b) Regelungen zu treffen über
      aa) die Feststellung und die Anwendung von Normen zur Qualitätssicherung, die Verfahren zur Erstellung von Richtlinien und Empfehlungen, die Anwendungsbereiche, Inhalte und Zuständigkeiten, die Beteiligung der betroffenen Kreise sowie
      bb) Umfang, Häufigkeit und Verfahren der Kontrolle sowie die Anforderungen an die für die Kontrolle zuständigen Stellen und das Verfahren ihrer Bestellung und
   c) festzulegen, dass die Normen, Richtlinien und Empfehlungen oder deren Fundstellen vom Bundesministerium für Gesundheit im Bundesanzeiger bekannt gemacht werden,

3. zur Gewährleistung der Messsicherheit von Medizinprodukten mit Messfunktion diejenigen Medizinprodukte mit Messfunktion zu bestimmen, die messtechnischen Kontrollen unterliegen, und zu bestimmen, dass der Betreiber, eine geeignete Stelle oder die zuständige Behörde messtechnische Kontrollen durchzuführen hat, sowie Vorschriften zu erlassen über den Umfang, die Häufigkeit und das Verfahren von messtechnischen Kontrollen, die Voraussetzungen, den Umfang und das Verfahren der Anerkennung und Überwachung mit der Durchführung messtechnischer

Kontrollen betrauter Stellen sowie die Mitwirkungspflichten des Betreibers eines Medizinproduktes mit Messfunktion bei messtechnischen Kontrollen.

(6) Das Bundesministerium für Gesundheit wird ermächtigt, durch Rechtsverordnung ein bestimmtes Medizinprodukt oder eine Gruppe von Medizinprodukten aus Gründen des Gesundheitsschutzes und der Sicherheit oder im Interesse der öffentlichen Gesundheit gemäß Artikel 36 des Vertrages über die Arbeitsweise der Europäischen Union zu verbieten oder deren Bereitstellung zu beschränken oder besonderen Bedingungen zu unterwerfen.

(7) Das Bundesministerium für Gesundheit wird ermächtigt, durch Rechtsverordnung zur Durchführung der Aufgaben im Zusammenhang mit dem Medizinprodukte-Beobachtungs- und -Meldesystem nach § 29 einen Sicherheitsplan für Medizinprodukte zu erstellen. In diesem werden insbesondere die Aufgaben und die Zusammenarbeit der beteiligten Behörden und Stellen sowie die Einschaltung der Hersteller und Bevollmächtigten, Einführer, Inverkehrbringer und sonstiger Händler, der Anwender und Betreiber, der Europäischen Kommission sowie der anderen Vertragsstaaten des Abkommens über den Europäischen Wirtschaftsraum näher geregelt und die jeweils zu ergreifenden Maßnahmen bestimmt. In dem Sicherheitsplan können ferner Einzelheiten zur Risikobewertung und deren Durchführung, Mitwirkungspflichten der Verantwortlichen nach § 5 Satz 1 und 2, sonstiger Händler, der Anwender, Betreiber und Instandhalter, Einzelheiten des Meldeverfahrens und deren Bekanntmachung, Melde-, Berichts-, Aufzeichnungs- und Aufbewahrungspflichten, Prüfungen und Produktionsüberwachungen, Einzelheiten der Durchführung von Maßnahmen zur Risikoabwehr und deren Überwachung sowie Informationspflichten, -mittel und -wege geregelt werden. Ferner können in dem Sicherheitsplan Regelungen zu personenbezogenen Daten getroffen werden, soweit diese im Rahmen der Risikoabwehr erfasst, verarbeitet und genutzt werden.

(8) Das Bundesministerium für Gesundheit wird ermächtigt, zur Gewährleistung einer ordnungsgemäßen Erhebung, Verarbeitung und Nutzung von Daten nach § 33 Absatz 1 und 2 durch Rechtsverordnung Näheres zu regeln, auch hinsichtlich der Art, des Umfangs und der Anforderungen an Daten. In dieser Rechtsverordnung können auch die Gebühren für Handlungen dieses Institutes festgelegt werden.

(9) Das Bundesministerium für Gesundheit wird ermächtigt, für den Bereich der Bundesverwaltung durch Rechtsverordnung die gebührenpflichtigen Tatbestände nach § 35 zu bestimmen und dabei feste Sätze oder Rahmensätze vorzusehen. Die Gebührensätze sind so zu bemessen, dass der mit den individuell zurechenbaren öffentlichen Leistungen verbundene Personal- und Sachaufwand abgedeckt ist. In der Rechtsverordnung kann bestimmt werden, dass eine Gebühr auch für eine Leistung erhoben werden kann, die nicht zu Ende geführt worden ist, wenn die Gründe hierfür von demjenigen zu vertreten sind, der die Amtshandlung veranlasst hat.

(10) Das Bundesministerium für Gesundheit wird ermächtigt, durch Rechtsverordnung Regelungen zur Erfüllung von Verpflichtungen aus zwischenstaatlichen Vereinbarungen oder zur Durchführung von Rechtsakten des Rates oder der Europäischen Kommission, die Sachbereiche dieses Gesetzes betreffen, insbesondere sicherheitstechnische und medizinische Anforderungen, die Herstellung und sonstige Voraussetzungen des Inverkehrbringens, des Betreibens, des Anwendens, des Ausstellens, insbesondere Prüfungen, Produktionsüberwachung, Bescheinigungen, Kennzeichnung, Aufbewahrungs- und Mitteilungspflichten, behördliche Maßnahmen sowie Anforderungen an die Benennung und Überwachung von Benannten Stellen, zu treffen.

(11) Die Rechtsverordnungen nach den Absätzen 1 bis 10 ergehen mit Zustimmung des Bundesrates und im Einvernehmen mit dem Bundesministerium für Wirtschaft und Technologie. Sie ergehen im Einvernehmen mit dem Bundesministerium für Umwelt, Naturschutz und Reaktorsicherheit, soweit der Strahlenschutz betroffen ist oder es sich um Medizinprodukte handelt, bei deren Herstellung radioaktive Stoffe oder ionisierende Strahlen verwendet werden und im Einvernehmen mit dem Bundesministerium für Arbeit und Soziales, soweit der Arbeitsschutz betroffen ist und im Einvernehmen mit dem Bundesministerium des Innern, soweit der Datenschutz betroffen ist.

(12) Die Rechtsverordnungen nach den Absätzen 6 und 10 bedürfen nicht der Zustimmung des Bundesrates bei Gefahr im Verzug oder wenn ihr unverzügliches Inkrafttreten zur Durchführung von Rechtsakten der Organe der Europäischen Gemeinschaft oder der Europäischen Union erforderlich ist. Die Rechtsverordnungen nach den Absätzen 1 bis 3 können ohne Zustimmung des Bundesrates erlassen werden, wenn unvorhergesehene gesundheitliche Gefährdungen dies erfordern. Soweit die Rechtsverordnung nach Absatz 9 Gebühren und Auslagen von Bundesbehörden betrifft, bedarf sie nicht der Zustimmung des Bundesrates. Die Rechtsverordnungen nach den Sätzen 1 und 2 bedürfen nicht des Einvernehmens mit den jeweils beteiligten Bundesministerien. Sie treten spätestens sechs Monate nach ihrem Inkrafttreten außer Kraft. Ihre Geltungsdauer kann nur mit Zustimmung des Bundesrates verlängert werden. Soweit der Strahlenschutz betroffen ist, bleibt Absatz 11 unberührt.

§ 37a Allgemeine Verwaltungsvorschriften

Die Bundesregierung erlässt mit Zustimmung des Bundesrates die zur Durchführung dieses Gesetzes erforderlichen allgemeinen Verwaltungsvorschriften insbesondere zur Durchführung und Qualitätssicherung der Überwachung, zur Sachkenntnis der mit der Überwachung beauftragten Personen, zur Ausstattung, zum Informationsaustausch und zur Zusammenarbeit der Behörden.

Siebter Abschnitt
Sondervorschriften für den Bereich der Bundeswehr

§ 38 Anwendung und Vollzug des Gesetzes

(1) Dieses Gesetz findet auf Einrichtungen, die der Versorgung der Bundeswehr mit Medizinprodukten dienen, entsprechende Anwendung.

(2) Im Bereich der Bundeswehr obliegt der Vollzug dieses Gesetzes und die Überwachung den jeweils zuständigen Stellen und Sachverständigen der Bundeswehr.

§ 39 Ausnahmen

(1) Schreiben die Grundlegenden Anforderungen nach § 7 die Angabe des Verfalldatums vor, kann diese bei Medizinprodukten entfallen, die an die Bundeswehr abgegeben werden. Das Bundesministerium der Verteidigung stellt sicher, dass Qualität, Leistung und Sicherheit der Medizinprodukte gewährleistet sind. Satz 1 gilt entsprechend für Medizinprodukte, die zum Zweck des Zivil- und Katastrophenschutzes an die zuständigen Behörden des Bundes oder der Länder abgegeben werden. Die zuständigen Behörden stellen sicher, dass Qualität, Leistung und Sicherheit der Medizinprodukte gewährleistet sind.

(2) Das Bundesministerium der Verteidigung kann für seinen Geschäftsbereich im Einvernehmen mit dem Bundesministerium für Gesundheit und, soweit der Arbeitsschutz betroffen ist, im Einvernehmen mit dem Bundesministerium für Arbeit und Soziales in Einzelfällen Ausnahmen von diesem Gesetz und auf Grund dieses Gesetzes erlassenen Rechtsverordnungen zulassen, wenn Rechtsakte der Europäischen Gemeinschaft oder der Europäischen Union dem nicht entgegenstehen und dies zur Durchführung der besonderen Aufgaben gerechtfertigt ist und der Schutz der Gesundheit gewahrt bleibt.

Achter Abschnitt
Straf- und Bußgeldvorschriften

§ 40 Strafvorschriften

(1) Mit Freiheitsstrafe bis zu drei Jahren oder mit Geldstrafe wird bestraft, wer

1. entgegen § 4 Abs. 1 Nr. 1 ein Medizinprodukt in den Verkehr bringt, errichtet, in Betrieb nimmt, betreibt oder anwendet,
2. entgegen § 6 Abs. 1 Satz 1 ein Medizinprodukt, das den Vorschriften der Strahlenschutzverordnung oder der Röntgenverordnung unterliegt oder bei dessen Herstellung ionisierende Strahlen verwendet wurden, in den Verkehr bringt oder in Betrieb nimmt,
3. entgegen § 6 Abs. 2 Satz 1 in Verbindung mit einer Rechtsverordnung nach § 37 Abs. 1 ein Medizinprodukt, das den Vorschriften der Strahlenschutzverordnung oder der Röntgenverordnung unterliegt oder bei dessen Herstellung ionisierende Strahlen verwendet wurden, mit der CE-Kennzeichnung versieht oder

4. entgegen § 14 Satz 2 ein Medizinprodukt betreibt oder anwendet.

(2) Der Versuch ist strafbar.

(3) In besonders schweren Fällen ist die Strafe Freiheitsstrafe von einem Jahr bis zu fünf Jahren. Ein besonders schwerer Fall liegt in der Regel vor, wenn der Täter durch eine der in Absatz 1 bezeichneten Handlungen

1. die Gesundheit einer großen Zahl von Menschen gefährdet,
2. einen anderen in die Gefahr des Todes oder einer schweren Schädigung an Körper oder Gesundheit bringt oder
3. aus grobem Eigennutz für sich oder einen anderen Vermögensvorteile großen Ausmaßes erlangt.

(4) Handelt der Täter in den Fällen des Absatzes 1 fahrlässig, so ist die Strafe Freiheitsstrafe bis zu einem Jahr oder Geldstrafe.

§ 41 Strafvorschriften

Mit Freiheitsstrafe bis zu einem Jahr oder mit Geldstrafe wird bestraft, wer

1. entgegen § 4 Abs. 2 Satz 1 in Verbindung mit Satz 2 ein Medizinprodukt in den Verkehr bringt,
2. entgegen § 6 Abs. 1 Satz 1 ein Medizinprodukt, das nicht den Vorschriften der Strahlenschutzverordnung oder der Röntgenverordnung unterliegt oder bei dessen Herstellung ionisierende Strahlen nicht verwendet wurden, in den Verkehr bringt oder in Betrieb nimmt,
3. entgegen § 6 Abs. 2 Satz 1 in Verbindung mit einer Rechtsverordnung nach § 37 Abs. 1 ein Medizinprodukt, das nicht den Vorschriften der Strahlenschutzverordnung oder der Röntgenverordnung unterliegt oder bei dessen Herstellung ionisierende Strahlen nicht verwendet wurden, mit der CE-Kennzeichnung versieht,
4. entgegen § 20 Absatz 1 Satz 1 oder Satz 4 Nummer 1 bis 6 oder Nummer 9, jeweils auch in Verbindung mit § 20 Absatz 4 oder Absatz 5 oder § 21 Nummer 1 oder entgegen § 22b Absatz 4 mit einer klinischen Prüfung beginnt, eine klinische Prüfung durchführt oder eine klinische Prüfung fortsetzt,
5. entgegen § 24 Satz 1 in Verbindung mit § 20 Absatz 1 Satz 1 oder Satz 4 Nummer 1 bis 6 oder Nummer 9, jeweils auch in Verbindung mit § 20 Absatz 4 oder Absatz 5, oder entgegen § 24 Satz 1 in Verbindung mit § 22b Absatz 4 mit einer Leistungsbewertungsprüfung beginnt, eine Leistungsbewertungsprüfung durchführt oder eine Leistungsbewertungsprüfung fortsetzt oder 6
6. einer Rechtsverordnung nach § 37 Abs. 2 Satz 2 zuwiderhandelt, soweit sie für einen bestimmten Tatbestand auf diese Strafvorschrift verweist.

§ 42 Bußgeldvorschriften

(1) Ordnungswidrig handelt, wer eine der in § 41 bezeichneten Handlungen fahrlässig begeht.

(2) Ordnungswidrig handelt, wer vorsätzlich oder fahrlässig

1. entgegen § 4 Abs. 1 Nr. 2 ein Medizinprodukt in den Verkehr bringt, errichtet, in Betrieb nimmt, betreibt oder anwendet,
2. entgegen § 9 Abs. 3 Satz 1 eine CE-Kennzeichnung nicht richtig oder nicht in der vorgeschriebenen Weise anbringt,
3. entgegen § 10 Abs. 1 Satz 2 oder Abs. 3 Satz 1, auch in Verbindung mit Satz 2, jeweils in Verbindung mit einer Rechtsverordnung nach § 37 Abs. 1, eine Erklärung nicht, nicht richtig, nicht vollständig oder nicht rechtzeitig abgibt,
4. entgegen § 10 Abs. 4 Satz 2 einem Medizinprodukt eine Information nicht beifügt,
5. entgegen § 11 Absatz 2 Satz 1 oder Absatz 3a ein Medizinprodukt abgibt,
6. entgegen § 12 Abs. 1 Satz 1 in Verbindung mit einer Rechtsverordnung nach § 37 Abs. 1 eine Sonderanfertigung in den Verkehr bringt oder in Betrieb nimmt,
7. entgegen § 12 Abs. 2 Satz 1 oder Abs. 3 Satz 1 ein Medizinprodukt abgibt,
8. entgegen § 12 Abs. 4 Satz 1 ein Medizinprodukt ausstellt,
9. entgegen § 12 Abs. 4 Satz 3 ein In-vitro-Diagnostikum anwendet,
10. entgegen § 20 Abs. 1 Satz 4 Nr. 7 oder 8, jeweils auch in Verbindung mit § 21 Nr. 1, eine klinische Prüfung durchführt,
11. entgegen § 25 Abs. 1 Satz 1, Abs. 2, 3 oder 4 oder § 30 Abs. 2 Satz 1 eine Anzeige nicht, nicht richtig, nicht vollständig oder nicht rechtzeitig erstattet,
12. entgegen § 26 Abs. 4 Satz 1 eine Maßnahme nicht duldet oder eine Person nicht unterstützt,
13. entgegen § 30 Abs. 1 einen Sicherheitsbeauftragten nicht oder nicht rechtzeitig bestimmt,
14. entgegen § 31 Abs. 1 Satz 1, auch in Verbindung mit Satz 2, eine Tätigkeit ausübt,
15. entgegen § 31 Abs. 4 eine Mitteilung nicht, nicht richtig, nicht vollständig oder nicht in der vorgeschriebenen Weise aufzeichnet oder nicht oder nicht rechtzeitig übermittelt oder
16. einer Rechtsverordnung nach § 37 Abs. 1, 2a, 3, 4 Satz 1 oder 3, Abs. 5 Nr. 1, 1a[3], 2 Buchstabe a oder b Doppelbuchstabe bb oder Nr. 3, Abs. 7 oder

3) § 42 Abs. 2 Nr. 16 geändert durch Artikel 16 des Gesetzes zur Weiterentwicklung der Finanzstruktur und der Qualität in der gesetzlichen Krankenversicherung (GKV-FQWG) vom 21. Juli 2014 (BGBl. I S. 1133, 1145). Nach Artikel 17 Abs. 4 GKV-FQWG tritt § 42 Abs. 2 Nr. 16 am 25. Juli 2014 in Kraft.

8 Satz 1 oder einer vollziehbaren Anordnung auf Grund einer solchen Rechtsverordnung zuwiderhandelt, soweit die Rechtsverordnung für einen bestimmten Tatbestand auf diese Bußgeldvorschrift verweist.

(3) Die Ordnungswidrigkeit kann mit einer Geldbuße bis zu fünfundzwanzigtausend Euro geahndet werden.

§ 43 Einziehung

Gegenstände, auf die sich eine Straftat nach § 40 oder § 41 oder eine Ordnungswidrigkeit nach § 42 bezieht, können eingezogen werden. § 74 a des Strafgesetzbuches und § 23 des Gesetzes über Ordnungswidrigkeiten sind anzuwenden.

Neunter Abschnitt
Übergangsbestimmungen

§ 44 Übergangsbestimmungen

(1) Medizinprodukte mit Verfalldatum, die vor dem 30. Juni 2007 zum Zweck des Zivil- und Katastrophenschutzes an die zuständigen Behörden des Bundes oder der Länder oder zur Durchführung ihrer besonderen Aufgaben an die Bundeswehr abgegeben wurden, dürfen auch nach Ablauf des Verfalldatums angewendet werden. Die zuständigen Behörden stellen sicher, dass Qualität, Leistung und Sicherheit der Medizinprodukte gewährleistet sind.

(2) Auf Medizinprodukte im Sinne des § 3 Nr. 3 sind die Vorschriften dieses Gesetzes ab dem 13. Juni 2002 anzuwenden. Medizinprodukte nach § 3 Nr. 3 dürfen noch bis zum 13. Dezember 2005 nach den am 13. Dezember 2000 in Deutschland geltenden Vorschriften in Deutschland erstmalig in Verkehr gebracht werden. Das weitere Inverkehrbringen und die Inbetriebnahme der danach erstmalig in Verkehr gebrachten Medizinprodukte ist bis zum 13. Dezember 2007 zulässig.

(3) Die Vorschriften des § 14 sowie der Rechtsverordnung nach § 37 Abs. 5 gelten unabhängig davon, nach welchen Vorschriften die Medizinprodukte erstmalig in den Verkehr gebracht wurden.

(4) Für klinische Prüfungen nach § 20 und Leistungsbewertungsprüfungen nach § 24 des Medizinproduktegesetzes, mit denen vor dem 20. März 2010 begonnen wurde, sind die §§ 19 bis 24 des Medizinproduktegesetzes in der Fassung der Bekanntmachung vom 7. August 2002 (BGBl. I S. 3146), das zuletzt durch Artikel 1 des Gesetzes vom 14. Juni 2007 (BGBl. I S. 1066) geändert worden ist, weiter anzuwenden.

(5) Für klinische Prüfungen und Leistungsbewertungsprüfungen nach Absatz 4 ist ab dem 21. März 2010 die Medizinprodukte-Sicherheitsplanverordnung vom 24. Juni 2002 (BGBl. I S. 2131), die zuletzt durch Artikel 3 des Gesetzes vom 14. Juni 2007 (BGBl. I S. 1066) geändert worden ist, in der geltenden Fassung entsprechend anzuwenden, die sie durch Artikel 3 des Gesetzes vom 29. Juli 2009 (BGBl. I S. 2326) erhält.

Gesetz über die Werbung auf dem Gebiete des Heilwesens

(Heilmittelwerbegesetz – HWG)[1]

Vom 11. Juli 1965 (BGBl. I S. 604)
in der Fassung der Bekanntmachung vom 19. Oktober 1994 (BGBl. I S. 3068), zuletzt geändert durch Artikel 1a des Dritten Gesetzes zur Änderung arzneimittelrechtlicher und anderer Vorschriften vom 7. August 2013 (BGBl. I S. 3108, 3110)

§ 1

(1) Dieses Gesetz findet Anwendung auf die Werbung für

1. Arzneimittel im Sinne des § 2 des Arzneimittelgesetzes,

1a. Medizinprodukte im Sinne des § 3 des Medizinproduktegesetzes,

2. andere Mittel, Verfahren, Behandlungen und Gegenstände, soweit sich die Werbeaussage auf die Erkennung, Beseitigung oder Linderung von Krankheiten, Leiden, Körperschäden oder krankhaften Beschwerden bei Mensch oder Tier bezieht, sowie operative plastisch-chirurgische Eingriffe, soweit sich die Werbeaussage auf die Veränderung des menschlichen Körpers ohne medizinische Notwendigkeit bezieht.

(2) Andere Mittel im Sinne des Absatzes 1 Nr. 2 sind kosmetische Mittel im Sinne des § 2 Absatz 5 Satz 1 des Lebensmittel- und Futtermittelgesetzbuches. Gegenstände im Sinne des Absatzes 1 Nr. 2 sind auch Gegenstände zur Körperpflege im Sinne des § 2 Absatz 6 Nummer 4 des Lebensmittel- und Futtermittelgesetzbuches.

(3) Eine Werbung im Sinne dieses Gesetzes ist auch das Ankündigen oder Anbieten von Werbeaussagen, auf die dieses Gesetz Anwendung findet.

(4) Dieses Gesetz findet keine Anwendung auf die Werbung für Gegenstände zur Verhütung von Unfallschäden.

(5) Das Gesetz findet keine Anwendung auf den Schriftwechsel und die Unterlagen, die nicht Werbezwecken dienen und die zur Beantwortung einer konkreten Anfrage zu einem bestimmten Arzneimittel erforderlich sind.

(6) Das Gesetz findet ferner keine Anwendung beim elektronischen Handel mit Arzneimitteln auf das Bestellformular und die dort aufgeführten Angaben, soweit diese für eine ordnungsgemäße Bestellung notwendig sind.

(7) Das Gesetz findet ferner keine Anwendung auf Verkaufskataloge und Preislisten für Arzneimittel, wenn die Verkaufskataloge und Preislisten keine Angaben enthalten, die über die zur Bestimmung des jeweiligen Arzneimittels notwendigen Angaben hinausgehen.

---

1) Legalabkürzung eingeführt durch Art 2 Nr. 1 des Zwölften Gesetzes zur Änderung des Arzneimittelgesetzes vom 30. Juli 2004 (BGBl. I S. 2031, 2049) mit Wirkung vom 6. August 2004.

(8) Das Gesetz findet ferner keine Anwendung auf die auf Anforderung einer Person erfolgende Übermittlung der nach den §§ 10 bis 11a des Arzneimittelgesetzes für Arzneimittel vorgeschriebenen vollständigen Informationen und des öffentlichen Beurteilungsberichts für Arzneimittel nach § 34 Absatz 1a Satz 1 Nummer 2 des Arzneimittelgesetzes und auf die Bereitstellung dieser Informationen im Internet.

§ 2

Fachkreise im Sinne dieses Gesetzes sind Angehörige der Heilberufe oder des Heilgewerbes, Einrichtungen, die der Gesundheit von Mensch oder Tier dienen, oder sonstige Personen, soweit sie mit Arzneimitteln, Medizinprodukten, Verfahren, Behandlungen, Gegenständen oder anderen Mitteln erlaubterweise Handel treiben oder sie in Ausübung ihres Berufes anwenden.

§ 3

Unzulässig ist eine irreführende Werbung. Eine Irreführung liegt insbesondere dann vor,

1. wenn Arzneimitteln, Medizinprodukten, Verfahren, Behandlungen, Gegenständen oder anderen Mitteln eine therapeutische Wirksamkeit oder Wirkungen beigelegt werden, die sie nicht haben,
2. wenn fälschlich der Eindruck erweckt wird, dass
   a) ein Erfolg mit Sicherheit erwartet werden kann,
   b) bei bestimmungsgemäßem oder längerem Gebrauch keine schädlichen Wirkungen eintreten
   c) die Werbung nicht zu Zwecken des Wettbewerbs veranstaltet wird,
3. wenn unwahre oder zur Täuschung geeignete Angaben
   a) über die Zusammensetzung oder Beschaffenheit von Arzneimitteln, Medizinprodukten, Gegenständen oder anderen Mitteln oder über die Art und Weise der Verfahren oder Behandlungen oder
   b) über die Person, Vorbildung, Befähigung oder Erfolge des Herstellers, Erfinders oder der für sie tätigen oder tätig gewesenen Personen

   gemacht werden.

§ 3a

Unzulässig ist eine Werbung für Arzneimittel, die der Pflicht zur Zulassung unterliegen und die nicht nach den arzneimittelrechtlichen Vorschriften zugelassen sind oder als zugelassen gelten. Satz 1 findet auch Anwendung, wenn sich die Werbung auf Anwendungsgebiete oder Darreichungsformen bezieht, die nicht von der Zulassung erfasst sind.

§ 4

(1) Jede Werbung für Arzneimittel im Sinne des § 2 Abs. 1 oder Abs. 2 Nr. 1 des Arzneimittelgesetzes muss folgende Angaben enthalten:

1. den Namen oder die Firma und den Sitz des pharmazeutischen Unternehmens,
2. die Bezeichnung des Arzneimittels,
3. die Zusammensetzung des Arzneimittels gemäß § 11 Abs. 1 Satz 1 Nr. 6 Buchstabe d des Arzneimittelgesetzes,
4. die Anwendungsgebiete,
5. die Gegenanzeigen,
6. die Nebenwirkungen,
7. Warnhinweise, soweit sie für die Kennzeichnung der Behältnisse und äußeren Umhüllungen vorgeschrieben sind,

7a. bei Arzneimitteln, die nur auf ärztliche, zahnärztliche oder tierärztliche Verschreibung abgegeben werden dürfen, den Hinweis „Verschreibungspflichtig",

8. die Wartezeit bei Arzneimitteln, die zur Anwendung bei Tieren bestimmt sind, die der Gewinnung von Lebensmitteln dienen.

Eine Werbung für traditionelle pflanzliche Arzneimittel, die nach dem Arzneimittelgesetz registriert sind, muss folgenden Hinweis enthalten: „Traditionelles pflanzliches Arzneimittel zur Anwendung bei ... [spezifiziertes Anwendungsgebiet / spezifizierte Anwendungsgebiete] ausschließlich auf Grund langjähriger Anwendung".

(1a) Bei Arzneimitteln, die nur einen Wirkstoff enthalten, muss der Angabe nach Absatz 1 Nr. 2 die Bezeichnung dieses Bestandteils mit dem Hinweis: „Wirkstoff:" folgen; dies gilt nicht, wenn in der Angabe nach Absatz 1 Nr. 2 die Bezeichnung des Wirkstoffs enthalten ist.

(2) Die Angaben nach den Absätzen 1 und 1a müssen mit denjenigen übereinstimmen, die nach § 11 oder § 12 des Arzneimittelgesetzes für die Packungsbeilage vorgeschrieben sind. Können die in § 11 Abs. 1 Nr. Satz 1 Nr. 3 Buchstabe a und Nr. 5 des Arzneimittelgesetzes vorgeschriebenen Angaben nicht gemacht werden, so können sie entfallen.

(3) Bei einer Werbung außerhalb der Fachkreise ist der Text „Zu Risiken und Nebenwirkungen lesen sie die Packungsbeilage und fragen Sie Ihren Arzt oder Apotheker" gut lesbar und von den übrigen Werbeaussagen deutlich abgesetzt und abgegrenzt anzugeben. Bei einer Werbung für Heilwässer tritt an die Stelle der Angabe „die Packungsbeilage" die Angabe „das Etikett" und bei einer Werbung für Tierarzneimittel an die Stelle „Ihren Arzt" die Angabe „den Tierarzt". Die Angaben nach Absatz 1 Nr. 1, 3, 5 und 6 können entfallen. Satz 1 findet keine Anwendung auf Arzneimittel, die für den Verkehr außerhalb der Apotheken freigegeben sind, es sei

denn, dass in der Packungsbeilage oder auf dem Behältnis Nebenwirkungen oder sonstige Risiken angegeben sind.

(4) Die nach Absatz 1 vorgeschriebenen Angaben müssen von den übrigen Werbeaussagen deutlich abgesetzt, abgegrenzt und gut lesbar sein.

(5) Nach einer Werbung in audiovisuellen Medien ist der nach Absatz 3 Satz 1 oder 2 vorgeschriebene Text einzublenden, der im Fernsehen vor neutralem Hintergrund gut lesbar wiederzugeben und gleichzeitig zu sprechen ist, sofern nicht die Angabe dieses Textes nach Absatz 3 Satz 4 entfällt. Die Angaben nach Absatz 1 können entfallen.

(6) Die Absätze 1, 1a, 3 und 5 gelten nicht für eine Erinnerungswerbung. Eine Erinnerungswerbung liegt vor, wenn ausschließlich mit der Bezeichnung eines Arzneimittels oder zusätzlich mit dem Namen, der Firma, der Marke des pharmazeutischen Unternehmers oder dem Hinweis „Wirkstoff:" geworben wird.

§ 4a

(1) Unzulässig ist es, in der Packungsbeilage eines Arzneimittels für andere Arzneimittel oder andere Mittel zu werben.

(2) Unzulässig ist es auch, außerhalb der Fachkreise für die im Rahmen der vertragsärztlichen Versorgung bestehende Verordnungsfähigkeit eines Arzneimittels zu werben.

§ 5

Für homöopathische Arzneimittel, die nach dem Arzneimittelgesetz registriert oder von der Registrierung freigestellt sind, darf mit der Angabe von Anwendungsgebieten nicht geworben werden.

§ 6

Unzulässig ist eine Werbung, wenn

1. Gutachten oder Zeugnisse veröffentlicht oder erwähnt werden, die nicht von wissenschaftlich oder fachlich hierzu berufenen Personen erstattet worden sind und nicht die Angabe des Namens, Berufes und Wohnortes der Person, die das Gutachten erstellt oder das Zeugnis ausgestellt hat sowie den Zeitpunkt der Ausstellung des Gutachtens oder Zeugnisses enthalten,
2. auf wissenschaftliche, fachliche oder sonstige Veröffentlichungen Bezug genommen wird, ohne dass aus der Werbung hervorgeht, ob die Veröffentlichung das Arzneimittel, das Verfahren, die Behandlung, den Gegenstand oder ein anderes Mittel selbst betrifft, für die geworben wird, und ohne dass der Name des Verfassers, der Zeitpunkt der Veröffentlichung und die Fundstelle genannt werden,
3. aus der Fachliteratur entnommene Zitate, Tabellen oder sonstige Darstellungen nicht wortgetreu übernommen werden.

§ 7

(1) Es ist unzulässig, Zuwendungen und sonstige Werbegaben (Waren oder Leistungen) anzubieten, anzukündigen oder zu gewähren oder als Angehöriger der Fachkreise anzunehmen, es sei denn, dass

1. es sich bei den Zuwendungen oder Werbegaben um Gegenstände von geringem Wert, die durch eine dauerhafte und deutlich sichtbare Bezeichnung des Werbenden oder des beworbenen Produktes oder beider gekennzeichnet sind, oder um geringwertige Kleinigkeiten handelt; Zuwendungen oder Werbegaben sind für Arzneimittel unzulässig, soweit sie entgegen den Preisvorschriften gewährt werden, die auf Grund des Arzneimittelgesetzes gelten;
2. die Zuwendungen oder Werbegaben in
   a) einem bestimmten oder auf bestimmte Art zu berechnenden Geldbetrag oder
   b) einer bestimmten oder auf bestimmte Art zu berechnende Menge gleicher Ware gewährt werden;

   Zuwendungen oder Werbegaben nach Buchstabe a sind für Arzneimittel unzulässig, soweit sie entgegen den Preisvorschriften gewährt werden, die aufgrund des Arzneimittelgesetzes gelten; Buchstabe b gilt nicht für Arzneimittel, deren Abgabe den Apotheken vorbehalten ist;
3. die Zuwendungen oder Werbegaben nur in handelsüblichem Zubehör zur Ware oder in handelsüblichen Nebenleistungen bestehen; als handelsüblich gilt insbesondere eine im Hinblick auf den Wert der Ware oder Leistung angemessene teilweise oder vollständige Erstattung oder Übernahme von Fahrtkosten für Verkehrsmittel des öffentlichen Personennahverkehrs, die im Zusammenhang mit dem Besuch des Geschäftslokals oder des Orts der Erbringung der Leistung aufgewendet werden;
4. die Zuwendungen oder Werbegaben in der Erteilung von Auskünften oder Ratschlägen bestehen oder
5. es sich um unentgeltlich an Verbraucherinnen und Verbraucher abzugebende Zeitschriften handelt, die nach ihrer Aufmachung und Ausgestaltung der Kundenwerbung und den Interessen der verteilenden Person dienen, durch einen entsprechenden Aufdruck auf der Titelseite diesen Zweck erkennbar machen und in ihren Herstellungskosten geringwertig sind (Kundenzeitschriften).

Werbeabgaben für Angehörige der Heilberufe sind unbeschadet des Satzes 1 nur dann zulässig, wenn sie zur Verwendung in der ärztlichen, tierärztlichen oder pharmazeutischen Praxis bestimmt sind. § 47 Abs. 3 des Arzneimittelgesetzes bleibt unberührt.

(2) Absatz 1 gilt nicht für Zuwendungen im Rahmen ausschließlich berufsbezogener wissenschaftlicher Veranstaltungen, sofern diese einen vertretbaren Rahmen nicht überschreiten, insbesondere in bezug auf den wissenschaftlichen Zweck der Veranstaltung von untergeordneter Bedeutung sind und sich nicht auf andere als im Gesundheitswesen tätige Personen erstrecken.

(3) Es ist unzulässig, für die Entnahme oder sonstige Beschaffung von Blut-, Plasma- oder Gewebespenden zur Herstellung von Blut- und Gewebeprodukten und anderen Produkten zur Anwendung bei Menschen mit der Zahlung einer finanziellen Zuwendung oder Aufwandsentschädigung zu werben.

§ 8

Unzulässig ist die Werbung, Arzneimittel im Wege des Teleshopping oder bestimmte Arzneimittel im Wege der Einzeleinfuhr nach § 73 Abs. 2 Nr. 6a oder § 73 Abs. 3 des Arzneimittelgesetzes zu beziehen. Die Übersendung von Listen nicht zugelassener oder nicht registrierter Arzneimittel, deren Einfuhr aus einem anderen Mitgliedstaat oder aus einem anderen Vertragsstaat des Abkommens über den Europäischen Wirtschaftsraum nur ausnahmsweise zulässig ist, an Apotheker oder Betreiber einer tierärztlichen Hausapotheke ist zulässig, soweit die Listen nur Informationen über die Bezeichnung, die Packungsgrößen, die Wirkstärke und den Preis dieses Arzneimittels enthalten.

§ 9

Unzulässig ist eine Werbung für die Erkennung oder Behandlung von Krankheiten, Leiden, Körperschäden oder krankhaften Beschwerden, die nicht auf eigener Wahrnehmung an dem zu behandelnden Menschen oder Tier beruht (Fernbehandlung).

§ 10

(1) Für verschreibungspflichtige Arzneimittel darf nur bei Ärzten, Zahnärzten, Tierärzten, Apothekern und Personen, die mit diesen Arzneimitteln erlaubterweise Handel treiben, geworben werden.

(2) Für Arzneimittel, die psychotrope Wirkstoffe mit der Gefahr der Abhängigkeit enthalten und die dazu bestimmt sind, bei Menschen die Schlaflosigkeit oder psychische Störungen zu beseitigen oder die Stimmungslage zu beeinflussen, darf außerhalb der Fachkreise nicht geworben werden.

§ 11

(1) Außerhalb der Fachkreise darf für Arzneimittel, Verfahren, Behandlungen, Gegenstände oder andere Mittel nicht geworben werden

1. (aufgehoben),
2. mit Angaben oder Darstellungen, die sich auf eine Empfehlung von Wissenschaftlern, von im Gesundheitswesen tätigen Personen, von im Bereich der

Tiergesundheit tätigen Personen oder anderen Personen, die auf Grund ihrer Bekanntheit zum Arzneimittelverbrauch anregen können, beziehen,

3. mit der Wiedergabe von Krankengeschichten sowie mit Hinweisen darauf, wenn diese in missbräuchlicher, abstoßender oder irreführender Weise erfolgt oder durch eine ausführliche Beschreibung oder Darstellung zu einer falschen Selbstdiagnose verleiten kann,
4. (aufgehoben),
5. mit einer bildlichen Darstellung, die in missbräuchlicher, abstoßender oder irreführender Weise Veränderungen des menschlichen Körpers auf Grund von Krankheiten oder Schädigungen oder die Wirkung eines Arzneimittels im menschlichen Körper oder in Körperteilen verwendet,
6. (aufgehoben),
7. mit Werbeaussagen, die nahelegen, dass die Gesundheit durch die Nichtverwendung des Arzneimittels beeinträchtigt oder durch die Verwendung verbessert werden könnte,
8. durch Werbevorträge, mit denen ein Feilbieten oder eine Entgegennahme von Anschriften verbunden ist,
9. mit Veröffentlichungen, deren Werbezweck missverständlich oder nicht deutlich erkennbar ist,
10. (aufgehoben),
11. mit Äußerungen Dritter, insbesondere mit Dank-, Anerkennungs- oder Empfehlungsschreiben, oder mit Hinweisen auf solche Äußerungen, wenn diese in missbräuchlicher, abstoßender oder irreführender Weise erfolgen,
12. mit Werbemaßnahmen, die sich ausschließlich oder überwiegend an Kinder unter 14 Jahren richten,
13. mit Preisausschreiben, Verlosungen oder anderen Verfahren, deren Ergebnis vom Zufall abhängig ist, sofern diese Maßnahmen oder Verfahren einer unzweckmäßigen oder übermäßigen Verwendung von Arzneimitteln Vorschub leisten,
14. durch die Abgabe von Arzneimitteln, deren Muster oder Proben oder durch Gutscheine dafür,
15. durch die nicht verlangte Abgabe von Mustern oder Proben von anderen Mitteln oder Gegenständen oder durch Gutscheine dafür.

Für Medizinprodukte gilt Satz 1 Nr. 7 bis 9, 11 und 12 entsprechend. Ferner darf für die in § 1 Nummer 2 genannten operativen plastisch-chirurgischen Eingriffe nicht mit der Wirkung einer solchen Behandlung durch vergleichende Darstellung des Körperzustandes oder des Aussehens vor und nach dem Eingriff geworben werden

(2) Außerhalb der Fachkreise darf für Arzneimittel zur Anwendung bei Menschen nicht mit Angaben geworben werden, die nahe legen, dass die Wirkung des Arznei-

mittels einem anderen Arzneimittel oder einer anderen Behandlung entspricht oder überlegen ist.

§ 12

(1) Außerhalb der Fachkreise darf sich die Werbung für Arzneimittel und Medizinprodukte nicht auf die Erkennung, Verhütung, Beseitigung oder Linderung der in Abschnitt A der Anlage zu diesem Gesetz aufgeführten Krankheiten oder Leiden bei Menschen beziehen, die Werbung für Arzneimittel außerdem nicht die Erkennung, Verhütung, Beseitigung oder Linderung der in Abschnitt B dieser Anlage aufgeführten Krankheiten oder Leiden beim Tier. Abschnitt A Nr. 2 der Anlage findet keine Anwendung auf die Werbung für Medizinprodukte.

(2) Die Werbung für andere Mittel, Verfahren, Behandlungen oder Gegenstände außerhalb der Fachkreise darf sich nicht auf die Erkennung, Beseitigung oder Linderung dieser Krankheiten oder Leiden beziehen. Dies gilt nicht für die Werbung für Verfahren oder Behandlungen in Heilbädern, Kurorten und Kuranstalten.

§ 13

Die Werbung eines Unternehmens mit Sitz außerhalb des Geltungsbereichs dieses Gesetzes ist unzulässig, wenn nicht ein Unternehmen mit Sitz oder eine natürliche Person mit gewöhnlichem Aufenthalt im Geltungsbereich dieses Gesetzes oder in einem anderen Mitgliedstaat der Europäischen Union oder in einem anderen Vertragsstaat des Abkommens über den Europäischen Wirtschaftsraum, die nach diesem Gesetz unbeschränkt strafrechtlich verfolgt werden kann, ausdrücklich damit betraut ist, die sich aus diesem Gesetz ergebenden Pflichten zu übernehmen.

§ 14

Wer dem Verbot der irreführenden Werbung (§ 3) zuwiderhandelt, wird mit Freiheitsstrafe bis zu einem Jahr oder mit Geldstrafe bestraft.

§ 15

(1) Ordnungswidrig handelt, wer vorsätzlich oder fahrlässig

1. entgegen § 3a eine Werbung für ein Arzneimittel betreibt, das der Pflicht zur Zulassung unterliegt und das nicht nach den arzneimittelrechtlichen Vorschriften zugelassen ist oder als zugelassen gilt,
2. eine Werbung betreibt, die die nach § 4 vorgeschriebenen Angaben nicht enthält oder entgegen § 5 mit der Angabe von Anwendungsgebieten wirbt,
3. in einer nach § 6 unzulässigen Weise mit Gutachten, Zeugnissen oder Bezugnahmen auf Veröffentlichungen wirbt,
4. entgegen § 7 Abs. 1 und 3 eine mit Zuwendungen oder sonstigen Werbegaben verbundene Werbung betreibt,

4a. entgegen § 7 Abs. 1 als Angehöriger der Fachkreise eine Zuwendung oder sonstige Werbegabe annimmt,

5. entgegen § 8 eine dort genannte Werbung betreibt,
6. entgegen § 9 für eine Fernbehandlung wirbt,
7. entgegen § 10 für die dort bezeichneten Arzneimittel wirbt,
8. auf eine durch § 11 verbotene Weise außerhalb der Fachkreise wirbt,
9. entgegen § 12 eine Werbung betreibt, die sich auf die in der Anlage zu § 12 aufgeführten Krankheiten oder Leiden bezieht,
10. eine nach § 13 unzulässige Werbung betreibt.

(2) Ordnungswidrig handelt ferner, wer fahrlässig dem Verbot der irreführenden Werbung (§ 3) zuwiderhandelt.

(3) Die Ordnungswidrigkeit nach Absatz 1 kann mit einer Geldbuße bis zu fünfzigtausend Euro, die Ordnungswidrigkeit nach Absatz 2 mit einer Geldbuße bis zu zwanzigtausend Euro geahndet werden.

§ 16

Werbematerial und sonstige Gegenstände, auf die sich eine Straftat nach § 14 oder eine Ordnungswidrigkeit nach § 15 bezieht, können eingezogen werden. § 74a des Strafgesetzbuches und § 23 des Gesetzes über Ordnungswidrigkeiten sind anzuwenden.

§ 17

Das Gesetz gegen den unlauteren Wettbewerb bleibt unberührt.

§ 18

(aufgehoben)

Anlage
(zu § 12)

Krankheiten und Leiden, auf die sich die Werbung gemäß § 12 nicht beziehen darf

A. Krankheiten und Leiden beim Menschen

1. Nach dem Infektionsschutzgesetz vom 20. Juli 2000 (BGBl. I S. 1045) meldepflichtige Krankheiten oder durch meldepflichtige Krankheitserreger verursachte Infektionen,
2. bösartige Neubildungen,
3. Suchtkrankheiten, ausgenommen Nikotinabhängigkeit,
4. krankhafte Komplikationen der Schwangerschaft, der Entbindung und des Wochenbetts.

B. Krankheiten und Leiden beim Tier

1. Nach der Verordnung über anzeigepflichtige Tierseuchen und der Verordnung über meldepflichtige Tierkrankheiten in ihrer jeweils geltenden Fassung anzeige- oder meldepflichtige Seuchen oder Krankheiten,
2. bösartige Neubildungen,
3. bakterielle Eutererkrankungen bei Kühen, Ziegen und Schafen,
4. Kolik bei Pferden und Rindern.

Verordnung über Medizinprodukte (Medizinprodukte-Verordnung – MPV)

Vom 20. Dezember 2001 (BGBl. I S. 3854),
zuletzt geändert durch Artikel 2 der Verordnung über klinische Prüfungen von Medizinprodukten und zur Änderung medizinprodukterechtlicher Vorschriften vom 10. Mai 2010 (BGBl. I S. 542, 555)

Abschnitt 1
Anwendungsbereich und Allgemeine Anforderungen an die Konformitätsbewertung

§ 1 Anwendungsbereich

Diese Verordnung regelt die Bewertung und Feststellung der Übereinstimmung von Medizinprodukten mit den Grundlegenden Anforderungen gemäß § 7 des Medizinproduktegesetzes (Konformitätsbewertung), die Sonderverfahren für Systeme und Behandlungseinheiten und die Änderung der Klassifizierung von Medizinprodukten durch Rechtsakte der Kommission der Europäischen Gemeinschaft.

§ 2 Biologische Sicherheitsprüfung

Zur Bewertung der biologischen Verträglichkeit von Medizinprodukten sind biologische Sicherheitsprüfungen mit Tierversuchen durchzuführen, soweit sie

1. bei Medizinprodukten im Sinne des § 3 Nr. 2 des Medizinproduktegesetzes nach der Richtlinie 2001/83/EG des Europäischen Parlaments und des Rates vom 6. November 2001 zur Schaffung eines Gemeinschaftskodexes für Humanarzneimittel (ABl. L 311 vom 28. 11. 2001, S. 67), die zuletzt durch die Verordnung (EG) Nr. 1394/2007 (ABl. L 324 vom 10. 12. 2007, S. 121) geändert worden ist, in der jeweils geltenden Fassung oder nach den Arzneimittelprüfrichtlinien nach § 26 des Arzneimittelgesetzes,
2. nach harmonisierten Normen im Sinne des § 3 Nr. 18 des Medizinproduktegesetzes oder
3. nach dem jeweiligen Stand der wissenschaftlichen Erkenntnisse

erforderlich sind.

§ 3 Allgemeine Vorschriften zur Durchführung der Konformitätsbewertung

(1) Die Konformitätsbewertung erfolgt nach Maßgabe des Absatzes 2 und der §§ 4 bis 7 durch den Hersteller. Die Verfahren nach den Anhängen 3, 4 und 6 der Richtlinie 90/385/EWG des Rates vom 20. Juni 1990 zur Angleichung der Rechtsvorschriften der Mitgliedstaaten über aktive implantierbare medizinische Geräte (ABl. EG Nr. L 189 S. 17),die zuletzt durch Artikel 1 der Richtlinie 2007/47/ EG (ABl. L 247 vom 21. 9. 2007, S. 21) geändert worden ist , den Anhängen III, V, VI und VIII der Richtlinie 98/79/EG des Europäischen Parlaments und des Rates vom

MPV

27. Oktober 1998 über In-vitro-Diagnostika (ABl. EG Nr. L 331, S. 1), die zuletzt durch die Verordnung (EG) Nr. 1882/ 2003 (ABl. L 284 vom 31. 10. 2003, S. 1) geändert worden ist und den Anhängen III, IV, VII und VIII der Richtlinie 93/42/EWG des Rates vom 14. Juni 1993 über Medizinprodukte (ABl. EG Nr. L 169 S. 1), die zuletzt durch Artikel 2 der Richtlinie 2007/47/EG (ABl. L 247 vom 21. 9. 2007, S. 21) geändert worden ist, in den jeweils geltenden Fassungen, können im Auftrag des Herstellers auch von seinem Bevollmächtigten im Sinne des § 3 Nr. 16 des Medizinproduktegesetzes durchgeführt werden.

(2) Soweit die Verfahren unter Beteiligung einer Benannten Stelle im Sinne des § 3 Nr. 20 des Medizinproduktegesetzes durchgeführt werden, beauftragen der Hersteller oder sein Bevollmächtigter eine Benannte Stelle ihrer Wahl, die für das entsprechende Verfahren und die jeweiligen Medizinprodukte benannt ist. Die Benannte Stelle und der Hersteller oder sein Bevollmächtigter legen einvernehmlich die Fristen für die Durchführung der Prüfungen und Bewertungen fest.

(3) Die Benannte Stelle kann im Konformitätsbewertungsverfahren alle Informationen und Angaben fordern, die zur Durchführung der Überprüfungen und Bewertungen und zur Erteilung von Bescheinigungen erforderlich sind.

(4) Im Verfahren der Konformitätsbewertung sind Ergebnisse von Prüfungen und Bewertungen, die für die jeweiligen Produkte bereits durchgeführt wurden, angemessen zu berücksichtigen.

(5) Die Geltungsdauer von Bescheinigungen, die nach den Anhängen 2 und 5 der Richtlinie 90/385/EWG, den Anhängen III, IV und V der Richtlinie 98/79/EG und den Anhängen II, III, V und VI der Richtlinie 93/42/EWG ausgestellt werden, ist auf höchstens fünf Jahre zu befristen.

Abschnitt 2
Anforderungen an die Verfahren der Konformitätsbewertung

§ 4 Konformitätsbewertungsverfahren für aktive implantierbare Medizinprodukte

(1) Für aktive implantierbare Medizinprodukte, mit Ausnahme der Produkte nach Absatz 2 und 4, hat der Hersteller

1. das Verfahren der EG-Konformitätserklärung nach Anhang 2 der Richtlinie 90/385/EWG oder
2. das Verfahren der EG-Baumusterprüfung nach Anhang 3 der Richtlinie 90/385/EWG in Verbindung mit dem Verfahren der EG-Prüfung nach Anhang 4 der Richtlinie 90/385/EWG oder dem Verfahren der EG-Erklärung zur Übereinstimmung mit dem Baumuster nach Anhang 5 der Richtlinie 90/385/EWG

einzuhalten.

(2) Für Sonderanfertigungen hat der Hersteller die Erklärung nach Nummer 2.1 des Anhangs 6 der Richtlinie 90/385/EWG auszustellen und dem Produkt beizu-

fügen. Die Erklärung muss für den in diesem Anhang genannten betreffenden Patienten verfügbar sein. Der Hersteller hat die Dokumentation nach Nummer 3.1 des Anhangs 6 zu erstellen und alle erforderlichen Maßnahmen zu treffen, um die Übereinstimmung der hergestellten Medizinprodukte mit dieser Dokumentation sicherzustellen. Erklärung und Dokumentation sind mindestens 15 Jahre aufzubewahren. Der Hersteller sichert zu, unter Berücksichtigung der in Anhang 7 der Richtlinie 90/385/EWG enthaltenen Bestimmungen die Erfahrungen mit Produkten in der der Herstellung nachgelagerten Phase auszuwerten und zu dokumentieren. Er hat angemessene Vorkehrungen zu treffen, um erforderliche Korrekturen durchzuführen. Dies schließt die Verpflichtung des Herstellers ein, die zuständige Bundesoberbehörde unverzüglich über folgende Vorkommnisse zu unterrichten, sobald er selbst davon Kenntnis erlangt hat, und die einschlägigen Korrekturen vorzunehmen:

1. jede Funktionsstörung und jede Änderung der Merkmale oder der Leistung sowie jede Unsachgemäßheit der Kennzeichnung oder der Gebrauchsanweisung eines Produktes, die zum Tode oder zu einer schwerwiegenden Verschlechterung des Gesundheitszustandes eines Patienten oder eines Anwenders führen kann oder dazu geführt hat;
2. jeden Grund technischer oder medizinischer Art, der auf Grund der unter Nummer 1 genannten Ursachen durch die Merkmale und Leistungen des Produktes bedingt ist und zum systematischen Rückruf von Produkten desselben Typs durch den Hersteller geführt hat.

(3) Wer aktive implantierbare Medizinprodukte nach § 10 Abs. 3 Satz 2 des Medizinproduktegesetzes aufbereitet, hat im Hinblick auf die Sterilisation und die Aufrechterhaltung der Funktionsfähigkeit ein Verfahren entsprechend Anhang 4 oder 5 der Richtlinie 90/385/EWG durchzuführen und eine Erklärung auszustellen, die die Aufbereitung nach einem geeigneten validierten Verfahren bestätigt. Die Erklärung ist mindestens 15 Jahre aufzubewahren.

(4) Für aktive implantierbare Medizinprodukte aus Eigenherstellung hat der Hersteller vor der Inbetriebnahme eine Erklärung auszustellen, die folgende Angaben enthält:

1. Name und Anschrift des Eigenherstellers,
2. die zur Identifizierung des jeweiligen Produktes notwendigen Daten,
3. die Versicherung, dass das Produkt den in Anhang 1 der Richtlinie 90/385/EWG aufgeführten Grundlegenden Anforderungen entspricht, und gegebenenfalls die Angabe der Grundlegenden Anforderungen, die nicht vollständig eingehalten worden sind, mit Angabe der Gründe.

Er hat eine Dokumentation zu erstellen, aus der die Fertigungsstätte sowie Auslegung, Herstellung und Leistungsdaten des Produktes, einschließlich der vorgesehenen Leistung, hervorgehen, so dass sich beurteilen lässt, ob es den Grundlegenden Anforderungen der Richtlinie 90/385/EWG entspricht. Er hat auch alle erforderlichen Maßnahmen zu treffen, um die Übereinstimmung der hergestellten Medizinprodukte mit dieser Dokumentation zu gewährleisten. Absatz 2 Satz 4 bis 7 gilt entsprechend.

§ 5 Konformitätsbewertungsverfahren für In-vitro-Diagnostika

(1) Für In-vitro-Diagnostika nach Anhang II Liste A der Richtlinie 98/79/EG, mit Ausnahme der Produkte nach Absatz 6, hat der Hersteller

1. das Verfahren der EG-Konformitätserklärung (vollständiges Qualitätssicherungssystem) nach Anhang IV der Richtlinie 98/79/EG oder
2. das Verfahren der EG-Baumusterprüfung nach Anhang V der Richtlinie 98/79/EG in Verbindung mit dem Verfahren der EG-Konformitätserklärung (Qualitätssicherung Produktion) nach Anhang VII der Richtlinie 98/79/EG

durchzuführen.

(2) Für In-vitro-Diagnostika nach Anhang II Liste B der Richtlinie 98/79/EG, mit Ausnahme der Produkte nach Absatz 6, hat der Hersteller

1. das Verfahren der EG-Konformitätserklärung (vollständiges Qualitätssicherungssystem) nach Anhang IV der Richtlinie 98/79/EG oder
2. das Verfahren der EG-Baumusterprüfung nach Anhang V der Richtlinie 98/79/EG in Verbindung mit dem Verfahren der EG-Prüfung nach Anhang VI oder dem Verfahren der EG-Konformitätserklärung (Qualitätssicherung Produktion) nach Anhang VII der Richtlinie 98/79/EG

durchzuführen.

(3) Für In-vitro-Diagnostika zur Eigenanwendung mit Ausnahme der in Anhang II genannten Produkte hat der Hersteller das Verfahren nach Anhang III der Richtlinie 98/79/EG oder ein Verfahren nach Absatz 1 oder 2 durchzuführen.

(4) Für die sonstigen In-vitro-Diagnostika, mit Ausnahme der Produkte nach Absatz 6, hat der Hersteller das Verfahren nach Anhang III der Richtlinie 98/79/EG durchzuführen; Nummer 6 des Anhangs findet keine Anwendung.

(5) Der Hersteller muss die Konformitätserklärung, die technische Dokumentation gemäß den Anhängen III bis VIII der Richtlinie 98/79/EG sowie die Entscheidungen, Berichte und Bescheinigungen der Benannten Stellen aufbewahren und sie den zuständigen Behörden in einem Zeitraum von fünf Jahren nach Herstellung des letzten Produktes auf Anfrage zur Prüfung vorlegen.

(6) Für In-vitro-Diagnostika aus Eigenherstellung, die nicht im industriellen Maßstab hergestellt werden, hat der Eigenhersteller vor der Inbetriebnahme eine Erklärung auszustellen, die folgende Angaben enthält:

1. Name und Anschrift des Eigenherstellers,
2. die zur Identifizierung des jeweiligen Produktes notwendigen Daten,
3. die Versicherung, dass das Produkt den in Anhang I der Richtlinie 98/79/ EG aufgeführten Grundlegenden Anforderungen entspricht, und gegebenen-

falls die Angabe der Grundlegenden Anforderungen, die nicht vollständig eingehalten worden sind, mit Angabe der Gründe.

Er hat eine Dokumentation zu erstellen, aus der die Fertigungsstätte sowie Auslegung, Herstellung und Leistungsdaten des Produktes, einschließlich der vorgesehenen Leistung, hervorgehen, so dass sich beurteilen lässt, ob es den Grundlegenden Anforderungen der Richtlinie 98/79/EG entspricht und alle erforderlichen Maßnahmen zu treffen, um die Übereinstimmung der hergestellten Medizinprodukte mit dieser Dokumentation zu gewährleisten. Erklärung und Dokumentation sind mindestens fünf Jahre aufzubewahren. Der Eigenhersteller sichert zu, die Erfahrungen mit Produkten in der der Herstellung nachgelagerten Phase auszuwerten und zu dokumentieren und angemessene Vorkehrungen zu treffen, um erforderliche Korrekturen durchzuführen. § 4 Absatz 2 Satz 7 gilt entsprechend.

§ 6 Konformitätsbewertungsverfahren für unter Verwendung von tierischem Gewebe hergestellte Medizinprodukte

(1) Für unter Verwendung von Gewebe tierischen Ursprungs hergestellte Medizinprodukte nach Artikel 1 Abs. 1 und 2 der Richtlinie 2003/32/EG der Kommission vom 23. April 2003 (ABl. EU Nr. L 105 S. 18) in der jeweils gültigen Fassung umfasst das Konformitätsbewertungsverfahren die Bewertung der Übereinstimmung mit den Grundlegenden Anforderungen der Richtlinie 93/42/EWG des Rates vom 14. Juni 1993 (ABl. EG Nr. L 169 S. 1) und den Spezifikationen im Anhang der Richtlinie 2003/32/EG in der jeweils gültigen Fassung. Dabei sind die Definitionen des Artikels 2 der Richtlinie 2003/32/EG zu Grunde zu legen.

(2) Für Medizinprodukte nach Absatz 1 hat der Hersteller

1. das Verfahren der EG-Konformitätserklärung (vollständiges Qualitätssicherungssystem) nach Anhang II der Richtlinie 93/42/EWG oder
2. das Verfahren der EG-Baumusterprüfung nach Anhang III der Richtlinie 93/42/EWG in Verbindung mit dem Verfahren der EG-Prüfung nach Anhang IV der Richtlinie 93/42/EWG oder dem Verfahren der EG-Konformitätserklärung (Qualitätssicherung Produktion) nach Anhang V der Richtlinie 93/42/EWG

durchzuführen. Bevor er einen entsprechenden Antrag stellt, hat er das Verfahren zur Risikoanalyse und zum Risikomanagement nach dem Anhang der Richtlinie 2003/32/EG durchzuführen. Werden bei der Herstellung von Medizinprodukten Kollagene, Gelatine oder Talg verwendet, so müssen diese zumindest die Anforderungen für die Eignung zum menschlichen Verzehr erfüllen.

(3) Bei der Wahrnehmung der ihnen im Rahmen der Verfahren nach Absatz 2 Satz 1 obliegenden Aufgaben müssen die Benannten Stellen zusätzlich die Maßgaben des Artikels 5 Abs. 2 bis 4 der Richtlinie 2003/32/EG erfüllen.

(4) Die zuständige Behörde nach § 15 des Medizinproduktegesetzes überprüft, ob bei den Benannten Stellen die fachlichen Voraussetzungen für eine Bewertung

nach den Absätzen 1 bis 3 vorliegen. Falls diese Voraussetzungen nicht vorliegen, widerruft sie insoweit die Akkreditierung und Benennung und teilt dies dem Bundesministerium für Gesundheit mit.

(5) Die Absätze 1 bis 4 gelten nicht für Medizinprodukte, die nicht dazu bestimmt sind, mit dem menschlichen Körper in Berührung zu kommen oder die dazu bestimmt sind, nur mit unversehrter Haut in Berührung zu kommen.

§ 7 Konformitätsbewertungsverfahren für die sonstigen Medizinprodukte

(1) Für Medizinprodukte der Klasse III, mit Ausnahme der Produkte nach Absatz 5 und 9, hat der Hersteller

1. das Verfahren der EG-Konformitätserklärung (vollständiges Qualitätssicherungssystem) nach Anhang II der Richtlinie 93/42/EWG oder
2. das Verfahren der EG-Baumusterprüfung nach Anhang III der Richtlinie 93/42/EWG in Verbindung mit dem Verfahren der EG-Prüfung nach Anhang IV der Richtlinie 93/42/EWG oder dem Verfahren der EG-Konformitätserklärung (Qualitätssicherung Produktion) nach Anhang V der Richtlinie 93/42/EWG

durchzuführen.

(2) Für Medizinprodukte der Klasse IIb, mit Ausnahme der Produkte nach Absatz 5 und 9, hat der Hersteller

1. das Verfahren der EG-Konformitätserklärung (vollständiges Qualitätssicherungssystem) nach Anhang II der Richtlinie 93/42/EWG mit Ausnahme der Nummer 4 oder
2. das Verfahren der EG-Baumusterprüfung nach Anhang III der Richtlinie 93/42/EWG in Verbindung mit dem Verfahren der EG-Prüfung nach Anhang IV oder dem Verfahren der EG-Konformitätserklärung (Qualitätssicherung Produktion) nach Anhang V oder dem Verfahren der EG-Konformitätserklärung (Qualitätssicherung Produkt) nach Anhang VI der Richtlinie 93/42/EWG

durchzuführen.

(3) Für Medizinprodukte der Klasse IIa, mit Ausnahme der Produkte nach Absatz 5 und 9, hat der Hersteller

1. das Verfahren der EG-Konformitätserklärung nach Anhang VII der Richtlinie 93/42/EWG in Verbindung mit dem Verfahren der EG-Prüfung nach Anhang IV oder dem Verfahren EG-Konformitätserklärung (Qualitätssicherung Produktion) nach Anhang V oder dem Verfahren der EG-Konformitätserklärung (Qualitätssicherung Produkt) nach Anhang VI der Richtlinie 93/42/EWG oder
2. das Verfahren nach Absatz 2 Nr. 1

durchzuführen.

(4) Für Medizinprodukte der Klasse I, mit Ausnahme der Produkte nach Absatz 5 und 9, hat der Hersteller das Verfahren nach Anhang VII der Richtlinie 93/42/ EWG durchzuführen.

(5) Für Sonderanfertigungen hat der Hersteller die Erklärung nach Nummer 2.1 des Anhangs VIII der Richtlinie 93/42/EWG auszustellen und Sonderanfertigungen der Klassen IIa, IIb und III bei der Abgabe eine Kopie beizufügen, die für den durch seinen Namen, ein Akronym oder einen numerischen Code identifizierbaren Patienten verfügbar sein muss. Er hat die Dokumentation nach Nummer 3.1 des Anhangs VIII der Richtlinie 93/42/EWG zu erstellen und alle erforderlichen Maßnahmen zu treffen, um die Übereinstimmung der hergestellten Medizinprodukte mit dieser Dokumentation zu gewährleisten. Erklärung und Dokumentation sind mindestens fünf Jahre und im Falle von implantierbaren Produkten mindestens 15 Jahre aufzubewahren. Der Hersteller sichert zu, unter Berücksichtigung der in Anhang X der Richtlinie 93/42/ EWG enthaltenen Bestimmungen die Erfahrungen mit Produkten in der der Herstellung nachgelagerten Phase auszuwerten und zu dokumentieren und angemessene Vorkehrungen zu treffen, um erforderliche Korrekturen durchzuführen. § 4 Absatz 2 Satz 7 gilt entsprechend.

(6) Für Systeme und Behandlungseinheiten nach § 10 Abs. 1 des Medizinproduktegesetzes hat der Hersteller die Erklärung nach Artikel 12 Abs. 2 Satz 1 der Richtlinie 93/42/EWG auszustellen. Die Erklärung ist mindestens fünf Jahre und im Falle von implantierbaren Produkten mindestens 15 Jahre aufzubewahren. Für Systeme und Behandlungseinheiten nach § 10 Abs. 2 des Medizinproduktegesetzes gelten die Vorschriften der Absätze 1 bis 4 entsprechend.

(7) Wer Medizinprodukte nach § 10 Abs. 3 Satz 1 des Medizinproduktegesetzes sterilisiert, hat im Hinblick auf die Sterilisation ein Verfahren nach Anhang II oder V der Richtlinie 93/42/EWG durchzuführen und eine Erklärung auszustellen, dass die Sterilisation gemäß den Anweisungen des Herstellers erfolgt ist. Die Erklärung ist mindestens fünf Jahre aufzubewahren.

(8) Wer Medizinprodukte nach § 10 Absatz 3 Satz 2 des Medizinproduktegesetzes aufbereitet, hat im Hinblick auf die Sterilisation und die Aufrechterhaltung der Funktionsfähigkeit der Produkte ein Verfahren entsprechend Anhang II oder V der Richtlinie 93/42/EWG durchzuführen und eine Erklärung auszustellen, die die Aufbereitung nach einem geeigneten validierten Verfahren bestätigt. Die Erklärung ist mindestens fünf Jahre und im Falle von implantierbaren Produkten mindestens 15 Jahre aufzubewahren.

(9) Für Medizinprodukte aus Eigenherstellung hat der Eigenhersteller vor der Inbetriebnahme eine Erklärung auszustellen, die folgende Angaben enthält:

1. Name und Anschrift des Eigenherstellers,
2. die zur Identifizierung des jeweiligen Produktes notwendigen Daten,
3. die Versicherung, dass das Produkt den in Anhang I der Richtlinie 93/42/ EWG aufgeführten Grundlegenden Anforderungen entspricht, und

gegebenenfalls die Angabe der Grundlegenden Anforderungen, die nicht vollständig eingehalten worden sind, mit Angabe der Gründe.

Er hat eine Dokumentation zu erstellen, aus der die Fertigungsstätte sowie Auslegung, Herstellung und Leistungsdaten des Produktes, einschließlich der vorgesehenen Leistung, hervorgehen, so dass sich beurteilen lässt, ob es den Grundlegenden Anforderungen der Richtlinie 93/42/EWG entspricht und alle erforderlichen Maßnahmen zu treffen, um die Übereinstimmung der hergestellten Medizinprodukte mit dieser Dokumentation zu gewährleisten. Erklärung und Dokumentation sind mindestens fünf Jahre und im Falle von implantierbaren Produkten mindestens 15 Jahre aufzubewahren. Der Eigenhersteller sichert zu, unter Berücksichtigung der in Anhang X der Richtlinie 93/42/ EWG enthaltenen Bestimmungen die Erfahrungen mit Produkten in der der Herstellung nachgelagerten Phase auszuwerten und zu dokumentieren und angemessene Vorkehrungen zu treffen, um erforderliche Korrekturen durchzuführen. § 4 Absatz 2 Satz 7 gilt entsprechend.

Abschnitt 3
Änderungen der Klassifizierung von Medizinprodukten

§ 8 Brustimplantate

§ 13 Abs. 1 Satz 2 des Medizinproduktegesetzes in Verbindung mit Anhang IX der Richtlinie 93/42/EWG des Rates vom 14. Juni 1993 über Medizinprodukte (ABl. EG Nr. L 169 S. 1), zuletzt geändert durch die Verordnung (EG) Nr. 1882/2003 des Europäischen Parlaments und des Rates vom 29. September 2003 (ABl. EU Nr. L 284 S. 1), in der jeweils geltenden Fassung, findet auf Brustimplantate keine Anwendung. Brustimplantate werden der Klasse III zugeordnet.

§ 9 Gelenkersatz für Hüfte, Knie und Schulter

(1) § 13 Abs. 1 Satz 2 des Medizinproduktegesetzes in Verbindung mit Anhang IX der Richtlinie 93/42/EWG des Rates vom 14. Juni 1993 über Medizinprodukte (ABl. EG Nr. L 169 S. 1), zuletzt geändert durch die Verordnung (EG) Nr. 1882/2003 des Europäischen Parlaments und des Rates vom 29. September 2003 (ABl. EU Nr. L 284 S. 1), in der jeweils geltenden Fassung, findet auf Gelenkersatzteile für Hüfte, Knie und Schulter keine Anwendung. Gelenkersatzteile für Hüfte, Knie und Schulter werden der Klasse III zugeordnet.

(2) Ein Gelenkersatzteil für Hüfte, Knie und Schulter ist eine implantierbare Gesamtheit von Teilen, die dazu bestimmt sind, zusammen die Funktion des natürlichen Hüft-, Knie- oder Schultergelenks möglichst vollständig zu erfüllen. Dazu gehören nicht Zubehörteile.

Abschnitt 4
Übergangsbestimmungen

§ 10 Übergangsbestimmung für unter Verwendung von tierischem Gewebe hergestellte Medizinprodukte

Medizinprodukte im Sinne von § 6, für die eine vor dem 1. April 2004 ausgestellte EG-Auslegungsprüfbescheinigung oder EG-Baumusterprüfbescheinigung vorliegt, dürfen von dem Verantwortlichen nach § 5 des Medizinproduktegesetzes nur dann in den Verkehr gebracht werden, wenn eine zusätzliche EG-Auslegungsprüfbescheinigung oder EG-Baumusterprüfbescheinigung vorliegt, in der die Übereinstimmung mit den im Anhang der Richtlinie 2003/32/EG festgelegten Spezifikationen bescheinigt wird.

§ 11 Übergangsbestimmungen für Gelenkersatz für Hüfte, Knie und Schulter

(1) Medizinprodukte im Sinne von § 9 Abs. 2, für die ein Konformitätsbewertungsverfahren nach § 7 Abs. 2 Nr. 1 durchgeführt wurde, dürfen nach dem 1. September 2009 nur dann in den Verkehr gebracht und in Betrieb genommen werden, wenn der Hersteller bis zu diesem Zeitpunkt für diese Medizinprodukte entweder

a) eine ergänzende Konformitätsbewertung nach Anhang II Nr. 4 (EG-Auslegungsprüfbescheinigung) der Richtlinie 93/42/EWG oder

b) das Verfahren der EG-Baumusterprüfung nach Anhang III der Richtlinie 93/42/EWG in Verbindung mit dem Verfahren der EG-Prüfung nach Anhang IV oder dem Verfahren der EG-Konformitätserklärung (Qualitätssicherung Produktion) nach Anhang V

durchgeführt hat.

(2) Medizinprodukte im Sinne von § 9 Abs. 2, für die das Verfahren der EG-Baumusterprüfung nach Anhang III der Richtlinie 93/42/EWG in Verbindung mit der EG-Konformitätserklärung (Qualitätssicherung Produkt) nach Anhang VI der Richtlinie 93/42/EWG durchgeführt wurde, dürfen nach dem 1. September 2010 nur dann in den Verkehr gebracht werden, wenn der Hersteller bis zu diesem Zeitpunkt für diese Medizinprodukte entweder

a) das Verfahren der EG-Baumusterprüfung nach Anhang III der Richtlinie 93/42/EWG in Verbindung mit dem Verfahren der EG-Prüfung nach Anhang IV oder dem Verfahren der EG-Konformitätserklärung (Qualitätssicherung Produktion) nach Anhang V der Richtlinie 93/42/EWG oder

b) das Verfahren der EG-Konformitätserklärung (vollständiges Qualitätssicherungssystem) nach Anhang II der Richtlinie 93/42/EWG

durchgeführt hat. Medizinprodukte nach Satz 1 Halbsatz 1 dürfen auch nach dem 1. September 2010 in Betrieb genommen werden.

Verordnung über das Errichten, Betreiben und Anwenden von Medizinprodukten (Medizinprodukte-Betreiberverordnung – MPBetreibV)[1]

Vom 29. Juni 1998 (BGBl. I S. 1762),
in der Fassung der Bekanntmachung vom 21. August 2002 (BGBl. I S. 3396), zuletzt geändert durch Artikel 3 der Verordnung zur Neuregelung des gesetzlichen Messwesens und zur Anpassung an europäische Rechtsprechung vom 11. Dezember 2014 (BGBl. I S. 2010, 2072).

Abschnitt 1
Anwendungsbereich und allgemeine Vorschriften

§ 1 Anwendungsbereich

(1) Diese Verordnung gilt für das Errichten, Betreiben, Anwenden und Instandhalten von Medizinprodukten nach § 3 des Medizinproduktegesetzes mit Ausnahme der Medizinprodukte zur klinischen Prüfung oder zur Leistungsbewertungsprüfung.

(2) Diese Verordnung gilt nicht für Medizinprodukte, die weder gewerblichen noch wirtschaftlichen Zwecken dienen und in deren Gefahrenbereich keine Arbeitnehmer beschäftigt sind.

§ 2 Allgemeine Anforderungen

(1) Medizinprodukte dürfen nur ihrer Zweckbestimmung entsprechend und nach den Vorschriften dieser Verordnung, den allgemein anerkannten Regeln der Technik sowie den Arbeitsschutz- und Unfallverhütungsvorschriften errichtet, betrieben, angewendet und in Stand gehalten werden.

(2) Medizinprodukte dürfen nur von Personen errichtet, betrieben, angewendet und in Stand gehalten werden, die dafür die erforderliche Ausbildung oder Kenntnis und Erfahrung besitzen.

(3) Miteinander verbundene Medizinprodukte sowie mit Zubehör einschließlich Software oder mit anderen Gegenständen verbundene Medizinprodukte dürfen nur betrieben und angewendet werden, wenn sie dazu unter Berücksichtigung der Zweckbestimmung und der Sicherheit der Patienten, Anwender, Beschäftigten oder Dritten geeignet sind.

1) Die Verpflichtung aus der Richtlinie 98/34/EG des Europäischen Parlaments und des Rates vom 22. Juni 1998 über ein Informationsverfahren auf dem Gebiet der Normen und technischen Vorschriften und der Vorschriften für die Dienste der Informationsgesellschaft (ABl. EG Nr. L 204 S. 37), geändert durch die Richtlinie 98/48/EG des Europäischen Parlaments und des Rates vom 20. Juli 1998 (ABl. EG Nr. L 217 S. 18), sind beachtet worden.

(4) Der Betreiber darf nur Personen mit dem Errichten und Anwenden von Medizinprodukten beauftragen, die die in Absatz 2 genannten Voraussetzungen erfüllen.

(5) Der Anwender hat sich vor der Anwendung eines Medizinproduktes von der Funktionsfähigkeit und dem ordnungsgemäßen Zustand des Medizinproduktes zu überzeugen und die Gebrauchsanweisung sowie die sonstigen beigefügten sicherheitsbezogenen Informationen und Instandhaltungshinweise zu beachten. Satz 1 gilt entsprechend für die mit dem Medizinprodukt zur Anwendung miteinander verbundenen Medizinprodukte sowie Zubehör einschließlich Software und anderen Gegenständen.

(6) Medizinprodukte der Anlage 2 dürfen nur betrieben und angewendet werden, wenn sie die Fehlergrenzen nach § 11 Abs. 2 einhalten.

(7) Sofern Medizinprodukte in Bereichen errichtet, betrieben oder angewendet werden, in denen die Atmosphäre auf Grund der örtlichen oder betrieblichen Verhältnisse explosionsfähig werden kann, findet die Verordnung über elektrische Anlagen in explosionsgefährdeten Bereichen in der Fassung der Bekanntmachung vom 13. Dezember 1996 (BGBl. I S. 1931) in der jeweils geltenden Fassung entsprechende Anwendung.

(8) Die Vorschriften zu den wiederkehrenden Prüfungen von Medizinprodukten nach den Unfallverhütungsvorschriften bleiben unberührt, es sei denn, der Prüfumfang ist in den sicherheitstechnischen Kontrollen nach § 6 enthalten.

§ 3 Instandhaltung von Medizinprodukten[2]

(1) Die Instandhaltung von Medizinprodukten umfasst insbesondere Instandhaltungsmaßnahmen und die Instandsetzung. Instandhaltungsmaßnahmen sind insbesondere Inspektionen und Wartungen, die erforderlich sind, um den sicheren und ordnungsgemäßen Betrieb der Medizinprodukte fortwährend zu gewährleisten. Die Instandhaltungsmaßnahmen sind unter Berücksichtigung der Angaben des Herstellers durchzuführen, der diese Angaben dem Medizinprodukt beizufügen hat. Die Instandsetzung umfasst insbesondere die Reparatur zur Wiederherstellung der Funktionsfähigkeit.

(2) Der Betreiber darf mit der Instandhaltung nur Personen, Betriebe oder Einrichtungen beauftragen, die

1. auf Grund ihrer Ausbildung und praktischen Tätigkeit über die erforderliche Sachkenntnis verfügen und
2. über die erforderlichen Mittel, insbesondere Räume, Geräte und sonstigen Arbeitsmittel zur ordnungsgemäßen Ausführung dieser Aufgabe, verfügen

2) § 3 MPBetreibV neu gefasst durch Artikel 2 der Verordnung über die Abgabe von Medizinprodukten und zur Änderung medizinprodukterechtlicher Vorschriften vom 25. Juli 2014 (BGBl. I S. 1227). Nach Artikel 6 Abs. 1 dieser Verordnung tritt § 3 MPBetreibV am 29. Juli 2014 in Kraft.

und in der Lage sind, die Instandhaltung nach Art und Umfang ordnungsgemäß und nachvollziehbar durchzuführen.

(3) Nach der Instandhaltung nach Absatz 1 müssen die für die Sicherheit und Funktionstüchtigkeit der Medizinprodukte wesentlichen konstruktiven und funktionellen Merkmale geprüft werden, soweit sie durch die Maßnahmen beeinträchtigt werden können.

(4) Die durch den Betreiber mit den Prüfungen nach Absatz 3 beauftragten Personen, Betriebe oder Einrichtungen müssen die Voraussetzungen nach Absatz 2 erfüllen und bei der Durchführung und Auswertung der Prüfungen in ihrer fachlichen Beurteilung weisungsunabhängig sein.

§ 4 Aufbereitung von Medizinprodukten[3]

(1) Die Aufbereitung von bestimmungsgemäß keimarm oder steril zur Anwendung kommenden Medizinprodukten ist unter Berücksichtigung der Angaben des Herstellers mit geeigneten validierten Verfahren so durchzuführen, dass der Erfolg dieser Verfahren nachvollziehbar gewährleistet ist und die Sicherheit und Gesundheit von Patienten, Anwendern oder Dritten nicht gefährdet wird. Dies gilt auch für Medizinprodukte, die vor der erstmaligen Anwendung desinfiziert oder sterilisiert werden.

(2) Eine ordnungsgemäße Aufbereitung nach Absatz 1 Satz 1 wird vermutet, wenn die gemeinsame Empfehlung der Kommission für Krankenhaushygiene und Infektionsprävention am Robert Koch-Institut und des Bundesinstitutes für Arzneimittel und Medizinprodukte zu den Anforderungen an die Hygiene bei der Aufbereitung von Medizinprodukten beachtet wird. Die Fundstelle wird vom Bundesministerium für Gesundheit im Bundesanzeiger bekannt gemacht.

(3)[4] Für die Aufbereitung von Medizinprodukten mit besonders hohen Anforderungen an die Aufbereitung („Kritisch C") gemäß der Empfehlung nach Absatz 2 ist die Zertifizierung des Qualitätsmanagementsystems durch eine von der nach dem Dritten Abschnitt des Gesetzes über Medizinprodukte zuständigen Behörde anerkannten Stelle Voraussetzung.

(4) § 3 Absatz 2 gilt entsprechend.

§ 4a Qualitätssicherung in medizinischen Laboratorien

(1) Wer laboratoriumsmedizinische Untersuchungen durchführt, hat ein Qualitätssicherungssystem nach dem allgemein anerkannten Stand der medizinischen Wissenschaft und Technik zur Aufrechterhaltung der erforderlichen Qualität, Sicherheit und Leistung bei der Anwendung von In-vitro-Diagnostika sowie zur Sicher-

3) § 4 MPBetreibV neu gefasst durch Artikel 2 der Verordnung über die Abgabe von Medizinprodukten und zur Änderung medizinprodukterechtlicher Vorschriften vom 25. Juli 2014 (BGBl. I S. 1227). Nach Artikel 6 Abs. 1 dieser Verordnung tritt § 4 Abs. 1, 2 und 4 MPBetreibV am 29 Juli 2014 in Kraft.

4) Nach Artikel 6 Abs. 2 dieser Verordnung tritt § 4 Abs. 3 MPBetreibV am 1. Oktober 2015 in Kraft.

stellung der Zuverlässigkeit der damit erzielten Ergebnisse einzurichten. Eine ordnungsgemäße Qualitätssicherung in medizinischen Laboratorien wird vermutet, wenn die Teile A und B1 der Richtlinie der Bundesärztekammer zur Qualitätssicherung laboratoriumsmedizinischer Untersuchungen vom 23. November 2007 (Deutsches Ärzteblatt 105, S. A 341 bis 355) beachtet werden.

(2) Wer im Bereich der Heilkunde mit Ausnahme der Zahnheilkunde quantitative laboratoriumsmedizinische Untersuchungen durchführt, hat für die in der Anlage 1 der Richtlinie der Bundesärztekammer zur Qualitätssicherung quantitativer laboratoriumsmedizinischer Untersuchungen vom 24. August 2001 (Deutsches Ärzteblatt 98, S. A 2747), die zuletzt durch Beschluss des Vorstandes der Bundesärztekammer vom 14. November 2003 (Deutsches Ärzteblatt 100, S. A 3335) geändert worden ist, oder die in der Tabelle B1 der Richtlinie der Bundesärztekammer zur Qualitätssicherung laboratoriumsmedizinischer Untersuchungen vom 23. November 2007 (Deutsches Ärzteblatt 105, S. A 341 bis 355) aufgeführten Messgrößen die Messergebnisse durch Kontrolluntersuchungen (interne Qualitätssicherung) und durch Teilnahme an einer Vergleichsuntersuchung je Messgröße pro Quartal (Ringversuche – externe Qualitätssicherung) zu überwachen.

(3) Ab dem 1. April 2010 ist die interne und externe Qualitätssicherung gemäß Absatz 2 nur noch nach der in Absatz 1 Satz 2 genannten Richtlinie durchzuführen.

(4) Die Unterlagen über das eingerichtete Qualitätssicherungssystem, die durchgeführten Kontrolluntersuchungen und die Bescheinigungen über die Teilnahme an den Ringversuchen sowie die erteilten Ringversuchszertifikate sind für die Dauer von fünf Jahren aufzubewahren, sofern auf Grund anderer Vorschriften keine längere Aufbewahrungsfrist vorgeschrieben ist. Die Unterlagen sind der zuständigen Behörde auf Verlangen vorzulegen.

Abschnitt 2
Spezielle Vorschriften für aktive Medizinprodukte

§ 5 Betreiben und Anwenden

(1) Der Betreiber darf ein in der Anlage 1 aufgeführtes Medizinprodukt nur betreiben, wenn zuvor der Hersteller oder eine dazu befugte Person, die im Einvernehmen mit dem Hersteller handelt,

1. dieses Medizinprodukt am Betriebsort einer Funktionsprüfung unterzogen hat und
2. die vom Betreiber beauftragte Person anhand der Gebrauchsanweisung sowie beigefügter sicherheitsbezogener Informationen und Instandhaltungshinweise in die sachgerechte Handhabung und Anwendung und den Betrieb des Medizinproduktes sowie in die zulässige Verbindung mit anderen Medizinprodukten, Gegenständen und Zubehör eingewiesen hat.

Eine Einweisung nach Nummer 2 ist nicht erforderlich, sofern diese für ein baugleiches Medizinprodukt bereits erfolgt ist.

(2) In der Anlage 1 aufgeführte Medizinprodukte dürfen nur von Personen angewendet werden, die die Voraussetzungen nach § 2 Abs. 2 erfüllen und die durch den Hersteller oder durch eine nach Absatz 1 Nr. 2 vom Betreiber beauftragte Person unter Berücksichtigung der Gebrauchsanweisung in die sachgerechte Handhabung dieses Medizinproduktes eingewiesen worden sind.

(3) Die Durchführung der Funktionsprüfung nach Absatz 1 Nr. 1 und die Einweisung der vom Betreiber beauftragten Person nach Absatz 1 Nr. 2 sind zu belegen.

(4)[5] Absatz 2 gilt nicht für in der Anlage 1 aufgeführte Medizinprodukte, die nach der Kennzeichnung, der Gebrauchsanweisung oder den Werbematerialien durch den Personenkreis nach § 3 Nummer 15 des Medizinproduktegesetzes zur Anwendung durch Laien vorgesehen sind. Einweisungspflichten nach anderen Vorschriften werden hiervon nicht berührt.

§ 6 Sicherheitstechnische Kontrollen

(1) Der Betreiber hat bei Medizinprodukten, für die der Hersteller sicherheitstechnische Kontrollen vorgeschrieben hat, diese nach den Angaben des Herstellers und den allgemein anerkannten Regeln der Technik sowie in den vom Hersteller angegebenen Fristen durchzuführen oder durchführen zu lassen. Soweit der Hersteller für die in der Anlage 1 aufgeführten Medizinprodukte keine sicherheitstechnischen Kontrollen vorgeschrieben und diese auch nicht ausdrücklich ausgeschlossen hat, hat der Betreiber sicherheitstechnische Kontrollen nach den allgemein anerkannten Regeln der Technik und zwar in solchen Fristen durchzuführen oder durchführen zu lassen, mit denen entsprechende Mängel, mit denen auf Grund der Erfahrungen gerechnet werden muss, rechtzeitig festgestellt werden können. Die Kontrollen nach Satz 2 sind jedoch spätestens alle zwei Jahre durchzuführen. Die sicherheitstechnischen Kontrollen schließen die Messfunktionen ein. Für andere Medizinprodukte, Zubehör, Software und andere Gegenstände, die der Betreiber bei Medizinprodukten nach den Sätzen 1 und 2 verbunden verwendet, gelten die Sätze 1 bis 4 entsprechend.

(2) Die zuständige Behörde kann im Einzelfall die Fristen nach Absatz 1 Satz 1 und 3 auf Antrag des Betreibers in begründeten Fällen verlängern, soweit die Sicherheit auf andere Weise gewährleistet ist.

(3) Über die sicherheitstechnische Kontrolle ist ein Protokoll anzufertigen, das das Datum der Durchführung und die Ergebnisse der sicherheitstechnischen Kontrolle unter Angabe der ermittelten Messwerte, der Messverfahren und sonstiger Beurteilungsergebnisse enthält. Das Protokoll hat der Betreiber zumindest bis zur nächsten sicherheitstechnischen Kontrolle aufzubewahren.

5) § 5 Abs. 4 MPBetreibV angefügt durch Artikel 2 der Verordnung über die Abgabe von Medizinprodukten und zur Änderung medizinprodukterechtlicher Vorschriften vom 25. Juli 2014 (BGBl. I S. 1227). Nach Artikel 6 Abs. 1 dieser Verordnung tritt § 5 Abs. 4 MPBetreibV am 29. Juli 2014 in Kraft.

(4) Eine sicherheitstechnische Kontrolle darf nur durchführen, wer

1. auf Grund seiner Ausbildung, Kenntnisse und durch praktische Tätigkeit gewonnenen Erfahrungen die Gewähr für eine ordnungsgemäße Durchführung der sicherheitstechnischen Kontrollen bietet,
2. hinsichtlich der Kontrolltätigkeit keiner Weisung unterliegt und
3. über geeignete Mess- und Prüfeinrichtungen verfügt.

Die Voraussetzungen nach Satz 1 sind durch die Person, die sicherheitstechnische Kontrollen durchführt, auf Verlangen der zuständigen Behörde nachzuweisen.

(5) Der Betreiber darf nur Personen mit der Durchführung sicherheitstechnischer Kontrollen beauftragen, die die in Absatz 4 Satz 1 genannten Voraussetzungen erfüllen.

§ 7 Medizinproduktebuch

(1) Für die in den Anlagen 1 und 2 aufgeführten Medizinprodukte hat der Betreiber ein Medizinproduktebuch mit den Angaben nach Absatz 2 Satz 1 zu führen. Für das Medizinproduktebuch sind alle Datenträger zulässig, sofern die in Absatz 2 Satz 1 genannten Angaben während der Dauer der Aufbewahrungsfrist verfügbar sind. Ein Medizinproduktebuch nach Satz 1 ist nicht für elektronische Fieberthermometer als Kompaktthermometer und Blutdruckmessgeräte mit Quecksilber- oder Aneroidmanometer zur nichtinvasiven Messung zu führen.

(2) In das Medizinproduktebuch sind folgende Angaben zu dem jeweiligen Medizinprodukt einzutragen:

1. Bezeichnung und sonstige Angaben zur Identifikation des Medizinproduktes,
2. Beleg über Funktionsprüfung und Einweisung nach § 5 Abs. 1,
3. Name des nach § 5 Abs. 1 Nr. 2 Beauftragten, Zeitpunkt der Einweisungen sowie Namen der eingewiesenen Personen,
4. Fristen und Datum der Durchführung sowie das Ergebnis von vorgeschriebenen sicherheits- und messtechnischen Kontrollen und Datum von Instandhaltungen sowie der Name der verantwortlichen Person oder der Firma, die diese Maßnahme durchgeführt hat,
5. soweit mit Personen oder Institutionen Verträge zur Durchführung von sicherheits- oder messtechnischen Kontrollen oder Instandhaltungsmaßnahmen bestehen, deren Namen oder Firma sowie Anschrift,
6. Datum, Art und Folgen von Funktionsstörungen und wiederholten gleichartigen Bedienungsfehlern,
7. Meldungen von Vorkommnissen an Behörden und Hersteller.

Bei den Angaben nach Nummer 1 sollte die Bezeichnung nach der vom Deutschen Institut für medizinische Dokumentation und Information (DIMDI) veröffentlichten Nomenklatur für Medizinprodukte eingesetzt werden. Das Bundesministerium für

Gesundheit macht die Bezugsquelle der jeweils geltenden Nomenklatur für Medizinprodukte im Bundesanzeiger bekannt.

(3) Der zuständigen Behörde ist auf Verlangen am Betriebsort jederzeit Einsicht in die Medizinproduktebücher zu gewähren.

§ 8 Bestandsverzeichnis

(1) Der Betreiber hat für alle aktiven nichtimplantierbaren Medizinprodukte der jeweiligen Betriebsstätte ein Bestandsverzeichnis zu führen. Die Aufnahme in ein Verzeichnis, das auf Grund anderer Vorschriften geführt wird, ist zulässig.

(2) In das Bestandsverzeichnis sind für jedes Medizinprodukt nach Absatz 1 folgende Angaben einzutragen:

1. Bezeichnung, Art und Typ, Loscode oder die Seriennummer, Anschaffungsjahr des Medizinproduktes,
2. Name oder Firma und die Anschrift des für das jeweilige Medizinprodukt Verantwortlichen nach § 5 des Medizinproduktegesetzes,
3. die der CE-Kennzeichnung hinzugefügte Kennnummer der Benannten Stelle, soweit diese nach den Vorschriften des Medizinproduktegesetzes angegeben ist,
4. soweit vorhanden, betriebliche Identifikationsnummer,
5. Standort und betriebliche Zuordnung,
6. die vom Hersteller angegebene Frist für die sicherheitstechnische Kontrolle nach § 6 Abs. 1 Satz 1 oder die vom Betreiber nach § 6 Abs. 1 Satz 2 festgelegte Frist für die sicherheitstechnische Kontrolle.

Bei den Angaben nach Nummer 1 sollte zusätzlich die Bezeichnung nach der vom Deutschen Institut für medizinische Dokumentation und Information (DIMDI) veröffentlichten Nomenklatur für Medizinprodukte eingesetzt werden. § 7 Abs. 2 Satz 3 gilt entsprechend.

(3) Die zuständige Behörde kann Betreiber von der Pflicht zur Führung eines Bestandsverzeichnisses oder von der Aufnahme bestimmter Medizinprodukte in das Bestandsverzeichnis befreien. Die Notwendigkeit zur Befreiung ist vom Betreiber eingehend zu begründen.

(4) Für das Bestandsverzeichnis sind alle Datenträger zulässig, sofern die Angaben nach Absatz 2 Satz 1 innerhalb einer angemessenen Frist lesbar gemacht werden können.

(5) Der zuständigen Behörde ist auf Verlangen beim Betreiber jederzeit Einsicht in das Bestandsverzeichnis zu gewähren.

§ 9 Aufbewahrung der Gebrauchsanweisungen und der Medizinproduktebücher

(1) Die Gebrauchsanweisungen und die dem Medizinprodukt beigefügten Hinweise sind so aufzubewahren, dass die für die Anwendung des Medizinproduktes erforderlichen Angaben dem Anwender jederzeit zugänglich sind.

(2) Das Medizinproduktebuch ist so aufzubewahren, dass die Angaben dem Anwender während der Arbeitszeit zugänglich sind. Nach der Außerbetriebnahme des Medizinproduktes ist das Medizinproduktebuch noch fünf Jahre aufzubewahren.

§ 10 Besondere Pflichten bei implantierbaren Medizinprodukten[6]

(1) Die für die Implantation verantwortliche Person hat unverzüglich nach Abschluss der Implantation eines in der Anlage 3 aufgeführten Medizinproduktes dem Patienten folgende Dokumente auszuhändigen:

1. eine schriftliche Information, die
   a) in allgemein verständlicher Weise die für die Sicherheit des Patienten nach der Implantation notwendigen Verhaltensanweisungen einschließlich der Maßnahmen, die bei einem Vorkommnis mit dem Medizinprodukt zu treffen sind, enthält und
   b) Hinweise zu erforderlichen Kontrolluntersuchungen enthält, sowie
2. einen Implantatpass, der mindestens die folgenden Daten enthält:
   a) Vor- und Zuname des Patienten,
   b) Bezeichnung, Art und Typ sowie Loscode oder die Seriennummer des Medizinproduktes,
   c) Name oder Firma des Herstellers des Medizinproduktes,
   d) Datum der Implantation und
   e) Name der verantwortlichen Person und der Einrichtung, die die Implantation durchgeführt hat.

(2) Der Betreiber einer Einrichtung, in der die in Anlage 3 genannten Medizinprodukte implantiert werden, hat die Dokumentation zu diesen Implantaten, mit der Patienten im Falle von korrektiven Maßnahmen nach der Medizinprodukte-Sicherheitsplanverordnung eindeutig identifiziert und erreicht werden können, so aufzubewahren, dass der betroffene Patientenkreis innerhalb von drei Werktagen über den Typ und die Chargen- oder Seriennummer des Implantates sowie über den Namen des Verantwortlichen nach § 5 des Medizinproduktegesetzes ermittelt werden kann. Die Aufzeichnungen sind für die Dauer von 20 Jahren nach der Implantation aufzubewahren; danach sind sie unverzüglich zu vernichten.

6) § 10 MPBetreibV neu gefasst durch Artikel 2 der Verordnung über die Abgabe von Medizinprodukten und zur Änderung medizinprodukterechtlicher Vorschriften vom 25. Juli 2014 (BGBl. I S. 1227). Nach Artikel 6 Abs. 2 dieser Verordnung tritt § 10 MPBetreibV am 1. Oktober 2015 in Kraft.

(3) Kann der Patient über die Dokumentation gemäß Absatz 2 nicht erreicht werden, kann die Einrichtung unter Angabe der Krankenversicherungsnummer die Übermittlung der für die Kontaktaufnahme erforderlichen Daten des Patienten von seiner Krankenkasse verlangen.

Abschnitt 3
Medizinprodukte mit Messfunktion

§ 11 Messtechnische Kontrollen

(1) Der Betreiber hat messtechnische Kontrollen

1. für die in der Anlage 2 aufgeführten Medizinprodukte,
2. für die Medizinprodukte, die nicht in der Anlage 2 aufgeführt sind und für die jedoch der Hersteller solche Kontrollen vorgesehen hat,

nach Maßgabe der Absätze 3 und 4 auf der Grundlage der anerkannten Regeln der Technik durchzuführen oder durchführen zu lassen. Messtechnische Kontrollen können auch in Form von Vergleichsmessungen durchgeführt werden, soweit diese in der Anlage 2 für bestimmte Medizinprodukte vorgesehen sind.

(2) Durch die messtechnischen Kontrollen wird festgestellt, ob das Medizinprodukt die zulässigen maximalen Messabweichungen (Fehlergrenzen) nach Satz 2 einhält. Bei den messtechnischen Kontrollen werden die Fehlergrenzen zugrunde gelegt, die der Hersteller in seiner Gebrauchsanweisung angegeben hat. Enthält eine Gebrauchsanweisung keine Angaben über Fehlergrenzen, sind in harmonisierten Normen festgelegte Fehlergrenzen einzuhalten. Liegen dazu keine harmonisierten Normen vor, ist vom Stand der Technik auszugehen.

(3) Für die messtechnischen Kontrollen dürfen, sofern keine Vergleichsmessungen nach Absatz 1 Satz 2 durchgeführt werden, nur messtechnische Normale benutzt werden, die rückverfolgbar an ein nationales oder internationales Normal angeschlossen sind und hinreichend kleine Fehlergrenzen und Messunsicherheiten einhalten. Die Fehlergrenzen gelten als hinreichend klein, wenn sie ein Drittel der Fehlergrenzen des zu prüfenden Medizinproduktes nicht überschreiten.

(4) Die messtechnischen Kontrollen der Medizinprodukte nach Absatz 1 Satz 1 Nr. 1 sind, soweit vom Hersteller nicht anders angegeben, innerhalb der in Anlage 2 festgelegten Fristen und der Medizinprodukte nach Absatz 1 Satz 1 Nr. 2 nach den vom Hersteller vorgegebenen Fristen durchzuführen. Soweit der Hersteller keine Fristen bei den Medizinprodukten nach Absatz 1 Satz 1 Nr. 2 angegeben hat, hat der Betreiber messtechnische Kontrollen in solchen Fristen durchzuführen oder durchführen zu lassen, mit denen entsprechende Mängel, mit denen auf Grund der Erfahrungen gerechnet werden muss, rechtzeitig festgestellt werden können, mindestens jedoch alle zwei Jahre. Für die Wiederholungen der messtechnischen Kontrollen gelten dieselben Fristen. Die Fristen beginnen mit Ablauf des Jahres, in dem die Inbetriebnahme des Medizinproduktes erfolgte oder die letzte mess-

technische Kontrolle durchgeführt wurde. Eine messtechnische Kontrolle ist unverzüglich durchzuführen, wenn

1. Anzeichen dafür vorliegen, dass das Medizinprodukt die Fehlergrenzen nach Absatz 2 nicht einhält oder
2. die messtechnischen Eigenschaften des Medizinproduktes durch einen Eingriff oder auf andere Weise beeinflusst worden sein könnten.

(5) Messtechnische Kontrollen dürfen nur durchführen

1. für das Messwesen zuständige Behörden oder
2. Personen, die die Voraussetzungen des § 6 Abs. 4 entsprechend für messtechnische Kontrollen erfüllen.

Personen, die messtechnische Kontrollen durchführen, haben vor Aufnahme ihrer Tätigkeit dies der zuständigen Behörde anzuzeigen und auf deren Verlangen das Vorliegen der Voraussetzungen nach Satz 1 Nr. 2 nachzuweisen.

(6) Der Betreiber darf mit der Durchführung der messtechnischen Kontrollen nur Behörden oder Personen beauftragen, die die Voraussetzungen nach Absatz 5 Satz 1 erfüllen.

(7) Derjenige, der messtechnische Kontrollen durchführt, hat die Ergebnisse der messtechnischen Kontrolle unter Angabe der ermittelten Messwerte, der Messverfahren und sonstiger Beurteilungsergebnisse in das Medizinproduktebuch unverzüglich einzutragen, soweit dieses nach § 7 Abs. 1 zu führen ist.

(8) Derjenige, der messtechnische Kontrollen durchführt, hat das Medizinprodukt nach erfolgreicher messtechnischer Kontrolle mit einem Zeichen zu kennzeichnen. Aus diesem muss das Jahr der nächsten messtechnischen Kontrolle und die Behörde oder Person, die die messtechnische Kontrolle durchgeführt hat, eindeutig und rückverfolgbar hervorgehen.

Abschnitt 4
Vorschriften für die Bundeswehr

§ 12 Medizinprodukte der Bundeswehr

(1) Für Medizinprodukte im Bereich der Bundeswehr stehen die Befugnisse nach § 6 Abs. 2 und § 8 Abs. 3 sowie die Aufsicht über die Ausführung dieser Verordnung dem Bundesministerium der Verteidigung oder den von ihm bestimmten zuständigen Stellen und Sachverständigen zu.

(2) Das Bundesministerium der Verteidigung kann für Medizinprodukte im Bereich der Bundeswehr Ausnahmen von den Vorschriften dieser Verordnung zulassen, wenn

1. dies zur Durchführung der besonderen Aufgaben gerechtfertigt ist oder
2. die Besonderheiten eingelagerter Medizinprodukte dies erfordern oder
3. die Erfüllung zwischenstaatlicher Verpflichtungen der Bundesrepublik Deutschland dies erfordern

und die Sicherheit einschließlich der Messsicherheit auf andere Weise gewährleistet ist.

Abschnitt 5
Ordnungswidrigkeiten

§ 13 Ordnungswidrigkeiten

Ordnungswidrig im Sinne des § 42 Abs. 2 Nr. 16 des Medizinproduktegesetzes handelt, wer vorsätzlich oder fahrlässig

1. entgegen § 2 Abs. 6 ein Medizinprodukt betreibt oder anwendet,
2.[7] entgegen § 3 Absatz 2, auch in Verbindung mit § 4 Absatz 4, eine Person, einen Betrieb oder eine Einrichtung beauftragt,

2a. entgegen § 4 Absatz 1 Satz 1 die Aufbereitung eines dort genannten Medizinproduktes nicht richtig durchführt,

3.[8] ohne Zertifizierung nach § 4 Absatz 3 ein dort genanntes Medizinprodukt aufbereitet,

3a. entgegen § 4a Absatz 2 Messergebnisse nicht oder nicht in der vorgeschriebenen Weise überwacht,

3b. entgegen § 4a Absatz 4 Satz 2 eine Unterlage nicht oder nicht rechtzeitig vorlegt,

4. entgegen § 5 Abs. 1 Satz 1 oder Abs. 2 oder § 15 Nr. 5 Satz 1 ein Medizinprodukt betreibt oder anwendet,
5. entgegen § 6 Abs. 1 Satz 1, 2, 3 oder 4, jeweils auch in Verbindung mit Satz 5, oder § 11 Abs. 1 Satz 1 oder § 15 Nr. 6 eine Kontrolle nicht, nicht richtig oder nicht rechtzeitig durchführt und nicht oder nicht rechtzeitig durchführen lässt,
6. entgegen § 6 Abs. 3 Satz 2 ein Protokoll nicht bis zur nächsten sicherheitstechnischen Kontrolle aufbewahrt,
7. entgegen § 6 Abs. 4 Satz 1 oder § 11 Abs. 5 Satz 1 Nr. 2 eine Kontrolle durchführt,
8. entgegen § 6 Abs. 5 oder § 11 Abs. 6 eine Person mit einer Kontrolle beauftragt,
9. entgegen § 7 Abs. 1 Satz 1 oder § 8 Abs. 1 Satz 1, jeweils in Verbindung mit § 15 Nr. 8, ein Medizinproduktebuch oder ein Bestandsverzeichnis gemäß § 8 Abs. 2 Satz 1 nicht, nicht richtig oder nicht vollständig führt,

---

7) Nr. 2, 2a und 3 neu gefasst durch Artikel 2 der Verordnung über die Abgabe von Medizinprodukten und zur Änderung medizinprodukterechtlicher Vorschriften vom 25. Juli 2014 (BGBl. I S. 1227). Nach Artikel 6 Abs. 1 dieser Verordnung tritt § 13 Nr. 2 und 2a MPBetreibV am 29. Juli 2014 in Kraft.

8) Nach Artikel 6 Abs. 2 dieser Verordnung tritt § 13 Nr. 3 MPBetreibV am 1. Oktober 2015 in Kraft.

10.[9] entgegen § 10 Absatz 1 ein dort genanntes Dokument nicht, nicht richtig, nicht vollständig oder nicht rechtzeitig aushändigt,

10a. entgegen § 10 Absatz 2 eine dort genannte Dokumentation nicht richtig aufbewahrt,

11. entgegen § 11 Abs. 5 Satz 2 die Aufnahme der Tätigkeit nicht der zuständigen Behörde anzeigt,

12. entgegen § 11 Abs. 7 eine Eintragung nicht, nicht richtig, nicht vollständig oder nicht rechtzeitig macht,

13. entgegen § 11 Abs. 8 Medizinprodukte nicht, nicht richtig oder nicht vollständig kennzeichnet oder

14. entgegen § 15 Nr. 1 oder 2 Satz 1, auch in Verbindung mit Satz 2, ein Medizinprodukt betreibt oder weiter betreibt.

Abschnitt 6
Übergangs- und Schlussbestimmungen

§ 14 Übergangsbestimmungen

(1) Soweit ein Medizinprodukt, das nach den §§ 8, 10, 11 Abs. 1 oder § 12 Abs. 1 des Medizinproduktegesetzes in den Verkehr gebracht oder in Betrieb genommen wurde, vor dem 7. Juli 1998 betrieben oder angewendet wurde, müssen

1. die Funktionsprüfung und Einweisung nach § 5 Abs. 1,
2. die sicherheitstechnischen Kontrollen nach § 6 Abs. 1,
3. das Medizinproduktebuch nach § 7 Abs. 1 und das Bestandsverzeichnis nach § 8 Abs. 1 und
4. die messtechnischen Kontrollen nach § 11 Abs. 1

bis spätestens 1. Januar 1999 dieser Verordnung durchgeführt oder eingerichtet worden sein. Satz 1 gilt für die Nummern 2 und 4, soweit die in dieser Verordnung vorgeschriebenen Fristen bis zum 7. Juli 1998 abgelaufen sind.

(2) Soweit ein Betreiber vor dem 7. Juli 1998 ein Gerätebuch nach § 13 der Medizingeräteverordnung vom 14. Januar 1985 (BGBl. I S. 93), die zuletzt durch Artikel 12 Abs. 56 des Gesetzes vom 14. September 1994 (BGBl. I S. 2325) geändert worden ist, begonnen hat, darf dieses als Medizinproduktebuch im Sinne des § 7 weitergeführt werden.

(3) Für die in Anlage 2 aufgeführten medizinischen Messgeräte, die nach den Vorschriften der §§ 1, 2 und 77 Abs. 3 der Eichordnung vom 12. August 1988 (BGBl. I S. 1657), die zuletzt durch die Verordnung vom 21. Juni 1994 (BGBl. I S. 1293) geändert worden ist, am 31. Dezember 1994 geeicht oder gewartet sein

9) Nr. 10 und 10a neu gefasst durch Artikel 2 der Verordnung über die Abgabe von Medizinprodukten und zur Änderung medizinprodukterechtlicher Vorschriften vom 25. Juli 2014 (BGBl. I S. 1227). Nach Artikel 6 Abs. 2 dieser Verordnung tritt § 13 Nr. 10 und 10a MPBetreibV am 1. Oktober 2015 in Kraft..

mussten oder für die die Übereinstimmung mit der Zulassung nach diesen Vorschriften bescheinigt sein mussten, gilt ab 14. Juni 1998 § 11 mit der Maßgabe, dass die messtechnischen Kontrollen nach den Anforderungen der Anlage 15 oder der Anlage 23 Abschnitt 4 der Eichordnung in der genannten Fassung durchgeführt werden.

§ 15 Sondervorschriften

Für Medizinprodukte, die nach den Vorschriften der Medizingeräteverordnung in Verkehr gebracht werden dürfen, gelten die Vorschriften dieser Verordnung mit folgenden Maßgaben:

1. Medizinprodukte nach § 2 Nr. 1 der Medizingeräteverordnung dürfen außer in den Fällen des § 5 Abs. 10 der Medizingeräteverordnung nur betrieben werden, wenn sie der Bauart nach zugelassen sind.
2. Ist die Bauartzulassung zurückgenommen oder widerrufen worden, dürfen vor der Bekanntmachung der Rücknahme oder des Widerrufs im Bundesanzeiger in Betrieb genommene Medizinprodukte nur weiterbetrieben werden, wenn sie der zurückgenommenen oder widerrufenen Zulassung entsprechen und in der Bekanntmachung nach § 5 Abs. 9 der Medizingeräteverordnung nicht festgestellt wird, dass Gefahren für Patienten, Beschäftigte oder Dritte zu befürchten sind. Dies gilt auch, wenn eine Bauartzulassung nach § 5 Abs. 8 Nr. 2 der Medizingeräteverordnung erloschen ist.
3. Medizinprodukte, für die dem Betreiber vor Inkrafttreten des Medizinproduktegesetzes eine Ausnahme nach § 8 Abs. 1 der Medizingeräteverordnung erteilt wurde, dürfen nach den in der Ausnahmezulassung festgelegten Maßnahmen weiterbetrieben werden.
4. Der Betreiber eines Medizinproduktes, der gemäß § 8 Abs. 2 der Medizingeräteverordnung von den allgemein anerkannten Regeln der Technik, soweit sie sich auf den Betrieb des Medizinproduktes beziehen, abweichen durfte, darf dieses Produkt in der bisherigen Form weiterbetreiben, wenn er eine ebenso wirksame Maßnahme trifft. Auf Verlangen der zuständigen Behörde hat der Betreiber nachzuweisen, dass die andere Maßnahme ebenso wirksam ist.
5. Medizinprodukte nach § 2 Nr. 1 und 3 der Medizingeräteverordnung dürfen nur von Personen angewendet werden, die am Medizinprodukt unter Berücksichtigung der Gebrauchsanweisung in die sachgerechte Handhabung eingewiesen worden sind. Werden solche Medizinprodukte mit Zusatzgeräten zu Gerätekombinationen erweitert, ist die Einweisung auf die Kombination und deren Besonderheiten zu erstrecken. Nur solche Personen dürfen einweisen, die auf Grund ihrer Kenntnisse und praktischen

Erfahrungen für die Einweisung und die Handhabung dieser Medizinprodukte geeignet sind.

6. Der Betreiber eines Medizinproduktes nach § 2 Nr. 1 der Medizingeräteverordnung hat die in der Bauartzulassung festgelegten sicherheitstechnischen Kontrollen im dort vorgeschriebenen Umfang fristgerecht durchzuführen oder durchführen zu lassen. Bei Dialysegeräten, die mit ortsfesten Versorgungs- und Aufbereitungseinrichtungen verbunden sind, ist die sicherheitstechnische Kontrolle auch auf diese Einrichtungen zu erstrecken.
7. Für Medizinprodukte nach § 2 Nr. 1 der Medizingeräteverordnung, für die nach § 28 Abs. 1 der Medizingeräteverordnung Bauartzulassungen nicht erforderlich waren oder die nach § 28 Abs. 2 der Medizingeräteverordnung betrieben werden dürfen, gelten für Umfang und Fristen der sicherheitstechnischen Kontrollen die Angaben in den Prüfbescheinigungen nach § 28 Abs. 1 oder 2 der Medizingeräteverordnung.
8. Bestandsverzeichnisse und Gerätebücher nach den §§ 12 und 13 der Medizingeräteverordnung dürfen weitergeführt werden und gelten als Bestandsverzeichnis und Medizinproduktebuch entsprechend den §§ 8 und 7 dieser Verordnung.
9. Unbeschadet, ob Medizinprodukte die Anforderungen nach § 6 Abs. 1 Satz 1 der Medizingeräteverordnung im Einzelfall erfüllen, dürfen Medizinprodukte weiterbetrieben werden, wenn sie
   a) vor dem Wirksamwerden des Beitritts zulässigerweise in dem in Artikel 3 des Einigungsvertrages genannten Gebiet betrieben wurden,
   b) bis zum 31. Dezember 1991 errichtet und in Betrieb genommen wurden und den Vorschriften entsprechen, die am Tage vor dem Wirksamwerden des Beitritts in dem in Artikel 3 des Einigungsvertrages genannten Gebiet gegolten haben.

§§ 16 und 17 (Änderung anderer Vorschriften)

§ 18 (Inkrafttreten)

Anlage 1

(zu § 5 Abs. 1 und 2, § 6 Abs. 1 und § 7 Abs. 1)

1 Nichtimplantierbare aktive Medizinprodukte zur

1.1 Erzeugung und Anwendung elektrischer Energie zur unmittelbaren Beeinflussung der Funktion von Nerven und / oder Muskeln beziehungsweise der Herztätigkeit einschließlich Defibrillatoren,

1.2 intrakardialen Messung elektrischer Größen oder Messung anderer Größen unter Verwendung elektrisch betriebener Messsonden in Blutgefäßen beziehungsweise an freigelegten Blutgefäßen,

1.3 Erzeugung und Anwendung jeglicher Energie zur unmittelbaren Koagulation, Gewebezerstörung oder Zertrümmerung von Ablagerungen in Organen,

1.4 unmittelbare Einbringung von Substanzen und Flüssigkeiten in den Blutkreislauf unter potentiellem Druckaufbau, wobei die Substanzen und Flüssigkeiten auch aufbereitete oder speziell behandelte körpereigene sein können, deren Einbringen mit einer Entnahmefunktion direkt gekoppelt ist,

1.5 maschinellen Beatmung mit oder ohne Anästhesie,

1.6 Diagnose mit bildgebenden Verfahren nach dem Prinzip der Kernspinresonanz,

1.7 Therapie mit Druckkammern,

1.8 Therapie mittels Hypothermie

und

2 Säuglingsinkubatoren sowie

3 externe aktive Komponenten aktiver Implantate.

Anlage 2
(zu § 11 Abs. 1)

1	Medizinprodukte, die messtechnischen Kontrollen nach § 11 Abs. 1 Satz 1 Nr. 1 unterliegen	
		Nachprüffristen in Jahren
1.1	Medizinprodukte zur Bestimmung der Hörfähigkeit (Ton- und Sprachaudiometer)	1
1.2	Medizinprodukte zur Bestimmung von Körpertemperaturen (mit Ausnahme von Quecksilberglasthermometern mit Maximumvorrichtung)	
1.2.1	– medizinische Elektrothermometer	2
1.2.2	– mit austauschbaren Temperaturfühlern	2
1.2.3	– Infrarot-Strahlungsthermometer	1
1.3	Messgeräte zur nichtinvasiven Blutdruckmessung	2
1.4	Medizinprodukte zur Bestimmung des Augeninnendruckes (Augentonometer)	
1.4.1	allgemein	2
1.4.2	zur Grenzwertprüfung	5
1.5	Therapiedosimeter bei der Behandlung von Patienten von außen	
1.5.1	mit Photonenstrahlung im Energiebereich bis 1,33 MeV	
	– allgemein	2
	– mit geeigneter Kontrollvorrichtung, wenn der Betreiber in jedem Messbereich des Dosimeters mindestens halbjährliche Kontrollmessungen ausführt, ihre Ergebnisse aufzeichnet und die bestehenden Anforderungen erfüllt werden	6
1.5.2	mit Photonenstrahlung im Energiebereich ab 1,33 MeV und mit Elektronenstrahlung aus Beschleunigern mit messtechnischer Kontrolle in Form von Vergleichsmessungen	2
1.5.3	mit Photonenstrahlung aus Co-60-Bestrahlungsanlagen wahlweise nach 1.5.1 oder 1.5.2	
1.6	Diagnostikdosimeter zur Durchführung von Mess- und Prüfaufgaben, sofern sie nicht nach § 34 Absatz 3 der Röntgenverordnung dem Mess- und Eichgesetz[10] unterliegen	5

10) Anlage 2 Nr. 1.6 geändert durch Artikel 3 der Verordnung zur Neuregelung des gesetzlichen Messwesens und zur Anpassung an europäische Rechtsprechung vom 11. Dezember 2014 (BGBl. I S. 2010, 2072). Nach Artikel 10 Abs. 1 dieser Verordnung tritt die Änderung der Anlage 2 am 1. Januar 2015 in Kraft.

1.7	Tretkurbelergometer zur definierten physikalischen und reproduzierbaren Belastung von Patienten	2

2 Ausnahmen von messtechnischen Kontrollen

Abweichend von 1.5.1 unterliegen keiner messtechnischen Kontrolle Therapiedosimeter, die nach jeder Einwirkung, die die Richtigkeit der Messung beeinflussen kann, sowie mindestens alle zwei Jahre in den verwendeten Messbereichen kalibriert und die Ergebnisse aufgezeichnet werden. Die Kalibrierung muss von fachkundigen Personen, die vom Betreiber bestimmt sind, mit einem Therapiedosimeter durchgeführt werden, dessen Richtigkeit entsprechend § 11 Abs. 2 sichergestellt worden ist und das bei der die Therapie durchführenden Stelle ständig verfügbar ist.

3 Messtechnische Kontrollen in Form von Vergleichsmessungen

Vergleichsmessungen nach 1.5.2 werden von einer durch die zuständige Behörde beauftragten Messstelle durchgeführt.

Anlage 3[10]
(zu § 10 Absatz 1 und 2)

1. Aktive implantierbare Medizinprodukte
2. Nachfolgende implantierbare Produkte:
2.1 Herzklappen
2.2 nicht resorbierbare Gefäßprothesen und -stützen
2.3 Gelenkersatz für Hüfte oder Knie
2.4 Wirbelkörperersatzsysteme und Bandscheibenprothesen
2.5 Brustimplantate

10) Neu angefügt durch Artikel 2 der Verordnung über die Abgabe von Medizinprodukten und zur Änderung medizinprodukterechtlicher Vorschriften vom 25. Juli 2014 (BGBl. I S. 1227). Nach Artikel 6 Abs. 2 dieser Verordnung tritt Anlage 3 MPBetreibV am 1. Oktober 2015 in Kraft.

Verordnung über klinische Prüfungen von Medizinprodukten

(Medizinprodukte-Klinische Prüfungsverordnung[1] – MPKPV)

Vom 10. Mai 2010 (BGBl. I S. 555)[2],
zuletzt geändert Artikel 3 der Verordnung über die Abgabe von Medizinprodukten und zur Änderung medizinprodukterechtlicher Vorschriften vom 25. Juli 2014 (BGBl. I S. 1227).

§ 1 Anwendungsbereich

(1) Die Verordnung gilt für klinische Prüfungen und genehmigungspflichtige Leistungsbewertungsprüfungen gemäß den §§ 20 bis 24 des Medizinproduktegesetzes, deren Ergebnisse verwendet werden sollen zu:

1. der Durchführung eines Konformitätsbewertungsverfahrens gemäß der Medizinprodukte-Verordnung,
2. der Durchführung eines Konformitätsbewertungsverfahrens mit einem Medizinprodukt, das die CE-Kennzeichnung tragen darf, zur Erlangung einer neuen Zweckbestimmung, die über die der CE-Kennzeichnung zugrunde liegende Zweckbestimmung hinausgeht, oder
3. der Gewinnung und Auswertung von Erfahrungen des Herstellers bezüglich der klinischen Sicherheit und Leistung eines Medizinproduktes, das die CE-Kennzeichnung tragen darf, sofern zusätzlich invasive oder andere belastende Untersuchungen durchgeführt werden.

(2) Auf Leistungsbewertungsprüfungen nach § 24 Satz 1 Nummer 1 des Medizinproduktegesetzes, bei denen eine nicht chirurgisch-invasive Probenahme aus der Mundhöhle erfolgt, ist diese Verordnung nicht anzuwenden.

§ 2 Kennzeichnung

(1) Medizinprodukte, die für klinische Prüfungen bestimmt sind, müssen, mit Ausnahme von Medizinprodukten gemäß § 1 Absatz 1 Nummer 3, den Hinweis „nur für

1) nichtamtliche Kurzbezeichnung
2) Die Verordnung wurde als Artikel 1 der Verordnung über klinische Prüfungen von Medizinprodukten und zur Änderung medizinprodukterechtlicher Vorschriften vom 10. Mai 2010 (BGBl. I S. 555) auf Grund des § 37 Absatz 1, 2a, 7 und 9 in Verbindung mit Absatz 11 des Medizinproduktegesetzes, von denen Absatz 1 zuletzt durch Artikel 145 Nummer 4 Buchstabe a der Verordnung vom 31. Oktober 2006 (BGBl. I S. 2407) geändert, Absatz 2a durch Artikel 1 Nummer 25 Buchstabe a des Gesetzes vom 29. Juli 2009 (BGBl. I S. 2326) eingefügt sowie Absatz 7 zuletzt durch Artikel 145 Nummer 4 Buchstabe a der Verordnung vom 31. Oktober 2006 (BGBl. I S. 2407), Absatz 9 zuletzt durch Artikel 1 Nummer 25 Buchstabe c des Gesetzes vom 29. Juli 2009 (BGBl. I S. 2326) und Absatz 11 zuletzt durch Artikel 145 Nummer 4 Buchstabe b der Verordnung vom 31. Oktober 2006 (BGBl. I S. 2407) geändert worden sind, vom Bundesministerium für Gesundheit im Einvernehmen mit dem Bundesministerium für Wirtschaft und Technologie erlassen. Sie ist gem. Art. 5 dieser Verordnung am 13. Mai 2010 in Kraft getreten.

klinische Prüfungen" tragen, Produkte für Leistungsbewertungszwecke den Hinweis „nur für Leistungsbewertungszwecke".

(2) Die Kennzeichnung muss den Schutz der Probanden, Anwender oder Dritter und die Rückverfolgbarkeit sicherstellen, die Identifizierung des einzelnen Medizinproduktes ermöglichen und eine ordnungsgemäße Anwendung des Medizinproduktes gewährleisten. Die einschlägigen Bestimmungen zur Bereitstellung von Informationen durch den Hersteller in Anhang 1 der Richtlinie 90/385/EWG des Rates vom 20. Juni 1990 zur Angleichung der Rechtsvorschriften der Mitgliedstaaten über aktive implantierbare medizinische Geräte (ABl. L 189 vom 20.7.1990, S. 17), die zuletzt durch Artikel 1 der Richtlinie 2007/47/EG (ABl. L 247 vom 21.9.2007, S. 21) geändert worden ist, Anhang I der Richtlinie 93/42/ EWG des Rates vom 14. Juni 1993 über Medizinprodukte (ABl. L 169 vom 12.7.1993, S. 1), die zuletzt durch Artikel 2 der Richtlinie 2007/47/EG (ABl. L 247 vom 21.9.2007, S. 21) geändert worden ist, und Anhang I der Richtlinie 98/79/EG des Europäischen Parlaments und des Rates vom 27. Oktober 1998 über In-vitro-Diagnostika (ABl. L 331 vom 7.12.1998, S. 1), die zuletzt durch die Verordnung (EG) Nr. 596/2009 (ABl. L 188 vom 18.7.2009, S. 14) geändert worden ist, sind entsprechend anzuwenden.

§ 3 Antragstellung

(1) Der Antrag nach § 22 Absatz 1 Satz 1 und § 22a Absatz 1 Satz 1 des Medizinproduktegesetzes ist im Wege der Datenübertragung über das zentrale Erfassungssystem des Deutschen Instituts für Medizinische Dokumentation und Information einzureichen. Der Antrag muss die in der maßgeblichen Anlage zu der Rechtsverordnung nach § 37 Absatz 8 des Medizinproduktegesetzes aufgeführten Angaben enthalten. Das Deutsche Institut für Medizinische Dokumentation und Information teilt über ein automatisiertes elektronisches Verfahren dem Sponsor, der zuständigen Bundesoberbehörde und der nach § 22 Absatz 1 des Medizinproduktegesetzes zuständigen Ethik-Kommission (zuständige Ethik-Kommission) mit, dass der Antrag eingereicht wurde. Bei multizentrischen klinischen Prüfungen oder Leistungsbewertungsprüfungen, die im Geltungsbereich des Medizinproduktegesetzes in mehr als einer Prüfstelle durchgeführt werden, benachrichtigt das Deutsche Institut für Medizinische Dokumentation und Information jede weitere nach Landesrecht gebildete und nach § 5 zu beteiligende Ethik-Kommission (beteiligte Ethik-Kommission) darüber, dass der Antrag eingereicht wurde.

(2) Dem Antrag nach Absatz 1 sind der vom Prüfer oder Hauptprüfer oder vom Leiter der klinischen Prüfung oder vom Leiter der Leistungsbewertungsprüfung sowie vom Sponsor oder seinem Vertreter unterzeichnete Prüfplan oder bei Leistungsbewertungsprüfungen der Evaluierungsplan sowie das Handbuch des klinischen Prüfers beizufügen. Soweit nicht bereits in den Anlagen nach Satz 1 enthalten, sind dem Antrag nach Absatz 1 folgende in deutscher oder, sofern nichts anderes bestimmt ist, in englischer Sprache abgefasste Anlagen beizufügen:

1. eine Zusammenfassung der wesentlichen Inhalte des Prüfplans oder bei Leistungsbewertungsprüfungen des Evaluierungsplans in deutscher Sprache, wenn der Plan nach Satz 1 in englischer Sprache vorgelegt wird,
2. die Beschreibung der vorgesehenen medizinischen Prozedur und Untersuchungsmethoden sowie eventueller Abweichungen von medizinischen Standards,
3. die präklinische Bewertung, einschließlich des zugrunde liegenden wissenschaftlichen Erkenntnismaterials,[3]
4. Informationen zur sicheren Anwendung des Medizinproduktes in deutscher Sprache,
5. eine Bewertung und Abwägung der vorhersehbaren Risiken, Nachteile und Belastungen gegenüber der voraussichtlichen Bedeutung des Medizinproduktes für die Heilkunde und gegen den erwarteten Nutzen für die Probanden,
6. eine Versicherung, dass das betreffende Medizinprodukt mit Ausnahme der Punkte, die Gegenstand der Prüfungen sind, den Grundlegenden Anforderungen gemäß § 7 des Medizinproduktegesetzes entspricht und dass hinsichtlich dieser Punkte alle Vorsichtsmaßnahmen zum Schutz der Gesundheit und der Sicherheit der Probanden, der Anwender sowie Dritter getroffen wurden,
7. einen Plan für die Weiterbehandlung und medizinische Betreuung der Probanden,
8. mit Gründen versehene ablehnende Bewertungen der zuständigen Ethik-Kommissionen anderer Mitgliedstaaten der Europäischen Union oder anderer Vertragsstaaten des Abkommens über den Europäischen Wirtschaftsraum sowie Versagungen durch die zuständigen Behörden anderer Mitgliedstaaten der Europäischen Union oder anderer Vertragsstaaten des Abkommens über den Europäischen Wirtschaftsraum,
9. eine Vollmacht für den vom Sponsor bestellten Vertreter nach § 20 Absatz 1 Satz 4 Nummer 1a des Medizinproduktegesetzes.

(3) Soweit nicht bereits in den Anlagen nach Absatz 2 Satz 1 enthalten, sind dem Antrag an die Ethik-Kommission zusätzlich beizufügen:

1. Angaben zur Eignung der Prüfstelle, bezogen auf die beantragte Prüfung, insbesondere zu der vorhandenen personellen, räumlichen, apparativen und notfallmedizinischen Ausstattung sowie gegebenenfalls zur räumlichen Anbindung an ein Krankenhaus mit Notfallversorgung, ferner Angaben zu den in der Prüfstelle bereits durchgeführten, laufenden und geplanten klinischen Studien unter Angabe des Anwendungsbereiches,

3) § 3 Abs. 2 Nr. 3 MPKPV eingefügt durch Artikel 3 der Verordnung über die Abgabe von Medizinprodukten und zur Änderung medizinprodukterechtlicher Vorschriften vom 25. Juli 2014 (BGBl. I S. 1227). Nach Artikel 6 Abs. 1 dieser Verordnung tritt § 3 Abs. 2 Nr. 3 MPKPV am 29. Juli 2014 in Kraft.

2. die Nachweise der Qualifikation der Prüfer gemäß § 9,
3. die Angaben zur notwendigen Qualifikation von sonstigen Personen, die die zu prüfenden Medizinprodukte im Rahmen der klinischen Prüfung anwenden,
4. die Probandeninformation und die vorgesehene Einverständniserklärung sowie Informationen, die die Personen gemäß § 20 Absatz 4 Nummer 4 und § 21 Nummer 3 des Medizinproduktegesetzes erhalten, in deutscher Sprache und, soweit erforderlich, in der Sprache der Probanden und ihrer gesetzlichen Vertreter, sowie eine Beschreibung des Verfahrens zur Einholung der Einwilligung,
5. eine Rechtfertigung für die Einbeziehung von Personen nach § 20 Absatz 4 und 5 sowie § 21 Nummer 2 des Medizinproduktegesetzes in die klinische Prüfung oder Leistungsbewertungsprüfung,
6. der Nachweis einer Versicherung nach § 20 Absatz 1 Satz 4 Nummer 9 des Medizinproduktegesetzes sowie Angaben zur finanziellen und sonstigen Entschädigung der Probanden,
7. eine Erklärung zur Einbeziehung möglicherweise vom Sponsor oder Prüfer abhängiger Personen in die klinische Prüfung oder Leistungsbewertungsprüfung,
8. eine Erklärung und Verfahrensbeschreibung zur Einhaltung des Datenschutzes,
9. alle wesentlichen Elemente der zwischen dem Sponsor und der Prüfstelle vorgesehenen Verträge einschließlich Angaben zur Vergütung und Finanzierung,
10. Kriterien für das Unterbrechen oder den vorzeitigen Abbruch der klinischen Prüfung oder Leistungsbewertungsprüfung.

(4) Soweit nicht bereits in den Anlagen nach Absatz 2 Satz 1 enthalten, sind dem Antrag an die zuständige Bundesoberbehörde zusätzlich beizufügen:

1. die Ergebnisse einer biologischen Sicherheitsprüfung oder sonstiger für die vorgesehene Zweckbestimmung des Medizinproduktes erforderlichen Prüfungen gemäß § 20 Absatz 1 Satz 4 Nummer 5 des Medizinproduktegesetzes,
2. der Nachweis der sicherheitstechnischen Unbedenklichkeit gemäß § 20 Absatz 1 Satz 4 Nummer 6 des Medizinproduktegesetzes,
3. die zum Verständnis der Funktionsweise des Medizinproduktes erforderlichen Beschreibungen und Erläuterungen,
4. die Risikoanalyse und -bewertung einschließlich Beschreibung der bekannten Restrisiken,
5. eine Liste über die Einhaltung der Grundlegenden Anforderungen der gemäß § 7 des Medizinproduktegesetzes einschlägigen Richtlinien einschließlich der Angabe der ganz oder teilweise angewandten Normen und Gemeinsamen Technischen Spezifikationen sowie eine Beschreibung der Lösungen zur Einhaltung der Grundlegenden Anforderungen, sofern diese Normen nicht eingehalten wurden oder fehlen,

6. bei wiederzuverwendenden Produkten sowie bei Produkten, die vor der Anwendung zu sterilisieren sind, Angaben zu geeigneten Aufbereitungs- oder Sterilisationsverfahren,
7. die Beschreibung der Verfahren zur Dokumentation, Bewertung und Meldung von schwerwiegenden unerwünschten Ereignissen an die zuständige Bundesoberbehörde.

§ 4 Ergänzende Informationen der Genehmigungsbehörden

Die zuständigen Bundesoberbehörden veröffentlichen auf ihren Internetseiten weitere Informationen, insbesondere zu den Anträgen, Anzeigen und Verfahren nach § 20 Absatz 1 sowie zu den §§ 22a bis 24 des Medizinproduktegesetzes und zu den §§ 1, 3, 6, 7 und 8 dieser Verordnung.

§ 5 Bewertungsverfahren

(1) Die zuständige Ethik-Kommission bestätigt dem Sponsor und den beteiligten Ethik-Kommissionen innerhalb von zehn Tagen den Eingang des ordnungsgemäßen Antrags unter Angabe des Eingangsdatums. Wenn Unterlagen zum Antrag ohne Begründung hierfür fehlen oder der Antrag aus sonstigen Gründen nicht ordnungsgemäß ist, fordert die zuständige Ethik-Kommission den Sponsor auf, die von ihr benannten Formmängel zu beheben. Die Mitteilung enthält den Hinweis, dass der Lauf der Frist nach § 22 Absatz 4 Satz 1 des Medizinproduktegesetzes erst nach Eingang des ordnungsgemäßen Antrags beginnt.

(2) Die zuständige Ethik-Kommission führt das Bewertungsverfahren durch. Multizentrische klinische Prüfungen oder Leistungsbewertungsprüfungen, die im Geltungsbereich des Medizinproduktegesetzes von mehr als einer Prüfstelle durchgeführt werden, bewertet die zuständige Ethik-Kommission im Benehmen mit den beteiligten Ethik-Kommissionen. Die beteiligten Ethik-Kommissionen prüfen die Qualifikation der Prüfer und die Geeignetheit der Prüfstellen in ihrem Zuständigkeitsbereich. Die Stellungnahmen müssen der zuständigen Ethik-Kommission innerhalb von 30 Tagen nach Eingang des ordnungsgemäßen Antrags vorliegen. Darüber hinausgehende Anmerkungen einer beteiligten Ethik-Kommission müssen von der zuständigen Ethik-Kommission dokumentiert werden und können in deren abschließende Bewertung aufgenommen werden.

(3) Während der Prüfung des Antrags auf zustimmende Bewertung kann die zuständige Ethik-Kommission einmalig zusätzliche Informationen vom Sponsor anfordern. Der Ablauf der Frist nach § 22 Absatz 4 Satz 1 des Medizinproduktegesetzes ist von der Anforderung bis zum Eingang der zusätzlichen Informationen gehemmt.

(4) Die zuständige Ethik-Kommission überprüft, ob die ethischen und rechtlichen Anforderungen an eine klinische Prüfung oder Leistungsbewertungsprüfung eingehalten werden und ob die Qualität der Prüfung dem Stand der wissenschaftlichen

Erkenntnisse entspricht. Sie vergewissert sich, ob der Schutz der Probanden gewährleistet ist. Dabei prüft sie insbesondere

1. die Relevanz der klinischen Prüfung oder Leistungsbewertungsprüfung und ob ihre Planung geeignet ist, die Fragestellung zu beantworten,
2. ob der zu erwartende Nutzen die voraussichtlichen Risiken überwiegt und ob diese Risiken für die Probanden vertretbar sind,
3. die Vertretbarkeit der Risiken der durch die klinische Prüfung oder Leistungsbewertungsprüfung bedingten zusätzlichen Untersuchungs- und Behandlungsmethoden,
4. die Qualifikation der Prüfer sowie die Qualifikationsanforderungen an die Mitarbeiter und Mitarbeiterinnen, die die zu prüfenden Produkte anwenden,
5. die Nachweise über Kenntnisse des Prüfers im Zusammenhang mit bestehenden Normen und Prinzipien zu klinischen Prüfungen oder Leistungsbewertungsprüfungen,
6. bei klinischen Prüfungen den Prüfplan oder bei Leistungsbewertungsprüfungen den Evaluierungsplan,
7. das Handbuch des klinischen Prüfers auf Vollständigkeit und Verständlichkeit,
8. die Geeignetheit der Prüfeinrichtungen,
9. die Eignung des Verfahrens zur Auswahl der Probanden,
10. ob die Probandeninformationen, insbesondere über den Ablauf der klinischen Prüfung oder Leistungsbewertungsprüfung, den zu erwartenden Nutzen, die existierenden und möglichen Risiken des zu prüfenden Medizinproduktes, die mit der Prüfung verbundenen absehbaren Belastungen, die gegebenenfalls vorhandenen Alternativen, die Rechte der Probanden sowie die Verfahren zur Geltendmachung dieser Rechte allgemein verständlich und vollständig sind,
11. ob das Einbeziehen von Schwangeren, Stillenden, Minderjährigen oder nicht einwilligungsfähigen Personen gerechtfertigt ist,
12. wie die Einwilligung bei Personen eingeholt wird, die nicht in der Lage sind, selbst einzuwilligen,
13. ob die notwendige Nachsorge der Probanden gewährleistet ist,
14. wie Schäden, die die Probanden im Rahmen der klinischen Prüfung oder Leistungsbewertungsprüfung erleiden, ersetzt werden und ob für den Fall, dass bei der Durchführung der klinischen Prüfung ein Mensch getötet oder der Körper oder die Gesundheit eines Menschen verletzt oder beeinträchtigt wird, eine Versicherung besteht, die auch Leistungen gewährt, wenn kein anderer für den Schaden haftet,
15. wie Prüfer und Probanden entschädigt werden sollen sowie
16. die vom Sponsor vorgesehenen Kriterien für das Unterbrechen und den Abbruch der klinischen Prüfung oder Leistungsbewertungsprüfung.

(5) Die zuständige Ethik-Kommission teilt dem Sponsor ihre Bewertung in Schriftform mit und übermittelt diese zeitgleich der zuständigen Bundesoberbehörde im Wege der Datenübertragung über das zentrale Erfassungssystem des Deutschen Instituts für Medizinische Dokumentation und Information.

§ 6 Genehmigungsverfahren

(1) Die zuständige Bundesoberbehörde bestätigt dem Sponsor innerhalb von zehn Tagen den Eingang des ordnungsgemäßen Antrags unter Angabe des Eingangsdatums. In der Eingangsbestätigung ist auf die Frist nach § 22a Absatz 4 Satz 1 des Medizinproduktegesetzes, die Voraussetzungen für den Beginn des Fristablaufs und auf die Rechtsfolge hinzuweisen, die an den Fristablauf geknüpft ist. Wenn Unterlagen zum Antrag ohne Begründung hierfür fehlen oder der Antrag aus sonstigen Gründen nicht ordnungsgemäß ist, fordert die zuständige Bundesoberbehörde den Sponsor auf, die von ihr benannten Formmängel zu beheben. Die Mitteilung enthält den Hinweis, dass der Lauf der Frist nach § 22a Absatz 4 Satz 1 des Medizinproduktegesetzes erst nach Eingang des ordnungsgemäßen Antrags beginnt.

(2) Während der Prüfung des Antrags auf Genehmigung kann die zuständige Bundesoberbehörde einmalig zusätzliche Informationen vom Sponsor anfordern. Der Ablauf der Frist nach § 22a Absatz 4 Satz 1 des Medizinproduktegesetzes ist von der Anforderung bis zum Eingang der zusätzlichen Informationen gehemmt.

(3) Übermittelt die zuständige Bundesoberbehörde dem Sponsor in Schriftform mit Gründen versehene Einwände, ist hierbei auch auf die Frist nach § 22a Absatz 4 Satz 2 des Medizinproduktegesetzes, auf die an den Fristablauf geknüpfte Rechtsfolge sowie auf die verfügbaren Rechtsbehelfe hinzuweisen. Der Sponsor kann den Antrag innerhalb der Frist nach Satz 1 ändern, um die vorgebrachten Einwände zu berücksichtigen. In diesem Fall entscheidet die zuständige Bundesoberbehörde innerhalb von 15 Tagen nach Eingang der Änderungen. Sie teilt dem Sponsor ihre Entscheidung in Schriftform mit und übermittelt diese zeitgleich der zuständigen Ethik-Kommission im Wege der Datenübertragung über das zentrale Erfassungssystem des Deutschen Instituts für Medizinische Dokumentation und Information.

(4) Die zuständige Bundesoberbehörde überprüft, ob die zu prüfenden Medizinprodukte ausreichend sicher sind und die klinische Prüfung so gestaltet ist, dass die etwaigen Restrisiken vertretbar sind. Dabei prüft sie bei klinischen Prüfungen von Medizinprodukten insbesondere

1. den Nachweis der sicherheitstechnischen Unbedenklichkeit der zu prüfenden Medizinprodukte,
2. die Wissenschaftlichkeit und Angemessenheit der durchgeführten biologischen Sicherheitsprüfungen oder sonstiger erforderlicher Prüfungen,
3. ob die vom Hersteller verwendeten Lösungen zur Risikominimierung in harmonisierten Normen beschrieben sind und dort, wo der Hersteller keine

harmonisierten Normen verwendet, die Gleichwertigkeit des Schutzniveaus im Vergleich zu harmonisierten Normen,
4. die Plausibilität der geplanten Maßnahmen zur sicheren Installation, Inbetriebnahme und Instandhaltung,
5. die Angemessenheit und Wissenschaftlichkeit der der klinischen Prüfung zugrunde liegenden statistischen Modelle,
6. ob das Design der klinischen Prüfung geeignet ist, die vom Sponsor mit der Prüfung beabsichtigten Ziele zu erreichen, sowie
7. für Produkte, die steril angewendet werden, die Nachweise zur Validierung der herstellerseitigen Sterilisationsverfahren oder Angaben zu den Aufbereitungs- und Sterilisationsverfahren, die von der Prüfstelle durchgeführt werden müssen.

(5) Bei Leistungsbewertungsprüfungen von In-vitro-Diagnostika prüft die zuständige Bundesoberbehörde insbesondere
1. die Sicherheit der Probeentnahmesysteme,
2. soweit im Einzelfall zutreffend, die Einhaltung der Gemeinsamen Technischen Spezifikationen mit Ausnahme der zu prüfenden Aspekte,
3. die in Absatz 4 Satz 2 Nummer 3 und 6 genannten Aspekte sowie
4. die angemessene präklinische Validierung der analytischen und diagnostischen Genauigkeit und des prädiktiven und prognostischen Nutzens.

§ 7 Verfahren bei klinischen Prüfungen und Leistungsbewertungsprüfungen von Medizinprodukten mit geringem Sicherheitsrisiko

(1) Für die folgenden Medizinprodukte kann der Sponsor bei der zuständigen Bundesoberbehörde eine Befreiung von der Genehmigungspflicht gemäß § 20 Absatz 1 Satz 2 des Medizinproduktegesetzes über das zentrale Erfassungssystem beim Deutschen Institut für Medizinische Dokumentation und Information beantragen:
1. Medizinprodukte der Klasse I,
2. nicht invasive Medizinprodukte der Klasse IIa,
3. Medizinprodukte, die nach den §§ 6 und 10 des Medizinproduktegesetzes die CE-Kennzeichnung tragen dürfen und deren klinische Prüfung zusätzliche invasive oder andere belastende Untersuchungen beinhaltet, es sei denn, diese Prüfung hat eine andere Zweckbestimmung des Medizinproduktes zum Inhalt,
4. In-vitro-Diagnostika, die für eine Leistungsbewertungsprüfung gemäß § 24 Satz 1 Nummer 1 und 2 des Medizinproduktegesetzes bestimmt sind.

(2) Für die Prüfung durch die zuständige Bundesoberbehörde sind dem Antrag abweichend von § 3 Absatz 2 und 4 die folgenden Anlagen beizufügen:
1. eine zusammenfassende Risikobeurteilung,
2. der Nachweis, dass eines der in Absatz 1 genannten Kriterien erfüllt ist, und

3.[4] für Medizinprodukte, die steril angewendet werden, die Nachweise zur Validierung der herstellerseitigen Sterilisationsverfahren oder Angaben zu den Aufbereitungs- oder Sterilisationsverfahren, die von der Prüfstelle durchgeführt werden müssen, es sei denn, es handelt sich um eine klinische Prüfung nach Absatz 1 Nummer 3.

(3) Die zuständige Bundesoberbehörde bestätigt dem Sponsor unverzüglich den Eingang des Antrags unter Angabe des Eingangsdatums. § 6 Absatz 1 Satz 2 und 3 gilt entsprechend. Die Befreiung von der Genehmigungspflicht nach § 20 Absatz 1 Satz 2 des Medizinproduktegesetzes gilt als erteilt, wenn die zuständige Bundesoberbehörde dem Antrag nicht innerhalb von zehn Tagen nach Eingang widersprochen hat. Dem Antrag darf nur widersprochen werden, wenn die vorgelegten Unterlagen nach Absatz 2 unvollständig sind oder den dort genannten Anforderungen nicht entsprechen.

(4) Unbeschadet der Absätze 1 bis 3 hat der Sponsor die nach § 20 Absatz 1 Satz 1 des Medizinproduktegesetzes erforderliche zustimmende Bewertung bei der zuständigen Ethik-Kommission nach Maßgabe des § 3 Absatz 1 bis 3 zu beantragen.

§ 8 Änderungen

(1) Änderungen nach § 22c Absatz 1 des Medizinproduktegesetzes sind vom Sponsor über das zentrale Erfassungssystem beim Deutschen Institut für Medizinische Dokumentation und Information anzuzeigen. Änderungen gegenüber den gemäß § 3 eingereichten Unterlagen sind kenntlich zu machen, die geänderten Unterlagen sind der Änderungsanzeige beizufügen. Stellt die zuständige Bundesoberbehörde fest, dass eine angezeigte Änderung die Voraussetzungen einer wesentlichen Änderung erfüllt, teilt sie dies dem Sponsor unverzüglich mit und informiert die zuständigen Behörden über das zentrale Erfassungssystem beim Deutschen Institut für Medizinische Dokumentation und Information. Für Anträge nach § 22c Absatz 2 des Medizinproduktegesetzes gilt Satz 1 entsprechend. Das Deutsche Institut für Medizinische Dokumentation und Information teilt über ein automatisiertes elektronisches Verfahren dem Sponsor mit, dass der Antrag oder die Änderungsanzeige eingereicht wurde.

(2) Änderungen von klinischen Prüfungen oder Leistungsbewertungsprüfungen, für die gemäß § 7 Absatz 1 eine Befreiung von der Genehmigungspflicht erteilt wurde, sind über das zentrale Erfassungssystem beim Deutschen Institut für Medizinische Dokumentation und Information anzuzeigen. Änderungen gegenüber den gemäß § 3 oder § 7 Absatz 2 eingereichten Unterlagen sind kenntlich zu machen, die geänderten Unterlagen sind der Änderungsanzeige beizufügen. § 22c Absatz 2 Nummer 2 und Absatz 3 bis 5 des Medizinproduktegesetzes gilt für

4) § 7 Abs. 2 Nr. 3 MPKPV eingefügt durch Artikel 3 der Verordnung über die Abgabe von Medizinprodukten und zur Änderung medizinprodukterechtlicher Vorschriften vom 25. Juli 2014 (BGBl. I S. 1227). Nach Artikel 6 Abs. 1 dieser Verordnung tritt § 7 Abs. 2 Nr. 3 MPKPV am 29. Juli 2014 in Kraft..

wesentliche Änderungen entsprechend. Für die Antragstellung nach Satz 3 gelten die Sätze 1 und 2 entsprechend.

(3) Für die Bewertung wesentlicher Änderungen von multizentrischen klinischen Prüfungen und Leistungsbewertungsprüfungen gilt § 5 Absatz 2 Satz 2 und 3 entsprechend, sofern nach Auffassung der zuständigen Ethik-Kommission dies angesichts der Auswirkungen der beantragten wesentlichen Änderung auf die Qualifikation der Prüfer und Eignung der Prüfeinrichtungen erforderlich ist. Die zuständige Ethik-Kommission unterrichtet die beteiligten Ethik-Kommissionen und den Sponsor unverzüglich nach Eingang des Antrags über ihre Auffassung.

(4) Änderungen der Anträge und der Antragsunterlagen während der Verfahren nach den §§ 5 bis 7 sind mit Ausnahme von Änderungen gemäß § 6 Absatz 3 Satz 2 nicht zulässig.

§ 9 Anforderungen an Prüfer

(1) Prüfer und Hauptprüfer müssen entsprechend qualifizierte Ärzte oder Ärztinnen, bei für die Zahnheilkunde bestimmten Medizinprodukten entsprechend qualifizierte Zahnärzte oder Zahnärztinnen sein. Personen ohne ärztliche oder zahnärztliche Qualifikation dürfen als Prüfer oder Hauptprüfer tätig werden, sofern sie zur Ausübung eines Berufs berechtigt sind, der zu einer klinischen Prüfung oder Leistungsbewertungsprüfung qualifiziert. Der Nachweis der Qualifikation ist durch einen aktuellen Lebenslauf oder durch andere aussagefähige Dokumente zu erbringen.

(2) Die unter Absatz 1 genannten Personen müssen:

1. Erfahrungen im Anwendungsbereich des zu prüfenden Produktes besitzen sowie in dessen Gebrauch ausgebildet und eingewiesen sein,
2. mit den Grundzügen des Medizinprodukterechts, den rechtlichen und wissenschaftlichen Grundlagen von klinischen Prüfungen oder Leistungsbewertungsprüfungen sowie mit dem Prüfplan oder dem Evaluierungsplan und dem Handbuch des klinischen Prüfers vertraut sein und in die sich daraus ergebenden Pflichten eingewiesen worden sein.

§ 10 Durchführung der klinischen Prüfung und Leistungsbewertungsprüfung

(1) Der Sponsor und der Prüfer stellen sicher, dass die klinische Prüfung oder Leistungsbewertungsprüfung in Übereinstimmung mit einem dem Stand der Wissenschaft und Technik entsprechenden, von der zuständigen Ethik-Kommission zustimmend bewerteten und, sofern keine Befreiung von der Genehmigungspflicht besteht, von der zuständigen Behörde genehmigten Prüf- oder Evaluierungsplan durchgeführt wird.

(2) Der Sponsor und der Prüfer haben im Hinblick auf die Planung, Durchführung und Auswertung einer klinischen Prüfung oder Leistungsbewertungsprüfung sicherzustellen, dass die vollständige Nachvollziehbarkeit aller Beobachtungen und

Befunde, die korrekte Erhebung und Verarbeitung der Daten und die korrekte Ableitung von Schlussfolgerungen gewährleistet sind.

(3) Der Sponsor hat durch geeignete Maßnahmen sicherzustellen, dass die Einhaltung des klinischen Prüf- oder Evaluierungsplans durch alle an der Prüfung Beteiligten regelmäßig und systematisch überprüft wird. Er kann dafür eine von der klinischen Prüfung oder Leistungsbewertungsprüfung unabhängige Person, Stelle oder Organisationseinheit beauftragen, die die entsprechenden Überprüfungen und Bewertungen vornimmt. Über Bewertungen und Überprüfungen sind Aufzeichnungen anzufertigen.

(4) Prüfstellen, Einrichtungen einschließlich Laboratorien sowie jede Art von Daten im Zusammenhang mit der klinischen Prüfung oder Leistungsbewertungsprüfung sind für die Beauftragten nach Absatz 3 zugänglich zu machen.

(5) Während des gesamten Verlaufes der klinischen Prüfung oder Leistungsbewertungsprüfung sind von allen beteiligten Personen probandenbezogene Daten streng vertraulich zu behandeln. Alle probandenbezogenen Daten müssen gegen unautorisierten Zugang geschützt werden. Hierfür sowie für eine sorgfältige und vertrauliche Handhabung aller im Rahmen einer klinischen Prüfung oder Leistungsbewertungsprüfung anfallenden Daten treffen Sponsor und Prüfer alle erforderlichen Maßnahmen.

(6) Der Sponsor muss für Notfallsituationen ein Verfahren etablieren, das eine sofortige Identifizierung und, sofern erforderlich, eine unverzügliche Rücknahme der in der Prüfung eingesetzten Produkte ermöglicht.

(7) Der Sponsor hat dafür Sorge zu tragen, dass die Prüfbögen für die zuständigen Behörden zehn Jahre nach Beendigung oder Abbruch der Prüfung bereitgehalten werden. Andere Vorschriften zur Aufbewahrung von medizinischen Unterlagen bleiben unberührt.

§ 11 Überwachung

(1) Die zuständige Behörde überwacht in angemessenem Umfang unter besonderer Berücksichtigung möglicher Risiken bei Sponsoren, Prüfern, Prüfstellen, Herstellern oder Produzenten und anderen Beteiligten, ob die klinische Prüfung oder Leistungsbewertungsprüfung in Übereinstimmung mit dem Prüf- oder Evaluierungsplan sowie den medizinprodukterechtlichen Vorschriften durchgeführt wird.

(2) Bei festgestellten Mängeln trifft die zuständige Behörde alle erforderlichen Maßnahmen zum Schutz der Gesundheit und der Sicherheit von Probanden, Anwendern und Dritten vor Gefahren im Zusammenhang mit der klinischen Prüfung oder Leistungsbewertungsprüfung.

(3) Näheres regelt die Allgemeine Verwaltungsvorschrift gemäß § 37a des Medizinproduktegesetzes.

Verordnung über die Erfassung, Bewertung und Abwehr von Risiken bei Medizinprodukten (Medizinprodukte-Sicherheitsplanverordnung – (MPSV)[1]

Vom 24. Juni 2002 (BGBl. I S. 2131),
zuletzt geändert durch Artikel 4 der Verordnung über die Abgabe von Medizinprodukten und zur Änderung medizinprodukterechtlicher Vorschriften vom 25. Juli 2014 (BGBl. I S. 1227).

Abschnitt 1
Anwendungsbereich, Begriffsbestimmungen

§ 1 Anwendungsbereich

Diese Verordnung regelt die Verfahren zur Erfassung, Bewertung und Abwehr von Risiken im Verkehr oder in Betrieb befindlicher Medizinprodukte.

§ 2 Begriffsbestimmungen

Im Sinne dieser Verordnung ist

1. „Vorkommnis" eine Funktionsstörung, ein Ausfall oder eine Änderung der Merkmale oder der Leistung oder eine Unsachgemäßheit der Kennzeichnung oder der Gebrauchsanweisung eines Medizinproduktes, die unmittelbar oder mittelbar zum Tod oder zu einer schwerwiegenden Verschlechterung des Gesundheitszustands eines Patienten, eines Anwenders oder einer anderen Person geführt hat, geführt haben könnte oder führen könnte,
2. „korrektive Maßnahme" eine Maßnahme zur Beseitigung, Verringerung oder Verhinderung des erneuten Auftretens eines von einem Medizinprodukt ausgehenden Risikos,
3. „Rückruf" eine korrektive Maßnahme, mit der die Rücksendung, der Austausch, die Um- oder Nachrüstung, die Aussonderung oder Vernichtung eines Medizinprodukts veranlasst wird oder Anwendern, Betreibern oder Patienten Hinweise für die weitere sichere Anwendung oder den Betrieb von Medizinprodukten gegeben werden,
4. „Maßnahmenempfehlung" eine Mitteilung des Verantwortlichen nach § 5 des Medizinproduktegesetzes, mit der eine korrektive Maßnahme veranlasst wird,

---

1) Die Verordnung wurde als Artikel 1 der Verordnung über die Erfassung, Bewertung und Abwehr von Risiken bei Medizinprodukten vom 24. Juni 2002 (BGBl. I S. 2131) vom Bundesministerium für Gesundheit im Einvernehmen mit den Bundesministerien für Wirtschaft und Technologie, des Innern, für Arbeit und Sozialordnung und für Umwelt, Naturschutz und Reaktorsicherheit mit Zustimmung des Bundesrates erlassen. Sie ist gem. Artikel 5 dieser Verordnung am 28. Juni 2002 in Kraft getreten.

5. „Schwerwiegendes unerwünschtes Ereignis" jedes in einer genehmigungspflichtigen klinischen Prüfung oder einer genehmigungspflichtigen Leistungsbewertungsprüfung auftretende ungewollte Ereignis, das unmittelbar oder mittelbar zum Tod oder zu einer schwerwiegenden Verschlechterung des Gesundheitszustands eines Probanden, eines Anwenders oder einer anderen Person geführt hat, geführt haben könnte oder führen könnte ohne zu berücksichtigen, ob das Ereignis vom Medizinprodukt verursacht wurde; das Vorgesagte gilt entsprechend für schwerwiegende unerwünschte Ereignisse, die in einer klinischen Prüfung oder Leistungsbewertungsprüfung, für die eine Befreiung von der Genehmigungspflicht nach § 20 Absatz 1 Satz 2 des Medizinproduktegesetzes erteilt wurde, aufgetreten sind.

Abschnitt 2
Meldung von Vorkommnissen und Rückrufen

§ 3 Meldepflichten

(1) Der Verantwortliche nach § 5 des Medizinproduktegesetzes hat Vorkommnisse, die in Deutschland aufgetreten sind, sowie in Deutschland durchgeführte Rückrufe der zuständigen Bundesoberbehörde zu melden. In anderen Vertragsstaaten des Abkommens über den Europäischen Wirtschaftsraum aufgetretene Vorkommnisse und durchgeführte Rückrufe hat er den dort zuständigen Behörden zu melden. Rückrufe, die auf Grund von Vorkommnissen, die außerhalb des Europäischen Wirtschaftsraums aufgetreten sind, auch im Europäischen Wirtschaftsraum durchgeführt werden, sind meldepflichtig. Die Meldung derartiger korrektiver Maßnahmen, einschließlich des zugrunde liegenden Vorkommnisses, hat an die zuständige Bundesoberbehörde zu erfolgen, wenn der Verantwortliche nach § 5 des Medizinproduktegesetzes seinen Sitz in Deutschland hat.

(2) Wer Medizinprodukte beruflich oder gewerblich betreibt oder anwendet, hat dabei aufgetretene Vorkommnisse der zuständigen Bundesoberbehörde zu melden. Satz 1 gilt entsprechend für Ärzte und Zahnärzte, denen im Rahmen der Diagnostik oder Behandlung von mit Medizinprodukten versorgten Patienten Vorkommnisse bekannt werden.

(3) Wer, ohne Verantwortlicher nach § 5 des Medizinproduktegesetzes zu sein, beruflich oder gewerblich oder in Erfüllung gesetzlicher Aufgaben oder Verpflichtungen Medizinprodukte zur Eigenanwendung durch Patienten oder andere Laien an den Endanwender abgibt, hat ihm mitgeteilte Vorkommnisse der zuständigen Bundesoberbehörde zu melden. In allen anderen Fällen informieren Vertreiber und Händler den Verantwortlichen nach § 5 des Medizinproduktegesetzes über ihnen mitgeteilte Vorkommnisse.

(4) Die Verpflichtungen nach den Absätzen 2 und 3 gelten für Angehörige der Heilberufe als erfüllt, soweit Meldungen an Kommissionen oder andere Ein-

richtungen der Heilberufe, die im Rahmen ihrer Aufgaben Risiken von Medizinprodukten erfassen, erfolgen und dort eine unverzügliche Weiterleitung an die zuständige Bundesoberbehörde sichergestellt ist.

(5)[2] Der Prüfer oder der Hauptprüfer hat dem Sponsor jedes schwerwiegende unerwünschte Ereignis zu melden.

(6) Der Sponsor hat schwerwiegende unerwünschte Ereignisse der zuständigen Bundesoberbehörde zu melden. Dies gilt auch, wenn sie außerhalb von Deutschland aufgetreten sind. Wird eine klinische Prüfung auch in anderen Vertragsstaaten des Abkommens über den Europäischen Wirtschaftsraum durchgeführt, hat der Sponsor den dort zuständigen Behörden ebenfalls Meldung über in Deutschland aufgetretene schwerwiegende unerwünschte Ereignisse zu erstatten.

(7)[3] Die zuständige Bundesoberbehörde bestätigt der nach den Absätzen 1 bis 4 und 6 meldenden Personen oder Stellen den Eingang der Meldung. Sie informiert unverzüglich den Verantwortlichen nach § 5 den Medizinproduktegesetzes über Meldungen nach den Absätzen 2 bis 4, der daraufhin eine Meldung nach Absatz 1 mit allen erforderlichen Angaben oder eine Begründung übermittelt, warum kein Vorkommnis im Sinne des § 2 Abs. 1 vorliegt oder die Voraussetzungen nach § 4 erfüllt sind. Schließt sich die zuständige Bundesoberbehörde dieser Begründung nicht an, kann sie eine Meldung nach Absatz 1 verlangen.

§ 4 Ausnahmen von der Meldepflicht und besondere Verfahren

(1) Die zuständige Behörde des Bundes kann für bereits ausreichend untersuchte Vorkommnisse Ausnahmen von der Meldepflicht oder eine zusammenfassende Meldung in regelmäßigen Zeitabständen anordnen. Liegen die Voraussetzungen nach Satz 1 vor, kann eine Ausnahme von der Meldepflicht auch auf Antrag des Verantwortlichen nach § 5 des Medizinproduktegesetzes zugelassen werden.

(2) Vorkommnisse, die bereits Gegenstand einer Maßnahmenempfehlung des Verantwortlichen nach § 5 des Medizinproduktegesetzes oder einer Anordnung der zuständigen Behörde waren und danach weiterhin auftreten können, sind von diesem in regelmäßigen, mit der zuständigen Bundesoberbehörde im Einzelfall abgestimmten Zeitabständen zusammenfassend zu melden. Der Inhalt der Meldung nach Satz 1 wird zwischen der zuständigen Behörde des Bundes und dem Verantwortlichen nach § 5 des Medizinproduktegesetzes abgesprochen.

---

2) § 3 Abs. 5 und 6 MPSV ersetzt durch Artikel 4 der Verordnung über die Abgabe von Medizinprodukten und zur Änderung medizinprodukterechtlicher Vorschriften vom 25. Juli 2014 (BGBl. I S. 1227). Nach Artikel 6 Abs. 1 dieser Verordnung tritt § 3 Abs. 5 und 6 MPSV am 29. Juli 2014 in Kraft.

3) § 3 Abs. 7 MPSV geändert durch Artikel 4 der Verordnung über die Abgabe von Medizinprodukten und zur Änderung medizinprodukterechtlicher Vorschriften vom 25. Juli 2014 (BGBl. I S. 1227). Nach Artikel 6 Abs. 1 dieser Verordnung tritt § 3 Abs. 7 MPSV am 29. Juli 2014 in Kraft.

§ 5 Fristen

(1) Der Verantwortliche nach § 5 des Medizinproduktegesetzes hat Vorkommnisse entsprechend der Eilbedürftigkeit der durchzuführenden Risikobewertung zu melden, spätestens jedoch innerhalb von 30 Tagen, nachdem er Kenntnis hiervon erhalten hat. Bei Gefahr im Verzug hat die Meldung unverzüglich zu erfolgen. Rückrufe sowie Vorkommnisse im Sinne des § 3 Abs. 1 Satz 3 sind spätestens mit Beginn der Umsetzung der Maßnahmen zu melden.

(2)[4] Die Meldungen und Mitteilungen nach § 3 Absatz 2 bis 5 und 6 Satz 3 haben unverzüglich zu erfolgen. Dies gilt auch für Meldungen von schwerwiegenden unerwünschten Ereignissen, für die ein Zusammenhang mit dem zu prüfenden Medizinprodukt, einem Vergleichsprodukt oder den in der klinischen Prüfung angewandten therapeutischen oder diagnostischen Maßnahmen oder den sonstigen Bedingungen der Durchführung der klinischen Prüfung nicht ausgeschlossen werden kann. Alle anderen schwerwiegenden unerwünschten Ereignisse sind vollständig zu dokumentieren und in zusammenfassender Form vierteljährlich oder auf Aufforderung der zuständigen Bundesoberbehörde zu melden.

§ 6 Meldung durch Vertreiber

Soweit im Auftrag des Verantwortlichen nach § 5 des Medizinproduktegesetzes von einem in Deutschland ansässigen Vertreiber Meldungen erstattet werden, gelten die den Verantwortlichen nach § 5 des Medizinproduktegesetzes betreffenden Vorschriften der §§ 3 bis 5 entsprechend.

§ 7 Modalitäten der Meldung

(1) Das Bundesministerium für Gesundheit macht die zuständigen Bundesoberbehörden unter Angabe ihrer Zuständigkeitsbereiche, ihrer Postanschriften und der Telekommunikationsnummern der für die Risikoerfassung und -bewertung zuständigen Organisationseinheiten sowie Hinweise zur Erreichbarkeit außerhalb der üblichen Dienstzeiten auf seiner Internetseite bekannt und sorgt für eine fortlaufende Aktualisierung dieser Bekanntmachung.

(2)[5] Die Meldungen nach § 3 Absatz 1 und 6 erfolgen elektronisch als Datei in der Originalformatierung. Die zuständigen Bundesoberbehörden machen die Informationen zur elektronischen Übermittlung der sonstigen Meldungen sowie die zur Verwendung empfohlenen Formblätter und deren Bezugsquellen auch auf ihren Internetseiten bekannt.

4) § 5 Abs. 2 MPSV neu gefasst durch Artikel 4 der Verordnung über die Abgabe von Medizinprodukten und zur Änderung medizinprodukterechtlicher Vorschriften vom 25. Juli 2014 (BGBl. I S. 1227). Nach Artikel 6 Abs. 1 dieser Verordnung tritt § 5 Abs. 2 MPSV am 29. Juli 2014 in Kraft.

5) § 7 Abs. 2 MPSV geändert durch Artikel 4 der Verordnung über die Abgabe von Medizinprodukten und zur Änderung medizinprodukterechtlicher Vorschriften vom 25. Juli 2014 (BGBl. I S. 1227). Nach Artikel 6 Abs. 1 dieser Verordnung tritt § 7 Abs. 2 MPSV am 29. Juli 2014 in Kraft.

Abschnitt 3
Risikobewertung durch die zuständige Bundesoberbehörde

§ 8 Aufgaben der Behörde

Die zuständige Bundesoberbehörde hat für alle ihr nach § 3 zu meldenden Vorkommnisse, Rückrufe und schwerwiegende unerwünschte Ereignisse, die ihr bekannt werden, eine Risikobewertung vorzunehmen. Sie hat wissenschaftliche Untersuchungen durchzuführen oder durchführen zu lassen, um mögliche Risiken zu ermitteln.

§ 9 Ziel und Inhalt der Risikobewertung

Ziel und Inhalt der Risikobewertung durch die zuständige Bundesoberbehörde ist es, festzustellen, ob ein unvertretbares Risiko vorliegt und welche korrektiven Maßnahmen geboten sind. Sofern der Verantwortliche nach § 5 des Medizinproduktegesetzes eigenverantwortliche korrektive Maßnahmen trifft, schließt die Risikobewertung durch die zuständige Bundesoberbehörde die Prüfung ein, ob diese Maßnahmen angemessen sind. Satz 2 gilt für eigenverantwortliche korrektive Maßnahmen des Sponsors oder der die klinische Prüfung oder Leistungsbewertungsprüfung durchführenden Personen entsprechend.

§ 10 Verfahren der Risikobewertung

Die Risikobewertung erfolgt in Zusammenarbeit mit dem Verantwortlichen nach § 5 des Medizinproduktegesetzes und, soweit erforderlich, mit den jeweils betroffenen Betreibern und Anwendern. Die Risikobewertung im Falle von klinischen Prüfungen oder Leistungsbewertungsprüfungen schließt die Zusammenarbeit mit dem Sponsor oder dem Leiter der klinischen Prüfung oder der Leistungsbewertungsprüfung ein. Soweit erforderlich, können die für das Medizinproduktewesen, das Eich- und Messwesen sowie den Arbeits- oder Strahlenschutz zuständigen Behörden des Bundes und der Länder, die Strafverfolgungsbehörden, Behörden anderer Staaten, die einschlägigen wissenschaftlichen Fachgesellschaften, der Medizinische Dienst des Spitzenverbandes Bund der Krankenkassen, Benannte Stellen sowie sonstige Einrichtungen, Stellen, Ethik-Kommissionen und Personen beteiligt werden, die auf Grund ihrer Kenntnisse und Erfahrungen zur Beantwortung spezifischer Fragestellungen beitragen können. Die zuständige Bundesoberbehörde hat durch geeignete organisatorische Maßnahmen sicherzustellen, dass eilbedürftige Fälle unverzüglich bearbeitet werden.

§ 11 Befugnisse der Behörde

(1) Die zuständige Bundesoberbehörde kann vom Verantwortlichen nach § 5 Satz 1 und 2 des Medizinproduktegesetzes sowie dem in § 3 Absatz 2, 3 und 5 genannten Personenkreis alle für die Sachverhaltsaufklärung oder die Risikobewertung erforderlichen Auskünfte und Unterlagen sowie die Überlassung des betroffenen Produkts oder von Mustern der betroffenen Produktcharge, bei In-

vitro-Diagnostika auch des von einem Vorkommnis betroffenen Probenmaterials, zu Untersuchungszwecken verlangen. Patientendaten sind vor der Übermittlung an die zuständige Bundesoberbehörde so zu anonymisieren, dass ein Personenbezug nicht mehr hergestellt werden kann. Andere personenbezogenen Daten dürfen nur erhoben, gespeichert, genutzt und übermittelt werden, soweit die zur Durchführung de Aufgaben nach dieser Verordnung erforderlich ist. Die zuständige Bundesoberbehörde kann in begründeten Fällen und in Abstimmung mit der zuständigen Behörde Produktprüfungen und Überprüfungen der Produktionsverfahren im Betrieb des Verantwortlichen nach § 5 des Medizinproduktegesetzes oder bei dessen Unterauftragnehmer vornehmen.

(2) Wenn eine ordnungsgemäße Risikobewertung wegen unzureichender Mitwirkung des Verantwortlichen nach § 5 des Medizinproduktegesetzes, der keinen Sitz in Deutschland hat, nicht möglich ist, informiert die zuständige Bundesoberbehörde, soweit erforderlich, Betreiber und Anwender hierüber und kann vorsorgliche Maßnahmen empfehlen.

§ 12 Mitwirkungspflichten

(1) Die in § 11 Abs. 1 Satz 1 genannten Personen haben die zuständige Bundesoberbehörde bei der Erfüllung ihrer Aufgaben nach § 8 Satz 1 zu unterstützen und die verlangten Auskünfte zu erteilen. Der Auskunftspflichtige kann die Auskunft auf solche Fragen verweigern, deren Beantwortung ihn selbst oder einen seiner in § 383 Abs. 1 Nr. 1 und 3 der Zivilprozessordnung bezeichneten Angehörigen der Gefahr strafrechtlicher Verfolgung oder eines Verfahrens nach dem Gesetz über Ordnungswidrigkeiten aussetzen würde; er ist darauf hinzuweisen. Im Übrigen bleiben Bestimmungen zum Schutz personenbezogener Daten, gesetzliche Geheimhaltungspflichten und die ärztliche Schweigepflicht unberührt.

(2) Der Verantwortliche nach § 5 des Medizinproduktegesetzes hat die für die Risikobewertung erforderlichen Untersuchungen unverzüglich durchzuführen und der zuständigen Bundesoberbehörde die Ergebnisse mitzuteilen. Er hat zu jeder Meldung einen Abschlussbericht sowie auf Verlangen alle zweckdienlichen Unterlagen, insbesondere relevante Auszüge aus der Risikoanalyse und der klinischen Bewertung, vorzulegen. Vor einer zerstörenden Prüfung des betroffenen Produkts oder der vorhandenen Muster der betroffenen Produktcharge hat sich der Verantwortliche nach § 5 des Medizinproduktegesetzes mit der zuständigen Bundesoberbehörde ins Benehmen zu setzen.

(3) Im Falle von klinischen Prüfungen oder Leistungsbewertungsprüfungen gelten die in Absatz 1 und 2 genannten Mitwirkungspflichten entsprechend für den Sponsor sowie die die klinische Prüfung oder die Leistungsbewertungsprüfung durchführenden Personen.

(4)[6] Anwender, Betreiber und Prüfer haben dafür Sorge zu tragen, dass Medizinprodukte und Probematerialien, die im Verdacht stehen, an einem Vorkommnis beteiligt zu sein oder ein schwerwiegendes unerwünschtes Ereignis verursacht zu haben, nicht verworfen werden, bis die Untersuchungen abgeschlossen sind.

(5) Der Verantwortliche nach § 5 des Medizinproduktegesetzes hat auf Verlangen der zuständigen Bundesoberbehörde Unterlagen, die für die Sachverhaltsaufklärung und Risikobewertung notwendig sind, elektronisch zur Verfügung zu stellen, sofern ihm dies möglich und zumutbar ist.

§ 13 Abschluss der Risikobewertung

Die zuständige Bundesoberbehörde teilt das Ergebnis ihrer Risikobewertung dem Verantwortlichen nach § 5 des Medizinproduktegesetzes und der Person, die ihr das Vorkommnis oder das schwerwiegende unerwünschte Ereignis gemeldet hat, sowie nach Maßgabe des § 20 den zuständigen Behörden mit. Die Risikobewertung durch die zuständige Bundesoberbehörde ist damit abgeschlossen. Auf der Grundlage neuer Erkenntnisse kann eine erneute Risikobewertung erforderlich werden.

Abschnitt 4
Korrektive Maßnahmen

§ 14 Eigenverantwortliche korrektive Maßnahmen des Verantwortlichen nach § 5 des Medizinproduktegesetzes

(1) Der Verantwortliche nach § 5 des Medizinproduktegesetzes hat die gebotenen korrektiven Maßnahmen durchzuführen. Bei der Auswahl der Maßnahmen hat er die in den Grundlegenden Anforderungen der einschlägigen Richtlinien formulierten Grundsätze der integrierten Sicherheit anzuwenden. Er hat Vorkehrungen zu treffen, damit erforderlichenfalls der Rückruf von Medizinprodukten, von denen unvertretbare Risiken ausgehen, schnell und zuverlässig durchgeführt werden kann.

(2) Der Verantwortliche nach § 5 des Medizinproduktegesetzes hat über korrektive Maßnahmen die sonstigen Inverkehrbringer, die betroffenen Betreiber und die Anwender durch eine Maßnahmenempfehlung schriftlich in deutscher Sprache zu informieren. Diese Maßnahmenempfehlungen haben für mögliche Rückfragen eine Kontaktperson oder eine Kontaktstelle mit Hinweisen zur Erreichbarkeit anzugeben, die betroffenen Produkte und Produktchargen klar und eindeutig zu bezeichnen, den festgestellten Mangel oder die festgestellte Fehlfunktion und, soweit bekannt, deren Ursache zu beschreiben, das von den Produkten ausgehende Risiko und die der Bewertung zugrunde liegenden Tatsachen und Überlegungen hinreichend ausführlich darzustellen und die erforderlichen korrektiven

6) § 12 Abs. 4 MPSV neu gefasst durch Artikel 4 der Verordnung über die Abgabe von Medizinprodukten und zur Änderung medizinprodukterechtlicher Vorschriften vom 25. Juli 2014 (BGBl. I S. 1227). Nach Artikel 6 Abs. 1 dieser Verordnung tritt § 12 Abs. 4 MPSV am 29. Juli 2014 in Kraft.

Maßnahmen unmissverständlich vorzugeben. Weitere Angaben können gemacht werden, soweit sie zweckdienlich sind. Aufmachungen und Ausführungen, die geeignet sind, das Risiko zu verharmlosen, sowie Werbeaussagen sind unzulässig.

(3) Der Verantwortliche nach § 5 des Medizinproduktegesetzes hat die ordnungsgemäße Durchführung der Maßnahmen nach Absatz 1 sicherzustellen und deren Wirksamkeit zu überprüfen. Die Durchführung und die Überprüfung sind zu dokumentieren.

(4) Die zuständige Behörde überwacht die vom Verantwortlichen nach § 5 des Medizinproduktegesetzes durchgeführten Maßnahmen.

(5) Soweit korrektive Maßnahmen im Auftrag des Verantwortlichen nach § 5 des Medizinproduktegesetzes von einem in Deutschland ansässigen Vertreiber durchgeführt werden, gelten die Vorschriften der Absätze 2 bis 4 entsprechend.

§ 14a Eigenverantwortliche korrektive Maßnahmen des Sponsors von klinischen Prüfungen oder Leistungsbewertungsprüfungen

(1) Treten während der klinischen Prüfung oder der genehmigungspflichtigen Leistungsbewertungsprüfung Umstände auf, die die Sicherheit der Probanden, Anwender oder Dritter beeinträchtigen können, so ergreifen der Sponsor sowie die die klinische Prüfung oder die Leistungsbewertungsprüfung durchführenden Personen unverzüglich alle erforderlichen Sicherheitsmaßnahmen, um die Probanden, Anwender oder Dritte vor unmittelbarer oder mittelbarer Gefahr zu schützen.

(2) Der Sponsor unterrichtet unverzüglich die zuständige Bundesoberbehörde und veranlasst die Information der zuständigen Ethik-Kommission über diese neuen Umstände.

(3) Die zuständige Behörde überwacht die vom Sponsor durchgeführten Maßnahmen.

§ 15 Maßnahmen der zuständigen Behörde

Soweit ein Verantwortlicher nach § 5 des Medizinproduktegesetzes die erforderlichen Maßnahmen nicht eigenverantwortlich trifft oder die getroffenen Maßnahmen nicht ausreichen, trifft die zuständige Behörde die notwendigen Maßnahmen gegen den Verantwortlichen nach § 5 des Medizinproduktegesetzes oder den in Deutschland ansässigen Vertreiber. Dies gilt für den Sponsor oder die die klinische Prüfung oder die Leistungsbewertungsprüfung durchführenden Personen entsprechend.

§ 16 Verpflichtung zur Mitwirkung an den korrektiven Maßnahmen[7]

Der in § 3 Absatz 2, 3 und 5 genannte Personenkreis hat an den korrektiven Maßnahmen entsprechend den Maßnahmenempfehlungen mitzuwirken, die der Ver-

7) § 16 MPSV neu gefasst durch Artikel 4 der Verordnung über die Abgabe von Medizinprodukten und zur Änderung medizinprodukterechtlicher Vorschriften vom 25. Juli 2014 (BGBl. I S. 1227). Nach Artikel 6 Abs. 2 dieser Verordnung tritt § 16 MPSV am 1. Oktober 2015 in Kraft..

antwortliche nach § 5 des Medizinproduktegesetzes eigenverantwortlich oder auf Anordnung der zuständigen Behörde herausgegeben hat. Dies gilt für Maßnahmenempfehlungen des Sponsors der klinischen Prüfung oder Leistungsbewertungsprüfung entsprechend.

§ 17 Maßnahmen der zuständigen Behörden gegen Betreiber und Anwender

Soweit durch Maßnahmen nach den §§ 14 und 15 eine ausreichende Risikominimierung nicht oder nicht hinreichend schnell erreicht wird oder erreicht werden kann, treffen die zuständigen Behörden die notwendigen Maßnahmen, um das Betreiben oder Anwenden der betroffenen Medizinprodukte zu untersagen oder einzuschränken.

§ 18 Notfallplanung der zuständigen Behörden

Die zuständigen Behörden teilen die Angaben zur Erreichbarkeit außerhalb der üblichen Dienstzeiten dem Bundesministerium für Gesundheit und den zuständigen Bundesoberbehörden mit. Das Bundesministerium für Gesundheit macht die Erreichbarkeit im Bundesanzeiger bekannt und sorgt für eine fortlaufende Aktualisierung dieser Bekanntmachung.

Abschnitt 5
Unterrichtungspflichten und Informationsaustausch

§ 19 Unterrichtung des Bundesministeriums für Gesundheit durch die zuständige Bundesoberbehörde

Die zuständige Bundesoberbehörde informiert das Bundesministerium für Gesundheit unverzüglich über alle eingehenden Meldungen, die Vorkommnisse mit Todesfolge oder sonstige besonders bedeutsame Vorkommnisse betreffen. Darüber hinaus unterrichtet sie das Bundesministerium für Gesundheit über alle korrektiven Maßnahmen, die in Deutschland im Verkehr oder in Betrieb befindliche Produkte betreffen.

§ 20 Informationsaustausch zwischen der zuständigen Bundesoberbehörde und den zuständigen Landesbehörden

(1) Die zuständige Bundesoberbehörde informiert

1. die für den Sitz des Verantwortlichen nach § 5 des Medizinproduktegesetzes oder, sofern der Verantwortliche seinen Sitz nicht in Deutschland hat und ein in Deutschland ansässiger Vertreiber bekannt ist, des Vertreibers sowie die für den Ort des Vorkommnisses zuständige oberste Landesbehörde oder die von dieser benannte zuständige Behörde über eingehende Meldungen von Vorkommnissen und Rückrufen sowie über den Abschluss und das Ergebnis der durchgeführten Risikobewertung,

2.[8] die für den Sitz des Sponsors oder seines Vertreters nach § 20 Absatz 1 Satz 4 Nummer 1a des Medizinproduktegesetzes oder, sofern diese ihren Sitz nicht in Deutschland haben, die für die Prüfstellen in Deutschland sowie die für den Ort des schwerwiegenden unerwünschten Ereignisses zuständige oberste Landesbehörde oder die von dieser benannte zuständige Behörde über eingehende Meldungen von schwerwiegenden unerwünschten Ereignissen, über den Abschluss und das Ergebnis der durchgeführten Risikobewertung.

Die Information kann auch in der Weise erfolgen, dass das Deutsche Institut für Medizinische Dokumentation und Information der zuständigen Behörde mitteilt, dass für sie neue Daten nach § 29 Absatz 1 Satz 4 des Medizinproduktegesetzes zum Abruf bereit gehalten werden. Sofern der Verantwortliche nach § 5 des Medizinproduktegesetzes oder der Sponsor nicht bereit ist, erforderliche korrektive Maßnahmen eigenverantwortlich durchzuführen, teilt die zuständige Bundesoberbehörde die auf Grund der Risikobewertung für erforderlich erachteten Maßnahmen mit.

(2) Die zuständige Behörde teilt der zuständigen Bundesoberbehörde alle getroffenen Anordnungen mit und informiert sie über Fortgang und Abschluss der Maßnahmen. Sie informiert ferner die zuständige Bundesoberbehörde, wenn sie deren Bewertung des Risikos nicht teilt.

(3) Das Bundesinstitut für Arzneimittel und Medizinprodukte führt in Abstimmung mit dem Paul-Ehrlich-Institut regelmäßige Besprechungen (Routinesitzungen) mit den für Medizinprodukte zuständigen obersten Bundes- und Landesbehörden sowie der zuständigen Behörde nach § 15 des Medizinproduktegesetzes über die Grundlagen und das Verfahren der Risikoerfassung und -bewertung sowie Fälle von allgemeinem Interesse durch. Bei Abstimmungsbedarf zu speziellen Fragen kann die zuständige Bundesoberbehörde zu einer Sondersitzung einladen. Soweit sinnvoll, sollen der Medizinische Dienst der Spitzenverbände der Krankenkassen, Vertreter der Heilberufe und der Krankenhäuser, die Verbände der Medizinprodukte-Industrie sowie sonstige betroffene Behörden und Organisationen beteiligt werden.

§ 21 Europäischer und internationaler Informationsaustausch

(1) Die zuständige Bundesoberbehörde unterrichtet die zuständigen Behörden der anderen Vertragsstaaten des Abkommens über den Europäischen Wirtschaftsraum und die Europäische Kommission sowie auf der Grundlage von Vereinbarungen oder Verwaltungsabsprachen oder auf Anfrage auch die zuständigen Behörden anderer Staaten über als Folge eines Vorkommnisses durchgeführte oder für erforderlich erachtete korrektive Maßnahmen; dies schließt Informationen

8) § 20 Abs. 1 Satz 1 Nr. 2 MPSV neu gefasst durch Artikel 4 der Verordnung über die Abgabe von Medizinprodukten und zur Änderung medizinprodukterechtlicher Vorschriften vom 25. Juli 2014 (BGBl. I S. 1227). Nach Artikel 6 Abs. 1 dieser Verordnung tritt § 20 Abs. 1 Satz 1 Nr. 2 MPSV am 29. Juli 2014 in Kraft.

über die zugrunde liegenden Vorkommnisse ein. Auf Anfrage übermittelt sie auch Informationen und Auskünfte zu vorliegenden Meldungen und durchgeführte Risikobewertungen. Bei korrektiven Maßnahmen nach § 14 kann, soweit keine Anfrage vorliegt, eine Unterrichtung unterbleiben, wenn diese für den Empfänger im Hinblick auf die ordnungsgemäße Aufgabenwahrnehmung keinen relevanten Erkenntnisgewinn darstellt. § 11 Abs. 1 Satz 2 findet entsprechend Anwendung.

(2) Die zuständige Bundesoberbehörde leitet von den zuständigen Behörden der anderen Vertragsstaaten des Abkommens über den Europäischen Wirtschaftsraum sowie anderer Staaten sowie von internationalen Organisationen erhaltene Mitteilungen über durchgeführte oder von diesen für erforderlich erachtete korrektive Maßnahmen nach Prüfung auf Plausibilität an die für den Sitz des Verantwortlichen nach § 5 des Medizinproduktegesetzes oder, sofern der Verantwortliche seinen Sitz nicht in Deutschland hat und ein in Deutschland ansässiger Vertreiber bekannt ist, des Vertreibers zuständige oberste Landesbehörde oder die von dieser benannte zuständige Behörde weiter. Sofern der Verantwortliche nach § 5 des Medizinproduktegesetzes seinen Sitz nicht in Deutschland hat und ein in Deutschland ansässiger Vertreiber nicht bekannt ist, entscheidet die zuständige Bundesoberbehörde nach den Umständen des jeweiligen Einzelfalls, welche zuständigen obersten Landesbehörden oder von diesen benannte Behörden eine Mitteilung nach Satz 1 erhalten.

(3) Die zuständige Bundesoberbehörde unterrichtet die zuständigen Behörden der anderen Vertragsstaaten des Abkommens über den Europäischen Wirtschaftsraum und die Europäische Kommission über aus Gründen der Sicherheit abgelehnte, ausgesetzte oder beendete klinische Prüfungen sowie über angeordnete wesentliche Änderungen oder vorübergehende Unterbrechungen von klinischen Prüfungen. § 22a Absatz 6 Satz 2 und 3 des Medizinproduktegesetzes gilt entsprechend.

§ 22 Unterrichtung sonstiger Behörden, Organisationen und Stellen

(1) Die zuständige Bundesoberbehörde unterrichtet das Bundesministerium für Umwelt, Naturschutz und Reaktorsicherheit über eingehende Meldungen von Vorkommnissen und Rückrufen sowie über den Abschluss und das Ergebnis der durchgeführten Risikobewertungen, soweit der Strahlenschutz betroffen ist, und das Robert-Koch-Institut, soweit Medizinprodukte betroffen sind, die zu Desinfektionszwecken bestimmt sind.

(2)[9] Die zuständige Bundesoberbehörde unterrichtet das Bundesministerium der Verteidigung, die zuständige Behörde nach § 15 des Medizinproduktegesetzes sowie die in der Vorkommnismeldung angegebene Benannte Stelle über eingehende Meldungen von Vorkommnissen und Rückrufen sowie über den Abschluss

9) § 22 Abs. 2 MPSV ersetzt durch Artikel 4 der Verordnung über die Abgabe von Medizinprodukten und zur Änderung medizinprodukterechtlicher Vorschriften vom 25. Juli 2014 (BGBl. I S. 1227). Nach Artikel 6 Abs. 1 dieser Verordnung tritt § 22 Abs. 2 MPSV am 29. Juli 2014 in Kraft.

und das Ergebnis der durchgeführten Risikobewertungen. Die Unterrichtung kann auch durch Gewährung des Zugriffs auf die Daten erfolgen, die dem Deutschen Institut für Medizinische Dokumentation und Information gemäß § 29 Absatz 1 Satz 4 des Medizinproduktegesetzes zur zentralen Verarbeitung und Nutzung übermittelt worden sind.

(3) Informationen und Auskünfte zu vorliegenden Meldungen, durchgeführten Risikobewertungen und korrektiven Maßnahmen dürfen auch an den Medizinischen Dienst des Spitzenverbandes Bund der Krankenkassen, die Deutsche Krankenhausgesellschaft und andere Organisationen, Stellen und Personen übermittelt werden, soweit von diesen ein Beitrag zur Risikoverringerung geleistet werden kann oder ein berechtigtes Interesse besteht.

(4) § 11 Abs. 1 Satz 2 findet entsprechende Anwendung.

(5) Ist das Bundesinstitut für Arzneimittel und Medizinprodukte im Rahmen eines Konsultationsverfahrens nach Anhang II (Absatz 4.3) und III (Absatz 5) der Richtlinie 93/42/EWG des Rates vom 14. Juni 1993 über Medizinprodukte (ABl. L 169 vom 12. 7. 1993, S. 1), die zuletzt durch Artikel 2 der Richtlinie 2007/47/EG (ABl. L 247 vom 21.9.2007, S. 21) geändert worden ist oder nach Anhang 2 (Absatz 4.3) und Anhang 3 (Absatz 5) der Richtlinie 90/385/EWG des Rates vom 20. Juni 1990 zur Angleichung der Rechtsvorschriften der Mitgliedstaaten über aktive implantierbare medizinische Geräte (ABl. L 189 vom 20.7.1990, S. 17), die zuletzt durch Artikel 1 der Richtlinie 2007/47/ EG (ABl. L 247 vom 21. 9. 2007, S. 21) geändert worden ist, in den jeweils geltenden Fassungen, tätig geworden und erhält später Informationen über den verwendeten ergänzenden Stoff, die Auswirkungen auf das Nutzen-/Risiko-Profil der Verwendung dieses Stoffes im Medizinprodukt haben könnten, so informiert es darüber die beteiligten Benannten Stellen. Die Benannte Stelle prüft, ob diese Information Auswirkungen auf das Nutzen-/Risiko-Profil der Verwendung des Stoffes in dem Medizinprodukt hat und veranlasst gegebenenfalls eine Neubewertung des Konformitätsbewertungsverfahrens.

§ 23 Wissenschaftliche Aufarbeitung der durchgeführten Risikobewertungen

Die zuständige Bundesoberbehörde führt eine regelmäßige wissenschaftliche Aufarbeitung der durchgeführten Risikobewertungen durch und gibt die Ergebnisse bekannt. Personenbezogene Daten sind dabei zu anonymisieren.

§ 24 Veröffentlichung von Informationen über das Internet

Die zuständige Behörde des Bundes kann über durchgeführte korrektive Maßnahmen, Empfehlungen und Ergebnisse der wissenschaftlichen Aufarbeitung nach § 23 über die Internetseite der Behörde informieren. Die Information über korrektive Maßnahmen darf außer den Angaben nach § 14 Abs . 2 Satz 2 sowie der im Handelsregister als vertretungsberechtigt ausgewiesenen Personen keine personenbezogenen Daten enthalten.

Verordnung über das datenbankgestützte Informationssystem über Medizinprodukte des Deutschen Instituts für Medizinische Dokumentation und Information (DIMDI-Verordnung – DIMDIV)[1, 2]

Vom 4. Dezember 2002 (BGBl. I S. 4456),
zuletzt geändert durch Artikel 5 der Verordnung über die Abgabe von Medizinprodukten und zur Änderung medizinprodukterechtlicher Vorschriften vom 25. Juli 2014 (BGBl. I S. 1227).

§ 1 Anwendungsbereich

Diese Verordnung regelt die Erhebung der Daten, die für das datenbankgestützte Informationssystem über Medizinprodukte benötigt werden, ihre Übermittlung an das Deutsche Institut für Medizinische Dokumentation und Information sowie die Verarbeitung und Nutzung der in diesem Informationssystem gespeicherten Daten.

§ 2 Elektronische Anzeigen, Anträge und Unterrichtungen[3]

(1) Anzeigen nach den §§ 25 und 30 Absatz 2 des Medizinproduktegesetzes sind im Wege der Datenübertragung über das zentrale Erfassungssystem bei dem

---

1) Diese Verordnung dient der Umsetzung der Richtlinie 93/42/EWG des Rates vom 14. Juni 1993 über Medizinprodukte (ABl. EG Nr. L 169 S. 1, 1999 Nr. L 61 S. 55, 1999 Nr. L 125 S. 42, 2001 Nr. L 72 S. 8), zuletzt geändert durch die Richtlinie 2001/104/EG des Europäischen Parlaments und des Rates vom 7. Dezember 2001 (ABl. EG 2002 Nr. L 6 S. 50), und der Umsetzung der Richtlinie 98/79/EG des Europäischen Parlaments und des Rates vom 27. Oktober 1998 über In-vitro-Diagnostika (ABl. EG Nr. L 331 S. 1, 1999 Nr. L 74 S. 32, 2000 Nr. L 124 S. 66). Die Verpflichtungen aus der Richtlinie 98/34/EG des Europäischen Parlaments und des Rates vom 22. Juni 1998 über ein Informationsverfahren auf dem Gebiet der Normen und technischen Vorschriften und der Vorschriften für die Dienste der Informationsgesellschaft (ABl. EG Nr. L 204 S. 37), geändert durch die Richtlinie 98/48/EG des Europäischen Parlaments und des Rates vom 20. Juli 1998 (ABl. EG Nr. L 217 S. 18), sind beachtet worden.

2) Die Verordnung über das datenbankgestützte Informationssystem über Medizinprodukte des Deutschen Instituts für Medizinische Dokumentation und Information wurde als Artikel 1 der Verordnung über das datenbankgestützte Informationssystem über Medizinprodukte des Deutschen Instituts für Medizinische Dokumentation und Information und zur Änderung anderer Verordnungen vom 4. Dezember 2002 (BGBl. I 4456) vom Bundesministerium für Gesundheit und Soziale Sicherung mit Zustimmung des Bundesrates erlassen. Sie tritt gem. Artikel 4 Satz 1 dieser Verordnung am 1. Januar 2003 in Kraft.

3) § 2 DIMDIV neu gefasst durch Artikel 5 der Verordnung über die Abgabe von Medizinprodukten und zur Änderung medizinprodukterechtlicher Vorschriften vom 25. Juli 2014 (BGBl. I S. 1227). Nach Artikel 6 Abs. 1 dieser Verordnung tritt § 2 DIMDIV am 29. Juli 2014 in Kraft.

Deutschen Institut für Medizinische Dokumentation und Information nach den Anlagen zu dieser Verordnung vorzunehmen.

(2) Absatz 1 gilt entsprechend für

1. Anzeigen nach § 18 Absatz 3 Nummer 1, § 22c Absatz 1 sowie § 23a des Medizinproduktegesetzes sowie nach § 8 Absatz 2 Satz 1 der Verordnung über klinische Prüfungen von Medizinprodukten,
2. Anträge nach § 22 Absatz 1 Satz 1, § 22a Absatz 1 Satz 1, § 22c Absatz 2 und § 24 des Medizinproduktegesetzes sowie nach § 7 Absatz 1 und § 8 Absatz 2 Satz 4 der Verordnung über klinische Prüfungen von Medizinprodukten.

(2a)[4] Zur Übermittlung von Unterrichtungen aus dem datenbankgestützten Informationssystem im Rahmen der Verfahren nach den Absätzen 1 und 2 halten die Beteiligten die elektronischen Postfächer empfangsbereit, die gegenüber dem Deutschen Institut für Medizinische Dokumentation und Information für den Austausch im Informationssystem benannt wurden. Unterrichtungspflichten innerhalb des Informationssystems gelten als erfüllt, wenn die Unterrichtung an das entsprechende elektronische Postfach versendet wurde.

(3) Für die Bezeichnung von Medizinprodukten ist eine vom Deutschen Institut für Medizinische Dokumentation und Information mittels des zentralen Erfassungssystems vorgegebene Nomenklatur zu verwenden. Die technischen Modalitäten der Datenerfassung und -übermittlung veröffentlicht das Deutsche Institut für Medizinische Dokumentation und Information auf seiner Internetseite.

§ 3 Zentrales Erfassungssystem zur Entgegennahme von Anzeigen nach dem Medizinproduktegesetz

(1) Beim Deutschen Institut für Medizinische Dokumentation und Information werden die Voraussetzungen dafür geschaffen, Anzeigen nach § 18 Abs. 3 Nr. 1, §§ 25 und 30 Abs. 2 des Medizinproduktegesetzes zentral über ein internetbasiertes Erfassungssystem für die zuständigen Behörden entgegenzunehmen. Die Anzeigen werden durch ein automatisiertes Verfahren den zuständigen Behörden zugeordnet und diese werden unverzüglich über den Eingang der Anzeige informiert.

(2) Die zuständigen Behörden prüfen die nach § 2 Absatz 1 und 2 Nummer 1 eingestellten Daten auf Plausibilität und sorgen für die notwendige Vervollständigung.

(3) Nach Abschluss der Prüfung nach Absatz 2 gibt die zuständige Behörde die Daten gegenüber dem Deutschen Institut für Medizinische Dokumentation und Information zur Einstellung in eine der in § 4 Abs. 1 benannten Datenbanken frei. Mit der Freigabe gilt die Übermittlungspflicht der Behörde an das Deutsche Institut

4) § 2 Abs. 2a DIMDIV eingefügt durch Artikel 5 der Verordnung über die Abgabe von Medizinprodukten und zur Änderung medizinprodukterechtlicher Vorschriften vom 25. Juli 2014 (BGBl. I S. 1227). Nach Artikel 6 Abs. 1 dieser Verordnung tritt § 2 Abs. 2a DIMDIV am 29. Juli 2014 in Kraft.

für Medizinische Dokumentation und Information nach dem Medizinproduktegesetz als erfüllt. Die zuständige Behörde soll den Anzeigepflichtigen nach Absatz 1 über die Datenfreigabe informieren.

§ 3a Zentrales Erfassungssystem für Anzeigen und Anträge bei klinischen Prüfungen und Leistungsbewertungsprüfungen

(1) § 3 Absatz 1 gilt entsprechend für Anzeigen und Anträge nach § 22 Absatz 1 Satz 1, § 22a Absatz 1 Satz 1, § 22c Absatz 1 und 2 sowie der §§ 23a und 24 des Medizinproduktegesetzes sowie nach § 7 Absatz 1 und § 8 Absatz 2 der Verordnung über klinische Prüfungen von Medizinprodukten, die bei der zuständigen Bundesoberbehörde und der zuständigen Ethik-Kommission vorzunehmen und zu stellen sind.

(2) Die zuständige Bundesoberbehörde und die zuständige Ethik-Kommission geben ihre Entscheidungen zu Anträgen nach Absatz 1 unverzüglich in die Datenbank nach § 4 Absatz 1 Nummer 3 ein. Mit der Eingabe ihrer Entscheidung in die Datenbank hat die zuständige Ethik-Kommission die Unterrichtungspflicht nach § 22 Absatz 4 Satz 2 des Medizinproduktegesetzes erfüllt.

(3) In einem automatisierten Verfahren werden die Behörden, die für die Überwachung zuständig sind, über Entscheidungen nach Absatz 2 Satz 1 informiert.

§ 4 Medizinprodukte-Datenbanken

(1) Das Deutsche Institut für Medizinische Dokumentation und Information betreibt folgende Datenbanken:

1. Datenbank mit den Inhalten der Anlagen 1 und 2 zu dieser Verordnung über
   a) Anzeigen nach § 25 des Medizinproduktegesetzes und
   b) Anzeigen nach § 30 Abs. 2 des Medizinproduktegesetzes,
2. Datenbank mit dem Inhalt der Anlage 3 zu dieser Verordnung über Bescheinigungen der Benannten Stellen nach § 18 Abs. 3 Nr. 1 des Medizinproduktegesetzes,
3. Datenbank mit dem Inhalt der Anlage 4 zu dieser Verordnung über klinische Prüfungen und Leistungsbewertungsprüfungen nach den §§ 20 bis 24 des Medizinproduktegesetzes,
4. Datenbank mit dem Inhalt der Anlage 5 zu dieser Verordnung über Mitteilungen zur Klassifizierung eines Medizinproduktes bzw. Abgrenzung zu anderen Produkten nach § 33 Abs. 2 Nr. 2 in Verbindung mit § 13 des Medizinproduktegesetzes,

5.[5] Datenbanken zum Medizinprodukte-Beobachtungs- und -Meldesystem mit den Daten nach § 29 Absatz 1 Satz 5 des Medizinproduktegesetzes; sie enthalten die Informationen über

a) Meldungen zu Vorkommnissen und Rückrufen gemäß § 3 Absatz 1 bis 4 der Medizinprodukte-Sicherheitsplanverordnung, den Abschluss und das Ergebnis der durchgeführten Risikobewertungen sowie die Mitteilungen, die die zuständigen Bundesoberbehörden nach § 21 Absatz 1 Satz 1 der Medizinprodukte-Sicherheitsplanverordnung übermitteln oder nach § 21 Absatz 2 Satz 1 der Medizinprodukte-Sicherheitsplanverordnung erhalten, und

b) Meldungen zu schwerwiegenden unerwünschten Ereignissen während klinischer Prüfungen oder Leistungsbewertungsprüfungen von In-vitro-Diagnostika gemäß § 3 Absatz 6 der Medizinprodukte-Sicherheitsplanverordnung sowie den Abschluss und das Ergebnis der durchgeführten Risikobewertungen.

(2) Das Deutsche Institut für Medizinische Dokumentation und Information kann national und international zugängliche Datenbanken, die Informationen über Medizinprodukte enthalten, zur Nutzung aufbereiten und bereitstellen.

§ 5 Nutzung der Datenbanken[6]

(1) Neben dem Bundesministerium der Verteidigung und dem Bundesministerium für Gesundheit sind die für das Medizinprodukterecht, das Atomrecht und das Eich- und Messwesen zuständigen Behörden des Bundes und der Länder berechtigt, Daten aus den Datenbanken nach § 4 Absatz 1 entgeltfrei abzurufen, soweit dies zur Wahrnehmung ihrer Aufgaben beim Vollzug des Medizinprodukterechts erforderlich ist.

(2) Die Benannten Stellen sind berechtigt, die Datenbanken nach

1. § 4 Absatz 1 Nummer 1 Buchstabe a,
2. § 4 Absatz 1 Nummer 2 in Bezug auf eingeschränkte, verweigerte, ausgesetzte, wieder eingesetzte, zurückgezogene, gefälschte oder durch den Hersteller gekündigte Bescheinigungen und
3. § 4 Absatz 1 Nummer 5 Buchstabe a, soweit Vorkommnisse mit Produkten betroffen sind, zu denen sie eine Bescheinigung ausgestellt haben, entgeltfrei zu nutzen.

---

5) § 4 Abs. 1 Nr. 5 DIMDIV neu gefasst durch Artikel 5 der Verordnung über die Abgabe von Medizinprodukten und zur Änderung medizinprodukterechtlicher Vorschriften vom 25. Juli 2014 (BGBl. I S. 1227). Nach Artikel 6 Abs. 1 dieser Verordnung tritt § 4 Abs. 1 Nr. 5 DIMDIV am 29. Juli 2014 in Kraft.

6) § 5 DIMDIV neu gefasst durch Artikel 5 der Verordnung über die Abgabe von Medizinprodukten und zur Änderung medizinprodukterechtlicher Vorschriften vom 25. Juli 2014 (BGBl. I S. 1227). Nach Artikel 6 Abs. 1 dieser Verordnung tritt § 5 DIMDIV am 29. Juli 2014 in Kraft.

(3) Die nach § 22 Absatz 1 des Medizinproduktegesetzes zuständigen Ethik-Kommissionen und die nach § 3 Absatz 1 Satz 4 der Verordnung über klinische Prüfungen von Medizinprodukten beteiligten Ethik-Kommissionen sind berechtigt, die Datenbanken nach § 4 Absatz 1 Nummer 3 und 5 Buchstabe b entgeltfrei zu nutzen, soweit dies zur Wahrnehmung ihrer Aufgaben beim Vollzug des Medizinproduktegesetzes erforderlich ist.

(4) Die Datenbanken nach § 4 Absatz 1 Nummer 1 Buchstabe a und Absatz 2 sind öffentlich.

§ 6 Datenschutz und Datensicherheit

Bei der Datenübermittlung sind dem jeweiligen Stand der Technik entsprechende Maßnahmen zur Gewährleistung von Datenschutz und Datensicherheit zu treffen, die insbesondere die Vertraulichkeit und Unversehrtheit der Daten gewährleisten; im Falle der Nutzung allgemein zugänglicher Netze sind Verschlüsselungsverfahren anzuwenden.

§ 7 Speicherungsfrist[7]

(1) Daten in der Datenbank nach § 4 Absatz 1 Nummer 1 stehen nach der Einstellung des Inverkehrbringens noch 20 Jahre in der Datenbank zur Verfügung. Nach Ablauf dieser Frist werden die Daten gelöscht.

(2) Daten in den Datenbanken nach § 4 Absatz 1 Nummer 2 bis 5 stehen nach der letzten Änderung des jeweiligen Datensatzes noch 20 Jahre in der Datenbank zur Verfügung. Nach Ablauf dieser Frist werden die Daten gelöscht.

§ 8 Auskunftsrecht

§ 19 des Bundesdatenschutzgesetzes ist für juristische Personen entsprechend anzuwenden.

7) § 7 DIMDIV neu gefasst durch Artikel 5 der Verordnung über die Abgabe von Medizinprodukten und zur Änderung medizinprodukterechtlicher Vorschriften vom 25. Juli 2014 (BGBl. I S. 1227). Nach Artikel 6 Abs. 1 dieser Verordnung tritt § 7 DIMDIV am 29. Juli 2014 in Kraft.

Anlage 1[8]
(zu § 4 Absatz 1 Nummer 1)

Allgemeine Anzeigepflicht nach §§ 25 und 30 Absatz 2 MPG
General Obligation to Notify pursuant to §§ 25 and 30 (2) Medical Devices Act, MPG

Formblatt für Medizinprodukte, außer In-vitro-Diagnostika
Form for Medical Devices except In Vitro Diagnostic Medical Devices

Zuständige Behörde / Competent authority Code [1)]	
Bezeichnung / Name	
Staat / State [2)]	Land / Federal state [3)]
Ort / City	Postleitzahl / Postale code
Straße, Haus-Nr. / Street, house no.	
Telefon / Phone	Telefax / Fax
E-Mail	

Anzeige / Notification	
Registrierdatum bei der zuständigen Behörde [4)] Registration date at competent authority	Registriernummer / Registration number [5)]
Typ der Anzeige / Notification type ❑ Erstanzeige / Initial notification ❑ Änderungsanzeige / Notification of change ❑ Widerrufsanzeige / Notification of withdrawal	

8) Anlage 1 DIMDIV neu gefasst durch Artikel 5 der Verordnung über die Abgabe von Medizinprodukten und zur Änderung medizinprodukterechtlicher Vorschriften vom 25. Juli 2014 (BGBl. I S. 1227). Nach Artikel 6 Abs. 1 dieser Verordnung tritt Anlage 1 DIMDIV am 29. Juli 2014 in Kraft.

	Frühere Registriernummer bei Änderungs- und Widerrufsanzeige Previous registration number if notification has been changed or withdrawn
	Anzeiger nach § 25 MPG / Reporter puruant to § 25 Medical Device Act, MPG ❑ Hersteller / Manufacturer [6)] ❑ Bevollmächtigter / Authorized representative ❑ Einführer / Importer ❑ Verantwortlicher für das Zusammensetzen von Systemen oder Behandlungseinheiten nach § 10 Absatz 1 und 2 MPG Assembler of systems or procedure packs pursuant to § 10 (1) und (2) Medical Devices Act, MPG ❑ Betrieb oder Einrichtung (sterilisieren) nach § 25 Abs. 2 i.V.m. § 10 Absatz 3 MPG Institution (sterilizing) pursuant to § 25 (2) in connection with § 10 (3) Medical Devices Act, MPG ❑ Betrieb oder Einrichtung (aufbereiten) nach § 25 Absatz 1 MPG i.V.m. § 4 Absatz 2 MPBetreibV Institution (processing) pursuant to § 25 (1) Medical Devices Act, MPG in connection with § 4 (2) MPBetreibV

	Anzeigender / Reporting organisation (person) Code [7)]		
	Bezeichnung / Name		
	Staat / State [2)]		Land / Federal State [3)]
	Ort / City		Postleitzahl / Postal code
	Straße, Haus-Nr. / Street, house no.		
	Telefon / Phone		Telefax / Fax
	E-Mail		

DIMDV

Hersteller / Manufacturer [8] Bezeichnung / Name	
Staat / State [2]	
Ort / City	Postleitzahl / Postal code
Straße, Haus-Nr. / Street, house no.	
Telefon / Phone	Telefax / Fax
E-Mail	

Sicherheitsbeauftragter für Medizinprodukte nach § 30 Absatz 2 MPG [9] **Safety officer for medical devices pursuant to § 30 (2) Medical Devices Act, MPG** Name	
Staat / State [2]	Land / Federal state [3]
Ort / City	Postleitzahl / Postale code
Straße, Haus-Nr. / Street, house no.	
Telefon / Phone	Telefax / Fax
E-Mail	

Vertreter / Deputy (optional) Name	
Telefon / Phone	Telefax / Fax

	E-Mail
	❑ Erstanzeige / Initial notification ❑ Änderungsanzeige / Notification of change

	Medizinprodukt (Erstmaliges Inverkehrbringen) / Medical device (First placing on the market) Klasse / Class [10)] ❑ I ❑ I – steril / sterile ❑ I – mit Messfunktion / with measuring function ❑ I – steril und mit Messfunktion / sterile and with measuring function ❑ IIa ❑ IIb ❑ III ❑ III – hergestellt unter Verwendung von Gewebe tierischen Ursprungs im Sinne der Verordnung (EU) Nr. 722/2012) manufactured utilising tissues of animal origin in terms of Commission Regulation (EU) No 722/2012 ❑ Aktives implantierbares Medizinprodukt – hergestellt unter Verwendung von Gewebe tierischen Ursprungs im Sinne der Verordnung (EU) Nr. 722/2012) Active implantable medical device – manufactured utilising tissues of animal origin in terms of Commission Regulation (EU) No 722/2012
	Nummer(n) der Bescheinigung(en) / Certificate number(s) [11)]
	Handelsname / Make [12)]
	Allgemeine Produktbezeichnung / Generic name [13)]
	Nomenklaturcode / Nomenclature code [14)]
	Nomenklaturbezeichnung / Nomenclature term [14)]
	Kategoriecode / Category code [15)]

	Kategorie / Category [15)]
	Kurzbeschreibung in Deutsch / Short description in German [16)]
	Kurzbeschreibung in Englisch / Short description in English [16)]

	Medizinprodukte (Aufbereiten) / Medical devices (reprocessing) ❑ Semikritische Medizinprodukte / Semicritical medical devices [17)] ❑ Gruppe A / Group A ❑ Gruppe B / Group B
	❑ Kritische Medizinprodukte / Critical medical devices [17)] ❑ Gruppe A / Group A ❑ Gruppe B / Group B ❑ Gruppe C / Group C Nummer der Bescheinigung / Certificate number [11)]
	Sterilisationsverfahren / Sterilisation procedures ❑ Dampfsterilisation / Steam sterilisation ❑ Gassterilisation / Gas sterilisation ❑ Strahlensterilisation / Radiation sterilisation ❑ andere / others Angewandtes Verfahren / Applied procedure

Ich versichere, dass die Angaben nach bestem Wissen und Gewissen gemacht wurden.
I affirm that the information given above is correct to the best of my knowledge.

Ort ______________________ Datum ______________________
City Date

Name ______________________

Bearbeitungsvermerke / Processing notes Nur von der zuständigen Behörde auszufüllen / To be filled in only by the competent authority	
Bearbeiter / Person responsible	Telefon / Phone

Hinweise zum Ausfüllen / Notes on completing

[1] Der Code der zuständigen Behörde setzt sich zusammen aus dem Zwei-Buchstaben-Länder-Code nach ISO 3166, gefolgt von einem Schrägstrich, CA und der Nummer der zuständigen Behörde im Staat, z. B.: DE/CA01.
Composed of the two-letter country code according to ISO 3166 followed by a slash, CA and the number of the competent authority in the state, e. g.: DE/CA01.

[2] Benutzen Sie bitte für die Staaten die Codes nach ISO 3166, z. B.:
Please use for the different states the codes according to ISO 3166, e. g.:

AT ... Österreich / Austria

BE ... Belgien / Belgium

CY ... Zypern / Cyprus

CZ ... Tschechische Republik / Czech Republic

DE ... Deutschland / Germany

[3] Benutzen Sie bitte folgende Codes für die Länder/Bundeswehr:
Please use the following codes for the different federal states/Federal Armed

Forces:

01	... Schleswig-Holstein	10	... Saarland
02	... Hamburg	11	... Berlin
03	... Niedersachsen / ... Lower Saxony	12	... Brandenburg
04	... Bremen	13	... Mecklenburg-Vorpommern Mecklenburg Western ... Pomerania
05	... Nordrhein-Westfalen ... North-Rhine-Westphalia	14	... Sachen / Saxony
06	... Hessen / Hesse	15	... Sachen-Anhalt / ... Saxony-Anhalt
07	... Rheinland-Pfalz / ... Rhineland-Palatinate	16	... Thüringen / Thuringia
08	... Baden-Württemberg	17	... Bundeswehr / ... Federal Armed Forces
09	... Bayern		

4) JJJJ-MM-TT / YYYY-MM-DD

5) Wird von der zuständigen Behörde vergeben. Die Registriernummer setzt sich zusammen aus dem Zwei-Buchstaben-Länder-Code nach ISO 3166, gefolgt von einem Schrägstrich, dem Code der zuständigen Behörde, einem Schrägstrich und einer internen Registriernummer, z. B.: DE/CA01/nnn...
To be assigned by the competent authority. Composed of the two-letter country code according to ISO 3166 followed by a slash, the code of the competent authority, a slash and an internal registration number, e. g.: DE/CA01/nnn...

6) Hersteller nach § 3 Nummer 15 MPG
Manufacturer pursuant to § 3 number 15 Medical Devices Act, MPG

7) Dieser Code wird durch das DIMDI erstellt.
This code will be generated by DIMDI.

8) Nur auszufüllen vom Bevollmächtigten oder Einführer.
To be filled in only by the authorized representative or importer.

[9] Nur der Verantwortliche nach § 5 Satz 1 und 2 MPG hat einen Sicherheitsbeauftragten anzuzeigen.
Only the person responsible pursuant to § 5 sentence 1 and 2 Medical Devices Act, MPG, has to notify one safety officer.

[10] Bei Systemen oder Behandlungseinheiten soll die Klasse der Komponente mit dem höchsten Risiko angegeben werden. Bei Betrieb oder Einrichtung (sterilisieren) nach § 25 Absatz 2 i.V.m. § 10 Absatz 3 MPG ist die Angabe der Klasse nicht erforderlich
The class of the components with the highest risk is to be indicated on systems or procedure packs. The indication of the class is not necessary with institutions (sterilizing) pursuant to § 25 (2) in connection with 10 (3) Medical Device Act, MPG.

[11] Der (den) Nummer(n) der Bescheinigung(en) ist die Kennnummer der Benannten Stelle, gefolgt von einem Schrägstrich, voranzustellen, z. B.: 0123/nnn...
Each certificate number must be preceded by the identification number of the Notified Body followed by a slash, e. g.: 0123/nnn...

[12] Vom Hersteller vergebener Handelsname des Produktes / Manufacturer‘s product name (make)

[13] Nur obligatorisch, wenn kein Handelsname angegeben wurde.
Only compulsory, if no make has been specified.

[14] Bitte den zutreffenden Code mit dem dazugehörigen Schlagwort aus der jeweils vorgeschriebenen Nomenklatur angeben. Wenn nicht vorhanden, bitte Kurzbeschreibung geben.
Please enter the relevant code and its designation from the prescribed nomenclature. If not available, please give a short description.

[15] Kategoriecode und Kategorie basieren auf der EN ISO 15225. In der Reihenfolge der Kategoriebegriffe (a) bis (n) soll der erste zutreffende Begriff für das Medizinprodukt vergeben werden.
Device category code and term are based on EN ISO 15225. The device should be assigned to the first category in which it fits, moving from the top downwards i. e. from (a) to (n).

Code:			Code:		
01	Aktive implantierbare Produkte Active implantable devices	(a)	04	Elektrische und mechanische Medizin-produkte Electrical and mechanical medical devices	(h)
14	Produkte biologischen Ursprungs Biological derived devices	(b)	09	Wiederverwendbare Instrumente Reusable instruments	(i)
07	Nichtaktive implantier-bare Produkte Non-active implantable devices	(c)	10	Produkte zum Einmal-gebrauch Single use devices	(j)
03	Zahnärztliche Produkte Dental devices	(d)	13	Komplementärtherapie-produkte Complementary therapy devices	(k)
08	Ophthalmische und optische Produkte Ophthalmic and optical devices	(e)	11	Technische Hilfen für behinderte Menschen Technical aids for disables persons	(l)
12	Röntgen- und andere bildgebende Geräte Diagnostic and therapeutic radiation devices	(f)	05	Krankenhausinventar Hospital hardware	(m)
02	Anästhesie- und Beatmungsgeräte Anaesthetic and respiratory devices	(g)	15	Produkte für Gesund-heitseinrichtungen und Anpassungen Healthcare facility products and adaptations	(n)

[16)] Nur obligatorisch, wenn kein Code mit dem dazugehörigen Schlagwort angegeben wurde sowie immer, wenn es sich um ein zusammengesetztes System oder eine Behandlungseinheit handelt. Bitte selbst gewählte Schlagworte verwenden. Es können hier grundlegende Eigenschaften des Produktes angegeben

werden, wie z. B. die beabsichtigte Verwendung, maßgebliche Aspekte seiner Klassifikation, die Hauptwirkungsweise ...
Only compulsory, if no relevant code/designation has been given and always, if a system or procedure pack is notified. Please use appropriate terms or a short phrase. It can include basic features of the product such as, for example, the intended use, the aspects governing its classification, the principal mode of action...

[17] Empfehlung der Kommission für Krankenhaushygiene und Infektionsprävention beim Robert-Koch-Institut (RKI) und des Bundesinstitutes für Arzneimittel und Medizinprodukte (BfArM) zu den „Anforderungen an die Hygiene bei der Aufbereitung von Medizinprodukten“.

Anlage 2[9]
(zu § 4 Absatz 1 Nummer 1)

Allgemeine Anzeigepflicht nach §§ 25 und 30 Absatz 2 MPG
General Obligation to Notify pursuant to §§ 25 and 30 (2) Medical Devices Act, MPG

Formblatt für In-vitro-Diagnostika
Form for In Vitro Diagnostic Medical Devices

Zuständige Behörde / Competent authority Code [1)]			
Bezeichnung / Name			
Staat / State [2)]		Land / Federal state [3)]	
Ort / City		Postleitzahl / Postale code	
Straße, Haus-Nr. / Street, house no.			
Telefon / Phone		Telefax / Fax	
E-Mail			

Anzeige / Notification	
Registrierdatum bei der zuständigen Behörde [4)] Registration date at competent authority	Registriernummer / Registration number [5)]

9) Anlage 2 DIMDIV neu gefasst durch Artikel 5 der Verordnung über die Abgabe von Medizinprodukten und zur Änderung medizinprodukterechtlicher Vorschriften vom 25. Juli 2014 (BGBl. I S. 1227). Nach Artikel 6 Abs. 1 dieser Verordnung tritt Anlage 2 DIMDIV am 29. Juli 2014 in Kraft.

	Typ der Anzeige / Notification type ❑ Erstanzeige / Initial notification ❑ Änderungsanzeige / Notification of change ❑ Widerrufsanzeige / Notification of withdrawal
	Frühere Registriernummer bei Änderungs- und Widerrufsanzeige Previous registration number if notification has been changed or withdrawn
	Anzeiger nach § 25 MPG / Reporter puruant to § 25 Medical Device Act, MPG ❑ Hersteller / Manufacturer [6)] ❑ Bevollmächtigter / Authorized representative ❑ Einführer / Importer ❑ Verantwortlicher für das Zusammensetzen von Systemen oder Behandlungseinheiten nach § 10 Absatz 1 und 2 MPG Assembler of systems or procedure packs pursuant to § 10 (1) und (2) Medical Devices Act, MPG ❑ Betrieb oder Einrichtung (sterilisieren) nach § 25 Abs. 2 i.V.m. § 10 Absatz 3 MPG Institution (sterilizing) pursuant to § 25 (2) in connection with § 10 (3) Medical Devices Act, MPG ❑ Betrieb oder Einrichtung (aufbereiten) nach § 25 Absatz 1 MPG i.V.m. § 4 Absatz 2 MPBetreibV Institution (processing) pursuant to § 25 (1) Medical Devices Act, MPG in connection with § 4 (2) MPBetreibV

	Anzeigender / Reporting organisation (person) Code [7)]		
	Bezeichnung / Name		
	Staat / State [2)]		Land / Federal State [3)]
	Ort / City		Postleitzahl / Postal code
	Straße, Haus-Nr. / Street, house no.		

DIMDV

Telefon / Phone	Telefax / Fax
E-Mail	

Hersteller / Manufacturer [8)] Bezeichnung / Name	
Staat / State [2)]	
Ort / City	Postleitzahl / Postal code
Straße, Haus-Nr. / Street, house no.	
Telefon / Phone	Telefax / Fax
E-Mail	

Sicherheitsbeauftragter für Medizinprodukte nach § 30 Absatz 2 MPG 9) **Safety officer for medical devices pursuant to § 30 (2) Medical Devices Act, MPG** Name	
Staat / State [2)]	Land / Federal state [3)]
Ort / City	Postleitzahl / Postale code
Straße, Haus-Nr. / Street, house no.	
Telefon / Phone	Telefax / Fax
E-Mail	

Vertreter / Deputy (optional) Name	
Telefon / Phone	Telefax / Fax
E-Mail	
❑ Erstanzeige / Initial notification ❑ Änderungsanzeige / Notification of change	

In-vitro-Diagnostikum / In vitro diagnostic medical device Klassifizierung / Classification [10)] ❑ Produkt der Liste A, Anhang II / Device of List A, Annex II ❑ Produkt der Liste B, Anhang II / Device of List B, Annex II ❑ Produkt zur Eigenanwendung, das nicht in Anhang II genannt ist Device for self-testing not listed in Annex II ❑ Sonstiges Produkt / Other device (all devices except Annex II and self-testing devices)
Anzeige nach § 25 Absatz 3 Nummer 3 MPG Notification pursuant to § 25 (3) number 3 Medical Devices Act, MPG ❑ „Neues In-vitro-Diagnostikum" / „New in vitro dignostic medical device"
Handelsname / Make [12)]
Allgemeine Produktbezeichnung / Generic name [13)]
Nomenclaturcode / Nomenclature code [14)]
Nomenklaturbezeichnung / Nomenclature term [14)]
Kategoriecode / Category code [15)]
Kategorie / Category [15)]
Kurzbeschreibung in Deutsch / Short description in German [16)]

Kurzbeschreibung in Englisch / Short description in English [16)]

Zusätzliche Angaben im Falle der In-vitro-Diagnostika gemäß Anhang II und der In-vitro-Diagnostika zur Eigenanwendung
Additional information for Annex II and self-testing in vitro diagnostic medical devices
Nummer(n) der Bescheinigung(en) / Certificate number(s) [16)]

- ❑ In Übereinstimmung mit den Gemeinsamen Technischen Spezifikationen (für Produkte gem. Anhang II, Liste A) / In conformity with Common Technical Specifications (for Annex II List A devices)

Ergebnis der Leistungsbewertung
Outcome of performance evaluation

Medizinprodukte (Aufbereiten) / Medical devices (reprocessing)
- ❑ Semikritische Medizinprodukte / Semicritical medical devices [17)]
  - ❑ Gruppe A / Group A
  - ❑ Gruppe B / Group B

- ❑ Kritische Medizinprodukte / Critical medical devices [17)]
  - ❑ Gruppe A / Group A
  - ❑ Gruppe B / Group B
  - ❑ Gruppe C / Group C

    Nummer der Bescheinigung / Certificate number [11)]

Sterilisationsverfahren / Sterilisation procedures
- ❑ Dampfsterilisation / Steam sterilisation
- ❑ Gassterilisation / Gas sterilisation
- ❑ Strahlensterilisation / Radiation sterilisation
- ❑ andere / others

  Angewandtes Verfahren / Applied procedure

Ich versichere, dass die Angaben nach bestem Wissen und Gewissen gemacht wurden.
I affirm that the information given above is correct to the best of my knowledge.

Ort ______________________ Datum ______________________
City Date

Name ______________________

Bearbeitungsvermerke / Processing notes Nur von der zuständigen Behörde auszufüllen / To be filled in only by the competent authority	
Bearbeiter / Person responsible	Telefon / Phone

Hinweise zum Ausfüllen / Notes on completing

1) Der Code der zuständigen Behörde setzt sich zusammen aus dem Zwei-Buchstaben-Länder-Code nach ISO 3166, gefolgt von einem Schrägstrich, CA und der Nummer der zuständigen Behörde im Staat, z. B.: DE/CA01.
Composed of the two-letter country code according to ISO 3166 followed by a slash, CA and the number of the competent authority in the state, e. g.: DE/CA01.

2) Benutzen Sie bitte für die Staaten die Codes nach ISO 3166, z. B.:
Please use for the different states the codes according to ISO 3166, e. g.:

AT ... Österreich / Austria

BE ... Belgien / Belgium

CY ... Zypern / Cyprus

CZ ... Tschechische Republik / Czech Republic

DE ... Deutschland / Germany

3) Benutzen Sie bitte folgende Codes für die Länder/Bundeswehr:
Please use the following codes for the different federal states/Federal Armed Forces:

01	... Schleswig-Holstein	10	... Saarland
02	... Hamburg	11	... Berlin
03	... Niedersachsen / ... Lower Saxony	12	... Brandenburg
04	... Bremen	13	... Mecklenburg-Vorpommern Mecklenburg Western ... Pomerania
05	... Nordrhein-Westfalen ... North-Rhine-Westphalia	14	... Sachen / Saxony
06	... Hessen / Hesse	15	... Sachen-Anhalt / ... Saxony-Anhalt
07	... Rheinland-Pfalz / ... Rhineland-Palatinate	16	... Thüringen / Thuringia
08	... Baden-Württemberg	17	... Bundeswehr / ... Federal Armed Forces
09	... Bayern		

4) JJJJ-MM-TT / YYYY-MM-DD

5) Wird von der zuständigen Behörde vergeben. Die Registriernummer setzt sich zusammen aus dem Zwei-Buchstaben-Länder-Code nach ISO 3166, gefolgt von einem Schrägstrich, dem Code der zuständigen Behörde, einem Schrägstrich und einer internen Registriernummer, z. B.: DE/CA01/nnn...
To be assigned by the competent authority. Composed of the two-letter country code according to ISO 3166 followed by a slash, the code of the competent authority, a slash and an internal registration number, e. g.: DE/CA01/nnn...

6) Hersteller nach § 3 Nummer 15 MPG
Manufacturer pursuant to § 3 number 15 Medical Devices Act, MPG

7) Dieser Code wird durch das DIMDI erstellt.
This code will be generated by DIMDI.

8) Nur auszufüllen vom Bevollmächtigten oder Einführer.
To be filled in only by the authorized representative or importer.

9) Nur der Verantwortliche nach § 5 Satz 1 und 2 MPG hat einen Sicherheitsbeauf-

tragten anzuzeigen.
Only the person responsible pursuant to § 5 sentence 1 and 2 Medical Devices Act, MPG, has to notify one safety officer.

[10)] Bei Systemen oder Behandlungseinheiten soll die Klasse der Komponente mit dem höchsten Risiko angegeben werden. Bei Betrieb oder Einrichtung (sterilisieren) nach § 25 Absatz 2 i.V.m. § 10 Absatz 3 MPG ist die Angabe der Klasse nicht erforderlich
The class of the components with the highest risk is to be indicated on systems or procedure packs. The indication of the class is not necessary with institutions (sterilizing) pursuant to § 25 (2) in connection with 10 (3) Medical Device Act, MPG.

[11)] Nach § 3 Nummer 6 MPG handelt es sich um ein neues In-vitro-Diagnostikum, wenn:
– ein derartiges Medizinprodukt für den entsprechenden Analyten oder anderen Parameter während der vorangegangenen drei Jahre innerhalb des Europäischen Wirtschaftsraums nicht fortwährend verfügbar war oder
– das Verfahren mit einer Analysetechnik arbeitet, die innerhalb des Europäischen Wirtschaftsraums während der vorangegangenen drei Jahre nicht fortwährend in Verbindung mit einem bestimmten Analyten oder anderen Parameter verwendet worden ist.
Pursuant to § 3 number 6 Medical Devices Act, MPG, an in vitro diagnostic medical device is „new" if:
– there has been no such device continuously available on the European Economic Area during the previous three years for the relevant analyte or other parameter
– the procedure involves analytical technology not continuously used in connection with a given analyte or other parameter on the European Economic Area during the previous three years

[12)] Vom Hersteller vergebener Handelsname des Produktes / Manufacturer's product name (make)

[13)] Nur obligatorisch, wenn kein Handelsname angegeben wurde.
Only compulsory, if no make has been specified.

[14)] Bitte den zutreffenden Code mit dem dazugehörigen Schlagwort aus der jeweils vorgeschriebenen Nomenklatur angeben. Wenn nicht vorhanden, bitte Kurzbeschreibung geben.
Wenn der Nomenklaturcode aus der EDMA-Klassifikation stammt:
IVD-Reagenzien: Stufe 5 (Methode) oder, wenn nicht vorhanden, Stufe 4 (Parameter) zur Vergabe des Codes benutzen.
IVD-Instrumente: Stufe 3 (Untergruppe) der Instrumentengruppierung zur Vergabe

des Codes benutzen.
Please enter the relevant code and its designation from the prescribed nomenclature. If not available, please give a short description.
If nomenclature code and term are taken from the EDMA Classification:
IVD Reagents: Level 5 („Method") or if not available Level 4 („Parameter") has to be used.
IVD Instruments: Level 3 („Subgroup") of the instrument grouping has to be used.

15) Nur obligatorisch, wenn kein Code mit dem dazugehörigen Schlagwort angegeben wurde sowie immer, wenn es sich um ein zusammengesetztes System oder eine Behandlungseinheit handelt. Bitte selbst gewählte Schlagworte verwenden. Es können hier grundlegende Eigenschaften des Produktes angegeben werden, wie z. B. die beabsichtigte Verwendung, maßgebliche Aspekte seiner Klassifikation, die Hauptwirkungsweise ...
Only compulsory, if no relevant code/designation has been given and always, if a system or procedure pack is notified. Please use appropriate terms or a short phrase. It can include basic features of the product such as, for example, the intended use, the aspects governing its classification, the principal mode of action...

16) Der (den) Nummer(n) der Bescheinigung(en) ist die Kennnummer der Benannten Stelle, gefolgt von einem Schrägstrich, voranzustellen, z. B. 0123/nnn...
Each certificate number must be preceded by the identification number of Notified Body followed by a slash, e. g.: 0123/nnn...

Anlage 3[10]
(zu § 4 Absatz 1 Nummer 2)

Informationen über Bescheinigungen nach § 18 MPG
Information relating to Certificates pursuant to § 18 Medical Devices Act, MPG

Benannte Stelle / Notified Body Kennnummer / Identification number	
Bezeichnung / Name	
Staat / State [1)]	Land / Federal state [2)]
Ort / City	Postleitzahl / Postal Code
Straße, Haus-Nr. / Street, house no.	
Telefon / Phone	Telefax / Fax
E-Mail	

Registrierung (nicht Bestandteil der Bescheinigung)
Registration (not part of the certificate)
Typ der Meldung / Notification type
- ❑ Erstmeldung / Initial notification
- ❑ Änderungs- oder Ersatzmeldung / Notification of change or replacement
- ❑ Meldung über verweigerte Bescheinigung / Notification of refused certificate
- ❑ Meldung über gefälschte Bescheinigung / Notification of falsified certificate

10) Anlage 3 DIMDIV neu gefasst durch Artikel 5 der Verordnung über die Abgabe von Medizinprodukten und zur Änderung medizinprodukterechtlicher Vorschriften vom 25. Juli 2014 (BGBl. I S. 1227). Nach Artikel 6 Abs. 1 dieser Verordnung tritt Anlage 3 DIMDIV am 29. Juli 2014 in Kraft.

	Bei Änderungs- oder Ersatzmeldung frühere Nummer der Bescheinigung [3)] In case of notification of change or replacement previous certificate number
	Datum der Statusanzeige zur früheren Nummer der Bescheinigung [3) 4)] Date of status change relating to previous certificate number
	Status der Bescheinigung bei Änderungs- oder Ersatzmeldung [5)] ❑ geändert / changed ❑ ergänzt / complemented ❑ eingeschränkt / restricted ❑ ersetzt / replaced ❑ ausgesetzt / suspended ❑ wieder eingesetzt / termination of supension ❑ zurückgezogen / withdrawn ❑ gekündigt durch den Hersteller / terminated by the manufacturer

	Bescheinigung / Certificate Nummer der Bescheinigung / Certificate number [6)]

	Bescheinigung nach / Certificate according to
	❑ Richtlinie 90/385/EWG / Directive 90/385/EEC
	  ❑ Anhang 2 ohne Nummer 4 / Annex 2 without point 4
	  ❑ Anhang 2, Nummer 4 / Annex 2, point 4
	  ❑ Anhang 3 / Annex 3
	  ❑ Anhang 4 / Annex 4 [7)]
	  ❑ Anhang 5 / Annex 5
	
	❑ Richtlinie 93/42/EWG / Directive 93/42/EEC
	  ❑ Anhang II ohne Nummer 4 / Annex II without point 4
	  ❑ Anhang II, Nummer 4 / Annex II, point 4
	  ❑ Anhang III / Annex III
	  ❑ Anhang IV / Annex IV [7)]
	  ❑ Anhang V / Annex V
	  ❑ Anhang VI / Annex VI

❑ Richtlinie 98/79/EG / Directive 98/79/EC ❑ Anhang III, Nummer 6 / Annex III, point 6 ❑ Anhang IV ohne Nummern 4 und 6 / Annex IV without points 4 and 6 ❑ Anhang IV, Nummer 4 / Annex IV, point 4 ❑ Anhang IV, Nummer 6 / Annex IV, point 6 [7)] ❑ Anhang V / Annex V ❑ Anhang VI / Annex VI [7)] ❑ Anhang VII ohne Nummer 5 / Annex VII without point 5 ❑ Anhang VII, Nummer 5 / Annex VII, point 5 [7)]
Datum der Ausstellung [4)] Date of issue
Datum der Statusänderung [4)] Date of status change
Datum des Ablaufs der Bescheinigung [4) 8)] Date of expiry of the certificate
Bemerkung / Remark [9)]

Hersteller / Manufacturer [8)] Code [10)]	
Bezeichnung / Name	
Staat / State [1)]	
Ort / City	Postleitzahl / Postal code
Straße, Haus-Nr. / Street, house no.	
Telefon / Phone	Telefax / Fax
E-Mail	

Bevollmächtigter / Authorized representative [11] Code [10]	
Bezeichnung / Name	
Staat / State [1]	
Ort / City	Postleitzahl / Postal code
Straße, Haus-Nr. / Street, house no.	
Telefon / Phone	Telefax / Fax
E-Mail	

Zuständige Behörde des Verantwortlichen für das erstmalige Inverkehrbringen [12] **Competent authority of the person responsible for the first placing on the market** Code [10]	
Bezeichnung / Name	
Staat / State [1]	
Ort / City	Postleitzahl / Postal code
Straße, Haus-Nr. / Street, house no.	
Telefon / Phone	Telefax / Fax
E-Mail	

Von der Bescheinigung erfasste(s) Produkt(e) /
Device(s) covered by the certificate

Klassifizierung / Classification

- ❑ Aktive(s) implantierbare(s) Medizinprodukt(e) / Active implantable medical device(s)
- ❑ Aktive(s) implantierbare(s) Medizinprodukt(e) – hergestellt unter Verwendung von Gewebe tierischen Ursprungs im Sinne der Verordnung (EU) Nr. 722/2012
  Active implantable medical device(s) – manufactured utilising tissues of animal origin in terms of Commission Regulation (EU) No 722/2012
- ❑ Medizinprodukt(e) der Klasse(n) / Classification of the concerned device(s)
  - ❑ I – steril / sterile
  - ❑ I – mit Messfunktion / with measuring function
  - ❑ I – steril und mit Messfunktion / sterile and with measuring function
  - ❑ IIa
  - ❑ IIb
  - ❑ III
  - ❑ III – hergestellt unter Verwendung von Gewebe tierischen Ursprungs im Sinne der Verordnung (EU) Nr. 722/2012 / manufactured utilising tissues of animal origin in terms of Commission Regulation (EU) No 722/2012
- ❑ In-vitro-Diagnostikum(a) / In vitro diagnostic medical device(s)
  - ❑ Produkt(e) der Liste A, Anhang II / Device(s) of List A, Annex II
  - ❑ Produkt(e) der Liste B, Anhang II / Device(s) of List B, Annex II
  - ❑ Produkt(e) zur Eigenanwendung, das (die) nicht im Anhang II genannt ist (sind) / Device(s) for self-testing not listed in Annex II

Geltungsbereich des genehmigten Qualitätssicherungssystems /
Scope of quality assurance system

Bitte geben Sie die Betriebsstätten an, auf die sich die Bescheinigung erstreckt:
Please identify the facilities covered by the certificat:
Name, Adresse / Name, address

	Geltungsbereich der EG-Auslegungs-, EG-Baumusterprüfbescheinigung bzw. EG-Konformitätserklärung Scope of the certificate with EC verification, EC type-examination or EC declaration of conformity
	Handelsname / Make [13]
	Allgemeine Produktbezeichnung / Generic name [14]
	Nomenklaturcode / Nomenclature code [15]
	Nomenklaturbezeichnung / Nomenclature term [15]
	Kurzbeschreibung in Deutsch / Short description in German [16]
	Kurzbeschreibung in Englisch / Short description in English

	Ergänzende Angaben im Falle von eingeschränkten, ausgesetzten, zurückgezogenen, verweigerten oder gefälschten Bescheinigungen **Additional information in the event of restricted, suspended, withdrawn, refused or falsified certificates** Begründung für die Statusmeldung / Reason for change of certificate [17]
	Darlegung der Gründe / Explanation of estimated risk [9]
	Auferlegte Beschränkung / Imposed restrictions

	Sonstige zweckdienliche Hinweise (insbesondere Empfehlungen zur Risikoabwehr) Additional information (especially recommendations for risk management

Ort ______________________ Datum ______________________
City Date

Name ______________________

Hinweise zum Ausfüllen / Notes on completing
Die Meldung kann in Deutsch oder Englisch ausgefüllt werden.
The notification may be completed in German or English

[1] Benutzen Sie bitte für die Staaten die Codes nach ISO 3166, z. B.:
Please use for the different states the codes according to ISO 3166, e. g.:

AT ... Österreich / Austria

BE ... Belgien / Belgium

CY ... Zypern / Cyprus

CZ ... Tschechische Republik / Czech Republic

DE ... Deutschland / Germany

[2] Benutzen Sie bitte folgende Codes für die Länder/Bundeswehr:
Please use the following codes for the different federal states/Federal Armed Forces:

01	... Schleswig-Holstein	10	... Saarland
02	... Hamburg	11	... Berlin
03	... Niedersachsen / ... Lower Saxony	12	... Brandenburg
04	... Bremen	13	... Mecklenburg-Vorpommern Mecklenburg Western ... Pomerania
05	... Nordrhein-Westfalen ... North-Rhine-Westphalia	14	... Sachen / Saxony
06	... Hessen / Hesse	15	... Sachen-Anhalt / ... Saxony-Anhalt

07	... Rheinland-Pfalz / ... Rhineland-Palatinate	16	... Thüringen / Thuringia
08	... Baden-Württemberg	17	... Bundeswehr / ... Federal Armed Forces
09	... Bayern		

3) Zu der unmittelbar vorhergehenden früheren Nummer der Bescheinigung muss das entsprechende Datum der Statusänderung angegeben werden. Der Nummer der Bescheinigung ist die Kennnummer der Benannten Stelle, gefolgt von einem Schrägstrich, voranzustellen, z. B.: 0123/nnn ...
The date of issue has to be provided for each previous certificate number. The certificate number is to be preceded with the identification number of the corresponding Notified Body followed by a slash, e. g.: 0123/nnn ...

5) „Geändert" bezieht sich nicht auf den Geltungsbereich der Bescheinigung, sondern betrifft z. B. die Änderung der Adresse oder des Namens der juristischen Person des Herstellers. „Eingeschränkt" und „ergänzt" beziehen sich auf den Geltungsbereich der Bescheinigung. „Ersetzt", „ausgesetzt", „wieder eingesetzt", „zurückgezogen" und „gekündigt durch den Hersteller" beziehen sich auf die gesamte Bescheinigung.
"Changed" is not to be seen in relation to scope of certificate, but it concerns e.g. the change of the address or the name of the entity of the manufacturer. "Restricted" and "complemented" relate to the scope of the certificate. "Replaced", "suspended", "termination of suspension", "withdrawn" and "terminated by the manufacturer" apply to the whole certificate.

6) Diese Nummer wird von der meldenden Benannten Stelle vergeben. Ihr ist die Kennnummer der Benannten Stelle voranzustellen, z. B.: 0123/nnn... .
This number is assigned by the Notified Body reporting. It has to be preceded by the identification number of the corresponding Notified Body, e. g.: 0123/nnn...

7) Für die EG-Prüfung verlangen die Richtlinien von den Benannten Stellen, für jede zu genehmigende Charge (oder jedes einzelne Produkt) eine Bescheinigung auszustellen. Für die Informationen, welche im Zusammenhang mit dem Datenaustausch von den Benannten Stellen zur Verfügung gestellt werden, ist es ausreichend, in der Datenbank die Art der Bescheinigung, welche dem Hersteller für ein bestimmtes Produkt erteilt wurde, und die Kennnummer der Benannten Stelle, die sie ausgestellt hat, zu finden. Mehrfachanzeigen derselben Benannten Stelle für dasselbe Produkt sind nicht erforderlich. Gleiches gilt für die Überprüfung der hergestellten Produkte im Sinne der Anhänge IV Nummer 6 und VII Nummer 5 der

Richtlinie 98/79/EG.
For EC verification, the directives require the Notified Bodies to issue a certificate for each batch (or for each individual device) to be approved. For the information provided in connection with the regulatory data exchange by a given Notified Body, it is sufficient to find the kind of certificate which has been granted to the manufacturer of a given device and the identification number of the Notified Body which issued it in the data base. Multiple notifications of a Notified Body for identical devices are not necessary. The same applies to the examination of the manufactured devices within the meaning of Annexes IV point 6 and VII point 5 of the Directive 98/79/EC.

[8] Nicht obligatorisch für Bescheinigungen der Richtlinie 90/385/EWG Anhang 4, Richtlinie 93/42/EWG Anhang IV, Richtlinie 98/79/EG Anhang IV Nummer 6, Anhang VI, Anhang VII ohne Nummer 5 und Anhang VII Nummer 5 sowie für verweigerte und gefälschte Bescheinigungen.
Not mandatory for certificates according to Directive 90/385/EEC, Annex 4, Directive 93/42/EEC, Annex IV, Directive 98/79/EC, Annex IV point 6, Annex VI, Annex VII without point 5, and Annex VII point 5 as well as for refused and falsified certificates.

[9] Für den Datenaustausch innerhalb Europas sollten diese Angaben (zusätzlich) in Englisch erfolgen.
For the exchange of data within Europe details should be given in English (additionally).

[10] Dieser Code wird durch das DIMDI erstellt. / This code will be generated by DIMDI.

[11] Auszufüllen, wenn der Hersteller seinen Sitz nicht im Bereich des EWR hat. Wenn bekannt, sind mindestens die Bezeichnung, der Staat, der Ort, Straße und Hausnummer sowie entweder Telefonnummer oder E-Mail-Adresse anzugeben.
To be filled in, if the manufacturer is not located in the EEA. If known, please state at least name, country, city, street, and house number as well as either phone number or E-mail address.

[12] Auszufüllen bei eingeschränkten, ausgesetzten, wieder eingesetzten, zurückgezogenen, verweigerten oder, wenn zutreffend, gefälschten Bescheinigungen. Bei nicht im EWR ansässigen Herstellern sollte – soweit vorhanden – die zuständige Behörde für den deutschen Bevollmächtigten angegeben werden.
To be filled in, if a certificate is restricted, suspended, withdrawn, refused, falsified (if applicable) or a suspension is terminated. When the manufacturers are not located in the EEA, the competent authority for the German authorized

representative should be specified, if available.

13) Bitte den vom Hersteller vergebenen Handelsnamen des Produktes angeben. Nur bei Produkten, für die eine EG-Auslegungs-, EG-Baumusterprüfbescheinigung bzw. EG-Konformitätserklärung ausgestellt wurde. Nicht erforderlich bei In-vitro-Diagnostika.
Please enter the manufacturer's product name (make). Only with products, for which an EC verification, EC typeexamination or EC declaration of conformity has been issued. Not mandatory for in vitro diagnostics.

14) Nur obligatorisch, wenn kein Handelsname angegeben wurde. Nicht erforderlich bei In-vitro-Diagnostika.
Only compulsory, if no make has been specified. Not mandatory for in vitro diagnostics.

15) Bitte den zutreffenden Code mit dem dazugehörigen Schlagwort aus der jeweils vorgeschriebenen Nomenklatur angeben. Wenn nicht vorhanden, bitte Kurzbeschreibung geben. Nur bei Produkten, für die eine EG-Auslegungs-, EG-Baumusterprüfbescheinigung bzw. EG-Konformitätserklärung ausgestellt wurde.
Please enter the relevant code and its designation from the prescribed nomenclature. If not available, please give a short description. Only with products, for which an EC verification, EC type-examination or EC declaration of conformity has been issued.

16) Nur obligatorisch, wenn kein Code mit dem dazugehörigen Schlagwort angegeben wurde. Bitte selbstgewählte Schlagworte verwenden. Es können hier grundlegende Eigenschaften des Produktes angegeben werden, wie z. B. die beabsichtigte Verwendung, maßgebliche Aspekte seiner Klassifikation, die Hauptwirkungsweise ...
Only compulsory, if no relevant code / designation has been given. Please use appropriate terms or a short phrase. The phrase can include basic features of the product such as, for example, the intended use, the aspects governing its classification, the principal means of action...

17) Bitte Begründung nach § 18 Absatz 1 MPG angeben. Verschiedene Gründe werden zur Auswahl angeboten.
Please give reasons for change of the certificate pursuant to § 18 (1) Medical Devices Act, MPG. Different reasons are provided for selection.

Anlage 4[11]
(zu § 4 Absatz 1 Nummer 3)

Klinische Prüfung / Leistungsbewertungsprüfung nach den §§ 20 bis 24 MPG
Clinical Investigation / Performance Evaluation according to §§ 20 – 24 Medical Devices Act, MPG

Identifikationsnummer EUDAMED /
Unique Identification number EUDAMED [1)]

Antrags- bzw. Anzeigentyp / Application or notification type

- ❑ Antrag auf Genehmigung/Bewertung /
  Application for approval/evaluation
- ❑ Antrag auf Befreiung von der Genehmigungspflicht für Medizinprodukte mit geringem Sicherheitsrisiko [2)]
  Application for exemption from approval obligation for medical devices with low safety risk
- ❑ Antrag auf Genehmigung einer wesentlichen Änderung nach § 22c Absatz 2 und 3 MPG
  Application for approval of a significant amendment according to § 22c (2) and (3) MPG
- ❑ Anzeige einer sonstigen Änderung /
  Notification of any other amendment
- ❑ Anzeige des Abbruchs der klinischen Prüfung/Leistungsbewertungsprüfung durch den Sponsor
  Notification of early termination of the clinical investigation/performance evaluation by the sponsor
- ❑ Anzeige der Beendigung der klinischen Prüfung/Leistungsbewertungsprüfung
  Notification of completion of the clinical investigation/performance evaluation
- ❑ Schlussbericht / Final report

Zuständige Bundesoberbehörde / Competent authority [3)]

Bezeichnung / Name ❑ BfArM [3)] ❑ PEI [3)]

11) Anlage 4 DIMDIV neu gefasst durch Artikel 5 der Verordnung über die Abgabe von Medizinprodukten und zur Änderung medizinprodukterechtlicher Vorschriften vom 25. Juli 2014 (BGBl. I S. 1227). Nach Artikel 6 Abs. 1 dieser Verordnung tritt Anlage 4 DIMDIV am 29. Juli 2014 in Kraft.

Zuständige Ethik-Kommission / Competent Ethics Committee [4)] Bezeichnung / Name	

Angaben zum Sponsor / Sponsor Identification details Bezeichnung / Name	
Staat / State [5)]	Land / Federal state [6)]
Ort / City	Postleitzahl / Postal code
Straße, Haus-Nr. / Street, house no.	
Name der Kontaktperson des Sponsors / Name of the sponsor's contact person [7)]	
Telefon / Phone	Telefax / Fax
E-Mail	
Zuständige Behörde für den Sponsor / Competent authority (Sponsor) Code / Code [8)]	

Vertreter des Sponsors mit Sitz in EU/EWR, sofern zutreffend [9)] **Representative of the sponsor in /EU/EEA, if applicable** Bezeichnung / Name	
Staat / State [5)]	Land / Federal state [6)]
Ort / City	Postleitzahl / Postal code
Straße, Haus-Nr. / Street, house no.	

Name der Kontaktperson / Name of the contact person [7]	
Telefon / Phone	Telefax / Fax
E-Mail	
Zuständige Behörde für den Vertreter des Sponsors / Competent authority (Representative of Sponsor) Code / Code [8]	

Verfahrensbevollmächtigter, sofern zutreffend [10] Authorized representative for the procedure, if applicable Bezeichnung / Name	
Staat / State [5]	Land / Federal state [6]
Ort / City	Postleitzahl / Postal code
Straße, Haus-Nr. / Street, house no.	
Name der Kontaktperson / Name of the contact person [7]	
Telefon / Phone	Telefax / Fax
E-Mail	

Produzent / Manufacturer [11] Bezeichnung / Name	
Staat / State [5]	Land / Federal state [6]
Ort / City	Postleitzahl / Postal code

Straße, Haus-Nr. / Street, house no.	
Name der Kontaktperson / Name of the contact person [7]	
Telefon / Phone	Telefax / Fax
E-Mail	

Leiter der klinischen Prüfung/ Leiter der Leistungsbewertungsprüfung [10] **Principal coordinating investigator/ Principal coordinator of performance evaluation** Name / Name	
Institution / Institution	
Organisationseinheit / Organisation unit	
Staat / State [5]	Land / Federal state [6]
Ort / City	Postleitzahl / Postal code
Straße, Haus-Nr. / Street, house no.	
Telefon / Phone	Telefax / Fax
E-Mail	

Prüfstelle(n) und Prüfer Study site(s) and investigator(s)/Principal coordinating investigator/ Principal coordinator of performance evaluation Bezeichnung der Stelle / Name

Institution / Institution	
Organisationseinheit / Organisation unit	
Staat / State [5]	Land / Federal state [6]
Ort / City	Postleitzahl / Postal code
Straße, Haus-Nr. / Street, house no.	
Telefon / Phone	Telefax / Fax
E-Mail	
Name der Prüfer unter Angabe des Hauptprüfers Name of investigator(s), indicating the main investigator	
Anlagen nach § 3 Absatz 3 Nummer 1, 2 und 3 in Verbindung mit § 9 der Verordnung über klinische Prüfungen von Medizinprodukten Enclosures according to § 3 (3) number 1, 2 and 3 in connection with § 9 of the „Verordnung über klinische Prüfungen von Medizinprodukten"	

Zuständige Behörde für diese Prüfstelle / **Competent authority (Study site)** [12] Code / Code

Beteiligte Ethik-Kommission für diese Prüfstelle **Ethics Committee involved (Study site)** [13] Code / Code

	Angaben zum Medizinprodukt / **Information on the Medical Device (MD)** ❑ Aktives Medizinprodukt (inkl. AIMP, sonstiges aktives MP) Active medical device (incl. AIMD, other active MD) ❑ Nichtaktives Medizinprodukt / Non-active medical device ❑ In-vitro.Diagnostikum (IVD) / In vitro diagnostic agent ❑ Steriles Medizinprodukt (ggf. Angabe der externen Sterilisationseinrichtung) Sterile medical device (indication of external sterilisation facility if applicable)
	Angaben zur Identifikation des Produkts / Identification Details Bezeichnung und ggf. Handelsname des Produktes / Name and trade name (if applicable) of the device
	Allgemeine Produktbezeichnung / ggf. Kurzbeschreibung in Deutsch und Englisch [14] General device description / short description (if applicable) in German and English language
	Modell / Model name
	Andere Namen und Modelle, falls in anderen Mitgliedstaaten abweichend Other names and models if different in other Member States (MS)
	Nomenklatur / Nomenclature [15] ❑ UMDNS ❑ EDMS-Klassifikation / EDMS classification ❑ GMDN
	Wurde das Medizinprodukt unter Verwendung von Gewebe tierischen Ursprungs hergestellt? 16) ❑ ja / yes ❑ nein / no Has the medical device been produced using animal-derived tissue? Falls ja, welches / If yes, which

Gehört zu den Bestandteilen des Medizinproduktes ein Stoff oder ein Derivat aus menschlichem Blut?
❑ ja / yes ❑ nein / no
Are any of the constituents of the medical device substances or derivatives of human blood?
Falls ja, welcher / If yes, which

Trägt das Medizinprodukt eine CE-Kennzeichnung? [18)]
Does the medical device bear CE labelling? ja / yes ❑ nein / no

(Vorläufige) Klasse / (Preliminary) Class [19)]
❑ I
❑ I – steril / sterile
❑ I – mit Messfunktion / with measuring function
❑ I – steril und mit Messfunktion / sterile and with measuring function
❑ IIa
❑ IIb
❑ III
❑ III – hergestellt unter Verwendung von Gewebe tierischen Ursprungs im Sinne der Verordnung (EU) Nr. 722/2012
manufactured utilising tissues of animal origin in terms of Commission Regulation (EU) No 722/2012
❑ Aktives implantierbares Medizinprodukt / Active implantable medical device
❑ Aktives implantierbares Medizinprodukt – hergestellt unter Verwendung von Gewebe tierischen Ursprungs im Sinne der Verordnung (EU) Nr. 722/2012
Active implantable medical device – manufactured utilising tissues of animal origin in terms of Commission Regulation (EU) No 722/2012

Angaben zum Vergleichsprodukt (sofern vorhanden)
Information on the product used as a comparator (if any)
❑ Andere Medizinprodukte / Other MD ❑ Andere / Other
❑ Andere In-vitro-Diagnostika (IVD)
Other in vitro diagnostic agents
❑ Arzneimittel / Medicinal product

Angaben zur Identifikation des Vergleichsprodukts / Identification details
Handelsname des Produkts / Trade name of the device

DIMDV

	Modell / Model name
	Angaben zur klinischen Prüfung/Leistungsbewertungsprüfung **General information concerning the clinical investigation/ performance evaluation** ❑ Klinische Prüfung / Clinical investigation ❑ Leistungsbewertungsprüfung / Performance evaluation
	Produkt zur Eigenanwendung Device of self-testing [20] ❑ ja / yes ❑ nein / no
	Vollständiger Titel der klinischen Prüfung/Leistungsbewertungsprüfung Full title of the clinical investigation/performance evaluation
	Name oder abgekürzter Titel der klinischen Prüfung/ Leistungsbewertungsprüfung (falls vorhanden) Name or abbreviated title of the clinical investigation/ performance evaluation (if applicable)
	Multizentrische klinische Prüfung/Leistungsbewertungsprüfung Multicentric clinical investigation/performance evaluation ❑ ja / yes ❑ nein / no
	Andere Mitgliedstaaten, in deren Zuständigkeitsbereich die klinische Prüfung/Leistungsbewertungsprüfung ebenfalls durchgeführt wird Other Member States participating in clinical investigation/performance evaluation as part of a multicentre/multinational study at the time of filling
	Protokollbezeichnung des Prüf-/Evaluierungsplanes / Protocol name of the investigation(evaluation plan
	Prüfplancode des Sponsors / Sponsor‘s Protocol Code number
	Versionsnummer des Prüfplanes / Sponsor‘s Protocol version number
	Datum des Prüfplanes / Sponsor‘s Protocol date

	Geplanter Beginn / Planned starting date [21)]
	Geplantes Ende / Planned finishing date [21)]
	Geplante Patienten-/Probandenzahl der gesamten klinischen Prüfung/ Leistungsbewertungsprüfung Planned number of patients/subjects involved in the entire clinical investigation/performance evaluation
	Geplante Patienten-/Probandenzahl in Deutschland Planned number of patients/subjects in Germany
	Geplante Anzahl der Anwendungen je Proband / Planned number of applications per subject
	Primärziel der klinischen Prüfung/Leistungsbewertungsprüfung Primary objective of the clinical investigation/performance evaluation
	Probandenpopulation / Selectes population Population / Population [22)]
	Alter / Age [23)]
	Geschlecht / Sex
	Einschlusskriterien (vollständig) / Inclusion criteria (full list)
	Ausschlusskriterien (vollständig) / Exclusion criteria (full list)

	Anlagen nach § 3 Absatz 2, 3 und 4 der Verordnung über klinische Prüfungen von Medizinprodukten Enclosures according to § 3 (2), (3) and (4) of the „Verordnung über klinische Prüfungen von Medizinprodukten"

DIMDV

	Antrag auf Genehmigung einer wesentlichen Änderung/Anzeige einer sonstigen Änderung **Application for approval of a significant amendment/Notification of any other amendment** Inhalt der Änderung / Content of change
	Grund der Änderung / Justification of change

	Anzeige des Abbruchs der klinischen Prüfung/ Leistungsbewertungsprüfung durch den Sponsor **Notification of early termination of the clinical investigation/ performance evaluation by the sponsor** ❑ Sicherheitsgründe / Safety reasons ❑ Andere Gründe / Other Reasons
	Angefordert durch / Requested by
	Grund des Abbruchs/Wenn sicherheitsrelevant, welche Vorsichtsmaßnahmen wurden getroffen oder empfohlen, etc. Reason for early termination/If relevant to safety, which precautionary measures were taken or recommended, etc.

	Anzeige der Beendigung der klinischen Prüfung/ Leistungsbewertungsprüfung **Notification of completion of the clinical investigation/ performance evaluation** Datum der Beendigung / Date of completion
	Kommentare zur Beendigung / Comments on this completion

	Schlussbericht / Final report Datum des Schlussberichts / Date of final report
	Kommentare zum Schlussbericht / Comments on final report

Ort ______________________ Datum ______________________
City Date

Name ______________________

Hinweise zum Ausfüllen / Notes on completing

[1] Hier ist die Identifikationsnummer aus EUDAMED für multinationale, klinische Prüfungen einzutragen, wenn diese bereits in einem anderen Staat des EWR registriert wurden. Bitte erfragen Sie die Nummer bei der zuständigen Behörde des betreffenden Mitgliedstaates. Wird vom DIMDI eingetragen, wenn die klinische Prüfung zuerst in Deutschland beantragt wurde oder nur in Deutschland durchgeführt wird. Entfällt für Leistungsbewertungsprüfungen.
Please fill in the identification number from EUDAMED, if the multinational clinical investigation was already registered in another state of the EEA. Please ask the local competent authority for this number. It will be filled in by DIMDI, if the clinical investigation was first applied for in Germany or will be performed only in Germany. Not applicable for performance evaluations.

[2] Geben Sie bitte gemäß § 7 der Verordnung über klinische Prüfungen von Medizinprodukten an, um welche Art von Medizinprodukten es sich handelt.
Please specify the type of medical device according to § 7 of the „Verordnung über klinische Prüfungen von Medizinprodukten".

[3] Das Bundesinstitut für Arzneimittel und Medizinprodukte (BfArM) ist zuständig für klinische Prüfungen von Medizinprodukten und für Leistungsbewertungsprüfungen von In-vitro-Diagnostika, ausgenommen derer, für die das Paul-Ehrlich-Institut zuständig ist. Das Paul-Ehrlich-Institut (PEI) ist zuständig für Leistungsbewertungsprüfungen von den nachfolgend genannten Reagenzien und Reagenzprodukten (einschließlich Kalibrier- und Kontrollmaterialien) des Anhangs II der Richtlinie 98/79/EG über In-vitro-Diagnostika: HIV 1 und 2, HTLV I und II, Hepatitis B, C und D, Röteln, Toxoplasmose, Cytomegalovirus, Chlamydien, AB0-System, Rhesus (C, c, D, E, e), Kell-System, Duffy-System, Kidd-System, irreguläre Anti-Erythrozyten-Antikörper, HLA Antigen-Gewebetypen DR, A und B.
The Federal Institute for Drugs and Medical Devices (BfArM) is responsible for clinical investigations of medical devices and for performance evaluations of in vitro diagnostic agents, with the exception of those for which the Paul Ehrlich Institute is responsible The Paul-Ehrlich-Institute (PEI) is responsible for performance evaluations of the following reagents and reagent products including materials for

calibration and control according to Annex II of Directive 98/79/EC: HIV 1 and 2, HTLV I and II, hepatitis B, C and D, rubella, toxoplasmosis, cytomegalovirus, chlamydia, AB0 system, rhesus (C, c, D, E, e), Kell system, Duffy system, Kidd system, irregular anti-erythrocyte antibody, HLA tissue types DR, A and B.

4) Geben Sie hier bitte die nach § 22 Absatz 1 MPG zuständige Ethik-Kommission an.
Please indicate here the Ethics Committee responsible according to § 22 (1) Medical Devices Act (MPG).

5) Benutzen Sie bitte für die Staaten die Codes nach ISO 3166 (1993), z. B.:
Please use for the different states the codes according to ISO 3166 (1993), e.g.:

AT ... Österreich / Austria

BE ... Belgien / Belgium

CY ... Zypern / Cyprus

CZ ... Tschechische Republik / Czech Republic

DE ... Deutschland / Germany

6) Benutzen Sie bitte folgende Codes für die Länder/Bundeswehr:
Please use the following codes for the different federal states/Federal Armed Forces:

01 ... Schleswig-Holstein

02 ... Hamburg

03 ... Niedersachsen / ... Lower Saxony

04 ... Bremen

05 ... Nordrhein-Westfalen ... North-Rhine-Westphalia

06 ... Hessen / Hesse

07 ... Rheinland-Pfalz / ... Rhineland-Palatinate

10 ... Saarland

11 ... Berlin

12 ... Brandenburg

13 ... Mecklenburg-Vorpommern Mecklenburg Western ... Pomerania

14 ... Sachen / Saxony

15 ... Sachen-Anhalt / ... Saxony-Anhalt

16 ... Thüringen / Thuringia

08	... Baden-Württemberg	17	... Bundeswehr / ... Federal Armed Forces
09	... Bayern		

[7] In der Folge geben Sie bitte Telefon, Telefax und E-Mail der Kontaktperson an.
Please indicate phone number, fax number and e-mail address of the contact person.

[8] Der Code der zuständigen Behörde des Sponsors setzt sich zusammen aus dem Zwei-Buchstaben-Länder-Code nach ISO 3166, gefolgt von einem Schrägstrich, den Buchstaben CA und der Nummer der zuständigen Behörde im Land, z. B.: DE/CA01.
Composed of the two-letter country code according to ISO 3166 followed by a slash, the letters CA and the number of the competent authority in the federal state, e. g.: DE/CA01.

[9] Hier sind Name und Anschrift des gemäß § 20 Absatz 1 Nummer 1a MPG erforderlichen Vertreters des Sponsors einzutragen, wenn der Sponsor seinen Sitz nicht innerhalb der EU/des EWR hat.
If the sponsor's place of business is outside of the EU/EEA, fill in name and address of the representative necessary according to § 20 (1) number 1a MPG.

[10] Hier sind, sofern zutreffend, Name und Anschrift desjenigen einzutragen, der vom Sponsor mit der Antragstellung und Durchführung des Verfahrens bei der Bundesoberbehörde und/oder Ethik-Kommission beauftragt wurde (Verfahrensbevollmächtigter im Sinne von § 14 des Verwaltungsverfahrensgesetzes).
If applicable, fill in name and address of the sponsor's authorized representative for application and conduct of the procedure at the Federal National Competent Authority and/or the Ethics Committee (according to § 14 of the Verwaltungsverfahrensgesetz).

[11] Der Produzent ist nur dann extra anzugeben, wenn er nicht der Sponsor ist.
The manufacturer is only to be indicated separately if the latter is not the sponsor.

[12] Der Code der zuständigen Behörde der Prüfstelle setzt sich zusammen aus dem Zwei-Buchstaben-Länder-Code nach ISO 3166, gefolgt von einem Schrägstrich, den Buchstaben CA und der Nummer der zuständigen Behörde im Land, z. B.: DE/CA01. Für weitere Prüfeinrichtungen ist die jeweils zuständige Behörde anzugeben. Bei Eintrag ausländischer Prüfeinrichtungen im EWR muss hier auch die zuständige ausländische Behörde eingetragen werden. Die zuständigen Behörden für die deutschen Prüfeinrichtungen werden benachrichtigt, die ausländischen

Behörden werden nicht benachrichtigt, außer in den Fällen, die in den §§ 22b Absatz 6, 22a Absatz 6, 22c Absatz 6 und 23a
Absatz 4 MPG vorgesehen sind.
Composed of the two-letter country code according to ISO 3166 followed by a slash, the letters CA and the number of the competent authority in the federal state, e.g.: DE/CA01. For further study sites, specify the respective competent authority. In case of entry of foreign study sites in the EEA, the respective competent foreign authority must also be entered here. The competent authorities for the German study sites are notified and the foreign authorities are not notified, except for those cases for which provision is made in the §§ 22b (6), 22a(6), 22c (6), and 23a (4) Medical Devices Act (MPG).

13) Der Code der zuständigen Ethik-Kommission der Prüfstelle setzt sich zusammen aus dem Zwei-Buchstaben-Länder-Code nach ISO 3166, gefolgt von einem Schrägstrich, den Buchstaben EK, dem Zwei-Buchstaben-Kürzel des Deutschen Bundeslandes und der Nummer der zuständigen Ethik-Kommission im Land, z. B.: DE/EKBY01. Für weitere Prüfstellen ist die jeweils zuständige Ethik-Kommission anzugeben. Bei Eintrag ausländischer Prüfstellen im EWR muss keine ausländische Ethik-Kommission eingetragen werden. Die zuständigen Ethik-Kommissionen für die deutschen Prüfstellen werden benachrichtigt.
Composed of the two-letter country code according to ISO 3166 followed by a slash, the letters EK, the two-letter code of the federal state of Germany and the number of the competent Ethics Committee in the federal state, e. g.: DE/EKBY01. For further study sites specify the respective Ethics Committees. In case of entry of foreign study sites in the EEA, it is not necessary to enter any foreign Ethics Committee. The competent Ethics Committees for the German study sites are notified.

14) Nur obligatorisch, wenn kein Code mit dem dazugehörigen Schlagwort angegeben wurde. Bitte selbst gewählte Schlagworte zur Identifizierung des Produktes verwenden. Die englischsprachige Kurzbeschreibung ist fakultativ.
Only compulsory, if no relevant code/designation has been given. Please use appropriate terms or a short phrase for the identification of the product. The short description in English is optional.

15) Bitte den zutreffenden Code mit dem dazugehörigen Schlagwort aus der jeweils vorgeschriebenen Nomenklatur angeben. Wenn nicht vorhanden, bitte eine Kurzbeschreibung geben.
Please enter the relevant code and its designation from the prescribed nomenclature. If not available, please give a short description

16) Gemäß der Richtlinie 93/42/EWG, Anhang VIII, Nummer 2.2, 7. Spiegelstrich, ist eine Erklärung abzugeben, ob das Medizinprodukt unter Verwendung von Gewebe tierischen Ursprungs im Sinne der Richtlinie 2003/32/EG hergestellt wurde; der ja/nein-Eintrag entspricht dieser Erklärung.
According to Directive 93/42/EEC, attachment VIII, No. 2.2, 7th indent, a statement must be made as to whether or not the medical device has been produced using animal-derived tissue as specified in Directive 2003/32/EC; yes/no entry corresponds to this declaration.

17) Gemäß der Richtlinie 90/385/EWG, Anhang 6, Nummer 2.2, 6. Spiegelstrich, und der Richtlinie 93/42/EWG, Anhang VIII, Nr. 2.2, 6. Spiegelstrich, ist eine Erklärung abzugeben, ob zu den festen Bestandteilen des Medizinprodukts ein Stoff oder ein Derivat aus menschlichem Blut im Sinne der Richtlinie 90/385/EWG, Anhang 1 Abschnitt 10 oder Anhang I Abschnitt 7.4 der Richtlinie 93/42/EWG gehört; der ja/nein-Eintrag entspricht dieser Erklärung.
According to Directive 90/385/EEC, attachment 6, No. 2.2, 6th indent, and Directive 93/42/EEC, attachment VIII, No. 2.2, 6th indent, a statement must be made as to whether or not one of the stable constituents of the medical device is a substance or derivative of human blood as specified in Directive 90/385/EEC, attachment 1, paragraph 10 or Directive 93/42/EEC, attachment I, paragraph 7.4; yes/no entry corresponds to this declaration.

18) Wenn das Medizinprodukt eine CE-Kennzeichnung trägt, sind weiterführende Angaben zu machen über die neue Zweckbestimmung (mit Ausnahme der klinischen Prüfungen/Leistungsbewertungsprüfungen nach § 1 Absatz 1 Nummer. 3 der Verordnung über klinische Prüfungen von Medizinprodukten – Post Market Clinical Follow-Up), die Kennnummer der Benannten Stelle und die Klassifizierung des Medizinprodukts.
If the medical device has a CE mark of conformity, further information must be provided about the new purpose (with the exception of clinical investigation/performance evaluation of medical devices according to § 1 paragraph 1 No. 3 of the regulation on clinical investigation of medical devices – Post Market Clinical Follow-Up), the reference number of the notified body and the classification of the medical device.

19) Ist die Klasse des Medizinproduktes noch nicht bekannt, so ist eine vorläufige Zuordnung zu einer Klasse vorzunehmen.
If the class of the medical device is not yet known, it should be assigned preliminarily to a class.

20) Nur bei Leistungsbewertungsprüfung. Auch die maximale Anzahl der Laien insgesamt/in Deutschland ist anzugeben.
Only indicate for performance evaluations. The maximum number of laypersons

overall/in Germany is also to be indicated.

[21] JJJJ-MM/YYYY-MM

[22] Verschiedene Gruppen werden zur Auswahl angeboten.
Different groups are provided for selection.

[23] Altersgruppen werden zur Auswahl angeboten.
Age groups are provided for selection.

[24] Bitte geben Sie hier den Namen des Verantwortlichen für die Firma an, die als Sponsor eingetragen wurde.
Please enter here the name of the responsible person for the firm entered as the sponsor.

Anlage 5[12]
(zu § 4 Absatz 1 Nummer 4)

Mitteilung zur Klassifizierung eines Medizinproduktes bzw. Abgrenzung zu Nicht-Medizinprodukten
Notice on the Classification of a Medical Device or Demarcation from other Products

Zuständige Behörde / Competent authority Code [1)]	
Bezeichnung / Name	
Staat / State [2)]	Land / Federal state [3)]
Ort / City	Postleitzahl / Postal Code
Straße, Haus-Nr. / Street, house no.	
Telefon / Phone	Telefax / Fax
E-Mail	

Angaben zur Einstufung oder Entscheidung / **Information on the adjustication or classification**	
Aktenzeichen / Referenz number	Datum der Mitteilung / Date of notice
Bearbeiter / Person responsible	E-Mail

12) Anlage 5 DIMDIV neu gefasst durch Artikel 5 der Verordnung über die Abgabe von Medizinprodukten und zur Änderung medizinprodukterechtlicher Vorschriften vom 25. Juli 2014 (BGBl. I S. 1227). Nach Artikel 6 Abs. 1 dieser Verordnung tritt Anlage 5 DIMDIV am 29. Juli 2014 in Kraft.

	Art der Mitteilung / Kind of notice ❑ Klassifizierung eines Medizinprodukts / Classification of a medical device ❑ Abgrenzung eines Medizinprodukts zu Nicht-Medizinprodukten Demarcation of a medical device from other products
	Kennnummer der Benannten Stelle nach § 13 Absatz 2 MPG Notified body identification number pursant to § 13 (2) Medical Devices Act, MPG

	Angaben zum Produkt / Information on the product Produktbezeichnung / Name of device [4)]
	Hersteller / Manufacturer
	Zweckbestimmung und bestimmungsgemäße Hauptwirkung des Produkts Purpose of the product and main effect
	Ergangene Entscheidung / Adjudication ❑ Kein Medizinprodukt / No medical device ❑ Medizinprodukt / Medical device ❑ Arzneimittel / Medicinal product ❑ Kosmetikum / Cosmetic ❑ Persönliche Schutzausrüstung / Personal protective equipment ❑ Sonstiges Produkt / Other produkt [5)]
	Arzneimittelhaltiges Medizinprodukt / Device incorporating medicinal substances ❑ ja / yes ❑ nein / no

- ❑ Nichtaktives Medizinprodukt / Non-active medical device
- ❑ Aktives Medizinprodukt / Active medical device
- ❑ Aktives implantierbares Medizinprodukt / Active implantable medical device
- ❑ Aktives implantierbares Medizinprodukt – hergestellt unter Verwendung von Gewebe tierischen Ursprungs im Sinne der Verordnung (EU) 722/2012
  Active implantable medical device – manufactured utilising tissues of animal origin in terms of Commission Regulation (EU) No 722/2012
- ❑ In-vitro-Diagnostikum / In vitro diagnostic medical device

Angewendete rechtliche Grundlage / Used legal regulation [6)]

Medizinproduktegesetz (MPG) / Medical Devices Act, MPG
- ❑ MPG § 2 Absatz
  Medical Devices Act, MPG § 2 section ______
- ❑ MPG § 3 Nummer
  Medical Devices Act, MPG § 3 section ______

Europäische Richtlinie / European Directive
- ❑ Richtlinie 90/385/EWG / Directive

Zweckbestimmung und bestimmungsgemäße Hauptwirkung des Produkts
Purpose of the product and main effect

Ergangene Entscheidung / Adjudication
- ❑ Kein Medizinprodukt / No medical device
- ❑ Medizinprodukt / Medical device
- ❑ Arzneimittel / Medicinal product
- ❑ Kosmetikum / Cosmetic
- ❑ Persönliche Schutzausrüstung / Personal protective equipment
- ❑ Sonstiges Produkt / Other produkt [5)]

Angewendete rechtliche Grundlage / Used legal regulation [6)]

Medizinproduktegesetz (MPG) / Medical Devices Act, MPG
- ❑ MPG § 2 Absatz
  Medical Devices Act, MPG § 2 section ______
- ❑ MPG § 3 Nummer
  Medical Devices Act, MPG § 3 section ______

Europäische Richtlinie / European Directive

DIMDV

	❑ Richtlinie 90/385/EWG Directive 90/385/EEC ❑ Richtlinie 93/42/EWG Directive 93/42/EEC ❑ Richtlinie 98/79/EG Directive 98/79/EC		Fundstelle / Referenz
	Andere Rechtsgrundlage / Other legal regulation [7] Staat / State [2]		
	Bezeichnung / Title of the regulation		

	Festgelegte Klassifizierung des Medizinprodukts nach Anhang IX der Richtlinie 93/42/EWG **Stated classification of the medical device according to annex IX of Directive 93/42/EEC** Klasse / Class ❑ I ❑ I – steril / sterile ❑ I – mit Messfunktion / with measuring function ❑ I – steril und mit Messfunktion / sterile and with measuring function ❑ IIa ❑ IIb ❑ III ❑ III – hergestellt unter Verwendung von Gewebe tierischen Ursprungs im Sinne der Verordnung (EU) Nr. 722/2012 manufactured utilising tissues of animal origin in terms of Commission Regulation (EU) No 722/2012
	Angewendete Regelnummer / Used rule number
	Aktuelle MEDDEV Revisions- und Regel-Nummer / Valid MEDDEV revision and rule number [8]
	Begründung, Anmerkung, Kurzbeschreibung, falls erforderlich Arguments, comments, short description if necessary

	Festgelegte Zuordnung des In-vitro-Diagnostikums **Stated classification of the in vitro diagnostik medical device** ❑ Produkt der Liste A, Anhang II / Device of List A, Annex II ❑ Produkt der Liste B, Anhang II / Device of List B, Annex II ❑ Produkt zur Eigenanwendung, das nicht in Anhang II genannt ist Device for self-testing not listed in Annex II ❑ Sonstiges Produkt / Other device (all devices except Annex II and self-testing devices)
	Begründung, Anmerkung, Kurzbeschreibung, falls erforderlich Arguments, comments, short description if necessary
	Codierung des Medizinprodukts / Coding of the medical device ❑ Nomenklaturcode vorhanden / Nomenclature code available ❑ Nomenklaturcode nicht vorhanden / Nomenclature code not available
	Nomenklaturcode / Noemclature code [9)]
	Nomenklaturbezeichnung / Nomenclature term [9)]
	Kategoriecode / Categorie code [10)]
	Kategorie / Categorie [10)]

Hinweise zum Ausfüllen / Notes on completing

[1)] Bitte geben Sie den Code der entscheidenden zuständigen Bundesoberbehörde (Bundesinstitut für Arzneimittel und Medizinprodukte – BfArM – oder Paul-Ehrlich-Institut – PEI –) oder der Landesbehörde ein. Der Code der zuständigen Behörde setzt sich zusammen aus dem Zwei-Buchstaben-Länder-Code nach ISO 3166, gefolgt von einem Schrägstrich, den Buchstaben CA und der Nummer der zuständigen Behörde im Staat, z. B.: DE/CA01.
Please enter the code of the decision-making competent authority (Federal Institute for Drugs and Medical Devices – BfArM – or Paul-Ehrlich-Institut – PEI – or Federal State authority). Composed of the two-letter country code according to ISO 3166 followed by a slash, the letters CA and the number of the competent authority in the state, e. g.: DE/CA01.

[2)] Benutzen Sie bitte für die Staaten die Codes nach ISO 3166, z. B.:
Please use for the different states the codes according to ISO 3166, e. g.:

AT ... Österreich / Austria

BE ... Belgien / Belgium

CY ... Zypern / Cyprus

CZ ... Tschechische Republik / Czech Republic

DE ... Deutschland / Germany

[3] Benutzen Sie bitte folgende Codes für die Länder/Bundeswehr:
Please use the following codes for the different federal states/Federal Armed Forces:

01	... Schleswig-Holstein	10	... Saarland
02	... Hamburg	11	... Berlin
03	... Niedersachsen / ... Lower Saxony	12	... Brandenburg
04	... Bremen	13	... Mecklenburg-Vorpommern Mecklenburg Western ... Pomerania
05	... Nordrhein-Westfalen ... North-Rhine-Westphalia	14	... Sachen / Saxony
06	... Hessen / Hesse	15	... Sachen-Anhalt / ... Saxony-Anhalt
07	... Rheinland-Pfalz / ... Rhineland-Palatinate	16	... Thüringen / Thuringia
08	... Baden-Württemberg	17	... Bundeswehr / ... Federal Armed Forces
09	... Bayern		

[4] Es werden allgemeine Produktbezeichnungen angegeben, nicht jedoch Handelsnamen. Beispiel: Gleitmittel.
General product names are to be used but not trade names. Example: Lubricant.

[5] Bitte sonstige Gruppenbezeichnung eintragen und ggf. im Feld „Begründung, Anmerkung, Kurzbeschreibung“ zutreffende EU-Richtlinie angeben.
Please enter other group designation and cite in field „Arguments, comments, short description“ relevant European Directive, if available

[6] Ggf. Absatz oder Nummer angeben
Please specify paragraph or number.

[7] Bezieht sich auf eine andere Rechtsgrundlage. Bitte Staat und genaue Bezeichnung der Rechtsvorschrift angeben.
Refers to other legal regulation. The state and the title of the regulation have to be stated.

[8] Wenn in MEDDEV-Dokumenten Beispiele vorhanden sind, bitte Angabe der MEDDEV-Nummer sowie der Revisions- und Regelnummer, die zum Zeitpunkt der Mitteilung gültig sind. Beispiel: MEDDEV 2.4/1, Rev. 4, Regel 2.
If there are examples in MEDDEV documents please indicate the numbers of MEDDEV, of revision and rule, which are valid at the time of notice. Example: MEDDEV 2.4/1, rev. 4, rule 2.

[9] Bitte den zutreffenden Code mit dem dazugehörigen Schlagwort aus der jeweils vorgeschriebenen Nomenklatur angeben.
Please enter the relevant code and its designation from the prescribed nomenclature.

[10] Kategoriecode und Kategorie basieren auf der EN ISO 15225. In der Reihenfolge der Kategoriebegriffe (a) bis (o) soll der erste zutreffende Begriff für das Medizinprodukt vergeben werden.
Device category code and term are based on EN ISO 15225. The device should be assigned to the first category in which it fits, moving from the top downwards i.e. from (a) to (o).

Code:			Code:		
06	Produkte zur In-vitro-Diagnostik In vitro diagnostic devices	(a)	04	Elektrische und mechanische Medizinprodukte Electrical and mechanical medical devices	(i)
01	Aktive implantierbare Produkte Active implantable devices	(b)	09	Wiederverwendbare Instrumente Reusable instruments	(j)
14	Produkte biologischen Ursprungs Biological derived devices	(c)	10	Produkte zum Einmalgebrauch Single use devices	(k)

DIMDV

07	Nichtaktive implantierbare Produkte Non-active implantable devices	(d)	13	Komplementärtherapieprodukte Complementary therapy devices	(l)
03	Zahnärztliche Produkte Dental devices	(e)	11	Technische Hilfen für behinderte Menschen Technical aids for disables persons	(m)
08	Ophthalmische und optische Produkte Ophthalmic and optical devices	(f)	05	Krankenhausinventar Hospital hardware	(n)
12	Röntgen- und andere bildgebende Geräte Diagnostic and therapeutic radiation devices	(g)	15	Produkte für Gesundheitseinrichtungen und Anpassungen Healthcare facility products and adaptations	(o)
02	Anästhesie- und Beatmungsgeräte Anaesthetic and respiratory devices	(h)			

Verordnung zur Regelung der Abgabe von Medizinprodukten (Medizinprodukte-Abgabeverordnung – MPAV)

Vom 25. Juli 2014 (BGBl. I S. 1227)[1, 2]
zuletzt geändert durch Artikel 4 der Verordnung vom 19. Dezember 2014 (BGBl. I S. 2371)

Auf Grund des § 37 Absatz 2, 2a, 3, 4, 5, 7 und 8 in Verbindung mit Absatz 11 des Medizinproduktegesetzes, dessen Absätze 2, 3, 4 und 8 zuletzt durch Artikel 145 Nummer 4 Buchstabe a der Verordnung vom 31. Januar 2006 (BGBl. I S. 2407) geändert, Absatz 2a durch Artikel 1 Nummer 25 Buchstabe a des Gesetzes vom 29. Juli 2009 (BGBl. I S. 2326) eingefügt, Absatz 5 zuletzt durch Artikel 1 Nummer 25 Buchstabe b des Gesetzes vom 29. Juli 2009 (BGBl. I S. 2326) geändert, Absatz 7 zuletzt durch Artikel 11 Nummer 10 Buchstabe c des Gesetzes vom 19. Oktober 2012 (BGBl. I S. 2192) geändert und Absatz 11 zuletzt durch Artikel 145 Nummer 4 Buchstabe b der Verordnung vom 31. Oktober 2006 (BGBl. I S. 2407) geändert worden sind, und in Verbindung mit § Absatz 2 des Zuständigkeitsanpassungsgesetzes vom 16. August 2002 (BGBl. I S. 3165) und dem Organisationserlass vom 17. Dezember 2013 (BGBl. I S. 4310) verordnet das Bundesministerium für Gesundheit im Einvernehmen mit dem Bundesministerium für Wirtschaft und Energie und dem Bundesministerium des Innern:

§ 1 Verschreibungspflicht

(1) Medizinprodukte, die nach der Zweckbestimmung nach § 3 Nummer 10 des Medizinproduktegesetzes zur Anwendung durch Laien vorgesehen sind und

1. Stoffe oder Zubereitungen aus Stoffen enthalten, die der Verschreibungspflicht nach der Arzneimittelverschreibungsverordnung unterliegen oder auf die solche Stoffe aufgetragen sind, oder
2. in Anlage 1 zu dieser Verordnung aufgeführt sind,

1) Notifiziert gemäß der Richtlinie 98/34/EG des Europäischen Parlaments und des Rates vom 22. Juni 1998 über ein Informationsverfahren auf dem Gebiet der Normen und technischen Vorschriften und der Vorschriften für die Dienste der Informationsgesellschaft (ABl. L 204 vom 21.07.1998, S. 37), zuletzt geändert durch Artikel 26 Absatz 2 der Verordnung (EU) Nr. 1025/2012 des Europäischen Parlaments und des Rates vom 25. Oktober 2012 (ABl. L 316 vom 14.11.2012, S. 12).

2) Die Verordnung zur Regelung der Abgabe von Medizinprodukten wurde als Artikel 1 der Verordnung über die Abgabe von Medizinprodukten und zur Änderung medizinprodukterechtlicher Vorschriften vom 25. Juli 2014 (BGBl. I S. 1227) vom Bundesministerium für Gesundheit im Einvernehmen mit dem Bundesministerium für Wirtschaft und Energie und dem Bundesministerium des Innern mit Zustimmung des Bundesrates erlassen. Sie tritt gem. Artikel 6 Abs. 1 Satz 1 dieser Verordnung am 29. Juli 2014 in Kraft.

dürfen nur bei Vorliegen einer ärztlichen oder zahnärztlichen Verschreibung an andere Personen als Ärzte und Zahnärzte abgegeben werden (verschreibungspflichtige Medizinprodukte). Satz 1 gilt nicht, soweit ein verschreibungspflichtiges Medizinprodukt an andere Hersteller von Medizinprodukten oder deren Bevollmächtigte oder Händler von Medizinprodukten abgegeben wird.

(2) Die Verschreibung muss enthalten:

1.[3] Name, Vorname, Berufsbezeichnung und Anschrift der Praxis oder der Klinik der verschreibenden ärztlichen oder zahnärztlichen Person (verschreibende Person) einschließlich einer Telefonnummer zur Kontaktaufnahme,
2. Datum der Ausfertigung,
3. Namen, Vornamen sowie Geburtsdatum der Person, für die das Medizinprodukt bestimmt ist,
4. Bezeichnung des Medizinprodukts sowie bei Sonderanfertigungen die spezifischen Auslegungsmerkmale, nach denen dieses Produkt eigens angefertigt werden soll,
5. abzugebende Menge oder gegebenenfalls Maße des verschriebenen Medizinproduktes,
6. bei Medizinprodukten, die in der Apotheke hergestellt werden sollen, eine Gebrauchsanweisung, soweit diese nach § 7 des Medizinproduktegesetzes vorgeschrieben ist,
7. die eigenhändige Unterschrift der verschreibenden Person oder, bei Verschreibungen in elektronischer Form, deren qualifizierte elektronische Signatur nach dem Signaturgesetz.

(3) Den aus Deutschland stammenden ärztlichen und zahnärztlichen Verschreibungen für Medizinprodukte, die rechtmäßig in den Verkehr gebracht wurden, sind entsprechende Verschreibungen aus den Mitgliedstaaten der Europäischen Union, aus den Vertragsstaaten des Abkommens über den Europäischen Wirtschaftsraum und aus der Schweiz gleichgestellt, sofern die Verschreibungen die Angaben nach Absatz 2 aufweisen und dadurch ihre Authentizität und ihre Ausstellung durch eine dazu berechtigte ärztliche oder zahnärztliche Person nachweisen.

(4) Eine ärztliche oder zahnärztliche Verschreibung, die zu dem Zweck ausgestellt wird, in einem anderen Mitgliedstaat der Europäischen Union, in einem Vertragsstaat des Abkommens über den Europäischen Wirtschaftsraum oder in der Schweiz eingelöst zu werden, muss enthalten:

1. Namen, Vornamen sowie Geburtsdatum der Person, für die das Medizinprodukt bestimmt ist,

---

3) § 1 Abs. 2 Nr. 1 MPAV geändert durch Artikel 4 Nr. 1 der Verordnung vom 19. Dezember 2014 (BGBl. I S. 2371). Nach Artikel 5 Abs. 1 dieser Verordnung tritt § 1 Abs. 2 Nr. 1 MPAV am 1. Januar 2015 in Kraft.

2. Datum der Ausfertigung,
3. Namen, Vornamen sowie eine die berufliche Qualifikation erkennen lassende Berufsbezeichnung der verschreibenden ärztlichen oder zahnärztlichen Person (verschreibende Person),
4. Anschrift der verschreibenden Person einschließlich der Bezeichnung des Mitgliedstaates, ihrer Telefon- oder Telefaxnummer unter Angabe der Ländervorwahl und ihrer E-Mail-Adresse,
5. handschriftliche oder digitale Unterschrift der verschreibenden Person je nach Medium der Verschreibung,
6. gebräuchliche Bezeichnung des Medizinproduktes.

§ 2 Apothekenpflicht

Medizinprodukte

1. nach § 1 Absatz 1 Satz 1 Nummer 1,
2. im Sinne des § 3 Nummer 2 des Medizinproduktegesetzes, die zur Anwendung durch Laien bestimmt sind, soweit sie Stoffe oder Zubereitungen aus Stoffen enthalten, die nach der Verordnung über apothekenpflichtige und freiverkäufliche Arzneimittel apothekenpflichtig sind, oder
3. die in Anlage 2 zu dieser Verordnung aufgeführt sind,

dürfen berufs- und gewerbsmäßig für den Endverbrauch nur durch Apotheken in den Verkehr gebracht werden (apothekenpflichtige Medizinprodukte).

§ 3 Sonstige Abgabebeschränkungen

(1) Die Abgabestelle muss die betrieblichen Voraussetzungen für eine sachgerechte Lagerung der vorrätig gehaltenen Medizinprodukte erfüllen. Eine Abgabe von Medizinprodukten, die nicht zur Anwendung durch Laien vorgesehen sind, darf nur an Fachkreise nach § 3 Nummer 17 des Medizinproduktegesetzes erfolgen, es sei denn, eine ärztliche oder zahnärztliche Verschreibung wird vorgelegt[4]. Die Vorschriften der Apothekenbetriebsordnung über das Inverkehrbringen und die Lagerung von Medizinprodukten bleiben unberührt.

(2) Die Abgabestelle muss bei Bedarf eine fachliche Beratung gewährleisten für Medizinprodukte, die

1. verschreibungspflichtig, aber nicht apothekenpflichtig sind,
2. zur Anwendung durch Laien angeboten werden und nicht der Klasse I nach den Klassifizierungsregeln des Anhangs IX der Richtlinie 93/42/EWG des Rates vom 14. Juni 1993 über Medizinprodukte (ABl. L 169 vom 12.7.1993, S. 1), die zuletzt durch die Richtlinie 2007/47/EG (ABl. L 247 vom 21.9.2007, S. 21) geändert worden ist, angehören oder die

4) § 3 Abs. 1 Satz 2 MPAV geändert durch Artikel 4 Nr. 2 der Verordnung vom 19. Dezember 2014 (BGBl. I S. 2371). Nach Artikel 5 Abs. 2 dieser Verordnung tritt § 3 Abs. 1 Satz 2 MPAV am 30. Dezember 2014 in Kraft.

3. In-vitro-Diagnostika zur Eigenanwendung sind.

Dies gilt nicht bei einer Abgabe an Fachkreise nach § 3 Nummer 17 des Medizinproduktegesetzes.

(3) Die Sachkenntnis zur fachlichen Beratung wird bei Ärzten, Zahnärzten, Medizinprodukteberatern nach § 31 des Medizinproduktegesetzes, Drogisten, Gesundheitshandwerkern gemäß Anlage A Nummer 33 bis 37 der Handwerksordnung und bei Leistungserbringern, die nachweislich die Anforderungen des § 126 Absatz 1 Satz 2 des Fünften Buches Sozialgesetzbuch erfüllen, für die jeweils von ihrer Ausbildung erfassten Gruppen von Medizinprodukten vorausgesetzt.

(4) In-vitro-Diagnostika, die für den direkten oder indirekten Nachweis eines Krankheitserregers für die Feststellung einer in § 24 Satz 1 oder Satz 2 des Infektionsschutzgesetzes genannten Krankheit oder einer Infektion mit einem in § 24 Satz 1 oder Satz 2 des Infektionsschutzgesetzes genannten Krankheitserreger bestimmt sind, dürfen nur abgegeben werden an:

1. Ärzte,
2. ambulante und stationäre Einrichtungen im Gesundheitswesen, Großhandel und Apotheken,
3. Gesundheitsbehörden des Bundes, der Länder, der Gemeinden und Gemeindeverbände,
4. Blutspendedienste, pharmazeutische Unternehmen,
5. Beratungs- und Testeinrichtungen für besonders gefährdete Personengruppen, in denen Tests unter ärztlicher Aufsicht angeboten werden.

§ 11 Absatz 3a des Medizinproduktegesetzes bleibt unberührt.

(5) Das Robert Koch-Institut kann befristete Ausnahmen von Absatz 4 zulassen, wenn dies aus Gründen der öffentlichen Gesundheit erforderlich ist. Zugelassene Ausnahmen gibt das Robert Koch-Institut auf seinen Internetseiten sowie im Bundesanzeiger bekannt.

§ 4 Straftaten und Ordnungswidrigkeiten

(1) Nach § 41 Nummer 6 des Medizinproduktegesetzes wird bestraft, wer entgegen § 1 Absatz 1 Satz 1 oder § 3 Absatz 1 Satz 2 oder Absatz 4 Satz 1 ein Medizinprodukt abgibt.

(2) Wer eine in Absatz 1 bezeichnete Handlung fahrlässig begeht, handelt nach § 42 Absatz 1 des Medizinproduktegesetzes ordnungswidrig.

(3) Ordnungswidrig im Sinne des § 42 Absatz 2 Nummer 16 des Medizinproduktegesetzes handelt, wer vorsätzlich oder fahrlässig entgegen § 2 ein dort genanntes Medizinprodukt in den Verkehr bringt.

Anlage 1
(zu § 1 Absatz 1 Satz 1 Nummer 2)

- Oral zu applizierende Sättigungspräparate auf Cellulosebasis mit definiert vorgegebener Geometrie – zur Behandlung des Übergewichts und zur Gewichtskontrolle –

Anlage 2
(zu § 2 Nummer 3)

- Hämodialysekonzentrate

Gebührenverordnung zum Medizinproduktegesetz und den zu seiner Ausführung ergangenen Rechtsverordnungen (Medizinprodukte-Gebührenverordnung – BKostV-MPG)[1, 2]

Vom 27. März 2002 (BGBl. I S. 1228)
zuletzt geändert durch Artikel 1 der Verordnung zur Änderung der Medizinprodukte-Gebührenverordnung vom 3. November 2014 (BGBl. I S. 1676)

§ 1 Anwendungsbereich

Die zuständige Bundesoberbehörde erhebt für ihre individuell zurechenbaren öffentlichen Leistungen nach dem Medizinproduktegesetz und den zur Durchführung dieses Gesetzes erlassenen Rechtsverordnungen Gebühren und Auslagen nach Maßgabe folgender Vorschriften.

§ 2 Zulassung, Verlängerung und Änderung der Zulassung

(1) Die Gebühr beträgt für die Entscheidung

1.	nach § 11 Abs. 1 Satz 1 des Medizinproduktegesetzes über die Zulassung eines Medizinproduktes	2.500 bis 10.300 Euro,
2.	über die Änderung der Zulassung eines nach § 11 Abs. 1 Satz 1 des Medizinproduktegesetzes zugelassenen Medizinproduktes	100 bis 1.100 Euro,
3.	über die Verlängerung der Zulassung eines nach § 11 Abs. 1 Satz 2 des Medizinproduktegesetzes befristet zugelassenen Medizinproduktes	100 bis 1.100 Euro.

(2) Wird die Zulassung nach § 11 Abs. 1 Satz 1 des Medizinproduktegesetzes gleichzeitig für mehrere gleichartige Medizinprodukte beantragt, gilt für die Entscheidung über die Zulassung für das erste geprüfte Medizinprodukt Absatz 1 Nr. 1. Für die Entscheidung über die Zulassung jedes weiteren Medizinproduktes kann die Gebühr ermäßigt werden, wenn die Gleichartigkeit der Medizinprodukte zu einem geringeren Prüfaufwand geführt hat, der die Ermäßigung rechtfertigt. Mindestens ist jedoch eine Gebühr von 1.100 Euro für jede weitere Entscheidung über die Zulassung zu erheben.

1) Bezeichnung und Kurzbezeichnung in der Fassung von Artikel 2 Nr. 1 der Verordnung vom 16. Februar 2007 (BGBl. I S. 155), mit Wirkung vom 24. Februar 2007.
2) nach Artikel 4 Abs. 63 in Verbindung mit Artikel 5 Abs. 3 des Gesetzes zur Strukturreform des Gebührenrechts des Bundes vom 7. August 2013 (BGBl. I, S. 3154, 3205) wird die Medizinprodukte-Gebührenverordnung am 14. August 2018 aufgehoben.

§ 3 Klassifizierung und Abgrenzung von Produkten

Die Gebühr für eine Entscheidung nach § 13 Absatz 2 und 3 des Medizinproduktegesetzes zur Klassifizierung eines Medizinproduktes und zur Abgrenzung von Medizinprodukten zu anderen Produkten beträgt 400 bis 7 500 Euro[3].

§ 4 Konsultationsverfahren

(1) Die Gebühr für die Stellungnahme im Rahmen der Konsultation nach Anhang II Ziffer 4.3 oder Anhang III Ziffer 5 jeweils in Verbindung mit Anhang I Ziffer 7.4 der Richtlinie 93/42/EWG des Rates vom 14. Juni 1993 über Medizinprodukte (ABl. EG Nr. L 169 S. 1), die zuletzt durch die Richtlinie 2000/70/EG des Europäischen Parlaments und des Rates vom 16. November 2000 (ABl. EG Nr. L 313 S. 22) geändert worden ist, in Verbindung mit § 4 oder § 6 der Verordnung über Medizinprodukte beträgt

1. bei einem neuen Arzneistoff oder einem bekannten Arzneistoff mit neuer Zweckbestimmung 5.000 bis 50.000 Euro,
2. bei einem bekannten Arzneistoff, der im herkömmlichen Sinn eingesetzt wird 5.000 bis 20.000 Euro,

(2) Werden mehrere Konsultationsverfahren innerhalb des gleichen Zertifizierungsverfahrens durchgeführt, können die Gebühren für die folgenden Konsultationen jeweils auf 25 Prozent der vorgesehenen Gebühr ermäßigt werden. Wird die Durchführung von mehreren Konsultationsverfahren, die gleichartige Medizinprodukte betreffen, gleichzeitig beantragt, gilt für die Stellungnahme für das erste Medizinprodukt Absatz 1. Die Gebühren für die folgenden Konsultationen können ermäßigt werden, wenn die Gleichartigkeit der Medizinprodukte zu einem geringerem Prüfaufwand geführt hat, der die Ermäßigung rechtfertigt. Mindestens ist jedoch eine Gebühr von 1.250 Euro für jede weitere Konsultation zu erheben.

§ 5 Individuell zurechenbare öffentliche Leistungen im Rahmen klinischer Prüfungen und Leistungsbewertungsprüfungen[2]

(1) Die Gebühr beträgt für die Genehmigung

1. einer klinischen Prüfung nach § 20 Absatz 1 des des Medizinproduktegesetzes in Verbindung mit § 22a des Medizinproduktegesetzes 3.000 bis 9.900 Euro,
2. einer Leistungsbewertungsprüfung nach § 24 des des Medizinproduktegesetzes in Verbindung mit § 20 Absatz 1 des Medizinproduktegesetzes und in Verbindung mit § 22a des Medizinproduktegesetzes 3.000 bis 9.900 Euro.

(2) Die Gebühr beträgt für die beantragte Begutachtung einer wesentlichen Änderung

3) Geändert durch Artikel 1 der Verordnung zur Änderung der Medizinprodukte-Gebührenverordnung vom 3. November 2014 (BGBl. I S. 1676)

1. einer klinischen Prüfung nach § 22c Absatz 2 des des Medizinproduktegesetzes 600 bis 1.700 Euro,
2. einer Leistungsbewertungsprüfung nach § 24 des des Medizinproduktegesetzes in Verbindung mit § 22c Absatz 2 des Medizinproduktegesetzes 600 bis 1.700 Euro.

3) Sofern eine wesentliche Änderung keine der in § 20 Absatz 1 Satz 4 Nummer 1, 5, 6 und 8 des Medizinproduktegesetzes genannten Aspekte betrifft und keine Einwände durch die zuständige Bundesoberbehörde geäußert werden, beträgt die Gebühr 100 Euro.

(4) Die Gebühr beträgt für die Bearbeitung einer sonstigen Änderung

1. einer klinischen Prüfung nach § 22c Absatz 1 des des Medizinproduktegesetzes 100 bis 400 Euro,
2. einer Leistungsbewertungsprüfung nach § 24 des des Medizinproduktegesetzes in Verbindung mit § 22c Absatz 1 des Medizinproduktegesetzes 100 bis 400 Euro.

(5) Die Gebühr beträgt für die Prüfung einer beantragten Befreiung von der Genehmigungspflicht

1. für klinische Prüfung von Medizinprodukten mit geringem Sicherheitsrisiko nach § 20 Absatz 1 Satz 2 des Medizinproduktegesetzes in Verbindung mit § 7 Absatz 1 der Verordnung über klinische Prüfungen von Medizinprodukten 500 bis 2.000 Euro,
2. für eine Leistungsbewertungsprüfung von Medizinprodukten nach § 24 des Medizinproduktegesetzes in Verbindung mit § 20 Absatz 1 Satz 2 des Medizinproduktegesetzes und in Verbindung mit § 7 Absatz 1 der Verordnung über klinische Prüfungen von Medizinprodukten 500 bis 2.000 Euro.

(6) Die Gebühr beträgt für die Bearbeitung einer Meldung eines schwerwiegenden unerwünschten Ereignisses durch den Sponsor nach § 3 Absatz 6 der Medizinprodukte-Sicherheitsplanverordnung 25 bis 250 Euro

Die Gebühren für die Bearbeitung der Meldungen von schwerwiegenden unerwünschten Ereignissen dürfen je klinische Prüfung oder Leistungsbewertungsprüfung insgesamt 20.000 Euro nicht überschreiten

§ 6 Beratungen

Die Gebühr für die Beratung des Verantwortlichen nach § 5 des Medizinproduktegesetzes, von Benannten Stellen und von Sponsoren nach § 32 des Medizinproduktegesetzes beträgt 500 bis 2.800 Euro.

§ 7 Gebühren in besonderen Fällen

(1) Wird

1. ein Antrag auf Vornahme einer gebührenpflichtigen individuell zurechenbaren öffentlichen Leistung nach Beginn der sachlichen Bearbeitung und vor Beendigung dieser Leistung zurückgenommen oder
2. ein Antrag aus anderen Gründen als wegen Unzuständigkeit abgelehnt oder
3. ein Verwaltungsakt zurückgenommen oder widerrufen, so werden Gebühren nach Maßgabe des § 15 Absatz 2 des Verwaltungskostengesetzes in der bis zum 14. August 2013 geltenden Fassung erhoben.

(2) Sofern der Antragsteller dazu Anlass gegeben hat, beträgt abweichend von Absatz 1 Nummer 3 die Gebühr für den Widerruf oder die Rücknahme eines Verwaltungsaktes mindestens 50 Euro, höchstens die für den widerrufenen oder zurückgenommenen Verwaltungsakt festgesetzte Gebühr.

(3) Für die vollständige oder teilweise Zurückweisung eines Widerspruchs wird eine Gebühr bis zur Höhe von 50 Prozent der für den angefochtenen Verwaltungsakt festgesetzten Gebühr erhoben; dies gilt nicht, wenn der Widerspruch nur deshalb keinen Erfolg hat, weil die Verletzung einer Verfahrens- oder Formvorschrift nach § 45 des Verwaltungsverfahrensgesetzes unbeachtlich ist. War für den angefochtenen Verwaltungsakt eine Gebühr nicht vorgesehen oder wurde eine Gebühr nicht erhoben, wird eine Gebühr bis zu 1 500 Euro erhoben.

(4) Wird ein Widerspruch nach Beginn der sachlichen Bearbeitung, jedoch vor deren Beendigung zurückgenommen, beträgt die Gebühr mindestens 50 Euro, höchstens jedoch 75 Prozent der Gebühr nach Absatz 3.

(5) Für die teilweise oder vollständige Zurückweisung und bei Rücknahme eines ausschließlich gegen den Gebühren- oder Auslagenbescheid gerichteten Widerspruchs beträgt die Gebühr mindestens 50 Euro, höchstens jedoch 10 Prozent des streitigen Betrages.

(6) Wird ein Widerspruch vollständig als unzulässig zurückgewiesen, so beträgt die Gebühr nach den Absätzen 3 und 5 mindestens 50 Euro, höchstens 100 Euro.

(7) Wird ein Widerspruch teilweise zurückgewiesen, ist die Gebühr nach den Absätzen 3 und 5 entsprechend dem Anteil der Stattgabe zu ermäßigen; die Mindestgebühr nach den Absätzen 3 und 5 darf nicht unterschritten werden.

§ 8 Sonstige Gebühren

Bei folgenden individuell zurechenbaren öffentlichen Leistungen, die auf Antrag vorgenommen werden, sind an Gebühren zu erheben für

1. wissenschaftliche Stellungnahmen und Gutachten 200 bis 1.000 Euro,
2. nicht einfache schriftliche Auskünfte 100 bis 500 Euro,
3. Bescheinigungen 25 Euro,

4. die Herstellung von Kopien und Abschriften
   a) eine Grundgebühr von sofern dies nicht im Rahmen der individuell zurechenbaren öffentlichen Leistungen nach den Nummern 1 und 2 erfolgt, sowie — 20 Euro,
   b) jede angefertigte Kopie — 0,50 Euro,
5. die Einsichtnahme in Akten, es sei denn, es ist ein Widerspruchsverfahren anhängig — 25 bis 250 Euro.

Der Antragsteller ist auf die Gebührenpflichtigkeit der individuell zurechenbaren öffentlichen Leistung nach Satz 1 hinzuweisen.

§ 9 Gebührenbemessung

Soweit diese Verordnung Gebührenrahmensätze vorsieht, richtet sich die Bemessung der konkreten Gebühr nach § 23 Absatz 4 Satz 2 und 3 des Bundesgebührengesetzes.

§ 10 Gebührenermäßigung und -befreiung auf Antrag

Die nach § 2 zu erhebenden Gebühren können auf Antrag des Gebührenschuldners bis auf ein Viertel der vorgesehenen Gebühr ermäßigt werden, wenn der Antragsteller einen diesen Gebühren angemessenen wirtschaftlichen Nutzen nicht erwarten kann oder die Anwendungsfälle selten sind oder die Zielgruppe, für die das Medizinprodukt bestimmt ist, klein ist. Von der Erhebung der Gebühren kann ganz abgesehen werden, wenn der zu erwartende wirtschaftliche Nutzen im Verhältnis zu den Gebühren besonders gering ist.

§ 11 Gebührenerhöhung und -ermäßigung

Erfordert eine nach den §§ 2 bis 6 und 8 Nummer 1 und 2 gebührenpflichtige individuell zurechenbare öffentliche Leistung im Einzelfall einen außergewöhnlich hohen Aufwand, so kann die vorgesehene Gebühr bis auf das Doppelte erhöht werden, bei einem Gebührenrahmensatz bis auf das Doppelte des entsprechenden Höchstsatzes. Der Gebührenschuldner ist zu hören, wenn mit einer solchen Erhöhung zu rechnen ist. Erfordert eine gebührenpflichtige individuell zurechenbare öffentliche Leistung nach Satz 1 im Einzelfall einen außergewöhnlich niedrigen Aufwand, so kann die Gebühr bis auf 50 Euro reduziert werden.

§ 12 Auslagen

Auslagen sind nach den Vorschriften des Bundesgebührengesetzes zu erstatten.

§ 13 Übergangsregelung[4]

(1) Für eine individuell zurechenbare öffentliche Leistung, die vor dem 11. November 2014 beantragt oder begonnen, aber noch nicht vollständig erbracht

4) Geändert durch Artikel 1 der Verordnung zur Änderung der Medizinprodukte-Gebührenverordnung vom 3. November 2014 (BGBl. I S. 1676).

wurde, sind Gebühren und Auslagen nach der Medizinprodukte-Gebührenverordnung in der Fassung vor dem 11. November 2014 zu erheben.

(2) Für eine individuell zurechenbare öffentliche Leistung, die vor dem 11. November 2014 vorgenommen, beantragt oder begonnen wurde, können Gebühren und Auslagen nach dieser Verordnung erhoben werden, soweit bei diesen Leistungen unter Hinweis auf die bevorstehende Ergänzung der Medizinprodukte-Gebührenverordnung eine Gebührenfestsetzung ausdrücklich vorbehalten worden ist.

§ 14 (Inkrafttreten)[5]

5) Nach Artikel 2 der Verordnung zur Änderung der Medizinprodukte-Gebührenverordnung tritt die geänderte Verordnung am 11. November 2014 in Kraft.

Allgemeine Verwaltungsvorschrift zur Durchführung des Medizinproduktegesetzes (Medizinprodukte-Durchführungsvorschrift – MPGVwV)

Vom 18. Mai 2012

(Bek. vom 24. Mai 2012, BAnz. AT 24.05.2012 B2 S. 1)

Nach Artikel 84 Absatz 2 des Grundgesetzes in Verbindung mit § 37a des Medizinproduktegesetzes (MPG), der durch Artikel 1 Nummer 26 des Gesetzes vom 29. Juli 2009 (BGBl. I S. 2326) eingefügt worden ist, erlässt die Bundesregierung folgende allgemeine Verwaltungsvorschrift:

§ 1 Anwendungsbereich

(1) Die allgemeine Verwaltungsvorschrift richtet sich an die für die Durchführung des Medizinprodukterechts zuständigen Behörden und Stellen des Bundes und der Länder. Sie gilt auch für die Überwachung der Einhaltung der Vorgaben des Heilmittelwerbegesetzes.

(2) Die Verwaltungsvorschrift wird entsprechend angewendet auf den Verkehr mit Medizinprodukten in der Bundeswehr. Soweit es zur Erfüllung der besonderen Aufgaben im Geschäftsbereich des Bundesministeriums der Verteidigung (BMVg) erforderlich ist, regelt das BMVg unter Berücksichtigung der besonderen militärischen Gegebenheiten die Durchführung der Verwaltungsvorschrift in entsprechenden Vorschriften.

(3) Die Verwaltungsvorschrift wird auch angewendet auf die Überwachung von Medizinprodukten, die von den zuständigen Behörden des Bundes, der Länder und der Kommunen für folgende Aufgaben benötigt werden:

a) für den Zivil- und Katastrophenschutz oder

b) zur Behandlung lebensbedrohlicher Erkrankungen oder bedrohlicher übertragbarer Krankheiten.

§ 2 Grundsätze der Überwachung

(1) Die zuständigen Behörden führen die Überwachungsaufgaben gemäß § 26 MPG auf der Grundlage eines gemeinsamen Rahmenüberwachungsprogramms nach § 3 durch. Die zuständigen Obersten Landesbehörden legen gemeinsam die Grundsätze für die Überwachung fest. Diese Grundsätze sollen insbesondere Kriterien enthalten für:

1. risikobasierte Überwachungsmaßnahmen,
2. Überwachungsintervalle und Art der Überwachungsmaßnahmen und
3. die personelle und sachliche Ausstattung für die Durchführung der Überwachung.

(2) Bei der Durchführung der Überwachungsaufgaben wenden die zuständigen Behörden ein System zur Qualitätssicherung nach § 9 an, dessen Anforderungen

von den zuständigen Obersten Landesbehörden gemeinsam und einheitlich festgelegt werden.

§ 3 Rahmenüberwachungsprogramm

Die zuständigen Obersten Landesbehörden legen ein gemeinsames Rahmenüberwachungsprogramm fest, das die Marktüberwachung nach Kapitel 3 der Verordnung (EG) 765/2008 des Europäischen Parlaments und des Rates vom 9. Juli 2008 über die Vorschriften für die Akkreditierung und Marktüberwachung im Zusammenhang mit der Vermarktung von Produkten und zur Aufhebung der Verordnung (EWG) Nr. 339/93 des Rates (ABl. L 218 vom 13.8.2008, S. 30) einschließt und dessen Bestandteile insbesondere Inspektionen und Probenahmen sind. Das Programm ist jährlich fortzuschreiben. Zur Umsetzung des Rahmenüberwachungsprogramms werden von den zuständigen Behörden Überwachungspläne erstellt.

§ 4 Zentrale Koordinierungsstelle und Informationsaustausch

(1) Die Länder bestimmen gemeinsam eine zentrale Koordinierungsstelle und legen deren Aufgaben im Zusammenhang mit der Durchführung der Überwachung im Medizinproduktebereich fest.

(2) Die zuständigen Obersten Landesbehörden legen im Bereich der Marktüberwachung ein Verfahren

1. zur Zusammenarbeit mit den Marktüberwachungsbehörden der anderen Vertragsstaaten des Abkommens über den Europäischen Wirtschaftsraum und der Europäischen Kommission und
2. zum Informationsaustausch mit den zuständigen Behörden der anderen Vertragsstaaten des Abkommens über den Europäischen Wirtschaftsraum, der Europäischen Kommission und der Drittstaaten fest.

(3) Die zuständigen Obersten Landesbehörden berichten dem Bundesministerium für Gesundheit (BMG) jährlich über die aufgestellten Rahmenüberwachungsprogramme. Sie überprüfen und bewerten alle vier Jahre die Funktionsweise der Überwachung und berichten dem BMG über die Ergebnisse.

§ 5 Durchführung von Inspektionen

(1) Inspektionen sind in der Regel vor Ort durchgeführte Kontrollen und Besichtigungen im Rahmen der Überwachung. Inspektionen dienen insbesondere der Feststellung, ob die Voraussetzungen für folgende Tätigkeiten erfüllt sind,

1. zum Inverkehrbringen,
2. zur Inbetriebnahme,
3. zum Errichten, Betreiben, Anwenden und Instandhalten von Medizinprodukten,
4. zur Durchführung von klinischen Prüfungen oder Leistungsbewertungsprüfungen mit Medizinprodukten sowie

5. zur Aufbereitung von Medizinprodukten, die bestimmungsgemäß keimarm oder steril zur Anwendung kommen.

Sie können angekündigt oder unangekündigt durchgeführt werden und sollen die Besonderheiten der Tätigkeiten in Betrieben und Einrichtungen berücksichtigen.

(2) Routinemäßige Inspektionen werden gemäß dem Rahmenüberwachungsprogramm nach § 3 geplant.

(3) Anlassbezogene Inspektionen werden insbesondere auf Grund von Verbraucherbeschwerden, sonstigen Beanstandungen oder Berichten und Meldungen über mögliche Gefährdungen durch Medizinprodukte durchgeführt. Sie können auch im Rahmen europäischer Marktüberwachungsmaßnahmen durchgeführt werden.

(4) Inspektionen sind grundsätzlich nach Verfahrensanweisungen des Systems zur Qualitätssicherung der Medizinprodukteüberwachung der Länder durchzuführen und zu dokumentieren. Bundeseinheitlich abgestimmte Verfahrensanweisungen werden von der Koordinierungsstelle nach § 4 Absatz 1 auf deren Webseite veröffentlicht.

§ 6 Entnahme von Proben

(1) Proben können entnommen werden:

1. aus Betrieben und Einrichtungen im Sinne von § 26 Absatz 1 MPG, die nach den Überwachungsplänen für eine Inspektion vorgesehen sind,
2. als Schwerpunktproben von Medizinprodukten
   a) mit hohem Risikopotential,
   b) für die Eigenanwendung,
   c) die aufgrund von Vereinbarungen oder Absprachen mit anderen Vertragsstaaten des Europäischen Wirtschaftsraums über die Zusammenarbeit bei der Marktüberwachung durchzuführen sind oder
   d) im Verdachtsfall (Verdachtsprobe).

(2) Art und Anzahl der zu ziehenden Proben wird auf der Grundlage der Kriterien gemäß § 2 Absatz 1 Satz 3 ermittelt; dies gilt nicht für Verdachtsproben nach Absatz 1 Nummer 2 Buchstabe d.

§ 7 Überprüfung von Medizinprodukten

(1) Überprüfungen von Medizinprodukten sind Kontrollen von Unterlagen, physische Kontrollen oder Laborprüfungen.

(2) Routinemäßige Überprüfungen sind auf der Grundlage des Rahmenüberwachungsprogramms nach § 3 durchzuführen.

(3) Anlassbezogene Überprüfungen werden bei Verdacht auf einen nicht ordnungsgemäßen Zustand von Medizinprodukten oder bei einer potentiellen

Gefährdung der menschlichen Gesundheit durch die Anwendung dieser Medizinprodukte vorgenommen.

§ 8 Verfahren bei festgestellten Mängeln

(1) Die zuständigen Obersten Landesbehörden legen Verfahren für die grundsätzliche Vorgehensweise fest, wenn während der Inspektion oder Überprüfung von Medizinprodukten mögliche oder tatsächliche Mängel festgestellt werden.

(2) Die zuständigen Bundesoberbehörden verständigen sich mit den zuständigen Obersten Landesbehörden auf ein Verfahren, um bei Gefahren, die von Medizinprodukten ausgehen, innerhalb eines angemessenen Zeitraumes bundeseinheitlich informieren zu können.

§ 9 System zur Qualitätssicherung

Die zuständigen Behörden betreiben nach Art und Umfang ihrer Tätigkeiten ein System zur Qualitätssicherung, das die aktive Beteiligung der zuständigen Obersten Landesbehörden einschließt. Die zuständigen Bundesoberbehörden betreiben ebenfalls ein System zur Qualitätssicherung nach Art und Umfang ihrer Tätigkeiten. Das System zur Qualitätssicherung soll zumindest die Organisationsstrukturen, Verantwortlichkeiten und Verfahren einschließlich Verfahren für interne Audits festlegen. Insbesondere soll durch das System zur Qualitätssicherung sichergestellt werden, dass

1. die mit der Überwachung beauftragten Personen für die Ausübung ihrer Tätigkeiten kompetent und ausreichend qualifiziert sowie unabhängig sind,
2. die Verantwortlichkeiten klar bestimmt und festgelegt sind,
3. Verfahrensanweisungen erstellt werden zur Planung und Durchführung der Überwachung sowie zur Zusammenarbeit bei der Überwachung,
4. die Verfahren für die Entnahme von Proben festgelegt sind sowie die Maßnahmen, die aufgrund der Ergebnisse der Probenuntersuchung ergriffen werden können,
5. die Zusammenarbeit geregelt ist zwischen den zuständigen Behörden des Bundes und der Länder sowie mit den zuständigen Behörden der Vertragsstaaten des Abkommens über den Europäischen Wirtschaftsraum,
6. ein effektives System zur Prüfung und Weiterleitung von Informationen vorhanden ist, insbesondere über
   a) Mängel bei Medizinprodukten,
   b) Risiken bei der Anwendung von Medizinprodukten,
   c) unrechtmäßiges Inverkehrbringen von Medizinprodukten einschließlich Fälschungen und
   d) Rückrufe sowie
7 ein Dokumentationssystem über die Durchführung der Überwachung geführt wird.

§ 10 Maßnahmen der zuständigen Behörden zur Qualitätssicherung

(1) Für die Durchführung der Maßnahmen zur Qualitätssicherung, einschließlich der Einführung und Aufrechterhaltung des Systems zur Qualitätssicherung, soll in der Behörde mindestens eine entsprechend qualifizierte und erfahrene Person benannt sein, der ausreichende Befugnisse eingeräumt werden.

(2) Das System zur Qualitätssicherung ist von den zuständigen Behörden zu dokumentieren und seine Funktionstüchtigkeit regelmäßig durch Selbstinspektionen zu überprüfen.

(3) Abweichungen vom System zur Qualitätssicherung sowie interne oder externe Beanstandungen und Beschwerden sind nach schriftlich festgelegten Verfahren umgehend zu überprüfen. Sofern erforderlich, sind korrigierende Maßnahmen einzuleiten.

§ 11 Zusammenarbeit der Behörden

(1) Die zuständigen Obersten Landesbehörden teilen dem Deutschen Institut für Medizinische Dokumentation und Information mit, welche Behörden für den Vollzug des MPG zuständig sind. Das Verzeichnis der Behörden wird auf der Webseite des Deutschen Instituts für Medizinische Dokumentation und Information bekannt gemacht.

(2) Bei Zuwiderhandlungen oder bei Verdacht auf Zuwiderhandlungen gegen die Vorschriften des MPG unterrichten sich die zuständigen Behörden des Bundes und der Länder unverzüglich und unterstützen sich bei der Ermittlungstätigkeit.

(3) Die für die Marktüberwachung zuständigen Behörden arbeiten mit den für die Kontrolle der Außengrenze zuständigen Behörden gemäß Kapitel III Abschnitt 3 der Verordnung (EG) Nr. 765/2008 zusammen. Im Rahmen dieser Zusammenarbeit können die für die Kontrolle der Außengrenze zuständigen Behörden auf Ersuchen den Marktüberwachungsbehörden die Informationen, die sie bei der Überführung von Produkten in den zollrechtlich freien Verkehr erlangt haben und die für die Aufgabenerfüllung der Marktüberwachungsbehörden erforderlich sind, übermitteln.

(4) Ergibt sich bei der Überwachung gemäß § 26 MPG der Verdacht einer Straftat, ist die zuständige Staatsanwaltschaft zu informieren. Dies gilt auch, wenn eine Ordnungswidrigkeit mit einer Straftat zusammentrifft oder Zweifel darüber bestehen, ob eine Straftat oder eine Ordnungswidrigkeit gegeben ist.

§ 12 Sachkenntnis der mit der Überwachung beauftragten Personen

(1) Die mit der Überwachung nach § 26 MPG beauftragten Personen müssen über den Abschluss einer naturwissenschaftlichen, medizinischen oder technischen Hochschul- oder Fachhochschulausbildung verfügen und praktische Erfahrungen haben in dem Tätigkeitsbereich, in dem sie zur Überwachung eingesetzt werden sollen. Abweichend von Satz 1 kann dem in Ausnahmefällen auch eine andere Ausbildung gleichgestellt werden, wenn mindestens eine zweijährige Berufserfahrung für die vorgesehenen Aufgaben nachgewiesen wird.

(2) Die mit der Überwachung nach § 26 MPG beauftragten Personen müssen außerdem ausreichende Kenntnisse besitzen über das Medizinprodukterecht, über die Besonderheiten der zu überwachenden Medizinprodukte sowie über die Einrichtungen und Organisationen des öffentlichen Gesundheitswesens, über das allgemeine Verwaltungsrecht, sowie über die allgemeinen Grundlagen von Qualitätsmanagementsystemen. Soweit sie Inspektionen durchführen, müssen sie in Inspektionstechniken ausreichend geschult sein. Zur Verbesserung und Abstimmung der Inspektionsstandards sollen auch gemeinsame Inspektionen mit Personen anderer Behörden und Erfahrungsaustausche durchgeführt werden.

(3) Den Personen, die mit der Überwachung und Durchführung von Inspektionen beauftragt sind, soll ausreichend Gelegenheit zur fachlichen Fortbildung gegeben werden. Hierfür kommen fachliche Fortbildungsmaßnahmen, gemeinsame Arbeitstagungen und Praktika bei anderen zuständigen Behörden in Betracht.

§ 13 Überwachung der Heilmittelwerbung

Die zuständigen Behörden sollen Verfahren zur Vorgehensweise bei Verstößen von Betrieben und Einrichtungen nach § 26 Absatz 1 MPG gegen Vorschriften des Heilmittelwerberechts sowie bei entsprechenden Verbraucherbeschwerden und sonstigen Beanstandungen festlegen.

§ 14 Übergangsbestimmungen

Personen, die nicht die Anforderungen des § 12 Absatz 1 Satz 1 erfüllen, jedoch am Tage des Inkrafttretens dieser Verwaltungsvorschrift Überwachungstätigkeiten ausüben, dürfen diese Tätigkeit weiter ausüben.

§ 15 Inkrafttreten

Diese allgemeine Verwaltungsvorschrift tritt am 1. Januar 2013 in Kraft.

Der Bundesrat hat zugestimmt.

Berlin, den 18. Mai 2012

Die Bundeskanzlerin

Dr. Angela Merkel

Der Bundesminister für Gesundheit

D. Bahr

Richtlinie des Rates vom 20. Juni 1990 zur Angleichung der Rechtsvorschriften der Mitgliedstaaten über aktive implantierbare medizinische Geräte (90/385/EWG)

(veröffentlicht im Amtsblatt der Europäischen Gemeinschaften ABl. Nr. L 189 vom 20. Juli 1990, S. 17)[1]

Der Rat der europäischen Gemeinschaften —

gestützt auf den Vertrag zur Gründung der Europäischen Wirtschaftsgemeinschaft, insbesondere auf Artikel 100 a,

auf Vorschlag der Kommission[2],

in Zusammenarbeit mit dem Europäischen Parlament[3],

nach Stellungnahme des Wirtschafts- und Sozialausschusses[4],

in Erwägung nachstehender Gründe:

Die aktiven implantierbaren medizinischen Geräte müssen in jedem Mitgliedstaat den Patienten, den Anwendern und Dritten ein hohes Sicherheitsniveau bieten und das vorgegebene Leistungsniveau erreichen, wenn sie in den menschlichen Körper implantiert werden.

Mehrere Mitgliedstaaten haben versucht, dieses Sicherheitsniveau durch verbindliche Festlegungen der technischen Sicherheitsmerkmale und der Prüfverfahren für diese Geräte sicherzustellen. Diese Festlegungen unterscheiden sich von einem Mitgliedstaat zum anderen.

Die nationalen Vorschriften zur Gewährleistung dieses Sicherheitsniveaus müssen harmonisiert werden, um den freien Verkehr für aktive implantierbare medizinische Geräte zu gewährleisten, ohne das in den Mitgliedstaaten bestehende und gerechtfertigte Sicherheitsniveau zu verringern.

Die harmonisierten Vorschriften sind von den Maßnahmen zu unterscheiden, die von den Mitgliedstaaten zur Regelung der Finanzierung des öffentlichen Gesundheitssystems und des Krankenversicherungssystems ergriffen werden und solche Geräte unmittelbar oder mittelbar betreffen. Diese harmonisierten Vorschriften berühren daher nicht die Möglichkeit der Mitgliedstaaten, die oben genannten Maßnahmen unter Wahrung des Gemeinschaftsrechts durchzuführen.

1) Zuletzt geändert durch Artikel 1 der Richtlinie 2007/47/EG des Europäischen Parlaments und des Rates vom 5. September 2007 zur Änderung der Richtlinien 90/385/EWG des Rates zur Angleichung der Rechtsvorschriften der Mitgliedstaaten über aktive implantierbare medizinische Geräte und 93/42/EWG des Rates über Medizinprodukte sowie der Richtlinie 98/8/EG über das Inverkehrbringen von Biozid-Produkten (ABl. Nr. L 247 vom 21. 9. 2007, S. 21).
2) ABl. Nr. C 14 vom 18. 1. 1989, S. 4
3) ABl. Nr. C 120 vom 16. 5. 1989, S. 75 und ABl. Nr. C 149 vom 18. 6. 1990.
4) ABl. Nr. C 159 vom 26. 6. 1989, S. 47

Die Beibehaltung oder die Verbesserung des in den Mitgliedstaaten erreichten Schutzniveaus ist eines der in den grundlegenden Anforderungen festgelegten Hauptziele dieser Richtlinie.

Die Regelungen über aktive implantierbare medizinische Geräte können auf die Bestimmungen beschränkt werden, die zur Erfüllung der grundlegenden Anforderungen notwendig sind. Da sie grundlegend sind, müssen diese Anforderungen entsprechende nationale Bestimmungen ersetzen.

Um den Nachweis der Übereinstimmung mit diesen grundlegenden Anforderungen zu erleichtern und um die Übereinstimmung überprüfen zu können, sind auf europäischer Ebene harmonisierte Normen über die Verhütung von Gefahren, die mit der Auslegung, Herstellung und Verpackung von aktiven implantierbaren medizinischen Geräten verbunden sind, wünschenswert. Diese auf europäischer Ebene harmonisierten Normen werden von privatrechtlichen Institutionen entwickelt und müssen unverbindliche Bestimmungen bleiben. Zu diesem Zweck sind das Europäische Komitee für Normung (CEN) und das Europäische Komitee für elektrotechnische Normung (CENELEC) als zuständige Gremien anerkannt, um die harmonisierten Normen im Einklang mit den am 13. November 1984 unterzeichneten allgemeinen Leitlinien für die Zusammenarbeit zwischen der Kommission und diesen beiden Institutionen zu erlassen. Im Sinne dieser Richtlinie ist eine harmonisierte Norm eine technische Spezifikation (europäische Norm oder Harmonisierungsdokument), die von einer oder beiden Institutionen im Auftrag der Kommission entsprechend der Richtlinie 83/189/EWG des Rates vom 28. März 1983 über ein Informationsverfahren auf dem Gebiet der Normen und technischen Vorschriften[5], zuletzt geändert durch die Richtlinie 88/182/EWG[6], sowie im Einklang mit den oben genannten allgemeinen Leitlinien erarbeitet worden ist.

Es müssen Prüfverfahren geschaffen werden, die auf der Grundlage einer gemeinsamen Zustimmung durch die Mitgliedstaaten in Übereinstimmung mit den Gemeinschaftskriterien festzulegen sind.

Wegen der Besonderheiten des medizinischen Bereichs sollte bestimmt werden, dass die benannte Stelle und der Hersteller oder sein in der Gemeinschaft niedergelassener Bevollmächtigter einvernehmlich die Fristen für den Abschluss der Verfahren zur Bewertung und Überprüfung der Übereinstimmung der Geräte festlegen —

hat folgende Richtlinie erlassen:

5) ABl. Nr. L 109 vom 26. 4. 1983, S. 8.
6) ABl. Nr. L 81 vom 26. 3. 1988, S. 75.

Artikel 1

(1) Diese Richtlinie gilt für aktive implantierbare medizinische Geräte.

(2) Für diese Richtlinie gelten folgende Begriffsbestimmungen:

a) *medizinisches Gerät*: alle einzeln oder miteinander verbunden verwendete/n Instrumente, Apparate, Vorrichtungen, Software, Stoffe oder anderen Gegenstände samt der Zubehörteile, einschließlich der vom Hersteller speziell zur Anwendung für diagnostische und/oder therapeutische Zwecke bestimmten und für ein einwandfreies Funktionieren des medizinischen Geräts eingesetzten Software, die vom Hersteller zur Anwendung für Menschen für folgende Zwecke bestimmt sind:
- Erkennung, Verhütung, Überwachung, Behandlung oder Linderung von Krankheiten,
- Erkennung, Überwachung, Behandlung, Linderung oder Kompensierung von Verletzungen oder Behinderungen,
- Untersuchung, Ersatz oder Veränderung des anatomischen Aufbaus oder eines physiologischen Vorgangs,
- Empfängnisregelung,

und deren bestimmungsgemäße Hauptwirkung im oder am menschlichen Körper weder durch pharmakologische oder immunologische Mittel noch metabolisch erreicht wird, deren Wirkungsweise aber durch solche Mittel unterstützt werden kann.

b) *Aktives medizinisches Gerät*: jedes medizinische Gerät, dessen Betrieb auf eine elektrische Energiequelle oder eine andere Energiequelle als die unmittelbar durch den menschlichen Körper oder die Schwerkraft erzeugte Energie angewiesen ist.

c) *Aktives implantierbares medizinisches Gerät*: jedes aktive medizinische Gerät, das dafür ausgelegt ist, ganz oder teilweise durch einen chirurgischen oder medizinischen Eingriff in den menschlichen Körper oder durch einen medizinischen Eingriff in eine natürliche Körperöffnung eingeführt zu werden und dazu bestimmt ist, nach dem Eingriff dort zu verbleiben.

d) *Sonderanfertigung*: jedes Gerät, das nach schriftlicher Verordnung eines entsprechend qualifizierten Arztes unter dessen Verantwortung nach spezifischen Auslegungsmerkmalen eigens angefertigt wird und zur ausschließlichen Anwendung bei einem namentlich genannten Patienten bestimmt ist. Serienmäßig hergestellte Geräte, die angepasst werden müssen, um den spezifischen Anforderungen des Arztes oder eines anderen berufsmäßigen Anwenders zu entsprechen, gelten nicht als Sonderanfertigungen.

e) *Für klinische Prüfungen bestimmtes Gerät*: jedes Gerät, das dazu bestimmt ist, einem entsprechend qualifizierten Arzt zur Durchführung von klinischen Prüfungen am Menschen gemäß Anhang 7 Abschnitt 2.1 in einer angemessenen medizinischen Umgebung zur Verfügung gestellt zu werden. Im Hinblick auf die Durchführung der klinischen Prüfungen ist einem entsprechend qualifizierten Arzt jede sonstige Person gleichgestellt, die aufgrund ihrer beruflichen Qualifikation befugt ist, diese Prüfungen durchzuführen.

f) *Zweckbestimmung*: die Verwendung, für die das Gerät nach den Angaben des Herstellers in der Kennzeichnung, der Gebrauchsanweisung und/oder dem Werbematerial bestimmt ist.

g) *Inbetriebnahme*: die Zurverfügungstellung an das medizinische Personal zur Implantation.

h) *Inverkehrbringen*: erste entgeltliche oder unentgeltliche Überlassung eines Gerätes, das nicht für klinische Prüfung bestimmt ist, im Hinblick auf seinen Vertrieb und/oder seine Verwendung innerhalb der Gemeinschaft, ungeachtet dessen, ob es sich um ein neues oder ein als neu aufbereitetes Gerät handelt.

i) *Hersteller*: die natürliche oder juristische Person, die für die Auslegung, Herstellung, Verpackung und Etikettierung eines Gerätes im Hinblick auf das Inverkehrbringen im eigenen Namen verantwortlich ist, unabhängig davon, ob diese Tätigkeiten von dieser Person oder stellvertretend für diese von einer dritten Person ausgeführt werden.

Die dem Hersteller nach dieser Richtlinie obliegenden Verpflichtungen gelten auch für die natürliche oder juristische Person, die ein oder mehrere vorgefertigte Geräte montiert, abpackt, behandelt, aufbereitet und/oder kennzeichnet und/ oder für die Festlegung der Zweckbestimmung als Gerät im Hinblick auf das Inverkehrbringen im eigenen Namen verantwortlich ist. Dies gilt nicht für Personen, die - ohne Hersteller im Sinne des Unterabsatzes 1 zu sein – bereits in Verkehr gebrachte Geräte für einen namentlich genannten Patienten entsprechend ihrer Zweckbestimmung montieren oder anpassen.

j) *Bevollmächtigter*: die in der Gemeinschaft niedergelassene natürliche oder juristische Person, die vom Hersteller ausdrücklich dazu bestimmt wurde, im Hinblick auf seine Verpflichtungen nach dieser Richtlinie in seinem Namen zu handeln und von den Behörden und Stellen in der Gemeinschaft in diesem Sinne kontaktiert zu werden.

k) *Klinische Daten*: Sicherheits- und/oder Leistungsangaben, die aus der Verwendung eines Geräts hervorgehen. Klinische Daten stammen aus folgenden Quellen:

- klinischer/-en Prüfung(en) des betreffenden Geräts; oder
- klinischer/-en Prüfung(en) oder sonstigen in der wissenschaftlichen Fachliteratur wiedergegebenen Studien über ein ähnliches Gerät,

dessen Gleichartigkeit mit dem betreffenden Gerät nachgewiesen werden kann; oder

- veröffentlichten und/oder unveröffentlichten Berichten über sonstige klinische Erfahrungen entweder mit dem betreffenden Gerät oder einem ähnlichen Gerät, dessen Gleichartigkeit mit dem betreffenden Gerät nachgewiesen werden kann.

(3) Aktive implantierbare medizinische Geräte, die dazu bestimmt sind, einen als Arzneimittel im Sinne des Artikels 1 der Richtlinie 2001/ 83/EG[7] definierten Stoff abzugeben, unterliegen der vorliegenden Richtlinie unbeschadet der das Arzneimittel betreffenden Bestimmungen der Richtlinie 2001/83/EG.

(4) Enthält ein aktives implantierbares medizinisches Gerät als festen Bestandteil einen Stoff, der – gesondert verwendet – als Arzneimittel im Sinne des Artikels 1 der Richtlinie 2001/83/EG betrachtet werden und in Ergänzung zu dem Gerät eine Wirkung auf den menschlichen Körper entfalten kann, so ist dieses Gerät gemäß der vorliegenden Richtlinie zu bewerten und zuzulassen.

(4a) Enthält ein Gerät als festen Bestandteil einen Stoff, der – gesondert verwendet – als Arzneimittelbestandteil oder Arzneimittel aus menschlichem Blut oder Blutplasma im Sinne des Artikels 1 der Richtlinie 2001/83/EG betrachtet werden und in Ergänzung zu dem Gerät eine Wirkung auf den menschlichen Körper entfalten kann (nachstehend „Derivat aus menschlichem Blut" genannt), so ist dieses Gerät gemäß der vorliegenden Richtlinie zu bewerten und zuzulassen.

(5) Diese Richtlinie ist eine Einzelrichtlinie im Sinne von Artikel 1 Absatz 4 der Richtlinie 2004/108/EG[8].

(6) Diese Richtlinie gilt nicht für:

a) Arzneimittel im Sinne der Richtlinie 2001/83/EG. Die Entscheidung darüber, ob ein Produkt unter die vorgenannte oder die vorliegende Richtlinie fällt, erfolgt insbesondere unter Berücksichtigung der hauptsächlichen Wirkungsweise des Produkts;

b) menschliches Blut, Blutprodukte, Blutplasma oder Blutzellen menschlichen Ursprungs oder Geräte, die zum Zeitpunkt des Inverkehrbringens Blutprodukte, Blutplasma oder Blutzellen dieser Art enthalten, mit Ausnahme der in Absatz 4a genannten Geräte;

c) Transplantate oder Gewebe oder Zellen menschlichen Ursprungs noch für Geräte, die Gewebe oder Zellen menschlichen Ursprungs enthalten oder aus solchen Geweben oder Zellen gewonnen wurden, mit Ausnahme der in Absatz 4a genannten Geräte;

---

7) ABl. L 311 vom 28.11.2001, S. 67. Zuletzt geändert durch die Verordnung (EG) Nr. 1901/2006 (ABl. L 378 vom 27. 12. 2006, S. 1).

8) Richtlinie 2004/108/EG des Europäischen Parlaments und des Rates vom 15. Dezember 2004 zur Angleichung der Rechtsvorschriften der Mitgliedstaaten über die elektromagnetische Verträglichkeit (ABl. L 390 vom 31.12.2004, S. 24).

d) Transplantate oder Gewebe oder Zellen tierischen Ursprungs, es sei denn, ein Gerät wird unter Verwendung von abgetötetem tierischen Gewebe oder von abgetöteten Erzeugnissen, die aus tierischem Gewebe gewonnen wurden, hergestellt.

Artikel 2

Die Mitgliedstaaten treffen alle erforderlichen Maßnahmen, damit die Geräte nur in Verkehr gebracht und/oder in Betrieb genommen werden dürfen, wenn sie bei sachgemäßer Lieferung, Implantation und/oder Installation, Instandhaltung und ihrer Zweckbestimmung entsprechender Verwendung die Anforderungen dieser Richtlinie erfüllen.

Artikel 3

Die in Artikel 1 Absatz 2 Buchstaben c, d und e genannten aktiven implantierbaren medizinischen Geräte (im folgenden als „Geräte" bezeichnet) müssen die grundlegenden Anforderungen gemäß Anhang 1 erfüllen, die auf sie unter Berücksichtigung ihrer Zweckbestimmung anwendbar sind.

Besteht ein einschlägiges Risiko, so müssen Geräte, die auch Maschinen im Sinne des Artikels 2 Buchstabe a der Richtlinie 2006/42/EG des Europäischen Parlaments und des Rates vom 17. Mai 2006 über Maschinen[9] sind, den grundlegenden Gesundheits- und Sicherheitsanforderungen gemäß Anhang I jener Richtlinie entsprechen, sofern diese grundlegenden Gesundheits- und Sicherheitsanforderungen spezifischer sind als die grundlegenden Anforderungen gemäß Anhang 1 der vorliegenden Richtlinie.

Artikel 4

(1) Die Mitgliedstaaten behindern in ihrem Hoheitsgebiet nicht das Inverkehrbringen und die Inbetriebnahme von Geräten, die dieser Richtlinie entsprechen und mit der in Artikel 12 vorgesehenen CE-Kennzeichnung versehen sind, mit der angezeigt wird, dass sie einer Konformitätsbewertung nach Artikel 9 unterzogen worden sind.

(2) Die Mitgliedstaaten behindern nicht, dass

- für klinische Prüfungen bestimmte Geräte den entsprechend qualifizierten Ärzten oder den dazu befugten Personen zur Verfügung gestellt werden, wenn sie den Bedingungen gemäß Artikel 10 und Anhang 6 entsprechen;
- Sonderanfertigungen in Verkehr gebracht und in Betrieb genommen werden, wenn sie die in Anhang 6 vorgesehenen Bedingungen erfüllen und wenn ihnen die in diesem Anhang genannte Erklärung beigefügt ist, die für den in diesem Anhang genannten Patienten verfügbar sein muss.

Diese Geräte tragen nicht die CE-Kennzeichnung.

---

9) ABl. L 157 vom 9.6.2006, S. 24.

(3) Die Mitgliedstaaten behindern nicht, dass insbesondere bei Messen, Ausstellungen und Vorführungen den Bestimmungen dieser Richtlinie nicht entsprechende Geräte ausgestellt werden, sofern ein sichtbares Schild deutlich darauf hinweist, dass sie dieser Richtlinie nicht entsprechen und erst in Verkehr gebracht oder in Betrieb genommen werden können, wenn der Hersteller oder sein Bevollmächtigter ihre Übereinstimmung mit dieser Richtlinie hergestellt hat.

(4) Die Mitgliedstaaten können verlangen, dass die Angaben gemäß Anhang 1 Abschnitte 13, 14 und 15 zum Zeitpunkt der Inbetriebnahme eines Gerätes in ihrer (ihren) jeweiligen Amtssprache(n) vorliegen.

(5) a) Falls die Geräte auch von anderen Richtlinien erfasst werden, die andere Aspekte behandeln und in denen die CE-Kennzeichnung vorgesehen ist, wird mit dieser Kennzeichnung angegeben, dass auch von der Konformität dieser Geräte mit den Bestimmungen dieser anderen Richtlinien auszugehen ist.

b) Steht jedoch laut einer oder mehrerer dieser Richtlinien dem Hersteller während einer Übergangszeit die Wahl der anzuwendenden Regelung frei, so wird durch die CE-Kennzeichnung lediglich die Konformität mit den Bestimmungen der vom Hersteller angewandten Richtlinien angezeigt. In diesem Fall müssen die den Geräten beiliegenden Unterlagen, Hinweise oder Anleitungen die Nummern der jeweils angewandten Richtlinien entsprechend ihrer Veröffentlichung im Amtsblatt der Europäischen Gemeinschaften tragen; diese Unterlagen, Hinweise oder Anleitungen müssen ohne Zerstörung der Verpackung, durch welche die Sterilität des Gerätes gewährleistet wird, zugänglich sein.

Artikel 5

(1) Die Mitgliedstaaten gehen von der Einhaltung der grundlegenden Anforderungen gemäß Artikel 3 bei Geräten aus, die den einschlägigen nationalen Normen zur Durchführung der harmonisierten Normen, deren Fundstellen im Amtsblatt der Europäischen Union veröffentlicht wurden, entsprechen; die Mitgliedstaaten veröffentlichen die Fundstellen dieser nationalen Normen.

(2) Der Verweis auf harmonisierte Normen im Sinne dieser Richtlinie schließt auch die Monographie des Europäischen Arzneibuchs insbesondere über die Aspekte der Wechselwirkung zwischen Arzneimitteln und Materialien von Geräten, die diese Arzneimittel aufnehmen, ein; die Fundstellen dieser Monographie müssen im Amtsblatt der Europäischen Union veröffentlicht sein.

Artikel 6

(1) Ist ein Mitgliedstaat oder die Kommission der Auffassung, dass die in Artikel 5 genannten harmonisierten Normen den in Artikel 3 genannten grundlegenden Anforderungen nicht voll entsprechen, so bringt die Kommission oder der

betreffende Mitgliedstaat die Angelegenheit vor den durch die Richtlinie 98/34/EG[10] eingesetzten Ständigen Ausschuss unter Darlegung der Gründe. Der Ausschuss nimmt hierzu umgehend Stellung

Aufgrund der Stellungnahme des genannten Ausschusses teilt die Kommission den Mitgliedstaaten die Maßnahmen mit, die in Bezug auf die in Artikel 5 genannten Normen und ihre Veröffentlichung zu ergreifen sind.

(2) Die Kommission wird von einem Ständigen Ausschuss (im Folgenden „Ausschuss" genannt) unterstützt.

(3) Wird auf diesen Absatz Bezug genommen, so gelten die Artikel 5 und 7 des Beschlusses 1999/468/EG unter Beachtung von dessen Artikel 8.

Der Zeitraum nach Artikel 5 Absatz 6 des Beschlusses 1999/468/EG wird auf drei Monate festgesetzt.

(4) Wird auf diesen Absatz Bezug genommen, so gelten Artikel 5a Absätze 1 bis 4 und Artikel 7 des Beschlusses 1999/468/EG unter Beachtung von dessen Artikel 8.

(5) Wird auf diesen Absatz Bezug genommen, so gelten Artikel 5a Absätze 1, 2, 4 und 6 sowie Artikel 7 des Beschlusses 1999/468/EG unter Beachtung von dessen Artikel 8.

Artikel 7

1) Stellt ein Mitgliedstaat fest, dass die in Artikel 1 Absatz 2 Buchstaben c) und d) genannten Geräte die Gesundheit und/oder die Sicherheit der Patienten, der Anwender oder gegebenenfalls Dritter gefährden können, auch wenn sie sachgemäß in Betrieb genommen und ihrer Zweckbestimmung entsprechend verwendet werden, so ergreift er alle zweckdienlichen Maßnahmen, um diese Geräte vom Markt zurückzuziehen oder ihr Inverkehrbringen oder ihre Inbetriebnahme zu verbieten oder einzuschränken.

Der Mitgliedstaat unterrichtet die Kommission unverzüglich von dieser Maßnahme, begründet seine Entscheidung und gibt insbesondere an, ob die Abweichung von den Anforderungen dieser Richtlinie zurückzuführen ist auf

a) die Nichteinhaltung der in Artikel 3 genannten grundlegenden Anforderungen, wenn das Gerät ganz oder teilweise den in Artikel 5 genannten Normen nicht entspricht,

b) die mangelhafte Anwendung dieser Normen,

c) einen Mangel dieser Normen selbst.

(2) Die Kommission konsultiert unverzüglich die Betroffenen. Stellt die Kommission nach dieser Anhörung fest,

10) Richtlinie 98/34/EG des Europäischen Parlaments und des Rates vom 22. Juni 1998 über ein Informationsverfahren auf dem Gebiet der Normen und technischen Vorschriften und der Vorschriften für die Dienste der Informationsgesellschaft (ABl. L 204 vom 21.7.1998, S. 37). Zuletzt geändert durch die Beitrittsakte von 2003.

- dass die Maßnahme gerechtfertigt ist, so unterrichtet sie hiervon unverzüglich den Mitgliedstaat, der die Maßnahme getroffen hat, sowie die anderen Mitgliedstaaten. Ist die in Absatz 1 genannte Entscheidung in einem Mangel der Normen begründet, so befasst die Kommission nach Anhörung der Betroffenen den in Artikel 6 Absatz 1 genannten Ausschuss innerhalb von zwei Monaten, sofern der Mitgliedstaat, der die Entscheidung getroffen hat, diese aufrechterhalten will, und leitet das in Artikel 6 Absatz 1 genannte Verfahren ein;
- dass die Maßnahme nicht gerechtfertigt ist, so unterrichtet sie davon unverzüglich den Mitgliedstaat, der die Maßnahme getroffen hat, sowie den Hersteller oder seinen in der Gemeinschaft niedergelassenen Bevollmächtigten.

(3) Ist ein den Anforderungen dieser Richtlinie nicht entsprechendes Gerät mit der CE-Kennzeichnung versehen, so ergreift der zuständige Mitgliedstaat gegenüber demjenigen, der das Zeichen angebracht hat, die geeigneten Maßnahmen und unterrichtet hiervon die Kommission und die anderen Mitgliedstaaten.

(4) Die Kommission vergewissert sich, dass die Mitgliedstaaten über den Verlauf und die Ergebnisse dieses Verfahrens unterrichtet werden.

Artikel 8

(1) Die Mitgliedstaaten ergreifen die erforderlichen Maßnahmen, damit die ihnen zur Kenntnis gebrachten Angaben zu den nachstehend beschriebenen Vorkommnissen im Zusammenhang mit einem Gerät zentral erfasst und bewertet werden:

a) jede Funktionsstörung und jede Änderung der Merkmale oder der Leistung sowie jede Unsachgemäßheit der Kennzeichnung oder der Gebrauchsanweisung eines Gerätes, die zum Tode oder zu einer schwerwiegenden Verschlechterung des Gesundheitszustandes eines Patienten oder eines Anwenders führen kann oder dazu geführt hat;

b) jeder Grund technischer oder medizinischer Art, der aufgrund der unter Buchstabe a genannten Ursachen durch die Merkmale oder Leistungen des Geräts bedingt ist und zum systematischen Rückruf von Geräten desselben Typs durch den Hersteller führt.

(2) Wenn ein Mitgliedstaat die Ärzteschaft oder medizinische Einrichtungen auffordert, den zuständigen Behörden die Vorkommnisse gemäß Absatz 1 mitzuteilen, trifft er die erforderlichen Maßnahmen, damit der Hersteller des betreffenden Geräts oder sein Bevollmächtigter ebenfalls von dem Vorkommnis unterrichtet wird.

(3) Nachdem die Mitgliedstaaten ein Vorkommnis – nach Möglichkeit gemeinsam mit dem Hersteller oder seinem Bevollmächtigten – bewertet haben, unterrichten sie unbeschadet des Artikels 7 die Kommission und die anderen Mitgliedstaaten unverzüglich über die Maßnahmen, die getroffen oder ins Auge gefasst wurden, um ein erneutes Auftreten der in Absatz 1 genannten Vorkommnisse auf ein Minimum

zu reduzieren. Dies schließt Informationen über die zugrunde liegenden Vorkommnisse ein.

(4) Die zur Umsetzung dieses Artikels erforderlichen Maßnahmen werden nach dem in Artikel 6 Absatz 3 genannten Regelungsverfahren erlassen.

Artikel 9

(1) Für alle Geräte mit Ausnahme der Sonderanfertigungen und der für klinische Prüfungen bestimmten Geräte muss der Hersteller, damit die CE-Kennzeichnung angebracht werden kann, nach seiner Wahl

a) das Verfahren der EG-Konformitätserklärung gemäß Anhang 2 einhalten oder

b) das Verfahren der EG-Baumusterprüfung gemäß Anhang 3 einhalten, und zwar in Verbindung mit

   i) dem Verfahren der EG-Prüfung gemäß Anhang 4

   oder

   ii) dem Verfahren der EG-Erklärung zur Übereinstimmung mit dem Baumuster gemäß Anhang 5.

(2) Bei Sonderanfertigungen hat der Hersteller vor dem Inverkehrbringen jedes Gerätes die Erklärung gemäß Anhang 6 auszustellen.

(3) Die in den Anhängen 3, 4 und 6 vorgesehenen Verfahren können gegebenenfalls von dem in der Gemeinschaft niedergelassenen Bevollmächtigten des Herstellers geführt werden.

(4) Die Unterlagen und der Schriftwechsel über die Verfahren gemäß den Absätzen 1, 2 und 3 werden in einer Amtssprache desjenigen Mitgliedstaats erstellt, in dem diese Verfahren durchgeführt werden, und/oder in einer Sprache, die von der nach Artikel 11 benannten Stelle anerkannt wird.

(5) Bei dem Verfahren der Konformitätsbewertung für ein Gerät berücksichtigen der Hersteller und/oder die benannte Stelle die Ergebnisse von Bewertungen und Prüfungen, die gegebenenfalls in einem Zwischenstadium der Herstellung gemäß dieser Richtlinie vorgenommen wurden.

(6) Setzt das Verfahren der Konformitätsbewertung die Beteiligung einer benannten Stelle voraus, so kann sich der Hersteller oder sein in der Gemeinschaft niedergelassener Bevollmächtigter im Rahmen der Aufgaben, für die diese Stelle benannt worden ist, an eine Stelle seiner Wahl wenden.

(7) Die benannte Stelle kann mit ordnungsgemäßer Begründung alle Informationen oder Angaben verlangen, die zur Ausstellung und Aufrechterhaltung der Konformitätsbescheinigung im Hinblick auf das gewählte Verfahren erforderlich sind.

(8) Die von den benannten Stellen gemäß den Anhängen 2, 3 und 5 getroffenen Entscheidungen haben eine Gültigkeitsdauer von höchstens fünf Jahren, die auf

Antrag jeweils um höchstens fünf Jahre verlängert werden kann; der Antrag ist zu dem im Vertrag zwischen beiden Parteien vereinbarten Zeitpunkt einzureichen.

(9) Abweichend von den Absätzen 1 und 2 können die zuständigen Behörden auf ordnungsgemäß begründeten Antrag im Hoheitsgebiet des betreffenden Mitgliedstaats das Inverkehrbringen und die Inbetriebnahme einzelner Geräte zulassen, bei denen die Verfahren gemäß den Absätzen 1 und 2 nicht durchgeführt wurden, wenn deren Verwendung im Interesse des Gesundheitsschutzes liegt.

(10) Die Maßnahmen zur Änderung nicht wesentlicher Bestimmungen dieser Richtlinie durch Ergänzung, die die Art und Weise betreffen, mit denen die Informationen gemäß Anhang 1 Kapitel 15 angesichts des technischen Fortschritts und unter Berücksichtigung der vorgesehenen Anwender der betreffenden Geräte dargestellt werden können, werden nach dem in Artikel 6 Absatz 4 genannten Regelungsverfahren mit Kontrolle erlassen.

Artikel 9a

(1) Ein Mitgliedstaat legt der Kommission in folgenden Fällen einen ausreichend begründeten Antrag vor und fordert diese auf, die erforderlichen Maßnahmen zu treffen:

– Der Mitgliedstaat ist der Auffassung, dass die Konformität eines Geräts oder einer Gerätebaureihe abweichend von Artikel 9 in ausschließlicher Anwendung eines bestimmten Verfahrens festgestellt werden soll, das aus den in Artikel 9 vorgesehenen Verfahren auszuwählen ist.
– Der Mitgliedstaat ist der Auffassung, dass eine Entscheidung darüber erforderlich ist, ob ein bestimmtes Gerät oder eine Gruppe von Geräten unter eine der Begriffsbestimmungen in Artikel 1 Absatz 2 Buchstabe a, c, d oder e fällt.

Werden in Unterabsatz 1 genannte Maßnahmen als erforderlich erachtet, so werden sie gemäß dem in Artikel 6 Absatz 3 genannten Regelungsverfahren erlassen.

(2) Die Kommission unterrichtet die Mitgliedstaaten über die getroffenen Maßnahmen.

Artikel 10

(1) Bei für klinische Prüfungen bestimmten Geräten übermittelt der Hersteller oder der in der Gemeinschaft niedergelassene Bevollmächtigte die Erklärung gemäß Anhang 6 den zuständigen Behörden des Mitgliedstaats, in dem die Prüfungen durchgeführt werden sollen, mindestens sechzig Tage vor Beginn der Prüfungen.

(2) Der Hersteller kann mit den betreffenden klinischen Prüfungen nach Ablauf einer Frist von sechzig Tagen nach Anmeldung beginnen, es sei denn, die zuständigen Behörden haben ihm innerhalb dieser Frist eine auf Gründe der

öffentlichen Gesundheit oder der öffentlichen Ordnung gestützte gegenteilige Entscheidung mitgeteilt.

Die Mitgliedstaaten können die Hersteller jedoch ermächtigen, vor Ablauf der Frist von 60 Tagen mit den klinischen Prüfungen zu beginnen, sofern die betreffende Ethik-Kommission eine befürwortende Stellungnahme zu dem entsprechenden Prüfungsprogramm einschließlich ihrer Überprüfung des klinischen Prüfplans abgegeben hat.

(2a) Die Ermächtigung nach Absatz 2 Unterabsatz 2 kann von einer Genehmigung durch die zuständige Behörde abhängig gemacht werden.

(3) Die Mitgliedstaaten ergreifen, falls erforderlich, die geeigneten Maßnahmen zur Sicherung der öffentlichen Gesundheit und öffentlichen Ordnung. Wird eine klinische Prüfung von einem Mitgliedstaat abgelehnt oder ausgesetzt, so unterrichtet dieser Mitgliedstaat alle anderen Mitgliedstaaten und die Kommission von seiner Entscheidung und deren Gründen. Hat ein Mitgliedstaat eine wesentliche Änderung oder vorübergehende Unterbrechung einer klinischen Prüfung angeordnet, so unterrichtet dieser Mitgliedstaat die betroffenen anderen Mitgliedstaaten von seinen Maßnahmen und deren Gründen.

(4) Der Hersteller oder sein Bevollmächtigter unterrichtet die zuständigen Behörden des betroffenen Mitgliedstaats über den Abschluss der klinischen Prüfungen mit einer entsprechenden Begründung im Fall einer vorzeitigen Beendigung. Im Fall der vorzeitigen Beendigung der klinischen Prüfungen aus Sicherheitsgründen ist diese Mitteilung allen Mitgliedstaaten und der Kommission zu übermitteln. Der Hersteller oder sein Bevollmächtigter hält den in Anhang 7 Abschnitt 2.3.7 genannten Bericht den zuständigen Behörden zur Verfügung.

(5) Die klinischen Prüfungen sind gemäß Anhang 7 durchzuführen. Die Maßnahmen, die eine Änderung nicht wesentlicher Bestimmungen dieser Richtlinie bewirken und die Bestimmungen für klinische Prüfungen in Anhang 7 betreffen, werden nach dem in Artikel 6 Absatz 4 genannten Regelungsverfahren mit Kontrolle erlassen.

Artikel 10a

(1) Jeder Hersteller, der im eigenen Namen Geräte nach dem Verfahren gemäß Artikel 9 Absatz 2 in Verkehr bringt, muss den zuständigen Behörden des Mitgliedstaats, in dem er seinen Firmensitz hat, die Anschrift des Firmensitzes und die Beschreibung der betreffenden Geräte mitteilen.

Die Mitgliedstaaten können verlangen, dass ihnen die Kennzeichnung und die Gebrauchsanweisung sowie alle Angaben, die die Identifizierung der Geräte ermöglichen, mitgeteilt werden, wenn die Geräte in ihrem Hoheitsgebiet in Betrieb genommen werden.

(2) Hat ein Hersteller, der im eigenen Namen ein Gerät in Verkehr bringt, keinen Firmensitz in einem Mitgliedstaat, so muss er einen einzigen Bevollmächtigten in der Europäischen Union benennen.

Für in Absatz 1 Unterabsatz 1 genannte Geräte teilt der Bevollmächtigte der zuständigen Behörde des Mitgliedstaats, in dem er seinen Sitz hat, sämtliche Einzelheiten nach Absatz 1 mit.

(3) Die Mitgliedstaaten unterrichten auf Anfrage die übrigen Mitgliedstaaten und die Kommission über die vom Hersteller oder Bevollmächtigten vorgelegten, in Absatz 1 Unterabsatz 1 genannten Angaben.

Artikel 10b

(1) Regulierungsdaten gemäß dieser Richtlinie werden in einer europäischen Datenbank erfasst, zu der die zuständigen Behörden Zugang erhalten, damit sie ihre Aufgaben im Zusammenhang mit dieser Richtlinie in voller Sachkenntnis wahrnehmen können.

Die Datenbank enthält:

a) Angaben im Zusammenhang mit Bescheinigungen, die gemäß den Verfahren der Anhänge 2 bis 5 ausgestellt, geändert, ergänzt, ausgesetzt, zurückgezogen oder verweigert wurden;

b) Angaben, die gemäß dem in Artikel 8 festgelegten Beobachtungs- und Meldeverfahren erhalten werden;

c) Angaben zu den klinischen Prüfungen gemäß Artikel 10.

(2) Die Angaben werden in einem vereinheitlichten Format übermittelt.

(3) Die zur Durchführung der Absätze 1 und 2 dieses Artikels, insbesondere zur Durchführung von Artikel 1 Buchstabe c, notwendigen Maßnahmen werden nach dem in Artikel 6 Absatz 3 genannten Regelungsverfahren erlassen.

Artikel 10c

Ist ein Mitgliedstaat der Auffassung, dass ein bestimmtes Gerät oder eine Gruppe von Geräten aus Gründen des Gesundheitsschutzes und der Sicherheit und/oder im Interesse der öffentlichen Gesundheit vom Markt genommen oder das Inverkehrbringen und die Inbetriebnahme verboten, beschränkt oder bestimmten Auflagen unterworfen werden sollte, so kann er alle erforderlichen und begründeten vorläufigen Maßnahmen treffen.

Der Mitgliedstaat unterrichtet hiervon die Kommission und die übrigen Mitgliedstaaten von den vorläufigen Maßnahmen unter Angabe der Gründe für seine Entscheidung.

Die Kommission konsultiert, soweit dies möglich ist, die betroffenen Parteien und die Mitgliedstaaten. Die Kommission gibt eine Stellungnahme ab, in der sie darlegt, ob die einzelstaatlichen Maßnahmen gerechtfertigt sind oder nicht. Die Kommission informiert sämtliche Mitgliedstaaten und die konsultierten betroffenen Parteien.

Erforderlichenfalls werden die notwendigen Maßnahmen, mit denen nicht wesentliche Bestimmungen dieser Richtlinie durch Ergänzungen abgeändert werden sollen und die sich darauf beziehen, dass ein bestimmtes Gerät oder eine Gruppe von Geräten vom Markt genommen, ihr Inverkehrbringen und/oder ihre Inbetriebnahme verboten oder eingeschränkt oder bestimmten Auflagen unterworfen werden soll, nach dem in Artikel 6 Absatz 4 genannten Regelungsverfahren mit Kontrolle erlassen. Aus Gründen äußerster Dringlichkeit kann die Kommission auf das in Artikel 6 Absatz 5 genannte Dringlichkeitsverfahren zurückgreifen.

Artikel 11

(1) Die Mitgliedstaaten teilen der Kommission und den anderen Mitgliedstaaten mit, welche Stellen sie für die Durchführung der Verfahren nach Artikel 9 bezeichnet haben, welche spezifischen Aufgaben diesen Stellen übertragen wurden und welche Kennnummern ihnen zuvor von der Kommission zugeteilt wurden.

Die Kommission veröffentlicht im Amtsblatt der Europäischen Gemeinschaften eine Liste der benannten Stellen unter Angabe ihrer Kennnummer und der ihnen übertragenen Aufgaben. Sie trägt für die Aktualisierung dieser Liste Sorge.

(2) Die Mitgliedstaaten wenden für die Beauftragung der Stellen die in Anhang 8 aufgeführten Mindestkriterien an. Von den Stellen, die den in den einschlägigen harmonisierten Normen festgelegten Kriterien entsprechen, wird angenommen, dass sie den einschlägigen Mindestkriterien entsprechen.

Sofern es im Hinblick auf den technischen Fortschritt angemessen ist, werden die detaillierten Maßnahmen, die notwendig sind, damit eine kohärente Anwendung der in Anhang 8 der vorliegenden Richtlinie festgelegten Kriterien für die Benennung der Stellen durch die Mitgliedstaaten gewährleistet ist, nach dem in Artikel 6 Absatz 3 genannten Regelungsverfahren erlassen.

(3) Ein Mitgliedstaat, der eine Stelle benannt hat, zieht diese Benennung zurück, wenn er feststellt, dass diese Stelle den Kriterien gemäß Absatz 2 nicht mehr entspricht. Er setzt unverzüglich die anderen Mitgliedstaaten und die Kommission davon in Kenntnis.

(4) Die benannte Stelle und der Hersteller oder sein Bevollmächtigter legen einvernehmlich die Fristen für den Abschluss der in den Anhängen 2 bis 5 vorgesehenen Bewertungs- und Überprüfungsverfahren fest.

(5) Die benannte Stelle unterrichtet die zuständige Behörde über alle ausgestellten, geänderten, ergänzten, ausgesetzten, widerrufenen oder verweigerten Bescheinigungen sowie die anderen im Rahmen dieser Richtlinie benannten Stellen über alle ausgesetzten, widerrufenen oder verweigerten Bescheinigungen sowie auf Anfrage über ausgestellte Bescheinigungen. Die benannte Stelle stellt ferner auf Anfrage alle einschlägigen zusätzlichen Informationen zur Verfügung.

(6) Stellt eine benannte Stelle fest, dass einschlägige Anforderungen dieser Richtlinie vom Hersteller nicht erfüllt wurden oder nicht länger erfüllt werden, oder

hätte eine Bescheinigung nicht ausgestellt werden dürfen, so setzt sie – unter Berücksichtigung des Grundsatzes der Verhältnismäßigkeit – die ausgestellte Bescheinigung aus oder widerruft sie oder erlegt Beschränkungen auf, es sei denn, dass der Hersteller durch geeignete Abhilfemaßnahmen die Übereinstimmung mit diesen Kriterien gewährleistet.

Die benannte Stelle unterrichtet die zuständige Behörde, falls die Bescheinigung ausgesetzt oder widerrufen wird oder Beschränkungen auferlegt werden oder sich ein Eingreifen der zuständigen Behörde als erforderlich erweisen könnte.

Der Mitgliedstaat unterrichtet die übrigen Mitgliedstaaten und die Kommission.

(7) Die benannte Stelle stellt auf Anfrage alle einschlägigen Informationen und Unterlagen einschließlich der haushaltstechnischen Unterlagen zur Verfügung, damit der Mitgliedstaat überprüfen kann, ob die Anforderungen des Anhangs 8 erfüllt sind.

Artikel 12

(1) Geräte – mit Ausnahme der Sonderanfertigungen und der für klinische Prüfungen bestimmten Geräte – die als den grundlegenden Anforderungen gemäß Artikel 3 entsprechende Geräte gelten, müssen als EG-konform gekennzeichnet sein.

(2) Das EG-Konformitätszeichen gemäß Anhang 9 muss in deutlich sichtbarer, leicht lesbarer und unauslöschbarer Form auf der Sterilverpackung und, falls vorhanden, auf der Handelsverpackung sowie auf der Gebrauchsanweisung angebracht sein.

Es muss die Kennnummer der benannten Stelle hinzugefügt sein, die für die Durchführung der Verfahren gemäß den Anhängen 2, 4 und 5 verantwortlich ist.

(3) Es ist verboten, Kennzeichnungen anzubringen, durch die Dritte hinsichtlich der Bedeutung und des Schriftbildes der CE-Kennzeichnung irregeführt werden könnten. Jede andere Kennzeichnung darf auf der Verpackung oder der Gebrauchsanweisung des Gerätes angebracht werden, wenn sie Sichtbarkeit und Lesbarkeit der CE-Kennzeichnung nicht beeinträchtigen.

Artikel 13

Unbeschadet des Artikels 7

a) ist bei der Feststellung durch einen Mitgliedstaat, dass die CE-Kennzeichnung unberechtigterweise angebracht wurde oder unter Verletzung dieser Richtlinie fehlt, der Hersteller oder sein in der Gemeinschaft ansässiger Bevollmächtigter verpflichtet, den weiteren Verstoß unter den von diesem Mitgliedstaat festgelegten Bedingungen zu verhindern.

b) muss – falls die Nichtübereinstimmung weiterbesteht – der Mitgliedstaat alle geeigneten Maßnahmen ergreifen, um das Inverkehrbringen des Produkts zu beschränken oder zu verbieten oder sicherzustellen, dass es nach den Verfahren des Artikels 7 vom Markt zurückgezogen wird.

Diese Bestimmungen gelten auch in den Fällen, in denen die CE-Kennzeichnung nach den Verfahren dieser Richtlinie unzulässigerweise an Erzeugnissen angebracht wurde, die nicht unter diese Richtlinie fallen.

Artikel 14

Jede in Anwendung dieser Richtlinie getroffene Entscheidung, die

a) ein Verbot oder eine Beschränkung des Inverkehrbringens, der Inbetriebnahme eines Gerätes oder der Durchführung einer klinischen Prüfung oder

b) die Aufforderung zur Zurückziehung der Geräte vom Markt

zur Folge hat, ist genau zu begründen. Sie wird dem Betreffenden unverzüglich unter Angabe der Rechtsmittel, die nach dem Recht des betreffenden Mitgliedstaats eingelegt werden können, und der Fristen für die Einlegung dieser Rechtsmittel mitgeteilt.

Bei der im vorstehenden Absatz genannten Entscheidung muss der Hersteller oder sein Bevollmächtigter die Möglichkeit haben, seinen Standpunkt zuvor darzulegen, es sei denn, dass eine solche Anhörung angesichts der Dringlichkeit der zu treffenden Maßnahme nicht möglich ist.

Artikel 15

(1) Die Mitgliedstaaten gewährleisten unbeschadet der bestehenden einzelstaatlichen Bestimmungen und Praktiken in Bezug auf die ärztliche Schweigepflicht, dass alle an der Anwendung dieser Richtlinie Beteiligten verpflichtet sind, alle bei der Durchführung ihrer Aufgaben erhaltenen Informationen vertraulich zu behandeln.

Die Verpflichtung der Mitgliedstaaten und der benannten Stellen zur gegenseitigen Unterrichtung und Verbreitung von Warnungen sowie die strafrechtlichen Auskunftspflichten der betreffenden Personen werden davon nicht berührt.

(2) Die nachstehenden Informationen werden nicht als vertraulich behandelt:

a) Informationen über die Meldung der für das Inverkehrbringen verantwortlichen Personen gemäß Artikel 10a;

b) an den Anwender gerichtete Informationen des Herstellers, des Bevollmächtigten oder des Vertreibers in Bezug auf eine Maßnahme nach Artikel 8;

c) Angaben in Bescheinigungen, die ausgestellt, geändert, ergänzt, ausgesetzt oder widerrufen wurden.

(3) Maßnahmen, mit denen nicht wesentliche Bestimmungen dieser Verordnung u. a. durch Ergänzungen geändert werden sollen und die sich auf die Festlegung der Bedingungen beziehen, unter denen andere Informationen als die in Absatz 2

genannten öffentlich zugänglich gemacht werden dürfen, insbesondere die Verpflichtung der Hersteller, eine Zusammenfassung der Informationen und Angaben über das Gerät zu erstellen und verfügbar zu machen, werden nach dem in Artikel 6 Absatz 4 genannten Regelungsverfahren mit Kontrolle erlassen.

Artikel 15a

Die Mitgliedstaaten treffen geeignete Maßnahmen, damit die zuständigen Behörden der Mitgliedstaaten untereinander und mit der Kommission zusammenarbeiten und einander die notwendigen Informationen übermitteln, um eine einheitliche Anwendung dieser Richtlinie zu ermöglichen.

Die Kommission sorgt für einen Austausch der Erfahrungen zwischen den für Marktaufsicht zuständigen Behörden, um die einheitliche Anwendung dieser Richtlinie zu koordinieren. Unbeschadet dieser Richtlinie kann die Zusammenarbeit im Rahmen von Initiativen auf internationaler Ebene erfolgen.

Artikel 16

(Inkrafttreten)[11]

---

11) (redaktionelle Anmerkung: Das Inkrafttreten der geänderten Richtlinie wird durch Artikel 4 und 5 der Richtlinie 2007/47/EG des Europäischen Parlaments und des Rates zur Änderung der Richtlinien 90/385/EWG des Rates zur Angleichung der Rechtsvorschriften der Mitgliedstaaten über aktive implantierbare medizinische Geräte und 93/42/EWG des Rates über Medizinprodukte sowie der Richtlinie 98/8/EG über das Inverkehrbringen von Biozid-Produkten wie folgt festgelegt:

- Die Richtlinie 2007/47/EG tritt am 20. Tag nach ihrer Veröffentlichung im Amtsblatt der Europäischen Union (21. September 2007) in Kraft.
- Die Mitgliedstaaten erlassen und veröffentlichen bis zum 21. Dezember 2008 die erforderlichen Rechtsvorschriften.
- Es ist eine Übergangsfrist bis zum 21. März 2010 vorgesehen.

Anhang 1
Grundlegende Anforderungen
I. Allgemeine Anforderungen

1. Die Geräte sind so auszulegen und herzustellen, dass ihre Verwendung weder den klinischen Zustand noch die Sicherheit der Patienten gefährdet, wenn sie unter den vorgesehenen Bedingungen und zu den vorgesehenen Zwecken implantiert sind. Sie dürfen weder für die Personen, die die Implantation vornehmen, noch gegebenenfalls für Dritte eine Gefahr darstellen.
2. Die Geräte müssen die vom Hersteller vorgegebenen Leistungen erbringen, d. h. sie müssen so ausgelegt und hergestellt sein, dass sie geeignet sind, eine oder mehrere der in Artikel 1 Absatz 2 Buchstabe a) genannten Funktionen zu erfüllen, und zwar entsprechend den Angaben des Herstellers.
3. Die Merkmale und die Leistungen gemäß den Abschnitten 1 und 2 dürfen sich nicht derart ändern, dass der klinische Zustand und die Sicherheit der Patienten und gegebenenfalls von Dritten während der vom Hersteller vorgesehenen Lebensdauer der Geräte gefährdet werden, wenn diese Geräte Belastungen ausgesetzt sind, die unter normalen Einsatzbedingungen auftreten können.
4. Die Geräte sind so auszulegen, herzustellen und zu verpacken, dass sich ihre Merkmale und ihre Leistungen unter den vom Hersteller vorgesehenen Lagerungs- und Transportbedingungen (Temperatur, Feuchtigkeit usw.) nicht ändern.
5. Etwaige unerwünschte Nebenwirkungen dürfen unter Berücksichtigung der vorgegebenen Leistungen keine unvertretbaren Risiken darstellen.

5a. Der Nachweis der Übereinstimmung mit den grundlegenden Anforderungen muss eine klinische Bewertung gemäß Anhang 7 umfassen.

II. Anforderungen für die Auslegung und die Konstruktion

6. Die vom Hersteller bei der Auslegung und der Konstruktion der Geräte gewählten Lösungen müssen sich nach den Grundsätzen der integrierten Sicherheit richten, und zwar unter Berücksichtigung des allgemein anerkannten Standes der Technik.
7. Die implantierbaren Geräte müssen in geeigneter Weise ausgelegt, hergestellt und in nicht wiederverwendbaren Verpackungen abgepackt sein, so dass sie beim Inverkehrbringen steril sind und diese Eigenschaft unter den vom Hersteller vorgesehenen Lagerungs- und Transportbedingungen bis zum Öffnen der Verpackung für die Implantation beibehalten.
8. Die Geräte müssen so ausgelegt und hergestellt sein, dass folgende Risiken ausgeschlossen oder so weit wie möglich verringert werden:

- Verletzungsgefahren im Zusammenhang mit ihren physikalischen Eigenschaften, einschließlich der Abmessungen;
- Gefahren im Zusammenhang mit der Verwendung der Energiequellen, wobei bei der Verwendung von elektrischer Energie besonders auf Isolierung, Ableitströme und Erwärmung der Geräte zu achten ist;
- Gefahren im Zusammenhang mit vernünftigerweise vorhersehbaren Umgebungsbedingungen, insbesondere im Zusammenhang mit Magnetfeldern, elektrischen Fremdeinflüssen, elektrostatischen Entladungen, Druck und Druckschwankungen, Beschleunigung;
- Gefahren im Zusammenhang mit medizinischen Eingriffen, insbesondere bei der Anwendung von Defibrillatoren oder Hochfrequenz-Chirurgiegeräten;
- Gefahren im Zusammenhang mit ionisierenden Strahlungen, die von radioaktiven Stoffen freigesetzt werden, die unter Einhaltung der Schutzanforderungen der Richtlinie 96/29/Euratom des Rates vom 13. Mai 1996 zur Festlegung der grundlegenden Sicherheitsnormen für den Schutz der Gesundheit der Arbeitskräfte und der Bevölkerung gegen die Gefahren durch ionisierende Strahlungen[12] sowie der Richtlinie 97/43/Euratom des Rates vom 30. Juni 1997 über den Gesundheitsschutz von Personen gegen die Gefahren ionisierender Strahlung bei medizinischer Exposition[13] in dem Gerät enthalten sind;
- Gefahren, die sich dadurch ergeben können, dass keine Wartung oder Kalibrierung vorgenommen werden kann, insbesondere Gefahren im Zusammenhang mit
- einer übermäßigen Zunahme der Ableitströme;
- einer Alterung der verwendeten Werkstoffe;
- einer übermäßigen Wärmeentwicklung des Gerätes;
- nachlassender Genauigkeit einer Mess- oder Kontrollvorrichtung.

9. Die Geräte müssen so ausgelegt und hergestellt sein, dass die Merkmale und die Leistungen gemäß den unter Ziffer I genannten allgemeinen Anforderungen gewährleistet sind, wobei besonders auf folgende Punkte zu achten ist:
   - Auswahl der eingesetzten Werkstoffe, insbesondere hinsichtlich der Toxizität;
   - wechselseitige Verträglichkeit zwischen den eingesetzten Werkstoffen und den Geweben, biologischen Zellen sowie Körperflüssigkeiten, und zwar unter Berücksichtigung der vorgesehenen Verwendung des Gerätes;

12) ABl. L 159 vom 29.6.1996, S. 1.
13) ABl. L 180 vom 9.7.1997, S. 22.

- Verträglichkeit der Geräte mit den Stoffen, die sie abgeben sollen;
- Qualität der Verbindungsstellen, insbesondere in sicherheitstechnischer Hinsicht;
- Zuverlässigkeit der Energiequelle;
- gegebenenfalls angemessene Dichtigkeit;
- einwandfreies Funktionieren der Steuerungs-, Programmierungs- und Kontrollsysteme, einschließlich der Software. Bei Geräten, die Software enthalten oder bei denen es sich um medizinische Software an sich handelt, muss die Software entsprechend dem Stand der Technik validiert werden, wobei die Grundsätze des Software-Lebenszyklus, des Risikomanagements, der Validierung und Verifizierung zu berücksichtigen sind.

10. Enthält ein Gerät als festen Bestandteil einen Stoff, der bei gesonderter Verwendung als Arzneimittel im Sinne des Artikels 1 der Richtlinie 2001/ 83/EG angesehen werden und der in Ergänzung zu dem Gerät eine Wirkung auf den menschlichen Körper entfalten kann, sind die Qualität, die Sicherheit und der Nutzen dieses Stoffes analog zu den in Anhang I der Richtlinie 2001/83/EG genannten Verfahren zu überprüfen.

Für die in Absatz 1 genannten Stoffe ersucht die benannte Stelle nach Überprüfung des Nutzens des Stoffes als Bestandteil des medizinischen Geräts und unter Berücksichtigung der Zweckbestimmung des Geräts eine der von den Mitgliedstaaten benannten zuständigen Behörden oder die Europäische Arzneimittel-Agentur (EMEA), vertreten insbesondere durch den gemäß der Verordnung (EG) Nr. 726/2004[14] tätigen Ausschuss, um ein wissenschaftliches Gutachten zu Qualität und Sicherheit des Stoffes, einschließlich des klinischen Nutzen-/Risiko-Profils der Verwendung des Stoffes in dem Gerät. Bei der Erstellung des Gutachtens berücksichtigt die zuständige Behörde oder die EMEA den Herstellungsprozess und die Angaben über den Nutzen der Verwendung des Stoffes in dem Gerät, wie von der benannten Stelle ermittelt.

Enthält ein Gerät als festen Bestandteil ein Derivat aus menschlichem Blut, ersucht die benannte Stelle nach Überprüfung des Nutzens des Stoffes als Bestandteil des medizinischen Geräts und unter Berücksichtigung der Zweckbestimmung des Geräts die EMEA, vertreten insbesondere durch ihren Ausschuss, um ein wissenschaftliches Gutachten zu Qualität und

14) Verordnung (EG) Nr. 726/2004 des Europäischen Parlaments und des Rates vom 31. März 2004 zur Festlegung von Gemeinschaftsverfahren für die Genehmigung und Überwachung von Human- und Tierarzneimitteln und zur Errichtung einer Europäischen Arzneimittel-Agentur (ABl. L 136 vom 30.4.2004, S. 1), zuletzt geändert durch die Verordnung (EG) Nr. 1901/2006.

Sicherheit des Stoffes, einschließlich des klinischen Nutzen-/Risiko-Profils der Verwendung des Derivats aus menschlichem Blut in dem Gerät. Bei der Erstellung des Gutachtens berücksichtigt die EMEA den Herstellungsprozess und die Angaben über den Nutzen der Verwendung des Stoffes in dem Gerät, wie von der benannten Stelle ermittelt.

Werden Änderungen an einem in dem Gerät verwendeten ergänzenden Stoff vorgenommen, insbesondere im Zusammenhang mit dem Herstellungsprozess, wird die benannte Stelle von den Änderungen in Kenntnis gesetzt und konsultiert die für das entsprechende Arzneimittel zuständige Behörde (d. h. die an der ursprünglichen Konsultation beteiligte Behörde), um zu bestätigen, dass Qualität und Sicherheit des verwendeten ergänzenden Stoffes erhalten bleiben. Die zuständige Behörde berücksichtigt die Angaben über den Nutzen der Verwendung des Stoffes in dem Gerät, wie von der benannten Stelle ermittelt, um sicherzustellen, dass sich die Änderungen nicht negativ auf das Nutzen-/Risiko-Profil auswirken, das hinsichtlich der Aufnahme des Stoffes in das Gerät erstellt wurde.

Erhält die zuständige Arzneimittelbehörde (d. h. die an der ursprünglichen Konsultation beteiligte Behörde) Informationen über den verwendeten ergänzenden Stoff, die Auswirkungen auf das Nutzen-/ Risiko-Profil der Verwendung des Stoffes in dem Gerät haben könnten, so teilt sie der benannten Stelle mit, ob diese Information Auswirkungen auf das Nutzen-/Risiko-Profil der Verwendung des Stoffes in dem Gerät hat oder nicht. Die benannte Stelle berücksichtigt das aktualisierte wissenschaftliche Gutachten bei ihren Überlegungen zu einer erneuten Bewertung des Konformitätsbewertungsverfahrens.

11. Die Geräte und gegebenenfalls ihre Bauteile müssen so kenntlich gemacht sein, dass jede geeignete Maßnahme ergriffen werden kann, die aufgrund der Feststellung einer möglichen Gefährdung in Zusammenhang mit den Geräten und den Bauteilen geboten erscheint.

12. Die Geräte müssen einen Code zur eindeutigen Identifizierung des Gerätes (insbesondere in Bezug auf Typ und Herstellungsjahr) und des Herstellers aufweisen; dieser Code muss sich gegebenenfalls ohne operativen Eingriff ermitteln lassen.

13. Werden auf einem Gerät oder seinen Zubehörteilen für den Betrieb des Gerätes erforderliche Anleitungen gegeben oder werden auf ihnen Betriebs- oder Regelparameter mit Hilfe von Anzeigesystemen angegeben, müssen diese Informationen für den Anwender und gegebenenfalls für den Patienten verständlich sein.

14. Jedes Gerät muss mit folgenden leicht lesbaren und unauslöschlichen Angaben, gegebenenfalls in Form allgemein anerkannter Symbole, versehen sein:

14.1. Auf der Steril-Verpackung:

- Sterilisationsverfahren;
- Kenntlichmachung dieser Verpackung als Steril-Verpackung;
- der Name und die Anschrift des Herstellers;
- die Bezeichnung des Gerätes;
- bei einem für klinische Prüfungen bestimmten Gerät der Hinweis „ausschließlich für klinische Prüfungen";
- bei einer Sonderanfertigung der Hinweis „Sonderanfertigung";
- Hinweis, dass sich das implantierbare Gerät in sterilem Zustand befindet;
- die Angabe des Monats und des Jahres der Herstellung;
- die Angabe des Verfalldatums für die gefahrlose Implantation des Gerätes.

14.2. Auf der Handelsverpackung:

- der Name und die Anschrift des Herstellers und der Name und die Anschrift des Bevollmächtigten, wenn der Hersteller keinen Firmensitz in der Gemeinschaft hat;
- die Bezeichnung des Gerätes;
- die Zweckbestimmung des Gerätes;
- die einschlägigen Verwendungsmerkmale;
- bei einem für klinische Prüfungen bestimmten Gerät der Hinweis „ausschließlich für klinische Prüfungen";
- bei einer Sonderanfertigung der Hinweis „Sonderanfertigung";
- Hinweis, dass sich das implantierbare Gerät in sterilem Zustand befindet;
- die Angabe des Monats und des Jahres der Herstellung;
- die Angabe des Verfalldatums für die gefahrlose Implantation des Gerätes;
- die Bedingungen für Transport und Lagerung des Gerätes;
- im Falle eines unter Artikel 1 Absatz 4a fallenden Geräts ein Hinweis darauf, dass das Gerät als Bestandteil ein Derivat aus menschlichem Blut enthält.

15. Jedem Gerät muss, wenn es in den Verkehr gebracht wird, eine Gebrauchsanweisung beigefügt sein, die folgende Angaben enthält:

- das Jahr der Genehmigung zum Anbringen der CE-Kennzeichnung;
- die Angaben gemäß den Abschnitten 14.1 und 14.2 mit Ausnahme jeweils des achten und neunten Gedankenstrichs;

- die Leistungsdaten gemäß Abschnitt 2 sowie etwaige unerwünschte Nebenwirkungen;
- die erforderlichen Angaben, anhand derer der Arzt das geeignete Gerät sowie die entsprechende Software und die entsprechenden Zubehörteile auswählen kann;
- die Angaben zur Anwendung, die es dem Arzt sowie gegebenenfalls dem Patienten ermöglichen, das Gerät, seine Zubehörteile und seine Software ordnungsgemäß zu verwenden, sowie die Angaben über Art, Umfang und Fristen der Kontrollen und Funktionsüberprüfungen und gegebenenfalls die Wartungsmaßnahmen;
- die zweckdienlichen Informationen, die zur Vermeidung bestimmter Risiken im Zusammenhang mit der Implantation des Gerätes gegebenenfalls zu beachten sind;
- die Informationen zu den Gefahren wechselseitiger Beeinflussung, die sich durch das Gerät bei speziellen Untersuchungen oder Behandlungen ergeben;
- die Anweisungen für den Fall, dass die Steril-Verpackung beschädigt wird, und gegebenenfalls die Angabe geeigneter Resterilisationsmethoden;
- gegebenenfalls der Hinweis, dass das Gerät nur wiederverwendet werden kann, nachdem es zur Erfüllung der grundlegenden Anforderungen unter der Verantwortung des Herstellers aufbereitet worden ist.
- Die Gebrauchsanweisung muss ferner Angaben enthalten, anhand derer der Arzt den Patienten über Gegenanzeigen und Vorsichtsmaßnahmen unterrichten kann. Diese Angaben betreffen insbesondere folgendes:
- die Informationen zur Bestimmung der Lebensdauer der Energiequelle;
- die Vorsichtsmaßnahmen im Falle von Leistungsänderungen des Gerätes;
- die Vorsichtsmaßnahmen für den Fall, dass das Gerät unter vernünftigerweise vorhersehbaren Umgebungsbedingungen Magnetfeldern, elektrischen Fremdeinflüssen, elektrostatischen Entladungen, Druck oder Druckschwankungen, Beschleunigung usw. ausgesetzt ist;
- die geeigneten Informationen über das von dem betreffenden Gerät abzugebende Arzneimittel;
- das Datum der Ausgabe oder die Angabe des jeweiligen Überarbeitungszustandes der Gebrauchsanleitung.

16. Die Bestätigung, dass die Anforderungen an Merkmalen und Leistungen gemäß den unter Ziffer I genannten allgemeinen Anforderungen an das

Gerät unter normalen Verwendungsbedingungen erfüllt werden, sowie die Beurteilung von Nebenwirkungen oder unerwünschten Wirkungen müssen sich auf klinische Daten stützen, die gemäß Anhang 7 gewonnen worden sind.

Anhang 2
EG-Konformitätserklärung
(vollständiges Qualitätssicherungssystem)

1. Der Hersteller wendet das genehmigte Qualitätssicherungssystem für die Auslegung, die Fertigung und die Endkontrolle der betreffenden Produkte nach Maßgabe der Abschnitte 3 und 4 an. Er unterliegt der EG-Überwachung gemäß Abschnitt 5.

2. Als EG-Konformitätserklärung wird das Verfahren bezeichnet, mit dem der Hersteller, der den Verpflichtungen nach Abschnitt 1 nachkommt, sicherstellt und erklärt, dass die betreffenden Produkte den einschlägigen Bestimmungen dieser Richtlinie entsprechen.

   Der Hersteller oder sein in der Gemeinschaft ansässiger Bevollmächtigter bringt die CE-Kennzeichnung gemäß Artikel 12 an und stellt eine schriftliche Konformitätserklärung aus.

   Diese Erklärung bezieht sich auf ein oder mehrere klar durch Produktname, Produktcode oder sonstige unmissverständliche Angaben deutlich bezeichnete Geräte und wird vom Hersteller aufbewahrt.

   Der CE-Kennzeichnung ist die Kennnummer der zuständigen benannten Stelle beizufügen.

3. **Qualitätssicherungssystem**

3.1. Der Hersteller reicht einen Antrag auf Bewertung seines Qualitätssicherungssystems bei einer benannten Stelle ein.

   Der Antrag muss folgendes enthalten:

   - alle zweckdienlichen Informationen über die Produktkategorie, deren Fertigung vorgesehen ist;
   - die Dokumentation zum Qualitätssicherungssystem;
   - eine Zusicherung, die Verpflichtungen, die sich aus dem genehmigten Qualitätssicherungssystem ergeben, zu erfüllen;
   - eine Zusicherung, das genehmigte Qualitätssicherungssystem zu unterhalten, um dessen Eignung und Wirksamkeit zu gewährleisten;
   - eine Zusicherung des Herstellers, ein Überwachungssystem nach dem Verkauf einzuführen und auf dem neuesten Stand zu halten, unter Berücksichtigung der in Anhang 7 enthaltenen Bestimmungen;

   i) jede Änderung der Merkmale und Leistungen sowie jede Unsachgemäßheit der Gebrauchsanweisung eines Gerätes, die geeignet ist, zum Tod oder zu einer Verschlechterung des Gesundheitszustandes eines Patienten zu führen, oder die dazu geführt hat;

   ii) jeden technischen oder medizinischen Grund, der zur Rücknahme eines Gerätes vom Markt durch den Hersteller geführt hat.

3.2. Mit Hilfe des Qualitätssicherungssystems muss die Übereinstimmung der Produkte mit den einschlägigen Bestimmungen dieser Richtlinie auf allen Stufen von der Auslegung bis zur Endkontrolle sichergestellt werden.

Alle Einzelheiten, Anforderungen und Vorkehrungen, die der Hersteller für sein Qualitätssicherungssystem zugrunde legt, müssen in Form von Strategien und schriftlichen Verfahrensanweisungen systematisch und geordnet in eine Dokumentation aufgenommen werden. Diese Dokumentation zum Qualitätssicherungssystem muss eine einheitliche Interpretation der Qualitätssicherungsstrategie und -verfahren, beispielsweise in Form von Programmen, Plänen, Handbüchern und Aufzeichnungen zur Qualitätssicherung ermöglichen. Sie umfasst insbesondere die Dokumentation, Angaben und Aufzeichnungen, die aus den in Buchstabe c genannten Verfahren hervorgehen.

Sie umfasst insbesondere eine angemessene Beschreibung folgender Punkte:

a) Qualitätsziele des Herstellers.

b) Organisation des Unternehmens, insbesondere

   – Organisationsstrukturen, Verantwortungsbereiche der mit Führungsaufgaben betrauten Personen und deren organisatorische Befugnisse in Bezug auf die Qualität bei der Auslegung und der Fertigung der Produkte;

   – Mittel zur Überprüfung der Wirksamkeit des Qualitätssicherungssystems, insbesondere von dessen Eignung zur Sicherstellung der angestrebten Auslegungs- und Produktqualität, einschließlich der Kontrolle über nichtkonforme Produkte;

   – falls Auslegung, Herstellung und/oder Endkontrolle und Prüfung des Produkts oder von Produktbestandteilen durch einen Dritten erfolgt: Methoden zur Überwachung der wirksamen Anwendung des Qualitätssicherungssystems und insbesondere Art und Umfang der Kontrollen, denen dieser Dritte unterzogen wird.

c) Verfahren zur Steuerung und Kontrolle der Produktauslegung, insbesondere

   – Spezifikationen für die Auslegung, einschließlich der Normen, die angewandt werden, sowie eine Beschreibung der Lösungen zur Einhaltung der auf die Produkte anwendbaren grundlegenden Anforderungen, falls die in Artikel 5 genannten Normen nicht oder nicht vollständig angewandt werden;

   – Techniken zur Kontrolle und Überwachung der Auslegung, Verfahren und Maßnahmen, die bei der Produktauslegung systematisch zum Einsatz kommen;

- die Angabe, ob zu den festen Bestandteilen des Geräts ein Stoff oder ein Derivat aus menschlichem Blut im Sinne des Anhangs 1 Abschnitt 10 gehört, sowie die für die Bewertung der Sicherheit, der Qualität und des Nutzens dieses Stoffes oder Derivats aus menschlichem Blut unter Berücksichtigung der Zweckbestimmung des Geräts erforderlichen Daten über die in diesem Zusammenhang durchgeführten Prüfungen,
- die präklinische Bewertung;
- die klinische Bewertung gemäß Anhang 7.

d) Qualitätssicherungs- und Kontrolltechniken auf der Ebene der Fertigung, insbesondere
- Verfahren und Methoden insbesondere bei der Sterilisation, bei der Beschaffung und bei der Ausarbeitung der relevanten Unterlagen;
- Verfahren zur Produktidentifizierung, die anhand von Zeichnungen, Spezifikationen oder sonstigen einschlägigen Unterlagen im Verlauf aller Fertigungsstufen erstellt und auf dem neuesten Stand gehalten werden.

e) Geeignete Prüfungen und Tests, die vor, während und nach der Herstellung durchgeführt werden, sowie Angabe ihrer Häufigkeit und der verwendeten Prüfgeräte.

3.3. Unbeschadet der Bestimmungen des Artikels 13 führt die benannte Stelle eine förmliche Überprüfung (Audit) des Qualitätssicherungssystems durch, um festzustellen, ob es den Anforderungen nach Abschnitt 3.2 entspricht. Bei Qualitätssicherungssystemen, die auf der Umsetzung der entsprechenden harmonisierten Normen beruhen, geht sie von der Übereinstimmung mit diesen Anforderungen aus.

Mindestens ein Mitglied der überprüfenden Gruppe muss Erfahrungen in der Bewertung der betreffenden Technologie haben. Das Bewertungsverfahren schließt eine Besichtigung der Betriebsstätten des Herstellers und, falls dazu hinreichend Anlass besteht, der Betriebsstätten der Zulieferer des Herstellers und/oder seiner Subunternehmer ein, um die Herstellungsverfahren zu überprüfen.

Die Entscheidung wird dem Hersteller nach der abschließenden Besichtigung zugestellt. Sie umfasst die Ergebnisse der Überprüfung sowie den begründeten Bewertungsbefund.

3.4. Der Hersteller informiert die benannte Stelle, die das Qualitätssicherungssystem genehmigt hat, über alle geplanten Änderungen des Qualitätssicherungssystems.

Die benannte Stelle bewertet die vorgeschlagenen Änderungen und überprüft, ob das geänderte Qualitätssicherungssystem den Anforderungen nach Abschnitt 3.2 entspricht; sie stellt ihre Entscheidung dem Hersteller zu. Diese Entscheidung enthält die Ergebnisse der Überprüfung sowie den begründeten Bewertungsbefund.

4. **Prüfung der Produktauslegung**

4.1. Der Hersteller stellt, abgesehen von den ihm gemäß Abschnitt 3 obliegenden Verpflichtungen, einen Antrag auf Prüfung der Auslegungsdokumentation zu dem Produkt, dessen Fertigung bevorsteht und das zu der in Abschnitt 3.1 genannten Kategorie zählt.

4.2. Aus dem Antrag müssen die Auslegung, die Herstellung und die Leistungsdaten des betreffenden Geräts hervorgehen und er muss die Dokumente enthalten, die dafür nötig sind zu beurteilen, ob das Gerät den Anforderungen dieser Richtlinie, und zwar insbesondere Anhang 2 Abschnitt 3.2 Absatz 3 Buchstaben c und d, entspricht.

Der Antrag umfasst insbesondere

- die Spezifikationen für die Auslegung, einschließlich der angewandten Normen;
- den erforderlichen Nachweis ihrer Angemessenheit, insbesondere falls die in Artikel 5 genannten Normen nicht oder nicht vollständig angewandt worden sind. Hierzu zählen die Ergebnisse entsprechender Tests, die vom Hersteller selbst oder in seinem Namen durchgeführt wurden;
- die Angabe, ob zu den Bestandteilen des Gerätes ein Stoff im Sinne des Anhangs 1 Abschnitt 10 gehört, dessen Wirkung in Verbindung mit dem Gerät seine Bioverfügbarkeit herbeiführen kann, sowie die Daten über die in diesem Zusammenhang durchgeführten Tests;
- die klinische Bewertung gemäß Anhang 7;
- einen Entwurf der Gebrauchsanweisung.

4.3. Die benannte Stelle prüft den Antrag und stellt, falls die Auslegung den einschlägigen Bestimmungen dieser Richtlinie entspricht, dem Antragsteller eine EG-Auslegungsprüfbescheinigung aus. Die benannte Stelle kann verlangen, dass für die Antragstellung zusätzliche Tests oder Prüfungen durchgeführt werden, damit die Übereinstimmung mit den Anforderungen dieser Richtlinie beurteilt werden kann. Die Bescheinigung enthält die Ergebnisse der Prüfung, die Bedingungen für ihre Gültigkeit sowie die zur Identifizierung der genehmigten Auslegung erforderlichen Angaben und gegebenenfalls eine Beschreibung der Zweckbestimmung des Produkts.

Im Falle von in Anhang 1 Abschnitt 10 Absatz 2 genannten Geräten konsultiert die benannte Stelle im Hinblick auf die dort genannten Gesichtspunkte eine der von den Mitgliedstaaten gemäß der Richtlinie 2001/83/EG benannten zuständigen Behörden oder die EMEA, bevor sie eine Entscheidung trifft. Das Gutachten der zuständigen nationalen Behörde oder

der EMEA ist innerhalb von 210 Tagen nach Eingang der vollständigen Unterlagen zu erstellen. Das wissenschaftliche Gutachten der zuständigen nationalen Behörde oder der EMEA ist der Dokumentation über das Gerät beizufügen. Bei ihrer Entscheidung berücksichtigt die benannte Stelle gebührend die bei dieser Konsultation geäußerten Standpunkte. Sie teilt der betreffenden zuständigen Stelle ihre endgültige Entscheidung mit.

Im Falle von in Anhang 1 Abschnitt 10 Absatz 3 genannten Geräten ist das wissenschaftliche Gutachten der EMEA der Dokumentation über das Gerät beizufügen. Bei ihrer Entscheidung berücksichtigt die benannte Stelle gebührend das Gutachten der EMEA. Das Gutachten wird innerhalb von 210 Tagen nach Eingang der vollständigen Unterlagen erstellt. Die benannte Stelle darf die Bescheinigung nicht ausstellen, wenn das wissenschaftliche Gutachten der EMEA negativ ist. Sie teilt der EMEA ihre endgültige Entscheidung mit.

4.4. Der Hersteller informiert die benannte Stelle, die die EG-Auslegungsprüfbescheinigung ausgestellt hat, über alle Änderungen an der genehmigten Auslegung. Diese Änderungen müssen von der benannten Stelle, die die EG-Auslegungsprüfbescheinigung ausgestellt hat, zusätzlich genehmigt werden, wenn sie die Übereinstimmung des Produkts mit den grundlegenden Anforderungen dieser Richtlinie oder mit den vorgeschriebenen Verwendungsbedingungen berühren können. Diese Zusatzgenehmigung wird in Form eines Nachtrags zur EG-Auslegungsprüfbescheinigung erteilt.

5. **Überwachung**

5.1. Mit der Überwachung soll sichergestellt werden, dass der Hersteller die Verpflichtungen, die sich aus dem genehmigten Qualitätssicherungssystem ergeben, ordnungsgemäß einhält.

5.2. Der Hersteller gestattet der benannten Stelle die Durchführung aller erforderlichen Inspektionen und stellt alle erforderlichen Unterlagen zur Verfügung, insbesondere

- die Dokumentation zum Qualitätssicherungssystem;
- die Daten, die in dem die Produktauslegung betreffenden Teil des Qualitätssicherungssystems vorgesehen sind, wie z. B. Ergebnisse von Analysen, Berechnungen, Tests, präklinische und klinische Bewertung, ein Plan für die klinische Überwachung nach dem Inverkehrbringen und gegebenenfalls die Ergebnisse dieser Überwachung usw.;
- die Daten, die in dem die Fertigung betreffenden Teil des Qualitätssicherungssystems vorgesehen sind, wie z. B. Kontrollberichte, Test- und Kalibrierdaten, Befähigungsnachweise des betreffenden Personals usw.

5.3. Die benannte Stelle führt regelmäßig die erforderlichen Inspektionen und Bewertungen durch, um sich davon zu überzeugen, dass der Hersteller das genehmigte Qualitätssicherungssystem anwendet, und übermittelt dem Hersteller einen Bewertungsbericht.

5.4. Darüber hinaus kann die benannte Stelle unangemeldete Besichtigungen beim Hersteller durchführen. Hierüber erhält der Hersteller einen Bericht.

6. **Verwaltungsvorschriften**

6.1. Der Hersteller oder sein Bevollmächtigter halten für die nationalen Behörden während mindestens 15 Jahren nach der Herstellung des letzten Produkts folgende Unterlagen bereit:

- die Konformitätserklärung,
- die in Abschnitt 3.1 zweiter Gedankenstrich genannte Dokumentation und insbesondere die in Abschnitt 3.2 Absatz 2 genannte Dokumentation, Angaben und Aufzeichnungen,
- die in Abschnitt 3.4 genannten Änderungen,
- die in Abschnitt 4.2 genannten Unterlagen,
- die in den Abschnitten 3.4, 4.3, 5.3 und 5.4 genannten Entscheidungen und Berichte der benannten Stelle.

6.2. Die benannte Stelle stellt den anderen benannten Stellen sowie der zuständigen Behörde auf Antrag alle einschlägigen Informationen über die ausgestellten, versagten bzw. zurückgezogenen Genehmigungen für Qualitätssicherungssysteme zur Verfügung.

6.3 (gestrichen)

7. Anwendung auf Geräte gemäß Artikel 1 Absatz 4a

Nach Beendigung der Herstellung jeder Charge der Geräte gemäß Artikel 1 Absatz 4a unterrichtet der Hersteller die benannte Stelle über die Freigabe dieser Charge von Geräten und übermittelt ihr die von einem staatlichen oder einem zu diesem Zweck von einem Mitgliedstaat benannten Laboratorium gemäß Artikel 114 Absatz 2 der Richtlinie 2001/83/EG ausgestellte amtliche Bescheinigung über die Freigabe der Charge des in diesem Gerät verwendeten Derivats aus menschlichem Blut.

Anhang 3
EG-Baumusterprüfung

1. Als EG-Baumusterprüfung wird das Verfahren bezeichnet, mit dem eine benannte Stelle feststellt und bescheinigt, dass ein für die vorgesehene Produktion repräsentatives Exemplar den einschlägigen Bestimmungen dieser Richtlinie entspricht.

2. Der Antrag auf EG-Baumusterprüfung ist vom Hersteller oder seinem in der Gemeinschaft niedergelassenen Bevollmächtigten bei einer benannten Stelle zu stellen.

   Der Antrag muss folgende Angaben enthalten:

   - Name und Anschrift des Herstellers sowie Name und Anschrift des Bevollmächtigten, wenn der Antrag durch diesen gestellt wird;
   - eine schriftliche Erklärung, dass der Antrag nicht bei einer anderen benannten Stelle eingereicht worden ist;
   - die Dokumentation gemäß Abschnitt 3, die zur Beurteilung der Übereinstimmung des für die vorgesehene Produktion repräsentativen Exemplars (nachstehend „Baumuster" genannt) mit den Anforderungen dieser Richtlinie erforderlich ist.

   Der Antragsteller stellt der benannten Stelle ein Baumuster zur Verfügung. Die benannte Stelle kann erforderlichenfalls weitere Exemplare des Baumusters verlangen.

3. Aus der Dokumentation müssen die Auslegung, die Herstellung und die Leistungsdaten des Produkts hervorgehen. Die Dokumentation muss insbesondere folgende Angaben und Einzelunterlagen enthalten:

   - eine allgemeine Beschreibung des Baumusters, einschließlich der geplanten Varianten, und seiner/seinen Zweckbestimmung(en);
   - Konstruktionszeichnungen, geplante Fertigungsverfahren insbesondere hinsichtlich der Sterilisation sowie Pläne von Bauteilen, Baugruppen, Schaltungen usw.;
   - die zum Verständnis der Zeichnungen und Pläne sowie der Funktionsweise des Produkts erforderlichen Beschreibungen und Erläuterungen;
   - eine Liste der ganz oder teilweise angewandten Normen gemäß Artikel 5 sowie eine Beschreibung der Lösungen zur Einhaltung der grundlegenden Anforderungen, falls die in Artikel 5 genannten Normen nicht oder nicht vollständig angewandt worden sind;
   - die Ergebnisse der Konstruktionsberechnungen, der Risikoanalyse, der Prüfungen, technischen Tests usw.;
   - die Angabe, ob zu den festen Bestandteilen des Geräts ein Stoff oder ein Derivat aus menschlichem Blut im Sinne von Anhang 1 Abschnitt 10 gehört, sowie die für die Bewertung der Sicherheit, der Qualität und des

Nutzens dieses Stoffes oder Derivats aus menschlichem Blut unter Berücksichtigung der Zweckbestimmung des Geräts erforderlichen Daten über die in diesem Zusammenhang durchgeführten Prüfungen;

- die präklinische Bewertung;
- die klinische Bewertung gemäß Anhang 7;
- der Entwurf der Gebrauchsanweisung.

4. Die benannte Stelle geht bei der Baumusterprüfung wie folgt vor:

4.1. Sie prüft und bewertet die Dokumentation und überprüft, ob das Baumuster in Übereinstimmung mit dieser hergestellt wurde; sie stellt fest, welche Bauteile entsprechend den einschlägigen Bestimmungen der Normen gemäß Artikel 5 ausgelegt sind und bei welchen Bauteilen sich die Auslegung nicht auf diese Normen stützt.

4.2. Sie führt die geeigneten Prüfungen und erforderlichen Tests durch oder lässt diese durchführen, um zu überprüfen, ob die vom Hersteller gewählten Lösungen die grundlegenden Anforderungen dieser Richtlinie einhalten, falls die in Artikel 5 genannten Normen nicht oder nicht vollständig angewandt worden sind.

4.3. Sie führt die geeigneten Prüfungen und erforderlichen Tests durch oder lässt diese durchführen, um zu überprüfen, ob die einschlägigen Normen, falls sich der Hersteller für ihre Anwendung entschieden hat, tatsächlich berücksichtigt worden sind.

4.4. Sie vereinbart mit dem Antragsteller den Ort, an dem die Prüfungen und erforderlichen Tests durchgeführt werden.

5. Entspricht das Baumuster den Bestimmungen dieser Richtlinie, so stellt die benannte Stelle dem Antragsteller eine EG-Baumusterprüfbescheinigung aus. Diese Bescheinigung enthält den Namen und die Anschrift des Herstellers, die Ergebnisse der Prüfung, die Bedingungen für die Gültigkeit der Bescheinigung sowie die zur Identifizierung des genehmigten Baumusters erforderlichen Angaben.

Die wesentlichen Teile der Dokumentation werden der Bescheinigung beigefügt; eine Abschrift verbleibt bei der benannten Stelle.

Im Falle von in Anhang 1 Abschnitt 10 Absatz 2 genannten Geräten konsultiert die benannte Stelle im Hinblick auf die dort genannten Gesichtspunkte eine der von den Mitgliedstaaten gemäß der Richtlinie 2001/83/EG benannten zuständigen Behörden oder die EMEA, bevor sie eine Entscheidung trifft. Das Gutachten der zuständigen nationalen Behörde oder der EMEA ist innerhalb von 210 Tagen nach Eingang der vollständigen Unterlagen zu erstellen. Das wissenschaftliche Gutachten der zuständigen nationalen Behörde oder der EMEA ist der Dokumentation über das Gerät beizufügen. Bei ihrer Entscheidung berücksichtigt die benannte Stelle gebührend die bei dieser Konsultation geäußerten Standpunkte. Sie teilt der betreffenden zuständigen Stelle ihre endgültige Entscheidung mit.

Im Falle von in Anhang 1 Abschnitt 10 Absatz 3 genannten Geräten ist das wissenschaftliche Gutachten der EMEA der Dokumentation über das Gerät beizufügen. Das Gutachten wird innerhalb von 210 Tagen nach Eingang der vollständigen Unterlagen erstellt. Bei ihrer Entscheidung berücksichtigt die benannte Stelle gebührend das Gutachten der EMEA. Die benannte Stelle darf die Bescheinigung nicht ausstellen, wenn das wissenschaftliche Gutachten der EMEA negativ ist. Sie teilt der EMEA ihre endgültige Entscheidung mit.

6. Der Antragsteller informiert die benannte Stelle, die die EG-Baumusterprüfbescheinigung ausgestellt hat, über alle am genehmigten Produkt vorgenommenen Änderungen.

Diese Änderungen müssen von der benannten Stelle, die die EG-Baumusterprüfbescheinigung ausgestellt hat, zusätzlich genehmigt werden, wenn sie die Übereinstimmung des Produkts mit den grundlegenden Anforderungen oder mit den vorgesehenen Verwendungsbedingungen berühren können. Diese Zusatzgenehmigung wird gegebenenfalls in Form eines Nachtrags zur ursprünglichen EG-Baumusterprüfbescheinigung erteilt.

7. **Administrative Bestimmungen**

7.1. Jede benannte Stelle stellt den anderen benannten Stellen sowie der zuständigen Behörde auf Antrag alle einschlägigen Informationen über die erteilten, versagten und zurückgezogenen EG-Baumusterprüfbescheinigungen und über deren Nachträgen zur Verfügung.

7.2. Die anderen benannten Stellen können eine Abschrift der EG-Baumusterprüfbescheinigungen und/oder von deren Nachträgen erhalten. Die Anlagen zu den Bescheinigungen werden ihnen auf begründeten Antrag und nach vorheriger Unterrichtung des Herstellers zur Verfügung gestellt.

7.3. Der Hersteller oder sein Bevollmächtigter bewahrt zusammen mit den technischen Unterlagen eine Kopie der EG-Baumusterprüfbescheinigung und ihrer Ergänzungen mindestens fünfzehn Jahre ab dem Zeitpunkt der Herstellung des letzten Produkts auf.

7.4 (gestrichen)

Anhang 4
EG-Prüfung

1. Die EG-Prüfung ist das Verfahren, bei dem der Hersteller oder sein in der Gemeinschaft ansässiger Bevollmächtigter gewährleistet und erklärt, dass die nach Abschnitt 3 geprüften Produkte der in der EG-Baumusterprüfbescheinigung beschriebenen Bauart entsprechen und die für sie geltenden Anforderungen dieser Richtlinie erfüllen.
2. Der Hersteller trifft alle erforderlichen Maßnahmen, damit der Fertigungsprozess die Übereinstimmung der Produkte mit der in der EG-Baumusterprüfbescheinigung beschriebenen Bauart und mit den jeweiligen Anforderungen dieser Richtlinie gewährleistet. Der Hersteller oder sein in der Gemeinschaft ansässiger Bevollmächtigter bringt an jedem Produkt die CE-Kennzeichnung an und stellt eine schriftliche Konformitätserklärung aus.
3. Der Hersteller hat vor Beginn der Herstellung eine Dokumentation zu erstellen, in der die Fertigungsverfahren, insbesondere im Bereich der Sterilisation, sowie sämtliche bereits zuvor aufgestellten, systematischen Vorschriften festgelegt sind, die angewandt werden, um die Einheitlichkeit der Herstellung und die Übereinstimmung mit der in der EG-Baumusterprüfbescheinigung beschriebenen Bauart sowie mit den einschlägigen Anforderungen dieser Richtlinie zu gewährleisten.
4. Der Hersteller sichert zu, ein Überwachungssystem nach dem Verkauf unter Berücksichtigung der in Anhang 7 enthaltenen Bestimmungen einzuführen und auf dem neuesten Stand zu halten. Die Zusicherung schließt die Verpflichtung des Herstellers ein, die zuständigen Behörden über folgende Vorkommnisse unverzüglich zu unterrichten, sobald er davon Kenntnis erlangt hat:
   i) jede Änderung der Merkmale und Leistungen sowie jede Unsachgemäßheit der Gebrauchsanweisung eines Gerätes, die geeignet ist, zum Tod oder zu einer Verschlechterung des Gesundheitszustands eines Patienten zu führen, oder die dazu geführt hat;
   ii) jeden technischen oder medizinischen Grund, der zur Rücknahme eines Gerätes vom Markt durch den Hersteller geführt hat.
5. Die benannte Stelle nimmt die entsprechenden Prüfungen und Versuche durch Kontrolle und Erprobung der Produkte auf statistischer Grundlage nach Abschnitt 6 vor, um die Übereinstimmung des Produkts mit den Anforderungen dieser Richtlinie zu überprüfen. Der Hersteller muss die benannte Stelle ermächtigen, die Wirksamkeit der gemäß Abschnitt 3 getroffenen Maßnahmen gegebenenfalls durch förmliche Produktüberprüfung (Produktaudit) zu bewerten.

6. **Statistische Kontrolle**

6.1. Der Hersteller legt seine Produkte in einheitlichen Losen vor und trifft alle erforderlichen Maßnahmen, damit der Fertigungsprozess die Einheitlichkeit jedes produzierten Loses gewährleistet.

6.2. Jedem Los wird ein beliebiges Probestück entnommen. Die Probestücke werden einzeln geprüft und dabei den erforderlichen Prüfungen, wie sie in den in Artikel 5 genannten Normen vorgesehen sind, oder gleichwertigen Prüfungen unterzogen, um ihre Übereinstimmung mit der in der EG-Baumusterprüfbescheinigung beschriebenen Bauart zu überprüfen und zu entscheiden, ob das Los akzeptiert oder abgelehnt werden soll.

6.3. Die statistische Kontrolle der Produkte erfolgt durch Attribute und/oder Variablen und beinhaltet Stichprobenpläne mit operationellen Merkmalen zur Gewährleistung eines hohen Sicherheits- und Leistungsniveaus entsprechend dem Stand der Technik. Die Stichprobenpläne werden auf der Grundlage der in Artikel 5 genannten harmonisierten Normen unter Berücksichtigung der Eigenarten der jeweiligen Produktkategorien festgelegt.

6.3. Die statistische Kontrolle der Produkte erfolgt durch Attribute und/oder Variablen und beinhaltet Stichprobenpläne mit operationellen Merkmalen zur Gewährleistung eines hohen Sicherheits- und Leistungsniveaus entsprechend dem Stand der Technik. Die Stichprobenpläne werden auf der Grundlage der in Artikel 5 genannten harmonisierten Normen unter Berücksichtigung der Eigenarten der jeweiligen Produktkategorien festgelegt.

6.4. Wird ein Los akzeptiert, so bringt die benannte Stelle ihre Kennnummer an jedem Produkt an oder lässt sie anbringen und stellt eine schriftliche Konformitätsbescheinigung über die vorgenommenen Prüfungen aus. Alle Produkte aus dem Los mit Ausnahme derjenigen, bei denen keine Übereinstimmung festgestellt wurde, können in Verkehr gebracht werden.

Wird ein Los abgelehnt, so trifft die benannte Stelle geeignete Maßnahmen, um zu verhindern, dass das Los in Verkehr gebracht wird. Bei gehäufter Ablehnung von Losen kann die statistische Prüfung ausgesetzt werden.

Der Hersteller kann unter der Verantwortlichkeit der benannten Stelle deren Kennnummer während des Fertigungsprozesses anbringen.

6.5. Der Hersteller oder sein Bevollmächtigter muss auf Verlangen die Konformitätsbescheinigung der benannten Stelle vorlegen können.

7. Anwendung auf Geräte gemäß Artikel 1 Absatz 4a

Nach Beendigung der Herstellung jeder Charge der Geräte gemäß Artikel 1 Absatz 4a unterrichtet der Hersteller die benannte Stelle über die Freigabe dieser Charge von Geräten und übermittelt ihr die von einem staatlichen oder einem zu diesem Zweck von einem Mitgliedstaat benannten Laboratorium gemäß Artikel 114 Absatz 2 der Richtlinie 2001/83/EG ausgestellte amtliche Bescheinigung über die Freigabe der Charge des in diesem Gerät verwendeten Derivats aus menschlichem Blut.

Anhang 5
EG-Erklärung zur Übereinstimmung mit dem Baumuster (Qualitätssicherung der Produktion)

1. Der Hersteller wendet das genehmigte Qualitätssicherungssystem für die Fertigung und Endkontrolle der betreffenden Produkte nach Maßgabe des Abschnitts 3 an. Er unterliegt der EG-Überwachung gemäß Abschnitt 4.

2. Bei dieser Konformitätserklärung handelt es sich um den Teil des Verfahrens, mit dem der Hersteller, der den Verpflichtungen nach Abschnitt 1 nachkommt, sicherstellt und erklärt, dass die betreffenden Produkte dem in der EG-Baumusterprüfbescheinigung beschriebenen Baumuster entsprechen und den einschlägigen Bestimmungen dieser Richtlinie entsprechen.

   Der Hersteller oder sein in der Gemeinschaft ansässiger Bevollmächtigter bringt die CE-Kennzeichnung gemäß Artikel 12 an und stellt eine schriftliche Konformitätserklärung aus. Diese Erklärung bezieht sich auf ein oder mehrere klar durch Produktname, Produktcode oder sonstige unmissverständliche Angaben deutlich bezeichnete Geräte und muss vom Hersteller aufbewahrt werden. Der CE-Kennzeichnung ist die Kennnummer der verantwortlichen benannten Stelle hinzuzufügen.

3. **Qualitätssicherungssystem**

3.1. Der Hersteller reicht einen Antrag auf Bewertung seines Qualitätssicherungssystems bei einer benannten Stelle ein.

   Der Antrag muss folgendes enthalten:

   - alle zweckdienlichen Informationen über die Produkte, deren Fertigung vorgesehen ist;
   - die Dokumentation zum Qualitätssicherungssystem;
   - eine Zusicherung, die Verpflichtungen, die sich aus dem genehmigten Qualitätssicherungssystem ergeben, zu erfüllen;
   - eine Zusicherung, das genehmigte Qualitätssicherungssystem zu unterhalten, um dessen Eignung und Wirksamkeit zu gewährleisten;
   - gegebenenfalls die technische Dokumentation zum genehmigten Baumuster und eine Abschrift der EG-Baumusterprüfbescheinigung;
   - die Zusicherung des Herstellers, ein Überwachungssystem nach dem Verkauf unter Berücksichtigung der in Anhang 7 enthaltenen Bestimmungen einzuführen und auf dem neuesten Stand zu halten. Die Zusicherung schließt die Verpflichtung des Herstellers ein, die zuständigen Behörden über folgende Vorkommnisse unverzüglich zu unterrichten, sobald er davon Kenntnis erlangt hat:

   i) jede Änderung der Merkmale und Leistungen sowie jede Unsachgemäßheit der Gebrauchsanweisung eines Gerätes, die geeignet ist, zum Tod oder zu einer Verschlechterung des Gesundheitszustandes eines Patienten zu führen, oder die dazu geführt hat;

ii) jeden technischen oder medizinischen Grund, der zur Rücknahme eines Gerätes vom Markt durch den Hersteller geführt hat.

3.2. Mit Hilfe des Qualitätssicherungssystems muss die Übereinstimmung der Produkte mit dem in der EG-Baumusterprüfbescheinigung beschriebenen Baumuster sichergestellt werden.

Alle Einzelheiten, Anforderungen und Vorkehrungen, die der Hersteller für sein Qualitätssicherungssystem zugrunde legt, müssen in Form von Strategien und schriftlichen Verfahrensanweisungen systematisch und geordnet in eine Dokumentation aufgenommen werden. Diese Dokumentation zum Qualitätssicherungssystem muss eine einheitliche Interpretation der Qualitätssicherungsstrategie und -verfahren, beispielsweise in Form von Programmen, Plänen, Handbüchern und Aufzeichnungen zur Qualitätssicherung ermöglichen.

Sie umfasst insbesondere eine angemessene Beschreibung folgender Punkte:

a) Qualitätsziele des Herstellers.

b) Organisation des Unternehmens, insbesondere

- Organisationsstrukturen, Verantwortungsbereiche der mit Führungsaufgaben betrauten Personen und deren organisatorische Befugnisse in Bezug auf die Fertigung der Produkte;
- Mittel zur Überprüfung der Wirksamkeit des Qualitätssicherungssystems, insbesondere von dessen Eignung zur Sicherstellung der angestrebten Produktqualität, einschließlich der Kontrolle über nichtkonforme Produkte;
- falls Herstellung und/oder Endkontrolle und Prüfung des Produkts oder von Produktbestandteilen durch einen Dritten erfolgt: Methoden zur Überwachung der wirksamen Anwendung des Qualitätssicherungssystems und insbesondere Art und Umfang der Kontrollen, denen dieser Dritte unterzogen wird.

c) Qualitätssicherungs- und Kontrolltechniken auf der Ebene der Fertigung, insbesondere

- Verfahren und Methoden insbesondere bei der Sterilisation, bei der Beschaffung und bei der Ausarbeitung der relevanten Unterlagen;
- Verfahren zur Produktidentifizierung, die anhand von Zeichnungen, Spezifikationen oder sonstigen einschlägigen Unterlagen im Verlauf aller Fertigungsstufen erstellt und auf dem neuesten Stand gehalten werden.

d) Geeignete Prüfungen und Tests, die vor, während und nach der Herstellung durchgeführt werden, sowie Angabe ihrer Häufigkeit und der verwendeten Prüfgeräte.

3.3. Unbeschadet des Artikels 13 führt die benannte Stelle eine förmliche Überprüfung (Audit) des Qualitätssicherungssystems durch, um festzustellen, ob es den Anforderungen nach Abschnitt 3.2 entspricht. Bei Qualitätssicherungssystemen, die auf der Umsetzung der entsprechenden harmonisierten Normen beruhen, geht sie von der Übereinstimmung mit diesen Anforderungen aus.

Mindestens ein Mitglied der überprüfenden Gruppe muss Erfahrungen in der Bewertung der betreffenden Technologie haben. Das Bewertungsverfahren schließt eine Besichtigung der Betriebsstätten des Herstellers ein.

Die Entscheidung wird dem Hersteller nach der abschließenden Besichtigung zugestellt. Sie umfasst die Ergebnisse der Überprüfung sowie den begründeten Bewertungsbefund.

3.4. Der Hersteller informiert die benannte Stelle, die das Qualitätssicherungssystem genehmigt hat, über alle geplanten Änderungen des Qualitätssicherungssystems.

Die benannte Stelle bewertet die vorgeschlagenen Änderungen und überprüft, ob das geänderte Qualitätssicherungssystem den Anforderungen nach Abschnitt 3.2 entspricht; sie stellt ihre Entscheidung dem Hersteller zu. Diese Entscheidung enthält die Ergebnisse der Überprüfung sowie den begründeten Bewertungsbefund.

4. **Überwachung**

4.1. Mit der Überwachung soll sichergestellt werden, dass der Hersteller die Verpflichtungen, die sich aus dem genehmigten Qualitätssicherungssystem ergeben, ordnungsgemäß einhält.

4.2. Der Hersteller gestattet der benannten Stelle die Durchführung aller erforderlichen Inspektionen und stellt alle erforderlichen Unterlagen zur Verfügung, insbesondere

- die Dokumentation zum Qualitätssicherungssystem;
- die technische Dokumentation;
- die Daten, die in dem die Herstellung betreffenden Teil des Qualitätssicherungssystems vorgesehen sind, wie z. B. Kontrollberichte, Test- und Kalibrierdaten, Befähigungsnachweise des betreffenden Personals usw.

4.3. Die benannte Stelle führt regelmäßig die erforderlichen Inspektionen und Bewertungen durch, um sich davon zu überzeugen, dass der Hersteller das genehmigte Qualitätssicherungssystem anwendet, und übermittelt dem Hersteller einen Bewertungsbericht.

4.4. Darüber hinaus kann die benannte Stelle unangemeldete Besichtigungen beim Hersteller durchführen. Hierüber erhält der Hersteller einen Bericht.

5. Die benannte Stelle teilt den anderen benannten Stellen die einschlägigen Informationen über die erteilten, versagten und zurückgezogenen Genehmigungen von Qualitätssicherungssystemen mit.

6. Anwendung auf Geräte gemäß Artikel 1 Absatz 4a

Nach Beendigung der Herstellung jeder Charge der Geräte gemäß Artikel 1 Absatz 4a unterrichtet der Hersteller die benannte Stelle über die Freigabe dieser Charge von Geräten und übermittelt ihr die von einem staatlichen oder einem zu diesem Zweck von einem Mitgliedstaat benannten Laboratorium gemäß Artikel 114 Absatz 2 der Richtlinie 2001/83/EG ausgestellte amtliche Bescheinigung über die Freigabe der Charge des in diesem Gerät verwendeten Derivats aus menschlichem Blut.

Anhang 6
Erklärung zu Geräten für besondere Zwecke

1. Der Hersteller oder sein in der Gemeinschaft niedergelassener Bevollmächtigter stellt bei Sonderanfertigungen oder bei für klinische Prüfungen bestimmten Geräten eine Erklärung aus, die die in Abschnitt 2 aufgeführten Angaben enthält.

2. Die Erklärung enthält folgende Angaben:

2.1. Bei Sonderanfertigungen:

- den Namen und die Anschrift des Herstellers;
- die zur Identifizierung des betreffenden Gerätes notwendigen Daten;
- die Versicherung, dass das Gerät ausschließlich für einen bestimmten Patienten bestimmt ist, und den Namen dieses Patienten;
- den Namen des entsprechend qualifizierten Arztes, der das betreffende Gerät verordnet hat, und gegebenenfalls den Namen des betreffenden Krankenhauses;
- die spezifischen Merkmale des Produkts, wie sie in der Verschreibung angegeben sind;
- die Versicherung, dass das betreffende Gerät den in Anhang 1 genannten grundlegenden Anforderungen entspricht, und gegebenenfalls die Angabe der grundlegenden Anforderungen, die nicht vollständig eingehalten worden sind, mit Angabe der Gründe.

2.2. Bei Geräten, die für klinische Prüfungen im Sinne von Anhang 7 bestimmt sind:

- die zur Identifizierung des betreffenden Gerätes notwendigen Daten;
- den klinischen Prüfplan;
- die Prüferinformation;
- die Bestätigung über den Versicherungsschutz für die Versuchspersonen;
- die Unterlagen zur Einholung der Einwilligung nach Aufklärung;
- eine Erklärung, aus der hervorgeht, ob zu den festen Bestandteilen des Geräts ein Stoff oder ein Derivat aus menschlichem Blut im Sinne von Anhang 1 Abschnitt 10 gehört;
- die Stellungnahme der betreffenden Ethik-Kommission und Einzelheiten der in dieser Stellungnahme enthaltenen Aspekte;
- den Namen des entsprechend qualifizierten Arztes oder der anderen befugten Person sowie der für die Prüfungen zuständigen Einrichtung;
- den Ort, den geplanten Beginn und die geplante Dauer der Prüfungen;
- die Versicherung, dass das betreffende Gerät mit Ausnahme der Punkte, die Gegenstand der Prüfungen sind, den grundlegenden Anforderungen

entspricht und das hinsichtlich dieser Punkte alle Vorsichtsmaßnahmen zum Schutz der Gesundheit und der Sicherheit des Patienten getroffen wurden.

3. Der Hersteller sichert zu, folgende Unterlagen für die zuständigen nationalen Behörden bereitzuhalten:

3.1. Bei Sonderanfertigungen die Dokumentation, aus der die Fertigungsstätte(n) ersichtlich sind und aus der die Auslegung, die Herstellung und die Leistungsdaten des Produktes einschließlich der vorgesehenen Leistungsdaten hervorgehen, so dass sich hiermit beurteilen lässt, ob es den Anforderungen dieser Richtlinie entspricht.

Der Hersteller trifft alle erforderlichen Maßnahmen, damit im Herstellungsverfahren die Übereinstimmung der hergestellten Produkte mit der im vorstehenden Absatz genannten Dokumentation sichergestellt wird.

3.2. Bei für klinische Prüfungen bestimmten Geräten muss die Dokumentation außerdem folgende Angaben enthalten:

- eine allgemeine Beschreibung des Produkts und seiner Zweckbestimmung;
- Konstruktionszeichnungen, Fertigungsverfahren, insbesondere hinsichtlich der Sterilisation, sowie Pläne von Bauteilen, Baugruppen, Schaltungen usw.;
- die zum Verständnis der genannten Zeichnungen und Pläne sowie der Funktionsweise des Produkts erforderlichen Beschreibungen und Erläuterungen;
- die Ergebnisse der Gefahrenanalyse und eine Liste der ganz oder teilweise angewandten Normen gemäß Artikel 5 sowie eine Beschreibung der Lösungen zur Einhaltung der grundlegenden Anforderungen dieser Richtlinie, falls die in Artikel 5 genannten Normen nicht oder nicht vollständig angewandt worden sind;
- wenn zu den festen Bestandteilen des Geräts ein Stoff oder ein Derivat aus menschlichem Blut im Sinne von Anhang 1 Abschnitt 10 gehört, die Daten über die in diesem Zusammenhang durchgeführten Tests, die für die Bewertung der Sicherheit, der Qualität und des Nutzens dieses Stoffes oder Derivats aus menschlichem Blut unter Berücksichtigung der Zweckbestimmung des Geräts erforderlich sind;
- Ergebnisse der Konstruktionsberechnungen, Prüfungen, technischen Tests usw..

Der Hersteller trifft alle erforderlichen Maßnahmen, damit im Herstellungsverfahren die Übereinstimmung der hergestellten Produkte mit der in Abschnitt 3.1 und im vorstehenden Absatz des vorliegenden Abschnitts genannten Dokumentation sichergestellt wird.

Der Hersteller kann eine Bewertung der Wirksamkeit dieser Maßnahmen, falls erforderlich durch eine förmliche Produktüberprüfung (Produktaudit), veranlassen.

4. Die in den Erklärungen im Sinne dieses Anhangs aufgeführten Angaben sind über einen Zeitraum von mindestens 15 Jahren ab dem Zeitpunkt der Herstellung des letzten Produkts aufzubewahren.

5. Bei Sonderanfertigungen sichert der Hersteller zu, unter Berücksichtigung der in Anhang 7 enthaltenen Bestimmungen die in der der Herstellung nachgelagerten Phase gesammelten Erfahrungen auszuwerten und zu dokumentieren und Vorkehrungen zu treffen, um erforderliche Korrekturen durchzuführen. Diese Zusicherung muss die Verpflichtung des Herstellers einschließen, die zuständigen Behörden unverzüglich über folgende Vorkommnisse zu unterrichten, sobald er selbst davon Kenntnis hat, und die einschlägigen Korrekturen vorzunehmen:

   i) jede Funktionsstörung und jede Änderung der Merkmale oder der Leistung sowie jede Unsachgemäßheit der Kennzeichnung oder der Gebrauchsanweisung eines Gerätes, die zum Tode oder zu einer schwerwiegenden Verschlechterung des Gesundheitszustandes eines Patienten oder eines Anwenders führen könnte oder dazu geführt haben könnte;

   ii) jeden Grund technischer oder medizinischer Art, der aufgrund der unter Ziffer i genannten Ursachen durch die Merkmale und Leistungen des Geräts bedingt ist und zum systematischen Rückruf von Geräten desselben Typs durch den Hersteller führt.

Anhang 7
Klinische Bewertung

1. Allgemeine Bestimmungen

1.1. Der Nachweis, dass die in Anhang 1 Abschnitte 1 und 2 genannten merkmal- und leistungsrelevanten Anforderungen von dem Gerät bei normalen Einsatzbedingungen erfüllt werden, sowie die Bewertung von unerwünschten Nebenwirkungen und der Annehmbarkeit des Nutzen-/Risiko-Verhältnisses, auf das in Anhang 1 Abschnitt 5 Bezug genommen wird, müssen generell auf der Grundlage klinischer Daten erfolgen. Die Bewertung dieser Daten, die im Folgenden als „klinische Bewertung" bezeichnet wird und bei der gegebenenfalls einschlägige harmonisierte Normen berücksichtigt werden, muss gemäß einem definierten und methodisch einwandfreien Verfahren erfolgen, und zwar auf der Grundlage:

1.1.1. entweder einer kritischen Bewertung der einschlägigen, derzeit verfügbaren wissenschaftlichen Literatur über Sicherheit, Leistung, Auslegungsmerkmale und Zweckbestimmung des Geräts, soweit

- die Gleichartigkeit des Geräts mit dem Gerät, auf das sich die Daten beziehen, nachgewiesen wird, und
- die Daten in angemessener Weise die Übereinstimmung mit den einschlägigen grundlegenden Anforderungen belegen,

1.1.2. oder einer kritischen Bewertung der Ergebnisse sämtlicher durchgeführten klinischen Prüfungen,

1.1.3. oder einer kritischen Bewertung der kombinierten klinischen Daten gemäß den Abschnitten 1.1.1 und 1.1.2.

1.2. Klinische Prüfungen müssen durchgeführt werden, es sei denn, die Verwendung bereits bestehender klinischer Daten ist ausreichend gerechtfertigt.

1.3. Die klinische Bewertung und ihr Ergebnis müssen dokumentiert werden. Diese Dokumentation und/oder ein ausführlicher Verweis darauf sind in die technische Dokumentation über das Gerät aufzunehmen.

1.4. Die klinische Bewertung und ihre Dokumentation müssen aktiv anhand der aus der Überwachung nach dem Inverkehrbringen erhaltenen Daten auf dem neuesten Stand gehalten werden. Wird eine klinische Überwachung nach dem Inverkehrbringen als Bestandteil des Überwachungsplans nach dem Inverkehrbringen nicht für erforderlich gehalten, muss dies ordnungsgemäß begründet und dokumentiert werden.

1.5. Wird der Nachweis der Übereinstimmung mit den grundlegenden Anforderungen auf der Grundlage klinischer Daten als nicht notwendig erachtet, so ist eine derartige Ausnahme angemessen zu begründen; diese Begründung beruht auf dem Ergebnis des Risikomanagements und berücksichtigt die Besonderheiten der Wechselwirkung zwischen Körper und Gerät, die bezweckte klinische Leistung und die Angaben des Herstellers. Die Eignung des Nachweises der Übereinstimmung mit den grundlegenden Anforderungen allein durch Leistungsbewertung, Produktprüfungen und präklinische Bewertung ist ordnungsgemäß zu begründen.

1.6. Alle Daten müssen vertraulich behandelt werden, es sei denn eine Verbreitung wird für unerlässlich gehalten.

2. **Klinische Prüfung**

2.1. *Zweck*

Zweck der klinischen Prüfung ist es,

- zu bestätigen, dass die Leistungen des Gerätes bei normalen Einsatzbedingungen den Leistungsdaten von Anhang 1 Abschnitt 2 entsprechen, und
- etwaige bei normalen Einsatzbedingungen auftretende unerwünschte Nebenwirkungen zu ermitteln und zu beurteilen, ob diese unter Berücksichtigung der vorgegebenen Leistungen vertretbare Risiken darstellen.

2.2. *Ethische Gesichtspunkte*

Die klinische Prüfung muss im Einklang mit der vom 18. Weltärztekongress 1964 in Helsinki, Finnland, gebilligten und vom 29. Weltärztekongress 1975 in Tokio, Japan, sowie vom 35. Weltärztekongress 1983 in Venedig, Italien, abgeänderten Erklärung von Helsinki stehen. Alle Vorkehrungen zum Schutz des Menschen müssen zwingend im Geiste der Erklärung von Helsinki getroffen werden. Dies umfasst jeden einzelnen Schritt der klinischen Prüfung, angefangen von den ersten Überlegungen über die Notwendigkeit und Berechtigung der Studie bis hin zur Veröffentlichung der Ergebnisse.

2.3. *Methoden*

2.3.1. Die klinischen Prüfungen sind nach einem angemessenen Prüfplan durchzuführen, der dem Stand von Wissenschaft und Technik entspricht und der so angelegt ist, dass sich die Angaben des Herstellers zu dem Gerät bestätigen oder widerlegen lassen. Diese Prüfungen müssen eine angemessene Zahl von Beobachtungen umfassen, damit wissenschaftlich gültige Schlussfolgerungen gezogen werden können.

2.3.2. Die Vorgehensweise bei der Durchführung der Prüfungen muss an das zu prüfende Gerät angepasst sein.

2.3.3. Die klinischen Prüfungen müssen unter gleichartigen Bedingungen durchgeführt werden, wie sie für die normalen Einsatzbedingungen des Gerätes gelten.

2.3.4. Alle einschlägigen Merkmale des Gerätes, einschließlich der sicherheitstechnischen und leistungsbezogenen Eigenschaften und der Auswirkungen auf den Patienten, müssen geprüft werden.

2.3.5. Alle schwerwiegenden unerwünschten Ereignisse müssen vollständig registriert und unmittelbar allen zuständigen Behörden der Mitgliedstaaten, in denen die klinische Prüfung durchgeführt wird, mitgeteilt werden.

2.3.6. Die Prüfungen müssen unter der Verantwortung eines entsprechend qualifizierten Arztes oder einer anderen befugten Person in einer angemessenen Umgebung durchgeführt werden.

Der Arzt muss Zugang zu den technischen Daten des Gerätes haben.

2.3.7. Der schriftliche Bericht, der von dem verantwortlichen Arzt zu unterzeichnen ist, muss eine kritische Bewertung aller im Verlauf der klinischen Prüfung erlangten Daten enthalten.

Anhang 8
Einzuhaltende Mindestkriterien für die Beauftragung der zu benennenden Stellen

1. Die Stelle, ihr Leiter und das mit der Durchführung der Bewertungen und Prüfungen beauftragte Personal dürfen weder mit dem Verfasser des Entwurfs, dem Hersteller, dem Lieferanten oder dem Geräteaufsteller der Geräte, die sie prüfen, identisch noch Beauftragte einer dieser Personen sein. Sie dürfen weder unmittelbar noch als Beauftragte an der Planung, an der Herstellung, am Vertrieb oder an der Instandhaltung dieser Geräte beteiligt sein. Die Möglichkeit eines Austauschs technischer Informationen zwischen dem Hersteller und der Stelle wird dadurch nicht ausgeschlossen.
2. Die Stelle und das mit der Prüfung beauftragte Personal müssen die Bewertungen und Prüfungen mit höchster beruflicher Zuverlässigkeit und größter technischer Sachkunde durchführen und unabhängig von jeder Einflussnahme - vor allem finanzieller Art - auf ihre Beurteilung oder die Ergebnisse ihrer Prüfung sein, insbesondere von der Einflussnahme durch Personen oder Personengruppen, die an den Ergebnissen der Prüfungen interessiert sind.
3. Die Stelle muss in der Lage sein, alle in einem der Anhänge 2 bis 5 genannten Aufgaben, die einer solchen Stelle zugewiesen werden und für die sie benannt ist, wahrzunehmen, sei es, dass diese Aufgaben von der Stelle selbst, sei es, dass sie unter ihrer Verantwortung ausgeführt werden. Sie muss insbesondere über das Personal verfügen und die Mittel besitzen, die zur angemessenen Erfüllung der mit der Durchführung der Bewertungen und Prüfungen verbundenen technischen und verwaltungsmäßigen Aufgaben erforderlich sind; ebenso muss sie Zugang zu der für die Prüfungen erforderlichen Ausrüstung haben.
4. Das mit den Prüfungen beauftragte Personal muss folgendes besitzen:
   - eine gute berufliche Ausbildung in Bezug auf alle Bewertungen und Prüfungen, für die die Stelle benannt worden ist;
   - eine ausreichende Kenntnis der Vorschriften für die von ihm durchgeführten Prüfungen und eine ausreichende praktische Erfahrung auf diesem Gebiet;
   - die erforderliche Eignung für die Abfassung der Bescheinigungen, Protokolle und Berichte, in denen die durchgeführten Prüfungen niedergelegt werden.
5. Die Unabhängigkeit des mit der Prüfung beauftragten Personals ist zu gewährleisten. Die Höhe der Bezüge jedes Prüfers darf sich weder nach der Zahl der von ihm durchgeführten Prüfungen noch nach den Ergebnissen dieser Prüfungen richten.

6. Die Stelle muss eine Haftpflichtversicherung abschließen, es sei denn, diese Haftpflicht wird aufgrund nationalen Rechts vom Staat gedeckt oder die Prüfungen werden unmittelbar von dem Mitgliedstaat durchgeführt.

7. Das Personal der Stelle ist (außer gegenüber den zuständigen Verwaltungsbehörden des Staates, in dem es seine Tätigkeit ausübt) durch das Berufsgeheimnis in Bezug auf alles gebunden, wovon es bei der Durchführung seiner Aufgaben im Rahmen dieser Richtlinie oder jeder innerstaatlichen Rechtsvorschrift, die dieser Richtlinie Wirkung verleiht, Kenntnis erhält.

Anhang 9
CE-Konformitätskennzeichnung

- Die CE-Konformitätskennzeichnung besteht aus den Buchstaben „CE" mit folgendem Schriftbild:

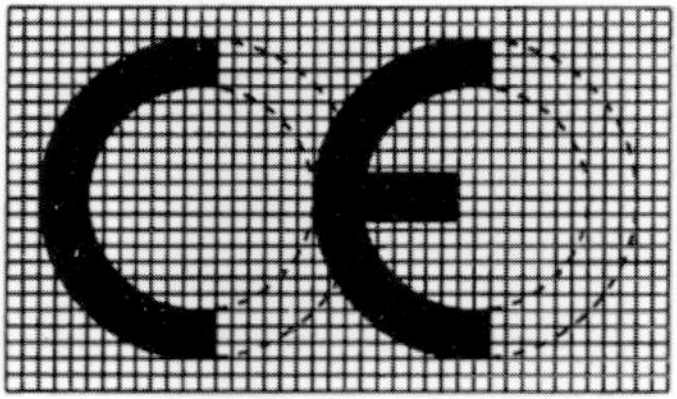

- Bei Verkleinerung oder Vergrößerung der CE-Kennzeichnung müssen die sich aus dem oben abgebildeten Raster ergebenden Proportionen eingehalten werden.
- Die verschiedenen Bestandteile der CE-Kennzeichnung müssen etwa gleich hoch sein; die Mindesthöhe beträgt 5 mm.
- Bei kleinen Geräten kann von dieser Mindesthöhe abgewichen werden.

Richtlinie 93/42/EWG des Rates vom 14. Juni 1993 über Medizinprodukte

(veröffentlicht im Amtsblatt der Europäischen Gemeinschaften ABl. Nr. L 169 vom 12. Juli 1993, S. 1)[1]

Der Rat der Europäischen Gemeinschaften —

gestützt auf den Vertrag zur Gründung der Europäischen Wirtschaftsgemeinschaft, insbesondere auf Artikel 100 a,

auf Vorschlag der Kommission[2],

in Zusammenarbeit mit dem Europäischen Parlament[3],

nach Stellungnahme des Wirtschafts- und Sozialausschusses[4],

in Erwägung nachstehender Gründe:

Im Sinne des Binnenmarktes müssen entsprechende Maßnahmen getroffen werden. Der Binnenmarkt umfasst einen Raum ohne Binnengrenzen, in dem der freie Waren-, Personen-, Dienstleistungs- und Kapitalverkehr gewährleistet ist.

Die in den Mitgliedstaaten geltenden Rechts- und Verwaltungsvorschriften bezüglich der Sicherheit, des Gesundheitsschutzes und der Leistungen der Medizinprodukte unterscheiden sich jeweils nach Inhalt und Geltungsbereich. Auch die Zertifizierungs- und Kontrollverfahren für diese Produkte sind von Mitgliedstaat zu Mitgliedstaat verschieden; solche Unterschiede stellen Hemmnisse im innergemeinschaftlichen Handel dar.

Die einzelstaatlichen Bestimmungen, die der Sicherheit und dem Gesundheitsschutz der Patienten, der Anwender und gegebenenfalls Dritter im Hinblick auf die Anwendung der Medizinprodukte dienen, bedürfen der Harmonisierung, um den freien Verkehr dieser Erzeugnisse auf dem Binnenmarkt zu gewährleisten.

Die harmonisierten Bestimmungen müssen von den Maßnahmen unterschieden werden, die die Mitgliedstaaten im Hinblick auf die Finanzierung des öffentlichen Gesundheitssystems und des Krankenversicherungssystems getroffen haben und die derartige Produkte direkt oder indirekt betreffen. Sie lassen daher das Recht der Mitgliedstaaten auf Durchführung der genannten Maßnahmen unter Einhaltung des Gemeinschaftsrechts unberührt.

Medizinprodukte müssen für Patienten, Anwender und Dritte einen hochgradigen Schutz bieten und die vom Hersteller angegebenen Leistungen erreichen. Die Auf-

1) Zuletzt geändert durch Artikel 2 der Richtlinie 2007/47/EG des Europäischen Parlaments und des Rates vom 5. September 2007 zur Änderung der Richtlinien 90/385/EWG des Rates zur Angleichung der Rechtsvorschriften der Mitgliedstaaten über aktive implantierbare medizinische Geräte und 93/42/EWG des Rates über Medizinprodukte sowie der Richtlinie 98/8/EG über das Inverkehrbringen von Biozid-Produkten (ABl. Nr. L 247 vom 21. 9. 2007, S. 21);
2) ABl. Nr. C 237 vom 12. 9. 1991, S. 3, und ABl. Nr. C 251 vom 28. 9. 1992, S. 40.
3) ABl. Nr. C 150 vom 31. 5. 1993 und ABl. Nr. C 176 vom 28. 6. 1993.
4) ABl. Nr. C 79 vom 30. 3. 1992, S. 1.

rechterhaltung bzw. Verbesserung des in den Mitgliedstaaten erreichten Schutzniveaus ist eines der wesentlichen Ziele dieser Richtlinie.

Bestimmte Medizinprodukte sind dafür ausgelegt, Arzneimittel im Sinne der Richtlinie 65/65/EWG des Rates vom 26. Januar 1965 zur Angleichung der Rechts- und Verwaltungsvorschriften über Arzneimittel[5] abzugeben. In diesen Fällen wird das Inverkehrbringen des Medizinprodukts in der Regel durch die vorliegende Richtlinie geregelt und das Inverkehrbringen des Arzneimittels durch die Richtlinie 65/65/EWG. Wird ein solches Produkt jedoch derart in Verkehr gebracht, dass Produkt und Arzneimittel eine feste Einheit bilden, die ausschließlich zur Verwendung in der vorgegebenen Kombination bestimmt und nicht wiederverwendbar ist, unterliegt dieses eine feste Einheit bildende Produkt der Richtlinie 65/65/EWG. Davon zu unterscheiden sind Medizinprodukte, die unter anderem als Bestandteile Stoffe enthalten, welche bei gesonderter Anwendung als Arzneimittel im Sinne der Richtlinie 65/65/EWG betrachtet werden können. In solchen Fällen, d. h., wenn die in das Medizinprodukt integrierten Stoffe in Ergänzung zu dem Produkt eine Wirkung auf den menschlichen Körper entfalten können, wird das Inverkehrbringen der Produkte durch die vorliegende Richtlinie geregelt. In diesem Zusammenhang müssen die Prüfungen auf Sicherheit, Qualität und Eignung der Stoffe analog durch Anwendung der geeigneten Verfahren gemäß der Richtlinie 75/318/EWG des Rates vom 20. Mai 1975 zur Angleichung der Rechts- und Verwaltungsvorschriften der Mitgliedstaaten über die analytischen, toxikologisch-pharmakologischen und ärztlichen oder klinischen Vorschriften und Nachweise über Versuche mit Arzneimitteln erfolgen[6].

Die in den Anhängen festgelegten grundlegenden Anforderungen und sonstigen Anforderungen, einschließlich der Hinweise auf Minimierung oder Verringerung der Gefahren, sind so zu interpretieren und anzuwenden, dass dem Stand der Technik und der Praxis zum Zeitpunkt der Konzeption sowie den technischen und wirtschaftlichen Erwägungen Rechnung getragen wird, die mit einem hohen Maß des Schutzes von Gesundheit und Sicherheit zu vereinbaren sind.

Entsprechend den in der Entschließung des Rates vom 7. Mai 1985 über eine neue Konzeption auf dem Gebiet der technischen Harmonisierung und der Normung[7] festgelegten Grundsätzen müssen sich die Regelungen bezüglich der Auslegung und Herstellung von Medizinprodukten auf die Bestimmungen beschränken, die erforderlich sind, um den grundlegenden Anforderungen zu genügen. Da es sich hier um Anforderungen grundlegender Art handelt, müssen diese an die Stelle der entsprechenden einzelstaatlichen Bestimmungen treten. Die grundlegenden Anforderungen müssen mit der nötigen Sorgfalt angewandt werden, um dem Stand

5) ABl. Nr. 22 vom 9. 6. 1965, S. 369/65. Zuletzt geändert durch Richtlinie 92/27/EWG (ABl. Nr. L 113 vom 30. 4. 1992, S. 8).

6) ABl. Nr. 22 vom 9. 6. 1965, S. 369/65. Zuletzt geändert durch Richtlinie 92/27/EWG (ABl. Nr. L 113 vom 30. 4. 1992, S. 8).

7) ABl. Nr. C 136 vom 4. 6. 1985, S. 1.

der Technik zum Zeitpunkt der Konzeption sowie den technischen und wirtschaftlichen Erwägungen Rechnung zu tragen, die mit einem hohen Maß des Schutzes von Gesundheit und Sicherheit zu vereinbaren sind.

Mit der Richtlinie 90/385/EWG des Rates vom 20. Juni 1990 zur Angleichung der Rechtsvorschriften der Mitgliedstaaten über aktive implantierbare medizinische Geräte[8] wird die neue Konzeption erstmalig auf dem Gebiet der Medizinprodukte angewandt. Im Interesse gleichartiger gemeinschaftlicher Regelungen für sämtliche Medizinprodukte lehnt sich die vorliegende Richtlinie weitgehend an die Bestimmungen der Richtlinie 90/385/EWG an. Aus denselben Gründen muss die letztgenannte Richtlinie um die allgemeinen Bestimmungen der vorliegenden Richtlinie ergänzt werden.

Die Gesichtspunkte der elektromagnetischen Verträglichkeit sind wesentlicher Bestandteil der Unbedenklichkeit der Medizinprodukte. Die vorliegende Richtlinie enthält gegenüber der Richtlinie 89/336/EWG des Rates vom 3. Mai 1989 zur Angleichung der Rechtsvorschriften der Mitgliedstaaten über die elektromagnetische Verträglichkeit[9] entsprechende spezifische Bestimmungen.

Die vorliegende Richtlinie regelt die Anforderungen an die Auslegung und Herstellung von Produkten, die ionisierende Strahlungen abgeben. Diese Richtlinie berührt nicht die erforderliche Genehmigung gemäß der Richtlinie 80/836/Euratom des Rates vom 15. Juli 1980 zur Änderung der Richtlinien, mit denen die Grundnormen für den Gesundheitsschutz der Bevölkerung und der Arbeitskräfte gegen die Gefahren ionisierender Strahlungen festgelegt wurden[10] noch die Anwendung der Richtlinie 84/466/Euratom des Rates vom 3. September 1984 zur Festlegung der grundlegenden Maßnahmen im Strahlenschutz der medizinischen Untersuchungen und Behandlungen ausgesetzten Personen[11]. Die Richtlinie 89/391/EWG des Rates vom 12. Juni 1989 über die Durchführung von Maßnahmen zur Förderung einer besseren Sicherheit und Gesundheit am Arbeitsplatz[12] sowie die einschlägigen Einzelrichtlinien bleiben anwendbar.

Zum Nachweis der Übereinstimmung mit den grundlegenden Anforderungen und zur Ermöglichung der Kontrolle dieser Übereinstimmung sind auf europäischer Ebene harmonisierte Normen zur Verhütung von Risiken im Zusammenhang mit der Auslegung, Herstellung und Verpackung medizintechnischer Produkte wünschenswert. Diese auf europäischer Ebene harmonisierten Normen werden von privatrechtlichen Einrichtungen entwickelt und müssen ihren unverbindlichen Charakter behalten. Das Europäische Komitee für Normung (CEN) und das Europäische Komitee für elektrotechnische Normung (CENELEC) sind als

8) ABl. Nr. L 189 vom 20. 7. 1990, S. 17.
9) ABl. Nr. L 139 vom 23. 5. 1989, S. 19. Zuletzt geändert durch Richtlinie 92/31/EWG (ABl. Nr. L 126 vom 12. 5. 1992, S. 11).
10) ABl. Nr. L 246 vom 17. 9. 1980, S. 1. Geändert durch Richtlinie 84/467/Euratom (ABl. Nr. L 265 vom 5. 10. 1984, S. 4).
11) ABl. Nr. L 265 vom 5. 10. 1984, S. 1.
12) ABl. Nr. L 183 vom 29. 6. 1989, S. 1.

zuständige Gremien für die Ausarbeitung harmonisierter Normen im Einklang mit den am 13. November 1984 unterzeichneten allgemeinen Leitlinien für die Zusammenarbeit zwischen der Kommission und diesen beiden Einrichtungen anerkannt.

Eine harmonisierte Norm im Sinne dieser Richtlinie ist eine technische Spezifikation (europäische Norm oder Harmonisierungsdokument), die im Auftrag der Kommission von einer dieser beiden Einrichtungen bzw. von beiden im Einklang mit der Richtlinie 83/189/EWG des Rates vom 28. März 1983 zur Festlegung eines Informationsverfahrens auf dem Gebiet der Normen und technischen Vorschriften[13] sowie gemäß den oben genannten allgemeinen Leitlinien ausgearbeitet worden ist. In bezug auf eine eventuelle Änderung der harmonisierten Normen ist es zweckmäßig, dass die Kommission von dem durch die Richtlinie 83/189/EWG eingesetzten Ausschuss unterstützt wird und dass die erforderlichen Maßnahmen im Einklang mit dem Verfahren I gemäß dem Beschluss 87/373/EWG des Rates vom 13. Juli 1987 zur Festlegung der Modalitäten für die Ausübung der der Kommission übertragenen Durchführungsbefugnisse[14] festgelegt werden. Für spezifische Bereiche empfiehlt es sich, den bereits erreichten Harmonisierungsstand in Form von Monographien des Europäischen Arzneibuchs im Rahmen dieser Richtlinie zu übernehmen. Daher können mehrere Monographien des Europäischen Arzneibuchs den oben genannten harmonisierten Normen gleichgestellt werden.

Der Rat hat durch seinen Beschluss 90/683/EWG vom 13. Dezember 1990 über die in den technischen Harmonisierungsrichtlinien zu verwendenden Module für die verschiedenen Phasen der Konformitätsbewertungsverfahren[15] harmonisierte Konformitätsbewertungsverfahren festgelegt. Durch die Anwendung dieser Module auf die Medizinprodukte kann die Verantwortung der Hersteller und der benannten Stellen bei den Konformitätsbewertungsverfahren unter Berücksichtigung der Art der betreffenden Produkte festgelegt werden. Die Präzisierungen dieser Module sind durch die Art der für die Medizinprodukte geforderten Prüfungen gerechtfertigt.

Vor allem für die Konformitätsbewertungsverfahren erscheint es zweckmäßig, die Produkte in vier Klassen zu unterteilen. Die Klassifizierungsregeln basieren auf der Verletzbarkeit des menschlichen Körpers und berücksichtigen die potentiellen Risiken im Zusammenhang mit der technischen Auslegung der Produkte und mit ihrer Herstellung. Die Konformitätsbewertungsverfahren für Produkte der Klasse I können generell unter der alleinigen Verantwortung des Herstellers erfolgen, da der Grad der Verletzbarkeit durch diese Produkte gering ist. Für die Produkte der Klasse IIa ist die Beteiligung einer benannten Stelle für das Herstellungsstadium verbindlich. Für die Produkte der Klassen IIb und III, die ein hohes Gefahrenpotential darstellen, ist eine Kontrolle durch eine benannte Stelle in bezug auf die

13) ABl. Nr. L 109 vom 26. 4. 1983, S. 8. Zuletzt geändert durch die Entscheidung 92/400/EWG der Kommission (ABl. Nr. L 221 vom 6. 8. 1992, S. 55).
14) ABl. Nr. L 197 vom 18. 7. 1987, S. 33.
15) ABl. Nr. L 380 vom 31. 12. 1990, S. 13.

Auslegung der Produkte sowie ihre Herstellung erforderlich. Die Klasse III ist den kritischsten Produkten vorbehalten, deren Inverkehrbringen eine ausdrückliche vorherige Zulassung im Hinblick auf die Konformität erfordert.

Sofern die Konformität der Produkte unter der Verantwortung des Herstellers bewertet werden kann, müssen sich die zuständigen Behörden, insbesondere in dringenden Situationen, an eine in der Gemeinschaft niedergelassene für das Inverkehrbringen zuständige Person wenden können; dies kann der Hersteller oder eine vom Hersteller dazu benannte in der Gemeinschaft niedergelassene Person sein.

Die Medizinprodukte müssen im Regelfall mit der CE-Kennzeichnung versehen sein, aus dem ihre Übereinstimmung mit den Vorschriften dieser Richtlinie hervorgeht und das Voraussetzung für den freien Verkehr der Medizinprodukte in der Gemeinschaft und ihre bestimmungsgemäße Inbetriebnahme ist.

Im Rahmen der Bekämpfung von Aids und unter Berücksichtigung der vom Rat am 16. Mai 1989 verabschiedeten Schlussfolgerungen über die künftigen Tätigkeiten zur Verhütung und Kontrolle von Aids in der Gemeinschaft[16] müssen die zum Schutz vor einer Infizierung mit dem HIV-Virus angewandten Medizinprodukte einen hochgradigen Schutz bieten. Auslegung und Herstellung dieser Produkte müssen durch eine benannte Stelle geprüft werden.

Die Klassifizierungsregeln gestatten im allgemeinen eine angemessene Einstufung der Medizinprodukte. Angesichts der Vielfalt der Produkte und der technologischen Entwicklung auf diesem Gebiet sind zu den Durchführungsbefugnissen der Kommission die erforderlichen Entscheidungen über die angemessene Einstufung der Produkte, eine Neueinstufung oder gegebenenfalls eine Anpassung der Entscheidungsregeln zu rechnen. Da diese Fragen eng mit dem Gesundheitsschutz zusammenhängen, ist es angemessen, dass diese Entscheidungen unter das Verfahren IIIa gemäß dem Beschluss 87/373/EWG fallen.

Die Bestätigung der Einhaltung der grundlegenden Anforderungen kann beinhalten, dass die klinischen Prüfungen unter der Verantwortung des Herstellers durchzuführen sind. Im Hinblick auf die Durchführung dieser Prüfungen müssen geeignete Maßnahmen zum Schutz der öffentlichen Gesundheit und der öffentlichen Ordnung festgelegt werden.

Der Gesundheitsschutz und die diesbezüglichen Kontrollen können durch ein System der technischen Sicherheitsüberwachung wirksamer gestaltet werden, das auf Gemeinschaftsebene eingerichtet wird.

Diese Richtlinie erfasst alle Medizinprodukte gemäß der Richtlinie 76/764/EWG des Rates vom 27. Juli 1976 über die Angleichung der Rechtsvorschriften der Mitgliedstaaten über medizinische Quecksilberglasthermometer mit Maximumvor-

16) ABl. Nr. C 185 vom 22. 7. 1989, S. 8.

richtung[17]. Die vorgenannte Richtlinie muss daher aufgehoben werden. Aus denselben Gründen muss die Richtlinie 84/539/EWG des Rates vom 17. September 1984 zur Angleichung der Rechtsvorschriften der Mitgliedstaaten über die in der Humanmedizin und der Veterinärmedizin eingesetzten elektrischen Geräte[18] geändert werden —

hat folgende Richtlinie erlassen:

17) ABl. Nr. L 262 vom 27. 9. 1976, S. 139. Zuletzt geändert durch die Richtlinie 84/414/EWG (ABl. Nr. L 228 vom 25. 8. 1984, S. 25).

18) ABl. Nr. L 300 vom 19. 11. 1984, S. 179. Geändert durch die Akte über den Beitritt Spaniens und Portugals.

Artikel 1
Begriffsbestimmungen, Anwendungsbereich

(1) Diese Richtlinie gilt für Medizinprodukte und ihr Zubehör. Im Sinne dieser Richtlinie wird Zubehör als eigenständiges Medizinprodukt behandelt. Medizinprodukte und Zubehör werden nachstehend „Produkte" genannt.

(2) Es gelten folgende Begriffsbestimmungen:

a) *Medizinprodukt*: alle einzeln oder miteinander verbunden verwendeten Instrumente, Apparate, Vorrichtungen, Software, Stoffe oder anderen Gegenstände, einschließlich der vom Hersteller speziell zur Anwendung für diagnostische und/oder therapeutische Zwecke bestimmten und für ein einwandfreies Funktionieren des Medizinprodukts eingesetzten Software, die vom Hersteller zur Anwendung für Menschen für folgende Zwecke bestimmt sind:

- Erkennung, Verhütung, Überwachung, Behandlung oder Linderung von Krankheiten;
- Erkennung, Überwachung, Behandlung, Linderung oder Kompensierung von Verletzungen oder Behinderungen;
- Untersuchung, Ersatz oder Veränderung des anatomischen Aufbaus oder eines physiologischen Vorgangs;
- Empfängnisregelung,

und deren bestimmungsgemäße Hauptwirkung im oder am menschlichen Körper weder durch pharmakologische oder immunologische Mittel noch metabolisch erreicht wird, deren Wirkungsweise aber durch solche Mittel unterstützt werden kann.

b) *Zubehör*: Gegenstand, der selbst kein Produkt ist, sondern nach seiner vom Hersteller speziell festgelegten Zweckbestimmung zusammen mit einem Produkt zu verwenden ist, damit dieses entsprechend der vom Hersteller des Produkts festgelegten Zweckbestimmung des Produkts angewendet werden kann.

c) *In-vitro-Diagnostikum*: jedes Medizinprodukt, das als Reagenz, Reagenzprodukt, Kalibriermaterial, Kontrollmaterial, Kit, Instrument, Apparat, Gerät oder System – einzeln oder in Verbindung miteinander – nach der vom Hersteller festgelegten Zweckbestimmung zur In-vitro-Untersuchung von aus dem menschlichen Körper stammenden Proben, einschließlich Blut- und Gewebespenden, verwendet wird und ausschließlich oder hauptsächlich dazu dient, Informationen zu liefern

- über physiologische oder pathologische Zustände oder
- über angeborene Anomalien oder
- zur Prüfung auf Unbedenklichkeit und Verträglichkeit bei den potentiellen Empfängern oder

- zur Überwachung therapeutischer Maßnahmen.

Probenbehältnisse gelten als In-vitro-Diagnostika. Probenbehältnisse sind luftleere wie auch sonstige Medizinprodukte, die von ihrem Hersteller speziell dafür gefertigt werden, aus dem menschlichen Körper stammende Proben unmittelbar nach ihrer Entnahme aufzunehmen und im Hinblick auf eine In-vitro-Diagnose aufzubewahren.

Erzeugnisse für den allgemeinen Laborbedarf gelten nicht als In-vitro-Diagnostika, es sei denn, sie sind aufgrund ihrer Merkmale nach ihrer vom Hersteller festgelegten Zweckbestimmung speziell für In-vitro-Untersuchungen zu verwenden.

d) *Sonderanfertigung*: jedes Produkt, das nach schriftlicher Verordnung eines entsprechend qualifizierten Arztes unter dessen Verantwortung nach spezifischen Auslegungsmerkmalen eigens angefertigt wird und zur ausschließlichen Anwendung bei einem namentlich genannten Patienten bestimmt ist.

Die oben genannte Verordnung kann auch von jeder anderen Person ausgestellt werden, die aufgrund ihrer beruflichen Qualifikation dazu befugt ist.

Serienmäßig hergestellte Produkte, die angepasst werden müssen, um den spezifischen Anforderungen des Arztes oder eines anderen berufsmäßigen Anwenders zu entsprechen, gelten nicht als Sonderanfertigungen.

e) *Für klinische Prüfungen bestimmtes Produkt*: jedes Produkt, das dazu bestimmt ist, einem entsprechend qualifizierten Arzt zur Durchführung von Prüfungen am Menschen gemäß Anhang X Abschnitt 2.1 in einer angemessenen medizinischen Umgebung zur Verfügung gestellt zu werden.

Im Hinblick auf die Durchführung der klinischen Prüfungen ist einem entsprechend qualifizierten Arzt jede sonstige Person gleichgestellt, die aufgrund ihrer beruflichen Qualifikation befugt ist, diese Prüfungen durchzuführen.

f) *Hersteller*: die natürliche oder juristische Person, die für die Auslegung, Herstellung, Verpackung und Etikettierung eines Produkts im Hinblick auf das Inverkehrbringen im eigenen Namen verantwortlich ist, unabhängig davon, ob diese Tätigkeiten von dieser Person oder stellvertretend für diese von einer dritten Person ausgeführt werden.

Die dem Hersteller nach dieser Richtlinie obliegenden Verpflichtungen gelten auch für die natürliche oder juristische Person, die ein oder mehrere vorgefertigte Produkte montiert, abpackt, behandelt, aufbereitet und/oder kennzeichnet und/oder für die Festlegung der Zweckbestimmung als Produkt im Hinblick auf das Inverkehrbringen im eigenen Namen verantwortlich ist. Dies gilt nicht für Personen, die – ohne Hersteller im Sinne des Unterabsatzes 1 zu sein – bereits in Verkehr gebrachte Produkte für einen namentlich genannten Patienten entsprechend ihrer Zweckbestimmung montieren oder anpassen.

g) *Zweckbestimmung*: Verwendung, für die das Produkt entsprechend den Angaben des Herstellers in der Etikettierung, der Gebrauchsanweisung und/ oder dem Werbematerial bestimmt ist.

h) *Inverkehrbringen*: erste entgeltliche oder unentgeltliche Überlassung eines Produkts, das nicht für klinische Prüfungen bestimmt ist, im Hinblick auf seinen Vertrieb und/oder seine Verwendung innerhalb der Gemeinschaft, ungeachtet dessen, ob es sich um ein neues oder ein als neu aufbereitetes Produkt handelt.

i) *Inbetriebnahme*[19]: den Zeitpunkt, zu dem ein Produkt dem Endanwender als ein Erzeugnis zur Verfügung gestellt worden ist, das erstmals entsprechend seiner Zweckbestimmung auf dem gemeinschaftlichen Markt verwendet werden kann;

j) *Bevollmächtigter*: die in der Gemeinschaft niedergelassene natürliche oder juristische Person, die vom Hersteller ausdrücklich dazu bestimmt wurde, im Hinblick auf seine Verpflichtungen nach dieser Richtlinie in seinem Namen zu handeln und von den Behörden und Stellen in der Gemeinschaft in diesem Sinne kontaktiert zu werden.

k) *Klinische Daten*: Sicherheits- und/oder Leistungsangaben, die aus der Verwendung eines Produkts hervorgehen. Klinische Daten stammen aus folgenden Quellen:

- klinischen Prüfung/en des betreffenden Produkts oder
- klinischen Prüfung/en oder sonstigen in der wissenschaftlichen Fachliteratur wiedergegebene Studien über ein ähnliches Produkt, dessen Gleichartigkeit mit dem betreffenden Produkt nachgewiesen werden kann, oder
- veröffentlichten und/oder unveröffentlichten Berichten über sonstige klinische Erfahrungen entweder mit dem betreffenden Produkt oder einem ähnlichen Produkt, dessen Gleichartigkeit mit dem betreffenden Produkt nachgewiesen werden kann;

l) *Subkategorie von Medizinprodukten*: eine Gruppe von Produkten, die in den gleichen Bereichen verwendet werden sollen oder mit den gleichen Technologien ausgestattet sind;

m) *generische Produktgruppe*: eine Gruppe von Produkten mit gleichen oder ähnlichen Verwendungsbestimmungen oder mit technologischen Gemeinsamkeiten, so dass sie allgemein, also ohne Berücksichtigung spezifischer Merkmale klassifiziert werden können;

19) Geändert entsprechend der Berichtigung der Richtlinie 98/79/EG über In-vitro-Diagnostika (ABl. Nr. L 74 vom 19. März 1999, S. 32).

n) *Einmal-Produkt*: ein Produkt, das zum einmaligen Gebrauch an einem einzigen Patienten bestimmt ist.

(3) Produkte, die dazu bestimmt sind, ein Arzneimittel im Sinne des Artikels 1 der Richtlinie 2001/83/EG abzugeben, unterliegen dieser Richtlinie unbeschadet der das Arzneimittel betreffenden Bestimmungen der Richtlinie 2001/83/EG.

Werden diese Produkte jedoch so in Verkehr gebracht, dass Produkt und Arzneimittel ein einheitliches, miteinander verbundenes Produkt bilden, das ausschließlich zur Verwendung in dieser Verbindung bestimmt und nicht wieder verwendbar ist, so unterliegt dieses Produkt der Richtlinie 2001/83/EG. Die einschlägigen grundlegenden Anforderungen gemäß Anhang I dieser Richtlinie kommen insofern zur Anwendung, als sicherheits- und leistungsbezogene Produktfunktionen betroffen sind.

(4) Enthält ein Produkt als festen Bestandteil einen Stoff, der – gesondert verwendet – als Arzneimittel im Sinne des Artikels 1 der Richtlinie 2001/83/EG betrachtet werden und in Ergänzung zu dem Produkt eine Wirkung auf den menschlichen Körper entfalten kann, so ist dieses Produkt gemäß der vorliegenden Richtlinie zu bewerten und zuzulassen.

(4a) Enthält ein Produkt als Bestandteil einen Stoff, der – gesondert verwendet – als Arzneimittelbestandteil oder Arzneimittel aus menschlichem Blut oder Blutplasma im Sinne des Artikels 1 der Richtlinie 2001/83/EG betrachtet werden und in Ergänzung zu dem Produkt eine Wirkung auf den menschlichen Körper entfalten kann (nachstehend „Derivat aus menschlichem Blut" genannt), so ist dieses Produkt gemäß der vorliegenden Richtlinie zu bewerten und zuzulassen.

(5) Diese Richtlinie gilt nicht für

a) Produkte für die In-vitro-Diagnose;

b) aktive implantierbare medizinische Geräte gemäß der Richtlinie 90/385/EWG;

c) Arzneimittel im Sinne der Richtlinie 2001/83/EG; die Entscheidung darüber, ob ein Produkt unter die vorgenannte oder die vorliegende Richtlinie fällt, erfolgt insbesondere unter Berücksichtigung der hauptsächlichen Wirkungsweise des Produkts;

d) kosmetische Mittel im Sinne der Richtlinie 76/768/EWG[20];

e) menschliches Blut, Blutprodukte, Blutplasma oder Blutzellen menschlichen Ursprungs bzw. Produkte, die zum Zeitpunkt des Inverkehrbringens Blutprodukte, Blutplasma oder Blutzellen dieser Art enthalten, mit Ausnahme der Produkte im Sinne von Absatz 4a;

20) ABl. Nr. L 262 vom 27. 9. 1976, S. 169. Zuletzt geändert durch die Richtlinie 92/86/EWG der Kommission (ABl. Nr. L 325 vom 11. 11. 1992, S. 18).

f) Transplantate oder Gewebe oder Zellen menschlichen Ursprungs noch für Produkte, die Gewebe oder Zellen menschlichen Ursprungs enthalten oder aus solchen Geweben oder Zellen gewonnen wurden, mit Ausnahme der in Absatz 4a genannten Produkte;

g) Transplantate oder Gewebe oder Zellen tierischen Ursprungs, es sei denn, ein Produkt wird unter Verwendung von abgetötetem tierischen Gewebe oder von abgetöteten Erzeugnissen hergestellt, die aus tierischem Gewebe gewonnen wurden.

(6) Bei Produkten, die vom Hersteller sowohl zur Verwendung entsprechend den Vorschriften über persönliche Schutzausrüstungen der Richtlinie 89/686/EWG des Rates[21] als auch der vorliegenden Richtlinie bestimmt sind, müssen auch die einschlägigen grundlegenden Gesundheits- und Sicherheitsanforderungen der Richtlinie 89/686/EWG erfüllt werden.

(7) Diese Richtlinie ist eine Einzelrichtlinie im Sinne von Artikel 1 Absatz 4 der Richtlinie 2004/108/EG des Europäischen Parlaments und des Rates[22].

(8) Diese Richtlinie berührt weder die Anwendung der Richtlinie 96/29/Euratom des Rates vom 13. Mai 1996 zur Festlegung der grundlegenden Sicherheitsnormen für den Schutz der Gesundheit der Arbeitskräfte und der Bevölkerung gegen die Gefahren durch ionisierende Strahlungen[23] noch die Anwendung der Richtlinie 97/43/Euratom des Rates vom 30. Juni 1997 über den Gesundheitsschutz von Personen gegen die Gefahren ionisierender Strahlung bei medizinischer Exposition[24].

Artikel 2
Inverkehrbringen und Inbetriebnahme

Die Mitgliedstaaten treffen alle erforderlichen Maßnahmen, damit die Produkte nur in Verkehr gebracht und/oder in Betrieb genommen werden dürfen, wenn sie bei sachgemäßer Lieferung, Installation, Instandhaltung und ihrer Zweckbestimmung entsprechender Verwendung die Anforderungen dieser Richtlinie erfüllen.

21) Richtlinie 89/686/EWG des Rates vom 21. Dezember 1989 zur Angleichung der Rechtsvorschriften der Mitgliedstaaten für persönliche Schutzausrüstungen (ABl. L 399 vom 30.12.1989, S. 18). Zuletzt geändert durch die Verordnung (EG) Nr. 1882/2003 des Europäischen Parlaments und des Rates (ABl. L 284 vom 31.10.2003, S. 1).

22) Richtlinie 2004/108/EG des Europäischen Parlaments und des Rates vom 15. Dezember 2004 zur Angleichung der Rechtsvorschriften der Mitgliedstaaten über die elektromagnetische Verträglichkeit (ABl. L 390 vom 31.12.2004, S. 24).

23) ABl. L 159 vom 29.6.1996, S. 1.

24) ABl. L 180 vom 9.7.1997, S. 22.

Artikel 3
Grundlegende Anforderungen

Die Produkte müssen die grundlegenden Anforderungen gemäß Anhang I erfüllen, die auf sie unter Berücksichtigung ihrer Zweckbestimmung anwendbar sind.

Besteht ein einschlägiges Risiko, so müssen Produkte, die auch Maschinen im Sinne des Artikels 2 Buchstabe a der Richtlinie 2006/42/EG des Europäischen Parlaments und des Rates vom 17. Mai 2006 über Maschinen[25] sind, den grundlegenden Gesundheits- und Sicherheitsanforderungen gemäß Anhang I der genannten Richtlinie entsprechen, sofern diese grundlegenden Gesundheits- und Sicherheitsanforderungen spezifischer sind als die grundlegenden Anforderungen gemäß Anhang I der vorliegenden Richtlinie.

Artikel 4
Freier Verkehr, Produkte für besondere Zwecke

(1) Die Mitgliedstaaten behindern in ihrem Hoheitsgebiet nicht das Inverkehrbringen und die Inbetriebnahme von Produkten, die die CE-Kennzeichnung nach Artikel 17 tragen, aus der hervorgeht, dass sie einer Konformitätsbewertung nach Artikel 11 unterzogen worden sind.

(2) Die Mitgliedstaaten behindern nicht, dass

- für klinische Prüfungen bestimmte Produkte den entsprechend qualifizierten Ärzten oder den dazu befugten Personen zur Verfügung gestellt werden, wenn sie den Bedingungen gemäß Artikel 15 und Anhang VIII entsprechen;
- Sonderanfertigungen in Verkehr gebracht und in Betrieb genommen werden, wenn sie den Bedingungen gemäß Artikel 11 in Verbindung mit Anhang VIII entsprechen; den Produkten der Klassen IIa, IIb und III muss die Erklärung gemäß Anhang VIII beigefügt sein, die für den durch seinen Namen, ein Akronym oder einen numerischen Code identifizierbaren Patienten verfügbar sein muss.

Diese Produkte tragen nicht die CE-Zeichnung.

(3) Die Mitgliedstaaten behindern nicht, dass insbesondere bei Messen, Ausstellungen und Vorführungen den Bestimmungen dieser Richtlinie nicht entsprechende Produkte ausgestellt werden, sofern ein sichtbares Schild deutlich darauf hinweist, dass diese Produkte erst in Verkehr gebracht oder in Betrieb genommen werden können, wenn ihre Übereinstimmung mit dieser Richtlinie hergestellt ist.

(4) Die Mitgliedstaaten können verlangen, dass die dem Anwender und dem Patienten gemäß Anhang I Abschnitt 13 bereitzustellenden Angaben bei der Übergabe an den Endanwender in der bzw. den jeweiligen Landessprachen oder in einer anderen Gemeinschaftssprache vorliegen, unabhängig davon, ob das Produkt zu beruflichen oder sonstigen Zwecken eingesetzt werden soll.

---

25) ABl. L 157 vom 9.6.2006, S. 24.

(5) Falls die Produkte auch unter andere Richtlinien fallen, die andere Aspekte behandeln und in denen die CE-Kennzeichnung vorgesehen ist, wird mit der CE-Kennzeichnung angegeben, dass die Produkte auch diesen anderen Richtlinien entsprechen.

Steht dem Hersteller aufgrund einer oder mehrerer dieser Richtlinien während einer Übergangszeit jedoch die Wahl der anzuwendenden Regelung frei, so wird mit der CE-Kennzeichnung angegeben, dass die Produkte nur den vom Hersteller angewandten Richtlinien entsprechen. In diesem Fall müssen die Nummern dieser Richtlinien, die im Amtsblatt der Europäischen Gemeinschaften veröffentlicht sind, in den von den Richtlinien vorgeschriebenen und den Produkten beiliegenden Unterlagen, Hinweisen oder Anleitungen angegeben werden.

Artikel 5
Verweis auf Normen

(1) Die Mitgliedstaaten gehen von der Einhaltung der grundlegenden Anforderungen gemäß Artikel 3 bei Produkten aus, die den einschlägigen nationalen Normen zur Durchführung der harmonisierten Normen, deren Fundstellen im Amtsblatt der Europäischen Gemeinschaften veröffentlicht wurden, entsprechen; die Mitgliedstaaten veröffentlichen die Fundstellen dieser nationalen Normen.

(2) Der Verweis auf harmonisierte Normen im Sinne dieser Richtlinie schließt auch die Monographie des Europäischen Arzneibuchs insbesondere über chirurgisches Nahtmaterial sowie die Aspekte der Wechselwirkung zwischen Arzneimitteln und Materialien von Produkten, die diese Arzneimittel aufnehmen, ein; die Fundstellen dieser Monographie müssen im Amtsblatt der Europäischen Gemeinschaften veröffentlicht sein.

(3) Ist ein Mitgliedstaat oder die Kommission der Auffassung, dass die harmonisierten Normen den grundlegenden Anforderungen gemäß Artikel 3 nicht voll entsprechen, so werden die von den Mitgliedstaaten zu treffenden Maßnahmen in bezug auf diese Normen und die Veröffentlichung gemäß Absatz 1 nach dem in Artikel 6 Absatz 2 genannten Verfahren erlassen.

Artikel 6
Ausschuss „Normen und technische Vorschriften"

(1) Die Kommission wird von dem durch Artikel 5 der Richtlinie 98/34/EG[26] eingesetzten Ausschuss, im Folgenden „Ausschuss" genannt, unterstützt.

26) Richtlinie 98/34/EG des Europäischen Parlaments und des Rates vom 22. Juni 1998 über ein Informationsverfahren auf dem Gebiet der Normen und technischen Vorschriften und der Vorschriften für die Dienste der Informationsgesellschaft (ABl. L 204 vom 21.7.1998, S. 37). Zuletzt geändert durch die Beitrittsakte von 2003.

(2) Wird auf diesen Artikel Bezug genommen, so gelten die Artikel 3 und 7 des Beschlusses 1999/468/EG[27].

(3) Der Ausschuss gibt sich eine Geschäftsordnung.

Artikel 7
Ausschuss „Medizinprodukte"

(1) Die Kommission wird von dem gemäß Artikel 6 Absatz 2 der Richtlinie 90/385/EWG eingesetzten Ausschuss, (nachstehend „Ausschuss" genannt) unterstützt.

(2) Wird auf diesen Absatz Bezug genommen, so gelten die Artikel 5 und 7 des Beschlusses 1999/468/EG unter Beachtung von dessen Artikel 8.

Der Zeitraum nach Artikel 5 Absatz 6 des Beschlusses 1999/468/EG wird auf drei Monate festgesetzt.

(3) Wird auf diesen Absatz Bezug genommen, so gelten Artikel 5a Absätze 1 bis 4 und Artikel 7 des Beschlusses 1999/468/EG unter Beachtung von dessen Artikel 8.

(4) Wird auf diesen Absatz Bezug genommen, so gelten Artikel 5a Absätze 1, 2, 4 und 6 sowie Artikel 7 des Beschlusses 1999/468/EG unter Beachtung von dessen Artikel 8.

Artikel 8
Schutzklausel

(1) Stellt ein Mitglied fest, dass in Artikel 4 Absatz 1 bzw. Artikel 4 Absatz 2 zweiter Gedankenstrich genannte Produkte die Gesundheit und/oder die Sicherheit der Patienten, der Anwender oder gegebenenfalls Dritter gefährden können, auch wenn sie sachgemäß installiert, instand gehalten und ihrer Zweckbestimmung entsprechend verwendet werden, so trifft er alle geeigneten vorläufigen Maßnahmen, um diese Produkte vom Markt zurückzuziehen oder ihr Inverkehrbringen oder ihre Inbetriebnahme zu verbieten oder einzuschränken. Der Mitgliedstaat teilt der Kommission unverzüglich diese Maßnahmen mit, nennt die Gründe für seine Entscheidung und gibt insbesondere an, ob die Nichtübereinstimmung mit dieser Richtlinie zurückzuführen ist auf

a) die Nichteinhaltung der in Artikel 3 genannten grundlegenden Anforderungen,

b) eine unzulängliche Anwendung der Normen gemäß Artikel 5, sofern die Anwendung dieser Normen behauptet wird,

c) einen Mangel in diesen Normen selbst.

(2) Die Kommission konsultiert so bald wie möglich die Betroffenen. Stellt die Kommission nach dieser Anhörung fest,

a) dass die Maßnahmen gerechtfertigt sind,

---

27) Beschluss 1999/468/EG des Rates vom 28. Juni 1999 zur Festlegung der Modalitäten für die Ausübung der der Kommission übertragenen Durchführungsbefugnisse (ABl. L 184 vom 17. 7.1999, S. 23).

i) so unterrichtet sie hiervon unverzüglich den Mitgliedstaat, der die Maßnahmen getroffen hat, sowie die anderen Mitgliedstaaten; ist die in Absatz 1 genannte Entscheidung in einem Mangel der Normen begründet, so befasst die Kommission nach Anhörung der Betroffenen den in Artikel 6 Absatz 1 genannten Ausschuss innerhalb von zwei Monaten, sofern der Mitgliedstaat, der die Entscheidung getroffen hat, diese aufrechterhalten will, und leitet das in Artikel 6 Absatz 2 genannte Verfahren ein;

ii) werden die im Interesse der öffentlichen Gesundheit erforderlichen Maßnahmen, mit denen nicht wesentliche Bestimmungen dieser Richtlinie abgeändert werden sollen und die sich darauf beziehen, dass die in Absatz 1 genannten Produkte vom Markt genommen, ihr Inverkehrbringen verboten oder ihre Inbetriebnahme eingeschränkt oder bestimmte Auflagen für die Inbetriebnahme dieser Produkte erlassen werden, werden nach dem in Artikel 7 Absatz 3 genannten Regelungsverfahren mit Kontrolle erlassen; aus Gründen äußerster Dringlichkeit kann die Kommission auf das in Artikel 7 Absatz 4 genannte Dringlichkeitsverfahren zurückgreifen;

b) dass die Maßnahmen nicht gerechtfertigt sind, so unterrichtet sie davon unverzüglich den Mitgliedstaat, der die Maßnahmen getroffen hat, sowie den Hersteller oder seinen Bevollmächtigten.

(3) Ist ein mit dieser Richtlinie nicht übereinstimmendes Produkt mit der CE-Kennzeichnung versehen, so ergreift der zuständige Mitgliedstaat gegenüber demjenigen, der diese Kennzeichnung angebracht hat, die geeigneten Maßnahmen und unterrichtet davon die Kommission und die übrigen Mitgliedstaaten.

(4) Die Kommission sorgt dafür, dass die Mitgliedstaaten über den Verlauf und die Ergebnisse dieses Verfahrens unterrichtet werden.

Artikel 9
Klassifizierung

(1) Die Produkte werden in die Klassen I, IIa, IIb und III eingestuft. Die Klassifizierung erfolgt nach den Regeln gemäß Anhang IX.

(2) Ergibt sich aus der Anwendung der Klassifizierungsregeln ein Streitfall zwischen dem Hersteller und der betreffenden benannten Stelle, so werden die für diese Stelle zuständigen Behörden zwecks Entscheidung befasst.

(3) Ist ein Mitgliedstaat der Auffassung, dass entsprechend dem technischen Fortschritt und den aufgrund des Informationssystems gemäß Artikel 10 verfügbaren Informationen eine Anpassung der Klassifizierungsregeln gemäß Anhang IX erforderlich ist, so kann er der Kommission einen ausreichend begründeten Antrag vorlegen und sie auffordern, die erforderlichen Maßnahmen zur Anpassung der Klassifizierungsregeln zu erlassen. Die Maßnahmen, mit denen nicht wesentliche

Bestimmungen dieser Richtlinie abgeändert werden sollen und die sich auf die Anpassung der Klassifizierungsregeln beziehen, werden nach dem in Artikel 7 Absatz 3 genannten Regelungsverfahren mit Kontrolle erlassen.

Artikel 10
Informationen über Vorkommnisse nach dem Inverkehrbringen

(1) Die Mitgliedstaaten treffen die erforderlichen Maßnahmen, damit die Angaben, die ihnen gemäß dieser Richtlinie zu den nachstehend beschriebenen Vorkommnissen im Zusammenhang mit einem Produkt der Klassen I, IIa, IIb oder III zur Kenntnis gebracht werden, zentral erfasst und bewertet werden:

a) jede Funktionsstörung oder jede Änderung der Merkmale und/oder der Leistung sowie jede Unsachgemäßheit der Kennzeichnung oder der Gebrauchsanweisung eines Produkts, die zum Tode oder zu einer schwerwiegenden Verschlechterung des Gesundheitszustands eines Patienten oder eines Anwenders führen kann oder geführt hat;

b) jeder Grund technischer oder medizinischer Art, der aufgrund der unter Buchstabe a) genannten Ursachen durch die Merkmale und Leistungen des Produkts bedingt ist und zum systematischen Rückruf von Produkten desselben Typs durch den Hersteller geführt hat.

(2) Wenn ein Mitgliedstaat die Ärzteschaft oder medizinische Einrichtungen auffordert, den zuständigen Behörden die Vorkommnisse gemäß Absatz 1 mitzuteilen, trifft er die erforderlichen Maßnahmen, damit der Hersteller des betreffenden Produkts oder sein Bevollmächtigter ebenfalls von dem Vorkommnis unterrichtet wird.

(3) Nachdem die Mitgliedstaaten ein Vorkommnis – nach Möglichkeit gemeinsam mit dem Hersteller oder seinem Bevollmächtigten – bewertet haben, unterrichten sie unbeschadet des Artikels 8 die Kommission und die anderen Mitgliedstaaten unverzüglich über die Maßnahmen, die sie getroffen oder ins Auge gefasst haben, um ein erneutes Auftreten der in Absatz 1 genannten Vorkommnisse auf ein Minimum zu reduzieren. Dies schließt Informationen über die zugrunde liegenden Vorkommnisse ein.

(4) Jede zur Umsetzung dieses Artikels geeignete Maßnahme zur Festlegung von Verfahrensregeln wird nach dem in Artikel 7 Absatz 2 genannten Regelungsverfahren erlassen.

Artikel 11
Konformitätsbewertung

(1) Für Produkte der Klasse III mit Ausnahme der Sonderanfertigungen und der für klinische Prüfungen bestimmten Produkte muss der Hersteller, damit die CE-Kennzeichnung angebracht werden kann, nach seiner Wahl eines der beiden folgenden Verfahren einhalten:

a) das Verfahren der EG-Konformitätserklärung (vollständiges Qualitätssicherungssystem) gemäß Anhang II

b) oder das Verfahren der EG-Baumusterprüfung gemäß Anhang III in Verbindung mit

   i) dem Verfahren der EG-Prüfung gemäß Anhang IV

   oder

   ii) dem Verfahren der EG-Konformitätserklärung (Qualitätssicherung Produktion) gemäß Anhang V.

(2) Für Produkte der Klasse IIa mit Ausnahme der Sonderanfertigungen und der für klinische Prüfungen bestimmten Produkte muss der Hersteller, damit die CE-Zeichnung angebracht werden kann, das Verfahren der EG-Konformitätserklärung gemäß Anhang VII eingehalten, und zwar nach seiner Wahl in Verbindung mit

a) dem Verfahren der EG-Prüfung gemäß Anhang IV[28] oder

b) dem Verfahren der EG-Konformitätserklärung (Qualitätssicherung Produktion) gemäß Anhang V oder

c) dem Verfahren der EG-Konformitätserklärung (Qualitätssicherung Produkt) gemäß Anhang VI.

Anstelle der oben genannten Verfahren kann der Hersteller auch das Verfahren gemäß Absatz 3 Buchstabe a) anwenden.

(3) Für Produkte der Klasse IIb mit Ausnahme der Sonderanfertigungen und der für klinische Prüfungen bestimmten Produkte muss der Hersteller, damit die CE-Kennzeichnung angebracht werden kann, nach seiner Wahl eines der beiden folgenden Verfahren einhalten:

a) das Verfahren der EG-Konformitätserklärung (vollständiges Qualitätssicherungssystem) gemäß Anhang II; in diesem Fall findet Abschnitt 4 des Anhangs II keine Anwendung;

b) das Verfahren der EG-Baumusterprüfung gemäß Anhang III in Verbindung mit

   i) dem Verfahren der EG-Prüfung gemäß Anhang IV

   oder

   ii) dem Verfahren der EG-Konformitätserklärung (Qualitätssicherung Produktion) gemäß Anhang V

   oder

   iii) dem Verfahren der EG-Konformitätserklärung (Qualitätssicherung Produkt) gemäß Anhang VI.

(4) Die Kommission unterbreitet dem Rat spätestens fünf Jahre nach Inkrafttreten dieser Richtlinie einen Bericht über die Durchführung der Bestimmungen gemäß Artikel 10 Absatz 1, Artikel 15 Absatz 1, insbesondere im Hinblick auf Produkte der

28) Berichtigung ABl. Nr. L 125 vom 19. Mai 1999, S. 42.

Klassen I und IIa, und über die Durchführung der Bestimmungen gemäß Anhang II Abschnitt 4.3 Absätze 2 und 3 und Anhang III Abschnitt 5 Absätze 2 und 3 sowie gegebenenfalls geeignete Vorschläge.

(5) Für Produkte der Klasse I mit Ausnahme der Sonderanfertigungen und der für klinische Prüfungen bestimmten Produkte muss der Hersteller, damit die CE-Kennzeichnung angebracht werden kann, das Verfahren gemäß Anhang VII einhalten und vor dem Inverkehrbringen die erforderliche EG-Konformitätserklärung ausstellen.

(6) Für Sonderanfertigungen muss der Hersteller das Verfahren gemäß Anhang VIII einhalten und vor dem Inverkehrbringen jedes Produkts die Erklärung gemäß dem genannten Anhang ausstellen.

Die Mitgliedstaaten können vorschreiben, dass der Hersteller der zuständigen Behörde eine Liste derartiger Produkte, die in ihrem Hoheitsgebiet in Betrieb genommen wurden, übermitteln muss.

(7) Bei dem Verfahren der Konformitätsbewertung für ein Produkt berücksichtigen der Hersteller und/oder die benannte Stelle die Ergebnisse von Bewertungen und Prüfungen, die gegebenenfalls in einem Zwischenstadium der Herstellung gemäß dieser Richtlinie vorgenommen wurden.

(8) Der Hersteller kann seinen Bevollmächtigten beauftragen, die Verfahren gemäß den Anhängen III, IV, VII und VIII einzuleiten.

(9) Setzt das Verfahren der Konformitätsbewertung die Beteiligung einer benannten Stelle voraus, so kann sich der Hersteller oder sein Bevollmächtigter im Rahmen der Aufgaben, für die diese Stelle benannt worden ist, an eine Stelle seiner Wahl wenden.

(10) Die benannte Stelle kann mit ordnungsgemäßer Begründung alle Informationen oder Angaben verlangen, die zur Ausstellung und Aufrechterhaltung der Konformitätsbescheinigung im Hinblick auf das gewählte Verfahren erforderlich sind.

(11) Die von den benannten Stellen gemäß den Anhängen II, III, V und VI getroffenen Entscheidungen haben eine Gültigkeitsdauer von höchstens fünf Jahren, die auf Antrag jeweils um höchstens fünf Jahre verlängert werden kann; der Antrag ist zu dem im Vertrag zwischen beiden Parteien vereinbarten Zeitpunkt einzureichen.

(12) Die Unterlagen und der Schriftwechsel über die Verfahren gemäß den Absätzen 1 bis 6 werden in der Amtssprache des Mitgliedstaats abgefasst, in dem diese Verfahren durchgeführt werden, und/oder in einer anderen Gemeinschaftssprache, die von der benannten Stelle anerkannt wird.

(13) Abweichend von den Absätzen 1 bis 6 können die zuständigen Behörden auf ordnungsgemäß begründeten Antrag im Hoheitsgebiet des betreffenden Mitgliedstaats das Inverkehrbringen und die Inbetriebnahme einzelner Produkte zulassen,

bei denen die Verfahren gemäß den Absätzen 1 bis 6 nicht durchgeführt wurden, wenn deren Verwendung im Interesse des Gesundheitsschutzes liegt.

(14) Die Maßnahmen zur Änderung nicht wesentlicher Bestimmungen dieser Richtlinie durch Ergänzung, die die Art und Weise betreffen, mit der die Informationen gemäß Anhang I Abschnitt 13.1 angesichts des technischen Fortschritts und unter Berücksichtigung der vorgesehenen Anwender der betreffenden Produkte dargestellt werden können, werden nach dem Regelungsverfahren mit Kontrolle gemäß Artikel 7 Absatz 3 erlassen.

Artikel 12
Sonderverfahren für Systeme und Behandlungseinheiten und Verfahren für Sterilisation

(1) Abweichend von Artikel 11 gilt dieser Artikel für Systeme und Behandlungseinheiten.

(2) Jede natürliche oder juristische Person, die Produkte, die die CE-Kennzeichnung tragen, entsprechend ihrer Zweckbestimmung und innerhalb der vom Hersteller vorgesehenen Anwendungsbeschränkungen zusammensetzt, um sie in Form eines Systems oder einer Behandlungseinheit in Verkehr zu bringen, muss eine Erklärung des Inhalts abgeben, dass

a) sie die gegenseitige Vereinbarkeit der Produkte entsprechend den Hinweisen der Hersteller geprüft und die Arbeitsschritte entsprechend den Hinweisen durchgeführt hat;
b) sie das System oder die Behandlungseinheit verpackt und sachdienliche Benutzerhinweise, einschließlich der einschlägigen Hinweise der Hersteller, gegeben hat;
c) die gesamte Tätigkeit in geeigneter Weise intern überwacht und kontrolliert wurde.

Werden die Bedingungen nach Absatz 2 nicht erfüllt, wie es der Fall ist, wenn das System oder die Behandlungseinheit Produkte enthält, die keine CE-Kennzeichnung tragen, oder wenn die gewählte Kombination von Produkten nicht mit deren ursprünglicher Zweckbestimmung vereinbar ist, so wird das System oder die Behandlungseinheit als eigenständiges Produkt behandelt und als solches dem einschlägigen Verfahren des Artikels 11 unterzogen.

(3) Jede natürliche oder juristische Person, die Systeme oder Behandlungseinheiten gemäß Absatz 2 oder andere Medizinprodukte mit CE-Kennzeichnung, für die der Hersteller eine Sterilisation vor ihrer Verwendung vorgesehen hat, für das Inverkehrbringen sterilisiert, verfährt nach einem der in den Anhängen II oder V genannten Verfahren. Die Anwendung dieser Anhänge und die Beteiligung der benannten Stelle sind auf die Aspekte des Sterilisationsverfahrens zur Erreichung der Sterilität des Produktes bis zur Öffnung oder Beschädigung der Verpackung

beschränkt. Die Person gibt eine Erklärung ab, wonach die Sterilisation gemäß den Anweisungen des Herstellers erfolgt ist.

(4) Die Produkte im Sinne der Absätze 2 und 3 selbst sind nicht mit einer zusätzlichen CE-Kennzeichnung zu versehen. Ihnen müssen Informationen gemäß Anhang I Abschnitt 13 beigefügt sein, die gegebenenfalls auch die von den Herstellern der zusammengesetzten Produkte mitgelieferten Hinweise enthalten. Die Erklärungen gemäß den Absätzen 2 und 3 sind für die zuständigen Behörden über einen Zeitraum von fünf Jahren zur Verfügung zu halten.

Artikel 12a
Wiederaufbereitung von Medizinprodukten

Die Kommission legt dem Europäischen Parlament und dem Rat spätestens zum 5. September 2010 einen Bericht über die Wiederaufbereitung von Medizinprodukten in der Gemeinschaft vor.

Angesichts der Schlussfolgerungen diesen Berichts unterbreitet die Kommission dem Europäischen Parlament und dem Rat zusätzliche Vorschläge, die sie für sinnvoll erachtet, um eine hohes Maß an Gesundheitsschutz sicherzustellen.

Artikel 13
Entscheidungen über die Klassifizierung und die Abweichklausel

(1) Ein Mitgliedstaat legt der Kommission in folgenden Fällen einen ausreichend begründeten Antrag vor und fordert diese auf, die erforderlichen Maßnahmen zu treffen:

a) der Mitgliedstaat ist der Auffassung, dass die Anwendung der Klassifizierungsregeln gemäß Anhang IX eine Entscheidung über die Klassifizierung eines bestimmten Produkts oder einer bestimmten Produktkategorie erfordert;

b) der Mitgliedstaat ist der Auffassung, dass ein bestimmtes Produkt oder eine bestimmte Baureihe abweichend von den Bestimmungen in Anhang IX in eine andere Klasse einzustufen ist;

c) der Mitgliedstaat ist der Auffassung, dass die Konformität eines Produkts oder einer Baureihe abweichend von Artikel 11 in ausschließlicher Anwendung eines bestimmten Verfahrens festgestellt werden soll, das aus den in Artikel 11 vorgesehenen Verfahren auszuwählen ist;

d) der Mitgliedstaat ist der Auffassung, dass eine Entscheidung darüber erforderlich ist, ob ein bestimmtes Produkt oder eine bestimmte Produktgruppe unter eine der Begriffsbestimmungen in Artikel 1 Absatz 2 Buchstaben a bis e fällt.

Die in Absatz 1 Unterabsatz 1 genannten Maßnahmen werden soweit anwendbar nach dem in Artikel 7 Absatz 2 genannten Regelungsverfahren erlassen.

(2) Die Kommission unterrichtet die Mitgliedstaaten über die getroffenen Maßnahmen.

Artikel 14
Meldung der für das Inverkehrbringen verantwortlichen Personen

(1) Jeder Hersteller, der im eigenen Namen Produkte nach den Verfahren gemäß Artikel 11 Absätze 5 und 6 in Verkehr bringen, oder jede andere natürliche oder juristische Person, die die in Artikel 12 genannten Tätigkeiten ausführt, muss den zuständigen Behörden des Mitgliedstaats, in dem sie ihren Firmensitz haben, die Anschrift des Firmensitzes und die Beschreibung der betreffenden Produkte mitteilen.

Bei allen Medizinprodukten der Klassen IIa, IIb und III können die Mitgliedstaaten die Mitteilung aller Angaben, die eine Identifizierung des Produkts ermöglichen, sowie der Kennzeichnung und der Gebrauchsanweisung verlangen, wenn diese Produkte in ihrem Hoheitsgebiet in Betrieb genommen werden.

(2) Hat ein Hersteller, der im eigenen Namen ein Produkt in Verkehr bringt, keinen Firmensitz in einem Mitgliedstaat, so benennt er einen einzigen Bevollmächtigten in der Europäischen Union. Für die in Absatz 1 Unterabsatz 1 genannten Produkte teilt der Bevollmächtigte der zuständigen Behörde des Mitgliedstaats, in dem er seinen Firmensitz hat, die Einzelheiten nach Absatz 1 mit.

(3) Die Mitgliedstaaten unterrichten auf Anfrage die übrigen Mitgliedstaaten und die Kommission über die vom Hersteller oder Bevollmächtigten vorgelegten in Absatz 1 Unterabsatz 1 genannten Angaben.

Artikel 14a
Europäische Datenbank

(1) Regulierungsdaten gemäß dieser Richtlinie werden in einer europäischen Datenbank erfasst, zu der die zuständigen Behörden Zugang erhalten, damit sie ihre Aufgaben im Zusammenhang mit dieser Richtlinie in voller Sachkenntnis wahrnehmen können.

Die Datenbank enthält:

a) Angaben zur Meldung der Hersteller sowie der Bevollmächtigten und der Produkte gemäß Artikel 14, ausgenommen Angaben zu Sonderanfertigungen;

b) Angaben im Zusammenhang mit Bescheinigungen, die gemäß den Verfahren der Anhänge II bis VII ausgestellt, geändert, ergänzt, ausgesetzt, zurückgezogen oder verweigert wurden;

c) Angaben, die gemäß dem in Artikel 10 festgelegten Beobachtungs- und Meldeverfahren erhalten werden;

d) Angaben zu den klinischen Prüfungen gemäß Artikel 15.

(2) Die Angaben werden in einem vereinheitlichten Format übermittelt.

(3) Die zur Durchführung der Absätze 1 und 2, insbesondere zur Durchführung von Absatz 1 Buchstabe d, notwendigen Maßnahmen werden nach dem in Artikel 7 Absatz 2 genannten Regelungsverfahren erlassen.

(4) Die Bestimmungen dieses Artikels werden bis zum 5. September 2012 umgesetzt. Die Kommission bewertet bis zum 11. Oktober 2012 das Funktionieren und den zusätzlichen Nutzen der Datenbank.

Auf der Grundlage der Ergebnisse dieser Bewertung unterbreitet die Kommission dem Europäischen Parlament und dem Rat gegebenenfalls Vorschläge oder legt Entwürfe für Maßnahmen gemäß Absatz 3 vor.

Artikel 14b
Besondere Gesundheitsüberwachungsmaßnahmen

Ist ein Mitgliedstaat der Auffassung, dass ein bestimmtes Produkt oder eine Gruppe von Produkten aus Gründen des Gesundheitsschutzes und der Sicherheit und/oder im Interesse der öffentlichen Gesundheit vom Markt genommen oder das Inverkehrbringen und die Inbetriebnahme verboten, beschränkt oder bestimmten Auflagen unterworfen werden sollte, so kann er alle erforderlichen und begründeten vorläufigen Maßnahmen treffen.

Der Mitgliedstaat unterrichtet hiervon die Kommission und die übrigen Mitgliedstaaten unter Angabe der Gründe für seine Entscheidung.

Die Kommission konsultiert, soweit dies möglich ist, die betroffenen Parteien und die Mitgliedstaaten. Die Kommission gibt eine Stellungnahme ab, in der sie darlegt, ob die einzelstaatlichen Maßnahmen gerechtfertigt sind oder nicht. Die Kommission informiert hierüber sämtliche Mitgliedstaaten und die konsultierten betroffenen Parteien.

Erforderlichenfalls werden die notwendigen Maßnahmen, mit denen nicht wesentliche Bestimmungen dieser Richtlinie abgeändert werden sollen und die sich darauf beziehen, dass ein bestimmtes Produkt oder eine Produktgruppe vom Markt genommen, ihr Inverkehrbringen und ihre Inbetriebnahme verboten oder ihre Inbetriebnahme eingeschränkt oder bestimmten Auflagen unterworfen werden soll, nach dem in Artikel 7 Absatz 3 genannten Regelungsverfahren mit Kontrolle erlassen. Aus Gründen äußerster Dringlichkeit kann die Kommission auf das Dringlichkeitsverfahren nach Artikel 7 Absatz 4 zurückgreifen.

Artikel 15
Klinische Prüfungen

(1) Bei Produkten, die für klinische Prüfungen bestimmt sind, wendet der Hersteller oder der in der Gemeinschaft niedergelassene Bevollmächtigte das in Anhang VIII genannte Verfahren an und meldet dies anhand der in Anhang VIII Abschnitt 2.2 genannten Erklärung den zuständigen Behörden der Mitgliedstaaten, in denen die Prüfungen durchgeführt werden sollen.

(2) Bei Produkten der Klasse III sowie bei implantierbaren und zur langzeitigen Anwendung bestimmten invasiven Produkten der Klasse IIa oder IIb kann der Hersteller mit den betreffenden klinischen Prüfungen nach Ablauf einer Frist von 60 Tagen nach dieser Mitteilung beginnen, es sei denn, die zuständigen Behörden haben ihm innerhalb dieser Frist eine auf Gründe der öffentlichen Gesundheit oder der öffentlichen Ordnung gestützte gegenteilige Entscheidung mitgeteilt.

Die Mitgliedstaaten können die Hersteller jedoch ermächtigen, vor Ablauf der Frist von 60 Tagen mit den klinischen Prüfungen zu beginnen, sofern die betreffende Ethik-Kommission eine befürwortende Stellungnahme zu dem entsprechenden Prüfungsprogramm einschließlich ihrer Überprüfung des klinischen Prüfplans abgegeben hat.

(3) Bei anderen als den in Absatz 2 genannten Produkten können die Mitgliedstaaten die Hersteller ermächtigen, sofort nach der Mitteilung mit der klinischen Prüfung zu beginnen, sofern die zuständige Ethik-Kommission eine befürwortende Stellungnahme zu dem entsprechenden Prüfungsprogramm, einschließlich ihrer Überprüfung des klinischen Prüfplans abgegeben hat.

(4) Die Ermächtigung nach Absatz 2 Unterabsatz 2 bzw. nach Absatz 3 kann von einer Genehmigung durch die zuständige Behörde abhängig gemacht werden.

(5) Die klinischen Prüfungen müssen gemäß Anhang X durchgeführt werden. Die Maßnahmen zur Änderung nicht wesentlicher Bestimmungen dieser Richtlinie durch Ergänzung, die die Bestimmungen für klinische Prüfungen in Anhang X betreffen, werden nach dem in Artikel 7 Absatz 3 genannten Regelungsverfahren mit Kontrolle erlassen.

(6) Die Mitgliedstaaten ergreifen, falls erforderlich, die geeigneten Maßnahmen zur Sicherung der öffentlichen Gesundheit und öffentlichen Ordnung. Wird eine klinische Prüfung von einem Mitgliedstaat abgelehnt oder ausgesetzt, so unterrichtet dieser Mitgliedstaat alle anderen Mitgliedstaaten und die Kommission von seiner Entscheidung und deren Gründen. Hat ein Mitgliedstaat eine wesentliche Änderung oder vorübergehende Unterbrechung einer klinischen Prüfung angeordnet, so unterrichtet dieser Mitgliedstaat die betroffenen anderen Mitgliedstaaten von seinen Maßnahmen und deren Gründen.

(7) Der Hersteller oder sein Bevollmächtigter unterrichtet die zuständigen Behörden des betroffenen Mitgliedstaats über den Abschluss der klinischen Prüfungen mit einer entsprechenden Begründung im Fall einer vorzeitigen Beendigung. Im Fall der vorzeitigen Beendigung der klinischen Prüfungen aus Sicherheitsgründen ist diese Mitteilung allen Mitgliedstaaten und der Kommission zu übermitteln. Der Hersteller oder sein Bevollmächtigter hält den in Anhang X Abschnitt 2.3.7 genannten Bericht den zuständigen Behörden zur Verfügung.

(8) Die Bestimmungen der Absätze 1 und 2 gelten nicht, wenn die klinischen Prüfungen mit Produkten durchgeführt werden, die gemäß Artikel 11 die CE-Kennzeichnung tragen dürfen, es sei denn, dass diese Prüfungen eine andere

Zweckbestimmung der Produkte zum Gegenstand haben als die in dem Verfahren zur Bewertung der Konformität vorgesehenen. Die einschlägigen Bestimmungen des Anhangs X bleiben anwendbar.

Artikel 16
Benannte Stellen

(1) Die Mitgliedstaaten teilen der Kommission und den anderen Mitgliedstaaten die Stellen mit, die sie für die Durchführung der Aufgaben im Zusammenhang mit den Verfahren gemäß Artikel 11 benannt haben; sie teilen außerdem die spezifischen Aufgaben mit, mit denen die Stellen betraut wurden. Die Kommission weist diesen Stellen, im folgenden als „benannte Stellen" bezeichnet, Kennummern zu.

Die Kommission veröffentlicht im Amtsblatt der Europäischen Gemeinschaften ein Verzeichnis der benannten Stellen einschließlich ihrer Kennummer sowie der Aufgaben, für die sie benannt wurden. Die Kommission sorgt für die Fortschreibung dieses Verzeichnisses.

(2) Die Mitgliedstaaten wenden für die Benennung der Stellen die Kriterien gemäß Anhang XI an. Von den Stellen, die den Kriterien entsprechen, welche in den zur Umsetzung der einschlägigen harmonisierten Normen erlassenen einzelstaatlichen Normen festgelegt sind, wird angenommen, dass sie den einschlägigen Kriterien genügen.

Sofern es im Hinblick auf den technischen Fortschritt angemessen ist, werden die detaillierten Maßnahmen, die notwendig sind, damit eine kohärente Anwendung der in Anhang XI festgelegten Kriterien für die Benennung der Stellen durch die Mitgliedstaaten gewährleistet ist, nach dem in Artikel 7 Absatz 2 genannten Regelungsverfahren erlassen.

(3) Ein Mitgliedstaat, der eine Stelle benannt hat, muss diese Benennung widerrufen, wenn er feststellt, dass die Stelle den Kriterien gemäß Absatz 2 nicht mehr genügt. Er setzt die anderen Mitgliedstaaten und die Kommission unverzüglich davon in Kenntnis.

(4) Die benannte Stelle und der Hersteller oder sein Bevollmächtigter legen im gemeinsamen Einvernehmen die Fristen für die Durchführung der Bewertungen und Prüfungen gemäß den Anhängen II bis VI fest.

(5) Die benannte Stelle unterrichtet die zuständige Behörde über alle ausgestellten, geänderten, ergänzten, ausgesetzten, widerrufenen oder verweigerten Bescheinigungen sowie die anderen im Rahmen dieser Richtlinie benannten Stellen über alle ausgesetzten, widerrufenen oder verweigerten Bescheinigungen sowie auf Anfrage über ausgestellte Bescheinigungen. Die benannte Stelle stellt ferner auf Anfrage alle einschlägigen zusätzlichen Informationen zur Verfügung.

(6) Stellt eine benannte Stelle fest, dass einschlägige Anforderungen dieser Richtlinie vom Hersteller nicht erfüllt wurden oder nicht länger erfüllt werden, oder hätte eine Bescheinigung nicht ausgestellt werden dürfen, so setzt sie – unter

Berücksichtigung des Grundsatzes der Verhältnismäßigkeit – die ausgestellte Bescheinigung aus oder widerruft sie oder erlegt Beschränkungen auf, es sei denn, dass der Hersteller durch geeignete Abhilfemaßnahmen die Übereinstimmung mit diesen Anforderungen gewährleistet. Die benannte Stelle unterrichtet die zuständige Behörde, falls die Bescheinigung ausgesetzt oder widerrufen wird oder Beschränkungen auferlegt werden oder sich ein Eingreifen der zuständigen Behörde als erforderlich erweisen könnte. Der Mitgliedstaat unterrichtet die übrigen Mitgliedstaaten und die Kommission.

(7) Die benannte Stelle stellt auf Anfrage alle einschlägigen Informationen und Unterlagen einschließlich haushaltstechnischen Unterlagen zur Verfügung, damit der Mitgliedstaat überprüfen kann, ob die Anforderungen nach Anhang XI erfüllt sind.

Artikel 17
CE-Kennzeichnung

(1) Mit Ausnahme von Sonderanfertigungen und Produkten, die für klinische Prüfungen bestimmt sind, müssen alle Produkte, von deren Übereinstimmung mit den grundlegenden Anforderungen gemäß Artikel 3 auszugehen ist, bei ihrem Inverkehrbringen mit einer CE-Kennzeichnung versehen sein.

(2) Die CE-Kennzeichnung gemäß Anhang XII muss, sofern dies durchführbar und zweckmäßig ist, in deutlich sichtbarer, leicht lesbarer und unauslöschbarer Form auf dem Produkt oder auf dem sterilen Verpackungsmaterial sowie auf der Gebrauchsanweisung angebracht sein.

Wenn möglich, muss die CE-Kennzeichnung auch auf der Handelsverpackung angebracht sein.

Außer der CE-Kennzeichnung muss die Kennummer der benannten Stelle aufgeführt sein, die für die Durchführung der Verfahren gemäß den Anhängen II, IV, V und VI verantwortlich ist.

(3) Zeichen oder Aufschriften, die geeignet sind, Dritte bezüglich der Bedeutung oder der graphischen Gestaltung der CE-Kennzeichnung in die Irre zu leiten, dürfen nicht angebracht werden. Alle sonstigen Zeichen dürfen auf dem Produkt, der Verpackung oder der Gebrauchsanweisung für das Produkt angebracht werden, sofern sie die Sichtbarkeit und Lesbarkeit der CE-Kennzeichnung nicht beeinträchtigen.

Artikel 18
Unrechtmäßige Anbringung der CE-Kennzeichnung

Unbeschadet des Artikels 8 gilt folgendes:

a) Stellt ein Mitgliedstaat fest, dass die CE-Kennzeichnung unberechtigterweise angebracht wurde oder unter Verletzung dieser Richtlinie fehlt, so ist der Hersteller oder sein Bevollmächtigter verpflichtet, den weiteren Verstoß unter den vom Mitgliedstaat festgelegten Bedingungen zu verhindern.

b) Falls die Nichtübereinstimmung weiterbesteht, muss der Mitgliedstaat nach dem Verfahren des Artikels 8 alle geeigneten Maßnahmen ergreifen, um das Inverkehrbringen des betreffenden Produkts einzuschränken oder zu untersagen oder um zu gewährleisten, dass es vom Markt genommen wird.

Diese Bestimmungen gelten auch in den Fällen, in denen die CE-Kennzeichnung nach den Verfahren dieser Richtlinie unzulässigerweise an Erzeugnissen angebracht wurde, die nicht unter diese Richtlinie fallen.

Artikel 19
Verbote und Beschränkungen

(1) Jede in Anwendung dieser Richtlinie getroffene Entscheidung, die

a) ein Verbot oder eine Beschränkung des Inverkehrbringens, der Inbetriebnahme eines Produkts oder der Durchführung der klinischen Prüfungen oder

b) die Aufforderung zur Zurückziehung der Produkte vom Markt zur Folge hat,

ist genau zu begründen. Sie wird dem Betreffenden unverzüglich unter Angabe der Rechtsmittel, die nach dem Recht des betreffenden Mitgliedstaats eingelegt werden können, und der Fristen für die Einlegung dieser Rechtsmittel mitgeteilt.

(2) Bei der in Absatz 1 genannten Entscheidung muss der Hersteller oder sein Bevollmächtigter die Möglichkeit haben, seinen Standpunkt zuvor darzulegen, es sei denn, dass eine solche Anhörung angesichts der Dringlichkeit der zu treffenden Maßnahmen nicht möglich ist.

Artikel 20
Vertraulichkeit

(1) Die Mitgliedstaaten gewährleisten unbeschadet der bestehenden einzelstaatlichen Bestimmungen und Praktiken in Bezug auf die ärztliche Schweigepflicht, dass alle an der Anwendung dieser Richtlinie Beteiligten verpflichtet sind, alle bei der Durchführung ihrer Aufgaben erhaltenen Informationen vertraulich zu behandeln.

Die Verpflichtung der Mitgliedstaaten und der benannten Stellen zur gegenseitigen Unterrichtung und Verbreitung von Warnungen sowie die strafrechtlichen Auskunftspflichten der betreffenden Personen werden davon nicht berührt.

(2) Die nachstehenden Informationen werden nicht als vertraulich behandelt:

a) Informationen über die Meldung der für das Inverkehrbringen verantwortlichen Personen gemäß Artikel 14;

b) an den Anwender gerichtete Informationen des Herstellers, des Bevollmächtigten oder des Vertreibers in Bezug auf eine Maßnahme nach Artikel 10 Absatz 3;

c) Angaben in Bescheinigungen, die ausgestellt, geändert, ergänzt, ausgesetzt oder widerrufen wurden.

(3) Maßnahmen zur Änderung nicht wesentlicher Bestimmungen dieser Verordnung durch Ergänzung, die die Festlegung der Bedingungen betreffen, unter denen andere Informationen der Öffentlichkeit zugänglich gemacht werden können, insbesondere die Verpflichtung der Hersteller von Produkten der Klasse IIb und der Klasse III, eine Zusammenfassung der Informationen und Angaben über das Produkt der Öffentlichkeit bereitzustellen, werden nach dem in Artikel 7 Absatz 3 genannten Regelungsverfahren mit Kontrolle erlassen.

Artikel 20a
Zusammenarbeit

Die Mitgliedstaaten treffen geeignete Maßnahmen, damit die zuständigen Behörden der Mitgliedstaaten untereinander und mit der Kommission zusammenarbeiten und einander die notwendigen Informationen übermitteln, um zur einheitlichen Anwendung dieser Richtlinie beizutragen.

Die Kommission sorgt für einen Austausch der Erfahrungen zwischen den für Marktaufsicht zuständigen Behörden, um die einheitliche Anwendung dieser Richtlinie zu koordinieren.

Unbeschadet dieser Richtlinie kann die Zusammenarbeit im Rahmen von Initiativen auf internationaler Ebene erfolgen.

Artikel 21
Aufhebung und Änderung von Richtlinien

(1) Die Richtlinie 76/764/EWG wird zum 1. Januar 1995 aufgehoben.

(2) Im Titel sowie in Artikel 1 der Richtlinie 84/539/EWG werden die Worte „Humanmedizin und" gestrichen.

Dem Artikel 2 Absatz 1 der Richtlinie 84/539/EWG wird folgender Unterabsatz angefügt:

> „Ist das Gerät gleichzeitig ein Medizinprodukt im Sinne der Richtlinie 93/42/EWG (*), und erfüllt es die darin für dieses Produkt festgelegten grundlegenden Anforderungen, so gilt es als Gerät, das den Vorschriften dieser Richtlinie entspricht.
>
> ---
>
> (*) ABl. Nr. L 169 vom 12. 7. 1993, S. 1."

(3) Die Richtlinie 90/385/EWG wird wie folgt geändert:

1. An Artikel 1 Absatz 2 werden die folgenden beiden Buchstaben angefügt:

   „h) *Inverkehrbringen*: erste entgeltliche oder unentgeltliche Überlassung eines Geräts, das nicht für klinische Prüfungen bestimmt ist, im Hinblick auf seinen Vertrieb und/oder seine Verwendung innerhalb der Gemeinschaft, ungeachtet dessen, ob es sich um ein neues oder ein als neu aufbereitetes Gerät handelt.

i) *Hersteller*: die natürliche oder juristische Person, die für die Auslegung, Herstellung, Verpackung und Etikettierung eines Geräts im Hinblick auf das Inverkehrbringen im eigenen Namen verantwortlich ist, unabhängig davon, ob diese Tätigkeiten von dieser Person oder stellvertretend für diese von einer dritten Person ausgeführt werden.

Die dem Hersteller nach dieser Richtlinie obliegenden Verpflichtungen gelten auch für die natürliche oder juristische Person, die ein oder mehrere vorgefertigte Geräte montiert, abpackt, behandelt, aufbereitet und/ oder kennzeichnet und/oder für die Festlegung der Zweckbestimmung als Gerät im Hinblick auf das Inverkehrbringen im eigenen Namen verantwortlich ist. Dies gilt nicht für Personen, die – ohne Hersteller im Sinne des Unterabsatzes 1 zu sein – bereits in Verkehr gebrachte Geräte für einen namentlich genannten Patienten entsprechend ihrer Zweckbestimmung montieren oder anpassen."

2. An Artikel 9 werden die folgenden Absätze angefügt:

„(5) Bei dem Verfahren der Konformitätsbewertung für ein Gerät berücksichtigen der Hersteller und/oder die benannte Stelle die Ergebnisse von Bewertungen und Prüfungen, die gegebenenfalls in einem Zwischenstadium der Herstellung gemäß dieser Richtlinie vorgenommen wurden.

(6) Setzt das Verfahren der Konformitätsbewertung die Beteiligung einer benannten Stelle voraus, so kann sich der Hersteller oder sein in der Gemeinschaft niedergelassener Bevollmächtigter im Rahmen der Aufgaben, für die diese Stelle benannt worden ist, an eine Stelle seiner Wahl wenden.

(7) Die benannte Stelle kann mit ordnungsgemäßer Begründung alle Informationen oder Angaben verlangen, die zur Ausstellung und Aufrechterhaltung der Konformitätsbescheinigung im Hinblick auf das gewählte Verfahren erforderlich sind.

(8) Die von den benannten Stellen gemäß den Anhängen II und III getroffenen Entscheidungen haben eine Gültigkeitsdauer von höchstens fünf Jahren, die auf Antrag jeweils um fünf Jahre verlängert werden kann; der Antrag ist zu dem im Vertrag zwischen beiden Parteien vereinbarten Zeitpunkt einzureichen.

(9) Abweichend von den Absätzen 1 und 2 können die zuständigen Behörden auf ordnungsgemäß begründeten Antrag im Hoheitsgebiet des betreffenden Mitgliedstaats das Inverkehrbringen und die Inbetriebnahme einzelner Geräte zulassen, bei denen die Verfahren gemäß den Absätzen 1 und 2 nicht durchgeführt wurden, wenn deren Verwendung im Interesse des Gesundheitsschutzes liegt."

3. Folgender Artikel wird eingefügt:

„*Artikel 9 a*

(1) Ist ein Mitgliedstaat der Auffassung, dass die Konformität eines Geräts oder einer Gerätebaureihe abweichend von Artikel 9 in ausschließlicher Anwendung eines bestimmten Verfahrens festgestellt werden soll, das aus den in Artikel 9 vorgesehenen Verfahren auszuwählen ist, so legt er der Kommission einen entsprechenden ausreichend begründeten Antrag vor und fordert diese auf, die erforderlichen Maßnahmen zu treffen. Diese Maßnahmen werden nach dem Verfahren gemäß Artikel 7 Absatz 2 der Richtlinie 93/42/EWG (*) über Medizinprodukte erlassen.

(2) Die Kommission unterrichtet die Mitgliedstaaten über die getroffenen Maßnahmen und veröffentlicht gegebenenfalls die einschlägigen Teile dieser Maßnahmen im Amtsblatt der Europäischen Gemeinschaften.

(*) ABl. Nr. L 169 vom 12. 7. 1993, S. 1."

4. Artikel 10 wird wie folgt geändert:

– An Absatz 2 wird folgender Unterabsatz angefügt:

„Die Mitgliedstaaten können die Hersteller jedoch ermächtigen, mit den betreffenden klinischen Prüfungen vor Ablauf der Frist von sechzig Tagen zu beginnen, sofern die zuständige Ethik-Kommission eine befürwortende Stellungnahme zu dem Prüfplan abgegeben hat."

– Folgender Absatz wird eingefügt:

„(2a) Die Ermächtigung nach Absatz 2 Unterabsatz 2 kann von einer Genehmigung durch die zuständige Behörde abhängig gemacht werden."

5. Artikel 14 wird wie folgt ergänzt:

„Bei der im vorstehenden Absatz genannten Entscheidung muss der Hersteller oder sein in der Gemeinschaft niedergelassener Bevollmächtigter die Möglichkeit haben, seinen Standpunkt zuvor darzulegen, es sei denn, dass eine solche Anhörung angesichts der Dringlichkeit der zu treffenden Maßnahme nicht möglich ist."

Artikel 22
(Inkrafttreten)[29]

29) (redaktionelle Anmerkung: Das Inkrafttreten der geänderten Richtlinie wird durch Artikel 4 und 5 der Richtlinie 2007/47/EG des Europäischen Parlaments und des Rates zur Änderung der Richtlinien 90/385/EWG des Rates zur Angleichung der Rechtsvorschriften der Mitgliedstaaten über aktive implantierbare medizinische Geräte und 93/42/EWG des Rates über Medizinprodukte sowie der Richtlinie 98/8/EG über das Inverkehrbringen von Biozid-Produkten (siehe Kapitel 1.3.2.9 „EU-Richtlinie «Änderung der Richtlinien 90/385/EWG und 93/42/EWG»") wie folgt festgelegt:

- Die Richtlinie 2007/47/EG tritt am 20. Tag nach ihrer Veröffentlichung im Amtsblatt der Europäischen Union (21. September 2007) in Kraft.
- Die Mitgliedstaaten erlassen und veröffentlichen bis zum 21. Dezember 2008 die erforderlichen Rechtsvorschriften.
- Es ist eine Übergangsfrist bis zum 21. März 2010 vorgesehen.)

Anhang I
Grundlegende Anforderungen
I. Allgemeine Anforderungen

1. Die Produkte müssen so ausgelegt und hergestellt sein, dass ihre Anwendung unter den vorgesehenen Bedingungen und zu den vorgesehenen Zwecken weder den klinischen Zustand und die Sicherheit der Patienten noch die Sicherheit und die Gesundheit der Anwender oder gegebenenfalls Dritter gefährdet, wobei etwaige Risiken im Zusammenhang mit der vorgesehenen Anwendung gemessen am Nutzen für den Patienten vertretbar und mit einem hohen Maß an Gesundheitsschutz und Sicherheit vereinbar sein müssen.

   Dazu gehört
   - eine weitestgehende Verringerung der durch Anwendungsfehler bedingten Risiken aufgrund der ergonomischen Merkmale des Produkts und der Umgebungsbedingungen, in denen das Produkt eingesetzt werden soll (Produktauslegung im Hinblick auf die Sicherheit des Patienten), sowie
   - die Berücksichtigung der technischen Kenntnisse, der Erfahrung, Aus- und Weiterbildung sowie gegebenenfalls der medizinischen und physischen Voraussetzungen der vorgesehenen Anwender (Produktauslegung für Laien, Fachleute, Behinderte oder sonstige Anwender).

2. Die vom Hersteller bei der Auslegung und der Konstruktion der Produkte gewählten Lösungen müssen sich nach den Grundsätzen der integrierten Sicherheit richten, und zwar unter Berücksichtigung des allgemein anerkannten Standes der Technik.

   Bei der Wahl der angemessensten Lösungen muss der Hersteller folgende Grundsätze anwenden, und zwar in der angegebenen Reihenfolge:
   - Beseitigung oder Minimierung der Risiken (Integration des Sicherheitskonzepts in die Entwicklung und den Bau des Produkts);
   - gegebenenfalls Ergreifen angemessener Schutzmaßnahmen, einschließlich Alarmvorrichtungen, gegen nicht zu beseitigende Risiken;
   - Unterrichtung der Benutzer über die Restrisiken für die keine angemessenen Schutzmaßnahmen getroffen werden können.

3. Die Produkte müssen die vom Hersteller vorgegebenen Leistungen erbringen, d. h., sie müssen so ausgelegt, hergestellt und verpackt sein, dass sie geeignet sind, eine oder mehrere der in Artikel 1 Absatz 2 Buch-

stabe a) genannten Funktionen entsprechend den Angaben des Herstellers zu erfüllen.

4. Die Merkmale und Leistungen gemäß den Abschnitten 1, 2 und 3 dürfen sich nicht derart ändern, dass der klinische Zustand und die Sicherheit der Patienten und gegebenenfalls Dritter während der Lebensdauer der Produkte nach Maßgabe der vom Hersteller gemachten Angaben gefährdet werden, wenn diese Produkte Belastungen ausgesetzt sind, die unter normalen Einsatzbedingungen auftreten können.

5. Die Produkte sind so auszulegen, herzustellen und zu verpacken, dass sich ihre Einsatzmerkmale und -leistungen während der Lagerung und des Transports unter Berücksichtigung der Anweisungen und Informationen des Herstellers nicht ändern.

6. Unerwünschte Nebenwirkungen dürfen unter Berücksichtigung der vorgegebenen Leistungen keine unvertretbaren Risiken darstellen.

6a. Der Nachweis der Übereinstimmung mit den grundlegenden Anforderungen muss eine klinische Bewertung gemäß Anhang X umfassen.

II. Anforderungen an die Auslegung und die Konstruktion

7. **Chemische, physikalische und biologische Eigenschaften**

7.1. Die Produkte müssen so ausgelegt und hergestellt sein, dass die Merkmale und Leistungen gemäß Abschnitt 1 „Allgemeine Anforderungen" gewährleistet sind. Dabei ist besonders auf folgende Punkte zu achten:

- Auswahl der eingesetzten Werkstoffe, insbesondere hinsichtlich der Toxizität und gegebenenfalls der Entflammbarkeit;
- wechselseitige Verträglichkeit zwischen den eingesetzten Werkstoffen und den Geweben, biologischen Zellen sowie Körperflüssigkeiten, und zwar unter Berücksichtigung der Zweckbestimmung des Produkts.
- gegebenenfalls die Ergebnisse von Untersuchungen an biophysikalischen oder anderen Modellen, deren Gültigkeit bereits erwiesen wurde.

7.2. Die Produkte müssen so ausgelegt, hergestellt und verpackt sein, dass die Risiken für das Transport-, Lager- und Bedienpersonal sowie die Patienten durch Schadstoffe und Rückstände bei bestimmungsgemäßer Anwendung soweit wie möglich verringert werden. Dabei ist den exponierten Geweben sowie der Dauer und Häufigkeit der Exposition besondere Aufmerksamkeit zu widmen.

7.3. Die Produkte müssen so ausgelegt und hergestellt sein, dass eine sichere Anwendung in Verbindung mit Materialien, Stoffen und Gasen, mit denen sie bei normaler Anwendung oder bei Routineverfahren in Kontakt kommen, gewährleistet ist; sind die Produkte zur Verabreichung von Arzneimitteln bestimmt, müssen sie so ausgelegt und hergestellt sein, dass sie entsprechend den für diese Arzneimittel geltenden Bestimmungen und Beschränkungen mit den Arzneimitteln verträglich sind und dass ihre Leistung entsprechend ihrer Zweckbestimmung aufrechterhalten bleibt.

7.4. Gehört zu den festen Bestandteilen eines Produkts ein Stoff, der bei gesonderter Anwendung als Arzneimittel im Sinne des Artikels 1 der Richtlinie 2001/83/EG gelten kann und der in Ergänzung zu dem Produkt eine Wirkung auf den menschlichen Körper entfalten kann, sind die Qualität, die Sicherheit und der Nutzen dieses Stoffes analog zu den in der Richtlinie 2001/83/EG Anhang I genannten Verfahren zu überprüfen.

Für die in Absatz 1 genannten Stoffe ersucht die benannte Stelle nach Überprüfung des Nutzens des Stoffes als Bestandteil des Medizinprodukts und unter Berücksichtigung der Zweckbestimmung des Produkts eine der zuständigen von den Mitgliedstaaten benannten Behörden oder die Europäische Arzneimittel-Agentur (EMEA), vertreten insbesondere durch ihren gemäß Verordnung (EG) Nr. 726/2004[30] tätigen Ausschuss, um ein wissenschaftliches Gutachten zu Qualität und Sicherheit des Stoffes, einschließlich des klinischen Nutzen-/Risiko-Profils der Verwendung des Stoffes in dem Produkt. Bei der Erstellung des Gutachtens berücksichtigt die zuständige Behörde oder die EMEA den Herstellungsprozess und die Angaben im Zusammenhang mit dem Nutzen der Verwendung des Stoffes in dem Produkt, wie von der benannten Stelle ermittelt.

Enthält ein Produkt als festen Bestandteil einen Stoff oder ein Derivat aus menschlichem Blut, ersucht die benannte Stelle nach Überprüfung des Nutzens des Stoffes als Bestandteil des Medizinprodukts und unter Berücksichtigung der Zweckbestimmung des Produkts die EMEA, vertreten insbesondere durch ihren Ausschuss, um ein wissenschaftliches Gutachten zu Qualität und Sicherheit des Stoffes, einschließlich des klinischen Nutzen-/Risiko-Profils der Verwendung des Derivates aus menschlichem Blut in dem Produkt. Bei der Erstellung des Gutachtens berücksichtigt die EMEA den Herstellungsprozess und die Angaben über den Nutzen der Verwendung des Stoffes in dem Produkt, wie von der benannten Stelle ermittelt.

30) Richtlinie (EG) Nr. 726/2004 des Europäischen Parlaments und des Rates vom 31. März 2004 zur Festlegung von Gemeinschaftsverfahren für die Genehmigung und Überwachung von Human- und Tierarzneimitteln und zur Errichtung einer Europäischen Arzneimittel-Agentur (ABl. L 136 vom 30.4.2004, S. 1). Zuletzt geändert durch die Verordnung (EG) Nr. 1901/ 2006.

Werden Änderungen an einem im Medizinprodukt verwendeten ergänzenden Stoff vorgenommen, insbesondere im Zusammenhang mit dem Herstellungsprozess, wird die benannte Stelle von den Änderungen in Kenntnis gesetzt und konsultiert die für die jeweiligen Arzneimittel zuständige Behörde (d. h. die an der ursprünglichen Konsultation beteiligte Behörde), um zu bestätigen, dass Qualität und Sicherheit des zusätzlich verwendeten Stoffs erhalten bleiben. Die zuständige Behörde berücksichtigt die Angaben über den Nutzen der Verwendung des Stoffes in dem Produkt, wie von der benannten Stelle ermittelt, um sicherzustellen, dass sich die Änderungen nicht negativ auf das Nutzen-/Risiko-Profil auswirken, das für die Aufnahme des Stoffes in das Medizinprodukt erstellt wurde.

Erhält die zuständige Arzneimittelbehörde (d. h. die an der ursprünglichen Konsultation beteiligte Behörde) Informationen über den verwendeten ergänzenden Stoff, die Auswirkungen auf das Nutzen-/Risiko-Profil der Verwendung des Stoffes in dem Produkt haben können, so teilt sie der benannten Stelle mit, ob diese Informationen Auswirkungen auf das vorhandene Nutzen-/Risiko-Profil der Verwendung des Stoffes in dem Gerät hat oder nicht. Die benannte Stelle berücksichtigt das aktualisierte wissenschaftliche Gutachten bei ihren Überlegungen zu einer erneuten Bewertung des Konformitätsbewertungsverfahrens.

7.5. Die Produkte müssen so ausgelegt und hergestellt sein, dass die Risiken durch Stoffe, die dem Produkt entweichen, soweit wie möglich verringert werden. Besondere Aufmerksamkeit ist Stoffen zu widmen, die krebserregend, erbgutverändernd oder fortpflanzungsgefährdend entsprechend Anhang I der Richtlinie 67/548/EWG des Rates vom 27. Juni 1967 zur Angleichung der Rechts- und Verwaltungsvorschriften für die Einstufung, Verpackung und Kennzeichnung gefährlicher Stoffe[31] sind.

Enthalten Teile eines Produkts (oder ein Produkt selbst), das dazu bestimmt ist, Arzneimittel, Körperflüssigkeiten oder sonstige Stoffe dem Körper zu verabreichen oder zu entziehen, oder enthalten Produkte, die zum Transport oder zur Lagerung solcher Körperflüssigkeiten oder Substanzen bestimmt sind, Phthalate, die als krebserregend, erbgutverändernd oder fortpflanzungsgefährdend der Kategorie 1 oder 2 gemäß Anhang I der Richtlinie 67/ 548/EWG eingestuft sind, so muss auf den Produkten selbst oder auf der Stückpackung oder gegebenenfalls auf der Handelspackung angegeben werden, dass es sich um phthalathaltige Produkte handelt. Umfasst die Zweckbestimmung dieser Produkte die Behandlung von Kindern oder von schwangeren oder stillenden Frauen, so muss der Hersteller eine spezielle Begründung für

31) ABl. 196 vom 16.8.1967, S. 1. Zuletzt geändert durch die Richtlinie 2006/121/EG des Europäischen Parlaments und des Rates (ABl. L 396 vom 30.12.2006, S. 852).

die Verwendung dieser Stoffe im Hinblick auf die Einhaltung der grundlegenden Anforderungen, insbesondere dieses Absatzes, in die technische Dokumentation aufnehmen und in die Gebrauchsanweisung Informationen über Restrisiken für diese Patientengruppen und gegebenenfalls über angemessene Vorsichtsmaßnahmen aufnehmen.

7.6. Die Produkte müssen so ausgelegt und hergestellt sein, dass die Risiken durch unbeabsichtigtes Eindringen von Stoffen in das Produkt unter Berücksichtigung des Produkts und der Art der Umgebung, in der es eingesetzt werden soll, soweit wie möglich verringert werden.

8. **Infektion und mikrobielle Kontamination**

8.1. Die Produkte und ihre Herstellungsverfahren müssen so ausgelegt sein, dass das Infektionsrisiko für Patienten, Anwender und Dritte ausgeschlossen oder soweit wie möglich verringert wird. Die Auslegung muss ein leichte Handhabung erlauben und die Kontamination des Produkts durch den Patienten oder umgekehrt während der Anwendung so gering wie möglich halten.

8.2. Gewebe tierischen Ursprungs müssen von Tieren stammen, die tierärztlichen Kontroll- und Überwachungsmaßnahmen unterzogen wurden, die der bestimmungsgemäßen Verwendung der Gewebe angemessen sind.

Die benannten Stellen bewahren Angaben über den Herkunftsort der Tiere auf.

Die Verarbeitung, Konservierung, Prüfung und Behandlung von Geweben, Zellen und Stoffen tierischen Ursprungs muss so erfolgen, dass optimale Sicherheit gewährleistet ist. Insbesondere ist durch anerkannte Verfahren zur Ausmerzung oder Inaktivierung von Viren im Verlauf des Herstellungsprozesses für den Schutz vor Viren und anderen übertragbaren Erregern zu sorgen.

8.3. In sterilem Zustand gelieferte Produkte müssen so ausgelegt, hergestellt und in einer nicht wiederverwendbaren Verpackung und/oder unter Verwendung geeigneter Verfahren so verpackt sein, dass ihre Sterilität beim Inverkehrbringen unter den vom Hersteller vorgesehenen Lager- und Transportbedingungen erhalten bleibt, bis die Steril-Verpackung beschädigt oder geöffnet wird.

8.4. In sterilem Zustand gelieferte Produkte müssen nach einem geeigneten, validierten Verfahren hergestellt und sterilisiert worden sein.

8.5. Produkte, die sterilisiert werden sollen, müssen unter angemessenen überwachten Bedingungen (z. B. Umgebungsbedingungen) hergestellt sein.

8.6. Verpackungssysteme für nicht sterile Produkte müssen so beschaffen sein, dass die vorgesehene Reinheit des Produkts unbeschadet erhalten bleibt und, wenn das Produkt vor einer Anwendung sterilisiert werden soll, das Risiko einer mikrobiellen Kontamination soweit wie möglich verringert wird; das Verpackungssystem muss sich für das vom Hersteller angegebene Sterilisationsverfahren eignen.

8.7. Verpackung und/oder Kennzeichnung des Produkts müssen eine Unterscheidung von gleichen oder ähnlichen Produkten erlauben, die sowohl in steriler als auch in nicht steriler Form in Verkehr gebracht werden.

9. **Eigenschaften im Hinblick auf die Konstruktion und die Umgebungsbedingungen**

9.1. Wenn ein Produkt zur Verwendung in Kombination mit anderen Produkten oder Ausrüstungen bestimmt ist, muss die Kombination einschließlich der Anschlüsse sicher sein, und sie darf die vorgesehene Leistung der Produkte nicht beeinträchtigen. Jede Einschränkung der Anwendung muss auf der Kennzeichnung oder in der Gebrauchsanweisung angegeben werden.

9.2. Die Produkte müssen so ausgelegt und hergestellt sein, dass folgende Risiken ausgeschlossen oder soweit wie möglich verringert werden:

- Verletzungsrisiken im Zusammenhang mit ihren physikalischen Eigenschaften, einschließlich des Verhältnisses Volumen/Druck, der Abmessungen und gegebenenfalls der ergonomischen Merkmale;
- Risiken im Zusammenhang mit vernünftigerweise vorhersehbaren Umgebungsbedingungen, wie z. B. Magnetfelder, elektrische Fremdeinflüsse, elektrostatische Entladungen, Druck, Temperatur oder Schwankungen des Drucks oder der Beschleunigung;
- Risiken im Zusammenhang mit wechselseitigen Störungen durch andere Produkte, die normalerweise für bestimmte Untersuchungen oder Behandlungen eingesetzt werden;
- Risiken aufgrund der Alterung der verwendeten Werkstoffe oder der nachlassenden Genauigkeit einer Mess- oder Kontrolleinrichtung, die sich dadurch ergeben, dass keine Wartung oder Kalibrierung vorgenommen werden kann (z. B. bei Implantaten).

9.3. Die Produkte müssen so ausgelegt und hergestellt sein, dass bei normaler Anwendung und beim Erstauftreten eines Defektes das Brand- oder Explosionsrisiko soweit wie möglich verringert wird. Dies gilt insbesondere für solche Produkte, die bestimmungsgemäß entflammbaren oder brandfördernden Stoffen ausgesetzt werden.

10. **Produkte mit Messfunktion**

10.1. Produkte mit Messfunktion müssen so ausgelegt und hergestellt sein, dass unter Berücksichtigung angemessener Genauigkeitsgrenzen entsprechend der Zweckbestimmung des Produkts eine ausreichende

Konstanz und Genauigkeit der Messwerte gewährleistet sind. Die vom Hersteller gewählten Genauigkeitsgrenzen sind von ihm anzugeben.

10.2. Messskalen, Bedienungs- und Anzeigeeinrichtungen müssen so ausgelegt sein, dass sie unter Berücksichtigung der Zweckbestimmung des Produkts ergonomischen Grundsätzen entsprechen.

10.3. Bei Produkten mit Messfunktionen sind die gesetzlichen Einheiten im Messwesen gemäß den Vorschriften der Richtlinie 80/181/EWG des Rates[32] zu verwenden.

11. **Schutz vor Strahlungen**

11.1. *Allgemeine Bestimmungen*

11.1.1. Die Produkte müssen so ausgelegt und hergestellt sein, dass die Strahlenexposition von Patienten, Anwendern und sonstigen Personen so weit verringert wird, wie dies mit der Zweckbestimmung der jeweiligen für therapeutische oder diagnostische Zwecke angezeigten Dosiswerte nicht beschränkt wird.

11.2. *Beabsichtigte Strahlung*

11.2.1. Bei Produkten, die zum Aussenden von Strahlung in einer gefährlichen Dosierung ausgelegt sind, die zur Erreichung eines speziellen medizinischen Zwecks erforderlich ist, dessen Nutzen als vorrangig gegenüber den von der Emission ausgelösten Risiken angesehen werden kann, muss es dem Anwender möglich sein, die Emission zu kontrollieren. Diese Produkte müssen so ausgelegt und hergestellt sein, dass die Reproduzierbarkeit und Toleranz relevanter variabler Parameter gewährleistet ist.

11.2.2. Produkte, die zum Aussenden von potentiell gefährlichen sichtbaren und/oder unsichtbaren Strahlungen bestimmt sind, müssen, soweit durchführbar, mit visuellen und/oder akustischen Einrichtungen zur Anzeige dieser Strahlungen ausgestattet sein.

11.3. *Unbeabsichtigte Strahlung*

11.3.1. Die Produkte müssen so ausgelegt und hergestellt sein, dass die Exposition von Patienten, Anwendern und sonstigen Personen gegenüber unbeabsichtigter Strahlung bzw. Streustrahlung so weit wie möglich verringert wird.

11.4. *Gebrauchsanweisung*

11.4.1. Die Gebrauchsanweisung von Produkten, die Strahlungen aussenden, muss genaue Angaben zur Art der Strahlenemissionen, zu den Möglichkeiten des Strahlenschutzes für Patienten und Anwender und zur Vermeidung von Missbrauch und installationsbedingten Risiken beinhalten.

32) ABl. Nr. L 39 vom 15. 2. 1980, S. 40. Zuletzt geändert durch die Richtlinie 89/617/EWG (ABl. Nr. L 357 vom 7. 12. 1989, S. 28).

11.5. *Ionisierende Strahlungen*

11.5.1. Produkte, die zum Aussenden ionisierender Strahlungen bestimmt sind, müssen so ausgelegt und hergestellt sein, dass – soweit durchführbar – die Quantität, die Geometrie und die Qualität der ausgesandten Strahlung unter Berücksichtigung des beabsichtigten Zwecks verändert und kontrolliert werden können.

11.5.2. Produkte, die ionisierende Strahlungen aussenden und für die radiologische Diagnostik bestimmt sind, müssen so ausgelegt und hergestellt sein, dass sie im Hinblick auf den vorgesehenen Anwendungszweck eine angemessene Bild- und/oder Ausgabequalität bei möglichst geringer Strahlenexposition von Patient und Anwender gewährleisten.

11.5.3. Produkte, die ionisierende Strahlungen aussenden und für die radiologische Therapie bestimmt sind, müssen so ausgelegt und hergestellt sein, dass sie eine zuverlässige Überwachung und Kontrolle der abgegebenen Strahlungsdosis, des Strahlentyps und der Strahlenenergie sowie gegebenenfalls der Qualität der Strahlung ermöglichen.

12. **Anforderungen an Produkte mit externer oder interner Energiequelle**

12.1. Produkte, die programmierbare Elektroniksysteme umfassen, müssen so ausgelegt sein, dass die Wiederholbarkeit, die Zuverlässigkeit und die Leistung dieser Systeme entsprechend der Zweckbestimmung gewährleistet sind. Für den Fall des Erstauftretens eines Defekts im System sollten geeignete Vorkehrungen getroffen werden, um sich daraus ergebende Risiken auszuschließen oder soweit wie möglich zu verringern.

12.1a. Bei Produkten, die Software enthalten oder bei denen es sich um medizinische Software an sich handelt, muss die Software entsprechend dem Stand der Technik validiert werden, wobei die Grundsätze des Software-Lebenszyklus, des Risikomanagements, der Validierung und Verifizierung zu berücksichtigen sind.

12.2. Produkte mit interner Energiequelle, von der die Sicherheit des Patienten abhängt, müssen mit einer Einrichtung versehen sein, die eine Überprüfung des Ladezustands der Energiequelle gestattet.

12.3. Produkte mit externer Energiequelle, von der die Sicherheit des Patienten abhängt, müssen mit einem Alarmsystem ausgestattet sein, das jeden Ausfall der Energiequelle signalisiert.

12.4. Produkte, die zur Überwachung eines oder mehrerer klinischer Parameter eines Patienten dienen, müssen mit geeigneten Alarmsystemen ausgestattet sein, durch die der Anwender vor Situationen gewarnt wird, die den Tod oder eine erhebliche Verschlechterung des Gesundheitszustands des Patienten bewirken können.

12.5. Die Produkte müssen so ausgelegt und hergestellt sein, dass die Risiken im Zusammenhang mit der Erzeugung elektromagnetischer Felder, die in ihrer üblichen Umgebung befindliche weitere Einrichtungen oder Ausrüstungen in deren Funktion beeinträchtigen können, soweit wie möglich verringert werden.

12.6. *Schutz vor Risiken durch elektrischen Strom*

Die Produkte müssen so ausgelegt und hergestellt sein, dass das Risiko von unbeabsichtigten Stromstößen bei sachgemäßer Installation und normaler Anwendung sowie beim Erstauftreten eines Defekts soweit wie möglich ausgeschaltet wird.

12.7. *Schutz vor mechanischen und thermischen Risiken*

12.7.1. Die Produkte müssen so ausgelegt und hergestellt sein, dass Patient und Anwender vor mechanischen Risiken, beispielsweise im Zusammenhang mit mangelnder Festigkeit oder Stabilität oder infolge des Vorhandenseins von beweglichen Teilen, geschützt sind.

12.7.2. Die Produkte müssen so ausgelegt und hergestellt sein, dass die Risiken, die durch von den Produkten erzeugte mechanische Schwingungen bedingt sind, unter Berücksichtigung des technischen Fortschritts soweit wie möglich verringert werden, soweit diese Schwingungen nicht im Rahmen der vorgesehenen Anwendung beabsichtigt sind; dabei sind die vorhandenen Möglichkeiten zur Minderung der Schwingungen, insbesondere an deren Ursprung, zu nutzen.

12.7.3. Die Produkte müssen so ausgelegt und hergestellt sein, dass die Risiken, die durch von den Produkten erzeugten Lärm bedingt sind, unter Berücksichtigung des technischen Fortschritts soweit wie möglich verringert werden, soweit die akustischen Signale nicht im Rahmen der vorgesehenen Anwendung beabsichtigt sind; dabei sind die vorhandenen Möglichkeiten zur Minderung des Lärms, insbesondere an dessen Ursprung, zu nutzen.

12.7.4. Vom Anwender zu bedienende Endeinrichtungen und Anschlüsse an Energiequellen für den Betrieb mit elektrischer, hydraulischer oder pneumatischer Energie oder mit Gas, müssen so ausgelegt und hergestellt sein, dass alle möglichen Risiken soweit wie möglich verringert werden.

12.7.5. Zugängliche Teile von Produkten – mit Ausnahme von Teilen oder Bereichen, die Wärme abgeben oder bestimmte Temperaturen erreichen sollen – sowie deren Umgebung dürfen keine Temperaturen erreichen, die bei normaler Anwendung eine Gefährdung darstellen können.

12.8 *Schutz vor Risiken infolge der Abgabe von Energie oder Stoffen an den Patienten*

12.8.1. Produkte, die zur Abgabe von Energie oder Stoffen an den Patienten bestimmt sind, müssen so ausgelegt und hergestellt sein, dass die abgegebene Menge zur Gewährleistung der Sicherheit von Patient und Anwender mit ausreichender Genauigkeit eingestellt und diese Einstellung beibehalten werden kann.

12.8.2. Die Produkte müssen mit Einrichtungen ausgestattet sein, die jegliche Störung der Mengenregelung, die eine Gefahr darstellen kann, verhindern und/oder signalisieren.

Die Produkte müssen mit geeigneten Vorrichtungen ausgestattet sein, welche die unbeabsichtigte gefährlich überhöhte Abgabe von Energie durch die Energiequelle bzw. von Stoffen verhindern.

12.9. Die Funktion von Bedienungs- und Anzeigeeinrichtungen muss auf den Produkten deutlich angegeben sein.

Sind die Anweisungen für die Anwendung des Produkts auf diesem selbst angebracht oder werden die Betriebs- oder Regelungsparameter visuell angezeigt, so müssen diese Angaben für den Anwender und gegebenenfalls den Patienten verständlich sein.

13. **Bereitstellung von Informationen durch den Hersteller**

13.1. Jedem Produkt sind Informationen beizufügen, die – unter Berücksichtigung des Ausbildungs- und Kenntnisstandes des vorgesehenen Anwenderkreises – die sichere und ordnungsgemäße Anwendung des Produkts und die Ermittlung des Herstellers möglich machen.

Diese Informationen bestehen aus Angaben auf der Kennzeichnung und solchen in der Gebrauchsanweisung.

Die für die sichere Anwendung erforderlichen Informationen müssen, soweit dies praktikabel und angemessen ist, auf dem Produkt selbst und/oder auf der Stückpackung oder gegebenenfalls auf der Handelspackung angegeben sein. Falls eine Einzelverpackung nicht möglich ist, müssen die Angaben auf einer Begleitinformation für ein oder mehrere Produkte erscheinen.

Jedem Produkt muss in seiner Verpackung eine Gebrauchsanweisung beigegeben sein. Eine Gebrauchsanweisung ist für Produkte der Klasse I und der Klasse IIa dann entbehrlich, wenn die vollständig sichere Anwendung des Produkts ohne Gebrauchsanweisung gewährleistet ist.

13.2. Die Angaben sollten nach Möglichkeit in Form von Symbolen gemacht werden. Wenn Symbole und gegebenenfalls Identifizierungsfarben verwendet werden, müssen diese den harmonisierten Normen entsprechen. Falls solche Normen für den betreffenden Bereich nicht existieren, müssen die Symbole und Identifizierungsfarben in der beigegebenen Produktdokumentation erläutert werden.

13.3. Die Kennzeichnung muss folgende Angaben enthalten:

a) Name oder Firma und Anschrift des Herstellers; bei Produkten, die in die Gemeinschaft eingeführt werden, um dort vermarktet zu werden, muss die Kennzeichnung oder die äußere Verpackung oder die Gebrauchsanweisung ferner den Namen und die Anschrift des Bevollmächtigten enthalten, wenn der Hersteller keinen Firmensitz in der Gemeinschaft hat;

b) alle unbedingt erforderlichen Angaben, aus denen, insbesondere für die Anwender, ersichtlich ist, worum es sich bei dem Produkt und dem Packungsinhalt handelt;

c) gegebenenfalls den Hinweis „STERIL";

d) gegebenenfalls den Loscode – nach dem Wort „LOS" – oder die Seriennummer;

e) gegebenenfalls das Datum, angegeben nach Jahr und Monat, bis zu dem eine gefahrlose Anwendung des Produkts möglich ist;

f) gegebenenfalls den Hinweis, dass das Produkt für den einmaligen Gebrauch bestimmt ist. Der Hinweis des Herstellers auf den einmaligen Gebrauch muss in der gesamten Gemeinschaft einheitlich sein;

g) bei Sonderanfertigungen den Hinweis „Sonderanfertigung";

h) bei für klinische Prüfungen bestimmten Produkten den Hinweis „nur für klinische Prüfungen";

i) gegebenenfalls besondere Hinweise zu Lagerung und/oder Handhabung;

j) gegebenenfalls besondere Anwendungshinweise;

k) gegebenenfalls Warnungen und/oder Hinweise auf zu treffende Vorsichtsmaßnahmen;

l) bei aktiven Produkten mit Ausnahme der Produkte gemäß Buchstabe e) Angabe des Herstellungsjahres; diese Angabe kann in der Los- bzw. Seriennummer erscheinen;

m) gegebenenfalls das Sterilisationsverfahren;

n) im Falle eines Produkts im Sinne von Artikel 1 Absatz 4a einen Hinweis darauf, dass das Produkt als Bestandteil ein Derivat aus menschlichem Blut enthält.

13.4. Wenn die Zweckbestimmung eines Produkts für den Anwender nicht offensichtlich ist, muss der Hersteller diese deutlich auf der Kennzeichnung und in der Gebrauchsanweisung angeben.

13.5. Die Produkte und ihre abnehmbaren Bauteile müssen – gegebenenfalls auf der Ebene der Produktlose und soweit vernünftigerweise praktikabel – identifizierbar sein, damit jede geeignete Maßnahme getroffen werden kann, um mögliche Risiken im Zusammenhang mit den Produkten und ihren abnehmbaren Bauteilen festzustellen.

13.6. Die Gebrauchsanweisung muss nach Maßgabe des konkreten Falles folgende Angaben enthalten:

a) die Angaben gemäß Abschnitt 13.3 mit Ausnahme der Angaben in dessen Buchstaben d) und e);

b) die Leistungsdaten gemäß Abschnitt 3 sowie etwaige unerwünschte Nebenwirkungen;

c) bei Produkten, die zur Erfüllung ihrer Zweckbestimmung mit anderen medizinischen Einrichtungen oder Ausrüstungen kombiniert oder an diese angeschlossen werden müssen: alle Merkmale, soweit sie zur Wahl der für eine sichere Kombination erforderlichen Einrichtungen oder Ausrüstungen erforderlich sind;

d) alle Angaben, mit denen überprüft werden kann, ob ein Produkt ordnungsgemäß installiert worden ist und sich in sicherem und betriebsbereitem Zustand befindet, sowie Angaben zu Art und Häufigkeit der Instandhaltungsmaßnahmen und der Kalibrierungen, die erforderlich sind, um den sicheren und ordnungsgemäßen Betrieb der Produkte fortwährend zu gewährleisten;

e) gegebenenfalls zweckdienliche Angaben, die zur Vermeidung bestimmter Risiken im Zusammenhang mit der Implantation des Produkts zu beachten sind;

f) Angaben zu den Risiken wechselseitiger Störung, die sich im Zusammenhang mit dem Produkt bei speziellen Untersuchungen oder Behandlungen ergibt;

g) Anweisungen für den Fall, dass die Steril-Verpackung beschädigt wird; dazu gegebenenfalls die Angabe geeigneter Verfahren zur erneuten Sterilisation;

h) bei wiederzuverwendenden Produkten Angaben über geeignete Aufbereitungsverfahren, z. B. Reinigung, Desinfektion, Verpackung und gegebenenfalls Sterilisationsverfahren, wenn eine erneute Sterilisation erforderlich ist, sowie Angaben zu einer eventuellen zahlenmäßigen Beschränkung der Wiederverwendungen;

bei der Lieferung von Produkten, die vor der Anwendung zu sterilisieren sind, müssen die Angaben zur Reinigung und Sterilisation sicherstellen, dass das Produkt bei ihrer ordnungsgemäßen Befolgung die Anforderungen des Abschnitts 1 nach wie vor erfüllt;

sofern das Produkt einen Hinweis trägt, dass es für den einmaligen Gebrauch bestimmt ist, Informationen über bekannte Merkmale und technische Faktoren, von denen der Hersteller weiß, dass sie eine Gefahr darstellen könnten, wenn das Produkt wiederverwendet würde. Sind gemäß Abschnitt 13.1 keine Gebrauchsanweisungen erforderlich, so müssen die Informationen dem Benutzer auf Anfrage zugänglich gemacht werden;

i) Hinweise auf eine möglicherweise vor der Anwendung eines Produkts erforderliche besondere Behandlung oder zusätzliche Aufbereitung (z. B. Sterilisation, Montage usw.);

j) bei Produkten, die Strahlungen zu medizinischen Zwecken aussenden, Angaben zu Beschaffenheit, Art, Intensität und Verteilung dieser Strahlungen.

Gegebenenfalls muss die Gebrauchsanweisung außerdem Angaben enthalten, die es dem medizinischen Personal erlauben, den Patienten auf Gegenanzeigen und zu treffende Vorsichtsmaßnahmen hinzuweisen. Dabei handelt es sich insbesondere um folgende Punkte:

k) Vorsichtsmaßnahmen, die im Falle von Änderungen in der Leistung des Produkts zu treffen sind;

l) Vorsichtsmaßnahmen für den Fall, dass es unter vernünftigerweise vorhersehbaren Umgebungsbedingungen zu einer Exposition gegenüber Magnetfeldern, elektrischen Fremdeinflüssen, elektrostatischen Entladungen, Druck oder Druckschwankungen, Beschleunigung, Wärmequellen mit der Gefahr einer Selbstentzündung usw. kommt;

m) ausreichende Angaben zu Arzneimitteln, für deren Verabreichung das betreffende Produkt bestimmt ist; hierzu zählen auch Angaben zu Beschränkungen in der Wahl der zu verabreichenden Stoffe;

n) Vorsichtsmaßnahmen für den Fall, dass ein Produkt im Hinblick auf seine Entsorgung eine besondere oder ungewöhnliche Gefahr darstellt;

o) Stoffe oder Derivate aus menschlichem Blut, die gemäß Abschnitt 7.4 einen festen Bestandteil des Produkts bilden;

p) bei Produkten mit Messfunktion der vom Hersteller vorgegebene Genauigkeitsgrad;

q) Datum der Ausgabe oder der letzten Überarbeitung der Gebrauchsanweisung.

14. (gestrichen)

Anhang II
EG-Konformitätserklärung
(Vollständiges Qualitätssicherungssystem)

1. Der Hersteller stellt sicher, dass das genehmigte Qualitätssicherungssystem für die Auslegung, die Fertigung und die Endkontrolle der betreffenden Produkte nach Maßgabe des Abschnitts 3 angewandt wird; er unterliegt der förmlichen Überprüfung (Audit) gemäß Abschnitt 3.3 und Abschnitt 4 und der EG-Überwachung gemäß Abschnitt 5.

2. Bei der EG-Konformitätserklärung handelt es sich um das Verfahren, mit dem der Hersteller, der den Verpflichtungen nach Abschnitt 1 nachkommt, gewährleistet und erklärt, dass die betreffenden Produkte den einschlägigen Bestimmungen dieser Richtlinie entsprechen.

   Der Hersteller bringt die CE-Kennzeichnung gemäß Artikel 17 an und stellt eine schriftliche Konformitätserklärung aus. Diese Erklärung bezieht sich auf ein oder mehrere hergestellte Medizinprodukte, die deutlich durch Produktnamen, Produktcode oder sonstige unmissverständliche Angaben bezeichnet sind, und wird vom Hersteller aufbewahrt.

3. **Qualitätssicherungssystem**

3.1. Der Hersteller reicht einen Antrag auf Bewertung seines Qualitätssicherungssystems bei einer benannten Stelle ein.

Der Antrag muss folgendes enthalten:

- Name und Anschrift des Herstellers sowie die Anschrift etwaiger weiterer Fertigungsstätten, in denen das Qualitätssicherungssystem angewandt wird;
- alle einschlägigen Angaben über die Produkte oder die Produktkategorie, die Gegenstand des Verfahrens sind/ist;
- eine schriftliche Erklärung dahingehend, dass bei keiner anderen benannten Stelle ein Parallelantrag zu demselben Qualitätssicherungssystem – bezogen auf dieses Produkt – eingereicht worden ist;
- die Dokumentation über das Qualitätssicherungssystem;
- eine Zusicherung, die Verpflichtungen, die sich aus dem genehmigten Qualitätssicherungssystem ergeben, zu erfüllen;
- eine Zusicherung, das genehmigte Qualitätssicherungssystem so zu unterhalten, dass dessen Eignung und Wirksamkeit gewährleistet bleiben;
- eine Zusicherung des Herstellers, unter Berücksichtigung der in Anhang X enthaltenen Bestimmungen ein systematisches Verfahren einzurichten und auf dem neuesten Stand zu halten, mit dem

Erfahrungen mit Produkten in den der Herstellung nachgelagerten Phasen ausgewertet werden, und Vorkehrungen zu treffen, um erforderliche Korrekturen durchzuführen. Dies schließt die Verpflichtung des Herstellers ein, die zuständigen Behörden unverzüglich über folgende Vorkommnisse zu unterrichten, sobald er selbst davon Kenntnis erlangt hat:

i) jede Funktionsstörung oder jede Änderung der Merkmale und/ oder der Leistung sowie jede Unsachgemäßheit der Kennzeichnung oder der Gebrauchsanweisung eines Produkts, die zum Tode oder zu einer schwerwiegenden Verschlechterung des Gesundheitszustands eines Patienten oder eines Anwenders führen kann oder geführt hat;

ii) jeder Grund technischer oder medizinischer Art, der aufgrund der unter Ziffer i) genannten Ursachen durch die Merkmale und Leistungen des Produkts bedingt ist und zum systematischen Rückruf von Produkten desselben Typs durch den Hersteller geführt hat.

3.2. Mit Hilfe des Qualitätssicherungssystems muss die Übereinstimmung der Produkte mit den einschlägigen Bestimmungen dieser Richtlinie auf allen Stufen von der Auslegung bis zur Endkontrolle sichergestellt werden. Alle Einzelheiten, Anforderungen und Vorkehrungen, die der Hersteller für sein Qualitätssicherungssystem zugrunde legt, müssen in eine systematisch geführte und nach Strategien und schriftlichen Verfahrensanweisungen geordnete Dokumentation, beispielsweise in Form von Programmen, Plänen, Handbüchern und Aufzeichnungen zur Qualitätssicherung, aufgenommen werden.

Sie umfasst insbesondere die Dokumentation, Angaben und Aufzeichnungen, die aus den in Buchstabe c genannten Verfahren hervorgehen.

Sie umfasst insbesondere eine angemessene Beschreibung folgender Punkte:

a) Qualitätsziele des Herstellers;

b) Organisation des Unternehmens, insbesondere:

- organisatorischer Aufbau, Zuständigkeiten und organisatorische Befugnisse des Managements in bezug auf die Qualität bei der Auslegung und der Herstellung der Produkte;
- Mittel zur Überprüfung der Wirksamkeit des Qualitätssicherungssystems, insbesondere von dessen Eignung zur Sicherstellung der angestrebten Auslegungs- und Produkt-

qualität, einschließlich der Kontrolle über nichtkonforme Produkte;

- falls Auslegung, Herstellung und/oder Endkontrolle und Prüfung des Produkts oder von Produktbestandteilen durch einen Dritten erfolgt: Methoden zur Überwachung der wirksamen Anwendung des Qualitätssicherungssystems und insbesondere Art und Umfang der Kontrollen, denen dieser Dritte unterzogen wird;

c) Verfahren zur Steuerung und Kontrolle der Produktauslegung, einschließlich der entsprechenden Dokumentation, insbesondere:

- eine allgemeine Beschreibung des Produkts, einschließlich der geplanten Varianten, und seiner Zweckbestimmung;
- Konstruktionsunterlagen, einschließlich der anzuwendenden Normen und der Ergebnisse der Risikoanalyse sowie einer Beschreibung der Lösungen zur Einhaltung der für die Produkte geltenden grundlegenden Anforderungen, falls die in Artikel 5 genannten Normen nicht vollständig angewendet werden;
- Techniken zur Kontrolle und Prüfung der Auslegung, der Verfahren und der systematischen Maßnahmen, die bei der Produktauslegung angewendet werden;
- bei einem Produkt, das seiner Zweckbestimmung gemäß an ein anderes Produkt angeschlossen werden muss, der Nachweis, dass das erstere Produkt bei Anschluss an ein anderes Produkt, das die vom Hersteller angegebenen Merkmale aufweist, die grundlegenden Anforderungen erfüllt;
- die Angabe, ob zu den festen Bestandteilen des Produkts ein Stoff oder ein Derivat aus menschlichem Blut im Sinne des Anhangs I Abschnitt 7.4 gehört, sowie die für die Bewertung der Sicherheit, der Qualität und des Nutzens dieses Stoffes oder Derivats aus menschlichem Blut unter Berücksichtigung der Zweckbestimmung des Produkts erforderlichen Daten über die in diesem Zusammenhang durchgeführten Prüfungen;

- die Angabe, ob das Produkt unter Verwendung von Geweben tierischen Ursprungs im Sinne der Richtlinie 2003/32/EG der Kommission[33] hergestellt wurde;
- die gewählten Lösungen gemäß Anhang I Kapitel I Abschnitt 2;
- die präklinische Bewertung;
- die klinische Bewertung gemäß Anhang X;
- der Entwurf der Kennzeichnung und gegebenenfalls der Gebrauchsanweisung.

d) Qualitätssicherungs- und -kontrolltechniken auf der Ebene der Herstellung, insbesondere
   - Verfahren und Methoden vor allem bei der Sterilisation, bei der Materialbeschaffung und bei der Ausarbeitung der relevanten Unterlagen;
   - Verfahren zur Produktidentifizierung, die anhand von Zeichnungen, Spezifikationen oder sonstigen einschlägigen Unterlagen im Verlauf aller Herstellungsstufen erstellt und auf dem neuesten Stand gehalten werden;

e) geeignete Untersuchungen und Prüfungen, die vor, während und nach der Herstellung vorgenommen werden, sowie Angabe ihrer Häufigkeit und der verwendeten Prüfgeräte; die Kalibrierung der Prüfgeräte ist so vorzunehmen, dass sie hinreichend nachvollziehbar ist.

3.3. Mindestens ein Mitglied des Prüfteams muss Erfahrungen mit der Bewertung der betreffenden Technologie haben. Das Bewertungsverfahren schließt eine Bewertung der Auslegungsunterlagen des/der betreffenden Produkts/Produkte auf repräsentativer Grundlage, eine Besichtigung der Betriebsstätten des Herstellers und, falls dazu hinreichend Anlass besteht, der Betriebsstätten der Zulieferer des Herstellers und/oder seiner Subunternehmer ein, um die Herstellungsverfahren zu überprüfen.

Mindestens ein Mitglied des Prüfteams muss Erfahrungen mit der Bewertung der betreffenden Technologie haben. Das Bewertungsverfahren schließt eine Besichtigung der Betriebsstätten des Herstellers und, falls dazu hinreichend Anlass besteht, der Betriebsstätten der Zulieferer des Herstellers und/oder seiner Subunternehmer ein, um die Herstellungsverfahren zu überprüfen.

33) Richtlinie 2003/32/EG der Kommission vom 23. April 2003 mit genauen Spezifikationen bezüglich der in der Richtlinie 93/42/EWG des Rates festgelegten Anforderungen an unter Verwendung von Gewebe tierischen Ursprungs hergestellte Medizinprodukte (ABl. L 105 vom 26.4.2003, S. 18).

Die Entscheidung wird dem Hersteller mitgeteilt. Die Mitteilung enthält die Ergebnisse der Überprüfung und eine Begründung der Entscheidung.

3.4. Der Hersteller informiert die benannte Stelle, die das Qualitätssicherungssystem genehmigt hat, über geplante wesentliche Änderungen des Qualitätssicherungssystems oder der hiervon erfassten Produktpalette. Die benannte Stelle prüft die vorgeschlagenen Änderungen und entscheidet, ob das geänderte Qualitätssicherungssystem den Anforderungen nach Abschnitt 3.2 noch entspricht. Sie teilt ihre Entscheidung dem Hersteller mit. Die Mitteilung enthält die Ergebnisse der Prüfung und eine Begründung der Entscheidung.

4. Prüfung der Produktauslegung

4.1. Zusätzlich zu den ihm gemäß Abschnitt 3 obliegenden Verpflichtungen stellt der Hersteller bei der benannten Stelle einen Antrag auf Prüfung der Auslegungsdokumentation zu dem Produkt, dessen Herstellung bevorsteht und das zu der in Abschnitt 3.1 genannten Kategorie gehört.

4.2. Aus dem Antrag müssen die Auslegung, die Herstellung und die Leistungsdaten des betreffenden Produkts hervorgehen. Der Antrag enthält die nach Abschnitt 3.2 Buchstabe c) beizubringenden Dokumente, anhand deren die Beurteilung, ob das Produkt den Anforderungen dieser Richtlinie entspricht, möglich sein muss.

4.3. Die benannte Stelle prüft den Antrag und stellt, falls die Auslegung den einschlägigen Bestimmungen dieser Richtlinie entspricht, dem Antragsteller eine EG-Auslegungsprüfbescheinigung aus. Die benannte Stelle kann verlangen, dass für die Antragstellung zusätzliche Tests oder Prüfungen durchgeführt werden, damit die Übereinstimmung mit den Anforderungen dieser Richtlinie beurteilt werden kann. Die Bescheinigung enthält die Ergebnisse der Prüfung, die Bedingungen für ihre Gültigkeit sowie die zur Identifizierung der genehmigten Auslegung erforderlichen Angaben und gegebenenfalls eine Beschreibung der Zweckbestimmung des Produkts.

Im Falle von Produkten gemäß Anhang I Abschnitt 7.4 Absatz 2 konsultiert die benannte Stelle im Hinblick auf die dort genannten Gesichtspunkte eine der von den Mitgliedstaaten gemäß der Richtlinie 2001/ 83/EG benannten zuständigen Behörden oder die EMEA, bevor sie eine Entscheidung trifft. Das Gutachten der zuständigen nationalen Behörde oder der EMEA muss innerhalb von 210 Tagen nach Eingang der vollständigen Unterlagen erstellt sein. Das wissenschaftliche Gutachten der zuständigen nationalen Behörde oder der EMEA ist der Dokumentation über das Produkt beizufügen. Bei ihrer Entscheidung berücksichtigt die benannte Stelle gebührend die bei dieser Konsultation geäußerten Standpunkte. Sie teilt der betreffenden zuständigen Stelle ihre endgültige Entscheidung mit.

Im Falle von Produkten gemäß Anhang I Abschnitt 7.4 Absatz 3 ist das wissenschaftliche Gutachten der EMEA der Dokumentation über das Produkt beizufügen. Das Gutachten der EMEA muss innerhalb von 210 Tagen nach Eingang der vollständigen Unterlagen erstellt sein. Die benannte Stelle wird das Gutachten der EMEA bei ihrer Entscheidung berücksichtigen. Die benannte Stelle darf die Bescheinigung nicht ausstellen, wenn das wissenschaftliche Gutachten der EMEA negativ ist. Sie teilt ihre endgültige Entscheidung der EMEA mit.

Im Falle von Produkten, die unter Verwendung von Geweben tierischen Ursprungs im Sinne der Richtlinie 2003/32/EG hergestellt sind, muss die benannte Stelle die in der genannten Richtlinie vorgesehenen Verfahren einhalten.

4.4. Änderungen an der genehmigten Auslegung müssen von der benannten Stelle, die die EG-Auslegungsprüfbescheinigung ausgestellt hat, zusätzlich genehmigt werden, wenn sie die Übereinstimmung des Produkts mit den grundlegenden Anforderungen dieser Richtlinie oder mit den vorgeschriebenen Anwendungsbedingungen berühren können. Der Hersteller informiert die benannte Stelle, die die EG-Auslegungsprüfbescheinigung ausgestellt hat, über diese Änderungen. Diese Zusatzgenehmigung wird in Form eines Nachtrags zur EG-Auslegungsprüfbescheinigung erteilt.

5. **Überwachung**

5.1. Mit der Überwachung soll sichergestellt werden, dass der Hersteller die Verpflichtungen, die sich aus dem genehmigten Qualitätssicherungssystem ergeben, ordnungsgemäß einhält.

5.2. Der Hersteller gestattet der benannten Stelle die Durchführung aller erforderlichen Inspektionen und stellt ihr alle erforderlichen Unterlagen zur Verfügung, insbesondere:

- die Dokumentation über das Qualitätssicherungssystem;
- die Daten, die in dem die Auslegung betreffenden Teil des Qualitätssicherungssystems vorgesehen sind, wie z. B. Ergebnisse von Analysen, Berechnungen, Tests, die gewählten Lösungen gemäß Anhang I Kapitel I Abschnitt 2, präklinische und klinische Bewertung, Plan für die klinische Überwachung nach dem Inverkehrbringen und gegebenenfalls die Ergebnisse dieser Überwachung usw.;

- die Daten, die in dem die Herstellung betreffenden Teil des Qualitätssicherungssystems vorgesehen sind, wie z. B. Kontroll-, Test- und Kalibrierungsberichte, Berichte über die Qualifikation des betreffenden Personals usw.

5.3. Die benannte Stelle führt regelmäßig die erforderlichen Inspektionen und Bewertungen durch, um sich davon zu überzeugen, dass der Hersteller das genehmigte Qualitätssicherungssystem anwendet, und übermittelt dem Hersteller einen Bewertungsbericht.

5.4. Darüber hinaus kann die benannte Stelle unangemeldete Besichtigungen beim Hersteller durchführen. Dabei kann die benannte Stelle erforderlichenfalls Prüfungen zur Kontrolle des ordnungsgemäßen Funktionierens des Qualitätssicherungssystems durchführen oder durchführen lassen. Die benannte Stelle stellt dem Hersteller einen Bericht über die Besichtigung und gegebenenfalls über die vorgenommenen Prüfungen zur Verfügung.

6. Administrative Bestimmungen

6.1. Der Hersteller oder sein Bevollmächtigter hält für mindestens fünf Jahre, im Falle von implantierbaren Produkten für mindestens 15 Jahre, ab der Herstellung des letzten Produkts für die nationalen Behörden folgende Unterlagen bereit:

- die Konformitätserklärung;
- die Dokumentation gemäß Abschnitt 3.1[34] vierter Gedankenstrich und insbesondere die Dokumentation, Angaben und Aufzeichnungen gemäß Abschnitt 3.2 Absatz 2;
- die Änderungen gemäß Abschnitt 3.4;
- die Dokumentation gemäß Abschnitt 4.2;
- die Entscheidungen und Berichte der benannten Stelle gemäß den Abschnitten 3.3, 4.3, 4.4, 5.3 und 5.4.

6.2 (gestrichen)

6.3 (gestrichen)

7. Anwendung auf Produkte der Klassen IIa und IIb

7.1. Gemäß Artikel 11 Absätze 2 und 3 kann dieser Anhang auf Produkte der Klassen IIa und IIb angewandt werden. Auf Produkte der Klassen IIa und IIb findet Abschnitt 4 jedoch keine Anwendung.

7.2. Für Produkte der Klasse IIa prüft die benannte Stelle im Rahmen der Überprüfung nach Abschnitt 3.3 die in Abschnitt 3.2 Buchstabe c beschriebene technische Dokumentation für zumindest eine

34) Berichtigung ABl. Nr. L 72 vom 14. März 2001, S. 8

repräsentative Probe einer jeden Produktunterkategorie auf Einhaltung der Anforderungen dieser Richtlinie.

7.3. Für Produkte der Klasse IIb prüft die benannte Stelle im Rahmen der Überprüfung nach Abschnitt 3.3 die in Abschnitt 3.2 Buchstabe c beschriebenen Unterlagen für zumindest eine repräsentative Probe für jede generische Produktgruppe auf Einhaltung der Anforderungen dieser Richtlinie.

7.4. Bei der Auswahl repräsentativer Proben berücksichtigt die benannte Stelle die technologische Neuartigkeit, Ähnlichkeiten in der Produktauslegung, Technologie, Herstellungs- und Sterilisierungsverfahren, die bezweckte Verwendung und die Ergebnisse aller relevanten früheren Bewertungen (z. B. im Hinblick auf die physikalischen, chemischen oder biologischen Eigenschaften), die gemäß dieser Richtlinie durchgeführt wurden. Die benannte Stelle dokumentiert ihre Gründe für die Wahl der Probe(n) und hält sie für die zuständige Behörde zur Verfügung.

7.5. Weitere Proben werden von der benannten Stelle im Rahmen der in Abschnitt 5 genannten Überwachung bewertet.

8. **Anwendung auf Produkte gemäß Artikel 1 Absatz 4a**

Nach Beendigung der Herstellung jeder Charge des Produkts gemäß Artikel 1 Absatz 4a unterrichtet der Hersteller die benannte Stelle über die Freigabe der Charge des Produkts und übermittelt ihr die von einem staatlichen oder einem zu diesem Zweck von einem Mitgliedstaat benannten Laboratorium gemäß Artikel 114 Absatz 2 der Richtlinie 2001/83/EG ausgestellte amtliche Bescheinigung über die Freigabe der Charge des in diesem Produkt verwendeten Derivats aus menschlichem Blut.

Anhang III
EG-Baumusterprüfung

1. Als EG-Baumusterprüfung wird das Verfahren bezeichnet, mit dem eine benannte Stelle feststellt und bescheinigt, dass ein für die betreffende Produktion repräsentatives Exemplar den einschlägigen Bestimmungen dieser Richtlinie entspricht.

2. Der Antrag muss folgendes enthalten:
   - Name und Anschrift des Herstellers sowie Name und Anschrift des Bevollmächtigten, wenn der Antrag durch diesen gestellt wird;
   - die Dokumentation gemäß Abschnitt 3, die zur Beurteilung der Übereinstimmung des für die betreffende Produktion repräsentativen Exemplars, nachstehend „Baumuster" genannt, mit den Anforderungen dieser Richtlinie erforderlich ist. Der Antragsteller stellt der benannten Stelle ein Baumuster zur Verfügung. Die benannte Stelle kann erforderlichenfalls weitere Exemplare des Baumusters verlangen;
   - eine schriftliche Erklärung, dass ein Antrag zum selben Baumuster bei keiner anderen benannten Stelle eingereicht worden ist.

3. Aus der Dokumentation müssen die Auslegung, die Herstellung und die Leistungsdaten des Produkts hervorgehen. Die Dokumentation muss insbesondere folgende Bestandteile enthalten:
   - eine allgemeine Beschreibung des Baumusters, einschließlich der geplanten Varianten, und seiner Zweckbestimmung(en);
   - Konstruktionszeichnungen, geplante Fertigungsverfahren, insbesondere hinsichtlich der Sterilisation, sowie Pläne von Bauteilen, Baugruppen, Schaltungen usw.;
   - die zum Verständnis der genannten Zeichnungen und Pläne sowie der Funktionsweise des Produkts erforderlichen Beschreibungen und Erläuterungen;
   - eine Liste der ganz oder teilweise angewandten in Artikel 5 genannten Normen sowie eine Beschreibung der Lösungen zur Einhaltung der grundlegenden Anforderungen, sofern die in Artikel 5 genannten Normen nicht vollständig angewandt worden sind;
   - Ergebnisse der Konstruktionsberechnungen, der Risikoanalyse, der Prüfungen, technischen Tests usw.;
   - eine Erklärung, aus der hervorgeht, ob zu den festen Bestandteilen des Produkts ein Stoff oder ein Derivat aus menschlichem Blut im Sinne von Anhang I Abschnitt 7.4 gehört, sowie die Daten über die in diesem Zusammenhang durchgeführten Tests, die für die Bewertung der Sicherheit, der Qualität und des Nutzens dieses Stoffes oder

Derivats aus menschlichem Blut unter Berücksichtigung der Zweckbestimmung des Produkts erforderlich sind;

- die Angabe, ob das Produkt unter Verwendung von Geweben tierischen Ursprungs im Sinne der Richtlinie 2003/32/EG hergestellt wurde;
- die gewählten Lösungen gemäß Anhang I Kapitel I Abschnitt 2;
- die präklinische Bewertung;
- die klinische Bewertung gemäß Anhang X;
- der Entwurf der Kennzeichnung und gegebenenfalls der Gebrauchsanweisung.

4. Die benannte Stelle geht bei der Baumusterprüfung wie folgt vor:

4.1. Sie prüft und bewertet die Dokumentation und überprüft, ob das Baumuster in Übereinstimmung mit dieser hergestellt wurde; sie stellt fest, welche Bauteile entsprechend den einschlägigen Bestimmungen der Normen gemäß Artikel 5 ausgelegt sind und bei welchen Bauteilen sich die Auslegung nicht auf diese Normen stützt.

4.2. Sie führt die geeigneten Prüfungen und erforderlichen Tests durch oder lässt diese durchführen, um festzustellen, ob die vom Hersteller gewählten Lösungen den grundlegenden Anforderungen dieser Richtlinie entsprechen, sofern die in Artikel 5 genannten Normen nicht angewandt worden sind. Wenn ein Produkt zur Erfüllung seiner Zweckbestimmung an ein anderes Produkt angeschlossen werden muss, muss der Nachweis erbracht werden, dass das erstere Produkt bei Anschluss an ein anderes Produkt, das die vom Hersteller angegebenen Merkmale aufweist, die grundlegenden Anforderungen erfüllt.

4.3. Sie führt die geeigneten Prüfungen und erforderlichen Tests durch oder lässt diese durchführen, um festzustellen, ob die einschlägigen Normen tatsächlich angewendet worden sind, sofern sich der Hersteller für deren Anwendung entschieden hat.

4.4. Sie vereinbart mit dem Antragsteller den Ort, an dem die erforderlichen Prüfungen und Tests durchgeführt werden.

5. Entspricht das Baumuster den Bestimmungen dieser Richtlinie, so stellt die benannte Stelle dem Antragsteller eine EG-Baumusterprüfbescheinigung aus. Diese Bescheinigung enthält den Namen und die Anschrift des Herstellers, die Ergebnisse der Prüfung, die Bedingungen für die Gültigkeit der Bescheinigung sowie die zur Identifizierung des genehmigten Baumusters erforderlichen Angaben. Die relevanten Teile der Dokumentation werden der Bescheinigung beigefügt; eine Abschrift verbleibt bei der benannten Stelle.

Im Falle von in Anhang I Abschnitt 7.4 Absatz 2 genannten Produkten konsultiert die benannte Stelle im Hinblick auf die dort genannten Gesichtspunkte eine der von den Mitgliedstaaten gemäß der Richtlinie 2001/83/EG benannten zuständigen Behörden oder die EMEA, bevor sie eine Entscheidung trifft. Das Gutachten der zuständigen nationalen Behörde oder der EMEA ist innerhalb von 210 Tagen nach Eingang der vollständigen Unterlagen zu erstellen. Das wissenschaftliche Gutachten der zuständigen nationalen Behörde oder der EMEA ist der Dokumentation über das Produkt beizufügen. Bei ihrer Entscheidung berücksichtigt die benannte Stelle gebührend die bei dieser Konsultation geäußerten Standpunkte. Sie teilt der betreffenden zuständigen Stelle ihre endgültige Entscheidung mit.

Im Falle von in Anhang I Abschnitt 7.4 Absatz 3 genannten Produkten ist das wissenschaftliche Gutachten der EMEA der Dokumentation über das Produkt beizufügen. Das Gutachten der EMEA ist innerhalb von 210 Tagen nach Eingang der vollständigen Unterlagen zu erstellen. Bei ihrer Entscheidung berücksichtigt die benannte Stelle gebührend das Gutachten der EMEA. Die benannte Stelle darf die Bescheinigung nicht ausstellen, wenn das wissenschaftliche Gutachten der EMEA negativ ist. Sie teilt ihre endgültige Entscheidung der EMEA mit.

Im Falle von Produkten, die unter Verwendung von Geweben tierischen Ursprungs im Sinne der Richtlinie 2003/32/EG hergestellt sind, muss die benannte Stelle die in der genannten Richtlinie vorgesehenen Verfahren einhalten.

6. Der Antragsteller informiert die benannte Stelle, die die EG-Baumusterprüfbescheinigung ausgestellt hat, über alle am genehmigten Produkt vorgenommenen wesentlichen Änderungen.

Diese Änderungen müssen von der benannten Stelle, die die EG-Baumusterprüfbescheinigung ausgestellt hat, zusätzlich genehmigt werden, wenn sie die Übereinstimmung des Produkts mit den grundlegenden Anforderungen oder mit den vorgesehenen Anwendungsbedingungen des Produkts berühren können. Diese Zusatzgenehmigung wird in Form eines Nachtrags zur ursprünglichen EG-Baumusterprüfbescheinigung erteilt.

7. **Administrative Bestimmungen**

7.1. (gestrichen)

7.2. Die anderen benannten Stellen können eine Abschrift der EG-Baumusterprüfbescheinigungen und/oder von deren Nachträgen erhalten. Die Anlagen zu den Bescheinigungen werden ihnen auf begründeten Antrag und nach vorheriger Unterrichtung des Herstellers zur Verfügung gestellt.

7.3. Der Hersteller oder sein Bevollmächtigter bewahrt zusammen mit den technischen Unterlagen eine Kopie der EG-Baumusterprüfbescheinigung und ihrer Ergänzungen für mindestens fünf Jahre ab dem Zeitpunkt der Herstellung des letzten Produkts auf. Bei implantierten Produkten beträgt dieser Zeitraum mindestens 15 Jahre ab der Herstellung des letzten Produkts.

7.4 (gestrichen)

Anhang IV
EG-Prüfung

1. Die EG-Prüfung ist das Verfahren, mit dem der Hersteller oder sein Bevollmächtigter gewährleistet und erklärt, dass die Produkte, auf die die Bestimmungen nach Abschnitt 4 angewendet wurden, mit dem in der EG-Baumusterprüfbescheinigung beschriebenen Baumuster übereinstimmen und den einschlägigen Anforderungen dieser Richtlinie entsprechen.

2. Der Hersteller trifft alle erforderlichen Maßnahmen, damit im Herstellungsverfahren die Übereinstimmung der Produkte mit dem in der EG-Baumusterprüfbescheinigung beschriebenen Baumuster und mit den einschlägigen Anforderungen der Richtlinie sichergestellt wird. Er erstellt vor Beginn der Herstellung eine Dokumentation, in der die Herstellungsverfahren, insbesondere – soweit zutreffend – im Bereich der Sterilisation, sowie sämtliche bereits zuvor aufgestellten systematischen Vorschriften festgelegt sind, die angewandt werden, um die Homogenität der Herstellung und gegebenenfalls die Übereinstimmung der Produkte mit dem in der EG-Baumusterprüfbescheinigung beschriebenen Baumuster sowie mit den einschlägigen Anforderungen dieser Richtlinie zu gewährleisten. Er bringt die CE-Kennzeichnung gemäß Artikel 17 an und stellt eine Konformitätserklärung aus.

   Bei Produkten, die in sterilem Zustand in Verkehr gebracht werden, wendet der Hersteller ferner die Bestimmungen des Anhangs V Abschnitte 3 und 4 an; diese Vorschrift bezieht sich jedoch nur auf die Herstellungsschritte, die der Sterilisation und der Aufrechterhaltung der Sterilität dienen.

3. Der Hersteller muss zusichern, unter Berücksichtigung der in Anhang X enthaltenen Bestimmungen ein systematisches Verfahren einzurichten und auf dem neuesten Stand zu halten, mit dem Erfahrungen mit Produkten in den der Herstellung nachgelagerten Phasen ausgewertet werden, und angemessene Vorkehrungen zu treffen, um erforderliche Korrekturen durchzuführen. Dies schließt die Verpflichtung des Herstellers ein, die zuständigen Behörden unverzüglich über folgende Vorkommnisse zu unterrichten, sobald er selbst davon Kenntnis erlangt hat:

   i) jede Funktionsstörung oder jede Änderung der Merkmale und/oder der Leistung sowie jede Unsachgemäßheit der Kennzeichnung oder der Gebrauchsanweisung eines Produkts, die zum Tode oder zu einer schwerwiegenden Verschlechterung des Gesundheitszustands eines Patienten oder eines Anwenders führen kann oder geführt hat;

ii) jeder Grund technischer oder medizinischer Art, der aufgrund der unter Ziffer i) genannten Ursachen durch die Merkmale und Leistungen des Produkts bedingt ist und zum systematischen Rückruf von Produkten desselben Typs durch den Hersteller geführt hat.

4. Die benannte Stelle nimmt die entsprechenden Prüfungen und Tests zur Überprüfung der Konformität des Produkts mit den Anforderungen der Richtlinie je nach Wahl des Herstellers entweder durch Kontrolle und Erprobung jedes einzelnen Produkts gemäß Abschnitt 5 oder durch Kontrolle und Erprobung der Produkte auf statistischer Grundlage gemäß Abschnitt 6 vor.

Die obigen Prüfungen gelten nicht für diejenigen Herstellungsschritte, die der Sterilisation dienen.

5. **Kontrolle und Erprobung jedes einzelnen Produkts**

5.1. Alle Produkte werden einzeln geprüft und dabei entsprechenden Prüfungen, wie sie in der/den in Artikel 5 genannten geltenden Norm(en) vorgesehen sind, oder gleichwertigen Prüfungen unterzogen, um gegebenenfalls ihre Übereinstimmung mit dem in der EG-Baumusterprüfbescheinigung beschriebenen Baumuster und mit den einschlägigen Anforderungen der Richtlinie zu überprüfen.

5.2. Die benannte Stelle bringt an jedem genehmigten Produkt ihre Kennummer an bzw. lässt diese anbringen und stellt eine Konformitätserklärung über die vorgenommenen Prüfungen aus.

6. **Statistische Überprüfung**

6.1. Der Hersteller legt seine Produkte in Form homogener Partien vor.

6.2. Von jeder Partie wird nach dem Zufallsprinzip eine Probe genommen. Die Produkte, die eine Probe bilden, werden einzeln geprüft und dabei entsprechenden Prüfungen, wie sie in der/den in Artikel 5 genannten geltenden Norm(en) vorgesehen sind, oder gleichwertigen Prüfungen unterzogen, um gegebenenfalls ihre Übereinstimmung mit dem in der EG-Baumusterprüfbescheinigung beschriebenen Baumuster und mit den einschlägigen Anforderungen der Richtlinie zu überprüfen und zu entscheiden, ob die Partie anzunehmen oder zurückzuweisen ist.

6.3. Die statistische Kontrolle der Produkte wird anhand von Attributen und/oder Variablen vorgenommen und beinhaltet Stichprobenpläne mit operationellen Merkmalen zur Gewährleistung eines hohen Sicherheits- und Leistungsniveaus entsprechend dem Stand der Technik. Die Stichprobenpläne werden auf der Grundlage der in Artikel 5 genannten harmonisierten Normen unter Berücksichtigung der Eigenarten der jeweiligen Produktkategorien festgelegt.

6.4. Wird eine Partie angenommen, bringt die benannte Stelle ihre Kennummer an jedem Produkt an oder lässt diese anbringen und stellt eine Konformitätserklärung über die vorgenommenen Prüfungen aus. Alle Produkte der Partie mit Ausnahme der Produkte der Probe, bei denen Nichtübereinstimmung festgestellt worden ist, können in Verkehr gebracht werden.

Wird eine Partie zurückgewiesen, ergreift die zuständige benannte Stelle geeignete Maßnahmen, um das Inverkehrbringen dieser Partie zu verhindern. Bei gehäufter Zurückweisung von Partien kann die benannte Stelle die statistische Kontrolle aussetzen.

Der Hersteller kann unter der Verantwortung der benannten Stelle während des Herstellungsprozesses die Kennummer dieser Stelle anbringen.

7. **Administrative Bestimmungen**

Der Hersteller oder sein Bevollmächtigter hält für mindestens fünf Jahre, im Falle von Implantaten für mindestens 15 Jahre, nach der Herstellung des letzten Produkts für die nationalen Behörden folgende Unterlagen bereit:

- die Konformitätserklärung;
- die Dokumentation gemäß Abschnitt 2;
- die Erklärungen gemäß den Abschnitten 5.2 und 6.4;
- gegebenenfalls die Baumusterprüfbescheinigung gemäß Anhang III.

8. **Anwendung auf Produkte der Klasse IIa**

Gemäß Artikel 11 Absatz 2 kann der vorliegende Anhang unter folgenden Voraussetzungen auf Produkte der Klasse IIa angewendet werden:

8.1. Abweichend von den Abschnitten 1 und 2 gewährleistet und erklärt der Hersteller durch die Konformitätserklärung, dass die Produkte der Klasse IIa in Einklang mit der technischen Dokumentation gemäß Anhang VII Abschnitt 3 hergestellt werden und den einschlägigen Anforderungen dieser Richtlinie entsprechen.

8.2. Abweichend von den Abschnitten 1, 2, 5 und 6 haben die von der benannten Stelle durchgeführten Prüfungen das Ziel, die Konformität der Produkte der Klasse IIa mit der technischen Dokumentation gemäß Anhang VII Abschnitt 3 zu überprüfen.

9. **Anwendung auf Produkte gemäß Artikel 1 Absatz 4a**

Im Falle des Abschnitts 5 unterrichtet der Hersteller nach Beendigung der Herstellung jeder Charge des Produkts gemäß Artikel 1 Absatz 4a und im Falle der Überprüfung nach Abschnitt 6 die benannte Stelle über die Freigabe der Charge des Produkts und übermittelt ihr die von einem staatlichen oder einem zu diesem Zweck von einem Mitgliedstaat benannten Laboratorium gemäß Artikel 114 Absatz 2 der Richtlinie 2001/83/EG ausgestellte amtliche Bescheinigung über die Freigabe der Charge des in diesem Produkt verwendeten Derivats aus menschlichem Blut."

Anhang V
EG-Konformitätserklärung
(Qualitätssicherung Produktion)

1. Der Hersteller stellt sicher, dass das genehmigte Qualitätssicherungssystem für die Herstellung angewandt wird und dass die betreffenden Produkte nach Maßgabe des Abschnitts 3 einer Endkontrolle unterzogen werden; er unterliegt der Überwachung gemäß Abschnitt 4.

2. Bei der EG-Konformitätserklärung handelt es sich um das Verfahren, mit dem der Hersteller, der den Verpflichtungen nach Abschnitt 1 nachkommt, gewährleistet und erklärt, dass die betreffenden Produkte dem in der EG-Baumusterprüfbescheinigung beschriebenen Baumuster und den einschlägigen Bestimmungen dieser Richtlinie entsprechen.

   Der Hersteller bringt die CE-Kennzeichnung gemäß Artikel 17 an und stellt eine schriftliche Konformitätserklärung aus. Diese Erklärung bezieht sich auf ein oder mehrere hergestellte Medizinprodukte, die deutlich durch Produktnamen, Produktcode oder sonstige unmissverständlichen Angaben bezeichnet sind, und wird vom Hersteller aufbewahrt.

3. **Qualitätssicherungssystem**

3.1. Der Hersteller reicht einen Antrag auf Bewertung seines Qualitätssicherungssystems bei einer benannten Stelle ein.

Der Antrag muss folgendes enthalten:

- Name und Anschrift des Herstellers;
- alle einschlägigen Angaben über die Produkte oder die Produktkategorie, die Gegenstand des Verfahrens sind/ist;
- eine schriftliche Erklärung dahingehend, dass bei keiner anderen benannten Stelle ein Antrag zu denselben Produkten eingereicht worden ist;
- die Dokumentation über das Qualitätssicherungssystem;
- eine Zusicherung, die Verpflichtungen, die sich aus dem genehmigten Qualitätssicherungssystem ergeben, zu erfüllen;
- eine Zusicherung, das genehmigte Qualitätssicherungssystem so zu unterhalten, dass dessen Eignung und Wirksamkeit gewährleistet bleiben;
- gegebenenfalls die technische Dokumentation über die genehmigten Baumuster und eine Kopie der EG-Baumusterprüfbescheinigungen;
- eine Zusicherung des Herstellers, unter Berücksichtigung der in Anhang X enthaltenen Bestimmungen ein systematisches Verfahren einzurichten und auf dem neuesten Stand zu halten, mit dem Erfahrungen mit Produkten in den der Herstellung nachgelagerten

Phasen ausgewertet werden, und angemessene Vorkehrungen zu treffen, um erforderliche Korrekturen durchzuführen. Dies schließt die Verpflichtung des Herstellers ein, die zuständigen Behörden unverzüglich über folgende Vorkommnisse zu unterrichten, sobald er selbst davon Kenntnis erlangt hat:

i) jede Funktionsstörung oder jede Änderung der Merkmale und/oder der Leistung sowie jede Unsachgemäßheit der Kennzeichnung oder der Gebrauchsanweisung eines Produkts, die zum Tode oder zu einer schwerwiegenden Verschlechterung des Gesundheitszustands eines Patienten oder eines Anwenders führen kann oder geführt hat;

ii) jeder Grund technischer oder medizinischer Art, der aufgrund der unter Ziffer i) genannten Ursachen durch die Merkmale und Leistungen des Produkts bedingt ist und zum systematischen Rückruf von Produkten desselben Typs durch den Hersteller geführt hat.

3.2. Mit Hilfe des Qualitätssicherungssystems muss die Übereinstimmung der Produkte mit dem in der EG-Baumusterprüfbescheinigung beschriebenen Baumuster sichergestellt werden.

Alle Einzelheiten, Anforderungen und Vorkehrungen, die der Hersteller für sein Qualitätssicherungssystem zugrunde legt, müssen in eine systematisch geführte und nach Strategien und schriftlichen Verfahrensanweisungen geordnete Dokumentation aufgenommen werden. Diese Dokumentation über das Qualitätssicherungssystem muss eine einheitliche Interpretation der Qualitätssicherungsstrategie und -verfahren, beispielsweise in Form von Programmen, Plänen, Handbüchern und Aufzeichnungen zur Qualitätssicherung, ermöglichen.

Sie umfasst insbesondere eine angemessene Beschreibung folgender Punkte:

a) Qualitätsziele des Herstellers;

b) Organisation des Unternehmens, insbesondere
   - organisatorischer Aufbau, Zuständigkeiten und organisatorische Befugnisse des Managements in bezug auf die Herstellung der Produkte;
   - Mittel zur Überprüfung der Wirksamkeit des Qualitätssicherungssystems, insbesondere von dessen Eignung zur Sicherstellung der angestrebten Produktqualität, einschließlich der Kontrolle über nichtkonforme Produkte;
   - falls Herstellung und/oder Endkontrolle und Prüfung des Produkts oder von Produktbestandteilen durch einen Dritten

erfolgt: Methoden zur Überwachung der wirksamen Anwendung des Qualitätssicherungssystems und insbesondere Art und Umfang der Kontrollen, denen dieser Dritte unterzogen wird;

c) Qualitätssicherungs- und Kontrolltechniken auf der Ebene der Herstellung, insbesondere
   - Verfahren und Methoden vor allem bei der Sterilisation, bei der Materialbeschaffung und bei der Ausarbeitung der relevanten Unterlagen;
   - Verfahren zur Produktidentifizierung, die anhand von Zeichnungen, Spezifikationen oder sonstigen einschlägigen Unterlagen im Verlauf aller Herstellungsstufen erstellt und auf dem neuesten Stand gehalten werden;

d) geeignete Untersuchungen und Prüfungen, die vor, während und nach der Herstellung durchgeführt werden, sowie Angabe ihrer Häufigkeit und der verwendeten Prüfgeräte; die Kalibrierung der Prüfgeräte ist so vorzunehmen, dass sie hinreichend nachvollziehbar ist.

3.3. Die benannte Stelle führt eine förmliche Überprüfung (Audit) des Qualitätssicherungssystems durch, um festzustellen, ob es den Anforderungen nach Abschnitt 3.2 entspricht. Bei Qualitätssicherungssystemen, die auf der Umsetzung der entsprechenden harmonisierten Normen beruhen, geht sie von der Übereinstimmung mit diesen Anforderungen aus.

Mindestens ein Mitglied des Prüfteams muss Erfahrungen mit der Bewertung der betreffenden Technologie haben. Das Bewertungsverfahren schließt eine Besichtigung der Betriebsstätten des Herstellers und, falls dazu hinreichend Anlass besteht, der Betriebsstätten der Zulieferer des Herstellers ein, um die Herstellungsverfahren zu überprüfen.

Die Entscheidung wird dem Hersteller nach der letzten Besichtigung mitgeteilt. Die Mitteilung enthält die Ergebnisse der Überprüfung und eine Begründung der Entscheidung.

3.4. Der Hersteller informiert die benannte Stelle, die das Qualitätssicherungssystem genehmigt hat, über alle geplanten wesentlichen Änderungen des Qualitätssicherungssystems.

Die benannte Stelle prüft die vorgeschlagenen Änderungen und entscheidet, ob das geänderte Qualitätssicherungssystem den Anforderungen nach Abschnitt 3.2 noch entspricht.

Sie teilt ihre Entscheidung dem Hersteller nach Erhalt der genannten Informationen mit. Die Mitteilung enthält die Ergebnisse der Prüfung und eine Begründung der Entscheidung.

4. **Überwachung**

4.1. Mit der Überwachung soll sichergestellt werden, dass der Hersteller die Verpflichtungen, die sich aus dem genehmigten Qualitätssicherungssystem ergeben, ordnungsgemäß einhält.

4.2. Der Hersteller gestattet der benannten Stelle die Durchführung aller erforderlichen Inspektionen und stellt ihr alle erforderlichen Unterlagen zur Verfügung, insbesondere:

- die Dokumentation über das Qualitätssicherungssystem;
- die technische Dokumentation;
- die Daten, die in dem die Herstellung betreffenden Teil des Qualitätssicherungssystems vorgesehen sind, wie z. B. Kontroll-, Test- und Kalibrierungsberichte, Berichte über die Qualifikation des betreffenden Personals usw.

4.3. Die benannte Stelle führt regelmäßig die erforderlichen Inspektionen und Bewertungen durch, um sich davon zu überzeugen, dass der Hersteller das genehmigte Qualitätssicherungssystem anwendet, und übermittelt dem Hersteller einen Bewertungsbericht.

4.4. Darüber hinaus kann die benannte Stelle unangemeldete Besichtigungen beim Hersteller durchführen. Dabei kann die benannte Stelle erforderlichenfalls Prüfungen zur Kontrolle des ordnungsgemäßen Funktionierens des Qualitätssicherungssystems durchführen oder durchführen lassen. Die benannte Stelle stellt dem Hersteller einen Bericht über die Besichtigung und gegebenenfalls über die vorgenommenen Prüfungen zur Verfügung.

5. **Administrative Bestimmungen**

5.1. Der Hersteller oder sein Bevollmächtigter hält für mindestens fünf Jahre, im Falle von implantierbaren Produkten für mindestens 15 Jahre, ab der Herstellung des letzten Produkts für die nationalen Behörden folgende Unterlagen bereit:

- die Konformitätserklärung;
- die Dokumentation gemäß Abschnitt 3.1 vierter Gedankenstrich;
- die Änderungen gemäß Abschnitt 3.4;
- die Dokumentation gemäß Abschnitt 3.1 siebter Gedankenstrich;
- die Entscheidungen und Berichte der benannten Stelle gemäß den Abschnitten 4.3 und 4.4;
- gegebenenfalls die Baumusterprüfbescheinigung gemäß Anhang III.

6. **Anwendung auf Produkte der Klasse IIa**

Gemäß Artikel 11 Absatz 2 kann dieser Anhang nach Maßgabe der nachstehenden Bestimmungen auf Produkte der Klasse IIa angewandt werden:

6.1. Abweichend von den Abschnitten 2, 3.1 und 3.2 gewährleistet und erklärt der Hersteller durch die Konformitätserklärung, dass die Produkte der Klasse IIa im Einklang mit der technischen Dokumentation gemäß Anhang VII Abschnitt 3 hergestellt werden und den einschlägigen Anforderungen dieser Richtlinie entsprechen.

6.2. Für Produkte der Klasse IIa prüft die benannte Stelle im Rahmen der Überprüfung gemäß Abschnitt 3.3 die in Anhang VII Abschnitt 3 beschriebenen Unterlagen für zumindest eine repräsentative Probe für jede Unterkategorie von Produkten auf Einhaltung der Anforderungen dieser Richtlinie.

6.3. Bei der Auswahl repräsentativer Proben berücksichtigt die benannte Stelle die technologische Neuartigkeit, Ähnlichkeiten in der Auslegung, Technologie, Herstellungs- und Sterilisierungsverfahren, die Zweckbestimmung und die Ergebnisse aller relevanten früheren Bewertungen (z. B. im Hinblick auf die physikalischen, chemischen oder biologischen Eigenschaften), die gemäß dieser Richtlinie durchgeführt wurden. Die benannte Stelle dokumentiert ihre Gründe für die Wahl der Probe(n) und hält sie für die zuständige Behörde zur Verfügung.

6.4. Weitere Proben werden von der benannten Stelle im Rahmen der in Abschnitt 4.3 genannten Überwachung bewertet.

7. **Anwendung auf Produkte gemäß Artikel 1 Absatz 4a**

Nach Beendigung der Herstellung jeder Charge des Produkts gemäß Artikel 1 Absatz 4a unterrichtet der Hersteller die benannte Stelle über die Freigabe der Charge des Produkts und übermittelt ihr die von einem staatlichen oder einem zu diesem Zweck von einem Mitgliedstaat benannten Laboratorium gemäß Artikel 114 Absatz 2 der Richtlinie 2001/83/EG ausgestellte amtliche Bescheinigung über die Freigabe der Charge des in diesem Produkt verwendeten Derivats aus menschlichem Blut.

Anhang VI
EG-Konformitätserklärung
(Qualitätssicherung Produkt)

1. Der Hersteller stellt sicher, dass das genehmigte Qualitätssicherungssystem für die Endkontrolle des Produkts und die Prüfungen nach Maßgabe des Abschnitts 3 angewandt wird; er unterliegt der Überwachung gemäß Abschnitt 4.

Bei Produkten, die in sterilem Zustand in Verkehr gebracht werden, wendet der Hersteller ferner die Bestimmungen des Anhangs V Abschnitte 3 und 4 an; diese Vorschrift bezieht sich jedoch nur auf die Herstellungsschritte, die der Sterilisation und der Aufrechterhaltung der Sterilität dienen.

2. Bei der Konformitätserklärung handelt es sich um den Teil des Verfahrens, mit dem der Hersteller, der den Verpflichtungen nach Abschnitt 1 nachkommt, gewährleistet und erklärt, dass die betreffenden Produkte dem in der EG-Baumusterprüfbescheinigung beschriebenen Baumuster und den einschlägigen Bestimmungen dieser Richtlinie entsprechen.

Der Hersteller bringt die CE-Kennzeichnung gemäß Artikel 17 an und stellt eine schriftliche Konformitätserklärung aus. Diese Erklärung bezieht sich auf ein oder mehrere Medizinprodukte, die deutlich durch Produktnamen, Produktcode oder sonstige unmissverständliche Angaben bezeichnet sind, und wird vom Hersteller aufbewahrt. Der CE-Kennzeichnung wird die Kennnummer der benannten Stelle hinzugefügt, die für die Ausführung der in diesem Anhang vorgesehenen Aufgaben verantwortlich ist.

3. **Qualitätssicherungssystem**

3.1. Der Hersteller reicht einen Antrag auf Bewertung seines Qualitätssicherungssystems bei einer benannten Stelle ein.

Der Antrag muss folgendes enthalten:

- Name und Anschrift des Herstellers;
- alle einschlägigen Angaben über die Produkte oder die Produktkategorie, die Gegenstand des Verfahrens sind/ist;
- eine schriftliche Erklärung dahingehend, dass bei keiner anderen benannten Stelle ein Antrag zu denselben Produkten eingereicht worden ist;
- die Dokumentation über das Qualitätssicherungssystem;
- eine Zusicherung, die Verpflichtungen, die sich aus dem genehmigten Qualitätssicherungssystem ergeben, zu erfüllen;

- eine Zusicherung, das genehmigte Qualitätssicherungssystem so zu unterhalten, dass dessen Eignung und Wirksamkeit gewährleistet bleiben;
- gegebenenfalls die technische Dokumentation über die genehmigten Baumuster und eine Kopie der EG-Baumusterprüfbescheinigungen;
- eine Zusicherung des Herstellers, unter Berücksichtigung der in Anhang X enthaltenen Bestimmungen ein systematisches Verfahren einzurichten und auf dem neuesten Stand zu halten, mit dem Erfahrungen mit Produkten in den der Herstellung nachgelagerten Phasen ausgewertet werden, und angemessene Vorkehrungen zu treffen, um erforderliche Korrekturen durchzuführen. Dies schließt die Verpflichtung des Herstellers ein, die zuständigen Behörden unverzüglich über folgende Vorkommnisse zu unterrichten, sobald er selbst davon Kenntnis erlangt hat:
  i) jede Funktionsstörung oder jede Änderung der Merkmale und/oder der Leistung sowie jede Unsachgemäßheit der Kennzeichnung oder der Gebrauchsanweisung eines Produkts, die zum Tode oder zu einer schwerwiegenden Verschlechterung des Gesundheitszustands eines Patienten oder eines Anwenders führen kann oder geführt hat;
  ii) jeder Grund technischer oder medizinischer Art, der aufgrund der unter Ziffer i) genannten Ursachen durch die Merkmale und Leistungen des Produkts bedingt ist und zum systematischen Rückruf von Produkten desselben Typs durch den Hersteller geführt hat.

3.2. Im Rahmen des Qualitätssicherungssystems wird jedes Produkt oder eine repräsentative Stichprobe jedes Loses geprüft. Es werden geeignete Prüfungen gemäß den in Artikel 5 genannten Normen oder gleichwertige Prüfungen durchgeführt, um die Übereinstimmung mit dem in der EG-Baumusterprüfbescheinigung beschriebenen Baumuster und mit den einschlägigen Anforderungen der Richtlinie zu gewährleisten. Alle Einzelheiten, Anforderungen und Vorkehrungen, die der Hersteller für sein Qualitätssicherungssystem zugrunde legt, müssen in eine systematisch geführte und nach Strategien und schriftlichen Verfahrensanweisungen geordnete Dokumentation aufgenommen werden. Diese Dokumentation über das Qualitätssicherungssystem muss eine einheitliche Interpretation der Programme, Pläne, Handbücher und Aufzeichnungen zur Qualitätssicherung ermöglichen.

Sie umfasst insbesondere eine angemessene Beschreibung folgender Punkte:

- Qualitätsziele sowie organisatorischer Aufbau, Zuständigkeiten und Befugnisse des Managements in bezug auf die Produktqualität;
- nach der Herstellung durchgeführte Untersuchungen und Prüfungen; die Kalibrierung der Prüfgeräte muss hinreichend nachvollziehbar sein;
- Mittel zur Überprüfung der Wirksamkeit des Qualitätssicherungssystems;
- Unterlagen zur Qualitätskontrolle, z. B. Kontroll-, Test- und Kalibrierungsberichte, Berichte über die Qualifikation des betreffenden Personals usw.;
- falls Endkontrolle und Prüfung des Produkts oder von Produktbestandteilen durch einen Dritten erfolgt: Methoden zur Überwachung der wirksamen Anwendung des Qualitätssicherungssystems und insbesondere Art und Umfang der Kontrollen, denen dieser Dritte unterzogen wird.

Die obigen Prüfungen gelten nicht für diejenigen Herstellungsschritte, die der Sterilisation dienen.;

3.3. Die benannte Stelle führt eine förmliche Überprüfung (Audit) des Qualitätssicherungssystems durch, um festzustellen, ob es den Anforderungen nach Abschnitt 3.2 entspricht. Bei Qualitätssicherungssystemen, die auf der Umsetzung der entsprechenden harmonisierten Normen beruhen, geht sie von der Übereinstimmung mit diesen Anforderungen aus.

Mindestens ein Mitglied des Prüfteams muss Erfahrungen mit der Bewertung der betreffenden Technologie haben. Das Bewertungsverfahren schließt eine Besichtigung der Betriebsstätten des Herstellers und, falls dazu hinreichend Anlass besteht, der Betriebsstätten der Zulieferer des Herstellers ein, um die Herstellungsverfahren zu überprüfen.

Die Entscheidung wird dem Hersteller mitgeteilt. Die Mitteilung enthält die Ergebnisse der Überprüfung und eine Begründung der Entscheidung.

3.4. Der Hersteller informiert die benannte Stelle, die das Qualitätssicherungssystem genehmigt hat, über alle geplanten wesentlichen Änderungen des Qualitätssicherungssystems.

Die benannte Stelle prüft die vorgeschlagenen Änderungen und entscheidet, ob das geänderte Qualitätssicherungssystem den Anforderungen nach Abschnitt 3.2 noch entspricht.

Sie teilt ihre Entscheidung dem Hersteller nach Erhalt der genannten Informationen mit. Die Mitteilung enthält die Ergebnisse der Prüfung und eine Begründung der Entscheidung.

4. **Überwachung**

4.1. Mit der Überwachung soll sichergestellt werden, dass der Hersteller die Verpflichtungen, die sich aus dem genehmigten Qualitätssicherungssystem ergeben, ordnungsgemäß einhält.

4.2. Der Hersteller gewährt der benannten Stelle zu Inspektionszwecken Zugang zu den Inspektions-, Prüf- und Lagereinrichtungen und stellt ihr alle erforderlichen Unterlagen zur Verfügung. Hierzu gehören insbesondere:

- die Dokumentation über das Qualitätssicherungssystem;
- die technische Dokumentation;
- Unterlagen zur Qualitätskontrolle, z. B. Kontroll-, Test- und Kalibrierungsberichte, Berichte über die Qualifikation des betreffenden Personals usw.

4.3. Die benannte Stelle führt regelmäßig die erforderlichen Inspektionen und Bewertungen durch, um sich davon zu überzeugen, dass der Hersteller das genehmigte Qualitätssicherungssystem anwendet, und übermittelt dem Hersteller einen Bewertungsbericht.

4.4. Darüber hinaus kann die benannte Stelle unangemeldete Besichtigungen beim Hersteller durchführen. Dabei kann die benannte Stelle Prüfungen zur Kontrolle des ordnungsgemäßen Funktionierens des Qualitätssicherungssystems und der Übereinstimmung der Produktion mit den entsprechenden Anforderungen dieser Richtlinie durchführen oder durchführen lassen. Zu diesem Zweck wird eine von der benannten Stelle vor Ort aus den Fertigprodukten entnommene geeignete Stichprobe untersucht und geeigneten Prüfungen nach den in Artikel 5 genannten einschlägigen Normen oder gleichwertigen Prüfungen unterzogen. Stimmen eines oder mehrere der geprüften Produkte nicht mit den einschlägigen Anforderungen überein, so trifft die benannte Stelle geeignete Maßnahmen.

Die benannte Stelle stellt dem Hersteller einen Bericht über die Besichtigung und gegebenenfalls über die vorgenommenen Prüfungen zur Verfügung.

5. **Administrative Bestimmungen**

5.1. Der Hersteller oder sein Bevollmächtigter hält für mindestens fünf Jahre, im Falle von implantierbaren Produkten für mindestens 15 Jahre, ab der Herstellung des letzten Produkts für die nationalen Behörden folgende Unterlagen bereit:

- die Konformitätserklärung;
- die Dokumentation gemäß Abschnitt 3.1 siebter Gedankenstrich;
- die Änderungen gemäß Abschnitt 3.4;

- die Entscheidungen und Berichte der benannten Stelle gemäß den Abschnitten 3.4 letzter Absatz, 4.3 und 4.4;
- gegebenenfalls die Konformitätsbescheinigung gemäß Anhang III.

6. **Anwendung auf Produkte der Klasse IIa**

Gemäß Artikel 11 Absatz 2 kann der vorliegende Anhang nach Maßgabe der nachstehenden Bestimmungen auf Produkte der Klasse IIa angewandt werden:

6.1. Abweichend von den Abschnitten 2, 3.1 und 3.2 gewährleistet und erklärt der Hersteller durch die Konformitätserklärung, dass die Produkte der Klasse IIa im Einklang mit der technischen Dokumentation gemäß Anhang VII Abschnitt 3 hergestellt werden und den einschlägigen Anforderungen dieser Richtlinie entsprechen.

6.2. Für Produkte der Klasse IIa bewertet die benannte Stelle im Rahmen der Überprüfung gemäß Abschnitt 3.3 die in Anhang VII Abschnitt 3 beschriebenen Unterlagen für zumindest eine repräsentative Probe aus jeder Unterkategorie von Produkten auf Einhaltung der Anforderungen dieser Richtlinie.

6.3. Bei der Auswahl repräsentativer Proben berücksichtigt die benannte Stelle die technologische Neuartigkeit, Ähnlichkeiten in der Auslegung, Technologie, Herstellungs- und Sterilisierungsverfahren, die bezweckte Verwendung und die Ergebnisse aller relevanten früheren Bewertungen (z. B. im Hinblick auf die physikalischen, chemischen oder biologischen Eigenschaften), die gemäß dieser Richtlinie durchgeführt wurden. Die benannte Stelle dokumentiert ihre Gründe für die gewählten Probe(n) und hält sie für die zuständige Behörde zur Verfügung.

6.4. Weitere Proben werden von der benannten Stelle im Rahmen der in Abschnitt 4.3 genannten Überwachung bewertet.

Anhang VII
EG-Konformitätserklärung

1. Bei der EG-Konformitätserklärung handelt es sich um das Verfahren, mit dem der Hersteller oder sein Bevollmächtigter, der den Verpflichtungen nach Abschnitt 2 sowie – bei Produkten, die in sterilem Zustand in den Verkehr gebracht werden, und bei Produkten mit Messfunktion – den Verpflichtungen nach Abschnitt 5 nachkommt, gewährleistet und erklärt, dass die betreffenden Produkte den einschlägigen Bestimmungen dieser Richtlinie entsprechen.
2. Der Hersteller stellt die in Abschnitt 3 beschriebene technische Dokumentation zusammen. Der Hersteller oder sein Bevollmächtigter hält diese Dokumentation zusammen mit der Konformitätserklärung für mindestens fünf Jahre ab der Herstellung des letzten Produkts zur Einsichtnahme durch die nationalen Behörden bereit. Bei implantierten Produkten beträgt dieser Zeitraum mindestens 15 Jahre ab der Herstellung des letzten Produkts.
3. Die technische Dokumentation muss die Bewertung der Konformität des Produkts mit den Anforderungen der Richtlinie ermöglichen. Sie enthält insbesondere:
   - eine allgemeine Beschreibung des Produkts, einschließlich der geplanten Varianten, und seiner Zweckbestimmung(en);
   - Konstruktions- und Fertigungszeichnungen sowie Pläne von Bauteilen, Baugruppen, Schaltungen usw.;
   - die zum Verständnis der genannten Zeichnungen und Pläne sowie der Funktionsweise des Produkts erforderlichen Beschreibungen und Erläuterungen;
   - die Ergebnisse der Risikoanalyse sowie eine Liste der ganz oder teilweise angewandten Normen gemäß Artikel 5 sowie eine Beschreibung der Lösungen zur Einhaltung der grundlegenden Anforderungen dieser Richtlinie, sofern die in Artikel 5 genannten Normen nicht vollständig angewandt worden sind;
   - sofern die Produkte in sterilem Zustand in den Verkehr gebracht werden, eine Beschreibung der angewandten Verfahren und den Validierungsbericht;
   - die Ergebnisse der Konstruktionsberechnungen und der vorgenommenen Prüfungen usw. Wenn ein Produkt zur Erfüllung seiner Zweckbestimmung an ein oder mehrere andere Produkte angeschlossen werden muss, der Nachweis, dass das erstere Produkt bei Anschluss an ein anderes Produkt, das die vom

Hersteller angegebenen Merkmale aufweist, die grundlegenden Anforderungen erfüllt;

- die in Anhang I Kapitel I Abschnitt 2 getroffenen Lösungen;
- die präklinische Bewertung;
- die klinische Bewertung gemäß Anhang X;
- Kennzeichnung und Gebrauchsanweisung.

4. Der Hersteller muss unter Berücksichtigung der in Anhang X enthaltenen Bestimmungen ein systematisches Verfahren einrichten und auf dem neuesten Stand halten, das es ermöglicht, Erfahrungen mit Produkten in den der Herstellung nachgelagerten Phasen auszuwerten und in geeigneter Weise erforderliche Korrekturen zu veranlassen, wobei die Art des Produkts und die von ihm ausgehenden Risiken zu berücksichtigen sind. Der Hersteller muss die zuständigen Behörden unverzüglich über folgende Vorkommnisse unterrichten, sobald er selbst davon Kenntnis erlangt hat:

   i) jede Funktionsstörung oder jede Änderung der Merkmale und/ oder der Leistung sowie jede Unsachgemäßheit der Kennzeichnung oder der Gebrauchsanweisung eines Produkts, die zum Tode oder zu einer schwerwiegenden Verschlechterung des Gesundheitszustands eines Patienten oder eines Anwenders führen kann oder geführt hat;

   ii) jeder Grund technischer oder medizinischer Art, der aufgrund der unter Ziffer i) genannten Ursachen durch die Merkmale und Leistungen des Produkts bedingt ist und zum systematischen Rückruf von Produkten desselben Typs durch den Hersteller geführt hat.

5. Bei Produkten der Klasse I, die in sterilem Zustand in Verkehr gebracht werden, und bei Produkten mit Messfunktion hat der Hersteller zusätzlich zu den Bestimmungen dieses Anhangs ein Verfahren nach Anhang II, IV, V oder VI anzuwenden. Die Anwendung der vorgenannten Anhänge und das Tätigwerden der benannten Stelle beschränken sich

   - bei Produkten, die in sterilem Zustand in Verkehr gebracht werden, ausschließlich auf die Herstellungsschritte im Zusammenhang mit der Sterilisation und der Aufrechterhaltung der Sterilität;
   - bei Produkten mit Messfunktion ausschließlich auf die Herstellungsschritte im Zusammenhang mit der Konformität der Produkte mit den messtechnischen Anforderungen.

Abschnitt 6.1 des vorliegenden Anhangs findet Anwendung.

6. **Anwendung auf Produkte der Klasse IIa**

Gemäß Artikel 11 Absatz 2 kann der vorliegende Anhang nach Maßgabe der nachstehenden Abweichungen auf Produkte der Klasse IIa angewandt werden:

6.1. Wird dieser Anhang in Verbindung mit einem Verfahren nach Anhang IV, V oder VI angewandt, so sind die in den vorgenannten Anhängen erwähnten Konformitätserklärungen in einem einzigen Dokument abzugeben. Soweit diese Erklärung auf diesem Anhang basiert, gewährleistet und erklärt der Hersteller, dass die Auslegung der Produkte den einschlägigen Anforderungen dieser Richtlinie entspricht.

Anhang VIII
Erklärung zu Produkten für besondere Zwecke

1. Der Hersteller oder sein Bevollmächtigter stellt bei Sonderanfertigungen oder bei für klinische Prüfungen bestimmten Produkten eine Erklärung aus, die die in Abschnitt 2 aufgeführten Angaben enthält.

2. Die Erklärung muss folgende Angaben enthalten:

2.1. bei Sonderanfertigungen:

- Name und Anschrift des Herstellers;
- die zur Identifizierung des betreffenden Produkts notwendigen Daten;
- die Versicherung, dass das Produkt ausschließlich für einen bestimmten Patienten bestimmt ist, und den Namen dieses Patienten;
- den Namen des Arztes oder der hierzu befugten Person, der/die das betreffende Produkt verordnet hat, und gegebenenfalls den Namen der betreffenden medizinischen Einrichtung;
- die spezifischen Merkmale des Produkts, wie sie in der Verschreibung angegeben sind;
- die Versicherung, dass das betreffende Produkt den in Anhang I genannten grundlegenden Anforderungen entspricht, und gegebenenfalls die Angabe der grundlegenden Anforderungen, die nicht vollständig eingehalten worden sind, mit Angabe der Gründe.

2.2. bei Produkten, die für klinische Prüfungen im Sinne von Anhang X bestimmt sind:

- die zur Identifizierung des betreffenden Produkts notwendigen Daten;
- den klinischen Prüfplan;
- das Handbuch des klinischen Prüfers;
- die Bestätigung über den Versicherungsschutz für die Versuchspersonen;
- die Unterlagen zur Einholung der Einwilligung nach Aufklärung;
- eine Erklärung, aus der hervorgeht, ob zu den festen Bestandteilen des Produkts ein Stoff oder ein Derivat aus menschlichem Blut im Sinne von Anhang I Abschnitt 7.4 gehört;
- eine Erklärung, aus der hervorgeht, ob das Produkt unter Verwendung von Gewebe tierischen Ursprungs im Sinne der Richtlinie 2003/32/EG hergestellt wurde;

- die von der betreffenden Ethik-Kommission abgegebene Stellungnahme sowie die Angabe der Gesichtspunkte, die Gegenstand dieser Stellungnahme waren;
- den Namen des Arztes oder der hierzu befugten Person sowie der Einrichtung, die mit den Prüfungen beauftragt sind;
- den Ort, den geplanten Beginn und die geplante Dauer der Prüfungen;
- die Versicherung, dass das betreffende Produkt mit Ausnahme der Punkte, die Gegenstand der Prüfungen sind, den grundlegenden Anforderungen entspricht und dass hinsichtlich dieser Punkte alle Vorsichtsmaßnahmen zum Schutz der Gesundheit und der Sicherheit des Patienten getroffen wurden.

3. Der Hersteller verpflichtet sich ferner, folgende Unterlagen für die zuständigen nationalen Behörden bereitzuhalten:

3.1. bei Sonderanfertigungen die Dokumentation, aus der die Fertigungsstätte(n) sowie Auslegung, Herstellung und Leistungsdaten des Produkts, einschließlich der vorgesehenen Leistung, hervorgehen, so dass sich beurteilen lässt, ob es den Anforderungen dieser Richtlinie entspricht.

Der Hersteller trifft alle erforderlichen Maßnahmen, damit im Herstellungsverfahren die Übereinstimmung der hergestellten Produkte mit der im vorstehenden Absatz genannten Dokumentation sichergestellt wird.

3.2. Bei für klinische Prüfungen bestimmten Produkten muss die Dokumentation folgende Angaben enthalten:

- eine allgemeine Beschreibung des Produkts und seiner Zweckbestimmung;
- Konstruktionszeichnungen, geplante Fertigungsverfahren, insbesondere hinsichtlich der Sterilisation, sowie Pläne von Bauteilen, Baugruppen, Schaltungen usw.;
- die zum Verständnis der genannten Zeichnungen und Pläne sowie der Funktionsweise des Produkts erforderlichen Beschreibungen und Erläuterungen;
- die Ergebnisse der Gefahrenanalyse sowie eine Liste der ganz oder teilweise angewandten in Artikel 5 genannten Normen sowie eine Beschreibung der Lösungen zur Einhaltung der grundlegenden Anforderungen dieser Richtlinie, sofern die in Artikel 5 genannten Normen nicht angewandt worden sind;
- wenn zu den festen Bestandteilen des Produkts ein Stoff oder ein Derivat aus menschlichem Blut im Sinne des Anhangs I Abschnitt 7.4

gehört, die Daten über die in diesem Zusammenhang durchgeführten Tests, die für die Bewertung der Sicherheit, der Qualität und des Nutzens dieses Stoffes oder Derivats aus menschlichem Blut unter Berücksichtigung der Zweckbestimmung des Produkts erforderlich sind;

- wenn das Produkt unter Verwendung von Geweben tierischen Ursprungs im Sinne der Richtlinie 2003/32/EG hergestellt wurde, die Risikomanagementmaßnahmen, die in diesem Zusammenhang zur Verringerung des Infektionsrisikos angewendet wurden;
- die Ergebnisse der Konstruktionsberechnungen, Prüfungen, technischen Tests usw.

Der Hersteller trifft alle erforderlichen Maßnahmen, damit im Herstellungsverfahren die Übereinstimmung der hergestellten Produkte mit der in Absatz 1 genannten Dokumentation gewährleistet wird.

Der Hersteller gestattet eine Bewertung der Wirksamkeit dieser Maßnahmen oder gegebenenfalls eine förmliche Überprüfung (Audit).

4. Die in den Erklärungen im Sinne dieses Anhangs aufgeführten Angaben sind über einen Zeitraum von mindestens fünf Jahren aufzubewahren. Bei implantierbaren Produkten beträgt dieser Zeitraum mindestens 15 Jahre.

5. Bei Sonderanfertigungen sichert der Hersteller zu, unter Berücksichtigung der in Anhang X enthaltenen Bestimmungen die Erfahrungen mit Produkten in der der Herstellung nachgelagerten Phase auszuwerten und zu dokumentieren, und angemessene Vorkehrungen zu treffen, um erforderliche Korrekturen durchzuführen. Dies schließt die Verpflichtung des Herstellers ein, die zuständigen Behörden unverzüglich über folgende Vorkommnisse zu unterrichten, sobald er selbst davon Kenntnis erlangt hat, und die einschlägigen Korrekturen vorzunehmen:

i) jede Funktionsstörung und jede Änderung der Merkmale und/oder der Leistung sowie jede Unsachgemäßheit der Kennzeichnung oder der Gebrauchsanweisung eines Produkts, die zum Tode oder zu einer schwerwiegenden Verschlechterung des Gesundheitszustandes eines Patienten oder eines Anwenders führen kann oder dazu geführt hat;

ii) jeden Grund technischer oder medizinischer Art, der aufgrund der unter Ziffer i genannten Ursachen durch die Merkmale und Leistungen des Produkts bedingt ist und zum systematischen Rückruf von Produkten desselben Typs durch den Hersteller geführt hat.

Anhang IX
Klassifizierungskriterien

I. Definitionen

1. Definitionen zu den Klassifizierungsregeln

1.1. Dauer

Vorübergehend

Unter normalen Bedingungen für eine ununterbrochene Anwendung über einen Zeitraum von weniger als 60 Minuten bestimmt.

Kurzzeitig

Unter normalen Bedingungen für eine ununterbrochene Anwendung über einen Zeitraum von bis zu 30 Tagen bestimmt.

Langzeitig

Unter normalen Bedingungen für eine ununterbrochene Anwendung über einen Zeitraum von mehr als 30 Tagen bestimmt.

1.2. Invasive Produkte

Invasives Produkt

Produkt, das durch die Körperoberfläche oder über eine Körperöffnung ganz oder teilweise in den Körper eindringt.

Körperöffnung

Eine natürliche Öffnung in der Haut, sowie die Außenfläche des Augapfels oder eine operativ hergestellte ständige Öffnung, wie z. B. ein Stoma.

Chirurgisch-invasives Produkt

Invasives Produkt, das mittels eines chirurgischen Eingriffs oder im Zusammenhang damit durch die Körperoberfläche in den Körper eindringt.

Produkte, die vom vorstehenden Unterabsatz nicht erfasst werden und die anders als durch eine hergestellte Körperöffnung in den Körper eindringen, werden im Sinne dieser Richtlinie als chirurgisch-invasive Produkte behandelt.

Implantierbares Produkt

Jedes Produkt, das dazu bestimmt ist, durch einen chirurgischen Eingriff

- ganz in den menschlichen Körper eingeführt zu werden oder
- eine Epitheloberfläche oder die Oberfläche des Auges zu ersetzen und nach dem Eingriff dort zu verbleiben.

Als implantierbares Produkt gilt auch jedes Produkt, das dazu bestimmt ist, durch einen chirurgischen Eingriff teilweise in den menschlichen Körper eingeführt zu werden und nach dem Eingriff mindestens 30 Tage dort zu verbleiben.

1.3. *Wiederverwendbares chirurgisches Instrument*
Ein nicht in Verbindung mit einem aktiven Medizinprodukt eingesetztes, für einen chirurgischen Eingriff bestimmtes Instrument, dessen Funktion im Schneiden, Bohren, Sägen, Kratzen, Schaben, Klammern, Spreizen, Heften oder ähnlichem besteht und das nach Durchführung geeigneter Verfahren wiederverwendet werden kann.

1.4. *Aktives Medizinprodukt*
Medizinprodukt, dessen Betrieb von einer Stromquelle oder einer anderen Energiequelle (mit Ausnahme der direkt vom menschlichen Körper oder durch die Schwerkraft erzeugten Energie) abhängig ist und das auf Grund der Umwandlung dieser Energie wirkt[35]. Ein Produkt, das zur Übertragung von Energie, Stoffen oder Parametern zwischen einem aktiven Medizinprodukt und dem Patienten eingesetzt wird, ohne dass dabei eine wesentliche Veränderung von Energie, Stoffen oder Parametern eintritt, wird nicht als aktives Medizinprodukt angesehen. Eigenständige Software gilt als aktives Medizinprodukt.

1.5. *Aktives therapeutisches Medizinprodukt*
Aktives Medizinprodukt, das entweder getrennt oder in Verbindung mit anderen Medizinprodukten eingesetzt wird und dazu bestimmt ist, biologische Funktionen oder Strukturen im Zusammenhang mit der Behandlung oder Linderung einer Krankheit, Verwundung oder Behinderung zu erhalten, zu verändern, zu ersetzen oder wiederherzustellen.

1.6. *Aktives diagnostisches Medizinprodukt*
Aktives Medizinprodukt, das entweder getrennt oder in Verbindung mit anderen Medizinprodukten eingesetzt wird und dazu bestimmt ist, Informationen für die Erkennung, Diagnose, Überwachung oder Behandlung von physiologischen Zuständen, Gesundheitszuständen, Krankheitszuständen oder angeborenen Missbildungen zu liefern.

1.7. *Zentrales Kreislaufsystem*
Im Sinne dieser Richtlinie sind unter dem „zentralen Kreislaufsystem" folgende Gefäße zu verstehen:

Arteriae pulmonales, Aorta ascendens, arcus Aortae, Aorta descendens bis zur Bifurcatio aortae, Arteriae coronariae, Arteria carotis communis, Arteria carotis externa, Arteria carotis interna, Arteriae cerebrales, Truncus brachiocephalicus, Venae cordis, Venae pulmonales, Vena cava superior, Vena cava inferior.

---

35) Nach *G. Schorn*: Korrektur eines offensichtlichen Übersetzungsfehlers (vgl. Medizinprodukte Journal 6 (1999), Nr. 2, S. 50).

1.8. *Zentrales Nervensystem*

Im Sinne dieser Richtlinie ist unter dem „zentralen Nervensystem" folgendes zu verstehen: Gehirn, Hirnhaut und Rückenmark.

II. Anwendungsregeln

2. **Anwendung der Regeln**

2.1. Die Anwendung der Klassifizierungsregeln richtet sich nach der Zweckbestimmung der Produkte.

2.2. Wenn ein Produkt dazu bestimmt ist, in Verbindung mit einem anderen Produkt angewandt zu werden, werden die Klassifizierungsregeln auf jedes Produkt gesondert angewendet. Zubehör wird unabhängig von dem Produkt, mit dem es verwendet wird, gesondert klassifiziert.

2.3. Software, die ein Produkt steuert oder dessen Anwendung beeinflusst, wird automatisch derselben Klasse zugerechnet wie das Produkt.

2.4. Wenn ein Produkt nicht dazu bestimmt ist, ausschließlich oder hauptsächlich an einem bestimmten Teil des Körpers angewandt zu werden, muss es nach der spezifizierten Anwendung eingeordnet werden, die das höchste Gefährdungspotential beinhaltet.

2.5. Wenn unter Berücksichtigung der vom Hersteller angegebenen Leistungen auf ein und dasselbe Produkt mehrere Regeln anwendbar sind, so gilt die strengste Regel, so dass das Produkt in die jeweils höchste Klasse eingestuft wird.

2.6. Bei der Berechnung der Dauer nach Kapitel I Abschnitt 1.1 bedeutet ununterbrochene Anwendung eine tatsächliche ununterbrochene Anwendung des Produkts gemäß seiner Zweckbestimmung. Wird die Anwendung eines Produkts unterbrochen, um das Produkt unverzüglich durch dasselbe oder ein identisches Produkt zu ersetzen, gilt dies als Fortführung der ununterbrochenen Anwendung des Produkts.

III. Klassifizierung

1. **Nicht invasive Produkte**

1.1. *Regel 1*

Alle nicht invasiven Produkte gehören zur Klasse I, es sei denn, es findet eine der folgenden Regeln Anwendung.

1.2. *Regel 2*

Alle nicht invasiven Produkte für die Durchleitung oder Aufbewahrung von Blut, anderen Körperflüssigkeiten oder -geweben, Flüssigkeiten oder Gasen zum Zwecke einer Perfusion, Verabreichung oder Einleitung in den Körper gehören zur Klasse IIa,

- wenn sie mit einem aktiven medizintechnischen Produkt der Klasse IIa oder einer höheren Klasse verbunden werden können;

- wenn sie für die Aufbewahrung oder Durchleitung von Blut oder anderen Körperflüssigkeiten oder für die Aufbewahrung von Organen, Organteilen oder Körpergeweben eingesetzt werden;

in allen anderen Fällen werden sie der Klasse I zugeordnet.

1.3. *Regel 3*

Alle nicht invasiven Produkte zur Veränderung der biologischen oder chemischen Zusammensetzung des Blutes, anderer Körperflüssigkeiten oder Flüssigkeiten, die in den Körper perfundiert werden sollen, gehören zur Klasse IIb, es sei denn, die Behandlung besteht aus einer Filtration, Zentrifugierung oder dem Austausch von Gasen oder Wärme. In diesen Fällen werden sie der Klasse IIa zugeordnet.

1.4. *Regel 4*

Alle nicht invasiven Produkte, die mit verletzter Haut in Berührung kommen,

- werden der Klasse I zugeordnet, wenn sie als mechanische Barriere oder zur Kompression oder zur Absorption von Exsudaten eingesetzt werden;
- werden der Klasse IIb zugeordnet, wenn sie vorwiegend bei Wunden eingesetzt werden, bei denen die Dermis durchtrennt wurde und die nur durch sekundäre Wundheilung geheilt werden können;
- werden in allen anderen Fällen der Klasse IIa zugeordnet; hierzu zählen auch Produkte, die vorwiegend zur Beeinflussung der Mikroumgebung einer Wunde bestimmt sind.

2. **Invasive Produkte**

2.1. *Regel 5*

Alle invasiven Produkte im Zusammenhang mit Körperöffnungen – außer chirurgisch-invasive Produkte –, die nicht zum Anschluss an ein aktives Medizinprodukt bestimmt sind oder die zum Anschluss an ein aktives Medizinprodukt der Klasse I bestimmt sind, gehören

- zur Klasse I, wenn sie zur vorübergehenden Anwendung bestimmt sind;
- zur Klasse IIa, wenn sie zur kurzzeitigen Anwendung bestimmt sind, es sei denn, sie werden in der Mundhöhle bis zum Rachen, im Gehörgang bis zum Trommelfell oder in der Nasenhöhle eingesetzt; in diesen Fällen werden sie der Klasse I zugeordnet;
- zur Klasse IIb, wenn sie zur langzeitigen Anwendung bestimmt sind, es sei denn, sie werden in der Mundhöhle bis zum Rachen, im Gehörgang bis zum Trommelfell oder in der Nasenhöhle eingesetzt und sie können nicht von der Schleimhaut resorbiert werden; in diesen Fällen werden sie der Klasse IIa zugeordnet.

Alle invasiven Produkte im Zusammenhang mit Körperöffnungen – außer chirurgisch-invasive Produkte –, die zum Anschluss an ein aktives Produkt der Klasse IIa oder einer höheren Klasse bestimmt sind, gehören zur Klasse IIa.

2.2. *Regel 6*

Alle zur vorübergehenden Anwendung bestimmten chirurgisch-invasiven Produkte werden der Klasse IIa zugeordnet, es sei denn,

- sie sind speziell zur Überwachung, Diagnose, Kontrolle oder Korrektur eines Defekts am Herzen oder am zentralen Kreislaufsystem in direktem Kontakt mit diesen Körperteilen bestimmt; in diesem Fall werden sie der Klasse III zugeordnet;
- es handelt sich um wiederverwendbare chirurgische Instrumente; in diesem Fall werden sie der Klasse I zugeordnet;
- die sind speziell zur Verwendung in direktem Kontakt mit dem zentralen Nervensystem bestimmt; in diesem Fall werden sie der Klasse III zugeordnet;
- sie sind zur Abgabe von Energie in Form ionisierender Strahlung bestimmt; in diesem Fall werden sie der Klasse IIb zugeordnet;
- sie sind dazu bestimmt, eine biologische Wirkung zu entfalten oder vollständig oder in bedeutendem Umfang resorbiert zu werden; in diesem Fall werden sie der Klasse IIb zugeordnet;
- sie sind zur Verabreichung von Arzneimitteln über ein Dosiersystem bestimmt, wenn das hierbei verwendete Verfahren unter Berücksichtigung der Art der Anwendung eine potentielle Gefährdung darstellt; in diesem Fall werden sie der Klasse IIb zugeordnet.

2.3. *Regel 7*

Alle zur kurzzeitigen Anwendung bestimmten chirurgisch-invasiven Produkte gehören zur Klasse IIa, es sei denn,

- sie sind speziell zur Überwachung, Diagnose, Kontrolle oder Korrektur eines Defekts am Herzen oder am zentralen Kreislaufsystem in direktem Kontakt mit diesen Körperteilen bestimmt; in diesem Fall werden sie der Klasse III zugeordnet;
- oder sie sollen speziell in direktem Kontakt mit dem zentralen Nervensystem eingesetzt werden; in diesem Fall gehören sie zur Klasse III;
- sie sind zur Abgabe von Energie in Form ionisierender Strahlung bestimmt; in diesem Fall werden sie der Klasse IIb zugeordnet;
- sie sind dazu bestimmt, eine biologische Wirkung zu entfalten oder vollständig oder in bedeutendem Umfang resorbiert zu werden; in diesem Fall werden sie der Klasse III zugeordnet;

- sie sollen im Körper eine chemische Veränderung erfahren – mit Ausnahme solcher Produkte, die in die Zähne implantiert werden sollen –, oder sie sollen Arzneimittel abgeben; in diesen Fällen werden sie der Klasse IIb zugeordnet.

2.4. *Regel 8*

Alle implantierbaren Produkte sowie zur langzeitigen Anwendung bestimmten chirurgisch-invasiven Produkte gehören zur Klasse IIb, es sei denn,

- sie sollen in die Zähne implantiert werden; in diesem Fall werden sie der Klasse IIa zugeordnet;
- sie sollen in direktem Kontakt mit dem Herz, dem zentralen Kreislaufsystem oder dem zentralen Nervensystem eingesetzt werden; in diesen Fällen werden sie der Klasse III zugeordnet;
- sie sind dazu bestimmt, eine biologische Wirkung zu entfalten oder vollständig oder in bedeutendem Umfang resorbiert zu werden; in diesem Fall werden sie der Klasse III zugeordnet;
- sie sollen im Körper eine chemische Veränderung erfahren – mit Ausnahme solcher Produkte, die in die Zähne implantiert werden sollen –, oder sie sollen Arzneimittel abgeben; in diesen Fällen werden sie der Klasse III zugeordnet.

3. **Zusätzliche Regeln für aktive Produkte**

3.1. *Regel 9*

Alle aktiven therapeutischen Produkte, die zur Abgabe oder zum Austausch von Energie bestimmt sind, gehören zur Klasse IIa, es sei denn, die Abgabe oder der Austausch von Energie an den bzw. mit dem menschlichen Körper kann unter Berücksichtigung der Art, der Dichte und des Körperteils, an dem die Energie angewandt wird, aufgrund der Merkmale des Produkts eine potentielle Gefährdung darstellen; in diesem Fall werden sie der Klasse IIb zugeordnet.

Alle aktiven Produkte, die dazu bestimmt sind, die Leistung von aktiven therapeutischen Produkten der Klasse IIb zu steuern oder zu kontrollieren oder die Leistung dieser Produkte direkt zu beeinflussen, werden der Klasse IIb zugeordnet.

3.2. *Regel 10*

Alle aktiven diagnostischen Produkte gehören zur Klasse IIa,

- wenn sie dazu bestimmt sind, Energie abzugeben, die vom menschlichen Körper absorbiert wird – mit Ausnahme von Produkten, deren Funktion es ist, den Körper des Patienten im sichtbaren Spektralbereich auszuleuchten;

- wenn sie zur In-vivo-Darstellung der Verteilung von Radiopharmaka bestimmt sind;
- wenn sie dazu bestimmt sind, eine direkte Diagnose oder Kontrolle von vitalen Körperfunktionen zu ermöglichen, es sei denn, sie sind speziell für die Kontrolle von vitalen physiologischen Parametern bestimmt, bei denen die Art der Änderung zu einer unmittelbaren Gefahr für den Patienten führen könnte, z. B. Änderung der Herzfunktion, der Atmung oder der Aktivität des zentralen Nervensystems; in diesem Fall werden sie der Klasse IIb zugeordnet.

Aktive Produkte, die zum Aussenden ionisierender Strahlung sowie für die radiologische Diagnostik oder die radiologische Therapie bestimmt sind, einschließlich Produkte, die solche Produkte steuern oder kontrollieren oder die deren Leistung unmittelbar beeinflussen, werden der Klasse IIb zugeordnet.

Regel 11

Alle aktiven Produkte, die dazu bestimmt sind, Arzneimittel, Körperflüssigkeiten oder andere Stoffe an den Körper abzugeben und/oder aus dem Körper zu entfernen, werden der Klasse IIa zugeordnet, es sei denn, dass die Vorgehensweise

- unter Berücksichtigung der Art der betreffenden Stoffe, des betreffenden Körperteils und der Art der Anwendung eine potentielle Gefährdung darstellt; in diesem Fall werden sie der Klasse IIb zugeordnet.

3.3. *Regel 12*

Alle anderen aktiven Produkte werden der Klasse I zugeordnet.

4. **Besondere Regeln**

4.1. *Regel 13*

Alle Produkte, zu deren Bestandteilen ein Stoff gehört, der bei gesonderter Verwendung als Arzneimittel im Sinne des Artikels 1 der Richtlinie 2001/83/EG angesehen werden kann und der ergänzend zur Wirkung der Produkte auf den menschlichen Körper einwirken kann, werden der Klasse III zugeordnet.

Alle Produkte, die als festen Bestandteil ein Derivat aus menschlichem Blut enthalten, werden der Klasse III zugeordnet.

4.2. *Regel 14*

Alle Produkte, die zur Empfängnisverhütung oder zum Schutz vor der Übertragung von sexuell übertragbaren Krankheiten eingesetzt werden sollen, werden der Klasse IIb zugeordnet, es sei denn, es handelt sich um implantierbare Produkte oder um invasive Produkte zur langzeitigen Anwendung; in diesem Fall werden sie der Klasse III zugeordnet.

4.3. *Regel 15*

Alle Produkte, die speziell zum Desinfizieren, Reinigen, Abspülen oder gegebenenfalls Hydratisieren von Kontaktlinsen bestimmt sind, werden der Klasse IIb zugeordnet.

Alle Produkte, die speziell zum Desinfizieren von Produkten bestimmt sind, werden der Klasse IIa zugeordnet. Es sei denn, sie sind speziell dazu bestimmt, invasive Produkte zu desinfizieren; in diesem Fall werden sie der Klasse IIb zugeordnet.

Diese Regel gilt nicht für Produkte, die zur Reinigung von anderen Produkten als Kontaktlinsen durch physikalische Einwirkung bestimmt sind.

4.4. *Regel 16*

Produkte, die speziell für die Aufzeichnung von Röntgendiagnosebildern bestimmt sind, werden der Klasse IIa zugeordnet.

4.5. *Regel 17*

Alle Produkte, die unter Verwendung von abgetöteten tierischen Geweben oder Folgeerzeugnissen hergestellt wurden, werden der Klasse III zugeordnet, es sei denn, diese Produkte sind dazu bestimmt, nur mit unversehrter Haut in Berührung zu kommen.

5. *Regel 18*

Abweichend von anderen Regeln werden Blutbeutel der Klasse IIb zugeordnet.

Anhang X
Klinische Bewertung

1. **Allgemeine Bestimmungen**

1.1. Der Nachweis, dass die in Anhang I Abschnitte 1 und 3 genannten merkmal- und leistungsrelevanten Anforderungen von dem Produkt bei normalen Einsatzbedingungen erfüllt werden, sowie die Beurteilung von unerwünschten Nebenwirkungen und der Annehmbarkeit des Nutzen-/Risiko-Verhältnisses, auf das in Anhang I Abschnitt 6 Bezug genommen wird, müssen generell auf der Grundlage klinischer Daten erfolgen. Die Bewertung dieser Daten, die im Folgenden als „klinische Bewertung" bezeichnet wird und bei der gegebenenfalls einschlägige harmonisierte Normen berücksichtigt werden, erfolgt gemäß einem definierten und methodisch einwandfreien Verfahren auf der Grundlage:

1.1.1. entweder einer kritischen Bewertung der einschlägigen, derzeit verfügbaren wissenschaftlichen Literatur über Sicherheit, Leistung, Auslegungsmerkmale und Zweckbestimmung des Produkts; dabei

- wird die Gleichartigkeit des Produkts mit dem Produkt nachgewiesen, auf das sich die Daten beziehen, und
- belegen die Daten in angemessener Weise die Übereinstimmung mit den einschlägigen grundlegenden Anforderungen;

1.1.2. oder einer kritischen Bewertung der Ergebnisse sämtlicher durchgeführten klinischen Prüfungen;

1.1.3. oder einer kritischen Bewertung der kombinierten klinischen Daten gemäß 1.1.1 und 1.1.2.

1.1a. Bei implantierbaren Produkten und bei Produkten der Klasse III sind klinische Prüfungen durchzuführen, es sei denn die Verwendung bereits bestehender klinischer Daten ist ausreichend gerechtfertigt.

1.1b. Die klinische Bewertung und ihr Ergebnis sind zu dokumentieren. Diese Dokumentation und/oder ein ausführlicher Verweis darauf sind in die technische Dokumentation über das Produkt aufzunehmen.

1.1c. Die klinische Bewertung und ihre Dokumentation müssen aktiv anhand der aus der Überwachung nach dem Inverkehrbringen erhaltenen Daten auf dem neuesten Stand gehalten werden. Wird eine klinische Überwachung nach dem Inverkehrbringen als Bestandteil des Überwachungsplans nach dem Inverkehrbringen nicht für erforderlich gehalten, muss dies ordnungsgemäß begründet und dokumentiert werden.

1.1d. Wird der Nachweis der Übereinstimmung mit den grundlegenden Anforderungen auf der Grundlage klinischer Daten als nicht notwendig erachtet, ist eine derartige Ausnahme angemessen zu begründen; diese

Begründung beruht auf dem Ergebnis des Risikomanagements und berücksichtigt die Besonderheiten der Wechselwirkung zwischen Körper und Produkt, die bezweckte klinische Leistung und die Angaben des Herstellers. Die Eignung des Nachweises der Übereinstimmung mit den grundlegenden Anforderungen allein durch Leistungsbewertung, Produktprüfungen und präklinische Bewertung ist ordnungsgemäß zu begründen.

1.2. Alle Daten müssen entsprechend den Bestimmungen von Artikel 20 vertraulich behandelt werden.

2. **Klinische Prüfung**

2.1. *Zweck*

Zweck der klinischen Prüfung ist es,

- den Nachweis zu erbringen, dass die Leistungen des Produkts bei normalen Einsatzbedingungen den Leistungsdaten von Anhang I Abschnitt 3 entsprechen, und
- etwaige bei normalen Einsatzbedingungen auftretende unerwünschte Nebenwirkungen zu ermitteln und zu beurteilen, ob diese unter Berücksichtigung der vorgegebenen Leistungen irgendwelche Risiken darstellen.

2.2. *Ethische Gesichtspunkte*

Die klinische Prüfung muss im Einklang mit der vom 18. Weltärztekongress 1964 in Helsinki, Finnland, gebilligten Erklärung von Helsinki in der letzten vom Weltärztekongress geänderten Fassung stehen. Alle Vorkehrungen zum Schutz des Menschen müssen zwingend im Geiste der Erklärung von Helsinki getroffen werden. Dies gilt für jeden einzelnen Schritt der klinischen Prüfung, angefangen von den ersten Überlegungen über die Notwendigkeit und Berechtigung der Studie bis hin zur Veröffentlichung der Ergebnisse.

2.3. *Methoden*

2.3.1. Die klinischen Prüfungen sind nach einem angemessenen Prüfplan durchzuführen, der dem Stand von Wissenschaft und Technik entspricht und der so angelegt ist, dass sich die Angaben des Herstellers zu dem Produkt bestätigen oder widerlegen lassen. Diese Prüfungen müssen eine angemessene Zahl von Beobachtungen umfassen, damit wissenschaftlich gültige Schlussfolgerungen gezogen werden können.

2.3.2. Die Vorgehensweise bei der Durchführung der Prüfungen muss an das zu prüfende Produkt angepasst sein.

2.3.3. Die klinischen Prüfungen müssen unter ähnlichen Bedingungen durchgeführt werden, wie sie für die normalen Einsatzbedingungen des Produkts gelten.

2.3.4. Alle einschlägigen Merkmale des Produkts, einschließlich der sicherheitstechnischen und leistungsbezogenen Eigenschaften und der Auswirkungen auf den Patienten, müssen geprüft werden.

2.3.5. Alle schwerwiegenden unerwünschten Ereignisse müssen vollständig registriert und unmittelbar allen zuständigen Behörden der Mitgliedstaaten, in denen die klinische Prüfung durchgeführt wird, mitgeteilt werden.

2.3.6. Die Prüfungen müssen unter der Verantwortung eines entsprechend qualifizierten, spezialisierten Arztes oder einer sonstigen entsprechend qualifizierten und befugten Person in einem angemessenen Umfeld durchgeführt werden.

Der verantwortliche Arzt oder die befugte Person muss Zugang zu den technischen und klinischen Daten des Produkts haben.

2.3.7. Der schriftliche Bericht, der von dem verantwortlichen Arzt oder der befugten Person zu unterzeichnen ist, muss eine kritische Bewertung aller im Verlauf der klinischen Prüfung erlangten Daten enthalten.

Anhang XI
Mindestkriterien für die Beauftragung der zu benennenden Stellen

1. Die benannte Stelle, ihr Leiter und das mit der Durchführung der Bewertungen und Prüfungen beauftragte Personal dürfen weder mit dem Autor des Entwurfs (Auslegung), dem Hersteller, dem Lieferer, dem Monteur oder dem Anwender der Produkte, die sie prüfen, identisch noch Beauftragte einer dieser Personen sein. Sie dürfen weder unmittelbar noch als Beauftragte an der Auslegung, an der Herstellung, am Vertrieb oder an der Instandhaltung dieser Produkte beteiligt sein. Die Möglichkeit eines Austauschs technischer Informationen zwischen dem Hersteller und der Stelle wird dadurch nicht ausgeschlossen.

2. Die benannte Stelle und das mit der Prüfung beauftragte Personal müssen die Bewertungen und Prüfungen mit höchster beruflicher Zuverlässigkeit und größter erforderlicher Sachkenntnis auf dem Gebiet der Medizinprodukte durchführen und unabhängig von jeder möglichen Einflussnahme – vor allem finanzieller Art – auf ihre Beurteilung oder die Ergebnisse ihrer Prüfung sein, insbesondere von der Einflussnahme durch Personen oder Personengruppen, die an den Ergebnissen der Prüfungen interessiert sind.

   Wenn eine benannte Stelle spezielle Arbeiten im Zusammenhang mit der Feststellung und Verifizierung von Sachverhalten einem Unterauftragnehmer überträgt, muss sie zuvor sicherstellen, dass die Bestimmungen der Richtlinie, insbesondere dieses Anhangs, von dem Unterauftragnehmer eingehalten werden. Die benannte Stelle hält die einschlägigen Dokumente zur Bewertung der Sachkompetenz des Unterauftragnehmers und zu den von diesem im Rahmen dieser Richtlinie ausgeführten Arbeiten zur Einsichtnahme durch die nationalen Behörden bereit.

3. Die benannte Stelle muss in der Lage sein, alle in einem der Anhänge II bis VI genannten Aufgaben, die einer solchen Stelle zugewiesen werden und für die sie benannt ist, wahrzunehmen, sei es, dass diese Aufgaben von der Stelle selbst, sei es, dass sie unter ihrer Verantwortung ausgeführt werden. Sie muss insbesondere über das Personal verfügen und die Mittel besitzen, die zur angemessenen Erfüllung der mit der Durchführung der Bewertungen und Prüfungen verbundenen technischen und verwaltungsmäßigen Aufgaben erforderlich sind; ebenso muss sie Zugang zu der für die Prüfungen erforderlichen Ausrüstung haben. Dies schließt ein, dass in der Organisation ausreichend wissenschaftliches Personal vorhanden ist, das die entsprechenden Erfahrungen und Kenntnisse besitzt, um die medizinische Funktion und Leistung der Produkte, für die die Stelle benannt worden ist, in bezug auf

die Anforderungen dieser Richtlinie und insbesondere die Anforderungen des Anhangs I zu beurteilen.

4. Das mit den Prüfungen beauftragte Personal muss folgendes besitzen:
   - eine gute berufliche Ausbildung in bezug auf alle Bewertungen und Prüfungen, für die die Stelle benannt worden ist;
   - eine ausreichende Kenntnis der Vorschriften für die von ihm durchgeführten Prüfungen und eine ausreichende praktische Erfahrung auf diesem Gebiet;
   - die erforderliche Eignung für die Abfassung der Bescheinigungen, Protokolle und Berichte, in denen die durchgeführten Prüfungen niedergelegt werden.

5. Die Unabhängigkeit des mit der Prüfung beauftragten Personals ist zu gewährleisten. Die Höhe der Bezüge jedes Prüfers darf sich weder nach der Zahl der von ihm durchgeführten Prüfungen noch nach den Ergebnissen dieser Prüfungen richten.

6. Die Stelle muss eine Haftpflichtversicherung abschließen, es sei denn, diese Haftpflicht wird vom Staat aufgrund nationalen Rechts gedeckt oder die Prüfungen werden unmittelbar von dem Mitgliedstaat durchgeführt.

7. Das Personal der Stelle ist – außer gegenüber den zuständigen Verwaltungsbehörden des Staates, in dem es seine Tätigkeit ausübt –, durch das Berufsgeheimnis in bezug auf alles gebunden, wovon es bei der Durchführung seiner Aufgaben im Rahmen dieser Richtlinie oder jeder anderen innerstaatlichen Rechtsvorschrift, die dieser Richtlinie Wirkung verleiht, Kenntnis erhält.

Anhang XII
CE-Kennzeichnung

Die CE-Kennzeichnung besteht aus den Buchstaben „CE" mit folgendem Schriftbild:

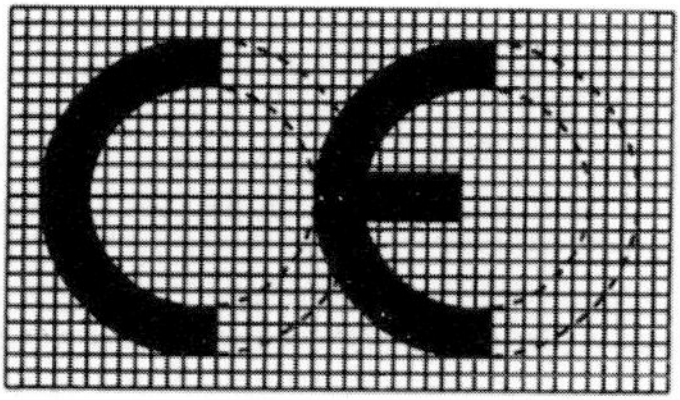

Bei Verkleinerung oder Vergrößerung der Kennzeichnung müssen die sich aus dem oben abgebildeten Raster ergebenden Proportionen eingehalten werden.

Die verschiedenen Bestandteile der CE-Kennzeichnung müssen etwa gleich hoch sein: die Mindesthöhe beträgt 5 mm.

Von der Mindesthöhe kann bei kleinen Produkten abgewichen werden.

Richtlinie 98/79/EG des Europäischen Parlaments und des Rates vom 27. Oktober 1998 über In-vitro-Diagnostika

(veröffentlicht im Amtsblatt der Europäischen Gemeinschaften ABl. Nr. L 331 vom 7. Dezember 1998, S. 1)[1]

Das Europäische Parlament und der Rat der Europäischen Union –

gestützt auf den Vertrag zur Gründung der Europäischen Gemeinschaft, insbesondere auf Artikel 100 a,

auf Vorschlag der Kommission[2],

nach Stellungnahme des Wirtschafts- und Sozialausschusses[3],

gemäß dem Verfahren des Artikels 189b des Vertrags[4],

in Erwägung nachstehender Gründe:

(1) Das reibungslose Funktionieren des Binnenmarktes macht den Erlass entsprechender Maßnahmen erforderlich. Der Binnenmarkt umfasst einen Raum ohne Binnengrenzen, in dem der freie Waren-, Personen-, Dienstleistungs- und Kapitalverkehr gewährleistet ist.

(2) Die in den Mitgliedstaaten geltenden Rechts- und Verwaltungsvorschriften betreffend die Sicherheit, den Gesundheitsschutz und die Leistungsmerkmale sowie die Zulassungsverfahren für In-vitro-Diagnostika sind nach Inhalt und Geltungsbereich verschieden. Diese Unterschiede stellen Hemmnisse im innergemeinschaftlichen Handel dar. Eine im Auftrag der Kommission durchgeführte vergleichende Untersuchung der einzelstaatlichen Rechtsvorschriften hat die Notwendigkeit einer Harmonisierung dieser Vorschriften bestätigt.

(3) Die Angleichung einzelstaatlicher Rechtsvorschriften ist der einzige Weg zur Beseitigung der bestehenden und zur Verhütung neuer Handelshemmnisse. Dieses Ziel lässt sich durch andere Mittel auf der Ebene der einzelnen Mitgliedstaaten nicht erreichen. Diese Richtlinie beschränkt sich auf die Festlegung notwendiger Mindestanforderungen, um den freien Verkehr der in ihren Geltungsbereich fallenden In-vitro-Diagnostika unter optimalen Sicherheitsbedingungen zu gewährleisten.

(4) Die harmonisierten Bestimmungen sind von den von den Mitgliedstaaten im Hinblick auf die Finanzierung des öffentlichen Gesundheitssystems und des

1) Zuletzt geändert durch Richtlinie 2011/100/EU der Kommission vom 20. Dezember 2011 zur Änderung der Richtlinie 98/79/EG des Europäischen Parlaments und des Rates über In-vitro-Diagnostika (ABl. Nr. L 341 vom 22. Dezember 2011, S. 50)..
2) ABl. C 172 vom 7. 7. 1995, S. 21 und ABl. C 87 vom 18. 3. 1997, S. 9.
3) ABl. C 18 vom 22. 1. 1996, S. 12.
4) Stellungnahme des Europäischen Parlaments vom 12. März 1996 (ABl. C 96 vom 1. 4. 1996, S. 31), gemeinsamer Standpunkt des Rates vom 23. März 1998 (ABl. C 178 vom 10. 6. 1998, S. 7), Beschluß des Europäischen Parlaments vom 18. Juni 1998 (ABl. C 210 vom 6. 7. 1998) und Beschluß des Rates vom 5. Oktober 1998.

Krankenversicherungssystems getroffenen Maßnahmen zu unterscheiden, die derartige Produkte direkt oder indirekt betreffen. Das Recht der Mitgliedstaaten auf Durchführung der oben genannten Maßnahmen unter Einhaltung des Gemeinschaftsrechts bleibt von diesen harmonisierten Bestimmungen daher unberührt.

(5) In-vitro-Diagnostika müssen Patienten, Anwendern und Dritten einen hochgradigen Gesundheitsschutz bieten und die vom Hersteller ursprünglich angegebenen Leistungen erreichen. Die Aufrechterhaltung bzw. Verbesserung des in den Mitgliedstaaten erreichten Gesundheitsschutzniveaus ist daher eines der wesentlichen Ziele dieser Richtlinie.

(6) Im Einklang mit den in der Entschließung des Rates vom 7. Mai 1985 über eine neue Konzeption auf dem Gebiet der technischen Harmonisierung und Normung5 festgelegten Grundsätzen müssen sich die Regelungen bezüglich der Auslegung und Herstellung sowie Verpackung einschlägiger Erzeugnisse auf die Bestimmungen beschränken, die erforderlich sind, um den grundlegenden Anforderungen zu genügen. Da es sich um Anforderungen grundlegender Art handelt, müssen diese an die Stelle der entsprechenden einzelstaatlichen Bestimmungen treten. Die grundlegenden Anforderungen, einschließlich der Anforderung, dass die Risiken möglichst gering gehalten bzw. verringert werden müssen, sind mit der nötigen Sorgfalt anzuwenden und müssen der Technologie und Praxis zum Zeitpunkt der Konzeption sowie den technischen und wirtschaftlichen Erwägungen Rechnung tragen, die mit einem hochgradigen Gesundheitsschutz und hohen Maß an Sicherheit zu vereinbaren sind.

(7) Die meisten Medizinprodukte mit Ausnahme der In-vitro-Diagnostika werden durch die Richtlinie 90/385/EWG des Rates vom 20. Juni 1990 zur Angleichung der Rechtsvorschriften der Mitgliedstaaten über aktive implantierbare medizinische Geräte6 und die Richtlinie 93/42/EWG des Rates vom 14. Juni 1993 über Medizinprodukte7 erfasst. Durch die vorliegende Richtlinie werden In-vitro-Diagnostika in den Harmonisierungsprozess einbezogen. Im Interesse einheitlicher gemeinschaftlicher Regelungen stützt sie sich weitgehend auf die Bestimmungen jener beiden Richtlinien.

(8) Instrumente, Apparate, Vorrichtungen, Materialien oder andere Gegenstände, einschließlich Software, die zu Forschungszwecken eingesetzt werden sollen, ohne medizinische Zwecke zu verfolgen, sind nicht als Produkte für Leistungsbewertungszwecke anzusehen.

5) ABl. C 136 vom 4. 6. 1985, S. 1.

6) ABl. L 189 vom 20. 7. 1990, S. 17. Richtlinie zuletzt geändert durch die Richtlinie 93/68/EWG (ABl. L 220 vom 30. 8. 1993, S. 1).

7) ABl. L 169 vom, 12.7.1993, S. 1.

(9) Zertifizierte internationale Referenzmaterialien und Materialien, die für externe Qualitätsbewertungsprogramme verwendet werden, fallen nicht unter diese Richtlinie. Kalibriersubstanzen oder -vorrichtungen sowie Kontrollmaterialien, die vom Anwender benötigt werden, um die Leistung von Produkten zu ermitteln bzw. zu prüfen, sind In-vitro-Diagnostika.

(10) Reagenzien, die in Laboratorien von Gesundheitseinrichtungen zur Verwendung im selben Umfeld hergestellt und nicht in den Verkehr gebracht werden, werden unter Berücksichtigung des Subsidiaritätsprinzips nicht in diese Richtlinie aufgenommen.

(11) Dagegen fallen Produkte, die in professionellem und kommerziellem Rahmen zum Zwecke der medizinischen Analyse hergestellt werden und verwendet werden sollen, ohne in den Verkehr gebracht zu werden, unter diese Richtlinie.

(12) Laborapparate mit mechanischen Merkmalen, die eigens für In-vitro-Untersuchungen bestimmt sind, fallen in den Anwendungsbereich dieser Richtlinie. Die Richtlinie 98/37/EG des Europäischen Parlaments und des Rates vom 22. Juni 1998 zur Angleichung der Rechtsvorschriften der Mitgliedstaaten über Maschinen8 muss deshalb zur Anpassung an diese Richtlinie geändert werden.

(13) Diese Richtlinie sollte Vorschriften in bezug auf die Auslegung und Herstellung von Geräten mit ionisierenden Strahlungen enthalten. Sie berührt nicht die Anwendung der Richtlinie 96/29/Euratom des Rates vom 13. Mai 1996 zur Festlegung der grundlegenden Sicherheitsnormen für den Schutz der Gesundheit der Arbeitskräfte und der Bevölkerung gegen die Gefahren durch ionisierende Strahlungen9.

(14) Die Gesichtspunkte der elektromagnetischen Verträglichkeit sind wesentlicher Bestandteil der grundlegenden Anforderungen dieser Richtlinie; die Richtlinie 89/336/EWG des Rates vom 3. Mai 1989 zur Angleichung der Rechtsvorschriften der Mitgliedstaaten über die elektromagnetische Verträglichkeit[10] findet keine Anwendung.

(15) Zur Erleichterung des Nachweises der Übereinstimmung mit den grundlegenden Anforderungen und zur Ermöglichung einer Prüfung dieser Übereinstimmung sind harmonisierte Normen zur Verhütung von Risiken im Zusammenhang mit der Auslegung, Herstellung und Verpackung von Medizinprodukten wünschenswert. Solche harmonisierten Normen werden von privatrechtlichen Institutionen ausgearbeitet und müssen ihren unverbindlichen Charakter behalten. Das Europäische Komitee für Normung (CEN) und das Europäische Komitee für elektrotechnische Normung

---

8) ABl. L 207 vom 23. 7. 1998, S. 1.
9) ABl. L 159 vom 29. 6. 1996, S. 1.
10) ABl. L 139 vom 23. 5. 1989, S. 19. Richtlinie zuletzt geändert durch die Richtlinie 93/68/EWG (ABl. L 220 vom 30. 8. 1993, S. 1).

(CENELEC) sind als zuständige Gremien für die Ausarbeitung harmonisierter Normen im Einklang mit den am 13. November 1984 unterzeichneten allgemeinen Leitlinien für die Zusammenarbeit zwischen der Kommission und diesen beiden Institutionen anerkannt.

(16) Eine harmonisierte Norm im Sinne dieser Richtlinie ist eine technische Spezifikation (europäische Norm oder Harmonisierungsdokument), die im Auftrag der Kommission vom CEN oder vom CENELEC bzw. von diesen beiden Institutionen im Einklang mit der Richtlinie 98/34/EG des Europäischen Parlaments und des Rates vom 22. Juni 1998 über ein Informationsverfahren auf dem Gebiet der Normen und technischen Vorschriften und der Vorschriften für die Dienste der Informationsgesellschaft [11] und den oben genannten allgemeinen Leitlinien verabschiedet worden ist.

(17) Bei der Ausarbeitung Gemeinsamer Technischer Spezifikationen wird als eine Ausnahme von den allgemeinen Grundsätzen das derzeit in einigen Mitgliedstaaten übliche Vorgehen berücksichtigt, nach dem diese Spezifikationen bei bestimmten Produkten, die hauptsächlich zur Bewertung der Sicherheit der Blutversorgung und der Organspenden verwendet werden, von den Behörden erlassen werden. Diese besonderen Spezifikationen sind durch die Gemeinsamen Technischen Spezifikationen zu ersetzen. Die Gemeinsamen Technischen Spezifikationen können zur Leistungsbewertung – einschließlich der Neubewertung – dienen.

(18) Wissenschaftliche Sachverständige der einzelnen interessierten Parteien können bei der Festlegung von Gemeinsamen Technischen Spezifikationen und der Prüfung von sonstigen spezifischen oder allgemeinen Fragen hinzugezogen werden.

(19) Der von dieser Richtlinie erfasste Herstellungsvorgang umfasst auch die Verpackung der Medizinprodukte, sofern die Verpackung im Zusammenhang mit den Sicherheits- und Leistungsaspekten des Produkts steht.

(20) Bestimmte Produkte haben eine begrenzte Verwendungsdauer, die auf die zeitbezogene Verminderung ihrer Leistungsfähigkeit, beispielsweise aufgrund der Verschlechterung ihrer physikalischen oder chemischen Eigenschaften, insbesondere in bezug auf die Sterilität oder die Unversehrtheit der Verpackung, zurückgeht. Der Hersteller muss den Zeitraum bestimmen und angeben, innerhalb dessen die vorgesehene Leistungsfähigkeit des Produkts gewährleistet ist. Aus der Kennzeichnung muss der Termin hervorgehen, bis zu dem das Produkt oder einer seiner Bestandteile sicher angewendet werden kann.

---

11) ABl. L 204 vom 21. 7. 1998, S. 37. Richtlinie zuletzt geändert durch die Richtlinie 98/48/EG (ABl. L 217 vom 5. 8. 1998, S. 18).

(21) Der Rat hat durch seinen Beschluss 93/465/EWG vom 22. Juli 1993 über die in den technischen Harmonisierungsrichtlinien zu verwendenden Module für die verschiedenen Phasen der Konformitätsbewertungsverfahren und die Regeln für die Anbringung und Verwendung der CE-Konformitätskennzeichnung12 harmonisierte Konformitätsbewertungsverfahren festgelegt. Die Präzisierungen dieser Module sind durch die Art der für In-vitro-Diagnostika geforderten Prüfungen und durch die Notwendigkeit der Übereinstimmung mit den Richtlinien 90/385/EWG und 93/42/EWG gerechtfertigt.

(22) Vor allem für die Konformitätsbewertungsverfahren ist es erforderlich, die In-vitro-Diagnostika in zwei Hauptklassen zu unterteilen. Da die große Mehrzahl dieser Produkte keine unmittelbaren Risiken für Patienten darstellen und von geschultem Personal angewendet werden und da sich ferner die Ergebnisse oft auf anderem Wege bestätigen lassen, können die Konformitätsbewertungsverfahren generell unter der alleinigen Verantwortung des Herstellers erfolgen. Unter Berücksichtigung der geltenden einzelstaatlichen Rechtsvorschriften und der erfolgten Notifizierungen im Rahmen des Verfahrens nach der Richtlinie 98/34/EG ist eine Beteiligung der benannten Stellen nur für bestimmte Produkte erforderlich, deren richtiges Funktionieren für die medizinische Praxis wesentlich ist und deren Versagen ein ernstes Risiko für die Gesundheit darstellen kann.

(23) Unter den In-vitro-Diagnostika, bei denen die Einschaltung einer benannten Stelle notwendig ist, erfordern die im Zusammenhang mit der Übertragung von Blut und der Vorbeugung gegen Aids und bestimmte Hepatitiserkrankungen verwendeten Produktgruppen eine Konformitätsbewertung, die hinsichtlich der Auslegung und der Herstellung dieser Produkte ein Optimum an Sicherheit und Zuverlässigkeit gewährleistet.

(24) Die Liste der In-vitro-Diagnostika, für die eine Konformitätsbewertung durch eine dritte Partei vorgeschrieben ist, bedarf der Fortschreibung unter Berücksichtigung des technischen Fortschritts und der Entwicklungen auf dem Gebiet des Gesundheitsschutzes. Eine solche Fortschreibung muss nach dem Verfahren NI Variante a) des Beschlusses 87/373/EWG des Rates vom 13. Juli 1987 zur Festlegung der Modalitäten für die Ausübung der der Kommission übertragenen Durchführungsbefugnisse 13erfolgen.

(25) Zwischen dem Europäischen Parlament, dem Rat und der Kommission wurde am 20. Dezember 1994 ein „Modus vivendi" betreffend die Maßnahmen zur Durchführung der nach dem Verfahren des Artikels 189 b des Vertrags erlassenen Rechtsakte[14] vereinbart.

12) ABl. L 220 vom 30. 8. 1993, S. 23.
13) ABl. L 197 vom 18. 7. 1987, S. 33.
14) ABl. C 102 vom 4. 4. 1996, S. 1.

(26) Die Medizinprodukte müssen in der Regel mit der CE-Kennzeichnung versehen sein, aus der ihre Übereinstimmung mit den Bestimmungen dieser Richtlinie hervorgeht und die Voraussetzung für den freien Verkehr der Medizinprodukte in der Gemeinschaft und ihre bestimmungsgemäße Inbetriebnahme ist.

(27) Wenn die Beteiligung einer benannten Stelle erforderlich ist, kann der Hersteller zwischen den von der Kommission bekanntgemachten Stellen wählen. Die Mitgliedstaaten sind nicht verpflichtet, solche benannten Stellen zu bezeichnen, doch müssen sie sicherstellen, dass die als benannte Stellen bezeichneten Einrichtungen den Bewertungskriterien gemäß dieser Richtlinie entsprechen.

(28) Der Leiter und das Personal der benannten Stellen dürfen weder unmittelbar noch über eine zwischengeschaltete Person an den Einrichtungen, in bezug auf die Bewertungen und Prüfungen durchgeführt werden, ein wirtschaftliches Interesse haben, das ihre Unabhängigkeit in Frage stellen könnte.

(29) Die für die Marktüberwachung zuständigen Behörden müssen vor allem in Dringlichkeitsfällen in der Lage sein, sich mit dem Hersteller oder seinem in der Gemeinschaft niedergelassenen Bevollmächtigten in Verbindung zu setzen, um die vorsorglichen Schutzmaßnahmen zu treffen, die sich als notwendig erweisen. Zwischen den Mitgliedstaaten sind Zusammenarbeit und ein Informationsaustausch im Hinblick auf eine einheitliche Anwendung dieser Richtlinie, insbesondere im Sinne der Marktüberwachung, erforderlich. Zu diesem Zweck muss eine Datenbank aufgebaut und betrieben werden, die Angaben über die Hersteller und ihre Bevollmächtigten, die in Verkehr gebrachten Produkte, die ausgestellten und die vorübergehend oder auf Dauer zurückgezogenen Bescheinigungen sowie über das Beobachtungs- und Meldeverfahren enthalten soll. Ein Produktbeobachtungs- und Meldesystem (Beobachtungs- und Meldeverfahren) stellt ein nützliches Instrument für die Überwachung des Marktes, einschließlich der Leistung neuer Produkte, dar. Informationen, die sich aus dem Marktüberwachungsverfahren sowie aus externen Qualitätsbewertungsprogrammen ergeben, sind für Entscheidungen bezüglich der Einstufung von Produkten von Nutzen.

(30) Die Hersteller müssen den zuständigen Behörden das Inverkehrbringen „neuer Produkte" melden, und zwar sowohl, was die angewandte Technologie, als auch, was die zu analysierenden Substanzen oder sonstigen Parameter angeht. Dies gilt insbesondere für DNS-Sonden höherer Dichte (die als „Mikrochips" bezeichnet werden) zum genetischen Screening.

(31) Ist ein Mitgliedstaat der Auffassung, dass ein bestimmtes Produkt oder eine Gruppe von Produkten aus Gründen des Gesundheitsschutzes und der

Sicherheit und / oder im Interesse der öffentlichen Gesundheit gemäß Artikel 36 des Vertrags verboten oder dessen beziehungsweise deren Bereitstellung beschränkt werden oder besonderen Bedingungen unterliegen sollte, so kann er die erforderlichen und begründeten vorläufigen Maßnahmen treffen. In diesem Fall konsultiert die Kommission die betreffenden Parteien und die Mitgliedstaaten und erlässt, sofern die einzelstaatlichen Maßnahmen begründet sind, die erforderlichen gemeinschaftlichen Maßnahmen nach dem Verfahren III Variante a) des Beschlusses 87/373/EWG.

(32) Diese Richtlinie erstreckt sich auf In-vitro-Diagnostika, die aus Geweben, Zellen oder Stoffen menschlichen Ursprungs hergestellt werden. Die Richtlinie betrifft nicht die anderen Medizinprodukte, die unter Verwendung von Stoffen menschlichen Ursprungs hergestellt werden. In dieser Hinsicht müssen die Arbeiten folglich fortgesetzt werden, damit es so bald wie möglich zur Verabschiedung entsprechender gemeinschaftlicher Rechtsvorschriften kommt.

(33) Bei der Probenahme, der Sammlung und der Verwendung von Stoffen, die aus dem menschlichen Körper gewonnen werden, ist die Unversehrtheit des Menschen zu schützen; es gelten die Grundsätze des Übereinkommens des Europarates zum Schutz der Menschenrechte und der Menschenwürde im Hinblick auf die Anwendung der Biologie und der Medizin; ferner gelten weiterhin die einzelstaatlichen Ethikvorschriften.

(34) Im Hinblick auf eine vollständige Übereinstimmung zwischen den Richtlinien über Medizinprodukte müssen einige Bestimmungen dieser Richtlinie in die Richtlinie 93/42/EWG aufgenommen werden, die entsprechend zu ändern ist.

(35) Die fehlenden Rechtsvorschriften über Medizinprodukte, die aus Substanzen menschlichen Ursprungs hergestellt werden, müssen so rasch wie möglich erlassen werden —

haben folgende Richtlinie erlassen:

Artikel 1
Anwendungsbereich, Begriffsbestimmungen

(1) Diese Richtlinie gilt für In-vitro-Diagnostika und ihr Zubehör. Im Sinne dieser Richtlinie wird Zubehör als eigenständiges In-vitro-Diagnostikum behandelt. In-vitro-Diagnostika und Zubehör werden nachstehend „Produkte" genannt.

(2) Im Sinne dieser Richtlinie bezeichnet der Ausdruck

a) „Medizinprodukt" alle einzeln oder miteinander verbundenen verwendeten Instrumente, Apparate, Vorrichtungen, Stoffe oder andere Gegenstände, einschließlich der für ein einwandfreies Funktionieren des Medizinprodukts eingesetzten Software, die vom Hersteller zur Anwendung für Menschen für folgende Zwecke bestimmt sind:
   - Erkennung, Verhütung, Überwachung, Behandlung oder Linderung von Krankheiten,
   - Erkennung, Überwachung, Behandlung, Linderung oder Kompensierung von Verletzungen oder Behinderungen,
   - Untersuchung, Ersatz oder Veränderung des anatomischen Aufbaus oder eines physiologischen Vorgangs,
   - Empfängnisregelung,

   und deren bestimmungsgemäße Hauptwirkung im oder am menschlichen Körper weder durch pharmakologische oder immunologische Mittel noch metabolisch erreicht wird, deren Wirkungsweise aber durch solche Mittel unterstützt werden kann;

b) „In-vitro-Diagnostikum" jedes Medizinprodukt, das als Reagenz, Reagenzprodukt, Kalibriermaterial, Kontrollmaterial, Kit, Instrument, Apparat, Gerät oder System – einzeln oder in Verbindung miteinander nach der vom Hersteller festgelegten Zweckbestimmung zur In-vitro-Untersuchung von aus dem menschlichen Körper stammenden Proben, einschließlich Blut- und Gewebespenden, verwendet wird und ausschließlich oder hauptsächlich dazu dient, Informationen zu liefern
   - über physiologische oder pathologische Zustände oder
   - über angeborene Anomalien oder
   - zur Prüfung auf Unbedenklichkeit und Verträglichkeit bei den potentiellen Empfängern oder
   - zur Überwachung therapeutischer Maßnahmen.

   Probenbehältnisse gelten als In-vitro-Diagnostika. Probenbehältnisse sind luftleere wie auch sonstige Medizinprodukte, die von ihrem Hersteller speziell dafür gefertigt werden, aus dem menschlichen Körper stammende Proben unmittelbar nach ihrer Entnahme aufzunehmen und im Hinblick auf eine In-vitro-Diagnose aufzubewahren.

Erzeugnisse für den allgemeinen Laborbedarf gelten nicht als In-Vitro-Diagnostika, es sei denn, sie sind aufgrund ihrer Merkmale nach ihrer vom Hersteller festgelegten Zweckbestimmung speziell für In-vitro-Untersuchungen zu verwenden;

c) „Zubehör" jeder Gegenstand, der selbst kein In-vitro-Diagnostikum ist, aber nach der von seinem Hersteller speziell festgelegten Zweckbestimmung zusammen mit einem Produkt zu verwenden ist, damit dieses entsprechend seiner Zweckbestimmung angewendet werden kann.

Im Sinne dieser Definition gelten invasive, zur Entnahme von Proben bestimmte Erzeugnisse sowie Produkte, die zum Zweck der Probenahme in unmittelbaren Kontakt mit dem menschlichen Körper kommen, im Sinne der Richtlinie 93/42/EWG nicht als Zubehör von In-vitro-Diagnostika;

d) „Produkt zur Eigenanwendung" jedes Produkt, das nach der vom Hersteller festgelegten Zweckbestimmung von Laien in der häuslichen Umgebung angewendet werden kann;

e) „Produkt für Leistungsbewertungszwecke" jedes Produkt, das vom Hersteller dazu bestimmt ist, einer oder mehreren Leistungsbewertungsprüfungen in Labors für medizinische Analysen oder in einer anderen angemessenen Umgebung außerhalb der eigenen Betriebsstätte unterzogen zu werden;

f) „Hersteller" die natürliche oder juristische Person, die für die Auslegung, Herstellung, Verpackung und Etikettierung eines Produkts im Hinblick auf das Inverkehrbringen im eigenen Namen verantwortlich ist, unabhängig davon, ob diese Tätigkeiten von dieser Person oder stellvertretend für diese von einer dritten Person ausgeführt werden.

Die dem Hersteller nach dieser Richtlinie obliegenden Verpflichtungen gelten auch für die natürliche oder juristische Person, die ein oder mehrere vorgefertigte Produkte montiert, abpackt, behandelt, aufbereitet und / oder kennzeichnet und / oder für die Festlegung der Zweckbestimmung als Produkt im Hinblick auf das Inverkehrbringen im eigenen Namen verantwortlich ist. Dies gilt nicht für Personen, die – ohne Hersteller im Sinne des Unterabsatzes 1 zu sein – bereits in Verkehr gebrachte Produkte für einen namentlich genannten Patienten entsprechend ihrer Zweckbestimmung montieren oder anpassen;

g) „Bevollmächtigter" die in der Gemeinschaft niedergelassene natürliche oder juristische Person, die vom Hersteller ausdrücklich dazu bestimmt wurde, im Hinblick auf seine Verpflichtungen nach dieser Richtlinie in seinem Namen zu handeln und von den Behörden und Stellen in der Gemeinschaft in diesem Sinne kontaktiert zu werden;

h) „Zweckbestimmung" die Verwendung, für die das Produkt entsprechend den Angaben des Herstellers in der Kennzeichnung, der Gebrauchsanweisung und / oder dem Werbematerial bestimmt ist;

i) „Inverkehrbringen" die erste entgeltliche oder unentgeltliche Überlassung eines Produkts mit Ausnahme eines Produkts für Leistungsbewertungszwecke im Hinblick auf seinen Vertrieb und / oder seine Verwendung auf dem gemeinschaftlichen Markt, ungeachtet dessen, ob es sich um ein neues oder ein als neu aufbereitetes Produkt handelt;

j) „Inbetriebnahme"[15] den Zeitpunkt, zu dem ein Produkt dem Endanwender als ein Erzeugnis zur Verfügung gestellt worden ist, das erstmals entsprechend seiner Zweckbestimmung auf dem gemeinschaftlichen Markt verwendet werden kann.

(3) Im Sinne dieser Richtlinie gilt als Kalibrier- und Kontrollmaterial jede Substanz, jedes Material und jeder Gegenstand, die von ihrem Hersteller vorgesehen sind zum Vergleich von Messdaten oder zur Prüfung der Leistungsmerkmale eines Produkts im Hinblick auf die Anwendung, für die es bestimmt ist.

(4) Im Sinne dieser Richtlinie unterliegt die Entnahme, Sammlung und Verwendung von Gewebe, Zellen und Stoffen menschlichen Ursprungs in ethischer Hinsicht den Grundsätzen des Übereinkommens des Europarates zum Schutz der Menschenrechte und der Menschenwürde im Hinblick auf die Anwendung der Biologie und der Medizin und den einschlägigen Regelungen der Mitgliedstaaten. In bezug auf die Diagnose sind die Wahrung der Vertraulichkeit persönlicher Daten sowie der Grundsatz der Nichtdiskriminierung auf der Grundlage der genetischen Anlagen von Männern und Frauen von vorrangiger Bedeutung.

(5) Diese Richtlinie gilt nicht für die in einer Gesundheitseinrichtung sowohl hergestellten als auch verwendeten Produkte, bei denen die Verwendung in der Betriebsstätte oder in Räumen in unmittelbarer Nähe der Betriebsstätte erfolgt, in der sie hergestellt wurden, ohne dass sie auf eine andere juristische Person übertragen werden. Das Recht der Mitgliedstaaten, geeignete Schutzanforderungen an solche Tätigkeiten zu stellen, bleibt davon unberührt.

(6) Nationale Rechtsvorschriften, nach denen Produkte auf ärztliches Rezept geliefert werden, werden von dieser Richtlinie nicht berührt.

(7) Diese Richtlinie ist eine Einzelrichtlinie im Sinne von Artikel 2 Absatz 2 der Richtlinie 89/336/EWG; Produkte, deren Übereinstimmung mit der vorliegenden Richtlinie hergestellt wurde, fallen danach nicht mehr unter jene Richtlinie.

Artikel 2
Inverkehrbringen und Inbetriebnahme

Die Mitgliedstaaten treffen alle erforderlichen Maßnahmen, damit die Produkte nur in Verkehr gebracht und / oder in Betrieb genommen werden dürfen, wenn sie bei sachgemäßer Lieferung, Installation, Instandhaltung und ihrer Zweckbestimmung entsprechender Verwendung die Anforderungen dieser Richtlinie erfüllen. Diese umfasst auch die Verpflichtung der Mitgliedstaaten, Sicherheit und Qualität dieser

15) Geändert entsprechend der Berichtigung vom 19. März 1999 (ABl. Nr. L 74 vom 19. März 1999, S. 32)

Produkte zu überwachen. Dieser Artikel gilt auch für Produkte, die für Leistungsbewertungszwecke bereitgestellt werden.

Artikel 3
Grundlegende Anforderungen

Die Produkte müssen die für sie unter Berücksichtigung ihrer Zweckbestimmung geltenden grundlegenden Anforderungen gemäß Anhang I erfüllen.

Artikel 4
Freier Verkehr

(1) Die Mitgliedstaaten behindern in ihrem Hoheitsgebiet nicht das Inverkehrbringen und die Inbetriebnahme von Produkten, die die CE-Kennzeichnung nach Artikel 16 tragen, wenn diese einer Konformitätsbewertung nach Artikel 9 unterzogen worden sind.

(2) Die Mitgliedstaaten behindern nicht, dass Produkte für Leistungsbewertungszwecke Laboratorien oder sonstigen Einrichtungen im Sinne der Erklärung in Anhang VIII zu diesem Zweck zur Verfügung gestellt werden, sofern sie die in Artikel 9 Absatz 4 und in Anhang VIII festgelegten Bedingungen erfüllen.

(3) Die Mitgliedstaaten lassen es zu, dass insbesondere bei Messen, Ausstellungen, Vorführungen oder wissenschaftlichen bzw. fachlichen Tagungen den Bestimmungen dieser Richtlinie nicht entsprechende Produkte ausgestellt werden, sofern diese Produkte nicht an von Teilnehmern stammenden Proben verwendet werden und ein sichtbares Schild deutlich darauf hinweist, dass diese Produkte erst in Verkehr gebracht oder in Betrieb genommen werden können, wenn ihre Übereinstimmung mit dieser Richtlinie hergestellt ist.

(4) Die Mitgliedstaaten können verlangen, dass die gemäß Anhang I Abschnitt B Nummer 8 bereitzustellenden Angaben bei der Übergabe an den Endanwender in der bzw. den jeweiligen Amtssprache(n) vorliegen.

Soweit die sichere und ordnungsgemäße Anwendung des Produkts gewährleistet ist, können die Mitgliedstaaten gestatten, dass die in Unterabsatz 1 genannten Angaben in einer oder mehreren anderen Amtssprachen der Gemeinschaft vorliegen.

Bei der Anwendung dieser Bestimmung berücksichtigen die Mitgliedstaaten den Grundsatz der Verhältnismäßigkeit und insbesondere

a) die Möglichkeit, die entsprechenden Angaben in Form harmonisierter Symbole, allgemein anerkannter Code-Darstellungen oder in sonstiger Weise zu machen;
b) die für das Produkt vorgesehene Art des Anwenders.

(5) Falls die Produkte auch unter andere Gemeinschaftsrichtlinien fallen, die andere Aspekte behandeln und in denen die CE-Kennzeichnung ebenfalls vorgesehen ist, wird mit der CE-Kennzeichnung angegeben, dass die Produkte auch diesen anderen Richtlinien entsprechen.

Steht dem Hersteller aufgrund einer oder mehrerer dieser Richtlinien während einer Übergangszeit jedoch die Wahl der anzuwendenden Regelung frei, so wird mit der CE-Kennzeichnung angegeben, dass die Produkte nur den vom Hersteller angewandten Richtlinien entsprechen. In diesem Fall müssen die Nummern dieser Richtlinien, unter denen sie im Amtsblatt der Europäischen Gemeinschaften veröffentlicht sind, in den von den Richtlinien vorgeschriebenen und den Produkten beiliegenden Unterlagen, Hinweisen oder Anleitungen angegeben werden.

Artikel 5
Verweis auf Normen

(1) Die Mitgliedstaaten gehen von der Einhaltung der grundlegenden Anforderungen gemäß Artikel 3 bei Produkten aus, die den einschlägigen nationalen Normen zur Durchführung der harmonisierten Normen, deren Fundstellen im Amtsblatt der Europäischen Gemeinschaften veröffentlicht worden sind, entsprechen; die Mitgliedstaaten veröffentlichen die Fundstellen dieser nationalen Normen.

(2) Ist ein Mitgliedstaat oder die Kommission der Auffassung, dass die harmonisierten Normen den grundlegenden Anforderungen gemäß Artikel 3 nicht voll entsprechen, so werden die von den Mitgliedstaaten zu treffenden Maßnahmen in bezug auf diese Normen und die Veröffentlichung gemäß Absatz 1 nach dem in Artikel 6 Absatz 2 genannten Verfahren erlassen.

(3) Die Mitgliedstaaten gehen von der Einhaltung der grundlegenden Anforderungen gemäß Artikel 3 bei Produkten aus, die in Übereinstimmung mit Gemeinsamen Technischen Spezifikationen ausgelegt und hergestellt wurden, welche für Produkte gemäß Anhang II Liste A und erforderlichenfalls für Produkte gemäß Anhang II Liste B festgelegt sind. In diesen Spezifikationen werden in geeigneter Weise die Kriterien für die Bewertung und die Neubewertung der Leistung, die Chargenfreigabekriterien, die Referenzmethoden und die Referenzmaterialien festgelegt.

Die Gemeinsamen Technischen Spezifikationen werden nach dem in Artikel 7 Absatz 2 genannten Verfahren angenommen und im Amtsblatt der Europäischen Gemeinschaften veröffentlicht.

Die Hersteller haben die Gemeinsamen Technischen Spezifikationen in der Regel einzuhalten; kommen die Hersteller in hinreichend begründeten Fällen diesen Spezifikationen nicht nach, so müssen sie Lösungen wählen, die dem Niveau der Spezifikationen zumindest gleichwertig sind.

Wird in dieser Richtlinie auf die harmonisierten Normen verwiesen, so wird damit gleichzeitig auf die Gemeinsamen Technischen Spezifikationen verwiesen.

Artikel 6
Ausschuss für Normen und technische Vorschriften

(1) Die Kommission wird von dem gemäß Artikel 5 der Richtlinie 98/34/EG eingesetzten Ausschuss, im Folgenden „Ausschuss" genannt, unterstützt.

(2) Wird auf diesen Artikel Bezug genommen, so gelten die Artikel 3 und 7 des Beschlusses 1999/468/EG[16] unter Beachtung von dessen Artikel 8.

(3) Der Ausschuss gibt sich eine Geschäftsordnung.

Artikel 7
Ausschuss für Medizinprodukte

(1) Die Kommission wird von dem durch Artikel 6 Absatz 2 der Richtlinie 90/385/EWG eingesetzten Ausschuss unterstützt.

(2) Wird auf diesen Absatz Bezug genommen, so gelten die Artikel 5 und 7 des Beschlusses 1999/468/EG[17] unter Beachtung von dessen Artikel 8.

Der Zeitraum nach Artikel 5 Absatz 6 des Beschlusses 1999/468/EG wird auf drei Monate festgesetzt.

(3) Wird auf diesen Absatz Bezug genommen, so gelten Artikel 5a Absätze 1 bis 4 und Artikel 7 des Beschlusses 1999/468/EG unter Beachtung von dessen Artikel 8.

(4) Wird auf diesen Absatz Bezug genommen, so gelten Artikel 5a Absätze 1, 2, 4 und 6 sowie Artikel 7 des Beschlusses 1999/468/EG unter Beachtung von dessen Artikel 8.

Artikel 8
Schutzklausel

(1) Stellt ein Mitgliedstaat fest, dass die in Artikel 4 Absatz 1 genannten Produkte die Gesundheit und / oder Sicherheit der Patienten, der Anwender oder gegebenenfalls Dritter oder die Sicherheit von Eigentum gefährden können, auch wenn sie sachgemäß installiert, instandgehalten und ihrer Zweckbestimmung entsprechend verwendet werden, so trifft er alle geeigneten vorläufigen Maßnahmen, um diese Produkte vom Markt zu nehmen oder ihr Inverkehrbringen oder ihre Inbetriebnahme zu verbieten oder einzuschränken. Der Mitgliedstaat teilt der Kommission unverzüglich diese Maßnahmen mit, nennt die Gründe für seine Entscheidung und gibt insbesondere an, ob die Nichtübereinstimmung mit dieser Richtlinie zurückzuführen ist auf:

a) die Nichteinhaltung der in Artikel 3 genannten grundlegenden Anforderungen,
b) eine unzulängliche Anwendung der Normen gemäß Artikel 5, sofern die Anwendung dieser Normen behauptet wird,
c) einen Mangel in diesen Normen selbst.

(2) Die Kommission konsultiert so bald wie möglich die betreffenden Parteien. Stellt die Kommission nach dieser Anhörung fest,

– dass die Maßnahmen gerechtfertigt sind, so unterrichtet sie hiervon unverzüglich den Mitgliedstaat, der die Maßnahme getroffen hat, sowie die anderen Mitgliedstaaten. Ist die in Absatz 1 genannte Entscheidung in einem Mangel der

16) ABl. L 184 vom 17. 7.1999, S. 23
17) ABl. L 331 vom 7.12.1998, S. 1

Normen begründet, so befasst die Kommission nach Anhörung der betreffenden Parteien den in Artikel 6 Absatz 1 genannten Ausschuss innerhalb von zwei Monaten, sofern der Mitgliedstaat, der die Entscheidung getroffen hat, diese aufrechterhalten will, und leitet das in Artikel 6 genannte Verfahren ein; ist die Maßnahme nach Absatz 1 auf Probleme im Zusammenhang mit dem Inhalt oder der Anwendung von Gemeinsamen Technischen Spezifikationen zurückzuführen, so legt die Kommission die Angelegenheit nach Anhörung der betreffenden Parteien binnen zwei Monaten dem in Artikel 7 Absatz 1 genannten Ausschuss vor;

– dass die Maßnahmen nicht gerechtfertigt sind, so unterrichtet sie davon unverzüglich den Mitgliedstaat, der die Maßnahme getroffen hat, sowie den Hersteller oder seinen Bevollmächtigten.

(3) Ist ein mit dieser Richtlinie nicht übereinstimmendes Produkt mit der CE-Kennzeichnung versehen, so ergreift der zuständige Mitgliedstaat gegenüber demjenigen, der diese Kennzeichnung angebracht hat, die geeigneten Maßnahmen und unterrichtet davon die Kommission und die übrigen Mitgliedstaaten.

(4) Die Kommission sorgt dafür, dass die Mitgliedstaaten über den Verlauf und die Ergebnisse dieses Verfahrens unterrichtet werden.

Artikel 9
Konformitätsbewertung

(1) Für alle Produkte mit Ausnahme der in Anhang II genannten Produkte und der Produkte für Leistungsbewertungszwecke muss der Hersteller, damit die CE-Kennzeichnung angebracht werden kann, das Verfahren gemäß Anhang III einhalten und vor dem Inverkehrbringen des Produkts die geforderte EG-Konformitätserklärung ausstellen.

Für alle Produkte zur Eigenanwendung mit Ausnahme der in Anhang II genannten Produkte und der Produkte für Leistungsbewertungszwecke muss der Hersteller vor Ausstellung der vorstehend genannten Konformitätserklärung die in Anhang III Nummer 6 genannten zusätzlichen Anforderungen erfüllen. Anstelle dieses Verfahrens kann der Hersteller das Verfahren gemäß Absatz 2 oder Absatz 3 anwenden.

(2) Für die in der Liste A des Anhangs II genannten Produkte mit Ausnahme der Produkte für Leistungsbewertungszwecke muss der Hersteller, damit die CE-Kennzeichnung angebracht werden kann, entweder

a) das Verfahren der EG-Konformitätserklärung gemäß Anhang IV (vollständiges Qualitätssicherungssystem) oder

b) das Verfahren der EG-Baumusterprüfung gemäß Anhang V in Verbindung mit dem Verfahren der EG-Konformitätserklärung gemäß Anhang VII (Qualitätssicherung Produktion) anwenden.

(3) Für die in der Liste B des Anhangs II genannten Produkte mit Ausnahme der Produkte für Leistungsbewertungszwecke muss der Hersteller, damit die CE-Kennzeichnung angebracht werden kann, entweder

a) das Verfahren der EG-Konformitätserklärung gemäß Anhang IV (vollständiges Qualitätssicherungssystem) oder

b) das Verfahren der EG-Baumusterprüfung gemäß Anhang V in Verbindung mit

   i) dem Verfahren der EG-Prüfung gemäß Anhang VI oder

   ii) dem Verfahren der EG-Konformitätserklärung gemäß Anhang VII (Qualitätssicherung Produktion)

anwenden.

(4) Bei Produkten für Leistungsbewertungszwecke muss der Hersteller das Verfahren gemäß Anhang VIII einhalten und vor der Bereitstellung dieser Produkte die in dem genannten Anhang geforderte Erklärung ausstellen.

Diese Bestimmung berührt nicht die nationalen Regelungen bezüglich ethischer Aspekte im Zusammenhang mit der Verwendung von Geweben oder Substanzen menschlichen Ursprungs für die Durchführung von Leistungsbewertungsstudien.

(5) Bei dem Verfahren der Konformitätsbewertung für ein Produkt berücksichtigen der Hersteller und, wenn beteiligt, die benannte Stelle die Ergebnisse von Bewertungen und Prüfungen, die gegebenenfalls in einem Zwischenstadium der Herstellung gemäß dieser Richtlinie vorgenommen wurden.

(6) Der Hersteller kann seinen Bevollmächtigten beauftragen, die Verfahren gemäß den Anhängen III, V, VI und VIII einzuleiten.

(7) Der Hersteller muss die Konformitätserklärung, die technische Dokumentation gemäß den Anhängen III bis VIII sowie die Entscheidungen, Berichte und Bescheinigungen der benannten Stellen aufbewahren und sie den einzelstaatlichen Behörden in einem Zeitraum von fünf Jahren nach Herstellung des letzten Produkts auf Anfrage zur Prüfung vorlegen. Ist der Hersteller nicht in der Gemeinschaft niedergelassen, gilt die Verpflichtung, die oben genannte Dokumentation vorzulegen, für seinen Bevollmächtigten.

(8) Setzt das Verfahren der Konformitätsbewertung die Beteiligung einer benannten Stelle voraus, so kann sich der Hersteller oder sein Bevollmächtigter im Rahmen der Aufgaben, für die diese Stelle benannt worden ist, an eine Stelle seiner Wahl wenden.

(9) Die benannte Stelle kann mit ordnungsgemäßer Begründung alle Informationen oder Angaben verlangen, die zur Ausstellung und Aufrechterhaltung der Konformitätsbescheinigung im Hinblick auf das gewählte Verfahren erforderlich sind.

(10) Die von den benannten Stellen gemäß den Anhängen III, IV und V getroffenen Entscheidungen haben eine Gültigkeitsdauer von höchstens fünf Jahren, die auf

Antrag jeweils um höchstens fünf Jahre verlängert werden kann; der Antrag ist zu dem im Vertrag zwischen beiden Parteien vereinbarten Zeitpunkt einzureichen.

(11) Die Unterlagen und der Schriftwechsel über die Verfahren gemäß den Absätzen 1 bis 4 werden in einer Amtssprache des Mitgliedstaats abgefasst, in dem diese Verfahren durchgeführt werden, und / oder in einer anderen Gemeinschaftssprache, die von der benannten Stelle anerkannt wird.

(12) Abweichend von den Absätzen 1 bis 4 können die zuständigen Behörden auf ordnungsgemäß begründeten Antrag im Hoheitsgebiet des betreffenden Mitgliedstaats das Inverkehrbringen und die Inbetriebnahme einzelner Produkte zulassen, bei denen die Verfahren gemäß den Absätzen 1 bis 4 nicht durchgeführt wurden, wenn deren Verwendung im Interesse des Gesundheitsschutzes liegt.

(13) Dieser Artikel gilt entsprechend für jede natürliche oder juristische Person, die Produkte herstellt, die unter diese Richtlinie fallen, und die diese Produkte, ohne sie in den Verkehr zu bringen, in Betrieb nimmt und im Rahmen ihrer beruflichen Tätigkeit verwendet.

Artikel 10
Meldung der Hersteller und der Produkte

(1) Jeder Hersteller, der im eigenen Namen Produkte in Verkehr bringt, teilt den zuständigen Behörden des Mitgliedstaats, in dem er seinen Firmensitz hat, folgendes mit:

- die Anschrift des Firmensitzes,
- die die gemeinsamen technologischen Merkmale und / oder Analysen betreffenden Angaben zu Reagenzien, Reagenzprodukten und Kalibrier- und Kontrollmaterialien sowie eventuelle wesentliche Änderungen dieser Angaben, einschließlich einer Einstellung des Inverkehrbringens, und bei sonstigen Produkten die geeigneten Angaben,
- im Fall der Produkte gemäß Anhang II und der Produkte zur Eigenanwendung alle Angaben, die eine Identifizierung dieser Produkte ermöglichen, die Analyse- und gegebenenfalls Diagnoseparameter gemäß Anhang I Abschnitt A Nummer 3, die Ergebnisse der Leistungsbewertung gemäß Anhang VIII, die Bescheinigungen sowie eventuelle wesentliche Änderungen dieser Angaben, einschließlich einer Einstellung des Inverkehrbringens.

(2) Bei Produkten, die unter Anhang II fallen, sowie bei Produkten zur Eigenanwendung können die Mitgliedstaaten die Mitteilung der Angaben, die eine Identifizierung des Produkts ermöglichen, sowie der Kennzeichnung und der Gebrauchsanweisung verlangen, wenn diese Produkte in ihrem Hoheitsgebiet in Verkehr gebracht und / oder in Betrieb genommen werden.

Diese Maßnahmen können keine Voraussetzung für das Inverkehrbringen und / oder die Inbetriebnahme von Produkten darstellen, die dieser Richtlinie entsprechen.

(3) Hat ein Hersteller, der im eigenen Namen Produkte in Verkehr bringt, keinen Firmensitz in einem Mitgliedstaat, so benennt er einen Bevollmächtigten. Der Bevollmächtigte teilt den zuständigen Behörden des Mitgliedstaats, in dem er seinen Firmensitz hat, alle Angaben gemäß Absatz 1 mit.

(4) Das Meldeverfahren nach Absatz 1 bezieht sich auch auf neue Produkte. Ferner gibt der Hersteller, wenn es sich bei dem im Rahmen dieses Verfahrens angemeldeten Produkt mit einer CE-Kennzeichnung um ein „neues Produkt" handelt, dies in seiner Meldung an.

Im Sinne dieses Artikels handelt es sich um ein „neues Produkt", wenn

a) ein derartiges Produkt für den entsprechenden Analyten oder einen anderen Parameter während der vorangegangenen drei Jahre auf dem gemeinschaftlichen Markt nicht fortwährend verfügbar war oder

b) das Verfahren mit einer Analysetechnik arbeitet, die auf dem gemeinschaftlichen Markt während der vorangegangenen drei Jahre nicht fortwährend in Verbindung mit einem bestimmten Analyten oder einem anderen Parameter verwendet worden ist.

(5) Die Mitgliedstaaten ergreifen alle Maßnahmen, damit die Mitteilungen nach den Absätzen 1 und 3 unverzüglich in der in Artikel 12 beschriebenen Datenbank erfasst werden.

Die Einzelheiten zur Durchführung dieses Artikels, insbesondere für die Mitteilungen und die Definition des Begriffs der wesentlichen Änderung, werden nach dem in Artikel 7 Absatz 2 genannten Regelungsverfahren erlassen.

(6) Diese Mitteilung wird vorübergehend, bis zur Einrichtung einer für die zuständigen Behörden der Mitgliedstaaten zugänglichen europäischen Datenbank mit den Daten zu allen Produkten, die in der Gemeinschaft im Verkehr sind, vom Hersteller den zuständigen Behörden des jeweiligen Mitgliedstaats, der von dem Inverkehrbringen betroffen ist, zugeleitet.

Artikel 11
Beobachtungs- und Meldeverfahren

(1) Die Mitgliedstaaten treffen die erforderlichen Maßnahmen, damit die Angaben, die ihnen gemäß den Bestimmungen dieser Richtlinie zu den im folgenden ausgeführten Vorkommnissen im Zusammenhang mit Produkten mit einer CE-Kennzeichnung zur Kenntnis gebracht werden, zentral erfasst und bewertet werden:

a) jede Funktionsstörung, jeder Ausfall oder jede Änderung der Merkmale und / oder der Leistung eines Produkts sowie jede Unsachgemäßheit der Kennzeichnung oder Gebrauchsanweisung, die direkt oder indirekt zum Tod oder zu einer schwerwiegenden Verschlechterung des Gesundheitszustands eines Patienten oder eines Anwenders oder einer anderen Person führen könnte oder geführt haben könnte;

b) jeder Grund technischer oder medizinischer Art, der aufgrund der in Buchstabe a) genannten Ursachen durch die Merkmale und Leistungen eines Produkts bedingt ist und zum systematischen Rückruf von Produkten desselben Typs durch den Hersteller geführt hat.

(2) Wenn ein Mitgliedstaat die Ärzteschaft, medizinische Einrichtungen oder die Veranstalter externer Qualitätsbewertungsprogramme auffordert, den zuständigen Behörden die Zwischenfälle gemäß Absatz 1 mitzuteilen, trifft er die erforderlichen Maßnahmen, damit der Hersteller des betreffenden Produkts oder sein Bevollmächtigter ebenfalls von dem Zwischenfall unterrichtet wird.

(3) Nachdem die Mitgliedstaaten ein Vorkommnis – nach Möglichkeit gemeinsam mit dem Hersteller – bewertet haben, unterrichten sie unbeschadet des Artikels 8 die Kommission und die übrigen Mitgliedstaaten unverzüglich über die Zwischenfälle gemäß Absatz 1, für die geeignete Maßnahmen, die bis zur Rücknahme vom Markt gehen können, getroffen wurden bzw. ins Auge gefasst werden.

(4) Wenn es sich bei dem im Rahmen des Meldeverfahrens nach Artikel 10 angemeldeten Produkt mit einer CE-Kennzeichnung um ein „neues Produkt" handelt, gibt der Hersteller dies in seiner Meldung an. Die auf diese Weise informierte zuständige Behörde hat das Recht, vom Hersteller zu jedem Zeitpunkt innerhalb der nachfolgenden zwei Jahre und in begründeten Fällen die Vorlage eines Berichts über die Erkenntnisse aus den Erfahrungen mit dem Produkt nach dessen Inverkehrbringen zu verlangen.

(5) Die Mitgliedstaaten unterrichten auf Anfrage die anderen Mitgliedstaaten über die Einzelheiten gemäß den Absätzen 1 bis 4. Die Modalitäten zur Umsetzung dieses Artikels werden nach dem in Artikel 7 Absatz 2 genannten Regelungsverfahren festgelegt.

Artikel 12
Europäische Datenbank

(1) Regulierungsdaten gemäß dieser Richtlinie werden in einer europäischen Datenbank erfasst, zu der die zuständigen Behörden Zugang erhalten, damit sie ihre Aufgaben im Zusammenhang mit dieser Richtlinie in voller Sachkenntnis wahrnehmen können.

Die Datenbank enthält:

a) Angaben zur Meldung der Hersteller und der Produkte gemäß Artikel 10;
b) Angaben im Zusammenhang mit Bescheinigungen, die gemäß den Verfahren der Anhänge III bis VII ausgestellt, geändert, ergänzt, ausgesetzt, zurückgezogen oder verweigert wurden;
c) Angaben, die gemäß dem in Artikel 11 festgelegten Beobachtungs- und Meldeverfahren erhalten werden.

(2) Die Angaben werden in einem vereinheitlichten Format übermittelt.

(3) Die Modalitäten zur Umsetzung dieses Artikels werden nach dem in Artikel 7 Absatz 2 genannten Regelungsverfahren festgelegt.

Artikel 13
Besondere Gesundheitsüberwachungsmaßnahmen

Ist ein Mitgliedstaat der Auffassung, dass ein bestimmtes Produkt oder eine Gruppe von Produkten aus Gründen des Gesundheitsschutzes und der Sicherheit und / oder im Interesse der öffentlichen Gesundheit gemäß Artikel 36 des Vertrags verboten oder dessen beziehungsweise deren Bereitstellung beschränkt werden oder besonderen Bedingungen unterliegen sollte, so kann er die erforderlichen und begründeten vorläufigen Maßnahmen treffen. Er unterrichtet hiervon die Kommission und die übrigen Mitgliedstaaten unter Angabe der Gründe für seine Entscheidung. Die Kommission konsultiert die betreffenden Parteien und die Mitgliedstaaten und erlässt, wenn die einzelstaatlichen Maßnahmen gerechtfertigt sind, die erforderlichen Gemeinschaftsmaßnahmen.

Diese Maßnahmen zur Änderung nicht wesentlicher Bestimmungen dieser Richtlinie durch Ergänzung werden nach dem in Artikel 7 Absatz 3 genannten Regelungsverfahren mit Kontrolle erlassen. Aus Gründen äußerster Dringlichkeit kann die Kommission auf das in Artikel 7 Absatz 4 genannte Dringlichkeitsverfahren zurückgreifen.

Artikel 14
Änderung des Anhangs II und Abweichungsklausel

(1) Ist ein Mitgliedstaat der Auffassung, dass

a) die Liste der in Anhang II genannten Produkte geändert oder erweitert werden sollte oder
b) die Konformität eines Produkts oder einer Produktgruppe abweichend von den Bestimmungen des Artikels 9 in Anwendung eines oder mehrerer alternativer Verfahren festgestellt werden sollte, die aus den in Artikel 9 vorgesehenen Verfahren ausgewählt wurden,

so legt er der Kommission einen ausreichend begründeten Antrag vor und fordert diese auf, die erforderlichen Maßnahmen zu treffen.

Die unter Buchstabe a genannten Maßnahmen zur Änderung nicht wesentlicher Bestimmungen dieser Richtlinie werden nach dem in Artikel 7 Absatz 3 genannten Regelungsverfahren mit Kontrolle erlassen.

Die Kommission erlässt die in diesem Absatz genannten Maßnahmen nach dem in Artikel 7 Absatz 2 genannten Regelungsverfahren.

(2) Ist eine Entscheidung gemäß Absatz 1 zu treffen, so ist dabei folgendes gebührend zu berücksichtigen:

a) alle zweckdienlichen Angaben aus den Produktbeobachtungs- und Meldeverfahren sowie aus externen Qualitätsbewertungsprogrammen im Sinne des Artikels 11;
b) folgende Kriterien:
   i) ob ein Ergebnis, das mit einem bestimmten Produkt erzielt wurde und das einen direkten Einfluss auf das anschließende medizinische Vorgehen hat, absolut zuverlässig sein muss und
   ii) ob eine Maßnahme auf der Grundlage eines falschen Ergebnisses, das durch Anwendung eines bestimmten Produkts erzielt wurde, sich als gefährlich für den Patienten, einen Dritten oder die Öffentlichkeit erweisen könnte, insbesondere wenn die Ursache ein falsch positives oder falsch negatives Ergebnis ist,
   iii) und ob die Beteiligung einer benannten Stelle der Feststellung der Konformität des Produkts förderlich ist.

(3) Die Kommission unterrichtet die Mitgliedstaaten über die getroffenen Maßnahmen und veröffentlicht diese Maßnahmen gegebenenfalls im Amtsblatt der Europäischen Gemeinschaften.

Artikel 15
Benannte Stellen

(1) Die Mitgliedstaaten teilen der Kommission und den anderen Mitgliedstaaten die Stellen mit, die sie für die Durchführung der Aufgaben im Zusammenhang mit den Verfahren des Artikels 9 benannt haben; sie teilen außerdem die spezifischen Aufgaben mit, mit denen die Stellen betraut wurden. Die Kommission weist diesen Stellen, im folgenden als „benannte Stellen" bezeichnet, Kennummern zu.

Die Kommission veröffentlicht im Amtsblatt der Europäischen Gemeinschaften ein Verzeichnis der benannten Stellen einschließlich ihrer Kennummern sowie der Aufgaben, für die sie benannt wurden. Die Kommission sorgt für die Fortschreibung dieses Verzeichnisses.

Die Mitgliedstaaten sind nicht verpflichtet, Stellen zu benennen.

(2) Die Mitgliedstaaten wenden für die Benennung der Stellen die Kriterien gemäß Anhang IX an. Von den Stellen, die den Kriterien entsprechen, welche in den zur Umsetzung der einschlägigen harmonisierten Normen erlassenen nationalen Normen festgelegt sind, wird angenommen, dass sie den einschlägigen Kriterien genügen.

(3) Die Mitgliedstaaten führen eine ständige Überwachung der benannten Stellen durch, um sicherzustellen, dass diese den in Anhang IX genannten Kriterien genügen. Ein Mitgliedstaat, der eine Stelle benannt hat, muss diese Benennung widerrufen oder beschränken, wenn er feststellt, dass die Stelle den Kriterien gemäß Anhang IX nicht mehr genügt. Er setzt die anderen Mitgliedstaaten und die

Kommission von jedem Widerruf oder jeder Beschränkung der Benennung dieser Stelle unverzüglich in Kenntnis.

(4) Die benannte Stelle und der Hersteller oder sein in der Gemeinschaft niedergelassener Bevollmächtigter legen im gemeinsamen Einvernehmen die Fristen für die Durchführung der Bewertungen und Prüfungen gemäß den Anhängen III bis VII fest.

(5) Die benannte Stelle unterrichtet die anderen benannten Stellen und die zuständigen Behörden über alle ausgesetzten oder widerrufenen Bescheinigungen sowie auf Anfrage über ausgestellte oder verweigerte Bescheinigungen. Sie stellt ferner auf Anfrage alle einschlägigen zusätzlichen Informationen zur Verfügung.

(6) Stellt eine benannte Stelle fest, dass einschlägige Anforderungen dieser Richtlinie vom Hersteller nicht erfüllt wurden oder nicht länger erfüllt werden, oder hätte eine Bescheinigung nicht ausgestellt werden dürfen, so setzt sie – unter Berücksichtigung des Grundsatzes der Verhältnismäßigkeit – die ausgestellte Bescheinigung aus oder widerruft sie oder erlegt Beschränkungen auf, es sei denn, dass der Hersteller durch geeignete Abhilfemaßnahmen die Übereinstimmung mit diesen Anforderungen gewährleistet. Die benannte Stelle unterrichtet die zuständige Behörde, falls die Bescheinigung ausgesetzt oder widerrufen wird oder Beschränkungen auferlegt werden oder sich ein Eingreifen der zuständigen Behörde als erforderlich erweisen könnte. Der Mitgliedstaat unterrichtet die übrigen Mitgliedstaaten und die Kommission.

(7) Die benannte Stelle stellt auf Anfrage alle einschlägigen Informationen und Unterlagen einschließlich der haushaltstechnischen Unterlagen zur Verfügung, damit der Mitgliedstaat überprüfen kann, ob die Anforderungen nach Anhang IX erfüllt sind.

Artikel 16
CE-Kennzeichnung

(1) Mit Ausnahme der Produkte für Leistungsbewertungszwecke müssen alle Produkte, von deren Übereinstimmung mit den grundlegenden Anforderungen gemäß Artikel 3 auszugehen ist, bei ihrem Inverkehrbringen mit einer CE-Kennzeichnung versehen sein.

(2) Die CE-Kennzeichnung gemäß Anhang X muss in deutlich sichtbarer, leicht lesbarer und unauslöschbarer Form auf dem Produkt – sofern dies durchführbar und zweckmäßig ist – sowie auf der Gebrauchsanweisung angebracht sein. Wenn möglich, muss die CE-Kennzeichnung auch auf der Handelsverpackung angebracht sein. Außer der CE-Kennzeichnung muss die Kennummer der benannten Stelle aufgeführt sein, die für die Durchführung der Verfahren gemäß den Anhängen III, IV, VI und VII verantwortlich ist.

(3) Zeichen oder Aufschriften, die geeignet sind, Dritte bezüglich der Bedeutung oder der graphischen Gestaltung der CE-Kennzeichnung irrezuführen, dürfen nicht

angebracht werden. Alle sonstigen Zeichen dürfen auf dem Produkt, der Verpackung oder der Gebrauchsanweisung für das Produkt angebracht werden, sofern sie die Sichtbarkeit und Lesbarkeit der CE-Kennzeichnung nicht beeinträchtigen.

Artikel 17
Unzulässige Anbringung der CE-Kennzeichnung

(1) Unbeschadet des Artikels 8 gilt folgendes:

a) Stellt ein Mitgliedstaat fest, dass die CE-Kennzeichnung unzulässigerweise angebracht wurde, ist der Hersteller oder sein Bevollmächtigter verpflichtet, den weiteren Verstoß unter den vom Mitgliedstaat festgelegten Bedingungen zu verhindern.

b) Falls die unzulässige Anbringung fortbesteht, muss der Mitgliedstaat nach dem Verfahren gemäß Artikel 8 alle geeigneten Maßnahmen ergreifen, um das Inverkehrbringen des betreffenden Produkts einzuschränken oder zu untersagen oder um zu gewährleisten, dass es vom Markt genommen wird.

(2) Absatz 1 gilt auch in den Fällen, in denen die CE-Kennzeichnung nach den Verfahren dieser Richtlinie unzulässigerweise an Erzeugnissen angebracht wurde, die nicht unter diese Richtlinie fallen.

Artikel 18
Verbote und Beschränkungen

(1) Jede in Anwendung dieser Richtlinie getroffene Entscheidung, die

a) ein Verbot oder eine Beschränkung des Inverkehrbringens, der Bereitstellung oder der Inbetriebnahme eines Produkts oder

b) die Rücknahme des Produkts vom Markt zur Folge hat,

ist genau zu begründen. Sie wird dem Betreffenden unverzüglich unter Angabe der Rechtsmittel, die nach dem Recht des betreffenden Mitgliedstaats eingelegt werden können, und der Fristen für die Einlegung dieser Rechtsmittel mitgeteilt.

(2) Bei der in Absatz 1 genannten Entscheidung muss der Hersteller oder sein Bevollmächtigter die Möglichkeit haben, seinen Standpunkt zuvor darzulegen, es sei denn, dass eine solche Anhörung angesichts der insbesondere im Interesse der öffentlichen Gesundheit gebotenen Dringlichkeit der zu treffenden Maßnahme nicht möglich ist.

Artikel 19
Vertraulichkeit

Die Mitgliedstaaten sorgen unbeschadet der bestehenden einzelstaatlichen Bestimmungen und Praktiken in bezug auf die ärztliche Schweigepflicht dafür, dass alle von der Anwendung dieser Richtlinie betroffenen Parteien verpflichtet werden, sämtliche bei der Durchführung ihrer Aufgaben erhaltenen Informationen vertraulich zu behandeln. Die Verpflichtungen der Mitgliedstaaten und der benannten

Stellen zur gegenseitigen Unterrichtung und zur Verbreitung von Warnungen sowie die im Strafrecht verankerten Informationspflichten der betreffenden Personen bleiben davon unberührt.

Artikel 20
Zusammenarbeit zwischen den Mitgliedstaaten

Die Mitgliedstaaten treffen die geeigneten Maßnahmen, um sicherzustellen, dass die für die Durchführung dieser Richtlinie zuständigen Behörden miteinander zusammenarbeiten und einander die Auskünfte erteilen, die erforderlich sind, um eine gleichwertige Anwendung dieser Richtlinie zu ermöglichen.

Artikel 21
Änderung von Richtlinien

(1) In der Richtlinie 98/37/EG wird der Wortlaut von Artikel 1 Absatz 3 zweiter Gedankenstrich: „Maschinen für medizinische Zwecke, die in direktem Kontakt mit den Patienten verwendet werden" durch folgenden Wortlaut ersetzt: „Medizinprodukte".

(2) Die Richtlinie 93/42/EWG wird wie folgt geändert:

a) Artikel 1 Absatz 2 wird wie folgt geändert:

– Buchstabe c) erhält folgende Fassung:

„c) In-vitro-Diagnostikum: jedes Medizinprodukt, das als Reagenz, Reagenzprodukt, Kalibriermaterial, Kontrollmaterial, Kit, Instrument, Apparat, Gerät oder System einzeln oder in Verbindung miteinander nach der vom Hersteller festgelegten Zweckbestimmung zur In-vitro-Untersuchung von aus dem menschlichen Körper stammenden Proben, einschließlich Blut- und Gewebespenden, verwendet wird und ausschließlich oder hauptsächlich dazu dient, Informationen zu liefern

– über physiologische oder pathologische Zustände oder
– über angeborene Anomalien oder
– zur Prüfung auf Unbedenklichkeit und Verträglichkeit bei den potentiellen Empfängern oder
– zur Überwachung therapeutischer Maßnahmen.

Probenbehältnisse gelten als In-vitro-Diagnostika. Probenbehältnisse sind luftleere wie auch sonstige Medizinprodukte, die von ihrem Hersteller speziell dafür gefertigt werden, aus dem menschlichen Körper stammende Proben unmittelbar nach ihrer Entnahme aufzunehmen und im Hinblick auf eine In-vitro-Diagnose aufzubewahren.

Erzeugnisse für den allgemeinen Laborbedarf gelten nicht als In-vitro-Diagnostika, es sei denn, sie sind aufgrund ihrer Merkmale nach ihrer vom Hersteller festgelegten Zweckbestimmung speziell für In-vitro-Untersuchungen zu verwenden."

– Buchstabe i) erhält folgende Fassung:

„i) ‚Inbetriebnahme':[18] den Zeitpunkt, zu dem ein Produkt dem Endanwender als ein Erzeugnis zur Verfügung gestellt worden ist, das erstmals entsprechend seiner Zweckbestimmung auf dem gemeinschaftlichen Markt verwendet werden kann;";

– folgender Buchstabe wird hinzugefügt:

„j) ‚Bevollmächtigter': die in der Gemeinschaft niedergelassene natürliche oder juristische Person, die vom Hersteller ausdrücklich dazu bestimmt wurde, im Hinblick auf seine Verpflichtungen nach dieser Richtlinie in seinem Namen zu handeln und von den Behörden und Stellen in der Gemeinschaft in diesem Sinne kontaktiert zu werden."

b) Artikel 2 erhält folgende Fassung:

„Artikel 2

Inverkehrbringen und Inbetriebnahme

Die Mitgliedstaaten treffen alle erforderlichen Maßnahmen, damit die Produkte nur in Verkehr gebracht und / oder in Betrieb genommen werden dürfen, wenn sie bei sachgemäßer Lieferung, Installation, Instandhaltung und ihrer Zweckbestimmung entsprechender Verwendung die Anforderungen dieser Richtlinie erfüllen."

c) In Artikel 14 Absatz 1 wird folgender Absatz hinzugefügt:

„Bei allen Medizinprodukten der Klassen IIb und III können die Mitgliedstaaten die Mitteilung aller Angaben, die eine Identifizierung des Produkts ermöglichen, sowie der Kennzeichnung und der Gebrauchsanweisung verlangen, wenn diese Produkte in ihrem Hoheitsgebiet in Betrieb genommen werden."

d) Folgende Artikel werden eingefügt:

„Artikel 14a

Europäische Datenbank

(1) Regulierungsdaten gemäß dieser Richtlinie werden in einer europäischen Datenbank erfasst, zu der die zuständigen Behörden Zugang erhalten, damit sie ihre Aufgaben im Zusammenhang mit dieser Richtlinie in voller Sachkenntnis wahrnehmen können.

Die Datenbank enthält:

a) Angaben zur Meldung der Hersteller und der Produkte gemäß Artikel 14;

b) Angaben im Zusammenhang mit Bescheinigungen, die gemäß den Verfahren der Anhänge II bis VII ausgestellt, geändert, ergänzt, ausgesetzt, zurückgezogen oder verweigert wurden;

18) Geändert entsprechend der Berichtigung vom 19. März 1999 (ABl. Nr. L 74 vom 19. März 1999, S. 32)

c) Angaben, die gemäß dem in Artikel 10 festgelegten Beobachtungs- und Meldeverfahren erhalten werden.

(2) Die Angaben werden in einem vereinheitlichten Format übermittelt.

(3) Die Modalitäten zur Durchführung dieses Artikels werden nach dem Verfahren des Artikels 7 Absatz 2 festgelegt.

Artikel 14b

Besondere Gesundheitsüberwachungsmaßnahmen

Ist ein Mitgliedstaat der Auffassung, dass ein bestimmtes Produkt oder eine Gruppe von Produkten aus Gründen des Gesundheitsschutzes und der Sicherheit und / oder im Interesse der öffentlichen Gesundheit gemäß Artikel 36 des Vertrags verboten oder dessen beziehungsweise deren Bereitstellung beschränkt werden oder besonderen Bedingungen unterliegen sollte, so kann er die erforderlichen und begründeten vorläufigen Maßnahmen treffen. Er unterrichtet hiervon die Kommission und die übrigen Mitgliedstaaten unter Angabe der Gründe für seine Entscheidung. Die Kommission konsultiert, soweit dies möglich ist, die betreffenden Parteien und die Mitgliedstaaten und erlässt, wenn die einzelstaatlichen Maßnahmen gerechtfertigt sind, die erforderlichen Gemeinschaftsmaßnahmen nach dem Verfahren des Artikels 7 Absatz 2."

e) In Artikel 16 werden folgende Absätze hinzugefügt:

„(5) Die benannte Stelle unterrichtet die anderen benannten Stellen und die zuständigen Behörden über alle ausgesetzten oder widerrufenen Bescheinigungen sowie auf Anfrage über ausgestellte oder verweigerte Bescheinigungen. Sie stellt ferner auf Anfrage alle einschlägigen zusätzlichen Informationen zur Verfügung.

(6) Stellt eine benannte Stelle fest, dass einschlägige Anforderungen dieser Richtlinie vom Hersteller nicht erfüllt wurden oder nicht länger erfüllt werden, oder hätte eine Bescheinigung nicht ausgestellt werden dürfen, so setzt sie – unter Berücksichtigung des Grundsatzes der Verhältnismäßigkeit – die ausgestellte Bescheinigung aus oder widerruft sie oder erlegt Beschränkungen auf, es sei denn, dass der Hersteller durch geeignete Abhilfemaßnahmen die Übereinstimmung mit diesen Anforderungen gewährleistet. Die benannte Stelle unterrichtet die zuständige Behörde, falls die Bescheinigung ausgesetzt oder widerrufen wird oder Beschränkungen auferlegt werden oder sich ein Eingreifen der zuständigen Behörde als erforderlich erweisen könnte. Der Mitgliedstaat unterrichtet die übrigen Mitgliedstaaten und die Kommission.

(7) Die benannte Stelle stellt auf Anfrage alle einschlägigen Informationen und Unterlagen einschließlich der haushaltstechnischen Unterlagen zur Verfügung, damit der Mitgliedstaat überprüfen kann, ob die Anforderungen nach Anhang XI erfüllt sind."

f) In Artikel 18 wird folgender Absatz hinzugefügt:

„Diese Bestimmungen gelten auch in den Fällen, in denen die CE-Kennzeichnung nach den Verfahren dieser Richtlinie unzulässigerweise an Erzeugnissen angebracht wurde, die nicht unter diese Richtlinie fallen."

g) Artikel 22 Absatz 4 Unterabsatz 1 erhält folgende Fassung:

„(4) Die Mitgliedstaaten gestatten

- das Inverkehrbringen von Produkten, die den Rechtsvorschriften entsprechen, die in ihrem Hoheitsgebiet am 31. Dezember 1994 galten, für einen Zeitraum von fünf Jahren nach Annahme dieser Richtlinie und
- die Inbetriebnahme dieser Produkte längstens bis zum 30. Juni 2001."

h) Folgende Nummern werden gestrichen: Anhang II Nummer 6.2, Anhang III Nummer 7.1 Anhang V Nummer 5.2 und Anhang VI Nummer 5.2.

i) In Anhang XI Nummer 3 ist nach Satz 2 folgender Satz einzufügen:

„Dies schließt ein, dass in der Organisation ausreichend wissenschaftliches Personal vorhanden ist, das die entsprechenden Erfahrungen und Kenntnisse besitzt, um die medizinische Funktion und Leistung der Produkte, für die die Stelle benannt worden ist, in bezug auf die Anforderungen dieser Richtlinie und insbesondere die Anforderungen des Anhangs I zu beurteilen."

Artikel 22
Durchführung, Übergangsbestimmungen

(1) Die Mitgliedstaaten erlassen und veröffentlichen die erforderlichen Rechts- und Verwaltungsvorschriften, um dieser Richtlinie bis zum 7. Dezember 1999 nachzukommen. Sie setzen die Kommission unverzüglich davon in Kenntnis.

Die Mitgliedstaaten wenden diese Vorschriften ab dem 7. Juni 2000 an.

Wenn die Mitgliedstaaten diese Vorschriften erlassen, nehmen sie in den Vorschriften selbst oder durch einen Hinweis bei der amtlichen Veröffentlichung auf diese Richtlinie Bezug. Die Mitgliedstaaten regeln die Einzelheiten dieser Bezugnahme.

(2) Die Mitgliedstaaten teilen der Kommission den Wortlaut der wichtigsten einzelstaatlichen Rechtsvorschriften mit, die sie auf dem unter dieser Richtlinie fallenden Gebiet erlassen.

(3) Der in Artikel 7 genannte Ausschuss kann seine Tätigkeit unmittelbar nach dem Inkrafttreten dieser Richtlinie aufnehmen. Die Mitgliedstaaten können die in Artikel 15 genannten Maßnahmen unmittelbar nach Inkrafttreten dieser Richtlinie treffen.

(4) Die Mitgliedstaaten treffen die erforderlichen Maßnahmen, damit die benannten Stellen, die gemäß Artikel 9 mit der Konformitätsbewertung befasst sind, allen einschlägigen Angaben über Merkmale und Leistungen der Produkte, insbesondere den Ergebnissen einschlägiger Prüfungen und Kontrollen, die gemäß

den geltenden einzelstaatlichen Rechts- und Verwaltungsvorschriften für diese Produkte bereits durchgeführt wurden, Rechnung tragen.

(5) Die Mitgliedstaaten gestatten für einen Zeitraum von fünf Jahren nach dem Inkrafttreten dieser Richtlinie das Inverkehrbringen von Produkten, die den zum Zeitpunkt des Inkrafttretens dieser Richtlinie in ihrem Hoheitsgebiet geltenden Rechtsvorschriften entsprechen. Ferner gestatten sie für einen Zeitraum von zwei Jahren die Inbetriebnahme dieser Produkte.

Artikel 23[19]
(Inkrafttreten)

19) (redaktionelle Anmerkung: Das Inkrafttreten der geänderten Richtlinie wird durch Artikel 2 und 3 der Richtlinie 2011/100/EG der Kommission zur Änderung der Richtlinien 98/79/EWG des Europäischen Parlaments und des Rates über In-vitro-Diagnostika wie folgt festgelegt:
- Die Richtlinie 2011/100/EG tritt am 20. Tag nach ihrer Veröffentlichung im Amtsblatt der Europäischen Union (22. Dezember 2011) in Kraft.
- Die Mitgliedstaaten erlassen und veröffentlichen bis zum 30. Juni 2012 die erforderlichen Rechtsvorschriften.
- Es ist eine Übergangsfrist bis zum 1. Juli 2012 vorgesehen.)

Anhang I

Grundlegende Anforderungen

A. Allgemeine Anforderungen

1. Die Produkte müssen so ausgelegt und hergestellt sein, dass ihre Anwendung weder den klinischen Zustand und die Sicherheit der Patienten noch die Sicherheit und Gesundheit der Anwender oder gegebenenfalls Dritter oder die Sicherheit von Eigentum direkt oder indirekt gefährdet, wenn sie unter den vorgesehenen Bedingungen und zu den vorgesehenen Zwecken eingesetzt werden. Etwaige Risiken im Zusammenhang mit ihrer Anwendung müssen im Vergleich zu der nützlichen Wirkung für den Patienten vertretbar und mit einem hohen Maß an Schutz voll Gesundheit und Sicherheit vereinbar sein.

2. Die vom Hersteller bei der Auslegung und Konstruktion der Produkte gewählten Lösungen müssen den Grundsätzen der integrierten Sicherheit unter Berücksichtigung des allgemein anerkannten Stands der Technik entsprechen.

   Bei der Wahl der angemessensten Lösungen muss der Hersteller folgende Grundsätze in der angegebenen Reihenfolge anwenden:

   - weitestmögliche Beseitigung oder Minimierung der Risiken (Integration des Sicherheitskonzepts in die Auslegung und Konstruktion des Produkts);
   - gegebenenfalls Ergreifen angemessener Schutzmaßnahmen gegen nicht zu beseitigende Risiken;
   - Unterrichtung der Benutzer über die Restrisiken, für die keine angemessenen Schutzmaßnahmen getroffen werden können.

3. Die Produkte müssen so ausgelegt und hergestellt sein, dass sie nach dem allgemein anerkannten Stand der Technik für die nach Artikel 1 Absatz 2 Buchstabe b) vom Hersteller festgelegte Zweckbestimmung geeignet sind. Sie müssen – soweit zutreffend – die Leistungsparameter insbesondere im Hinblick auf die vom Hersteller angegebene analytische Sensitivität, diagnostische Sensitivität, analytische Spezifität, diagnostische Spezifität, Genauigkeit[20], Wiederholbarkeit, Reproduzierbarkeit, einschließlich der Beherrschung der bekannten Interferenzen und Nachweisgrenzen, erreichen.

   Die Rückverfolgbarkeit der dem Kalibriermaterial und / oder dem Kontrollmaterial zugeschriebenen Werte muss durch verfügbare Referenzmessverfahren und / oder übergeordnete Referenzmaterialien gewährleistet sein.

20) Geändert entsprechend der Berichtigung vom 25. Mai 2000 (ABl. Nr. L 124 vom 25. Mai 2000, S. 66)

4. Die Merkmale und Leistungen gemäß den Nummern 1 und 3 dürfen sich nicht derart ändern, dass der klinische Zustand oder die Sicherheit der Patienten oder Anwender oder gegebenenfalls Dritter während der Lebensdauer der Produkte nach Maßgabe der vom Hersteller gemachten Angaben gefährdet werden, wenn diese Produkte Belastungen ausgesetzt werden, wie sie unter normalen Einsatzbedingungen auftreten können. Ist keine Lebensdauer angegeben, gilt die Forderung gleichermaßen für die von einem Produkt dieser Art vernünftigerweise zu erwartende Lebensdauer, wobei die Einsatzbedingungen und die Zweckbestimmung des Produkts zu berücksichtigen sind.

5. Die Produkte müssen so ausgelegt, hergestellt und verpackt sein, dass sich ihre Einsatzmerkmale und -leistungen während ihrer bestimmungsgemäßen Anwendung unter den nach der Gebrauchsanweisung und sonstigen Hinweisen des Herstellers entsprechenden Lagerungs- und Transportbedingungen (Temperatur, Feuchtigkeit usw.) nicht ändern.

B. Anforderungen an Auslegung und Herstellung

1. **Chemische und physikalische Eigenschaften**

1.1. Die Produkte müssen so ausgelegt und hergestellt sein, dass die Merkmale und Leistungen gemäß Abschnitt A „Allgemeine Anforderungen" gewährleistet sind. Dabei ist bei bestimmungsgemäßer Anwendung besonders auf eine mögliche Beeinträchtigung der Analysenleistung des Produkts durch eine Unverträglichkeit zwischen den eingesetzten Materialien und den mit dem Produkt zu verwendenden Proben (z. B. biologische Gewebe, Zellen, Körperflüssigkeiten und Mikroorganismen) zu achten.

1.2. Die Produkte müssen so ausgelegt, hergestellt und verpackt sein, dass eine Gefährdung des Transport-, Lager- und Bedienungspersonals durch Stoffe, die dem Produkt entweichen, Schadstoffe und Rückstände bei bestimmungsgemäßer Anwendung so gering wie möglich gehalten wird.

2. **Infektion und mikrobielle Kontamination**

2.1. Die Produkte und ihre Herstellungsverfahren müssen so ausgelegt sein, dass das Infektionsrisiko für den Anwender und für Dritte ausgeschlossen oder minimiert wird. Die Auslegung muss eine leichte Handhabung erlauben und gegebenenfalls das Risiko einer Kontamination oder eines Entweichens von Stoffen aus dem Produkt während der Anwendung und bei Probenbehältnissen das Risiko einer Kontamination der Probe minimieren. Das Herstellungsverfahren muss darauf abgestimmt sein.

2.2. Gehören zu den Bestandteilen eines Produkts biologische Substanzen, so sind die Infektionsrisiken durch Auswahl geeigneter Spender, geeigneter Substanzen und durch Verwendung geeigneter, validierter Inaktivierungs-, Konservierungs-, Prüf- und Kontrollverfahren zu minimieren.

2.3. Produkte, deren Kennzeichnung entweder den Hinweis „STERIL" oder die Angabe eines speziellen mikrobiellen Status enthält, müssen unter Anwendung angemessener Verfahren so ausgelegt, hergestellt und in einer geeigneten Verpackung verpackt sein, dass gewährleistet ist, dass der auf der Kennzeichnung der Produkte angegebene mikrobielle Status nach dem Inverkehrbringen unter den vom Hersteller festgelegten Lager- und Transportbedingungen erhalten bleibt, solange die Steril-Verpackung nicht beschädigt oder geöffnet wird.

2.4. Produkte, deren Kennzeichnung entweder den Hinweis „STERIL" oder die Angabe eines speziellen mikrobiellen Status enthält, müssen nach einem geeigneten, validierten Verfahren hergestellt worden sein.

2.5. Verpackungssysteme für Produkte, die nicht unter Nummer 2.3 fallen, müssen so beschaffen sein, dass die vom Hersteller angegebene Reinheit des Produkts unbeschadet erhalten bleibt und, wenn die Produkte vor ihrer Anwendung sterilisiert werden müssen, das Risiko einer mikrobiellen Kontamination so gering wie möglich gehalten wird.

Es sind Maßnahmen zu treffen, um das Risiko einer mikrobiellen Kontamination während der Auswahl und Handhabung von Rohstoffen sowie der Herstellung, der Lagerung und des Vertriebs soweit wie möglich zu verringern, wenn die Leistung des Produkts durch eine solche Kontamination beeinträchtigt werden kann.

2.6. Produkte, die sterilisiert werden sollen, müssen unter angemessenen überwachten Bedingungen (z. B. Umgebungsbedingungen) hergestellt sein.

2.7. Verpackungssysteme für nicht sterile Produkte müssen so beschaffen sein, dass die vorgesehene Reinheit des Produkts unbeschadet erhalten bleibt und, wenn das Produkt vor einer Anwendung sterilisiert werden soll, das Risiko einer mikrobiellen Kontamination soweit wie möglich verringert wird; das Verpackungssystem muss sich für das vom Hersteller angegebene Sterilisationsverfahren eignen.

3. **Konstruktion und Umgebungsbedingungen**

3.1. Wenn ein Produkt zur Anwendung in Kombination mit anderen Produkten oder Ausrüstungen bestimmt ist, muss die gesamte Kombination einschließlich der Anschlüsse sicher sein, und sie darf die vorgesehene Leistung der Produkte nicht beeinträchtigen. jede Einschränkung der Anwendung muss auf der Kennzeichnung und / oder in der Gebrauchsanweisung angegeben werden.

3.2. Die Produkte müssen so ausgelegt und hergestellt sein, dass die Risiken im Zusammenhang mit ihrer Verwendung in Verbindung mit den Materialien, Stoffen und Gasen, mit denen sie bei ihrer normalen Verwendung in Kontakt kommen können, minimiert werden.

3.3. Die Produkte müssen so ausgelegt und hergestellt sein, dass folgende Risiken ausgeschlossen oder so gering wie möglich gehalten werden:

- Verletzungsrisiken im Zusammenhang mit ihren physikalischen Eigenschaften (einschließlich der Aspekte von Volumen x Druck, Abmessungen und gegebenenfalls ergonomischen Merkmalen);
- Risiken im Zusammenhang mit vernünftigerweise vorhersehbaren Umgebungsbedingungen, wie z. B. Magnetfeldern, elektrischen Fremdeinflüssen, elektrostatischen Einladungen, Druck, Feuchtigkeit, Temperatur, Druckschwankungen oder Beschleunigung oder die nicht beabsichtigte Penetration von Stoffen in das Produkt.

Die Produkte müssen so ausgelegt und hergestellt sein, dass sie eine angemessene Festigkeit gegenüber elektromagnetischen Störungen aufweisen, so dass ein bestimmungsgemäßer Betrieb möglich ist.

3.4. Die Produkte müssen so ausgelegt und hergestellt sein, dass das Brand- oder Explosionsrisiko bei normaler Anwendung und beim Erstauftreten eines Defekts so gering wie möglich gehalten wird. Dies gilt insbesondere für solche Produkte, die entsprechend ihrer Zweckbestimmung entflammbaren oder brandfördernden Stoffen ausgesetzt oder damit in Verbindung gebracht werden.

3.5. Die Produkte müssen so ausgelegt und hergestellt sein, dass eine sichere Entsorgung möglich ist.

3.6. Mess-, Kontroll- und Anzeigeeinrichtungen (einschließlich Veränderungen bei der Farbanzeige und andere optische Indikatoren) müssen so ausgelegt und hergestellt sein, dass sie bei bestimmungsgemäßer Anwendung des Produkts ergonomischen Grundsätzen entsprechen.

4. Instrumente und Apparate mit Messfunktion

4.1. Produkte, bei denen es sich um Instrumente oder Apparate mit primärer analytischer Messfunktion handelt, müssen so ausgelegt und hergestellt sein, dass unter Berücksichtigung der Zweckbestimmung des Produkts und bestehender geeigneter Referenzmessverfahren und -materialien innerhalb geeigneter Messgenauigkeitsgrenzen angemessene Konstanz und Genauigkeit der Messung gewährleistet sind. Die vom Hersteller gewählten Genauigkeitsgrenzen sind von ihm anzugeben.

4.2. Bei Angabe der Messwerte in numerischer Form sind die gesetzlichen Einheiten gemäß den Vorschriften der Richtlinie 80/181/EWG des Rates vom 20. Dezember 1979 zur Angleichung der Rechtsvorschriften der Mitgliedstaaten über die Einheiten im Messwesen[21] zu verwenden.

5. **Schutz vor Strahlungen**

5.1. Die Produkte müssen so ausgelegt, hergestellt und verpackt sein, dass die Exposition von Anwendern und sonstigen Personen gegenüber ausgesandten Strahlungen auf das Mindestmaß beschränkt wird.

5.2. Produkte, die bestimmungsgemäß potentiell gefährliche sichtbare und / oder unsichtbare Strahlungen aussenden, müssen soweit möglich

- so ausgelegt und hergestellt sein, dass die Merkmale und Quantität der abgegebenen Strahlung kontrollier- und / oder einstellbar sind;
- mit visuellen und / oder akustischen Einrichtungen zur Anzeige dieser Strahlungen ausgestattet sein.

5.3. Die Gebrauchsanweisung von Produkten, die Strahlungen aussenden, muss genaue Angaben zu den Merkmalen der Strahlenemission, zu den Möglichkeiten des Strahlenschutzes für den Anwender und zur Vermeidung falscher Handhabung sowie zur Ausschaltung installationsbedingter Risiken enthalten.

6. **Anforderungen an Medizinprodukte mit externen oder interner Energiequelle**

6.1. Produkte, die mit programmierbaren Elektroniksystemen, einschließlich Software, ausgestattet sind, müssen so ausgelegt sein, dass Wiederholpräzision, Zuverlässigkeit und Leistung dieser Systeme entsprechend der Zweckbestimmung gewährleistet sind.

6.2. Die Produkte müssen so ausgelegt und hergestellt sein, dass die Gefahr der Entstehung elektromagnetischer Störungen, die in ihrer üblichen Umgebung befindliche weitere Einrichtungen oder Ausrüstungen in deren Funktion beeinträchtigen können, auf ein Mindestmaß beschränkt wird.

6.3. Die Produkte müssen so ausgelegt und hergestellt sein, dass das Risiko von unbeabsichtigten Stromstößen bei sachgemäßer Installation und Wartung sowie bei normaler Anwendung und beim Erstauftreten eines Defekts so weit wie möglich ausgeschaltet wird.

6.4. *Schutz vor mechanischen und thermischen Gefahren,*

6.4.1. Die Produkte müssen so ausgelegt und hergestellt sein, dass der Anwender vor mechanischen Gefahren geschützt ist. Die Produkte müssen unter den vorgesehenen Betriebsbedingungen ausreichend

21) ABl. L 39 vom 15. 2. 1980, S. 40. Richtlinie zuletzt geändert durch die Richtlinie 89/617/EWG (ABl. L 357 vom 7. 12. 1989, S. 28).

stabil sein. Sie müssen den ihrem vorgesehenen Arbeitsumfeld eigenen Belastungen standhalten können, und diese Stabilität muss während der erwarteten Lebensdauer der Produkte gegeben sein; dies gilt vorbehaltlich der vom Hersteller angegebenen Inspektions- und Wartungsanforderungen.

Sofern Risiken infolge des Vorhandenseins von beweglichen Teilen, Risiken aufgrund von Bersten oder Ablösung oder die Gefahr des Entweichens von Substanzen bestehen, müssen geeignete Schutzvorkehrungen in den Produkten vorgesehen sein.

Schutzeinrichtungen oder sonstige an dem Produkt selbst vorgesehene Schutzvorrichtungen, insbesondere gegen Gefahren durch bewegliche Teile, müssen sicher sein und dürfen weder den Zugang im Hinblick auf die normale Bedienung des Produkts behindern, noch die vom Hersteller vorgesehene regelmäßige Wartung des Produkts einschränken.

6.4.2. Die Produkte müssen so ausgelegt und hergestellt sein, dass die Risiken, die durch von den Produkten erzeugte mechanische Schwingungen bedingt sind, unter Berücksichtigung des technischen Fortschritts so gering wie möglich gehalten werden, soweit diese Schwingungen nicht im Rahmen der vorgesehenen Anwendung beabsichtigt sind; dabei sind die vorhandenen Möglichkeiten zur Minderung der Schwingungen, insbesondere an deren Ursprung, zu nutzen.

6.4.3. Die Produkte müssen so ausgelegt und hergestellt sein, dass die Risiken, die durch Geräuschemissionen der Produkte bedingt sind, unter Berücksichtigung des technischen Fortschritts so gering wie möglich gehalten werden, soweit die akustischen Signale nicht im Rahmen der vorgesehenen Anwendung beabsichtigt sind; dabei sind die vorhandenen Möglichkeiten zur Minderung der Geräuschemissionen, insbesondere an deren Ursprung, zu nutzen.

6.4.4. Vom Anwender zu bedienende Endeinrichtungen und Anschlüsse an Energiequellen für den Betrieb mit elektrischer, hydraulischer oder pneumatischer Energie oder mit Gas müssen so ausgelegt und hergestellt sein, dass jede mögliche Gefährdung so gering wie möglich gehalten wird.

6.4.5. Zugängliche Teile von Produkten (mit Ausnahme von Teilen oder Bereichen, die Wärme abgeben oder bestimmte Temperaturen erreichen sollen) sowie deren Umgebung dürfen keine Temperaturen erreichen, die bei normaler Anwendung eine Gefährdung darstellen können.

7. Anforderungen an Produkte zur Eigenanwendung

Produkte zur Eigenanwendung müssen so ausgelegt und hergestellt sein, dass sie ihre Funktion unter Berücksichtigung der Fertigkeiten und

Möglichkeiten der Anwender sowie der Auswirkungen der normalerweise zu erwartenden Schwankungen in der Verfahrensweise und der Umgebung der Anwender bestimmungsgemäß erfüllen können. Die vom Hersteller beigefügten Angaben und Anweisungen müssen für den Anwender leicht verständlich und anwendbar sein.

7.1. Produkte zur Eigenanwendung müssen so ausgelegt und hergestellt sein, dass

- gewährleistet ist, dass das Produkt für den nicht medizinisch ausgebildeten Anwender in allen Bedienungsphasen einfach anzuwenden ist, und
- die Gefahr einer falschen Handhabung des Produkts oder einer falschen Interpretation der Ergebnisse durch den Anwender so gering wie möglich gehalten wird.

7.2. Produkte zur Eigenanwendung müssen, soweit es unter vertretbaren Bedingungen möglich ist, mit einem Verfahren zur Anwenderkontrolle versehen sein, d. h. einem Verfahren, mit dem der Anwender kontrollieren kann, ob das Produkt bei der Anwendung bestimmungsgemäß arbeitet.

8. **Bereitstellung von Informationen durch den Hersteller**

8.1. Jedem Produkt sind Informationen beizugeben, die unter Berücksichtigung des Ausbildungs- und Kenntnisstandes des vorgesehenen Anwenderkreises die ordnungsgemäße und sichere Anwendung des Produkts und die Ermittlung des Herstellers ermöglichen.

Diese Informationen umfassen die Angaben in der Kennzeichnung und in der Gebrauchsanweisung.

Die für die ordnungsgemäße und sichere Anwendung erforderlichen Informationen müssen, soweit dies praktikabel und angemessen ist, auf dem Produkt selbst und / oder gegebenenfalls auf der Handelspackung angegeben sein. Falls die vollständige Kennzeichnung jeder Einheit nicht möglich ist, müssen die Angaben auf der Verpackung und / oder in der für ein oder mehrere Produkte mitgelieferten Gebrauchsanweisung erscheinen.

Eine Gebrauchsanweisung muss jedem Produkt beigefügt oder in der Verpackung für ein oder mehrere Produkte enthalten sein.

In hinlänglich begründeten Fällen ist eine Gebrauchsanweisung ausnahmsweise entbehrlich, wenn die ordnungsgemäße und sichere Anwendung des Produkts ohne Gebrauchsanweisung gewährleistet ist.

Die Entscheidung über die Übersetzung der Gebrauchsanweisung und der Kennzeichnung[22] in eine oder mehrere Sprachen der Europäischen Union wird den Mitgliedstaaten überlassen mit dem Vorbehalt, dass bei Produkten zur Eigenanwendung die Gebrauchsanweisung und die Kennzeichnung[20] eine Übersetzung in der (den) Amtssprache(n) des Mitgliedstaats enthalten, in dem der Endverbraucher das Produkt zur Eigenanwendung erhält.

8.2. Die Angaben sollten gegebenenfalls in Form von Symbolen gemacht werden. Soweit Symbole und Identifizierungsfarben verwendet werden, müssen sie den harmonisierten Normen entsprechen. Falls solche Normen für den betreffenden Bereich nicht existieren, müssen die verwendeten Symbole und Identifizierungsfarben in der beigegebenen Produktdokumentation erläutert werden.

8.3. Bei Produkten, die eine Substanz oder Zubereitung enthalten, die aufgrund der Merkmale und der Menge ihrer Bestandteile sowie der Form, in der sie vorliegen, als gefährlich betrachtet werden kann, sind die jeweiligen Gefahrensymbole und Kennzeichnungsanforderungen gemäß den Richtlinien 67/548/EWG[23] und 88/379/EWG[24] anzuwenden. Wenn nicht alle Angaben auf dem Produkt oder in seiner Kennzeichnung angebracht werden können, sind die jeweiligen Gefahrensymbole in der Kennzeichnung anzubringen und die sonstigen gemäß diesen Richtlinien erforderlichen Angaben in der Gebrauchsanweisung zu machen.

Die Bestimmungen der vorstehend genannten Richtlinien zum Sicherheitsdatenblatt gelten, wenn nicht alle zweckdienlichen Angaben bereits in der Gebrauchsanweisung enthalten sind.

8.4. Die Kennzeichnung muss folgende Angaben – gegebenenfalls in Form von geeigneten Symbolen – enthalten:

a) Name oder Firma und Anschrift des Herstellers. Bei Produkten, die in die Gemeinschaft eingeführt werden, um dort vertrieben zu werden, müssen die Kennzeichnung, die äußere Verpackung oder die Gebrauchsanweisung ferner den Namen und die Anschrift des Bevollmächtigten des Herstellers aufweisen;

22) Geändert entsprechend der Berichtigung vom 19. März 1999 (ABl. Nr. L 74 vom 19. März 1999, S. 32)

23) Richtlinie 67/548/EWG des Rates vom 27. Juni 1967 zur Angleichung der Rechts- und Verwaltungsvorschriften für die Einstufung, Verpackung und Kennzeichnung gefährlicher Stoffe (ABl. L 196 vom 16. 8. 1967, S. 1). Richtlinie zuletzt geändert durch die Richtlinie 97/69/EG der Kommission (ABl. L 343 vom 13. 12. 1997, S. 19).

24) Richtlinie 88/379/EWG des Rates vom 7. Juni 1988 zur Angleichung der Rechts- und Verwaltungsvorschriften der Mitgliedstaaten für die Einstufung, Verpackung und Kennzeichnung gefährlicher Zubereitungen (ABl. L 187 vom 16. 7. 1988, S. 14). Richtlinie zuletzt geändert durch die Richtlinie 96/65/EG der Kommission (ABl. L 265 vom 18. 10. 1996, S. 15).

b) alle unbedingt erforderlichen Angaben, aus denen der Anwender eindeutig ersehen kann, worum es sich bei dem Produkt oder Packungsinhalt handelt;

c) gegebenenfalls den Hinweis „STERIL" oder eine Angabe zum speziellen mikrobiellen Status oder Reinheitsgrad;

d) den Loscode – nach dem Wort „LOS" – oder die Seriennummer;

e) erforderlichenfalls das Datum, angegeben in der Reihenfolge von Jahr, Monat und gegebenenfalls Tag, bis zu dem das Produkt oder eines seiner Teile ohne Verminderung der Leistungsfähigkeit sicher angewendet werden kann;

f) bei Produkten für Leistungsbewertungszwecke den Hinweis „nur für Leistungsbewertungszwecke";

g) gegebenenfalls einen Hinweis darauf, dass es sich um ein Produkt zur In-vitro-Anwendung handelt;

h) besondere Hinweise zur Lagerung und / oder Handhabung;

i) gegebenenfalls besondere Anwendungshinweise;

j) geeignete Warnhinweise und / oder Hinweise auf zu treffende Vorsichtsmaßnahmen;

k) wenn Produkte zur Eigenanwendung bestimmt sind, ist dies deutlich hervorzuheben.

8.5. Wenn die Zweckbestimmung eines Produkts für den Anwender nicht offensichtlich ist, muss der Hersteller diese in der Gebrauchsanweisung und gegebenenfalls auf der Kennzeichnung deutlich angeben.

8.6. Soweit vernünftigerweise praktikabel, müssen die Produkte und ihre eigenständigen Komponenten gegebenenfalls auf der Ebene der Produktlose identifizierbar sein, damit jede geeignete Maßnahme getroffen werden kann, um eine mögliche Gefährdung im Zusammenhang mit den Produkten und ihren eigenständigen Komponenten festzustellen.

8.7. Die Gebrauchsanweisung muss nach Maßgabe des konkreten Falls folgende Angaben enthalten:

a) Die Angaben gemäß Nummer 8.4 mit Ausnahme der Angaben unter deren Buchstaben d) und e);

b) die Zusammensetzung des Reagenzprodukts nach Art und Menge oder Konzentration des bzw. der wirksamen Bestandteile des Reagenz (der Reagenzien) oder des Kits sowie gegebenenfalls einen Hinweis darauf, dass das Produkt noch weitere die Messung beeinflussende Inhaltsstoffe enthält;

c) die Lagerungsbedingungen und die Verwendungsdauer nach dem erstmaligen Öffnen der Primärverpackung, zusammen mit den Lagerungsbedingungen und der Stabilität der Arbeitsreagenzien;

d) die Leistungsdaten gemäß Abschnitt A Nummer 3;

e) Angaben zu eventuell erforderlichen besonderen Materialien, einschließlich der Informationen, die im Hinblick auf eine ordnungsgemäße Anwendung für die Identifizierung dieser Materialien erforderlich sind;

f) Angaben zur Art des zu verwendenden Spezimens, darunter gegebenenfalls besondere Bedingungen für die Gewinnung, Vorbehandlung und, soweit erforderlich, Lagerung sowie Hinweise zur Vorbereitung des Patienten;

g) eine detaillierte Beschreibung der bei der Anwendung des Produkts zu wählenden Verfahrensweise;

h) Angaben zu dem für das Produkt anzuwendenden Messverfahren, darunter, soweit zutreffend,
   - zum Prinzip des Verfahrens;
   - zu den speziellen Leistungsmerkmalen der Analyse (z. B. Empfindlichkeit, Spezifität, Genauigkeit, Wiederholbarkeit, Reproduzierbarkeit, Nachweisgrenzen und Messbereich, einschließlich der Angaben, die zur Kontrolle der bekannten relevanten Interferenzen erforderlich sind), den Begrenzungen des Verfahrens und zur Anwendung verfügbarer Referenzmessverfahren und -materialien durch den Anwender;
   - nähere Angaben zu weiteren, vor Anwendung des Produkts erforderlichen Verfahren oder Schritten (z. B. Rekonstitution, Inkubation, Verdünnung, Instrumentenprüfung usw.);
   - gegebenenfalls der Hinweis, dass eine besondere Ausbildung erforderlich ist;

i) den mathematischen Ansatz, auf dem die Berechnung der Analysenergebnisse beruht;

j) die Maßnahmen, die im Fall von Änderungen in der Analysenleistung des Produkts zu treffen sind;

k) geeignete Angaben für den Anwender:
   - zur internen Qualitätskontrolle, einschließlich spezieller Validierungsverfahren,
   - zur Rückverfolgbarkeit der Kalibrierung des Produkts;

l) die Referenzbereiche für die Bestimmung der Messgrößen, einschließlich einer Angabe der geeigneten Referenzpopulationen;

m) bei Produkten, die zur Erfüllung ihrer Zweckbestimmung mit anderen Medizinprodukten oder Ausrüstungen kombiniert oder an diese angeschlossen werden müssen: alle Merkmale, die zur Wahl der für eine sichere und ordnungsgemäße Kombination erforderlichen Geräte oder Ausrüstungen erforderlich sind;

n) alle Angaben, mit denen überprüft werden kann, ob ein Produkt ordnungsgemäß installiert worden ist und sich in sicherem und betriebsbereitem Zustand befindet, dazu Angaben zu Art und Häufigkeit der Instandhaltungsmaßnahmen und der Kalibrierungen, die erforderlich sind, um den sicheren und ordnungsgemäßen Betrieb der Produkte auf Dauer zu gewährleisten; Angaben zu einer sicheren Entsorgung;

o) Hinweise auf eine möglicherweise vor der Anwendung eines Produkts erforderliche besondere Behandlung oder zusätzliche Aufbereitung (z. B. Sterilisation, Montage usw.);

p) Anweisungen für den Fall, dass die Schutzverpackung beschädigt wird; dazu gegebenenfalls die Angabe geeigneter Verfahren zur erneuten Sterilisation oder Dekontamination;

q) bei wiederzuverwendenden Produkten Angaben über geeignete Aufbereitungsverfahren, z. B. zur Reinigung, Desinfektion, Verpackung, erneuten Sterilisation oder Dekontamination, dazu Angaben zu einer eventuellen Beschränkung der Anzahl der Wiederverwendungen;

r) Vorsichtsmaßnahmen für den Fall, dass es unter vernünftigerweise vorhersehbaren Umgebungsbedingungen zu einer Exposition gegenüber Magnetfeldern, elektrischen Fremdeinflüssen, elektrostatischen Entladungen, Druck oder Druckschwankungen, Beschleunigung, Wärmequellen mit der Gefahr einer Selbstentzündung usw. kommt;

s) Vorsichtsmaßnahmen gegen besondere oder ungewöhnliche Risiken im Zusammenhang mit der Verwendung oder Entsorgung des Produkts, einschließlich besonderer Schutzmaßnahmen; wenn das Produkt Stoffe menschlichen oder tierischen Ursprungs enthält, Hinweis auf das dadurch gegebene potentielle Infektionsrisiko;

t) Spezifikationen für Produkte zur Eigenanwendung:
   - die Ergebnisse sind so anzugeben und darzustellen, dass sie von einem Laien ohne Schwierigkeiten verstanden werden;

gleichzeitig sind Hinweise und Anweisungen für den Anwender zu den zu treffenden Maßnahmen (bei positivem, negativen oder unklaren Ergebnis) und zur Möglichkeit eines falsch positiven oder falsch negativen Ergebnisses erforderlich;

- besondere Angaben sind dann nicht erforderlich, wenn die anderen vom Hersteller gemachten Angaben ausreichen, um den Anwender in die Lage zu versetzen, das Produkt einzusetzen und das bzw. die vom Produkt erzeugten Ergebnisse zu verstehen;
- einen deutlichen Hinweis für den Anwender, dass dieser ohne vorherige Konsultation seines Arztes keine medizinisch wichtige Entscheidung treffen darf;
- aus den Hinweisen muss auch hervorgehen, dass der Patient, wenn er ein Produkt zur Eigenanwendung zur Kontrolle einer bereits bestehenden Erkrankung einsetzt, die betreffende Behandlung nur anpassen darf, wenn er die dazu erforderliche Schulung erhalten hat;

u) das Datum der Herausgabe oder der jüngsten Überarbeitung der Gebrauchsanweisung.

Anhang II

Liste der in Artikel 9 Absätze 2 und 3 genannten Produkte

Liste A

- Reagenzien und Reagenzprodukte, einschließlich der entsprechenden Kalibrier- und Kontrollmaterialien, zur Bestimmung folgender Blutgruppen: AB-Null-System, Rhesus (C, c, D, E, e), Kell-System.
- Reagenzien und Reagenzprodukte, einschließlich der entsprechenden Kalibrier- und Kontrollmaterialien, zum Nachweis, zur Bestätigung und zur quantitativen Bestimmung von Markern von HIV-Infektionen (HIV 1 und 2), HTLV I und II sowie Hepatitis B, C und D in Proben menschlichen Ursprungs.
- Tests zum Blut-Screening, zur Diagnose und zur Bestätigung zum Nachweis der Variante der Creutzfeldt-Jakob-Krankheit (vCJK)[25].

Liste B

- Reagenzien und Reagenzprodukte, einschließlich der entsprechenden Kalibrier- und Kontrollmaterialien, zur Bestimmung folgender Blutgruppen: Duffy-System, Kidd-System.
- Reagenzien und Reagenzprodukte, einschließlich der entsprechenden Kalibrier- und Kontrollmaterialien, zur Bestimmung irregulärer Anti-Erythrozyten-Antikörper.
- Reagenzien und Reagenzprodukte, einschließlich der entsprechenden Kalibrier- und Kontrollmaterialien, zum Nachweis und zur quantitativen Bestimmung folgender angeborener Infektionen in Proben menschlichen Ursprungs: Röteln, Toxoplasmose.
- Reagenzien und Reagenzprodukte, einschließlich der entsprechenden Kalibrier- und Kontrollmaterialien, zum Nachweis der folgenden Erbkrankheit: Phenylketonurie.
- Reagenzien und Reagenzprodukte, einschließlich der entsprechenden Kalibrier- und Kontrollmaterialien, zum Nachweis folgender Infektionen beim Menschen: Zytomegalovirus, Chlamydien.
- Reagenzien und Reagenzprodukte, einschließlich der entsprechenden Kalibrier- und Kontrollmaterialien, zur Bestimmung folgender HLA-Gewebetypen: DR, A, B.
- Reagenzien und Reagenzprodukte, einschließlich der entsprechenden Kalibrier- und Kontrollmaterialien, zum Nachweis des folgenden Tumormarkers: PSA.
- Reagenzien und Reagenzprodukte, einschließlich der entsprechenden Kalibrier- und Kontrollmaterialien, und Software, die spezifisch zur Schätzung des Risikos von Trisomie 21 bestimmt sind.

25) redaktionelle Anmerkung: ergänzt durch Richtlinie 2011/100/EU (ABl. L 341 vom 22. 12. 2011, S. 50)

- Folgende Produkte zur Eigenanwendung, einschließlich der entsprechenden Kalibrier- und Kontrollmaterialien: Produkt zur Blutzuckerbestimmung.

Anhang III

EG-Konformitätserklärung

1. Als EG-Konformitätserklärung wird das Verfahren bezeichnet, mit dem der Hersteller oder sein Bevollmächtigter, der den Verpflichtungen nach den Nummern 2 bis 5, bei Produkten zur Eigenanwendung darüber hinaus den Verpflichtungen nach Nummer 6 nachkommt, sicherstellt und erklärt, dass die betreffenden Produkte den einschlägigen Bestimmungen dieser Richtlinie entsprechen. Der Hersteller bringt die CE-Kennzeichnung gemäß Artikel 16 an.

2. Der Hersteller stellt die in Nummer 3 beschriebene technische Dokumentation zusammen und gewährleistet, dass der Herstellungsprozess den Grundsätzen der Qualitätssicherung gemäß Nummer 4 entspricht.

3. Die technische Dokumentation muss die Bewertung der Konformität des Produkts mit den Anforderungen der Richtlinie ermöglichen. Sie enthält insbesondere
   - eine allgemeine Beschreibung des Produkts, einschließlich der geplanten Varianten;
   - die Dokumentation des Qualitätssicherungssystems;
   - Konstruktionsunterlagen, einschließlich Bestimmung der Merkmale von Ausgangsmaterialien, Leistungsmerkmale und -grenzen der Produkte, Herstellungsverfahren sowie – im Fall von Instrumenten – Konstruktionszeichnungen sowie Pläne von Bauteilen, Baugruppen, Schaltungen usw.;
   - Im Fall von Produkten, die Gewebe menschlichen Ursprungs oder aus diesen Geweben gewonnene Stoffe enthalten, Angaben zum Ursprung und zu den Bedingungen der Gewinnung dieser Materialien;
   - die zum Verständnis der genannten Charakteristika, Zeichnungen und Pläne sowie der Funktionsweise des Produkts erforderlichen Beschreibungen und Erläuterungen;
   - die Ergebnisse der Gefahrenanalyse sowie gegebenenfalls eine Liste der ganz oder teilweise angewandten Normen gemäß Artikel 5 sowie eine Beschreibung der Lösungen zur Einhaltung der grundlegenden Anforderungen dieser Richtlinie, sofern die in Artikel 5 genannten Normen nicht vollständig angewandt worden sind;
   - für sterile Produkte oder Produkte mit einem speziellen mikrobiellen Status oder Reinheitsgrad eine Beschreibung der angewandten Verfahren;

- die Ergebnisse der Konstruktionsberechnungen, der vorgenommenen Prüfungen usw.;
- wenn ein Produkt zur Erfüllung seiner Zweckbestimmung an ein oder mehrere andere Produkte angeschlossen werden muss, den Nachweis, dass das erstgenannte Produkt bei Anschluss an ein oder mehrere andere Produkte, die die vom Hersteller angegebenen Merkmale aufweisen, die grundlegenden Anforderungen erfüllt;
- die Prüfberichte;
- angemessene Angaben aus den Leistungsbewertungsprüfungen, mit denen die vom Hersteller geltend gemachten Leistungsdaten auf der Grundlage eines Referenzmesssystems (soweit vorhanden) bestätigt werden; diese Angaben umfassen Informationen zu den verwendeten Referenzverfahren, Referenzmaterialien, bekannten Referenzwerten, Genauigkeit und Messeinheiten; diese Daten müssen aus in einer klinischen oder sonstigen geeigneten Umgebung vorgenommenen Untersuchungen oder aus der einschlägigen Literatur stammen;
- Kennzeichnung und Bedienungsanleitung;
- Ergebnisse der Stabilitätsprüfungen.

4. Der Hersteller trifft alle notwendigen Maßnahmen, um sicherzustellen, dass der Herstellungsprozess den für die hergestellten Produkte geltenden Grundsätzen der Qualitätssicherung entspricht.

Das System umfasst:

- die Organisationsstruktur und die Zuständigkeiten;
- die Herstellungsverfahren und die systematische Qualitätskontrolle der Produktion;
- die Mittel zur Kontrolle der Leistung des Qualitätssicherungssystems.

5. Der Hersteller muss ein systematisches Verfahren einrichten und auf dem neuesten Stand halten, das es ermöglicht, Erfahrungen mit Produkten in den der Herstellung nachgelagerten Phasen auszuwerten und in geeigneter Weise erforderliche Korrekturen zu veranlassen, wobei die Art des Produkts und die von diesem ausgehenden Risiken zu berücksichtigen sind. Der Hersteller muss die zuständigen Behörden unverzüglich über folgende Vorkommnisse unterrichten, sobald er selbst davon Kenntnis erlangt hat:

i) jede Funktionsstörung, jeden Ausfall oder jede Änderung der Merkmale und / oder der Leistung sowie jede Unsachgemäßheit der Kennzeichnung oder der Gebrauchsanweisung eines Produkts, die direkt oder indirekt zum Tod oder zu einer schwerwiegenden Verschlechterung des Gesundheitszustands eines Patienten, eines Anwenders oder einer anderen Person führen könnte oder geführt haben könnte;

ii) jeden Grund technischer oder medizinischer Art, der aufgrund der unter Ziffer i) genannten Ursachen durch die Merkmale und Leistungen des Produkts bedingt ist und zum systematischen Rückruf von Produkten desselben Typs durch den Hersteller geführt hat.

6. Bei Produkten zur Eigenanwendung muss der Hersteller einen Antrag auf Prüfung der Auslegung bei einer benannten Stelle einreichen.

6.1. Der Antrag muss eine verständliche Darstellung der Auslegung des Produkts enthalten und eine Bewertung der Konformität mit den auslegungsbezogenen Anforderungen der Richtlinie ermöglichen. Der Antrag muss folgendes enthalten:

- Testberichte, gegebenenfalls mit Ergebnissen von Studien, die mit Laien durchgeführt worden sind;
- Angaben, die die geeignete Handhabung des Produkts im Hinblick auf die vorgesehene Eigenanwendung belegen;
- die Angaben, die auf der Kennzeichnung und in der Gebrauchsanweisung des Produkts anzubringen sind.

6.2. Die benannte Stelle prüft den Antrag und stellt, falls die Auslegung den einschlägigen Bestimmungen dieser Richtlinie entspricht, dem Antragsteller eine EG-Auslegungsprüfbescheinigung aus. Die benannte Stelle kann verlangen, dass der Antrag durch weitere Tests oder Nachweise ergänzt wird, um die Konformität mit den Anforderungen der Richtlinie zur Auslegung prüfen zu können. Die Bescheinigung enthält die Ergebnisse der Prüfung, die Bedingungen für die Gültigkeit der Bescheinigung sowie die zur Identifizierung der genehmigten Auslegung erforderlichen Angaben und gegebenenfalls eine Beschreibung der Zweckbestimmung des Produkts.

6.3. Der Antragsteller informiert die benannte Stelle, die die EG-Auslegungsprüfbescheinigung ausgestellt hat, über alle an der genehmigten Auslegung vorgenommenen wesentlichen Änderungen. Änderungen der genehmigten Auslegung müssen von der benannten Stelle, die die EG-Auslegungsprüfbescheinigung ausgestellt hat, zusätzlich genehmigt werden, wenn sie die Konformität mit den grundlegenden Anforderungen dieser Richtlinie oder mit den vorgesehenen Anwendungsbedingungen des Produkts berühren können. Diese Zusatzgenehmigung wird in Form eines Nachtrags zur ursprünglichen EG-Auslegungsprüfbescheinigung erteilt.

Anhang IV

EG-Konformitätserklärung

(Vollständiges Qualitätssicherungssystem)

1. Der Hersteller stellt sicher, dass das genehmigte Qualitätssicherungssystem für die für die Auslegung, die Fertigung und die Endkontrolle der betreffenden Produkte nach Maßgabe der Nummer 3 angewandt wird; er unterliegt der förmlichen Überprüfung (Audit) gemäß Nummer 3.3 und der Überwachung gemäß Nummer 5. Darüber hinaus hat der Hersteller bei den in Anhang II Liste A genannten Produkten die Verfahren nach den Nummern 4 und 6 einzuhalten.

2. Bei der EG-Konformitätserklärung handelt es sich um das Verfahren, mit dem der Hersteller, der den Verpflichtungen nach Nummer 1 nachkommt, sicherstellt und erklärt, dass die betreffenden Produkte den einschlägigen Bestimmungen dieser Richtlinie entsprechen.

   Der Hersteller bringt die CE-Kennzeichnung gemäß Artikel 16 an und stellt eine Konformitätserklärung aus, die sich auf die betreffenden Produkte erstreckt.

3. **Qualitätssicherungssystem**

3.1. Der Hersteller reicht einen Antrag auf Bewertung seines Qualitätssicherungssystems bei einer benannten Stelle ein.

Der Antrag muss folgendes enthalten:

- Name und Anschrift des Hersteller sowie die Anschrift etwaiger weiterer Fertigungsstätten denen das Qualitätssicherungssystem angewandt wird;
- alle einschlägigen Angaben über das Produkt oder die Produktkategorie, das bzw. die Gegenstand des Verfahrens ist;
- eine schriftliche Erklärung, dass bei keiner anderen benannten Stelle ein Parallelantrag zu demselben Qualitätssicherungssystem bezogen auf dieses Produkt eingereicht worden ist;
- die Dokumentation über das Qualitätssicherungssystem;
- eine Zusicherung seitens des Herstellers, die Verpflichtungen, die sich aus dem genehmigten Qualitätssicherungssystem ergeben, zu erfüllen;
- eine Zusicherung seitens des Herstellers, das genehmigte Qualitätssicherungssystem so zu unterhalten, dass dessen Eignung und Wirksamkeit gewährleistet bleiben;
- eine Zusicherung des Herstellers, ein systematisches Verfahren einzurichten und auf dem neuesten Stand zu halten, mit dem Erfahrungen mit Produkten in den der Herstellung nachgelagerten Phasen ausgewertet werden, und alle Vorkehrungen zu treffen, um

erforderliche Korrekturen und die Unterrichtung gemäß Anhang III Nummer 5 vorzunehmen.

3.2. Mit Hilfe des Qualitätssicherungssystems muss die Konformität der Produkte mit den einschlägigen Bestimmungen dieser Richtlinie auf allen Stufen von der Auslegung bis zur Endkontrolle sichergestellt werden. Alle Einzelheiten, Anforderungen und Vorkehrungen, die der Hersteller seinem Qualitätssicherungssystem zugrunde legt, müssen in eine systematisch geführte und nach Strategien und schriftlichen Verfahrensanweisungen geordnete Dokumentation, beispielsweise in Form von Programmen, Plänen, Handbüchern und Aufzeichnungen zur Qualitätssicherung, aufgenommen werden.

Diese Dokumentation umfasst insbesondere eine angemessene Beschreibung folgender Punkte:

a) Qualitätsziele des Herstellers;

b) Organisation des Unternehmens insbesondere:
   - organisatorischer Aufbau, Zuständigkeiten und organisatorische Befugnisse des Managements in bezug auf die Qualität bei der Auslegung und der Herstellung der betreffenden Produkte;
   - Mittel zur Überprüfung der Wirksamkeit des Qualitätssicherungssystems, insbesondere von dessen Eignung zur Sicherstellung der angestrebten Auslegungs- und Produktqualität, einschließlich der Kontrolle über nichtkonforme Produkte;

c) Verfahren zur Steuerung und Kontrolle der Produktauslegung, insbesondere:
   - eine allgemeine Beschreibung des Produkts, einschließlich der geplanten Varianten;
   - die gesamte Dokumentation gemäß Anhang III Nummer 3 dritter bis dreizehnter Gedankenstrich;
   - bei Produkten zur Eigenanwendung die Angaben gemäß Anhang III Nummer 6.1;
   - Techniken zur Kontrolle und Prüfung der Auslegung, der Verfahren und der systematischen Maßnahmen, die bei der Produktauslegung angewendet werden;

d) Qualitätssicherungs- und Kontrolltechniken auf der Ebene der Hersteller, insbesondere:
   - Verfahren und Methoden, insbesondere bei der Sterilisation;
   - Verfahren bei der Materialbeschaffung;

- Verfahren zur Produktidentifizierung, die anhand von Zeichnungen, Spezifikationen oder sonstigen einschlägigen Unterlagen im Verlauf aller Herstellungsstufen erstellt und auf dem neuesten Stand gehalten werden;

e) geeignete Untersuchungen und Prüfungen, die vor, während und nach der Herstellung vorgenommen werden, sowie Angaben zu ihrer Häufigkeit und zu den verwendeten Prüfgeräten; die Nachvollziehbarkeit der Kalibrierung muss sichergestellt sein.

Der Hersteller führt die erforderlichen Prüfungen und Tests entsprechend dem neuesten Stand der Technik durch. Die Prüfungen und Tests beziehen sich auf den Herstellungsprozess, einschließlich der Bestimmung der Eigenschaften der Ausgangsstoffe, sowie die jeweils hergestellten einzelnen Produkte oder Produktchargen.

Bei der Prüfung der in Anhang II Liste A genannten Produkte berücksichtigt der Hersteller die neuesten Erkenntnisse, insbesondere im Hinblick auf die biologische Komplexität und Variabilität der mit dem In-vitro-Diagnostikum zu prüfenden Proben.

3.3. Die benannte Stelle führt eine förmliche Überprüfung (Audit) des Qualitätssicherungssystems durch, um festzustellen, ob es den Anforderungen nach Nummer 3.2 entspricht. Bei Qualitätssicherungssystemen, die auf der Umsetzung der entsprechenden harmonisierten Normen beruhen, geht sie von der Übereinstimmung mit diesen Anforderungen aus.

Das Prüfteam muss Erfahrungen mit der Bewertung der betreffenden Technologie haben. Das Bewertungsverfahren schließt eine Besichtigung der Betriebsstätten des Herstellers und, falls dazu hinreichend Anlass besteht, der Betriebsstätten der Zulieferer des Herstellers und / oder seiner Subunternehmer ein, um die Herstellungsverfahren zu überprüfen.

Die Entscheidung wird dem Hersteller mitgeteilt. Die Mitteilung enthält die Ergebnisse der Prüfung und eine Begründung der Entscheidung.

3.4. Der Hersteller informiert die benannte Stelle, die das Qualitätssicherungssystem genehmigt hat, über geplante wesentliche Änderungen des Qualitätssicherungssystems oder der hiervon erfassten Produktreihe.

Die benannte Stelle prüft die vorgeschlagenen Änderungen und entscheidet, ob das geänderte Qualitätssicherungssystem den Anforderungen nach Nummer 3.2 noch entspricht. Sie teilt ihre Entscheidung dem Hersteller mit. Die Mitteilung enthält die Ergebnisse der Prüfung und eine Begründung der Entscheidung.

4. **Prüfung der Produktauslegung**

4.1. Bei den in Anhang II Liste A genannten Produkten stellt der Hersteller, zusätzlich zu den ihm gemäß Nummer 3 obliegenden Verpflichtungen, bei der benannten Stelle einen Antrag auf Prüfung der Auslegungsdokumentation zu dem Produkt, dessen Herstellung bevorsteht und das zu der in Nummer 3.1 genannten Kategorie gehört.

4.2. Aus dem Antrag müssen die Auslegung, die Herstellung und die Leistungsdaten des betreffenden Produkts hervorgehen. Der Antrag enthält die nach Nummer 3.2 Buchstabe c) beizubringenden Dokumente, anhand deren die Beurteilung, ob das Produkt den Anforderungen dieser Richtlinie entspricht, möglich sein muss.

4.3. Die benannte Stelle prüft den Antrag und stellt, falls die Auslegung den einschlägigen Bestimmungen dieser Richtlinie entspricht, dem Antragsteller eine EG-Auslegungsprüfbescheinigung aus. Die benannte Stelle kann verlangen, dass für die Antragstellung zusätzliche Tests oder Prüfungen durchgeführt werden, damit die Übereinstimmung mit den Anforderungen dieser Richtlinie beurteilt werden kann. Die Bescheinigung enthält die Ergebnisse der Prüfung, die Bedingungen für ihre Gültigkeit sowie die zur Identifizierung der genehmigten Auslegung erforderlichen Angaben und gegebenenfalls eine Beschreibung der Zweckbestimmung des Produkts.

4.4. Änderungen an der genehmigten Auslegung müssen von der benannten Stelle, die die EG-Auslegungsprüfbescheinigung ausgestellt hat, zusätzlich genehmigt werden, wenn sie die Übereinstimmung des Produkts mit den grundlegenden Anforderungen dieser Richtlinie oder mit den vorgeschriebenen Anwendungsbedingungen berühren können. Der Hersteller informiert die benannte Stelle, die die EG-Auslegungsprüfbescheinigung ausgestellt hat, über diese Änderungen. Diese Zusatzgenehmigung wird in Form eines Nachtrags zur EG-Auslegungsprüfbescheinigung erteilt.

4.5. Der Hersteller informiert die benannte Stelle umgehend davon, wenn er Erkenntnisse über Änderungen der zu testenden Krankheitserreger und Infektionsmarker, insbesondere infolge biologischer Komplexität und Variabilität, erhalten hat. Der Hersteller teilt in diesem Zusammenhang der benannten Stelle mit, ob diese Änderung Auswirkungen auf die Leistung des In-vitro-Diagnostikums haben könnte.

5. **Überwachung**

5.1. Mit der Überwachung soll sichergestellt werden, dass der Hersteller die Verpflichtungen, die sich aus dem genehmigten Qualitätssicherungssystem ergeben, ordnungsgemäß einhält.

5.2. Der Hersteller gestattet der benannten Stelle die Durchführung aller erforderlichen Inspektionen und stellt ihr alle erforderlichen Unterlagen zur Verfügung, insbesondere:

- die Dokumentation über das Qualitätssicherungssystem;
- die Daten, die in dem die Auslegung betreffenden Teil des Qualitätssicherungssystems vorgesehen sind, wie z. B. Ergebnisse von Analysen, Berechnungen, Tests usw.;
- die Daten, die in dem die Herstellung betreffenden Teil des Qualitätssicherungssystems vorgesehen sind, wie z. B. Kontroll-, Test- und Kalibrierungsberichte, Berichte über die Qualifikation des betreffenden Personals usw.

5.3. Die benannte Stelle führt regelmäßig die erforderlichen Inspektionen und Bewertungen durch, um sich davon zu überzeugen, dass der Hersteller das genehmigte Qualitätssicherungssystem anwendet, und übermittelt dem Hersteller einen Bewertungsbericht.

5.4. Darüber hinaus kann die benannte Stelle unangemeldete Besichtigungen beim Hersteller durchführen. Dabei kann die benannte Stelle erforderlichenfalls Prüfungen zur Kontrolle des ordnungsgemäßen Funktionierens des Qualitätssicherungssystems durchführen oder durchführen lassen. Die benannte Stelle stellt dem Hersteller einen Bericht über die Besichtigung und gegebenenfalls über die vorgenommenen Prüfungen zur Verfügung.

6. **Überprüfung der hergestellten Produkte nach Anhang II Liste A**

6.1. Im Fall von Produkten nach Anhang II Liste A übermittelt der Hersteller der benannten Stelle umgehend nach Beendigung der Prüfungen und Tests die einschlägigen Prüfprotokolle über die Prüfung der hergestellten Produkte oder der einzelnen Produktchargen. Darüber hinaus stellt der Hersteller der benannten Stelle die Proben der hergestellten Produkte oder Produktchargen gemäß vorher vereinbarten Bedingungen und Modalitäten zur Verfügung.

6.2. Der Hersteller kann die Produkte in Verkehr bringen, es sei denn, dass die benannte Stelle ihm innerhalb der vereinbarten Frist, spätestens jedoch 30 Tage nach Eingang der Proben, eine andere Entscheidung – insbesondere in bezug auf die Bedingungen für die Gültigkeit der ausgestellten Bescheinigung – mitteilt.

Anhang V

EG-Baumusterprüfung

1. Als EG-Baumusterprüfung wird der Teil des Verfahrens bezeichnet, mit dem eine benannte Stelle feststellt und bescheinigt, dass ein für die geplante Produktion repräsentatives Exemplar den einschlägigen Bestimmungen dieser Richtlinie entspricht.

2. Der Antrag auf eine EG-Baumusterprüfung ist vom Hersteller oder seinem Bevollmächtigten bei einer benannten Stelle einzureichen.

   Der Antrag muss folgendes enthalten:

   – Name und Anschrift des Herstellers sowie Name und Anschrift des Bevollmächtigten, wenn der Antrag durch diesen gestellt wird;
   – die Dokumentation gemäß Nummer 3, die zur Bewertung der Konformität des für die betreffende Produktion repräsentativen Exemplars, nachstehend „Baumuster" genannt, mit den Anforderungen dieser Richtlinie erforderlich ist. Der Antragsteller stellt der benannten Stelle ein Baumuster zur Verfügung. Die benannte Stelle kann erforderlichenfalls weitere Exemplare des Baumusters verlangen;
   – eine schriftliche Erklärung, dass bei keiner anderen benannten Stelle ein Antrag zum selben Baumuster eingereicht worden ist.

3. Aus der Dokumentation müssen die Auslegung, die Herstellung und die Leistungsdaten des Produkts hervorgehen. Die Dokumentation muss insbesondere folgende Angaben und Einzelunterlagen enthalten:

   – eine allgemeine Beschreibung des Baumusters, einschließlich der geplanten Varianten;
   – die gesamte Dokumentation gemäß Anhang III Nummer 3 dritter bis dreizehnter Gedankenstrich;
   – bei Produkten zur Eigenanwendung die im Anhang III Nummer 6.1 genannten Informationen.

4. Die benannte Stelle geht wie folgt vor:

4.1. Sie prüft und bewertet die Dokumentation und überprüft, ob das Baumuster in Übereinstimmung mit dieser hergestellt wurde; sie stellt fest, welche Bauteile entsprechend den einschlägigen Bestimmungen der Normen gemäß Artikel 5 ausgelegt sind und bei welchen Bauteilen sich die Auslegung nicht auf die einschlägigen Bestimmungen dieser Normen stützt.

4.2. Sie führt die geeigneten Prüfungen und erforderlichen Tests durch oder lässt diese durchführen, um festzustellen, ob die vom Hersteller gewählten Lösungen den grundlegenden Anforderungen dieser Richtlinie entsprechen, sofern die in Artikel 5 genannten Normen nicht angewandt worden sind. Wenn ein Produkt zur Erfüllung seiner Zweckbestimmung an ein oder mehrere andere Produkte angeschlossen werden muss, ist der Nachweis zu erbringen, dass das erstgenannte Produkt bei Anschluss an ein oder mehrere andere Produkte, die die vom Hersteller angegebenen Merkmale aufweisen, die grundlegenden Anforderungen erfüllt.

4.3. Sie führt die geeigneten Prüfungen und erforderlichen Tests durch oder lässt diese durchführen, um festzustellen, ob die einschlägigen Normen tatsächlich angewendet worden sind, sofern sich der Hersteller für deren Anwendung entschieden hat.

4.4. Sie vereinbart mit dem Antragsteller den Ort, an dem die erforderlichen Prüfungen und Tests durchgeführt werden.

5. Entspricht das Baumuster den Bestimmungen dieser Richtlinie, so stellt die benannte Stelle dem Antragsteller eine EG-Baumusterprüfbescheinigung aus. Diese Bescheinigung enthält den Namen und die Anschrift des Herstellers, die Ergebnisse der Prüfung, die Bedingungen für die Gültigkeit der Bescheinigung sowie die zur Identifizierung des genehmigten Baumusters erforderlichen Angaben. Die relevanten Teile der Dokumentation werden der Bescheinigung beigefügt; eine Abschrift verbleibt bei der benannten Stelle.

6. Der Hersteller informiert die benannte Stelle umgehend davon, wenn er Erkenntnisse über Änderungen der zu testenden Krankheitserreger und Infektionsmarker, insbesondere infolge biologischer Komplexität und Variabilität, erhalten hat. Der Hersteller teilt in diesem Zusammenhang der benannten Stelle mit, ob diese Änderung Auswirkungen auf die Leistung des In-vitro-Diagnostikums haben könnte.

6.1. Änderungen an dem genehmigten Produkt müssen von der benannten Stelle, die die EG-Baumusterprüfbescheinigung ausgestellt hat, zusätzlich genehmigt werden, wenn sie die Übereinstimmung des Produkts mit den grundlegenden Anforderungen dieser Richtlinie oder mit den vorgeschriebenen Anwendungsbedingungen berühren können. Der Hersteller informiert die benannte Stelle, die die EG-Baumusterprüfbescheinigung ausgestellt hat, über alle derartigen Änderungen des genehmigten Produkts. Diese Zusatzgenehmigung wird in Form eines Nachtrags zur EG-Baumusterprüfbescheinigung erteilt.

7. **Administrative Bestimmungen**

Die anderen benannten Stellen können eine Abschrift der EG-Baumusterprüfbescheinigungen und / oder von deren Nachträgen erhalten. Die Anlagen zu den Bescheinigungen werden ihnen auf begründeten Antrag und nach vorheriger Unterrichtung des Herstellers zur Verfügung gestellt.

Anhang VI

EG-Prüfung

1. Die EG-Prüfung ist das Verfahren, mit dem der Hersteller oder sein Bevollmächtigter sicherstellt und erklärt, dass die Produkte, auf die das Verfahren nach Nummer 4 angewendet wurde, mit dem in der EG-Baumusterprüfbescheinigung beschriebenen Baumuster übereinstimmen und den einschlägigen Anforderungen dieser Richtlinie entsprechen.

2.1. Der Hersteller trifft alle erforderlichen Maßnahmen, damit im Herstellungsverfahren die Konformität der Produkte mit dem in der EG-Baumusterprüfbescheinigung beschriebenen Baumuster und mit den einschlägigen Anforderungen der Richtlinie sichergestellt wird. Er erstellt vor Beginn der Herstellung eine Dokumentation, in der das Herstellungsverfahren, insbesondere im Bereich der Sterilisation, sowie gegebenenfalls die Eignung der Ausgangsstoffe festgelegt sind, und definiert die notwendigen Prüfverfahren entsprechend dem Stand der Technik. Sämtliche zuvor aufgestellten Routinevorschriften sind anzuwenden, um die Homogenität der Herstellung und die Konformität der Produkte mit dem in der EG-Baumusterprüfbescheinigung beschriebenen Baumuster sowie mit den einschlägigen Anforderungen dieser Richtlinie zu gewährleisten.

2.2. Sofern in bezug auf bestimmte Aspekte eine Endkontrolle gemäß Nummer 6.3 nicht zweckmäßig ist, sind vom Hersteller mit Genehmigung der benannten Stelle prozessinterne Prüf-, Überwachungs- und Kontrollverfahren zu entwickeln. Die Bestimmungen gemäß Anhang IV Nummer 5 gelten entsprechend für die oben genannten genehmigten Verfahren.

3. Der Hersteller verpflichtet sich, ein systematisches Verfahren einzurichten und auf dem neuesten Stand zu halten, mit dem Erfahrungen mit Produkten in den der Herstellung nachgelagerten Phasen ausgewertet werden, und geeignete Vorkehrungen zu treffen, um die erforderlichen Korrekturen und die Unterrichtung gemäß Anhang III Nummer 5 vorzunehmen.

4. Die benannte Stelle nimmt unter Berücksichtigung von Nummer 2.2 die entsprechenden Prüfungen und Tests zur Überprüfung der Konformität des Produkts mit den Anforderungen der Richtlinie je nach Wahl des Herstellers entweder durch Kontrolle und Erprobung jedes einzelnen Produkts gemäß Nummer 5 oder durch Kontrolle und Erprobung der Produkte auf statistischer Grundlage gemäß Nummer 6 vor. Bei der statistischen Überprüfung gemäß Nummer 6 hat die benannte Stelle zu entscheiden, ob die statistischen Verfahren für die Prüfung sämtlicher

Chargen oder für die Prüfung einzelner Chargen anzuwenden sind. Bei dieser Entscheidung ist der Hersteller zu hören.

Ist eine Kontrolle und Erprobung auf statistischer Grundlage unzweckmäßig, können Prüfungen und Tests nach dem Zufallsprinzip durchgeführt werden, wenn ein solches Vorgehen in Verbindung mit den Maßnahmen, die gemäß Nummer 2.2 getroffen werden, einen gleichwertigen Grad an Konformität gewährleistet.

5. **Kontrolle und Erprobung jedes einzelnen Produkts**

5.1. Alle Produkte werden einzeln geprüft und dabei entsprechenden Prüfungen, wie sie in der (den) in Artikel 5 genannten geltenden Norm(en) vorgesehen sind, oder gleichwertigen Prüfungen unterzogen, und ihre Konformität mit dem in der EG-Baumusterprüfbescheinigung beschriebenen Baumuster und mit den einschlägigen Anforderungen der Richtlinie zu überprüfen.

5.2. Die benannte Stelle bringt an jedem genehmigten Produkt ihre Kennummer an bzw. lässt diese anbringen und stellt eine Konformitätserklärung über die vorgenommenen Prüfungen aus.

6. **Statistische Überprüfung**

6.1. Der Hersteller legt seine Produkte in Form homogener Chargen vor.

6.2. Von jeder Charge werden je nach Bedarf eine oder mehrere Zufallsproben genommen. Die Produkte, die die Probe(n) bilden, werden geprüft und dabei entsprechenden Prüfungen, wie sie in der (den) in Artikel 5 genannten geltenden Norm(en) vorgesehen sind, oder gleichwertigen Prüfungen unterzogen, um gegebenenfalls ihre Konformität mit dem in der EG-Baumusterprüfbescheinigung beschriebenen Baumuster und mit den einschlägigen Anforderungen der Richtlinie zu überprüfen und zu entscheiden, ob die Charge anzunehmen oder zurückzuweisen ist.

6.3. Die statistische Kontrolle der Produkte beruht auf Attributen und / oder Variablen und beinhaltet Stichprobenpläne mit funktionsspezifischen Besonderheiten, die ein hohes Sicherheits- und Leistungsniveau gemäß dem neuesten Stand der Technik gewährleisten. Die Stichprobenpläne werden auf der Grundlage der harmonisierten Normen gemäß Artikel 5 unter Berücksichtigung der Eigenarten der jeweiligen Produktkategorien festgelegt.

6.4. Wird eine Charge angenommen, so bringt die benannte Stelle ihre Kennummer an jedem Produkt an oder lässt diese anbringen und stellt eine Konformitätserklärung über die vorgenommenen Prüfungen aus. Alle Produkte der Charge mit Ausnahme der Produkte der Probe, bei denen Nichtübereinstimmung festgestellt worden ist, können in Verkehr gebracht werden.

Wird eine Charge zurückgewiesen, so ergreift die zuständige benannte Stelle geeignete Maßnahmen, um das Inverkehrbringen dieser Charge zu verhindern. Bei gehäufter Zurückweisung von Chargen kann die benannte Stelle die statistische Kontrolle aussetzen.

Der Hersteller kann unter der Verantwortung der benannten Stelle während des Herstellungsverfahrens die Kennummer dieser Stelle anbringen.

Anhang VII

EG-Konformitätserklärung

(Qualitätssicherung Produktion)

1. Der Hersteller stellt sicher, dass das genehmigte Qualitätssicherungssystem für die Herstellung der betreffenden Produkte angewandt wird und dass diese Produkte nach Maßgabe der Nummer 3 einer Endkontrolle unterzogen werden; er unterliegt der Überwachung gemäß Nummer 4.

2. Bei der Konformitätserklärung handelt es sich um den Teil des Verfahrens, mit dem der Hersteller, der den Verpflichtungen nach Nummer 1 nachkommt, sicherstellt und erklärt, dass die betreffenden Produkte dem in der EG-Baumusterprüfbescheinigung beschriebenen Baumuster und den einschlägigen Bestimmungen dieser Richtlinie entsprechen.

   Der Hersteller bringt die CE-Kennzeichnung gemäß Artikel 16 an und stellt für die betreffenden Produkte eine Konformitätserklärung aus.

3. **Qualitätssicherungssystem**

3.1. Der Hersteller reicht einen Antrag auf Bewertung seines Qualitätssicherungssystems bei einer benannten Stelle ein.

Der Antrag muss folgendes enthalten:

- die gesamte Dokumentation sowie alle Verpflichtungen gemäß Anhang IV Nummer 3.1 und
- die technische Dokumentation über die genehmigten Baumuster und eine Kopie der EG-Baumusterprüfbescheinigungen.

3.2. Mit Hilfe des Qualitätssicherungssystems muss die Konformität der Produkte mit dem in der EG-Baumusterprüfbescheinigung beschriebenen Baumuster sichergestellt werden.

Alle Einzelheiten, Anforderungen und Vorkehrungen, die der Hersteller seinem Qualitätssicherungssystem zugrunde legt, müssen in eine systematisch geführte und nach Strategien und schriftlichen Verfahrensanweisungen geordnete Dokumentation aufgenommen werden. Diese Dokumentation über das Qualitätssicherungssystem muss eine einheitliche Interpretation der Qualitätssicherungsstrategie und -verfahren, beispielsweise in Form von Programmen, Plänen, Handbüchern und Aufzeichnungen zur Qualitätssicherung, ermöglichen.

Sie umfasst insbesondere eine angemessene Beschreibung folgender Punkte:

a) Qualitätsziele des Herstellers;

b) Organisation des Unternehmens, insbesondere
   - Organisatorischer Aufbau, Zuständigkeiten und organisatorische Befugnisse des Managements in bezug auf die Qualität der Herstellung der Produkte;
   - Mittel zur Überprüfung der Wirksamkeit des Qualitätssicherungssystems, insbesondere von dessen Eignung zur Sicherstellung der angestrebten Produktqualität, einschließlich der Kontrolle über nichtkonforme Produkte;

c) Qualitätssicherungs- und Kontrolltechniken auf der Ebene der Herstellung, insbesondere
   - Verfahren und Methoden, insbesondere bei der Sterilisation;
   - Verfahren bei der Materialbeschaffung;
   - Verfahren zur Produktidentifizierung, die anhand von Zeichnungen, Spezifikationen oder sonstigen einschlägigen Unterlagen im Verlauf aller Herstellungsstufen erstellt und auf dem neuesten Stand gehalten werden;

d) geeignete Untersuchungen und Prüfungen, die vor, während und nach der Herstellung durchgeführt werden, sowie Angabe ihrer Häufigkeit und der verwendeten Prüfgeräte; die Nachvollziehbarkeit der Kalibrierung muss sichergestellt sein.

3.3. Die benannte Stelle führt eine förmliche Überprüfung (Audit) des Qualitätssicherungssystems durch, um festzustellen, ob es den Anforderungen nach Nummer 3.2 entspricht. Bei Qualitätssicherungssystemen, die auf der Umsetzung der entsprechenden harmonisierten Normen beruhen, geht sie von der Übereinstimmung mit diesen Anforderungen aus.

Das Prüfteam muss Erfahrungen mit der Bewertung der betreffenden Technologie haben. Das Bewertungsverfahren schließt eine Besichtigung der Betriebsstätten des Herstellers und, falls dazu hinreichend Anlass besteht, der Betriebsstätten der Zulieferer des Herstellers und / oder seiner Subunternehmer ein, um die Herstellungsverfahren zu überprüfen.

Die Entscheidung wird dem Hersteller mitgeteilt. Die Mitteilung enthält die Ergebnisse der Prüfung und eine Begründung der Entscheidung.

3.4. Der Hersteller informiert die benannte Stelle, die das Qualitätssicherungssystem genehmigt über alle geplanten wesentlichen Änderungen des Qualitätssicherungssystems.

Die benannte Stelle prüft die vorgeschlagenen Änderungen und entscheidet, ob das geänderte Qualitätssicherungssystem den Anforderungen nach Nummer 3.2 noch entspricht. Sie teilt ihre Entscheidung dem Hersteller mit. Die Mitteilung enthält die Ergebnisse der Prüfung und eine Begründung der Entscheidung.

4. **Überwachung**

Es gelten die Bestimmungen gemäß Anhang IV Nummer 5.

5. **Überprüfung der hergestellten Produkte nach Anhang II Liste A**

5.1. Im Falle von Produkten nach Anhang II Liste A übermittelt der Hersteller der benannten Stelle umgehend nach Beendigung der Prüfungen und Tests die einschlägigen Prüfprotokolle über die Prüfung der hergestellten Produkte oder der einzelnen Produktchargen. Darüber hinaus stellt der Hersteller der benannten Stelle die Proben der hergestellten Produkte oder Produktchargen gemäß vorher vereinbarten Bedingungen und Modalitäten zur Verfügung.

5.2. Der Hersteller kann die Produkte in Verkehr bringen, es sei denn, dass die benannte Stelle ihm innerhalb der vereinbarten Frist, spätestens jedoch 30 Tage nach Eingang der Proben, eine andere Entscheidung – insbesondere in bezug auf die Bedingungen für die Gültigkeit der ausgestellten Bescheinigung – mitteilt.

Anhang VIII

Erklärung und Verfahren bei Produkten für Leistungsbewertungszwecke

1. Für Produkte für Leistungsbewertungszwecke stellt der Hersteller oder sein Bevollmächtigter eine Erklärung aus, die die in Nummer 2 aufgeführten Angaben enthält, und stellt sicher, dass den einschlägigen Bestimmungen dieser Richtlinie entsprochen wird.

2. Die Erklärung muss folgende Angaben enthalten:
   - die Daten zur Identifizierung des Produkts;
   - einen Evaluierungsplan mit Angabe insbesondere des Ziels, der wissenschaftlichen, technischen oder medizinischen Begründung und des Umfangs der Evaluierung sowie der Anzahl der betroffenen Produkte;
   - die Liste der Laboratorien oder sonstigen Einrichtungen, die an den Leistungsbewertungsprüfungen beteiligt sind;
   - Beginn und geplante Dauer der Evaluierungsarbeiten und – bei Produkten zur Eigenanwendung den Ort sowie die Anzahl der beteiligten Laien;
   - eine Erklärung, dass das betreffende Produkt – mit Ausnahme der Gesichtspunkte, die Gegenstand der Evaluierung sind, und den in der Erklärung ausdrücklich genannten Punkten – den Anforderungen der Richtlinie entspricht und dass alle Vorsichtsmaßnahmen zum Schutz der Gesundheit und der Sicherheit des Patienten, des Anwenders und anderer Personen getroffen wurden.

3. Der Hersteller verpflichtet sich ferner, für die zuständigen nationalen Behörden die Dokumentation bereitzuhalten, aus der die Auslegung, die Herstellung und die Leistungsdaten des Produkts einschließlich der vorgesehenen Leistung hervorgehen, so dass sich beurteilen lässt, ob es den Anforderungen dieser Richtlinie entspricht. Diese Dokumentation ist für einen Zeitraum von mindestens fünf Jahren nach Abschluss der Leistungsbewertungsprüfung aufzubewahren.

   Der Hersteller trifft alle erforderlichen Maßnahmen, damit im Herstellungsverfahren die Konformität der hergestellten Produkte mit der im ersten Absatz genannten Dokumentation sichergestellt wird.

4. Für Produkte für Leistungsbewertungszwecke gilt Artikel 10 Absätze 1, 3 und 5.

Anhang IX

Kriterien für die Beauftragung der benannten Stellen

1. Die benannte Stelle, ihr Leiter und das mit der Durchführung der Bewertungen und Prüfungen beauftragte Personal dürfen weder mit dem Autor des Entwurfs (der Auslegung), dem Hersteller, dem Lieferer, dem Monteur oder dem Anwender der Produkte, die sie prüfen, identisch noch Bevollmächtigte einer dieser Personen sein. Sie dürfen weder unmittelbar noch als Bevollmächtigte an der Auslegung, an der Herstellung, am Vertrieb oder an der Instandhaltung dieser Produkte beteiligt sen. Die Möglichkeit eines Austauschs technischer Informationen zwischen dem Hersteller und der Stelle wird dadurch in keiner Weise ausgeschlossen.

2. Die benannte Stelle und deren Mitarbeiter müssen die Bewertungen und Prüfungen mit höchster beruflicher Zuverlässigkeit und größter erforderlicher Sachkenntnis auf dem Gebiet der Medizinprodukte durchführen und unabhängig sein von jeder möglichen Einflussnahme – vor allem finanzieller Art – auf ihre Beurteilung oder die Ergebnisse ihrer Prüfung, insbesondere von der Einflussnahme durch Personen oder Personengruppen, die an den Ergebnissen der Prüfung interessiert sind.

   Wenn eine benannte Stelle spezielle Arbeiten im Zusammenhang mit der Feststellung und Verifizierung von Sachverhalten einem Unterauftragnehmer überträgt, muss sie zuvor sicherstellen, dass die Bestimmungen der Richtlinie von dem Unterauftragnehmer eingehalten werden. Die benannte Stelle hält die einschlägigen Dokumente zur Bewertung der Sachkompetenz des Unterauftragnehmers und zu den von diesem im Rahmen dieser Richtlinie ausgeführten Arbeiten zur Einsichtnahme durch die nationalen Behörden bereit.

3. Die benannte Stelle muss in der Lage sein, alle in einem der Anhänge III bis VII genannten Aufgaben, die einer solchen Stelle zugewiesen werden und für die sie benannt ist, wahrzunehmen, sei es, dass diese Aufgabe von der Stelle selbst, sei es, dass sie unter ihrer Verantwortung ausgeführt werden. Sie muss insbesondere über das Personal verfügen und die Mittel besitzen, die zur angemessenen Erfüllung der mit der Durchführung der Bewertungen und Prüfungen verbundenen technischen und verwaltungsmäßigen Aufgaben erforderlich sind. Dies schließt ein, dass in der Organisation ausreichend wissenschaftliches Personal vorhanden ist, das die entsprechenden Erfahrungen und Kenntnisse besitzt, um die biologische und medizinische Funktion und Leistung der Produkte, für die die Stelle benannt worden ist, in bezug auf die Anforderungen dieser Richtlinie und insbesondere die Anforderungen

des Anhangs I zu bewerten. Ebenso muss die benannte Stelle Zugang zu den für die Prüfungen erforderlichen Ausrüstungen haben.

4. Das mit den Prüfungen beauftragte Personal muss folgendes besitzen:
   - eine gute berufliche Ausbildung in bezug auf alle Bewertungen und Prüfungen, für die die Stelle benannt worden ist;
   - eine ausreichende Kenntnis der Vorschriften für die von ihm durchgeführten Prüfungen und eine ausreichende praktische Erfahrung auf diesem Gebiet;
   - die erforderliche Eignung für die Abfassung der Bescheinigungen, Protokolle und Berichte, in denen die durchgeführten Prüfungen niedergelegt werden.

5. Die Unabhängigkeit des mit der Prüfung beauftragten Personals ist zu gewährleisten. Die Höhe der Bezüge jedes Prüfers darf sich weder nach der Zahl der von ihm durchgeführten Prüfungen noch nach den Ergebnissen dieser Prüfungen richten.

6. Die Stelle muss eine Haftpflichtversicherung abschließen, es sei denn, diese Haftpflicht wird vom Staat aufgrund einzelstaatlichen Rechts gedeckt oder die Prüfungen werden unmittelbar von dem Mitgliedstaat durchgeführt.

7. Das Personal der Prüfstelle ist (außer gegenüber den zuständigen Verwaltungsbehörden des Staates, in dem es seine Tätigkeit ausübt) durch das Berufsgeheimnis in bezug auf alle Informationen gebunden, von denen es bei der Durchführung seiner Aufgaben im Rahmen dieser Richtlinie oder einer einzelstaatlichen Rechtsvorschrift, die dieser Richtlinie Wirkung verleiht, Kenntnis erhält.

Anhang X

CE-Konformitätskennzeichnung

Die CE-Konformitätskennzeichnung besteht aus den Buchstaben „CE" mit folgendem Schriftbild:

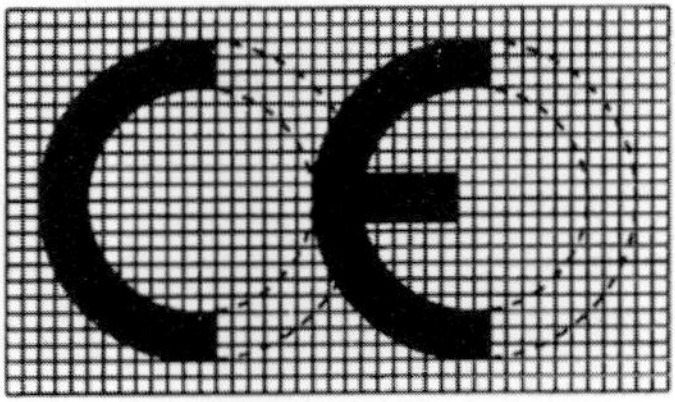

- Bei Verkleinerung oder Vergrößerung der Kennzeichnung müssen die sich aus dem oben abgebildeten Raster ergebenden Proportionen eingehalten werden.
- Die verschiedenen Bestandteile der CE-Kennzeichnung müssen etwa gleich hoch sein: die Mindesthöhe beträgt 5 mm. Von der Mindesthöhe kann bei kleinen Produkten abgewichen werden.

Richtlinie 2003/12/EG der Kommission vom 3. Februar 2003 zur Neuklassifizierung von Brustimplantaten im Rahmen der Richtlinie 93/42/EWG über Medizinprodukte

(veröffentlicht im Amtsblatt der Europäischen Gemeinschaften ABL. Nr. L 28 vom 4. Februar 2003, S. 43)

Die Kommission der Europäischen Gemeinschaften —

gestützt auf den Vertrag zur Gründung der Europäischen Gemeinschaft,

gestützt auf die Richtlinie 93/42/EWG des Rates vom 14. Juni 1993 über Medizinprodukte[1], zuletzt geändert durch die Richtlinie 2001/104/EG des Europäischen Parlaments und des Rates[2], insbesondere auf Artikel 13 Absatz 1 Buchstabe b),

gestützt auf den von Frankreich und dem Vereinigten Königreich gestellten Antrag,

in Erwägung nachstehender Gründe:

(1) Nach den Klassifizierungsregeln in Anhang IX der Richtlinie 93/42/EWG werden Brustimplantate im Prinzip als Medizinprodukte der Klasse IIb eingestuft.

(2) Frankreich und das Vereinigte Königreich haben beantragt, Brustimplantate abweichend von den Bestimmungen des Anhangs IX der Richtlinie 93/42/EWG als Medizinprodukte der Klasse III einzustufen.

(3) Um bei Brustimplantaten ein höchstmögliches Sicherheitsniveau zu gewährleisten, sollte im Rahmen des vollständigen Qualitätssicherungssystems von den benannten Stellen entsprechend Abschnitt 4 des Anhangs II der Richtlinie 93/42/EWG eine Prüfung der Auslegungsdokumentation vorgenommen und eine EG-Auslegungsprüfbescheinigung ausgestellt werden. Daher ist eine Neueinstufung von Brustimplantaten als Medizinprodukte der Klasse III erforderlich.

(4) Es ist notwendig, eine Regelung für Brustimplantate zu treffen, die vor dem 1. September 2003 gemäß Artikel 11 Absatz 3 Buchstabe a) oder Artikel 11 Absatz 3 Buchstabe b) Ziffer iii) der Richtlinie 93/42/EWG in Verkehr gebracht werden.

(5) Die in dieser Richtlinie vorgesehenen Maßnahmen entsprechen der Stellungnahme des Ausschusses für Medizinprodukte, der durch Artikel 6 Absatz 2 der Richtlinie 90/385/EWG des Rates vom 20. Juni 1990 zur Angleichung der Rechtsvorschriften der Mitgliedstaaten über aktive implantierbare medizinische Geräte[3], zuletzt geändert durch die Richtlinie 93/68/EWG[4], eingesetzt wurde —

hat folgende Richtlinie erlassen:

1) ABl. L 169 vom 12. Juli 1993, S. 1.
2) ABl. L 6 vom 10. Januar 2002, S. 50.
3) ABl. L 189 vom 20. Juli 1990, S. 17.
4) ABl. L 229 vom 20. August 1993, S. 1.

BID

Artikel 1

Abweichend von den Klassifizierungsregeln in Anhang IX der Richtlinie 93/42/EWG werden Brustimplantate als Medizinprodukte der Klasse III neu eingestuft.

Artikel 2

(1) Brustimplantate, die vor dem 1. September 2003 gemäß Artikel 11 Absatz 3 Buchstabe a) oder Artikel 11 Absatz 3 Buchstabe b) Ziffer iii) der Richtlinie 93/42/EWG in Verkehr gebracht werden, sind vor dem 1. März 2004 als Medizinprodukte der Klasse III erneut einem Konformitätsbewertungsverfahren zu unterziehen.

(2) Abweichend von Artikel 11 Absatz 11 der Richtlinie 93/42/EWG kann die Gültigkeitsdauer von Entscheidungen betreffend Brustimplantate, die die benannten Stellen gemäß Artikel 11 Absatz 3 Buchstabe a) vor dem 1. September 2003 getroffen haben, nicht verlängert werden.

Artikel 3

(1) Die Mitgliedstaaten erlassen und veröffentlichen die erforderlichen Rechts- und Verwaltungsvorschriften, um dieser Richtlinie bis spätestens 1. August 2003 nachzukommen. Sie setzen die Kommission unverzüglich davon in Kenntnis.

Wenn die Mitgliedstaaten solche Vorschriften erlassen, nehmen sie in diesen Vorschriften selbst oder durch einen Hinweis bei der amtlichen Veröffentlichung auf diese Richtlinie Bezug. Die Mitgliedstaaten regeln die Einzelheiten dieser Bezugnahme.

Die Mitgliedstaaten wenden diese Rechts- und Verwaltungsvorschriften ab dem 1. September 2003 an.

(2) Die Mitgliedstaaten teilen der Kommission den Wortlaut der innerstaatlichen Vorschriften mit, die sie in dem von dieser Richtlinie geregelten Bereich erlassen.

Artikel 4

Diese Richtlinie ist an die Mitgliedstaaten gerichtet.

Brüssel, den 3. Februar 2003

Für die Kommission

Erkki Liikanen

Mitglied der Kommission

Richtlinie 2005/50/EG der Kommission vom 11. August 2005 zur Neuklassifizierung von Gelenkersatz für Hüfte, Knie und Schulter im Rahmen der Richtlinie 93/42/EWG über Medizinprodukte

(veröffentlicht im Amtsblatt der Europäischen Gemeinschaften ABL. Nr. L 210 vom 12. August 2005, S. 41)

Die Kommission der Europäischen Gemeinschaften —

gestützt auf den Vertrag zur Gründung der Europäischen Gemeinschaft,

gestützt auf die Richtlinie 93/42/EWG des Rates vom 14. Juni 1993 über Medizinprodukte[1], insbesondere auf Artikel 13 Absatz 1 Buchstabe b),

gestützt auf den von Frankreich und dem Vereinigten Königreich gestellten Antrag,

in Erwägung nachstehender Gründe:

(1) Nach den Klassifizierungsregeln in Anhang IX der Richtlinie 93/42/EWG werden vollständige Gelenkersatzteile als Medizinprodukte der Klasse IIb eingestuft.

(2) Frankreich und das Vereinigte Königreich haben beantragt, vollständige Gelenkersatzteile abweichend von den Bestimmungen des Anhangs IX der Richtlinie 93/42/EWG als Medizinprodukte der Klasse III einzustufen, damit sie vor dem Inverkehrbringen einer angemessenen Konformitätsbewertung unterzogen werden.

(3) Damit die Konformität eines Produkts bewertet werden kann, muss es klassifiziert sein, es müssen Stellen benannt sein, die die Konformitätsbewertung durchführen, und die ordnungsgemäße Durchführung der in der Richtlinie 93/42/EWG beschriebenen Konformitätsbewertungsverfahren muss überwacht werden.

(4) Eine Neuklassifizierung abweichend von den Klassifizierungsregeln in Anhang IX der Richtlinie 93/42/EWG ist angezeigt, wenn das Konformitätsbewertungsverfahren einer anderen Produktklasse besser geeignet ist, die für ein bestimmtes Produkt charakteristischen Mängel festzustellen.

(5) Gelenkersatzteile für Hüfte, Knie und Schulter sollten wegen der besonderen Komplexität der wiederherzustellenden Gelenkfunktion und der deswegen erhöhten Gefahr ihres Versagens von anderen vollständigen Gelenkersatzteilen unterschieden werden.

(6) Insbesondere sind Gelenkersatzteile für Hüfte, Knie und Schulter hochkomplexe und Last tragende Implantate, die mit signifikant höherer Wahr-

1) ABl. L 169 vom 12.7.1993, S. 1. Richtlinie zuletzt geändert durch die Verordnung (EG) Nr. 1882/2003 des Europäischen Parlaments und des Rates (ABl. L 284 vom 31.10.2003, S. 1).

scheinlichkeit als bei anderen Gelenkersatzteilen eine Nachoperation erfordern.

(7) Schultergelenkimplantate existieren erst seit relativ kurzer Zeit. Da Schultergelenke ähnlichen dynamischen Beanspruchungen ausgesetzt sind wie Hüft- und Kniegelenke, ist ihr Ersatz grundsätzlich mit ernsthaften medizinischen Problemen verbunden.

(8) Außerdem erhalten in wachsendem Maße jüngere Menschen mit hoher verbleibender Lebenserwartung künstliche Hüft-, Knie- und Schultergelenke. Deshalb müssen solche Implantate möglichst während der gesamten Lebenszeit dieser Patienten einwandfrei funktionieren, und die Wahrscheinlichkeit von Nachoperationen mit ihren Risiken muss vermindert werden.

(9) Spezifische klinische Daten, u. a. Daten über das Langzeitverhalten, liegen für künstliche Hüft-, Knie- und Schultergelenke nicht immer vor, ehe sie in Verkehr gebracht und in Betrieb genommen werden. Die klinischen Daten, die der Hersteller im Zuge des Konformitätsbewertungsverfahrens erfasst hat und aufgrund deren er festgestellt hat, dass sein Produkt in Auslegung, Herstellung und Leistung den Anforderungen von Anhang I Nummern 1 und 3 der Richtlinie 93/42/EWG entspricht, sollten sorgfältig auf ihre Aussagekraft geprüft werden.

(10) Vollständige Gelenkersatzteile können nach dem Inverkehrbringen und nach dem Beginn ihrer klinischen Verwendung zahlreiche Änderungen erfahren, wie an den auf dem Markt befindlichen künstlichen Hüft- und Kniegelenken ersichtlich ist. Die Erfahrung zeigt jedoch, dass scheinbar unwesentliche Änderungen, die an bisher komplikationslos funktionierenden Gelenkersatzteilen vorgenommen werden, unerwartete ernsthafte Probleme zur Folge haben können, die zu frühzeitigem Versagen des Gelenks führen können und Anlass zu erheblichen Sicherheitsbedenken geben.

(11) Um bestmögliche Sicherheit zu erreichen und das Risiko konstruktionsbedingter Komplikationen zu minimieren, sollten die Auslegungsdokumentation künstlicher Hüft-, Knie- und Schultergelenke, die vom Hersteller zum Nachweis der angegebenen Leistungen vorgelegten klinischen Daten und die nach ihrem Inverkehrbringen vorgenommenen Änderungen ihrer Konstruktion und Herstellung von der benannten Stelle eingehend geprüft werden, ehe sie für die klinische Verwendung zugelassen werden.

(12) Die benannte Stelle sollte deshalb die Auslegungsdokumentation und die Änderungen an der genehmigten Auslegung nach Anhang II Nummer 4 der Richtlinie 93/42/EWG prüfen (Verfahren „Vollständiges Qualitätssicherungssystem").

(13) Aus den genannten Gründen ist eine Neueinstufung vollständiger Gelenkersatzteile für Hüfte, Knie und Schulter als Medizinprodukte der Klasse III erforderlich.

(14) Es ist eine ausreichende Übergangsfrist vorzusehen, während der vollständige Gelenkersatzteile für Hüfte, Knie und Schulter, die bereits nach dem in Anhang II der Richtlinie 93/42/EWG beschriebenen Verfahren „Vollständiges Qualitätssicherungssystem" als Medizinprodukte der Klasse IIb bewertet worden sind, zusätzlich nach Anhang II Nummer 4 bewertet werden können.

(15) Vollständige Gelenkersatzteile für Hüfte, Knie und Schulter, die bereits nach dem in Anhang III der Richtlinie 93/42/EWG beschriebenen Verfahren „EG-Baumusterprüfung" in Verbindung mit dem in Anhang IV beschriebenen Verfahren „EG-Prüfung" oder mit dem in Anhang V beschriebenen Verfahren „Qualitätssicherung Produktion" bewertet worden sind, sind von dieser Richtlinie nicht betroffen, da diese Konformitätsbewertungsverfahren für die Produktklassen IIb und III gleich sind.

(16) Es ist eine ausreichende Übergangsfrist vorzusehen, während der vollständige Gelenkersatzteile für Hüfte, Knie und Schulter, die bereits nach dem in Anhang III der Richtlinie 93/42/EWG beschriebenen Verfahren „EG-Baumusterprüfung" in Verbindung mit dem in Anhang VI beschriebenen Verfahren „Qualitätssicherung Produkt" bewertet worden sind, zusätzlich nach Anhang IV oder V der Richtlinie 93/42/EWG bewertet werden können.

(17) Die in dieser Richtlinie vorgesehenen Maßnahmen entsprechen der Stellungnahme des Ausschusses für Medizinprodukte, der durch Artikel 6 Absatz 2 der Richtlinie 90/385/EWG des Rates vom 20. Juni 1990 zur Angleichung der Rechtsvorschriften der Mitgliedstaaten über aktive implantierbare medizinische Geräte[2], eingesetzt wurde —

hat folgende Richtlinie erlassen:

2) ABl. L 189 vom 20.7.1990, S. 17. Richtlinie zuletzt geändert durch die Verordnung (EG) Nr. 1882/2003 des Europäischen Parlaments und des Rates.

Artikel 1

Abweichend von den Klassifizierungsregeln in Anhang IX der Richtlinie 93/42/EWG werden Gelenkersatzteile für Hüfte, Knie und Schulter als Medizinprodukte der Klasse III neu eingestuft.

Artikel 2

Ein Gelenkersatzteil für Hüfte, Knie oder Schulter im Sinne dieser Richtlinie ist eine implantierbare Gesamtheit von Teilen, die dazu bestimmt sind, zusammen die Funktion des natürlichen Hüft-, Knie- oder Schultergelenks möglichst vollständig zu erfüllen. Zubehörteile wie Schrauben, Keile, Platten und Instrumente fallen nicht unter diese Definition.

Artikel 3

(1) Gelenkersatzteile für Hüfte, Knie und Schulter, die vor dem 1. September 2007 einer Konformitätsbewertung nach Artikel 11 Absatz 3 Buchstabe a der Richtlinie 93/42/EWG unterzogen wurden, sind bis zum 1. September 2009 einer ergänzenden Konformitätsbewertung nach Anhang II Nummer 4 der Richtlinie 93/42/EWG zu unterziehen, nach der eine Auslegungsprüfbescheinigung ausgestellt wird. Einem Hersteller bleibt es jedoch unbenommen, die Konformitätsbewertung nach Artikel 11 Absatz 3 Buchstabe b der Richtlinie 93/42/EWG zu beantragen.

(2) Gelenkersatzteile für Hüfte, Knie und Schulter, die vor dem 1. September 2007 einer Konformitätsbewertung nach Artikel 11 Absatz 3 Buchstabe b Ziffer iii der Richtlinie 93/42/EWG unterzogen wurden, können bis 1. September 2010 zur Einstufung als Medizinprodukte der Klasse III einer Konformitätsbewertung nach Artikel 11 Absatz 1 Buchstabe b Ziffer i oder ii der Richtlinie 93/42/EWG unterzogen werden. Einem Hersteller bleibt es jedoch unbenommen, die Konformitätsbewertung nach Artikel 11 Absatz 1 Buchstabe a der Richtlinie 93/42/EWG zu beantragen.

(3) Die Mitgliedstaaten lassen bis zum 1. September 2009 das Inverkehrbringen und die Inbetriebnahme von Gelenkersatzteilen für Hüfte, Knie und Schulter zu, für die eine Entscheidung nach Artikel 11 Absatz 3 Buchstabe a der Richtlinie 93/42/EWG vor dem 1. September 2007 erlassen wurde.

(4) Die Mitgliedstaaten lassen bis zum 1. September 2010 das Inverkehrbringen von Gelenkersatzteilen für Hüfte, Knie und Schulter zu, für die eine Entscheidung nach Artikel 11 Absatz 3 Buchstabe b Ziffer iii der Richtlinie 93/42/EWG vor dem 1. September 2007 erlassen wurde, und lassen deren Inbetriebnahme auch nach diesem Tag zu.

Artikel 4

(1) Die Mitgliedstaaten erlassen und veröffentlichen die erforderlichen Rechts- und Verwaltungsvorschriften, um dieser Richtlinie bis spätestens 1. März 2007 nachzukommen.

Wenn die Mitgliedstaaten solche Vorschriften erlassen, nehmen sie in diesen Vorschriften selbst oder durch einen Hinweis bei der amtlichen Veröffentlichung auf diese Richtlinie Bezug. Die Mitgliedstaaten regeln die Einzelheiten dieser Bezugnahme.

Die Mitgliedstaaten wenden diese Rechts- und Verwaltungsvorschriften ab dem 1. September 2007 an.

(2) Die Mitgliedstaaten teilen der Kommission den Wortlaut der innerstaatlichen Vorschriften mit, die sie in dem von dieser Richtlinie geregelten Bereich erlassen.

Artikel 5

Diese Richtlinie tritt am zwanzigsten Tag nach ihrer Veröffentlichung im Amtsblatt der Europäischen Union in Kraft.

Artikel 6

Diese Richtlinie ist an die Mitgliedstaaten gerichtet.

Brüssel, den 11. August 2005

Für die Kommission

Günter Verheugen

Vizepräsident

Verordnung (EG) Nr. 765/2008 des Europäischen Parlaments und des Rates vom 9. Juli 2008 über die Vorschriften für die Akkreditierung und Marktüberwachung im Zusammenhang mit der Vermarktung von Produkten und zur Aufhebung der Verordnung (EWG) Nr. 339/93 des Rates

(veröffentlicht im Amtsblatt der Europäischen Gemeinschaften ABl. Nr. L 218 vom 13. August 2008, S. 30)

Das Europäische Parlament und der Rat der Europäischen Union —

gestützt auf den Vertrag zur Gründung der Europäischen Gemeinschaft, insbesondere auf Artikel 95 und 133,

auf Vorschlag der Kommission,

nach Stellungnahme des Europäischen Wirtschafts- und Sozialausschusses[1],

nach Anhörung des Ausschusses der Regionen,

gemäß dem Verfahren des Artikels 251 des Vertrags[2],

in Erwägung nachstehender Gründe:

(1) Es muss sichergestellt werden, dass Produkte, die in den Genuss des freien Warenverkehrs innerhalb der Gemeinschaft gelangen, Anforderungen für ein hohes Niveau in Bezug auf den Schutz öffentlicher Interessen wie Gesundheit und Sicherheit im Allgemeinen, Gesundheit und Sicherheit am Arbeitsplatz, Verbraucher- und Umweltschutz und Sicherheit erfüllen, während gleichzeitig gewährleistet wird, dass der freie Warenverkehr nicht über das nach den Harmonisierungsrechtsvorschriften der Gemeinschaft oder anderen einschlägigen Gemeinschaftsvorschriften zulässige Maß hinaus eingeschränkt wird. Daher sollten Bestimmungen für die Akkreditierung, die Marktüberwachung, die Kontrollen von Produkten aus Drittstaaten und die CE-Kennzeichnung vorgesehen werden.

(2) Es muss ein übergeordneter Rahmen an Regelungen und Grundsätzen für die Akkreditierung und die Marktüberwachung festgelegt werden. Dieser Rahmen sollte die materiellrechtlichen Bestimmungen bestehender Rechtsvorschriften, in denen die Anforderungen für den Schutz öffentlicher Interessen wie der Gesundheit, der Sicherheit sowie den Verbraucher- und Umweltschutz festgelegt werden, unberührt lassen und sollte vielmehr darauf abzielen, ihre Anwendung zu verbessern.

---

1) ABl. C 120 vom 16. Mai 2008, S. 1.

2) Stellungnahme des Europäischen Parlaments vom 21. Februar 2008 (noch nicht im Amtsblatt veröffentlicht) und Beschluss des Rates vom 23. Juni 2008.

(3) Diese Verordnung sollte als Ergänzung des Beschlusses Nr. 768/2008/EG[3] des Europäischen Parlaments und des Rates vom 9. Juli 2008 über einen gemeinsamen Rechtsrahmen für die Vermarktung von Produkten betrachtet werden.

(4) Es ist sehr schwierig, Gemeinschaftsvorschriften für alle gegenwärtigen und künftigen Produkte zu erlassen; für diese Produkte sind umfassende horizontale Rahmenvorschriften notwendig, die – insbesondere bis zur Überarbeitung bestehender spezieller Rechtsvorschriften – Lücken schließen und gegenwärtige oder künftige spezielle Rechtsvorschriften vervollständigen, um insbesondere das in Artikel 95 des Vertrags geforderte hohe Schutzniveau in Bezug auf die Gesundheit, die Sicherheit, die Umwelt und die Verbraucher zu gewährleisten.

(5) Der durch diese Verordnung geschaffene Rahmen für die Marktüberwachung sollte bestehende Vorschriften in Harmonisierungsrechtsakten der Gemeinschaft über die Marktüberwachung und deren Durchsetzung, ergänzen und stärken. In Übereinstimmung mit dem „Lex-specialis"-Grundsatz sollte die vorliegende Verordnung jedoch nur insoweit Anwendung finden, als es in anderen – bestehenden oder zukünftigen – Harmonisierungsrechtsakten der Gemeinschaft keine speziellen Vorschriften gibt, die in Ziel, Art und Wirkung mit der vorliegenden Verordnung in Einklang stehen. Beispiele lassen sich in folgenden Bereichen finden: Drogenausgangsstoffe, Medizinprodukte, Human- und Tierarzneimittel, Kraftfahrzeuge und Luftfahrt. Die entsprechenden Bestimmungen der vorliegenden Verordnung sollten daher in den Bereichen, die durch solche speziellen Bestimmungen abgedeckt sind, nicht zur Anwendung kommen.

(6) Mit der Richtlinie 2001/95/EG des Europäischen Parlaments und des Rates vom 3. Dezember 2001 über die allgemeine Produktsicherheit[4] wurden Regeln zur Gewährleistung der Sicherheit von Verbrauchsgütern aufgestellt. Die Marktüberwachungsbehörden sollten die Möglichkeit besitzen, die ihnen im Rahmen jener Richtlinie zur Verfügung stehenden spezielleren Maßnahmen zu ergreifen.

(7) Zur Erreichung eines höheren Grades an Sicherheit bei Verbrauchsgütern sollten die in der Richtlinie 2001/95/EG vorgesehenen Marktüberwachungsmechanismen jedoch in Bezug auf Produkte, die eine ernste Gefahr darstellen, gemäß den in der vorliegenden Verordnung festgelegten Grundsätzen verstärkt werden. Die Richtlinie 2001/95/EG sollte daher entsprechend geändert werden.

(8) Die Akkreditierung ist Bestandteil eines Gesamtsystems, zu dem die Konformitätsbewertung und die Marktüberwachung gehören, und dessen

---

3) ABl. L 218 vom 13. 8. 2008, S. 82

4) ABl. L 11 vom 15.1.2002, S. 4.

Zweck in der Bewertung und Gewährleistung der Konformität mit den geltenden Anforderungen besteht.

(9) Der besondere Wert der Akkreditierung liegt in der Tatsache begründet, dass sie eine offizielle Bestätigung der fachlichen Kompetenz von Stellen darstellt, deren Aufgabe es ist sicherzustellen, dass die geltenden Anforderungen erfüllt sind.

(10) Die Akkreditierung wurde zwar bislang nicht auf Gemeinschaftsebene geregelt, wird aber in sämtlichen Mitgliedstaaten praktiziert. Das Fehlen gemeinsamer Regelungen für diese Tätigkeit hat in der Gemeinschaft zu unterschiedlichen Ansätzen und voneinander abweichenden Systemen und dadurch zu einer zwischen den Mitgliedstaaten uneinheitlich strengen Handhabung der Akkreditierungsanforderungen geführt. Daher ist es notwendig, einen umfassenden Rahmen für die Akkreditierung zu entwickeln und auf Gemeinschaftsebene die Grundsätze für ihre Arbeit und Organisation festzulegen.

(11) Die Errichtung einer einheitlichen nationalen Akkreditierungsstelle sollte die Zuweisung von Funktionen innerhalb der Mitgliedstaaten unberührt lassen.

(12) Wenn die Harmonisierungsrechtsvorschriften der Gemeinschaft für ihre Durchführung die Auswahl von Konformitätsbewertungsstellen vorsehen, so sollte die transparente Akkreditierung nach dieser Verordnung zur Gewährleistung des notwendigen Maßes an Vertrauen in Konformitätsbescheinigungen, gemeinschaftsweit von den nationalen Behörden als bevorzugtes Mittel zum Nachweis der fachlichen Kompetenz dieser Stellen angesehen werden. Allerdings können nationale Behörden die Auffassung vertreten, dass sie selbst die geeigneten Mittel besitzen, um diese Beurteilung selbst vorzunehmen. Um in solchen Fällen die Glaubwürdigkeit der durch andere nationale Behörden vorgenommenen Beurteilungen zu gewährleisten, sollten sie der Kommission und den anderen Mitgliedstaaten alle erforderlichen Unterlagen übermitteln, aus denen hervorgeht, dass die beurteilten Konformitätsbewertungsstellen die entsprechenden rechtlichen Anforderungen erfüllen.

(13) Ein Akkreditierungssystem, das durch Verweis auf verbindliche Regelungen funktioniert, hilft, das gegenseitige Vertrauen der Mitgliedstaaten in die Kompetenz der Konformitätsbewertungsstellen und folglich auch in die von ihnen ausgestellten Bescheinigungen und Prüfberichte zu stärken. Dadurch stärkt es den Grundsatz der gegenseitigen Anerkennung, weshalb die Bestimmungen dieser Verordnung über die Akkreditierung für Stellen gelten sollten, die Konformitätsbewertungen sowohl in reglementierten als auch in nicht reglementierten Bereichen durchführen. Worum es hier geht, ist die Qualität von Bescheinigungen und Prüfberichten, unabhängig davon, ob sie aus dem reglementierten oder dem nicht reglementierten Bereich stammen,

weshalb kein Unterschied zwischen diesen Bereichen gemacht werden sollte.

(14) Für die Zwecke dieser Verordnung sollte die nicht gewinnorientierte Arbeit einer nationalen Akkreditierungsstelle als eine Tätigkeit verstanden werden, mit der keinerlei geldwerte Verbesserung der Ressourcen der Eigentümer oder Mitglieder der Stelle angestrebt wird. Nationale Akkreditierungsstellen haben zwar nicht das Ziel, Gewinne zu maximieren oder zu verteilen, dürfen aber Dienstleistungen gegen Entgelt erbringen oder Einnahmen erzielen. Jeder aus solchen Dienstleistungen entstehende Einnahmenüberschuss kann für Investitionen in eine Weiterentwicklung ihrer Tätigkeiten investiert werden, sofern dies mit den Kerntätigkeiten dieser Stellen im Einklang steht. Entsprechend sollte hervorgehoben werden, dass es das primäre Ziel der nationalen Akkreditierungsstellen bleiben sollte, Tätigkeiten ohne Gewinnerzielungsabsicht zu unterstützen oder aktiv zu betreiben.

(15) Da der Zweck der Akkreditierung darin besteht, eine offizielle Aussage darüber zu machen, ob eine Stelle über die Kompetenz verfügt, Konformitatsbewertungstätigkeiten durchzuführen, sollten die Mitgliedstaaten nicht mehr als eine nationale Akkreditierungsstelle unterhalten und gewährleisten, dass diese Stelle durch ihre Organisationsweise objektiv und unparteilich arbeitet. Solche nationalen Akkreditierungsstellen sollten von gewerblichen Konformitätsbewertungstätigkeiten unabhängig sein. Es ist daher angemessen festzulegen, dass die Mitgliedstaaten sicherstellen, dass die nationalen Akkreditierungsstellen bei der Erfüllung ihrer Aufgaben unabhängig von ihrer rechtlichen Stellung als hoheitlich handelnd angesehen werden.

(16) Für die Begutachtung und die laufende Überwachung der Kompetenz einer Konformitätsbewertungsstelle ist es wichtig, ihr Fachwissen und ihre einschlägige Erfahrung sowie ihre Fähigkeit zur Ausführung von Bewertungen zu ermitteln. Daher muss die nationale Akkreditierungsstelle für die ordnungsgemäße Wahrnehmung ihrer Aufgaben über das entsprechende Wissen und die entsprechenden Fähigkeiten und Mittel verfügen.

(17) Die Akkreditierung sollte sich grundsätzlich selbst tragen. Die Mitgliedstaaten sollten sicherstellen, dass die Ausführung von Sonderaufgaben finanziell unterstützt wird.

(18) In Fällen, in denen es für einen Mitgliedstaat wirtschaftlich nicht sinnvoll oder tragfähig ist, eine nationale Akkreditierungsstelle einzurichten, sollte dieser Mitgliedstaat auf eine nationale Akkreditierungsstelle eines anderen Mitgliedstaates zurückgreifen und ermutigt werden, von dieser Möglichkeit möglichst umfassenden Gebrauch zu machen.

(19) Ein Wettbewerb zwischen nationalen Akkreditierungsstellen könnte zur Kommerzialisierung ihrer Tätigkeit führen, die mit ihrer Rolle als letzte

Kontrollebene der Konformitätsbewertungskette unvereinbar wäre. Ziel dieser Verordnung ist es sicherzustellen, dass innerhalb der Union eine Akkreditierungsurkunde für das gesamte Unionsgebiet ausreicht, und eine Mehrfachakkreditierung, die zusätzliche Kosten verursacht, ohne einen Mehrwert darzustellen, zu vermeiden. Nationale Akkreditierungsstellen können auf den Märkten von Drittstaaten miteinander im Wettbewerb stehen; dies darf sich jedoch weder auf ihre Tätigkeiten innerhalb der Gemeinschaft noch auf die Zusammenarbeit und die von der gemäß der vorliegenden Verordnung anerkannten Stelle organisierte Beurteilung unter Gleichrangigen auswirken.

(20) Um Mehrfachakkreditierungen zu vermeiden, die Akzeptanz und Anerkennung von Akkreditierungsurkunden zu verbessern und akkreditierte Konformitätsbewertungsstellen wirksam zu überwachen, sollten die Konformitätsbewertungsstellen die Akkreditierung bei der nationalen Akkreditierungsstelle desjenigen Mitgliedstaates beantragen, in dem sie niedergelassen sind. Es muss jedoch sichergestellt werden, dass eine Konformitätsbewertungsstelle in der Lage ist, die Akkreditierung in einem anderen Mitgliedstaat zu beantragen, falls es in ihrem eigenen Mitgliedstaat keine nationale Akkreditierungsstelle gibt oder falls die nationale Akkreditierungsstelle nicht über die Kompetenz zur Erbringung der verlangten Akkreditierungsleistungen verfügt. In solchen Fällen sollten die nationalen Akkreditierungsstellen zusammenarbeiten und Informationen austauschen.

(21) Um sicherzustellen, dass die nationalen Akkreditierungsstellen die Anforderungen und Verpflichtungen nach dieser Verordnung erfüllen, ist es wichtig, dass die Mitgliedstaaten das ordnungsgemäße Funktionieren des Akkreditierungssystems unterstützen, ihre nationalen Akkreditierungsstellen regelmäßig überwachen und im Bedarfsfall innerhalb eines angemessenen Zeitraumes geeignete Korrekturmaßnahmen treffen.

(22) Um ein gleichwertiges Kompetenzniveau der Konformitätsbewertungsstellen sicherzustellen, die gegenseitige Anerkennung zu erleichtern und die allgemeine Akzeptanz von Akkreditierungsurkunden und Konformitätsbewertungsergebnissen zu fördern, die von akkreditierten Stellen ausgestellt werden, müssen die nationalen Akkreditierungsstellen ein strenges und transparentes System zur Beurteilung unter Gleichrangigen unterhalten und regelmäßig eine derartige Beurteilung durchlaufen.

(23) Diese Verordnung sollte vorsehen, dass eine einzige Stelle auf europäischer Ebene für gewisse Aufgaben im Bereich der Akkreditierung anerkannt werden kann. Die Europäische Kooperation für die Akkreditierung (die „EA"), deren Hauptaufgabe es ist, ein transparentes und qualitätsorientiertes System zur Beurteilung der Kompetenz von Konformitätsbewertungsstellen

in ganz Europa zu fördern, betreibt für die nationalen Akkreditierungsstellen aus den Mitgliedstaaten und anderen europäischen Ländern ein System der Beurteilung unter Gleichrangigen. Dieses System hat sich als wirksam und vertrauensbildend erwiesen. Daher sollte die EA die erste nach dieser Verordnung anerkannte Stelle sein, und die Mitgliedstaaten sollten sicherstellen, dass ihre nationalen Akkreditierungsstellen Mitglied der EA werden und bleiben, solange sie in dieser Form anerkannt ist. Gleichzeitig sollte die Möglichkeit eines Austauschs der nach dieser Verordnung anerkannten Stelle für den Fall vorgesehen werden, dass sich dies in Zukunft als notwendig erweisen sollte.

(24) Eine wirksame Zusammenarbeit zwischen nationalen Akkreditierungsstellen ist für die ordnungsgemäße Durchführung der Beurteilung unter Gleichrangigen sowie für die grenzüberschreitende Akkreditierung von wesentlicher Bedeutung. Im Interesse der Transparenz ist es daher erforderlich, die nationalen Akkreditierungsstellen zu verpflichten, untereinander Informationen auszutauschen sowie den nationalen Behörden und der Kommission die relevanten Informationen bereitzustellen. Daher sollten außerdem aktualisierte und präzise Informationen darüber veröffentlicht und insbesondere den Konformitätsbewertungsstellen zugänglich gemacht werden, welche Akkreditierungstätigkeiten nationale Akkreditierungsstellen ausführen.

(25) Die sektoralen Akkreditierungssysteme sollten die Tätigkeitsbereiche abdecken, für die die allgemeinen Anforderungen an die Kompetenz von Konformitätsbewertungsstellen nicht ausreichen, um das erforderliche Schutzniveau zu gewährleisten, wenn detaillierte technische oder gesundheits- und sicherheitsbezogene Anforderungen gelten. In Anbetracht der Tatsache, dass die EA über ein breit gefächertes Fachwissen verfügt, sollte sie um die Entwicklung derartiger Systeme, insbesondere für vom Gemeinschaftsrecht erfasste Bereiche, ersucht werden.

(26) Um die gleichwertige und einheitliche Durchsetzung der Harmonisierungsrechtsvorschriften der Gemeinschaft zu gewährleisten, führt diese Verordnung einen Rahmen für eine gemeinschaftliche Marktüberwachung ein, indem sie Mindestanforderungen vor dem Hintergrund der von den Mitgliedstaaten zu erreichenden Ziele und einen Rahmen für die Verwaltungszusammenarbeit festlegt, der auch den Informationsaustausch zwischen den Mitgliedstaaten umfasst.

(27) In Fällen, in denen Wirtschaftsakteure, die in Bereichen, für die die einschlägigen Harmonisierungsrechtsvorschriften der Gemeinschaft keine solchen Berichte oder Bescheinigungen vorschreiben, Prüfberichte oder Konformitätsbescheinigungen besitzen, die von einer akkreditierten Konformitätsbewertungsstelle ausgestellt wurden, sollten die Marktüber-

wachungsbehörden diese bei Prüfungen der Produktmerkmale gebührend berücksichtigen.

(28) Für den Schutz von Gesundheit und Sicherheit ist es ebenso wie für ein reibungsloses Funktionieren des Binnenmarktes besonders wichtig, dass die zuständigen Behörden sowohl auf nationaler als auch auf grenzüberschreitender Ebene durch den Austausch von Informationen und durch die Untersuchung sowie Unterbindung von Verstößen zusammenarbeiten, und zwar bereits vor dem Inverkehrbringen gefährlicher Produkte, indem sie vor allem in Seehäfen stärkeres Augenmerk auf deren Identifizierung legen. Nationale Verbraucherschutzbehörden sollten auf nationaler Ebene mit nationalen Marktüberwachungsbehörden zusammenarbeiten und mit ihnen Informationen über Produkte austauschen, von denen ihrer Ansicht nach eine Gefahr ausgehen könnte.

(29) Bei der Risikobewertung sollten alle einschlägigen Daten, darunter, sofern vorhanden, auch solche über Gefahren, die in Bezug auf das fragliche Produkt eingetreten sind, berücksichtigt werden. Darüber hinaus sollten alle Maßnahmen berücksichtigt werden, die die Wirtschaftsakteure gegebenenfalls getroffen haben, um die Gefahren zu verringern.

(30) Verursacht ein Produkt eine ernste Gefahrenlage, ist rasches Eingreifen erforderlich, gegebenenfalls indem das Produkt vom Markt genommen oder zurückgerufen bzw. seine Bereitstellung auf dem Markt untersagt wird. In diesen Situationen ist es erforderlich, Zugang zu einem System für den raschen Austausch von Informationen zwischen Mitgliedstaaten und Kommission zu haben. Das System nach Artikel 12 der Richtlinie 2001/95/EG hat seine Wirksamkeit und Effizienz im Bereich der Verbrauchsgüter bereits unter Beweis gestellt. Zur Vermeidung unnötiger Doppelarbeit sollte das System auch für die Zwecke dieser Verordnung genutzt werden. Darüber hinaus bedarf es für eine gemeinschaftsweit einheitliche Marktüberwachung eines umfassenden Austauschs von Informationen über einschlägige auf nationaler Ebene stattfindende Tätigkeiten, die über dieses System hinausgehen.

(31) Für die zwischen zuständigen Behörden ausgetauschten Informationen sollten Vertraulichkeit und Wahrung des Geschäftsgeheimnisses gemäß den Vorschriften zur Verschwiegenheitspflicht strikt gewährleistet sein und sie sollten im Einklang mit dem geltenden nationalen Recht bzw., in Bezug auf die Kommission, der Verordnung (EG) Nr. 1049/2001 des Europäischen Parlaments und des Rates vom 30. Mai 2001 über den Zugang der Öffentlichkeit zu Dokumenten des Europäischen Parlaments, des Rates und der Kommission[5] behandelt werden, um sicherzustellen, dass Ermittlungen nicht beeinträchtigt werden und der Ruf von Wirtschaftsakteuren nicht geschädigt wird. In Bezug auf diese Verordnung gelten die Richtlinie

5) ABl. L 145 vom 31.5.2001, S. 43.

95/46/EG des Europäischen Parlaments und des Rates vom 24. Oktober 1995 zum Schutz natürlicher Personen bei der Verarbeitung personenbezogener Daten und zum freien Datenverkehr[6] sowie die Verordnung (EG) Nr. 45/2001 des Europäischen Parlaments und des Rates vom 18. Dezember 2000 zum Schutz natürlicher Personen bei der Verarbeitung personenbezogener Daten durch die Organe und Einrichtungen der Gemeinschaft und zum freien Datenverkehr[7].

(32) Die gemeinschaftsrechtlichen Harmonisierungsvorschriften sehen besondere Verfahren vor, nach denen festgestellt wird, ob eine nationale Maßnahme zur Beschränkung des freien Verkehrs eines Produkts gerechtfertigt ist oder nicht (Schutzklauselverfahren). Diese Verfahren sind auch im Anschluss an den raschen Austausch von Informationen über Produkte, mit denen eine ernste Gefahr verbunden ist, anzuwenden.

(33) Eingangsstellen an den Außengrenzen sind gut dazu geeignet, unsichere, nicht konforme Produkte bzw. Produkte, die in fälschlicher oder irreführender Weise mit einer CE-Kennzeichnung versehen sind, festzustellen, noch bevor sie in Verkehr gebracht werden. Daher kann die Verpflichtung der für die Kontrolle der auf den Gemeinschaftsmarkt eingeführten Produkte zuständigen Behörden zur Durchführung von Kontrollen in angemessenem Umfang zu einem sichereren Markt beitragen. Zur Erhöhung der Wirksamkeit dieser Kontrollen sollten diese Behörden von den Marktüberwachungsbehörden rechtzeitig alle erforderlichen Informationen über gefährliche, nicht konforme Produkte erhalten.

(34) Die Verordnung(EWG) Nr. 339/93 des Rates vom 8. Februar 1993 über die Kontrolle der Übereinstimmung von aus Drittländern eingeführten Erzeugnissen mit den geltenden Produktsicherheitsvorschriften[8] enthält Regelungen für die Aussetzung der Freigabe von Produkten durch die Zollbehörden und sieht weitere Maßnahmen einschließlich der Einbeziehung von Marktüberwachungsbehörden vor. Daher ist es angezeigt, diese Bestimmungen, einschließlich der Einbeziehung von Marktüberwachungsbehörden, in diese Verordnung aufzunehmen.

(35) Die Erfahrung zeigt, dass Produkte, die nicht für den freien Verkehr freigegeben werden, häufig wieder ausgeführt und dann über andere Eingangsstellen wieder auf den Gemeinschaftsmarkt gebracht werden, was die Bemühungen der Zollbehörden zunichte macht. Daher sollten die

---

6) ABl. L 281 vom 23.11.1995, S. 31. Geändert durch die Verordnung (EG) Nr. 1882/2003 (ABl. L 284 vom 31.10.2003, S. 1).

7) ABl. L 8 vom 12.1.2001, S. 1.

8) ABl. L 40 vom 17.2.1993, S. 1. Zuletzt geändert durch die Verordnung (EG) Nr. 1791/2006 (ABl. L 363 vom 20.12.2006, S. 1).

Marktüberwachungsbehörden die Möglichkeit erhalten, Produkte zu vernichten, wenn sie dies für angezeigt halten.

(36) Innerhalb eines Jahres nach Veröffentlichung dieser Verordnung im Amtsblatt der Europäischen Union sollte die Kommission eine eingehende Analyse der dem Verbraucherschutz dienenden Kennzeichnungen vorlegen, die gegebenenfalls mit Legislativvorschlägen verbunden ist.

(37) Die CE-Kennzeichnung zeigt die Konformität eines Produkts an und ist die sichtbare Folge eines ganzen Verfahrens, das die Konformitätsbewertung im weiteren Sinne umfasst. Allgemeine Grundsätze der CE-Kennzeichnung sollten in dieser Verordnung festgelegt werden, damit sie unmittelbar anwendbar gemacht und künftige Rechtsvorschriften vereinfacht werden.

(38) Die CE-Kennzeichnung sollte die einzige Konformitätskennzeichnung sein, die angibt, dass ein Produkt mit den Harmonisierungsrechtsvorschriften der Gemeinschaft übereinstimmt. Andere Kennzeichnungen dürfen jedoch verwendet werden, sofern sie zur Verbesserung des Verbraucherschutzes beitragen und diese Kennzeichnungen nicht von gemeinschaftlichen Harmonisierungsrechtsvorschriften erfasst werden.

(39) Die Mitgliedstaaten haben zu gewährleisten, dass bei den zuständigen Gerichten bzw. Rechtsbehelfsstellen geeignete Rechtsbehelfe gegen Maßnahmen der zuständigen Behörden eingelegt werden können, durch die das Inverkehrbringen eines Produktes beschränkt oder seine Rücknahme vom Markt oder sein Rückruf angeordnet wird.

(40) Die Mitgliedstaaten können es für zweckmäßig erachten, eine Kooperation mit betroffenen Kreisen, unter anderem mit sektoralen Berufsverbänden und Verbraucherorganisationen, aufzubauen, um verfügbare Marktinformationen bei der Festlegung, Durchführung und Aktualisierung von Marktüberwachungsprogrammen zu nutzen.

(41) Die Mitgliedstaaten sollten Regeln für Sanktionen bei Verstößen gegen diese Verordnung festlegen und ihre Durchsetzung sicherstellen. Diese Sanktionen sollten wirksam, verhältnismäßig und abschreckend sein und könnten verschärft werden, wenn der betreffende Wirtschaftsakteur bereits in der Vergangenheit in ähnlicher Weise gegen die Bestimmungen dieser Verordnung verstoßen hat.

(42) Zur Verwirklichung der Ziele dieser Verordnung ist es erforderlich, dass die Gemeinschaft Tätigkeiten finanziell unterstützt, die zur Durchführung der Akkreditierungs- und Marktüberwachungspolitik erforderlich sind. Die Finanzierung sollte durch Finanzhilfen an die gemäß dieser Verordnung anerkannte Stelle ohne Aufforderung zur Einreichung von Vorschlägen, durch Finanzhilfen nach einer Aufforderung zur Einreichung von Vorschlägen oder durch die Vergabe von Aufträgen an diese Stelle oder andere Einrichtungen je nach Art der zu finanzierenden Tätigkeit und im Einklang

mit der Verordnung (EG, Euratom) Nr. 1605/2002 des Rates vom 25. Juni 2002 über die Haushaltsordnung für den Gesamthaushaltsplan der Europäischen Gemeinschaften[9] („Haushaltsordnung") erfolgen.

(43) Für manche Sonderaufgaben wie die Erstellung und Überarbeitung sektoraler Akkreditierungssysteme und für andere Aufgaben zum Zwecke der Überprüfung der fachlichen Kompetenz und der Einrichtungen von Prüflabors und Inspektions- oder Zertifizierungsstellen sollte die EA anfangs Zuschüsse der Gemeinschaft erhalten können, da sie das hierzu erforderliche Fachwissen am besten stellen kann.

(44) In Anbetracht der Rolle der gemäß dieser Verordnung anerkannten Stelle bei der Beurteilung von Akkreditierungsstellen unter Gleichrangigen und angesichts ihrer Fähigkeit, die Mitgliedstaaten bei der Verwaltung dieser Beurteilung unter Gleichrangigen zu unterstützen, sollte die Kommission die Arbeit des Sekretariats der gemäß dieser Verordnung anerkannten Stelle, das die Akkreditierungstätigkeiten auf Gemeinschaftsebene kontinuierlich unterstützt, bezuschussen können.

(45) Die Kommission und die gemäß dieser Verordnung anerkannte Stelle sollten im Einklang mit der Haushaltsordnung eine Partnerschaftsvereinbarung unterzeichnen, um die administrativen und finanztechnischen Regelungen für die Finanzierung der Akkreditierungstätigkeit festzulegen.

(46) Darüber hinaus sollten Finanzmittel für andere Stellen als die gemäß dieser Verordnung anerkannte Stelle zur Durchführung weiterer Tätigkeiten im Bereich der Konformitätsbewertung, des Messwesens, der Akkreditierung und der Marktüberwachung verfügbar sein, so etwa für das Erstellen und Aktualisieren von Leitlinien, Ringvergleiche im Zusammenhang mit Schutzklauselverfahren, vorbereitende oder begleitende Arbeiten zur Durchführung des einschlägigen Gemeinschaftsrechts, Programme zur technischen Unterstützung und Zusammenarbeit mit Drittstaaten sowie für den Ausbau politischer Maßnahmen in diesen Bereichen auf gemeinschaftlicher und internationaler Ebene.

(47) Die Verordnung steht im Einklang mit den Grundrechten und Grundsätzen, die insbesondere mit der Charta der Grundrechte der Europäischen Union anerkannt wurden.

(48) Da das Ziel der Verordnung, nämlich sicherzustellen, dass auf dem Markt befindliche Produkte, für die das Gemeinschaftsrecht gilt, Anforderungen für ein hohes Niveau in Bezug auf Gesundheitsschutz und Sicherheit sowie sonstige öffentliche Interessen erfüllen, und gleichzeitig das Funktionieren des Binnenmarktes durch die Bereitstellung eines Rechtsrahmens für Akkreditierung und Marktüberwachung zu garantieren, auf der Ebene der

9) ABl. L 248 vom 16.9.2002, S. 1. Zuletzt geändert durch die Verordnung (EG) Nr. 1525/2007 (ABl. L 349 vom 27.12.2007, S. 9).

Mitgliedstaaten nicht ausreichend verwirklicht werden kann und daher aufgrund seiner Tragweite und Wirkungen besser auf Gemeinschaftsebene zu verwirklichen ist, kann die Gemeinschaft im Einklang mit dem in Artikel 5 des Vertrags niedergelegten Subsidiaritätsprinzip tätig werden. Entsprechend dem in demselben Artikel genannten Grundsatz der Verhältnismäßigkeit geht diese Verordnung nicht über das zur Erreichung dieses Ziels erforderliche Maß hinaus —

haben folgende Verordnung erlassen:

Kapitel I
Allgemeine Bestimmungen

Artikel 1
Gegenstand und Geltungsbereich

(1) Diese Verordnung regelt die Organisation und Durchführung der Akkreditierung von Konformitätsbewertungsstellen, die Konformitätsbewertungstätigkeiten durchführen.

(2) Diese Verordnung bildet einen Rahmen für die Marktüberwachung von Produkten, damit sichergestellt ist, dass diese Produkte Anforderungen für ein hohes Schutzniveau in Bezug auf öffentliche Interessen wie Gesundheit und Sicherheit im Allgemeinen, Gesundheit und Sicherheit am Arbeitsplatz, Verbraucher- und Umweltschutz sowie Sicherheit erfüllen.

(3) Diese Verordnung bildet einen Rahmen für die Kontrolle von Produkten aus Drittstaaten.

(4) Diese Verordnung legt allgemeine Grundsätze zur CE-Kennzeichnung fest.

Artikel 2
Begriffsbestimmungen

Für die Zwecke dieser Verordnung gelten die folgenden Begriffsbestimmungen:

1. „Bereitstellung auf dem Markt": jede entgeltliche oder unentgeltliche Abgabe eines Produkts zum Vertrieb, Verbrauch oder zur Verwendung auf dem Gemeinschaftsmarkt im Rahmen einer Geschäftstätigkeit;
2. „Inverkehrbringen": die erstmalige Bereitstellung eines Produkts auf dem Gemeinschaftsmarkt;
3. „Hersteller": jede natürliche oder juristische Person, die ein Produkt herstellt bzw. entwickeln oder herstellen lässt und dieses Produkt unter ihrem eigenen Namen oder ihrer eigenen Marke vermarktet;
4. „Bevollmächtigter": jede in der Gemeinschaft ansässige natürliche oder juristische Person, die vom Hersteller schriftlich beauftragt wurde, in seinem Namen bestimmte Aufgaben in Erfüllung seiner aus der einschlägigen Gemeinschaftsgesetzgebung resultierenden Verpflichtungen wahrzunehmen;
5. „Einführer": jede in der Gemeinschaft ansässige natürliche oder juristische Person, die ein Produkt aus einem Drittstaat auf dem Gemeinschaftsmarkt in Verkehr bringt;
6. „Händler": jede natürliche oder juristische Person in der Lieferkette, die ein Produkt auf dem Markt bereitstellt, mit Ausnahme des Herstellers oder des Einführers;
7. „Wirtschaftsakteure": Hersteller, Bevollmächtigter, Einführer und Händler;

8. „Technische Spezifikation": ein Dokument, in dem die technischen Anforderungen vorgeschrieben sind, denen ein Produkt, ein Verfahren oder Dienstleistungen genügen müssen;
9. „Harmonisierte Norm" Norm, die von einem der in Anhang I der Richtlinie 98/34/EG des Europäischen Parlaments und des Rates vom 22. Juni 1998 über ein Informationsverfahren auf dem Gebiet der Normen und technischen Vorschriften und der Vorschriften für die Dienste der Informationsgesellschaft[10] anerkannten europäischen Normungsgremien auf der Grundlage eines Ersuchens der Kommission nach Artikel 6 jener Richtlinie erstellt wurde;
10. „Akkreditierung": Bestätigung durch eine nationale Akkreditierungsstelle, dass eine Konformitätsbewertungsstelle die in harmonisierten Normen festgelegten Anforderungen und, gegebenenfalls, zusätzliche Anforderungen, einschließlich solcher in relevanten sektoralen Akkreditierungssystemen, erfüllt, um eine spezielle Konformitätsbewertungstätigkeit durchzuführen;
11. „Nationale Akkreditierungsstelle": die einzige Stelle in einem Mitgliedstaat, die im Auftrag dieses Staates Akkreditierungen durchführt;
12. „Konformitätsbewertung": das Verfahren zur Bewertung, ob spezifische Anforderungen an ein Produkt, ein Verfahren, eine Dienstleistung, ein System, eine Person oder eine Stelle erfüllt sind;
13. „Konformitätsbewertungsstelle": eine Stelle, die Konformitätsbewertungstätigkeiten einschließlich Kalibrierungen, Prüfungen, Zertifizierungen und Inspektionen durchführt;
14. „Rückruf": jede Maßnahme, die auf Erwirkung der Rückgabe eines dem Endverbraucher bereits bereitgestellten Produkts abzielt;
15. „Rücknahme": jede Maßnahme, mit der verhindert werden soll, dass ein in der Lieferkette befindliches Produkt auf dem Markt bereitgestellt wird;
16. „Beurteilung unter Gleichrangigen": Verfahren zur Bewertung einer nationalen Akkreditierungsstelle durch andere nationale Akkreditierungsstellen anhand der in dieser Verordnung festgelegten Anforderungen und gegebenenfalls zusätzlicher sektoraler technischer Spezifikationen;
17. „Marktüberwachung": die von den Behörden durchgeführten Tätigkeiten und von ihnen getroffenen Maßnahmen, durch die sichergestellt werden soll, dass die Produkte mit den Anforderungen der einschlägigen Harmonisierungsrechtsvorschriften der Gemeinschaft übereinstimmen und keine Gefährdung für die Gesundheit, Sicherheit oder andere im öffentlichen Interesse schützenswerte Bereiche darstellen;

---

10) ABl. L 204 vom 21.7.1998, S. 37, zuletzt geändert durch die Richtlinie 2006/96/EG des Rates (ABl. L 363 vom 20.12.2006, S. 81).

18. „Marktüberwachungsbehörde": eine Behörde eines Mitgliedstaats, die für die Durchführung der Marktüberwachung auf seinem Staatsgebiet zuständig ist;
19. „Überführung in den zollrechtlich freien Verkehr": das Verfahren gemäß Artikel 79 der Verordnung (EWG) Nr. 2913/92 des Rates vom 12. Oktober 1992 zur Festlegung des Zollkodex der Gemeinschaften[11];
20. „CE-Kennzeichnung": Kennzeichnung, durch die der Hersteller erklärt, dass das Produkt den geltenden Anforderungen genügt, die in den Harmonisierungsrechtsvorschriften der Gemeinschaft über ihre Anbringung festgelegt sind;
21. „Harmonisierungsrechtsvorschriften der Gemeinschaft": Rechtsvorschriften der Gemeinschaft zur Harmonisierung der Bedingungen für die Vermarktung von Produkten.

Kapitel II
Akkreditierung

Artikel 3
Geltungsbereich

Dieses Kapitel gilt bei obligatorischen oder freiwilligen Akkreditierungen in Bezug auf die Bewertung der Konformität, und zwar unabhängig davon, ob diese Bewertung obligatorisch ist oder nicht und unabhängig vom Rechtsstatus der akkreditierenden Stelle.

Artikel 4
Allgemeine Grundsätze

(1) Jeder Mitgliedstaat benennt eine einzige nationale Akkreditierungsstelle.

(2) Ist ein Mitgliedstaat der Auffassung, dass es wirtschaftlich nicht sinnvoll oder tragfähig ist, über eine nationale Akkreditierungsstelle zu verfügen oder bestimmte Akkreditierungsleistungen zu erbringen, greift er soweit möglich auf die nationale Akkreditierungsstelle eines anderen Mitgliedstaates zurück.

(3) Greift ein Mitgliedstaat nach Absatz 2 auf die nationale Akkreditierungsstelle eines anderen Mitgliedstaates zurück, informiert er die Kommission und die übrigen Mitgliedstaaten.

(4) Auf der Grundlage der Informationen in Absatz 3 und in Artikel 12 erstellt und aktualisiert die Kommission eine Liste der nationalen Akkreditierungsstellen, die von ihr veröffentlicht wird.

(5) Wird die Akkreditierung nicht direkt von den Behörden selbst vorgenommen, so betraut ein Mitgliedstaat seine nationale Akkreditierungsstelle mit der Durch-

11) ABl. L 302 vom 19.10.1992, S. 1. Zuletzt geändert durch die Verordnung (EG) Nr. 1791/2006 (ABl. L 363 vom 20.12.2006, S. 1).

führung der Akkreditierung als einer hoheitlichen Tätigkeit und erteilen ihr eine offizielle Anerkennung.

(6) Die Verantwortlichkeiten und Aufgaben der nationalen Akkreditierungsstelle sind von denen anderer nationaler Behörden klar abgegrenzt.

(7) Die nationale Akkreditierungsstelle arbeitet nicht gewinnorientiert.

(8) Die nationale Akkreditierungsstelle darf weder Tätigkeiten oder Dienstleistungen anbieten oder ausführen, die von Konformitätsbewertungsstellen ausgeführt werden, noch kommerzielle Beratungsdienste ausführen, Anteilseigner einer Konformitätsbewertungsstelle sein oder ein anderweitiges finanzielles oder geschäftliches Interesse an einer Konformitätsbewertungsstelle haben.

(9) Jeder Mitgliedstaat stellt sicher, dass seine nationale Akkreditierungsstelle über die geeigneten finanziellen und personellen Mittel zur ordnungsgemäßen Wahrnehmung ihrer Aufgaben einschließlich der Ausführung von Sonderaufgaben wie etwa Tätigkeiten in der europäischen und internationalen Zusammenarbeit im Bereich der Akkreditierung und Tätigkeiten, die erforderlich sind, um die öffentliche Politik zu unterstützen, und sich nicht selbst finanzieren, verfügt.

(10) Die nationale Akkreditierungsstelle ist Mitglied der nach Artikel 14 anerkannten Stelle.

(11) Die nationalen Akkreditierungsstellen errichten und unterhalten geeignete Strukturen, um eine wirksame und ausgewogene Beteiligung aller interessierten Kreise sowohl innerhalb ihrer Organisationen als auch innerhalb der nach Artikel 14 anerkannten Stelle sicherzustellen.

Artikel 5
Durchführung der Akkreditierung

(1) Auf Antrag einer Konformitätsbewertungsstelle überprüft die nationale Akkreditierungsstelle, ob diese Konformitätsbewertungsstelle über die Kompetenz verfügt, eine bestimmte Konformitätsbewertungstätigkeit auszuführen. Wird ihre Kompetenz festgestellt, stellt die nationale Akkreditierungsstelle eine entsprechende Akkreditierungsurkunde aus.

(2) Entscheidet sich ein Mitgliedstaat, auf eine Akkreditierung zu verzichten, legt er der Kommission und den übrigen Mitgliedstaaten alle Unterlagen vor, die zum Nachweis der Kompetenz der Konformitätsbewertungsstellen, die er für die Umsetzung dieser Harmonisierungsrechtsvorschriften der Gemeinschaft auswählt, erforderlich sind.

(3) Die nationalen Akkreditierungsstellen überwachen die Konformitätsbewertungsstellen, denen sie eine Akkreditierungsurkunde ausgestellt haben.

(4) Stellt eine nationale Akkreditierungsstelle fest, dass eine Konformitätsbewertungsstelle, der eine Akkreditierungsurkunde ausgestellt wurde, nicht mehr über die Kompetenz verfügt, eine bestimmte Konformitätsbewertungstätigkeit auszuführen, oder ihre Verpflichtungen gravierend verletzt hat, trifft diese nationale

Akkreditierungsstelle innerhalb einer angemessenen Frist alle geeigneten Maßnahmen, um die Akkreditierungsurkunde einzuschränken, auszusetzen oder zurückzuziehen.

(5) Die Mitgliedstaaten schaffen Verfahren zur Behandlung von Beschwerden, gegebenenfalls einschließlich der Einlegung von Rechtsbehelfen, gegen Akkreditierungsentscheidungen oder deren Unterbleiben.

Artikel 6
Grundsatz des Wettbewerbsverbots

(1) Die nationalen Akkreditierungsstellen treten mit den Konformitätsbewertungsstellen nicht in Wettbewerb.

(2) Die nationalen Akkreditierungsstellen treten mit anderen nationalen Akkreditierungsstellen nicht in Wettbewerb.

(3) Die nationalen Akkreditierungsstellen dürfen jedoch grenzüberschreitend im Hoheitsgebiet eines anderen Mitgliedstaats tätig werden, entweder wenn eine Konformitätsbewertungsstelle dies unter den Bedingungen des Artikels 7 Absatz 1 beantragt oder wenn sie von einer nationalen Akkreditierungsstelle gemäß Artikel 7 Absatz 3 hierum ersucht werden; im letztgenannten Fall arbeiten sie mit der nationalen Akkreditierungsstelle des betreffenden Mitgliedstaats zusammen.

Artikel 7
Grenzüberschreitende Akkreditierung

(1) Beantragt eine Konformitätsbewertungsstelle die Akkreditierung, so wendet sie sich hierzu an die nationale Akkreditierungsstelle des Mitgliedstaates, in dem sie niedergelassen ist, oder an die nationale Akkreditierungsstelle, auf die dieser Mitgliedstaat nach Artikel 4 Absatz 2 zurückgreift.

In folgenden Fällen kann eine Konformitätsbewertungsstelle jedoch die Akkreditierung durch eine andere als die in Unterabsatz 1 genannten nationalen Akkreditierungsstellen beantragen:

a) Der Mitgliedstaat, in dem sie niedergelassen ist, hat entschieden, keine nationale Akkreditierungsstelle einzurichten, und greift nicht auf die nationale Akkreditierungsstelle eines anderen Mitgliedstaates nach Artikel 4 Absatz 2 zurück;

b) Die in Unterabsatz 1 genannten nationalen Akkreditierungsstellen führen keine Akkreditierung für die Konformitätsbewertungstätigkeiten durch, für die diese beantragt wurde.

c) Die in Unterabsatz 1 genannten nationalen Akkreditierungsstellen haben die Beurteilung unter Gleichrangigen nach Artikel 10 für die Konformitätsbewertungstätigkeiten, für die die Akkreditierung beantragt wurde, nicht erfolgreich abgeschlossen.

(2) Wird einer nationalen Akkreditierungsstelle ein Antrag nach Absatz 1 Buchstabe b oder c vorgelegt, informiert sie die nationale Akkreditierungsstelle des Mitgliedstaates, in dem die beantragende Konformitätsbewertungsstelle niedergelassen ist. In einem solchen Fall kann die nationale Akkreditierungsstelle des Mitgliedstaates, in dem die beantragende Konformitätsbewertungsstelle niedergelassen ist, als Beobachter mitwirken.

(3) Eine nationale Akkreditierungsstelle kann eine andere nationale Akkreditierungsstelle ersuchen, einen Teil der Begutachtungstätigkeit zu übernehmen. Die Akkreditierungsurkunde wird in einem solchen Fall von der ersuchenden Stelle ausgestellt.

Artikel 8
Anforderungen an nationale Akkreditierungsstellen

Für eine nationale Akkreditierungsstelle gelten die folgenden Anforderungen:

1. Sie ist so organisiert, dass sie sowohl unabhängig von den Konformitätsbewertungsstellen, die sie begutachtet, als auch frei von kommerziellen Einflüssen ist und dass es zu keinerlei Interessenkonflikten mit den Konformitätsbewertungsstellen kommt;
2. sie gewährleistet durch ihre Organisation und Arbeitsweise, dass bei der Ausübung ihrer Tätigkeiten Objektivität und Unparteilichkeit gewahrt sind;
3. sie stellt sicher, dass jede Entscheidung über die Bestätigung der Kompetenz von kompetenten Personen getroffen wird, die nicht mit den Personen identisch sind, welche die Begutachtung durchgeführt haben;
4. sie trifft geeignete Vorkehrungen, um die Vertraulichkeit der erhaltenen Informationen sicherzustellen;
5. sie gibt die Konformitätsbewertungstätigkeiten an, zu deren Akkreditierung sie befähigt ist, und nennt dabei gegebenenfalls die relevanten gemeinschaftlichen oder nationalen Rechtsvorschriften und Normen;
6. sie schafft die erforderlichen Verfahren zur Gewährleistung eines effizienten Managements und geeigneter interner Kontrollen;
7. ihr stehen kompetente Mitarbeiter in ausreichender Zahl zur Verfügung, so dass sie ihre Aufgaben ordnungsgemäß wahrnehmen kann;
8. sie dokumentiert die Pflichten, Verantwortlichkeiten und Befugnisse des Personals, die sich auf die Qualität von Begutachtung und Bestätigung der Kompetenz auswirken können;
9. sie richtet Verfahren zur Überwachung der Leistung und Kompetenz der beteiligten Mitarbeiter ein, setzt sie um und führt sie weiter;
10. sie überprüft, dass Konformitätsbewertungen auf angemessene Art und Weise durchgeführt werden, indem unnötige Belastungen für die Betriebe vermieden werden und die Größe eines Betriebs, die Branche, in der er tätig

ist, die Unternehmensstruktur, das Maß der Komplexität der betreffenden Produkttechnologie und der Massenproduktions- oder serienmäßige Charakter des Produktionsprozesses beachtet werden;

11. sie veröffentlicht geprüfte Jahresabschlüsse, die gemäß den allgemein anerkannten Rechnungslegungsgrundsätzen erstellt werden.

Artikel 9
Übereinstimmung mit den Anforderungen

(1) Erfüllt eine nationale Akkreditierungsstelle die Anforderungen dieser Verordnung nicht oder kommt sie ihren Verpflichtungen nach dieser Verordnung nicht nach, trifft der betreffende Mitgliedstaat geeignete Korrekturmaßnahmen oder stellt sicher, dass derartige Korrekturmaßnahmen getroffen werden, und informiert die Kommission darüber.

(2) Die Mitgliedstaaten überprüfen ihre nationalen Akkreditierungsstellen in regelmäßigen Abständen, um sicherzustellen, dass diese die in Artikel 8 festgelegten Anforderungen dauerhaft erfüllen.

(3) Die Mitgliedstaaten berücksichtigen bei der Durchführung der in Absatz 2 dieses Artikels genannten Überprüfung so weit wie möglich die Ergebnisse der Beurteilung unter Gleichrangigen nach Artikel 10.

(4) Die nationalen Akkreditierungsstellen schaffen die erforderlichen Verfahren, um Beschwerden gegen die von ihnen akkreditierten Konformitätsbewertungsstellen zu bearbeiten.

Artikel 10
Beurteilung unter Gleichrangigen

(1) Die nationalen Akkreditierungsstellen unterziehen sich einer Beurteilung unter Gleichrangigen, wie sie von der nach Artikel 14 anerkannten Stelle organisiert wird.

(2) Die interessierten Kreise sind dazu berechtigt, sich an dem System, das zur Überwachung der Tätigkeiten im Rahmen der Beurteilung unter Gleichrangigen eingeführt wurde, zu beteiligen, jedoch nicht an einzelnen Verfahren der Beurteilung unter Gleichrangigen.

(3) Die Mitgliedstaaten stellen sicher, dass sich ihre nationalen Akkreditierungsstellen, wie in Absatz 1 vorgeschrieben, regelmäßig einer Beurteilung unter Gleichrangigen unterziehen.

(4) Die Beurteilung unter Gleichrangigen erfolgt auf der Grundlage fundierter und transparenter Bewertungskriterien und -verfahren und erstreckt sich insbesondere auf die strukturellen und die die Humanressourcen und Verfahren betreffenden Anforderungen sowie auf die Aspekte der Vertraulichkeit und der Beschwerden. Es sind geeignete Beschwerdeverfahren gegen Entscheidungen vorzusehen, die als Ergebnis solch einer Beurteilung getroffen werden.

(5) Durch die Beurteilung unter Gleichrangigen soll unter Berücksichtigung der einschlägigen in Artikel 11 genannten harmonisierten Normen festgestellt werden, ob die nationalen Akkreditierungsstellen die Anforderungen von Artikel 8 erfüllen.

(6) Die Ergebnisse der Beurteilung unter Gleichrangigen werden von der nach Artikel 14 anerkannten Stelle veröffentlicht und sämtlichen Mitgliedstaaten und der Kommission mitgeteilt.

(7) Die Kommission überwacht in Zusammenarbeit mit den Mitgliedstaaten die Regelungen und das ordnungsgemäße Funktionieren des Systems der Beurteilung unter Gleichrangigen.

Artikel 11
Konformitätsvermutung für nationale Akkreditierungsstellen

(1) Bei nationalen Akkreditierungsstellen, die die Übereinstimmung mit den Kriterien der jeweiligen harmonisierten Norm, deren Fundstelle im Amtsblatt der Europäischen Union veröffentlicht worden ist, dadurch unter Beweis stellen, dass sie sich erfolgreich der in Artikel 10 festgelegten Beurteilung unter Gleichrangigen unterzogen haben, wird vermutet, dass sie die Anforderungen des Artikels 8 erfüllen.

(2) Die nationalen Behörden erkennen die Gleichwertigkeit der von den Akkreditierungsstellen, die sich erfolgreich der Beurteilung unter Gleichrangigen nach Artikel 10 unterzogen haben, erbrachten Dienstleistungen an und akzeptieren damit aufgrund der Vermutung im Sinne des Absatzes 1 dieses Artikels die Akkreditierungsurkunden dieser Stellen und die Bestätigungen, die von den von ihnen akkreditierten Konformitätsbewertungsstellen ausgestellt wurden.

Artikel 12
Informationspflicht

(1) Jede nationale Akkreditierungsstelle informiert die übrigen nationalen Akkreditierungsstellen über die Konformitätsbewertungstätigkeiten, für die sie Akkreditierungen durchführt, sowie über diesbezügliche Änderungen.

(2) Jeder Mitgliedstaat informiert die Kommission und die nach Artikel 14 anerkannte Stelle über die Identität seiner nationalen Akkreditierungsstelle und über alle Konformitätsbewertungstätigkeiten, für die diese Stelle Akkreditierungen zur Unterstützung der Harmonisierungsrechtsvorschriften der Gemeinschaft durchführt, sowie über diesbezügliche Änderungen.

(3) Jede nationale Akkreditierungsstelle veröffentlicht regelmäßig Informationen über die Ergebnisse ihrer Beurteilung unter Gleichrangigen, über die Konformitätsbewertungstätigkeiten, für die sie Akkreditierungen durchführt, sowie über diesbezügliche Änderungen.

Artikel 13
Ersuchen an die nach Artikel 14 anerkannte Stelle

(1) Nach Konsultation des gemäß Artikel 5 der Richtlinie 98/34/EG eingerichteten Ausschusses kann die Kommission die nach Artikel 14 anerkannte Stelle ersuchen, zur Entwicklung, Aufrechterhaltung und Anwendung der Akkreditierung in der Gemeinschaft beizutragen.

(2) Die Kommission kann außerdem nach dem in Absatz 1 festgelegten Verfahren

a) die nach Artikel 14 anerkannte Stelle ersuchen, Bewertungskriterien und -verfahren für die Beurteilung unter Gleichrangigen festzulegen und sektorbezogene Akkreditierungssysteme zu entwickeln;

b) bestehende Systeme, in denen bereits Bewertungskriterien und -verfahren für die Beurteilung unter Gleichrangigen festgelegt sind, anerkennen.

(3) Die Kommission stellt sicher, dass sektorale Systeme die technischen Spezifikationen vorgeben, die zur Erreichung des Kompetenzniveaus erforderlich sind, das die Harmonisierungsrechtsvorschriften der Gemeinschaft in Bereichen mit besonderen technologie-, gesundheits- und sicherheits- oder umweltbezogenen Anforderungen oder anderen Aspekten zum Schutz anderer öffentlicher Interessen vorsehen.

Artikel 14
Infrastruktur für die europäische Akkreditierung

(1) Die Kommission erkennt nach Konsultation mit den Mitgliedstaaten eine Stelle an, die die Anforderungen des Anhangs I dieser Verordnung erfüllt.

(2) Eine Stelle, die nach Absatz 1 anerkannt werden soll, schließt eine Vereinbarung mit der Kommission ab. In dieser Vereinbarung werden unter anderem die genauen Aufgaben der Stelle, die Finanzierungsvorschriften und die Vorschriften für die Überwachung der anerkannten Stelle festgelegt. Sowohl die Kommission als auch die betreffende Stelle können die Vereinbarung ohne Angabe von Gründen unter Einhaltung einer in der Vereinbarung festzulegenden angemessenen Kündigungsfrist kündigen.

(3) Die Vereinbarung wird von der Kommission und der betreffenden Stelle veröffentlicht.

(4) Die Kommission teilt die Anerkennung einer Stelle nach Absatz 1 den Mitgliedstaaten und den nationalen Akkreditierungsstellen mit.

(5) Die Kommission darf nicht mehr als jeweils eine derartige Stelle zu einem bestimmten Zeitpunkt anerkennen.

(6) Die erste nach dieser Verordnung anerkannte Stelle ist die Europäische Kooperation für Akkreditierung, sofern sie eine Vereinbarung im Sinne des Absatzes 2 abgeschlossen hat.

Kapitel III
Rechtsrahmen für eine gemeinschaftliche Marktüberwachung und die Kontrolle von in den Gemeinschaftsmarkt eingeführten Produkten

Abschnitt 1
Allgemeine Bestimmungen

Artikel 15
Geltungsbereich

(1) Die Artikel 16 bis 26 gelten für Produkte, die unter Harmonisierungsrechtsvorschriften der Gemeinschaft fallen.

(2) Sämtliche Bestimmungen der Artikel 16 bis 26 finden insoweit Anwendung, als es in den Harmonisierungsrechtsvorschriften der Gemeinschaft keine speziellen Bestimmungen gibt, mit denen dasselbe Ziel verfolgt wird.

(3) Die Anwendung dieser Verordnung hindert die Marktüberwachungsbehörden nicht daran, speziellere Maßnahmen gemäß der Richtlinie 2001/95/EG zu ergreifen.

(4) Für die Zwecke der Artikel 16 bis 26 bezeichnet der Ausdruck „Produkt" einen Stoff, eine Zubereitung oder eine Ware, der bzw. die durch einen Fertigungsprozess hergestellt worden ist, außer Lebensmitteln, Futtermitteln, lebenden Pflanzen und Tieren, Erzeugnissen menschlichen Ursprungs und Erzeugnissen von Pflanzen und Tieren, die unmittelbar mit ihrer künftigen Reproduktion zusammenhängen.

(5) Artikel 27, 28 und 29 finden für alle vom Gemeinschaftsrecht erfassten Produkte insoweit Anwendung, als sonstige Rechtsvorschriften der Gemeinschaft keine spezifischen Vorschriften über die Einrichtung von Grenzkontrollen vorsehen.

Artikel 16
Allgemeine Anforderungen

(1) Die Mitgliedstaaten organisieren und führen eine Marktüberwachung im Einklang mit diesem Kapitel durch.

(2) Die Marktüberwachung stellt sicher, dass unter Harmonisierungsrechtsvorschriften der Gemeinschaft fallende Produkte, die bei bestimmungsgemäßer Verwendung oder bei einer Verwendung, die nach vernünftigem Ermessen vorhersehbar ist, und bei ordnungsgemäßer Installation und Wartung die Gesundheit oder Sicherheit der Benutzer gefährden können oder die die geltenden Anforderungen der Harmonisierungsrechtsvorschriften der Gemeinschaft in anderer Hinsicht nicht erfüllen, vom Markt genommen werden bzw. ihre Bereitstellung auf dem Markt untersagt oder eingeschränkt wird und dass die Öffentlichkeit, die Kommission und die anderen Mitgliedstaaten ordnungsgemäß informiert werden.

(3) Durch Strukturen und Programme für die Marktüberwachung auf nationaler Ebene wird sichergestellt, dass in Bezug auf jede Produktkategorie, die unter die Harmonisierungsrechtsvorschriften der Gemeinschaft fällt, wirksame Maßnahmen ergriffen werden können.

(4) Eine solche Marktüberwachung erstreckt sich auf Produkte, die für den eigenen Gebrauch des Herstellers zusammengebaut oder hergestellt wurden, wenn Harmonisierungsrechtsvorschriften der Gemeinschaft vorsehen, dass ihre Bestimmungen für solche Produkte gelten.

Abschnitt 2
Gemeinschaftlicher Rechtsrahmen für die Marktüberwachung

Artikel 17
Informationspflichten

(1) Die Mitgliedstaaten teilen der Kommission ihre zuständigen Marktüberwachungsbehörden und deren Zuständigkeitsbereiche mit. Die Kommission leitet diese Informationen an die anderen Mitgliedstaaten weiter.

(2) Die Mitgliedstaaten stellen sicher, dass die Öffentlichkeit über die Existenz, die Zuständigkeiten und die Identität der nationalen Marktüberwachungsbehörden sowie darüber, wie man Kontakt zu diesen Behörden aufnehmen kann, informiert ist.

Artikel 18
Organisatorische Verpflichtungen der Mitgliedstaaten

(1) Die Mitgliedstaaten schaffen geeignete Mechanismen für die Kommunikation und die Koordination zwischen ihren Marktüberwachungsbehörden.

(2) Die Mitgliedstaaten schaffen geeignete Verfahren

a) für die Behandlung von Beschwerden oder Berichten über Gefahren, die mit unter Harmonisierungsrechtsvorschriften der Gemeinschaft fallenden Produkten verbunden sind,

b) für die Überprüfung von Unfällen und Gesundheitsschäden, bei denen der Verdacht besteht, dass sie durch diese Produkte verursacht wurden,

c) um die Durchführung der Korrekturmaßnahmen zu prüfen und

d) um dem wissenschaftlichen und technischen Fachwissen in Sicherheitsfragen Rechnung zu tragen.

(3) Die Mitgliedstaaten statten die Marktüberwachungsbehörden mit den erforderlichen Befugnissen, Ressourcen und Kenntnissen zur ordnungsgemäßen Wahrnehmung ihrer Aufgaben aus.

(4) Die Mitgliedstaaten stellen auch sicher, dass die Marktüberwachungsbehörden ihre Befugnisse gemäß dem Grundsatz der Verhältnismäßigkeit ausüben.

(5) Die Mitgliedstaaten erstellen Marktüberwachungsprogramme, führen diese durch und aktualisieren sie regelmäßig. Die Mitgliedstaaten stellen entweder ein allgemeines Marktüberwachungsprogramm oder sektorspezifische Programme auf, worin die Bereiche erfasst sind, in denen sie eine Marktüberwachung durchführen, teilen diese Programme den anderen Mitgliedstaaten und der Kommission mit und stellen sie der Öffentlichkeit mittels elektronischer Kommunikationsmittel

und gegebenenfalls durch andere Mittel zur Verfügung. Die erste derartige Mitteilung erfolgt bis zum 1. Januar 2010. Spätere Aktualisierungen der Programme werden in gleicher Weise veröffentlicht. Für diese Zwecke können die Mitgliedstaaten mit allen interessierten Kreisen zusammenarbeiten.

(6) Die Mitgliedstaaten überprüfen und bewerten regelmäßig die Funktionsweise ihrer Überwachungstätigkeiten. Diese Überprüfungen und Bewertungen werden mindestens alle vier Jahre durchgeführt, und ihre Ergebnisse werden den anderen Mitgliedstaaten und der Kommission mitgeteilt und mittels elektronischer Kommunikationsmittel sowie gegebenenfalls anderer Mittel der Öffentlichkeit zugänglich gemacht.

Artikel 19
Marktüberwachungsmaßnahmen

(1) Die Marktüberwachungsbehörden kontrollieren anhand angemessener Stichproben auf geeignete Art und Weise und in angemessenem Umfang die Merkmale von Produkten durch Überprüfung der Unterlagen oder, wenn dies angezeigt ist, durch physische Kontrollen und Laborprüfungen. Dabei berücksichtigen sie die geltenden Grundsätze der Risikobewertung, eingegangene Beschwerden und sonstige Informationen.

Die Marktüberwachungsbehörden können Wirtschaftsakteure verpflichten, die Unterlagen und Informationen zur Verfügung zu stellen, die sie für die Zwecke der Durchführung ihrer Tätigkeiten für erforderlich halten und, falls nötig und gerechtfertigt, die Räumlichkeiten von Wirtschaftsakteuren betreten und die erforderlichen Produktmuster entnehmen. Sie können Produkte, die eine ernste Gefahr darstellen, vernichten oder auf andere Weise unbrauchbar machen, wenn sie dies für erforderlich erachten.

Wenn Wirtschaftsakteure Prüfberichte oder Konformitätsbescheinigungen vorlegen, die von einer akkreditierten Konformitätsbewertungsstelle ausgestellt wurden, berücksichtigen die Marktüberwachungsbehörden solche Prüfberichte oder Konformitätsbescheinigungen in gebührendem Maße.

(2) Die Marktüberwachungsbehörden treffen geeignete Maßnahmen, um Verwender in ihren Staatsgebieten innerhalb eines angemessenen Zeitraumes vor Gefahren zu warnen, die sie in Bezug auf ein beliebiges Produkt ermittelt haben, um so die Gefahr einer Verletzung oder des Eintretens eines anderen Schadens zu verringern.

Sie kooperieren mit den Wirtschaftsakteuren bei Vorkehrungen, durch die die Gefahren abgewendet oder gemindert werden könnten, die mit Produkten verbunden sind, die diese Akteure bereitgestellt haben.

(3) Beschließen die Marktüberwachungsbehörden eines Mitgliedstaats, ein in einem anderen Mitgliedstaat hergestelltes Produkt vom Markt zu nehmen, setzen sie den betroffenen Wirtschaftsakteur unter der auf dem betreffenden Produkt oder

in den Begleitunterlagen dieses Produkts angegebenen Adresse davon in Kenntnis.

(4) Die Marktüberwachungsbehörden kommen ihren Verpflichtungen unabhängig, unparteiisch und unvoreingenommen nach.

(5) Die Marktüberwachungsbehörden wahren erforderlichenfalls die Vertraulichkeit, um Betriebsgeheimnisse oder personenbezogene Daten im Rahmen des nationalen Rechts zu schützen, vorbehaltlich der Verpflichtung, im Rahmen dieser Verordnung Informationen so umfassend zu veröffentlichen, wie es zum Schutz der Interessen der Verwender in der Gemeinschaft erforderlich ist.

Artikel 20
Mit einer ernsten Gefahr verbundene Produkte

(1) Die Mitgliedstaaten stellen sicher, dass Produkte, die eine ernste Gefahr darstellen, die ein rasches Eingreifen erforderlich macht, einschließlich einer ernsten Gefahr ohne unmittelbare Auswirkung, zurückgerufen oder vom Markt genommen werden bzw. ihre Bereitstellung auf ihrem Markt untersagt wird und dass die Kommission unverzüglich gemäß Artikel 22 informiert wird.

(2) Die Entscheidung, ob ein Produkt eine ernste Gefahr darstellt oder nicht, wird auf der Grundlage einer angemessenen Risikobewertung unter Berücksichtigung der Art der Gefahr und der Wahrscheinlichkeit ihres Eintritts getroffen. Die Möglichkeit, einen höheren Sicherheitsgrad zu erreichen, oder die Verfügbarkeit anderer Produkte, von denen eine geringere Gefährdung ausgeht, ist kein ausreichender Grund, um anzunehmen, dass von einem Produkt eine ernste Gefahr ausgeht.

Artikel 21
Beschränkende Maßnahmen

(1) Die Mitgliedstaaten stellen sicher, dass jede gemäß den jeweiligen Harmonisierungsrechtsvorschriften der Gemeinschaft ergriffene Maßnahme zur Untersagung oder Beschränkung der Bereitstellung eines Produkts auf dem Markt, zur Rücknahme vom Markt oder zum Rückruf verhältnismäßig ist und eine präzise Begründung enthält.

(2) Derartige Maßnahmen werden dem betroffenen Wirtschaftsakteur unverzüglich bekannt gegeben; dabei wird ihm auch mitgeteilt, welche Rechtsmittel ihm aufgrund der Rechtsvorschriften des betreffenden Mitgliedstaats zur Verfügung stehen und innerhalb welcher Fristen sie einzulegen sind.

(3) Vor Erlass einer Maßnahme nach Absatz 1 wird dem betroffenen Wirtschaftsakteur Gelegenheit gegeben, sich innerhalb einer angemessenen Frist, die nicht kürzer als zehn Tage sein darf, zu äußern, es sei denn, seine Anhörung wäre nicht möglich, weil ihr die Dringlichkeit der Maßnahme aufgrund von Anforderungen der einschlägigen Harmonisierungsrechtsvorschriften der Gemeinschaft in Bezug auf Gesundheit, Sicherheit oder andere Gründe im Zusammenhang mit den öffentlichen Interessen entgegensteht. Wurde eine Maßnahme

getroffen, ohne dass der betreffende Akteur gehört wurde, wird dem Akteur so schnell wie möglich Gelegenheit zur Äußerung gegeben und die getroffene Maßnahme daraufhin umgehend überprüft.

(4) Jede Maßnahme gemäß Absatz 1 wird umgehend zurückgenommen oder geändert, sobald der Wirtschaftsakteur nachweist, dass er wirksame Maßnahmen getroffen hat.

Artikel 22
Informationsaustausch – Schnellinformationssystem der Gemeinschaft

(1) Trifft ein Mitgliedstaat eine Maßnahme nach Artikel 20 oder beabsichtigt er dies und ist er der Auffassung, dass die Gründe für die Maßnahme oder die Auswirkungen dieser Maßnahme über sein eigenes Staatsgebiet hinausreichen, meldet er der Kommission unverzüglich gemäß Absatz 4 dieses Artikels die getroffene Maßnahme. Außerdem informiert er die Kommission unverzüglich über die Änderung oder die Rücknahme einer solchen Maßnahme.

(2) Ist ein mit einer ernsten Gefahr verbundenes Produkt auf dem Markt bereitgestellt worden, so melden die Mitgliedstaaten der Kommission ferner alle von einem Wirtschaftsakteur ergriffenen und mitgeteilten freiwilligen Maßnahmen.

(3) Die Übermittlung der Informationen nach den Absätzen 1 und 2 enthält alle verfügbaren Angaben, insbesondere die erforderlichen Daten für die Identifizierung des Produkts, die Herkunft und Lieferkette des Produkts, die mit ihm verbundenen Gefahren, die Art und die Dauer der getroffenen nationalen Maßnahme sowie die von Wirtschaftsakteuren freiwillig getroffenen Maßnahmen.

(4) Für die Zwecke der Absätze 1, 2 und 3 findet das System für Marktüberwachung und Informationsaustausch gemäß Artikel 12 der Richtlinie 2001/95/EG Anwendung. Artikel 12 Absätze 2, 3 und 4 jener Richtlinie gelten entsprechend.

Artikel 23
Allgemeines System für das Informationsmanagement

(1) Die Kommission entwickelt und unterhält unter Verwendung elektronischer Hilfsmittel ein allgemeines System zur Archivierung und zum Austausch von Informationen zu sämtlichen Fragen der Marktüberwachung, Programmen und zugehörigen Informationen über einen Verstoß gegen Harmonisierungsrechtsvorschriften der Gemeinschaft. Das System spiegelt die im Rahmen von Artikel 22 gemachten Meldungen und übermittelten Informationen angemessen wider.

(2) Für die Zwecke des Absatzes 1 übermitteln die Mitgliedstaaten der Kommission ihnen vorliegende und nicht schon nach Artikel 22 gemeldete Informationen über Produkte zur Verfügung, die eine Gefahr darstellen, insbesondere Angaben zu den Gefahren, Prüfergebnisse, vorläufige beschränkende Maßnahmen, Kontakte mit den betreffenden Wirtschaftsakteuren und eine Begründung für getroffene oder unterbliebene Maßnahmen.

(3) Unbeschadet von Artikel 19 Absatz 5 oder nationaler Rechtsvorschriften im Bereich der Vertraulichkeit wird die Wahrung der Vertraulichkeit in Bezug auf den Inhalt der Informationen sichergestellt. Ungeachtet des Schutzes der Vertraulichkeit werden den Marktüberwachungsbehörden die Informationen übermittelt, die wichtig sind, um die Wirksamkeit der Marktüberwachungstätigkeiten zu gewährleisten.

Artikel 24
Grundsätze für die Zusammenarbeit zwischen den Mitgliedstaaten und der Kommission

(1) Zu ihren Marktüberwachungsprogrammen und in allen Fragen, die mit Gefahren verbundene Produkte betreffen, gewährleisten die Mitgliedstaaten eine effiziente Zusammenarbeit und einen wirksamen Informationsaustausch zwischen ihren Marktüberwachungsbehörden und denjenigen der anderen Mitgliedstaaten sowie zwischen ihren eigenen Behörden, der Kommission und den betreffenden Gemeinschaftsagenturen.

(2) Für die Zwecke von Absatz 1 leisten die Marktüberwachungsbehörden eines Mitgliedstaates den Marktüberwachungsbehörden anderer Mitgliedstaaten in angemessenem Umfang Amtshilfe, indem sie Informationen oder Unterlagen bereitstellen, indem sie geeignete Untersuchungen oder andere angemessene Maßnahmen durchführen und indem sie sich an Untersuchungen beteiligen, die in anderen Mitgliedstaaten eingeleitet wurden.

(3) Von der Kommission werden Daten über nationale Marktüberwachungsmaßnahmen erhoben und aufbereitet, die es ihr ermöglichen, ihren Verpflichtungen nachzukommen.

(4) Wenn der Bericht erstattende Mitgliedstaat andere Mitgliedstaaten und die Kommission über seine Feststellungen und Maßnahmen unterrichtet, bezieht er jede von einem Wirtschaftsakteur gemäß Artikel 21 Absatz 3 oder anderweitig bereitgestellte Information ein. Jede spätere Information wird mit einem eindeutigen Hinweis auf den Bezug zu schon bereitgestellter Information versehen.

Artikel 25
Gemeinsame Nutzung von Ressourcen

(1) Marktüberwachungsinitiativen zum Zweck der gemeinsamen Nutzung von Ressourcen und Fachwissen zwischen den zuständigen Behörden der Mitgliedstaaten können von der Kommission oder den betreffenden Mitgliedstaaten ins Leben gerufen werden. Solche Initiativen werden von der Kommission koordiniert.

(2) Für die Zwecke von Absatz 1 werden von der Kommission in Zusammenarbeit mit den Mitgliedstaaten:

a) Schulungs- und Austauschprogramme für nationale Beamte entwickelt und organisiert;

b) Programme für den Austausch von Erfahrungen, Informationen und vorbildlichen Verfahren, Programme und Maßnahmen für gemeinsame Projekte, Informationskampagnen, gemeinsame Besuchsprogramme und die gemeinsame Nutzung von Ressourcen entwickelt, organisiert und erstellt.

(3) Die Mitgliedstaaten stellen sicher, dass ihre zuständigen Behörden uneingeschränkt an den Tätigkeiten nach Absatz 2 mitwirken, wo dies zweckmäßig ist.

Artikel 26
Zusammenarbeit mit den zuständigen Stellen von Drittstaaten

(1) Marktüberwachungsbehörden können mit den zuständigen Behörden von Drittstaaten mit Blick auf Informationsaustausch und technische Unterstützung zusammenarbeiten, indem sie den Zugang zu europäischen Systemen fördern und erleichtern und Tätigkeiten auf dem Gebiet der Konformitätsbewertung, der Marktüberwachung und der Akkreditierung fördern.

Die Kommission entwickelt zu diesem Zweck in Zusammenarbeit mit Mitgliedstaaten geeignete Programme.

(2) Die Zusammenarbeit mit den zuständigen Behörden von Drittstaaten erfolgt unter anderem in Form der in Artikel 25 Absatz 2 genannten Tätigkeiten. Die Mitgliedstaaten stellen sicher, dass sich ihre zuständigen Behörden an diesen Tätigkeiten uneingeschränkt beteiligen.

Abschnitt 3
Kontrolle von in den Gemeinschaftsmarkt eingeführten Produkten

Artikel 27
Kontrolle von in den Gemeinschaftsmarkt eingeführten Produkten

(1) Die für die Kontrolle der auf den Gemeinschaftsmarkt eingeführten Produkte zuständigen Behörden der Mitgliedstaaten verfügen über die erforderlichen Befugnisse und Ressourcen zur ordnungsgemäßen Wahrnehmung ihrer Aufgaben. Sie kontrollieren die Merkmale von Produkten gemäß den Grundsätzen des Artikels 19 Absatz 1 in angemessenem Umfang, bevor diese Produkte zum freien Verkehr freigegeben werden.

(2) Ist in einem Mitgliedstaat mehr als eine Behörde für die Marktüberwachung oder die Kontrolle der Außengrenzen zuständig, so arbeiten die entsprechenden Behörden durch die gegenseitige Bereitstellung von Informationen und gegebenenfalls auf andere Weise zusammen.

(3) Die für die Kontrolle der Außengrenzen zuständigen Behörden setzen die Freigabe eines Produkts zum freien Verkehr auf dem Gemeinschaftsmarkt aus, wenn bei den Kontrollen nach Absatz 1 einer der folgenden Sachverhalte festgestellt wird:

a) Das Produkt weist Merkmale auf, die Grund zu der Annahme geben, dass es bei ordnungsgemäßer Installation und Wartung sowie bei bestimmungsgemäßer Verwendung eine ernste Gefahr für Gesundheit, Sicherheit, Umwelt oder für andere öffentliche Interessen nach Artikel 1 darstellt;

b) dem Produkt liegen nicht die in den Harmonisierungsrechtsvorschriften der Gemeinschaft vorgeschriebenen schriftlichen oder elektronischen Unterlagen bei oder es fehlt die nach diesen Rechtsvorschriften erforderliche Kennzeichnung;

c) die CE-Kennzeichnung auf nicht wahrheitsgemäße oder irreführende Weise auf dem Produkt angebracht ist.

Die für die Kontrolle der Außengrenzen zuständigen Behörden melden den Marktüberwachungsbehörden unverzüglich eine solche Aussetzung.

(4) Bei verderblichen Waren sorgen die für die Kontrolle der Außengrenzen zuständigen Behörden soweit möglich dafür, dass die von ihnen eventuell auferlegten Bedingungen für die Lagerung der Waren oder das Abstellen der verwendeten Transportmittel die Konservierung der Waren nicht beeinträchtigen.

(5) Für die Zwecke dieses Abschnitts gilt Artikel 24 in Bezug auf für die Kontrolle der Außengrenzen zuständige Behörden unbeschadet der Anwendung von Rechtsvorschriften der Gemeinschaft, die noch spezifischere Systeme der Zusammenarbeit zwischen diesen Behörden vorsehen.

Artikel 28
Freigabe von Produkten

(1) Ein Produkt, dessen Freigabe von den für die Kontrolle der Außengrenzen zuständigen Behörden nach Artikel 27 ausgesetzt wurde, wird freigegeben, wenn diese Behörden nicht innerhalb von drei Arbeitstagen nach Aussetzung der Freigabe eine Mitteilung über die von den Marktüberwachungsbehörden getroffenen Maßnahmen erhalten, sofern alle übrigen Anforderungen und Förmlichkeiten für diese Freigabe erfüllt sind.

(2) Stellen die Marktüberwachungsbehörden fest, dass das betreffende Produkt keine ernste Gefahr für Gesundheit und Sicherheit oder keinen Verstoß gegen die Harmonisierungsrechtsvorschriften der Gemeinschaft darstellt, so wird dieses Produkt freigegeben, sofern alle übrigen Anforderungen und Förmlichkeiten für diese Freigabe erfüllt sind.

Artikel 29
Nationale Maßnahmen

(1) Stellen die Marktüberwachungsbehörden fest, dass ein Produkt eine ernste Gefahr darstellt, treffen sie Maßnahmen, um das Inverkehrbringen dieses Produkts zu untersagen, und fordern die für die Kontrolle der Außengrenzen zuständigen Behörden auf, auf der dem Produkt beigefügten Warenrechnung sowie auf allen sonstigen einschlägigen Begleitunterlagen oder, wenn die Datenverarbeitung

elektronisch erfolgt, im Datenverarbeitungssystem selbst folgenden Vermerk anzubringen:

„Gefährliches Erzeugnis – Überführung in den zollrechtlich freien Verkehr nicht gestattet – Verordnung (EG) Nr. 765/2008."

(2) Stellen die Marktüberwachungsbehörden fest, dass ein Produkt nicht mit den Harmonisierungsrechtsvorschriften der Gemeinschaft übereinstimmt, treffen sie geeignete Maßnahmen, zu denen, falls erforderlich, ein Verbot des Inverkehrbringens des Produkts gehört.

Wird das Inverkehrbringen gemäß Unterabsatz 1 verboten, fordern die Marktüberwachungsbehörden die für die Kontrolle der Außengrenzen zuständigen Behörden auf, das Produkt nicht zum freien Verkehr freizugeben und auf der dem Produkt beigefügten Warenrechnung sowie auf allen sonstigen einschlägigen Begleitunterlagen oder, wenn die Datenverarbeitung elektronisch erfolgt, im Datenverarbeitungssystem selbst folgenden Vermerk anzubringen:

„Nicht konformes Erzeugnis – Überführung in den zollrechtlich freien Verkehr nicht gestattet – Verordnung (EG) Nr. 765/2008."

(3) Wird dieses Produkt anschließend für ein anderes, nicht der Überführung in den zollrechtlich freien Verkehr dienendes Zollverfahren angemeldet und erheben die Marktüberwachungsbehörden keinen Einwand, werden ebenfalls die in den Absätzen 1 und 2 genannten Hinweise unter den gleichen Voraussetzungen auf den Unterlagen für dieses Verfahren angebracht.

(4) Die Behörden der Mitgliedstaaten können Produkte, die eine ernste Gefahr darstellen, vernichten oder auf andere Weise unbrauchbar machen, wenn sie dies für erforderlich und verhältnismäßig erachten.

(5) Die Marktüberwachungsbehörden informieren die für die Kontrollen an den Außengrenzen zuständigen Behörden über die Produktkategorien, bei denen eine ernste Gefahr oder eine Nichtübereinstimmung im Sinne der Absätze 1 und 2 festgestellt wurde.

Kapitel IV
CE-Kennzeichnung

Artikel 30
Allgemeine Grundsätze der CE-Kennzeichnung

(1) Die CE-Kennzeichnung darf nur durch den Hersteller oder seinen Bevollmächtigten angebracht werden.

(2) Die CE-Kennzeichnung gemäß Anhang II wird nur auf Produkten angebracht, für die spezifische Harmonisierungsrechtsvorschriften der Gemeinschaft deren Anbringung vorschreiben, und wird auf keinem anderen Produkt angebracht.

(3) Indem er die CE-Kennzeichnung anbringt oder anbringen lässt, gibt der Hersteller an, dass er die Verantwortung für die Konformität des Produkts mit allen

in den einschlägigen Harmonisierungsrechtsvorschriften der Gemeinschaft enthaltenen für deren Anbringung geltenden Anforderungen übernimmt.

(4) Die CE-Kennzeichnung ist die einzige Kennzeichnung, die die Konformität des Produkts mit den geltenden Anforderungen der einschlägigen Harmonisierungsrechtsvorschriften der Gemeinschaft, die ihre Anbringung vorschreiben, bescheinigt.

(5) Das Anbringen von Kennzeichnungen, Zeichen oder Aufschriften, deren Bedeutung oder Gestalt von Dritten mit der Bedeutung oder Gestalt der CE-Kennzeichnung verwechselt werden kann, ist untersagt. Jede andere Kennzeichnung darf auf Produkten angebracht werden, sofern sie Sichtbarkeit, Lesbarkeit und Bedeutung der CE-Kennzeichnung nicht beeinträchtigt.

(6) Unbeschadet des Artikels 41 stellen die Mitgliedstaaten die ordnungsgemäße Durchführung des Systems der CE-Kennzeichnung sicher und leiten bei einer missbräuchlichen Verwendung die angemessenen Schritte ein. Die Mitgliedstaaten sehen auch Sanktionen für Verstöße vor, die bei schweren Verstößen strafrechtlicher Natur sein können. Diese Sanktionen müssen in angemessenem Verhältnis zum Schweregrad des Verstoßes stehen und eine wirksame Abschreckung gegen missbräuchliche Verwendung darstellen.

Kapitel V
Finanzierung durch die Gemeinschaft

Artikel 31
Stelle mit Ziel von allgemeinem europäischen Interesse

Die nach Artikel 14 anerkannte Stelle gilt als Stelle, die ein Ziel von allgemeinem europäischen Interesse im Sinne von Artikel 162 der Verordnung (EG, Euratom) Nr. 2342/2002 der Kommission vom 23. Dezember 2002 mit Durchführungsbestimmungen zur Verordnung (EG, Euratom) Nr. 1065/2002 des Rates[12] verfolgt.

Artikel 32
Förderungswürdige Tätigkeiten

(1) Die Gemeinschaft kann im Zusammenhang mit der Anwendung dieser Verordnung folgende Tätigkeiten finanzieren:

a) Die Erstellung und Überarbeitung sektorbezogener Akkreditierungssysteme nach Artikel 13 Absatz 3;

b) die Tätigkeiten des Sekretariats der nach Artikel 14 anerkannten Stelle wie die Koordinierung von Akkreditierungstätigkeiten, die Erledigung der fachbezogenen Arbeit in Verbindung mit der Beurteilung unter Gleichrangigen, die Bereitstellung von Informationen für interessierte Kreise und die Beteiligung der Stelle an den Tätigkeiten internationaler Organisationen auf dem Gebiet der Akkreditierung;

12) ABl. L 357 vom 31.12.2002, S. 1. Zuletzt geändert durch die Verordnung (EG, Euratom) Nr. 478/2007 (ABl. L 111 vom 28.4.2007, S. 13).

c) den Entwurf und die Aktualisierung von Beiträgen für Leitfäden in den Bereichen Akkreditierung, Notifizierung von Konformitätsbewertungsstellen bei der Kommission, Konformitätsbewertung und Marktüberwachung;

d) die Durchführung von Vergleichsprüfungen im Zusammenhang mit Schutzklauselverfahren;

e) die Bereitstellung von Sachverstand für die Kommission zu ihrer Unterstützung bei der Durchführung der administrativen Zusammenarbeit bei der Marktüberwachung einschließlich der Finanzierung von Gruppen für die Zusammenarbeit der Verwaltungsbehörden, den Marktüberwachungsentscheidungen und Schutzklauselverfahren;

f) die Ausführung von vorbereitenden oder begleitenden Arbeiten in Verbindung mit der Konformitätsbewertung, mit dem Messwesen, der Akkreditierung und mit den Marktüberwachungstätigkeiten zur Durchführung des Gemeinschaftsrechts, etwa Studien, Programme, Bewertungen, Leitlinien, vergleichende Analysen, wechselseitige Besuche, Forschungsarbeiten, die Entwicklung und Pflege von Datenbanken, Schulungen, Laborarbeiten, Leistungstests, Labor-Ringprüfungen und Arbeiten zur Konformitätsbewertung sowie europäische Marktüberwachungskampagnen und ähnliche Tätigkeiten;

g) Tätigkeiten, die im Rahmen von Programmen der technischen Unterstützung durchgeführt werden, die Zusammenarbeit mit Drittländern und die Förderung und Aufwertung der europäischen Systeme und Maßnahmen der Konformitätsbewertung, Marktüberwachung und Akkreditierung bei den betroffenen Parteien in der Gemeinschaft und auf internationaler Ebene.

(2) Die Tätigkeiten nach Absatz 1 Buchstabe a sind nur dann aus Gemeinschaftsmitteln förderfähig, wenn der durch Artikel 5 der Richtlinie 98/34/EG eingesetzte Ausschuss zu den Normungsaufträgen, die an die nach Artikel 14 dieser Verordnung anerkannte Stelle zu richten sind, konsultiert wurde.

Artikel 33
Förderungswürdige Einrichtungen

Der nach Artikel 14 anerkannten Stelle können Finanzhilfen der Gemeinschaft zur Durchführung der Tätigkeiten nach Artikel 32 gewährt werden.

Die Gemeinschaft kann jedoch auch sonstigen Einrichtungen für die Durchführung der Tätigkeiten nach Artikel 32 Absatz 1 Buchstaben a und b Finanzhilfen gewähren.

Artikel 34
Finanzierung

Die Haushaltsbehörde setzt die Mittel, die für die in dieser Verordnung genannten Tätigkeiten bereitgestellt werden, jährlich innerhalb der durch den geltenden Finanzrahmen gesetzten Grenzen fest.

Artikel 35
Finanzierungsmodalitäten

(1) Die Gemeinschaftsfinanzierung erfolgt:

a) an die nach Artikel 14 anerkannte Stelle ohne Aufforderung zur Einreichung von Vorschlägen für die Durchführung der Tätigkeiten nach Artikel 32 Absatz 1 Buchstaben a bis g, für die im Einklang mit der Haushaltsordnung Finanzhilfen gewährt werden können;

b) an andere Einrichtungen durch Finanzhilfen nach Aufforderung zur Einreichung von Vorschlägen oder durch Ausschreibungen für die Ausführung der in Artikel 32 Absatz 1 Buchstaben c bis g genannten Tätigkeiten.

(2) Die Finanzierung der Tätigkeiten des Sekretariats der nach Artikel 14 anerkannten Stelle nach Artikel 32 Absatz 1 Buchstabe b kann auf der Grundlage von Betriebskostenzuschüssen erfolgen. Bei wiederholter Gewährung von Betriebskostenzuschüssen wird deren Betrag nicht automatisch gesenkt.

(3) In den Vereinbarungen über Finanzhilfen kann eine pauschale Deckung der Gemeinkosten des Empfängers bis zu einer Obergrenze von 10 % der gesamten förderfähigen unmittelbaren Kosten von Maßnahmen vorgesehen werden, es sei denn, die mittelbaren Kosten des Empfängers werden durch einen aus dem Gemeinschaftshaushalt finanzierten Betriebskostenzuschuss gedeckt.

(4) Die gemeinsamen Kooperationsziele und die administrativen und finanztechnischen Bedingungen für die der nach Artikel 14 anerkannten Stelle gewährten Finanzhilfen werden in einer Partnerschaftsrahmenvereinbarung festgelegt, die zwischen der Kommission und dieser Stelle gemäß der Haushaltsordnung und der Verordnung (EG, Euratom) Nr. 2342/2002 zu schließen sind. Das Europäische Parlament und der Rat werden über den Abschluss einer solchen Vereinbarung unterrichtet.

Artikel 36
Verwaltung und Überwachung

(1) Die Mittel, die die Haushaltsbehörde zur Finanzierung der Tätigkeiten der Konformitätsbewertung, Akkreditierung und Marktüberwachung bereitstellt, können auch zur Deckung der Verwaltungsausgaben für Vorbereitung, Überwachung, Inspektion, Audit und Bewertung verwendet werden, die unmittelbar für die Verwirklichung der Ziele dieser Verordnung erforderlich sind; dabei handelt es sich insbesondere um Studien, Sitzungen, Informations- und Publikationsmaßnahmen, Ausgaben für Informatiknetze zum Informationsaustausch sowie alle sonstigen Ausgaben für Verwaltungshilfe und technische Unterstützung, die die Kommission für die Tätigkeiten der Konformitätsbewertung und Akkreditierung in Anspruch nehmen kann.

(2) Die Kommission bewertet die Relevanz der durch die Gemeinschaft finanzierten Tätigkeiten der Konformitätsbewertung, Akkreditierung und

Marktüberwachung für die Erfordernisse der politischen und rechtsetzenden Maßnahmen der Gemeinschaft und informiert das Europäische Parlament und den Rat spätestens am 1. Januar 2013 und danach alle fünf Jahre über die Ergebnisse dieser Bewertung.

Artikel 37
Schutz der finanziellen Interessen der Gemeinschaft

(1) Die Kommission stellt sicher, dass bei der Durchführung von Maßnahmen, die gemäß dieser Verordnung finanziert werden, die finanziellen Interessen der Gemeinschaft durch vorbeugende Maßnahmen gegen Betrug, Korruption und andere rechtswidrige Handlungen geschützt werden; sie gewährleistet dies durch wirksame Kontrollen und die Rückforderung zu Unrecht gezahlter Beträge und, falls Unregelmäßigkeiten festgestellt werden, durch wirksame, angemessene und abschreckende Sanktionen gemäß der Verordnung (EG, Euratom) Nr. 2988/95 des Rates vom 18. Dezember 1995 über den Schutz der finanziellen Interessen der Europäischen Gemeinschaften[13], der Verordnung (Euratom, EG) Nr. 2185/96 des Rates vom 11. November 1996 betreffend die Kontrollen und Überprüfungen vor Ort durch die Kommission zum Schutz der finanziellen Interessen der Europäischen Gemeinschaften vor Betrug und anderen Unregelmäßigkeiten[14] und der Verordnung (EG) Nr. 1073/1999 des Europäischen Parlaments und des Rates vom 25. Mai 1999 über die Untersuchungen des Europäischen Amtes für Betrugsbekämpfung (OLAF)[15].

(2) Für die gemäß dieser Verordnung finanzierten Gemeinschaftsmaßnahmen bedeutet der Begriff der Unregelmäßigkeit gemäß Artikel 1 Absatz 2 der Verordnung (EG, Euratom) Nr. 2988/95 jede Verletzung einer Bestimmung des Gemeinschaftsrechts oder jede Nichteinhaltung vertraglicher Verpflichtungen als Folge einer Handlung oder Unterlassung eines Wirtschaftsakteurs, die durch eine ungerechtfertige Ausgabe einen Schaden für den Gesamthaushaltsplan der Europäischen Union oder von ihr verwaltete Haushalte bewirkt oder bewirken würde.

(3) Alle gemäß dieser Verordnung geschlossenen Vereinbarungen und Verträge sehen eine Überwachung und Finanzkontrolle durch die Kommission oder einen von ihr bevollmächtigten Vertreter sowie Prüfungen durch den Rechnungshof vor, die gegebenenfalls an Ort und Stelle durchgeführt werden.

13) ABl. L 312 vom 23.12.1995, S. 1.
14) ABl. L 292 vom 15.11.1996, S. 2.
15) ABl. L 136 vom 31.5.1999, S. 1.

Kapitel VI
Schlussbestimmungen

Artikel 38
Technische Leitlinien

Die Kommission erstellt in Absprache mit den interessierten Kreisen unverbindliche Leitlinien, um die Durchführung dieser Verordnung zu erleichtern.

Artikel 39
Übergangsbestimmung

Akkreditierungsurkunden, die vor dem 1. Januar 2010 ausgestellt wurden, können bis zum Ablauf ihrer Geltungsdauer, jedoch nicht nach dem 31. Dezember 2014 gültig bleiben. Im Falle ihrer Verlängerung oder Erneuerung gilt jedoch diese Verordnung.

Artikel 40
Überprüfung und Berichterstattung

Die Kommission legt dem Europäischen Parlament und dem Rat spätestens am 2. September 2013 einen Bericht über die Anwendung dieser Verordnung, der Richtlinie 2001/95/EG und anderer einschlägiger Gemeinschaftsrechtsakte vor, die die Marktüberwachung zum Gegenstand haben. Dieser Bericht untersucht insbesondere die Kohärenz der Gemeinschaftsvorschriften im Bereich der Marktüberwachung. Gegebenenfalls werden ihm Vorschläge zur Änderung und/oder Konsolidierung der betreffenden Rechtsakte im Interesse einer besseren Rechtsetzung und einer Vereinfachung beigefügt. Im Rahmen dieses Berichts wird auch eine Bewertung der Ausdehnung des Geltungsbereichs von Kapitel III dieser Verordnung auf alle Produkte vorgenommen.

Spätestens am 1. Januar 2013 und danach alle fünf Jahre erstellt die Kommission in Zusammenarbeit mit den Mitgliedstaaten einen Bericht über die Durchführung dieser Verordnung und legt ihn dem Europäischen Parlament und dem Rat vor.

Artikel 41
Sanktionen

Die Mitgliedstaaten legen Sanktionen gegen Wirtschaftsakteure für Verstöße gegen diese Verordnung fest, die bei schweren Verstößen strafrechtlicher Natur sein können, und treffen die zu deren Durchsetzung erforderlichen Maßnahmen. Die Sanktionen müssen wirksam, verhältnismäßig und abschreckend sein und können schwerer ausfallen, wenn der betreffende Wirtschaftsakteur bereits in der Vergangenheit in ähnlicher Weise gegen die Bestimmungen dieser Verordnung verstoßen hat. Die Mitgliedstaaten teilen der Kommission diese Bestimmungen spätestens bis zum 1. Januar 2010 mit und unterrichten sie unverzüglich über alle späteren Änderungen.

Artikel 42
Änderung der Richtlinie 2001/95/EG

Artikel 8 Absatz 3 der Richtlinie 2001/95/EG erhält folgende Fassung:

„(3) Wenn von Produkten eine ernste Gefahr ausgeht, ergreifen die zuständigen Behörden unverzüglich die geeigneten Maßnahmen im Sinne von Absatz 1 Buchstaben b bis f. Das Vorliegen einer ernsten Gefahr wird von den Mitgliedstaaten von Fall zu Fall, nach jeweiliger Sachlage und unter Berücksichtigung der Leitlinien in Anhang II Ziffer 8 ermittelt und beurteilt."

Artikel 43
Aufhebung

Die Verordnung (EWG) Nr. 339/93 wird mit Wirkung vom 1. Januar 2010 aufgehoben.

Bezugnahmen auf die aufgehobene Verordnung gelten als Bezugnahmen auf die vorliegende Verordnung.

Artikel 44
Inkrafttreten

Diese Verordnung tritt am 20. Tag nach ihrer Veröffentlichung im Amtsblatt der Europäischen Union in Kraft.

Sie gilt ab dem 1. Januar 2010.

Diese Verordnung ist in allen ihren Teilen verbindlich und gilt unmittelbar in jedem Mitgliedstaat.

Geschehen zu Straßburg am 9. Juli 2008.

Im Namen des Europäischen Parlaments
Der Präsident
H.-G. Pöttering

Im Namen des Rates
Der Präsident
J.-P. Jouyet

Anhang I
Anforderungen für die nach Artikel 14 anzuerkennende Stelle

1. Die nach Artikel 14 dieser Verordnung anerkannte Stelle (die „Stelle") hat ihren Sitz in der Gemeinschaft.
2. Nach der Satzung der Stelle haben nationale Akkreditierungsstellen der Mitgliedstaaten Anspruch auf Mitgliedschaft in dieser Stelle, sofern sie mit den Vorschriften und Zielen der Stelle und den sonstigen Bedingungen, die in dieser Verordnung festgelegt und mit der Kommission in der Rahmenvereinbarung vereinbart wurden, übereinstimmen.
3. Die Stelle hört alle interessierten Kreise an.
4. Die Stelle erbringt für ihre Mitglieder Dienste einer Beurteilung durch Gleichrangige, die den Anforderungen der Artikel 10 und 11 genügen.
5. Die Stelle arbeitet gemäß dieser Verordnung mit der Kommission zusammen.

Anhang II
CE-Kennzeichnung

1. Die CE-Kennzeichnung besteht aus den Buchstaben „CE" mit folgendem Schriftbild:

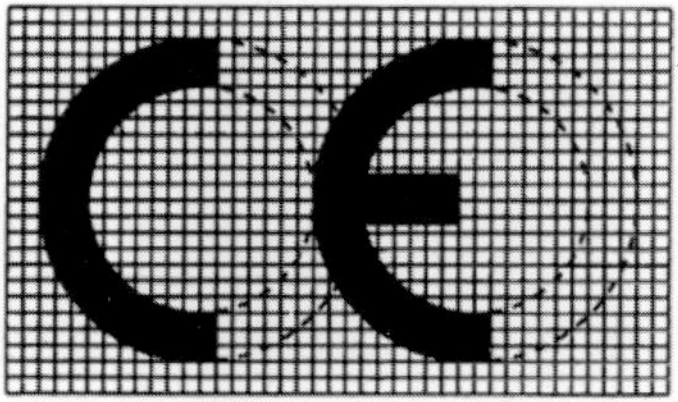

2. Bei Verkleinerung oder Vergrößerung der CE-Kennzeichnung müssen die sich aus dem in Absatz 1 abgebildeten Raster ergebenden Proportionen eingehalten werden.
3. Werden in den einschlägigen Rechtsvorschriften keine genauen Abmessungen angegeben, so gilt für die CE-Kennzeichnung eine Mindesthöhe von 5 mm.

Verordnung (EU) Nr. 207/2012 der Kommission vom 9. März 2012 über elektronische Gebrauchsanweisungen für Medizinprodukte

(veröffentlicht im Amtsblatt der Europäischen Union ABl. Nr. L 72 vom 10. März 2012, S. 28)

Die Europäische Kommission —

gestützt auf den Vertrag über die Arbeitsweise der Europäischen Union,

gestützt auf die Richtlinie 90/385/EWG des Rates vom 20. Juni 1990 zur Angleichung der Rechtsvorschriften der Mitgliedstaaten über aktive implantierbare medizinische Geräte[1], insbesondere auf Artikel 9 Absatz 10,

gestützt auf die Richtlinie 93/42/EWG des Rates vom 14. Juni 1993 über Medizinprodukte[2], insbesondere auf Artikel 11 Absatz 14,

in Erwägung nachstehender Gründe:

(1) Das Vorliegen von Gebrauchsanweisungen für einige Medizinprodukte in elektronischer Form statt in Papierform könnte für professionelle Nutzer von Vorteil sein. Umweltbelastung kann dadurch vermieden und die Wettbewerbsfähigkeit der Medizinprodukteindustrie durch die Kostenersparnis verbessert werden, während gleichzeitig das Sicherheitsniveau beibehalten oder angehoben wird.

(2) Die Möglichkeit, Gebrauchsanweisungen in elektronischer Form statt in Papierform zur Verfügung zu stellen, sollte auf bestimmte Medizinprodukte und Zubehöre beschränkt werden, die zu einer Verwendung unter spezifischen Bedingungen bestimmt sind. Jedenfalls sollten die Nutzer aus Gründen der Sicherheit und Effizienz immer die Möglichkeit haben, auf Anforderung die Gebrauchsanweisungen auf Papier zu erhalten.

(3) Um potenzielle Gefahren soweit wie möglich auszuschließen, sollte der Hersteller anhand einer besonderen Risikobewertung feststellen, ob es sinnvoll ist, die Gebrauchsanweisungen in elektronischer Form bereitzustellen.

(4) Um zu gewährleisten, dass Nutzer Zugriff auf die Gebrauchsanweisungen haben, sollten geeignete Informationen über den Zugang zu den elektronischen Gebrauchsanweisungen sowie zu der Möglichkeit, diese in Papierform anzufordern, bereitgestellt werden.

(5) Um sicherzustellen, dass die Nutzer uneingeschränkten Zugang zu den elektronischen Gebrauchsanweisungen haben, und um die Übermittlung von Aktualisierungen und Produktwarnungen zu erleichtern, sollten die Gebrauchsanweisungen auch über eine Website abrufbar sein.

---

1) ABl. L 189 vom 20.7.1990, S. 17.
2) ABl. L 169 vom 12.7.1993, S. 1.

(6) Unabhängig von den Verpflichtungen im Hinblick auf die zu verwendende Sprache, denen die Hersteller gemäß den Rechtsvorschriften der Mitgliedstaaten unterliegen, sollten Hersteller, die elektronische Gebrauchsanweisungen bereitstellen, auf ihrer Website angeben, in welchen EU- Amtssprachen diese zur Verfügung stehen.

(7) Außer für Medizinprodukte der Klasse I im Sinne des Anhangs IX der Richtlinie 93/42/EWG sollte die Einhaltung der in der genannten Verordnung festgelegten Verpflichtungen von einer benannten Stelle im Rahmen der Konformitätsbewertung anhand eines besonderen Prüfverfahrens überprüft werden.

(8) Da die Privatsphäre natürlicher Personen bei der Verarbeitung personenbezogener Daten sowohl von den Herstellern als auch von den benannten Stellen gewahrt werden muss, sollten Websites, die elektronische Gebrauchsanweisungen enthalten, der Richtlinie 95/46/EG des Europäischen Parlaments und des Rates vom 24. Oktober 1995 zum Schutz natürlicher Personen bei der Verarbeitung personenbezogener Daten und zum freien Datenverkehr[3] genügen.

(9) Zur Wahrung von Sicherheit und Kohärenz sollten Gebrauchsanweisungen in elektronischer Form, die zusätzlich zur vollständigen Gebrauchsanweisung in Papierform zur Verfügung gestellt werden, ebenfalls von dieser Verordnung erfasst werden, was die geringeren Anforderungen an ihren Inhalt und ihre Websites angeht.

(10) Um einen reibungslosen Übergang zu dem neuen System zu ermöglichen und es allen Herstellern und Mitgliedstaaten zu ermöglichen, sich an dieses anzupassen, sollte diese Verordnung nicht sofort angewendet werden.

(11) Die in dieser Verordnung vorgesehenen Maßnahmen entsprechen der Stellungnahme des nach Artikel 6 Absatz 2 der Richtlinie 90/385/EWG eingesetzten Ausschusses —

hat folgende Verordnung erlassen:

3) ABl. L 281 vom 23.11.1995, S. 31.

Artikel 1

Diese Verordnung dient der Festlegung der Bedingungen, unter denen Gebrauchsanweisungen für Medizinprodukte gemäß Anhang 1 Nummer 15 der Richtlinie 90/385/EWG und Anhang I Nummer 13 der Richtlinie 93/42/EWG in elektronischer Form statt in Papierform zur Verfügung gestellt werden dürfen.

Außerdem werden darin bestimmte Anforderungen an diejenigen elektronischen Gebrauchsanweisungen festgelegt, die zusätzlich zur vollständigen Gebrauchsanweisung in Papierform zur Verfügung gestellt werden, was den Inhalt und die Websites betrifft.

Artikel 2

Für die Zwecke dieser Verordnung gelten folgende Begriffsbestimmungen:

a) „*Gebrauchsanweisungen*": dem Verwender vom Hersteller zur Verfügung gestellte Informationen über die sichere und ordnungsgemäße Verwendung des Medizinprodukts, die Leistung, die von diesem erwartet werden kann und über eventuell zu treffende Vorsichtsmaßnahmen gemäß den einschlägigen Bestimmungen in Anhang 1 Nummer 15 der Richtlinie 90/385/EWG und Anhang I Nummer 13 der Richtlinie 93/42/EWG;

b) „*elektronische Gebrauchsanweisungen*": Gebrauchsanweisungen, die in elektronischer Form vom Produkt selber angezeigt werden, auf einem elektronischen Speichermedium enthalten sind, das vom Hersteller zusammen mit dem Produkt geliefert wird, oder die auf einer Website abrufbar sind;

c) „*professionelle Nutzer*": Personen, die die Medizinprodukte in Ausübung ihrer beruflichen Tätigkeit und im Rahmen einer professionellen Gesundheitsdienstleistung nutzen;

d) „*fest installierte Medizinprodukte*": Produkte und deren Zubehör, die dazu bestimmt sind, an einem bestimmten Ort in einer Gesundheitseinrichtung montiert, befestigt oder auf sonstige Art angebracht zu werden, die ohne die Verwendung von Werkzeugen oder Instrumenten nicht von diesem Ort entfernt oder abmontiert werden können, und die nicht eigens zur Verwendung in einer mobilen Einrichtung der Gesundheitsversorgung bestimmt sind.

Artikel 3

(1) Vorbehaltlich der in Absatz 2 genannten Bedingungen können Hersteller für folgende Produkte elektronische Gebrauchsanweisungen statt Gebrauchsanweisungen in Papierform zur Verfügung stellen:

a) Aktive implantierbare Medizinprodukte und Zubehör im Sinne der Richtlinie 90/385/EWG, das ausschließlich zur Implantation oder Programmierung eines bestimmten aktiven implantierbaren Medizinproduktes bestimmt ist;

b) implantierbare Medizinprodukte und Zubehör im Sinne der Richtlinie 93/42/EWG, das ausschließlich zur Implantation eines bestimmten implantierbaren Medizinproduktes bestimmt ist;

c) fest installierte Medizinprodukte, die in den Geltungsbereich der Richtlinie 93/42/EWG fallen;

d) Medizinprodukte und Zubehör gemäß den Richtlinien 90/385/EWG und 93/42/EWG, in die ein System zur Anzeige der Gebrauchsanweisung eingebaut ist;

e) eigenständige Software gemäß der Richtlinie 93/42/EWG.

(2) Hersteller können für Medizinprodukte gemäß Absatz 1 unter folgenden Bedingungen elektronische Gebrauchsanweisungen statt Gebrauchsanweisungen in Papierform zur Verfügung stellen:

a) Medizinprodukte und Zubehör sind ausschließlich für die Verwendung durch professionelle Nutzer bestimmt;

b) mit einer Verwendung durch andere Person muss nach vernünftigem Ermessen nicht gerechnet werden.

Artikel 4

(1) Hersteller von Produkten gemäß Artikel 3, die elektronische Gebrauchsanweisungen statt Gebrauchsanweisungen in Papierform zur Verfügung stellen, führen eine dokumentierte Risikobewertung durch, die mindestens Folgendes erfasst:

a) Kenntnisstand und Erfahrung der Nutzerzielgruppen insbesondere hinsichtlich der Verwendung des Produkts und des Nutzerbedarfs;

b) Merkmale des Umfelds, in dem das Produkt verwendet werden soll;

c) Kenntnisstand und Erfahrung der Nutzerzielgruppen hinsichtlich der Hard- und Software, die zum Anzeigen der elektronischen Gebrauchsanweisungen benötigt wird;

d) Zugang des Nutzers zu den nach vernünftigem Ermessen erforderlichen elektronischen Mitteln zum Zeitpunkt der Verwendung;

e) Leistung der Sicherheitsvorkehrungen, mit deren Hilfe sichergestellt wird, dass an den elektronischen Daten und dem Inhalt keine unerlaubten Änderungen vorgenommen werden;

f) Sicherheits- und Sicherungsmechanismen für den Fall eines Hard- oder Software-Fehlers, insbesondere, falls die elektronische Gebrauchsanweisung in das Produkt eingebaut ist;

g) vorhersehbare medizinische Notfallsituationen, in denen Informationen in Papierform erforderlich sind;

h) Auswirkungen eines zeitweisen Ausfalls der betreffenden Website, des Internets insgesamt oder des Zugangs der Einrichtung der Gesundheitsversorgung, sowie die möglichen Sicherheitsmaßnahmen, die es erlauben, mit einer solchen Situation umzugehen;

i) Abschätzung des Zeitraums, innerhalb dessen der Nutzer auf Anforderung die Gebrauchsanweisung in Papierform erhält.

(2) Die Risikobewertung für die Bereitstellung einer elektronischen Gebrauchsanweisung wird anhand der in der Zeit nach der Markteinführung gewonnenen Erfahrung aktualisiert.

Artikel 5

Hersteller von Produkten gemäß Artikel 3 können elektronische Gebrauchsanweisungen statt Gebrauchsanweisungen in Papierform unter folgenden Bedingungen zur Verfügung stellen:

1. Die Risikobewertung gemäß Artikel 4 ergibt, dass das Sicherheitsniveau bei der Bereitstellung elektronischer Gebrauchsanweisungen mindestens genauso hoch ist wie bei der Bereitstellung von Gebrauchsanweisungen in Papierform;
2. die elektronischen Gebrauchsanweisungen werden in allen Mitgliedstaaten, in denen das Produkt vertrieben oder verwendet wird, zur Verfügung gestellt, es sein denn, eine Ausnahme ist gemäß der Risikobewertung nach Artikel 4 gerechtfertigt;
3. die Hersteller verfügen über ein System, mit dem die Gebrauchsanweisungen in Papierform dem Nutzer kostenfrei und innerhalb des Zeitraums gemäß Artikel 4 zur Verfügung gestellt werden, spätestens jedoch innerhalb von sieben Kalendertagen nach Erhalt der Anforderung oder zum Zeitpunkt der Lieferung des Produkts, wenn dies zum Zeitpunkt der Bestellung verlangt worden war;
4. auf dem Produkt oder einem Beipackzettel werden Angaben zu vorhersehbaren medizinischen Notfallsituationen gemacht sowie, falls es sich um ein Produkt handelt, bei dem die elektronische Gebrauchsanweisung auf einem eingebauten System angezeigt wird, Angaben darüber, wie das Produkt eingeschaltet wird;
5. die Hersteller gewährleisten, dass die elektronischen Gebrauchsanweisungen korrekt konzipiert sind und funktionieren, und weisen diesbezüglich Prüfung und Validierung nach;
6. die Hersteller sorgen dafür, dass bei Produkten, die über ein eingebautes System zur Anzeige der elektronischen Gebrauchsanweisungen verfügen, die Anzeige dieser Anweisungen die sichere Verwendung des Produkts nicht beeinträchtigt, insbesondere bei Produkten zur Überwachung lebenswichtiger Parameter oder Produkten mit lebenserhaltenden Funktionen;

7. die Hersteller informieren in ihrem Katalog oder anderen geeigneten Produktinformationsmedien über die Software bzw. Hardware, die zur Anzeige der Gebrauchsanweisungen erforderlich ist;
8. sie verfügen über ein System, das deutlich auf etwaige Änderungen der Gebrauchsanweisung hinweist und mit dem jeder einzelne Nutzer des Produkts über eine solche Änderung informiert wird, falls die Änderung aus Sicherheitsgründen erforderlich war;
9. für Produkte mit einem bestimmten Verfallsdatum mit Ausnahme implantierbarer Produkte halten die Hersteller die elektronische Gebrauchsanweisung noch mindestens zwei Jahre nach dem Verfallsdatum des letzten hergestellten Produkts für die Nutzer bereit.
10. für Produkte ohne bestimmtes Verfallsdatum und für implantierbare Produkte halten die Hersteller die elektronische Gebrauchsanweisung noch mindestens fünfzehn Jahre nach Herstellung des letzten Produkts für die Nutzer bereit.

Artikel 6

(1) Die Hersteller weisen deutlich darauf hin, dass die Gebrauchsanweisung in elektronischer Form statt in Papierform zur Verfügung gestellt wird.

Diese Angaben sind auf der Verpackung jeder einzelnen Einheit oder gegebenenfalls auf der Verkaufsverpackung angebracht. Bei fest installierten Medizinprodukten sind diese Angaben auch auf dem Produkt selber anzubringen.

(2) Die Hersteller geben an, wie auf die elektronische Gebrauchsanweisung zugegriffen werden kann.

Diese Angaben sind gemäß Absatz 1 zweiter Unterabsatz anzubringen, oder, falls dies nicht möglich ist, auf Papier mit jedem Produkt mitzuliefern.

(3) Die Angaben der Hersteller über den Zugang zu der elektronischen Gebrauchsanweisung beinhalten insbesondere Folgendes:

a) jegliche zum Betrachten der Gebrauchsanweisung erforderliche Information;
b) eine individuelle Referenz, die direkten Zugang gewährt, sowie sämtliche anderen Informationen, die der Nutzer benötigt, um die richtige Gebrauchsanweisung auszuwählen und darauf zuzugreifen;
c) Kontaktdaten des Herstellers;
d) Angaben darüber, wo, wie und innerhalb welcher Zeit die kostenfreie Gebrauchsanweisung in Papierform gemäß Artikel 5 auf Anfrage erhältlich ist.

(4) Ist ein Teil der Gebrauchsanweisung zur Weitergabe an den Patienten bestimmt, darf dieser nicht in elektronischer Form bereitgestellt werden.

(5) Die gesamte elektronische Gebrauchsanweisung liegt als Text vor, der Symbole und Grafiken enthalten kann, und enthält mindestens die gleichen

Angaben wie die Gebrauchsanweisung in Papierform. Video- oder Audiodateien können zusätzlich angeboten werden.

Artikel 7

(1) Stellt der Hersteller die elektronische Gebrauchsanweisung auf einem zusätzlich zu dem Produkt gelieferten elektronischen Speichermedium zur Verfügung oder handelt es sich um ein Produkt mit eingebautem System zu deren Anzeige, so wird die elektronische Gebrauchsanweisung den Nutzern außerdem auf einer Website zur Verfügung gestellt.

(2) Eine Website, auf der die elektronische Gebrauchsanweisung für ein Produkt abrufbar ist, dessen Gebrauchsanweisung in elektronischer Form statt in Papierform zur Verfügung gestellt wird, hat folgenden Anforderungen zu genügen:

a) Die Gebrauchsanweisung liegt in einem allgemein verwendeten Format vor, das mithilfe frei verfügbarer Software gelesen werden kann;

b) die Website ist gegen unerlaubtes Eindringen durch Hardoder Software geschützt;

c) die Website ist so eingerichtet, dass so selten wie möglich Server-Ausfälle und Anzeigefehler auftreten;

d) auf der Website ist angegeben, in welchen Amtssprachen der Union die elektronische Gebrauchsanweisung vorliegt;

e) die Website entspricht den Vorschriften der Richtlinie 95/46/EWG;

f) die gemäß Artikel 6 Absatz 2 angegebene Internet-Adresse bleibt während der in Artikel 5 Absätze 9 und 10 genannten Fristen unverändert und mit direktem Zugang bestehen;

g) auf der Website finden sich alle früheren Versionen der in elektronischer Form herausgegebenen Gebrauchsanweisung sowie das jeweilige Veröffentlichungsdatum.

Artikel 8

Außer für Medizinprodukte der Klasse I im Sinne des Anhangs IX der Richtlinie 93/42/EWG wird die Einhaltung der in den Artikeln 4 bis 7 dieser Verordnung festgelegten Verpflichtungen von einer benannten Stelle im Rahmen der Konformitätsbewertung gemäß Artikel 9 der Richtlinie 90/385/EWG des Rates bzw. gemäß Artikel 11 der Richtlinie 93/42/EWG des Rates überprüft. Die Überprüfung erfolgt auf der Grundlage eines besonderen Prüfverfahrens, das der Klasse und Komplexität des Produkts angemessen ist.

Artikel 9

Elektronische Gebrauchsanweisungen, die zusätzlich zu vollständigen Gebrauchsanweisungen in Papierform zur Verfügung gestellt werden, müssen dem Inhalt der Gebrauchsanweisungen in Papierform entsprechen.

Werden solche Gebrauchsanweisungen über eine Website zur Verfügung gestellt, so muss diese Artikel 7 Absatz 2 Buchstaben b, e und g genügen.

Artikel 10

Diese Verordnung tritt am zwanzigsten Tag nach ihrer Veröffentlichung im Amtsblatt der Europäischen Union in Kraft.

Sie gilt ab dem 1. März 2013.

Diese Verordnung ist in allen ihren Teilen verbindlich und gilt unmittelbar in jedem Mitgliedstaat.

Brüssel, den 9. März 2012

Für die Kommission
Der Präsident
José Manuel Barroso

Verordnung (EU) Nr. 722/2012 der Kommission vom 8. August 2012 über besondere Anforderungen betreffend die in der Richtlinie 90/385/EWG bzw. 93/42/EWG des Rates festgelegten Anforderungen an unter Verwendung von Gewebe tierischen Ursprungs hergestellte aktive implantierbare medizinische Geräte und Medizinprodukte

(veröffentlicht im Amtsblatt der Europäischen Union ABl. Nr. L 212 vom 9. August 2012, S. 3)

Die Europäische Kommission —

gestützt auf den Vertrag über die Arbeitsweise der Europäischen Union,

gestützt auf die Richtlinie 90/385/EWG des Rates vom 20. Juni 1990 zur Angleichung der Rechtsvorschriften der Mitgliedstaaten über aktive implantierbare medizinische Geräte[1], insbesondere auf Artikel 10c,

gestützt auf die Richtlinie 93/42/EWG des Rates vom 14. Juni 1993 über Medizinprodukte[2], insbesondere auf Artikel 14b,

in Erwägung nachstehender Gründe:

(1) Mit der Richtlinie 2003/32/EG der Kommission vom 23. April 2003 mit genauen Spezifikationen bezüglich der in der Richtlinie 93/42/EWG des Rates festgelegten Anforderungen an unter Verwendung von Gewebe tierischen Ursprungs hergestellte Medizinprodukte[3] wurden erstmals besondere Vorschriften für unter Verwendung von Gewebe tierischen Ursprungs hergestellte Medizinprodukte angenommen. Diese Richtlinie galt nur für Medizinprodukte, die unter die Richtlinie 93/42/EWG fallen.

(2) Um ein hohes Niveau an Sicherheit und Gesundheitsschutz im Hinblick auf das Risiko einer Übertragung spongiformer Enzephalopathien tierischen Ursprungs durch Medizinprodukte, die unter Verwendung von abgetötetem tierischen Gewebe oder abgetöteten Folgeerzeugnissen hergestellt werden, einschließlich Sonderanfertigungen und für klinische Prüfungen bestimmte Produkte, auf Patienten oder andere Personen aufrechtzuerhalten, müssen die in der Richtlinie 2003/32/EG festgelegten Vorschriften ausgehend von den Erfahrungen mit der Anwendung dieser Richtlinie aktualisiert werden und auch auf unter Verwendung von Gewebe tierischen Ursprungs hergestellte aktive implantierbare medizinische Geräte angewandt werden, die unter die Richtlinie 90/385/EWG fallen.

(3) Da mit dieser Maßnahme klare und ausführliche Vorschriften festgelegt werden, die keinen Spielraum für eine uneinheitliche Umsetzung durch die

---

1) ABl. L 189 vom 20.7.1990, S. 17.
2) ABl. L 169 vom 12.7.1993, S. 1.
3) ABl. L 105 vom 24.4.2003, S. 18.

Mitgliedstaaten lassen, lässt sich die Richtlinie 2003/32/EG auf geeignete Weise durch das Rechtsinstrument Verordnung ersetzen.

(4) Vor dem Inverkehrbringen oder der Inbetriebnahme unterliegen aktive implantierbare medizinische Geräte und Medizinprodukte der Klasse III gemäß den in Anhang IX der Richtlinie 93/42/EWG festgelegten Klassifizierungsregeln den Verfahren der Konformitätsbewertung, die in Artikel 9 Absatz 1 der Richtlinie 90/385/EWG bzw. in Artikel 11 Absatz 1 der Richtlinie 93/42/EWG festgelegt sind, und zwar unabhängig davon, ob sie in der Europäischen Union hergestellt oder aus einem Drittland eingeführt werden. In Anhang 1 der Richtlinie 90/385/EWG bzw. Anhang I der Richtlinie 93/42/EWG sind die grundlegenden Anforderungen dargelegt, die aktive implantierbare medizinische Geräte und sonstige Medizinprodukte in dieser Hinsicht erfüllen müssen.

(5) Für unter Verwendung von Gewebe tierischen Ursprungs hergestellte aktive implantierbare medizinische Geräte und sonstige Medizinprodukte müssen genauere Spezifikationen bezüglich der Anforderungen in Anhang 1 Nummer 6 der Richtlinie 90/385/EWG bzw. Anhang I Nummern 8.1 und 8.2 der Richtlinie 93/42/EWG angenommen werden. Es sollten ferner bestimmte Aspekte der Risikoanalyse und des Risikomanagements im Rahmen der Konformitätsbewertungsverfahren nach Artikel 9 der Richtlinie 90/385/EWG bzw. Artikel 11 der Richtlinie 93/42/EWG festgelegt werden.

(6) In der Verordnung (EG) Nr. 1069/2009 des Europäischen Parlaments und des Rates vom 21. Oktober 2009 mit Hygienevorschriften für nicht für den menschlichen Verzehr bestimmte tierische Nebenprodukte[4] sind Bestimmungen zur Herkunftssicherung in Bezug auf das in Medizinprodukten verwendete Material festgelegt. Es sollten zusätzliche Bestimmungen für die Verwendung solchen Materials als Ausgangsgewebe für die Herstellung von Medizinprodukten festgelegt werden.

(7) Verschiedene europäische und internationale wissenschaftliche Einrichtungen wie die Europäische Arzneimittelagentur[5], die Europäische Behörde für Lebensmittelsicherheit[6], der ehemalige Wissenschaftliche Lenkungsausschuss[7] und der ehemalige Wissenschaftliche Ausschuss für Arzneimittel und Medizinprodukte[8] haben Stellungnahmen zu spezifiziertem Risikomaterial und zur Verringerung des Risikos einer Übertragung der Erreger der spongiformen Enzephalopathien tierischen Ursprungs

4) ABl. L 300 vom 14.11.2009, S. 1.

5) Leitlinien für die Minimierung des Risikos der Übertragung von Erregern der Spongiformen Enzephalopathie tierischen Ursprungs durch Human- und Tierarzneimittel (EMA/410/01 Rev. 3), ABl. C 73 vom 5.3.2011, S. 1.

6) http://www.efsa.europa.eu/de/topics/topic/bse.htm

7) http://ec.europa.eu/food/fs/bse/scientific_advice08_en.print.html

8) Siehe http://ec.europa.eu/health/scientific_committees/emerging/opinions/scmpmd/index_en.htm

angenommen, die für die Sicherheit von Medizinprodukten ausschlaggebend sind.

(8) Die Mitgliedstaaten sollten überprüfen, dass die benannten Stellen, die mit der Bewertung der Konformität von unter Verwendung von tierischem Gewebe hergestellten Medizinprodukten beauftragt wurden, über den für diese Tätigkeit erforderlichen Sachverstand und aktuelles Fachwissen verfügen.

(9) Der Zeitraum, der den zuständigen Behörden der Mitgliedstaaten für die Prüfung des von den benannten Stellen verfassten zusammenfassenden Bewertungsberichts gewährt wird, sollte bei Medizinprodukten, die unter Verwendung von von der Europäischen Direktion für Arzneimittelqualität (European Directorate for the Quality of Medicines – EDQM) zertifiziertem Ausgangsmaterial hergestellt werden, kürzer sein als in Fällen, in denen nichtzertifiziertes Material verwendet wird. In beiden Fällen sollte die Stillhaltefrist verkürzt werden können.

(10) Um eine reibungslose Umsetzung der neuen Anforderungen zu ermöglichen, ist es angezeigt, für aktive implantierbare medizinische Geräte, für die bereits eine EG-Auslegungsprüfbescheinigung oder eine EG-Baumusterprüfbescheinigung vorliegt, einen angemessenen Übergangszeitraum vorzusehen, innerhalb dessen diese Geräte weiterhin in Verkehr gebracht oder in Betrieb genommen werden können.

(11) Die in dieser Verordnung vorgesehenen Maßnahmen entsprechen der Stellungnahme des nach Artikel 6 Absatz 2 der Richtlinie 90/385/EWG eingesetzten Ausschusses für Medizinprodukte —

hat folgende Verordnung erlassen:

Artikel 1

(1) Diese Verordnung enthält besondere Anforderungen im Hinblick auf das Inverkehrbringen und/oder die Inbetriebnahme von Medizinprodukten, einschließlich aktiver implantierbarer medizinischer Geräte, die unter Verwendung von abgetötetem tierischen Gewebe oder von abgetöteten Erzeugnissen, die aus tierischem Gewebe gewonnen wurden, hergestellt werden.

(2) Diese Verordnung gilt für tierisches Gewebe sowie Folgeerzeugnisse, die aus Rindern, Schafen und Ziegen sowie Hirschen, Elchen, Nerzen und Katzen gewonnen werden.

(3) Werden bei der Herstellung von Medizinprodukten Collagen, Gelatine oder Talg verwendet, so müssen diese zumindest die in der Verordnung (EG) Nr. 1069/2009 festgelegten Anforderungen für die Eignung zum menschlichen Verzehr erfüllen.

(4) Diese Verordnung gilt nicht für Folgendes:

a) Talgderivate, die mindestens unter gleich strengen Bedingungen bearbeitet werden wie den in Anhang I Nummer 3 aufgeführten;

b) Medizinprodukte im Sinne von Absatz 1, die nicht dazu bestimmt sind, mit dem menschlichen Körper in Berührung zu kommen, oder die dazu bestimmt sind, nur mit unversehrter Haut in Berührung zu kommen.

Artikel 2

Im Sinne dieser Verordnung gelten zusätzlich zu den Begriffsbestimmungen der Richtlinien 90/385/EWG und 93/42/EWG folgende Begriffsbestimmungen:

a) „*Zelle*": die kleinste organisierte Einheit eines Lebewesens, die in einem geeigneten Medium im Stande ist, eigenständig zu leben und ihre Körpersubstanz zu erneuern;

b) „*Gewebe*": ein organisierter Zellverband, organisierte extrazelluläre Stoffe oder beides;

c) „*Folgeerzeugnis*": ein aus tierischem Gewebe durch ein oder mehrere Behandlungen, Umwandlungen oder Verarbeitungsschritte gewonnener Stoff;

d) „*abgetötet*": ohne die Fähigkeit, einen Stoffwechsel aufrechtzuerhalten oder sich fortzupflanzen;

e) „*TSE*": alle transmissiblen spongiformen Enzephalopathien im Sinne von Artikel 3 Absatz 1 Buchstabe a der Verordnung (EG) Nr. 999/2001 des Europäischen Parlaments und des Rates[9];

f) „*infektiöse TSE-Agenzien*": nicht klassifizierte pathogene Agenzien, die TSE übertragen können;

9) ABl. L 147 vom 31.5.2001, S. 1.

g) *„Verringerung, Elimination oder Beseitigung"*: ein Verfahren zur Vorbeugung einer Infektion oder einer pathogenen Reaktion, durch das die infektiösen TSE-Agenzien verringert, eliminiert oder beseitigt werden;

h) *„Inaktivierung"*: ein Verfahren, durch das die Fähigkeit der infektiösen TSE-Agenzien, Infektionen oder pathogene Reaktionen auszulösen, verringert wird;

i) *„Ursprungsland"*: das Land bzw. die Länder, in dem/denen das Tier geboren, aufgezogen und/oder geschlachtet wurde;

j) *„Ausgangsmaterial"*: Rohstoffe oder andere Erzeugnisse tierischen Ursprungs, aus denen bzw. mit deren Hilfe die in Artikel 1 Absatz 1 genannten Produkte hergestellt werden.

Artikel 3

(1) Bevor er einen Antrag auf Konformitätsbewertung nach Artikel 9 Absatz 1 der Richtlinie 90/385/EWG bzw. Artikel 11 Absatz 1 der Richtlinie 93/42/EWG stellt, führt der Hersteller der in Artikel 1 Absatz 1 dieser Verordnung genannten Medizinprodukte bzw. der von ihm Bevollmächtigte das Verfahren für die Risikoanalyse und das Risikomanagement gemäß Anhang I dieser Verordnung durch.

(2) Bei Sonderanfertigungen und für klinische Prüfungen bestimmten Produkten, die unter Artikel 1 Absatz 1 fallen, enthalten die Erklärung des Herstellers bzw. des von ihm Bevollmächtigten und die Dokumentation gemäß Anhang 6 der Richtlinie 90/385/EWG bzw. Anhang VIII der Richtlinie 93/42/EWG auch die Versicherung, dass das Produkt die besonderen Anforderungen gemäß Anhang I Nummer 1 dieser Verordnung erfüllt.

Artikel 4

(1) Die Mitgliedstaaten überprüfen, dass die gemäß Artikel 11 der Richtlinie 90/385/EWG bzw. Artikel 16 der Richtlinie 93/42/EWG benannten Stellen im Hinblick auf die Bewertung der Konformität der in Artikel 1 Absatz 1 genannten Medizinprodukte mit den Bestimmungen der Richtlinie 90/385/EWG bzw. der Richtlinie 93/42/EWG und den in Anhang I dieser Verordnung festgelegten besonderen Anforderungen über aktuelles Fachwissen in Bezug auf diese Produkte verfügen. Die Mitgliedstaaten überprüfen regelmäßig, dass die genannten Stellen fortwährend das erforderliche aktuelle Fachwissen und den benötigten Sachverstand besitzen.

Muss ein Mitgliedstaat aufgrund dieser Überprüfung den Tätigkeitsbereich einer benannten Stelle ändern, so teilt er dies der Kommission und den anderen Mitgliedstaaten mit.

(2) Die Mitgliedstaaten teilen der Kommission und den anderen Mitgliedstaaten das Ergebnis der Überprüfung gemäß Absatz 1 Satz 1 bis zum 28. Februar 2013 mit.

Artikel 5

(1) Die Konformitätsbewertungsverfahren für die in Artikel 1 Absatz 1 genannten Medizinprodukte umfassen die Bewertung ihrer Übereinstimmung mit den grundlegenden Anforderungen der Richtlinie 90/385/EWG bzw. der Richtlinie 93/42/EWG sowie mit den besonderen Anforderungen gemäß Anhang I der vorliegenden Verordnung.

(2) Die benannten Stellen überprüfen anhand der vom Hersteller vorgelegten Dokumentation, dass der Nutzen des Produkts höher ist als das Restrisiko. Dabei ist Folgendes besonders zu berücksichtigen:

a) Risikoanalyse- und Risikomanagementprozesse des Herstellers;

b) die Begründung für die Verwendung von Gewebe oder Folgeerzeugnissen tierischen Ursprungs unter Berücksichtigung von mit geringerem Risiko behaftetem Gewebe oder synthetischen Alternativen;

c) die Ergebnisse von Studien zur Eliminierung und Inaktivierung oder die Ergebnisse der Auswertung der einschlägigen Literatur;

d) die Kontrolle der Herkunft des Rohmaterials, der Endprodukte, der Herstellungsverfahren, der Prüfungen und der Subunternehmer durch den Hersteller;

e) die Notwendigkeit, die Herkunft und die Verarbeitung tierischer Gewebe und Folgeerzeugnisse, Verfahren zur Eliminierung oder Inaktivierung von Pathogenen, einschließlich der von Zulieferern durchgeführten einschlägigen Tätigkeiten, zu kontrollieren.

(3) Bei der Beurteilung der Risikoanalyse und des Risikomanagements im Rahmen des Konformitätsbewertungsverfahrens berücksichtigen die benannten Stellen ein gegebenenfalls für Ausgangsmaterial vorliegendes TSE-Eignungszertifikat der Europäischen Direktion für Arzneimittelqualität (im Folgenden „TSE- Eignungszertifikat").

Werden zusätzliche Informationen benötigt, um die Eignung des Ausgangsmaterials für ein bestimmtes Medizinprodukt bewerten zu können, können die benannten Stellen im Hinblick auf die Bewertung gemäß den Absätzen 1 und 2 die Vorlage zusätzlicher Informationen verlangen.

(4) Vor der Ausstellung einer EG-Auslegungsprüfbescheinigung oder einer EG-Baumusterprüfbescheinigung informiert die benannte Stelle über ihre zuständige Behörde (im Folgenden „koordinierende zuständige Behörde") die zuständigen Behörden der anderen Mitgliedstaaten und die Kommission mit einem zusammenfassenden Bewertungsbericht gemäß Anhang II dieser Verordnung über ihre Bewertung nach Absatz 2.

(5) Die zuständigen Behörden der Mitgliedstaaten können unter Einhaltung folgender Fristen zum zusammenfassenden Bewertungsbericht gemäß Absatz 4 Stellung nehmen:

a) in Bezug auf Medizinprodukte mit Ausgangsmaterial, für das ein TSE-Eignungszertifikat nach Absatz 3 ausgestellt wurde: innerhalb von vier Wochen ab dem Tag, an dem die benannte Stelle die koordinierende zuständige Behörde gemäß Absatz 4 informiert hat;

b) in Bezug auf Medizinprodukte mit Ausgangsmaterial, für das kein TSE-Eignungszertifikat ausgestellt wurde: innerhalb von zwölf Wochen ab dem Tag, an dem die benannte Stelle die koordinierende zuständige Behörde gemäß Absatz 4 informiert hat.

Die zuständigen Behörden der Mitgliedstaaten und die Kommission können die unter den Buchstaben a und b genannten Fristen in gegenseitigem Einvernehmen verkürzen.

(6) Etwaige nach Absatz 5 eingegangene Anmerkungen berücksichtigen die benannten Stellen gebührend. Sie setzen die koordinierende zuständige Behörde unter Angabe hinreichender Gründe von dieser Berücksichtigung, einschließlich einer eventuellen Nichtberücksichtigung einer oder mehrerer der eingegangenen Anmerkungen, sowie von ihren abschließenden Entscheidungen in Kenntnis, die diese dann an die Kommission und die zuständigen Behörden weiterleitet, von denen diese Anmerkungen stammen.

(7) Der Hersteller sammelt und bewertet Informationen zu Änderungen bei den tierischen Geweben oder Folgeerzeugnissen, die für das Produkt verwendet werden, bzw. im Hinblick auf das TSE-Risiko des Produkts und übermittelt diese Informationen der benannten Stelle. Weisen diese Informationen auf eine Zunahme des TSE-Gesamtrisikos hin, so gelten die Bestimmungen der Absätze 1 bis 6.

Artikel 6

Unbeschadet Artikel 7 Absatz 2 treffen die Mitgliedstaaten alle notwendigen Maßnahmen, um sicherzustellen, dass das Inverkehrbringen und/oder die Inbetriebnahme der in Artikel 1 Absatz 1 genannten Medizinprodukte nur erfolgt, wenn sie den Bestimmungen der Richtlinie 90/385/EWG bzw. der Richtlinie 93/42/EWG und den besonderen Anforderungen der vorliegenden Verordnung entsprechen.

Artikel 7

(1) Inhaber einer vor dem 29. August 2013 für die in Artikel 1 Absatz 1 genannten aktiven implantierbaren medizinischen Geräte ausgestellten EG-Auslegungsprüfbescheinigung oder EG-Baumusterprüfbescheinigung müssen bei ihrer benannten Stelle eine zusätzliche EG-Auslegungsprüfbescheinigung oder EG-Baumusterprüfbescheinigung beantragen, in der die Übereinstimmung mit den in Anhang I dieser Verordnung festgelegten besonderen Anforderungen bescheinigt wird.

(2) Die Mitgliedstaaten lassen bis zum 29. August 2014 das Inverkehrbringen und die Inbetriebnahme von in Artikel 1 Absatz 1 genannten aktiven implantierbaren

medizinischen Geräten zu, für die eine vor dem 29. August 2013 ausgestellte EG-Auslegungsprüfbescheinigung oder EG-Baumusterprüfbescheinigung vorliegt.

Artikel 8

Die Richtlinie 2003/32/EG wird mit Wirkung vom 29. August 2013 aufgehoben.

Verweise auf die aufgehobene Richtlinie gelten als Verweise auf die vorliegende Verordnung.

Artikel 9

Diese Verordnung tritt am zwanzigsten Tag nach ihrer Veröffentlichung im Amtsblatt der Europäischen Union in Kraft.

Sie gilt ab dem 29. August 2013, mit Ausnahme des Artikels 4, der bereits ab dem Tag des Inkrafttretens dieser Verordnung gilt.

Diese Verordnung ist in allen ihren Teilen verbindlich und gilt unmittelbar in jedem Mitgliedstaat.

Brüssel, den 8. August 2012

Für die Kommission

Der Präsident

José Manuel Barroso

Anhang I

1. Risikoanalyse und Risikomanagement

1.1. Begründung der Verwendung von tierischen Geweben oder Folgeerzeugnissen

Der Hersteller muss anhand seiner Gesamtstrategie für die Risikoanalyse und das Risikomanagement begründen, warum er für ein bestimmtes Medizinprodukt entschieden hat, Gewebe oder Folgeerzeugnisse tierischen Ursprungs im Sinne von Artikel 1 (unter Angabe von Tier- und Gewebearten sowie der Herkunft) zu verwenden, und berücksichtigt dabei den klinischen Nutzen, das etwaige Restrisiko und geeignete Alternativen (wie mit geringerem Risiko behaftete Gewebe oder synthetische Alternativen).

1.2. Risikobewertungsverfahren

Zur Gewährleistung eines hohen Schutzniveaus für Patienten und Anwender muss der Hersteller von Produkten, für die Gewebe oder Folgeerzeugnisse tierischen Ursprungs nach Nummer 1.1 verwendet werden, eine geeignete und gut dokumentierte Strategie für die Risikoanalyse und das Risikomanagement anwenden, um alle wichtigen Aspekte im Zusammenhang mit TSE-Agenzien zu behandeln. Er muss die Gefährdung ermitteln und die mit diesen Geweben oder Folgeerzeugnissen verbundenen Risiken bewerten sowie eine Dokumentation über Maßnahmen zur Minimierung des Übertragungsrisikos und zum Nachweis der Annehmbarkeit des Restrisikos von Produkten erstellen, für die derartige Gewebe oder Folgeerzeugnisse verwendet werden; dabei berücksichtigt er den Verwendungszweck und den Nutzen des Produkts.

Die Sicherheit eines Produkts bezogen auf sein Potenzial zur Übertragung infektiöser TSE-Agenzien hängt von den unter den Nummern 1.2.1 bis 1.2.8 beschriebenen Faktoren ab, die der Hersteller analysieren, bewerten und unter Kontrolle haben muss. Die Kombination dieser Maßnahmen bestimmt die Sicherheit des Produkts.

Folgende Hauptschritte muss der Hersteller mindestens einhalten:

a) Auswahl von Ausgangsmaterial (Gewebe oder Folgeerzeugnisse), das im Hinblick auf eine mögliche Kontamination mit infektiösen TSE-Agenzien (siehe 1.2.1, 1.2.2, 1.2.3 und 1.2.4) als geeignet betrachtet wird, wobei im Weiteren der Gewinnung, der Behandlung, dem Transport, der Lagerung und der Weiterverarbeitung Rechnung zu tragen sind;

b) Anwendung von Herstellungsverfahren, die infektiöse TSE-Agenzien aus überwachtem Ausgangsgewebe oder Folgeerzeugnissen beseitigen oder inaktivieren (siehe 1.2.5);

c) Betrieb eines Systems zur Erfassung und Bewertung von Daten über die Herstellung und die Phase nach der Herstellung in Bezug auf Änderungen, die die Bewertung der Eignung der unter den Buchstaben a und b genannten Schritte beeinträchtigen könnten.

Außerdem muss der Hersteller die Merkmale des Produkts und seinen Verwendungszweck berücksichtigen (siehe 1.2.6, 1.2.7 und 1.2.8).

Bei der Durchführung der Strategie für die Risikoanalyse und das Risikomanagement muss der Hersteller die einschlägigen veröffentlichten Stellungnahmen der maßgeblichen europäischen und internationalen wissenschaftlichen Ausschüsse und Einrichtungen wie dem Wissenschaftlichen Lenkungsausschuss (WLA), der Europäischen Behörde für Lebensmittelsicherheit (EFSA), der Europäischen Arzneimittelagentur (EMA), der Weltorganisation für Tiergesundheit (OIE) und der Weltgesundheitsorganisation (WHO) gebührend beachten.

1.2.1. *Tiere, von denen das Material stammt*

Das TSE-Risiko steht im Zusammenhang mit der Spezies und der Rasse des Tieres sowie der Art des Ausgangsgewebes. Da sich die TSE-Infektiosität über eine Inkubationszeit von mehreren Jahren akkumuliert, wird die Verwendung von Material junger, gesunder Tiere als Faktor zur Risikoreduzierung betrachtet. Risikotiere wie Falltiere, notgeschlachtete Tiere und Tiere unter TSE-Verdacht sind als Materialspender auszuschließen.

1.2.2. *Geografische Herkunft*

Bei der Bewertung des Risikos des Ursprungslandes ist der Entscheidung 2007/453/EG der Kommission vom 29. Juni 2007 zur Festlegung des BSE-Status von Mitgliedstaaten, Drittländern oder Gebieten davon nach ihrem BSE-Risiko[10] Rechnung zu tragen.

1.2.3. *Art des verwendeten Ausgangsgewebes*

Der Hersteller muss die Klassifizierung der Risiken berücksichtigen, die mit den unterschiedlichen Arten von Ausgangsgewebe einhergehen, wie sie in der geänderten Fassung der „WHO Guidelines on Tissue Infectivity Distribution in Transmissible Spongiform Encephalopathies (2006)" (WHO-Leitlinien über die Verteilung der Gewebeinfektiosität bei transmissiblen spongiformen Enzephalopathien) dargelegt ist. Das tierische Gewebe muss so ausgewählt werden, dass die Rückverfolgbarkeit und die Unversehrtheit des Ausgangsgewebes gewährleistet ist.

10) ABl. L 172 vom 30.6.2007, S. 84.

Die Tiere sind gegebenenfalls einer tierärztlichen Schlachttier- und Fleischuntersuchung zu unterziehen.

Darüber hinaus findet die Verordnung (EG) Nr. 1069/2009 Anwendung.

Unbeschadet der Bestimmung des nachfolgenden Absatzes ist nur Material der Kategorie 3 im Sinne von Artikel 10 der Verordnung (EG) Nr. 1069/2009 zu verwenden.

Der Hersteller darf keine Gewebe oder Folgeerzeugnisse tierischen Ursprungs verwenden, die als potenziell hoch TSE-infektiös eingestuft sind, es sei denn, die Verwendung derartigen Materials ist unter außergewöhnlichen Umständen erforderlich, und zwar bei erheblichem Nutzen für den Patienten und Fehlen eines alternativen Ausgangsgewebes.

In Bezug auf Rinder, Schafe und Ziegen ist das in Anhang V der Verordnung (EG) Nr. 999/2001 aufgeführte spezifizierte Risikomaterial (SRM) als potenziell hoch TSE-infektiös einzustufen.

1.2.4. *Kontrollen bei Schlachtung und Verarbeitung zur Verhinderung einer Kreuzkontamination*

Der Hersteller hat sicherzustellen, dass das Risiko einer Kreuzkontamination während der Schlachtung, der Gewinnung, der Verarbeitung, der Behandlung, der Lagerung und des Transports minimiert wird.

1.2.5. *Inaktivierung oder Beseitigung infektiöser TSE-Agenzien*

1.2.5.1. Für Produkte, die Inaktivierungs- oder Eliminierungsverfahren nicht ohne unannehmbare Beschädigung standhalten können, verlässt sich der Hersteller vornehmlich auf die Herkunftskontrolle.

1.2.5.2. Macht der Hersteller in Bezug auf andere Produkte geltend, dass infektiöse TSE-Agenzien durch die Herstellungsprozesse beseitigt oder inaktiviert werden, so muss dies auf geeignete Weise belegt werden.

Entsprechende aus der Auswertung sachdienlicher Literatur gewonnene Informationen können zur Begründung der Berufung auf Inaktivierungs- und Eliminierungsfaktoren verwendet werden, sofern die in der Literatur beschriebenen spezifischen Verfahren mit denen vergleichbar sind, die für das jeweilige Produkt verwendet werden. Eine solche Recherche und Analyse erstreckt sich auch auf die verfügbaren wissenschaftlichen Stellungnahmen, die gegebenenfalls von europäischen oder internationalen wissenschaftlichen Ausschüssen oder Einrichtungen abgegeben wurden. Diese Stellungnahmen sind bei divergierenden Meinungen als Referenz heranzuziehen.

Ergibt die Literaturrecherche keine Belege, so muss der Hersteller je nach Bedarf eine spezifische wissenschaftliche Inaktivierungs- oder

Eliminierungsstudie durchführen, bei der Folgendes zu berücksichtigen ist:

a) die ermittelte Gefährdung, die mit dem Gewebe verbunden ist;

b) die Bezeichnung der relevanten Agenzien, die als Modelle dienen;

c) die Begründung für die Wahl bestimmter Kombinationen von Agenzien, die als Modelle dienen;

d) die Bezeichnung der Verfahrensstufe oder -phase, in der die infektiösen TSE-Agenzien eliminiert oder inaktiviert werden;

e) die Dokumentation der Parameter für jede Studie zur Validierung der Inaktivierung oder Eliminierung von TSE;

f) die Berechnung der Reduktionsfaktoren.

Der Hersteller muss anhand von auf geeignete Weise dokumentierten Verfahren sicherstellen, dass die validierten Verfahrensparameter bei der Routineherstellung auch angewendet werden.

In einem Abschlussbericht sind die Parameter für die Herstellung sowie die für die Effektivität des Inaktivierungs- oder Eliminierungsverfahrens maßgeblichen Grenzen festzulegen.

1.2.6. *Zur Herstellung einer Einheit eines Medizinprodukts erforderliche Mengen von Gewebe oder Folgeerzeugnissen tierischen Ursprungs*

Der Hersteller muss bewerten, wie viel Rohgewebe oder Folgeerzeugnisse tierischen Ursprungs für die Herstellung einer Einheit eines Medizinproduktes erforderlich sind. Er muss beurteilen, ob das Herstellungsverfahren möglicherweise zu einer Konzentration der infektiösen TSE-Agenzien im tierischen Ausgangsgewebe oder in den Folgeerzeugnissen führt.

1.2.7. *Gewebe oder Folgeerzeugnisse tierischen Ursprungs, die mit Patienten und Anwendern in Kontakt kommen*

Der Hersteller muss Folgendes prüfen:

a) die Höchstmenge der Gewebe oder Folgeerzeugnisse tierischen Ursprungs, die bei Verwendung eines einzelnen Medizinprodukts mit dem Patienten oder Anwender in Kontakt kommen;

b) das Ausmaß des Kontakts: die Fläche, die Art (z. B. Haut, Schleimhaut, Gehirn usw.) und den Zustand (z. B. gesund oder geschädigt);

c) die Art der Gewebe oder Folgeerzeugnisse, die mit Patienten oder Anwendern in Kontakt kommen;

d) die Dauer des vorgesehenen Körperkontakts (einschließlich Bioresorptionswirkung) und

e) die Zahl der Medizinprodukte, die in einem bestimmten Verfahren bzw. möglichenfalls im Laufe der Lebenszeit eines Patienten oder Anwenders verwendet werden könnten.

1.2.8. *Art der Verabreichung*

Bei der Risikobewertung muss der Hersteller die in der Produktinformation angegebene Art der Verabreichung berücksichtigen.

1.3. **Überprüfung der Risikobewertung**

Der Hersteller muss ein systematisches Verfahren zur Überprüfung der Informationen ausarbeiten und aufrechterhalten, die sich im Anschluss an die Herstellung des Medizinprodukts oder ähnlicher Produkte ergeben. Diese Informationen sind in Bezug auf ihre etwaige Bedeutung für die Sicherheit zu bewerten, insbesondere in folgenden Fällen:

a) Es wird eine bislang unbekannte Gefährdung festgestellt;

b) das von einer Gefährdung ausgehende geschätzte Risiko hat sich geändert oder ist nicht mehr annehmbar;

c) die ursprüngliche Bewertung ist aus anderen Gründen ungültig geworden.

In den unter den Buchstaben a, b und c genannten Fällen nimmt der Hersteller die Ergebnisse der Bewertung als Rückmeldung in das Risikomanagementverfahren auf.

Vor dem Hintergrund dieser neuen Informationen ist eine Überprüfung der entsprechenden Risikomanagementmaßnahmen für das Medizinprodukt zu erwägen (einschließlich der Begründung für die Wahl von Gewebe oder einem Folgeerzeugnis tierischen Ursprungs). Besteht die Möglichkeit, dass sich das Restrisiko oder seine Annehmbarkeit verändert hat, so sind die Auswirkungen auf bestehende Risikokontrollmaßnahmen neu zu bewerten und zu begründen.

Die Ergebnisse dieser Bewertung sind zu dokumentieren.

2. **Bewertung durch die benannten Stellen**

Für die in Artikel 1 Absatz 1 genannten Medizinprodukte muss der Hersteller den benannten Stellen im Sinne von Artikel 4 alle sachdienlichen Informationen vorlegen, damit diese eine Bewertung seiner Strategie für die Risikoanalyse und das Risikomanagement gemäß Artikel 5 Absatz 2 vornehmen können.

2.1. **Unterrichtung der benannten Stelle über Änderungen oder neue Informationen**

Der benannten Stelle sind alle Änderungen in den Verfahren zur Herkunft, Gewinnung, Behandlung, Verarbeitung und Inaktivierung bzw. Eliminierung und alle vom Hersteller zusammengetragenen neuen Informationen über das TSE-Risiko zu melden, die für das Medizinprodukt von Bedeutung sind und das Ergebnis der Risikobewertung durch den Hersteller beeinflussen könnten; die benannte Stelle hat diese gegebenenfalls vor ihrer Umsetzung zu genehmigen.

2.2. **Verlängerung der Gültigkeitsdauer von Zertifikaten**

Bei ihrer Entscheidung über die Verlängerung der Gültigkeitsdauer einer EG-Auslegungsprüfbescheinigung oder einer EG-Baumusterprüfbescheinigung um höchstens fünf weitere Jahre gemäß Artikel 9 Absatz 8 der Richtlinie 90/385/EWG bzw. Artikel 11 Absatz 11 der Richtlinie 93/42/EWG prüft die benannte Stelle für die Zwecke der vorliegenden Verordnung mindestens Folgendes:

a) eine aktualisierte Begründung für die Verwendung von Gewebe oder Folgeerzeugnissen tierischen Ursprungs einschließlich eines Vergleichs mit mit geringerem Risiko behaftetem Gewebe oder synthetischen Alternativen;

b) eine aktualisierte Risikoanalyse;

c) eine aktualisierte klinische Bewertung;

d) aktualisierte Prüfdaten und/oder Begründungen, beispielsweise in Bezug auf die aktuellen harmonisierten Normen;

e) alle Änderungen, die seit Ausstellung des ursprünglichen Zertifikats (oder der letzten Verlängerung seiner Gültigkeitsdauer) vorgenommen wurden und das TSE-Risiko beeinflussen könnten;

f) den Nachweis, dass die Auslegungsdokumentation in Bezug auf das TSE-Risiko weiterhin dem Stand der Wissenschaft entspricht.

2.3. **Zunahme des TSE-Gesamtrisikos**

Stellt eine benannte Stelle anhand der gemäß den Nummern 2.1 bzw. 2.2 vorgelegten Informationen fest, dass das von einem Medizinprodukt ausgehende TSE-Gesamtrisiko zugenommen hat, geht die benannte Stelle nach dem in Artikel 5 beschriebenen Verfahren vor.

3. **Strikte Verfahren für Talgderivate gemäß Artikel 1 Absatz 4 dieser Verordnung**

- Umesterung oder Hydrolyse unter Druck bei einer Mindesttemperatur von 200 °C und einer Prozessdauer von mindestens 20 Minuten (Herstellung von Glycerol, Fettsäuren und Fettsäureestern)
- Verseifung mit NaOH 12 M (Herstellung von Glycerol und Seife)
- Batch-Verfahren: bei einer Mindesttemperatur von 95 °C und einer Prozessdauer von mindestens 3 Stunden

- Kontinuierliches Verfahren: unter Druck bei einer Mindesttemperatur von 140 °C und einer Prozessdauer von mindestens 8 Minuten oder vergleichbares Verfahren
- Destillation bei 200 °C.

Anhang II

Zusammenfassender Bewertungsbericht gemäß Artikel 5 Absatz 4 der Verordnung (EU) Nr. 722/2012

Angaben zur vorlegenden benannten Stelle

1. Bezeichnung der benannten Stelle	2. Nummer der benannten Stelle	3. Land
4. Absender	5. Ansprechpartner	6. Telefonnr.
7. Fax	8. E-Mail-Adresse	9. Kunde (Name des Herstellers und ggf. seines Bevollmächtigten

10. Bestätigung, dass die vorlegende benannte Stelle von der zuständigen Behörde gemäß Artikel 11 der Richtlinie 90/385/EWG bzw. Artikel 16 der Richtlinie 93/42/EWG und Artikel 4 der Verordnung (EU) Nr. 722/2012 mit der Bewertung der Konformität in Bezug auf Folgendes beauftragt wurde:

- ❐ aktive implantierbare medizinische Geräte, die unter Verwendung von Gewebe tierischen Ursprungs hergestellt werden und unter die Verordnung (EU) Nr. 722/2012 fallen
- ❐ Medizinprodukte, die unter Verwendung von Gewebe tierischen Ursprungs hergestellt werden und unter die Verordnung (EU) Nr. 722/2012 fallen

Angaben zum (aktiven implantierbaren) Gerät bzw. Medizinprodukt

11. a)	❐ Aktives implantierbares medizinisches Gerät ❐ Sonstiges Medizinprodukt
11. b)	Beschreibung und Zusammensetzung des Produkts
12.	Angaben zum Verwendungszweck
13. Ausgangsmaterial	
13. a)	Zertifikat der EDQM liegt vor ❐ Ja ❐ Nein (ein von der EDQM ausgestelltes Zertifikat ist zusammen mit dem vorliegenden zusammenfassenden Bewertungsbericht vorzulegen.)
13. b)	Angaben zu folgenden Punkten: – Art des Ausgangsgewebes: – Tierart(en): – geografische Herkunft:

14. Beschreibung der Hauptschritte zur Minimierung des Infektionsrisikos:
15. Abschätzung des von der Verwendung des Produkts ausgehenden TSE-Risikos unter Berücksichtigung der Wahrscheinlichkeit einer Kontamination des Produkts sowie der Art und Dauer der Exposition der Patienten:
16. Begründung für die Verwendung von Gewebe oder Folgeerzeugnissen tierischen Ursprungs im Medizinprodukt einschließlich einer Begründung, warum das geschätzte TSE-Gesamtrisiko annehmbar ist, sowie einer Bewertung alternativer Materialien und des zu erwartenden klinischen Nutzens:
17. Konzept für die Kontrolle der Betriebe und Lieferanten, von denen das vom Hersteller des Produkts verwendete Material tierischen Ursprungs stammt:

Erklärung der benannten Stelle

18. Abschließende Bewertung:

Anhand der Bewertung der vorliegenden Daten und des Bewertungsverfahrens beschließen wir hiermit vorläufig, dass der Antrag konform ist mit

❒ der Richtlinie 90/385/EWG des Rates

❒ der Richtlinie 93/42/EWG des Rates

und der Verordnung (EU) Nr. 722/2012

Tag der Übermittlung

19. Der vorliegende Bericht wurde der koordinierenden zuständigen Behörde in ....
am .... mit dem Ziel übermittelt, die zuständigen Behörden der anderen Mitgliedstaaten und die Kommission zu informieren und gegebenenfalls ihre Stellungnahme einzuholen.

Durchführungsverordnung (EU) Nr. 920/2013 der Kommission vom 24. September 2013 über die Benennung und Beaufsichtigung benannter Stellen gemäß der Richtlinie 90/385/EWG des Rates über aktive implantierbare medizinische Geräte und der Richtlinie 93/42/EWG des Rates über Medizinprodukte

(veröffentlicht im Amtsblatt der Europäischen Union ABl. Nr. 253 vom 25. September 2013, S. 8)

Die Europäische Kommission —

gestützt auf den Vertrag über die Arbeitsweise der Europäischen Union,

gestützt auf die Richtlinie 90/385/EWG des Rates vom 20. Juni 1990 zur Angleichung der Rechtsvorschriften der Mitgliedstaaten über aktive implantierbare medizinische Geräte[1], insbesondere auf Artikel 11 Absatz 2,

gestützt auf die Richtlinie 93/42/EWG des Rates vom 14. Juni 1993 über Medizinprodukte[2], insbesondere auf Artikel 16 Absatz 2,

in Erwägung nachstehender Gründe:

(1) Mit dem technischen Fortschritt wurden die Produkte und Produktionsmethoden immer komplexer, was für die benannten Stellen neue Herausforderungen bei der Konformitätsbewertung mit sich brachte. Diese Entwicklungen haben dazu geführt, dass die benannten Stellen voneinander abweichende Kompetenzniveaus aufweisen und unterschiedlich streng verfahren. Um das reibungslose Funktionieren des Binnenmarkts zu gewährleisten, ist es daher notwendig, eine gemeinsame Auslegung der Hauptelemente der in der Richtlinie 90/385/EWG und der Richtlinie 93/42/EWG festgelegten Kriterien für die Benennung benannter Stellen zu bestimmen.

(2) Die in der vorliegenden Verordnung vorgesehene gemeinsame Auslegung der Kriterien für die Benennung reicht nicht aus, um ihre einheitliche Anwendung zu gewährleisten. In den Mitgliedstaaten werden unterschiedliche Bewertungsmethoden angewandt. Diese weichen aufgrund der erwähnten zunehmenden Komplexität der Arbeit der Konformitätsbewertungsstellen tendenziell immer mehr voneinander ab. Darüber hinaus werden in der alltäglichen Benennungspraxis viele Ad-hoc-Fragen in Bezug auf neue Technologien und Produkte aufgeworfen. Daher müssen Verfahrenspflichten vorgesehen werden, die einen konstanten Dialog zwischen den Mitgliedstaaten über ihre allgemeinen Vorgehensweisen und über Ad-hoc-Fragen sicherstellen. Dadurch werden Diskrepanzen bei den zur Bewertung der Konformitätsbewertungsstellen eingesetzten Methoden und

1) ABl. L 189 vom 20.7.1990, S. 17.
2) ABl. L 169 vom 12.7.1993, S. 1.

bei der Auslegung der in der Richtlinie 90/385/EWG und der Richtlinie 93/42/EWG festgelegten Kriterien für ihre Benennung aufgedeckt. Durch diese Aufdeckung der Diskrepanzen wird die Entwicklung einer gemeinsamen Interpretation der Bewertungsmethoden ermöglicht, insbesondere im Hinblick auf neue Technologien und Produkte.

(3) Um eine gemeinsame Vorgehensweise der benennenden Behörden und neutrale Wettbewerbsbedingungen sicherzustellen, sollten diese Behörden ihre Entscheidungen auf der Basis eines gemeinsamen Satzes von Dokumenten treffen, die die Grundlage für die Überprüfung der Benennungskriterien der Richtlinie 90/385/EWG und der Richtlinie 93/42/EWG bilden.

(4) Um in Anbetracht der zunehmend komplexen Arbeit der Konformitätsbewertungsstellen eine einheitliche Anwendung der festgelegten Kriterien für ihre Benennung zu erleichtern, sollten diese Stellen von Teams von Begutachtern bewertet werden, welche die Kenntnisse und Erfahrungen verschiedener Mitgliedstaaten und der Kommission repräsentieren. Zur Erleichterung solcher Bewertungen sollten den an diesen Tätigkeiten Beteiligten bestimmte grundlegende Dokumente zugänglich sein. Benennende Behörden aus anderen Mitgliedstaaten als dem Mitgliedstaat, in dem die Konformitätsbewertungsstelle niedergelassen ist, sollten die Möglichkeit haben, die Dokumentation im Zusammenhang mit der Bewertung einzusehen und zu den vorgesehenen Benennungen eine Stellungnahme abzugeben, wenn sie dies wünschen. Der Zugang zu diesen Dokumenten ist notwendig, damit Schwächen der antragstellenden Konformitätsbewertungsstellen sowie Diskrepanzen bei den Bewertungsmethoden der Mitgliedstaaten und ihrer Interpretation der in der Richtlinie 90/385/EWG und der Richtlinie 93/42/EWG festgelegten Kriterien für die Benennung aufgedeckt werden können.

(5) Um zu gewährleisten, dass die gemeinsame Interpretation der festgelegten Kriterien ebenso für Erweiterungen des Geltungsbereiches einer Benennung, die häufig neue Technologien oder Produktarten widerspiegeln, und Verlängerungen von Benennungen benannter Stellen gilt, sollte das Verfahren für die Benennung der Konformitätsbewertungsstellen auch in diesen Situationen befolgt werden.

(6) Die Notwendigkeit der Kontrolle und Überwachung der benannten Stellen durch die benennenden Behörden hat sich erhöht, seit durch den technischen Fortschritt das Risiko gestiegen ist, dass die benannten Stellen nicht über die notwendige Kompetenz in Bezug auf neue Technologien oder Produkte verfügen, die in dem Bereich, für den sie benannt sind, neu entstehen. Da der technische Fortschritt die Produktzyklen verkürzt und die Abstände der Vor-Ort-Bewertungen zu Kontrollzwecken und der Überwachung je nach benennender Behörde unterschiedlich sind, sollten

Mindestanforderungen an die Abstände der Kontrolle und Überwachung der benannten Stellen festgelegt und unangekündigte oder kurzfristig angekündigte Vor-Ort-Bewertungen organisiert werden.

(7) Wenn trotz der ergriffenen Maßnahmen zur Gewährleistung einer kohärenten Anwendung und zur Überprüfung der Erfüllung der Anforderungen durch die Mitgliedstaaten Zweifel an der Kompetenz einer benannten Stelle bestehen, sollte die Kommission die Möglichkeit haben, einzelne Fälle zu untersuchen. Die Notwendigkeit von Untersuchungen durch die Kommission hat sich verschärft, seit durch den technischen Fortschritt das Risiko gestiegen ist, dass die benannten Stellen nicht über die notwendige Kompetenz in Bezug auf neue Technologien oder Produkte verfügen, die in den Bereich fallen, für den sie benannt sind.

(8) Zur Förderung von Transparenz und gegenseitigem Vertrauen und zur weiteren Angleichung und Entwicklung ihrer Benennungs-, Erweiterungs- und Verlängerungsverfahren, vor allem im Hinblick auf neu entstehende Auslegungsfragen hinsichtlich neuer Technologien und Produkte, sollten die Mitgliedstaaten miteinander und mit der Kommission kooperieren. Sie sollten sich miteinander und mit der Kommission über Fragen von allgemeiner Relevanz für die Umsetzung dieser Verordnung beraten und sich gegenseitig und die Kommission über ihre Musterbewertungscheckliste unterrichten, die die Grundlage für ihre Bewertungspraxis bildet.

(9) Die zunehmende Komplexität der Aufgaben im Zusammenhang mit der Benennung der Konformitätsbewertungsstellen, die die zunehmende Komplexität der Arbeit dieser Stellen widerspiegelt, erfordert beträchtliche Ressourcen. Aus diesem Grund sollten den Mitgliedstaaten Anforderungen in Bezug auf das Mindestniveau verfügbarer kompetenter Mitarbeiter auferlegt werden, die in der Lage sind und damit betraut werden, unabhängig zu arbeiten.

(10) Benennende Behörden, die nicht für die Marktüberwachung und Vigilanz in Bezug auf Medizinprodukte zuständig sind, haben nicht unbedingt Kenntnis von den von den zuständigen Behörden bei der Durchführung von Produktkontrollen aufgedeckten Mängeln bezüglich der Arbeit der benannten Stellen. Des Weiteren verfügen die benennenden Behörden nicht zwangsläufig über alle produktbezogenen Kenntnisse, die manchmal notwendig sind, um zu bewerten, ob die benannten Stellen ordentliche Arbeit geleistet haben. Daher sollten die benennenden Behörden die zuständigen Behörden konsultieren.

(11) Basiert eine Benennung auf einer Akkreditierung im Sinne der Verordnung (EG) Nr. 765/2008 des Europäischen Parlaments und des Rates vom 9. Juli 2008 über die Vorschriften für die Akkreditierung und Marktüberwachung im Zusammenhang mit der Vermarktung von Produkten und zur Aufhebung der

Verordnung (EWG) Nr. 339/93 des Rates[3], sollten die Akkreditierungsstellen einerseits und die benennenden und zuständigen Behörden andererseits Informationen austauschen, die für die Bewertung benannter Stellen relevant sind, um eine transparente und kohärente Anwendung der in Anhang 8 der Richtlinie 90/385/EWG und Anhang XI der Richtlinie 93/42/EWG festgelegten Kriterien zu gewährleisten. Dieser Informationsaustausch hat sich in Bezug auf die Praktiken der Konformitätsbewertungsstellen hinsichtlich neuer Technologien und Produkte und ihre Fähigkeit, diese Technologien und Produkte abzudecken und somit die in der Richtlinie 90/385/EWG und der Richtlinie 93/42/EWG festgelegten Kriterien für die Benennung zu erfüllen, als besonders notwendig erwiesen.

(12) Es sollte eine Anlaufphase vorgesehen werden, um den benennenden Behörden Zeit für den Aufbau der erforderlichen zusätzlichen Ressourcen und die Anpassung ihrer Verfahren zu geben.

(13) Die komplexen Entwicklungen in Technik und Produktion haben dazu geführt, dass einige benannte Stellen Teile ihrer Bewertungen auslagern. Deshalb ist es erforderlich, Grenzen festzulegen und festzulegen, unter welchen Bedingungen dies zulässig ist. Die benannten Stellen sollten ihre Unterauftragnehmer und ihre Zweigstellen unter Kontrolle haben. Sie müssen mit angemessenen Ressourcen ausgestattet sein, einschließlich vollqualifizierter Mitarbeiter, um ihre eigenen Bewertungen durchzuführen oder die von externen Sachverständigen vorgenommenen Bewertungen zu überprüfen.

(14) Um sicherzustellen, dass die Entscheidungen der benannten Stellen nicht durch unrechtmäßige Umstände beeinflusst werden, sollte die Organisation und Arbeitsweise der Stellen vollkommene Unparteilichkeit gewährleisten. Damit die Stellen ihre Aufgaben kohärent und systematisch ausführen können, sollten sie über ein zufriedenstellendes Managementsystem verfügen, einschließlich Bestimmungen zur Wahrung des Berufsgeheimnisses. Das Kenntnis- und Kompetenzniveau der Mitarbeiter sollte jederzeit garantiert sein, damit die benannten Stellen ihre Arbeit ordnungsgemäß leisten können.

(15) Die Maßnahmen dieser Verordnung entsprechen der Stellungnahme des gemäß Artikel 6 Absatz 2 der Richtlinie 90/385/EWG eingesetzten Ausschusses —

hat folgende Verordnung erlassen:

3) ABl. L 218 vom 13.8.2008, S. 30.

Artikel 1
Begriffsbestimmungen

Für die Zwecke dieser Verordnung gelten folgende Begriffsbestimmungen:

a) „Produkt" bezeichnet aktive implantierbare medizinische Geräte im Sinne des Artikels 1 Absatz 2 Buchstabe c der Richtlinie 90/385/EWG oder Medizinprodukte und ihr Zubehör im Sinne des Artikels 1 Absatz 2 der Richtlinie 93/42/EWG;

b) „Konformitätsbewertungsstelle" bezeichnet eine Stelle, die Kalibrierungs-, Prüfungs-, Zertifizierungs- und Inspektionstätigkeiten durchführt, gemäß Anhang I Artikel R1 Absatz 13 des Beschlusses Nr. 768/2008/EG des Europäischen Parlaments und des Rates[4];

c) „benannte Stelle" bezeichnet eine Konformitätsbewertungsstelle, die gemäß Artikel 11 der Richtlinie 90/385/EWG oder Artikel 16 der Richtlinie 93/42/EWG von einem Mitgliedstaat benannt wurde;

d) „Akkreditierungsstelle" bezeichnet die einzige Stelle in einem Mitgliedstaat, die gemäß Artikel 2 Absatz 10 der Verordnung (EG) Nr. 765/2008 im Auftrag dieses Staates Akkreditierungen durchführt;

e) „benennende Behörde" bezeichnet die Behörde(n), die von einem Mitgliedstaat mit der Bewertung, Benennung, Notifizierung und Überwachung der benannten Stellen gemäß der Richtlinie 90/385/EWG oder der Richtlinie 93/42/EWG betraut wurde(n);

f) „zuständige Behörde" bezeichnet die Behörde(n), die für die Marktüberwachung und/oder Vigilanz für Produkte zuständig ist bzw. sind;

g) „Vor-Ort-Bewertung" bezeichnet eine Überprüfung in den Räumlichkeiten der Stelle oder eines ihrer Unterauftragnehmer oder einer ihrer Zweigstellen durch die benennenden Behörde;

h) „Vor-Ort-Bewertung zu Kontrollzwecken" bezeichnet eine regelmäßige routinemäßige Vor-Ort-Bewertung, bei der es sich weder um die für die Erstbenennung durchgeführte Vor-Ort-Bewertung noch um die für die Verlängerung der Benennung durchgeführte Vor-Ort-Bewertung handelt;

i) „Audit unter Beobachtung" bezeichnet die Begutachtung der Leistung des Auditteams einer benannten Stelle in den Räumlichkeiten des Kunden dieser Stelle durch eine benennende Behörde;

j) „Funktionen" bezeichnet die von den Mitarbeitern der Stelle und ihren externen Sachverständigen zu erfüllenden Aufgaben, nämlich Auditierung der Qualitätssysteme, produktbezogene Prüfung der technischen Dokumentation, Überprüfungen klinischer Bewertungen und Prüfungen, Produktprüfungen sowie für jeden der oben genannten Punkte die abschließende Überprüfung und die Entscheidung darüber;

4) ABl. L 218 vom 13.8.2008, S. 82.

k) „Unterauftragsvergabe" bezeichnet die Übertragung von Aufgaben an
   i) eine juristische Person;
   ii) eine natürliche Person, die diese Aufgaben oder Teile davon weiter überträgt;
   iii) mehrere natürliche oder juristische Personen, die diese Aufgaben gemeinsam ausführen.

Artikel 2
Auslegung der Kriterien für die Benennung

Die in Anhang 8 der Richtlinie 90/385/EWG bzw. in Anhang XI der Richtlinie 93/42/EWG festgelegten Kriterien werden gemäß Anhang I angewandt.

Artikel 3
Verfahren für die Benennung benannter Stellen

1. Für die Beantragung einer Benennung als benannte Stelle verwendet eine Konformitätsbewertungsstelle das Antragsformular in Anhang II. Reicht die Konformitätsbewertungsstelle den Antrag und die ihm beigefügten Dokumente in Papierform ein, so reicht sie außerdem eine elektronische Kopie des Antrags und seiner Anlagen ein.

   In dem Antrag sind die Konformitätsbewertungstätigkeiten, die Konformitätsbewertungsverfahren und die Kompetenzbereiche, für die die Konformitätsbewertungsstelle benannt werden will, aufzuführen, Letztere durch Angabe der im Informationssystem „New Approach Notified and Designated Organisations"[5] verwendeten Codes und von Unterkategorien dieser Bereiche.

2. Die benennende Behörde des Mitgliedstaats, in dem die Konformitätsbewertungsstelle niedergelassen ist, bewertet diese Stelle gemäß einer Bewertungscheckliste, die mindestens die in Anhang II aufgeführten Punkte abdeckt. Die Bewertung umfasst eine Vor-Ort-Bewertung.

   In Abstimmung mit der benennenden Behörde des Mitgliedstaats, in dem die Konformitätsbewertungsstelle niedergelassen ist, nehmen Vertreter der benennenden Behörden zweier anderer Mitgliedstaaten sowie ein Vertreter der Kommission an der Bewertung der Konformitätsbewertungsstelle, einschließlich der Vor-Ort-Bewertung, teil. Die benennende Behörde des Mitgliedstaats, in dem die Konformitätsbewertungsstelle niedergelassen ist, verschafft diesen Vertretern rechtzeitig Zugang zu den Dokumenten, die für die Bewertung der Konformitätsbewertungsstelle erforderlich sind. Sie erstellen innerhalb von 45 Tagen nach der Vor-Ort-Bewertung einen Bericht, der mindestens eine Zusammenfassung der festgestellten Verstöße gegen die in Anhang I aufgeführten Kriterien und eine Empfehlung in Bezug auf die Benennung der benannten Stelle enthält.

5) „NANDO"; siehe http://ec.europa.eu/enterprise/newapproach/nando.

3. Die Mitgliedstaaten stellen einen Pool von Begutachtern zur Verfügung, auf die die Kommission für jede Bewertung zurückgreifen kann.
4. Die benennende Behörde des Mitgliedstaats, in dem die Konformitätsbewertungsstelle niedergelassen ist, lädt den von den in Absatz 2 genannten Vertretern verfassten Bewertungsbericht, ihren eigenen Bewertungsbericht und, falls nicht darin enthalten, einen Vor-Ort-Bewertungsbericht in ein von der Kommission verwaltetes Datenspeichersystem hoch.
5. Die benennenden Behörden aller anderen Mitgliedstaaten werden über den Antrag informiert und können den Zugang zu bestimmten oder allen in Absatz 4 genannten Dokumenten verlangen. Diese Behörden und die Kommission können innerhalb eines Monats nach dem letzten Hochladen eines dieser Dokumente alle in Absatz 4 genannten Dokumente prüfen, Fragen oder Bedenken äußern und weitere Dokumente anfordern. Innerhalb desselben Zeitraums können sie um einen Meinungsaustausch über den Antrag ersuchen, der von der Kommission organisiert wird.
6. Die benennende Behörde des Mitgliedstaats, in dem die Konformitätsbewertungsstelle niedergelassen ist, antwortet auf die Fragen, Bedenken und Anforderungen weiterer Dokumente innerhalb von vier Wochen nach ihrem Eingang.

   Innerhalb von vier Wochen nach Eingang der Antwort können die benennenden Behörden der anderen Mitgliedstaaten oder die Kommission einzeln oder gemeinsam gegenüber der benennenden Behörde des Mitgliedstaats, in dem die Konformitätsbewertungsstelle niedergelassen ist, Empfehlungen aussprechen. Diese benennende Behörde berücksichtigt die Empfehlungen bei ihrer Entscheidung über die Benennung der Konformitätsbewertungsstelle. Befolgt sie die Empfehlungen nicht, gibt sie innerhalb von zwei Wochen nach ihrer Entscheidung die Gründe dafür an.
7. Der Mitgliedstaat notifiziert der Kommission seine Entscheidung über die Benennung einer Konformitätsbewertungsstelle mittels des Informationssystems „New Approach Notified and Designated Organisations“[6].

   Die Gültigkeit der Benennung beträgt maximal fünf Jahre.

Artikel 4
Erweiterung und Verlängerung einer Benennung

1. Eine Erweiterung des Geltungsbereiches der Benennung der benannten Stelle kann gemäß Artikel 3 gewährt werden.
2. Eine Benennung als benannte Stelle kann gemäß Artikel 3 vor Ablauf der Gültigkeitsdauer der vorherigen Benennung verlängert werden.
3. Für die Zwecke des Absatzes 2 umfasst das in Artikel 3 Absatz 2 dargelegte Verfahren gegebenenfalls ein Audit unter Beobachtung.

6) Siehe vorherige Fußnote.

4. Erweiterungs- und Verlängerungsverfahren können kombiniert werden.
5. Benannte Stellen, die bereits vor Inkrafttreten dieser Verordnung benannt wurden und deren Benennung zeitlich unbegrenzt oder für einen Zeitraum von mehr als 5 Jahren gültig ist, müssen innerhalb von 3 Jahren ab Inkrafttreten dieser Verordnung einem Verfahren zur Verlängerung der Benennung unterzogen werden.

Artikel 5
Kontrolle und Überwachung

1. Zu Kontrollzwecken bewertet die benennende Behörde des Mitgliedstaats, in dem die benannte Stelle niedergelassen ist, eine geeignete Anzahl von Überprüfungen der klinischen Bewertungen des Herstellers durch die benannte Stelle und führt in folgenden Abständen eine geeignete Anzahl von Überprüfungen der Unterlagen, Vor-Ort-Bewertungen zu Kontrollzwecken und Audits unter Beobachtung durch:
   a) mindestens alle 12 Monate für benannte Stellen mit mehr als 100 Kunden,
   b) mindestens alle 18 Monate für alle anderen benannten Stellen.

   Diese benennende Behörde prüft insbesondere Änderungen, die seit der letzten Bewertung eingetreten sind, und die Arbeit, die die benannte Stelle seit dieser Bewertung geleistet hat.
2. Bei ihren Kontroll- und Überwachungsvorgängen tragen die benennenden Behörden den Zweigstellen in angemessener Weise Rechnung.
3. Die benennende Behörde des Mitgliedstaats, in dem die benannte Stelle niedergelassen ist, überwacht diese Stelle kontinuierlich, um eine ständige Erfüllung der geltenden Anforderungen sicherzustellen. Diese Behörde sorgt für eine systematische Weiterverfolgung von Beschwerden, Vigilanzberichten und anderen Informationen, einschließlich aus anderen Mitgliedstaaten, die auf die Nichterfüllung der Verpflichtungen durch eine benannte Stelle oder eine Abweichung von der üblichen oder bewährten Vorgehensweise hinweisen könnten.

   Zusätzlich zu den Vor-Ort-Bewertungen zu Kontroll- oder Verlängerungszwecken veranlasst die benennende Behörde des Mitgliedstaats, in dem die benannte Stelle niedergelassen ist, unangekündigte oder kurzfristig angekündigte Vor-Ort-Bewertungen, wenn solche Vor-Ort-Bewertungen zur Überprüfung der Einhaltung der Anforderungen erforderlich sind.

Artikel 6
Untersuchung der Kompetenz einer benannten Stelle

1. Die Kommission kann Fälle untersuchen, die die Kompetenz einer benannten Stelle oder die Erfüllung der Anforderungen und Pflichten, denen

eine benannte Stelle nach Richtlinie 90/385/EWG und Richtlinie 93/42/EWG unterliegt, betreffen.

2. Die Untersuchungen beginnen mit einer Konsultation der benennenden Behörde des Mitgliedstaats, in dem die benannte Stelle niedergelassen ist. Auf Anfrage stellt diese benennende Behörde der Kommission innerhalb von vier Wochen alle einschlägigen Informationen über die betreffende benannte Stelle zur Verfügung.
3. Die Kommission gewährleistet, dass alle sensiblen Informationen, von denen sie im Laufe ihrer Untersuchungen Kenntnis erhält, vertraulich behandelt werden.
4. Wenn die benannte Stelle die Voraussetzungen für ihre Benennung nicht mehr erfüllt, setzt die Kommission den Mitgliedstaat, in dem diese Stelle niedergelassen ist, davon in Kenntnis und kann den Mitgliedstaat auffordern, die erforderlichen Korrekturmaßnahmen zu treffen.

Artikel 7
Erfahrungsaustausch in Bezug auf die Benennung und Beaufsichtigung von Konformitätsbewertungsstellen

1. Die benennenden Behörden konsultieren einander und die Kommission über Fragen von allgemeiner Relevanz hinsichtlich der Umsetzung dieser Verordnung und der Auslegung der Bestimmungen der Richtlinie 90/385/EWG und der Richtlinie 93/42/EWG in Bezug auf Konformitätsbewertungsstellen.
2. Die benennenden Behörden übermitteln einander und der Kommission bis zum 31. Dezember 2013 das Muster der gemäß Artikel 3 Absatz 2 verwendeten Bewertungscheckliste und unterrichten einander und die Kommission über später vorgenommene Änderungen an der besagten Checkliste.
3. Wenn die in Artikel 3 Absatz 4 genannten Bewertungsberichte Diskrepanzen in der allgemeinen Praxis der benennenden Behörden aufzeigen, können die Mitgliedstaaten oder die Kommission um einen Meinungsaustausch ersuchen, der von der Kommission organisiert wird.

Artikel 8
Arbeitsweise der benennenden Behörden

1. Den benennenden Behörden müssen kompetente Mitarbeiter in ausreichender Zahl zur Verfügung stehen, so dass sie ihre Aufgaben ordnungsgemäß wahrnehmen können. Diese Behörden werden so eingerichtet, strukturiert und in ihren Arbeitsabläufen organisiert, dass die Objektivität und Unparteilichkeit ihrer Tätigkeit gewährleistet ist und jegliche Interessenkonflikte mit Konformitätsbewertungsstellen vermieden werden. Die benennenden Behörden werden so organisiert, dass es sich bei dem Mit-

arbeiter, der eine Entscheidung über die Benennung einer Konformitätsbewertungsstelle trifft, nicht um denselben Mitarbeiter handelt, der die Bewertung dieser Stelle durchgeführt hat.

2. Wenn benennende Behörden nicht für die Marktüberwachung und Vigilanz für Medizinprodukte zuständig sind, ziehen sie für alle Aufgaben, die ihnen gemäß der vorliegenden Verordnung obliegen, die zuständigen Behörden des betreffenden Mitgliedstaats hinzu. Insbesondere konsultieren Sie die zuständigen Behörden des betreffenden Mitgliedstaats vor Entscheidungen und laden Sie zur Teilnahme an Bewertungen jeglicher Art ein.

Artikel 9
Zusammenarbeit mit Akkreditierungsstellen

Basiert eine Benennung auf einer Akkreditierung im Sinne der Verordnung (EG) Nr. 765/2008, dann sorgen die Mitgliedstaaten dafür, dass die Akkreditierungsstelle, die eine bestimmte benannte Stelle akkreditiert hat, von den zuständigen Behörden über Meldungen von Vorkommnissen und andere Informationen im Zusammenhang mit Angelegenheiten unter der Kontrolle der benannten Stelle auf dem Laufenden gehalten wird, wenn die Informationen für die Bewertung der Leistung der benannten Stelle relevant sein können. Die Mitgliedstaaten sorgen dafür, dass die für die Akkreditierung einer bestimmten Konformitätsbewertungsstelle zuständige Akkreditierungsstelle von der benennenden Behörde des Mitgliedstaats, in dem die Konformitätsbewertungsstelle niedergelassen ist, über für die Akkreditierung maßgebliche Feststellungen informiert wird. Die Akkreditierungsstelle informiert die benennende Behörde des Mitgliedstaats, in dem die Konformitätsbewertungsstelle niedergelassen ist, über ihre Feststellungen.

Artikel 10
Inkrafttreten und Geltungsbeginn

Diese Verordnung tritt am zwanzigsten Tag nach ihrer Veröffentlichung im Amtsblatt der Europäischen Union in Kraft.

Sie gilt ab dem 25. Dezember 2013 für Erweiterungen von Benennungen.

Diese Verordnung ist in allen ihren Teilen verbindlich und gilt unmittelbar in jedem Mitgliedstaat.

Brüssel, den 24. September 2013

Für die Kommission

Der Präsident

José Manuel Barroso

Anhang I
Auslegung der in Anhang 8 der Richtlinie 90/385/EWG und in Anhang XI der Richtlinie 93/42/EWG festgelegten Kriterien

1. Anhang 8 Nummern 1 und 5 der Richtlinie 90/385/EWG und Anhang XI Nummern 1 und 5 der Richtlinie 93/42/EWG sind so auszulegen, dass sie die folgenden Elemente umfassen:

1.1. Die Konformitätsbewertungsstelle ist eine Drittpartei, die vom Hersteller des Produkts, dessen Konformität sie bewertet, unabhängig ist. Darüber hinaus ist die Konformitätsbewertungsstelle von allen anderen Wirtschaftsteilnehmern, die ein Interesse an dem Produkt haben, und von allen Wettbewerbern des Herstellers unabhängig.

1.2. Die Konformitätsbewertungsstelle gewährleistet durch ihre Organisation und Arbeitsweise, dass bei der Ausübung ihrer Tätigkeit Unabhängigkeit, Objektivität und Unparteilichkeit gewahrt sind. Die Konformitätsbewertungsstelle verfügt über Verfahren, mit denen die Identifizierung, Untersuchung und Lösung von Fällen, in denen es zu einem Interessenkonflikt kommen könnte, wirksam sichergestellt ist; dazu gehört auch die Beteiligung ihrer Mitarbeiter an Beratungsdiensten im Bereich Medizinprodukte vor der Aufnahme einer Beschäftigung bei der Stelle.

1.3. Die Konformitätsbewertungsstelle, ihre oberste Leitungsebene und die für die Erfüllung der Konformitätsbewertungsaufgaben zuständigen Mitarbeiter dürfen

a) sich nicht mit Tätigkeiten befassen, die ihre Unabhängigkeit bei der Beurteilung oder ihre Integrität im Zusammenhang mit den Konformitäts bewertungstätigkeiten, für die sie benannt sind, beeinträchtigen können;

b) keine Dienstleistungen anbieten oder erbringen, die das Vertrauen in ihre Unabhängigkeit, Unparteilichkeit oder Objektivität beeinträchtigen könnten. Insbesondere dürfen sie keine Beratungsdienste für den Hersteller, seinen Bevollmächtigten, einen Lieferanten oder einen kommerziellen Konkurrenten anbieten oder leisten oder in den letzten 3 Jahren angeboten oder geleistet haben, die die Anforderungen der Union an die Auslegung, Konstruktion, Vermarktung oder Instandhaltung der zu bewertenden Produkte oder Verfahren betreffen. Dies schließt Konformitätsbewertungstätigkeiten für die oben genannten Hersteller und Wirtschaftsteilnehmer oder allgemeine Schulungen im Zusammenhang mit den Rechtsvorschriften für Medizinprodukte oder einschlägigen Normen, die nicht kundenspezifisch sind, nicht aus.

1.4. Die oberste Leitungsebene der Konformitätsbewertungsstelle und ihr bewertendes Personal sind unparteiisch. Die Entlohnung der obersten Leitungsebene und des bewertenden Personals der Konformitätsbewertungsstelle darf sich nicht nach der Anzahl oder den Ergebnissen der durchgeführten Bewertungen richten.

1.5. Falls die Konformitätsbewertungsstelle Eigentum einer öffentlichen Stelle oder Einrichtung ist, gewährleistet und dokumentiert der Mitgliedstaat die Unabhängigkeit der Konformitätsbewertungsstelle und das Nichtvorhandensein von Interessenkonflikten zwischen der benennenden Behörde und/ oder der zuständigen Behörde einerseits und der Konformitätsbewertungsstelle andererseits.

1.6. Die Konformitätsbewertungsstelle gewährleistet und dokumentiert, dass die Tätigkeiten ihrer Zweigstellen oder Unterauftragnehmer oder einer zugeordneten Stelle ihre Unabhängigkeit, Unparteilichkeit oder Objektivität in ihren Konformitätsbewertungstätigkeiten nicht beeinträchtigen.

1.7. Die in den Nummern 1.1 bis 1.6 beschriebenen Anforderungen schließen den Austausch technischer Daten und regulatorischer Leitlinien zwischen einer Stelle und einem Hersteller, der diese um eine Konformitätsbewertung ersucht, nicht aus.

2. Anhang XI Nummer 2 Absatz 2 der Richtlinie 93/42/EWG ist so auszulegen, dass er die folgenden Elemente umfasst:

2.1. Die Unterauftragsvergabe ist auf bestimmte Aufgaben beschränkt. Nicht erlaubt ist es, Audits von Qualitätsmanagementsystemen oder produktbezogene Prüfungen als Ganzes im Unterauftrag zu vergeben. Die Konformitätsbewertungsstelle behandelt insbesondere die Überprüfung der Qualifikation und die Überwachung der Leistung der externen Sachverständigen, den Einsatz der Sachverständigen für bestimmte Konformitätsbe wertungstätigkeiten sowie die abschließende Überprüfung und Entscheidungsfindung intern.

2.2. Vergibt eine Konformitätsbewertungsstelle im Zusammenhang mit Konformitätsbewertungen bestimmte Aufgaben an Unterauftragnehmer oder konsultiert sie externe Sachverständige, so muss sie über eine Strategie verfügen, die die Bedingungen für eine solche Unterauftragsvergabe oder Konsultation externer Sachverständiger vorgibt. Eine Unterauftragsvergabe oder Konsultation externer Sachverständiger ist angemessen zu dokumentieren und bedarf einer schriftlichen Vereinbarung, die unter anderem Vertraulichkeit und Interessenkonflikte beinhaltet.

2.3. Die Konformitätsbewertungsstelle richtet Verfahren zur Bewertung und Überwachung der Kompetenzen aller eingesetzten Unterauftragnehmer und externen Sachverständigen ein.

3. Anhang 8 Nummern 3 und 4 der Richtlinie 90/385/EWG und Anhang XI Nummern 3 und 4 der Richtlinie 93/42/EWG sind so auszulegen, dass sie die folgenden Elemente umfassen:

3.1. Die Konformitätsbewertungsstelle verfügt jederzeit, für jedes Konformitätsbewertungsverfahren und für jede Art/Kategorie von Produkten, für die sie benannt wurde oder benannt werden will, innerhalb ihrer Organisation über die folgenden Elemente:

a) die erforderlichen administrativen, technischen, klinischen und wissenschaftlichen Mitarbeiter, die über technische und wissenschaftliche Fachkenntnis sowie über eine angemessene einschlägige Erfahrung im Bereich der Medizinprodukte und der entsprechenden Technologien verfügen, um die bei der Konformitätsbewertung anfallenden Aufgaben, einschließlich der Bewertung klinischer Daten, zu erfüllen;

b) einen dokumentierten Prozess für die Durchführung der Konformitätsbewertungen, für die sie benannt wurde[7], der den jeweiligen Besonderheiten – einschließlich gesetzlich vorgeschriebener Konsultationen – der vom Geltungsbereich der Benennung erfassten Produktkategorien Rechnung trägt und Transparenz und Wiederholbarkeit dieser Verfahren sicherstellt.

3.2. Die Konformitätsbewertungsstelle verfügt über die notwendige Personalausstattung sowie über die erforderlichen Ausrüstungen und Einrichtungen, die für die ordnungsgemäße Durchführung der technischen und administrativen Aufgaben im Zusammenhang mit den Konformitätsbewertungstätigkeiten, für die sie benannt wurde, erforderlich sind, bzw. hat Zugang zu diesen.

3.3. Die Konformitätsbewertungsstelle verfügt über die zur Durchführung ihrer Konformitätsbewertungstätigkeiten und der damit verbundenen Geschäftsvorgänge erforderlichen Finanzressourcen. Sie dokumentiert ihre finanzielle Leistungsfähigkeit und ihre nachhaltige wirtschaftliche Rentabilität und erbringt diesbezügliche Nachweise, wobei besondere Umstände während der ersten Anlaufphase zu berücksichtigen sind.

3.4. Die Konformitätsbewertungsstelle verfügt über ein funktionierendes Qualitätsmanagementsystem.

3.5. Die Erfahrungen und Kenntnisse der Mitarbeiter, die für die Durchführung der Konformitätsbewertungstätigkeiten zuständig sind, sind so auszulegen, dass sie Folgendes umfassen:

a) solide wissenschaftliche, fachliche und berufliche Ausbildung, insbesondere in den relevanten Bereichen der Medizin, Pharmazeutik und Ingenieurwesen oder in anderen relevanten Wissenschaften, die alle Konformitätsbewertungstätigkeiten abdeckt, für die die Stelle benannt wurde oder benannt werden will;

7) Siehe Anhang II Nummer 41.

b) umfangreiche einschlägige Erfahrung, die alle Konformitätsbewertungst ätigkeiten abdeckt, für die die Stelle benannt wurde oder benannt werden will;
c) ausreichende Kenntnis der Anforderungen der von ihnen durchgeführten Bewertungen und entsprechende Befugnis zur Durchführung dieser Bewertungen;
d) angemessene Kenntnis und angemessenes Verständnis der einschlägigen Bestimmungen der Rechtsvorschriften für Medizinprodukte und der geltenden harmonisierten Normen;
e) die Fähigkeit, Bescheinigungen, Protokolle und Berichte zu erstellen, mit denen die Durchführung der Bewertungen nachgewiesen wird.

3.6. Die Konformitätsbewertungsstelle legt Qualifikationskriterien sowie Auswahl- und Zulassungsverfahren für an Konformitätsbewertungstätigkeiten beteiligte Personen (Fachkenntnisse, Erfahrung und andere erforderliche Kompetenzen) sowie die erforderlichen (anfänglichen und fortlaufenden) Fortbildungsmaßnahmen fest und dokumentiert diese. Die Qualifikationskriterien berücksichtigen die verschiedenen Funktionen innerhalb des Konformitätsbewertungsprozesses (z. B. Audit, Produktbewertung/-prüfung, Überprüfung des Auslegungsdossiers/der Auslegungsdokumentation, Entscheidungsfindung) sowie die vom Umfang der Benennung erfassten Produkte, Technologien und Gebiete (z. B. Biokompatibilität, Sterilisation, Gewebe und Zellen tierischen Ursprungs, klinische Bewertung).

3.7. Die Konformitätsbewertungsstelle verfügt über Verfahren, um zu gewährleisten, dass ihre Zweigstellen auf der Grundlage derselben Betriebsabläufe und mit derselben Strenge wie ihr Hauptsitz arbeiten.

3.8. Werden im Rahmen der Konformitätsbewertung Unterauftragnehmer oder externe Sachverständige eingesetzt, so muss die Konformitätsbewertungsstelle – insbesondere bei neuartigen, invasiven und implantierbaren Medizinprodukten oder Technologien – über angemessene interne Kompetenzen in jedem Produktbereich verfügen, für den sie zur Leitung der Konformitätsbewertung benannt wurde, um die Angemessenheit und Gültigkeit der Expertengutachten zu überprüfen und über die Zertifizierung zu entscheiden. Die geforderte interne Kompetenz deckt technologische, klinische und auditbezogene Aspekte ab.

4. Anhang 8 Nummer 6 der Richtlinie 90/385/EWG und Anhang XI Nummer 6 der Richtlinie 93/42/EWG sind so auszulegen, dass sie die folgenden Elemente umfassen:

4.1. Die Konformitätsbewertungsstelle schließt eine angemessene Haftpflichtversicherung ab, die den Konformitätsbewertungstätigkeiten, für die sie benannt wurde – einschließlich der möglichen Aussetzung, Einschränkung oder des Widerrufs von Bescheinigungen –, und der geografischen Reichweite ihrer Tätigkeiten entspricht, sofern nicht der Staat gemäß den nationalen Rechtsvorschriften die Haftung trägt oder der Mitgliedstaat selbst die Inspektionen durchführt.

5. Anhang 8 Nummer 7 der Richtlinie 90/385/EWG und Anhang XI Nummer 7 der Richtlinie 93/42/EWG sind so auszulegen, dass sie die folgenden Elemente umfassen:

5.1. Die Konformitätsbewertungsstelle gewährleistet, dass die Vertraulichkeit der Informationen, die bei der Durchführung der Konformitätsbewertungstätigkeiten in ihren Besitz gelangen, von ihren Mitarbeitern, Ausschüssen, Zweigstellen, Unterauftragnehmern oder zugeordneten Stellen gewahrt wird, außer wenn die Offenlegung gesetzlich vorgeschrieben ist. Zu diesem Zweck verfügt sie über dokumentierte Verfahren.

5.2. Das Personal einer Konformitätsbewertungsstelle ist – außer gegenüber den benennenden Behörden, den zuständigen Behörden oder der Kommission – durch das Berufsgeheimnis in Bezug auf alle Informationen gebunden, von denen es bei der Durchführung seiner Aufgaben Kenntnis erhält. Eigentumsrechte werden geschützt. Zu diesem Zweck verfügt die Konformitätsbewertungsstelle über dokumentierte Verfahren.

Anhang II

Bei Beantragung einer Benennung als benannte Stelle vorzulegendes Antragsformular

Benennende Behörde: ....

Bezeichnung der antragstellenden Konformitätsbewertungsstelle: ....

Vorherige Bezeichnung (falls zutreffend): ....

EU-Nummer der benannten Stelle (falls zutreffend): ....

Anschrift: ....

....

....

....

Ansprechpartner: ....

E-Mail: ....

Telefon: ....

Rechtsform der Konformitätsbewertungsstelle: ....

Handelsregisternummer: ....

Im Handelsregister: ....

....

....

Die folgenden Dokumente sind beizufügen. Im Fall einer Erweiterung oder Verlängerung sind nur neue oder geänderte Dokumente einzureichen.

Punkt/Gegenstand		Entsprechende Nummer in Anhang I	Anlagenummer + Verweis (Nummer/Seite)
Organisatorische und allgemeine Anforderungen			
Rechtsstatus und Organisationsstruktur			
1	Unternehmenssatzung		
2	Auszug der Unternehmensregistrierung oder Eintragung (Handelsregister)		

Punkt/Gegenstand		Entsprechende Nummer in Anhang I	Anlagenummer + Verweis (Nummer/Seite)
3	Dokumentation über die Tätigkeiten der Organisation, zu der die Konformitätsbewertungsstelle gehört (ggf.), und ihre Beziehung zur Konformitätsbewertungsstelle		
4	Dokumentation über die Rechtsträger, deren Eigentümerin die Konformitätsbewertungsstelle ist (ggf.), entweder im Mitgliedstaat oder außerhalb, und die Beziehung zu diesen Rechtsträgern		
5	Beschreibung der Eigentumsrechte sowie der juristischen oder natürlichen Personen, die Kontrolle über die Konformitätsbewertungsstelle ausüben		
6	Beschreibung der Organisationsstruktur und des Betriebsmanagements der Konformitätsbewertungsstelle		
7	Beschreibung der Funktionen, Zuständigkeiten und Befugnisse der obersten Leitungsebene		
8	Liste aller Mitarbeiter, die Einfluss auf die Konformitätsbewertungstätig keiten haben		
9	Dokumentation über sonstige von der Konformitätsbewertungsstelle erbrachte Dienstleistungen (ggf.) (z. B. Beratung im Zusammenhang mit Produkten, Schulungen usw.)		
10	Dokumentation über Akkreditierung(en), die für diesen Antrag relevant ist/sind		

Punkt/Gegenstand		Entsprechende Nummer in Anhang I	Anlagenummer + Verweis (Nummer/Seite)
Unabhängigkeit und Unparteilichkeit			
11	Dokumentation über Strukturen, Maßnahmen und Verfahren zur Wahrung und Förderung der Grundsätze der Unparteilichkeit in der gesamten Organisation, bei allen Mitarbeitern und Bewertungstätigkeiten, einschließlich ethischer Regeln oder Verhaltenskodizes		
12	Beschreibung, wie die Konformitätsbewertungsstelle gewährleistet, dass die Tätigkeiten von Zweigstellen, Unterauftragnehmern und externen Sachverständigen ihre Unabhängigkeit, Unparteilichkeit oder Objektivität nicht beeinträchtigen		
13	Dokumentation über die Unparteilichkeit der obersten Leitungsebene und der an Konformitätsbewertungstätigkeiten mitwirkenden Mitarbeiter, einschließlich ihrer Entlohnung und Prämien		
14	Dokumentation über Interessenkonflikte und Verfahren/Form der Lösung potenzieller Konflikte		
15	Beschreibung der Unabhängigkeit der Konformitätsbewertungsstelle von der benennenden Behörde und von der zuständigen Behörde, insbesondere, wenn diese Stelle eine öffentliche Stelle/Einrichtung ist.		
Geheimhaltung			

Punkt/Gegenstand		Entsprechende Nummer in Anhang I	Anlagenummer + Verweis (Nummer/Seite)
16	Dokumentation über Verfahren zur Wahrung des Berufsgeheimnisses, einschließlich Schutz eigentumsrechtlich geschützter Daten		
Haftung			
17	Dokumentation der Haftpflichtversicherung, Nachweis, dass die Haftpflichtversicherung Fälle abdeckt, in denen die benannte Stelle zum Widerruf oder zur Aussetzung von Bescheinigungen gezwungen ist		
Finanzressourcen			
18	Dokumentation der Finanzressourcen, die zur Durchführung der Konformitätsbewertungstätigkeiten und der damit verbundenen Vorgänge, einschließlich der laufenden Verpflichtungen für ausgestellte Bescheinigungen, erforderlich sind, zum Nachweis über die andauernde Rentabilität der benannten Stelle und Kohärenz mit dem Spektrum zertifizierter Produkte		
Qualitätssystem			
19	Handbuch zur Qualitätssicherung und eine Liste der dazugehörigen Dokumentation über die Implementierung, die Aufrechterhaltung und die Anwendung eines Qualitätsmanagementsystems, einschließlich Strategien für den Einsatz von Mitarbeitern für bestimmte Aufgaben sowie die Zuständigkeiten dieser Mitarbeiter		

Punkt/Gegenstand		Entsprechende Nummer in Anhang I	Anlagenummer + Verweis (Nummer/Seite)
20	Dokumentation über das/die Verfahren für die Kontrolle von Dokumenten		
21	Dokumentation über das/die Verfahren für die Kontrolle von Aufzeichnungen		
22	Dokumentation über das/die Verfahren für die Managementbewertung		
23	Dokumentation über das/die Verfahren für interne Audits		
24	Dokumentation über das/die Verfahren für Korrektur- und Vorbeugungsmaßnahmen		
25	Dokumentation über das/die Verfahren für Beschwerden und Klagen		
Erforderliche Ressourcen			
Allgemein			
26	Beschreibung eigener Labors und Prüfeinrichtungen		
27	Arbeitsverträge und sonstige Vereinbarungen mit internen Mitarbeitern, insbesondere hinsichtlich Unparteilichkeit, Unabhängigkeit, Interessenkonflikt (Muster eines Standardvertrags beifügen)		

Punkt/Gegenstand		Entsprechende Nummer in Anhang I	Anlagenummer + Verweis (Nummer/Seite)
28	Verträge und sonstige Vereinbarungen mit Unterauftragnehmern und externen Sachverständigen, insbesondere hinsichtlich Unparteilichkeit, Unabhängigkeit, Interessenkonflikt (Muster eines Standardvertrags beifügen)		
Qualifikation und Zulassung des Personals			
29	Liste aller ständigen Mitarbeiter und Mitarbeiter auf Zeit (technisch, Verwaltung usw.), einschließlich Angaben zu beruflicher Qualifikation, Erfahrung und den Arten ihrer Verträge		
30	Liste aller externen Mitarbeiter (z. B. externe Sachverständige, externe Auditoren), einschließlich Angaben zu beruflicher Qualifikation, Erfahrung und den Arten ihrer Verträge		
31	Qualifikationsmatrix, in der die Mitarbeiter der Stelle und ihre externen Sachverständigen mit den von ihnen zu erfüllenden Funktionen und den Zuständigkeitsbereichen, für die die Stelle benannt wurde oder benannt werden will, verknüpft sind		
32	Qualifikationskriterien für die verschiedenen Funktionen (siehe Punkt 31)		

Punkt/Gegenstand		Entsprechende Nummer in Anhang I	Anlagenummer + Verweis (Nummer/Seite)
33	Dokumentation über das/die Auswahl- und Zuweisungsverfahren für an Konformitätsbewertungstätigkeiten beteiligte interne oder externe Mitarbeiter, einschließlich Bedingungen für die Übertragung von Aufgaben an externe Mitarbeiter und die Überwachung ihrer Fachkompetenz		
34	Dokumentation zum Nachweis, dass die Leitung der Konformitätsbewertungsstelle über angemessene Kenntnisse verfügt, um ein System für Folgendes einzurichten und zu betreiben: – die Auswahl der während der Konformitätsbewertung eingesetzten Mitarbeiter, – die Überprüfung der Kenntnisse und Erfahrungen dieser Mitarbeiter, – den Einsatz der Mitarbeiter für ihre jeweiligen Aufgaben, – die Überprüfung der Leistung der Mitarbeiter, – die Festlegung und Überprüfung ihrer anfänglichen und fortlaufenden Fortbildung		
35	Dokumentation über das Verfahren zur Gewährleistung einer laufenden Überwachung der Kompetenzen und Leistungsüberwachung		

Punkt/Gegenstand		Entsprechende Nummer in Anhang I	Anlagenummer + Verweis (Nummer/Seite)
36	Dokumentation über von der Konformitätsbewertungsstelle durchgeführte Standardschulungsprogramme, die für die Konformitätsbewertungstätigkeiten relevant sind		
Unterauftragnehmer			
37	Liste aller Unterauftragnehmer (keine einzelnen externen Sachverständigen), die für Konformitätsbewertungstätigkeiten eingesetzt werden		
38	Strategie und Verfahren für Unterauftragnehmer		
39	Dokumentation zum Nachweis angemessener Kernkompetenzen in der Konformitätsbewertungsstelle, um Unterauftragnehmer zu bewerten, auszuwählen, zu beauftragen und die Angemessenheit und Gültigkeit ihrer Tätigkeiten zu überprüfen		
40	Beispiele eines Standardmustervertrags, der eine weitere Unterauftragsvergabe durch juristische Personen verbietet und insbesondere Bestimmungen enthält, um Vertraulichkeitsaspekte und Interessenkonfliktmanagement mit Unterauftragnehmern sicherzustellen (Beispiele beifügen)		

Punkt/Gegenstand		Entsprechende Nummer in Anhang I	Anlagenummer + Verweis (Nummer/Seite)
Verfahren			
41	Dokumentation der Verfahren im Zusammenhang mit Konformitätsbe wertungstätigkeiten und andere dazugehörige Dokumente, die den Umfang der Konformitätsbewertung stätigkeiten wiedergeben, einschließlich insbesondere Verfahren im Zusammenhang mit – Qualifikation und Klassifizierung – Qualitätssystembewertungen – Risikomanagement – Bewertung vorklinischer Daten – Klinische Bewertung – Repräsentative Stichproben der technischen Dokumentation – Klinische Weiterverfolgung nach dem Inverkehrbringen – Mitteilungen von Regulierungsbehörden, einschließlich zuständigen Behörden und benennenden Behörden – Mitteilung und Analyse der Auswirkungen von Vigilanzberichten auf die Produktzertifizierung – Konsultationsverfahren für Kombinationsprodukte aus Arzneimitteln und Medizinprodukten, Produkte, für die Gewebe tierischen Ursprungs verwendet werden, und Produkte, für die Derivate aus menschlichem Blut verwendet werden		

Punkt/Gegenstand		Entsprechende Nummer in Anhang I	Anlagenummer + Verweis (Nummer/Seite)
	– Überprüfung und Entscheidungsfindung in Bezug auf die Ausstellung von Bescheinigungen, einschließlich Genehmigungskompetenzen – Überprüfung und Entscheidungsfindung in Bezug auf Aussetzung, Einschränkung, Widerruf und Ablehnung von Bescheinigungen, einschließlich Genehmigungskompetenzen		
42	Checklisten, Vorlagen, Berichte und Bescheinigungen, die für die Konformitätsbewertungstätigkeiten verwendet werden		

Name und Unterschrift eines Bevollmächtigten der antragstellenden Konformitätsbewertungsstelle
(es sei denn, elektronische Signatur wird akzeptiert)

Ort und Datum

Beschluss Nr. 2010/227/EU vom 19. April 2010 der Kommission über die Europäische Datenbank für Medizinprodukte (Eudamed)

(veröffentlicht im Amtsblatt der Europäischen Union ABl. Nr. L 102 vom 23. April 2010, S. 45)

Die Europäische Kommission —

gestützt auf den Vertrag über die Arbeitsweise der Europäischen Union,

gestützt auf die Richtlinie 90/385/EWG des Rates vom 20. Juni 1990 zur Angleichung der Rechtsvorschriften der Mitgliedstaaten über aktive implantierbare medizinische Geräte[1]1, insbesondere auf Artikel 10b Absatz 3,

gestützt auf die Richtlinie 93/42/EWG des Rates vom 14. Juni 1993 über Medizinprodukte[2], insbesondere auf Artikel 14a Absatz 3,

gestützt auf die Richtlinie 98/79/EG des Europäischen Parlaments und des Rates vom 27. Oktober 1998 über In-vitro- Diagnostika[3], insbesondere auf Artikel 12 Absatz 3,

in Erwägung nachstehender Gründe:

(1) Die Richtlinien 90/385/EWG, 93/42/EWG und 98/79/EG enthalten Bestimmungen über eine Europäische Datenbank für Medizinprodukte, denen zufolge diese Datenbank einzurichten ist.

(2) Die Europäische Datenbank für Medizinprodukte soll die Marktüberwachung verbessern, indem den zuständigen Behörden ein rascher Zugriff auf Informationen über die Hersteller und ihre Bevollmächtigten, über Produkte und Bescheinigungen sowie auf Vigilanzdaten gewährt wird; ferner soll sie zum Austausch von Informationen über klinische Prüfungsdaten sowie zur einheitlichen Anwendung der oben genannten Richtlinien, insbesondere hinsichtlich der Meldevorschriften, beitragen.

(3) Die Datenbank sollte daher die Daten enthalten, die gemäß den Richtlinien 90/385/EWG, 93/42/EWG und 98/79/EG erforderlich sind, insbesondere über die Meldung der Hersteller und der Produkte, Angaben im Zusammenhang mit Bescheinigungen, die ausgestellt, verlängert, geändert, ergänzt, ausgesetzt, zurückgezogen oder verweigert wurden, Angaben, die gemäß dem Beobachtungs- und Meldeverfahren erhalten werden, und Angaben über klinische Prüfungen.

(4) Eine solche Datenbank ist von der Europäischen Kommission zusammen mit den Mitgliedstaaten unter der Bezeichnung „Europäische Datenbank für Medizinprodukte (Eudamed)" entwickelt worden und wird von zahlreichen Mitgliedstaaten auf freiwilliger Basis genutzt.

---

1) ABl. L 189 vom 20.7.1990, S. 17.
2) ABl. L 169 vom 12.7.1993, S. 1.
3) ABl. L 331 vom 7.12.1998, S. 1.

(5) Die Angaben sollten nach vorgeschriebenen Datenübertragungsverfahren in die Datenbank eingegeben werden.

(6) Bei der Eingabe von Daten in Eudamed sollte auf eine international anerkannte Nomenklatur für Medizinprodukte zurückgegriffen werden, um die einheitliche Beschreibung der betreffenden Produkte und eine rationelle Nutzung der Datenbank zu ermöglichen. Da die Daten in allen Amtssprachen der Gemeinschaft eingegeben werden können, sollte auch ein numerischer Code angewandt werden, damit einfach nach Produkten gesucht werden kann.

(7) Bei der Globalen Nomenklatur für Medizinprodukte, die gemäß EN ISO 15225:2000 Nomenklatur – Spezifikation für ein Nomenklatursystem für Medizinprodukte zum Zweck des regulativen Datenaustauschs entwickelt wurde, handelt es sich um eine solche international anerkannte Nomenklatur. Auf die Notwendigkeit der Einrichtung und Pflege von Eudamed und des Beginns der Umsetzung der Globalen Nomenklatur für Medizinprodukte als Grundlage für diese Datenbank wurde in den Schlussfolgerungen des Rates vom 2. Dezember 2003 über Medizinprodukte erneut hingewiesen[4].

(8) Eine angemessene Übergangsfrist ist erforderlich, damit die Mitgliedstaaten sich auf die verbindliche Nutzung von Eudamed vorbereiten können und damit die durch die Richtlinie 2007/47/EG des Europäischen Parlaments und des Rates vom 5. September 2007 zur Änderung der Richtlinien 90/385/EWG des Rates zur Angleichung der Rechtsvorschriften der Mitgliedstaaten über aktive implantierbare medizinische Geräte und 93/42/EWG des Rates über Medizinprodukte sowie der Richtlinie 98/8/EG über das Inverkehrbringen von Biozid-Produkten[5] eingeführten Änderungen berücksichtigt werden können.

(9) Die Mitgliedstaaten sollten zur Eingabe vor dem 1. Mai 2011 vorliegender Daten nur insoweit verpflichtet sein, als dies für das künftige Funktionieren von Eudamed erforderlich ist. Damit Eudamed vollständig ist, müssen vor dem 1. Mai 2011 vorliegende Daten über die Meldung der Hersteller, ihrer Bevollmächtigten sowie der Produkte, die gemäß den Richtlinien 93/42/EWG und 98/79/EG erforderlich sind, in der Form eingegeben werden, wie sie auf nationaler Ebene vorliegen.

(10) Die in dem vorliegenden Beschluss vorgesehenen Maßnahmen entsprechen der Stellungnahme des Ausschusses für Medizinprodukte —

hat folgenden Beschluss erlassen:

4) ABl. C 20 vom 24.1.2004, S. 1.
5) ABl. L 247 vom 21.9.2007, S. 21.

Artikel 1

Mit diesem Beschluss wird die Europäische Datenbank für Medizinprodukte (Eudamed) als Datenbank im Sinne von Artikel 10b Absatz 3 der Richtlinie 90/385/EWG, Artikel 14a Absatz 3 der Richtlinie 93/42/EWG und Artikel 12 Absatz 3 der Richtlinie 98/79/EG eingerichtet.

Artikel 2

Die Mitgliedstaaten sorgen dafür, dass die Angaben gemäß Artikel 10b Absatz 1 Buchstaben a und b der Richtlinie 90/385/EWG, gemäß Artikel 14a Absatz 1 Buchstaben a bis c der Richtlinie 93/42/EWG und gemäß Artikel 12 Absatz 1 Buchstaben a bis c der Richtlinie 98/79/EG entsprechend dem Anhang dieses Beschlusses in Eudamed eingegeben werden.

Hinsichtlich klinischer Prüfungen sorgen die Mitgliedstaaten dafür, dass ein Auszug der Meldungen gemäß Artikel 10 Absatz 1 der Richtlinie 90/385/EWG und gemäß Artikel 15 Absatz 1 der Richtlinie 93/42/EWG sowie die Informationen gemäß Artikel 10 Absätze 3 und 4 der Richtlinie 90/385/EWG und gemäß Artikel 15 Absätze 6 und 7 der Richtlinie 93/42/EWG entsprechend dem Anhang dieses Beschlusses in Eudamed eingegeben werden.

Artikel 3

Eudamed arbeitet mit dem sicheren Hypertext-Übertragungsprotokoll (HTTPS) und der erweiterbaren Auszeichnungssprache (XML).

Artikel 4

Bei der Eingabe von Daten in Eudamed können die Mitgliedstaaten wählen zwischen der Online-Eingabe oder dem Hochladen von XML-Dateien.

Bei der Eingabe von Daten in Eudamed sorgen die Mitgliedstaaten dafür, dass Medizinprodukte mittels eines Codes beschrieben werden, der aus einer international anerkannten Nomenklatur für Medizinprodukte stammt.

Artikel 5

In Bezug auf Angaben, die vor dem in Artikel 6 genannten Datum vorliegen, sorgen die Mitgliedstaaten dafür, dass die Angaben zur Meldung der Hersteller, der Bevollmächtigten und der Produkte entsprechend Artikel 14a Absatz 1 Buchstabe a der Richtlinie 93/42/EWG und Artikel 12 Absatz 1 Buchstabe a der Richtlinie 98/79/EG in Eudamed eingegeben werden.

Diese Daten sind bis spätestens 30. April 2012 einzugeben.

Artikel 6

Die Mitgliedstaaten wenden diesen Beschluss ab dem 1. Mai 2011 an.

Artikel 7

Dieser Beschluss ist an die Mitgliedstaaten gerichtet.

Brüssel, den 19. April 2010

Für die Kommission
John Dalli
Mitglied der Kommission

Anhang

Tabelle mit den Pflichtdatenfeldern in dem jeweiligen Modul in der Eudamed-Datenbank gemäß den Verpflichtungen aus den Richtlinien 93/42/ EWG, 90/385/ EWG und 98/79/EG

Richtlinie 93/42/EWG	Mindestangabe bei der Dateneingabe in Eudamed:
Artikel 14a Absatz 1 Buchstabe a und Artikel 14 Absätze 1 und 2	1. Akteur (Hersteller / Bevollmächtigter): a) Name; b) Straße; c) Ort; d) Postleitzahl; e) Land; f) Telefonnummer oder E-Mail-Adresse; g) Funktion. 2. Produkt: a) Code gemäß einer internationalen Nomenklatur (bei Daten, die nach dem 1. Mai 2011 eingegeben werden); b) Produktbezeichnung/-fabrikat oder, falls verfügbar, allgemeine Bezeichnung.
Artikel 14a Absatz 1 Buchstabe b	3. Bescheinigungen: a) Nummer der Bescheinigung; b) Art der Bescheinigung; c) Ausstellungsdatum; d) Ende der Gültigkeit; e) Hersteller und, gegebenenfalls, Bevollmächtigter (siehe Felder unter Punkt 1 „*Akteur*") f) benannte Stelle (aus dem System ausgewählt); g) allgemeine Beschreibung der Gültigkeit und, gegebenenfalls, Einzelheiten zum Produkt (siehe Felder unter Punkt 2 „*Produkt*"); h) Status und, gegebenenfalls, Gründe für die Entscheidung der benannten Stelle

Artikel 14a Absatz 1 Buchstabe c und Artikel 10 Absatz 3	4. Vorkommnisse (Bericht der zuständigen nationalen Behörde): a) Aktenzeichen der zuständigen Behörde; b) Hersteller und, gegebenenfalls, Bevollmächtigter (siehe Felder unter Punkt 1 „*Akteur*"); c) Kontaktangaben zum Hersteller; d) Aktenzeichen des Herstellers / Nummer der sicherheitsrelevanten korrektiven Maßnahmen im Feld (Field Safety Corrective Action, FSCA) e) Produkt (siehe Felder unter Punkt 2 „*Produkt*"), sowie gegebenenfalls Losnummer, Seriennummer, Softwareversion; f) benannte Stelle (aus dem System ausgewählt); g) Markt, auf dem das Produkt in Verkehr gebracht wird; h) vertraulich; i) vollständige Untersuchung; j) Hintergrundinformationen (Beschreibung); k) Schlussfolgerung; l) Empfehlung; m) Maßnahmen und Maßnahmenbeschreibung.
Artikel 14a Absatz 1 Buchstabe d und Artikel 15 Absätze 1, 6 und 7	5. Klinische Prüfung a) Hersteller und, gegebenenfalls, Bevollmächtigter (siehe Felder unter Punkt 1 „*Akteur*"); b) Produkt (siehe Felder unter Punkt 2 „*Produkt*"); c) Bezeichnung der Prüfung; d) Protokollnummer; e) Hauptziel; f) Kontaktperson für die klinische Prüfung bei der zuständigen Behörde; g) von der zuständigen Behörde gemäß Artikel 15 Absatz 6 getroffene Entscheidungen, Datum der Entscheidung und Gründe; h) vorzeitige Beendigung aus Sicherheitsgründen gemäß Artikel 15 Absatz 7, Datum der Entscheidung und Gründe.
Richtlinie 90/385/EWG	Mindestangaben bei der Dateneingabe in Eudamed
Artikel 10b Absatz 1 Buchstabe a	6. Bescheinigung (siehe Felder unter Punkt 3 „*Bescheinigung*").
Artikel 10b Absatz 1 Buchstabe b und Artikel 8 Absatz 3	7. Vorkommnis (siehe Felder unter Punkt 4 „*Vorkommnis*").

Artikel 10b Absatz 1 Buchstabe c und Artikel 10 Absätze 1, 3 und 4	8. Klinische Prüfung (siehe Felder unter Punkt 5 „*Klinische Prüfung*", Buchstabe a bis f): a) von der zuständigen Behörde gemäß Artikel 10 Absatz 3 getroffene Entscheidungen, Datum der Entscheidung und Gründe; b) vorzeitige Beendigung aus Sicherheitsgründen gemäß Artikel 10 Absatz 4, Datum der Entscheidung und Gründe.
Richtlinie 98/79/EWG	**Mindestangabe bei der Dateneingabe in Eudamed**
Artikel 12 Absatz 1 Buchstabe a und Artikel 10 Absätze 1, 3 und 4 sowie Anhang VIII Absatz 4	9. Akteur (für alle In-vitro-Diagnostika (IVD): Anschrift des Herstellers beziehungsweise des Bevollmächtigten (siehe Felder unter Punkt 1 „*Akteur*").
	10. Produkt: Für alle IVD a) Produkt (siehe Felder unter Punkt 2 „*Produkt*"); b) Angabe, ob es sich um ein neues Produkt handelt; c) Einstellung des Inverkehrbringens. Zusätzlich bei Produkten nach Anhang II und solchen zur Eigenanwendung d) gegebenenfalls Ergebnis der Leistungsbewertung; e) Bescheinigungen (siehe Felder unter Punkt „*Bescheinigung*"); f) gegebenenfalls Übereinstimmung mit Gemeinsamen Technischen Spezifikationen; g) Identifizierung des Produkts.
Artikel 12 Absatz 1 Buchstabe b	11. Bescheinigung (siehe Felder unter 3. „*Bescheinigung*")
Artikel 12 Absatz 1 Buchstabe c und Artikel 11 Absatz 3	12. Vorkommnis (siehe Felder unter Punkt 4 „*Vorkommnis*")

Empfehlung der Kommission vom 5. April 2013 über einen gemeinsamen Rahmen für ein System einmaliger Produktkennzeichnung für Medizinprodukte in der Union

(2013/172/EU)

(veröffentlicht im Amtsblatt der Europäischen Union ABl. Nr. L 99 vom 9. April 2013, S. 17)

Die Europäische Kommission —

gestützt auf den Vertrag über die Arbeitsweise der Europäischen Union, insbesondere auf Artikel 292,

in Erwägung nachstehender Gründe:

(1) Die Rückverfolgbarkeit von Medizinprodukten über die gesamte Lieferkette hinweg trägt zur Patientensicherheit bei, weil sie die Vigilanz, die Marktüberwachung und die Transparenz in diesem Bereich erleichtert.

(2) Der derzeitige Rechtsrahmen für Medizinprodukte enthält keine besonderen Bestimmungen über die Rückverfolgbarkeit. Um einem verstärkten ordnungspolitischen Ansatz für die Rückverfolgbarkeit von Medizinprodukten den Weg zu ebnen, ist daher eine Empfehlung erforderlich.

(3) Der Vorschlag der Europäischen Kommission für eine Verordnung des Europäischen Parlaments und des Rates über Medizinprodukte und zur Änderung der Richtlinie 2001/83/EG, der Verordnung (EG) Nr. 178/2002 und der Verordnung (EG) Nr. 1223/2009[1], der am 26. September 2012 angenommen wurde, und der Vorschlag der Europäischen Kommission für eine Verordnung des Europäischen Parlaments und des Rates über In-vitro-Diagnostika[2], der ebenfalls am 26. September 2012 angenommen wurde, enthalten Bestimmungen über die Rückverfolgbarkeit von Medizinprodukten und In-vitro- Diagnostika zur Verbesserung von Gesundheit und Sicherheit der Patienten.

(4) In den Schlussfolgerungen des Rates vom 6. Juni 2011 zur Innovation im Sektor der Medizinprodukte[3] werden die Kommission und die Mitgliedstaaten aufgefordert, den Fragen der Interoperabilität und Sicherheit im Zusammenhang mit der Integration von Medizinprodukten in e-Health-Systeme, insbesondere personalisierte Gesundheitssysteme, besondere Aufmerksamkeit zu widmen.

(5) Derzeit werden auf internationaler Ebene bedeutende Anstrengungen unternommen, um zu einem weltweit einheitlichen Ansatz zur Rückverfolgbarkeit zu kommen und ein weltweit anerkanntes System für eine einheit-

1) KOM(2012) 542 endg.
2) KOM(2012) 541 endg.
3) ABl. C 202 vom 8. 7. 2011, S. 7

liche Produktkennzeichnung (Unique Device Identifier – UDI) für Medizinprodukte einzurichten.

(6) Auf der Grundlage unterschiedlicher nationaler und/oder regionaler Anforderungen an die Rückverfolgbarkeit wurden bereits UDI-Mechanismen entwickelt, und es besteht die Gefahr, dass auf diesen Ebenen weitere voneinander abweichende UDI-Mechanismen entwickelt werden.

(7) Bestimmte im UDI-Code enthaltene Informationen könnten in Zukunft in die elektronische Patientenakte gemäß der Richtlinie 2011/24/EU des Europäischen Parlaments und des Rates vom 9. März 2011 über die Ausübung der Patientenrechte in der grenzüberschreitenden Gesundheitsversorgung[4] und der digitalen Agenda für Europa[5] eingespeist werden —

hat die folgende Empfehlung angenommen:

4) ABl. L 88 vom 4. 4. 2011, S. 45

5) http://ec.europa.eu/digital-agenda/

1. Einleitung

Zweck der Empfehlung

1. Die Rückverfolgbarkeit wird derzeit nicht durch die verschiedenen Richtlinien über Medizinprodukte[6] geregelt, wohl aber in einigen Fällen auf nationaler und/oder regionaler Ebene. Die Unterschiede und Unvereinbarkeit der Rückverfolgbarkeitsmechanismen können die Effizienz der Systeme schwächen oder beeinträchtigen.
2. Darüber hinaus würde die Entwicklung unterschiedlicher nationaler und/oder regionaler Produktkennzeichnungsmechanismen die Hersteller zwingen, ihre Produkte an jeden einzelnen Mechanismus anzupassen, um den Anforderungen an die Rückverfolgbarkeit zu genügen.
3. Der beste Weg, eine effektive Rückverfolgbarkeit von Medizinprodukten in der Union zu gewährleisten, ist die Entwicklung eines auf europäischer Ebene harmonisierten UDI-Systems. Die Kommission sollte im Rahmen der laufenden Überarbeitung der geltenden Medizinprodukte-Richtlinien ermächtigt werden, detaillierte Anforderungen an die Rückverfolgbarkeit festzulegen.
4. UDI-Mechanismen, die in der Zwischenzeit von den Mitgliedstaaten entwickelt werden, müssen miteinander und mit dem künftigen UDI-System der Union kompatibel sein. Dies ist wichtig, um zu vermeiden, dass unterschiedliche, nicht miteinander kompatible Systeme die Ziele des Binnenmarkts untergraben und um die Einführung eines harmonisierten UDI-Systems der Union zu erleichtern.
5. Diese Empfehlung zielt nicht darauf ab, alle Aspekte des UDI-Systems festzulegen. Sie sollte als Instrument zur Erleichterung der Kompatibilität der Rückverfolgbarkeitsmechanismen auf nationaler und/oder regionaler Ebene dienen und der Einführung eines obligatorischen, international kompatiblen UDI-Systems der Union den Weg ebnen.

Geltungsbereich der Empfehlung

6. Diese Empfehlung gilt für Medizinprodukte, aktive implantierbare medizinische Geräte (ausgenommen Sonderanfertigungen und für klinische Prüfungen bestimmte Produkte) und In-vitro-Diagnostika (ausgenommen in Gesundheitseinrichtungen hergestellte IVD und IVD für Leistungsbewertungszwecke), einschließlich deren Zubehör.

6) Richtlinie 90/385/EWG des Rates (ABl. L 189 vom 20.7.1990, S. 17), Richtlinie 93/42/EWG des Rates (ABl. L 169 vom 12.7.1993, S. 1) und Richtlinie 98/79/EG des Europäischen Parlaments und des Rates (ABl. L 331 vom 7.12.1998, S. 1).

UDI – Entwicklungen auf internationaler Ebene

7. Von der Global Harmonization Task Force (GHTF)[7] (1) wurde 2008 eine Ad-hoc-Arbeitsgruppe eingesetzt, die einen international koordinierten Ansatz für UDI entwickeln sollte.
8. Nachdem die GHTF einen Leitfaden[8] für ein *„System für eine einmalige Produktkennzeichnung (UDI) für Medizinprodukte"* verabschiedet hatte, stellte diese Gruppe, in der die Industrie und die Aufsichtsbehörden vertreten waren und deren Vorsitz die Europäische Kommission führte, ihre Tätigkeit im September 2011 ein.
9. Die Arbeit der GHTF zur weiteren Harmonisierung des Rechtsrahmens für Medizinprodukte findet unter der Schirmherrschaft des Internationalen Forums der Aufsichtsbehörden für Medizinprodukte (dem *„International Medical Device Regulators Forum"* – IMDRF)[9] statt.
10. Diese Empfehlung richtet sich an dem auf internationaler Ebene verfolgten Ansatz aus.

UDI – Entwicklungen auf europäischer Ebene

11. Im Jahr 2010 setzte die Europäische Kommission im Rahmen der Richtlinien über Medizinprodukte eine europäische Ad-hoc-Arbeitsgruppe zu UDI ein, die unter Berücksichtigung der Fortschritte auf nationaler und internationaler Ebene einen koordinierten Ansatz entwickeln sollte.
12. Die Gruppe verfolgt drei Ziele:
    a) Erstens sollen Beiträge der zuständigen Behörden zu den Tätigkeiten auf internationaler Ebene gefördert und ihre Reaktionen auf diese Tätigkeiten beobachtet werden;

---

7) Die *„Global Harmonization Task Force"* (GHTF) ist ein freiwilliger internationaler Zusammenschluss aus Vertretern der für Medizinprodukte zuständigen Regulierungsbehörden und Berufsverbänden aus Europa, den Vereinigten Staaten von Amerika (USA), Kanada, Japan und Australien. Die GHTF wurde im Jahr 1992 in dem Bemühen gegründet, dem wachsenden Bedarf an internationaler Harmonisierung bei der Regulierung von Medizinprodukten Rechnung zu tragen. Das Mandat der GHTF endete im Dezember 2012.

8) www.imdrf.org/docs/ghtf/final/steering-committee/technical-docs/ghtf-sc-n2r3-2011-unique-device-identification-system-110916.pdf

9) Das Internationale Forum der Aufsichtsbehörden für Medizinprodukte (*„International Medical Device Regulators Forum"* – IMDRF) wurde im Februar 2011 als Forum für Gespräche über das künftige Vorgehen bei der Harmonisierung der Regulierungsvorschriften für Medizinprodukte gegründet. Es handelt sich um eine Freiwilligengruppe aus Vertretern der für Medizinprodukte zuständigen Regulierungsbehörden aus Australien, Brasilien, Kanada, China (Beobachter), der Europäischen Union, Japan, Russland (Beobachter) und den Vereinigten Staaten, die sich zusammengeschlossen haben, um auf der grundlegenden Arbeit der *„Global Harmonization Task Force"* (GHTF) aufzubauen. Die Weltgesundheitsorganisation WHO nimmt als Beobachter am IMDRF teil.

b) zweitens sollen der Meinungs- und Informationsaustausch in Bezug auf von den Mitgliedstaaten entwickelte nationale Initiativen und die Suche nach gemeinsamen Lösungen gefördert werden;

c) drittens soll die Übereinstimmung nationaler Initiativen der Mitgliedstaaten mit den künftigen Unionsvorschriften erleichtert werden.

2. Begründung

13. Die Hauptziele eines UDI-Systems sind die Verbesserung der Sicherheit der Patienten[10] und die Optimierung ihrer Versorgung. Diese Ziele sollen erreicht werden durch

   a) eine bessere Berichterstattung über Zwischenfälle,

   b) effizientere Rückrufe und andere Sicherheitskorrekturmaßnahmen im Feld (Field Safety Corrective Actions – FSCA),

   c) effizientere Maßnahmen der zuständigen nationalen Behörden nach dem Inverkehrbringen,

   d) das Ermöglichen einer Datenabfrage in zahlreichen Systemen,

   e) eine Verringerung der Wahrscheinlichkeit medizinischer Fehler aufgrund einer Fehlanwendung des Produkts.

14. Die Einrichtung eines UDI-Systems könnte auch zum Erreichen anderer Ziele beitragen, beispielsweise zur Bekämpfung von Fälschungen, zur Verbesserung der Vertriebskontrolle oder zu Verbesserungen im Bereich der Lagerverwaltung und Kostenerstattung.

15. Die in Absatz 14 genannten Ziele sind jedoch als mögliche positive Auswirkungen des UDI-Systems zu betrachten.

Verbesserung der Berichterstattung über Zwischenfälle

16. Die Verwendung einer UDI wird voraussichtlich die Berichterstattung bei Zwischenfällen verbessern und bietet die Möglichkeit, alle Zwischenfälle im Zusammenhang mit einem Medizinprodukt auf Unionsebene, sowie, falls es sich um eine international kompatible und anerkannte UDI handelt, auf internationaler Ebene zu erfassen. Damit können die Ergebnisse für die einzelnen Medizinprodukte besser verglichen werden.

---

10) Patientensicherheit bedeutet die Verhütung, Vorbeugung und Abschwächung der negative Folgen einer Leistung der Gesundheitsversorgung oder dadurch hervorgerufener Verletzungen. Zu diesen Ereignissen zählen „*Fehler*", „*Abweichungen*" und „*Unfälle*". Die Sicherheit ergibt sich aus der Wechselwirkung zwischen den verschiedenen Komponenten des Systems; sie hängt nicht von einer Person, einem Produkt oder einer Dienststelle ab. Die Sicherheit kann nur verbessert werden, indem man sich darüber klar wird, wie sie sich aus den Wechselwirkungen zwischen den Komponenten ergibt. Die Patientensicherheit ist ein Teil der Qualität der Gesundheitsversorgung.

Effizientere Rückrufe und andere Sicherheitskorrekturmaßnahmen im Feld

17. Die Zuteilung eines einmaligen Kennzeichens für ein bestimmtes Medizinprodukt und dessen (weltweite) Verwendung über die gesamte Vertriebskette hinweg ermöglicht die eindeutige Identifizierung des Medizinprodukts.

18. Der von jedem Hersteller entwickelte eigene Rückverfolgbarkeitsmechanismus reicht nicht aus, um die Rückverfolgbarkeit zu gewährleisten. Das Fehlen eines unionsweiten Systems über die gesamten Lieferkette hinweg könnte negative Folgen nach sich ziehen, da jeder an der Vertriebskette beteiligte Akteur die vom Hersteller entwickelte Kennzeichnung verändern könnte. Dies könnte zu Fehlern bei der Codierung von Medizinprodukten führen, was wiederum die Rückverfolgbarkeit im Fall von FSCA gefährden würde. Durch die Verwendung einer gleichen Codierungsart wird die Verfolgung und Ortung von Medizinprodukten verbessert.

Effiziente Maßnahmen der zuständigen nationalen Behörden nach dem Inverkehrbringen

19. Mit einem UDI-System kann ganz gezielt auf genau bestimmte Produkte abgestellt werden.

20. Daneben eröffnet es die Möglichkeit, eine Koordinierung der Reaktionen der Mitgliedstaaten sicherzustellen.

Datenabfrage in zahlreichen Systemen

21. Bei Verwendung der gleichen UDI in verschiedenen Datensystemen (sowohl bei den Aufsichtsbehörden als auch bei den Gesundheitseinrichtungen) können Daten effizienter abgefragt werden, und die Suche zum Zweck der Erstellung aggregierter Daten wird erleichtert. Derzeit ist ein solcher Ansatz nicht möglich, da jedes Datensystem über sein eigenes Identifizierungsinstrument verfügt.

Verringerung der Zahl medizinischer Fehler

22. Es ist zu erwarten, dass durch die Nutzung eines Identifizierungsmechanismus die Zahl der Fälle, in denen Medizinprodukte falsch ausgewählt werden, verringert wird.

3. Definitionen

Im Sinne dieser Empfehlung bezeichnet der Begriff

a) *„Medizinprodukt“* alle einzeln oder miteinander verbunden verwendeten Instrumente, Apparate, Vorrichtungen, Software, Stoffe oder anderen Gegenstände, einschließlich der vom Hersteller speziell zur Anwendung für diagnostische und/oder therapeutische Zwecke bestimmten und für ein einwandfreies Funktionieren des Medizinprodukts eingesetzten Software, die vom Hersteller zur Anwendung für Menschen für folgende Zwecke bestimmt sind:

- Erkennung, Verhütung, Überwachung, Behandlung oder Linderung von Krankheiten,
- Erkennung, Überwachung, Behandlung, Linderung oder Kompensierung von Verletzungen oder Behinderungen,
- Untersuchung, Ersatz oder Veränderung der Anatomie oder eines physiologischen Vorgangs,
- Empfängnisregelung,

und deren bestimmungsgemäße Hauptwirkung im oder am menschlichen Körper weder durch pharmakologische oder immunologische Mittel noch metabolisch erreicht wird, deren Wirkungsweise aber durch solche Mittel unterstützt werden kann[11];

b) *„Aktives implantierbares medizinisches Gerät"* jedes aktive medizinische Gerät, das dafür ausgelegt ist, ganz oder teilweise durch einen chirurgischen oder medizinischen Eingriff in den menschlichen Körper oder durch einen medizinischen Eingriff in eine natürliche Körperöffnung eingeführt zu werden und dazu bestimmt ist, nach dem Eingriff dort zu verbleiben[12];

c) *„In-vitro-Diagnostikum"* jedes Medizinprodukt, das als Reagenz, Reagenzprodukt, Kalibriermaterial, Kontrollmaterial, Kit, Instrument, Apparat, Gerät oder System – einzeln oder in Verbindung miteinander – nach der vom Hersteller festgelegten Zweckbestimmung zur In-vitro-Untersuchung von aus dem menschlichen Körper stammenden Proben, einschließlich Blut- und Gewebespenden, verwendet wird und ausschließlich oder hauptsächlich dazu dient, Informationen zu liefern

- über physiologische oder pathologische Zustände oder
- über angeborene Anomalien oder
- zur Prüfung auf Unbedenklichkeit und Verträglichkeit bei den potenziellen Empfängern oder
- zur Überwachung therapeutischer Maßnahmen.

Probenbehältnisse gelten als In-vitro-Diagnostika. Probenbehältnisse sind luftleere wie auch sonstige Medizinprodukte, die von ihrem Hersteller speziell dafür gefertigt werden, aus dem menschlichen Körper stammende Proben unmittelbar nach ihrer Entnahme aufzunehmen und im Hinblick auf eine In-vitro-Diagnose aufzubewahren.

Erzeugnisse für den allgemeinen Laborbedarf gelten nicht als In-vitro-Diagnostika, es sei denn, sie sind aufgrund ihrer Merkmale nach ihrer vom Hersteller festgelegten Zweckbestimmung speziell für In-vitro-Untersuchungen zu verwenden[13];

11) Artikel 1 Absatz 2 Buchstabe a der Richtlinie 93/42/EWG
12) Artikel 1 Absatz 2 Buchstabe c der Richtlinie 90/385/EWG.
13) Artikel 1 Absatz 2 Buchstabe b der Richtlinie 98/79/EG.

d) „*Rückverfolgbarkeit*" die Möglichkeit, die vorangegangene Entwicklung, die Anwendung oder den Aufbewahrungsort des jeweiligen Objekts zu bestimmen;

e) „*Einmalige Produktkennzeichnung*" (Unique Device Identification – UDI) eine Abfolge numerischer oder alphanumerischer Zeichen, die mittels eines international anerkannten Identifizierungs- und Codierungsstandards erstellt wurde, und die eine eindeutige Identifizierung einzelner Medizinprodukte auf dem Markt ermöglicht. Die UDI besteht aus der Produktkennung (Device Identifier) und der Herstellungskennung (Production Identifier);

f) „*Produktkennung*" eine einmalige Abfolge numerischer oder alphanumerischer Zeichen, die einem bestimmten Hersteller und Produkt eigen ist;

g) „*Herstellungskennung*" eine einmalige Abfolge numerischer oder alphanumerischer Zeichen, die Angaben im Zusammenhang mit der Produktionseinheit des Produkts enthält;

h) „*UDI-Träger*" die Form, in der die einmalige Produktkennzeichnung durch die automatische Identifikation und Datenerfassung (Automatic Identification and Data Capture[14] – AIDC) wiedergegeben wird und gegebenenfalls die vom Menschen lesbare Form (Human Readable Interpretation – HRI).

i) „*Elektronisches UDI-System*" einen zentralen Datenspeicher/eine zentrale Datenbank, in der Identifikationscodes und damit zusammenhängende/dazugehörige Identifikationsdaten für bestimmte auf dem Unionsmarkt in Verkehr gebrachte Produkte gespeichert werden;

j) „*Vom Menschen lesbare Form*" ein Format, in dem AIDC-Daten vom Menschen gelesen werden können;

k) „*Direktmarkierung*" alle Technologien, mit denen ein Symbol auf der Oberfläche eines Gegenstands (z. B. durch Herstellen zweier unterschiedlicher Oberflächenbeschaffenheiten durch Lasergravur, das Einprägen oder -hämmern von Symbolen oder durch andere Technologien wie Tintenstrahl-Beschriftung oder Flexodruck) angebracht wird;

l) „*Hersteller*" die natürliche oder juristische Person, die für die Gestaltung, Herstellung, Verpackung und Etikettierung eines Produkts im Hinblick auf das Inverkehrbringen im eigenen Namen verantwortlich ist, unabhängig davon, ob diese Tätigkeiten von dieser Person oder stellvertretend für diese von einer dritten Person ausgeführt werden[15];

14) Die automatische Identifizierung und Datenerfassung bezieht sich auf Verfahren zur automatischen Identifizierung von Objekten, zur Erhebung von Daten über diese und die automatische Eingabe der betreffenden Daten in Computersysteme.

15) Artikel 1 Absatz 2 Buchstabe f der Richtlinie 93/42/EWG.

m) *„Bevollmächtigter Vertreter"* eine in der Union niedergelassene natürliche oder juristische Person, die vom Hersteller ausdrücklich dazu bestimmt wurde, im Hinblick auf seine Verpflichtungen nach den einschlägigen Rechtsvorschriften der Gemeinschaft in seinem Namen zu handeln und von den Behörden und Stellen in der Gemeinschaft in diesem Sinne kontaktiert zu werden[16];

n) *„Importeur"* eine in der Union niedergelassene natürliche oder juristische Person, die ein Produkt aus einem Drittland auf dem Unionsmarkt in Verkehr bringt[17];

o) *„Händler"* eine natürliche oder juristische Person in der Lieferkette, die ein Produkt auf dem Markt bereitstellt, mit Ausnahme des Herstellers oder des Importeurs[18];

p) *„Wirtschaftsakteure"* den Hersteller, den bevollmächtigten Vertreter, den Importeur und den Händler[19];

q) *„Gesundheitseinrichtung"* eine Organisation, deren Hauptzweck in der Versorgung oder Behandlung von Patienten und/oder der Förderung der öffentlichen Gesundheit besteht;

r) *„Anwender"* einen Angehörigen der Gesundheitsberufe oder Laien, der ein Medizinprodukt verwendet.

4. Risikobasierter Ansatz

23. Mitgliedstaaten, die vorhaben, ein UDI-System einzurichten, sollten einem der Klassifizierung des Produkts angemessenen risikobasierten Ansatz folgen.

24. Das UDI-System sollten stufenweise eingeführt werden, beginnend mit den Produkten der höchsten Risikoklasse, für die die Bedingungen für das Anbringen der UDI zuerst gelten sollten.

UDI-Typ

25. Die UDI sollte aus zwei Teilen bestehen, einer Produktkennung und einer Herstellungskennung.

26. Die Produktkennung sollte statische Informationen[20] zu Hersteller und Produktmodell enthalten und dient auch als *„Zugangsschlüssel"* zu Informationen in einer UDI-Datenbank.

---

16) Artikel 1 Absatz 2 Buchstabe j der Richtlinie 93/42/EWG.

17) Artikel 2 Absatz 5 der Verordnung (EG) Nr. 765/2008 des Europäischen Parlaments und des Rates (ABl. L 218 13.8.2008, S. 30).

18) Artikel 2 Absatz 6 der Verordnung (EG) Nr. 765/2008.

19) Artikel 2 Absatz 7 der Verordnung (EG) Nr. 765/2008.

20) Diese Informationen sind für alle Produkte desselben spezifischen Modells gleich.

27. Die Herstellungskennung sollte variable Informationen[21] enthalten, aus denen Daten in Bezug auf die Produktionseinheit sowie das erreichte Niveau der Rückverfolgbarkeit hervorgehen.
28. Die UDI sollte sowohl in einer von Menschen lesbaren Form (die aus einer vom Menschen lesbaren Abfolge numerischer oder alphanumerischer Zeichen besteht) als auch in einer mittels einer AIDC-Technologie lesbaren und mittels eines Datenträgers übermittelbaren Form erscheinen.
29. Gibt es erhebliche Probleme, beide Formate — AIDC und HRI — auf dem Etikett unterzubringen, sollte das AIDC-Format bevorzugt werden. Allerdings könnte in bestimmten Umgebungen oder Situationen, wie in der häuslichen Pflege, die Verwendung von HRI gegenüber AIDC zu bevorzugen sein.
30. Die Mitgliedstaaten sollten überwachen, dass die Unterscheidung zwischen den verschiedenen Klassen von Produkten gemäß Absatz 31 ausschließlich auf der Grundlage der Herstellungskennung (also der variablen Informationen) erfolgt.
31. Allgemein gilt, dass die Herstellungskennung je nach Risikoklasse des Produkts unterschiedliche Daten (variable Informationen) enthalten muss[22]:
    - Verfallsdatum und/oder Herstellungsdatum bei Produkten der Risikoklasse I
    - Chargen-/Partienummer bei Produkten der Risikoklasse IIa,
    - Chargen-/Partienummer bei Produkten der Risikoklasse IIb,
    - Chargen-/Partienummer oder Seriennummer[23] bei Produkten der Risikoklasse III.
32. Den Herstellern steht es frei, gegebenenfalls eine Herstellungskennung (variable Informationen) zu verwenden, die für eine höhere Risikoklasse als die des betreffenden Produktes vorgesehen ist.

Anbringung der UDI

33. Allgemein sollte UDI auf jeder Verpackungsebene aller Produktklassen angebracht werden[24].
34. Der UDI-Träger (AIDC- und HRI-Darstellung der UDI) sollte sich auf dem Etikett des Produkts, seiner Verpackung oder auf dem Produkt selbst

---

21) Diese Informationen unterscheiden sich je nach Art der Kontrolle des Herstellungsprozesses (Verfallsdatum oder Herstellungsdatum, Los- oder Chargennummer, Seriennummer).

22) Mögliche Ausnahmen und/oder Freistellungen von der allgemeinen Regel sollten je nach Risikoklasse im Einklang mit den internationalen Leitlinien berücksichtigt werden.

23) Die Seriennummer ermöglicht die Identifizierung der einzelnen Produkteinheit.

24) Mögliche Ausnahmen und/oder Freistellungen von der allgemeinen Regel sollten je nach Risikoklasse im Einklang mit den internationalen Leitlinien berücksichtigt werden.

(Direktmarkierung) sowie auf allen höheren Ebenen der Verpackung[25] befinden.

5. Von den Wirtschaftsakteuren, Gesundheitseinrichtungen und berufsmäßigen Anwendern zu erfüllende Voraussetzungen

35. Um die Ziele des UDI-Systems zu erreichen, sollten die Wirtschaftsakteure und die Gesundheitseinrichtungen bei der Entwicklung ihrer eigenen nationalen UDI-Mechanismen über die gesamte Lieferkette hinweg Informationen zur Produktkennung (statische Informationen) und zur Herstellungskennung (variable Informationen) speichern. Gesundheitseinrichtungen und, soweit möglich, berufsmäßige Anwender sollten diese Informationen bei der Berichterstattung über Zwischenfälle benutzen. Dies ermöglicht insbesondere effizientere Maßnahmen beim Rückruf oder bei der Rücknahme von Produkten.

36. Informationen im Zusammenhang mit der Produktkennung (statische Informationen) sollten in den nationalen UDI-Datenbanken erfasst werden.

37. Sobald die künftige Europäische Datenbank für Medizinprodukte (EUDAMED) eingerichtet ist, werden die Informationen im Zusammenhang mit der Produktkennung (statische Informationen) auf europäischer Ebene in einem elektronischen UDI-System zusammengefasst, das Teil von EUDAMED ist.

38. Die Informationen im Zusammenhang mit der Herstellungskennung (variable Informationen) sollten nicht an die nationalen UDI-Datenbanken geschickt werden und werden nicht in das europäische elektronische UDI-System aufgenommen.

Für die Zwecke dieser Empfehlung sollten die Wirtschaftsakteure, Gesundheitseinrichtungen und berufsmäßigen Anwender folgende Anforderungen erfüllen:

Hersteller

39. Erstens sollten die Hersteller den von ihnen hergestellten Medizinprodukten eine geeignete UDI (statischer und variabler Teil) zuteilen.

40. Zweitens sollten sie die erforderlichen Datenelemente (siehe Anhang) zur Eingabe in die UDI-Datenbank weiterleiten.

41. Drittens sollte sie die Etikettierung ihrer Produkte ändern, um den UDI-Code, soweit dies praktisch möglich ist, auf dem Etikett des Produkts, seiner Verpackung oder auf dem Produkt selbst (Direktmarkierung) sowie auf allen höheren Ebenen der Verpackung gemäß Absatz 34 anzubringen.

25) Gemäß internationalen Leitlinien fallen Paletten nicht unter den Begriff der höheren Ebenen der Verpackung, daher gelten die UDI- Bedingungen nicht für Paletten.

42. Viertens sollten sie elektronische Aufzeichnungen sowohl über die Produktkennung (statische Informationen) als auch über die Herstellungskennung (variable Informationen) führen.

43. Schließlich sollten sie ein elektronisches Verzeichnis der Wirtschaftsakteure, Gesundheitseinrichtungen oder berufsmäßigen Anwender führen, an die sie jedes einzelne Produkt geliefert haben.

Importeure

44. Erstens sollten die Importeure sicherstellen, dass der Hersteller dem Produkt eine geeignete UDI (statischer und variabler Teil) zugeteilt hat, bevor sie es in der Union in Verkehr bringen. Ist ein Importeur der Auffassung oder hat er Grund zu der Annahme, dass diese Bedingung nicht erfüllt ist, sollte er das betreffende Produkt nicht in der Union in Verkehr bringen, bis es mit den Vorschriften in Einklang gebracht wird.

45. Zweitens sollten die Importeure die UDI weder entfernen noch verändern, da andernfalls keine Rückverfolgbarkeit möglich ist.

46. Drittens sollten sie sich vergewissern, dass das Produkt bereits in der UDI-Datenbank des Mitgliedstaats, in dem es in der Union in Verkehr gebracht wurde, registriert ist.

47. Wurde das Produkt bereits registriert, sollten sie überprüfen, ob die Produktkennung (statische Informationen) auf dem Produkt der in der UDI-Datenbank eingetragenen entspricht.

48. Wurde das Produkt noch nicht registriert, sollten die Importeure sich an die Anforderungen an die Registrierung der Informationen im Zusammenhang mit der Produktkennung (statische Informationen) halten.

49. Viertens sollten sie elektronische Aufzeichnungen sowohl über die Produktkennung (statische Informationen) als auch über die Herstellungskennung (variable Informationen) führen.

50. Fünftens sollten sie ein elektronisches Verzeichnis der Wirtschaftsakteure führen, von denen sie ein Produkt bezogen haben.

51. Schließlich sollten sie ein elektronisches Verzeichnis der Wirtschaftsakteure, Gesundheitseinrichtungen oder berufsmäßigen Anwender führen, an die sie das Produkt geliefert haben.

Bevollmächtigte Vertreter

52. Hat ein Hersteller, der im eigenen Namen ein Produkt in Verkehr bringt, keine eingetragene Niederlassung in einem Mitgliedstaat, so benennt er einen einzigen bevollmächtigten Vertreter in der Union. Die Benennung des bevollmächtigten Vertreters muss mindestens für alle Medizinprodukte desselben Modells gelten.

53. Die bevollmächtigten Vertreter sollten auf Verlangen Zugang zu den Aufzeichnungen sowohl über die Produktkennung (statische Informationen) als

auch über die Herstellungskennung (variable Informationen) für die betreffenden Produkte haben, für die sie benannt sind.

Händler

54. Erstens sollten die Händler, bevor sie ein Produkt auf dem Markt bereitstellen, überprüfen, dass der Hersteller bzw. gegebenenfalls der Importeur dem Produkt eine geeignete UDI (statischer und variabler Teil) zugeteilt hat. Ist ein Händler der Auffassung oder hat er Grund zu der Annahme, dass diese Bedingung nicht erfüllt ist, sollte er das betreffende Produkt nicht auf dem Unionsmarkt bereitstellen, bis es mit den Vorschriften in Einklang gebracht wird.

55. Zweitens sollten die Händler die UDI weder entfernen noch verändern, da andernfalls keine Rückverfolgbarkeit möglich ist.

56. Drittens sollten sie elektronische Aufzeichnungen sowohl über die Produktkennung (statische Informationen) als auch über die Herstellungskennung (variable Informationen) führen.

57. Viertens sollten sie ein elektronisches Verzeichnis der Wirtschaftsakteure führen, von denen sie ein Produkt bezogen haben.

58. Schließlich sollten sie ein elektronisches Verzeichnis der Wirtschaftsakteure, Gesundheitseinrichtungen oder berufsmäßigen Anwender führen, an die sie ein Produkt geliefert haben.

Gesundheitseinrichtungen

59. Erstens sollten Gesundheitseinrichtungen elektronische Aufzeichnungen sowohl über die Produktkennung (statische Informationen) als auch über die Herstellungskennung (variable Informationen) der Produkte führen, die bei ihnen eingehen. Für die Berichterstattung über Zwischenfälle sollten Gesundheitseinrichtungen sowohl die Informationen der Produktkennung (statische Informationen) als auch die der Herstellungskennung (variable Informationen) über das Produkt, bei dem ein Zwischenfall aufgetreten ist, verwenden.

60. Zweitens sollte für bestimmte Produkte, beispielsweise solche, die für Verfahren mit hohem Risiko eingesetzt werden und/oder die für besonders gefährdete Patienten bestimmt sind, eine Verbindung zwischen dem verwendeten Produkt und dem damit behandelten Patienten hergestellt werden. Gesundheitseinrichtungen sollten daher Aufzeichnungen darüber führen, welches Produkt bei welchem Patienten verwendet wurde.

61. Drittens sollten Gesundheitseinrichtungen für bestimmte Produkte wie implantierbare medizinische Geräte sowohl die Produktkennung als auch die Herstellungskennung in der elektronischen Patientenakte speichern. Im Fall einer Rückrufaktion sollte genau festzustellen sein, welches Medizinprodukt welchem Patienten implantiert wurde.

Berufsmäßige Anwender

62. Soweit möglich sollten berufsmäßige Anwender für die Berichterstattung über Zwischenfälle sowohl die Informationen der Produktkennung (statische Informationen) als auch die der Herstellungskennung (variable Informationen) über das Produkt, bei dem ein Zwischenfall aufgetreten ist, verwenden.

6. Nationale UDI-Datenbanken

Datenelemente

63. Mitgliedstaaten, die ein UDI-System für Medizinprodukte einzurichten beabsichtigen, werden gebeten, dabei auf nationalen UDI-Datenbanken aufzubauen.

64. Die Mitgliedstaaten werden ersucht, für die Zwecke dieser Empfehlung die Verwendung der erweiterbaren Auszeichnungssprache XML (Extensible Markup Language) als gemeinsames Format für den Datenaustausch zwischen den UDI-Datenbanken zu bevorzugen und die einschlägigen Spezifikationen und semantischen Normen in diesem Bereich zu berücksichtigen.

65. Im Anhang sind die Datenelemente aufgeführt, die in die nationalen UDI-Datenbanken eingegeben werden und die den Elementen der Produktkennung (statische Informationen) entsprechen sollten.

Brüssel, den 5. April 2013

Für die Kommission

Tonio Borg

Mitglied der Kommission

Anhang
Datenelemente der nationalen UDI-Datenbank

Die nationalen UDI-Datenbanken sollten folgende Datenelemente enthalten:

a) Menge pro Packung,

b) gegebenenfalls alternative oder zusätzliche Kennung(en),

c) wie die Herstellung des Produkts kontrolliert wird (Verfallsdatum oder Herstellungsdatum, Los- oder Chargennummer, Seriennummer),

d) gegebenenfalls die Produktkennung der Gebrauchseinheit (falls für das Produkt auf der Ebene der Gebrauchseinheit keine UDI vergeben wurde, sollte eine „*Gebrauchseinheitskennung*" zugeteilt werden, um die Verwendung eines Produkts einem Patienten zuzuordnen),

e) Name und Anschrift des Herstellers (wie auf dem Etikett angegeben),

f) gegebenenfalls Name und Anschrift des bevollmächtigten Vertreters (wie auf dem Etikett angegeben),

g) Code der Globalen Nomenklatur für Medizinprodukte (GMDN) oder international anerkannter Nomenklatur-Code,

h) gegebenenfalls Handels-/Markenname,

i) gegebenenfalls Modell-, Referenz- oder Katalognummer des Produkts,

j) gegebenenfalls klinische Größe (einschließlich Volumen, Länge, Breite, Durchmesser),

k) zusätzliche Produktbeschreibung (fakultativ),

l) gegebenenfalls Lagerungs- und/oder Handhabungshinweise (wie auf dem Etikett oder in der Gebrauchsanweisung angegeben),

m) gegebenenfalls zusätzliche Handelsnamen des Produkts,

n) als Produkt zum Einmalgebrauch ausgewiesen (j/n),

o) gegebenenfalls beschränkte Anzahl der Wiederverwendungen,

p) Produkt steril verpackt (j/n),

q) Sterilisation vor Verwendung erforderlich (j/n),

r) als Latex enthaltendes Produkt ausgewiesen (j/n),

s) als DEPH enthaltendes Produkt ausgewiesen (j/n),

t) URL-Adresse für zusätzliche Informationen, z. B. elektronische Gebrauchsanweisung (fakultativ),

u) gegebenenfalls wichtige Warnhinweise oder Kontraindikationen.

Empfehlung der Kommission vom 24. September 2013 zu den Audits und Bewertungen, die von benannten Stellen im Bereich der Medizinprodukte durchgeführt werden

(2013/473/EU)

(veröffentlicht im Amtsblatt der Europäischen Union ABl. Nr. L 253 vom 25. September 2013, S. 27)

Die Europäische Kommission —

gestützt auf den Vertrag über die Arbeitsweise der Europäischen Union, insbesondere auf Artikel 292,

in Erwägung nachstehender Gründe:

(1) Die korrekte Arbeitsweise der benannten Stellen ist ausgesprochen wichtig, um ein hohes Maß an Sicherheit und Gesundheitsschutz, den freien Verkehr der Medizinprodukte auf dem Binnenmarkt und das Vertrauen der Bürgerinnen und Bürger in das Regelungssystem zu gewährleisten.

(2) Die Richtlinie 90/385/EWG des Rates vom 20. Juni 1990 zur Angleichung der Rechtsvorschriften der Mitgliedstaaten über aktive implantierbare medizinische Geräte[1], die Richtlinie 93/42/EWG des Rates vom 14. Juni 1993 über Medizinprodukte[2] und die Richtlinie 98/79/EG des Europäischen Parlaments und des Rates vom 27. Oktober 1998 über In-vitro-Diagnostika[3] enthalten Bestimmungen bezüglich der Audits, Bewertungen und unangekündigten Audits, die von benannten Stellen im Bereich der Medizinprodukte durchgeführt werden.

(3) Die Interpretation dieser Bestimmungen und das Vorgehen der benannten Stellen im Bereich der Medizinprodukte sind nicht einheitlich. In dieser Empfehlung sollten daher Bezugspunkte für Bewertungen und unangekündigte Audits durch benannte Stellen festgelegt, und die am häufigsten vorkommenden Mängel der derzeitigen Verfahren behandelt werden.

(4) Ziel der Empfehlung ist es sicherzustellen, dass die benannten Stellen die Erfüllung der rechtlichen Anforderungen durch den Hersteller ordnungsgemäß überprüfen.

(5) Im Einklang mit dem jeweiligen Konformitätsbewertungsverfahren führen die benannten Stellen Produktbewertungen oder Bewertungen des Qualitätssicherungssystems durch. Dementsprechend wichtig ist die Unterscheidung zwischen diesen beiden Arten von Bewertungen. Zur Überprüfung der kontinuierlichen Einhaltung der Rechtsvorschriften sollten die benannten Stellen zusätzlich zu den Produktbewertungen und Bewertungen des Qualitätssicherungssystems unangekündigte Audits durchführen.

1) ABl. L 189 vom 20.7.1990, S. 17.
2) ABl. L 169 vom 12.7.1993, S. 1.
3) ABl. L 331 vom 7.12.1998, S. 1.

(6) Um den rechtlichen Anforderungen gemäß den Richtlinien 90/385/EWG, 93/42/EWG und 98/79/EG zu genügen, sollten die benannten Stellen gegebenenfalls die Einhaltung der folgenden Anforderungen überprüfen: der grundlegenden Sicherheits- und Gesundheitsanforderungen gemäß der Richtlinie 2006/42/EG des Europäischen Parlaments und des Rates vom 17. Mai 2006 über Maschinen und zur Änderung der Richtlinie 95/16/EG[4], der Anforderungen gemäß der Verordnung (EU) Nr. 722/2012 vom 8. August 2012 über besondere Auflagen betreffend die in der Richtlinie 90/385/EWG bzw. 93/42/EWG festgelegten Anforderungen an unter Verwendung von Gewebe tierischen Ursprungs hergestellte aktive implantierbare medizinische Geräte und Medizinprodukte[5] und der in der Entscheidung 2002/364/EG der Kommission vom 7. Mai 2002 über Gemeinsame Technische Spezifikationen für In-vitro-Diagnostika[6] festgelegten gemeinsamen technischen Spezifikationen für In-vitro-Diagnostika.

(7) Zur Vermeidung von Versäumnissen und Fehlern bei den Überprüfungen der wesentlichen Aspekte der klinischen Bewertung durch die benannten Stellen bzw. im Fall von In-vitro-Diagnostika der Leistungsbewertung und der klinischen Weiterverfolgung nach dem Inverkehrbringen oder im Fall von In-vitro-Diagnostika der Weiterverfolgung nach dem Inverkehrbringen, ist es wichtig, konkrete Empfehlungen zur Kontrolle dieser Anforderungen abzugeben.

(8) Um den benannten Stellen die Überprüfung der technischen Dokumentation, des Produktkennzeichnungssystems des Herstellers und der Konformitätserklärung zu erleichtern, ist es wichtig, konkrete Empfehlungen zur Kontrolle dieser Anforderungen abzugeben. Die Richtlinien 90/385/EWG, 93/42/EWG und 98/79/EG enthalten keine Ausnahmeregelungen für die ausgelagerte Produktion gegenüber der Eigenfertigung. Daher ist es erforderlich, in gebührend begründeten Fällen die wichtigsten Unterauftragnehmer und Lieferanten in die Konformitätsbewertungsverfahren einzubeziehen.

(9) Unterauftragnehmer oder Lieferanten können die wesentlichen Pflichten der Hersteller, wie die Bereithaltung der vollständigen technischen Dokumentation, nicht an deren Stelle erfüllen, da dies das in den Richtlinien 90/385/EWG, 93/42/EWG und 98/79/EG verankerte Konzept des verantwortlichen Herstellers untergraben würde. Daher benötigen die benannten Stellen eine Anleitung zu den Elementen, die im Falle der Auslagerung zu überprüfen sind.

(10) Auch wenn die Überprüfung des Qualitätssicherungssystems und die Überprüfung der technischen Dokumentation auf Stichprobenbasis als zwei von-

4) ABl. L 157 vom 9.6.2006, S. 24.
5) ABl. L 212 vom 9.8.2012, S. 3.
6) ABl. L 131 vom 16.5.2002, S. 17.

einander unabhängige Verfahren gelten, sollten sie dennoch stärker miteinander verknüpft werden.

(11) Da es keine gängige Praxis für unangekündigte Audits gibt, ist es wichtig, die Modalitäten solcher Audits festzulegen und Empfehlungen für Vorkehrungen zur Erleichterung dieser Audits abzugeben.

hat folgende Empfehlung abgegeben:

1. Zweck

Damit die in den Richtlinien 90/385/EWG, 93/42/EWG und 98/79/EG enthaltenen Bestimmungen über Konformitätsbewertungen einheitlich angewendet werden, sollten die benannten Stellen den Bestimmungen dieser Empfehlung folgen, wenn sie Produktbewertungen, Bewertungen der Qualitätssicherungssysteme und unangekündigte Audits durchführen.

Ziel dieser Empfehlung ist es, durch die Bereitstellung allgemeiner Leitlinien für solche Bewertungen und unangekündigte Audits die Arbeit der benannten Stellen sowie deren Bewertung durch die Mitgliedstaaten zu erleichtern. Diese Empfehlung schafft keine neuen Rechte und Pflichten. Die für alle Produktarten und Konformitätsbewertungen geltenden rechtlichen Anforderungen sind in den EU-Rechtsvorschriften über Medizinprodukte festgelegt.

2. Allgemeine Leitlinien für Audits und Bewertungen

Die benannten Stellen sollten wie folgt verfahren:

a) Hat der Hersteller die Überprüfung der Auslegungsunterlagen oder eine Baumusterprüfung (nachfolgend gemeinsam als „Produktbewertung" bezeichnet) beantragt, sollten die benannten Stellen die Konformität des Produkts bezüglich aller produktbezogenen Aspekte gemäß den Richtlinien 90/385/EWG, 93/42/EWG und 98/79/EG überprüfen, um eine etwaige Nichtkonformität des Produkts festzustellen, und Anhang I anwenden.

b) Hat der Hersteller die Bewertung seines Qualitätssicherungssystems beantragt, sollten die benannten Stellen die Konformität des Qualitätssicherungssystems mit den in den Richtlinien 90/385/EWG, 93/42/EWG und 98/79/EG festgelegten Anforderungen an Qualitätssicherungssysteme überprüfen, um etwaige Nichtkonformitäten des Qualitätssicherungssystems festzustellen, und Anhang I anwenden.

c) Zur Überprüfung der Einhaltung der rechtlichen Pflichten im täglichen Betrieb sollten die benannten Stellen zusätzlich zu den Erst-, Überwachungs- oder Zwischenaudits dem Hersteller oder – falls dies eine effizientere Kontrolle gewährleisten dürfte – einem seiner Unterauftragnehmer, der für die Verfahren zur Sicherstellung der Einhaltung der rechtlichen Anforderungen zuständig ist („Unterauftragnehmer von entscheidender Bedeutung"), oder einem Lieferanten wesentlicher Produktbestandteile oder des gesamten Produkts (beide: „wichtiger Lieferant") gemäß Anhang III einen unangekündigten Vor-Ort-Besuch abstatten (unangekündigtes Audit).

3. Weiterverfolgung

Die Mitgliedstaaten sollten die benannten Stellen im Bereich der Medizinprodukte auf diese Empfehlung aufmerksam machen und ihr Vorgehen unter Berücksichtigung dieser Empfehlung beobachten. Sie sollten die Bereitschaft der benannten Stellen zur Anwendung dieser Empfehlung und insbesondere zur

Durchführung unangekündigter Audits bewerten, wenn sie über die Benennung von Stellen und die Verlängerung oder den Widerruf von Benennungen entscheiden.

4. Adressaten

Diese Empfehlung ist an die Mitgliedstaaten gerichtet.

Brüssel, den 24. September 2013
Für die Kommission
Neven Mimica
Mitglied der Kommission

Anhang I

Produktbewertung

1. Die benannten Stellen sollten überprüfen, ob das Produkt zu Recht als Medizinprodukt eingestuft ist und insbesondere, ob der Hersteller dem Produkt eine medizinische Zweckbestimmung zugewiesen hat. Sie sollten zudem die Klassifizierung des Produkts prüfen und ob der Hersteller die geltenden Konformitätsbewertungspflichten erfüllt hat. Sie sollten den Konsultationspflichten für bestimmte Produkte nachkommen, zu deren Bestandteilen ein Stoff gehört, der bei gesonderter Verwendung als Arzneimittel, Derivat aus menschlichem Blut oder tierisches Gewebe angesehen werden kann.[7]
2. Die benannten Stellen sollten überprüfen, ob das Produkt den relevanten grundlegenden Anforderungen gemäß Anhang 1 der Richtlinie 90/385/EWG, Anhang I der Richtlinie 93/42/EWG und Anhang I der Richtlinie 98/79/EG sowie gegebenenfalls den grundlegenden Sicherheits- und Gesundheitsanforderungen gemäß der Richtlinie 2006/42/EG entspricht. Im Falle von In-vitro-Diagnostika sollten sie gegebenenfalls auch die Konformität des Produkts mit den gemeinsamen technischen Spezifikationen gemäß der Entscheidung 2002/364/EG oder – sofern gebührend begründet – mit anderen technischen Lösungen, die dem Niveau der Spezifikationen zumindest gleichwertig sind, überprüfen. Treten im Rahmen einer Überprüfung der Auslegungsunterlagen Zweifel bezüglich der Konformität eines Produkts auf, sollten die benannten Stellen die entsprechenden Produkttests durchführen oder durchführen lassen.
3. Die benannten Stellen sollten zunächst die Anforderungen an die Auslegung und die Konstruktion sowie die grundlegenden Sicherheits- und Gesundheitsanforderungen überprüfen, bevor sie auf die allgemeinen Anforderungen gemäß Anhang 1 Teil I der Richtlinie 90/385/EWG, Anhang I Teil I der Richtlinie 93/42/EWG und Anhang I Teil A der Richtlinie 98/79/EG eingehen. Die folgenden Aspekte der grundlegenden Anforderungen sollten sie besonders sorgfältig prüfen:
   a) Auslegung, Herstellung und Verpackung,
   b) Kennzeichnung auf dem Produkt, der Verpackung jeder einzelnen Einheit oder auf der Verkaufsverpackung und Gebrauchsanweisung.
4. Die Prüfung der allgemeinen Anforderungen sollte sicherstellen, dass unter anderem die folgenden Bedingungen erfüllt sind:
   a) alle Gefahren wurden ermittelt;

---

7) Siehe Anhang 1 Abschnitt 10, Anhang 2 Abschnitt 4.3 und Anhang 3 Abschnitt 5 der Richtlinie 90/385/EWG, Anhang I Abschnitt 7.4, Anhang II Abschnitt 4.3 und Anhang III Abschnitt 5 der Richtlinie 93/42/EWG sowie die Verordnung (EU) Nr. 722/2012

b) alle mit diesen Gefahren verbundenen Risiken wurden bewertet und in die Gesamtbewertung des Nutzen-Risiko- Verhältnisses einbezogen;

c) alle diese Risiken wurden so weit wie möglich verringert;

d) in Bezug auf alle verbleibenden Risiken wurden Schutzmaßnahmen ergriffen;

e) die Sicherheitsgrundsätze wurden in einer Weise angewandt, die dem neuesten Stand der Technik entspricht.

5. Bei Medizinprodukten außer In-vitro-Diagnostika sollten die benannten Stellen sämtliche relevanten vorklinischen Daten, die klinische Bewertung und die vom Hersteller durchgeführte oder geplante klinische Weiterverfolgung nach dem Inverkehrbringen überprüfen. Sie sollten sich vergewissern, dass die klinische Bewertung auf dem neuesten Stand ist. Sie sollten die Notwendigkeit und die Angemessenheit eines Plans für die klinische Weiterverfolgung nach dem Inverkehrbringen bewerten.[8] Wurde keine klinische Prüfung durchgeführt, sollten sie sich vergewissern, dass die betreffende Produktart und die verschiedenen Arten von Risiken im Zusammenhang mit der Auslegung, den Materialien und der Verwendung des Produkts anhand wissenschaftlicher Literatur oder anderer vorhandener klinischer Daten in angemessener Weise bewertet werden und daher keine klinische Prüfung erforderlich ist. Sie sollten zudem die besondere Begründung[9] überprüfen, die für implantierbare Produkte und Produkte der Klasse III gemäß Anhang IX der Richtlinie 93/42/EWG erforderlich ist.

6. Bei In-vitro-Diagnostika sollten die benannten Stellen die vom Hersteller vorgenommene Leistungsbewertung sowie Folgemaßnahmen nach dem Inverkehrbringen, die der Hersteller durchgeführt hat oder plant, überprüfen.

7. Die benannten Stellen sollten alle Unterlagen zur Konformitätsbewertung des Produkts überprüfen. Zu diesem Zweck sollten sie sich vergewissern, dass die technische Dokumentation korrekt, kohärent, relevant, aktuell und vollständig[10] (4) ist und alle Varianten und Handelsnamen des Produkts abdeckt. Darüber hinaus sollten sie sich vergewissern, dass das Produktkennzeichnungssystem des Herstellers und sein Verfahren zur Klassi-

8) Siehe Anhang 7 Abschnitt 1.4. der Richtlinie 90/385/EWG und Anhang X Abschnitt 1.1c der Richtlinie 93/42/EWG.

9) Siehe Anhang 7 der Richtlinie 90/385/EWG und Anhang X der Richtlinie 93/42/EWG.

10) Eine technische Dokumentation gilt als vollständig, wenn sie die in dem Dokument der Global Harmonisation Task Force „*Summary Technical Documentation for Demonstrating Conformity to the Essential Principles of Safety and Performance of Medical Devices (STED)*“ oder für In-vitro-Diagnostika in dem Dokument „*Summary Technical Documentation (STED) for Demonstrating Conformity to the Essential Principles of Safety and Performance of In Vitro Diagnostic Medical Devices*“ aufgeführten Elemente sowie jeweils zusätzliche gemäß den EU-Rechtsvorschriften erforderliche Elemente mit angemessener Detailgenauigkeit enthält. Diese Dokumente sind unter http://www.imdrf.org/ghtf/ghtf-archives-sg1.asp abrufbar.

fizierung der Produkte gewährleisten, dass die Bescheinigungen der benannten Stelle, die Konformitätserklärungen des Herstellers und die technische Dokumentationen des Herstellers eindeutig dem geprüften Produkt zugeordnet werden können. Schließlich sollten Sie überprüfen, ob der Entwurf der Konformitätserklärung alle erforderlichen Elemente enthält.

8. Die benannte Stelle sollte die Schlussfolgerungen ihrer Bewertung klar dokumentieren. Außerdem sollte eindeutig belegt werden, wie die Schlussfolgerungen im Rahmen des Entscheidungsprozesses der benannten Stelle berücksichtigt werden.

Anhang II

Bewertung des Qualitätssicherungssystems

1. Bei einem vollständigen Qualitätssicherungssystem sollte anhand der Überprüfung festgestellt werden können, ob seine Anwendung die Übereinstimmung der Produkte[11] mit den rechtlichen Anforderungen der Richtlinien 90/385/EWG, 93/42/EWG und 98/79/EG gewährleistet. Im Fall einer Produktions- oder Produktqualitätssicherung sollte anhand der Überprüfung festgestellt werden können, ob die Anwendung des Qualitätssicherungssystems die Übereinstimmung der Produkte mit der Produktart gewährleistet[12].
2. Die Bewertung des Qualitätssicherungssystems sollte auch Audits in den Betriebsräumen des Herstellers und – falls dies zur Gewährleistung einer wirksamen Kontrolle ebenfalls erforderlich ist – seiner Unterauftragnehmer von entscheidender Bedeutung oder seiner wichtigen Lieferanten umfassen. Die benannten Stellen sollten einen risikobasierten Ansatz entwickeln, um solche Unterauftragnehmer und Lieferanten zu ermitteln und diesen Entscheidungsprozess klar dokumentieren.
3. Die benannten Stellen sollten feststellen, welche Produkte der Hersteller als Gegenstand des Antrags betrachtet, ob diese Produkte unter die Richtlinien 90/385/EWG, 93/42/EWG und 98/79/EG fallen und ob es seit dem letzten Audit oder seit der Antragstellung Änderungen dieser Produkte oder des Qualitätssicherungssystems gegeben hat. Darüber hinaus sollten die benannten Stellen die ihnen oder dem Hersteller zur Verfügung stehenden Informationen zur Phase nach dem Inverkehrbringen ermitteln, die eventuell bei der Planung und Durchführung des Audits zu berücksichtigen sind.
4. Im Fall von Medizinprodukten der Klasse IIa oder IIb sollten die benannten Stellen die technische Dokumentation auf der Grundlage repräsentativer Stichproben mit einer Häufigkeit und Gründlichkeit prüfen, die etablierten bewährten Verfahren entspricht, und dabei die Klasse, das Risiko und die Neuheit des Produkts berücksichtigen. Die ausgewählten Proben und durchgeführten Überprüfungen sollten klar dokumentiert und begründet werden. Der Stichprobenplan sollte in Bezug auf die Geltungsdauer der Zertifizierung des jeweiligen Qualitätssicherungssystems (d. h. für eine Höchstdauer von fünf Jahren) so umfangreich sein, dass gewährleistet ist, dass jede von der Zertifizierung erfasste Produktkategorie einer Stichprobe unterzogen wurde. Bestehen Zweifel bezüglich der Konformität eines Produkts einschließlich der Produktunterlagen, sollten die benannten

11) Siehe Anhang 2 Abschnitt 3.2 Satz 1 der Richtlinie 90/385/EWG, Anhang II Abschnitt 3.2 Satz 1 der Richtlinie 93/42/EWG und Anhang IV Abschnitt 3.2 Satz 1 der Richtlinie 98/79/EG.

12) Siehe Anhang 5 Abschnitt 3.2 Satz 1 der Richtlinie 90/385/EWG, Anhang V Abschnitt 3.2 Satz 1 und Anhang VI Abschnitt 3.2 Satz 1 der Richtlinie 93/42/EWG sowie Anhang VII Abschnitt 3.2 Satz 1 der Richtlinie 98/79/EG.

Stellen die jeweiligen Produkttests durchführen oder durchführen lassen. Wird die Nichtkonformität eines Produkts festgestellt, sollten sie untersuchen, ob diese durch Elemente des Qualitätssicherungssystems oder dessen fehlerhafte Anwendung verursacht wurden. Wurde ein Test durchgeführt, sollten die benannten Stellen dem Hersteller einen Testbericht sowie einen entsprechenden Auditbericht übermitteln, in dem insbesondere auf den Zusammenhang zwischen den Mängeln des Qualitätssicherungssystems und der festgestellten Nichtkonformität der Produkte hingewiesen wird.

5. Die benannten Stellen sollten überprüfen, ob die Qualitätsziele und das Qualitätshandbuch oder die Verfahren des Herstellers geeignet sind, die Konformität der Produkte, auf die sich der Antrag des Herstellers bezieht, zu gewährleisten.

6. Die benannten Stellen sollten überprüfen, ob die Unternehmensorganisation des Herstellers geeignet ist, die Konformität des Qualitätssicherungssystems und der Medizinprodukte zu gewährleisten. Es sollten insbesondere die folgenden Aspekte geprüft werden: Die Organisationsstruktur, die berufliche Qualifikation der Führungskräfte und ihre organisatorischen Befugnisse, die berufliche Qualifikation und Schulung des weiteren Personals, die interne Auditierung, die Infrastruktur und die Überwachung des Qualitätssicherungssystems im Betrieb, auch im Hinblick auf beteiligte Dritte wie Lieferanten oder Unterauftragnehmer.

7. Die benannten Stellen sollten prüfen, ob ein eindeutiges Produktkennzeichnungssystem vorhanden ist. Dieses System sollte gewährleisten, dass die Bescheinigungen der benannten Stelle, die Konformitätserklärungen des Herstellers und die technische Dokumentation des Herstellers eindeutig bestimmten Produkten zugeordnet werden können.

8. Die benannten Stellen sollten die Verfahren des Herstellers in Bezug auf die Produktunterlagen prüfen. Die Verfahren bezüglich der Produktunterlagen sollten gewährleisten, dass alle Produkte, die dazu bestimmt sind, in Verkehr gebracht oder in Betrieb genommen zu werden, durch die erforderlichen von der benannten Stelle ausgestellten oder auszustellenden Bescheinigungen abgedeckt werden. Die Verfahren bezüglich der Produktunterlagen sollten außerdem gewährleisten, dass alle Produkte, die dazu bestimmt sind, in Verkehr gebracht oder in Betrieb genommen zu werden, unabhängig von ihrer Handelsbezeichnung von den Konformitätserklärungen des Herstellers abgedeckt werden und dass diese in der technischen Dokumentation enthalten und mit ihr vereinbar sind. Die benannten Stellen sollten die ordnungsgemäße Durchführung dieser Verfahren durch Stichproben der Produktunterlagen zu einzelnen Produkten prüfen.

9. Die benannten Stellen sollten sich vergewissern, dass die Verfahren des Herstellers, die sich auf die Erfüllung der verfahrensbezogenen rechtlichen Anforderungen – insbesondere im Hinblick auf die Festlegung der Produktklasse und des Konformitätsbewertungsverfahrens – beziehen, aktuell, vollständig, kohärent und korrekt sind. Diese Verfahren sollen der Notwendigkeit Rechnung tragen, Daten bereitzustellen, die es den benannten Stellen ermöglichen, ihrer Konsultationspflicht für bestimmte Produkte gemäß Anhang I Abschnitt 1 nachzukommen.

10. Die benannten Stellen sollten sich vergewissern, dass die Verfahren des Herstellers, die auf die Erfüllung der produktbezogenen rechtlichen Anforderungen abzielen, aktuell, vollständig, kohärent und korrekt sind. Sie sollten prüfen, ob die Verfahren für das Risikomanagement im Einklang mit den rechtlichen Anforderungen in Anhang I Teil I (Allgemeine Anforderungen) der Richtlinie 90/385/EWG, Anhang I Teil I der Richtlinie 93/42/EWG und Anhang I Teil A der Richtlinie 98/79/EG stehen und ob die Verfahren unter anderem die in Anhang I Abschnitt 4 dieser Empfehlung aufgeführten Aspekte abdecken. Sie sollten die ordnungsgemäße Durchführung dieser Verfahren durch Stichproben der Produktunterlagen zu einzelnen Produkten prüfen.

11. Bei Herstellern von Medizinprodukten außer In-vitro-Diagnostika sollten sich die benannten Stellen vergewissern, dass die Verfahren des Herstellers für klinische Bewertungen und für die klinische Weiterverfolgung nach dem Inverkehrbringen vollständig und richtig sind und dass sie korrekt umgesetzt werden. Zu diesem Zweck sollten sie bei einigen Produktarten, auf die sich der Antrag bezieht, die klinischen Bewertungen und die klinische Weiterverfolgung nach dem Inverkehrbringen prüfen und dabei die in Anhang I Abschnitt 5 dieser Empfehlungen beschriebenen Grundsätze anwenden. Sie sollten die ordnungsgemäße Ausführung dieser Verfahren durch Stichproben der Produktunterlagen zu einzelnen Produkten prüfen.

12. Bei Herstellern von In-vitro-Diagnostika sollten die benannten Stellen die Arbeitsverfahren des Herstellers zu Leistungsbewertungen und zur Ermittlung zertifizierter Referenzmaterialien oder Referenzmessverfahren prüfen, um die metrologische Rückverfolgbarkeit zu ermöglichen. Sie sollten die ordnungsgemäße Ausführung dieser Verfahren durch Stichproben der Produktunterlagen zu einzelnen Produkten prüfen.

13. Die benannten Stellen sollten sich vergewissern, dass die Verfahren bezüglich der Auslegung und der Produktentwicklung, einschließlich Verfahren für die Kontrolle von Änderungen, geeignet sind, die Konformität der Produkte zu gewährleisten.

14. Die benannten Stellen sollten sich vergewissern, dass der Hersteller die Herstellungsumgebung und -verfahren kontrolliert, um die Konformität der

Produkte mit den rechtlichen Anforderungen zu gewährleisten. Die benannten Stellen sollten besonders auf kritische Arbeitsabläufe achten, wie Auslegungskontrolle, Erstellung der Materialspezifikationen, Einkauf und Kontrolle von eingehendem Material oder Komponenten, Montage, Softwarevalidierung, Sterilisierung, Chargenfreigabe, Verpackung und Qualitätskontrolle des Produkts, unabhängig davon, ob diese ausgelagert sind oder nicht.

15. Die benannten Stellen sollten das System des Herstellers zur Sicherstellung der Rückverfolgbarkeit von Materialien und Komponenten überprüfen, und zwar von der Ankunft in den Betriebsräumen des Herstellers, Lieferanten oder Unterauftragnehmers bis zur Lieferung des Endprodukts. Insbesondere wenn durch den Austausch von Ausgangsmaterialien Risiken entstehen können, sollten die benannten Stellen die Übereinstimmung zwischen der Menge der hergestellten oder beschafften Ausgangsmaterialien bzw. der für die Auslegung genehmigten Komponenten und der Menge der Endprodukte kontrollieren.

16. Die benannten Stellen sollten sich vergewissern, dass die in der der Herstellung nachgelagerten Phase gewonnenen Erfahrungen, insbesondere Nutzerbeschwerden und Vigilanzdaten, für die Produkte, auf die sich der Antrag des Herstellers bezieht, systematisch gesammelt und ausgewertet werden, und dass die notwendigen Verbesserungen der Produkte oder ihrer Herstellung eingeleitet wurden. Insbesondere sollten sie überprüfen, ob der Hersteller in Bezug auf Händler, Anwender oder Patienten über Geschäftsverfahren verfügt, die ihm Informationen dazu liefern können, ob die Notwendigkeit einer Überarbeitung der Auslegung, der Herstellung oder des Qualitätssicherungssystems eines Produkts besteht.

17. Die benannten Stellen sollten sich vergewissern, dass die Unterlagen und Aufzeichnungen zum Qualitätssicherungssystem und zu diesbezüglichen Änderungen, zum Verfahren der Managementbewertung und zu den jeweiligen Unterlagenprüfungen aktuell, kohärent, vollständig, korrekt und angemessen strukturiert sind.

18. Bei jedem jährlichen Überwachungsaudit sollten die benannten Stellen überprüfen, ob der Hersteller das genehmigte Qualitätsmanagementsystem und den Plan zur Überwachung nach dem Inverkehrbringen ordnungsgemäß anwendet.

19. Die benannte Stelle sollte die Schlussfolgerungen ihrer Bewertung klar dokumentieren. Außerdem sollte eindeutig belegt werden, wie die Schlussfolgerungen im Rahmen des Entscheidungsprozesses der benannten Stelle berücksichtigt werden.

Allgemeine Empfehlungen für die Auslagerung der Produktion auf Unterauftragnehmer oder Lieferanten

Bei den Unterauftragnehmern von entscheidender Bedeutung oder den wichtigen Lieferanten kann es sich um Lieferanten von Lieferanten oder noch weiter entfernte Glieder der Lieferkette handeln. Die benannten Stellen sollten keine Abkommen mit Herstellern schließen, sofern sie keinen Zugang zu allen Unterauftragnehmern von entscheidender Bedeutung und allen wichtigen Lieferanten und damit zu allen Standorten, an denen die Produkte oder ihre wesentlichen Komponenten produziert werden, erhalten, unabhängig von der Länge der vertraglichen Kette zwischen dem Hersteller und dem Unterauftragnehmer oder Lieferanten.

Die benannten Stellen werden darauf hingewiesen, dass die Hersteller

a) ihren Pflichten persönlich nachkommen müssen, ungeachtet jeder teilweisen oder vollständigen Auslagerung der Produktion auf Unterauftragnehmer oder Lieferanten;

b) ihrer Verpflichtung, die vollständige technische Dokumentation und/oder ein Qualitätssicherungssystem zur Verfügung zu haben, nicht dadurch nachkommen können, indem sie auf die technische Dokumentation eines Unterauftragnehmers oder Lieferanten und/oder deren Qualitätssicherungssystem verweisen;

c) das Qualitätssicherungssystem der Unterauftragnehmer von entscheidender Bedeutung und der wichtigen Lieferanten in ihr Qualitätssicherungssystem integrieren sollten;

d) die Qualität der erbrachten Dienstleistungen und der gelieferten Komponenten sowie die Qualität der Produktion unabhängig von der Länge der vertraglichen Kette zwischen dem Hersteller und dem Unterauftragnehmer oder Lieferanten kontrollieren müssen.

Anhang III

Unangekündigte Audits

1. Die benannten Stellen sollten mindestens einmal alle drei Jahre unangekündigte Audits durchführen. Sie sollten die Häufigkeit der unangekündigten Audits erhöhen, wenn die Produkte ein erhebliches Risiko bergen, wenn die Produkte der fraglichen Art häufig nicht konform sind oder wenn bestimmte Informationen vermuten lassen, dass eine Nichtkonformität der Produkte oder des Herstellers vorliegt. Der Zeitplan der unangekündigten Audits sollte unvorhersehbar sein. Grundsätzlich sollte ein unangekündigtes Audit nicht weniger als einen Tag dauern und von mindestens zwei Prüfern durchgeführt werden.
2. Die benannten Stellen können anstelle von oder zusätzlich zu den Besuchen beim Hersteller die Betriebsräume eines Unterauftragnehmers von entscheidender Bedeutung oder eines wichtigen Lieferanten des Herstellers aufsuchen, wenn dies zu einer effizienteren Kontrolle führen dürfte. Dies trifft insbesondere dann zu, wenn die Auslegungsentwicklung, Herstellung, Prüfung oder andere wichtige Arbeitsabläufe größtenteils beim Unterauftragnehmer oder Lieferanten durchgeführt werden.
3. Im Rahmen solcher unangekündigten Audits sollten die benannten Stellen eine jüngst genommene angemessene Probe, vorzugsweise ein Produkt aus dem laufenden Herstellungsverfahren, in Bezug auf ihre Konformität mit der technischen Dokumentation und den rechtlichen Anforderungen untersuchen. Bei der Kontrolle der Konformität des Produkts sollte auch die Rückverfolgbarkeit aller kritischen Komponenten und Materialien sowie das Rückverfolgbarkeitssystem des Herstellers geprüft werden. Die Kontrolle sollte eine Prüfung der Unterlagen und, falls dies zur Feststellung der Konformität erforderlich ist, einen Test des Produkts umfassen.

   Zur Vorbereitung des Tests sollten die benannten Stellen beim Hersteller alle relevanten technischen Unterlagen einschließlich früherer Testprotokolle und -ergebnisse anfordern. Der Test sollte im Einklang mit dem Testverfahren durchgeführt werden, das der Hersteller in der technischen Dokumentation festgelegt hat und das von der benannten Stelle validiert werden muss. Der Test kann auch durch den Hersteller, den Unterauftragnehmer von entscheidender Bedeutung oder den wichtigen Lieferanten unter Beobachtung durch die benannte Stelle durchgeführt werden.
4. Die für die Produktbewertung[13] zuständigen benannten Stellen sollten zusätzlich zu den in den Abschnitten 1, 2 und 3 vorgesehenen Schritten Produktproben entnehmen, die mindestens drei verschiedene Produktarten und, sofern der Hersteller mehr als 99 Produktarten produziert, mindestens

13) Gemäß Abschnitt 2 Buchstabe a und Anhang I dieser Empfehlung.

jede Hundertste Art am Ende der Produktionskette oder im Lagerbestand des Herstellers umfassen, um eine Kontrolle der Konformität der Produktarten vorzunehmen. Varianten mit einem technischen Unterschied, der die Sicherheit oder die Leistung des Produkts beeinträchtigen könnte, sind als eigene Produktart anzusehen. Varianten mit Größenunterschieden sind nicht als eigene Arten anzusehen, sofern mit der Größe keine besonderen Risiken verbunden sind. Diese Proben sollten von den benannten Stellen oder durch qualifiziertes Personal unter deren Beobachtung in ihren eigenen Räumlichkeiten oder den Betriebsräumen des Herstellers, seines Unterauftragnehmers von entscheidender Bedeutung oder seines wichtigen Lieferanten oder in externen Laboratorien untersucht werden. Die Probenahmekriterien und die Testverfahren sollten im Voraus festgelegt werden. Insbesondere falls eine Probenahme in den Betriebsräumen des Herstellers nicht möglich ist, sollten die benannten Stellen Proben auf dem Markt zusammenstellen – gegebenenfalls mit Unterstützung der zuständigen Behörden – oder die Tests an einem Produkt durchführen, das an einem Kundenstandort angebracht ist. Zur Vorbereitung der Tests sollten die benannten Stellen beim Hersteller relevante technische Unterlagen anfordern, einschließlich endgültiger Chargenprüfberichte, früherer Testprotokolle und -ergebnisse.

5. Die für die Bewertung des Qualitätssicherungssystems des Herstellers[14] zuständigen benannten Stellen sollten zusätzlich zu den in den Abschnitten 1, 2 und 3 vorgesehenen Schritten überprüfen, ob die zum Zeitpunkt des unangekündigten Audits ablaufende Produktionstätigkeit mit den Unterlagen des Herstellers für diese Produktionstätigkeit übereinstimmt und ob sowohl die Tätigkeit als auch die Unterlagen den rechtlichen Anforderungen genügen. Darüber hinaus sollten diese benannten Stellen mindestens zwei kritische Arbeitsabläufe, wie Auslegungskontrolle, Erstellung der Materialspezifikationen, Einkauf und Kontrolle von eingehendem Material oder Komponenten, Montage, Sterilisierung, Chargenfreigabe, Verpackung und Qualitätskontrolle des Produkts, eingehender prüfen. Unter den geeigneten kritischen Arbeitsabläufen sollten die benannten Stellen einen Prozess auswählen, der mit hoher Wahrscheinlichkeit eine Nichtkonformität aufweist, sowie einen Prozess, der besonders sicherheitsrelevant ist.

Allgemeine Empfehlungen zu den vertraglichen Vereinbarungen zwischen der benannten Stelle und dem Hersteller bezüglich der Organisation unangekündigter Audits

Um zu gewährleisten, dass die benannten Stellen zur Durchführung unangekündigter Audits in der Lage sind, sollten einige Modalitäten – wie die im Folgenden aufgeführten Aspekte – berücksichtigt werden.

14) Gemäß Abschnitt 2 Buchstabe b und Anhang II dieser Empfehlung.

Die Möglichkeit, unangekündigte Audits in den Betriebsräumen des Herstellers oder seiner Unterauftragnehmer von entscheidender Bedeutung oder wesentlichen Lieferanten durchzuführen, sollte in den vertraglichen Vereinbarungen zwischen den benannten Stellen und den Herstellern vorgesehen werden. Falls für den Besuch in dem Land, in dem sich die Betriebsräumen des Herstellers befinden, ein Visum erforderlich ist, sollten die vertraglichen Vereinbarungen als Anlage eine Einladung zu einem jederzeit möglichen Besuch beim Hersteller sowie eine Einladung, bei der das Datum der Unterzeichnung und das Datum des Besuchs noch offen stehen (auszufüllen von der benannten Stelle), enthalten. Die vertraglichen Vereinbarungen sollten ebenfalls als Anlage ähnliche Einladungen der Unterauftragnehmer von entscheidender Bedeutung oder der wichtigen Lieferanten enthalten.

Die vertraglichen Vereinbarungen sollten die Verpflichtung für die Hersteller vorsehen, die benannten Stellen fortlaufend über die Zeiträume zu informieren, während der die Produkte, auf die sich die Bescheinigungen der benannten Stellen beziehen, nicht hergestellt werden. Gemäß den vertraglichen Vereinbarungen sollten die benannten Stellen befugt sein, den Vertrag zu beenden, sobald der ständige unangekündigte Zugang zu den Betriebsräumen des Herstellers oder seiner Unterauftragnehmer von entscheidender Bedeutung oder seiner wichtigen Lieferanten nicht länger gewährleistet ist.

Ferner sollten die vertraglichen Vereinbarungen die Maßnahmen abdecken, die von den benannten Stellen zur Gewährleistung der Sicherheit ihrer Prüfer zu ergreifen sind. In den vertraglichen Vereinbarungen sollte ein Finanzausgleich für unangekündigte Audits vorgesehen werden, der gegebenenfalls auch den Erwerb und die Prüfung des Produkts sowie Sicherheitsvorkehrungen abdeckt.

Fachwörterbuch

In dem Fachwörterbuch werden wichtige Fachbegriffe, die im Zusammenhang mit dem Medizinprodukterecht von Bedeutung sind, zusammengefasst und zum großen Teil erläutert. Zugrunde gelegt werden dabei Definitionen und Begriffsbestimmungen aus amtlichen Regelungen. Zu jedem Begriff wird eine englische und französische Übersetzung angegeben[1, 2]. Das Fachwörterbuch berücksichtigt Begriffe

- des Medizinproduktegesetzes (MPG), in der Fassung der Bekanntmachung vom 7. August 2002 (BGBl. I S. 3146), zuletzt durch Artikel 16 des Gesetzes vom 21. Juli 2014 (BGBl. I S. 1133) geändert;
- der zum MPG gehörenden nationalen Verordnungen einschließlich der Verordnung zur Abgabe von Medizinprodukten und zur Änderung medizinprodukterechtlicher Vorschriften vom 29. Juli 2014 (BGBl. I S. 1227), zuletzt durch Artikel 4 der Verordnung vom 19. Dezember 2014 (BGBl. I S. 2371) geändert;
- der Richtlinie 90/385/EWG über aktive implantierbare medizinische Geräte in der ab 21. März 2010 anzuwendenden Fassung;
- der Richtlinie 93/42/EWG über Medizinprodukte in der ab 21. März 2010 anzuwendenden Fassung;
- der Richtlinie 98/79/EG über In-vitro-Diagnostika in der ab 1. Juli 2012 anzuwendenden Fassung;
- der Richtlinie 2003/12/EG zur Neuklassifizierung von Brustimplantaten im Rahmen der Richtlinie 93/42/EWG;
- der Richtlinie 2005/50/EG zur Neuklassifizierung von Gelenkersatz für Hüfte, Knie und Schulter im Rahmen der RL 93/42/EWG;
- der Verordnung (EU) Nr. 722/2012 über besondere Anforderungen betreffend die in der RL 90/385/EWG bzw. RL 93/42/EWG des Rates festgelegte Anforderungen an unter Verwendung von Gewebe tierischen Ursprungs hergestellte aktive implantierbare medizinische Geräte und Medizinprodukte;
- der Durchführungsverordnung (EU) Nr. 920/2013 der Kommission über die Benennung und Beaufsichtigung benannter Stellen gemäß der RL 90/385/EWG des Rates über aktive implantierbare medizinische Geräte und der RL 93/42/EWG des Rates über Medizinprodukte;
- Empfehlung der Kommission 2013/473/EU zu den Audits und Bewertungen, die von benannten Stellen im Bereich der Medizinprodukte durchgeführt werden und

1) Die Herausgeber danken dem Sprachendienst des BMG, dem Sprachendienst der Kommission Arbeitsschutz und Normung (KAN), der Bundesärztekammer und des PEI für die freundliche Unterstützung bei Übersetzungsanfragen. Ein besonderer Dank gilt Herrn *Dr. Jürgen Schüler*, Direktor a. D., Generaldirektor h.c.d. Europäischen Kommission für seinen hilfreichen Rat zu den übersetzten Begriffen.
2) http://www.din-term.din.de/cmd?level=tpl-home&contextid=dinterm (Stand: Januar 2015)

- der Verordnung (EG) Nr. 765/2008 über die Vorschriften für die Akkreditierung und Marktüberwachung im Zusammenhang mit der Vermarktung von Produkten.

Dieses Fachwörterbuch ist aus

Böckmann/Frankenberger
Durchführungshilfen zum Medizinproduktegesetz
Schwerpunkt Medizintechnik und In-vitro-Diagnostika
Praxisnahe Hinweise, Erläuterungen, Textsammlung
Loseblattwerk, TÜV Media GmbH, Köln
ISBN 3-8249-0227-3 (Grundwerk inklusive jeweils letzter Ergänzungslieferung)

In dem Fachwörterbuch werden u. a. folgende Abkürzungen verwendet:

ABl.	Amtsblatt der Europäischen Union
AEUV	Vertrag über die Arbeitsweise der Europäischen Union
AGMP	Arbeitsgruppe Medizinprodukte der Bundesländer
AG MPG	Arbeitsgruppe MPG der Industriefachverbände
AIMDD	RL 90/385/EWG über aktive implantierbare medizinische Geräte
AkkStelleG	Akkreditierungsstellengesetz
AM-GCP	Arzneimittel – Good Clinical Practice
AMG	Arzneimittelgesetz
BfArM	Bundesinstitut für Arzneimittel und Medizinprodukte
BGV	Berufsgenossenschaftliche Vorschriften
BMG	Bundesministerium für Gesundheit
BMWi	Bundesministerium für Wirtschaft und Energie
BOB	Bundesoberbehörde
CFR	Code of Federal Regulations (USA)
CIP	Clinical Investigation Plan
DAkkS	Deutsche Akkreditierungsstelle GmbH
DGUV	Deutsche Gesetzliche Unfallversicherung (Spitzenverband)
e-ABl.	Elektronisches Amtsblatt der Europäischen Union
EDMS	European Diagnostic Market Statistics
EMA	European Medicines Agency
EMV	Elektromagnetische Verträglichkeit
EN	englische Übersetzung eines Fachbegriffs
EU	Europäische Union
EWR	Europäischer Wirtschaftsraum
FDA	Food and Drug Administration (USA)
FR	französische Übersetzung eines Fachbegriffs
GCP	Good Clinical Practice
GCP-V	Verordnung über die Anwendung der Guten Klinischen Praxis bei der Durchführung von klinischen Prüfungen mit Arzneimitteln zur Anwendung am Menschen
GMDN	Global Medical Device Nomenclature
IKT	Informations- und Kommunikationstechnologie
IVDD	RL 98/79/EG über In-vitro-Diagnostika
i.V.m.	in Verbindung mit
KAN	Kommission Arbeitsschutz und Normung
MDD	RL 93/42/EWG über Medizinprodukte

MDEG	Medical Devices Experts Group
MedGV	Medizingeräteverordnung
MHRA	Medicines and Healthcare Products Regulatory Agency
MPAV	Medizinprodukte-Abgabeverordnung
MPBetreibV	Medizinprodukte-Betreiberverordnung
MPG	Medizinproduktegesetz
MPKPV	Medizinprodukte-Klinische Prüfungsverordnung
MPSV	Medizinprodukte-Sicherheitsplanverordnung
MPV	Medizinprodukte-Verordnung
MTA	Medizinisch-technische Assistentin, Medizinisch-technischer Assistent
MTK	Messtechnische Kontrolle(n)
NANDO	New Approach Notified and Designated Organisations
NBOG	Notified Body Operations Group
OTC	Over the Counter
PEI	Paul-Ehrlich-Institut
POCT	Point of Care Testing
ProdSG	Produktsicherheitsgesetz
PSA	Persönliche Schutzausrüstung
PTB	Physikalisch-Technische Bundesanstalt
QM-System	Qualitätsmanagement-System
RiliBÄK	Richtlinie der Bundesärztekammer zur Qualitätssicherung quantitativer labormedizinischer Untersuchungen
RKI	Robert Koch Institut
RL	Europäische Richtlinie(n)
STK	Sicherheitstechnische Kontrolle(n)
UMDNS	Universal Medical Device Nomenclature System
UVV	Unfallverhütungsvorschrift
VdS	VdS Schadenverhütung GmbH
vfdb	Vereinigung zur Förderung des Deutschen Brandschutzes e.V.
ZLG	Zentralstelle der Länder für Gesundheitsschutz bei Arzneimitteln und Medizinprodukten

A

Abgetötet

{EN: *Non-viable*}
{FR: *Non viable*}
⇨ Verordnung (EU) Nr. 722/2012 Artikel 2 lit. d):
«abgetötet: ohne die Fähigkeit, einen Stoffwechsel aufrechtzuerhalten oder sich fortzupflanzen»

Abweichung

{EN: *Nonconformity*}
{FR: *Non-conformité*}
⇨ DIN EN ISO 9000:2005 [81]:
«Nichterfüllung einer Anforderung.»

Akkreditieren

{EN: *Accredit*}
{FR: *Accréditer*}
{⇨ Deutsche Akkreditierungsstelle}

Das Wort «akkreditieren» leitet sich aus dem Lateinischen «accredere» in der Bedeutung von «Glauben schenken, Vertrauen haben» ab.

Im regulatorischen Sprachgebrauch bedeutet «akkreditieren» die fachliche Kompetenz von einer unabhängigen dritten Stellen (in Deutschland: DAkkS) bestätigen zu lassen. Die global anerkannten Kriterien des Akkreditierens sind in DIN EN ISO/IEC 17011:2005 festgelegt [13].

Akkreditierung

{EN: *Accreditation*}
{FR: *Accréditation*}
{⇨ Notifizierung einer Benannten Stelle}
⇨ Artikel 2 Nr. 10 Verordnung (EG) Nr. 765/2008 [87]:
«Akkreditierung: Bestätigung durch eine nationale Akkreditierungsstelle, dass eine Konformitätsbewertungsstelle die in harmonisierten Normen festgelegten Anforderungen und gegebenenfalls zusätzliche Anforderungen, einschließlich solcher in relevanten sektoralen Akkreditierungssystemen, erfüllt, um eine spezielle Konformitätsbewertungstätigkeit durchzuführen.»
⇨ § 1 Abs. 1 AkkStelleG [8]:
«Die Akkreditierung wird als hoheitliche Aufgabe des Bundes durch die Akkreditierungsstelle durchgeführt. Diese ist nationale Akkreditierungsstelle im Sinne der Verordnung (EG) Nr. 765/2008 des Europäischen Parlaments und des Rates vom 9. Juli 2008 über die Anforderungen an Akkreditierung und Marktüberwachung bei der Vermarktung von Produkten und zur Auf-

hebung der Verordnung (EWG) Nr. 339/93 (ABl. L 218 vom 13.8.2008, S. 30) und für Akkreditierungen nach Artikel 3 der Verordnung (EG) Nr. 765/2008 zuständig.»

Die Verordnung (EG) Nr. 765/2008 «Vorschriften für die Akkreditierung und Marktüberwachung im Zusammenhang mit der Vermarktung von Produkten [...]» vom 9. Juli 2008 [87] regelt die Organisation und Durchführung der Akkreditierung von Konformitätsbewertungsstellen, die Konformitätsbewertungstätigkeiten durchführen. Durch das AkkStelleG wird ein gesetzlicher Rahmen für die Organisation des bislang zersplitterten Akkreditierungswesens in Deutschland geschaffen.

Die EG-Verordnung und damit das AkkStelleG legen fest, dass in der Bundesrepublik nur die Nationale Akkreditierungsstelle DAkkS den Akkreditierungsprozess durchführen kann.

Der Akkreditierungsprozess umfasst vier Phasen:

- Antragsphase,
- Begutachtungsphase,
- Akkreditierungsphase,
- Überwachungsphase.

Akkreditierte Konformitätsbewertungsstellen im geregelten Bereich sind beispielsweise Benannte Stellen, die für die Zertifizierung von Herstellern von Medizinprodukten von der Nationalen Akkreditierungsstelle DAkkS akkreditiert werden. Der DAkkS obliegt nicht das Recht zur Benennung und Notifizierung von Benannten Stellen gemäß AIMDD, MDD und IVDD.

Akkreditierungsstelle

{EN: *Accreditation body*}
{FR: *Organisme d'accréditation*}
{⇨ Deutsche Akkreditierungsstelle; Nationale Akkreditierungsstelle}

⇨ Durchführungsverordnung (EU) Nr. 920/2013 Artikel 1 lit. d) [135]:
«Akkreditierungsstelle bezeichnet die einzige Stelle in einem Mitgliedstaat, die gemäß Artikel 2 Absatz 10 der Verordnung (EG) Nr. 765/2008 im Auftrag dieses Staates Akkreditierungen durchführt.»

Akkreditierungsstellengesetz (AkkStelleG)

{EN: *Accreditation body act, AkkStelleG*}
{FR: *Loi sur l'organisme d'accréditation, AkkStelleG*}

Das AkkStelleG [8] basiert auf der Verordnung (EG) Nr. 765/2008 [87] und ist am 1. August 2009 in Kraft getreten. Die Aufgaben der nationalen Akkreditierungsstelle ergeben sich aus § 2 AkkStelleG:

«(1) Die Akkreditierungsstelle führt auf schriftlichen Antrag einer Konformitätsbewertungsstelle Akkreditierungsverfahren gemäß Artikel 5 der Verordnung (EG) Nr. 765/2008 durch. Sie wendet bei der Akkreditierung die nach § 5 Absatz 3 bekannt gemachten Regeln an.

(2) Die Akkreditierungsstelle führt ein Verzeichnis der akkreditierten Konformitätsbewertungsstellen mit Angabe des fachlichen Umfangs und hält es auf dem neuesten Stand.

(3) Die Akkreditierungsstelle soll bei Begutachtungstätigkeiten das bei anderen Behörden vorhandene Fachwissen heranziehen. Die Akkreditierungsstelle lässt Begutachtungen für die in § 1 Absatz 2 Satz 2 genannten Bereiche von den die Befugnis erteilenden Behörden ausführen. Die Akkreditierungsstelle kann sich bei der Durchführung der Überwachung der akkreditierten Konformitätsbewertungsstellen der die Befugnis erteilenden Behörden bedienen.»

Dem Staatsvertrag der ZLG vom 07. April 2013 ist zu entnehmen:

«Die ZLG vollzieht im Bereich der Medizinprodukte die Aufgaben der Länder im Dritten Abschnitt des Gesetzes über Medizinprodukte (MPG) vom 02. August 1994 in der Neufassung vom 07. August 2002 (BGBl. I S. 3147) und die Aufgaben der Befugnis erteilenden Behörde im Gesetz über die Akkreditierungsstelle (AkkStelleG) vom 31. Juli 2009 (BGBl. I S. 2625) in den jeweils geltenden Fassungen.»

Akkreditierungsverordnung

{EN: *Regulation on accreditation*}
{FR: *Règlement sur l'accréditation*}
{⇨ EG-Verordnung Nr. 765/2008}

AkkStelleG

{EN: *Accreditation body act, AkkStelleG*}
{FR: *Loi sur l'organisme d'accréditation, AkkStelleG*}
{⇨ Akkreditierungsstellengesetz}

Aktives diagnostisches Medizinprodukt

{EN: *Active device for diagnosis*}
{FR: *Dispositif actif destiné au diagnostic*}

⇨ Anhang IX Nr. 1.6 MDD:
«Aktives Medizinprodukt, das entweder getrennt oder in Verbindung mit anderen Medizinprodukten eingesetzt wird und dazu bestimmt ist, Informationen für die Erkennung, Diagnose, Überwachung oder Behandlung von physiologischen Zuständen, Gesundheitszuständen, Krankheitszuständen oder angeborenen Missbildungen zu liefern.»

Aktives implantierbares medizinisches Gerät

{EN: *Active implantable medical device*}
{FR: *Dispositif médical implantable actif*}
{⇨ Aktives implantierbares Medizinprodukt, Aktives medizinisches Gerät, Medizinisches Gerät}

⇨ Artikel 1 Abs. 2 Nr. c) AIMDD:
«Aktives implantierbares medizinisches Gerät: jedes aktive medizinische Gerät, das dafür ausgelegt ist, ganz oder teilweise durch einen chirurgischen oder medizinischen Eingriff in den menschlichen Körper oder durch einen medizinischen Eingriff in eine natürliche Körperöffnung eingeführt zu werden und dazu bestimmt ist, nach dem Eingriff dort zu verbleiben.»

In der zuerst erarbeiteten AIMDD wird der englischsprachige Begriff «medical device» noch als «medizinisches Gerät» übersetzt. Mit der nachfolgenden MDD wird die inzwischen gebräuchliche Übersetzung «Medizinprodukt» eingeführt. Dieser Begriff wird im MPG benutzt.

Aktives implantierbares Medizinprodukt

{EN: *Active implantable medical device*}
{FR: *Dispositif médical implantable actif*}
{⇨ Aktives implantierbares medizinisches Gerät, Aktives medizinisches Gerät, Aktives Medizinprodukt, Medizinisches Gerät, Medizinprodukt}

⇨ Artikel 1 Abs. 2 Nr. c) AIMDD:
«Aktives implantierbares medizinisches Gerät: jedes aktive medizinische Gerät, das dafür ausgelegt ist, ganz oder teilweise durch einen chirurgischen oder medizinischen Eingriff in den menschlichen Körper oder durch einen medizinischen Eingriff in eine natürliche Körperöffnung eingeführt zu werden und dazu bestimmt ist, nach dem Eingriff dort zu verbleiben.»

Diese Definition ist in Verbindung mit den ebenfalls in der AIMDD gegebenen Definitionen für «aktives medizinisches Gerät» und «medizinisches Gerät» zu sehen.

Für die Zuordnung eines Zubehörteils mit medizinischer Zweckbestimmung zu der AIMDD oder zu der MDD ist die Definition des Begriffs «medizinisches Gerät» der AIMDD von entscheidender Bedeutung.

Diese Definition «medizinisches Gerät» der AIMDD ist im MPG nicht wiedergegeben. Somit wird im MPG nicht gefordert, dass ein Zubehörteil, das zum einwandfreien Funktionieren des aktiven implantierbaren medizinischen Geräts erforderlich ist, der AIMDD zuzuordnen ist. Hier wird jedem Hersteller empfohlen, für seine Entscheidungen die Texte der AIMDD zugrunde zu legen.

Aktives medizinisches Gerät

{EN: *Active medical device*}
{FR: *Dispositif médical actif*}
{⇨ Aktives Medizinprodukt}

⇨ Artikel 1 Nr. b) AIMDD:
«Aktives medizinisches Gerät: jedes medizinische Gerät, dessen Betrieb auf eine elektrische Energiequelle oder eine andere Energiequelle als die unmittelbar durch den menschlichen Körper oder die Schwerkraft erzeugte Energie angewiesen ist.»

Dieser Begriff wird im MPG nicht verwendet. Es wird der mit der MDD neu definierte und ins Deutsche übersetzte Begriff «aktives Medizinprodukt» verwendet.

Aktives Medizinprodukt

{EN: *Active medical device*}
{FR: *Dispositif médical actif*}
{⇨ Aktives medizinisches Gerät}

⇨ Anhang IX Nr. 1.4 MDD:
«Medizinprodukt, dessen Betrieb von einer Stromquelle oder einer anderen Energiequelle (mit Ausnahme der direkt vom menschlichen Körper oder durch die Schwerkraft erzeugten Energie) abhängig ist und das aufgrund der Umwandlung dieser Energie wirkt. Ein Produkt, das zur Übertragung von Energie, Stoffen oder Parametern zwischen einem aktiven Medizinprodukt und dem Patienten eingesetzt wird, ohne dass dabei eine wesentliche Veränderung von Energie, Stoffen oder Parametern eintritt, wird nicht als aktives Medizinprodukt angesehen. Eigenständige Software gilt als aktives Medizinprodukt.»

Ein aktives Medizinprodukt ist somit jedes Medizinprodukt, dessen Betrieb auf eine elektrische Energiequelle oder eine andere Energiequelle – mit Ausnahme der direkt vom menschlichen Körper (durch Muskelkraft) oder durch die Schwerkraft erzeugten Energie – abhängig ist.

In der MDD wird in der Definition «Aktives Medizinprodukt» im Anhang IX Nr.1.4 MDD klargestellt, dass eigenständige Software mit einer Zweckbestimmung gemäß Artikel 1 Abs. 2 lit. a) MDD ebenfalls als aktives Medizinprodukt gilt, da Software ohne Hardware nicht anwendbar ist.

Ein Produkt, das zur Übertragung von Energie, Stoffen oder Parametern zwischen einem aktiven Medizinprodukt und dem Patienten eingesetzt wird, ohne dass dabei eine wesentliche Veränderung von Energie, Stoffen oder Parametern eintritt, wird nicht als aktives Medizinprodukt angesehen (z. B. Überleitungssystem bei Infusionspumpen, Spritze bei Infusionsspritzenpumpen).

Der in diesem Zusammenhang entscheidende Begriff «wesentliche Veränderung» ist dahin gehend zu interpretieren, dass beispielsweise Energieverluste durch Leitungs- oder Strömungswiderstände (EKG-Leitung, Beatmungsschlauch) nicht als wesentliche Änderung anzusehen sind.

Aktives therapeutisches Medizinprodukt

{EN: *Active therapeutical device*}
{FR: *Dispositif actif thérapeutique*}

⇨ Anhang IX Nr. 1.5 MDD:
«Aktives therapeutisches Medizinprodukt: Aktives Medizinprodukt, das entweder getrennt oder in Verbindung mit anderen Medizinprodukten eingesetzt wird und dazu bestimmt ist, biologische Funktionen oder Strukturen im Zusammenhang mit der Behandlung oder Linderung einer Krankheit, Ver-

wundung oder Behinderung zu erhalten, zu verändern, zu ersetzen oder wiederherzustellen.»

Allgemein anerkannte Regel der Technik

{EN: *Widely recognised code of practice; Widely recognised state of the art*}
{FR: *Code de pratique largement reconnu; État de la technique largement reconnu*}
{⇨ Anerkannte Regel der Technik, Fachkreise}

Der Begriff «allgemein anerkannte Regel der Technik» ist weder im MPG noch in den zugehörigen nationalen Verordnungen definiert, obwohl sich Anforderungen darauf beziehen. Lediglich aus der Begründung zu § 3 des Entwurfes des Gesetzes über technische Arbeitsmittel von 1967 (Bundestagsdrucksache V/834) lässt sich – zumindest indirekt – eine begriffliche Klärung ableiten:

> «Die hier in Betracht kommenden Regeln der Technik sind dann allgemein anerkannt, wenn die Fachleute, die sie anzuwenden haben, davon überzeugt sind, dass die betreffenden Regeln den sicherheitstechnischen Anforderungen entsprechen. Es genügt nicht, dass bloß im Fachschrifttum die Ansicht vertreten oder in Fachschulen die Ansicht gelehrt wird, die Regel entspreche den technischen Erfordernissen. Die technische Regel muss in der Fachpraxis erprobt und bewährt sein. Es ist unerheblich, ob einzelne Fachleute oder eine kleine Gruppe von Fachleuten die Regel nicht anerkennen oder überhaupt nicht kennen. Maßgebend ist die Durchschnittsmeinung, die sich in Fachkreisen gebildet hat.»

Es besteht kein direkter Sachzusammenhang zwischen den allgemein anerkannten Regeln der Technik und den schriftlich fixierten technischen Normen des Regelwerks (z. B. DIN-Normen). Schriftlich fixierte technische Normen und allgemein anerkannte Regeln der Technik sind von der Sache her nicht zwingend identisch. Dem BGH Urteil vom 14.05.1998 (VII ZR 184/97) IBR 1998, 376 ist folgende Feststellung zu entnehmen:

> «Die DIN-Normen sind keine Rechtsnormen, sondern private technische Regelungen mit Empfehlungscharakter. Sie können die anerkannten Regeln der Technik wiedergeben oder hinter diesen zurückbleiben.»

Amtsblatt der Europäischen Gemeinschaften

{EN: *Official Journal of the European Community*}
{FR: *Journal officiel des Communautés européennes*}
{⇨ Amtsblatt der Europäischen Union}

Überholte Bezeichnung

Amtsblatt der Europäischen Union

{EN: *Official Journal of the European Union*}
{FR: *Journal officiel de l'Union européenne*}

Im Amtsblatt der Europäischen Union (ABl.) werden das gesamte EU-Recht (Reihe L) sowie andere offizielle Dokumente der Organe, Einrichtungen und sonstigen Stellen der EU (Reihe C und Beilagen) veröffentlicht. Es erscheint täglich von Dienstag bis Samstag in den Amtssprachen der EU und liegt in verschiedenen Formaten vor. Seit dem 1. Juli 2013 ist die elektronische Ausgabe des Amtsblatts (e-ABl.) verbindlich und entfaltet Rechtswirkung.

Das Amtsblatt ist in allen EU-Amtssprachen verfügbar, und zwar ab dem Beitrittsdatum des jeweiligen EU-Landes (außer für Irisch und Maltesisch).

Analyt

{EN: *Analyte*}
{FR: *Analyte*}

⇨ Teil A Nr. 3 RiliBÄK [83]:
«Die bei der Analyse zu bestimmende Komponente.»

Analytische Sensitivität

{EN: *Analytical sensitivity*}
{FR: *Sensibilité analytique*}

⇨ Gemeinsame technische Spezifikationen für In-vitro-Diagnostika, Anhang Nr. 2 [118]:
«Die analytische Sensitivität kann als Nachweisgrenze definiert werden, d. h. die kleinste Menge des Zielmarkers, die sich genau nachweisen lässt.»

Der Begriff «analytische Sensitivität» wird im Anhang I Abschnitt A Nr. 3 IVDD im Zusammenhang mit den vom Hersteller anzugebenden Leistungsparametern genannt.

Die analytische Sensitivität ist weitgehend gleichbedeutend mit der analytischen Nachweisgrenze und bezeichnet die kleinste noch detektierbare Menge oder Konzentration eines Analyten.

Analytische Spezifität

{EN: *Analytical specificity*}
{FR: *Spécificité analytique*}

⇨ Gemeinsame technische Spezifikationen für In-vitro-Diagnostika, Anhang Nr. 2 [118]:
«Die analytische Spezifität gibt an, in welchem Maße sich mit dem Verfahren ausschließlich der Zielmarker nachweisen lässt.»

Der Begriff «analytische Spezifität» wird im Anhang I Abschnitt A Nr. 3 IVDD im Zusammenhang mit den vom Hersteller anzugebenden Leistungsparametern genannt.

Unter analytischer Spezifität wird die Fähigkeit eines Tests verstanden, möglichst nur den interessierenden Analyten zu erfassen. Einschränkungen (Kreuzreaktivität,

Interferenzen) werden in der Regel qualitativ oder unter Angabe von Grenzwerten in der Packungsbeilage angegeben.

Anerkannte Regel der Technik

{EN: *Recognised code of practice; Recognised state of the art*}
{FR: *Code de pratique reconnu; état de la technique reconnu*}
{⇨ Allgemein anerkannte Regel der Technik, Fachkreise}

⇨ Artikel 3 Nr. 19 Verordnung (EG) Nr. 352/2009 [140]:
«anerkannte Regeln der Technik: die schriftlich festgelegte Regeln, die bei ordnungsgemäßer Anwendung dazu dienen können, eine oder mehrere spezifische Gefährdungen zu kontrollieren;»

Die «anerkannte Regel der Technik» ist ausschließlich eine schriftlich festgelegte Regel und folglich eine Untermenge der «allgemein anerkannten Regel der Technik», die die Durchschnittsmeinung der Fachkreise repräsentiert.

Anforderungen an Prüfer für Sicherheitstechnische Kontrollen (STK)

{EN: *Requirements for test operator performing technical safety controls, STK*}
{FR: *Exigences pour les opérateurs d'essai en point de vue de contrôles de sécurité, STK*}
{⇨ Prüfer für Sicherheitstechnische Kontrollen}

Anlage 1-Medizinprodukt

{EN: *Medical device listed in appendix 1*}
{FR: *Dispositif médical – appendice 1*}
{⇨ Beauftragte Person, Befugte Person, Betreiber, Einweisung}

In der Anlage 1 MPBetreibV werden folgende nichtimplantierbare aktive Medizinprodukte aufgeführt.

«1 Nichtimplantierbare aktive Medizinprodukte zur

1.1 Erzeugung und Anwendung elektrischer Energie zur unmittelbaren Beeinflussung der Funktion von Nerven und/oder Muskeln beziehungsweise der Herztätigkeit einschließlich Defibrillatoren,

1.2 intrakardialen Messung elektrischer Größen oder Messung anderer Größen unter Verwendung elektrisch betriebener Messsonden in Blutgefäßen beziehungsweise an freigelegten Blutgefäßen,

1.3 Erzeugung und Anwendung jeglicher Energie zur unmittelbaren Koagulation, Gewebezerstörung oder Zertrümmerung von Ablagerungen in Organen,

1.4 unmittelbaren Einbringung von Substanzen und Flüssigkeiten in den Blutkreislauf unter potentiellem Druckaufbau, wobei die Substanzen und Flüssigkeiten auch aufbereitete oder speziell behandelte körpereigene sein können, deren Einbringen mit einer Entnahmefunktion direkt gekoppelt ist,

1.5 maschinellen Beatmung mit oder ohne Anästhesie,

1.6 Diagnose mit bildgebenden Verfahren nach dem Prinzip der Kernspinresonanz,

1.7 Therapie mit Druckkammern,

1.8 Therapie mittels Hypothermie

und

2 Säuglingsinkubatoren sowie

3 externe aktive Komponenten aktiver Implantate.»

- Beispiele zu Anlage 1 Nr. 1.1 MPBetreibV:
  Defibrillator (extern), Geräte zur elektrischen Stimulation von Nerven und Muskeln für Diagnose und Therapie (z. B. TENS-Gerät, Elektromyograf), Blasenstimulator
- Beispiele zu Anlage 1 Nr. 1.2 MPBetreibV:
  Invasiv/intrakardial messendes Blutdruckmessgerät, invasives/intrakardiales EKG-Gerät, Herzkatheter-Messplatz, HZV-/HMV-Messgerät, Gerät zur intraaortalen Ballon-Pulsation
- Beispiele zu Anlage 1 Nr. 1.3 MPBetreibV:
  HF-Chirurgiegerät, Laser-Chirurgiegerät, Ultraschall-Chirurgiegerät, Photo-/Laserkoagulator, ophthalmologischer Laser, Kryochirurgiegerät, Ablationsgerät, Glühkauter, Impulsgerät zur Lithotripsie, Dermatom, Wasserstrahlschneidgerät, elektrische/pneumatische Knochensäge, Hyperthermiegerät, Röntgentherapiegerät
- Beispiele zu Anlage 1 Nr. 1.4 MPBetreibV:
  Infusionspumpe, Infusionsspritzenpumpe, Perfusionspumpe, Blutpumpe, Hämodialysegerät, Hämofiltrationsgerät, Hochdruck-Injektionspumpe, Herz-Lungen-Maschine
- Beispiele zu Anlage 1 Nr. 1.5 MPBetreibV:
  Anästhesie-Beatmungsgerät, Notfall-Beatmungsgerät, Transport-Beatmungsgerät, Beatmungsgerät für die Akutmedizin, Beatmungsgerät für neonatale und pädiatrische Patienten, Gerät zur Heimbeatmung
- Beispiel zu Anlage 1 Nr. 1.6 MPBetreibV:
  Kernspintomograf
- Beispiel zu Anlage 1 Nr. 1.7 MPBetreibV:
  Druckkammer für die hyperbare Sauerstofftherapie
- Beispiel zu Anlage 1 Nr. 1.8 MPBetreibV:
  Hypothermiegerät
- Beispiele zu Anlage 1 Nr. 2 MPBetreibV:
  Inkubator für Früh- und Neugeborene, Transportinkubator für Früh- und Neugeborene

- Beispiele zu Anlage 1 Nr. 3 MPBetreibV:
  Schrittmacher-Programmiergerät, Geräte zur Aktivierung und Kontrolle von aktiven Implantaten, externe Antriebs-/Leistungskomponenten für aktive Implantate

Auf der DIMDI-Website (http://www.dimdi.de/static/de/mpg/recht/betreibv-an.htm) ist eine Liste zur Orientierung für die Zuordnung von Medizinprodukten zur Anlage 1 MPBetreibV angegeben. Diese Liste erhebt keinen Anspruch auf Vollständigkeit und ist rechtlich nicht verbindlich. Entscheidend für die Zugehörigkeit zur Anlage 1 MPBetreibV ist, ob das Produkt nach seiner vom Hersteller festgelegten Zweckbestimmung unter eine der Gruppen der Anlage 1 MPBetreibV fällt.

Bei diesen Medizinprodukten – mit Ausnahme der Medizinprodukte zur klinischen Prüfung – sind spezielle Vorschriften beim Betreiben und Anwenden zu beachten. Gefordert werden u. a. folgende zu dokumentierende Tätigkeiten:

- Vom Hersteller oder der vom Hersteller «Befugten Person»:
  - Funktionsprüfung am Betriebsort,
  - Einweisung der vom Betreiber «Beauftragten Person» anhand der Gebrauchsanweisung.
- Vom Betreiber:
  - Benennung der «Beauftragten Person»
  - Einweisung der Anwender durch den Hersteller, durch eine vom Hersteller hierzu «Befugten Person» oder durch die «Beauftragten Person» unter Berücksichtigung der Gebrauchsanweisung,
  - STK,
  - Medizinproduktebuch,
  - Bestandsverzeichnis,
  - Aufbewahrung der Gebrauchsanweisungen und der Medizinproduktebücher.

Anlage 2-Medizinprodukt

{EN: *Medical device listed in appendix 2*}
{FR: *Dispositif médical – appendice 2*}
{⇨ Medizinprodukt mit Messfunktion, Messtechnische Kontrolle}

In der Anlage 2 MPBetreibV werden folgende Medizinprodukte mit Messfunktion aufgeführt:

«1 Medizinprodukte, die messtechnischen Kontrollen nach § 11 Abs. 1 Satz 1 Nr. 1 unterliegen

1.1 Medizinprodukte zur Bestimmung der Hörfähigkeit (Ton- und Sprachaudiometer)

1.2 Medizinprodukte zur Bestimmung von Körpertemperaturen (mit Ausnahme von Quecksilberglasthermometern mit Maximumvorrichtung)

1.2.1 medizinische Elektrothermometer

1.2.2 mit austauschbaren Temperaturfühlern

1.2.3 Infrarot-Strahlungsthermometer

1.3 Messgeräte zur nichtinvasiven Blutdruckmessung
1.4 Medizinprodukte zur Bestimmung des Augeninnendruckes (Augentonometer)
1.4.1 allgemein
1.4.2 zur Grenzwertprüfung
1.5 Therapiedosimeter bei der Behandlung von Patienten von außen
1.5.1 mit Photonenstrahlung im Energiebereich bis 1,33 MeV
1.5.2 mit Photonenstrahlung im Energiebereich ab 1,33 MeV
1.5.3 mit Photonenstrahlung aus Co-60-Bestrahlungsanlagen
1.6 Diagnostikdosimeter zur Durchführung von Mess- und Prüfaufgaben, sofern sie nicht § 2 Abs. 1 Nr. 3 oder 4 der Eichordnung unterliegen
1.7 Tretkurbelergometer zur definierten physikalischen und reproduzierbaren Belastung von Patienten
2 Ausnahmen von messtechnischen Kontrollen
Abweichend von 1.5.1 unterliegen keiner messtechnischen Kontrolle Therapiedosimeter, die nach jeder Einwirkung, die die Richtigkeit der Messung beeinflussen kann, sowie mindestens alle zwei Jahre in den verwendeten Messbereichen kalibriert und die Ergebnisse aufgezeichnet werden. Die Kalibrierung muss von fachkundigen Personen, die vom Betreiber bestimmt sind, mit einem Therapiedosimeter durchgeführt werden, dessen Richtigkeit entsprechend § 11 Abs. 2 sichergestellt worden ist und das bei der die Therapie durchführenden Stelle ständig verfügbar ist.
3 Messtechnische Kontrollen in Form von Vergleichsmessungen»

Bei diesen Medizinprodukten sind spezielle Vorschriften beim Betreiben und Anwenden zu beachten. Gefordert werden vom Betreiber u. a. folgende zu dokumentierende Tätigkeiten:
- Medizinproduktebuch,
- MTK,
- Bestandsverzeichnis bei Vorliegen von aktiven Medizinprodukten mit Messfunktion.

Anlage 3-Medizinprodukt

{EN: *Medical device listed in appendix 3*}
{FR: *Dispositif médical – appendice 3*}
{⇨ Implantierbares Medizinprodukt}

In § 10 MPBetreibV werden besondere Pflichten bei implantierbaren Medizinprodukten festgelegt. Anlage 3 MPBetreibV benennt die implantierbaren Medizinprodukte, bei denen diese besonderen Pflichten ab dem 1. Oktober 2015 anzuwenden sind:
- Aktive implantierbare Medizinprodukte
- Nachfolgende implantierbare Produkte:

- Herzklappen
- Nicht resorbierbare Gefäßprothesen und –stützen
- Gelenkersatz für Hüfte und Knie
- Wirbelkörperersatzsysteme
- Brustimplantate

Bei diesen implantierbaren Medizinprodukten sind besondere Dokumentationspflichten zu beachten:

- Die für die Implantation verantwortliche Person hat dem Patienten unverzüglich nach der Implantation folgende Dokumente auszuhändigen:
  - eine schriftliche Information mit Verhaltensanweisungen beim Umgang mit dem Medizinprodukt und Maßnahmen bei einem Vorkommnis;
  - einen Implantatpass, der alle wesentlichen Informationen über den Patienten, das implantierte Medizinprodukt und die Implantation enthält.
- Der Betreiber der Einrichtung, in der die Implantation dieser Medizinprodukte erfolgte, hat die Dokumentation über die implantierten Medizinprodukte so vorzunehmen, dass für den Fall eines Vorkommnisses der betroffene Personenkreis innerhalb von drei Werktagen ermittelt werden kann. Diese Dokumentation ist 20 Jahre aufzubewahren und danach unverzüglich zu vernichten.
- Die Krankenkasse ist verpflichtet, die Daten des Patienten dem Betreiber der Einrichtung, in der die Implantation erfolgte, zur Verfügung zu stellen, wenn nur so eine Kontaktaufnahme mit dem Patienten erreicht werden kann.

Anwender

{EN: *User*}
{FR: *Utilisateur*}
{⇨ Anwendung, Bediener, Dienstanweisung Medizinprodukte}

⇨ Empfehlung der DGAI [54]:

«Anwender ist derjenige, der das Medizinprodukt tatsächlich anwendet und bedient. Der Anwender hat bei der Bedienung oder dem Einsatz eines Medizinprodukts dafür zu sorgen, dass Patienten, Mitarbeiter und Dritte nicht gefährdet werden.

In der Regel werden Betreiber, Medizinprodukte-Verantwortlicher, Medizinprodukte-Beauftragter und Anwender unterschiedliche Personen sein. In kleinen Betrieben können die Verantwortlichkeiten aber auch kumulieren. So wird in einer Einzelpraxis der Anwender in Personalunion zugleich auch Betreiber, Medizinprodukte-Verantwortlicher und -Beauftragter sein.»

Eine Legaldefinition ist im Medizinprodukterecht nicht vorhanden.

Ein Anwender ist jede in einer Gesundheitseinrichtung, Rettungsorganisation, Pflegeeinrichtung tätige Person, die – im Gegensatz zum Bediener – ein Medizinprodukt eigenverantwortlich handhabt entsprechend der Zweckbestimmung des Herstellers/Eigenherstellers und der vom Hersteller/Eigenhersteller vorgegebenen Anwendungsbeschränkungen.

Jeder Anwender, der bei der Erledigung von dienstlichen Aufgaben mit Medizinprodukten zu tun hat, ist verpflichtet, die für seinen Verantwortungsbereich und sein Aufgabengebiet maßgeblichen Bestimmungen von MPG, MPBetreibV und MPSV einschließlich der diese Bestimmungen ergänzenden Arbeitsschutz- und Unfallverhütungsvorschriften zu beachten.

Diese sind zum Teil mit Straf- und Bußgeldvorschriften belegt.

Anwender können sowohl der Arzt oder Zahnarzt, als auch das medizinische Fach- und Pflegepersonal oder die Hilfskräfte bis hin zum Patienten (Heimdialyse, Blutzuckermessung, Schwangerschaftstests, Fiebermessung, Blutdruckmessung) sein.

Anwender ist aber keinesfalls, wer unter ständiger Aufsicht (z. B. während der Ausbildung oder Einweisung) oder Leitung eines Anderen ein Gerät ausschließlich bedient.

Der private Bereich unterliegt nicht der MPBetreibV, es sei denn, dass Arbeitnehmer im Gefahrenbereich des Medizinprodukts beschäftigt sind (vgl. § 1 Abs. 2 MPBetreibV). Mit anderen Worten: Die Anforderungen an den Anwender von Medizinprodukten im MPG und MPBetreibV gelten nicht für einen Patienten, wenn dieser als Laie ein Medizinprodukt an sich selbst anwendet.

Die Pflichten eines Anwenders sollten im Rahmen einer Dienstanweisung nachvollziehbar festgelegt werden.

Anwenderfehler

{EN: *User error*}
{FR: *Erreur commise par l'utilisateur*}

Anwenderfehler sind Fehler, die schwerpunktmäßig durch den Anwender des Medizinprodukts verursacht werden. Zu Anwenderfehlern zählen beispielsweise folgende Fehler des Anwenders:

- Anwenden des Medizinprodukts
  - mit einer vom Anwender absichtlich blockierten Sicherheitsvorrichtung des Medizinprodukts [9],
  - außerhalb der Zweckbestimmung des Herstellers,
  - außerhalb der vom Hersteller vorgegebenen Anwendungsbeschränkungen,
  - ohne Durchführung des vom Hersteller vorgeschriebenen Funktionstests.

Anwenderfehler stellen eine Gefahr dar, die mit der Anwendung von Medizinprodukten verbunden ist, beispielsweise durch Anwenden eines Medizinprodukts durch Personen, die die erforderliche Ausbildung oder Kenntnis und Erfahrung nicht besitzen. Bei Medizinprodukten der Anlage 1 MPBetreibV schreibt der Gesetzgeber zur Vermeidung von Anwenderfehlern die Einweisung vor.

Anwenderfehler unterliegen nicht der Meldepflicht an das BfArM/PEI.

Anwendersicherheit

{EN: *User safety*}
{FR: *Sécurité des utilisateurs*}
{⇨ Patientensicherheit}

Zweck des MPG ist nach § 1 MPG u. a., den Verkehr mit Medizinprodukten zu regeln und dadurch für die Sicherheit der Medizinprodukte sowie für die Gesundheit und den erforderlichen Schutz der Patienten, Anwender und Dritter zu sorgen.

Anwendung

{EN: *Use*}
{FR: *Utilisation*}
{⇨ Off label use, Verwendung}

Der Begriff «Anwendung» ist im MPG nicht definiert. Er umfasst die Nutzung eines Medizinprodukts für Menschen entsprechend der Zweckbestimmung einschließlich der klinisch zu behandelnden Patientengruppe(n) und der Anwendungsbeschränkungen des Herstellers/Eigenherstellers oder auch für einen anderen medizinischen Verwendungszweck (off label use).

Anwendungsbereich

{EN: *Scope*}
{FR: *Champ d'application*}
{⇨ Verwendungsfertiges Produkt}

Der Anwendungsbereich einer Rechtsvorschrift beschreibt,

- für welche Personen (persönlicher Anwendungsbereich),
- für welche Produkte (produktbezogener Anwendungsbereich),
- für welche Tätigkeiten oder Aktivitäten (sachlicher Anwendungsbereich) oder
- für welchen Zeitraum (zeitlicher Anwendungsbereich)

die betreffende Regelung gilt – einschließlich etwaiger Ausnahmen. Die Vorschriften sind nur im Rahmen des definierten Anwendungsbereichs anwendbar.

Der Anwendungsbereich des MPG ist in § 2 Nr. 1 MPG produktbezogen festgelegt. Das Gesetz gilt für Medizinprodukte und deren Zubehör und legt fest, auf welche Produkte, die ebenfalls unter die Definition eines Medizinprodukts subsumiert werden könnten, das Gesetz keine Anwendung findet. Ergänzend hinzuweisen ist, dass der Anwendungsbereich des MPG nicht auf das «verwendungsfertige Medizinprodukt» bezogen ist.

Der sachliche Anwendungsbereich des MPG ergibt sich aus den einzelnen Regelungen. Er umfasst im Wesentlichen die Voraussetzungen für das Inverkehrbringen und die Inbetriebnahme; das Gesetz enthält aber auch Regelungen zu Phasen des Produktlebenszyklus, die dem Inverkehrbringen und der Inbetriebnahme vor- und nachgelagert sind (z. B. klinische Prüfung, Betreiben und Anwenden, Marktüberwachung).

In den auf dem MPG basierenden nationalen Verordnungen ist überwiegend auch der sachliche Anwendungsbereich definiert; lediglich die Medizinprodukte-Abgabeverordnung enthält keine ausdrückliche Regelung zum Anwendungsbereich.

Mit dem Gesetz zur Änderung medizinprodukterechtlicher und anderer Vorschriften vom 14. Juni 2007 wurde der sachliche Anwendungsbereich ergänzt um das Anwenden, Betreiben und Instandhalten von Produkten, die vom Hersteller nicht als Medizinprodukte in den Verkehr gebracht wurden, aber mit einer Zweckbestimmung eingesetzt werden, die der Zweckbestimmung eines Medizinprodukts dem Sinn nach entsprechen und der Anlage 1 oder 2 MPBetreibV zuzuordnen wären.

Anwendungsbereich des MPG

{EN: *Scope of the Medical Devices Act, MPG*}
{FR: *Champ d'application de la loi sur les dispositifs médicaux, MPG*}

§ 2 MPG regelt den Anwendungsbereich des MPG, trifft Abgrenzungen zwischen Medizinprodukten und anderen Produkten und enthält Festlegungen, für welche Produkte das MPG keine Anwendung findet.

Anwendungsbeschränkung

{EN: *Use restriction*}
{FR: *Restriction d'utilisation*}
{⇨ Verwendungszweck, Zweckbestimmung}

Anwendungsbeschränkungen für Medizinprodukte, Systeme und Behandlungseinheiten werden als «Ergänzung» zur Zweckbestimmung vom Hersteller festgelegt im Hinblick auf:

- Anwendung der Produkte nur innerhalb der angegebenen Zweckbestimmungen;
- Anwendung nur bei Personen mit einem Körpergewicht < x kg;
- nur zur einmaligen Verwendung;
- Anwendung der Produkte nur, wenn das Verfalldatum noch nicht abgelaufen ist;
- für die Anwendung der Produkte ist ein ausreichendes Seh- und Hörvermögen des geschulten Anwenders Voraussetzung zur Erkennung der visuellen und akustischen Alarmsignale;
- Einsatz der Produkte nur unter den in der Gebrauchsanweisung aufgeführten Umgebungsbedingungen (z. B. Umgebungstemperatur -10°C bis 35°C);
- kein Betrieb in explosionsgefährdeten Bereichen;
- kein Betrieb in hyperbaren Kammern;
- kein Betrieb in Rettungsfahrzeugen/Rettungshubschraubern;
- kein Betrieb bei der Kernspintomografie;
- kein Betrieb von Mobiltelefonen innerhalb einer Entfernung von 10 Metern zur Medizinprodukt-Kombination;
- kein Betrieb eines Medizinprodukts (z. B. Insulinpumpe) in unmittelbarer Nähe eines (implantierten) Defibrillators.

Diese beispielhaft genannten Anwendungsbeschränkungen erheben keinen Anspruch auf Vollständigkeit und sind nach Maßgabe eines konkreten Medizinprodukts vom Hersteller vorzunehmen.

Anwendungsbeschränkungen können sich auch auf die Anwendung bei vom Hersteller spezifizierten Patientenkollektiven beziehen. Eine Anwendungsbeschränkung kann beispielsweise dahin gehend bestehen, dass ein Medizinprodukt nicht für die Anwendung bei Früh- und Neugeborenen vom Hersteller vorgesehen ist.

Anwendungsdauer

{EN: *Duration*}
{FR: *Durée*}
⇨ Anhang IX Abschnitt I Nr. 1.1 MDD

Im Zusammenhang mit den von Herstellern zu berücksichtigenden Klassifizierungsregeln der MDD wird im Anhang IX Abschnitt I Nr. 1.1 MDD hinsichtlich der Anwendungsdauer folgende Unterscheidung vorgenommen:

- Vorübergehend
  Unter normalen Bedingungen für eine ununterbrochene Anwendung über einen Zeitraum von weniger als 60 Minuten bestimmt.
- Kurzzeitig
  Unter normalen Bedingungen für eine ununterbrochene Anwendung über einen Zeitraum von bis zu 30 Tagen bestimmt.
- Langzeitig
  Unter normalen Bedingungen für eine ununterbrochene Anwendung über einen Zeitraum von mehr als 30 Tagen bestimmt.

Der Begriff «ununterbrochene Anwendung» wird im Anhang IX Abschnitt II Nr. 2.6 MDD konkretisiert. Danach gilt auch eine Anwendung als nicht unterbrochen, wenn das Produkt durch dasselbe oder ein identisches Medizinprodukt ersetzt wird und die Anwendung unverzüglich fortgeführt wird.

Anwendungsfehler

{EN: *Use error*}
{FR: *Erreur d'utilisation*}

Anwendungsfehler sind Fehler, «die im Zusammenhang mit der Anwendung eines Medizinprodukts stehen und bei denen die Ursachen für ein unerwünschtes Ereignis nicht allein beim Anwender liegen» [9]

Anwendungsfehler werden schwerpunktmäßig durch das Medizinprodukt verursacht. Nach DIN EN 60601-1-6:2010-10 ist der Anwendungsfehler eine Handlung oder die Unterlassung einer Handlung, die eine andere Reaktion des Medizinprodukts auslöst als dies vom Hersteller beabsichtigt oder vom Anwender erwartet wurde. Zu Anwendungsfehlern zählen beispielsweise folgende Fehler:

- nicht gebrauchstauglich entwickeltes Medizinprodukt (z. B.: Anschlussverbindungen sind nicht eindeutig und können vertauscht werden [9],
- Funktionsstörung des Medizinprodukts während der Anwendung,
- nicht spezifikationsgemäße Funktionsänderungen eines Medizinprodukts.

Anwendungsfehler sind gemäß MPSV sowohl vom Hersteller als auch vom Anwender an das BfArM/PEI meldepflichtig. Anwendungsfehler, die auf Problemen der Gebrauchstauglichkeit beruhen und zu einem Vorkommnis führen, müssen gemeldet werden. «Die Unterscheidung, ob es sich bei einem unerwünschten Ereignis um einen Anwendungsfehler oder einen Anwenderfehler handelt, kann schwierig sein und ist manchmal umstritten» [9].

Anwendungsort

{EN: *Site of application*}
{FR: *Site d'application*}
{⇨ Invasive Anwendung, Nichtinvasive Anwendung}

Im Zusammenhang mit den Klassifizierungsregeln der MDD wird im Anhang IX Abschnitt I Nr. 1.2 MDD hinsichtlich des Anwendungsorts folgende Unterscheidung vorgenommen:

- nichtinvasive Anwendung,
- invasive Anwendung,
- chirurgisch-invasive Anwendung,
- Implantation.

Ergänzt wird der Anwendungsort noch durch die Festlegungen in Anhang IX Abschnitt I Nr. 1.7 und 1.8 MDD:

- Anwendung im zentralen Kreislaufsystem,
- Anwendung am zentralen Nervensystem.

Anwendungsregeln

{EN: *Implementing rules*}
{FR: *Règles d'application*}
{⇨ Klassifizierung von Medizinprodukten}

1. Anwendungsregeln zur Klassifizierung

Diese Anwendungsregeln beziehen sich ausschließlich auf Medizinprodukte der MDD und sind bei jeder Klassifizierung von einem Hersteller anzuwenden.

⇨ Anhang IX Abschnitt II Nr. 2 MDD:

«2.1 Die Anwendung der Klassifizierungsregeln richtet sich nach der Zweckbestimmung der Produkte.

2.2 Wenn ein Produkt dazu bestimmt ist, in Verbindung mit einem anderen Produkt angewendet zu werden, werden die Klassifizierungsregeln auf jedes Produkt gesondert angewendet. Zubehör wird unabhängig von dem Produkt, mit dem es verwendet wird, klassifiziert.

2.3 Software, die ein Produkt steuert oder dessen Anwendung beeinflusst, wird automatisch derselben Klasse zugerechnet wie das Produkt.

2.4 Wenn ein Produkt nicht dazu bestimmt ist, ausschließlich oder hauptsächlich an einem bestimmten Teil des Körpers angewandt zu werden, muss es nach der spezifizierten Anwendung eingeordnet werden, die das höchste Gefährdungspotential beinhaltet.

2.5 Wenn unter Berücksichtigung der vom Hersteller angegebenen Leistungen auf ein und dasselbe Produkt mehrere Regeln anwendbar sind, so gilt die strengste Regel, so dass das Produkt in die jeweils höchste Klasse eingestuft wird.

2.6 Bei der Berechnung der [Anwendungsdauer] bedeutet ununterbrochene Anwendung eine tatsächliche ununterbrochene Anwendung des Produkts gemäß seiner Zweckbestimmung. Wird die Anwendung eines Produkts unterbrochen, um das Produkt unverzüglich durch dasselbe oder ein identisches Produkt zu ersetzen, gilt dies als Fortführung der ununterbrochenen Anwendung des Produkts»

2. Anwendungsregeln zur sachgerechten Handhabung von Medizinprodukten

Diese Anwendungsregeln sind der Gebrauchsanweisung und sonstigen sicherheitsbezogenen Informationen des Herstellers zu entnehmen.

Anwendungsregeln sind ebenfalls zu entnehmen aus DIN VDE 0753 «Anwendungsregeln»:

- DIN VDE 0753-4; VDE 0753-4:2009-05 «Anwendungsregeln zum sicheren Betrieb/Gebrauch von Medizinprodukten in der extrakorporalen Nierenersatztherapie»
  Diese Anwendungsregeln beschreiben technische Anforderungen, die mit dem Einsatz von Geräten zur Hämodialyse, Hämofiltration und Hämodiafiltration verbunden sind. Ihre Beachtung ist für den sicheren, zulässigen und sachgerechten Gebrauch erforderlich [69].

Anwendungsverbot

{EN: *Refuse of use*}
{FR: *Refus d'utilisation*}

§ 14 Satz 2 MPG belegt Medizinprodukte mit Mängeln, durch die Patienten, Beschäftigte oder Dritte gefährdet werden können, mit einem Anwendungsverbot. Nach § 40 Abs. 1 MPG kann das Missachten des Anwendungsverbots mit einer Freiheitsstrafe bis zu drei Jahren oder einer Geldstrafe geahndet werden.

Anzeigepflicht

{EN: *Obligation to notify*}
{FR: *Obligation de déclarer; Obligation de notifier*}
{⇨ DIMDI-Verordnung, Meldepflicht}

Der Gesetzgeber legt fest, wer welche Informationen anzuzeigen hat. Diese Anzeigen werden beim DIMDI mit Hilfe des zentralen Erfassungssystems online entgegengenommen, im datenbankgestützten Informationssystem über Medizinprodukte gespeichert und stehen allen interessierten Stellen (z. B. den Bundesministerien und den BOB, Landesbehörden, Ethikkommissionen nach Landesrecht) zur weiteren Nutzung zur Verfügung.

1. Allgemeine Anzeigepflicht nach § 25 Abs. 1 und 2 MPG und § 30 Abs. 2 MPG für Medizinprodukte (außer In-vitro-Diagnostika)

Anzeigepflichtig sind:

- der Verantwortliche für das erstmalige Inverkehrbringen nach § 5 MPG mit Sitz in Deutschland (Hersteller oder sein Bevollmächtigter, Einführer) ;
- der Verantwortliche für das Zusammensetzen von Systemen oder Behandlungseinheiten nach § 10 Abs. 1 und 2 MPG mit Sitz in Deutschland;
- Betriebe oder Einrichtungen mit Sitz in Deutschland, die Medizinprodukte nach § 4 Abs. 2 MPBetreibV ausschließlich für andere aufbereiten oder sterilisieren;
- Betriebe oder Einrichtungen mit Sitz in Deutschland, die Systeme oder Behandlungseinheiten nach § 10 Abs. 3 MPG sterilisieren.

Folgende Informationen hat der Anzeigepflichtige anzuzeigen:

- Angaben zum Medizinprodukt, die erstmalig in den Verkehr gebracht werden sollen (z. B. Klassenzuordnung bei sonstigen Medizinprodukten, Verwendung von Gewebe tierischen Ursprungs bei der Herstellung);
- Angaben zu den Medizinprodukten die hygienisch aufbereitet werden sollen (semikritische oder kritische Medizinprodukte und deren Gruppenzuordnung) und das entsprechend verwendete Sterilisationsverfahren;
- Name und Kontaktdaten des Sicherheitsbeauftragten für Medizinprodukte nach § 30 Abs. 2 MPG.

2. Allgemeine Anzeigepflicht nach § 25 Abs. 3 MPG und § 30 Abs. 2 MPG für In-vitro-Diagnostika

Anzeigepflichtig sind:

- der Verantwortliche für das erstmalige Inverkehrbringen nach § 5 MPG mit Sitz in Deutschland (Hersteller oder sein Bevollmächtigter, Einführer) ;
- der Verantwortliche für das Zusammensetzen von Systemen oder Behandlungseinheiten nach § 10 Abs. 1 und 2 MPG mit Sitz in Deutschland;
- Betriebe oder Einrichtungen mit Sitz in Deutschland, die Medizinprodukte nach § 4 Abs. 2 MPBetreibV ausschließlich für andere aufbereiten oder sterilisieren;
- Betriebe oder Einrichtungen mit Sitz in Deutschland, die Systeme oder Behandlungseinheiten nach § 10 Abs. 3 MPG sterilisieren.

Folgende Informationen hat der Anzeigepflichtige anzuzeigen:

- Angaben zum In-vitro-Diagnostikum, das erstmalig in den Verkehr gebracht werden soll (z. B. Produkt der Liste A bzw. Liste B nach Anhang II der IVDD, Produkt zur Eigenanwendung, Neues In-vitro-Diagnostikum im Sinne von § 3 Nr. 6 MPG);
- ergänzende Angaben zu In-vitro-Diagnostika zur Eigenanwendung.

- Angaben zu den Medizinprodukten die hygienisch aufbereitet werden sollen (semikritische oder kritische Medizinprodukte und deren Gruppenzuordnung) und das entsprechend verwendete Sterilisationsverfahren;
- Name und Kontaktdaten des Sicherheitsbeauftragten für Medizinprodukte nach § 30 Abs. 2 MPG.

3. Anzeige von klinischen Prüfungen/Leistungsbewertungsprüfungen nach den §§ 20 bis 24 MPG

Anzeigepflichtig ist der Sponsor der klinischen Prüfung/Leistungsbewertungsprüfung nach § 3 Nr. 23 MPG.

Folgende Informationen hat der Anzeigepflichtige zur Verfügung zu stellen:

- zuständige BOB (BfArM oder PEI);
- zuständige Ethikkommission;
- Name und Kontaktdaten des Sponsors und seines Vertreters mit Sitz im EWR (falls der Sponsor außerhalb des EWR seinen Sitz hat);
- Angabe der für den Sponsor zuständigen Landesbehörde;
- ggf. Name und Kontaktdaten weiterer Verfahrensberechtigter;
- Name und Kontaktdaten des Produzenten des zu prüfenden Medizinprodukts/ des zu bewertenden In-vitro-Diagnostikums;
- Name und Kontaktdaten des Leiters der klinischen Prüfung/der Leistungsbewertungsprüfung;
- Angaben zu der Prüfstelle/den Prüfstellen und Angabe der zuständigen Landesbehörde/der beteiligten Ethikkommission für die jeweilige Prüfstelle;
- Namen des Hauptprüfers und der Prüfer;
- Angaben zum Medizinprodukt (aktives Medizinprodukt, nichtaktives Medizinprodukt, In-vitro-Diagnostikum, steriles Medizinprodukt),
- Angaben zur Identifizierung des Medizinprodukts;
- Angaben zu Vergleichsprodukten (sofern vorhanden bzw. zur klinischen Bewertung herangezogen);
- Angabe, ob es sich um ein Produkt zur Eigenanwendung handelt;
- Angaben zur klinischen Prüfung/Leistungsbewertungsprüfung (z. B. vollständiger Titel, Name oder abgekürzter Titel, Angaben zum Prüfplan, Beginn und Ende der klinischen Prüfung/Leistungsbewertungsprüfung, Probandenanzahl, Ziel der klinischen Prüfung/Leistungsbewertungsprüfung);
- Angabe, ob es sich um eine multizentrische klinische Prüfung/Leistungsbewertungsprüfung handelt und in welchen Mitgliedstaaten die klinische Prüfung/ Leistungsbewertungsprüfung durchgeführt wird;
- Angaben zur Probandenpopulation (z. B. Alter, Geschlecht, Ein- und Ausschlusskriterien).

Anzeigepflichtiger

{EN: *Person responsible to notify*}
{FR: *Personne responsable de la déclaration; Personne responsable de la notification*}

«Anzeigepflichtig für Medizinprodukte und In-vitro-Diagnostika nach § 25 MPG ist der Hersteller, sein deutscher Bevollmächtigter oder Einführer, der Verantwortliche für das Zusammensetzen von Systemen oder Behandlungseinheiten sowie Betriebe oder Einrichtungen, die Medizinprodukte aufbereiten oder sterilisieren. Anzeigepflichtig für klinische Prüfungen/Leistungsbewertungsprüfungen ist der Auftraggeber bzw. Sponsor.» [112]

Apparat

{EN: *Apparatus*}
{FR: *Appareil*}

⇨ § 3 Nr. 1 MPG:
«Medizinprodukte sind alle einzeln oder miteinander verbunden verwendete [...], Apparate, [...], die vom Hersteller zur Anwendung für Menschen mittels ihrer Funktion zum Zwecke [...] zu dienen bestimmt sind und deren bestimmungsgemäße Hauptwirkung im oder am menschlichen Körper weder durch pharmakologisch oder immunologisch wirkende Mittel noch durch Metabolismus erreicht wird, deren Wirkungsweise aber durch solche Mittel unterstützt werden kann.»

Gemäß Duden ist unter einem «Apparat» ein aus mehreren Bauelementen zusammengesetztes technisches Gerät zu verstehen, das bestimmte Funktionen erfüllt.[3] In der Praxis wird zwischen «Apparat» und «Gerät» nicht unterschieden. Beispiele für Apparate/Geräte sind:

- Narkoseapparat (Narkosegerät),
- Röntgenapparat (Röntgengerät),
- Orthodontischer Apparat (orthodontisches Gerät),
- Infusionspumpe,
- Infusionsspritzenpumpe,
- Ultraschallgerät,
- Beatmungsgerät,
- Herz-Lungen-Maschine,
- Hochfrequenz-Chirurgiegerät,
- Dialysegerät,
- etc..

Äquivalentes Medizinprodukt

{EN: *Equivalent medical device*}
{FR: *Dispositif médical équivalent*}
{⇨ Klinische Bewertung, Klinische Daten, Konformitätsbewertungsverfahren}

Wird ein neues Medizinprodukt entwickelt, das der AIMDD oder der MDD zuzuordnen ist, so ist im Rahmen des Konformitätsbewertungsverfahrens u. a. eine klinische Bewertung durchzuführen. Die klinische Bewertung dieses Medizinprodukts ist anhand von klinischen Daten durchzuführen.

3) http://www.duden.de/rechtschreibung/Apparat (Stand: November 2014)

Diese klinischen Daten können gemäß § 3 Nr. 25 MPG aus folgenden Quellen stammen:

- einer klinischen Prüfung des betreffenden Medizinprodukts oder
- klinischen Prüfungen oder sonstiger in der wissenschaftlichen Fachliteratur wiedergegebenen Studien über ein ähnliches Produkt, dessen Gleichartigkeit mit dem betreffenden Medizinprodukt nachgewiesen werden kann, oder
- veröffentlichten oder unveröffentlichten Berichten über sonstige klinische Erfahrungen entweder mit dem betreffenden Medizinprodukt oder einem ähnlichen Produkt, dessen Gleichartigkeit mit dem betreffenden Medizinprodukt nachgewiesen werden kann.

Die klinischen Daten müssen folglich nicht notwendigerweise von dem klinisch zu bewertenden Medizinprodukt stammen.

Hinzuweisen ist, dass weder in den Medizinprodukte-Richtlinien noch im MPG angegeben wird, was unter dem Begriff «Nachweis der Gleichartigkeit» mit dem betreffenden Medizinprodukt zu verstehen ist. Hilfestellung leistet hierzu die nicht rechtsverbindliche Leitlinie MEDDEV 2.7/1 rev. 3 [62]

Gemäß § 3 Nr. 25 MPG sind ebenfalls klinische Daten von nachweisbar gleichartigen (äquivalenten) Medizinprodukten zulässig, die ordnungsgemäß in den Verkehr gebracht wurden. Zum Nachweis der Gleichartigkeit (Äquivalenz) des Medizinprodukts empfiehlt es sich, folgende Kriterien zugrunde zu legen und im Hinblick auf ihre Äquivalenz des Medizinprodukts zu bewerten [62]:

- Verwendungszweck (Zweckbestimmung und Anwendungsbeschränkungen einschließlich der klinisch zu behandelnden Patientengruppe(n)):
  Das klinisch zu bewertende und das äquivalente Medizinprodukt sollte nachweisbar den gleichen Verwendungszweck haben.

  Der Verwendungszweck des klinisch zu bewertenden und des äquivalenten Medizinprodukts hat sich jeweils zu beziehen auf
  - den zu behandelnden klinischen Zustand,
  - die Schwere und das Stadium der Erkrankung,
  - den Ort der Anwendung des Medizinprodukts am/im Körper des Patienten und
  - die Patientenpopulation.

  Die Anwendungsdauer sollte vergleichbar sein.
- Technische Charakteristika wie Funktionsweise, Leistung, Sicherheit, Materialien, Energie und ggf. weitere anwendbare Produkteigenschaften:
  Hinsichtlich ihrer technischen Eigenschaften sind sie zu vergleichen. Diese Eigenschaften sollten soweit ähnlich sein, dass keine klinisch signifikanten Unterschiede im Hinblick auf Leistung und Sicherheit des Medizinprodukts nachweisbar sind.
- Biologische Charakteristika wie Biokompatibilität von Materialien, die in Kontakt mit dem Patienten sind, mit dessen Körperflüssigkeiten und dessen Gewebe:

Hinsichtlich ihrer biologischen Eigenschaften sind sie zu vergleichen. Diese Eigenschaften sollten soweit ähnlich sein, dass keine klinisch signifikanten Unterschiede im Hinblick auf Leistung und Sicherheit des Medizinprodukts nachweisbar sind.

Hinzuweisen ist allerdings darauf, dass MEDDEV 2.7/1 rev. 3 [62] nicht zu entnehmen ist, welcher Grad der Gleichartigkeit vorliegen muss, um den zulässigen Literaturweg zu beschreiten.

Hilfreich ist auch der Verweis auf Harmonisierte Normen, die bei dem klinisch zu bewertenden und dem äquivalenten Medizinprodukt zum Einsatz kommen. Die Begründung der Äquivalenz des Medizinprodukts ist zu dokumentieren.

Arbeitsgruppe Medizinprodukte der Bundesländer (AGMP)

{EN: *Working group medical devices of the Länder, AGMP*}
{FR: *Groupe de travail dispositifs médicaux des Länder, AGMP*}

«Im Jahre 2001 beschlossen die Gesundheits- und die Arbeitsministerkonferenz, ein Gremium einzurichten, das sich mit Problemen des Vollzugs des Medizinprodukterechts beschäftigt und hier insbesondere eine Koordination der Zusammenarbeit der Länder herbeiführen soll. Auf der Grundlage der gleich lautenden Beschlüsse der beiden Ministerkonferenzen konstituierte sich am 7. Januar 2002 in Bonn die Arbeitsgruppe Medizinprodukte (AGMP). Ihr gehören die mit den einschlägigen Fachaufgaben betrauten Referenten der Länder an. Sie berichtet an die Arbeitsgruppe der Arbeitsgemeinschaft der Obersten Landesgesundheitsbehörden (AOLG) und ist diesem Gremium rechenschaftspflichtig.» [100].

Die AGMP hat u. a. den Leitfaden «Einstufung und Klassifizierungsfragen von Medizinprodukten» erarbeitet[4].

Arbeitsgruppe MPG der Industriefachverbände (AG MPG)

{EN: *Working group of professional industry associations: Medical Devices Act, MPG, AG MPG*}
{FR: *Groupe de travail des associations professionnelles des industries: Loi sur les dispositifs médicaux, MPG, AG MPG*}
{⇨ Verbände der Medizinprodukte-Industrie}

Die AG MPG ist eine nationale Arbeitsgruppe der Fachverbände, die die Medizinprodukteindustrie in Deutschland vertreten:

- Bundesverband der Arzneimittelhersteller e.V., BAH,
- Bundesverband der pharmazeutischen Industrie e.V., BPI,
- Bundesverband Medizintechnologie e.V., BVMed,
- Deutscher Industrieverband für optische, medizinische und mechatronische Technologien e.V., SPECTARIS,
- Verband der Deutschen Dental-Industrie e.V., VDDI,

4) https://www.zlg.de/servicenavi/aktuelles/aktuelles/meldung/article/leitfaden-einstufung-und-klassifizierungsfragen-von-medizinprodukten-der-agmp.html (Stand: November 2014)

- Verband der Diagnostica-Industrie e.V., VDGH,
- ZVEI – Zentralverband Elektrotechnik- und Elektronikindustrie e.V., Fachverband Elektromedizinische Technik

Die AG MPG dient vornehmlich:
- dem Erfahrungsaustausch zu gesetzlichen Regelungen,
- der Erarbeitung von Stellungnahmen,
- der Erarbeitung von regulatorischen Vorschlägen,

die Medizinprodukte betreffen. Ansprechpartner der AG MPG ist jeder Fachverband.

Arbeitsschutzvorschrift

{EN: *Workplace safety rules*}
{FR: *Règles de sécurité au travail*}
{⇨ Unfallverhütungsvorschrift}

Arbeitsschutzvorschriften sind Vorschriften/Bestimmungen/Grundsätze, die Maßnahmen sicherheitstechnischer und/oder organisatorischer Art zum Schutz der Beschäftigten beinhalten, z. B.:
- Arbeitsschutzgesetz (Gesetz über die Durchführung von Maßnahmen des Arbeitsschutzes zur Verbesserung der Sicherheit und des Gesundheitsschutzes der Beschäftigten bei der Arbeit),
  Arbeitssicherheitsgesetz (Gesetz über Betriebsärzte, Sicherheitsingenieure und andere Fachkräfte für Arbeitssicherheit),
  Bundes-Immissionsschutzgesetz (Gesetz zum Schutz vor schädlichen Umwelteinwirkungen durch Luftverunreinigungen, Geräusche, Erschütterungen und ähnliche Vorgänge),
  Produktsicherheitsgesetz (Gesetz über die Bereitstellung von Produkten auf dem Markt),
  Chemikaliengesetz (Gesetz zum Schutz vor gefährlichen Stoffen),
  Betriebsverfassungsgesetz,
  Atomgesetz (Gesetz über die friedliche Verwendung der Kernenergie und den Schutz gegen ihre Gefahren) etc.,
- Arbeitsstättenverordnung, Technische Regeln für Arbeitsstätten (Die Technischen Regeln für Arbeitsstätten (ASR) konkretisieren die Anforderungen der Arbeitsstättenverordnung),
- Betriebssicherheitsverordnung (Verordnung über Sicherheit und Gesundheitsschutz bei der Bereitstellung von Arbeitsmitteln und deren Benutzung bei der Arbeit, über Sicherheit beim Betrieb überwachungsbedürftiger Anlagen und über die Organisation des betrieblichen Arbeitsschutzes),
  Betriebssicherheitsverordnung (Verordnung über Sicherheit und Gesundheitsschutz bei der Bereitstellung von Arbeitsmitteln und deren Benutzung bei der Arbeit, über Sicherheit beim Betrieb überwachungsbedürftiger Anlagen und über die Organisation des betrieblichen Arbeitsschutzes),
  Druckluftverordnung (Verordnung über Arbeiten in Druckluft),

Strahlenschutzverordnung (Verordnung über den Schutz vor Schäden durch ionisierende Strahlen),
Röntgenverordnung (Verordnung über den Schutz vor Schäden durch Röntgenstrahlen),
Gefahrstoffverordnung (Verordnung zum Schutz vor Gefahrstoffen),
PSA-Benutzungsverordnung (Verordnung über Sicherheit und Gesundheitsschutz bei der Benutzung persönlicher Schutzausrüstungen bei der Arbeit),
Bildschirmarbeitsverordnung (Verordnung über Sicherheit und Gesundheitsschutz bei der Arbeit an Bildschirmgeräten), etc.,

- Technische Regeln für Betriebssicherheit (TRBS),
- Vorschriften der Deutschen Gesetzlichen Unfallversicherung – DGUV[5]:
  Unfallverhütungsvorschriften – BGV/GUV-V,
  Berufsgenossenschaftliche Regeln – BGR/GUV-R,
  Berufsgenossenschaftliche Grundsätze – BGG/GUV-G, etc.,
- Normen:
  DIN-Normen,
  VDI-/VdS-/vfdb-Richtlinien, etc..

Arzneimittel

{EN: *Medicinal product*}
{FR: *Médicament*}

⇨ § 2 Abs. 1 AMG:
«Arzneimittel sind Stoffe oder Zubereitungen aus Stoffen,

1. die zur Anwendung im oder am menschlichen oder tierischen Körper bestimmt sind und als Mittel mit Eigenschaften zur Heilung oder Linderung oder zur Verhütung menschlicher oder tierischer Krankheiten oder krankhafter Beschwerden bestimmt sind

oder

2. die im oder am menschlichen oder tierischen Körper angewendet oder einem Menschen oder einem Tier verabreicht werden können, um entweder
   a) die physiologischen Funktionen durch eine pharmakologische, immunologische oder metabolische Wirkung wiederherzustellen, zu korrigieren oder zu beeinflussen

   oder

   b) eine medizinische Diagnose zu erstellen.»

Arzneimittel fallen unter die RL 2001/83/EG, die mit dem AMG in nationales Recht umgesetzt wird.

Vereinfacht ausgedrückt handelt es sich bei Arzneimitteln um Stoffe oder Zubereitungen aus Stoffen mit medizinischer Zweckbestimmung (Heilung, Linderung oder Verhütung von Krankheiten; Wiederherstellung, Besserung oder Beeinflussung physiologischer Funktionen; medizinische Diagnose), die zur

5) http://publikationen.dguv.de/dguv/udt_dguv_main.aspx?ID=0 (Stand: November 2014)

Anwendung im oder am menschlichen oder tierischen Körper bestimmt sind. Definitionsgemäß wirken Arzneimittel pharmakologisch, immunologisch oder metabolisch.

Arzneimittel – Abgrenzung zu Medizinprodukten

{EN: *Borderline medical devices – medicinal products*}
{FR: *Distinction entre dispositifs médicaux et médicaments*}

§ 2 Abs. 3 Nr. 7 AMG legt fest, dass Arzneimittel nicht Medizinprodukte und Zubehör für Medizinprodukte im Sinne des § 3 des MPG sind.

Medizinprodukte sind daher abzugrenzen von den Arzneimitteln. Grundlage hierfür sind die MDD (Begriffsbestimmung Medizinprodukt) und RL 2001/83/EG (Begriffsbestimmung Arzneimittel).

Entscheidend bei der Abgrenzungsfrage ist die hauptsächliche Wirkungsweise. Gemäß Artikel 1, (2)a MDD wird bei Medizinprodukten die

> «[…] bestimmungsgemäße Hauptwirkung im oder am menschlichen Körper weder durch pharmakologisch oder immunologisch wirkende Mittel noch durch Metabolismus erreicht [...], deren Wirkungsweise aber durch solche Mittel unterstützt werden kann.»

Die bestimmungsgemäße Hauptwirkung ergibt sich aus der vom Hersteller angegebenen Zweckbestimmung und dem Mechanismus, wie diese erreicht wird. Aufgrund der physikalischen, technischen oder physiko-chemischen Wirkungsweise fallen Produkte wie Knochenzement, Zahnfüllungsmaterialien, Nahtmaterialien, Blutbeutel mit Stabilisatoren unter das MPG.

Nach der RL 2001/83/EG ist in Zweifelsfällen ein Produkt, das sowohl unter die Arzneimitteldefinition als auch unter Definition einer anderen gemeinschaftsrechtlich geregelten Produktkategorie fällt, als Arzneimittel zu behandeln.

Abgrenzungen zwischen Arzneimitteln und Medizinprodukten werden auf europäischer Ebene von der von der Europäischen Kommission einberufenen Expertengruppe «Medical Devices Expert Group on Borderline and Classification» vorgenommen. Die Ergebnisse dieser Expertengruppe werden in unregelmäßigen Abständen in dem «Manual on Borderline and Classification in the Community Regulatory Framework for Medical Devices» [95] veröffentlicht. Hilfreich zur Abgrenzung ist ebenfalls die europäische Leitlinie MEDDEV 2.1/3 rev. 3 (12.2009) [84].

Asepsis

{EN: *Asepsis*}
{FR: *Asepsie*}

> «Asepsis ist die Gesamtheit der Maßnahmen zur Erzielung von Keimfreiheit, d. h. zur Verhütung des Eindringens bzw. Einschleppens von Erregern in den Organismus bei Operationen, bei der Frühgeburtenaufzucht und bei Herstellung und Abfüllung von nicht sterilisierbaren Arzneimitteln.»[6]

6) http://www.gesundheit.de/lexika/medizin-lexikon/asepsis (Stand: November 2014)

Die Aufbereitung von Medizinprodukten dient der Asepsis.

Assistierte Reproduktionstechnik (ART) – Medizinprodukte

{EN: *Assisted reproduction technique (ART) – medical devices*}
{FR: *Technique d'assistance médicale à la procréation (AMP) – dispositifs médicaux*}
{⇨ In-vitro-Fertilisation (IVF)/assistierte Reproduktionstechnik (ART) – Medizinprodukte}

Audit

{EN: *Audit*}
{FR: *Audit*}
{⇨ Unangekündigtes Audit}

Der Begriff «auditieren» kommt aus dem Bereich des Qualitätsmanagements und entspricht im Grunde dem Begriff «prüfen» oder «inspizieren».

In Anlehnung an DIN EN ISO 9000:2005 [81] ist unter einem Audit folgendes zu verstehen:

> «Ein systematischer, unabhängiger und dokumentierter Prozess zur Erlangung von Auditnachweisen und zu deren objektiver Auswertung, um zu ermitteln, inwieweit Auditkriterien erfüllt sind.»

- «Systematisch» bedeutet in diesem Zusammenhang, dass die Überprüfung beispielsweise anhand von Prozessbeschreibungen oder Checklisten erfolgt.
- «Unabhängig» setzt beispielsweise voraus, dass ein Auditor nicht seinen eigenen Wirkungsbereich im Unternehmen überprüft.
- «Dokumentiert» beinhaltet, dass die Ergebnisse schriftlich festgehalten werden, und auch dargelegt wird, wie der Auditor zu den Ergebnissen gekommen ist.

Die Ergebnisse werden im Auditbericht niedergeschrieben. Die Auditnachweise stellen den beim Audit aufgenommenen Ist-Zustand dar. Dieser Ist-Zustand kann durch Überprüfungen von Dokumenten, Stichproben, Beobachtungen, Befragungen, usw. erhoben werden.

1. QM-System des Herstellers

Bei einem Hersteller von Medizinprodukten bezieht sich der Begriff «Audit» auf die Überprüfung des QM-Systems des Herstellers. Es wird überprüft, ob dieses QM-System die regulatorischen Anforderungen erfüllt.

Nach DIN EN ISO 19011:2011 [70] ist zu unterscheiden zwischen:

- ***«Internes Audit (First-Party-Audit)»***
  Ein internes Audit wird in der Regel von einem Auditor durchgeführt, der Mitarbeiter des Herstellers ist. Das interne Audit umfasst im Rahmen eines Auditprogramms die Überprüfung des vollständigen QM-Systems.

- ***«Externes Audit – Lieferantenaudit (Second-Party-Audit)»***
  Nach DIN EN ISO 9000:2005 [81] ist ein Lieferant «ein Hersteller, eine Vertriebseinrichtung, ein Einzelhändler, ein Dienstleister oder ein Monteur, der dem Kunden ein Produkt bereitstellt». Lieferantenaudits dienen der Auswahl und Bewertung eines Lieferanten im Hinblick auf das QM-System.
- ***«Externes Audit – Zertifizierungsaudit (Third-Party-Audit)»***
  Ein Zertifizierungsaudit umfasst die Überprüfung des vollständigen QM-Systems (vollständiges Audit). Nach einem erfolgreich durchgeführten Zertifizierungsaudit durch eine Benannte Stelle erhält der Hersteller ein Audit-Zertifikat, das eine zeitlich befristete Gültigkeitsdauer hat. Zur Verlängerung der Gültigkeitsdauer hat der Hersteller ein Rezertifizierungsaudit zu beantragen.

Für jedes dieser Audits können folgende Typen von Audits zur Anwendung kommen [70]:

- ***«Vollständiges Audit (Full Audit)»***
  Ein vollständiges Audit (Audit des gesamten QM-Systems) ist eine Überprüfung aller zutreffenden Subsysteme des QM-Systems auf Einhaltung der regulatorischen Anforderungen. Basis des QM-Systems ist in der EWR die Harmonisierte Norm EN ISO 13485:2012-11 [82]. Vollständige Audits werden in der Regel bei Zertifizierungsaudits durchgeführt. Die Benannte Stelle prüft, ob das QM-System den regulatorischen Anforderungen entspricht und ob das QM-System ordnungsgemäß angewendet wird.
- ***«Teil-Audit (Partial Audit)»***
  In einem Teil-Audit werden ausgewählte Subsysteme oder spezielle Anforderungen von Subsystemen des QM-Systems auf Einhaltung der regulatorischen Anforderungen überprüft. Teil-Audits werden in der Regel von der Benannten Stelle bei Überwachungsaudits oder bei speziellen Audits durchgeführt.
- ***«Überwachungsaudit (Surveillance Audit)»***
  Überwachungsaudits werden nach einem Zertifizierungs- bzw. Rezertifizierungsaudit durchgeführt. Im Rahmen von periodisch wiederkehrenden Überwachungsaudits hat die Benannte Stelle zu prüfen, ob das genehmigte QM-System ordnungsgemäß angewendet wird und ob die festgelegten Maßnahmen wirksam sind. Dies erfolgt in aller Regel durch Teil-Audits. Ausgewählte Subsysteme des QM-Systems werden überprüft.
- ***«Sonderaudit (Special Audit)»***
  Sonderaudits können erforderlich werden, wenn beispielsweise folgende Sachverhalte vorliegen:
  1. Äußere Faktoren wie z. B.:
     - Marktüberwachungsdaten zu Medizinprodukten weisen auf Mängel im QM-System hin
     - wesentliche sicherheitsrelevante Informationen werden der Benannten Stelle bekannt

2. Änderungen im bzw. Einfluss auf das QM-System wie z. B.:
   - neuer Eigentümer
   - Ausweitung der Entwicklungs- und/oder Fertigungsüberwachung
   - Hinzufügen eines weiteren Subsystems zu dem QM-System
   - Zusammenlegen von Entwicklungs- und/oder Fertigungsstellen
   - neue Entwicklungs- und/oder Fertigungsstellen
   - wesentliche Veränderungen in Spezialprozessen (z. B. Änderung des Sterilisationsverfahrens)
   - wesentliche personelle Veränderungen, die einen Einfluss auf die Wirksamkeit des QM-Systems und/oder die Einhaltung regulatorischer Anforderungen haben
3. Produktbezogene Änderungen wie z. B.:
   - neue Produkte
   - Hinzufügen einer neuen Medizinprodukte-Kategorie zum Anwendungsbereich des QM-Systems (z. B. hinzufügen von Produkten der Magnet-Resonanz Bildgebung zu einer bereits existierenden Produktgruppe von Ultraschallgeräten zur Bildgebung)
4. Änderungen des QM-Systems und produktbezogene Änderungen wie z. B.:
   - regulatorische Änderungen
   - Änderungen in Harmonisierten Normen
   - Marktüberwachung

- ***«Kombiniertes Audit (Combined Audit)»***
  Kombinierte Audits werden durchgeführt, wenn das QM-System des Herstellers bei einem Audit gegen mehrere regulatorische Anforderungen überprüft und bewertet wird. (z. B. EN ISO 13485 und 21 CFR Part 820)
- ***«Gemeinsames Audit (Joint Audit)»***
  Gemeinsame Audits werden durchgeführt, wenn zwei oder mehrere Audit-Organisationen das QM-System des Herstellers bei einem Audit gleichzeitig gegen die identischen regulatorischen Anforderungen überprüfen und bewerten.

Eine Auswahl der zurzeit zur Verfügung stehenden Leitlinien umfasst:

- IMDRF/WG/N3 FINAL:2013: Requirements for Medical Device Auditing Organizations for Regulatory Authority Recognition: International Medical Device Regulators Forum (IMDRF), December 9, 2013; http://www.imdrf.org/documents/documents.asp (Stand: November 2014)
- IMDRF/WG/N4 FINAL:2013: Competence and Training Requirements for Auditing Organizations: International Medical Device Regulators Forum (IMDRF), December 9, 2013; http://www.imdrf.org/documents/documents.asp (Stand: November 2014)
- IMDRF/WG/N5 Final:2013: Regulatory Authority Assessment Method for the Recognition and Monitoring of Medical Device Auditing Organizations: International Medical Device Regulators Forum (IMDRF), December 9, 2013; http://www.imdrf.org/documents/documents.asp (Stand: November 2014)

- IMDRF/WG/N6 FINAL:2013: Regulatory Authority Assessor Competence and Training Requirements: International Medical Device Regulators Forum (IMDRF), December 9, 2013;
  http://www.imdrf.org/documents/documents.asp (Stand: November 2014)
- GHTF/SG4/N28 R4:2008: Guidelines for Regulatory Auditing of Quality Management Systems of Medical Device Manufacturers – Part 1: General Requirements: The Global Harmonization Task Force (GHTF), August 27, 2008;
  http://www.imdrf.org/documents/documents.asp (Stand: November 2014)
- GHTF/SG4/N30:2010: Guidelines for Regulatory Auditing of Quality Management Systems of Medical Device Manufacturers – Part 2: Regulatory Auditing Strategy: The Global Harmonization Task Force (GHTF), August 27, 2010;
  http://www.imdrf.org/documents/documents.asp (Stand: November 2014)
- GHTF/SG4/N83:2010: Guidelines for Regulatory Auditing of Quality Management Systems of Medical Device Manufacturers – Part 4: Multiple Site Auditing: The Global Harmonization Task Force (GHTF), August 27, 2010;
  http://www.imdrf.org/documents/documents.asp (Stand: November 2014)

2. Klinische Prüfung/Leistungsbewertungsprüfung

Der Begriff «Audit» kommt auch im Zusammenhang mit klinischen Prüfungen mit Medizinprodukten/Leistungsbewertungsprüfungen mit In-vitro-Diagnostika zur Anwendung [102].

In dem Audit wird festgestellt, ob die überprüften in Zusammenhang mit der klinischen Prüfung/Leistungsbewertungsprüfungen stehenden Aktivitäten gemäß dem klinischen Prüfplan, dem Handbuch des klinischen Prüfers, den Verfahrensanweisungen des Sponsors, den GCP-Anforderungen sowie den gesetzlichen Vorschriften durchgeführt wurden.

Zu überprüfen ist auch, ob die Daten entsprechend den Anforderungen dokumentiert und ausgewertet wurden. Von besonderer Bedeutung sind die Meldungen beispielsweise von «schwerwiegenden unerwünschten Ereignissen» an die zuständige BOB.

Auditplan

{EN: *Audit plan*}
{FR: *Plan d'audit*}
{⇨ Audit, Unangekündigtes Audit}

⇨ DIN EN ISO 19011:2011 [70]:
«Auditplan: Beschreibung der Tätigkeiten und Vorkehrungen für ein Audit».

Der Auditplan hat zum Ziel, die Planung und Koordinierung der Aktivitäten für ein Audit zu erleichtern. Er wird in der Regel – nicht bei unangekündigten Audits – im Vorwege dem zu auditierenden Unternehmen mitgeteilt und ist von diesem zu akzeptieren. Der Auditplan sollte flexibel aufgebaut werden, um Änderungen zuzulassen, die aufgrund der während des Audits gewonnenen Informationen erforderlich werden.

Der Auditplan sollte u. a. auch beinhalten:

- Auditumfang und Ziele,
- Auditkriterien und alle Referenzdokumente,
- Identifizierung der zu auditierenden Organisation,
- Identifizierung der Audit-Teammitglieder,
- Sprache, in der das Audit durchgeführt wird,
- Datum und Ort, an dem das Audit durchgeführt wird,
- geplante Zeit und Dauer für jede größere Auditaktivität,
- Termine der Sitzungen, einschließlich aller erforderlichen täglichen Briefings, die mit dem Management des auditierten Unternehmens erforderlich sind,
- Datum der Übersendung des Audit-Berichts.

Die Auditplan sollte u. a. auch berücksichtigen:

- die Art des durchzuführenden Audits,
- Informationen, die sich aus einer vorab durchgeführten Überprüfung der QM-System Dokumentation ergeben haben, falls zutreffend.

Im Falle von Überwachungs- oder besonderen Audits können darüber hinaus erforderlich sein:

- Informationen aus früheren QM-System Audits,
- verfügbare Informationen aus der Marktüberwachung.

Auditprogramm

{EN: *Audit programme*}
{FR: *Programme d'audit*}

⇨ DIN EN ISO 19011:2011 [70]:
«Festlegungen für einen Satz von einem oder mehreren Audits, die für einen bestimmten Zeitraum geplant werden und auf einen spezifischen Zweck ausgerichtet sind»

Legt man zugrunde, dass das Zertifikat, das ein Hersteller nach einem erfolgreich abgeschlossenen Zertifizierungsaudit erhält, eine zeitlich begrenzte Gültigkeit hat (z. B. drei Jahre), so sollte das Auditprogramm für den Zweck einer erfolgreichen Rezertifizierung ausgerichtet sein und den Zeitraum bis zur Rezertifizierung abdecken.

Audit unter Beobachtung

{EN: *Observed audit*}
{FR: *Audit supervisé*}
{⇨ Audit}

⇨ Durchführungsverordnung (EU) Nr. 920/2013 Artikel 1 lit. i):
«Audit unter Beobachtung bezeichnet die Begutachtung der Leistung des Auditteams einer benannten Stelle in den Räumlichkeiten des Kunden dieser Stelle durch eine benennende Behörde.»

Aufbereitung von Medizinprodukten

{EN: *Reprocessing of medical devices*}
{FR: *Traitement des dispositifs médicaux*}

Bei der Aufbereitung von Medizinprodukten ist zu unterscheiden zwischen hygienischer Aufbereitung (§ 4 MPBetreibV) und technischer Aufbereitung (Instandhaltung) (§ 3 MPBetreibV).

1. Hygienische Aufbereitung

⇨ § 3 Nr. 14 MPG:
«Die Aufbereitung von bestimmungsgemäß keimarm oder steril zur Anwendung kommenden Medizinprodukten ist die nach deren Inbetriebnahme zum Zwecke der erneuten Anwendung durchgeführte Reinigung, Desinfektion und Sterilisation einschließlich der damit zusammenhängenden Arbeitsschritte sowie die Prüfung und Wiederherstellung der technisch-funktionellen Sicherheit.»

Von Bedeutung ist, dass im § 4 Abs. 2 MPBetreibV folgendes festgelegt ist:

«Eine ordnungsgemäße Aufbereitung [...] wird vermutet, wenn die gemeinsame Empfehlung der Kommission für Krankenhaushygiene und Infektionsprävention am Robert Koch Institut und des Bundesinstituts für Arzneimittel und Medizinprodukte zu den Anforderungen an die Hygiene bei der Aufbereitung von Medizinprodukten beachtet wird.» [51]

Die hygienische Aufbereitung von Medizinprodukten umfasst in Deutschland

- die Aufbereitung von Medizinprodukten, die gemäß Herstellerangaben mehrfach aufbereitet werden können;
- die Aufbereitung von Medizinprodukten, die gemäß Herstellerangaben zur einmaligen Verwendung (Anwendung) bestimmt sind.

Folgende Empfehlungen zur Aufbereitung von Medizinprodukten sind beispielsweise im Bundesgesundheitsblatt veröffentlicht:

- Anforderungen an die Hygiene bei der Aufbereitung von Medizinprodukten – Empfehlung der Kommission für Krankenhaushygiene und Infektionsprävention (KRINKO) beim Robert Koch Institut (RKI) und des Bundesinstitutes für Arzneimittel und Medizinprodukte (BfArM) [51].
- Anforderungen an die Hygiene bei der Aufbereitung flexibler Endoskope und endoskopischen Zusatzinstrumentariums – Empfehlung der Kommission für Krankenhaushygiene und Infektionsprävention beim Robert Koch Institut (RKI) [134].
- Hygienisch-mikrobiologische Überprüfung von flexiblen Endoskopen nach ihrer Aufbereitung [133].

Aus der RKI-Richtlinie zur Aufbereitung von Medizinprodukten [51] ergibt sich, dass eine Aufbereitung in der Regel folgende Einzelschritte umfasst:

a) das sachgerechte Vorbereiten (Vorbehandeln, Sammeln, Vorreinigen und gegebenenfalls Zerlegen der angewendeten Medizinprodukte und deren zügigen, sicher umschlossenen und Beschädigungen vermeidenden Transport zum Ort der Aufbereitung,

b) die Reinigung, ggf. Zwischenspülung, Desinfektion, Spülung und Trocknung,
c) die Prüfung auf Sauberkeit und Unversehrtheit (z. B. Korrosion, Materialbeschaffenheit), gegebenenfalls Wiederholung von Schritt b) und die Identifikation, z. B. zum Zwecke der Entscheidung über eine erneute Aufbereitung bei deren zahlenmäßiger Begrenzung,
d) die Pflege und Instandsetzung,
e) die Funktionsprüfung

und, je nach Erfordernis,

f) die Kennzeichnung, sowie
g) das Verpacken und
h) die Sterilisation.

In der Empfehlung der Kommission für Krankenhaushygiene und Infektionsprävention wird gefordert, dass nach einer Aufbereitung – die «für die Sicherheit und Funktionstüchtigkeit wesentlichen konstruktiven und funktionellen Merkmale» zu prüfen sind, soweit sie durch die Aufbereitung beeinflusst werden können.

Die Aufbereitung endet mit der dokumentierten Freigabe des Medizinprodukts zur Anwendung. Die Einhaltung der Anforderungen an die Hygiene bei der Aufbereitung von Medizinprodukten erfordert praktisch ein QM-System, für die Aufbereitung von Medizinprodukten mit besonders hohen Anforderungen an die Aufbereitung («kritisch C») ist eine Zertifizierung des QM-Systems gemäß § 4 Abs. 3 MPBetreibV vorgeschrieben.

2. Technische Aufbereitung

⇨ § 3 Abs. 1 MPBetreibV:

«Die Instandhaltung von Medizinprodukten umfasst insbesondere Instandhaltungsmaßnahmen und die Instandsetzung. Instandhaltungsmaßnahmen sind insbesondere Inspektionen und Wartungen, die erforderlich sind, um den sicheren und ordnungsgemäßen Betrieb der Medizinprodukte fortwährend zu gewährleisten. Die Instandhaltungsmaßnahmen sind unter Berücksichtigung der Angaben des Herstellers durchzuführen, der diese Angaben dem Medizinprodukt beizufügen hat. Die Instandsetzung umfasst insbesondere die Reparatur zur Wiederherstellung der Funktionsfähigkeit.»

Die technische Aufbereitung umfasst neben den Inspektion, Wartung und Instandsetzung zur rechtzeitigen Erkennung, Vermeidung oder Beseitigung von Gerätedefekten auch die vollständige Aufarbeitung eines Medizinprodukts zur Herstellung eines neuwertigen Medizinprodukts.

Im Zusammenhang mit der Begriffsbestimmung «Inverkehrbringen» (§ 3 Nr. 11 MPG) wird im MPG der Begriff «neu aufbereitetes Medizinprodukt» verwendet, ohne diesen Begriff näher zu beschreiben.

In diesem Zusammenhang ist unter einem neu aufbereiteten Medizinprodukt ein vollständig aufgearbeitetes Medizinprodukt zu verstehen. Es handelt sich nicht um eine Instandsetzung beispielsweise zur Beseitigung eines Gerätedefekts. Vielmehr erfolgt eine «wesentliche Änderung» des Medizinprodukts und damit die Herstellung eines neuwertigen Medizinprodukts [103 bis 105].

Für neu aufbereite Medizinprodukte sind die Anforderungen des MPG an das erstmalige Inverkehrbringen durch den «(technischen) Aufbereiter» zu beachten. Mit anderen Worten: Der «(technische) Aufbereiter» ist im Sinne des MPG «Hersteller eines neuwertigen Medizinprodukts».

Bei einem Medizinprodukt, das vollständig aufgearbeitet wurde und steril in Verkehr gebracht wird, kann dies sowohl eine technische als auch eine hygienische Aufbereitung umfassen.

Aufbewahrungsfrist – Dokumente

{EN: *Storage period – documents*}
{FR: *Période de conservation – documents*}

Der Gesetzgeber legt fest, dass gewisse Dokumente für eine jeweils festgelegte Frist aufzubewahren sind. Die Aufbewahrungspflicht obliegt sowohl dem Hersteller und dessen Bevollmächtigtem als auch Betreibern von Medizinprodukten und Sponsoren klinischer Prüfungen/Leistungsbewertungsprüfungen.

1. Aufbewahrungsfrist für Dokumente zu aktiven implantierbaren Medizinprodukten (AIMDD)

⇨ Anhang 2 AIMDD: EG-Konformitätserklärung (Vollständiges Qualitätssicherungssystem)
Der Hersteller oder sein Bevollmächtigter halten während mindestens 15 Jahren nach der Herstellung des letzten Produkts für die nationalen Behörden folgende Unterlagen bereit:

1.1 Konformitätserklärung
1.2 Dokumentation gemäß Abschnitt 3.1, zweiter Gedankenstrich (QM-System) insbesondere die in Abschnitt 3.2, Abs. 2 genannte Dokumentation, Angaben und Aufzeichnungen gemäß (Nachweis der Übereinstimmung der Produkte mit den Bestimmungen des MPG)
1.3 Dokumentation der Änderungen gemäß Abschnitt 3.4
1.4 Auslegungsdokumentation des Produkts gemäß Abschnitt 4.2
1.5 Entscheidungen und Berichte der Benannten Stelle gemäß Abschnitt 3.4, 4.3, 5.3 und 5.4

⇨ Anhang 3 (EG-Baumusterprüfung)

1.6 Der Hersteller oder sein Bevollmächtigter bewahrt zusammen mit den technischen Unterlagen eine Kopie der EG-Baumusterprüfbescheinigung und ihrer Ergänzungen für mindestens 15 Jahre ab dem Zeitpunkt der Herstellung des letzten Produkts auf.

⇨ Anhang 6 (Erklärung zu Geräten für besondere Zwecke) (Sonderanfertigung, Eigenherstellung (gemäß § 12 MPG), klinische Prüfung)

1.7 Der Hersteller oder sein Bevollmächtigter hält für mindestens für mindestens 15 Jahre nach der Herstellung des letzten Produkts für die nationalen Behörden die in den Erklärungen im Sinne des Anhangs 6 (§ 12 MPG) aufgeführten Angaben bereit.

2. Aufbewahrungsfrist für Dokumente zu In-vitro-Diagnostika (IVDD)

2.1 Der Hersteller muss die Konformitätserklärung, die technische Dokumentation gemäß den Anhängen III bis VIII der IVDD sowie die Entscheidungen, Berichte und Bescheinigungen der Benannten Stellen aufbewahren und sie den zuständigen Behörden in einem Zeitraum von fünf Jahren nach Herstellung des letzten Produkts auf Anfrage zur Prüfung vorlegen. (§ 5 Abs. 5 MPV)

2.2 In-vitro-Diagnostika aus Eigenherstellung: Erklärung und Dokumentation sind mindestens fünf Jahre aufzubewahren. (§ 5 Abs. 6 MPV)

2.3 Der Sponsor der Leistungsbewertungsprüfung muss die Dokumentation nach Nummer 3 des Anhangs VIII der IVDD mindestens fünf Jahre nach Beendigung der Prüfung aufbewahren (§ 12 (3) MPG).

3. Aufbewahrungsfrist für Dokumente zu sonstigen Medizinprodukten (MDD)

⇨ Anhang II EG-Konformitätserklärung (Vollständiges Qualitätssicherungssystem)

Der Hersteller oder sein Bevollmächtigter hält für mindestens fünf Jahre, im Fall von implantierbaren Produkten für mindestens 15 Jahre, ab der Herstellung des letzten Produkts für die nationalen Behörden folgende Unterlagen bereit:

3.1 Konformitätserklärung

3.2 Dokumentation gemäß Abschnitt 3.1, vierter Gedankenstrich (Antrag auf Bewertung des QM-Systems bei der Benannten Stelle) und Dokumentation, Angaben und Aufzeichnungen gemäß Abschnitt 3.2, Abs. 2 (Nachweis der Übereinstimmung der Produkte mit den Bestimmungen des MPG)

3.3 Dokumentation der Änderungen gemäß Abschnitt 3.4

3.4 Auslegungsdokumentation des Produkts gemäß Abschnitt 4.2

3.5 Entscheidungen und Berichte der Benannten Stelle gemäß Abschnitt 3.3, 4.3, 4.4 und 5.4

⇨ Anhang III (EG-Baumusterprüfung)

3.6 Der Hersteller oder sein Bevollmächtigter bewahrt zusammen mit den technischen Unterlagen eine Kopie der EG-Baumusterprüfbescheinigung und ihrer Ergänzungen für mindestens fünf Jahre ab dem Zeitpunkt der Herstellung des letzten Produkts auf. Bei implantierten Produkten beträgt dieser Zeitraum mindestens 15 Jahre ab der Herstellung des Produkts.

⇨ Anhang IV (EG-Prüfung)
Der Hersteller oder sein Bevollmächtigter hält für mindestens fünf Jahre, im Fall von implantierbaren Produkten für mindestens 15 Jahre nach der Herstellung des letzten Produkts für die nationalen Behörden folgende Unterlagen bereit:

3.7 Konformitätserklärung
3.8 Dokumentation gemäß Abschnitt 2 (Dokumentation der Herstellungsverfahren (einschließlich Sterilisation – falls zutreffend) zum Nachweis der Übereinstimmung mit dem in der EG-Baumusterprüfbescheinigung beschriebenen Baumusters sowie mit den Anforderungen des MPG.
3.9 Erklärungen gemäß Abschnitt 5.2 und 6.4 (Konformitätserklärung der Benannten Stelle über vorgenommene Prüfungen)
3.10 ggf. Baumusterprüfbescheinigung gemäß Anhang III.

⇨ Anhang V EG-Konformitätserklärung (Qualitätssicherung Produktion)
Der Hersteller oder sein Bevollmächtigter hält für mindestens fünf Jahre, im Fall von implantierbaren Produkten für mindestens 15 Jahre nach der Herstellung des letzten Produkts für die nationalen Behörden folgende Unterlagen bereit:

3.11 Konformitätserklärung
3.12 Dokumentation gemäß Abschnitt 3.1, vierter Gedankenstrich (Dokumentation über das Qualitätssicherungssystem)
3.13 Dokumentation zu Änderungen des Qualitätssicherungssystems gemäß Abschnitt 3.4
3.14 falls zutreffend: Dokumentation gemäß Abschnitt 3.1, siebter Gedankenstrich (Dokumentation über genehmigte Baumuster und Kopie der EG-Baumusterprüfbescheinigung)
3.15 Entscheidungen und Berichte der Benannten Stelle gemäß Abschnitt 4.3 und 4.4 (Auditbericht der Benannten Stelle)

⇨ Anhang VI EG-Konformitätserklärung (Qualitätssicherung Produkt)
Der Hersteller oder sein Bevollmächtigter hält für mindestens fünf Jahre, im Fall von implantierbaren Produkten für mindestens 15 Jahre nach der Herstellung des letzten Produkts für die nationalen Behörden folgende Unterlagen bereit:

3.16 Konformitätserklärung
3.17 falls zutreffend: Dokumentation gemäß Abschnitt 3.1, siebter Gedankenstrich (Dokumentation über genehmigte Baumuster und Kopie der EG-Baumusterprüfbescheinigung)
3.18 Dokumentation zu Änderungen des Qualitätssicherungssystems gemäß Abschnitt 3.4
3.19 Entscheidungen und Berichte der Benannten Stelle gemäß Abschnitt 4.3 und 4.4 (Auditbericht der Benannten Stelle)

⇨ Anhang VII EG-Konformitätserklärung
Der Hersteller oder sein Bevollmächtigter hält für mindestens fünf Jahre, im Fall von implantierbaren Produkten für mindestens 15 Jahre nach der Herstellung des letzten Produkts für die nationalen Behörden folgende Unterlagen bereit:

3.20 Konformitätserklärung (Herstellerselbsterklärung – ohne Hinzuziehung einer Benannten Stelle) einschließlich der technischen Dokumentation, aus der hervorgeht, dass das Produkt den Anforderungen des MPG entspricht. Des Weiteren muss eine Dokumentation zur Marktüberwachung, Meldewesen und Aufbewahrung der Dokumente vorliegen

⇨ Anhang VIII Erklärung zu Produkten für besondere Zwecke (Sonderanfertigung, Eigenherstellung (gemäß § 12 MPG), klinische Prüfung)

3.21 Der Hersteller oder sein Bevollmächtigter hält für mindestens fünf Jahre, im Fall von implantierbaren Produkten für mindestens 15 Jahre nach der Herstellung des letzten Produkts für die nationalen Behörden die in den Erklärungen im Sinne des Anhangs VIII (§ 12 MPG) aufgeführten Angaben bereit.

3.22 Der Eigenhersteller hat die Erklärung und die Dokumentation mindestens für fünf Jahre, im Fall von implantierbaren Produkten mindestens für 15 Jahre aufzubewahren (§ 4 Abs. 4 MPV).

3.23 Erklärung, die die Aufbereitung nach einem geeigneten validierten Verfahren bestätigt: Die Erklärung im Hinblick auf die Sterilisation und die Aufrechterhaltung der Funktionsfähigkeit dieser Produkte ist mindestens 15 Jahre aufzubewahren (§ 10 Abs. 3 Satz 2 MPG)

⇨ § 10 MPBetreibV: Besondere Pflichten bei implantierbaren Medizinprodukten

3.24 Nach Abschluss der Implantation sind dem Patienten Dokumente auszuhändigen. Der Betreiber hat gemäß § 10 (2) MPBetreibV die Aufzeichnungen, aus denen der Patient innerhalb von drei Werktagen ermittelt werden kann, für die Dauer von 20 Jahren nach der Implantation aufzubewahren.

⇨ § 4a MPBetreibV: Qualitätssicherung in medizinischen Laboratorien

3.25 Die Unterlagen über das eingerichtete Qualitätssicherungssystem, die durchgeführten Kontrolluntersuchungen und die Bescheinigungen über die Teilnahme an den Ringversuchen sowie die erteilten Ringversuchszertifikate sind für die Dauer von fünf Jahren aufzubewahren, sofern auf Grund anderer Vorschriften keine längere Aufbewahrungsfrist vorgeschrieben ist.

⇨ § 6 MPBetreibV: STK

3.26 Das Protokoll hat der Betreiber zumindest bis zur nächsten STK aufzubewahren

⇨ § 9 MPBetreibV: Aufbewahrung [...] der Medizinproduktebücher

3.27 Nach der Außerbetriebnahme des Medizinprodukts ist das Medizinproduktebuch noch fünf Jahre aufzubewahren.

⇨ § 11 MPBetreibV: MTK

3.28 Derjenige, der eine MTK durchführt, hat die Ergebnisse gemäß § 11 MPBetreibV in das Medizinproduktebuch unverzüglich einzutragen, soweit dieses nach § 7 Abs. 1 zu führen ist.

⇨ § 10 MPKPV: Durchführung der klinischen Prüfung [...]

3.29 Der Sponsor hat dafür Sorge zu tragen, dass die Prüfbögen für die zuständigen Behörden zehn Jahre nach Beendigung oder Abbruch der

Prüfung bereitgehalten werden. Andere Vorschriften zur Aufbewahrung von medizinischen Unterlagen bleiben unberührt.

⇨ § 16 MPSV: Verpflichtung zur Mitwirkung an den korrektiven Maßnahmen

3.30 Die Aufzeichnungen sind für die Dauer von 20 Jahren nach der Implantation aufzubewahren.

Auftraggeber klinische Prüfung/Leistungsbewertungsprüfung

{EN: *Contracting entity clinical investigation/performance evaluation studies*}
{FR: *Donneur d'ordre pour une investigation clinique/une étude d'évaluation des performances*}
{⇨ Sponsor}

Auftraggeber Medizinprodukteberater

{EN: *Contracting entity – medical devices consultant*}
{FR: *Donneur d'ordre – consultant spécialisé en dispositifs médicaux*}
{⇨ Ausbildung Medizinprodukteberater, Fachkreise, Medizinprodukteberater}

Auftraggeber eines Medizinprodukteberaters kann sein

- jede Person/Unternehmung, die Medizinprodukte in den Verkehr bringt, z. B.:
  - Hersteller,
  - Bevollmächtigter des Herstellers,
  - Fachhändler,
  - Einführer;
- jede Person/Unternehmung, die ausschließlich Fachkreise berufsmäßig berät bzw. in die sachgerechte Handhabung einweist, ohne gleichzeitig ein Medizinprodukt in den Verkehr zu bringen, z. B.:
  - Sachverständige,
  - Dienstleister, die u. a. Anwender in die sachgerechte Handhabung von Medizinprodukten einweisen,
  - selbstständige Fachberater.

Vom Auftraggeber des Medizinprodukteberaters wird ausschließlich gefordert, für eine regelmäßige Schulung des Medizinprodukteberaters zu sorgen.

Der Gesetzgeber bindet die Tätigkeit eines Medizinprodukteberaters nicht ausdrücklich an den Vorgang des Inverkehrbringens von Medizinprodukten. Maßgeblich ist, dass der Auftraggeber den Medizinprodukteberater beauftragt, berufsmäßig Fachkreise fachlich zu informieren und/oder in die sachgerechte Handhabung von Medizinprodukten einzuweisen – unabhängig von einer entgeltlichen oder unentgeltlichen Abgabe von Medizinprodukten an andere. Bei der Mehrzahl der Medizinprodukteberater handelt es sich u. a. um die Außendienstmitarbeiter von Herstellern, Fachhändlern und sonstigen Vertreibern.

Ausbildung Medizinprodukteberater

{EN: *Education medical devices consultant*}
{FR: *Formation consultant spécialisé en dispositifs médicaux*}
{⇨ Fachkreise, Medizinprodukteberater, Qualifikation Medizinprodukteberater}

Die aufgaben- und produktbezogene Schulung zur Erlangung der erforderlichen Sachkenntnis eines Medizinprodukteberaters ist nicht geregelt. Aus den verbindlich festgelegten Aufgaben eines Medizinprodukteberaters ergeben sich jedoch folgende zwei Ausbildungsschwerpunkte:

- allgemeine, nicht produktbezogenen Grundlagen, wie beispielsweise
  - anwendungsspezifische, medizinische, medizintechnische Grundlagen des Umfelds, in dem das Medizinprodukt zur Anwendung/Verwendung kommt;
  - gegebenenfalls allgemeine, nicht produktspezifische Grundlagen über die Funktionsweise der Medizinprodukte;
- Grundlagen des Medizinprodukterechts, insbesondere im Hinblick auf die sich daraus ergebenden Pflichten des Medizinprodukteberaters und des Anwenders (z. B. Bedeutung der CE-Kennzeichnung, Bedeutung der Zweckbestimmung, Einbeziehung des Anwenders in den Schutz vor Risiken);
- Vermittlung von didaktischen Grundlagen («Train the Trainer»), falls die Einweisung des Anwenders mit zu den Aufgaben des Medizinprodukteberaters gehört.
- produktspezifische Kenntnisse, wie beispielsweise
  - Zweckbestimmung des Medizinprodukts;
  - Indikation und Kontraindikation zur Anwendung/Verwendung des Medizinprodukts;
  - Funktionsweise, Nebenwirkungen, wechselseitige Beeinflussung mit anderen Medizinprodukten;
  - Zusammenbau, Inbetriebnahme, Funktionsprüfung, Handhabung des aktiven Medizinprodukts;
  - Kombinationsmöglichkeiten mit anderen Medizinprodukten (z. B. mit Zubehör, Einmalartikel insbesondere auch von anderen Herstellern);
  - Reinigung, Desinfektion, Sterilisation vor der Anwendung/Verwendung insbesondere auch bei wiederverwendbaren Medizinprodukten;
  - Art der aufzunehmenden Mitteilungen aus den Fachkreisen im Hinblick auf ihre Relevanz für den Hersteller des Medizinprodukts, wie beispielsweise Fehlfunktionen, technische Mängel, Verfälschungen des Therapie- oder Diagnoseergebnisses (z. B. Querempfindlichkeit bei medizinischen Messgeräten, Medikamentenaufnahme durch Kunststoffe, Medikamentenbeeinflussung durch Strahlentherapie);
  - organisatorische Maßnahmen im Hinblick auf Form der Übermittlung und entsprechende Ansprechpartner (Informationsweg) für die Mitteilungen aus den Fachkreisen.

Die Verpflichtung zur aufgaben- und produktbezogenen Schulung eines Medizinprodukteberaters obliegt dem Auftraggeber des Medizinprodukteberaters (z. B. Hersteller, Fachhändler, Bevollmächtigter). Als Grundlage für diese Schulung können die BVMed-Richtlinien dienen [58].

Ausgangsmaterial

{EN: *Base material*}
{FR: *Matériau de base*}
⇨ Verordnung (EU) Nr. 722/2012 Artikel 2 lit. j):
«Rohstoffe oder andere Erzeugnisse tierischen Ursprungs, aus denen bzw. mit deren Hilfe [...] Medizinprodukte, einschließlich aktive implantierbare medizinische Geräte, die unter Verwendung von abgetötetem tierischen Gewebe oder von abgetöteten Erzeugnissen, die aus tierischem Gewebe gewonnen wurden, [...] hergestellt werden.»

Ausrüstung

{EN: *Equipment*}
{FR: *Équipement*}
⇨ Teil A Nr. 3 RiliBÄK [83]:
«Ausrüstung umfasst u. a. Geräte, Reagenzien, Kontrollproben, Referenzmaterialien, Verbrauchsgüter und Analysensysteme.»

Ausstellen von Medizinprodukten

{EN: *Display of medical devices*}
{FR: *Exposition des dispositifs médicaux*}
⇨ § 3 Nr. 13 MPG:
«Ausstellen ist das Aufstellen oder Vorführen von Medizinprodukten zum Zwecke der Werbung.»

Notwendige Voraussetzung für das Ausstellen eines Medizinprodukts gemäß MPG ist ein real vorhandenes Medizinprodukt, das aufgestellt und vorgeführt werden kann. Dieses Medizinprodukt muss nicht mit der CE-Kennzeichnung versehen sein, wenn auf einem Schild explizit darauf hingewiesen wird, dass dieses Medizinprodukt nicht die Anforderungen des MPG erfüllt. An ausgestellten In-vitro-Diagnostika Geräten, die die Anforderungen des MPG nicht erfüllen, dürfen keine Proben untersucht werden, die von Besuchern der Ausstellung stammen.

Autorisierung

{EN: *Authorization*}
{FR: *Autorisation*}
{⇨ Befugte Person, Benennung}

Autorisierung ist die – hoheitliche oder privatrechtliche – Ermächtigung zur Wahrnehmung bestimmter Aufgaben. Sie setzt voraus, dass sich die autorisierende Stelle von der grundsätzlichen Befähigung der zu autorisierenden Person zur ordnungsgemäßen Wahrnehmung der Aufgaben vergewissert.

Ein Beispiel im öffentlich-rechtlichen Bereich stellt die Autorisierung Benannter Stellen (Benennung) dar:

> «Benannte Stellen sind staatlich autorisierte Stellen, die - abhängig von der Risikoklasse der Medizinprodukte - Prüfungen und Bewertungen im Rahmen

der vom Hersteller durchzuführenden Konformitätsbewertung durchführen und deren Korrektheit nach einheitlichen Bewertungsmaßstäben bescheinigen.[7]»

Im privatrechtlichen Bereich ist beispielsweise die in der MPBetreibV genannte «Befugte Person» vom Hersteller zur Durchführung der Funktionsprüfung am Betriebsort und/oder Ersteinweisung gemäß § 5 MPBetreibV («erstmalige Inbetriebnahme») zu autorisieren. Die Autorisierung sollte schriftlich erfolgen mit genauer Bezeichnung der Aufgaben.

Es ist vom Gesetzgeber nicht ausgeschlossen, dass ein Hersteller auch einen Mitarbeiter eines Betreibers – z. B. einen Mitarbeiter der Medizintechnik – autorisiert, die Aufgaben der «Befugten Person» – ggf. auch teilweise – wahrzunehmen.

Es empfiehlt sich für die Autorisierung, jedes Medizinprodukt und die diesem Medizinprodukt zugeordneten Tätigkeiten eindeutig festzulegen. Die Autorisierung kann auch zeitlich begrenzt werden.

B

Beauftragte Person

{EN: *Authorized person*}
{FR: *Personne autorisée*}
{⇨ Anlage 1-Medizinprodukt, Befugte Person, Betreiber, Medizinproduktebeauftragter, Medizinprodukteverantwortlicher}

⇨ Empfehlung der DGAI [140]:
«Diese Funktion ist im Gesetzes- und Verordnungstext nicht vorgesehen. Zur praktischen Umsetzung der Pflichtaufgaben aus der MPBetreibV wird dem Medizinprodukte-Verantwortlichen empfohlen, anwendernah einen oder mehrere Medizinprodukte-Beauftragte zu benennen. In Anlehnung an die Pflichten des Anwenders sollte der Medizinprodukte-Beauftragte die Rahmenbedingungen für die sichere Anwendung organisieren und überwachen und als Bindeglied zwischen Anwender und Medizinprodukte-Verantwortlichem bzw. Betreiber fungieren.»

Die «Beauftragte Person» ist eine vom Betreiber oder vom Medizinprodukteverantwortlichen benannte, entsprechend befähigte Person (Arzt, Pflegekraft, Laborant, MTA, Medizintechniker, etc.), die die in § 5 MPBetreibV festgelegten Aufgaben wahrnimmt.

Die MPBetreibV enthält die Verpflichtung an den Betreiber, dass die der Anlage 1 MPBetreibV zuzuordnenden Medizinprodukte nur von Personen angewendet werden dürfen, wenn sie durch den Hersteller oder durch eine vom Betreiber «Beauftragte Person» eingewiesen worden sind (vgl. § 5 Abs. 2 MPBetreibV).

Diese vom Betreiber «Beauftragte Person» ist wiederum vom Hersteller oder einer vom Hersteller «Befugten Person» zum Zeitpunkt der «erstmaligen Inbetrieb-

7) http://www.dimdi.de/static/de/mpg/adress/benannte-stellen/ (Stand: November 2014)

nahme» anhand der Gebrauchsanweisung sowie beigefügter sicherheitsbezogener Informationen und Instandhaltungshinweisen in die sachgerechte Anwendung und den Betrieb des Medizinprodukts sowie in die zulässigen Verbindung mit anderen Medizinprodukten, Gegenständen und Zubehör einzuweisen (vgl. § 5 Abs. 1 Nr. 2 MPBetreibV).

Mit dieser Regelung unterbindet der Verordnungsgeber das «Schneeballprinzip» der Einweisungen nach der nicht mehr gültigen MedGV. Er legt unmissverständlich fest, dass neben dem Hersteller ausschließlich die vom Betreiber «Beauftragte Person» die Einweisung der Anwender durchführen darf [47 bis 49].

Der Begriff «Beauftragte Person» schließt nicht aus, dass der Betreiber für ein Medizinprodukt auch mehrere Personen beauftragen kann, an der Einweisung durch den Hersteller oder eine vom Hersteller hierzu befugte Person teilzunehmen. Im Gegenteil: die Beauftragung mehrerer Personen für ein und dasselbe Medizinprodukt hat den Vorteil, dass diese Personen sich gegenseitig vertreten können oder mit der Kündigung einer beauftragten Person noch andere beauftragte Personen die Einweisung der Anwender durchführen können.

Die Beauftragung sollte schriftlich erfolgen mit genauer Bezeichnung der Aufgaben.

Beauftragung Medizinprodukteberater

{EN: *Person authorized as medical devices consultant*}
{FR: *Personne autorisée consultant spécialisé en dispositifs médicaux*}
{⇨ Auftraggeber Medizinprodukteberater, Fachkreise, Inverkehrbringen, Medizinprodukteberater}

Die Beauftragung des Medizinprodukteberaters erfolgt durch den Auftraggeber. Der Auftraggeber hat dem Medizinprodukteberater folgende regulatorischen Aufgaben gemäß § 31 MPG zu übertragen:

- Einweisung in die sachgerechte Handhabung von Medizinprodukten und
- schriftliche Aufzeichnung von persönlichen oder telefonischen Mitteilungen/ Informationen der Fachkreise über Medizinprodukte und deren unverzügliche Weiterleitung an den Verantwortlichen nach § 5 MPG oder den Sicherheitsbeauftragten für Medizinprodukte.

Die Beauftragung, die einen unmissverständlichen Hinweis im Hinblick auf rechtliche Konsequenzen bei Verstoß gegen die Pflichten eines Medizinprodukteberaters enthalten sollte, sollte schriftlich erfolgen. Die Beauftragung sollte auch den Ansprechpartner und den Informationsweg für die schriftlichen Mitteilungen deutlich festlegen.

Aufgabe des Auftraggebers ist es, für eine regelmäßige Schulung des Medizinprodukteberaters zu sorgen.

Beauftragung Sicherheitsbeauftragter für Medizinprodukte

{EN: *Person mandated as safety officer for medical devices*}
{FR: *Personne mandatée comme responsable affecté à la sécurité des dispositifs médicaux*}
{⇨ Sicherheitsbeauftragter für Medizinprodukte; Verantwortlicher für das erstmalige Inverkehrbringen}

§ 30 MPG verpflichtet den Verantwortlichen für das erstmalige Inverkehrbringen mit Sitz in Deutschland zur Beauftragung eines Sicherheitsbeauftragten für Medizinprodukte.

Name und Anschrift des Sicherheitsbeauftragten für Medizinprodukte sind der zuständigen Behörde unverzüglich mitzuteilen. Aus diesem Grund kann es sinnvoll sein, auch einen stellvertretenden Sicherheitsbeauftragten für Medizinprodukte der zuständigen Behörde zu benennen, um auch bei unvorhersehbaren Veränderungen jederzeit handlungsfähig zu bleiben.

In diesem Zusammenhang ist darauf hinzuweisen, dass es sich um eine «Beauftragung» des Sicherheitsbeauftragten für Medizinprodukte handelt mit der Konsequenz, dass eine einseitige Benennung durch z. B. den Hersteller nicht wirksam ist. Eine Beauftragung setzt eine beiderseitige Zustimmung – Beauftragender und Beauftragter – voraus [5]. Die Beauftragung sollte schriftlich erfolgen mit genauer Bezeichnung der Aufgaben.

Die Verpflichtung zur Beauftragung gilt nicht für Händler, Großhändler, Fachhändler, etc., die die Voraussetzungen eines Herstellers oder eines Verantwortlichen für das erstmalige Inverkehrbringen nicht erfüllen. Diese Feststellung schließt keinesfalls aus, dass ein Fachhändler unter bestimmten Voraussetzungen beispielsweise Hersteller im Sinne des MPG sein kann.

Das MPG fordert nicht, dass der Sicherheitsbeauftragte für Medizinprodukte ausschließlich die Aufgaben und Pflichten des MPG wahrnimmt. Somit ist es durchaus zulässig, dass der Sicherheitsbeauftragte für Medizinprodukte auch andere Aufgaben innerhalb des Unternehmens wahrnehmen kann, wie beispielsweise Sicherheitsingenieur, Mitarbeiter im Qualitätswesen.

Darüber hinaus ist im MPG nicht festgelegt, dass der Sicherheitsbeauftragte für Medizinprodukte Mitarbeiter im Unternehmen sein muss. Somit könnte ein Unternehmen sich auch der Dienstleistung eines Dritten bedienen, um der rechtlichen Verpflichtung nachzukommen.

Für Medizinprodukte aus Eigenherstellung ist kein Sicherheitsbeauftragter für Medizinprodukte erforderlich, da ausschließlich der Verantwortliche nach § 5 Satz 1 und 2 MPG mit Sitz in Deutschland diese Verpflichtung hat.

Bediener

{EN: *Operator*}
{FR: *Opérateur*}

⇨ DIN EN 60601-1:2013-12 [28]:
«3.73 Bediener: Person, die Geräte handhabt.»

Zu dem Bediener eines Medizinprodukts zählt nicht nur ärztliches oder pflegerisches Personal, sondern auch der Laie.

Befreiung von der Genehmigungspflicht

{EN: *Waive the need for an authorization*}
{FR: *Dérogation à l'obligation d'une autorisation*}
{⇨ Bundesoberbehörden, Genehmigung – klinische Prüfung von Medizinprodukten, Zustimmende Bewertung}

Bei klinischen Prüfungen von Medizinprodukten mit geringem Sicherheitsrisiko ist auf Antrag bei der zuständigen BOB eine Befreiung von der Genehmigungspflicht möglich (vgl. § 20 Abs. 1 MPG). In § 7 MPKPV ist das Verfahren zur Befreiung von der Genehmigungspflicht näher geregelt.

Bei folgenden Medizinprodukten wird ein geringes Sicherheitsrisiko angenommen:

- Medizinprodukte der Klasse I,
- nicht invasive Medizinprodukte der Klasse IIa,
- Medizinprodukte, die nach den §§ 6 und 10 des MPG die CE-Kennzeichnung tragen dürfen und deren klinische Prüfung zusätzliche invasive oder andere belastende Untersuchungen beinhaltet, es sei denn, diese Prüfung hat eine andere Zweckbestimmung des Medizinprodukts zum Inhalt,
- In-vitro-Diagnostika, die für eine Leistungsbewertungsprüfung gemäß § 24 Satz 1 Nr. 1 und 2 MPG bestimmt sind.

Befreit wird der Sponsor lediglich von der Pflicht zur Genehmigung der klinischen Prüfung durch die zuständige BOB. Nicht befreit wird der Sponsor von der Pflicht, die zustimmende Bewertung der nach Landesrecht gebildeten Ethik-Kommission einzuholen.

Befugte Person

{EN: *Authorized person*}
{FR: *Personne autorisée*}
{⇨ Anlage 1-Medizinprodukt, Autorisierung, Beauftragte Person, Medizinproduktebeauftragter}

Der Begriff «Befugte Person» kommt sowohl in der MPBetreibV als auch gemäß MDD in der Harmonisierten Norm DIN EN ISO 7396-1 [126] zur Anwendung. Beiden Begriffen ist gemeinsam, dass eine Befugte Person schriftlich ernannt sein sollte. Die Befugnis erteilende Person sollte sich vor der Übertragung der Befugnis von dem ausreichenden Wissen zu dem jeweiligen Medizinprodukt sowie eine geeignete Ausbildung und Erfahrung sowie von eine geeigneten Ausbildung und Erfahrung der Person überzeugen.

1. Befugte Person gemäß MPBetreibV

Person, die im Einvernehmen mit dem Hersteller die Funktionsprüfung vor der «erstmaligen Inbetriebnahme» eines Anlage 1-Medizinprodukts durchführt und/ oder die «Beauftragten Personen» für dieses Medizinprodukt anhand der Gebrauchsanweisung sowie beigefügter sicherheitsbezogener Informationen und Instandhaltungshinweisen in die sachgerechte Handhabung, Anwendung und den Betrieb des Medizinprodukts sowie in die zulässigen Verbindungen mit anderen Medizinprodukten, Gegenständen und Zubehör einweist.

Die MPBetreibV hat den Personenkreis erweitert, der berechtigt ist, ein Anlage 1-Medizinprodukt erstmalig in Betrieb zu nehmen und/oder die «Beauftragten Personen» einzuweisen. Neben dem Hersteller wird der «Befugten Person» das Recht für diese Aufgaben zugestanden. Die «Befugte Person» muss zu diesem Zweck vom Hersteller für die Durchführung der erstmaligen Inbetriebnahme autorisiert sein, da sie im Einvernehmen mit dem Hersteller handelt.

«Befugte Personen» können Mitarbeiter aus dem Fachhandel, aber auch Mitarbeiter des Betreibers sein.

2. Befugte Person gemäß DIN EN ISO 7396-1

Diese Befugte Person hat die Aufgabe, den täglichen Betrieb einer zentralen Versorgungsanlage für medizinische Gase sicherzustellen. Es obliegt der die Befugnis erteilenden Person, die Aufgaben der Befugten Person auch auf Teilbereiche der zentralen Gasversorgungsanlage zu beschränken. Detaillierte Aufgabenstellungen für diese Befugte Person sind DIN EN ISO 7396-1 [126] zu entnehmen.

Befund

{EN: *Medical report*}
{FR: *Rapport médical*}

⇨ Teil A Nr. 3 RiliBÄK [83]:
«Befunde sind ärztlich bewertete Untersuchungsergebnisse.»

Beginn der klinischen Prüfung/Leistungsbewertungsprüfung

{EN: *Commencement of the clinical investigation/performance evaluation study*}
{FR: *Commencement de l'investigation clinique/étude d'évaluation des performances*}

Nach Vorliegen aller regulatorischen Voraussetzungen ist der Beginn der klinischen Prüfung mit Medizinprodukten/Leistungsbewertungsprüfung mit In-vitro-Diagnostika der Zeitpunkt, zu dem der erste Proband/die erste Probandin nach rechtmäßiger Aufklärung die Zustimmung zur Teilnahme an der klinischen Prüfung/ Leistungsbewertungsprüfung gegeben hat.

Behindertenhilfe

{EN: *Aids for handicapped persons*}
{FR: *Aides aux personnes handicapées*}

Medizinprodukte sind abzugrenzen von den Behindertenhilfen zur allgemeinen Unterstützung von Behinderten im täglichen Alltag.

Nach MEDDEV 2.1/1 vom April 1994 [64] kommt es bei dieser Abgrenzungsfrage entscheidend auf den direkten Bezug zwischen dem Produkt und einer konkret betroffenen Person an. So sind beispielsweise akustische Signaleinrichtungen bei Verkehrsampeln, behindertengerechte Toiletten, Rampen und Hebeeinrichtungen für Rollstuhlfahrer keine Medizinprodukte, während Rollstühle oder Gehhilfen zur Linderung oder Kompensation der Behinderung bei einer konkret betroffenen Person unter das MPG fallen.

Behinderung

{EN: *Handicap*}
{FR: *Handicap*}
{⇨ Krankheit}

Behörde

{EN: *Authority*}
{FR: *Autorité*}
{⇨ Zuständige Behörde}

Benannte Person

{EN: *Person appointed*}
{FR: *Personne désignée*}

Die Benannte Person ist weder ein Begriff des MPG noch der MPBetreibV. Eine Benannte Person ist erforderlich für den täglichen Betrieb einer zentralen Gasversorgungsanlage. Gemäß der Harmonisierten Norm DIN EN ISO 7396-1 [126] (nach MDD) sollte sie eine geeignet ausgebildete Person sein, der die Verantwortlichkeit für die Durchführung bestimmter Arbeitsgänge an einer zentralen Gasversorgungsanlage für medizinische Gase übertragen werden kann (z. B. Auswechseln von Gasflaschen am Gasflaschenanschlusssystem der zentralen Gasversorgungsanlage, Prüfung von Alarmsystemen usw.). Der Benannten Person sind die durchzuführenden Aufgaben schriftlich zu übertragen.

Benannte Stelle

{EN: *Notified body*}
{FR: *Organisme notifié*}
{⇨ Benennung, NANDO-Informationssystem, Notifizierung einer Benannten Stelle}

⇨ § 3 Nr. 20 MPG:
«Benannte Stelle ist eine für die Durchführung von Prüfungen und Erteilung von Bescheinigungen im Zusammenhang mit Konformitätsbewertungsverfahren nach Maßgabe der Rechtsverordnung nach § 37 Abs. 1 vorgesehene Stelle, die der Kommission der Europäischen Union und den Vertragsstaaten des Abkommens über den Europäischen Wirtschaftsraum von einem Ver-

tragsstaat des Abkommens über den Europäischen Wirtschaftsraum benannt worden ist.»

Stellen, die von einem anderen Vertragsstaat des Abkommens über den EWR benannt wurden, sind ebenfalls Benannte Stellen im vorstehenden Sinne (vgl. § 15 Abs. 3 MPG).

Benannte Stellen sind in Deutschland unabhängige, staatlich autorisierte Unternehmen (keine Behörden), die – abhängig von der Risikoklasse der Medizinprodukte – Prüfungen und Bewertungen im Rahmen der vom Hersteller durchzuführenden Konformitätsbewertungsverfahren durchführen und deren Korrektheit nach einheitlichen Bewertungsmaßstäben bescheinigen. Sie erteilen dem Hersteller Bescheinigungen im Zusammenhang mit Konformitätsbewertungsverfahren.

Hersteller können sich an eine Benannte Stelle ihrer Wahl wenden, die für das entsprechende Verfahren und die betreffende Produktkategorie benannt ist.[8]

Benannte Stellen erhalten von der Europäischen Kommission eine vierstellige Kennziffer. Ein von der Europäischen Kommission herausgegebenes Verzeichnis aller «Benannten Stellen» für die verschiedenen Richtlinien sowie weitere Informationen dazu sind in dem Informationssystem NANDO (New Approach Notified and Designated Organisations) zu finden

Voraussetzungen für die Benennung als Benannte Stelle ist, dass die Befähigung zur Wahrnehmung der Aufgaben durch diese Stelle nachgewiesen wird (§ 15 MPG). Einzuhaltende Mindestkriterien sind festgelegt in:

- Anhang 8 AIMDD,
- Anhang XI MDD und
- Anhang IX IVDD.

Die Notifizierung der Benannten Stellen für Produkte der AIMDD, MDD und IVDD an die Kommission und die Vertragsstaaten des Abkommens über den EWR erfolgt über die benennende Behörde für Medizinprodukte für Deutschland – ZLG.

Benennende Behörde für Medizinprodukte für Deutschland

{EN: *Designating authority for medical devices concerning Germany*}
{FR: *Autorité de désignation pour dispositifs médicaux concernant l'Allemagne*}

⇨ ZLG Staatsvertrag [22]:
«Die ZLG vollzieht im Bereich der Medizinprodukte die Aufgaben der Länder im Dritten Abschnitt des Gesetzes über Medizinprodukte (MPG) vom 02. August 1994 in der Neufassung vom 07. August 2002 (BGBl. I S. 3147) und die Aufgaben der Befugnis erteilenden Behörde im Gesetz über die Akkreditierungsstelle (AkkStelleG) vom 31. Juli 2009 (BGBl. I S. 2625) in den jeweils geltenden Fassungen. Der ZLG obliegen insbesondere folgende Aufgaben:

1 Benennung und Überwachung der Benannten Stellen,

2 Bekanntmachung der deutschen Benannten Stellen,

8) http://www.dimdi.de/static/de/mpg/adress/benannte-stellen/ (Stand: November 2014)

3 Anerkennung und Überwachung von Prüflaboratorien,
4. Benennung und Überwachung von Konformitätsbewertungsstellen für Drittstaaten,
5. Rücknahme, Widerruf und Ruhen der Benennung und Anerkennung,
6. Anordnungen zur Beseitigung festgestellter oder zur Verhütung künftiger Verstöße,
7. Begutachtung und Überwachung im Rahmen von Akkreditierungsverfahren,
8. Mitwirkung im Akkreditierungsausschuss.»

Benennung

{EN: *Designation*}
{FR: *Désignation*}
{⇨ Benennende Behörde für Medizinprodukte für Deutschland}

⇨ DIN EN ISO/IEC 17000 (03.2005) [68]:
«Hoheitliche Ermächtigung einer Konformitätsbewertungsstelle, festgelegte Konformitätsbewertungstätigkeiten durchzuführen.»

Für eine einheitliche Vorgehensweise bei der Benennung und Überwachung von Benannten Stellen ist das von den Mitgliedstaaten erarbeitete und von der Europäischen Kommission herausgegebene MEDDEV Dokument 2.10/2 rev. 1: «Designation and Monitoring of Notified Bodies within the Framework of EC-Directives on Medical Devices» [65] und das «Handbuch für benennende Behörden» [14], das von der NBOG erarbeitet wurde, zu beachten.

In Deutschland sind diese Forderungen in dem Regelwerk der ZLG «Regeln für die Benennung» [15] umgesetzt

Benutzungsfehler

{EN: *Usage error*}
{FR: *Erreur d'utilisation*}

⇨ DIN EN ISO 14971 (04.2013) [72]:
«Handlung oder Unterlassung einer Handlung, die eine andere Reaktion eines Medizinprodukts bewirkt, als vom Hersteller beabsichtigt oder vom Anwender (Benutzer) erwartet.

Anmerkung 1: Benutzungsfehler umfassen Aufmerksamkeitsfehler, Erinnerungsfehler und Verwechslungen.

Anmerkung 2: Siehe auch IEC 62366: –, Anhang B und D.1.3.

Anmerkung 3: Eine unerwartete physiologische Reaktion des Patienten wird nicht als Teil der Benutzungsfehler betrachtet.[9]»

Es ist darauf hinzuweisen, dass Benutzungsfehler auch Fehler umfassen können, die aufgrund einer im Arbeitsablauf üblichen Stresssituation (z. B. OP, Intensiv-

9) IEC 62366:, Begriff 2.12 (in Vorbereitung)

station, Rettungsdienst) auftreten können (z. B. Aufmerksamkeitsfehler, Verwechslungen).

Bereitstellung auf dem Markt

{EN: *Making available on the market*}
{FR: *Mise à disposition sur le marché*}
{⇨ Inverkehrbringen}

⇨ § 2 Nr. 4 ProdSG:
«Bereitstellung auf dem Markt: Jede entgeltliche oder unentgeltliche Abgabe eines Produkts zum Vertrieb, Verbrauch oder zur Verwendung auf dem Markt der Europäischen Union im Rahmen einer Geschäftstätigkeit.»

«Der neue Rechtsrahmen hat die Ausrichtung der EU-Rechtsvorschriften im Verhältnis zum Marktzugang verändert. Früher war der Wortlaut der Harmonisierungsvorschriften der Union auf den Begriff des „Inverkehrbringens" fokussiert, einen herkömmlichen Begriff des freien Warenverkehrs, der die erstmalige Bereitstellung eines Produkts auf dem Markt der EU bezeichnet. Im neuen Rechtsrahmen wird unter Berücksichtigung des Binnenmarkts der Schwerpunkt auf die Bereitstellung eines Produkts gelegt, wodurch das Geschehen nach der erstmaligen Bereitstellung eines Produkts größere Bedeutung erlangt. Dies entspricht auch der Logik, Marktüberwachungsbestimmungen der EU zu erlassen. Die Einführung des Begriffs der Bereitstellung erleichtert die Rückverfolgung nichtkonformer Produkte zum Hersteller. Dabei ist zu beachten, dass die Konformität in Bezug auf die rechtlichen Anforderungen bewertet wird, die zum Zeitpunkt der erstmaligen Bereitstellung galten.» [86]

Bericht

{EN: *Report*}
{FR: *Rapport*}

⇨ Teil A Nr. 3 RiliBÄK [83]:
«Zusammenfassende Darstellung von Untersuchungsergebnissen.»

Beschaffung von Medizinprodukten[10]

{EN: *Procurement of medical devices*}
{FR: *Acquisition de dispositifs médicaux*}
{⇨ Dienstanweisung Medizinprodukte, Einkauf von Medizinprodukten}

Die Abfrage der angesprochenen Punkte ist nur möglich, wenn die Beschaffungsabteilung bzw. der Einkauf in den kompletten klinikinternen Medizinprodukte-Prozess eingebunden ist.

10) mit Unterstützung von *J. Haft* (Leiter Logistik und Einkauf) und *Dipl.-Ing. M. Regner*, Universitätsklinikum Carl Gustav Carus, Dresden

1. Beschaffung von Medizinprodukten ohne Informationstechnologie

Unter Beschaffung wird im weitesten Sinn der Betriebswirtschaftslehre sowohl der Einkauf als auch die Beschaffungslogistik verstanden.[11] Bei der Beschaffung von Medizinprodukten ist darauf hinzuweisen, dass das Vergaberecht einzuhalten ist. Dies betrifft sowohl Krankenhäuser in öffentlicher Trägerschaft als auch Krankenhäuser in privater Trägerschaft, wenn sie mit Fördermitteln arbeiten.

Der Begriff «Beschaffungslogistik» als Teil der Beschaffung und der Logistik bezeichnet den Prozess des Wareneinkaufs bis zum Transport des Materials in das Warenlager, der aktiven Medizinprodukte zur Medizintechnik ggf. auch zum Anwender der Medizinprodukte. Dies beinhaltet auch Dienstleistungen, die in der MPBetreibV gefordert werden, z. B. Einweisung in Medizinprodukte der Anlage 1.

Mit der Beschaffung eines Medizinprodukts wird u. a. die Grundlage für einen wirtschaftlichen Betrieb des Medizinprodukts – Betriebskosten einschließlich Folge- und Entsorgungskosten – geschaffen. Eine notwendige Voraussetzung ist, dass die geplante Nutzung mit der Zweckbestimmung übereinstimmen muss.

Aus diesem Grund ist es wichtig, dass vor der Beschaffung eines Medizinprodukts und der zum Betrieb des Medizinprodukts erforderlichen Dienstleistung Klarheit darüber besteht, welchen Anforderungen des MPG und der MPBetreibV das Produkt entsprechen muss. Beispielhaft werden folgende Punkte aufgeführt:

- Zweckbestimmung/Verwendungszweck des Medizinprodukts:
- Entspricht das zu beschaffende Medizinprodukt der beabsichtigten Anwendung?
- Kompatibilität mit anderen Medizinprodukten (§ 6 Abs. 1 MPG, § 2 Abs. 1 MPBetreibV):
- Ist das zu beschaffende Medizinprodukt kompatibel zu folgenden in der Gesundheitseinrichtung vorhandenen Medizinprodukten […]?
- Abfrage, ob für das zu beschaffende Medizinprodukt STK/MTK erforderlich sind.
  Wenn ja:
  - Umfang und Fristen von STK – insbesondere bei Medizinprodukten, die nicht in Anlage 1 MPBetreibV aufgeführt sind, für die der Hersteller jedoch eine STK vorgeschrieben hat, und
  - Umfang und Fristen von MTK – insbesondere bei Medizinprodukten, die nicht in Anlage 2 MPBetreibV aufgeführt sind, für die der Hersteller jedoch eine MTK vorgeschrieben hat.
- Festlegung der Anzahl der benötigten Gebrauchsanweisungen für das/die zu beschaffenden Medizinprodukt(e);
- Festlegung, ob eine Gebrauchsanweisung als elektronisches Dokument zu liefern ist, z. B. um jedem Anwender über Intranet die Gebrauchsanweisung zur Verfügung stellen zu können;
- Festlegung, ob eine Einweisung von Anwendern durch den Hersteller/Lieferanten gesetzlich (Medizinprodukt der Anlage 1 MPBetreibV) vorgeschrieben ist. Nach Klärung der Frage, ist für den Beschaffungsauftrag fest-

11) http://de.wikipedia.org/wiki/Beschaffung (Stand: November 2014)

zulegen, wie viele Anwender (Ärzte, Pflegekräfte, Medizintechniker) einzuweisen sind, Angabe der Zahl der für den Auftrag erforderlichen Einweisungen.

- Ebenso Festlegung, wie viele Anwender durch Hersteller/Lieferanten einzuweisen sind, für Medizinprodukte, die nicht der Anlage 1 MPBetreibV zuzuordnen sind, für die der Betreiber eine Einweisung für erforderlich hält.
- Beauftragung zur «erstmaligen Inbetriebnahme» (Funktionsprüfung und ggf. Einweisung der vom Betreiber Beauftragten Person(en)) von aktiven Medizinprodukten der Anlage 1 MPBetreibV (§ 5 Abs. 1 Nr. 1 und 2 MPBetreibV) durch den Hersteller oder einer hierzu befugten Person.

Empfehlenswert ist vor der Beschaffung eines Medizinprodukts die Klärung folgender Punkte – falls zutreffend:

- Angaben zur Instandhaltung und zu Werkzeugen/Messmitteln/Software, die für Instandhaltung einschließlich STK, MTK erforderlich sind – einschließlich der Angaben zur Aufbereitung;
- Angaben zu den Kosten pro Technikerstunde;
- Angaben zur Entfernung zum nächsten Servicestützpunkt;
- Angaben zu möglichen Wartungsverträgen und deren Inhalten;
- Angaben zu Wartungskits, die ein Hersteller für Medizinprodukte vorschreiben kann, die z. B. in festen Zyklen vom Betreiber [Medizintechnik, Anwender] oder vom Hersteller am Produkt zu wechseln sind/durchzuführen sind.

Hinweis: Der Betreiber darf ein Medizinprodukt, das der Anlage 1 MPBetreibV zuzuordnen ist, nur betreiben, wenn die Beauftragte Person durch den Hersteller oder die Befugte Person anhand der Gebrauchsanweisung eingewiesen wurde. Die Einweisung der Beauftragten Person ist entweder im Lieferumfang enthalten oder muss vom Betreiber zusätzlich in Auftrag gegeben werden.

2. Beschaffung von In-vitro-Diagnostika ohne Informationstechnologie

Bei der Beschaffung von In-vitro-Diagnostik sind zusätzlich alle Fragen zu Forderungen der RiliBÄK zu stellen, wie z. B. Kosten und Verfügbarkeit von Kontrollmaterial, Anbindung an eine zentrale Management bzw. Überwachungssoftware usw.

3. Beschaffung von implantierbaren Medizinprodukten

Mit der Neuregelung von § 10 MPBetreibV kommen ab 1. Oktober 2015 auf die Beschaffungsabteilung/den Einkauf besondere Pflichten bei der Beschaffung von implantierbaren Medizinprodukten zu. Bereits bei der Beschaffung dieser Produkte ist sicherzustellen, dass die vom Verordnungsgeber geforderten Daten mit den implantierbaren Medizinprodukten geliefert werden:

- Patienteninformation mit Sicherheitshinweisen und
- notwendigen Kontrolluntersuchungen,
- Implantat Pass mit Patientennamen, Art, Typ, Seriennummer und
- Hersteller des Implantats.

Dies ist eine notwendige Voraussetzung zum Führen des geforderten Implantate-Registers.

4. Beschaffung von Medizinprodukten mit Informationstechnologie (IT)

Bei der Beschaffung von Medizinprodukten mit IT sind zusätzlich Fragen zu stellen, die im Zusammenhang mit der Integration des Medizinprodukts in die vorhandene Informationsstruktur/das IT-Netzwerk stehen. Ursachen für neu entstandene Gefährdungssituationen sind z. B. [28]:

- Datenverlust,
- ungeeigneter Datenaustausch,
- Datenkorruption,
- ungeeignete zeitliche Datenzuordnung,
- unerwarteter Datenempfang,
- unbefugter Zugang zu Daten.

Risiken können dabei nicht nur durch die Integration des Medizinprodukts in ein IT-Netzwerk bestehen, sondern sich beispielsweise auch ergeben durch [28, 34]:

- Änderung an der Konfiguration des IT-Netzwerks;
- Anschließen zusätzlicher Elemente/weiterer Medizinprodukte anderer Hersteller an das IT-Netzwerk;
- Entfernen von IT-Elementen aus dem IT-Netzwerk;
- «Update» oder «Upgrade» von Hardware, die mit dem IT-Netzwerk verbunden ist (z. B. Router, Drucker, Datenmonitor, Patienten-Überwachungsmonitor, Medizinprodukt);
- «Update» oder «Upgrade» von Software, die im IT-Netzwerk zur Einsatz kommt (z. B. Betriebssystem, Virensoftware).

Die Sicherheit des Medizinprodukts wird vom Hersteller des Medizinprodukts durch die Einhaltung aller zutreffenden Grundlegenden Anforderungen im Rahmen der Konformitätsbewertung bestätigt. Risiken, die sich durch die Integration des Medizinprodukts in ein medizinisches IT-Netzwerk ergeben können, sind dabei nicht Gegenstand der Konformitätsbewertung. Diese zusätzlich bestehenden Risiken sind zu analysieren. Das Ergebnis sollte in einem Fragebogen zusammengetragen werden, der von dem Hersteller des zu beschaffenden Medizinprodukts/ der IT-Netzwerkkomponente zu beantworten ist. Dieser Fragebogen sollte Gegenstand der Ausschreibung sein, wobei der beantwortete Fragebogen vom Anbieter zu unterschreiben ist.

Bei der Erarbeitung des Fragebogens kann hilfreich sein:

- die Beachtung der Anforderungen von DIN EN 80001-1 [131], die insbesondere auf die Risiken und deren Vermeidung eingeht, die bei der Integration von Medizinprodukten in ein medizinisches IT-Netzwerk entstehen,
- der Anhang H.7 von DIN EN 60601-1 [28], in dem mögliche Ursachen von Gefährdungssituationen im Zusammenhang mit IT-Netzwerken benannt werden.

Im Folgenden werden Fragen gelistet, die vor der Beschaffung von Medizinprodukten mit IT zu klären sind. Diese Liste erhebt keinen Anspruch auf Vollständigkeit und berücksichtigt u. a. die in [28, 34, 131] genannten Fragen/Problemfelder/ Empfehlungen:

- Nennung/Festlegung der Nutzung des IT-Netzwerks durch den Betreiber.
- Warum soll das Medizinprodukt in das IT-Netzwerk eingebunden werden?
- Über welche Spezifikationen/Merkmale/Konfiguration muss das IT-Netzwerk verfügen, in das das Medizinprodukt eingebunden werden soll?
- Kann das Medizinprodukt mit Hilfe eines Netzwerkanschlusses an das IT-Netzwerk angeschlossen werden und erfüllt dieser Netzwerkanschluss die vom Hersteller des Medizinprodukts festgelegten Anwendungsbeschränkungen?
- Sollen Alarmmeldungen des Medizinprodukts über das IT-Netzwerk abgesetzt/ verteilt werden?
- Welche Konsequenzen für die Sicherheit des Patienten ergeben sich bei Ausfall/Blockade des IT-Netzwerks?
- Welche Risiken entstehen durch den Anschluss des Medizinprodukts an das IT-Netzwerk im Hinblick auf Datensicherheit, Datenschutz und Systemsicherheit?
- Welche Anforderungen stellt die Software des Medizinprodukts an das Betriebssystem des IT-Netzwerks (z. B. Betriebssystem xyz, Version nnn?
- Ist die Software des Medizinprodukts auf dem vorhandenen IT-Betriebssystem (z. B. Windows®) lauffähig?
- Wie werden Updates/Upgrades der Software des Medizinprodukts/des IT-Netzwerks eingespielt, z. B.:
  - sofort nach Erscheinung, durch den Hersteller des Medizinprodukts (auch bei Betriebssystem-Aktualisierungen),
  - nach Prüfung durch das Qualitätsmanagement für IT-Systeme des Betreibers oder
  - niemals, da eine Einspielung von Updates/Upgrades grundsätzlich durch den Hersteller des Medizinprodukts untersagt ist?
- Wird eine Virensoftware im IT-Netzwerk eingesetzt? Wenn ja, wie soll mit der Aktualisierung der Virensignaturen umgegangen werden, damit wichtige Informationen (z. B. Alarmweiterleitung) nicht blockiert werden?
- Ist die Software des Medizinprodukts anfällig gegen Infektionen mit Schadsoftware des IT-Netzwerks? Wenn ja,
  - wie kann das Medizinprodukt dagegen geschützt werden?
  - wie kann eine Infektion des Medizinprodukts erkannt werden?
  - wie kann die Infektion der Software des Medizinprodukts entfernt werden?
- Ist die Entfernung der Schadsoftware und die Wiederherstellung des zertifizierten Zustands des Medizinprodukts Bestandteil des Service-Vertrags des Medizinprodukte-Herstellers?

Neben diesem Fragenkatalog sind ergänzend zu den Punkten einer Beschaffung eines Medizinprodukts ohne IT auch folgende Punkte wesentlich und sollten im Verlauf des Beschaffungsvorgangs geklärt/beachtet werden:

- Im Rahmen einer schriftlichen Vereinbarung ist eine eindeutige und unmissverständliche Abgrenzung der Verantwortlichkeiten zwischen Hersteller des Medizinprodukts und Betreiber des IT-Netzwerks festzulegen (Verantwortlichkeitsvereinbarung nach DIN EN 80001-1 [131]).
- Regelung des Datenschutzes, falls für den Hersteller des Medizinprodukts ein Zugriff auf das IT-Netzwerk gestattet werden muss z. B. im Rahmen einer Software-/Hardware-Wartung, einer Instandsetzung, einer Fernwartung.

Bescheinigung

{EN: *Certificate*}
{FR: *Certificat*}

Von einer Benannten Stelle ausgestelltes Dokument (vgl. § 3 Nr. 20 MPG) – vom Gesetzgeber in § 17 Abs. 2 MPG Bescheinigung oder Konformitätsbescheinigung genannt –, das die Übereinstimmung der von einem Hersteller in Verkehr gebrachten Medizinprodukte oder des Qualitätssicherungssystems des Herstellers mit den zutreffenden regulatorischen Forderungen bescheinigt. Diese Bescheinigung wird von Benannten Stellen oft EG-Zertifikat genannt.

Bescheinigungen, die von der Benannten Stelle auszustellen sind, dürfen nur für eine juristische oder natürliche Person (Bescheinigungsinhaber) ausgestellt werden. Die Vergabe einer Bescheinigung an mehrere juristische oder natürliche Personen ist nicht zulässig.

Bescheinigungen mit Bezug zu den Medizinprodukterichtlinien dürfen nur für solche Medizinprodukte ausgestellt werden, für die ein entsprechendes Konformitätsbewertungsverfahren vorgesehen ist. Bescheinigungen müssen Angaben zur ausstellenden Benannten Stelle und zu dem Hersteller enthalten sowie den Geltungsbereich der Zertifizierung eindeutig und vollständig beschreiben und die zur Bewertung herangezogenen Berichte ausweisen. Benannte Stellen dürfen Bescheinigungen mit Hinweis auf den Status als Benannte Stelle ausschließlich im Geltungsbereich ihrer Benennung ausstellen.

Hinweis: Die hier getroffenen Aussagen orientieren sich an [132] und sind teilweise keine Originalzitate.

Beschluss (EU)

{EN: *Decision (EU)*}
{FR: *Décision (UE)*}

> «Beschlüsse sind nach Art. 288 Abs. 4 AEUV verbindliche Regelungen des Sekundärrechts für Einzelfälle. Beschlüsse können sich an Adressaten wie Mitgliedstaaten oder Einzelne richten. Nach der Neuregelung des AEUV können sie auch einen unbestimmten Adressatenkreis haben. Beschlüsse bedürfen keiner Umsetzung in nationales Recht. Art. 249 Abs. 4 EGV verwandte für den adressatengerichteten Beschluss den Begriff der Entscheidung.» [98])

Bestandsverzeichnis

{EN: *Inventory list*}
{FR: *Liste d'inventaire*}

Auflistung (Dokumentation) für alle aktiven nichtimplantierbaren Medizinprodukte einer Betriebsstätte durch den Betreiber. In das Bestandsverzeichnis sind gemäß § 8 MPBetreibV folgende Angaben aufzunehmen:

- Bezeichnung, Art und Typ, Loscode oder die Seriennummer, Anschaffungsjahr des Medizinprodukts,
- Name oder Firma und Anschrift des nach § 5 MPG für das jeweilige Medizinprodukt Verantwortlichen,
- die der CE-Kennzeichnung hinzugefügte Kennnummer der Benannten Stelle,
- betriebliche Identifikationsnummer (falls vorhanden),
- Standort und betriebliche Zuordnung,
- Fristen für die STK und (falls zutreffend) die MTK.

Das Bestandsverzeichnis gibt einen Überblick über alle beim Betreiber in einer Betriebsstätte vorhandenen, aktiven, nichtimplantierbaren Medizinprodukte. Die zuständige Behörde hat das Recht der jederzeitigen Einsichtnahme in das Bestandsverzeichnis.

Ergänzend hinzuweisen ist, dass auch aktive Nicht-Medizinprodukte ins Bestandsverzeichnis aufzunehmen sind, wenn sie im Sinne der Anlage 1 und 2 MPBetreibV angewendet, betrieben und instand gehalten werden (vgl. § 2 Abs. 2 MPG).

Bestätigungstest

{EN: *Confirmation assay*}
{FR: *Test de confirmation*}

⇨ Gemeinsame technische Spezifikationen für In-vitro-Diagnostika, Anhang Nr. 2 [118]:
«Der Begriff „Bestätigungstest" bezeichnet einen Test, der zur Bestätigung des Reaktionsergebnisses eines Screeningtests eingesetzt wird.»

Bestimmungsgemäßer Gebrauch

{EN: *Normal use*}
{FR: *Utilisation normale*}
{⇨ Anwendungsbeschränkung, Bestimmungsgemäße Verwendung, Zweckbestimmung}

⇨ DIN EN 60601-1:2013-12 [28]:
«3.71 Bestimmungsgemäßer Gebrauch: Betrieb, einschließlich Routineprüfung und Einstellungen durch Bediener und Stand-by entsprechend der Gebrauchsanweisung.

Anmerkung: Zweckbestimmung sollte nicht mit bestimmungsgemäßem Gebrauch verwechselt werden. Obwohl beide das vom Hersteller vorgesehene Gebrauchskonzept beinhalten, beschränkt sich die Zweckbestimmung auf den medizinischen Zweck[12], während der bestimmungsgemäße Gebrauch nicht nur den medizinischen Zweck, sondern auch Instandhaltung, Transport usw. beinhaltet.»

Der bestimmungsgemäße Gebrauch ist der Gebrauch entsprechend den Angaben in der Kennzeichnung, der Gebrauchsanweisung und den dem Medizinprodukt beigefügten Sicherheitshinweisen. Angaben zum bestimmungsgemäßen Gebrauch können auch den Werbematerialien des Herstellers entnommen werden.

Bestimmungsgemäße Verwendung

{EN: *Intended use; intended operation*}
{FR: *Utilisation conforme à sa destination*}
{⇨ Anwendungsbeschränkung, Bestimmungsgemäßer Gebrauch, Zweckbestimmung}

Die bestimmungsgemäße Verwendung eines Medizinprodukts umfasst

- die Zweckbestimmung des Herstellers gemäß § 3 Nr. 1 MPG und
- die vom Hersteller vorgegebenen Anwendungsbeschränkungen.

Zweckbestimmung und Anwendungsbeschränkungen sind der Kennzeichnung, der Gebrauchsanweisung und/oder den Werbematerialien zu entnehmen.

Für die bestimmungsgemäße Verwendung eines Medizinprodukts sind von Bedeutung

- die Zweckbestimmung (z. B. Medizinprodukt zur Überwachung von Krankheiten, Medizinprodukt zur Linderung von Behinderungen) und
- die Anwendungsbeschränkungen (z. B. Medizinprodukt nur für Personen mit einem Körpergewicht < x kg, vorgegebene Umgebungsbedingungen für den Betrieb, für die Lagerung und den Transport, Medizinprodukt nicht zur Verwendung in Hyperbarokammern, Medizinprodukt nicht zur Verwendung in Kernspintomografen).

Damit unterscheidet sich die Definition der bestimmungsgemäßen Verwendung von der so genannten «üblichen Verwendung» (im ProdSG festgelegte Begriffsbestimmung). Das ProdSG versteht unter einer üblichen Verwendung die Verwendung, die sich aus der Bauart und Ausführung des Produkts ergibt (vgl. § 2 Nr. 5b ProdSG), unabhängig davon, ob der Hersteller diese Verwendung zulässt oder u. U. auch ausdrücklich verbietet.

Aus einer Erläuterung der Kommission zur MDD geht jedoch hervor, dass ein Hersteller die Festlegung der Zweckbestimmung nicht ohne Berücksichtigung der üblichen Verwendung treffen kann. Dieses könnte eine (unbewusste) Täuschung des Anwenders zur Folge haben mit der Konsequenz einer möglicherweise irreführenden Bezeichnung.

Betreiben

{EN: *Operate*}
{FR: *Exploiter*}

12) redaktionelle Anmerkung: Zweck gemäß § 3 Nr. 1 MPG

Rechtsgrundlage für das Betreiben ist § 14 MPG «Errichten, Betreiben, Anwenden und Instandhalten von Medizinprodukten» und die MPBetreibV. Es handelt sich hierbei um rein nationale Vorschriften, die jedoch nicht im Widerspruch zu den europäischen RL stehen oder ergänzende Anforderungen enthalten dürfen, wenn damit ein Handelshemmnis für Medizinprodukte aus anderen Mitgliedstaaten entstehen würde.

Mit dem Begriff «Betreiben» werden alle Vorgänge oder Maßnahmen erfasst, die sich unmittelbar auf die Nutzung eines Medizinprodukts beziehen, beispielsweise:

- sachgerechte Anwendung bzw. Verwendung eines Medizinprodukts entsprechend der Zweckbestimmung des Herstellers,
- der in der Gebrauchsanweisung vorgegebenen Angaben,
- Einweisung des Anwenders zur sachgerechten Anwendung eines Medizinprodukts,
- STK zur Feststellung und Beurteilung des sicherheitstechnischen Zustands eines aktiven Medizinprodukts,
- MTK zur Feststellung und Beurteilung der Messsicherheit,
- Inspektion zur Feststellung des Istzustands eines Medizinprodukts,
- Wartung zur Bewahrung des Sollzustands eines Medizinprodukts,
- Instandsetzung zur Wiederherstellung des Sollzustands eines Medizinprodukts.

Betreiber

{EN: *Operator*}
{FR: *Exploitant*}
{⇨ Dienstanweisung Medizinprodukte, Verantwortliche Organisation}

⇨ § 2 MPBV (Medizinproduktebetreiberverordnung – Österreich):
«(2) «Betreiberin/Betreiber“ ist die für den Betrieb einer Einrichtung des Gesundheitswesens verantwortliche natürliche oder juristische Person.»

⇨ Empfehlung der DGAI [54]:
«Betreiber ist derjenige, der die rechtliche Sachherrschaft über ein Medizinprodukt ausübt (Eigentum/Besitz), z. B. der Krankenhausträger. Dies gilt auch für Belegkrankenhäuser, den Träger einer Apparategemeinschaft, den Träger eines medizinischen Versorgungszentrums (MVZ) oder den Praxisinhaber.

Der Betreiber ist für die Umsetzung der Betreiber pflichten aus der MPBetreibV zuständig und verantwortlich und kann Pflichten ganz oder teilweise an die Medizinprodukte-Verantwortlichen delegieren. Zu den Medizinprodukten, die unter diese Pflichten fallen, gehören auch über Drittmittel beschaffte, geschenkte, geliehene oder andere von Dritten zur Verfügung gestellte Medizinprodukte. Der Betreiber hat Ressourcen für die Umsetzung der Pflichten aus der MPBetreibV zur Verfügung zu stellen.»

Eine entsprechende Legaldefinition «Betreiber» besteht im deutschen Medizinprodukterecht nicht, obwohl dieser Begriff im MPG und in den zugehörigen Verordnung mehrfach mit unterschiedlichen Aufgaben und Verantwortlichkeiten angesprochen wird. Dies hat u. a. zu einer rechtlichen Auseinandersetzung zwischen einer zuständigen Landesbehörde und einer Betriebskrankenkasse geführt.

Nach einem Urteil des Bundesverwaltungsgerichts [66] ist Betreiber ist derjenige, der die «tatsächliche Sachherrschaft» über das Medizinprodukt ausübt. Der Betreiber muss dabei nicht notwendigerweise Eigentümer des Medizinprodukts sein.

Die «tatsächliche Sachherrschaft» sollte – entgegen der Feststellung des Bundesverwaltungsgerichts – bis zur eindeutigen Regelung durch den Gesetzgeber nicht als alleiniges, entscheidendes Merkmal für eine Betreibereigenschaft herangezogen werden. So kommt beispielsweise *Lücker* [45] bei der Auslegung des Urteils des Bundesverwaltungsgerichts [66] zu der Schlussfolgerung:

> «[...] dass, bezogen auf ein patienteneigenes Medizinprodukt, nicht allein die tatsächliche Sachherrschaft zu einer Betreibereigenschaft seitens eines Krankenhauses führt. Vielmehr muss zudem die Nutzung des Produkts am Patienten einen Teil der originären Behandlungsverpflichtung der Gesundheitseinrichtung darstellen. Erfüllt das Medizinprodukt so zumindest auch einen wirtschaftlichen oder gewerblichen Zweck für das Krankenhaus, führt dies sodann zu seiner Betreibereigenschaft.»

Diese Schlussfolgerung wird von *Lücker* [45] noch mit folgenden Beispielen begründet:

> «Wer wegen eines beidseitigen Armbruchs in stationärer Behandlung ist und aus diesem Grund nicht das mitgebrachte Atemtherapiegerät selbst bedienen kann, macht das Krankenhaus ebenso wenig zum Betreiber seines Geräts, wie er es zum Betreiber seiner Brille, seiner Stützstrümpfe oder seines Insulinpens macht. Auch der querschnittsgelähmte Patient, der sich zu einer Blinddarmoperation im Krankenhaus befindet, macht dieser nicht zum Betreiber seines (elektrischen) Rollstuhls.»

Diese Auslegung des Urteils des Bundesverfassungsgerichts mag formal juristisch zutreffen, dass alleine durch die Möglichkeit zur Nutzung eines patienteneigenen Medizinprodukts innerhalb eines Krankenhauses der Krankenhausbetreiber nicht zum Betreiber der patienteneigenen Medizinprodukte wird.

Unabhängig von der medizinprodukterechtlichen Sicht hat der Betreiber aber noch weitergehende Aspekte im Hinblick auf den Betrieb von Medizinprodukten in seinem Verantwortungsbereich zu bedenken, wie beispielsweise:

- die Sorgfaltspflicht gegenüber den Mitarbeitern im Krankenhaus,
- die Organisationsverantwortung gegenüber dem Patienten.

Der Betrieb patienteneigener Medizinprodukte kann aufgrund der Vielzahl unterschiedlichster Konstellationen für einen Krankenhausbetreiber ein nicht überschaubares/nicht beherrschbares Risiko bedeuten. Aus diesem Grund sollte der Betreiber in einer Dienstanweisung den Umgang mit patienteneigenen Medizinprodukten unmissverständlich festlegen, damit bei den Anwendern entsprechende Handlungssicherheit herrscht.

Vor diesem Hintergrund muss festgestellt werden, dass eine rechtlich verbindliche Antwort auf die Frage, wer Betreiber von Medizinprodukten im Sinne des Medizinprodukterechts (insbesondere MPG, MPBetreibV) ist, derzeit nicht gegeben werden kann.

Überlässt der Eigentümer das Gerät z. B. auf Grund eines Vertrags (z. B. Leihgerät im Falle der Instandsetzung, Vorführgerät, Erprobungsgerät) einem Dritten, so ist dieser Dritte der Betreiber dieses Geräts.

Der Betreiber kann eine natürliche Person (Inhaber der Arztpraxis) oder eine juristische Person (Krankenhausträger, Rettungsdienst, Pflegedienst) – vertreten durch den jeweiligen Verwaltungsdirektor, Geschäftsführer, etc. – sein.

Je nach Größe der Einrichtung und Zahl der Personen, die Medizinprodukte am Patienten anwenden, empfiehlt es sich bei der Umsetzung der regulatorischen Forderungen, Teilaufgaben an Mitarbeiter zu delegieren. In einem Krankenhaus empfiehlt es sich beispielsweise, jeden Leiter einer Klinik, in der Medizinprodukte zur Anwendung kommen, im Hinblick auf die Forderungen aus dem Medizinprodukterecht in die Pflicht zu nehmen und ihm als Medizinprodukteverantwortlichen schriftlich Aufgaben im Hinblick auf das Betreiben von Medizinprodukten zu übertragen. Dem Chefarzt steht es wiederum frei, gewisse dieser Aufgaben an Mitarbeiter seiner Klinik zu übertragen, die Einweisung von Medizinprodukten beispielsweise an den Medizinproduktebeauftragten. Diese Bezeichnungen sind nicht vom Gesetz- und Verordnungsgeber festgelegt, dienen der Transparenz bei der Umsetzung der regulatorischen Forderungen.

Mit anderen Worten: Jeder Betreiber

- hat die organisatorischen Voraussetzungen für den bestimmungsgemäßen Einsatz der Medizinprodukte zu schaffen;
- ist verantwortlich für die Erfüllung der rechtlichen Vorschriften wie MPG, MPBetreibV, MPSV, MPV (bei Eigenherstellung von Medizinprodukten), MPKPV (bei klinischen Prüfungen von Medizinprodukten/Leistungsbewertungsprüfungen).

Die Pflichten des Betreibers sind im Rahmen einer «Dienstanweisung zum Betrieb von Medizinprodukten (DA-MPG) nachvollziehbar festzulegen. Sie umfassen die Bereitstellung der erforderlichen Mittel, die Durchführung und Überwachung der organisatorischen Maßnahmen, insbesondere:

- die Schaffung der organisatorischen Voraussetzungen für das Errichten, Beschaffen, Betreiben und Anwenden von Medizinprodukten (z. B. durch Erstellen und Inkraftsetzen einer DA-MPG, Benennung von Medizinprodukteverantwortlichen und Medizinproduktebeauftragten);
- die Beauftragung zur Beschaffung, zur Errichtung, zur «Inbetriebnahme», zum Betrieb, zur Anwendung und zur Instandhaltung (einschließlich der Aufbereitung) von Medizinprodukten an geeignete (qualifizierte) Personen, Betriebe und Mitarbeitern unter Beachtung der Anforderungen der MPBetreibV;

- die Festlegung, dass nur Medizinprodukte mit CE-Kennzeichnung auf der Grundlage des MPG (§ 6 Abs. 1 MPG) in Betrieb genommen werden – Ausnahmen bestehen bei Sonderanfertigungen, Medizinprodukten aus Eigenherstellung, Medizinprodukten mit Sonderzulassung durch das BfArM nach § 11 Abs. 1 MPG, Medizinprodukten zur klinischen Prüfung, In-vitro-Diagnostika zu Leistungsbewertungszwecken;
- die Festlegung, dass aktive Medizinprodukte der Anlage 1 MPBetreibV nur nach erfolgter «erstmaliger Inbetriebnahme» (Funktionsprüfung und ggf. Einweisung der vom Betreiber beauftragten Person) durch Hersteller oder befugte Person zur Anwendung kommen (§ 5 Abs. 1 MPBetreibV) und dass die erfolgte Funktionsprüfung und Einweisung der vom Betreiber beauftragten Person im Medizinproduktebuch entsprechend zu dokumentieren ist (§ 7 Abs. 2 Nr. 2 MPBetreibV);
- die Festlegung, dass nur eingewiesene Anwender Medizinprodukte der Anlage 1 MPBetreibV anwenden (§ 5 Abs. 2 MPBetreibV) und dass die Einweisung nur von einem festgelegten Personenkreis durchgeführt werden darf: Hersteller, vom Hersteller befugte Person oder Medizinproduktebeauftragter. Die Einweisung ist im Medizinproduktebuch zu dokumentieren (§ 7 Abs. 2 Nr. 3 MPBetreibV);
- Festlegungen zur Qualitätssicherung im medizinischen Labor (§ 4a Satz 1 MPBetreibV) und Dokumentation der Unterlagen und Bescheinigungen (§ 4a Satz 2 MPBetreibV);
- die Festlegung, dass Medizinprodukte nicht angewendet werden, wenn der begründete Verdacht besteht, dass sie die Sicherheit und die Gesundheit der Patienten, der Anwender oder Dritter bei sachgemäßer Anwendung, Instandhaltung und ihrer Zweckbestimmung entsprechender Verwendung über ein nach den Erkenntnissen der medizinischen Wissenschaften vertretbares Maß hinausgehend gefährden (§ 4 Abs. 1 Nr. 1 MPG);
- die Festlegung, dass Medizinprodukte nicht betrieben und angewendet werden, wenn sie Mängel aufweisen, durch die Patienten, Beschäftigte oder Dritte gefährdet werden können (§ 14 Satz 2 MPG);
- die Festlegung, dass Medizinprodukte mit abgelaufenem Verfalldatum nicht mehr angewendet werden (§ 4 Abs. 1 Nr. 2 MPG);
- organisatorische Maßnahmen zur Beauftragung qualifizierter Instandhalter (§ 4 Abs. 1 MPBetreibV);
- Festlegungen, dass MTK, STK und wiederkehrende Prüfungen nach den UVV rechtzeitig und fachlich qualifiziert im vorgeschriebenen Umfang durchgeführt werden (§§ 2 Abs.8, 6 und 11 MPBetreibV);
- Bereitstellung von Räumlichkeiten, wenn STK und/oder MTK in der Gesundheitseinrichtung/Rettungsdienst/Pflegedienst durchgeführt werden und von Arbeitsmitteln, wenn STK und/oder MTK in eigener Verantwortung durchgeführt werden;
- organisatorische Maßnahmen zur Sicherstellung der Meldung der meldepflichtigen Vorkommnisse im Sinne der MPSV ans BfArM und PEI (z. B. Ein-

richtung einer zentralen Meldestelle – vorzugsweise – oder geeignete Festlegungen dezentraler Zuständigkeiten);
- Regelung der Verantwortlichkeiten bei Medizinprodukten, die den Vorschriften der Strahlenschutzverordnung oder der Röntgenverordnung unterliegen oder bei deren Herstellung ionisierende Strahlen verwendet werden (§ 6 Abs. 1 Satz 1 MPG);
- Regelungen über die Verantwortlichkeiten bei klinischen Prüfungen (§§ 20 und 21 MPG, § 24 MPG);
- Regelungen über Verantwortlichkeiten, Zuständigkeiten und Dokumentationspflichten, wenn medizinische Einmalprodukte nach Aufbereitung erneut am Patienten angewendet werden sollen;
- Festlegung, ob und ggf. in welcher Form eine Aufklärung des Patienten durch den Anwender zu erfolgen hat;
- Regelung der Verantwortlichkeiten und der Dokumentationspflichten für die Eigenherstellung von Medizinprodukten (falls zutreffend)

Anmerkung: In dem Urteil des Bundesverwaltungsgerichts [66] wird abschließend festgestellt:

> «Eine gesetzliche Krankenkasse, die ihren Versicherten die von diesen benötigten elektrisch betriebenen nichtimplantierbaren Hilfsmittel unter Einschaltung eines Sanitätshauses leihweise überlässt, ist nicht Betreiberin der Geräte im Sinne der Medizinprodukte-Betreiberverordnung.»

Betreiberverordnung (MPBetreibV)

{EN: *Ordinance on Operators of Medical Devices, MPBetreibV*}
{FR: *Ordonnance fédérale relative aux exploitants de dispositifs médicaux*[13]*, MPBetreibV*}
{⇨ Medizinprodukte-Betreiberverordnung}

Betriebsort

{EN: *Location of operation*}
{FR: *Lieu d'utilisation*}
{⇨ Anlage 1-Medizinprodukt, Medizinprodukte-Betreiberverordnung}

Der Hersteller, Lieferant oder eine hierzu befugte Person hat gemäß § 5 MPBetreibV ein Anlage 1-Medizinprodukt im Rahmen der Inbetriebnahme am Betriebsort einer Funktionsprüfung zu unterziehen.

Ziel dieser Funktionsprüfung ist die Prüfung des Geräts unter Betriebsbedingungen. Da nun der Betriebsort nicht in allen Fällen sinnvollerweise in Frage kommen kann – Zuordnungsproblem bei transportablen Geräten, Raumproblem in der Intensivstation, Hygieneproblem im Operationssaal, etc. – kann ein entsprechend vergleichbar installierter Raum beispielsweise in der medizintechnischen Abteilung beim Betreiber alternativ gewählt werden.

13) inoffizielle Übersetzung

Betriebssicherheit

{EN: *Operational safety*}
{FR: *Sécurité opérationnelle*}

⇨ Leitfaden für Sicherheitstechnische Kontrollen – LSTK [24]: «Betriebssicherheit (bedeutet), dass durch den Betrieb des Geräts oder Systems bei dessen Funktionsfähigkeit und bestimmungsgemäßer Verwendung Patienten, Beschäftigte oder Dritte nicht gefährdet werden.»

Betriebssoftware

{EN: *Operating software*}
{FR: *Logiciel d'exploitation*}
{⇨ Eigenständige Software, Funktionssoftware, Software}

Betriebssoftware im Sinne von «firmware» dient der Steuerung der inneren Abläufe – des Betriebs – eines mirkroprozessorgesteuerten Medizinprodukts.

Diese Betriebssoftware könnte vom Wortlaut her unter die Legaldefinition «Medizinprodukt» in § 3 Nr. 1 MPG subsumiert werden, da sie vom Hersteller speziell zur Anwendung für diagnostische oder therapeutische Zwecke bestimmt ist und für ein einwandfreies Funktionieren des Medizinprodukts eingesetzt wird.

Würde man die Legaldefinition so auslegen, dann wäre Betriebssoftware als Medizinprodukt im Sinne von § 3 Nr. 1 MPG zu klassifizieren und gemeinsam mit der Hardware als Kombination nach § 10 MPG zu betrachten.

Diese Auslegung der Legaldefinition ist jedoch nicht zweckmäßig. Die Betriebssoftware ist wie der Mikroprozessor, das Anzeigedisplay, der Trafo etc. integraler Bestandteil des Medizinprodukts. Der Hersteller hat die Konformität eines mikroprozessorgesteuerten Medizinprodukts mit den Grundlegenden Anforderungen sowohl für die Hardware als auch für die integrierte Betriebssoftware zu belegen. Diese Auslegung der Definition in § 3 Nr. 1 MPG entspricht auch der in [4] dargestellten Klassifizierung von Software.

Ein Auswechseln der Betriebssoftware beispielsweise im Fehlerfall (Update) entspricht dem Austausch eines defekten Ersatzteils. Ein Upgrade der Betriebssoftware entspricht ebenfalls dem Austausch eines Ersatzteils mit der Option, dass nach dem «Einbau» des Ersatzteils «Betriebssoftware» eine Funktionserweiterung des Medizinprodukts erfolgt – vergleichbar mit einer Funktionserweiterung beim Auswechseln einer Platine mit vergrößertem Funktionsumfang für das Medizinprodukt.

Die Betriebssoftware ist kein eigenständiges Medizinprodukt: Sie ist typischerweise auf einem internen Programmspeicher (z. B. ROM, PROM, EPRON, E2PROM) gespeichert und wird mit dem Medizinprodukt – ohne zusätzliche CE-Kennzeichnung – vom Hersteller des Medizinprodukts in den Verkehr gebracht.

Bei einer Änderung/Ergänzung der Betriebssoftware durch den Betreiber/ Anwender ist darauf zu achten, ob der Hersteller des Medizinprodukts

- eine Änderung zulässt und die dafür notwendige Software-Schnittstelle einschließlich Qualitäts-Anforderungen an die als Eigenherstellung zu erstellende Software festlegt. In diesem Fall hat der Hersteller des Medizinprodukts sowohl die Software-Schnittstelle als auch mögliche Risiken, die durch die Ergänzung/Änderung der Betriebssoftware, die von einem Dritten hergestellt/erzeugt wird, in seiner Konformitätsbewertung bereits berücksichtigt.
- keine Änderung/Ergänzung der Betriebssoftware vorsieht. In diesem Fall übernimmt derjenige (z. B. Betreiber, Anwender), der die Änderung/Ergänzung vornimmt, die Haftung für das komplette Medizinprodukt – also auch für den Teil, der bereits vom Hersteller in den Verkehr gebracht wurde. Es handelt sich um eine Eigenherstellung eines im Grunde «neuen» Medizinprodukts, welches einem vereinfachten Konformitätsbewertungsverfahren für Eigenherstellungen zu unterziehen ist.

Beurteilung unter Gleichrangigen

{EN: *Peer evaluation*}
{FR: *Évaluation par les pairs*}

⇨ Artikel 2 Nr. 16 der Verordnung (EG) Nr. 765/2008 [87]:
«Verfahren zur Bewertung einer nationalen Akkreditierungsstelle durch andere nationale Akkreditierungsstellen anhand der in dieser Verordnung festgelegten Anforderungen und gegebenenfalls zusätzlicher sektoraler technischer Spezifikationen»

Bevollmächtigter

{EN: *Authorized representative*}
{FR: *Mandataire*}
{⇨ Verantwortlicher für das erstmalige Inverkehrbringen}

⇨ § 3 Nr. 16 MPG:
«Bevollmächtigter ist die im Europäischen Wirtschaftsraum niedergelassene natürliche oder juristische Person, die vom Hersteller ausdrücklich dazu bestimmt wurde, im Hinblick auf seine Verpflichtungen nach diesem Gesetz in seinem Namen zu handeln und den Behörden und zuständigen Stellen zur Verfügung zu stehen.»

⇨ Artikel 2 Nr. 4 Verordnung (EG) Nr. 765/2008 [87]:
«Jede in der Gemeinschaft ansässige natürliche oder juristische Person, die vom Hersteller schriftlich beauftragt wurde, in seinem Namen bestimmte Aufgaben in Erfüllung seiner aus der einschlägigen Gemeinschaftsgesetzgebung resultierenden Verpflichtungen wahrzunehmen.»

Hinzuweisen ist, dass ein Hersteller, der keinen Firmensitz im EWR hat, für ein Medizinprodukt nur einen einzigen Bevollmächtigten – mit Sitz im EWR – benennen darf. Regionale Bevollmächtigte sind damit nicht zulässig.

Folgt man dem Erwägungsgrund 14 der RL 2007/47/EG, so sollte der Bevollmächtigte mindestens für alle Medizinprodukte desselben Modells benannt sein.

Der Bevollmächtigte muss vom Hersteller ausdrücklich dazu bestimmt sein, im Hinblick auf seine Verpflichtungen nach den RL in seinem Namen zu handeln und von den Behörden und Stellen in der EU in diesem Sinne kontaktiert zu werden.

Der Name oder die Firma des Bevollmächtigten und seine Anschrift müssen sowohl deutlich lesbar am Medizinprodukt angebracht als auch in der Gebrauchsanweisung enthalten sein.

Bewertung

{EN: *Evaluation*}
{FR: *Évaluation*}

Nach DIN EN ISO 9000 [81] ist unter Bewertung die Tätigkeit zur Ermittlung der Eignung, Angemessenheit und Wirksamkeit der jeweiligen Betrachtungseinheit zu verstehen, um festgelegte Ziele zu erreichen.

Beispielsweise sind folgende Bewertungen im Medizinprodukterecht von Bedeutung:

- Konformitätsbewertung,
- Bewertung eines QM-Systems,
- Risikobewertung,
- Klinische Bewertung,
- Leistungsbewertung
- Entwicklungsbewertung,
- Bewertung von Kundenanforderungen,
- Bewertung von Fehlern.

Bezeichnungssystem für Medizinprodukte

{EN: *Nomenclature for medical devices*}
{FR: *Système de codification pour dispositifs médicaux*}
{⇨ EDMS-Nomenklatur, GMDN-Nomenklatur, UMDNS-Nomenklatur System}

Das MPG schreibt für Medizinprodukte einheitliche Bezeichnungen vor, um den regulatorischen Informationsaustausch zu unterstützen.

Vorgeschrieben sind Daten:

- zu Medizinprodukten, Herstellern und Bevollmächtigten,
- im Zusammenhang mit Bescheinigungen (ausgestellt, verlängert, geändert, ergänzt, ausgesetzt, zurückgezogen oder verweigert),
- zu Medizinprodukten gemäß Beobachtungs- und Meldeverfahren,
- zu Medizinprodukten bei klinischen Prüfungen/Leistungsbewertungsprüfungen.

Beispielsweise sind bei Vorkommnismeldungen mit Medizinprodukten einheitliche Bezeichnungen für Medizinprodukte eine notwendige Voraussetzung.

Für aktive implantierbare medizinische Geräte und sonstige Medizinprodukte einerseits und In-vitro-Diagnostika andererseits existieren derzeit zwei unterschiedliche Bezeichnungssysteme (Nomenklaturen):

- UMDNS (Universal Medical Device Nomenclature System)
  DIMDI gibt im Auftrag des BMG die deutsche Version des UMDNS heraus. Die englische Originalversion hat das ECRI Institute, USA entwickelt.
- EDMS (European Diagnostics Market Statistics)
  In-vitro-Diagnostika werden anhand der EDMS-Nomenklatur klassifiziert. Die EDMS-Nomenklatur wurde von der EDMA (European Diagnostic Manufacturers Association) entwickelt.

Die beiden Nomenklaturen UMDNS sowie EDMS sollen zukünftig durch die Global Medical Device Nomenclature (GMDN) ersetzt werden. Die GMDN-Bezeichnung wurde von der Europäischen Kommission in Auftrag gegeben und vom Europäischen Komitee für Normung (CEN) basierend auf der ISO-Norm 15225:2000 entwickelt. Die heutige Fassung der Norm DIN EN ISO 15225:2010-10 [76] enthält Vorgaben für eine Datenstruktur für die Bezeichnungen von Medizinprodukten, um

> «[...] die Zusammenarbeit und den Austausch von behördlich relevanten Daten auf internationaler Ebene zwischen den betreffenden Stellen, wie Behörden, Hersteller, Lieferanten, Gesundheitsfürsorgeeinrichtungen, Endanwendern, zu erleichtern.»

Ziel der Entwicklung war eine weltweite Harmonisierung der Bezeichnung von Medizinprodukten (aktive implantierbare medizinische Geräte, «sonstige» Medizinprodukte und In-vitro-Diagnostika) zu ermöglichen. Die GMDN Agency wurde innerhalb des Europäischen Komitees für Normung (CEN) gegründet, um alle weiterführenden Arbeiten (Updates) sicherzustellen.

Die EU-Kommission beabsichtigt, die GMDN-Nomenklatur in die Sprachen der Mitgliedsstaaten zu übersetzen.

BfArM

{EN: *Federal Institute for Drugs and Medical Devices, BfArM*}
{FR: *Institut fédéral des médicaments et des dispositifs médicaux, BfArM*[14]}
{⇨ Bundesinstitut für Arzneimittel und Medizinprodukte}

BGV A3

{EN: *Prescriptions of the Accident Insurance Institution A3*}
{FR: *Prescriptions de la Caisse de prévoyance contre les accidents A3*}
{⇨ DGUV Vorschrift 3}

Binnenmarkt

{EN: *Internal market*}
{FR: *Marché intérieur*}
{⇨ Europäischer Binnenmarkt}

Biokompatibilität

{EN: *Biocompatibility*}
{FR: *Biocompatibilité*}

14) inoffizielle Übersetzung

⇨ Duden [35]:
«Verträglichkeit zwischen einem natürlichen Gewebe und einem Werkstoff (z. B. einem Zahnimplantat)»

Diese Definition der «Biokompatibilität» entspricht der ersten Definition der European Society of Biomaterials (ESB) von 1986 [38]. Durch die Weiterentwicklung der Biomaterialien ist 2009 die Definition an die neuen Technologien angepasst worden [40], [71]:

> «[...] bezieht sich auf die Fähigkeit eines Biomaterials, die beabsichtigte Funktion in Bezug auf eine medizinische Therapie zu ermöglichen, ohne einen unerwünschten lokalen oder systemischen Effekt in dem Nutznießer oder Empfänger dieser Therapie hervorzurufen, aber die am besten geeignete Zell- oder Gewebereaktion in dieser speziellen Situation zu erzeugen und die klinisch relevante Leistung dieser Therapie zu optimieren.» (Übersetzung aus [38, 85])

Die Biokompatibilität kann entsprechend unterteilt werden in folgende zwei Kategorien [88]:

> «**Statische Biokompatibilität**
> Strukturkompatibilität, statisch:
> Anpassung der Implantatstruktur an das mechanische Verhalten des Empfängergewebes. Damit ist sowohl die Formgebung (Design) als auch die «innere Struktur" (z. B. die Ausrichtung von Fasern in anisotropen Werkstoffen) gemeint. Man strebt Struktur-Mimikry an.
>
> Oberflächenkompatibilität, statisch:
> Anpassung der chemischen, physikalischen, biologischen und morphologischen Oberflächeneigenschaften des Implantats an das Empfängergewebe mit dem Ziel einer klinisch erwünschten Wechselwirkung.
>
> **Dynamische Biokompatibilität**:
> Diese Betrachtung zieht die Dauer der angestrebten Verbindung zwischen Implantat oder Kontaktzeit und dem Empfängergewebe ein. Eine Hüftprothese wäre demnach über Jahrzehnte zu beurteilen, ein degradabler Faden über Wochen. Die dynamische Biokompatibilität betrifft sowohl die Ausprägung Struktur- wie der Oberflächenkompatibilität.»

Eine weitere Definition für «Biokompatibilität» ist DIN EN ISO 22794:2009-11 [129] zu entnehmen:

> «Akzeptierte Qualität in einer bestimmten lebenden Umgebung ohne negative oder unerwünschte Nebenwirkungen.»

Die biologische Beurteilung von Medizinprodukten erfolgt gemäß der Normenreihe DIN EN ISO 10993-1 bis ISO/TS 10993-20 [73].

Biologische Sicherheitsprüfung

{EN: *Biological safety evaluation*}
{FR: *Évaluation de la sécurité biologique*}

Zur Bewertung der biologischen Verträglichkeit von Medizinprodukten sind biologische Sicherheitsprüfungen ggf. mit Tierversuchen durchzuführen. Der mit einer biologischen Sicherheitsprüfung – insbesondere in Tierversuchen – zu führende Nachweis erlaubt die Aussage, dass das betreffende Medizinprodukt mit der vom Hersteller vorgegebenen Zweckbestimmung – vor einer Anwendung am Menschen – die Grundlegenden Anforderungen im nicht-klinischen und prä-klinischen Stadium erfüllt.

Mit biologischen Sicherheitsprüfungen lassen sich beispielsweise in Tierversuchen Nachweise führen, ob Materialien oder Medizinprodukte negative Auswirkungen auf den Patienten haben können.

In § 2 MPV werden diese Forderungen dahin gehend konkretisiert, dass bei bestimmten Medizinprodukten diese biologischen Sicherheitsprüfungen auch Tierversuche umfassen können. Danach können Tierversuche erforderlich sein, wenn:

1. Medizinprodukte Arzneimittel zur Unterstützung der Medizinprodukte-Funktion enthalten,
2. dies in Harmonisierten Normen gefordert wird, oder
3. sich die Notwendigkeit nach dem jeweiligen Stand der wissenschaftlichen Erkenntnisse ergibt.

In Normen ist festgelegt, wie die biologischen Sicherheitsprüfungen durchzuführen sind. Von Bedeutung sind hier die Festlegungen der Normenreihe DIN EN ISO 10993 Teil 1 bis ISO/TS 10993-20 [73].

Biomaterial

{EN: *Biomaterial*}
{FR: *Biomatériau*}

Stehen Materialien für Medizinprodukte in Wechselwirkung mit dem menschlichen Körper, so hat der Hersteller/Eigenhersteller sicherzustellen, dass diese Materialien aus biologisch geeigneten Werkstoffen bestehen. Die biologische Eignung eines Materials ist u. a. abhängig vom vorgesehenen Einsatzort und der Dauer des Kontakts. Erfüllen Materialien die Bedingungen der biologischen Eignung für den vorgesehenen Verwendungszweck, so spricht man von biokompatiblen Materialien oder Biomaterialien.

> «Werkstoff, der sich für die Implantation in den menschlichen Körper eignet.» [35]

Diese Erklärung des Duden entspricht in etwa der ersten biowissenschaftlichen Definition von 1986 der European Society of Biomaterials (ESB). Die Begriffsbestimmung orientierte sich zu dieser Zeit insbesondere an der Implantatverwendung, der Implantatregion und an dem Zeitraum, in dem das Implantat im Körper verblieb. [38 bis 40, 71]

Inzwischen ist der Aufbau von Biomaterialien immer komplexer geworden. Neue «bioaktive» Biomaterialien ermöglichen zukünftig, Implantate funktional in den

Körper einwachsen zu lassen [38]. 2009 wurde die Definition an die Fortschritte der Materialwissenschaften angepasst [40, 71]:

> «[...] ist ein Material, das entwickelt wurde, um alleine oder als Teil eines komplexen Systems direkt oder durch eine kontrollierte Interaktion mit Teilen des lebenden Organismus den Verlauf eines therapeutischen oder diagnostischen Vorgangs in der human oder veterinär Medizin zu beeinflussen.» (Übersetzung aus [38, 85])

Eine weitere Definition ist DIN EN ISO 10993-6:2009-08 [128] zu entnehmen:

> «Biomaterial: Werkstoff, der als Schnittstelle mit biologischen Systemen vorgesehen ist, um ein beliebiges Gewebe, Organ oder die Funktion des Körpers zu bewerten, zu behandeln, zu vergrößern oder auszutauschen (Entnommen aus European Society Biomaterials Conference II).»

Biomaterialien können in folgende Kategorien unterteilt werden [88, 90]:

> «**Bioinkompatibel/toxisch**:
> Freisetzung von Substanzen in toxischen Konzentrationen oder von Antigenen, die Immunreaktionen hervorrufen und zu Allergien, chronischer Inflammation und Fremdkörperreaktionen, Nekrosen oder möglichen Abstoßungsreaktionen führen können.
>
> **Bioinert/Biostabil**:
> Geringe bis keine Freisetzung toxischer Substanzen, Auslösen einer nativen Inflammation und Fremdkörperreaktion. Zustand stabilisiert sich nach einigen Tagen bis Wochen, wenn Implantat mittels einer Gewebekapsel vom restlichen Gewebe und Organismus isoliert wurde.
>
> **Biodegradable/Abbaubar**:
> Gewebe ersetzt Implantatmaterial nach einer im Material chemisch eingestellten Verweildauer am Implantationsort. Material wird durch Abbauprozesse des Wirtsorganismus physikalisch und chemisch zersetzt. Abbauprodukte sind im Idealfall nicht toxisch und können vom Organismus mittels Stoffwechselprozesse abtransportiert werden.
>
> **Bioaktiv**:
> Gewebe bildet eine Bindung mit dem Implantat aus. Implantat heilt in das umliegende Gewebe ein [93]. Durch Verwendung von entsprechenden Stoffen (Pharmaka, Biomoleküle, etc.) kann Interaktion zwischen Gewebe und Implantat gesteuert werden.»

Bioverträglichkeit

{EN: *Biocompatibility*}
{FR: *Biocompatibilité*}
{⇨ Biokompatibilität}

BKostV-MPG

{EN: *Medical Devices Ordinance on Fees to be charged*[15], *BKostV-MPG*}
{FR: *Ordonnance fédérale de taxes concernant dispositifs médicaux*[15], *BKostV-MPG*}
{⇨ Medizinprodukte-Gebühenverordnung}

Brustimplantate

{EN: *Breast implants*}
{FR: *Implants mammaires*}

Mit der RL 2003/12/EG erfolgt eine Neuklassifizierung von Brustimplantaten. Während bisher nach den Klassifizierungsregeln der MDD Brustimplantate als «sonstiges» Medizinprodukt in der Klasse IIb eingestuft wurden, erfolgt mit dieser RL eine Festlegung zur Einstufung in die Klasse III. Die Vorschriften dieser RL werden mit § 8 MPV in nationales Recht umgesetzt.

Mit dieser Änderung verfolgt die EU-Kommission das Ziel, bei Brustimplantaten ein höchstmögliches Sicherheitsniveau zu gewährleisten. Durch die Neu-Klassifizierung in die Klasse III wird vom Hersteller im Rahmen des vollständigen Qualitätssicherungssystems gemäß Abschnitt 4 des Anhangs II MDD eine Prüfung der Auslegungsdokumentation verlangt und von der Benannten Stelle eine entsprechende EG-Auslegungsprüfbescheinigung ausgestellt.

Bundesanzeiger

{EN: *Federal Gazette*}
{FR: *Moniteur fédéral*}
{⇨ Amtsblatt der Europäischen Union, Bundesgesetzblatt}

Der Bundesanzeiger wird vom Bundesminister der Justiz und Verbraucherschutz herausgegeben und erscheint beim Bundesanzeiger Verlag GmbH, Köln. Angaben und Informationen des Bundesgesundheitsministers und des BfArM werden im amtlichen Teil veröffentlicht bezüglich beispielsweise

- Harmonisierte Normen (vgl. § 3 Nr. 18 MPG),
- Monographien des Europäischen Arzneibuchs (vgl. § 3 Nr. 18 MPG,
- Gemeinsame Technische Spezifikationen (vgl. § 3 Nr. 19 MPG),
- Bekanntmachung der Ausnahmen zur Abgabe von In-vitro-Diagnostika des RKI (vgl. § 3 Abs. 5 MPAV),
- Bekanntmachung der Fundstelle der gemeinsamen Empfehlung der Kommission für Krankenhaushygiene und Infektionsprävention am RKI und des BfArM zu den Anforderungen an die Hygiene bei der Aufbereitung von Medizinprodukten (vgl. § 4 Abs. 2 MPBetreibV),
- Bekanntmachung der Erreichbarkeit der zuständigen Behörden außerhalb der üblichen Dienstzeiten (vgl. § 18 MPSV).

15) inoffizielle Übersetzung

Bundesgesetzblatt

{EN: *Federal Law Gazette*}
{FR: *Journal officiel de la République fédérale*}

Das Bundesgesetzblatt wird vom Bundesminister der Justiz und Verbraucherschutz herausgegeben und erscheint beim Bundesanzeiger Verlag GmbH, Köln. Im Bundesgesetzblatt Teil I werden alle Rechtsvorschriften (Gesetze und nationale Verordnungen) veröffentlicht.

Der im Bundesgesetzblatt Teil I veröffentlichte Text einer Rechtsvorschriften – unter Berücksichtigung ggf. erfolgter Berichtigungen – ist verbindlich. Jede Rechtsvorschrift tritt frühestens einen Tag nach der Veröffentlichung im Bundesgesetzblatt Teil I in Kraft, es sei denn, dass die Rechtsvorschrift einen anderen Termin vorschreibt.

Ergänzend zu den Rechtsvorschriften werden im Bundesgesetzblatt Teil I u. a. noch veröffentlicht:

- Hinweise zu Rechtsvorschriften der Europäischen Union,
- Hinweise zu Verkündigungen im Bundesanzeiger,
- wichtige Entscheidungen des Bundesverfassungsgerichts,
- Hinweise auf das Bundesgesetzblatt Teil II.

  «Das Bundesgesetzblatt Teil II enthält die völkerrechtlichen Übereinkünfte und Verträge, die zu ihrer Inkraftsetzung oder Durchsetzung erlassenen Rechtsvorschriften sowie damit zusammenhängende Bekanntmachungen und Rechtsvorschriften des Zolltarifwesens.»[16]

Bundesinstitut für Arzneimittel und Medizinprodukte (BfArM)

{EN: *Federal Institute for Drugs and Medical Devices, BfArM*}
{FR: *Institut fédéral des médicaments et des dispositifs médicaux*[17]*, BfArM*}
{⇨ Befreiung von der Genehmigungspflicht, Genehmigung – klinische Prüfung von Medizinprodukten, Genehmigung Leistungsbewertungsprüfung von In-vitro-Diagnostika, Medizinprodukte-Beobachtungs- und -Meldesystem}

Das BfArM ist eine selbstständige BOB im Geschäftsbereich des BMG.

Im § 32 MPG werden die Aufgaben und Zuständigkeiten des BfArM für Medizinprodukte festgelegt. Sie umfassen insbesondere:

1. die Aufgaben nach § 29 Abs. 1 und 3 MPG,
2. die Bewertung hinsichtlich der technischen und medizinischen Anforderungen und der Sicherheit von Medizinprodukten, es sei denn, dass das MPG anderes vorschreibt oder andere BOB zuständig sind,
3. Genehmigungen von klinischen Prüfungen und Leistungsbewertungsprüfungen nach den §§ 22a und 24 MPG,
4. Entscheidungen zur Abgrenzung und Klassifizierung von Medizinprodukten nach § 13 Abs. 2 und 3 MPG,
5. Sonderzulassungen nach § 11 Abs. 1 MPG und

16) https://www1.bgbl.de/produkte.html
17) inoffizielle Übersetzung

6. die Beratung der zuständigen Behörden, der Verantwortlichen nach § 5 MPG, von Sponsoren und Benannten Stellen.

Meldungen von Vorkommnissen nach § 3 MPSV sind u. a. vom

- Hersteller,
- Verantwortlichen nach § 5 MPG,
- Betreiber und
- Anwender

zu richten an:
BfArM
Abteilung Medizinprodukte
Kurt-Georg-Kiesinger-Allee 3
53175 Bonn

Im Internet sind vom BfArM unter http://www.bfarm.de (Stand: November 2014) umfangreiche Informationen über Risiken mit Medizinprodukten aufgeführt – schwerpunktmäßig auf den Seiten:

- Maßnahmen von Herstellern,
- Empfehlungen des BfArM,
- Wissenschaftliche Aufarbeitung.

Bundesministerium für Gesundheit (BMG)

{EN: *Federal Ministry of Health, BMG*}
{FR: *Ministère fédéral de la santé, BMG*}

> «Das Bundesministerium für Gesundheit ist für eine Vielzahl von Politikfeldern zuständig. Dabei konzentriert sich die Arbeit auf die Erarbeitung von Gesetzesentwürfen, Rechtsverordnungen und Verwaltungsvorschriften.»[18]

Auf der Webadresse des BMG[18] – Stichwort «Gesetze und Verordnungen» sind u. a. folgende regulatorische Unterlagen zum Medizinprodukterecht aufzurufen:

- Medizinproduktegesetz (MPG)
  Gesetz über Medizinprodukte (Medizinproduktegesetz)
  Der aktuell geltende Gesetzestext auf www.gesetze-im-internet.de
  Die englische Übersetzung des Medizinproduktegesetzes als Download
  The Act on Medical Devices
  - MPG-AendG

    Gesetz zur Änderung medizinprodukterechtlicher Vorschriften
    Gesetzestext im Bundesgesetzblatt (nicht druckfähig)
- Medizinprodukte-Gebührenverordnung (BKostV-MPG)
  Gebührenverordnung zum Medizinproduktegesetz und den zu seiner Ausführung ergangenen Rechtsverordnungen
  (Medizinprodukte-Gebührenverordnung)
  Verordnungstext auf www.gesetze-im-internet.de

18) http://www.bmg.bund.de/ministerium/aufgaben-und-organisation.html (Stand: November 2014)

  - Verordnung zur Änderung der Medizinprodukte-Gebührenverordnung (MPGebührenVO)
    Verordnungstext im Bundesgesetzblatt (nicht druckfähig)
    Verordnungstext im PDF-Format
    Begründung der Verordnung im PDF-Format
- Medizinprodukte-Abgabeverordnung (MPAV)
  Verordnung zur Abgabe von Medizinprodukten und zur Änderung medizinprodukterechtlicher Vorschriften
  Verordnungstext im Bundesgesetzblatt (nicht druckfähig)
- Medizinprodukte-Durchführungsvorschrift (MPGVwV)
  Allgemeine Verwaltungsvorschrift zur Durchführung des Medizinproduktegesetzes (Medizinprodukte-Durchführungsvorschrift)
  Text der Verwaltungsvorschrift als Download
- Medizinprodukte-Betreiberverordnung (MPBetreibV)
  Verordnung über das Errichten, Betreiben und Anwenden von Medizinprodukten (Medizinprodukte-Betreiberverordnung)
  Verordnungstext auf www.gesetze-im-internet.de
- Medizinprodukte-Sicherheitsplanverordnung (MPSV)
  Verordnung über die Erfassung, Bewertung und Abwehr von Risiken bei Medizinprodukten (Medizinprodukte-Sicherheitsplanverordnung)
  Verordnungstext auf www.gesetze-im-internet.de
- Medizinprodukte-Verordnung (MPV)
  Verordnung über Medizinprodukte (Medizinprodukte-Verordnung)
  Verordnungstext auf www.gesetze-im-internet.de
- MPKPV
  Verordnung über klinische Prüfungen von Medizinprodukten
  Verordnungstext auf www.gesetze-im-internet.de
- Bekanntmachung der Erreichbarkeit der zuständigen Behörden der Länder zur Meldung von Risiken aus Medizinprodukten außerhalb der Dienstzeit

Bundesoberbehörden (BOB)

{EN: *Competent higher federal authorities, BOB*}
{FR: *Autorités fédérales supérieures compétentes, BOB*}

Bundesoberbehörden sind Behörden, die einem Bundesministerium unmittelbar zugeordnet sind.

Bundesoberbehörden des BMG

{EN: *Competent higher federal authorities of the Federal Ministry of Health*}
{FR: *Autorités fédérales supérieures compétentes du ministère fédéral de la santé*}
{⇨ Bundesinstitut für Arzneimittel und Medizinprodukte (BfArM), Deutsches Institut für Medizinische Dokumentation und Information (DIMDI), Paul-Ehrlich-Institut (PEI), Physikalisch-Technische Bundesanstalt (PTB)}

Dem Geschäftsbereich des BMG sind u. a. folgende BOB zugeordnet: BfArM, PEI, DIMDI und Bundeszentrale für gesundheitliche Aufklärung (BZgA).

Dem Geschäftsbereich des BMWi ist die PTB als BOB zugeordnet.

Die Aufgaben und Zuständigkeiten der folgenden BOB im Medizinproduktebereich ergeben sich aus den §§ 32 und 33 MPG.

- BfArM (siehe § 32 Abs. 1 MPG),
- PEI (siehe § 32 Abs. 2 MPG),
- DIMDI (siehe § 33 Abs. 2 MPG),
- PTB (siehe § 32 Abs. 3 MPG).

C

CAPA

{EN: *CAPA – Corrective Actions and Preventive Actions*}
{FR: *Actions correctives et actions préventives*}

Das CAPA-Subsystem – CAPA zu Deutsch: «Korrektur- und Vorbeugemaßnahmen» – ist ein wesentlicher Teil eines heutigen QM-Systems. Es muss in jedem Fall sichergestellt sein, dass Verfahren zu Korrekturen und Korrekturmaßnahmen vorliegen, da. von jedem Hersteller in § 5 Abs. 1 MPSV gefordert wird, dass korrektive Maßnahmen zu Vorkommnissen der BOB zu melden sind. Zusätzlich sind Verfahren für Präventivmaßnahmen erforderlich. Diese Verfahren haben sich sowohl auf Medizinprodukte und deren Herstellungsprozesse beim Hersteller zu erstrecken als auch auf Medizinprodukte, die auf dem Markt bereit gestellt wurden.

Hinweis: Der Begriff CAPA legt die Vermutung nahe, dass jede korrektive Maßnahme eine präventive Maßnahme erfordert, was nicht notwendigerweise der Fall sein muss.

Hersteller haben unter Nutzung eines QM-Systems den Nachweis der Konformität mit allen zutreffenden regulatorischen Forderungen zu führen. Es ist nicht auszuschließen, dass bei der Herstellung und beim Betrieb von Medizinprodukten Abweichungen auftreten, die zu Ergebnissen außerhalb der Spezifikation führen.

Für den Umgang mit Abweichungen sind von einem Medizinproduktehersteller Arbeitsabläufe zu erstellen, wie mit Abweichungen und möglichen Nichtkonformitäten umzugehen ist. Bei einer festgestellten Abweichung sind in Abhängigkeit von der Dringlichkeit Maßnahmen zur Wiederherstellung der Konformität zu treffen. Ist dies möglich, so sind diese Maßnahmen zur Beseitigung des Fehlers Korrekturen.

Es ist nicht auszuschließen, dass eine Abweichung mehrere Ursachen hat. Eine präventive Maßnahme hat zum Ziel, die Ursache(n) für eine mögliche Abweichung zu eliminieren. Präventive Maßnahmen sind dadurch gekennzeichnet, dass noch keine Abweichung/Nichtkonformität aufgetreten ist.

CE-Kennzeichnung

{EN: *CE marking*}
{FR: *Marquage CE*}
{⇨ CE-Kennzeichnung nach MPG, Fälschung CE-Kennzeichnung}

⇨ Artikel 2 Nr. 20 der Verordnung (EG) Nr. 765/2008 [87]:
«Kennzeichnung, durch die der Hersteller erklärt, dass das Produkt den geltenden Anforderungen genügt, die in den Harmonisierungsrechtsvorschriften der Gemeinschaft über ihre Anbringung festgelegt sind»

⇨ Anhang XII der MDD (beispielsweise):
«Die CE-Kennzeichnung besteht aus den Buchstaben «CE» mit folgendem Schriftbild:

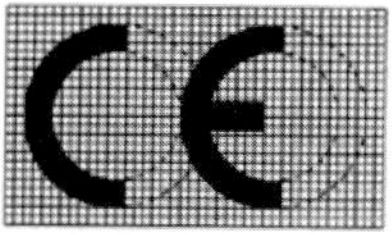

Bei Verkleinerung oder Vergrößerung der Kennzeichnung müssen die sich aus dem oben abgebildeten Raster ergebenden Proportionen eingehalten werden.

Die verschiedenen Bestandteile der CE-Kennzeichnung müssen etwa gleich hoch sein: die Mindesthöhe beträgt 5 mm.

Von der Mindesthöhe kann bei kleineren Produkten abgewichen werden.»

Die CE-Kennzeichnung ist eine notwendige Voraussetzung für den freien Warenverkehr innerhalb des EWR. Sie ist somit in erster Linie eine Art «Verwaltungszeichen» und erleichtert der zuständigen Behörde die Marktüberwachung und damit die nationale Anwendung der CE-Kennzeichnung [19, 21].

Darüber hinaus ist mit der CE-Kennzeichnung aber auch die Information an den Betreiber und Anwender verbunden, dass alle zutreffenden Schutzziele aller für das Medizinprodukt und alle zu berücksichtigenden regulatorischen Forderungen erfüllt sind [20, 23].

Die CE-Kennzeichnung ist kein Normenkonformitätszeichen [19]. Zusätzliche Kennzeichnungen sind nur dann zulässig (vgl. § 9 MPG),

- wenn sie die Sichtbarkeit und Lesbarkeit der CE-Kennzeichnung nicht beeinträchtigen oder
- wenn sie Dritte nicht bezüglich der Bedeutung oder der grafischen Gestaltung «in die Irre zu führen» [23].

CE-Kennzeichnung nach MPG

{EN: *CE marking according to the Medical Devices Act, MPG*}
{FR: *Marquage CE selon la loi sur les dispositifs médicaux, MPG*}
{⇨ CE-Kennzeichnung, Fälschung CE-Kennzeichnung}

⇨ § 9 MPG:

«(1) Die CE-Kennzeichnung ist für aktive implantierbare Medizinprodukte gemäß Anhang 9 der Richtlinie 90/385/EWG, für In-vitro-Diagnostika gemäß Anhang X der Richtlinie 98/79/EG und für die sonstigen Medizinprodukte gemäß Anhang XII der Richtlinie 93/42/EWG zu verwenden. Zeichen oder Aufschriften, die geeignet sind, Dritte bezüglich der Bedeutung oder der graphischen Gestaltung der CE-Kennzeichnung in die Irre zu leiten, dürfen nicht angebracht werden. Alle sonstigen Zeichen dürfen auf dem Medizinprodukt, der Verpackung oder der Gebrauchsanweisung des Medizinprodukts angebracht werden, sofern sie die Sichtbarkeit und Lesbarkeit der CE-Kennzeichnung nicht beeinträchtigen.

(2) Die CE-Kennzeichnung muss von der Person angebracht werden, die in den Vorschriften zu den Konformitätsbewertungsverfahren gemäß der Rechtsverordnung nach § 37 Abs. 1 dazu bestimmt ist.

(3) Die CE-Kennzeichnung nach Abs. 1 Satz 1 muss deutlich sichtbar, gut lesbar und dauerhaft auf dem Medizinprodukt und, falls vorhanden, auf der Handelspackung sowie auf der Gebrauchsanweisung angebracht werden. Auf dem Medizinprodukt muss die CE-Kennzeichnung nicht angebracht werden, wenn es zu klein ist, seine Beschaffenheit dies nicht zulässt oder es nicht zweckmäßig ist. Der CE-Kennzeichnung muss die Kennnummer der Benannten Stelle hinzugefügt werden, die an der Durchführung des Konformitätsbewertungsverfahrens nach den Anhängen 2, 4 und 5 der RL 90/385/EWG, den Anhängen II, IV, V und VI der RL 93/42/EWG sowie den Anhängen III, IV, VI und VII der RL 98/79/EG beteiligt war, das zur Berechtigung zur Anbringung der CE-Kennzeichnung geführt hat. Bei Medizinprodukten, die eine CE-Kennzeichnung tragen müssen und in sterilem Zustand in den Verkehr gebracht werden, muss die CE-Kennzeichnung auf der Steril-Verpackung und gegebenenfalls auf der Handelspackung angebracht sein. Ist für ein Medizinprodukt ein Konformitätsbewertungsverfahren vorgeschrieben, das nicht von einer Benannten Stelle durchgeführt werden muss, darf der CE-Kennzeichnung keine Kennnummer einer Benannten Stelle hinzugefügt werden.»

Die CE-Kennzeichnung nach dem MPG bestätigt die «subjektive» Eignung des Medizinprodukts im Sinne der Einhaltung der vom Hersteller festgelegten Zweckbestimmung. Sie bringt zum Ausdruck, dass der Verantwortliche für das erstmalige Inverkehrbringen

- den Nachweis der Einhaltung der Grundlegenden Anforderungen erbracht hat,
- bei Medizinprodukten der MDD eine klinische Bewertung durchgeführt hat und

- ein für das Produkt vorgeschriebenes Konformitätsbewertungsverfahren erfolgreich abgeschlossen hat.

Grundsätzlich ist davon auszugehen, dass die CE-Kennzeichnung nach MPG nur angebracht werden darf, wenn das Medizinprodukt den Anforderungen aller zutreffenden europäischen RL und europäischen Verordnungen entspricht, denen das Produkt unterliegt.

Hinzuweisen ist, dass Medizinprodukte vom Geltungsbereich der Maschinenrichtlinie 2006/42/EG [106] nicht mehr ausgenommen sind (vgl. Artikel 1 Abs. 2 RL 2006/42/EG). Somit müssen Medizinprodukte der MDD sowie aktive implantierbare medizinische Geräte der AIMDD, die der Definition «Maschine» im Artikel 2 lit a) der RL 2006/42/EG entsprechen, auch den zutreffenden grundlegenden Gesundheits- und Sicherheitsanforderungen der Maschinenrichtlinie 2006/42/EG entsprechen, sofern diese grundlegenden Gesundheits- und Sicherheitsanforderungen spezifischer sind als die Grundlegenden Anforderungen in Anhang I MDD oder Anhang 1 AIMDD. Artikel 3 der RL 2006/42/EG ist zu beachten.

Der Hersteller muss danach für sein spezielles Produkt im Einzelfall prüfen, ob die von seinem Medizinprodukt ausgehenden Gefährdungen ganz oder teilweise von anderen europäischen RL und europäischen Verordnungen genauer erfasst werden. Die Anforderungen des EMV-Gesetzes sind nicht zusätzlich zu berücksichtigen, da die Grundlegenden Anforderungen nach Anhang I MDD den Nachweis der elektromagnetischen Verträglichkeit beinhalten (vgl. Anhang I Nr. 9.2 MDD).

Im Regelfall wird die CE-Kennzeichnung unter der Verantwortung des Herstellers oder seines in der EU niedergelassenen Bevollmächtigten angebracht. Dieses gilt auch dann, wenn in das Konformitätsbewertungsverfahren eine unabhängige dritte Stelle eingeschaltet ist.

Im MPG ist festgelegt, dass die CE-Kennzeichnung (im Normalfall) auf dem Medizinprodukt und auf der Gebrauchsanweisung angebracht werden muss. Ist zu dem Medizinprodukt eine Handelsverpackung vorhanden, so ist auch diese mit der CE-Kennzeichnung zu versehen.

CEN[19]

{EN: *European Committee for Standardization CEN*}
{FR: *Comité européen de normalisation CEN*}
{⇨ CENELEC, DIN, ETSI}

CEN – das Europäische Komitee für Normung – ist eine Europäische Normungsorganisation, die Europäische Normen zusammen mit ihren Schwesterorganisationen CENELEC – dem Europäischen Komitee für elektrotechnische Normung – und ETSI – dem Europäischen Institut für Telekommunikationsnormen (European Telecommunications Standards Institute) – erarbeiten. Die drei Normungsorganisationen bilden die sogenannten European Standards Organizations (ESOs), die offiziell von der Europäischen Kommission anerkannt

19) mit Unterstützung von *Dr. Vera Sattelmayer*

sind. Sie agieren als europäische Plattform zur Erarbeitung von Europäischen Normen.

Das Europäische Komitee für Normung (CEN) ist eine aus 33 nationalen in Europa ansässigen Normungsorganisationen bestehende private, nicht gewinnorientierte Organisation. Die nationalen Normungsorganisationen vertreten CEN in ihrem Land.

Die Steuerung der CEN-Normungsaktivitäten erfolgt durch das «CEN Technical Board (TB)», das sicherzustellen hat, dass das festgelegte Normenprogramm abgearbeitet wird. Normen werden von Technischen Komitees (TC) erarbeitet. Die eigentliche Normenarbeit erfolgt in der Regel in Arbeitsgruppen (WG).

Medizinproduktegruppen sind beispielsweise in folgenden Technischen Komitees zusammengefasst:

- CEN TC 102: Sterilisatoren für medizinische Zwecke;
- CEN TC 204: Sterilisation von Medizinprodukten;
- CEN TC 205: Nicht aktive Medizinprodukte;
- CEN TC 206: Biologische Beurteilung von Medizinprodukten;
- CEN TC 215: Beatmungs- und Anästhesiegeräte;
- CEN TC 216: Chemische Desinfektionsmittel und Antiseptika;
- CEN TC 239: Rettungssysteme;
- CEN TC 251: Medizinische Informatik;
- CEN TC 258: Klinische Untersuchung von medizinischen Geräten;
- CEN TC 285: Nichtaktive chirurgische Implantate;
- CEN TC 293: Technische Hilfen für Menschen mit Behinderungen;
- CEN TC 316: Produkte für die Medizin, hergestellt unter Verwendung von Zellen, Geweben und/oder deren Derivate;
- CEN TC 362: Projekt-Komitee – Qualitätsmanagementsysteme im Gesundheitswesen

CENELEC[20]

{EN: *European Committee for Electrotechnical Standardization CENELEC*}
{FR: *Comité européen de normalisation pour l'électrotechnique CENELEC*}
{⇨ CEN, DKE, ETSI}

CENELEC – das Europäische Komitee für elektrotechnische Normung – ist eine Europäische Normungsorganisation, die Europäische Normen zusammen mit ihren Schwesterorganisationen CEN – dem Europäischen Komitee für Normung – und ETSI – dem Europäischen Institut für Telekommunikationsnormen (European Telecommunications Standards Institute) – erarbeitet. Die drei Normungsorganisationen bilden die sogenannten European Standards Organizations (ESOs), die offiziell von der Europäischen Kommission anerkannt sind. Sie agieren als europäische Plattform zur Erarbeitung von Europäischen Normen.

Das Europäische Komitee für elektrotechnische Normung (CENELEC) ist eine aus 33 nationalen in Europa ansässigen Normungsorganisationen bestehende private,

20) mit Unterstützung von *Dr. Vera Sattelmayer*

nicht gewinnorientierte Organisation. Die nationalen Normungsorganisationen vertreten CENELEC in ihrem Land. Hauptaufgabe ist die Umsetzung von IEC (International Electrotechnical Commission)-Normungsergebnissen in Europäische Normen.

Die Steuerung der CENELEC-Normenaktivitäten erfolgt durch das «CENELEC Technical Board (TB)», das sicherzustellen hat, dass das festgelegte Normenprogramm abgearbeitet wird. Normen werden von Technischen Komitees (TC) vorbereitet. Die eigentliche Normenarbeit erfolgt in der Regel in Arbeitsgruppen (WG).

Medizinische Geräte bilden ein Segment der Medizinprodukte, die in Europa von den Medizinprodukte-Richtlinien reguliert werden. Die meisten medizinischen Geräte werden mit nicht menschlicher Energie betrieben, meist mit elektrischem Strom. Diese Art von Geräten werden «Medizinische elektrische Geräte» genannt. Es existiert eine große Bandbreite von medizinischen elektrischen Geräten: von dem Linearbeschleuniger in der Strahlentherapie, über Ultraschallgeräte zur Diagnose oder Therapie bis hin zu elektrischen Rollstühlen und batteriebetriebenen Geräten wie Blutdruckmessgeräte.

Praktisch alle Europäischen Normen für medizinische elektrische Geräte werden auf internationaler Ebene zusammen mit IEC (International Electrotechnical Commission) und zum Teil auch mit ISO (International Organization for Standardization) erarbeitet und dann als Europäische Normen von CENELEC bzw. CEN übernommen, meist ohne Anpassungen.

IEC/TC 62 ist das Internationale Komitee, von dem eine Vielzahl von Normen für medizinische elektrische Geräte erarbeitet werden, vor allem im Hinblick auf Sicherheit und wesentliche Leistungsmerkmale. Dies ist von besonderer Bedeutung, da die meisten der regulatorischen Anforderungen speziell hierauf abzielen. Innerhalb der IEC sind die Normen der 60601-Familie die Schlüsselnormen für medizinische elektrische Geräte. Diese Normenfamilie besteht aus

- einer «Basisnorm» 60601-1 mit allgemeinen Festlegungen für die Sicherheit einschließlich der wesentlichen Leistungsmerkmale,
- ca. 10 «Ergänzungsnormen» 60601-1-x,
- knapp 70 «Besondere Festlegungen» 60601-2-x bzw. 80601-2-x und
- «Leistungsmerkmale» 60601-3-x.

Im Jahr 2009 wurde eine Änderung in der Benummerung der Normenfamilie vorgenommen. Bei denjenigen Normen – im Wesentlichen bei denjenigen Normen «Besondere Festlegungen –, die gemeinsam von ISO und IEC erarbeitet werden, beginnt die Nummerierung mit 80 (80601).

Im Folgenden werden neben der «Basisnorm» einige Beispiele von «Ergänzungsnormen» und Normen mit «Besonderen Festlegungen» genannt, die in der Bundesrepublik Deutschland von Beuth Verlag GmbH und VDE-Verlag GmbH herausgegeben werden:

- Basisnorm
  DIN EN 60601-1:2013-12; VDE 0750-1:2013-12: Medizinische elektrische Geräte – Teil 1: Allgemeine Festlegungen für die Sicherheit einschließlich der wesentlichen Leistungsmerkmale (IEC 60601-1:2005 + Cor. :2006 + Cor. :2007 + A1:2012); Deutsche Fassung EN 60601-1:2006 + Cor. :2010 + A1:2013
- Ergänzungsnormen
  DIN EN 60601-1-1:2002-08; VDE 0750-1-1:2002-08: Medizinische elektrische Geräte – Teil 1-1: Allgemeine Festlegungen für die Sicherheit; Ergänzungsnorm: Festlegungen für die Sicherheit von medizinischen elektrischen Systemen (IEC 60601-1-1:2000); Deutsche Fassung EN 60601-1-1:2001

  DIN EN 60601-1-6:2010-10; VDE 0750-1-6:2010-10: Medizinische elektrische Geräte – Teil 1-6: Allgemeine Festlegungen für die Sicherheit einschließlich der wesentlichen Leistungsmerkmale; Ergänzungsnorm: Gebrauchstauglichkeit (IEC 60601-1-6:2010); Deutsche Fassung EN 60601-1-6:2010

  DIN EN 60601-1-8:2014-04; VDE 0750-1-8:2014-04: Medizinische elektrische Geräte – Teil 1-8: Allgemeine Festlegungen für die Sicherheit einschließlich der wesentlichen Leistungsmerkmale; Ergänzungsnorm: Alarmsysteme – Allgemeine Festlegungen, Prüfungen und Richtlinien für Alarmsysteme in medizinischen elektrischen Geräten und in medizinischen elektrischen Systemen (IEC 60601-1-8:2006 + A1:2012); Deutsche Fassung EN 60601-1-8:2007 + Cor.:2010 + A1:2013

  DIN EN 60601-1-9:2014-05; VDE 0750-1-9:2014-05: Medizinische elektrische Geräte – Teil 1-9: Allgemeine Festlegungen für die Sicherheit einschließlich der wesentlichen Leistungsmerkmale; Ergänzungsnorm: Anforderungen zur Reduzierung von Umweltauswirkungen (IEC 60601-1-9:2007 + A1:2013); Deutsche Fassung EN 60601-1-9:2008 + A1:2013

  DIN EN 60601-1-11:2014-09; VDE 0750-1-11:2014-09: Medizinische elektrische Geräte – Teil 1-11: Besondere Festlegungen für die Sicherheit einschließlich der wesentlichen Leistungsmerkmale; Ergänzungsnorm: Anforderungen an medizinische elektrische Geräte und medizinische elektrische Systeme für die medizinische Versorgung in häuslicher Umgebung (IEC 62A/922A/CDV:2014); Deutsche Fassung FprEN 60601-1-11:2014
- Normen «Besondere Festlegungen»
  DIN EN 60601-2-2:2010-01; VDE 0750-2-2:2010-01: Medizinische elektrische Geräte – Teil 2-2: Besondere Festlegungen für die Sicherheit einschließlich der wesentlichen Leistungsmerkmale von Hochfrequenz-Chirurgiegeräten und HF-chirurgischem Zubehör (IEC 60601-2-2:2009); Deutsche Fassung EN 60601-2-2:2009

  DIN EN 60601-2-4:2012-05; VDE 0750-2-4:2012-05: Medizinische elektrische Geräte – Teil 2-4: Besondere Festlegungen für die Sicherheit einschließlich der wesentlichen Leistungsmerkmale von Defibrillatoren (IEC 60601-2-4:2010); Deutsche Fassung EN 60601-2-4:2011

DIN EN ISO 80601-2-12:2012-02; VDE 0750-2-12:2012-02: Medizinische elektrische Geräte – Teil 2-12: Besondere Festlegungen für die Sicherheit einschließlich der wesentlichen Leistungsmerkmale von Beatmungsgeräten für die Intensivpflege (ISO/IEC 80601-2-12:2011 + Cor. :2011); Deutsche Fassung EN ISO 80601-2-12:2011 + AC:2011

DIN EN ISO 80601-2-13 VDE 0750-2-13:2013-03: Medizinische elektrische Geräte – Teil 2-13: Besondere Festlegungen für die Sicherheit einschließlich der wesentlichen Leistungsmerkmale für Anästhesie-Arbeitsplätzen ((ISO 80601-2-13:2011); Deutsche Fassung EN ISO 80601-2-13:2012)

DIN EN 60601-2-16:2006-11; VDE 0750-2-16:2006-11: Medizinische elektrische Geräte – Teil 2-16: Besondere Festlegungen für die Basissicherheit und die wesentlichen Leistungsmerkmale von Hämodialyse-, Hämodiafiltrations- und Hämofiltrationsgeräten (IEC 62D/556/CDV:2006); Deutsche Fassung prEN 60601-2-16:2006

DIN EN 60601-2-19:2010-01; VDE 0750-2-19:2010-01: Medizinische elektrische Geräte – Teil 2-19: Besondere Festlegungen für die Sicherheit einschließlich der wesentlichen Leistungsmerkmale von Säuglingsinkubatoren (IEC 60601-2-19:2009); Deutsche Fassung EN 60601-2-19:2009

DIN EN 60601-2-24:2009-09; VDE 0750-2-24:2009-09: Medizinische elektrische Geräte – Teil 2-24: Besondere Festlegungen für die Sicherheit einschließlich der wesentlichen Leistungsmerkmale von Infusionspumpen und Infusionsreglern (IEC 62D/786/CDV:2009); Deutsche Fassung FprEN 60601-2-24:2009

DIN EN 60601-2-52:2010-12; VDE 0750-2-52:2010-12: Medizinische elektrische Geräte – Teil 2-52: Besondere Festlegungen für die Sicherheit einschließlich der wesentlichen Leistungsmerkmale von medizinischen Betten (IEC 60601-2-52:2009); Deutsche Fassung EN 60601-2-52:2010

DIN EN 80601-2-58:2009-10; VDE 0750-2-58:2009-10: Medizinische elektrische Geräte – Teil 2-58: Besondere Festlegungen für die Sicherheit einschließlich der wesentlichen Leistungsmerkmale für Geräte zur Linsenentfernung und Geräte zur Glaskörperentfernung in der Augenchirurgie (IEC 80601-2-58:2008); Deutsche Fassung EN 80601-2-58:2009

Chirurgisch-invasive Anwendung

{EN: *Surgically invasive application*}
{FR: *Application invasive de type chirurgical*}
{⇨ Anwendungsort, Invasive Anwendung}

Bei der chirurgisch invasiven Anwendung dringt ein Medizinprodukt durch die Körperoberfläche in den Körper ein. Dabei kann die Körperöffnung

- durch einen chirurgischen Eingriff speziell für die Anwendung des Medizinprodukts hergestellt worden sein (z. B. unblutige Messung des Drucks in einem Blutgefäß),

- durch einen chirurgischen Eingriff hergestellt worden sein, durch die dann u. a. auch das Medizinprodukt in den Körper eingebracht wird (z. B. Anwendung einer Pumpe zur Absaugung von Körperflüssigkeiten im Operationsgebiet),
- durch das Medizinprodukt hergestellt werden – d. h. ohne einen eigentlichen chirurgischen Eingriff – (z. B. Punktion mit einer Kanüle, Herzkatheter).

Chirurgisch-invasives Medizinprodukt

{EN: *Surgically invasive medical device*}
{FR: *Dispositif médical invasif de type chirurgical*}
{⇨ Chirurgisch-invasive Anwendung}

⇨ Anhang IX, Abschnitt I, Nr. 1.2 MDD:
«Invasives Medizinprodukt, das mittels eines chirurgischen Eingriffs oder im Zusammenhang damit durch die Körperoberfläche in den Körper eindringt.

Produkte, die vom vorstehenden Unterabsatz nicht erfasst werden und die anders als durch hergestellte Körperöffnungen in den Körper eindringen, werden im Sinne dieser Richtlinie als chirurgisch-invasive Produkte behandelt.»

Chirurgisch invasive Medizinprodukte sind beispielsweise Elektroden für externe Herzschrittmacher, Herzkatheter, Katheter zur invasiven Blutdruckmessung, Spritzenkanülen, alle chirurgischen Instrumente.

Compliance

{EN: *Compliance*}
{FR: *Conformité*}

«Der Begriff „Compliance" beschreibt die Einhaltung von Gesetzen, Verordnungen, Anweisungen und Richtlinien (Regeltreue)» [9].

Der Begriff «Compliance» beschreibt ebenfalls die Einhaltung von europäischen RL und Verordnungen.

D

Dauer

{EN: *Duration*}
{FR: *Durée*}
{⇨ Anwendungsdauer}

Desinfektion

{EN: *Disinfection*}
{FR: *Désinfection*}

«Bei der Desinfektion werden krankmachende Mikroorganismen bis auf die hitzestabilen Dauerformen abgetötet oder inaktiviert, so dass sie keine Infektionskrankheiten mehr verursachen können.» [105]

Bei einer Desinfektion erfolgt eine Keimreduktion um einen Faktor von mindestens 10^{-5}, d. h. von ursprünglich 100.000 vermehrungsfähigen Keimen «überlebt» nicht mehr als ein Einziger.

Desinfektionsmittel für Medizinprodukte

{EN: *Disinfectant for medical devices*}
{FR: *Désinfectant utilisé dans le domaine des dispositifs médicaux*}

Desinfektionsmittel fallen dann als Zubehör zu einem Medizinprodukt unter den Anwendungsbereich des MPG, wenn sie entsprechend den Angaben des Herstellers eines Medizinprodukts zur bestimmungsgemäßen Verwendung des Medizinprodukts erforderlich sind oder wenn sie in Übereinstimmung mit der Zweckbestimmung des Medizinprodukts zur Anwendung kommen bzw. die Verfügbarkeit des Medizinprodukts erst ermöglichen – z. B. Pflegemittel für Kontaktlinsen, Spezialdesinfektionsmittel für Endoskope.

Universell einsetzbare Desinfektionsmittel, die nicht ausdrücklich für die Desinfektion von Medizinprodukten bestimmt sind, fallen nicht unter das MPG. Sie unterliegen als Chemikalien oder Biozid-Produkte dem Chemikalienrecht.

Deutsche Akkreditierungsstelle (DAkkS)

{EN: *German Accreditation Body, DAkkS*}
{FR: *Service d'accréditation allemand, DAkkS*}

Die DAkkS ist die nationale Akkreditierungsstelle der Bundesrepublik Deutschland. Sie handelt nach der Verordnung (EG) Nr. 765/2008 [87] und dem Akkreditierungsstellengesetz (AkkStelleG) im öffentlichen Interesse als alleiniger Dienstleister für Akkreditierung in Deutschland[21].

Die DAkkS arbeitet nicht gewinnorientiert. Gesellschafter der GmbH sind zu jeweils einem Drittel die Bundesrepublik Deutschland, die Bundesländer (Bayern, Hamburg, Niedersachsen, Nordrhein-Westfalen und Sachsen-Anhalt) und die durch den Bundesverband der Deutschen Industrie e. V. (BDI) vertretene Wirtschaft.

Um ihre hoheitlichen Akkreditierungsaufgaben ausfüllen zu können, wurde die DAkkS vom Bund beliehen. Als beliehene Stelle untersteht die DAkkS der Aufsicht des Bundes. Die Federführung der Dienstaufsicht obliegt dem BMWi. Bei ihrer hoheitlichen Akkreditierungstätigkeit wendet die DAkkS das deutsche Verwaltungsrecht an.

Die Akkreditierung von Konformitätsbewertungsstellen (Laboratorien, Inspektions- und Zertifizierungsstellen) ist der gesetzliche Auftrag der DAkkS.

Die Aufsicht ist so ausgestaltet, dass Unabhängigkeit und Unparteilichkeit bei Akkreditierungsentscheidungen gewahrt bleiben.

21) http://www.dakks.de/ (Stand: November 2014)

Der Hauptsitz der DAkkS ist seit der Gründung im Jahr 2009 in Berlin. Weitere Standorte der Gesellschaft befinden sich in Frankfurt am Main und in Braunschweig. [113]

Deutsches Institut für Medizinische Dokumentation und Information (DIMDI)

{EN: *German Institute of Medical Documentation and Information, DIMDI*}
{FR: *Institut allemand pour la documentation et pour l'information médicale, DIMDI*}
{⇨ DIMDI-Verordnung (DIMDIV)}

Das DIMDI, mit Sitz in Köln, gehört als BOB zum Geschäftsbereich des BMG. Informationen zum und vom DIMDI sind im Internet unter http://www.dimdi.de (Stand: November 2014) zu finden.

In § 33 Abs. 2 MPG werden die Aufgaben und Zuständigkeiten des DIMDI für Medizinprodukte festgelegt. Sie umfassen insbesondere:

- die zentrale Verarbeitung und Nutzung von Informationen zum Verantwortlichen für das erstmalige Inverkehrbringen von Medizinprodukten und zu Betrieben und Einrichtungen, die Medizinprodukte ausschließlich für andere hygienisch aufbereiten (vgl. § 33 Abs. 2 Nr. 1 MPG);
- die zentrale Verarbeitung und Nutzung von Informationen zum Verantwortlichen für das erstmalige Inverkehrbringen von In-vitro-Diagnostika und Angaben zu den In-vitro-Diagnostika gemäß § 25 Abs. 3 Nr. 1 bis 3 MPG (vgl. § 33 Abs. 2 Nr. 1 MPG);
- Unterrichtung der Europäischen Kommission und die anderen Vertragsstaaten des Abkommens über den EWR über Anzeigen zum Verantwortlichen für das erstmalige Inverkehrbringen und Informationen zu den In-vitro-Diagnostika (vgl. § 33 Abs. 2 Nr. 1 MPG);
- Unterrichtung über eingeschränkte, verweigerte, ausgesetzte, wieder eingesetzte und zurückgezogene Bescheinigungen der jeweils zuständigen Landesbehörden, die zuständige BOB, die Europäische Kommission, die anderen Vertragsstaaten des Abkommens über den EWR und gewährt den Benannten Stellen den Zugriff auf diese Informationen (vgl. § 33 Abs. 2 Nr. 1 MPG);
- Einrichtung eines Informationssystem für die zuständige BOB, für die zuständige Landesbehörde, für die beteiligte Ethikkommission und den Sponsor über Unterlagen, Prüfplan, Genehmigungen der zuständigen BOB, zustimmende Bewertungen der Ethikkommission bei klinischen Prüfungen/Leistungsbewertungsprüfungen, Änderungsanzeigen durch den Sponsor, Meldungen über Beendigung oder Abbruch von klinischen Prüfungen/Leistungsbewertungsprüfungen (vgl. § 33 Abs. 2 Nr. 1 MPG);
- zentrale Verarbeitung und Nutzung von Basisinformationen der in Verkehr befindlichen Medizinprodukte (vgl. § 33 Abs. 2 Nr. 2 MPG);

- zentrale Verarbeitung und Nutzung von Daten aus der Beobachtung, Sammlung, Auswertung und Bewertung von Risiken in Verbindung mit Medizinprodukten (vgl. § 33 Abs. 2 Nr. 3 MPG);
- Informationsbeschaffung und Übermittlung von Daten an Datenbanken anderer Mitgliedstaaten und Institutionen der EU und anderer Vertragsstaaten des Abkommens über den EWR, insbesondere im Zusammenhang mit der Erkennung und Abwehr von Risiken in Verbindung mit Medizinprodukten (vgl. § 33 Abs. 2 Nr. 4 MPG);
- Aufbau und Unterhaltung von Zugängen zu Datenbanken, die einen Bezug zu Medizinprodukten haben (vgl. § 33 Abs. 2 Nr. 5 MPG).

Der Informationsaustausch – z. B. Antragsunterlagen des Sponsors, Genehmigungen der BOB, zustimmende Bewertungen der Ethikkommission, Bescheinigungen der Benannten Stelle, Meldungen über Vorkommnisse bei der Anwendung von Medizinprodukten durch den Betreiber/Anwender/Hersteller/Verantwortlichen für das erstmalige Inverkehrbringen, Meldung schwerwiegender unerwünschter Ereignisse bei klinischen Prüfungen/Leistungsbewertungsprüfungen durch den Sponsor – zwischen DIMDI und den anderen Beteiligten erfolgt über das zentrale Erfassungssystem Informationssystem des DIMDI (vgl. §§ 3 und 3a DIMDIV).

Näheres zur Erhebung der Daten, die für das datenbankgestützte Informationssystem über Medizinprodukte erforderlich sind, die Art und Weise der Übermittlung dieser Daten an DIMDI und die Verarbeitung und Nutzung der gespeicherten Daten regelt die DIMDIV.

DIMDI hat folgende Medizinprodukte-Datenbanken zu betreiben (vgl. § 4 DIMDIV):
- Datenbank über die allgemeine Anzeigenpflicht nach den § 25 MPG und § 30 Abs. 2 MPG;
- Datenbank über Bescheinigungen der Benannten Stellen nach § 18 Abs. 3 Nr. 1 MPG;
- Datenbank über klinische Prüfungen und Leistungsbewertungsprüfungen nach den §§ 20 bis 24 MPG;
- Datenbank über Mitteilungen zur Klassifizierung eines Medizinprodukts bzw. Abgrenzung zu anderen Produkten nach § 33 Abs. 2 Nr. 2 in Verbindung mit § 13 MPG;
- Datenbanken zum Medizinprodukte-Beobachtungs- und -Meldesystem mit den Daten nach § 29 Absatz 1 Satz 5 MPG über Informationen zu klinischen Prüfungen/Leistungsbewertungsprüfungen.

Durch den Beschluss Nr. 2010/227/EU vom 19. April 2010 der Kommission über die Europäische Datenbank für Medizinprodukte (Eudamed) sind alle Mitgliedstaaten ab den 1. Mai 2011 verpflichtet, die Eudamed-Datenbank zu nutzen und die in der AIMDD, der MDD und der IVDD geforderten Daten entsprechend einzustellen. DIMDI stellt die entsprechenden Daten aus den nationalen Datenbanken Eudamed zur Verfügung (vgl. § 33 MPG).

Die Eudamed-Datenbank wird unter der Verantwortung der EU-Kommission betrieben [37].

DGUV Vorschrift 3

{EN: *German Social Accident Insurance (DGUV) rule A3*}
{FR: *Assurance sociale allemande des accidents de travail et maladies professionelles (DGUV), règle A3*}

Berufsgenossenschaftliche Vorschriften mit Festlegungen zur Prüfung elektrischer Anlagen und Betriebsmittel zum Schutz der Beschäftigten [25]

Diagnostische Sensitivität

{EN: *Diagnostic sensitivity*}
{FR: *Sensibilité diagnostique*}

⇨ Gemeinsame technische Spezifikationen für In-vitro-Diagnostika, Anhang Nr. 2 [118]:
«Die Wahrscheinlichkeit, dass das Produkt bei Vorhandensein des Zielmarkers einen positiven Befund anzeigt.»

Die diagnostische Sensitivität gibt den Anteil (in Prozent) der richtig erkannten positiven Proben bezogen auf die Gesamtzahl der Proben, die das Merkmal/den Zielmarker aufweisen, an und errechnet sich nach der Formel

$$\mathit{DiagnostischeSensivität} = \frac{RP}{RP + FN}$$

mit: RP = Anzahl der richtig positiven Ergebnisse
FN = Anzahl der falsch negativen Ergebnisse

Je höher die diagnostische Sensitivität eines Tests ist, desto sicherer wird ein Merkmal/ein Zielmarker erkannt bzw. desto niedriger ist der Anteil der falsch negativen Ergebnisse. Diesem Leistungsparameter kommt somit insbesondere für Screeninguntersuchungen eine besondere Bedeutung zu. Bei der Betrachtung der diagnostischen Sensitivität spielen falsch positive Ergebnisse keine Rolle.

Diagnostische Spezifität

{EN: *Diagnostic specificity*}
{FR: *Spécificité diagnostique*}

⇨ Gemeinsame technische Spezifikationen für In-vitro-Diagnostika, Anhang Nr. 2 [118]:
«Die Wahrscheinlichkeit, dass das Produkt bei Nichtvorhandensein des Zielmarkers einen negativen Befund anzeigt.»

Die diagnostische Spezifität gibt den Anteil (in Prozent) der richtig erkannten negativen Proben, bezogen auf die Gesamtzahl der Proben, die das Merkmal/den Zielmarker nicht aufweisen, an und errechnet sich nach der Formel

$$\mathit{Diagnostische Spezifität} = \frac{RN}{RN + FP}$$

mit: RN = Anzahl der richtig negativen Ergebnisse
FP = Anzahl der falsch positiven Ergebnisse

Je höher die diagnostische Spezifität, desto sicherer kann das Vorliegen eines bestimmten Merkmals/Zielmarkers ausgeschlossen werden bzw. desto niedriger ist der Anteil der falsch positiven Ergebnisse. Bei Bestätigungstests kommt es daher entscheidend auf die diagnostische Spezifität an.

Die diagnostische Aussagekraft von qualitativen Tests – der sogenannte Vorhersagewert oder prädiktive Wert – hängt neben der diagnostischen Sensitivität und Spezifität noch von der Prävalenz des Merkmals/Zielmarkers im jeweils untersuchten Kollektiv ab.

Dienstanweisung Medizinprodukte

{EN: *Administrative instruction medical devices*}
{FR: *Instruction de service dispositifs médicaux*}
{⇨ Beschaffung von Medizinprodukten, Einweisung in Medizinprodukte, Medizinproduktebeauftragter, Medizinprodukteverantwortlicher}

Die Dienstanweisung ist eine Organisationsrichtlinie (Dienstordnung) für ein Krankenhaus, eine ärztliche/zahnärztliche Praxis oder eine sonstige medizinische Gesundheitseinrichtung (z. B. Reha-Klinik, Pflegeeinrichtung, Rettungsdienst), in der Medizinprodukte für Menschen zum Einsatz kommen. Diese Organisationsrichtlinie regelt die für den Betreiber und Anwender maßgeblichen Bestimmungen, die sich aus dem MPG, der MPBetreibV und im Fall von Vorkommnis-Meldungen aus der MPSV, bei der Eigenherstellung von Medizinprodukten aus der MPV und bei der Durchführung von klinischen Prüfungen/Leistungsbewertungsprüfungen aus der MPKPV ergeben.

Wesentliche in einer Dienstanweisung zu regelnde Punkte – neben Präambel, Ziel, gesetzlichen Grundlagen und Begriffserklärungen – sind:

- Festlegen von Zuständigkeiten, Verantwortungsbereichen und Aufgaben;
- Aufgabenverteilungen wie z. B. Beschaffung von Medizinprodukten, Inbetriebnahme von Medizinprodukten, Einweisung, Betreuung der Medizinprodukte (STK, MTK, Bestandsverzeichnis, Medizinproduktebuch, Leihgeräte, Medizinprodukte zur klinischen Prüfung, Medizinprodukte von Patienten, Eigenherstellung, Außerbetriebnahme, etc.);
- Pflichten des Betreibers;
- Pflichten des Medizinprodukteverantwortlichen;
- Der Begriff des Medizinprodukteverantwortlichen tritt weder im MPG noch in den zugehörigen nationalen Verordnungen auf, ist aber für die Umsetzung des Medizinprodukterechts von großer organisatorischer Bedeutung ist. Der Medizinprodukteverantwortliche – beispielsweise der Direktor einer Klinik,

eines Labors oder eines Instituts – ist in seinem Bereich (z. B. Klinik, Labor, Institut) verantwortlich für die Umsetzung und Einhaltung der Vorschriften des MPG und der MPBetreibV. Er benennt Personen in seinem Zuständigkeitsbereich, delegiert diese Aufgaben, und überzeugt sich z. B. durch interne Audits über die Einhaltung der getroffenen Anweisungen.

- Pflichten der Beauftragten Person (Medizinproduktebeauftragter);
- Pflichten des Anwenders:
  - Anwendung von Medizinprodukten nur ihrer Zweckbestimmung entsprechend und nach den Vorschriften des MPG, der MPBetreibV, den allgemein anerkannten Regeln der Technik sowie den Arbeitsschutz- und Unfallverhütungsvorschriften;
  - vor der Anwendung die Funktionsfähigkeit und den ordnungsgemäßen Zustand des Medizinprodukts feststellen (§ 2 Abs. 5 MPBetreibV);
  - Anwendung von aktiven Medizinprodukten der Anlage 1 MPBetreibV erst nach «erstmaliger Inbetriebnahme» (Funktionsprüfung und ggf. Einweisung der vom Betreiber beauftragten Person) durch den Hersteller oder die vom Hersteller befugte Person (§ 5 Abs. 1 Nr. 1 MPBetreibV);
  - Anwendung von aktiven Medizinprodukten der Anlage 1 MPBetreibV erst nach Einweisung durch Hersteller, vom Hersteller befugte Person oder vom Betreiber beauftragte Person/Medizinproduktebeauftragter (§ 5 Abs. 2 MPBetreibV);
  - Medizinprodukte dürfen nur von Personen angewendet werden, die die erforderliche Ausbildung (Arzt, MTA, Pflegekraft) oder Kenntnisse (z. B. durch Einweisung) und Erfahrung besitzen – Verantwortung des Anwenders für seine eigene Qualifikation;
  - Anwendung von Medizinprodukten nur unter Beachtung der Gebrauchsanweisung sowie sonstiger sicherheitsbezogener Informationen und Instandhaltungshinweise des Herstellers;
  - Medizinprodukte dürfen nicht angewendet werden, wenn der begründete Verdacht besteht, dass sie die Sicherheit und die Gesundheit der Patienten, der Anwender oder Dritter bei sachgemäßer Anwendung, Instandhaltung und ihrer Zweckbestimmung entsprechender Verwendung über ein nach den Erkenntnissen der medizinischen Wissenschaften vertretbares Maß hinausgehend gefährden (§ 4 Abs. 1 Nr. 1 MPG);
  - Medizinprodukte dürfen nicht angewendet werden, wenn sie Mängel aufweisen, durch die Patienten, Beschäftigte oder Dritte gefährdet werden können (§ 14 Satz 2 MPG);
  - Medizinprodukte mit abgelaufenem Verfalldatum dürfen nicht mehr angewendet werden (§ 4 Abs. 1 Nr. 2 MPG).
- Pflichten des Technischen Dienstes/der Medizintechnik;
- Pflichten der Beschaffungsabteilung;
  Vor der Beschaffung eines Medizinprodukts sollte u. a. Klarheit hinsichtlich folgender gesetzlicher Festlegungen bestehen:
  - Zweckbestimmung des Medizinprodukts,

  - Anwendungsbeschränkungen des Medizinprodukts,
  - STK,
  - MTK,
  - Anzahl der Gebrauchsanweisungen,
  - Gebrauchsanweisung als elektronisches Dokument,
  - Einweisung von Anwendern – neben der obligatorischen Einweisung für Beauftragte Personen in Medizinprodukte der Anlage 1 MPBetreibV –,
  - Angaben zur Instandhaltung – einschließlich der Angaben zur Aufbereitung.
- Meldung von Vorkommnissen.
  Unter diesem Punkt sollte nicht nur der Meldeweg zu Vorkommnissen geregelt werden, die sich in der Einrichtung ereignen, sondern auch, wie Sicherheitshinweise von Herstellern oder des BfArM/PEI, die an die Einrichtung gerichtet sind, an die zuständigen Medizinproduktebeauftragten und die betroffenen Anwender gelangen.
- Medizinprodukte, die einer MTK unterliegen, dürfen nach Ablauf der Prüffrist nicht angewendet werden (§ 2 Abs. 6 MPBetreibV, § 11 MPBetreibV) und sind einer zu benennenden Stelle beim Betreiber (z. B. Medizintechnik) zu melden;
- auf ordnungsgemäßen Zustand der Medizinprodukte vor jeder Anwendung achten (Zweckbestimmung, Zubehör, abgelaufene Termine, etc.) und ggf. Meldung an zuständige Stelle beim Betreiber (z. B. Medizintechnik);
- Meldung von Vorkommnissen innerhalb eines Tages an die beim Betreiber zuständige Stelle;
- bei Implantation von aktiven Medizinprodukten:
  von der für die Implantation verantwortlichen Person ist die Patienteninformation nach § 10 Abs. 1 Nr. 1 MPBetreibV zu erstellen und dem Patienten unverzüglich nach der Implantation auszuhändigen;
- bei Wiederverwendung von medizinischen Einmalprodukten:
  Hinweis auf vom Anwender einzuhaltende Aufbereitungs- und Prüfvorschriften.

DIMDI-Verordnung (DIMDIV)

{EN: *DIMDI-ordinance, DIMDIV*[22]}
{FR: *Ordonnance fédérale DIMDI*[22], *DIMDIV*}
{⇨ Medizinproduktegesetz, Medizinprodukte Klinische Prüfungsverordnung, Medizinprodukte-Sicherheitsplanverordnung}

Die DIMDIV vom 4. Dezember 2002 (BGBl. I S. 4456) ist eine Verordnung zum MPG und auf der Grundlage von § 37 Abs. 1, 8, 9 und 10 MPG, jeweils in Verbindung mit Abs. 11 MPG vom BMG erlassen worden.

Mit der DIMDIV wird im Wesentlichen die Erhebung von Daten für das datenbankgestützte Informationssystem über Medizinprodukte, die Übermittlung dieser Daten an das DIMDI sowie die Verarbeitung und Nutzung der in dem Informationssystem gespeicherten Daten geregelt.

22) inoffizielle Übersetzung

Darüber hinaus wird festgelegt, welche Datenbanken in dem Informationssystem über Medizinprodukte von DIMDI betrieben werden.

Weiterhin regelt die DIMDIV den Kreis der Berechtigten zur Nutzung dieser im Informationssystem gespeicherten Daten und auf welche Datenbank durch den Berechtigten zugegriffen werden darf. Konkret wird auch festgelegt, dass die Datenbank mit den Daten, die aufgrund der allgemeine Anzeigepflicht nach § 25 MPG und die Datenbank mit Daten der Bescheinigungen der Benannten Stellen nach § 18 Abs. 3 Nr. 1 MPG öffentlich zugänglich sind (vgl. § 5 Abs. 4 DIMDIV).

Die DIMDIV enthält im Wesentlichen nur Anforderungen an DIMDI. Indirekt angesprochen werden jedoch Alle, die nach dem MPG Anzeige- bzw. Mitteilungspflichtig sind:

- Verantwortliche für das erstmalige Inverkehrbringen von Medizinprodukten (Hersteller, Bevollmächtigter des Herstellers, Einführer),
- Betriebe oder Einrichtungen, die Medizinprodukte ausschließlich für Andere hygienisch aufbereiten,
- Zusammensetzer von Systemen und Behandlungseinheiten,
- Betriebe oder Einrichtungen, die Medizinprodukte bzw. Systeme und Behandlungseinheiten für das erstmalige Inverkehrbringen sterilisieren,
- Verantwortliche für das erstmalige Inverkehrbringen von In-vitro-Diagnostika,
- Benannte Stellen,
- Betreiber und Anwender,
- Sponsor von klinischen Prüfungen/Leistungsbewertungsprüfungen.

Entwicklung:

- Erste Fassung der DIMDI-Verordnung vom 4. Dezember 2002 (Artikel 1 der Verordnung über das datenbankgestützte Informationssystem über Medizinprodukte des Deutschen Instituts für Medizinische Dokumentation und Information und zur Änderung anderer Vorschriften, BGBl. I S. 4456).
- Änderung durch Artikel 4 des Gesetzes zur Änderung medizinprodukterechtlicher und anderer Vorschriften vom 14. Juni 2007 (BGBl. I S. 1066).
  Wesentliche Ziele dieser Änderung ergeben sich aus den geänderten Rahmenbedingen des Medizinprodukterechts:
  - die Datenbank über Mitteilungen zur Klassifizierung eines Medizinprodukts oder zur Abgrenzung zu anderen Produkten wird reduziert und dient nur noch den zuständigen Behörden als Entscheidungshilfe;
  - Verzicht auf die Anzeige von klinischen Prüfungen durch Prüfeinrichtungen;
  - redaktionelle Überarbeitung der Anlagen mit den Formblättern zur Datenerfassung.
- erste Verordnung zur Änderung der DIMDI-Verordnung vom 10. Mai 2010 (BGBl. S. 542).
  Wesentliche Ziele dieser Änderung waren:
  - Anpassung des Anwendungsbereichs an die geänderten Rahmenbedingungen des Medizinprodukterechts im Hinblick auf die Erhebung und

  Übermittlung der Daten sowie die Verarbeitung und Nutzung der gespeicherten Daten,
  - Datenerfassung ausschließlich online über das zentrale Erfassungssystem,
  - Einbeziehung der zentralen Erfassung für Anzeigen und Anträge bei klinischen Prüfungen/Leistungsbewertungsprüfungen,
  - Nutzung der Datenbank über klinische Prüfungen/Leistungsbewertungsprüfung durch die zuständigen/beteiligten Ethikkommissionen,
  - redaktionelle Überarbeitung der Anlagen mit den Formblättern zur Datenerfassung.
- Änderung durch Artikel 5 der Verordnung über die Abgabe von Medizinprodukten und zur Änderung medizinprodukterechtlicher Vorschriften vom 25. Juli 2014 (BGBl. I S. 1227).
  Wesentliche Ziele dieser Änderung waren:
  - die Beteiligten erhalten Unterrichtungen aus dem datenbankgestützten Informationssystem ausschließlich an elektronische Postfächer (Email),
  - Einbindung der Meldungen zu schwerwiegenden unerwünschten Ereignissen in die Datenbank zum Medizinprodukte-Beobachtungs- und -Meldesystem,
  - Neuregelung der Bestimmungen zur Nutzung der Datenbanken,
  - Neuregelung der Speicherungsfristen,
  - redaktionelle Überarbeitung der Anlagen mit den Formblättern zur Datenerfassung.

DIN[23]

{EN: *German Institute for Standardization, DIN*}
{FR: *Institut allemand de normalisation, DIN*}
{⇨ CEN, CENELEC, DKE, ETSI}

DIN e. V., das Deutsche Institut für Normung e. V. ist mit seinen 72 Normenausschüssen die für die Normung zuständige Institution der Bundesrepublik Deutschland. DIN ist für die entsprechenden Aufgaben das deutsche Mitglied in den europäischen und internationalen Normungsorganisationen. Rechtsgrundlagen für die Wahrnehmung der Normungsaufgaben durch DIN sind

- die Satzung von DIN,
- die Normen der Reihe DIN 820 «Normungsarbeit» und
- der mit der Bundesrepublik Deutschland geschlossene Normenvertrag vom 5. Juni 1975.

Die DKE – Deutsche Kommission Elektrotechnik Elektronik Informationstechnik im DIN und VDE – ist als Normenausschuss von DIN und Organ des VDE zuständig für die Erarbeitung von Normen und Sicherheitsbestimmungen in dem Bereich der Elektrotechnik, Elektronik und Informationstechnik in Deutschland.

DIN mit Sitz in Berlin erarbeitet gemeinsam mit Vertretern der interessierten Kreise – z. B. Hersteller, Anwender, öffentliche Hand, Wissenschaft und Forschung – Normen als Dienstleistung für Wirtschaft, Staat und Gesellschaft. Als nationale

23) mit Unterstützung von *Dr. Vera Sattelmayer*

Normungsorganisation vertritt DIN die deutschen Interessen in den europäischen und internationalen Normungsorganisationen. Aufgrund des Vertrags mit der Bundesrepublik Deutschland ist DIN als die nationale Normungsorganisation in den europäischen und internationalen Normungsorganisationen anerkannt.

DKE

{EN: *German Commission for Electrical, Electronic and Information Technologies, DKE*}
{FR: *Comité allemand pour l'électrotechnique, l'électronique et l'informatique, DKE*}
{⇨ CEN, CENELEC, DIN, ETSI}

Die DKE – Deutsche Kommission Elektrotechnik Elektronik Informationstechnik – bei DIN und VDE ist als Normenausschuss von DIN und Organ des VDE zuständig für die Erarbeitung von Normen und Sicherheitsbestimmungen in dem Bereich der Elektrotechnik, Elektronik und Informationstechnik in Deutschland.

Die DKE ist das deutsche Mitglied

- in der IEC – Internationale Elektrotechnische Kommission – Genf und
- im CENELEC – Europäisches Komitee für elektrotechnische Normung – Brüssel.

IEC/TC 62 ist das Internationale Komitee, von dem eine Vielzahl von Normen für medizinische elektrische Geräte erarbeitet werden, vor allem im Hinblick auf Sicherheit und wesentliche Leistungsmerkmale.

Dokument

{EN: *Document*}
{FR: *Document*}

⇨ Teil A Nr. 3 RiliBÄK:
«Information und ihr Trägermedium. Dies sind z. B. Aufzeichnungen, Anweisungen einschließlich der Qualitätsregelungen, Verfahrensbeschreibungen, Spezifikationen, Kalibriertabellen, Referenzbereiche, Zeichnungen, Berichte, Befunde, rechtliche Bestimmungen oder Normen.»

Dokument der europäischen Normung

{EN: *European standardization deliverable*}
{FR: *Publication en matière de normalisation européenne*}

⇨ Artikel 2 Nr. 2 Verordnung (EU) Nr. 1025/2012 [99]
«Dokument der europäischen Normung: jede sonstige technische Spezifikation mit Ausnahme europäischer Normen, die von einer europäischen Normungsorganisation zur wiederholten oder ständigen Anwendung angenommen wird, deren Einhaltung jedoch nicht zwingend vorgeschrieben ist.»

Dritte

{EN: *Third parties*}
{FR: *Tiers*}
{⇨ Anwender, Patient}

Personen, die weder das Medizinprodukt anwenden (Anwender), noch an denen es angewendet wird (Patient), die sich aber in der Umgebung des Medizinprodukts aufhalten (z. B. Besucher, Medizinprodukteberater).

Durchführungsverordnung

{EN: *Implementing Regulation*}
{FR: *Règlement d'exécution*}

Eine europäische Durchführungsverordnung hat nicht das normale Gesetzgebungsverfahren einer europäischen Verordnung durchlaufen. So unterbreitet z. B. die Kommission keinen Vorschlag an das Europäische Parlament und den Europäischen Rat.

> «Verordnungen und Richtlinien verbieten oder fordern etwas. Wie dies von den Verwaltungen der Staaten durchgesetzt werden muss, wird in Durchführungsverordnungen geklärt. Sie sind trotz ihrer Bezeichnung keine Gesetze, sondern rangniedrigere Bestimmungen.»[24]

> «Die Durchführungsverordnung ist allgemein ein Rechtsakt der Verwaltung „ohne Gesetzescharakter", der regelt, wie durchzuführen ist, was ein Gesetz fordert.»[25]

E

Echt negativ

{EN: *True negative*}
{FR: *Vrai négatif*}

⇨ Gemeinsame technische Spezifikationen für In-vitro-Diagnostika, Anhang Nr. 2 [118]:
«Der negative Befund einer Probe hinsichtlich des Zielmarkers ist bekannt und wird von dem Produkt korrekt angezeigt.»

Echt positiv

{EN: *True positive*}
{FR: *Vrai positif*}

24) http://www.europarl.europa.eu/brussels/website/content/modul_03/start.html (Stand: Januar 2015)
25) http://www.europarl.europa.eu/brussels/website/content/modul_03/zusatzthemen_06.html (Stand: Januar 2015)

⇨ Gemeinsame technische Spezifikationen für In-vitro-Diagnostika, Anhang Nr. 2 [118]:
«Der positive Befund einer Probe hinsichtlich des Zielmarkers ist bekannt und wird von dem Produkt korrekt angezeigt.»

EDMS-Nomenklatur

{EN: *EDMS nomenclature*}
{FR: *Nomenclature EDMS*}
{⇨ GMDN-Nomenklatur, UMDNS-Nomenklatur System}

EDMS steht für European Diagnostic Market Statistics. Die hierfür von der EDMA, dem europäischen Verband der Hersteller von In-vitro-Diagnostika, entwickelte und zur Verfügung gestellte Nomenklatur für In-vitro-Diagnostika wird in Europa auch für regulatorische Zwecke genutzt und ergänzt insoweit die für die Codierung und exakte Bezeichnung der übrigen Medizinprodukte verwendete Nomenklatur UMDNS.

Die Nomenklatur wird von der EDMA jährlich aktualisiert. Die aktuelle Version der EDMA-Klassifizierung heißt Global IVD Products Classification (GIVD) und wird derzeit noch nicht verwendet.

EFTA-Staaten

{EN: *EFTA (European Free Trade Association) countries*}
{FR: *Pays de l'AELE (Association européenne de libre-échange)*}

Die Europäische Freihandelszone EFTA besteht aus den Ländern Island, Liechtenstein, Norwegen und Schweiz.

EG-Auslegungsprüfbescheinigung

{EN: *EC design examination certificate*}
{FR: *Certificat d'examen CE de la conception*}

Die EG-Auslegungsprüfbescheinigung wird von der Benannten Stelle nach positivem Abschluss der EG-Auslegungsprüfung ausgestellt. Sie bescheinigt die Konformität des Medizinprodukts mit den für das Medizinprodukt zutreffenden Grundlegenden Anforderungen.

Sie muss folgende Angaben enthalten [107]:

- Name, Anschrift und Kenn-Nummer der Benannten Stelle;
- Name und Anschrift des rechtlich verantwortlichen Herstellers;
- Eindeutige Nummer zur Kennzeichnung der EG-Auslegungsprüfbescheinigung;
- Datum der Ausstellung;
- Dauer der Gültigkeit (maximal fünf Jahre), ausgehend vom Datum der Ausstellung;
- Rechtsverbindliche Unterschrift der Benannten Stelle;
- Daten zur Identifizierung der zugelassenen Entwicklungsdokumentation und der Medizinprodukte, für die die EG-Auslegungsprüfbescheinigung gültig ist,

vorzugsweise unter Angabe des Verwendungszwecks und der GMDN Bezeichnung des zugelassenen Medizinprodukts;
- Durchgeführte Untersuchungen, z. B. Angabe des (der) einschlägigen Untersuchungsberichts(e);
- Ergebnisse der Untersuchung, z. B. eine Erklärung, dass die Benannte Stelle die Überprüfung der Entwicklungsdokumentation, die sich auf das Medizinprodukt bezieht, in Übereinstimmung mit Anhang II Nr. 4 MDD durchgeführt hat und bestätigt, dass die Entwicklungsdokumentation des Medizinprodukts die Vorschriften der MDD erfüllt.

Für die Medizinprodukte, für die eine EG-Auslegungsprüfbescheinigung erforderlich ist, ist diese ein notwendiger, aber nicht hinreichender Nachweis für die CE-Kennzeichnung.

Hinweis: In europäischen Rechtsakten, die nach dem 13. Dezember 2009 in Kraft getreten sind, wird der Begriff «EG-Auslegungsprüfbescheinigung» ersetzt durch «EU-Auslegungsprüfbescheinigung».

EG-Auslegungsprüfung

{EN: *EC design examination*}
{FR: *Examen CE de la conception*}

Die EG-Auslegungsprüfung ist ein Baustein des vom Gesetzgeber vorgeschriebenen Konformitätsbewertungsverfahrens, mit dem von der Benannten Stelle eine Prüfung der Entwicklungsdokumentation durchgeführt wird. Sie ist erforderlich für Medizinprodukte der Klasse III (MDD) und für aktive implantierbare medizinische Geräte (AIMDD). Analog ist sie auch für In-vitro-Diagnostika zur Eigenanwendung (IVDD) durchzuführen. Gemäß Anhang III Nr. 6 IVDD hat der Hersteller einen Antrag auf Prüfung der Auslegung bei der Benannten Stelle zu stellen.

Durchzuführen ist die EG-Auslegungsprüfung von der Benannten Stelle. Mit der EG-Auslegungsprüfung ist der Nachweis zu führen, dass das Medizinprodukt mit den zutreffenden Grundlegenden Anforderungen (Anhang I MDD, Anhang 1 AIMDD, ggf. weitere zutreffende europäische Rechtsakte, Anhang I IVDD) übereinstimmt.

Die Ergebnisse der EG-Auslegungsprüfung werden – im Falle eines positiven Prüfergebnisses – in der EG-Auslegungsprüfbescheinigung zusammengefasst.

Hinweis: In europäischen Rechtsakten, die nach dem 13. Dezember 2009 in Kraft getreten sind, wird der Begriff «EG-Auslegungsprüfung» ersetzt durch «EU-Auslegungsprüfung».

EG-Baumusterprüfbescheinigung

{EN: *EC type-examination certificate*}
{FR: *Certificat d'examen CE de type*}

Die EG-Baumusterprüfbescheinigung wird von der Benannten Stelle nach positivem Abschluss der EG-Baumusterprüfung ausgestellt. Sie bescheinigt die Konformität des Medizinprodukts mit den für das Medizinprodukt zutreffenden Grundlegenden Anforderungen.

Sie muss folgende Angaben enthalten [107]:

- Name, Anschrift und Kenn-Nummer der Benannten Stelle;
- Name und Anschrift des Herstellers;
- Eindeutige Nummer zur Kennzeichnung der EG-Baumusterprüfbescheinigung;
- Datum der Ausstellung;
- Dauer der Gültigkeit (maximal fünf Jahre);
- Rechtsverbindliche Unterschrift der Benannten Stelle;
- Daten zur Identifizierung des zugelassenen Baumusters, für das die EG-Baumusterprüfbescheinigung gültig ist, vorzugsweise unter Angabe des Verwendungszwecks und der GMDN Bezeichnung des zugelassenen Medizinprodukts;
- Produktbezeichnung und die für die Identifizierung des zugelassenen Baumusters erforderlichen Angaben
- Prüfgrundlage, durchgeführte Untersuchungen und Prüfungen, z. B. Angabe von einschlägigen Prüfberichten;
- Ergebnisse der Prüfung, z. B. eine Erklärung, dass die Benannte Stelle eine Prüfung in Übereinstimmung mit Anhang III Nr. 4 MDD durchgeführt hat und bestätigt, dass das Baumuster die maßgeblichen Vorschriften der MDD erfüllt;
- Verweis auf maßgebliche Teile der Dokumentation.

Hinweis: In europäischen Rechtsakten, die nach dem 13. Dezember 2009 in Kraft getreten sind, wird der Begriff «EG-Baumusterprüfbescheinigung» ersetzt durch «EU-Baumusterprüfbescheinigung».

EG-Baumusterprüfung

{EN: *EC type-examination*}
{FR: *Examen CE de type*}
{⇨ Harmonisierte Norm, Konformitätsbewertungsverfahren, Zertifikat}

⇨ Anhang 3 AIMDD, Anhang III MDD, Anhang V IVDD:
«Als EG-Baumusterprüfung wird das Verfahren bezeichnet, mit dem eine Benannte Stelle feststellt und bescheinigt, dass ein für die vorgesehene Produktion repräsentatives Exemplar den einschlägigen Bestimmungen dieser Richtlinie entspricht.»

Die EG-Baumusterprüfung ist ein Baustein des vom Gesetzgeber vorgeschriebenen Konformitätsbewertungsverfahrens, mit dem von der Benannten Stelle auf Antrag des Herstellers der Nachweis zu führen ist, dass das betreffende Medizinprodukt mit den zutreffenden Grundlegenden Anforderungen (Anhang I MDD, Anhang 1 AIMDD bzw. Anhang I IVDD, ggf. weiteren zutreffenden europäischen Rechtsakten) übereinstimmt.

Die EG-Baumusterprüfung ist eine Produktprüfung, die gemäß Anhang 3 AIMDD, Anhang III MDD bzw. Anhang V IVDD von einer Benannten Stelle durchgeführt werden kann

Die EG-Baumusterprüfung kann mit folgenden Konformitätsbewertungsverfahren kombiniert werden:

- EG-Prüfung,
- EG-Konformitätserklärung «Qualitätssicherung Produktion»,
- EG-Konformitätserklärung «Qualitätssicherung Produkt».

Die Ergebnisse der EG-Baumusterprüfung werden – im Falle eines positiven Prüfergebnisses – von der Benannten Stelle in der EG-Baumusterprüfbescheinigung zusammengefasst.

Hinweis: In europäischen Rechtsakten, die nach dem 13. Dezember 2009 in Kraft getreten sind, wird der Begriff «EG-Baumusterprüfung» ersetzt durch «EU-Baumusterprüfung».

EG-Entscheidung

{EN: *EC decision*}
{FR: *Décision CE*}
{⇨ Beschluss (EU)}

Überholter Begriff. In der AEUV wird der Begriff «Entscheidung» durch den Begriff «Beschluss» ersetzt (vgl. Art. 288 Abs. 4 AEUV).

EG-Konformitätserklärung

{EN: *EC declaration of conformity*}
{FR: *Déclaration CE de conformité*}
{⇨ CE-Kennzeichnung nach MPG, Konformitätsbewertungsverfahren}

⇨ Anhang II Nr. 2 MDD, Anhang V Nr. 2 MDD, Anhang VI Nr. 2 MDD, Anhang VII Nr. 1 MDD:
«Bei der EG-Konformitätserklärung handelt es sich um das Verfahren, mit dem der Hersteller [...] , der den Verpflichtungen [...] nachkommt, gewährleistet und erklärt, dass die betreffenden Produkte [...] den einschlägigen Bestimmungen dieser Richtlinie entsprechen.»

Die EG-Konformitätserklärung ist die Erklärung des Herstellers im gesetzlich geregelten Bereich mit der der Hersteller – in besonderen Fällen auch dessen Bevollmächtigter – nachweisbar bestätigt, dass das von ihm in Verkehr gebrachte Medizinprodukt mit den Grundlegenden Anforderungen aller für das Medizinprodukt zutreffenden europäischen RL/Verordnungen konform ist. Die EG-Konformitätserklärung ist notwendige Voraussetzung für die CE-Kennzeichnung des entsprechenden Medizinprodukts.

In den RL ist festgelegt, dass die Bewertung der Konformität des Medizinprodukts mit den Anforderungen der RL in einer EG-Konformitätserklärung festgehalten sein muss, die im Allgemeinen vom Hersteller aufzubewahren ist.

In jeder der für Medizinprodukte zutreffenden RL sind unterschiedliche EG-Konformitätserklärungen aufgeführt.

In der AIMDD sind aufgeführt:

- EG-Konformitätserklärung (vollständiges Qualitätssicherungssystem) – Anhang 2,
- EG-Prüfung – Anhang 4,
- EG-Erklärung zur Übereinstimmung mit dem Baumuster (Qualitätssicherung der Produktion) – Anhang 5,
- Erklärung zu besonderen Zwecken – Anhang 6.

In der MDD sind aufgeführt:

- EG-Konformitätserklärung (vollständiges Qualitätssicherungssystem) – Anhang II,
- EG-Prüfung – Anhang IV,
- EG-Konformitätserklärung (Qualitätssicherung Produktion) – Anhang V,
- EG-Konformitätserklärung (Qualitätssicherung Produkt) – Anhang VI,
- EG-Konformitätserklärung – Anhang VII,
- Erklärung zu Produkten für besondere Zwecke – Anhang VIII.

In der IVDD sind aufgeführt:

- EG-Konformitätserklärung – Anhang III,
- EG-Konformitätserklärung (vollständiges Qualitätssicherungssystem) – Anhang IV,
- EG-Prüfung – Anhang VI,
- EG-Konformitätserklärung (Qualitätssicherung Produktion) – Anhang VII,
- EG-Konformitätserklärung (Qualitätssicherung Produkt) – Anhang VII.

Hinweis: In europäischen Rechtsakten, die nach dem 13. Dezember 2009 in Kraft getreten sind, wird der Begriff «EG-Konformitätserklärung» ersetzt durch «EU-Konformitätserklärung».

EG-Leitlinie

{EN: *EC-guideline*}
{FR: *Document d'orientation CE*}
{⇨ Fachkreise, MEDDEV-Leitlinie}

Die Europäische Kommission stellt als praktische Hilfe für Hersteller und Benannte Stellen zur einheitlichen Anwendung und Durchführung von RL Leitlinien zur Verfügung (z. B. Leitlinie für ein Medizinprodukte-Beobachtungs- und Meldesystem). Diese Leitlinien werden von der Europäischen Kommission als «MEDDEV-Guidelines» (MEDDEV-Leitlinien) herausgegeben. Sie werden im Konsens mit den nationalen Behörden im EWR, den europäischen Herstellerverbänden, den Benannten Stellen und ggf. weiteren Fachkreisen erarbeitet. Sie sind rechtlich nicht verbindlich. Dies ergibt sich aus dem Vorwort einer MEDDEV-Leitlinie.

Verabschiedet werden MEDDEV-Leitlinien von der MDEG unter Vorsitz der Europäischen Kommission[26].

Hinweis: Seit dem 13. Dezember 2009 wird der Begriff «EG-Leitlinie» ersetzt durch «EU-Leitlinie».

EG-Prüfung

{EN: *EC verification*}
{FR: *Vérification CE*}
{⇨ CE-Kennzeichnung nach MPG, Konformitätsbewertungsverfahren}

⇨ Anhang 4 AIMDD, Anhang IV MDD, Anhang VI IVDD:
«Die EG-Prüfung ist das Verfahren, bei dem der Hersteller oder sein in der Gemeinschaft ansässiger Bevollmächtigter gewährleistet und erklärt, dass die [...] geprüften Produkte der in der EG-Baumusterprüfbescheinigung beschriebenen Bauart entsprechen und die für sie geltenden Anforderungen dieser Richtlinie erfüllen.»

Die EG-Prüfung ist ein Baustein des vom Gesetzgeber vorgeschriebenen Konformitätsbewertungsverfahrens, mit dem von der Benannten Stelle auf Antrag des Herstellers der Nachweis zu führen ist, dass das hergestellte Medizinprodukt bzw. das hergestellte Los von Medizinprodukten die regulatorischen Anforderungen gemäß Anhang 4 AIMDD, Anhang IV MDD bzw. Anhang VI IVDD erfüllt.

Die EG-Prüfung ist eine Produktprüfung, die sich auf die Produktionsphase bezieht. Sie kann als Einzelstückprüfung – im Normalfall bei geringen Fertigungszahlen eines Medizinprodukts – oder als statistische Prüfung – im Normalfall bei Losgrößen über 250 bis 300 Stück) – durchgeführt werden. Voraussetzung bei der statistischen Prüfung ist der Nachweis einer Normalverteilung.

Für den Fall, dass für ein Medizinprodukt eine EG-Baumusterprüfbescheinigung vorliegt, ist die Übereinstimmung des zu prüfenden Medizinprodukts mit dem geprüften Baumuster ein zusätzlicher Teil der Prüfung.

Nach positivem Abschluss der EG-Prüfung werden die Prüfergebnisse in einem Prüfbericht zusammengefasst, die Benannte Stelle stellt ein Zertifikat für jedes als Einzelstück geprüftes Medizinprodukt bzw. bei statistischer Prüfung für das Fertigungslos aus.

Hinweis: In europäischen Rechtsakten, die nach dem 13. Dezember 2009 in Kraft getreten sind, wird der Begriff «EG-Prüfung» ersetzt durch «EU-Prüfung».

EG-Richtlinie

{EN: *EC directive*}
{FR: *Directive CE*}
{⇨ EU-Richtlinie}

26) MEDDEV-Leitlinien sind verfügbar unter http://ec.europa.eu/health/medical-devices/documents/guidelines/index_en.htm (Stand: November 2014)

EG-Richtlinie 90/385/EWG

{EN: *Directive 90/385/EEC*}
{FR: *Directive 90/385/CEE*}
{⇨ EG-Richtlinien für Medizinprodukte, Verordnung (EU) 722/2012}

RL 90/385/EWG des Rates vom 20. Juni 1990 zur Angleichung der Rechtsvorschriften der Mitgliedstaaten über aktive implantierbare medizinische Geräte (ABl. Nr. L 189 vom 20. Juni 1990, S. 17).

Die AIMDD wurde geändert durch:

- Artikel 21 Abs. 3 der RL 93/42/EWG des Rates vom 14. Juni 1993 über Medizinprodukte (ABl. Nr. L 169 vom 12. Juli 1993, S. 1),
- Artikel 9 der RL 93/68/EWG des Rates vom 22. Juli 1993 (ABl. Nr. L 220 vom 3. August 1993, S. 1),
- Verordnung (EG) Nr. 1882/2003 des Europäischen Parlaments und des Rates vom 29. September 2003 zur Anpassung der Bestimmungen über die Ausschüsse zur Unterstützung der Kommission bei der Ausübung von deren Durchführungsbefugnissen, die in Rechtsakten vorgesehen sind, für die das Verfahren des Artikels 251 des EG-Vertrags gilt, an den Beschluss 1999/468/EG des Rates (ABl. Nr. L 284 vom 30. 10. 2003, S. 1);
- Artikel 1 der RL 2007/47/EG des Europäischen Parlaments und des Rates vom 5. September 2007 zur Änderung der RL 90/385/EWG des Rates zur Angleichung der Rechtsvorschriften der Mitgliedstaaten über aktive implantierbare medizinische Geräte und 93/42/EWG des Rates über Medizinprodukte sowie der RL 98/8/EG über das Inverkehrbringen von Biozid-Produkten.

Die AIMDD wurde mit dem MPG und den dazugehörenden nationalen Verordnungen in deutsches Recht umgesetzt.

EG-Richtlinie 93/42/EWG

{EN: *Directive 93/42/EEC*}
{FR: *Directive 93/42/CEE*}
{⇨ EG-Richtlinien für Medizinprodukte, Verordnung (EU) 722/2012}

RL 93/42/EWG des Rates vom 14. Juni 1993 über Medizinprodukte (ABl. Nr. L 169 vom 12. Juli 1993, S. 1); berichtigt durch Berichtigung in ABl. Nr. L 61 vom 10. März 1999, S. 55.

Die MDD wurde geändert durch:

- Artikel 21 Abs. 2 der RL 98/79/EG des Europäischen Parlaments und des Rates vom 27. Oktober 1998 über In-vitro-Diagnostika (ABl. Nr. L 331 vom 7. Dezember 1998, S. 1; berichtigt durch ABl. Nr. L 61 vom 10. März 1999, S. 55),
- RL 2000/70/EG des Europäischen Parlaments und des Rates vom 16. November 2000 zur Änderung der RL 93/42/EWG des Rates hinsichtlich Medizinprodukte, die stabile Derivate aus menschlichem Blut oder Blutplasma enthalten (ABl. Nr. L 313 vom 13. Dezember 2000, S. 22),

- Artikel 1 der RL 2001/104/EG des Europäischen Parlaments und des Rates vom 7. Dezember 2001 zur Änderung der RL 93/42/EWG des Rates über Medizinprodukte (ABl. Nr. L 6 vom 10. Januar 2002, S. 50),
- die RL 2003/12/EG der Kommission vom 3. Februar 2003 zur Neuklassifizierung von Brustimplantaten im Rahmen der RL 93/42/ EWG über Medizinprodukte (ABl. Nr. L 28 vom 4. Februar 2003, S. 43),
- die RL 2003/32/EG der Kommission vom 23. April 2003 für unter Verwendung von Gewebe tierischen Ursprungs hergestellte Medizinprodukte (ABl. Nr. L 105 vom 26. April 2003, S. 18),
- die RL 2005/50/EG der Kommission vom 11. August 2005 zur Neuklassifizierung von Gelenkersatz für Hüfte, Knie und Schulter im Rahmen der RL 93/42/EWG über Medizinprodukte (ABL. Nr. L 210 vom 12. August 2005, S. 41),
- Verordnung (EG) Nr. 1882/2003 des Europäischen Parlaments und des Rates vom 29. September 2003 zur Anpassung der Bestimmungen über die Ausschüsse zur Unterstützung der Kommission bei der Ausübung von deren Durchführungsbefugnissen, die in Rechtsakten vorgesehen sind, für die das Verfahren des Artikels 251 des EG-Vertrags gilt, an den Beschluss 1999/468/EG des Rates (ABl. Nr. L 284 vom 30. 10. 2003, S. 1);
- Artikel 2 der RL 2007/47/EG des Europäischen Parlaments und des Rates vom 5. September 2007 zur Änderung der RL 90/385/EWG des Rates zur Angleichung der Rechtsvorschriften der Mitgliedstaaten über aktive implantierbare medizinische Geräte und 93/42/EWG des Rates über Medizinprodukte sowie der RL 98/8/EG über das Inverkehrbringen von Biozid-Produkten (ABl. Nr. L 247 vom 21. September 2007, S. 21).

Berichtigungen der MDD erfolgten mit:

- ABl. L 125 vom 9.5.1999, S. 42,
- ABl. L 74 vom 19.3.1999,
- ABl. L 72 vom 14.3.2001, S. 8.

Die MDD wurde mit dem MPG und den dazugehörenden nationalen Verordnungen in deutsches Recht umgesetzt.

EG-Richtlinie 98/79/EG

{EN: *Directive 98/79/EC*}
{FR: *Directive 98/79/CE*}
{⇨ EG-Richtlinien für Medizinprodukte}

RL 98/79/EG des Europäischen und des Rates vom 27. Oktober 1998 über In-vitro-Diagnostika (ABl. Nr. L 331 vom 7. Dezember 1998, S. 1).

Die IVDD wurde geändert durch:

- Verordnung (EG) Nr. 596/2009 des Europäischen Parlaments und des Rates vom 18. Juni 2009 zur Anpassung einiger Rechtsakte, für die das Verfahren des Artikels 251 des Vertrags gilt, an den Beschluss 1999/468/EG des Rates in

Bezug auf das Regelungsverfahren mit Kontrolle; Anpassung an das Regelungsverfahren mit Kontrolle — Vierter Teil (ABl. Nr. L 188 vom 18. Juli 2009, S. 14),

- Verordnung (EG) Nr. 1882/2003 des Europäischen Parlaments und des Rates vom 29. September 2003 zur Anpassung der Bestimmungen über die Ausschüsse zur Unterstützung der Kommission bei der Ausübung von deren Durchführungsbefugnissen, die in Rechtsakten vorgesehen sind, für die das Verfahren des Artikels 251 des EG-Vertrags gilt, an den Beschluss 1999/468/EG des Rates (ABl. Nr. L 284 vom 30. 10. 2003, S. 1),
- RL 2011/100/EU der Kommission vom 20. Dezember 2011 zur Änderung der RL 98/79/EG des Europäischen Parlaments und des Rates über In-vitro-Diagnostika (ABl. Nr. L 341 vom 22. Dezember 2011, S. 50).

Berichtigungen der IVDD erfolgten mit:

- ABl. L 74 vom 19.3.1999, S. 32,
- ABl. L 124 vom 25.5.2000, S. 66.

Die IVDD wurde mit dem MPG und den dazugehörenden nationalen Verordnungen in deutsches Recht umgesetzt.

EG-Richtlinie 2000/70/EG

{EN: *Directive 2000/70/EC*}
{FR: *Directive 2000/70/CE*}
{⇨ EG-Richtlinie 93/42/EWG, EG-Richtlinien für Medizinprodukte}

RL 2000/70/EG des Europäischen Parlaments und des Rates vom 16. Dezember 2000 zur Änderung der RL 93/42/EWG des Rates hinsichtlich Medizinprodukten, die stabile Derivate aus menschlichem Blut oder Blutplasma enthalten (ABl. Nr. L 313 vom 13. Dezember 2000, S. 22).

Diese RL wurde mit dem 2. MPG-ÄndG in deutsches Recht umgesetzt.

EG-Richtlinie 2001/104/EG

{EN: *Directive 2001/104/EC*}
{FR: *Directive 2001/104/CE*}
{⇨ EG-Richtlinie 93/42/EWG, EG-Richtlinien für Medizinprodukte}

RL 2001/104/EG des Europäischen Parlaments und des Rates vom 7. Dezember 2001 zur Änderung der RL 93/42/EWG des Rates über Medizinprodukte (ABl. Nr. L 6 vom 10. Januar 2002, S. 50).

Mit dieser RL wird der Geltungsbereich der MDD auf Medizinprodukte ausgedehnt, die als Bestandteil Derivate aus menschlichem Blut oder Blutplasma enthalten. Medizinprodukte, die andere Derivate von menschlichem Gewebe enthalten, bleiben weiterhin vom Anwendungsbereich der MDD ausgeschlossen (vgl. Erwägungsgrund Nr. 1 der RL 2001/104/EG).

Diese RL wurde mit dem 2. MPG-ÄndG in deutsches Recht umgesetzt.

EG-Richtlinie 2003/12/EG

{EN: *Directive 2003/12/EC*}
{FR: *Directive 2003/12/CE*}
{⇨ EG-Richtlinie 93/42/EWG, EG-Richtlinien für Medizinprodukte, Medizinprodukte-Verordnung}

RL 2003/12/EG der Kommission vom 3. Februar 2003 zur Neuklassifizierung von Brustimplantaten im Rahmen der RL 93/42/EG über Medizinprodukte (ABl. L 28 vom 4. Februar 2003, S. 43). Diese RL legt fest, dass Brustimplantate Medizinprodukte der Klasse III sind.

Diese RL wurde zunächst durch die Brustimplantate-Verordnung vom 11. Juli 2003 in deutsches Recht umgesetzt. Die Brustimplantate-Verordnung wurde durch Artikel 3 der Verordnung zur Änderung medizinprodukterechtlicher Vorschriften vom 16. Februar 2007 aufgehoben. Der Inhalt – ohne Übergangsregelung – ist übernommen worden in § 8 MPV.

EG-Richtlinie 2003/32/EG

{EN: *Directive 2003/32/EC*}
{FR: *Directive 2003/32/CE*}
{⇨ EG-Richtlinie 93/42/EWG, EG-Richtlinien für Medizinprodukte, Medizinprodukte-Verordnung, Verordnung (EU) Nr. 722/2012}

RL 2003/32/EG der Kommission vom 23. April 2003 mit genauen Spezifikationen bezüglich der in der RL 93/42/EWG des Rates festgelegten Anforderungen an unter Verwendung von Gewebe tierischen Ursprungs hergestellte Medizinprodukte (ABL. Nr. L 105 vom 26. April 2003, S. 18).

Diese RL ist mit Wirkung vom 29. August 2013 aufgehoben worden durch Artikel 8 der Verordnung (EU) Nr. 722/2012 der Kommission vom 8. August 2012 über besondere Anforderungen betreffend die in der RL 90/385/EWG bzw. 93/42/EWG des Rates festgelegten Anforderungen an unter Verwendung von Gewebe tierischen Ursprungs hergestellte aktive implantierbare medizinische Geräte und Medizinprodukte.

Verweise auf die aufgehobene RL 2003/32/EG gelten als Verweise auf die Verordnung (EU) Nr. 722/2012.

EG-Richtlinie 2005/50/EG

{EN: *Directive 2005/50/EC*}
{FR: *Directive 2005/50/CE*}
{⇨ EG-Richtlinie 93/42/EWG, EG-Richtlinien für Medizinprodukte, Medizinprodukte-Verordnung}

RL 2005/50/EG der Kommission vom 11. August 2005 zur Neuklassifizierung von Gelenkersatz für Hüfte, Knie und Schulter im Rahmen der RL 93/42/EWG über Medizinprodukte (ABL. Nr. L 210 vom 12. August 2005, S. 41). Diese RL legt fest, dass Gelenkersatz für Hüfte, Knie und Schulter Medizinprodukte der Klasse III sind.

Diese RL wurde durch Artikel 1 der Verordnung zur Änderung medizinprodukterechtlicher Vorschriften mit § 9 MPV in deutsches Recht umgesetzt. Die entsprechenden Übergangsbestimmungen regelt § 11 MPV.

EG-Richtlinie 2007/47/EG

{EN: *Directive 2007/47/EC*}
{FR: *Directive 2007/47/CE*}
{⇨ EG-Richtlinie 90/385/EWG, EG-Richtlinie 93/42/EWG, EG-Richtlinien für Medizinprodukte}

RL 2007/47/EG des Europäischen Parlaments und des Rates vom 5. September 2007 zur Änderung der RL 90/385/EWG des Rates zur Angleichung der Rechtsvorschriften der Mitgliedstaaten über aktive implantierbare medizinische Geräte und 93/42/EWG des Rates über Medizinprodukte sowie der RL 98/8/EG über das Inverkehrbringen von Biozid-Produkten (ABl. Nr. L 247 vom 21. September 2007, S. 21).

Artikel 1 dieser RL umfasst die Änderungen der AIMDD und Artikel 2 dieser RL umfasst die Änderungen der MDD.

Diese RL wurde mit dem Gesetz zur Änderung medizinprodukterechtlicher Vorschriften vom 29. Juli 2009 in deutsches Recht umgesetzt.

EG-Richtlinien für Medizinprodukte

{EN: *EC directives concerning medical devices*}
{FR: *Directives CE relatives aux dispositifs médicaux*}

Für den Bereich der Medizinprodukte hat der Rat der Europäischen Union zur Angleichung der Rechtsvorschriften folgende zurzeit gültigen Basisrichtlinien erlassen:

- RL 90/385/EWG «Aktive implantierbare medizinische Geräte» (AIMDD),
- RL 93/42/EWG «Medizinprodukte» (MDD),
- RL 98/79/EG «In-vitro-Diagnostika» (IVDD).

Zusätzlich sind folgende europäische Änderungsrichtlinien und europäische Verordnungen, EU-Beschlüsse und EU-Empfehlungen zu berücksichtigen, die einen Bezug zu Medizinprodukten haben:

- RL 2003/12/EG zur Neuklassifizierung von Brustimplantaten,
- RL 2005/50/EG zur Neuklassifizierung von Gelenkersatz für Hüfte, Knie und Schulter,
- Verordnung (EG) Nr. 765/2008 [87] des Europäischen Parlaments und des Rates vom 9. Juli 2008 über die Vorschriften für die Akkreditierung und Marktüberwachung im Zusammenhang mit der Vermarktung von Produkten und zur Aufhebung der Verordnung (EWG) Nr. 339/93 des Rates,
- Verordnung (EU) Nr. 207/2012 der Kommission vom 9. März 2012 über elektronische Gebrauchsanweisungen für Medizinprodukte,
- Verordnung (EU) Nr. 722/2012 der Kommission vom 8. August 2012 über besondere Anforderungen betreffend die in der RL 90/385/EWG bzw. 93/42/

EWG des Rates festgelegten Anforderungen an unter Verwendung von Gewebe tierischen Ursprungs hergestellte aktive implantierbare medizinische Geräte und Medizinprodukte,

- Durchführungsverordnung (EU) Nr. 920/2013 der Kommission vom 24. September 2013 über die Benennung und Beaufsichtigung benannter Stellen gemäß der RL 90/385/EWG des Rates über aktive implantierbare medizinische Geräte und der RL 93/42/EWG des Rates über Medizinprodukte [135],
- Beschluss Nr. 2010/227/EU vom 19. April 2010 der Kommission über die Europäische Datenbank für Medizinprodukte (Eudamed),
- Empfehlung 2013/172/EU der Kommission vom 5. April 2013 über einen gemeinsamen Rahmen für ein System einmaliger Produktkennzeichnung für Medizinprodukte in der Union,
- Empfehlung 2013/473/EU der Kommission vom 24. September 2013 zu den Audits und Bewertungen, die von benannten Stellen im Bereich der Medizinprodukte durchgeführt werden.

Wichtig ist, dass für ein Medizinprodukt nur eine einzige der für Medizinprodukte zutreffenden Basisrichtlinien (AIMDD, MDD, IVDD) gültig ist. Ein Hersteller hat also im ersten Schritt zu prüfen, ob ein Medizinprodukt vorliegt. Liegt ein Medizinprodukt vor, so ist im nächsten Schritt festzulegen, welche der genannten Basisrichtlinien für das Medizinprodukt zutreffend ist.

Hinzuweisen ist darauf, dass darüber hinaus zu prüfen ist, ob für ein Medizinprodukt noch weitere RL zu berücksichtigen sind. Von Bedeutung sind in diesem Zusammenhang u. a. folgende RL:

- RL 2006/42/EG über Maschinen [106],
  Medizinprodukte sind vom Anwendungsbereich der RL 2006/42/EG über Maschinen («Maschinenrichtlinie») nicht ausgenommen.
- RL 89/686/EWG über persönliche Schutzausrüstungen
  Artikel 1 Nr. 6 der MDD ermöglicht es einem Hersteller, Produkte sowohl zur Verwendung entsprechend den Vorschriften der RL 89/686/EWG über persönliche Schutzausrüstungen als auch zur Verwendung entsprechend den Vorschriften der MDD vorzusehen. Die Konsequenz dieser Festlegung ist, dass sogenannte Produkte mit doppeltem Verwendungszweck (Medizinprodukt und Persönliche Schutzausrüstung) von der MDD abgedeckt werden.

  Artikel 1 Nr. 6 der MDD ermöglicht es dem Hersteller, ein Medizinprodukt mit doppeltem Verwendungszweck («dual use» Produkt) einem Konformitätsbewertungsverfahren gemäß der MDD zu unterziehen. Da das Produkt sowohl Medizinprodukt als auch Persönliche Schutzausrüstung ist, muss das Produkt neben den für das Produkt zutreffenden Grundlegenden Anforderungen der MDD auch die für das Produkt zutreffenden einschlägigen Grundlegenden Gesundheits- und Sicherheitsanforderungen der RL 89/686/EWG erfüllen [89].

Des Weiteren ist darauf hinzuweisen, dass beispielsweise bei Heißdampf-Sterilisatoren und bei Hyperbarokammern die entsprechenden RL für Druckgeräte zu beachten sind.

Die Basis- und Änderungsrichtlinien wurden mit dem MPG und den dazugehörenden nationalen Verordnungen in deutsches Recht umgesetzt.

EG-Verordnung

{EN: *Regulation (EC)*}
{FR: *Règlement (CE)*}
{⇨ Verordnung (EU)}

EG-Verordnung Nr. 765/2008

{EN: *Regulation (EC) No. 765/2008*}
{FR: *Règlement (CE) no. 765/2008*}
{⇨ Verordnung (EG) Nr. 765/2008}

EG-Zertifikat

{EN: *EC-Certificate*}
{FR: *Certificat CE*}
{⇨ Bescheinigung}

Eigenherstellung

{EN: *Own production*}
{FR: *Fabrication en milieu hospitalier*}
{⇨ Klinische Bewertung, Leistungsbewertung, Medizinproduktegesetz, Medizinprodukte-Verordnung}

1. In-vitro-Diagnostikum

⇨ § 3 Nr. 22 MPG:
«In-vitro-Diagnostika aus Eigenherstellung sind In-vitro-Diagnostika, die in Laboratorien von Gesundheitseinrichtungen hergestellt werden und in diesen Laboratorien oder in Räumen in unmittelbarer Nähe zu diesen angewendet werden, ohne dass sie in den Verkehr gebracht werden. Für In-vitro-Diagnostika, die im industriellen Maßstab hergestellt werden, sind die Vorschriften über Eigenherstellung nicht anwendbar. Die Sätze 1 und 2 sind entsprechend anzuwenden auf in Blutspendeeinrichtungen hergestellte In-vitro-Diagnostika, die der Prüfung von Blutzubereitungen dienen, sofern sie im Rahmen der arzneimittelrechtlichen Zulassung der Prüfung durch die zuständige Behörde des Bundes unterliegen.»

2. Medizinprodukt

⇨ § 3 Nr. 21 MPG:
«Medizinprodukte aus Eigenherstellung sind Medizinprodukte einschließlich Zubehör, die in einer Gesundheitseinrichtung hergestellt und angewendet

werden, ohne dass sie in den Verkehr gebracht werden oder die Voraussetzungen einer Sonderanfertigung nach Nummer 8 erfüllen.»

Eigenherstellung ist die Herstellung von Medizinprodukten – die keine Sonderanfertigungen sind – in einer Einrichtung des Gesundheitswesens ausschließlich zur dortigen Verwendung, ohne dass ein Inverkehrbringen erfolgt. Abweichend von der ansonsten gültigen Definition meint Inverkehrbringen hier die Abgabe an eine andere juristische Person (richtlinienkonforme Auslegung).

Gehören zu einer Gesundheitseinrichtung mehrere Einrichtungen an unterschiedlichen Orten, so schließt der Gesetzgeber nicht ausdrücklich aus, dass Eigenherstellung von Medizinprodukten – ausgenommen eigenhergestellte In-vitro-Diagnostika – in diesen zum Einsatz kommen.

Die Eigenherstellung ist insoweit privilegiert, als die Konformitätsbewertung der hergestellten Produkte unabhängig von deren Art und Klassifizierung nach einem vereinfachten Verfahren – analog dem Verfahren für Sonderanfertigungen – von der herstellenden Gesundheitseinrichtung in eigener Verantwortung vorgenommen werden kann, d. h. ohne Einschaltung einer «Benannten Stelle».

Mit der Änderung der MPV durch Artikel 2 des Gesetzes zur Änderung medizinprodukterechtlicher Vorschriften vom 29. Juli 2009 (BGBl. I S. 2326) wurden die Anforderungen konkretisiert für

- aktive implantierbare Medizinprodukte in § 4 Abs. 2 und 4 MPV,
- In-vitro-Diagnostika in § 5 Abs. 6 MPV,
- für sonstige Medizinprodukte in § 7 Abs. 5 und 9 MPV.

Hinzuweisen ist darauf, dass Vorschriften des vierten Abschnitts des MPG und Vorschriften der MPBetreibV zu beachten sind:

- klinische Bewertung (Produkte der AIMDD, MDD) und
- Leistungsbewertung (Produkte der IVDD)..

Eigenständige Funktionssoftware

{EN: *Stand-alone functional software*}
{FR: *Logiciel fonctionnel autonome*}
{⇨ Funktionssoftware}

Eigenständige Software

{EN: *Stand-alone software*}
{FR: *Logiciel autonome*}
{⇨ Betriebssoftware, Funktionssoftware, Software}

In § 3 Nr. 1 MPG ist der Begriff «Software» gleichrangig neben Instrumenten, Apparaten, Vorrichtungen, [...] aufgeführt. Haben die hier genannten Aufzählungen einen Zweck gemäß den in § 3 Nr. 1 MPG getroffenen Festlegungen und wirken sie im oder am menschlichen Körper weder pharmakologisch oder immunologisch noch durch Metabolismus, so liegt ein Medizinprodukt vor.

Die in diesem Teil der Begriffsbestimmung angesprochene Software ist wie ein Instrument oder eine Vorrichtung eigenständig. Das Medizinprodukt «eigenständige

Software» wird vom Hersteller zur Anwendung für Menschen mittels ihrer Funktionen zu mindestens einem in § 3 Nr. 1 MPG genannten Zweck in den Verkehr gebracht.

«Eigenständig» – im Sinne von «stand alone» – bedeutet in diesem Zusammenhang, dass diese Software ein Ergebnis liefert, das vom Anwender direkt für diagnostische oder therapeutische Zwecke genutzt werden kann, wie beispielsweise bei

- Therapieplanungssystemen,
- Auswertesoftware für Langzeit-EKG-Aufzeichnungen,
- Auswertesoftware für Langzeit-Blutdruckaufzeichnungen,
- Bildauswertesoftware,
- Software zur Messung der Reaktionszeit, des Sprachverständnisses, von Hirnfunktionsminderungen, zum Trainieren der Reaktionszeit, des Sprachverständnisses (beispielsweise nach einem Schlaganfall),
- Software zur Ganganalyse und zum Bewerten einer Gangstörung.

«Eigenständig» bedeutet in diesem Zusammenhang aber auch, dass diese Software auf einem eigenen Rechner betrieben wird und über keine (funktionelle) Verbindung zu anderen Medizinprodukten verfügt. Diese Software wird auf einem eigenen Rechner installiert, wobei der Rechner selbst kein Medizinprodukt sein muss. Diese Software ist nicht integrierter Bestandteil eines Medizinprodukts [4].

Der Rechner und die Software sind im Sinne von § 10 Abs. 2 MPG ein System von einem Medizinprodukt und einem sonstigen Produkt ohne CE-Kennzeichnung auf der Grundlage des Medizinprodukterechts.

Dieses eigenständige Medizinprodukt «Software» wird als lauffähige Version entweder vom Hersteller mit CE-Kennzeichnung in den Verkehr gebracht oder vom Betreiber/Anwender als Eigenherstellung erstellt.

Die Erweiterung des Begriffs «Software» gilt für den umfassenden Oberbegriff «Medizinprodukt», der neben den «sonstigen Medizinprodukten» auch «aktive implantierbare medizinische Geräte» und «In-vitro-Diagnostika» umfasst. Beispielsweise fällt somit Software, die zur Schätzung des Risikos von Trisomie 21 bestimmt ist als IvD-Software unter die Regelungen des MPG [6].

Aus der Definition in Anhang IX Nr. 1.4 der RL 93/42/EWG ist zu entnehmen, dass eigenständige Software als ein aktives Medizinprodukt im Sinne der RL gilt. Der Grund für diese Zuordnung ergibt sich aus dem Sachverhalt, dass Software nur in Verbindung mit einer «aktiven» Hardware funktionsfähig ist. Die Klassenzuordnung erfolgt in die Klassen I bis III entsprechend der vom Hersteller festgelegten Zweckbestimmung.

Einflussgrößen

{EN: *Influence quantities*}
{FR: *Grandeurs d'influence*}

⇨ Teil A Nr. 3 RiliBÄK [83]:
«Einflussgrößen beziehen sich auf den zu untersuchenden Patienten. Es handelt sich dabei um Änderungen der Zusammensetzung von Körperflüssigkeiten durch Krankheiten oder Defekte (diagnostisch relevant) oder andere biologische Phänomene (diagnostisch nicht relevant). Sie reflektieren die Verhältnisse im Patienten.»

Einführer

{EN: *Importer*}
{FR: *Importateur*}
{⇨ Verantwortlicher für das erstmalige Inverkehrbringen}

⇨ Artikel 2 Nr. 5 Verordnung (EG) Nr. 765/2008 [87]:
«Jede in der Gemeinschaft ansässige natürliche oder juristische Person, die ein Produkt aus einem Drittstaat auf dem Gemeinschaftsmarkt in Verkehr bringt.»

Einführer ist derjenige, der ein Medizinprodukt außerhalb des EWR bezieht und im EWR unter seiner Verantwortung erstmalig in den Verkehr bringt. Dies gilt auch für gebrauchte Medizinprodukte, die erst nach ihrer Inbetriebnahme in den EWR eingeführt werden.

Der Einführer ist eine natürliche oder juristische Person, der die Verantwortung und die Verpflichtung des Herstellers im Hinblick auf Einhaltung der Anforderungen für das erstmalige Inverkehrbringen übernimmt.

Der Name oder die Firma des Einführers und seine Anschrift müssen deutlich lesbar am Medizinprodukt angebracht und in der Gebrauchsanweisung enthalten sein.

Einkauf von Medizinprodukten

{EN: *Purchase of medical devices*}
{FR: *Achat de dispositifs médicaux*}
{⇨ Beschaffung von Medizinprodukten, Dienstanweisung Medizinprodukte}

Einkauf ist ein Begriff, der in Gesundheitseinrichtungen häufig gleichbedeutend mit der Beschaffung ist.

Dem Einkauf obliegt u. a. die Beschaffung von Medizinprodukten und/oder von Dienstleistungen, die an Medizinprodukten zu erbringen sind.

Die Pflichten des Einkaufs sollten im Rahmen einer Dienstanweisung nachvollziehbar festgelegt werden, so z. B.:

- Beschaffung von Medizinprodukten, die den Anforderungen des MPG entsprechen – Zweckbestimmung entspricht der beabsichtigten Anwendung, CE-Kennzeichnung, Kompatibilität mit anderen Medizinprodukten (§ 6 Abs. 1 MPG, § 2 Abs. 1 MPBetreibV);
- Auswahl und ggf. Beauftragung qualifizierter Instandhalter (§ 3 Abs. 2 MPBetreibV);
- Beauftragung zur «erstmaligen Inbetriebnahme» (Funktionsprüfung und ggf. Einweisung der vom Betreiber beauftragten Person) von aktiven Medizin-

produkten der Anlage 1 MPBetreibV (§ 5 Abs. 1 Nr. 1 und 2 MPBetreibV) durch den Hersteller oder einer hierzu befugten Person;

Einmalprodukt

{EN: *Single use device*}
{FR: *Dispositif à usage unique*}

⇨ Artikel 1 Abs. 2 lit. n) MDD
«Einmal-Produkt: ein Produkt, das zum einmaligen Gebrauch an einem einzigen Patienten bestimmt ist.»

Unter einmaligem Gebrauch ist die Anwendung für nur eine diagnostische oder therapeutische Prozedur zu verstehen, bei der das Produkt an dem gleichen Patienten gegebenenfalls aber durchaus mehrfach zum Einsatz kommen kann (z. B. mehrfache Injektionen eines Lokalanästhetikums mit einer Einmalspritze im Zusammenhang mit einem chirurgischen Eingriff an einem einzigen Patienten während eines chirurgischen Eingriffs).

Mit der Zweckbestimmung legt der Hersteller die Verwendungsmöglichkeiten eines Medizinprodukts fest – auch bei Medizinprodukten zur einmaligen Verwendung. Dies ergibt sich aus einer Stellungnahme der Europäischen Kommission zu einer Anfrage im Europäischen Parlament [55]. Hinzuweisen ist darauf, dass ein Verweis zum einmaligen Gebrauch eines Medizinprodukts – z. B. in der Kennzeichnung – im EWR einheitlich sein muss.

Nach offizieller Behördenmeinung in Deutschland – insbesondere nach Auffassung des BMG – ist die Angabe «Nur zur einmaligen Verwendung» bzw. das entsprechende Symbol jedoch nicht Teil der Zweckbestimmung.

Das MPG enthält expressis verbis kein Verbot zur Wiederverwendung von Medizinprodukten zur einmaligen Verwendung. Die Verantwortung für die Aufbereitung und Wiederverwendung von Medizinprodukten zur einmaligen Verwendung liegt beim Betreiber.

Hinzuweisen ist, dass an die Aufbereitung von Medizinprodukten in Deutschland hohe Anforderungen gestellt werden, um die Sterilität und Funktionstüchtigkeit gemäß der Zweckbestimmung zu gewährleisten.

Nach § 4 Abs. 1 MPBetreibV muss die Aufbereitung von bestimmungsgemäß keimarm oder steril zur Anwendung kommenden Medizinprodukten mit geeigneten validierten Verfahren so durchgeführt werden, dass der Erfolg der Verfahren nachvollziehbar gewährleistet ist und die Sicherheit und Gesundheit von Patienten, Anwendern oder Dritten nicht gefährdet wird.

Nach einer Aufbereitung sind die für die Sicherheit und Funktionstüchtigkeit wesentlichen konstruktiven und funktionellen Merkmale zu prüfen, soweit sie durch die Aufbereitung beeinflusst werden können (vgl. Abschnitt 2.2.3 «Prüfung der technisch-funktionellen Sicherheit» und Anlage Nr. 2 zu Abschnitt 2.2.3 in [51].

Voraussetzung zur Durchführung einer Aufbereitung von Medizinprodukten zur einmaligen Verwendung ist ein umfassendes Qualitätsmanagementsystem, z. B. entsprechend den Vorgaben der RKI-Empfehlung «Anforderungen an die Hygiene bei der Aufbereitung von Medizinprodukten» [51]. Für die Aufbereitung von besonders kritischen Medizinprodukten soll das Qualitätsmanagementsystems durch eine von der zuständigen Behörde anerkannten Stelle nach DIN EN 13485 zertifiziert sein (vgl. Abschnitt 1.4 Sicherung der Qualität der zur Anwendung kommenden Aufbereitungsprozesse in [51].

Einweisung in Medizinprodukte

{EN: *Instructions on medical devices*}
{FR: *Instructions concernant dispositifs médicaux*}
{⇨ Anlage 1-Medizinprodukte, Beauftragte Person, Befugte Person, Gebrauchsanweisung für Medizinprodukte, Geeignete Person}

Sowohl im MPG als auch in der MPBetreibV sind regulatorische Forderungen festgelegt, die Einfluss auf die Einweisung in Medizinprodukte haben. Hinzuweisen ist darauf, dass die vom Gesetz- und Verordnungsgeber getroffenen Festlegungen zur Einweisung in Medizinprodukte keine Ausnahmen kennen für irgendwelche Berufsgruppen, die Medizinprodukte zu gewerblichen oder wirtschaftlichen Zwecken an Patienten anwenden. Die Festlegungen zur Einweisung gelten für Chefärzte ebenso wie für Oberärzte, Ärzte, Belegärzte, Notärzte, Zahnärzte, Pflegekräfte, Rettungssanitäter, etc.. Der Anwender kann gemäß § 13 MPBetreibV bei einem Verstoß gegen die Einweisungspflicht mit einer Ordnungswidrigkeit von bis zu 25.000 € belegt werden.

Der Betreiber hat eine Bringschuld, damit der Anwender in die sachgerechte Handhabung von Medizinprodukten eingewiesen wird. Auf der anderen Seite hat sich der Anwender eigenverantwortlich um eine entsprechende Einweisungsmaßnahme zu kümmern, damit er die erforderlichen Kenntnisse erlangt. (Holpflicht des Anwenders).

Zu unterscheiden sind drei Arten der Einweisung [80]:

- Medizinprodukte, die der Anlage 1 MPBetreibV zuzuordnen sind (Medizinprodukte der Anlage 1 MPBetreibV sind ausschließlich nichtimplantierbare aktive Medizinprodukte. Sie müssen die Definitionen der Anlage 1 MPBetreibV erfüllen.);
- Medizinprodukte, die nicht der Anlage 1 MPBetreibV zuzuordnen sind;
- Altgeräte (Medizinisch-technische Geräte nach MedGV).

Hinweis: Medizinprodukte der Anlage 1 MPBetreibV sind einweisungspflichtig. Ausgenommen von der Einweisungspflicht sind gemäß § 5 Abs. 4 MPBetreibV die Medizinprodukte der Anlage 1 MPBetreibV, die der Hersteller in der Kennzeichnung, in der Gebrauchsanweisung oder in den Werbematerialien zur Anwendung durch Laien vorgesehen hat – z. B. Notfall-Defibrillator (AED) an öffentlichen Plätzen).

1. Medizinprodukte, die der Anlage 1 MPBetreibV zuzuordnen sind

- Anlage 1 MPBetreibV: Geräteeinweisung für Beauftragte Personen durch Hersteller bzw. durch Befugte Personen

Der Betreiber hat die Pflicht, Beauftragte Personen zu benennen, da ausschließlich Beauftragte Personen neben dem Hersteller und der Befugten Person, die im Einvernehmen mit dem Hersteller handelt, Geräteeinweisungen für Anwender in Medizinprodukte der Anlage 1 MPBetreibV vornehmen dürfen.

Der Betreiber hat den Hersteller bzw. die Befugte Person, die im Einvernehmen mit dem Hersteller handelt, zur Einweisung aufzufordern.

Der Hersteller bzw. die Befugte Person hat das (alleinige) Recht, Beauftragte Personen einzuweisen. Der Betreiber hat den Hersteller bzw. die Befugte Person hierzu zu beauftragen.

- Anlage 1 MPBetreibV: Geräteeinweisung für Anwender durch Beauftragte Personen
  Die Beauftragte Person lädt Anwender zur Einweisung ein. (Anmerkung: Die Einladung zur Einweisung kann auch anderen Personen übertragen werden.)

  Die Beauftragte Person weist Anwender ein. Die Einweisung ist zu dokumentieren.
- Anlage 1 MPBetreibV: Geräteeinweisung für Anwender durch Hersteller bzw. Befugte Person
  Betreiber fordert Hersteller bzw. Befugte Person zur Einweisung auf.

  Beauftragte Person lädt Anwender zur Teilnahme ein. (Anmerkung: Die Einladung zur Einweisung kann auch anderen Personen übertragen werden.)

  Hersteller bzw. Befugte Person weist Anwender ein. Die Einweisung ist zu dokumentieren.
- Anlage 1 MPBetreibV: Geräteeinweisung für Anwender durch Anwender
  Eine solche Einweisung ist für Medizinprodukte der Anlage 1 MPBetreibV nicht zulässig.

2. Medizinprodukte, die nicht der Anlage 1 MPBetreibV zuzuordnen sind

Hierzu zählen alle

- nicht aktiven Medizinprodukte
- nichtimplantierbaren aktiven Medizinprodukte, die nicht der Anlage 1 MPBetreibV zuzuordnen sind, wie beispielsweise elektrisch betriebene Betten, Ultraschall-Diagnosegeräte, Bronchusabsaugegeräte, Narkosegeräte mit Handbeatmung (ohne maschinelle Beatmung!), Insulinpumpen, Schmerzpumpen, Ernährungspumpen, Medizinprodukte zur maschinellen Thorax Kompression zur Herzdruckmassage ...

Für nichtimplantierbare aktive Medizinprodukte, die nachweislich nicht der Anlage 1 MPBetreibV zuzuordnen sind, hat der Gesetz- und Verordnungsgeber für den Betreiber keine Festlegungen zu der Methode der Wissensvermittlung und Einweisung der Anwender getroffen. Eine Einweisung von Anwendern durch eingewiesene Anwender (Schneeballsystem) ist möglich.

Es kann in speziellen Fällen bzw. aus organisatorischen Gründen durchaus sinnvoll sein, das in § 5 MPBetreibV für nichtimplantierbare aktive Medizinprodukte, die der

Anlage 1 MPBetreibV zuzuordnen sind, festgelegte Verfahren auch auf andere nicht der Anlage 1 MPBetreibV zuzuordnende Medizinprodukte zu übertragen. Es besteht jedoch keine regulatorische Verpflichtung hierzu.

3. Altgeräte (Medizinisch-technische Geräte nach MedGV)

Für medizinisch-technische Geräte, die nach den Vorschriften der heute nicht mehr gültigen Medizingeräteverordnung (MedGV) in Betrieb genommen wurden (Altgeräte) gelten die Sondervorschriften des § 15 MPBetreibV. Im Hinblick auf die Einweisung gilt § 15 Nr. 5 MPBetreibV:

> «Medizinprodukte nach § 2 Nr. 1 und 3 der Medizingeräteverordnung dürfen nur von Personen angewendet werden, die am Medizinprodukt unter Berücksichtigung der Gebrauchsanweisung in die sachgerechte Handhabung eingewiesen worden sind. Werden solche Medizinprodukte mit Zusatzgeräten zu Gerätekombinationen erweitert, ist die Einweisung auf die Kombination und deren Besonderheiten zu erstrecken. Nur solche Personen dürfen einweisen, die auf Grund ihrer Kenntnisse und praktischen Erfahrungen für die Einweisung und die Handhabung dieser Medizinprodukte geeignet sind.»

Für die Einweisung in Altgeräte fordert der Verordnungsgeber eine «geeignete Person». Jede für das betreffende Altgerät «geeignete Person» im Sinne von § 15 Nr. 5 MPBetreibV kann eine Einweisung durchführen. Personen sind zur Einweisung geeignet, wenn sie über Kenntnisse und praktische Erfahrungen für die Einweisung in die Handhabung dieser Medizinprodukte verfügen.

4. Einweisung in die sachgerechte Handhabung des Medizinprodukts – Inhalte

Auf Grundlage des vertieften Medizinproduktewissens vermittelt die Beauftragte Person/die geeignete Person dem Anwender die für die Klinik/Abteilung notwendigen Kenntnisse. Unter Berücksichtigung der Gebrauchsanweisung sind hierbei die wesentlichen Anwenderinformationen zu vermitteln. Die Gebrauchsanweisung muss nicht zwingend dem Anwender vorliegen.

a. Zweckbestimmung und bestimmungsgemäßer Gebrauch
   (Dieser Inhalt kann nicht entfallen)
   - vom Hersteller festgelegte Zweckbestimmung;
   - Kenntnis der vom Hersteller gegebenen sicherheitstechnischen Hinweise, Anwendungsbeschränkungen, (z. B. keine Verwendung bei der Kernspintomografie);
   - Kenntnis des zulässigen Zubehörs und der zulässigen Kombinationsmöglichkeiten;
   - Fristen von Instandhaltung, STK, MTK.

b. Anwendungsaspekte
   (Dieser Inhalt kann nicht entfallen)
   - Kenntnis aller Bedienelemente (Was ist was?) und der dazugehörigen Funktionen;
   - Bedienkonzept;

- Kenntnis der Funktionsprüfung vor der Anwendung an Patienten;
- Kenntnis des ordnungsgemäßen Zustands des Medizinprodukts.

c. Korrekte Aufbereitung
(Dieser Inhalt kann je nach Organisation in der Klinik/Abteilung entfallen)
- Aufbereitungsumfang;
- Aufbereitungsverfahren, Reinigung, Desinfektion, Sterilisation;
- Präparate (Einschränkungen hinsichtlich der Materialverträglichkeit);
- Aufbereitungsintervalle.

d. Dokumentation der Einweisung
Die Beauftragte Person dokumentiert die Einweisung. Dies kann im Medizinproduktbuch erfolgen. Erfolgt die Dokumentation der Einweisung elektronisch, so sollte im Medizinproduktebuch vermerkt sein, wo die Einweisung dokumentiert ist.

5. Anmerkung: Geräteeinweisung für Anwender durch den Hersteller

Der Hersteller (und die vom Hersteller Befugte Person) ist berechtigt, Anwendereinweisungen durchzuführen. Der Hersteller kennt aber normalerweise nicht die Anwendungen, die Abläufe, die Strategien, die Philosophien, die Gewohnheiten in der entsprechenden Klinik/Abteilung. Um daher eine entsprechende Anwendereinweisung durchführen zu können, muss der Betreiber dem Hersteller die Anforderungen an die Anwendereinweisung entsprechend den hausinternen Qualitätsstandards zur Verfügung stellen.

6. Generelle Hinweise für Betreiber zur Einweisung

- Eine Einweisung ist etwas anderes als eine Produktpräsentation.
- Eine Einweisung durch den Hersteller (Befugte Person) für eine Beauftragte Person ist in der MPBetreibV für Medizinprodukte der Anlage 1 MPBetreibV vorgeschrieben, sie unterscheidet sich deutlich von einer Anwendereinweisung. Ausgenommen sind Einweisungen in Medizinprodukte der Anlage 1 MPBetreibV, die der Hersteller zur Anwendung durch Laien vorgesehen hat (vgl. § 5 Abs. 4 MPBetreibV).
- Die Einweisung der Beauftragten Person ist umfangreicher und damit zeitaufwendiger als eine Anwendereinweisung, da sie anhand der Gebrauchsanweisung zu erfolgen hat.
- Nur die Beauftragte Person darf – neben Hersteller und Befugter Person – Anwender in ein Medizinprodukt der Anlage 1 MPBetreibV einweisen.
- Der Anwender darf andere Anwender in ein Medizinprodukt der Anlage 1 MPBetreibV nicht einweisen. Ausnahmen sind Altgeräte nach MedGV und Medizinprodukte, die nachweisbar nicht der Anlage 1 MPBetreibV zuzuordnen sind.
- Baugleiche Geräte müssen nicht eingewiesen werden.
- Die Entscheidung über eine weitere Einweisung bei baugleichen Geräten trifft der Betreiber.

- Bei neuer Software muss der Unterschied zur alten Software eingewiesen werden.
- Dem Betreiber wird empfohlen, ein Einweisungskonzept für Medizinprodukte festzulegen und in Form einer Verfahrensanweisung (SOP) zu dokumentieren.
- Der Betreiber darf ein Medizinprodukt, das der Anlage 1 MPBetreibV zuzuordnen ist, nur betreiben, wenn die Beauftragte Person durch den Hersteller oder die Befugte Person anhand der Gebrauchsanweisung eingewiesen wurde. Die Einweisung der Beauftragten Person ist entweder im Lieferumfang enthalten oder muss vom Betreiber zusätzlich in Auftrag gegeben werden.
- Die Einweisung der Beauftragten Person ist im Medizinproduktebuch zu dokumentieren. Bei einem Verzicht auf die Einweisung der Beauftragten Person durch den Betreiber ist im Medizinproduktebuch die Begründung zu dokumentieren, einschließlich des Datums und des Namens der Beauftragten Person, die (früher) in ein baugleiches Medizinprodukt eingewiesen wurde.
- Medizinprodukte, die der Anlage 1 MPBetreibV zuzuordnen sind, dürfen nur von Personen angewendet werden, die durch eine Beauftragte Person, den Hersteller oder eine Befugte Person eingewiesen wurden. Die Einweisung der Anwender durch den Hersteller/die Befugte Person ist vom Betreiber in Auftrag zu geben. Die Einweisung ist im Medizinproduktebuch zu dokumentieren. Der Betreiber fordert die Anwender zur Teilnahme an einer Einweisung auf.

Einwilligung nach Aufklärung

{EN: *Informed consent*}
{FR: *Consentement éclairé*}

⇨ § 3 Abs. 2b GCP-V:
«Einwilligung nach Aufklärung ist die Entscheidung über die Teilnahme an einer klinischen Prüfung, die in Schriftform abgefasst, datiert und unterschrieben werden muss und nach ordnungsgemäßer Unterrichtung über Wesen, Bedeutung, Tragweite und Risiken der Prüfung und nach Erhalt einer entsprechenden Dokumentation freiwillig von einer Person, die ihre Einwilligung geben kann oder aber, wenn die Person hierzu nicht in der Lage ist, von ihrem gesetzlichen Vertreter getroffen wird. Kann die betreffende Person nicht schreiben, so kann in Ausnahmefällen eine mündliche Einwilligung in Anwesenheit von mindestens einem Zeugen erteilt werden.»

Elektronische Gebrauchsanweisung für Medizinprodukte

{EN: *Instructions for use in electronic form for medical devices*}
{FR: *Instructions d'emploi électroniques des dispositifs médicaux; Instructions d'utilisation électroniques des dispositifs médicaux*}

⇨ Verordnung (EU) Nr. 207/2012 [12]:
«Gebrauchsanweisungen, die in elektronischer Form vom Produkt selber angezeigt werden, auf einem elektronischen Speichermedium enthalten sind, das vom Hersteller zusammen mit dem Produkt geliefert wird, oder die auf einer Website abrufbar sind.»

Mit der RL 2007/47/EG wurde die Möglichkeit für elektronische Gebrauchsanweisungen für Medizinprodukte der AIMDD und MDD eröffnet (siehe Artikel 9 Abs. 10 AIMDD, Artikel 11 Abs. 14 MDD). Die Europäische Kommission hat am 9. März 2012 die Verordnung (EU) Nr. 207/2012 [12] erlassen, die zum 1. März 2013 in Kraft getreten ist. Diese legt die Bedingungen fest, unter denen Gebrauchsanweisungen für Medizinprodukte gemäß Anhang 1 Nr. 15 AIMDD und Anhang I Nr. 13 MDD in elektronischer statt in Papierform zur Verfügung gestellt werden können, was den Inhalt und die Websites betrifft.

Voraussetzung für die Bereitstellung einer elektronischen Gebrauchsanweisung ist nach Artikel 3 Abs. 2 der Verordnung (EU) Nr. 207/2012, dass

- Medizinprodukte und Zubehör ausschließlich für die Verwendung durch professionelle Nutzer bestimmt sind und
- mit einer Verwendung der Medizinprodukte und Zubehör durch andere Personen – z. B. Patienten – nach vernünftigem Ermessen nicht gerechnet werden muss.

Für folgende Medizinprodukte sind gemäß Artikel 3 Abs. 1 der Verordnung (EU) 207/2012 elektronische Gebrauchsanweisungen statt Gebrauchsanweisungen in Papierform zulässig:

- aktive Medizinprodukte und Zubehör im Sinne der AIMDD – ausschließlich zur Implantation oder Programmierung eines bestimmten aktiven implantierbaren Medizinprodukts bestimmt;
- implantierbare Medizinprodukte und Zubehör im Sinne der MDD – ausschließlich zur Implantation eines bestimmten implantierbaren Medizinprodukts bestimmt;
- fest installierte Medizinprodukte, die in den Geltungsbereich der MDD fallen;
- Medizinprodukte und Zubehör gemäß AIMDD und MDD, in die ein System zur Anzeige der Gebrauchsanweisung eingebaut ist;
- eigenständige Software gemäß MDD.

Hersteller von In-vitro-Diagnostika haben bereits seit 2007 die Möglichkeit, elektronische Gebrauchsanweisungen den professionellen Nutzern zur Verfügung zu stellen. Da in der IVDD keine Angaben darüber enthalten sind, in welchem Format (Papier, CD-ROM, Internet, etc.) die elektronische Gebrauchsanweisung vorliegen muss, werden in der EG-Leitlinie MEDDEV 2.14/3 rev. 1 (Januar 2007) [110] die Voraussetzungen für elektronische Gebrauchsanweisungen festgelegt. Es wird dabei zugrunde gelegt, dass in Laboratorien sowohl Rechner zur Verfügung stehen als auch ein Zugang zum Internet gegeben ist.

EMA

{EN: *European Medicines Agency, EMA*}
{FR: *Agence européenne des médicaments, AEM*}
{⇨ Europäische Agentur für Arzneimittel}

Empirische Standardabweichung

{EN: *Empirical standard deviation*}
{FR: *Déviation empirique standard*}
{⇨ Quadratischer Mittelwert der Messabweichung}

⇨ Teil A Nr. 3 RiliBÄK [83]:
«Die empirische Standardabweichung einer Stichprobe ist ein Maß für die Streuung der Messwerte um ihren Mittelwert. Sie berechnet sich als der quadratische Mittelwert der (geschätzten) zufälligen Messabweichungen, d. h.

$$s = \sqrt{\frac{1}{n-1}\sum_{i=1}^{n}(x_i - \bar{x})^2}$$

Der Variationskoeffizient (VK) ergibt sich aus Division von s durch den Mittelwert $\bar{x}$.»

Entscheidung

{EN: *Decision*}
{FR: *Décision*}
{⇨ siehe Beschluss (EU)}

Überholter Begriff, In der AEUV wird der Begriff «Entscheidung» durch den Begriff «Beschluss» ersetzt (vgl. Art. 288 Abs. 4 AEUV).

Erfahrungsaustausch Medizinprodukte (EK-Med)

{EN: *Exchange of experience in the field of medical devices, EK-Med*}
{FR: *Échanges d'expériences dans le domaine des dispositifs médicaux, EK-Med*}
{⇨ Zentralstelle der Länder für Arzneimittel und Medizinprodukte (ZLG)}

Der EK-Med mit der Geschäftsstelle der ZLG ist ein nationaler Erfahrungsaustauschkreis der nach dem Medizinproduktegesetz Benannten Stellen. Dieser Erfahrungsaustausch dient vornehmlich

- dem Austausch von Erfahrungen, Informationen und Meinungen über die Anwendung von Vorschriften und Regeln im Medizinproduktebereich,
- der Formulierung und Klärung von bei der Tätigkeit der Benannten Stellen auftretenden Fragen,
- der Erarbeitung von Antworten und Beschlüssen zur einheitlichen Anwendung der Vorschriften und Regeln bei Konformitätsbewertungsverfahren im Medizinproduktebereich,
- der Erarbeitung von Vorschlägen zur Weiterentwicklung von Vorschriften und Regeln im Medizinproduktebereich.

Der EK-Med tagt in der Regel zweimal jährlich. Er setzt sich zusammen aus Vertretern der Benannten Stellen, der DAkkS und der ZLG. Vertreter des BMG, des BfArM, des DIMDI, des PEI sowie der PTB sind ständige Gäste. Als Gäste nehmen auch Vertreter der Schweiz und Österreichs teil. Die Ergebnisse des EK-Med werden der interessierten Öffentlichkeit in Form von «Antworten und Beschlüssen» auf der Website der ZLG[27] bekannt gemacht.

Errichten

{EN: *Install*}
{FR: *Installer*}

Mit dem Begriff Errichten wird die Endmontage, Fertigstellung, Aufstellung bzw. der Einbau von Medizinprodukten beim Betreiber verstanden. Im Normalfall handelt es sich dabei um ortsfeste Geräte, die vom Hersteller oder einer damit beauftragten Fachkraft am Betriebsort errichtet werden. Zum Errichten von Geräten zählt nicht die Herstellung/Montage der Geräte im Herstellerwerk.

Ersatzteil

{EN: *Spare part*}
{FR: *Pièce de rechange*}

Ersatzteile sind Komponenten oder Teile eines Medizinprodukts bzw. eines Zubehörs im Sinne des MPG, deren Konformität mit den Grundlegenden Anforderungen bereits im Rahmen der Konformitätsbewertung des Medizinprodukts bzw. des Zubehörs festgestellt wurde. Sie werden im Rahmen der Instandhaltung für den Ersatz vorhandener Teile eines Medizinprodukts / Zubehörs ausgetauscht ohne die Eigenschaften oder Leistung des Medizinprodukts wesentlich zu ändern.

Da Ersatzteile keine eigenständigen Medizinprodukte sind – und damit auch keine medizinische Zweckbestimmung haben, entfällt die Klassifizierung. Es muss jedoch sichergestellt sein, dass

- weder die Zweckbestimmung noch die technische und/oder medizinische Leistung des Medizinprodukts/Zubehörs durch die Ersatzteile verändert wird [50] und
- die Spezifikation dieser Ersatzteile der Spezifikation des Originalteils entspricht – z. B. durch Berücksichtigung der im Qualitätssystem beschriebenen Qualitätsmaßnahmen.

Mit anderen Worten: Durch die Verwendung der Ersatzteile im Rahmen einer Instandsetzung oder Wartung wird der Sollzustand des Medizinprodukts wieder hergestellt.

Ersatzteile als Komponenten oder Teile eines Medizinprodukts, deren Konformität mit den Grundlegenden Anforderungen bereits im Rahmen der Konformitätsbewertung des Originalprodukts festgestellt wurde, gelten nicht als eigenständige Medizinprodukte und müssen somit auch nicht mit einer CE-Kennzeichnung versehen werden.

27) https://www.zlg.de/medizinprodukte/dokumente/antworten-und-beschluesse-ek-med.html (Stand: November 2014)

Anders verhält es sich mit «Ersatzteilen», bei deren Verwendung die Eigenschaft, die Zuverlässigkeit und/oder auch die Zweckbestimmung des Originalprodukts entscheidend verändert wird (z. B. «Upgrades» bei Software). Bei der Verwendung dieser «Ersatzteile» erfolgt eine wesentliche Veränderung des Originalprodukts, so dass die Konformität mit den Grundlegenden Anforderungen neu zu bewerten ist. Aus diesem Grund sind derartige «Ersatzteile» als eigenständige Medizinprodukte zu behandeln und somit auch mit einer CE-Kennzeichnung zu versehen.

Erster Fehler

{EN: *Single fault condition*}
{FR: *Condition de premier défaut*}

⇨ DIN EN 60601-1 (12.2013) [28]:
«3.116 Erster Fehler
Zustand eines ME-Geräts[28], wenn eine einzelne Maßnahme zur Verminderung eines Risikos defekt ist oder wenn eine einzelne, anomale Bedingung vorliegt»

⇨ DIN EN 60601-1 (12.2013) [28]:
«4.7 Erster Fehler bei ME-Geräten
ME-Geräte müssen so entwickelt und hergestellt sein, dass sie erstfehlersicher bleiben oder dass das Risiko vertretbar bleibt, wie durch die Anwendung von [Risikomanagement-Prozess bei ME-Geräten oder ME-Systemen] festgelegt.

ME-Geräte werden als erstfehlersicher betrachtet, wenn

a) sie eine Maßnahme mit einer vernachlässigbaren Wahrscheinlichkeit eines Versagens zur Verminderung eines Risikos enthalten (z. B. verstärkte Isolierung, aufgehängte Massen ohne mechanische Schutzeinrichtung mit einem Sicherheitsfaktor für Zugbeanspruchung von 8x, Bauelemente mit Merkmalen hoher Zuverlässigkeit) oder wenn
b) ein Erster Fehler eintritt, aber
   - der ursprüngliche Fehler während der zu erwartenden Betriebs-Lebensdauer des ME-Geräts, bevor eine zweite Maßnahme zur Verminderung eines Risikos ausfällt, festgestellt wird (z. B. aufgehängte Massen mit einer mechanischen Schutzeinrichtung) oder
   - die Wahrscheinlichkeit, dass eine zweite Maßnahme zur Verringerung eines Risikos während der zu erwartenden Betriebs-Lebensdauer ausfällt, vernachlässigbar ist.

Wenn ein Erster Fehler einen weiteren Ersten Fehler zur Folge hat, werden die beiden Fehler als ein einziger Erster Fehler betrachtet.»

Beispiele für Erste Fehler sind [28]:

- elektrischer Erster Fehler,
- Überhitzung von Netztransformatoren in ME-Geräten,
- Fehler von Thermostaten,
- Fehler von Temperatur begrenzenden Elementen,

28) Nach Nr. 3.63 in DIN EN 60601-1 [28] bedeutet ME-Gerät: medizinisches elektrisches Gerät.

- Flüssigkeitslecks,
- Beeinträchtigung der Kühlung, die zu einer Gefährdungssituation führen kann,
- blockieren bewegter Teile,
- Unterbrechung und Kurzschluss von Motorkondensatoren,
- Ausfälle von Bauelementen in ME-Geräten, die in mit Sauerstoff angereicherter Umgebung angewendet werden,
- Ausfälle von Teilen, die zu einer mechanischen Gefährdung führen könnten.

Ethik-Kommission

{EN: *Ethics committee*}
{FR: *Comité d'éthique*}

⇨ § 3 Abs. 2c GCP-V:
«Ethik-Kommission ist ein unabhängiges Gremium aus im Gesundheitswesen und in nichtmedizinischen Bereichen tätigen Personen, dessen Aufgabe es ist, den Schutz der Rechte, die Sicherheit und das Wohlergehen von betroffenen Personen im Sinne des Absatzes 2a zu sichern und diesbezüglich Vertrauen der Öffentlichkeit zu schaffen, indem es unter anderem zu dem Prüfplan, der Eignung der Prüfer und der Angemessenheit der Einrichtungen sowie zu den Methoden, die zur Unterrichtung der betroffenen Personen und zur Erlangung ihrer Einwilligung nach Aufklärung benutzt werden und zu dem dabei verwendeten Informationsmaterial Stellung nimmt.»

⇨ § 3 Abs. 2a GCP-V:
«Betroffene Person ist ein Prüfungsteilnehmer oder eine Prüfungsteilnehmerin, die entweder als Empfänger des Prüfpräparates oder als Mitglied einer Kontrollgruppe an einer klinischen Prüfung teilnimmt.»

Ethik-Kommission nach Landesrecht

{EN: *Ethics committee under Land law*}
{FR: *Comité d'éthique sous loi du Land*}
{⇨ Klinische Prüfung von Medizinprodukten, Zustimmende Bewertung}

Eine klinische Prüfung darf nach § 20 Abs. 1 MPG nur begonnen werden, wenn eine zustimmende Bewertung einer nach Landesrecht gebildeten Ethik-Kommission und eine Genehmigung durch die zuständige BOB vorliegen.

Die Aufgabe der Ethik-Kommission nach Landesrecht ergibt sich aus § 22 MPG. Danach hat die Ethik-Kommission nach Landesrecht den Prüfplan und die erforderlichen Unterlagen insbesondere nach ethischen und rechtlichen Gesichtspunkten zu beraten und zu prüfen. Versagensgründe ergeben sich aus § 22 Abs. 3 MPG.

Der Antrag ist im Wege der Datenübertragung über das zentrale Erfassungssystem des DIMDI einzureichen. Die notwendigen Antragsunterlagen ergeben sich aus § 3 Abs. 2 und 3 MPKPV. Einzelheiten zum Bewertungsverfahren ergeben sich aus § 5 MPKPV.

ETSI

{EN: *European Telecommunications Standards Institute*}
{FR: *Institut européen des normes de télécommunication*}
{⇨ CEN, CENELEC, DIN, DKE}

Das Europäische Institut für Telekommunikationsnormen (ETSI) ist eine Europäische Normungsorganisation, die Europäische Normen zusammen mit ihren Schwesterorganisationen CEN – dem Europäischen Komitee für Normung – und CENELEC – dem Europäischen Komitee für elektrotechnische Normung – erarbeiten. Die drei Normungsorganisationen bilden die sogenannten European Standards Organizations (ESOs), die offiziell von der Europäischen Kommission anerkannt sind. Sie agieren als europäische Plattform zur Erarbeitung von Europäischen Normen.

Das Europäische Institut für Telekommunikationsnormen (ETSI) erarbeitet auch global gültige Normen für Informations- und Kommunikationstechnologien, einschließlich Festnetz, Mobilfunk, Radio, Rundfunk- und Internet-Technologien.

EU-Auslegungsprüfbescheinigung

{EN: *EU design examination certificate*}
{FR: *Certificat d'examen UE de la conception*}
{⇨ EG-Auslegungsprüfbescheinigung}

EU-Baumusterprüfbescheinigung

{EN: *EU type-examination certificate*}
{FR: *Certificat d'examen UE de type*}
{⇨ EG-Baumusterprüfbescheinigung}

EU-Baumusterprüfung

{EN: *EU type-examination*}
{FR: *Examen UE de type*}
{⇨ EG-Baumusterprüfung}

EU-Binnenmarkt

{EN: *EU internal market*}
{FR: *Marché intérieur de l'UE*}
{⇨ Europäischer Binnenmarkt}

Eudamed

{EN: *Eudamed*}
{FR: *Eudamed*}

Artikel 10b Absatz 3 AIMDD, Artikel 14a Absatz 3 MDD und Artikel 12 Absatz 3 IVDD enthalten Bestimmungen über eine Europäische Datenbank für Medizinprodukte, denen zufolge diese Datenbank einzurichten ist. Eudamed dient der

Marktüberwachung. Den zuständigen Behörden des EWR wird mit dieser Datenbank Zugriff auf Informationen gegeben über die

- Hersteller und deren Bevollmächtigten,
- Medizinprodukte und Zubehör,
- Bescheinigungen,
- Vigilanzdaten.

Des Weiteren dient sie dem Austausch von Informationen über klinische Prüfungsdaten sowie zur einheitlichen Anwendung der Meldevorschriften. Die Dateneingabe für Medizinprodukte in Eudamed soll mit Hilfe einer international anerkannten Nomenklatur gemäß EN ISO 15225:2000: GMDN erfolgen, um eine einheitliche Beschreibung der betreffenden Medizinprodukte zu ermöglichen. Gemäß [136] Eudamed arbeitet mit dem sicheren Hypertext-Übertragungsprotokoll (HTTPS) und der erweiterbaren Auszeichnungssprache (XML).

Der Beschluss enthält eine Tabelle mit den Pflichtdatenfeldern in dem jeweiligen Modul in der Eudamed-Datenbank gemäß den Verpflichtungen aus AIMDD, MDD und IVDD.

EU-Konformitätserklärung

{EN: *EU declaration of conformity*}
{FR: *Déclaration UE de conformité*}
{⇨ EG-Konformitätserklärung}

EU-Leitlinie

{EN: *EU-guideline*}
{FR: *Document d'orientation UE*}
{⇨ EG-Leitlinie}

EU-Prüfung

{EN: *EU verification*}
{FR: *Vérification UE*}
{⇨ EG-Prüfung}

EU-Richtlinie

{EN: *EU directive*}
{FR: *Directive UE*}

«Die Richtlinie zählt zu den Instrumenten, die den Organen der Europäischen Union im Rahmen ihrer Rechtsetzung zur Verfügung stehen. Diese Rechtsinstrumente unterscheiden sich insbesondere in Hinblick auf ihre Geltung in den Mitgliedstaaten. Richtlinien wirken im Gegensatz zu Verordnungen der EU nicht unmittelbar, sondern bedürfen zu ihrer Wirksamkeit der Umsetzung in nationales Recht. Bei der Richtlinie wird von der EU nur ein bestimmtes Ziel verbindlich vorgegeben, hinsichtlich der Form und der Mittel der Umsetzung in nationales Recht haben die Mitgliedstaaten einen Gestaltungsspielraum.» [98]).

Hinweis: In europäischen Rechtsakten, die nach dem 13. Dezember 2009 in Kraft getreten sind, wird der Begriff «EG-Richtlinie» ersetzt durch «EU-Richtlinie».

EU-Richtlinien für Medizinprodukte

{EN: *EU-Directives concerning medical devices*}
{FR: *Directives UE relatives aux dispositifs médicaux*}
{⇨ EG-Richtlinien für Medizinprodukte}

Europa-Emblem

{EN: *European emblem*}
{FR: *Emblème européen*}

«Das Europa-Emblem (die Europaflagge) zeigt einen Kreis aus 12 goldenen, fünfzackigen Sternen auf blauem Hintergrund. Die Beratende Versammlung des Europarats empfahl das blau-goldene Sternenbanner 1954 zur Annahme. Der Ministerrat nahm es 1955 offiziell als Flagge des Europarats an. Die Symbolik des Emblems wird erläutert im Beschluss des Ministerkomitees des Europarats vom 9. Dezember 1955: «Gegen den blauen Himmel der westlichen Welt stellen die Sterne die Völker Europas in einem Kreis, dem Zeichen der Einheit, dar. Die Zahl der Sterne ist unveränderlich auf zwölf festgesetzt, diese Zahl versinnbildlicht die Vollkommenheit und die Vollständigkeit [...]. Wie die zwölf Zeichen des Tierkreises das gesamte Universum verkörpern, so stellen die zwölf goldenen Sterne alle Völker Europas dar, auch diejenigen, welche an dem Aufbau Europas in Einheit und Frieden noch nicht teilnehmen können." Die Europäische Gemeinschaft beschloss erst 1985, dass auch ihre Organe das blau-goldene Sternenbanner als Flagge führen.» [98])

Europäische Agentur für Arzneimittel (EMA)

{EN: *European Medicines Agency, EMA*}
{FR: *Agence européenne des médicaments, AEM)*}

«Die Europäische Arzneimittelagentur (European Medicines Agency, EMA; vormals EMEA) hat 1995 ihre Arbeit aufgenommen. Die Agentur bewertet Arzneimittel und erteilt eine gemeinschaftliche Zulassung. Nach erteilter Zulassung eines Arzneimittels überwacht die Agentur gemeinsam mit den Herstellern und Mitgliedstaaten fortlaufend die Sicherheit des Arzneimittels. Für in einem oder mehreren Mitgliedstaaten aufgrund nationaler Zulassung in Verkehr gebrachte Arzneimittel koordiniert die Agentur deren Bewertung und Überwachung in der gesamten EU. Sitz der Agentur ist London (Vereinigtes Königreich.» [98])

Europäische Datenbank Eudamed

{EN: *European databank Eudamed*}
{FR: *Banque de données européenne Eudamed*}
{⇨ Eudamed}

Europäische Kommission

{EN: *European Commission*}
{FR: *Commission européenne*}

«Die Europäische Kommission ist das oberste Verwaltungsorgan der Europäischen Union (EU). Zu ihren Aufgaben gehören neben der Planung und Umsetzung der gemeinsamen Politik auch die Verwaltung der EU-Programme und des EU-Haushalts. Daneben überwacht die Kommission die Anwendung des Unionsrechts durch die Mitgliedstaaten, weswegen sie auch als «Hüterin der Verträge» bezeichnet wird. Zur Wahrnehmung ihrer Aufgaben ist sie mit einem fast ausschließlichen Initiativrecht bei der Gesetzgebung ausgestattet, weshalb sie auch «Motor der Integration» genannt wird. Zusammen mit dem Rat der Europäischen Union und dem Europäischen Parlament bildet die Kommission das institutionelle Dreieck der Union, in dem die politischen Entscheidungen getroffen und Legislativmaßnahmen ergriffen werden. [...]» [98])

Europäische Norm (EN)[29]

{EN: *European standard, EN*}
{FR: *Norme européenne, EN*}
{⇨ Harmonisierte Norm}

Eine Europäische Norm (EN) ist ein Dokument mit technischen Festlegungen, das in Zusammenarbeit und im Konsens der betroffenen Kreise aus den verschiedenen nationalen Normungsdelegationen der Mitglieder der Europäischen Normeninstitutionen erarbeitet worden ist. Europäische Normen müssen den Status einer nationalen Norm erhalten. Entsprechende gegensätzliche nationale Normen müssen zurückgezogen werden.

Die Anwendung von Europäischen Normen ist freiwillig. Jedem Hersteller steht es frei, andere technische Festlegungen zu benutzen, um die Grundlegenden Anforderungen zu erfüllen.

Europäische Normungsorganisationen[30]

{EN: *European standardization bodies*}
{FR: *Organismes européens de normalisation*}
{⇨ Harmonisierte Norm, Europäische Norm}

Die drei europäischen Normungsorganisationen

- CEN (Comité Européen de Normalisation),
- CENELEC (Comité Européen de Normalisation Electrotechnique) und
- ETSI (European Telecommunications Standards Institute)

bilden die sogenannten European Standards Organizations (ESOs), die offiziell von der Europäischen Kommission anerkannt sind. Sie sind aufgerufen, durch ihren Auftrag zur Harmonisierung, Erarbeitung und Förderung von Europäischen Normen

29) mit Unterstützung von *Dr. Vera Sattelmayer*
30) mit Unterstützung von *Dr. Vera Sattelmayer*

eine wichtige Rolle bei der Verwirklichung des Europäischen Binnenmarkts zu spielen.

Europäische Normen tragen zum Abbau von technischen Handelshemmnissen bei und erleichtern somit den freien Warenaustausch im gesamten EWR.

Das Verfahren zur Zusammenarbeit zwischen Europäischer Kommission einerseits und den Europäischen Normungsorganisationen CEN/CENELEC/ETSI andererseits basiert auf den «General Guidelines for the Cooperation between CEN, CENELEC and ETSI and the European Commission and the European Free Trade Associations» vom 28. März 2003 [29] und wird heute über die Verordnung (EU) Nr. 1025/2012 zur Europäischen Normung [99] geregelt zusammengefasst.

Von den Europäischen Normungsorganisationen werden Europäische Normen verabschiedet. Europäische Normen haben für den europäischen Binnenmarkt eine wesentliche Bedeutung, wenn es sich um Harmonisierte Normen handelt. Es gilt hier die Konformitätsvermutung mit den Grundlegenden Anforderungen für ein Medizinprodukt.

Die Verordnung (EU) Nr. 1025/2012 zur europäischen Normung [99] ist am 7. Dezember 2012 in Kraft getreten und gilt ab dem 1. Januar 2013. Diese europäische Verordnung beschreibt die gesetzlichen Rahmenbedingungen für die Europäische Normung.

Festgelegt wurde, dass die Zusammenarbeit zwischen der Europäischen Kommission und den europäischen Normungsorganisationen CEN, CENELEC und ETSI auf einem jährlich festzulegenden Arbeitsprogramm basieren soll. In diesem Arbeitsprogramm sollen auch die von der Europäischen Kommission zu mandatierenden Aufträge zur Erarbeitung von Harmonisierten Normen enthalten sein. In der Verordnung (EU) Nr. 1025/2012 ist geregelt, nach welchem Verfahren die Europäische Kommission diese Aufträge zu erteilen hat. Mandatierte Normungsarbeit wird von der Europäischen Kommission finanziell unterstützt. Mandatierte Normungsarbeit kann von der Europäischen Kommission finanziell unterstützt werden. Die Mandatierung mit Anforderungen der Europäischen Kommission an den Inhalt der Harmonisierten Normen als auch an den Termin der Verabschiedung dieser Normen verbunden [114].

Europäischer Binnenmarkt

{EN: *European internal market*}
{FR: *Marché intérieur européen*}

«Der Binnenmarkt der Europäischen Union ist ein einheitlicher Markt, der durch den freien Verkehr von Waren, Dienstleistungen, Kapital und Personen gekennzeichnet ist und innerhalb dessen die europäischen Bürger sich ungehindert niederlassen und einer Arbeit, einer Ausbildung oder einer unternehmerischen Tätigkeit nachgehen können.»[31]

31) http://europa.eu/legislation_summaries/internal_market/index_de.htm (Stand: November 2014)

Der EU-Binnenmarkt umfasst die 28 Mitgliedstaaten der Europäischen Union: Belgien, Bulgarien, Dänemark, Deutschland, Estland, Finnland, Frankreich, Griechenland, Großbritannien, Irland, Italien, Kroatien, Lettland, Litauen, Luxemburg, Malta, die Niederlande, Österreich, Polen, Portugal, Rumänien, Schweden, Slowakei, Slowenien, Spanien, die Tschechische Republik, Ungarn und Zypern.

Europäische Richtlinie

{EN: *European directive*}
{FR: *Directive européenne*}
{⇨ EU-Richtlinie}

Europäische Richtlinien für Medizinprodukte

{EN: *European directives concerning medical devices*}
{FR: *Directives européennes relatives aux dispositifs médicaux*}
{⇨ EG-Richtlinien für Medizinprodukte}

Europäischer Rat

{EN: *European Council*}
{FR: *Conseil européen*}

«Der Europäische Rat (Art. 15 EUV, Art. 235 f. AEUV) ist insofern das oberste Gremium der Europäischen Union, als er die für die Entwicklung der EU erforderlichen Impulse geben soll und hierfür die allgemeinen politischen Zielvorstellungen und Prioritäten festlegt. In ihm kommen die Staats- und Regierungschefs der Mitgliedstaaten, der Präsident des Europäischen Rates und der Präsident der Europäischen Kommission mindestens zwei Mal im Halbjahr zu Tagungen zusammen. Der Hohe Vertreter der Union für Außen- und Sicherheitspolitik nimmt an seiner Arbeit teil. Der Europäische Rat spielt eine wichtige Rolle bei dem vereinfachten Verfahren der Vertragsänderung. Im Gesetzgebungsverfahren wirkt er allerdings nach wie vor nicht mit. Ein weiteres wichtiges Aufgabenfeld ist die Gemeinsame Außen- und Sicherheitspolitik (GASP), die die Staats- und Regierungschefs auf den Gipfeltreffen koordinieren.» [98])

Europäischer Wirtschaftsraum (EWR)

{EN: *European Economic Area, EEA*}
{FR: *Espace économique europeén, EEE*}
{⇨ EFTA-Staaten}

Der Europäische Wirtschaftsraum (EWR) besteht aus 28 EU-Mitgliedstaaten und den EFTA-Staaten Liechtenstein, Island und Norwegen. Der EWR erweitert somit den Europäischen Binnenmarkt um drei der vier EFTA-Staaten.

Zum EWR derzeit die 28 Mitgliedstaaten der EU: Belgien, Bulgarien, Dänemark, Deutschland, Estland, Finnland, Frankreich, Griechenland, Großbritannien, Irland, Italien, Kroatien, Lettland, Litauen, Luxemburg, Malta, die Niederlande, Österreich,

Polen, Portugal, Rumänien, Schweden, Slowakei, Slowenien, Spanien, die Tschechische Republik, Ungarn und Zypern.

Die Schweiz ist kein Vertragsstaat des Abkommens über den EWR. Sie regelt ihre Zusammenarbeit mit der EU in bilateralen Verträgen. Im Medizinproduktebereich anerkennt sie das Inverkehrbringen von Medizinprodukten mit CE-Kennzeichnung.

Europäisches Arzneibuch

{EN: *European pharmacopoeia*}
{FR: *Pharmacopée européenne*}
{⇨ Monographien des Europäischen Arzneibuchs}

Europäische Union (EU)

{EN: *European Union, EU*}
{FR: *Union européenne, UE*}

«In Maastricht wurde am 7. Februar 1992 der Vertrag über die Europäische Union (EUV, Maastricht-Vertrag) unterzeichnet (Inkrafttreten: 1. November 1993). Damit wurde die EU als gemeinsames Dach für die Europäischen Gemeinschaften, die Gemeinsame Außen- und Sicherheitspolitik und die Zusammenarbeit in den Bereichen Justiz und Inneres gegründet, die drei Säulen der EU. Mit dem Vertrag von Lissabon (Inkrafttreten: 1. Dezember 2009) wurde die Drei-Säulen-Struktur aufgegeben. Die EU ist Rechtsnachfolgerin der Europäischen Gemeinschaft (Art. 1 Abs. 3 S. 3 EUV) und besitzt nun Rechtspersönlichkeit (Art. 47 EUV).

Zur Zeit sind folgende Staaten Mitglied der Europäischen Union: Belgien, Bulgarien, Dänemark, Deutschland, Estland, Finnland, Frankreich, Griechenland, Irland, Italien, Kroatien, Lettland, Litauen, Luxemburg, Malta, Niederlande, Österreich, Polen, Portugal, Rumänien, Schweden, Slowakei, Slowenien, Spanien, Tschechien, Ungarn, Vereinigtes Königreich und Zypern.

Einzelne überseeische Gebiete, die zu Mitgliedstaaten der EU gehören, sind deshalb auch Teil der EU: Französisch-Guayana, Guadeloupe (einschließlich des Nordteils von Saint-Martin sowie Saint-Barthélemy), Martinique, Réunion, Azoren, Madeira, Kanarische Inseln, Ceuta und Melilla.» [98])

EU-Verordnung

{EN: *Regulation, EU*}
{FR: *Règlement, UE*}
{⇨ Verordnung (EU)}

EU-Verordnung Nr. 722/2012

{EN: *Regulation (EU No 722/2012*}
{FR: *Règlement (UE) no 722/2012*}
{⇨ Verordnung (EU) Nr. 722/2012)

EU-Verordnung Nr. 1025/2012

{EN: *Regulation (EU) No 1025/2012*}
{FR: *Règlement (UE) no 1025/2012*}
{⇨ Verordnung (EU) Nr. 1025/2012)

EWR

{EN: *European Economic Area, EEA*}
{FR: *Espace économique europeén, EEE*}
{⇨ Europäischer Wirtschaftsraum (EWR)}

F

Fachhandel

{EN: *Specialised dealer*}
{FR: *Distributeur spécialisé*}
{⇨ Fachkreise, Medizinprodukteberater}

Das MPG und darauf basierende nationale Verordnungen richten sich mit ihren Anforderungen auch an den Fachgroßhandel/Fachhandel u. a. in den Bereichen:

- Inverkehrbringen von Medizinprodukten,
- Beratung von Anwendern/Verwendern von Medizinprodukten,
- MPSV,
- MPAV.

Diese Anforderungen setzen eine entsprechende Fachkompetenz beim Fachhandel zwingend voraus.

Die Personen im Fachhandel, die Fachkreise fachlich informieren oder in die sachgerechte Handhabung einweisen, müssen die Qualifikation eines «Medizinprodukteberaters» besitzen.

Fachkreise

{EN: *Experts*}
{FR: *Professionnels*}
{⇨ Medizinprodukteberater}

⇨ § 3 Nr. 17 MPG:
«Fachkreise sind Angehörige der Heilberufe, des Heilgewerbes oder von Einrichtungen, die der Gesundheit dienen, sowie sonstige Personen, soweit sie Medizinprodukte herstellen, prüfen, in der Ausübung ihres Berufes in den Verkehr bringen, implantieren, in Betrieb nehmen, betreiben oder anwenden.»

Zu den Fachkreisen gehören neben den Herstellern und dem Fachhandel somit insbesondere

- Ärzte,
- Pflegekräfte, Arzthelferinnen,

- medizinische Assistenzberufe,
- Diplom-Ingenieure für Biomedizintechnik, Medizintechniker,
- Prüfstellen und Prüfdienste.

Nicht zu den Fachkreisen zählen Privatpersonen, die Medizinprodukte im Bereich der häuslichen Pflege («Home-care Bereich») einsetzen.

Falsch negativ

{EN: *False negative*}
{FR: *Faux négatif*}

⇨ Gemeinsame technische Spezifikationen für In-vitro-Diagnostika, Anhang Nr. 2 [118]:
«Der positive Befund einer Probe hinsichtlich des Zielmarkers ist bekannt, wird von dem Produkt jedoch nicht korrekt angezeigt.»

Falsch positiv

{EN: *False positive*}
{FR: *Faux positif*}

⇨ Gemeinsame technische Spezifikationen für In-vitro-Diagnostika, Anhang Nr. 2 [118]:
«Der negative Befund einer Probe hinsichtlich des Zielmarkers ist bekannt, wird von dem Produkt jedoch nicht korrekt angezeigt.»

Fälschung CE-Kennzeichnung

{EN: *Falsification of CE marking*}
{FR: *Falsification de marquage CE*}
{⇨ CE-Kennzeichnung}

Seit einigen Jahren werden auf dem Markt Produkte angeboten, die «scheinbar» mit einer CE-Kennzeichnung auf der Grundlage des europäischen Rechts versehen sind. Diese gefälschten CE-Zeichen – hier bewusst nicht als CE-Kennzeichnung bezeichnet, da diese ausschließlich als eine Bezeichnung im Sinne der europäischen RL verstanden werden soll – stehen z. B. für «China Export» bzw. «Chinese Export».

Medizinprodukte mit einem gefälschten CE-Zeichen werden in den Verkehr gebracht, ohne dass sie das erforderliche Konformitätsbewertungsverfahren durchlaufen haben. Für den Betreiber ergibt sich daraus die Konsequenz, dass diese Medizinprodukte mit gefälschtem CE-Zeichen nicht in Betrieb genommen werden dürfen.

Die geringfügigen Abänderungen des CE-Zeichens im Vergleich zu der CE-Kennzeichnung gemäß den europäischen RL sind für Anwender und Betreiber nicht oder nur schwer zu erkennen – sie sind häufig nur von geschulten Fachleuten zu unterscheiden. Ein gefälschtes Zeichen unterscheidet sich von der CE-Kennzeichnung auf der Grundlage der europäischen RL im Wesentlichen in zwei Veränderungen:

- der Querstrich beim Buchstaben «E» ist verlängert (Bild a) und/oder
- der Abstand zwischen den Buchstaben «C» und «E» ist vergrößert bzw. verkleinert (Bild b).

Bild a:

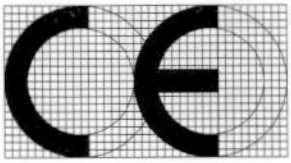

Bild b:

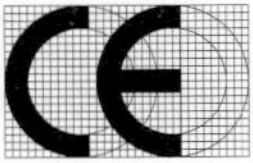

FDA

{EN: *Food and Drug Administration, FDA*}
{FR: *Agence américaine des produits alimentaires et médicamenteux, FDA*}

Die Food and Drug Administration (FDA) ist u. a. die behördliche Zulassungs- und Überwachungsbehörde für Medizinprodukte, die auf dem US-amerikanischen Markt in Verkehr gebracht werden. Sitz der Behörde ist Rockville (Maryland). Die FDA besteht aus mehreren Zentren und Büros.

Die Medizinprodukte Sektion umfasst folgende Felder [115]:

- Products and Medical Procedures
  Approvals & Clearances, Home Use, Surgical, Implants & Prosthetics, In Vitro Diagnostics, more...
- Medical Device Safety
  Alerts & Notices, Recalls, Report a Problem, MedSun, Emergency Situations
- Device Advice: Comprehensive Regulatory Assistance
  How to Market a Device, Postmarket Requirements, Compliance, Importing & Exporting, more...
- Science and Research (Medical Devices)
  Chemistry & Materials Science, Solid & Fluid Mechanics, Imaging & Applied Mathematics, Electrical & Software Engineering, more...
- International Programs
  International Medical Device Regulators Forum, Medical Device Single Audit Program Pilot
- News & Events (Medical Devices)
  Medical Device News, Videos, Workshops & Meetings
- Resources for You (Medical Devices)
  Consumers, Health Care Providers, Regulated Industry

Fehler

{EN: *Error*}
{FR: *Erreur*}

⇨ DIN EN ISO 9000:2005 [81]:
«Fehler ist die nachweisbare Nichterfüllung einer spezifizierten Anforderung».

Fehlergrenzen

{EN: *Maximum permissible errors*}
{FR: *Erreurs maximales tolérées*}

⇨ Teil A Nr. 3 RiliBÄK [83]:
«Beträge der durch diese Richtlinie vorgegebenen Grenzwerte für Messabweichungen. Werden diese Beträge überschritten, sind die Abweichungen Fehler und erfordern Korrekturmaßnahmen.»

Fehlerrate des Gesamtsystems

{EN: *Whole system failure rate*}
{FR: *Taux d'echec total*}

⇨ Gemeinsame technische Spezifikationen für In-vitro-Diagnostika, Anhang Nr. 2 [118]:
«Die Fehlerrate des Gesamtsystems gibt an, wie häufig Fehler auftreten, wenn das gesamte Verfahren nach den Angaben des Herstellers durchgeführt wurde.»

Ferngesteuerte Instandhaltung

{EN: *Remote maintenance*}
{FR: *Maintenance à distance; Télémaintenance*}

Bei einer ferngesteuerten Instandhaltung werden z. B. über eine sichere Datenverbindung Informationen des Medizinprodukts oder per Videoübertragung – beispielsweise Störungs- und Fehlermeldungen – an den Hersteller/Serviceanbieter übertragen. Diese Informationen ermöglichen dem Hersteller/Serviceanbieter:

- eine Störung bzw. einen Fehler zu lokalisieren und ggf. online zu beheben oder die erforderlichen Ersatzteile dem Service-Techniker im Voraus bereitzustellen;
- durch eine kontinuierliche Überwachung elektronischer Baugruppen eines Medizinprodukts eine frühzeitige Erkennung von Mängeln bevor diese eine Störung oder einen Ausfall verursachen [116].

Fest installierte Medizinprodukte

{EN: *Fixed installed medical devices*}
{FR: *Dispositifs médicaux fixes installés*}

⇨ Artikel 2 lit. d) der Verordnung (EU) Nr. 207/2012 [12]:
«Fest installierte Medizinprodukte: Produkte und deren Zubehör, die dazu bestimmt sind, an einem bestimmten Ort in einer Gesundheitseinrichtung montiert, befestigt oder auf sonstige Art angebracht zu werden, die ohne die Verwendung von Werkzeugen oder Instrumenten nicht von diesem Ort entfernt oder abmontiert werden können, und die nicht eigens zur Verwendung in einer mobilen Einrichtung der Gesundheitsversorgung bestimmt sind.»

Fremdlaboratorium

{EN: *External laboratory*}
{FR: *Laboratoire externe*}
{⇨ Zentrallabor}

⇨ Teil A Nr. 3 RiliBÄK [83]:
«Ein einem anderen Rechtsträger/Betreiber unterstehendes medizinisches Laboratorium, dem Untersuchungs- oder Probenmaterial zur Untersuchung überwiesen wird.»

Funktionssicherheit

{EN: *Functional safety and reliability*}
{FR: *Sécurité et fiabilité de fonctionnement; Sécurité fonctionelle*}

⇨ Leitfaden für Sicherheitstechnische Kontrollen – LSTK [24]:
«Funktionsfähigkeit (bedeutet), dass alle Einrichtungen des Geräts oder des Systems bei dessen bestimmungsgemäßer Verwendung einwandfrei (ordnungsgemäß) funktionieren.»

Funktionssoftware

{EN: *Functional software*}
{FR: *Logiciel fonctionnel*}
{⇨ Betriebssoftware, Eigenständige Software, Software}

Ergänzend zum Medizinprodukt «eigenständige Software» wird in § 3 Nr. 1 MPG expressis verbis auch Software genannt, die vom Hersteller speziell zur Anwendung für diagnostische oder therapeutische Zwecke bestimmt ist und für ein einwandfreies Funktionieren des Medizinprodukts eingesetzt wird – im Folgenden verkürzt als Medizinprodukt «eigenständige Funktionssoftware» bezeichnet.

Da der Gesetzgeber diese «eigenständige Funktionssoftware» ergänzend in der Legaldefinition ausdrücklich genannt hat, kann unterstellt werden, dass mit dieser Funktionssoftware eine andere Funktion und damit auch ein anderes Softwareprodukt zu verstehen ist.

Mit einer Funktionssoftware wird ein anderes Medizinprodukt «gesteuert, überwacht oder die Leistung beeinflusst» – z. B. zur Steuerung einer Infusionspumpe in einem Blutdruckregelkreis [4].

Diese Software wäre aufgrund ihrer Zweckbestimmung «Steuerung, Überwachung oder Beeinflussung der Leistung eines Medizinprodukts» kein Medizinprodukt. Das Ergebnis dieser Software dient nicht direkt einem in § 3 Nr. 1 MPG genannten Zweck. Der Hersteller hat diese Software jedoch speziell zur Steuerung/Überwachung/Beeinflussung der Leistung eines Medizinprodukts entwickelt. Das Medizinprodukt «eigenständige Funktionssoftware» wird somit für eine einwandfreie Funktion des eigentlichen Medizinprodukts eingesetzt.

Um klarzustellen, dass auch diese Funktionssoftware den Grundlegenden Anforderungen entsprechen muss, war in der Legaldefinition in § 3 Nr. 1 MPG dieser eingeschlossene Hinweis erforderlich.

Durch die ausdrückliche Nennung in der Legaldefinition ist diese Funktionssoftware ein Medizinprodukt im Sinne von § 3 Nr. 1 MPG – auch ohne direkt für einen Zweck gemäß § 3 Nr. 1 MPG bestimmt zu sein.

«Eigenständig» bedeutet in diesem Fall, dass die Funktionssoftware auf einem vom Medizinprodukt unabhängigen Rechner läuft und über eine Hardware-Verbindung mit dem zu steuernden, zu überwachenden oder zu beeinflussenden Medizinprodukt verbunden wird. Die Eigenschaften dieser Hardware-Schnittstelle sind vom Hersteller des Medizinprodukts genau festzulegen und in die von ihm durchgeführte Konformitätsbewertung mit einzubeziehen.

Die Einbeziehung von «eigenständiger Funktionssoftware» in die Legaldefinition «Medizinprodukt» ist aus folgenden Gründen sinnvoll und notwendig:

Die Funktionssoftware übermittelt über eine Hardware-Schnittstelle an ein Medizinprodukt Informationen beispielsweise in Form von elektrischen Impulsen. Damit ist die einwandfreie Funktion der vom Medizinprodukt unabhängigen Funktionssoftware essenziell für das Medizinprodukt. Fehlerhafte Informationen können beim Medizinprodukt Fehlfunktionen bis hin zum kompletten Ausfall verursachen.

Der Hersteller des Medizinprodukts «eigenständige Funktionssoftware» ist nicht (immer) der Hersteller des von dieser Software beeinflussten Medizinprodukts. Im Rahmen der Konformitätsbewertung des jeweiligen Medizinprodukts – «eigenständige Funktionssoftware» und dem damit verbundenen Medizinprodukt (z. B. Infusionspumpe) – haben beide Hersteller unabhängig voneinander die Einhaltung der vom anderen Hersteller festgelegten Bedingungen und Eigenschaften der Verbindungsstelle (Hardware-Schnittstelle) zu belegen. Weiterhin haben beide Hersteller mit Hilfe des Risikomanagements die mit der Verbindung verbundenen Risiken zu bewerten, zu vermeiden bzw. zu minimieren.

Abzugrenzen ist das Medizinprodukt «eigenständige Funktionssoftware» von der Software, die als Bestandteil eines mikroprozessorgesteuerten Medizinprodukts für die einwandfreie Funktion eines mikroprozessorgesteuerten Medizinprodukts eingesetzt wird.

Erfüllt das Medizinprodukt «eigenständige Funktionssoftware» alle zutreffenden Grundlegenden Anforderungen, so wird sie als lauffähige Version vom Hersteller mit der CE-Kennzeichnung in den Verkehr gebracht oder vom Betreiber/Anwender als Eigenherstellung erstellt.

G

Gebrauchsanweisung für Medizinprodukte

{EN: *Instruction for use of medical devices*}
{FR: *Instructions d'emploi des dispositifs médicaux; Instructions d'utilisation des dispositifs médicaux*}
{⇨ Elektronische Gebrauchsanweisung für Medizinprodukte, Produktinformation}

⇨ Artikel 2 lit. a) Verordnung (EU) Nr. 207/2012 [12]:
«Gebrauchsanweisungen: dem Verwender vom Hersteller zur Verfügung gestellte Informationen über die sichere und ordnungsgemäße Verwendung des Medizinprodukts, die Leistung, die von diesem erwartet werden kann und über eventuell zu treffende Vorsichtsmaßnahmen gemäß den einschlägigen Bestimmungen in Anhang 1 Nummer 15 der Richtlinie 90/385/EWG und Anhang I Nummer 13 der Richtlinie 93/42/EWG.»

⇨ Nr. 3.0 MEDDEV 2.14/3 [Übersetzung von 110]:
«Dem Geräte-Anwender vom Hersteller zur Verfügung gestellte Informationen über die ordnungsgemäße Anwendung des Produkts und über eventuell zu treffende Vorsichtsmaßnahmen gemäß den einschlägigen Bestimmungen in Anhang I Nummer 8 der Richtlinie 98/79/EG.»

Der Hersteller hat jedem Medizinprodukt eine Gebrauchsanweisung beizugeben, die – unter Berücksichtigung des Ausbildungs- und Kenntnisstandes des vorgesehenen Anwenderkreises – die sichere Anwendung des Produkts und die Ermittlung des Herstellers möglich macht.

Eine Gebrauchsanweisung ist für Medizinprodukte der Klasse I und der Klasse IIa MDD dann entbehrlich, wenn die vollständige sichere (und ordnungsgemäße) Anwendung des Medizinprodukts ohne Gebrauchsanweisung gewährleistet ist. Gleiches gilt in hinreichend begründeten Fällen auch für In-vitro-Diagnostika.

In Verbindung mit § 11 Abs. 2 MPG ergibt sich, dass eine Gebrauchsanweisung abgefasst sein muss in

- deutscher Sprache oder
- einer anderen für den Verwender oder Anwender des Medizinprodukts leicht verständlichen Sprache, jedoch aber nur in begründeten Fällen. In diesem Fall müssen aber immer die sicherheitsbezogenen Informationen der Gebrauchsanweisung in
  - deutscher Sprache oder
  - in der Sprache des Verwenders oder Anwenders

  vorliegen.

In der Gebrauchsanweisung müssen u. a. folgende Angaben enthalten bezüglich – falls diese für das Medizinprodukt zutreffend sind:

- Name oder Firma und Anschrift des Herstellers, gegebenenfalls
- des Verantwortlichen für das erstmalige Inverkehrbringen,

- des Bevollmächtigten des Herstellers oder;
- Zweckbestimmung des Medizinprodukts;
- Hinweise bezüglich
  - Sterilität,
  - einmaligem Gebrauch
    (Hinweis: Anhang I Nr. 13.6 lit. h) MDD enthält folgende zusätzliche Forderung:
    > «[...] sofern das Produkt einen Hinweis trägt, dass es für den einmaligen Gebrauch bestimmt ist, Informationen über bekannte Merkmale und technische Faktoren, von denen der Hersteller weiß, dass sie eine Gefahr darstellen könnten, wenn das Produkt wiederverwendet würde. Sind gemäß Abschnitt 13.1 keine Gebrauchsanweisungen erforderlich, so müssen die Informationen dem Benutzer auf Anfrage zugänglich gemacht werden»);

Hinweis auf
- Sonderanfertigung,
- Medizinprodukt zur klinischen Prüfung;
- besondere Hinweise
  - zur Lagerung,
  - zur Handhabung,
  - zur sachgerechten, sicheren Anwendung,
  - auf zu treffende Vorsichtsmaßnahmen einschließlich gezielter Warnhinweise (sicherheitsbezogene Informationen),
  - Angaben zur Aufbereitung (Desinfektions- bzw. Sterilisationsverfahren),
  - die Angabe der der CE-Kennzeichnung zugrunde liegenden Rechtsvorschriften, wenn dieses nicht das MPG ist;
- technische und medizinische Leistungsdaten;
- Angaben zu unerwünschten Nebenwirkungen;
- Angaben zu den Risiken wechselseitiger Störungen, die sich im Zusammenhang mit dem Produkt bei speziellen Untersuchungen oder Behandlungen ergeben;
- bei Medizinprodukten, die zur Erfüllung ihrer Zweckbestimmung mit anderen Anlagen (z. B. Gasversorgungseinrichtung) oder Ausrüstungen (z. B. zentrale Personenrufanlage) kombiniert oder an diese angeschlossen werden müssen: alle Merkmale, soweit sie zur Wahl der für eine sichere Kombination erforderlichen Einrichtung oder Ausrüstung erforderlich sind;
- alle Angaben, mit denen überprüft werden kann, ob das Medizinprodukt ordnungsgemäß installiert worden ist und sich in sicherem und betriebsbereitem Zustand befindet (z. B. Angaben zur Funktionsprüfung vor jeder Anwendung);
- Angaben zu Art und Häufigkeit der Instandhaltungsmaßnahmen – insbesondere zur Wartung und Inspektion (z. B. STK);
- Angaben zu Kalibrierungen, die erforderlich sind, um den sicheren und ordnungsgemäßen Betrieb der Produkte fortwährend zu gewährleisten sind (z. B. MTK).

- bei Implantaten: zweckdienliche Angaben, die zur Vermeidung bestimmter Risiken im Zusammenhang mit der Implantation des Medizinprodukts zu beachten sind;
- bei sterilen Produkten: Angaben für den Fall, dass die Steril-Verpackung beschädigt wird, gegebenenfalls auch Angaben von geeigneten Verfahren zur erneuten Sterilisation;
- bei wieder zu verwendenden Produkten: Angaben über geeignete Aufbereitungsverfahren, z. B. Reinigung, Desinfektion, Sterilisation (falls eine erneute Sterilisation erforderlich ist) und Verpackung einschließlich Angaben zu einer eventuellen zahlenmäßigen Beschränkung der Wiederverwendungen;
- bei Produkten, die vor ihrer Anwendung zu sterilisieren sind: Angaben zur Reinigung und Sterilisation müssen sicherstellen, dass die Anwendung der sterilisierten Produkte weder
  - den klinischen Zustand und die Sicherheit der Patienten noch
  - die Sicherheit und die Gesundheit der Anwender oder Dritter gefährdet;
- Hinweise auf eine möglicherweise vor der Anwendung erforderliche Behandlung oder zusätzliche Aufbereitung (z. B. Sterilisation, Montage);
- bei Produkten, die Strahlung zu medizinischen Zwecken aussenden: Angaben zu Beschaffenheit, Art, Intensität und Verteilung dieser Strahlungen.

Darüber hinaus muss die Gebrauchsanweisung – soweit zutreffend – auch Angaben enthalten, die es dem medizinischen Personal erlauben, den Patienten auf Gegenanzeigen und zu treffende Vorsichtsmaßnahmen hinzuweisen. Dabei handelt es sich insbesondere um:

- Vorsichtsmaßnahmen, die im Falle von Änderungen in der Leistung des Produkts zu treffen sind;
- Vorsichtsmaßnahmen für den Fall, dass es unter vernünftigerweise vorhersehbaren Umgebungsbedingungen zu einer Exposition gegenüber
  - Magnetfeldern,
  - elektrischen Fremdeinflüssen,
  - elektrostatischen Entladungen,
  - Druck oder Druckschwankungen,
  - Beschleunigung,
  - Wärmequellen mit der Gefahr einer Selbstentzündung, usw.

  kommt;
- ausreichende Angaben zu Arzneimitteln, für deren Verabreichung das betreffende Produkt bestimmt ist einschließlich der Angaben bezüglich einer Beschränkung in der Wahl der zu verabreichenden Stoffe;
- Vorsichtsmaßnahmen für den Fall, dass ein Produkt im Hinblick auf seine Entsorgung eine besondere oder ungewöhnliche Gefahr darstellt;
- Angaben zu Stoffen, die einen Bestandteil des Produkts bilden (z. B. heparinbeschichteter Katheter);
- bei Produkten mit Messfunktion: der vom Hersteller vorgegebene Genauigkeitsgrad.

Eine sinnvolle, rechtlich aber nicht verbindlich vorgeschriebene Ergänzung der ausführlichen Gebrauchsanweisung für aktive Medizinprodukte ist eine standardisierte Kurzbedienungsanleitung, die unter Umständen auch auf dem Gerät angebracht sein kann [30].

Anforderungen an die Gebrauchsanweisungen sind konkretisiert in einschlägigen Normen, wie z. B.:

- DIN EN 1041 (12.2013): Bereitstellung von Informationen durch den Hersteller von Medizinprodukten; Deutsche Fassung EN 1041:2008 +A1:2013;
- DIN EN ISO 15223-1 (02.2013): Medizinprodukte – Bei Aufschriften von Medizinprodukten zu verwendende Symbole, Kennzeichnung und zu liefernde Informationen – Teil 1: Allgemeine Anforderungen (ISO 15223-1:2012); Deutsche Fassung EN ISO 15223-1:2012, mit CD-ROM;
- DIN EN ISO 18113-1 (01.2013): In-vitro-Diagnostika – Bereitstellung von Informationen durch den Hersteller – Teil 1: Begriffe und allgemeine Anforderungen (ISO 18113-1:2009); Deutsche Fassung EN ISO 18113-1:2011;
- DIN EN ISO 18113-2 (01.2013): In-vitro-Diagnostika – Bereitstellung von Informationen durch den Hersteller – Teil 2: In-vitro-diagnostische Reagenzien für den Gebrauch durch Fachpersonal (ISO 18113-2:2009); Deutsche Fassung EN ISO 18113-2:2011;
- DIN EN ISO 18113-3 (01.2013): In-vitro-Diagnostika – Bereitstellung von Informationen durch den Hersteller – Teil 3: Geräte für in-vitro-diagnostische Untersuchungen zum Gebrauch durch Fachpersonal (ISO 18113-3:2009); Deutsche Fassung EN ISO 18113-3:2011;
- DIN EN ISO 18113-4 (01.2013): In-vitro-Diagnostika – Bereitstellung von Informationen durch den Hersteller – Teil 4: Reagenzien für in-vitro-diagnostische Untersuchungen zur Eigenanwendung (ISO 18113-4:2009); Deutsche Fassung EN ISO 18113-4:2011;
- DIN EN ISO 18113-5 (01.2013): In-vitro-Diagnostika – Bereitstellung von Informationen durch den Hersteller – Teil 5: Geräte für in-vitro-diagnostische Untersuchungen zur Eigenanwendung (ISO 18113-5:2009); Deutsche Fassung EN ISO 18113-5:2011.

Hinzuweisen ist auf die Verordnung (EU) Nr. 207/2012 über elektronische Gebrauchsanweisungen für Medizinprodukte [12].

Gebrauchstauglichkeit von Medizinprodukten

{EN: *Usability of medical devices*}
{FR: *Aptitude à l'utilisation des dispositifs médicaux*}
{⇨ Anwenderfehler, Anwendungsfehler, Klinische Bewertung}

⇨ DIN EN 60601-1 (12.2013) [28]:
«Merkmal der Bediener-Schnittstelle, das die Wirksamkeit, die Effizienz sowie die Lernfähigkeit und die Zufriedenheit des Bedieners festlegt.[32]»

32) IEC 62366:2007, Begriff 3.17, modifiziert

⇨ E DIN EN 62366-1 (04.2014) [117]:
«3.18 Gebrauchstauglichkeit: Eigenschaft der Benutzer-Produkt-Schnittstelle, die den Gebrauch unterstützt und damit die Effektivität, Effizienz sowie die Zufriedenheit des Benutzers in der festgelegten Gebrauchsumgebung herstellt.»

In einer Anmerkung zum Begriff «Gebrauchstauglichkeit» [117] wird darauf hingewiesen, dass die Gebrauchstauglichkeit die Sicherheit beeinflussen kann.

In [127] wird zur Gebrauchstauglichkeit eines Medizinprodukts u. a. folgendes ausgeführt:

> «Die Gebrauchstauglichkeit eines Medizinprodukts wird durch die Einflussfaktoren Bedienbarkeit und Funktionalität bestimmt. Für eine gute Gebrauchstauglichkeit müssen beide Faktoren in einem ausgewogenen Verhältnis zueinander stehen. Die Bedienbarkeit (Usability) eines Medizingerätes ergibt sich aus einem effizienten und für den Anwender zufrieden stellenden Geräteeinsatz. Die Funktionalität ergibt sich aus der Zahl, Qualität und Relevanz der verfügbaren Gerätefunktionen.»

60 bis 70% aller Zwischenfälle mit elektrisch betriebenen Medizinprodukten sind Fehler in der Anwendung (Anwenderfehler und Anwendungsfehler).

- Anwenderfehler sind außerhalb der Kontrolle eines Herstellers.
- Anwendungsfehler sind vom Hersteller durch geeignete Maßnahmen in der Designphase zu minimieren und durch Kontrollmaßnahmen in der Anwendungsphase des Medizinprodukts zu überwachen.

Empfehlenswert ist die Spezifikation von in der Anwendung des Medizinprodukts häufig auftretenden Szenarien (Bedien- und Handhabungsschritte einschließlich der hierbei üblichen Umgebungsbedingungen) einschließlich Verifizierung und Validierung vor dem Inverkehrbringen des Medizinprodukts.

Der Nachweis der Gebrauchstauglichkeit für Medizinprodukte ist eine regulatorische Anforderung und setzt die Anwendung von Methoden der Gebrauchstauglichkeit voraussetzt, wie sie in [74, 75, 117] beschrieben sind.

Im Anhang I, Nr. 1 MDD wird gefordert, dass für jedes «sonstige Medizinprodukt» als Grundlegende Anforderung der Nachweis zu führen ist, dass

> «[...] eine weitestgehende Verringerung der durch Anwendungsfehler bedingten Risiken aufgrund der ergonomischen Merkmale des Produkts und der Umgebungsbedingungen, in denen das Produkt eingesetzt werden soll (Produktauslegung im Hinblick auf die Sicherheit des Patienten) [...]»

gegeben ist.

In Anhang I, Nr. 6a MDD wird gefordert, dass der Nachweis der Übereinstimmung mit den Grundlegenden Anforderungen eine klinische Bewertung gemäß Anhang X MDD umfassen muss. Ein Teil der klinischen Bewertung ist der Nachweis der Gebrauchstauglichkeit des Medizinprodukts unter normalen Einsatzbedingungen.

Geeignete Person

{EN: *Eligible person*}
{FR: *Personne appropriée*}
{⇨ Beauftragte Person, Befugte Person, Einweisung in Medizinprodukte}

⇨ § 15 Nr. 5 MPBetreibV:
«[...] Nur solche Personen dürfen einweisen, die auf Grund ihrer Kenntnisse und praktischen Erfahrungen für die Einweisung und die Handhabung dieser Medizinprodukte geeignet sind.»

Eine «geeignete Person» zur Einweisung in ein Altgerät

- nach § 2 Nr. 1 MedGV (Gruppe 1 Gerät mit Bauartzulassungszeichen) und
- nach § 2 Nr. 3 MedGV (Gruppe 3 Gerät ohne Bauartzulassungszeichen)

lässt sich dadurch charakterisieren, dass sie über Kenntnisse und praktische Erfahrungen für die Einweisung in die Handhabung dieser Altgeräte verfügt.

Werden Altgeräte mit Zusatzgeräten kombiniert, so muss die «geeignete Person» auch über Kenntnisse und praktische Erfahrungen für die Einweisung in die Handhabung der resultierenden Kombinationen verfügen.

Für alle Altgeräte, die unter § 15 MPBetreibV fallen, kann eine Einweisung von Anwendern und weiteren «geeigneten Personen» durch eine «geeignete Person» durchgeführt werden (Schneeballsystem). Jede «geeignete Person» im Sinne von § 15 Nr. 5 MPBetreibV kann für Altgeräte Einweisungen im Schneeballsystem durchführen [80].

Gefährdung

{EN: *Hazard*}
{FR: *Mise en danger*}

⇨ DIN EN ISO 14971 (04.2013) [72]:
«Potenzielle Schadensquelle.[33]»

Gegenstand

{EN: *Article*}
{FR: *Article*}

⇨ § 3 Nr. 1 MPG:
«Medizinprodukte sind alle einzeln oder miteinander verbunden verwendete [...]andere Gegenstände, [...], die vom Hersteller zur Anwendung für Menschen mittels ihrer Funktion zum Zwecke [...] zu dienen bestimmt sind und deren bestimmungsgemäße Hauptwirkung im oder am menschlichen Körper weder durch pharmakologisch oder immunologisch wirkende Mittel noch durch Metabolismus erreicht wird, deren Wirkungsweise aber durch solche Mittel unterstützt werden kann.»

33) ISO/IEC Guide 51:1999, Begriff 3.5;
aktuell: ISO/IEC Guide 51:2014, Begriff 3.2 «potential source of harm»
https://www.iso.org/obp/ui/#iso:std:iso-iec:guide:51:ed-3:v1:en (Stand: November 2014)

Durch die Hinzufügung «andere Gegenstände» in der Aufzählung der Begriffe in der Begriffsbestimmung «Medizinprodukt» wird dargelegt, dass alle Produkte (Medizinprodukte, Zubehör), die den genannten Begriffen nicht zugeordnet werden können, dem MPG unterliegen, wenn sie die in § 3 Nr. 1 MPG genannten Zweck erfüllen. Hierunter fallen u. a. Produkte, die vor dem Inkrafttreten des MPG dem AMG zugeordnet waren, wie beispielsweise

- Verbandstoffe,
- Pflaster,

aber auch

- Messleitungen,
- Infusionsbestecke,
- Kanülen,
- Blutdruckmanschetten,
- Atemschläuche,
- Elektroden (z. B. für EKG, EEG),
- Schlauchleitungen des extrakorporalen Kreislaufs bei z. B. Dialysegeräten, Herz-Lungen-Maschinen,
- Dialysatoren,
- Hämofilter.

Gelenkersatzteile

{EN: *Total joint replacement*}
{FR: *Prothèses articulaires*}
{⇨ EG-Richtlinie 2005/50/EG, Medizinprodukte-Verordnung}

Mit der RL 2005/50/EG erfolgt eine Neuklassifizierung von Gelenkersatz für Hüfte, Knie und Schulter. Während bisher nach den Klassifizierungsregeln der MDD Gelenkersatzteile als «sonstiges» Medizinprodukt in der Klasse IIb eingestuft wurden, erfolgt mit dieser RL eine Festlegung zur Einstufung in die Klasse III.

Die Vorschriften der RL 2005/50/EG werden mit § 9 MPV in Verbindung mit § 11 MPV in nationales Recht umgesetzt.

Gemeinsam betriebene Medizinprodukte

{EN: *Medical devices operated jointly*}
{FR: *Dispositifs médicaux exploités conjointement*}
{⇨ Gerät, Gerätekombination}

Werden mehrere, voneinander unabhängig arbeitende Medizinprodukte gleichzeitig an einem Patienten betrieben – beispielsweise in der Intensivüberwachung – so handelt es sich nicht um eine Gerätekombination im Sinne des MPG, sondern um gemeinsam betriebene Medizinprodukte. Jedes einzelne Medizinprodukt erfüllt hier eine eigenständige – von den anderen unabhängige – bestimmungsgemäße Funktion im Rahmen seiner Zweckbestimmung (z. B. EKG-Monitor, Blutdruck-Messgerät, Infusionspumpe, Inhalations-Narkosegerät und HF-Chirurgiegerät während einer Operation).

In diesem Fall bleiben die Anforderungen an jedes Einzelprodukt unverändert, ohne dass zusätzlich die Gesamtheit aller bei der gemeinsamen Anwendung beteiligten Medizinprodukte neu zu bewerten wäre.

Unabhängig von dieser Frage der Konformitätsbewertung dieser Gerätesituation hat der Hersteller eines Medizinprodukts selbstverständlich die Wechselwirkungen zwischen den bei einer derartigen gemeinsamen Anwendung gleichzeitig zum Einsatz kommenden Medizinprodukte bei der klinischen Bewertung mit zu untersuchen und im Rahmen der Risikoanalyse kritisch zu bewerten. So darf beispielsweise die Motorsteuerung der Infusionspumpe die Elektronik des EKG-Monitors oder des Inhalations-Narkosegeräts nicht «irritieren».

Dies gilt beispielsweise auch, wenn ein Patient einen implantierten Defibrillator zusammen mit einer Insulinpumpe betreibt.

Gemeinsame Technische Spezifikationen

{EN: *Common technical specifications*}
{FR: *Spécifications techniques communes*}

⇨ § 3 Nr. 19 MPG:
«Gemeinsame Technische Spezifikationen sind solche Spezifikationen, die In-vitro-Diagnostika nach Anhang II Listen A und B der Richtlinie 98/79/EG des Europäischen Parlaments und des Rates vom 27. Oktober 1998 über In-vitro-Diagnostika (ABl. EG Nr. L 331 S. 1) in der jeweils geltenden Fassung betreffen und deren Fundstellen im Amtsblatt der Europäischen Gemeinschaften veröffentlicht und im Bundesanzeiger bekannt gemacht wurden. In diesen Spezifikationen werden Kriterien für die Bewertung und Neubewertung der Leistung, Chargenfreigabekriterien, Referenzmethoden und Referenzmaterialien festgelegt.»

In den Gemeinsamen Technischen Spezifikationen werden festgelegt:

- Kriterien für die Bewertung und Neubewertung der Leistung,
- Chargenfreigabekriterien,
- Referenzmethoden,
- Referenzmaterialien.

Abweichend von den Harmonisierten Normen werden die Gemeinsamen Technischen Spezifikationen von einer Arbeitsgruppe – die das Mandat der Europäischen Kommission hat – erarbeitet und dem «Ausschuss für Medizinprodukte» gemäß Artikel 7 Abs. 1 IVDD vorgelegt. Letztlich werden sie dann von der Europäischen Kommission festgelegt und im Amtsblatt der Europäischen Union veröffentlicht.

Auch verabschiedete Gemeinsame Technische Spezifikationen können nur auf diese Art geändert werden.

Gemeinsame Technische Spezifikationen haben im Vergleich zu Harmonisierten Normen eine höhere rechtliche Relevanz [5]; sie sind quasi verbindlich.

Genauigkeit

{EN: *Accuracy*}
{FR: *Exactitude*}
{⇨ Messgenauigkeit, Richtigkeit}

Der Begriff «Genauigkeit» wird in der deutschen Ausgabe der IVDD fälschlich als «Richtigkeit» bezeichnet. Mit Genauigkeit wird der Grad der Übereinstimmung mit dem wahren Wert, der bei einer idealen Messung erhalten würde und der Definition der betrachteten Größe entspricht, bezeichnet.

Genehmigung – klinische Prüfung von Medizinprodukten

{EN: *Authorization – clinical investigation of medical devices*}
{FR: *Autorisation – investigation clinique des dispositifs médicaux*}
{⇨ Befreiung von der Genehmigungspflicht, Bundesinstitut für Arzneimittel und Medizinprodukte, Bundesoberbehörden, Paul-Ehrlich-Institut, Zustimmende Bewertung}

Die zuständige BOB prüft die vom Sponsor eingereichten Unterlagen zur klinischen Prüfung eines Medizinprodukts insbesondere nach wissenschaftlichen und technischen Gesichtspunkten (§ 22a MPG). Einzelheiten zu den Antragsunterlagen ergeben sich aus § 3 Abs. 2 und Abs. 4 MPKPV). Anforderungen an Genehmigungsverfahren der BOB ergeben sich aus § 22a MPG in Verbindung mit § 6 MPKPV.

Nach § 20 Abs. 1 MPG kann die zuständige BOB bei klinischen Prüfungen von Medizinprodukten mit geringem Sicherheitsrisiko von einer Genehmigung absehen. Davon unberührt bleibt jedoch die Verpflichtung des Sponsors zur Einholung der zustimmenden Bewertung durch eine nach Landesrecht gebildete Ethik-Kommission (§ 7 Abs. 4 MPKPV). Das Verfahren und die Medizinprodukte, bei denen ein geringes Sicherheitsrisiko angenommen wird, ergeben sich aus § 7 MPKPV.

Genehmigung Leistungsbewertungsprüfung von In-vitro-Diagnostika

{EN: *Authorization – performance evaluation of in-vitro diagnostic medical devices*}
{FR: *Autorisation – évaluation des performances des dispositifs médicaux de diagnostic in vitro*}
{⇨ Befreiung von der Genehmigungspflicht, Bundesinstitut für Arzneimittel und Medizinprodukte, Bundesoberbehörden, Leistungsbewertungsprüfung von In-vitro-Diagnostika, Paul-Ehrlich-Institut, Zustimmende Bewertung}

Nach § 24 MPG sind für die Genehmigung von Leistungsbewertungsprüfungen von In-vitro-Diagnostika die §§ 22 bis 23b MPG entsprechend anzuwenden, d. h. die zuständige BOB prüft die vom Sponsor eingereichten Unterlagen insbesondere nach wissenschaftlichen und technischen Gesichtspunkten (§ 22a MPG). Einzelheiten zu den Antragsunterlagen ergeben sich aus § 3 Abs. 2 und Abs. 4 MPKPV). Anforderungen an das Genehmigungsverfahren der BOB ergeben sich aus § 22a MPG in Verbindung mit § 6 MPKPV.

Bei Leistungsbewertungsprüfungen von In-vitro-Diagnostika mit geringem Sicherheitsrisiko nach § 7 Abs. 1 Nr. 4 MPKPV kann der Sponsor eine Befreiung von der Genehmigungspflicht bei der zuständigen BOB beantragen. Die entsprechenden Antragsunterlagen und das Verfahren zur Befreiung von der Genehmigungspflicht ist im § 7 Abs. 2 und 3 MPKPV geregelt.
Davon unberührt bleibt jedoch die Verpflichtung zur Einholung der zustimmenden Bewertung durch eine nach Landesrecht gebildeten Ethik-Kommission (§ 7 Abs. 4 MPKPV).

Generische Produktgruppe

{EN: *Generic device group*}
{FR: *Groupe générique de dispositifs*}

⇨ Artikel 2, Abs. 2 lit. m) MDD
«Generische Produktgruppe: eine Gruppe von Produkten mit gleichen oder ähnlichen Verwendungsbestimmungen oder mit technologischen Gemeinsamkeiten, so dass sie allgemein, also ohne Berücksichtigung spezifischer Merkmale klassifiziert werden können»

Die Begriffsbestimmung «Generische Produktgruppe» wurde in die MDD eingefügt, um zusätzliche Anforderungen im Rahmen der Konformitätsbewertungsverfahren aufzunehmen.

Die Benannte Stelle hat gemäß den Anforderungen des Anhangs II Abschnitt 7 MDD bei Medizinprodukten der Klasse IIb die technische Dokumentation für zumindest eine repräsentative Probe einer jeden generischen Produktgruppe auf Einhaltung der regulatorischen Anforderungen zu prüfen. Prüftiefe und Prüfumfang sowie Stichprobenpläne werden in der NBOG-Leitlinie «Guidance on Notified Body's Tasks of Technical Documentation Assessment on a Representative Basis» [97] angegeben.

Gerät

{EN: *Device*}
{FR: *Dispositif*}
{⇨ Gerätekombination, Medizinprodukt, System}

⇨ Leitfaden für Sicherheitstechnische Kontrollen – LSTK [24]:
«Gerät: Medizinische Funktionseinheit (elektrische oder mechanische mit mindestens einem Anschluss an ein bestimmtes Versorgungsnetz, das zur Diagnose, Behandlung oder Beobachtung des Patienten unter medizinischer Aufsicht bestimmt ist, und das in körperlichem oder elektrischem Kontakt mit dem Patienten steht und/oder Energie zum oder vom Patienten überträgt und/oder eine solche Energieübertragung zum oder vom Patienten anzeigt [DIN EN 60601-1 (VDE 0750 Teil 1): 1996-03].»

⇨ Teil A Nr. 3 RiliBÄK:
«Gerät: Technischer Gegenstand oder technische Vorrichtung, mit dessen oder deren Hilfe etwas bearbeitet, bewirkt oder hergestellt wird.»

Geräteart

{EN: *Category of devices*}
{FR: *Catégorie de dispositifs*}
{⇨ Subkategorie von Medizinprodukten

Eine Gruppe von Produkten, die in den gleichen Bereichen verwendet werden sollen oder mit den gleichen Technologien ausgestattet sind.

Geräte, die denselben Verwendungszweck erfüllen und ähnliche Funktionsweisen haben, werden zu einer Geräteart zusammengefasst (z. B.: Beatmungsgeräte, Hörhilfen, Infusionsspritzenpumpen).

Gerätebeauftragter

{EN: *Person responsible for the devices*}
{FR: *Personne responsable pour les dispositifs*}
{⇨ Beauftragte Person}

Beauftragte Person, die in Gesundheitseinrichtungen häufig als Gerätebeauftragter bezeichnet wird.

Gerätekombination

{EN: *Device combination*}
{FR: *Combinaison de dispositifs*}
{⇨ Gemeinsam betriebene Medizinprodukte}

Legt man die Begriffsbestimmung «Medizinprodukte» zugrunde, so lautet § 3 Nr. 1 MPG:

> «Medizinprodukte sind alle einzeln oder miteinander verbunden verwendeten Instrumente, Apparate, Vorrichtungen, Stoffe oder anderen Gegenstände, einschließlich der für ein einwandfreies Funktionieren des Medizinprodukts eingesetzten Software [...].»

Gerätekombinationen liegen vor, wenn die «miteinander verbunden verwendeten Instrumente, [...]» eine Zweckbestimmung gemäß § 3 Nr. 1 MPG haben und ihre Hauptwirkungsweise nicht pharmakologisch, nicht immunologisch oder nicht metabolisch ist.

Für Gerätekombinationen im Sinne des MPG ist der Nachweis der Übereinstimmung mit den regulatorischen Anforderungen zu erbringen. Für Kombinationen, die sich aus Medizinprodukten der MDD zusammensetzen, wird beispielsweise gefordert:

- Artikel 12 c) MDD: «[...] wenn die gewählte Kombination von Produkten nicht mit deren ursprünglicher Zweckbestimmung vereinbar ist, so wird das System oder die Behandlungseinheit als eigenständiges Produkt behandelt und als solches dem einschlägigen Verfahren des Artikels 11 (Anmerkung: Konformitätsbewertung) unterzogen.»
- Anhang I Nr. 9.1. MDD: «Wenn ein Produkt zur Verwendung in Kombination mit anderen Produkten oder Ausrüstungen bestimmt ist, muss die Kombination ein-

schließlich der Anschlüsse sicher sein, und sie darf die vorgesehene Leistung der Produkte nicht beeinträchtigen. Jede Einschränkung der Anwendung muss auf der Kennzeichnung oder in der Gebrauchsanweisung angegeben werden.»

- Anhang I Nr. 13.6. MDD: «Die Gebrauchsanweisung muss nach Maßgabe des konkreten Falles folgende Angaben enthalten:
  [...]
  c) bei Produkten, die zur Erfüllung ihrer Zweckbestimmung mit anderen medizinischen Einrichtungen oder Ausrüstungen kombiniert oder an diese angeschlossen werden müssen: alle Merkmale, soweit sie zur Wahl der für eine sichere Kombination erforderlichen Einrichtungen oder Ausrüstungen erforderlich sind; [...].»

Gerätekombinationen liegen auch dann vor, wenn ein physikalischer Zusammenhang (Kombination bzw. (mechanische oder elektrische) Verbindung, auch Funkverbindung) zwischen den Geräten hergestellt wird und alle Einzelgeräte an der Zweckbestimmung dieser Gerätekombination beteiligt sind (z. B. rechnergesteuerte Infusion zur Blutdruckregelung). In diesem Fall unterliegt die Gerätekombination dem MPG und ist eigenständig zu klassifizieren und einem entsprechenden Konformitätsbewertungsverfahren zu unterziehen.

In den Fällen, in denen bei der Nutzung innerhalb einer Gerätekombination die Zweckbestimmung eines Einzelgeräts unverändert bleibt (z. B. Infusionsspritzenpumpe zur Applikation von Heparin oder Protamin während der Dialysebehandlung), darf bei der Bewertung der Konformität der Gerätekombination auf das Ergebnis der Konformitätsbewertung des Einzelgeräts zurückgegriffen werden.

Zulässige Kombinationen mit anderen Geräten ergeben sich aus der vom Hersteller festgelegten Zweckbestimmung. In diesem Zusammenhang ist darauf hinzuweisen, dass auch ein Betreiber eine Gerätekombination nach seinen Vorstellungen zusammenstellen kann (z. B. eine Herz-Lungen-Maschine, die der Betreiber nach eigenen Vorstellungen aus Einzelgeräten unterschiedlicher Hersteller zusammenstellt). In diesen Fällen übernimmt der Betreiber Herstellerpflichten und muss beispielsweise in eigener Verantwortung die Konformität mit den Grundlegenden Anforderungen feststellen – nach Maßgabe der für Eigenherstellung geltenden Vorschriften.

Von der Gerätekombination im Sinne des MPG sind gemeinsam betriebene Geräte zu unterscheiden.

Gerätepflege

{EN: *Device maintenance}*
{FR: Entretien des appareils}
{⇨ Instandhaltung}

Die Gerätepflege ist ein wesentlicher Einzelschritt bei der Aufbereitung von medizinischen Geräten (aktive Medizinprodukte).

Hierunter versteht man die Gesamtheit der innerhalb des Krankenhauses durch seine Mitarbeiter auszuführenden Arbeiten, die für die Erhaltung der Funktionsfähigkeit und Betriebsbereitschaft der Geräte vor, während und nach der Anwendung erforderlich sind.

Dies sind insbesondere hygienische Maßnahmen der Geräteaufbereitung, in deren Rahmen patientennahe Teile eines Geräts abgebaut, gereinigt und wieder aufgebaut werden.

Zur Durchführung der Gerätepflege sind Arbeitsanweisungen zu erstellen. Gemäß den Prinzipien eines QM-Systems empfiehlt es sich, die Einhaltung der Arbeitsanweisungen zu überwachen.

Legt man auch für die Gerätepflege die RKI-Richtlinie «Anforderungen an die Hygiene bei der Aufbereitung von Medizinprodukten» [51] zugrunde, so sind nach einer Gerätepflege die für die Sicherheit und Funktionstüchtigkeit wesentlichen funktionellen Merkmale zu prüfen.

GMDN-Nomenklatur

{EN: *Global Medical Device Nomenclature, GMDN*}
{FR: *Code de la nomenclature mondiale des systèmes médicaux, GMDN*}
{⇨ EDMS-Nomenklatur; UMDNS-Nomenklatur System}

GMDN steht für «Global Medical Device Nomenclature» (Globale Nomenklatur für Medizinprodukte) und ist eine auf der Grundlage der ISO 15225 [76] entwickelte relativ neue Nomenklatur für Medizinprodukte – einschließlich der In-vitro-Diagnostika –, die globale Verwendung finden soll.

«Die GMDN (Global Medical Device Nomenclature) ist ein internationales Bezeichnungssystem für Medizinprodukte. Sie wurde vom Europäischen Komitee für Normung (CEN) entwickelt und als Projekt von der Europäischen Kommission finanziert.

Es ist vorgesehen, die GMDN in die wichtigsten Sprachen der EU-Mitgliedsstaaten zu übersetzen. Sobald eine deutsche Übersetzung vorliegt, soll sie im deutschen Medizinprodukte-Informationssystem zur Verschlüsselung von Medizinprodukten eingesetzt werden. Bis dahin werden die Nomenklatur UMDNS und die EDMA-Klassifikation als offizielle Bezeichnungssysteme in Deutschland benutzt.»[34]

Die Struktur der GMDN besteht grundsätzlich aus drei Ebenen:

- Produktkategorie:
  20 mögliche Produktkategorien, derzeit sind 16 festgelegt, z. B.:
  01: aktive implantierbare medizinische Geräte,
  02 Anästhesie- und Beatmungsgeräte,
  03: Dental Produkte,
  06: In-vitro-Diagnostika,
  10: Einwegprodukte,
  16: Laborgeräte),

34) https://www.dimdi.de/static/de/mpg/thesauri/gmdn/index.html (Stand: November 2014)

- Generische Produktgruppe,
- Produkttyp.

Zusätzlich wurden speziell für regulatorische Zwecke noch Sammelbegriffe («collective terms») entwickelt, die hierarchisch zwischen den Produktkategorien und den generischen Produktgruppen stehen. Beispiele hierfür sind Produktnamen wie Schrittmacher, Stents, Katheter oder Geräteattribute wie Elektrophysiologie, resorbierbare Materialien, Medizinprodukt zur Anwendung durch Laien. [130]

Grundlegende Anforderungen für Medizinprodukte

{EN: *Essential requirements for medical devices*}
{FR: *Exigences essentielles pour dispositifs médicaux*}
{⇨ Gemeinsame Technische Spezifikationen, Harmonisierte Norm}

Gemäß MPG und den RL für Medizinprodukte müssen Medizinprodukte nachweisbar die «Grundlegenden Anforderungen» erfüllen. In anderen europäischen Regelwerken müssen «Wesentliche Anforderungen» nachweisbar erfüllt werden. Beide Begriffe sind als gleichbedeutend zu verstehen.

> «Ein Großteil der Harmonisierungsrechtsvorschriften der Union ist darauf gerichtet, die Harmonisierung der Rechtsvorschriften auf die wesentlichen Anforderungen von öffentlichem Interesse zu beschränken.» [86]

Diese Anforderungen betreffen bei Medizinprodukten den Schutz der Gesundheit und die Sicherheit von Patienten, Anwendern und Dritten.

> «Mit der Festlegung wesentlicher Anforderungen ist beabsichtigt, ein hohes Schutzniveau zu gewährleisten. Die festgelegten Anforderungen gehen entweder auf bestimmte Risiken im Zusammenhang mit dem Produkt zurück (z. B. physischer und mechanischer Widerstand, Entzündbarkeit, chemische, elektrische oder biologische Eigenschaften, Hygiene, Radioaktivität, Präzision), oder sie beziehen sich auf das Produkt oder seine Leistung.» [86]

> «Wesentliche Anforderungen definieren die zu erzielenden Ergebnisse oder die abzuwendenden Gefahren, ohne jedoch die technischen Lösungen dafür festzulegen. Die konkreten technischen Lösungen können nach Ermessen des Herstellers einer Norm oder anderen technischen Spezifikationen entnommen werden. Dieser flexible Ansatz erlaubt es den Herstellern, selbst zu bestimmen, wie sie die Anforderungen erfüllen wollen. Außerdem ist es auf diese Weise möglich, Werkstoffwahl und Produktgestaltung dem technischen Fortschritt anzupassen. Auf wesentliche Anforderungen gestützte Harmonisierungsrechtsakte der Union bedürfen also keiner regelmäßigen Anpassung an den technischen Fortschritt, da sich die Bewertung, ob die Anforderungen erfüllt wurden oder nicht, auf den Stand der Technik zum Zeitpunkt des Inverkehrbringens des Produkts gründet.

> Die wesentlichen Anforderungen sind in entsprechenden Abschnitten oder Anhängen der einzelnen Harmonisierungsrechtsvorschriften der Union dargelegt. Obwohl die wesentlichen Anforderungen keine detaillierten Her-

stellungsbeschreibungen enthalten, sind die Harmonisierungsrechtsakte der Union unterschiedlich ausführlich ausformuliert. Sie sollen so präzise abgefasst sein, dass bei der Umsetzung in nationales Recht rechtsverbindliche durchsetzbare Verpflichtungen entstehen und die Beauftragung der europäischen Normungsorganisationen durch die Kommission mit der Erarbeitung harmonisierter Normen erleichtert wird. Sie werden zudem so formuliert, dass die Bewertung der Konformität mit diesen Anforderungen selbst dann möglich ist, wenn keine harmonisierten Normen vorliegen oder der Hersteller beschließt, diese nicht anzuwenden.» [86]

Mit dem Harmonisierungskonzept stützen sich die Kommission und der Rat der Europäischen Union u. a. auf folgende Prinzipien:

- In den RL werden Grundlegenden Anforderungen festgelegt, deren Erfüllung eine notwendige Voraussetzung für das Inverkehrbringen technischer Produkte innerhalb des EWR ist.
- Die in den RL festgelegten Grundlegenden Anforderungen werden durch Harmonisierte Normen weiter konkretisiert. Für In-vitro-Diagnostika nach Anhang II Listen A und B der IVDD sind zusätzlich die «Gemeinsamen Technischen Spezifikationen» relevant.
- Mit der CE-Kennzeichnung bestätigt der Hersteller die Einhaltung aller zutreffenden Grundlegenden Anforderungen.

Die Grundlegenden Anforderungen definieren abstrakt – also ohne weitergehende konkretisierende Details – ein Anforderungsprofil, dem Medizinprodukte genügen müssen, wenn sie auf dem europäischen Binnenmarkt in den Verkehr gebracht werden sollen und umfassen insbesondere Anforderungen bezüglich

- Sicherheit,
- technische Leistung und
- medizinische Leistung.

Der Nachweis der Einhaltung der Grundlegenden Anforderungen ist eine Grundforderung des MPG im Hinblick auf die Verkehrsfähigkeit eines Medizinprodukts. Er erfolgt durch den Hersteller im Rahmen der Konformitätsbewertung durch Verfahren, die durch die RL bzw. das MPG vorgegeben werden.

Eine Möglichkeit zur Erfüllung der Grundlegenden Anforderungen ist die Anwendung der für das entsprechende Produkt einschlägigen Harmonisierten Normen. Für In-vitro-Diagnostika nach Anhang II Listen A und B der IVDD sind die «Gemeinsamen Technischen Spezifikationen» anzuwenden.

Hinzuweisen ist, dass der Nachweis der Übereinstimmung mit den Grundlegenden Anforderungen eine klinische Bewertung gemäß Anhang 7 der AIMDD (vgl. Anhang 1 Nr. 5a AIMDD) bzw. Anhang X MDD (vgl. Anhang I Nr. 6a MDD) umfassen muss.

Des Weiteren ist gemäß § 7 Abs. 2 MPG folgende regulatorische Forderung zu beachten:

«Besteht ein einschlägiges Risiko, so müssen Medizinprodukte, die auch Maschinen in Sinne des Artikels 2 Buchstabe a der Richtlinie 2006/42/EG des Europäischen Parlaments und des Rates vom 17. Mai 2006 über Maschinen sind, auch den grundlegenden Gesundheits- und Sicherheitsanforderungen gemäß Anhang I der genannten Richtlinie entsprechen, sofern diese grundlegenden Gesundheits- und Sicherheitsanforderungen spezifischer sind als die Grundlegenden Anforderungen gemäß Anhang I der Richtlinie 93/42/EWG oder gemäß Anhang 1 der Richtlinie 90/385/EWG.»

H

Händler

{EN: *Distributor*}
{FR: *Distributeur*}
{⇨ Bevollmächtigter}

⇨ Artikel 2 Nr. 6 Verordnung (EG) Nr. 765/2008 [87]:
«Händler: jede natürliche oder juristische Person in der Lieferkette, die ein Produkt auf dem Markt bereitstellt, mit Ausnahme des Herstellers oder des Einführers.»

«Neben den Herstellern und Einführern bilden die Händler die dritte Kategorie der Wirtschaftsbeteiligten, die besonderen Pflichten unterliegen. Einzelhändler, Großhändler und andere Händler in der Absatzkette brauchen nicht wie der Bevollmächtigte in einem besonderen Verhältnis zum Hersteller zu stehen. Ein Händler erwirbt Produkte für den weiteren Vertrieb entweder bei einem Hersteller, einem Einführer oder einem anderen Händler.

Der Händler muss hinsichtlich der anzuwendenden Bestimmungen angemessene Sorgfalt walten lassen. So sollte er unter anderem wissen, welche Produkte mit der CE-Kennzeichnung zu versehen sind, welche Unterlagen (z. B. EU-Konformitätserklärung) das Produkt begleiten müssen, welche sprachlichen Anforderungen an die Etikettierung, Gebrauchsanweisungen bzw. andere Begleitunterlagen bestehen und welche Umstände eindeutig für die Nichtkonformität des Produkts sprechen. Er hat die Pflicht, der nationalen Aufsichtsbehörde gegenüber nachzuweisen, mit der nötigen Sorgfalt gehandelt und sich vergewissert zu haben, dass der Hersteller oder sein Bevollmächtigter oder die Person, die ihm das Produkt zur Verfügung gestellt hat, die nach den anzuwendenden Harmonisierungsrechtsvorschriften der Union erforderlichen und in den Pflichten der Händler aufgeführten Maßnahmen ergriffen hat.» [86]

Bevor der Händler ein Produkt auf dem Markt bereitstellt, muss er formell prüfen [86],

- dass das Produkt mit der/den erforderliche/-n Konformitätskennzeichnung/-en versehen ist (z. B. der CE-Kennzeichnung);

- dass dem Produkt die erforderlichen Unterlagen (z. B. die EU-Konformitätserklärung) und die Gebrauchsanweisungen und Sicherheitsinformationen in einer Sprache, die von den Verbrauchern und sonstigen Endbenutzern leicht verstanden werden kann, sofern dies im anzuwendenden Rechtsakt vorgeschrieben ist, beigefügt sind;
- dass Hersteller und Einführer ihren
  - Namen,
  - ihren eingetragenen Handelsnamen oder ihre eingetragene Handelsmarke und
  - ihre Kontaktanschrift

  angegeben haben, und zwar auf dem Produkt oder – falls dies aufgrund der Größe oder materieller Eigenschaften des Produkts nicht möglich sein sollte – auf seiner Verpackung und/oder den Begleitunterlagen, und dass das Produkt eine Typen-, Chargen- oder Seriennummer oder ein anderes für Verbraucher leicht erkennbares und lesbares Kennzeichen zu seiner Identifikation trägt.

Handlungs-Anwendungsbereich

{EN: *Scope of application – Area of action*}
{FR: *Champ d'application – domaine d'action*}
{⇨ Produkt-Anwendungsbereich}

Der Handlungs-Anwendungsbereich des MPG umfasst alle Phasen eines Medizinprodukts von der Konzeption bis zur Anwendung/Verwendung. Im Einzelnen sind regulatorische Anforderungen enthalten für:

- den Hersteller, seinen Bevollmächtigten, den Einführer bzw. den Fachhandel bezüglich
  - Herstellen (Entwicklung, klinische Prüfung, klinische Bewertung, Erprobung, Fertigung),
  - Ausstellen,
  - Inverkehrbringen und
  - Inbetriebnehmen.
- den Betreiber bzw. den Anwender bezüglich
  - Errichten,
  - Betreiben und
  - Anwenden bzw. Verwenden.

Harmonierungsrechtsvorschriften der EU

{EN: *EU harmonisation of legislation*}
{FR: *Harmonisation législative de l'UE*}
{⇨ EU-Richtlinie, Verordnungen (EU)}

⇨ Artikel 2 Nr. 21 der Verordnung (EG) Nr. 765/2008 [87]:
«Rechtsvorschriften der Gemeinschaft zur Harmonisierung der Bedingungen für die Vermarktung von Produkten.»

Zum Abbau von Handelshemmnissen hat die EU eine Vielzahl von Harmonisierungsrechtsvorschriften erlassen (RL, EU-Verordnungen).

Harmonisierte Norm

{EN: *Harmonised standard*}
{FR: *Norme harmonisée*}

⇨ § 3 Nr. 18 MPG:
«Harmonisierte Normen sind solche Normen von Vertragsstaaten des Abkommens über den Europäischen Wirtschaftsraum, die den Normen entsprechen, deren Fundstellen als «harmonisierte Norm» für Medizinprodukte im Amtsblatt der Europäischen Union veröffentlicht wurden. Die Fundstellen der diesbezüglichen deutschen Normen werden im Bundesanzeiger bekannt gemacht. Den Normen nach den Sätzen 1 und 2 sind die Medizinprodukte betreffenden Monographien des Europäischen Arzneibuches, deren Fundstellen im Amtsblatt der Europäischen Union veröffentlicht und die als Monographien des Europäischen Arzneibuchs, Amtliche deutsche Ausgabe, im Bundesanzeiger bekannt gemacht werden, gleichgestellt.»

In der Verordnung (EU) Nr. 1025/2012 zur europäischen Normung [99] wird in Artikel 2 Nr. 1 der Begriff «Norm» definiert. Diese Definition umfasst auch die Definition der Harmonisierten Norm:

«Norm: eine von einer anerkannten Normenorganisation angenommene technische Spezifikation zur wiederholten oder ständigen Anwendung, deren Einhaltung nicht zwingend ist und die unter eine der nachstehenden Kategorien fällt:

a) internationale Norm: eine Norm, die von einer internationalen Normenorganisation angenommen wurde;
b) europäische Norm: eine Norm, die von einer europäischen Normenorganisation angenommen wurde;
c) harmonisierte Norm: eine europäische Norm, die auf der Grundlage eines Auftrags der Kommission zur Durchführung von Harmonisierungsrechtsvorschriften der Union angenommen wurde;
d) nationale Norm: eine Norm, die von einer nationalen Normenorganisation angenommen wurde.»

- Beispiele für internationale Normungsorganisationen:
  IEC International Electrotechnical Commission
  ISO International Organization for Standardization
  ITU International Telecommunication Union
- Europäische Normungsorganisationen (vgl. Anhang I der Verordnung (EU) Nr. 1025/2012 [99]:
  CEN Europäisches Komitee für Normung
  CENELEC Europäisches Komitee für elektrotechnische Normung
  ETSI Europäisches Institut für Telekommunikationsnormen
- Beispiele für nationale Normungsorganisationen in Europa:
  AFNOR Association Française de Normalisation
  BSI British Standards Institution

DIN	Deutsches Institut für Normung
DKE	Deutsche Kommission Elektrotechnik Elektronik Informationstechnik im DIN und VDE
NEC	Nederlands Electrotechnisch Comité
NEN	Nederlands Normalisatie-instituut
NSAI	National Standards Authority of Ireland
ÖNORM	Austrian Standards Institute
ÖVE	Austrian Electrotechnical Association
SEK	Svensk Elstandard
SIS	Swedish Standards Institute
SNV	Schweizerische Normen-Vereinigung

Harmonisierte Normen sind Europäische Normen – und damit technische Spezifikationen – [53], die die Anforderungen der RL konkretisieren. Sie werden von den privatrechtlich organisierten, in keinem Weisungsverhältnis zur Europäischen Kommission stehenden genannten europäischen Normungsgremien erlassen [53, 92].

Harmonisierte Normen müssen u. a. folgende Voraussetzungen erfüllen:

- Mandat für die zu erarbeitende Norm von der Europäischen Kommission.
- Erarbeitung der Harmonisierten Norm von einer Europäischen Normungsorganisation (CEN, CENELEC, ETSI).
- Umsetzung der Harmonisierten Norm in eine nationale Norm.
  Diese Umsetzung bedeutet, dass die betreffenden Harmonisierten Normen in gleicher Weise wie nationale Normen zugänglich gemacht werden und alle im Widerspruch dazu stehenden nationalen Normen zurückgezogen werden müssen.
- Die Bekanntmachung der Fundstellen der Harmonisierten Normen durch die Europäische Kommission erfolgt im Amtsblatt der Europäischen Union unter Hinweis auf die betreffende europäische RL [10]. Eine Übersicht über Harmonisierten Normen der AIMDD, MDD und IVDD sind auf den Internetseiten der Europäischen Kommission[35] zu finden.
  Die Fundstellen der diesbezüglichen deutschen Normen werden gemäß § 3 Nr. 18 MPG vom BfArM im Bundesanzeiger bekannt gemacht. Diese Bekanntmachungen sind auch auf den Internetseiten des BfArM zu finden.
  Den Harmonisierten Normen sind die Medizinprodukte betreffenden Monographien des Europäischen Arzneibuches gleichgestellt, deren Fundstellen im Amtsblatt der Europäischen Union veröffentlicht und die als Monographien des Europäischen Arzneibuches, Amtliche deutsche Ausgabe, im Bundesanzeiger bekannt gemacht werden.
- Harmonisierte Normen behalten im Bereich der RL des Neuen Konzepts den Status, dass ihre Anwendung freiwillig ist. Für einen Hersteller besteht keine Verpflichtung eine Harmonisierte Norm anzuwenden [92].

35) http://ec.europa.eu/enterprise/policies/european-standards/harmonised-standards/index_en.htm (Stand: November 2014)

- Die Einhaltung der Anforderungen einer für das Medizinprodukt zutreffenden Harmonisierten Norm bedeutet für einen Hersteller eine gesetzliche Konformitätsvermutung [92].
- Harmonisierte Normen können von dem zuständigen Normengremium geändert werden.

Der Verweis auf die Erfüllung einer im Amtsblatt der Europäischen Union veröffentlichten Harmonisierten Norm ist hinreichend, um die Konformität mit den durch die Harmonisierten Norm abgedeckten «Grundlegenden Anforderungen» einer RL zu belegen.

Hauptprüfer – klinische Prüfung

{EN: *Principal investigator – clinical investigation*}
{FR: *Investigateur principal – investigation clinique*}

⇨ § 3 Nr. 24 MPG
«[…] Wird eine Prüfung in einer Prüfstelle von mehreren Prüfern vorgenommen, so ist der verantwortliche Leiter der Gruppe der Hauptprüfer. […]»

Dieser Satz gilt für genehmigungspflichtige Leistungsbewertungsprüfungen von In-vitro-Diagnostika entsprechend.

Herstellen

{EN: *Manufacture*}
{FR: *Fabriquer*}

Herstellen im weiteren Sinne umfasst neben dem Nachweis der Erfüllung der regulatorischen Anforderungen – korrespondierend zu den Verantwortlichkeiten des Herstellers – u. a. das Festlegen der Zweckbestimmung, Entwickeln, klinisch Bewerten und gegebenenfalls klinisch Prüfen, Erproben, Fertigen, Prüfen, Bewerten, Kennzeichnen und Verpacken eines Medizinprodukts. Abgeschlossen wird die Phase des Herstellens durch die Konformitätsbewertung auf der Basis der vom Hersteller festgelegten Zweckbestimmung des Medizinprodukts.

Herstellen im engeren Sinne meint die Produktion oder Fertigung einschließlich der zugehörigen In-Prozess- und Qualitätskontrollen sowie der Kennzeichnung und Verpackung eines Medizinprodukts.

Hersteller

{EN: *Manufacturer*}
{FR: *Fabricant*}
{⇨ Fachhandel}

⇨ § 3 Nr. 15 MPG:
«Hersteller ist die natürliche oder juristische Person, die für die Auslegung, Herstellung, Verpackung und Kennzeichnung eines Medizinprodukts im Hinblick auf das erstmalige Inverkehrbringen im eigenen Namen verantwortlich ist, unabhängig davon, ob diese Tätigkeiten von dieser Person oder stellver-

tretend für diese von einer dritten Person ausgeführt werden. Die dem Hersteller nach diesem Gesetz obliegenden Verpflichtungen gelten auch für die natürliche oder juristische Person, die ein oder mehrere vorgefertigte Medizinprodukte montiert, abpackt, behandelt, aufbereitet, kennzeichnet oder für die Festlegung der Zweckbestimmung als Medizinprodukt im Hinblick auf das erstmalige Inverkehrbringen im eigenen Namen verantwortlich ist. Dies gilt nicht für natürliche oder juristische Personen, die ohne Hersteller im Sinne des Satzes 1 zu sein bereits in Verkehr gebrachte Medizinprodukte für einen namentlich genannten Patienten entsprechend ihrer Zweckbestimmung montieren oder anpassen.»

Hersteller ist jede natürliche oder juristische Person, die für

- die Auslegung einschließlich Konformitätsbewertung,
- die Herstellung einschließlich CE-Kennzeichnung,
- die Verpackung und/oder
- die Kennzeichnung einschließlich Festlegung der Zweckbestimmung für das Medizinprodukt

verantwortlich ist und es

- im eigenen Namen
- erstmalig in den Verkehr bringt.

Die dem Hersteller nach dem MPG obliegenden Verpflichtungen gelten aber auch für die natürliche oder juristische Person, die ein oder mehrere vorgefertigte Produkte

- montiert,
- abpackt,
- behandelt,
- aufbereitet,
- kennzeichnet und/oder
- für die Festlegung der Zweckbestimmung des Medizinprodukts
- im Hinblick auf das erstmalige Inverkehrbringen im eigenen Namen verantwortlich ist.

Dies gilt jedoch nicht für Personen, die – ohne Hersteller im Sinne der vorgenannten Definition zu sein – bereits in Verkehr gebrachte Medizinprodukte für einen namentlich genannten Patienten entsprechend ihrer Zweckbestimmung montieren oder anpassen.

Die Definition «Hersteller» des MPG stellt somit nicht auf die tatsächliche Entwicklung und/oder Fertigung eines Medizinprodukts ab. Sie geht vielmehr von der Verantwortlichkeit im Hinblick auf die Einhaltung der Anforderungen für das erstmalige Inverkehrbringen aus.

So ist beispielsweise ein Fachhändler dann Hersteller im Sinne des MPG, wenn er ein Medizinprodukt von einem anderen bezieht und dieses Produkt danach – gegebenenfalls sogar unverändert – unter seinem Namen und/oder seiner Handelsbezeichnung in den Verkehr bringt.

Zusammengefasst ergeben sich somit zwei wesentliche Voraussetzungen, die einen Hersteller im Sinne des MPG charakterisieren:

- Anbieten eines Produkts auf dem freien Markt und
- verantwortliches Inverkehrbringen des Medizinprodukts unter eigenem Namen.

Hilfsmittel

{EN: *Medical aids, Assistive products*}
{FR: *Dispositifs médicaux pour traitements et matériels d'aide à la vie, produits d'assistance*}

«Hilfsmittel sind Sachleistungen, die Ärzte verordnen. Dazu zählen Hörhilfen, Körperersatzstücke, orthopädische und andere Hilfsmittel. Im Einzelfall sind diese Hilfsmittel erforderlich, um den Erfolg der Krankenbehandlung zu sichern, einer drohenden Behinderung vorzubeugen oder eine Behinderung auszugleichen, soweit sie nicht als allgemeine Gebrauchsgegenstände des täglichen Lebens anzusehen oder gesetzlich ausgeschlossen sind.»[36, 37]

Beispiele für Hilfsmittel sind:

- Seh- und Hörhilfen (Brillen, Hörgeräte),
- Körperersatzstücke (Prothesen),
- Applikationshilfen (Insulinpens, Insulinpumpen, Ernährungspumpen),
- Elektrostimulationsgeräte,
- Inhalations- und Atemtherapiegeräte (Inhalationshilfen, Sauerstofftherapiegeräte),
- orthopädische Hilfsmittel (orthopädische Schuhe, Rollstühle, Gehhilfen),
- Messgeräte für Körperzustände/-funktionen (Messgeräte zur Lungenfunktionsmessung, Blutdruckmessgeräte, Blutgerinnungsmessgeräte),
- Inkontinenz- und Stoma-Artikel,
- andere Hilfsmittel, wie z. B. Hilfsmittel gegen Dekubitus, Hilfsmittel zur Kompressionstherapie.

Hygienische Sicherheit

{EN: *Hygienic safety*}
{FR: *Sécurité hygiénique*}
{⇨ Patientensicherheit}

Hygienische Sicherheit umfasst alle Aspekte/Maßnahmen zur Vermeidung von Infektionen beim Patienten, aber auch beim Anwender [7] durch Maßnahmen wie beispielsweise:

- Aufbereitung von Medizinprodukten,
- Gerätepflege und -reinigung vor der Anwendung,
- Sterilität des Medizinprodukts einschließlich der Anwendungsteile und verwendeter Einmalartikel eines medizinisch-technischen Geräts, die unmittelbar mit dem Patienten in Kontakt kommen,
- Kontaminationsschutz während der Anwendung.

36) http://www.kbv.de/html (Stand: November 2014)
37) https://www.g-ba.de/institution/sys/glossar/buchstabe/h/#details/71 (Stand: November 2014)

Aspekte der gerätebedingten, hygienischen Sicherheit sind im MPG im Rahmen der Grundlegenden Anforderungen enthalten.

Die Sterilisation von steril anzuwendenden Medizinprodukten für das erstmalige Inverkehrbringen ist in jedem Fall Gegenstand eines unter Beteiligung einer Benannten Stelle durchzuführenden Konformitätsbewertungsverfahrens. Anforderungen an die Durchführung der Aufbereitung von Medizinprodukten ergeben sich aus § 4 MPBetreibV in Verbindung mit der gemeinsamen Empfehlung der Kommission für Krankenhaushygiene und Infektionsprävention am RKI und des BfArM zu den Anforderungen an die Hygiene bei der Aufbereitung von Medizinprodukten [51].

Darüber hinaus wird in § 10 Abs. 3 MPG Satz 2 MPG in Verbindung mit § 6 Abs. 8 MPV für den Fall der Aufbereitung steril anzuwendender Medizinprodukte, die an Andere abgegeben werden sollen, die Durchführung eines auf die Sterilisation und die Erhaltung der Funktionsfähigkeit beschränkten Konformitätsbewertungsverfahrens unter Beteiligung einer Benannten Stelle verbindlich vorgeschrieben.

I

Immunologische Wirkungsweise

{EN: *Action by immunological means*}
{FR: *Action par moyens immunologiques*}

⇨ AGMP-Arbeitshilfe [67]:
«Eine immunologische Wirkungsweise im Sinne des MPG wird verstanden als eine Wirkungsweise im oder am Körper durch Stimulierung, Mobilisierung und/oder den Zusatz von Zellen und/oder Produkten, die an einer spezifischen Immunreaktion beteiligt sind.»

Implantierbares Medizinprodukt

{EN: *Implantable medical device*}
{FR: *Dispositif médical implantable*}
{⇨ Aktives implantierbares Medizinprodukt}

⇨ Anhang IX Nr. 1.2 MDD:
«Jedes Medizinprodukt, das dazu bestimmt ist, durch einen chirurgischen Eingriff
- ganz in den menschlichen Körper eingeführt zu werden oder
- eine Epitheloberfläche oder die Oberfläche des Auges zu ersetzen und
- nach dem Eingriff dort zu verbleiben[38].

Als implantierbares Medizinprodukt gilt auch jedes Medizinprodukt, das dazu bestimmt ist, durch einen chirurgischen Eingriff teilweise in den menschlichen

38) red. Hinweis: z. B. Elektroden eines implantierbaren Herzschrittmachers, Endoprothesen.

Körper eingeführt zu werden und nach dem Eingriff mindestens 30 Tage dort zu verbleiben[39].»

Inbetriebnahme

{EN: *Putting into service*}
{FR: *Mise en service*}
{⇨ Inverkehrbringen}

⇨ § 3 Nr. 12 MPG:
«Inbetriebnahme ist der Zeitpunkt, zu dem das Medizinprodukt dem Endanwender als ein Erzeugnis zur Verfügung gestellt worden ist, das erstmals entsprechend seiner Zweckbestimmung im Europäischen Wirtschaftsraum angewendet werden kann. Bei aktiven implantierbaren Medizinprodukten gilt als Inbetriebnahme die Abgabe an das medizinische Personal zur Implantation.»

Die Inbetriebnahme eines Medizinprodukts ist im MPG definiert als die Bereithaltung/Bereitstellung zur erstmaligen Nutzung entsprechend der Zweckbestimmung durch den Endbenutzer. Somit ist die reine Vorführung eines Medizinprodukts beispielsweise auf Messen keine Inbetriebnahme.

Bei aktiven implantierbaren Medizinprodukten gilt die Abgabe an das medizinische Personal zum Zwecke der Implantation als Inbetriebnahme. Da ein Betreiber wegen der individuellen Anpassung von nicht aktiven implantierbaren Medizinprodukten (z. B. Hüftimplantate) mehrere Größen vorhalten muss, richtet er ein Konsignationslager ein. Ein nicht aktives implantierbares Medizinprodukt wird erst bei der Entnahme aus dem Konsignationslager in Betrieb genommen.

Grundvoraussetzung für die Inbetriebnahme durch den Endbenutzer ist, dass das Medizinprodukt mit der CE-Kennzeichnung versehen sein muss.

Information durch den Hersteller

{EN: *Information by the manufacturer*}
{FR: *Information par le fabricant*}
{⇨ Produktinformation}

In-Haus-Herstellung

{EN: *In-house production*}
{FR: *Fabrication dans l'établissement hospitalier*}
{⇨ Eigenherstellung}

Überholter regulatorischer Begriff für Medizinprodukte, heute «Eigenherstellung».

39) red. Hinweis: z. B. Knochennagel.

Inspektion

{EN: *Inspection*}
{FR: *Inspection*}
{⇨ Instandhaltung, Instandsetzung, Messtechnische Kontrolle, Sicherheitstechnische Kontrolle, Wartung}

⇨ DIN 31051 (09.2012) [77]:
«Maßnahmen zur Feststellung und Beurteilung des Istzustands einer Einheit einschließlich der Bestimmung der Ursachen der Abnutzung und dem Ableiten der notwendigen Konsequenzen für eine künftige Nutzung.»

Die Inspektion ist eine wesentliche Maßnahme zur Vermeidung technisch bedingter Störungen. Eine periodische Durchführung ist eine wesentliche Voraussetzung zur Erhaltung der Funktions- bzw. Betriebssicherheit eines Medizinprodukts.

Maßnahmen einer Inspektion umfassen u. a.:

- Erstellen eines Plans zur Feststellung des Istzustands, der für die spezifischen Belange des jeweiligen Betriebs oder der betrieblichen Anlage abgestellt ist und hierfür verbindlich gilt. Dieser Plan soll u. a. Angaben über Ort, Termin, Methode, Geräte, Maßnahmen und zu betrachtende Merkmalswerte enthalten.
- Vorbereitung der Durchführung;
- Durchführung, vorwiegend die quantitative Ermittlung bestimmter Merkmalswerte;
- Vorlage des Ergebnisses der Feststellung des Istzustands;
- Fehleranalyse;
- Planung im Sinne des Aufzeigens und Bewertens alternativer Lösungen unter Berücksichtigung betrieblicher und außerbetrieblicher Forderungen;
- Entscheidung für eine Lösung (Instandsetzung, Verbesserung oder andere Maßnahmen);
- Rückmeldung.

DIN 31051 ergänzt die Europäische Norm DIN EN 13306 [78].

> «Die in der DIN EN 13306 festgelegten Begriffe decken nur einen Teil der Begriffe von DIN 31051 ab. Außerdem fehlt in DIN EN 13306 eine Strukturierung der Instandhaltung. Diese Lücken sollen mit der vorliegenden Norm (red.: DIN 31051), die die in DIN EN 13306 definierten Begriffe als Grundlage verwendet, geschlossen werden. Weiterhin sind zur Abgrenzung und Erklärung Begriffe aufgeführt, die in enger Verbindung zur Instandhaltung stehen.» (Vorwort in [77])

Inspektion – regulatorisch

{EN: *Inspection – regulatory*}
{FR: *Inspection – réglementaire*}
{⇨ Regulatorische Inspektion}

Instandhaltung

{EN: *Maintenance*}
{FR: *Maintenance*}
{⇨ Instandsetzung, Inspektion, Messtechnische Kontrolle, Sicherheitstechnische Kontrolle, Wartung}

⇨ § 3 Abs. 1 MPBetreibV:
«Die Instandhaltung von Medizinprodukten umfasst insbesondere Instandhaltungsmaßnahmen und die Instandsetzung. Instandhaltungsmaßnahmen sind insbesondere Inspektionen und Wartungen, die erforderlich sind, um den sicheren und ordnungsgemäßen Betrieb der Medizinprodukte fortwährend zu gewährleisten. Die Instandhaltungsmaßnahmen sind unter Berücksichtigung der Angaben des Herstellers durchzuführen, der diese Angaben dem Medizinprodukt beizufügen hat. Die Instandsetzung umfasst insbesondere die Reparatur zur Wiederherstellung der Funktionsfähigkeit.»

⇨ DIN 31051 (09.2012) [77]::
«Kombination aller technischen und administrativen Maßnahmen sowie Maßnahmen des Managements während des Lebenszyklus einer Einheit, die dem Erhalt oder der Wiederherstellung ihres funktionsfähigen Zustands dient, so dass sie die geforderte Funktion erfüllen kann.»

DIN 31051 ergänzt die Europäische Norm DIN EN 13306 [78] und strukturiert die Instandhaltung in

- Wartung,
- Inspektion,
- Instandsetzung und
- Verbesserung.

Instandhaltung umfasst damit die Maßnahmen, die notwendig sind, um z. B. ein Medizinprodukt in dem Zustand zu halten, in dem es die vom Hersteller spezifizierte Funktion erfüllen kann. Darüber hinaus zählt zur Instandhaltung u. a. auch die Schwachstellenbeseitigung sowie alle technischen und administrativen Maßnahmen einschließlich Maßnahmen des Managements während des Lebenszyklus des Medizinprodukts, um den spezifizierten funktionsfähigen Zustand zu erhalten oder das Medizinprodukt in diesen Zustand zurückzuführen.

Im Wesentlichen werden nach DIN EN 13306 [78] zwei Arten von Instandhaltung unterschieden:

- Vorbeugende Instandhaltung, die zum Erhalt der Funktionsfähigkeit eines Medizinprodukts durchgeführt wird. Im Normalfall wird sie in vom Hersteller vorgegebenen Zeitintervallen durchgeführt. Wie bei Medizinprodukten der Anlage 1 MPBetreibV kann sie auch vom Gesetz- oder Verordnungsgeber in Form von STK bzw. MTK vorgeschrieben werden (vgl. § 6 MPBetreibV).
- Korrektive Instandhaltung, auch Instandsetzung genannt, zur Wiederherstellung der Funktionsfähigkeit des Medizinprodukts.

Instandhaltung, ferngesteuert

{EN: *Maintenance, remote-controlled*}
{FR: *Maintenance à distance, Télémaintenance*}
{⇨ Ferngesteuerte Instandhaltung}

Instandsetzung

{EN: *Repair*}
{FR: *Réparation*}
{⇨ Inspektion, Instandhaltung, Wartung}

⇨ DIN 31051 (09.2012) [77]:
«Physische Maßnahme, die ausgeführt wird, um die Funktion einer fehlerhaften Einheit wiederherzustellen.»

Diese Maßnahmen beinhalten:

- Auftrag, Auftragsdokumentation und Analyse des Auftragsinhaltes;
- Vorbereitung der Durchführung, beinhaltend
  - Kalkulation,
  - Terminplanung,
  - Abstimmung,
  - Bereitstellung von Personal, Mitteln und Materialien,
  - Erstellung von Arbeitsplänen;
- Vorwegmaßnahmen wie Arbeitsplatzausrüstung, Schutz- und Sicherheitseinrichtungen, usw.;
- Überprüfung der Vorbereitung und der Vorwegmaßnahmen einschließlich der Freigabe zur Durchführung;
- Durchführung;
- Funktionsprüfung und Abnahme;
- Fertigmeldung;
- Auswertung einschließlich Dokumentation, Kostenaufschreibung, Aufzeigen und gegebenenfalls Einführen von Verbesserungen;
- Rückmeldung.

Die Maßnahme «Instandsetzung» ist in allen in Abschnitt 7 der DIN EN 13306 definierten Instandhaltungsmaßnahmen enthalten [77, 78]

Instrument

{EN: *Instrument*}
{FR: *Instrument*}

⇨ § 3 Nr. 1 MPG:
«Medizinprodukte sind alle einzeln oder miteinander verbunden verwendete Instrumente, [...], die vom Hersteller zur Anwendung für Menschen mittels ihrer Funktion zum Zwecke [...] zu dienen bestimmt sind und deren bestimmungsgemäße Hauptwirkung im oder am menschlichen Körper weder durch pharmakologisch oder immunologisch wirkende Mittel noch durch

Metabolismus erreicht wird, deren Wirkungsweise aber durch solche Mittel unterstützt werden kann.»

Der Begriff «Instrumente» findet sowohl in der MDD als auch in der AIMDD und IVDD Verwendung. Der Begriff umfasst ein weites Spektrum von Produkten, die sich vereinfacht in folgende Gruppen einteilen lassen:

- chirurgische Instrumente gemäß MDD, AIMDD,
- medizinische Instrumente gemäß MDD,
- Messinstrumente gemäß IVDD

Bei chirurgischen Instrumenten, die der MDD zuzuordnen sind, handelt es sich überwiegend um mechanische Werkzeuge, die von Ärzten/Zahnärzten für operative Eingriffe, zur Untersuchung und Diagnostik am Menschen benutzt werden. Instrumente können gemäß der Zweckbestimmung des Herstellers eingesetzt werden, beispielsweise zum

- Trennen, Schneiden von Gewebe (z. B. Skalpell, Messer),
- Schaben (z. B. Kürette, Löffel),
- Abtragen/Bearbeiten von Material (z. B. Schlinge, Ahle, Fräse, Bohrer, Meißel, Osteotom),
- Klemmen (z. B. Zangen, Klemmen),
- Greifen/Platzieren von Material, Gegenstände (z. B. Pinzette),
- Schneiden von z. B. Gewebe-, Operationshilfs- oder Nahtmaterial (z. B. chirurgische Schere, Ligaturschere, Mikroschere),
- Offen halten des Operationsfeldes (z. B. Wundhaken, Wundspreizer, Retraktor, Bauchdeckenhalter),
- Nähen/Verbinden (z. B. Nadel, Nadelhalter),
- Untersuchen/Diagnostizieren (z. B. Zungenspatel, Kehlkopfspatel, Spiegel).

Je nach Anwendungsort am/im menschlichen Körper (z. B. Auge, Hals, Nase, Ohr, Zahn, Lunge, Bauch, Urologie, Gynäkologie) sind unterschiedliche Größen und Ausführungsformen der Instrumente erforderlich.

Unter die AIMDD fallen spezielle Instrumente, die für die Implantation von aktiven medizinischen Geräten genutzt werden, beispielsweise:

- Schablonen für die Positionierung des Implantats,
- Bohrbuchsen zur Einstellung der Bohrtiefe,
- bidirektionale Drehmoment-Schraubendreher
  - zur Implantation eines Herzschrittmachers,
  - zur Implantation eines Cochlea-Implantats.

Bei medizinischen Instrumenten handelt es sich um eine Vielzahl von Produkten zur Diagnose und Therapie, wie beispielsweise:

- Instrumente für augenärztliche Zwecke (z. B. ophthalmologische Instrumente, direkte und indirekte Ophthalmoskope, Skiaskope, Retinometer),
- Endoskope für medizinische Zwecke,
- Messinstrumente für Blutdruck, EKG, EEG, etc.,
- Stethoskop, Reflexhammer, Stimmgabel zur Kontrolle des Vibrationsempfindens, Zungenspatel, Kehlkopfspiegel.

Instrumente gemäß IVDD sind Messinstrumente wie beispielsweise

- Teststreifen, die mittels Farbumschlag einen Messbereich anzeigen,
- Blutzucker- und Blutgerinnungsmessgeräte einschließlich der dazugehörenden Teststreifen.

Allgemein sind hierunter alle Messinstrumente zu verstehen, «mit denen Proben untersucht werden, die aus dem menschlichen Körper stammen.» [136]

Invasive Anwendung

{EN: *Invasive application*}
{FR: *Application invasive*}
{⇨ Anwendungsort, Chirurgisch-invasive Anwendung, Körperöffnung}

Die invasive Anwendung des Medizinprodukts erfolgt im menschlichen Körper, wobei zu unterscheiden ist, ob das Medizinprodukt

- durch eine natürliche Körperöffnung oder
- durch einen chirurgischen Eingriff
- in den Körper eingeführt wird.

Invasives Medizinprodukt

{EN: *Invasive medical device*}
{FR: *Dispositif médical invasif*}
{⇨ Invasive Anwendung, Chirurgisch-invasives Medizinprodukt}

⇨ Anhang IX Nr. 1.2 MDD:
«Invasives Produkt: Produkt, das durch die Körperoberfläche oder über eine Körperöffnung ganz oder teilweise in den Körper eindringt.»

Inverkehrbringen

{EN: *Placing on the market*}
{FR: *Mise sur le marché*}
{⇨ Inbetriebnahme}

⇨ § 3 Nr. 11 MPG:
«Inverkehrbringen ist jede entgeltliche oder unentgeltliche Abgabe von Medizinprodukten an andere. Erstmaliges Inverkehrbringen ist die erste Abgabe von neuen oder als neu aufbereiteten Medizinprodukten an andere im Europäischen Wirtschaftsraum. Als Inverkehrbringen nach diesem Gesetz gilt nicht

a) die Abgabe von Medizinprodukten zum Zwecke der klinischen Prüfung,
b) die Abgabe von In-vitro-Diagnostika für Leistungsbewertungsprüfungen,
c) die erneute Abgabe eines Medizinprodukts nach seiner Inbetriebnahme an andere, es sei denn, dass es als neu aufbereitet oder wesentlich verändert worden ist.

Eine Abgabe an Andere liegt nicht vor, wenn Medizinprodukte für einen anderen aufbereitet und an diesen zurückgegeben werden.»

⇨ Artikel 2 Nr. 2 der Verordnung (EG) Nr. 765/2008 [87]:
«Die erstmalige Bereitstellung eines Produkts auf dem Gemeinschaftsmarkt.»

In § 3 Nr. 11 MPG werden zwei Begriffsbestimmungen angegeben. Es handelt sich hierbei um

- das «erstmalige Inverkehrbringen» und
- das «Inverkehrbringen».

Beiden Begriffen gemeinsam ist, dass darunter jede entgeltliche oder unentgeltliche Abgabe von Medizinprodukten zu verstehen ist. Von Bedeutung für das Inverkehrbringen ist hierbei, ob ein Medizinprodukt einem anderen überlassen wurde, d. h. ob die tatsächliche Verfügungsgewalt auf den anderen übergegangen ist. Dabei ist es unerheblich, ob die «Überlassung» zeitlich befristet oder unbefristet ist bzw. ob sie entgeltlich oder unentgeltlich erfolgt.

Anmerkung: Das Inverkehrbringen im Sinne der Verordnung (EG) Nr. 765/2008 als «erstmalige Bereitstellung» ist nicht zu verwechseln mit dem Begriff «Inverkehrbringen» des MPG.

1. Erstmaliges Inverkehrbringen von Medizinprodukten

Der Begriff «erstmaliges Inverkehrbringen» wird in den RL für:

- aktive implantierbare medizinische Geräte (AIMDD),
- Medizinprodukte (MDD) und
- In-vitro-Diagnostika (IVDD)

definiert und bezieht sich ausschließlich auf neue oder als neu aufbereitete Medizinprodukte, die im EWR erstmalig bereitgestellt werden. Unter Bereitstellung ist die Überlassung eines Produkts nach der Herstellung und der CE-Kennzeichnung mit dem Ziel des Vertriebs oder der Verwendung in der EU zu verstehen. Wenn in den genannten RL vom Inverkehrbringen die Rede ist, ist ausschließlich das «erstmalige Inverkehrbringen» zu verstehen.

Die Überlassung des Produkts erfolgt entweder durch den Hersteller oder seinen in der EU niedergelassenen Bevollmächtigten an den in der EU niedergelassenen Einführer oder an die Person, die für den Vertrieb des Produkts auf dem Gebiet des EWR zuständig ist.

Das Produkt gilt als überlassen, sobald seine Übergabe oder Übereignung stattgefunden hat. Diese Überlassung kann entgeltlich oder unentgeltlich erfolgen. Von einer Überlassung kann beispielsweise im Falle des Verkaufs, der Verleihung, der Vermietung, des Leasings, der Schenkung ausgegangen werden.

Wird ein Medizinprodukt im EWR erstmalig in Verkehr gebracht, so fallen hierunter sowohl

- neue auf den Markt des EWR gebrachte Medizinprodukte als auch
- als neu aufgearbeitete Medizinprodukte, aber auch
- gebrauchte Medizinprodukte aus Drittländern, die erstmalig im EWR in Verkehr gebracht werden.

2. Inverkehrbringen von Medizinprodukten

In Übereinstimmung mit Artikel 34 AEUV40 (ex-Artikel EGV) und Artikel 36 AEUV (ex-Artikel 30 EGV) kann ein Mitgliedstaat zusätzliche einzelstaatliche Bestimmungen erlassen, die jedoch nicht die Bedingungen für das erstmalige Inverkehrbringen im EWR beeinflussen dürfen. Mit der in § 3 Nr. 11 Satz 1 MPG vorgenommenen Begriffsbestimmung hat die Bundesrepublik von diesem Recht Gebrauch gemacht.

Gemäß der Definition von Inverkehrbringen als «jede entgeltliche oder unentgeltliche Abgabe von Medizinprodukten an andere» ist die Kette zu betrachten, die ein Medizinprodukt vom Hersteller/ggf. Bevollmächtigten bis zum Betreiber/Anwender nimmt, z. B. vom Hersteller über den Einführer, den Großhändler und den Händler. Bei jeder Abgabe in dieser Kette – z. B. vom Hersteller zum Einführer, vom Einführer zum Großhändler, vom Großhändler zum Händler, vom Händler zum Betreiber/Anwender – erfolgt ein Inverkehrbringen im Sinne von § 3 Nr. 11 Satz 1 MPG. Das Produkt gilt auch nach deutschem Recht als überlassen, sobald seine Übergabe oder Übereignung stattgefunden hat [5]. Diese Überlassung kann beispielsweise in Form des Verkaufs, der Verleihung, der Vermietung, des Leasings oder der Schenkung erfolgen.

In der Legaldefinition von § 3 Nr. 11 MPG wird vom Inverkehrbringen explizit ausgenommen:

- die Abgabe von Medizinprodukten für die klinische Prüfung,
- die Abgabe von In-vitro-Diagnostika für Leistungsbewertungsprüfungen,
- die erneute Abgabe eines Medizinprodukts nach seiner Inbetriebnahme an andere – ausgenommen ist, dass es als neu aufbereitet oder wesentlich verändert worden ist.

In-vitro

{EN: *In vitro*}
{FR: *In vitro*}

Mit «in-vitro» werden Maßnahmen (insbesondere Untersuchungen) bezeichnet, die unter Verwendung von Körpermaterial außerhalb des menschlichen Körpers durchgeführt werden {lat: im (Reagenz-)Glas [41]}.

In-vitro-Diagnostikum

{EN: *In vitro diagnostic medical device*}
{FR: *Dispositif médical de diagnostic in vitro*}
{⇨ In-vitro-Diagnostikum zur Eigenanwendung}

⇨ § 3 Nr. 4 MPG:
«In-vitro-Diagnostikum ist ein Medizinprodukt, das als Reagenz, Reagenzprodukt, Kalibriermaterial, Kontrollmaterial, Kit, Instrument, Apparat, Gerät oder System einzeln oder in Verbindung miteinander nach der vom Hersteller

40) http://eur-lex.europa.eu/legal-content/DE/TXT/PDF/?uri=CELEX:12012E/TXT&from=DE (Stand: November 2014)

festgelegten Zweckbestimmung zur In-vitro-Untersuchung von aus dem menschlichen Körper stammenden Proben einschließlich Blut- und Gewebespenden bestimmt ist und ausschließlich oder hauptsächlich dazu dient, Information zu liefern

a) über physiologische oder pathologische Zustände oder
b) über angeborene Anomalien oder
c) zur Prüfung auf Unbedenklichkeit oder Verträglichkeit bei den potentiellen Empfängern oder
d) zur Überwachung therapeutischer Maßnahmen.

Probenbehältnisse gelten als In-vitro-Diagnostika. Probenbehältnisse sind luftleere oder sonstige Medizinprodukte, die von ihrem Hersteller speziell dafür gefertigt werden, aus dem menschlichen Körper stammende Proben unmittelbar nach ihrer Entnahme aufzunehmen und im Hinblick auf eine In-vitro-Untersuchung aufzubewahren. Erzeugnisse für den allgemeinen Laborbedarf gelten nicht als In-vitro-Diagnostika, es sei denn, sie sind auf Grund ihrer Merkmale nach der vom Hersteller festgelegten Zweckbestimmung speziell für In-vitro-Untersuchungen zu verwenden.»

In-vitro-Diagnostika müssen sowohl die Definition für Medizinprodukte als auch die spezifische Definition für In-vitro-Diagnostika erfüllen. Voraussetzung für ein In-vitro-Diagnostikum ist somit zunächst das Vorliegen einer Zweckbestimmung gemäß § 3 Nr. 1 MPG. Keine Zweckbestimmung in diesem Sinn haben z. B. Tests für rein forensische Zwecke sowie Produkte für Forschungszwecke.

Produkte zur Untersuchung von Blut- oder Gewebespenden sind In-vitro-Diagnostika, sofern eine Zweckbestimmung gemäß § 3 Nr. 1 MPG vorliegt. Dies gilt unabhängig davon, ob die Anwendung in Einrichtungen des Gesundheitswesens oder in anderen Einrichtungen erfolgt.

Produkte zu invasiven Probenahmen sind grundsätzlich Medizinprodukte im Sinne der MDD. Eine Einstufung als In-vitro-Diagnostikum kann in Betracht kommen, wenn ein Produkt gleichzeitig der Probenahme und der analytischen Untersuchung dient und nach erfolgter Probenahme mit der Probe wieder vom Körper entfernt wird.

Produkte des allgemeinen Laborbedarfs sind keine In-vitro-Diagnostika. Sie können vom Hersteller nur dann mit spezifischer Zweckbestimmung als In-vitro-Diagnostikum in den Verkehr gebracht werden, wenn sie entsprechende besondere Merkmale aufweisen.

Wenn Zusammenstellungen von Produkten, für die unterschiedliche Rechtsvorschriften gelten, als Sets in den Verkehr gebracht werden, müssen die Komponenten den für sie relevanten Rechtsvorschriften entsprechen. Bei Sets, die ein Arzneimittel enthalten, beschränkt sich die Verkehrsfähigkeit auf die Länder, in denen das Arzneimittel zugelassen ist.

In-vitro-Diagnostikum zur Eigenanwendung

{EN: *In vitro diagnostic medical device for self-testing*}
{FR: *Dispositif médical de diagnostic in vitro destiné à des autodiagnostics*}
{⇨ In-vitro-Diagnostikum, Point of Care Testing}

⇨ § 3 Nr. 5 MPG:
«In-vitro-Diagnostikum zur Eigenanwendung ist ein In-vitro-Diagnostikum, das nach der vom Hersteller festgelegten Zweckbestimmung von Laien in der häuslichen Umgebung angewendet werden kann.»

In-vitro-Diagnostika zur Eigenanwendung stellen eine eigene Kategorie von In-vitro-Diagnostika dar, für die besondere Regelungen – Grundlegende Anforderungen, Leistungsbewertung, Konformitätsbewertungsverfahren – gelten.

Definitionsgemäß handelt es sich um Produkte, die zur Anwendung durch Laien im häuslichen Umfeld bestimmt sind. Synonym werden sie auch als Heimdiagnostika/ Heimtests oder OTC-Produkte bezeichnet.

Die Abgabe von HIV-Tests ist nur an einen begrenzten Personenkreis (Ärzte, ambulante und stationäre Einrichtungen im Gesundheitswesen, Großhandel und Apotheken, Gesundheitsbehörden des Bundes, der Länder, der Gemeinden und Gemeindeverbände) zulässig.

Sonstige Produkte für eine patientennahe Sofortdiagnostik – POCT, ärztliches Praxislabor – sind keine In-vitro-Diagnostika zur Eigenanwendung.

Eine Anwendung von zur Eigenanwendung in den Verkehr gebrachten In-vitro-Diagnostika auch im professionellen Umfeld ist nicht grundsätzlich unzulässig.

In-vitro-Fertilisation (IVF)/assistierte Reproduktionstechnik (ART) – Medizinprodukte[41]

{EN: *In vitro fertilisation (IVF)/assisted reproduction technique (ART) – medical devices*}
{FR: *Fécondation in vitro (FIV)/technique d'assistance médicale à la procréation (AMP) – dispositifs médicaux*}

Produkte im Bereich der Reproduktionsmedizin und In-vitro-Fertilisation umfassen ein sehr weites Spektrum. Sie umfassen beispielsweise Medizinprodukte

- zur Entnahme der Follikel aus den Ovarien der Frau (Ovar-Biopsie-Nadeln, Aspirationspumpen zur Absaugung der Follikel),
- zur Aufbereitung der Keimzellen (Waschmedien zur Aufbereitung von Eizellen bzw. Spermien, Ultrazentrifugen zur Separierung von Zellen (Dichtegradienten) inkl. Aufbereitung von Samenzellen, Denudierungspipetten zur Entfernung des Cumuluskomplexes der Eizelle vor einer intrazytoplasmatischen Spermieninjektion (ICSI-Behandlung),
- zur Befruchtung von Eizellen
  - Inseminationskatheter (bei einer intrauterinen Insemination – IUI),

41) mit Unterstützung von Frau Dipl.-Ing. *Benthe Brauer*

  - ICSI-Pipetten sowie Mikromanipulatoren (bei einer Intrazytoplamatischen Spermieninjektion – ICSI),
  - Inseminationskatheter (bei einer intrauterinen Insemination – IUI,
  - ICSI-Pipetten sowie Mikromanipulatoren (bei einer Intrazytoplamatischen Spermieninjektion – ICSI,
- zum Transport
  - um eingefrorene Zellen z. B. von einer Samenbank zu einem IVF-Zentrum zu transportieren
    - Spermabecher,
    - Transportkryokannen,
    - Kryokonservierungskannen,
  - Punktionsröhrchen (Röhrchen, in denen die Follikelflüssigkeit bei der Biopsie aufgefangen wird und worin diese vom Eingriffsraum in das IVF-Labor verbracht wird,
- zur Lagerung der Zellen
  - ICSI-Schalen zur Lagerung der Zellen während der Durchführung einer ICSI-Behandlung,
  - 4-Well-Schalen und Center-Well Schalen zur Lagerung der Zellen während der Kultivierungszeit,
  - Tischinkubatoren
- zum Rücktransfer der Embryonen nach der Kultivierung in die Gebärmutter
  - Embryo-Transferkatheter,
  - Medium zum Embryotransfer.

Voraussetzung, dass diese Produkte als Medizinprodukte der MDD zuzuordnen sind, ist, dass sie eine Zweckbestimmung gemäß § 3 Nr. 1 MPG haben und die Hauptwirkung

- ausschließlich physikalisch oder mechanisch ist,
- physikalisch oder mechanisch ist, ihre Wirkungsweise aber durch pharmakologisch oder immunologisch wirkende Mittel oder durch Metabolismus unterstützt wird. [95]

Bei IVF/ART Medizinprodukten handelt es sich in der überwiegenden Zahl der Fälle um Medizinprodukte, die nicht mit den «Patienten» in Berührung kommen. Bei einem Vorkommnis kann der Patient in diesem Fall nur indirekt zu Schaden kommen. Es ist aus diesem Grund schwierig den Nachweis zu führen, ob bzw. dass bei bestimmungsgemäßer Verwendung der IVF/ART Medizinprodukte einem Patienten ein Schaden zugefügt wurde. Beispiele, unter welchen Bedingungen ein zu meldendes Vorkommnis vorliegt, werden in der Leitlinie MEDDEV 2.12/1 rev.8 [52] gegeben.

K

Kalibrier- und Kontrollmaterial von In-vitro-Diagnostika

{EN: *Calibration and control material of in vitro diagnostic medical devices}*
{FR: *Matériel d'étalonnage et de contrôle des dispositifs médicaux de diagnostic in vitro}*

⇨ § 3 Nr. 7 MPG:
«Als Kalibrier- und Kontrollmaterial gelten Substanzen, Materialien und Gegenstände, die von ihrem Hersteller vorgesehen sind zum Vergleich von Messdaten oder zur Prüfung der Leistungsmerkmale eines In-vitro-Diagnostikums im Hinblick auf die bestimmungsgemäße Anwendung. Zertifizierte internationale Referenzmaterialien und Materialien, die für externe Qualitätsbewertungsprogramme verwendet werden, sind keine In-vitro-Diagnostika im Sinne dieses Gesetzes.»

Kalibrierung

{EN: *Calibration*}
{FR: *Étalonnage*}

Bei Medizinprodukten mit Messfunktion muss u. a. die Genauigkeit der Messwerte gewährleistet werden. In der MDD wird gefordert, dass Angaben zu Kalibrierungen von Medizinprodukten mit Messfunktion gemacht werden.

Nach DIN 1319-1 [79] heißt «Kalibrieren», die Messabweichungen am «fertigen Messgerät» festzustellen und zu dokumentieren. Beim Kalibrieren erfolgt somit kein Eingriff in das Messgerät.

Bei «anzeigenden Messgeräten» wird durch das Kalibrieren die Messabweichung zwischen der Anzeige und dem «richtigen» oder als «richtig geltenden» Wert festgestellt. Der «richtige» oder der als «richtig geltende» Wert kann dabei beispielsweise durch ein entsprechendes Messgerät «höherer Genauigkeit» gegeben werden, z. B. durch Anschluss an Normale der PTB.

Kalibrierungen umfassen Maßnahmen zur Feststellung und Beurteilung des messtechnischen Istzustands von Medizinprodukten mit Messfunktion. Sie können damit als eine Untermenge der Maßnahmen einer Inspektion angesehen werden.

Der Kalibrierwert des Messgeräts wird zur Messkorrektur verwendet. Die Kalibrierung schließt begrifflich nicht die Justierung des kalibrierten Messgeräts, d. h. die Beseitigung der Messabweichung gegenüber dem verwendeten Normal, ein.

Kennzeichnung

{EN: *Labelling*}
{FR: *Étiquetage*}

⇨ DIN EN ISO 15223-1:
«Kennzeichnung: durch den Hersteller zur Verfügung gestellte Angabe, die an einem Medizinprodukt oder irgendeinem seiner Behälter oder Verpackungen angebracht ist, oder ein Medizinprodukt begleitet.»

DIN EN ISO 15223-1 (02.2013) [139] legt Anforderungen an Symbole zur Verwendung in Aufschriften von Medizinprodukten fest, die zur Lieferung von Informationen für die sichere und wirkungsvolle Anwendung von Medizinprodukten angewendet werden.

Hinzuweisen ist darauf, dass DIN EN 980 (08.2008) neben DIN EN ISO 15223-1 (02.2013) noch bis Juli 2015 gültig bleibt.

Klassifizierung von Medizinprodukten

{EN: *Classification of medical devices*}
{FR: *Classification des dispositifs médicaux*}
{⇨ Eigenherstellung, Hersteller, Medizinprodukt}

⇨ § 13 Abs. 1 MPG:
«Medizinprodukte mit Ausnahme der In-vitro-Diagnostika und der aktiven implantierbaren Medizinprodukte werden Klassen zugeordnet. Die Klassifizierung erfolgt nach den Klassifizierungsregeln des Anhangs IX der Richtlinie 93/42/EWG.»

Die Klassifizierung ist für den Hersteller/Eigenhersteller eines «sonstigen» Medizinprodukts eine notwendige Voraussetzung für die Auswahl des Konformitätsbewertungsverfahrens. Sie hat gemäß den Klassifizierungsregeln des Anhangs IX MDD zu erfolgen unter Berücksichtigung der dort ebenfalls angegebenen Definitionen zu «Dauer» und «Invasive Produkte» und der dort angegebenen «Anwendungsregeln».Die Klassifizierung hat unter Beachtung der in Anhang IX MDD angegebenen 18 Regeln zu erfolgen. Treffen mehrere Klassifizierungsregeln auf ein «sonstiges» Medizinprodukt zu, so ist das Produkt der jeweils höchsten Klasse zuzuordnen.

Zu beachten ist, dass für
- Brustimplantate in § 8 MPV,
- Gelenkersatzprodukte für Hüfte, Knie und Schulter in § 9 MPV

die Klassifikation nach § 13 Abs. 1 Satz 2 MPG keine Anwendung findet. Sie werden der Klasse III zugeordnet.

Der Grundgedanke der Klassifizierung gemäß MPG basiert auf der Überlegung, dass der Gefährdungsgrad aller vom MPG erfassten «sonstigen» Medizinprodukte nicht gleich ist.

Das Ergebnis der Klassifizierung ist die Zuordnung eines «sonstigen» Medizinprodukts in eine der vier Klassen I, IIa, IIb oder III. Jeder dieser Klassen sind in der MPV entsprechende Konformitätsbewertungsverfahren zugeordnet (vgl. § 7 MPV), die vor der CE-Kennzeichnung für das jeweilige Medizinprodukt zu durchlaufen sind.

Voraussetzung zur Durchführung einer Klassifizierung ist, dass der Hersteller/ Eigenhersteller sich davon überzeugt hat, dass das zu klassifizierende Produkt (Zubehör, Software) ein Medizinprodukt im Sinne der Definition des MPG ist. Die Festlegung der Zweckbestimmung gemäß § 3 Nr. 1 MPG ist somit notwendige Voraussetzung für eine Klassifizierung. Die technische Realisierung des Medizinprodukts ist für die Klassifizierung von untergeordneter Bedeutung.

Es besteht keine Verpflichtung, das verwendungsfertige Produkt, das System oder die Behandlungseinheit als gesamte Einheit zu klassifizieren. Es ist durchaus zulässig, jedes einzelne Medizinprodukt zu klassifizieren, aus dem das verwendungsfertige Produkt besteht. Z. B. können bei einem Bronchusabsauggerät das eigentliche Absauggerät und der Absaugkatheter getrennt voneinander klassifiziert werden.

Klinische Bewertung

{EN: *Clinical evaluation*}
{FR: *Évaluation clinique*}
{⇨ Äquivalentes Medizinprodukt, Klinische Prüfung von Medizinprodukten, Leistungsbewertung von In-vitro-Diagnostika}

⇨ § 19 Abs. 1 MPG:
«Die Eignung von Medizinprodukten für den vorgesehenen Verwendungszweck ist durch eine klinische Bewertung anhand von klinischen Daten nach § 3 Nummer 25 zu belegen, soweit nicht in begründeten Ausnahmefällen andere Daten ausreichend sind. Die klinische Bewertung schließt die Beurteilung von unerwünschten Wirkungen sowie die Annehmbarkeit des in den Grundlegenden Anforderungen der Richtlinien 90/385/EWG und 93/42/ EWG genannten Nutzen-/Risiko-Verhältnisses ein. Die klinische Bewertung muss gemäß einem definierten und methodisch einwandfreien Verfahren erfolgen und gegebenenfalls einschlägige harmonisierte Normen berücksichtigen.»

Für jedes Medizinprodukt der AIMDD und der MDD ist gemäß § 19 Abs. 1 MPG die Eignung für den vorgesehenen Verwendungszweck anhand von klinischen Daten nachzuweisen und eine Bewertung der klinischen Risiken vorzunehmen. Dieser Nachweis – die klinische Bewertung – schließt die Beurteilung von unerwünschten Wirkungen sowie die Annehmbarkeit des in den Grundlegenden Anforderungen der AIMDD und MDD genannten Nutzen-/Risiko-Verhältnisses mit ein.

Klinische Bewertungen sind für alle Medizinprodukte der MDD – ungeachtet ihrer Klassifizierung – durchzuführen.

Die klinische Bewertung eines Medizinprodukts ist ein Prozess über dessen gesamte Lebenszeit. Die erste klinische Bewertung hat während des Konformitätsbewertungsverfahrens zu erfolgen, das mit der CE-Kennzeichnung abgeschlossen wird.

Ist das Medizinprodukt in Verkehr gebracht, so hat der Hersteller die Verpflichtung, ein Verfahren anzuwenden mit dem Erfahrungen mit dem Medizinprodukt in den der Herstellung nachgelagerten Phasen ausgewertet werden können (Post-market surveillance). Dies kann beispielsweise

- zu Änderungen der Gebrauchsanweisung,
- zu zusätzlichen Sicherheitshinweisen oder auch
- zu korrektiven Maßnahmen im Feld führen.

Über die Marktbeobachtung des Medizinprodukts bzw. von äquivalenten Medizinprodukten können zusätzliche klinische Daten gewonnen werden, die Einfluss auf das Ergebnis der klinischen Bewertung haben können.

Die klinischen Daten des Medizinprodukts stammen aus

- der Literatur,
- den Ergebnissen von klinischen Prüfungen und
- anderen Quellen.

Diese Daten müssen analysiert, bewertet und als ausreichend erachtet werden, um nachzuweisen, dass die Konformität des Medizinprodukts mit den für dieses Medizinprodukt zutreffenden Grundlegenden Anforderungen gegeben ist. Nachzuweisen ist, dass die vom Hersteller vorgegebene Zweckbestimmung des Medizinprodukts erfüllt wird.

Das Ergebnis dieses Prozesses ist ein Bericht, in dem nachvollziehbar nachgewiesen wird, dass der Nutzen des Medizinprodukts die aufgezeigten Risiken und Nebenwirkungen überwiegt.

Laut MEDDEV 2.7/1 rev. 3 [62] soll die klinische Bewertung von einer fachlich kompetenten und qualifizierten Stelle durchgeführt werden, deren Urteil auf dem aktuellen Wissensstand basiert und bei der Objektivität durch Unabhängigkeit vom Auftraggeber gewährleistet ist.

Die klinische Bewertung eines Medizinprodukts hat nach den Festlegungen des Anhangs 7 AIMDD bzw. des Anhangs X MDD zu erfolgen. Zu beachten sind u. a.:

- Anhang X Nr. 1.1 MDD (eine vergleichbare Festlegung ist in Anhang 7 Nr. 1.1 AIMDD zu finden):

  «Der Nachweis, dass die in Anhang I Abschnitte 1 und 3 genannten merkmal- und leistungsrelevanten Anforderungen von dem Produkt bei normalen Einsatzbedingungen erfüllt werden, sowie die Beurteilung von unerwünschten Nebenwirkungen und der Annehmbarkeit des Nutzen-/Risiko-Verhältnisses, auf das in Anhang I Abschnitt 6 Bezug genommen wird, müssen generell auf der Grundlage klinischer Daten erfolgen. Die Bewertung dieser Daten, die im Folgenden als «klinische Bewertung» bezeichnet wird und bei der gegebenenfalls einschlägige harmonisierte Normen berücksichtigt werden, erfolgt gemäß einem definierten und methodisch einwandfreien Verfahren auf der Grundlage:

  1.1.1. entweder einer kritischen Bewertung der einschlägigen, derzeit verfügbaren wissenschaftlichen Literatur über Sicherheit, Leistung, Auslegungsmerkmale und Zweckbestimmung des Produkts; dabei

     – wird die Gleichartigkeit des Produkts mit dem Produkt nachgewiesen, auf das sich die Daten beziehen, und

- belegen die Daten in angemessener Weise die Übereinstimmung mit den einschlägigen grundlegenden Anforderungen;

1.1.2. oder einer kritischen Bewertung der Ergebnisse sämtlicher durchgeführten klinischen Prüfungen;

1.1.3. oder einer kritischen Bewertung der kombinierten klinischen Daten gemäß 1.1.1 und 1.1.2.

[...]»

Mit der klinischen Bewertung verfolgt das MPG das Ziel, dass ein Hersteller grundsätzlich für jedes Medizinprodukt im Hinblick auf die von ihm festgelegte Zweckbestimmung

- den Nachweis zu erbringen hat, dass die von ihm spezifizierten merkmal- und leistungsbezogenen Anforderungen vom Medizinprodukt erfüllt werden;
- die Beurteilung von unerwünschten Begleiterscheinungen durch klinische Daten zu belegen hat;
- die Bewertung des bei bestimmungsgemäßer Verwendung auftretenden unerwünschten Einflusses verschiedener Medizinprodukte untereinander, mit anderen Gegenständen oder mit Arzneimitteln vorzunehmen hat.

Für Medizinprodukte der MDD muss gemäß Anhang I, Nr. 6a MDD der Nachweis der Übereinstimmung mit den Grundlegenden Anforderungen eine klinische Bewertung gemäß Anhang X MDD umfassen, für aktive implantierbare medizinische Geräte der AIMDD muss gemäß Anhang 1, Nr. 5a AIMDD der Nachweis der Übereinstimmung mit den Grundlegenden Anforderungen eine klinische Bewertung gemäß Anhang 7 AIMDD umfassen.

Mit anderen Worten: Für jedes Medizinprodukt der MDD muss – unabhängig von der Klassifizierung nach Anhang IX MDD – eine klinische Bewertung anhand von klinischen Daten durchgeführt werden. Dies gilt auch für alle Medizinprodukte der AIMDD.

Bei In-vitro-Diagnostika wird der vergleichbare Prozess als «Leistungsbewertung» bezeichnet.

Klinische Bewertung – Bericht

{EN: *Clinical evaluation report*}
{FR: Rapport d'*évaluation clinique*}

Die klinische Bewertung und ihr Ergebnis sind in einem Bericht zu dokumentieren. Dieser Bericht und/oder ein ausführlicher Verweis darauf sind in die technische Dokumentation über das Produkt aufzunehmen.

Der Bericht zur klinischen Bewertung muss aktiv anhand der aus der Überwachung nach dem Inverkehrbringen erhaltenen Daten auf dem neuesten Stand gehalten werden.

Mit anderen Worten: Der Bericht der klinischen Bewertung ist über die gesamte Lebensphase eines Medizinprodukts zu führen.

Eine Gliederung des Berichts zur klinischen Bewertung ist in der Leitlinie der Global Harmonization Task Force (GHTF SG 5) «Clinical Evaluation» – SG5/N2R8: 2007 angegeben [96].

Klinische Daten

{EN: *Clinical data*}
{FR: *Données cliniques*}

⇨ § 3 Nr. 25 MPG:
«Klinische Daten sind Sicherheits- oder Leistungsangaben, die aus der Verwendung eines Medizinprodukts hervorgehen. Klinische Daten stammen aus folgenden Quellen:
a) einer klinischen Prüfung des betreffenden Medizinprodukts oder
b) klinischen Prüfungen oder sonstigen in der wissenschaftlichen Fachliteratur wiedergegebenen Studien über ein ähnliches Produkt, dessen Gleichartigkeit mit dem betreffenden Medizinprodukt nachgewiesen werden kann, oder
c) veröffentlichten oder unveröffentlichten Berichten über sonstige klinische Erfahrungen entweder mit dem betreffenden Medizinprodukt oder einem ähnlichen Produkt, dessen Gleichartigkeit mit dem betreffenden Medizinprodukt nachgewiesen werden kann.»

⇨ Artikel 1, Abs. 2, lit. k) MDD
«Klinische Daten: Sicherheits- und/oder Leistungsangaben, die aus der Verwendung eines Produkts hervorgehen. Klinische Daten stammen aus folgenden Quellen:
– klinischen Prüfung/en des betreffenden Produkts oder
– klinischen Prüfung/en oder sonstigen in der wissenschaftlichen Fachliteratur wiedergegebene Studien über ein ähnliches Produkt, dessen Gleichartigkeit mit dem betreffenden Produkt nachgewiesen werden kann, oder
– veröffentlichten und/oder unveröffentlichten Berichten über sonstige klinische Erfahrungen entweder mit dem betreffenden Produkt oder einem ähnlichen Produkt, dessen Gleichartigkeit mit dem betreffenden Produkt nachgewiesen werden kann.»

Klinische Daten sind für alle aktiven implantierbaren Medizinprodukte und alle «sonstigen» Medizinprodukte erforderlich. Für alle «sonstigen» Medizinprodukte gilt dies ungeachtet ihrer Klassifizierung.

Klinische Prüfung von Medizinprodukten

{EN: *Clinical investigation of medical devices*}
{FR: *Investigation clinique des dispositifs médicaux*}
{⇨ Klinische Bewertung, Klinische Daten, Klinische Studie für Medizinprodukte, Medizinprodukte Klinische Prüfungsverordnung, Normale Einsatzbedingungen}

Der Begriff «klinische Prüfung» im Sinne des MPG beinhaltet klinische Prüfungen mit Medizinprodukten, die gemäß §§ 20 bis 23b MPG durchzuführen sind. Diese klinischen Prüfungen mit Medizinprodukten haben das ausschließliche Ziel, klinische Daten zur Durchführung der klinischen Bewertung im Rahmen der Konformitätsbewertung zu gewinnen und etwaige unter normalen Einsatzbedingungen auftretende unerwünschte Nebenwirkungen des klinisch zu prüfenden Medizinprodukts zu ermitteln und zu bewerten.

Der Begriff «klinische Prüfung» selbst ist weder in den RL noch im MPG und der MPKPV definiert. Die MEDDEV-Leitlinie 2.7/1 rev. 3 [62] und die Harmonisierte Norm DIN EN ISO 14155 [63] definieren eine klinische Prüfung.

Eine «klinische Prüfung» ist nach MEDDEV 2.7/1 rev. 3 [62] wie folgt definiert:

> «Any systematic investigation or study in one or more human subjects, undertaken to assess the safety and/or performance of a medical device.»

Nahezu wortgleich ist nach DIN EN ISO 14155 [63] eine «klinische Prüfung» definiert als:

> «systematische Prüfung an einer oder mehreren Versuchsperson(en), die vorgenommen wird, um die Sicherheit oder Leistungsfähigkeit eines Medizinprodukts zu bewerten.»

Eine Versuchsperson wird im Normalfall ein Patient sein. In Abhängigkeit von der Fragestellung kann auch mit einer gesunden Person eine klinische Prüfung durchgeführt werden.

Beide Begriffsbestimmungen sind nicht rechtsverbindlich, können jedoch hilfsweise herangezogen werden. Die Einhaltung der Anforderungen einer für das Medizinprodukt zutreffenden Harmonisierten Norm bedeutet für den Hersteller eine gesetzliche Konformitätsvermutung [92].

Zur Durchführung einer systematischen klinischen Prüfung sind neben einem QM-System eine Vielzahl von Punkten zu klären, die beispielsweise in [63] aufgeführt sind. Hingewiesen sei u. a. auf die Dokumentationen, die der BOB bzw. der nach Landesrecht gebildeten Ethikkommission vorzulegen sind, wie z. B.:

- Risikobeurteilung,
- Begründung für den Durchführungsplan der klinischen Prüfung,
- Klinischer Prüfplan,
- Prüferbroschüre,
- Dokument zur Qualifikation des Prüforts,
- Dokument zur Qualifikation des Prüfleiters,
- Dokument, mit den Informationen, die der Versuchsperson zur Verfügung gestellt werden,
- Dokument zur Einverständniserklärung der Versuchsperson,
- Probandenversicherung,
- Klinischer Prüfbericht.

Legt man die in den genannten Dokumenten [62, 63] gegebene Definition «klinische Prüfung» zugrunde, so lässt sich hieraus ableiten, dass eine «systematische

Prüfung» ohne Probanden keine klinische Prüfung im Sinne von [62] und [63] ist (beispielsweise eine Prüfung bei Sterilisatoren, Steckbecken-Spülautomaten, Reinigungs- und Desinfektionsautomaten).

Das Ergebnis einer «klinischen Prüfung» im Sinne des MPG sind klinische Daten, um

- die Eignung und Sicherheit des Medizinprodukts – gegebenenfalls zusammen mit anderen klinischen Daten – zu belegen,
- unerwünschte Wirkungen beurteilen zu können sowie
- die Annehmbarkeit des in den Grundlegenden Anforderungen der AIMDD und MDD genannten Nutzen-/Risiko-Verhältnisses bewerten zu können.

Zu einer klinischen Prüfung kommen zur Anwendung:

- Medizinprodukte ohne CE-Kennzeichnung und/oder
- Medizinprodukte mit CE-Kennzeichnung – jedoch mit einer neuen noch nicht mit klinischen Daten belegten Zweckbestimmung.

Das Medizinprodukterecht sieht klinische Prüfungen zu unterschiedlichen Medizinprodukten mit unterschiedlichen Rechtsfolgen vor. So sind im Medizinprodukterecht bei klinischen Prüfungen für Medizinprodukte folgende Unterscheidungen zu treffen:

- Medizinprodukte ohne CE-Kennzeichnung mit einem geringen Sicherheitsrisiko (vgl. § 7 Abs. 1 MPKPV).
  Für diese Medizinprodukte gilt bei einer klinischen Prüfung:
  - die Vorschriften der §§ 20 bis 23a MPG finden Anwendung;
  - von einer Genehmigung kann die zuständige BOB auf Antrag absehen;
  - eine zustimmende Bewertung einer nach Landesrecht gebildeten Ethik-Kommission ist erforderlich;
  - Beginn der klinischen Prüfung erst nach Vorliegen der Genehmigung durch die BOB, bzw. deren Absehen von einer Genehmigung und der zustimmenden Bewertung der nach Landesrecht gebildeten Ethik-Kommission.
- Medizinprodukte ohne CE-Kennzeichnung und ohne geringes Sicherheitsrisiko (vgl. § 20 Abs. 1 Satz 1 MPG).
  Für diese Medizinprodukte gilt bei einer klinischen Prüfung:
  - die Vorschriften der §§ 20 bis 23a MPG finden Anwendung;
  - eine Genehmigung der zuständige BOB ist erforderlich;
  - eine zustimmende Bewertung einer nach Landesrecht gebildeten Ethik-Kommission ist erforderlich;
  - Beginn der klinischen Prüfung erst nach Vorliegen der Genehmigung durch die BOB und der zustimmenden Bewertung der nach Landesrecht gebildeten Ethik-Kommission.
- Medizinprodukte, die eine CE-Kennzeichnung tragen dürfen, die klinische Prüfung aber mit einer anderen Zweckbestimmung durchgeführt wird (vgl. § 23b MPG).
  Für diese Medizinprodukte gilt bei einer klinischen Prüfung:
  - die Vorschriften der §§ 20 bis 23a MPG finden Anwendung;

- eine Genehmigung der zuständige BOB ist erforderlich;
- eine zustimmende Bewertung einer nach Landesrecht gebildeten Ethik-Kommission ist erforderlich;
- das Medizinprodukt darf in der klinischen Prüfung nicht mit der CE-Kennzeichnung versehen sein;
- Beginn der klinischen Prüfung erst nach Vorliegen der Genehmigung durch die BOB und der zustimmenden Bewertung der nach Landesrecht gebildeten Ethik-Kommission.

• Medizinprodukte, die eine CE-Kennzeichnung tragen dürfen, in der klinischen Prüfung im Rahmen ihrer Zweckbestimmung zur Anwendung kommen, aber zusätzlich invasive oder belastende Untersuchungen durchgeführt werden (vgl. § 23b MPG i. V. m. § 7 Abs. 1 Nr. 3 MPKPV).
  Für diese Medizinprodukte gilt bei einer klinischen Prüfung:
  - die Vorschriften der §§ 20 bis 23a MPG finden Anwendung;
  - von einer Genehmigung kann die zuständige BOB auf Antrag absehen;
  - eine zustimmende Bewertung einer nach Landesrecht gebildeten Ethik-Kommission ist erforderlich;
  - das Medizinprodukt darf in der klinischen Prüfung mit der CE-Kennzeichnung versehen sein.

• Medizinprodukte, die eine CE-Kennzeichnung tragen dürfen, in der klinischen Prüfung ausschließlich im Rahmen ihrer Zweckbestimmung zur Anwendung kommen und keine zusätzlichen invasiven oder belastenden Untersuchungen durchgeführt werden (vgl. § 23b MPG).
  Für diese Medizinprodukte gilt bei einer klinischen Prüfung:
  - die Vorschriften des § 23b MPG finden Anwendung;
  - die Vorschriften der §§ 20 bis 23a MPG finden keine Anwendung;
  - eine Genehmigung der zuständige BOB ist nicht erforderlich;
  - eine zustimmende Bewertung einer nach Landesrecht gebildeten Ethik-Kommission ist nicht erforderlich. Davon unberührt bleibt die Verpflichtung des Prüfers zur ethischen Beratung durch seine nach Standesrecht zuständige Ethik-Kommission.

  Die klinischen Prüfungen für Medizinprodukte gemäß § 23b MPG werden häufig auch als «klinische Studien für Medizinprodukte» bezeichnet.

Jede klinische Prüfung muss im Einklang mit der vom 18. Weltärztekongress 1964 in Helsinki gebilligten Erklärung von Helsinki in der jeweils letzten vom Weltärztekongress geänderten Fassung stehen.

Eine klinische Prüfung ist nach einem dem wissenschaftlichen Stand der medizinischen Erkenntnisse entsprechenden klinischen Prüfplan durchzuführen, der so angelegt ist, dass sich die Angaben über Eignung und Leistung des Medizinprodukts bestätigen oder widerlegen lassen.

Die klinischen Prüfungen müssen unter den Bedingungen durchgeführt werden, wie sie für normale Einsatzbedingungen des Medizinprodukts gelten.

Eine klinische Prüfung im Sinne des MPG dient ausschließlich dazu, klinische Daten eines Medizinprodukts zur Durchführung des regulatorisch geforderten Konformitätsbewertungsverfahrens zu erhalten. Im MPG wird der Begriff «klinische Prüfung» ausschließlich in diesem Zusammenhang verwendet.

Klinischer Prüfplan (CIP)

{EN: *Clinical investigation plan, CIP*}
{FR: *Plan d'investigation clinique, PIC*}
{⇨ Bundesoberbehörden, Ethik-Kommission nach Landesrecht, Klinische Prüfung von Medizinprodukten}

⇨ § 20 Abs. 1 MPG:
«[...] Die klinische Prüfung eines Medizinproduktes darf bei Menschen nur durchgeführt werden, wenn und solange
[...]
8. ein dem jeweiligen Stand der wissenschaftlichen Erkenntnisse entsprechender Prüfplan vorhanden ist [...].

Der Begriff «klinischer Prüfplan» (CIP) ist weder in den entsprechenden RL noch im MPG bzw. der MPKPV definiert.

Nach DIN EN ISO 14155-1:2012-01 [63] ist der klinische Prüfplan definiert als:
«Dokument, in dem Begründung, Ziele, Anlage und vorgesehene Analysen, Methodik, Monitoring, Durchführung und Berichtsführung der klinischen Prüfung festgelegt ist.»

Der klinische Prüfplan ist vom Sponsor und dem klinischen Prüfer zu erarbeiten.

DIN EN ISO 14155:2012-01 [63] legt im Anhang A fest, welche Angaben in dem klinischen Prüfplan enthalten sein müssen. Es werden 18 Gliederungspunkte aufgeführt, die der klinische Prüfplan enthalten sollte. Beispielhaft sei auf folgende Punkte hingewiesen:

- Neben gewissen formellen Punkten ist eine Gesamtübersicht über die klinische Prüfung zu geben und die Bezeichnung und Beschreibung des zu prüfenden Medizinprodukts anzugeben.
- Neben der Begründung für den Aufbau der klinischen Prüfung sind auch Angaben zu den Risiken und dem Nutzen des zu prüfenden Medizinprodukts und der klinischen Prüfung in den klinischen Prüfplan aufzunehmen.
- Von wesentlicher Bedeutung ist die Darlegung des Aufbaus der klinischen Prüfung. Dazulegen ist ebenfalls die Verpflichtung, nicht vom klinischen Prüfplan abzuweichen, es sei denn, es liegen Notfallsituationen vor. Die Notfallsituationen sind von den Personen, die die klinische Prüfung durchführen zu dokumentieren.
- In dem klinischen Prüfplan sind ebenfalls die Verfahren zu beschreiben, wie bei Änderungen des klinischen Prüfplans vorzugehen ist, welche Kriterien zum Abbruch bzw. zur vorzeitigen Beendigung der klinischen Prüfung führen.

- Die Personen, die die klinische Prüfung durchführen, haben zu erklären, dass sie die klinische Prüfung in Übereinstimmung mit der Deklaration von Helsinki durchführen.
- In dem klinischen Prüfplan ist das Verfahren zum Einholen der Einverständniserklärung der Probanden anzugeben,
- Ein weiterer wesentlicher Punkt bezieht sich auf das Meldewesen bei Auftreten von schwerwiegenden unerwünschten Ereignissen.

Nach § 20 Abs. 1 Nr. 8 MPG muss der klinische Prüfplan dem jeweiligen Stand der wissenschaftlichen Erkenntnisse entsprechen.

Nach § 22 MPG in Verbindung mit § 5 MPKPV hat die Ethik-Kommission nach Landesrecht die Aufgabe, den Prüfplan und die erforderlichen Unterlagen – insbesondere nach ethischen und rechtlichen Gesichtspunkten – zu beraten und zu prüfen, ob die Voraussetzungen nach § 20 Abs. 1 Satz 4 Nummer 1 bis 4 und 7 bis 9 sowie Absatz 4 und 5 MPG und nach § 21 MPG erfüllt werden.

Nach § 22a MPG in Verbindung mit § 6 MPKPV hat die zuständige BOB die Aufgabe, den Prüfplan und die erforderlichen Unterlagen – insbesondere nach wissenschaftlichen und technischen Gesichtspunkten – zu prüfen, ob die Voraussetzungen nach § 20 Absatz 1 Satz 4 Nummer 1 bis 4 und 7 bis 9 MPG erfüllt werden.

Klinische Studie für Medizinprodukte

{EN: *Clinical study – medical devices*}
{FR: *Étude clinique – dispositifs médicaux*}
{⇨ Klinische Prüfung von Medizinprodukten, Medizinische Grundlagenforschung}

Klinische Studien mit Medizinprodukten lassen sich in zwei Gruppen einteilen:

1. Klinische Studien gemäß § 23b MPG

Klinische Studien mit Medizinprodukten sind systematische Studien an Patienten, die außerhalb der §§ 20 bis 23a MPG durchzuführen sind, die jedoch im Hinblick auf die Forderungen der MPSV und dem MPG unterliegen. Klinische Studien gemäß § 23b MPG – im MPG «klinische Prüfungen» genannt – beziehen sich auf Medizinprodukte, die

- ein für sie zulässiges Konformitätsbewertungsverfahren durchlaufen haben,
- eine CE-Kennzeichnung tragen – ausgenommen Medizinprodukte aus Eigenherstellung –,
- ausschließlich gemäß den vorgegebenen Zweckbestimmungen der Medizinprodukte in der klinischen Studie zur Anwendung kommen.

Folgende weitere vom Gesetzgeber geforderte Vorgabe ist einzuhalten:

- Während der klinischen Anwendung der Medizinprodukte dürfen keine zusätzlich invasiven oder andere belastende Untersuchungen an den Patienten durchgeführt werden.

Diese klinischen Studien gemäß § 23b MPG müssen im Einklang mit der vom 18. Weltärztekongress 1964 in Helsinki gebilligten Erklärung von Helsinki in der jeweils letzten vom Weltärztekongress geänderten Fassung stehen und sind von einer nach Standesrecht zuständigen Ethik-Kommission zu befürworten.

Diese klinischen Studien werden beispielsweise zum Zwecke von Markt- und Anwendungsbeobachtungen oder zum Vergleich von Medizinprodukten durchgeführt.

2. Klinische Studien außerhalb des MPG

In [101] wird dargelegt, dass «andere Untersuchungen und systematische Studien, wie zum Beispiel nichtkommerzielle Studien (auch Prüfer-Initiierte Studien genannt), die industrieunabhängig und eigenverantwortlich von Wissenschaftlern, Universitäten, Krankenhäusern oder sonstigen Forschungseinrichtungen mit rein wissenschaftlichen Fragestellungen oder mit dem Ziel der Gewinnung von Erkenntnissen zur Verbesserung der Behandlung durchgeführt werden», nicht vom MPG, der MPKPV und der MPSV erfasst werden.

Im Gegensatz zur klinischen Prüfung von Medizinprodukten hat das Ergebnis dieser klinischen Studien, die außerhalb des MPG durchgeführt werden, keine klinischen Daten zu Medizinprodukten zum Ziel.

Klinische Überwachung

{EN: *Post-market clinical follow-up*}
{FR: *Surveillance du dispositif après commercialisation*}

⇨ Anhang 7 Nr. 1.4 AIMDD, Anhang X Nr. 1.1c. MDD
«Die klinische Bewertung und ihre Dokumentation müssen aktiv anhand der aus der Überwachung nach dem Inverkehrbringen erhaltenen Daten auf dem neuesten Stand gehalten werden. Wird eine klinische Überwachung nach dem Inverkehrbringen als Bestandteil des Überwachungsplans nach dem Inverkehrbringen nicht für erforderlich gehalten, muss dies ordnungsgemäß begründet und dokumentiert werden.»

Hersteller von Medizinprodukten sind verpflichtet eine klinische Überwachung der Medizinprodukte nach deren Inverkehrbringen als Bestandteil eines Überwachungsplans durchzuführen.

Kombinationsprodukt aus Medizinprodukt und Arzneimittel

{EN: *Combination product comprised of a medical device and a medicinal product*}
{FR: *Produit de combinaison composé d'un dispositif médical et d'un médicament*}
{⇨ Konsultationsverfahren}

Unter einem Kombinationsprodukt wird ein Produkt verstanden, das sowohl einen Medizinprodukte- als auch einen Arzneimittelanteil enthält, wobei diese Anteile eine integrale Einheit bilden. Für derartige Produkte gilt, dass sie entweder als Arzneimittel oder als Medizinprodukt einzustufen sind. Sie unterliegen entweder dem Medizinprodukte- oder dem Arzneimittelrecht. Im Rahmen der Konformitätsbewertung oder des arzneimittelrechtlichen Zulassungsverfahrens sind jedoch bestimmte besondere Vorschriften zu beachten, die der dualen Natur solcher Produkte Rechnung tragen.

- Kombinationsprodukte, die unter das Arzneimittelrecht fallen
  Nach § 2 Abs. 3 MPG sind Kombinationsprodukte, die aus einem Arzneimittel und einem Medizinprodukt (Applikationshilfe) bestehen, Arzneimittel, wenn diese Produkte so in den Verkehr gebracht werden, dass die Applikationshilfe und das Arzneimittel ein einheitliches, miteinander verbundenes Produkt bilden, das ausschließlich zur Anwendung in dieser Verbindung bestimmt und nicht wiederverwendbar ist. Die Applikationshilfe muss die Grundlegenden Anforderungen des Medizinprodukterechts erfüllen, die sicherheits- und leistungsbezogene Produktfunktionen betreffen. Die Überprüfung der Erfüllung dieser Anforderungen erfolgt im arzneimittelrechtlichen Zulassungsverfahren. Zu diesen Kombinationsprodukten, die dem Arzneimittelrecht unterliegen, zählen z. B. Fertigspritzen, transdermale Applikationssysteme, Asthma-Dosieraerosole, Einweg-Insulinpen.

  In allen anderen Fällen sind einzeln oder zusammen mit einem Arzneimittel in den Verkehr gebrachte Applikationshilfen eigenständige Medizinprodukte, deren Konformität nach den Vorschriften des Medizinprodukterechts zu bewerten ist (z. B. wiederverwendbarer Insulinpen).

- Kombinationsprodukte, die unter das Medizinproduktrecht fallen
  Nach § 3 Nr. 2 MPG unterliegen Kombinationsprodukte dem Medizinprodukterecht, wenn diese Produkte einen Stoff oder eine Zubereitung aus Stoffen enthalten oder solche aufgetragen sind, die bei gesonderter Verwendung als Arzneimittel angesehen werden können und die in Ergänzung zu den Funktionen des Medizinprodukts eine Wirkung auf den menschlichen Körper entfalten können. Dies gilt auch für Medizinprodukte, die als Arzneimittelanteil ein Derivat aus menschlichem Blut oder Plasma mit unterstützender Wirkung enthalten. Zu diesen Kombinationsprodukten, die dem Medizinprodukterecht unterliegen, zählen beispielsweise Knochenzemente mit Antibiotika, Heparin beschichtete Katheter, Elektroden mit Corticosteroid-Beschichtung, albuminbeschichtete Medizinprodukte.

  Der Arzneimittelanteil solcher Kombinationsprodukte ist im Rahmen der Konformitätsbewertung des Medizinprodukts über ein Konsultationsverfahren gemäß den arzneimittelrechtlichen Kriterien zu bewerten.

Hinzuweisen ist darauf, dass einzeln oder zusammen mit einem Arzneimittel in den Verkehr gebrachte eigenständige Applikationshilfen Medizinprodukte sind, deren Konformität nach den Vorschriften des Medizinprodukterechts zu bewerten sind (z. B. Messbecher, der zusammen mit einem flüssigen Medikament in Verkehr gebracht wird, wiederverwendbarer Insulinpen, in den eine Insulinpatrone eingelegt werden kann).

Konformität

{EN: *Conformity*}
{FR: *Conformité*}

⇨ DIN EN ISO 9000:2005 (81):
«Konformität: Erfüllung einer Anforderung.»

Bezogen auf ein Medizinprodukt bedeutet «Konformität» die nachweisbare Erfüllung aller für das Medizinprodukt zutreffenden regulatorischen Anforderungen, die dem MPG, den nationalen Verordnungen zum MPG und ggf. den zutreffenden europäischen Verordnungen zu entnehmen sind.

Anzumerken ist, dass nach § 7 Abs. 2 MPG gegebenenfalls auch die grundlegenden Gesundheits- und Sicherheitsanforderungen anderer RL, beispielsweise der Maschinen-Richtlinie zu beachten sind.

Konformitätsbescheinigung

{EN: *EC-Certificate*}
{FR: *Certificat CE*}
{⇨ Bescheinigung}

Konformitätsbewertung

{EN: *Conformity assessment*}
{FR: *Évaluation de la conformité*}

⇨ Artikel 2 Nr. 12 Verordnung (EG) Nr. 765/2008 [87]:
«Das Verfahren zur Bewertung, ob spezifische Anforderungen an ein Produkt, ein Verfahren, eine Dienstleistung, ein System, eine Person oder eine Stelle erfüllt sind.»

⇨ DIN EN ISO/IEC 17000 (03.2005) [68]:
«Konformitätsbewertung
Darlegung, dass festgelegte Anforderungen bezogen auf ein Produkt, einen Prozess, ein System, eine Person oder eine Stelle erfüllt sind.»

Die Anforderungen zur Konformitätsbewertung von Medizinprodukten sind in AIMDD, MDD und IVDD festgelegt und werden mit dem MPG/der MPV in deutsches Recht umgesetzt.

Die Einhaltung der Grundlegenden Anforderungen, die für das betreffende Medizinprodukt zutreffend sind, muss vor dem Inverkehrbringen des Medizinprodukts mit Hilfe eines formalen Konformitätsbewertungsverfahrens festgestellt werden.

Die Verpflichtung zur Durchführung der Konformitätsbewertung liegt beim Hersteller des Medizinprodukts. Unter den in § 3 MPV festgelegten Bedingungen kann ein Hersteller auch seinen Bevollmächtigten mit der Durchführung einer Konformitätsbewertung beauftragen. Der Bevollmächtigte kann bei den festgelegten Konformitätsbewertungsverfahren ausschließlich im Auftrag des Herstellers tätig werden. Bei Eigenherstellungen liegt die Verantwortung für die

Durchführung der Konformitätsbewertung bei dem Eigenhersteller (z. B. der Gesundheitseinrichtung).

Eine Konformitätsbewertung hat nichts mit einer staatlichen Zulassung zu tun, wie beispielsweise bei der Zulassung eines Arzneimittels.

Der Konformitätsbewertung voraus gehen u. a. die Festlegung der Zweckbestimmung des Medizinprodukts und die Klassifizierung bei «sonstigen» Medizinprodukten. Hieraus ergibt sich u. a., ob die Konformitätsbewertung ausschließlich durch den Hersteller (ohne Einschaltung einer Benannten Stelle) erfolgen kann oder ob eine Benannte Stelle einzuschalten ist. Für Medizinprodukte der Klasse I MDD (ohne Messfunktion und/oder nicht steril) ist beispielsweise eine Konformitätsbewertung ohne Einschaltung einer Benannten Stelle durchzuführen.

Die Aufgaben der Benannten Stelle bei der Konformitätsbewertung ergeben sich aus den in AIMDD, MDD und IVDD festgelegten Konformitätsbewertungsverfahren.

Konformitätsbewertungsstelle

{EN: *Conformity assessment body*}
{FR: *Organisme d'évaluation de la conformité*}

⇨ Artikel 2 Nr. 13 Verordnung (EG) Nr. 765/2008 [87]:
«Eine Stelle, die Konformitätsbewertungstätigkeiten einschließlich Kalibrierungen, Prüfungen, Zertifizierungen und Inspektionen durchführt.»

Konformitätsbewertungsverfahren

{EN: *Conformity assessment procedures*}
{FR: *Procédures d'évaluation de la conformité*}

Nach DIN EN ISO/IEC 17000/2005 ist das Konformitätsbewertungsverfahren ein «Verfahren» „eine festgelegte Art und Weise, eine Tätigkeit oder einen Prozess auszuführen".

In einem Konformitätsbewertungsverfahren wird geprüft, ob das Medizinprodukt den Vorschriften dem MPG und den zugehörigen nationalen Verordnungen und ggf. den entsprechenden europäischen Verordnungen entspricht.

Bei den Konformitätsbewertungsverfahren werden dem Hersteller immer mehrere unterschiedliche Verfahren zur Auswahl angeboten, die sich jeweils unterscheiden nach:

- dem Zeitpunkt der jeweiligen Bewertung bzw. der Phase der Produktentstehung, auf die sich die Bewertung bezieht
  zum Beispiel:
  - Entwurfsphase,
  - Abschluss der Entwicklungsphase,
  - Produktionsphase;
- der Art der jeweiligen Bewertung
  zum Beispiel:
  - Prüfung der Produktauslegung an Hand technischer Unterlagen;

- Prüfung des Baumusters;
- Prüfung, Zulassung und Überwachung des Qualitätssicherungssystems.

Bei Eigenherstellungen hat der Eigenhersteller vor der Inbetriebnahme eine Erklärung abzugeben und eine Dokumentation zu erstellen. Inhalt der Erklärung und der Dokumentation sind für aktive implantierbare Medizinprodukte in § 4 Abs. 4 MPV, für In-vitro-Diagnostika in § 5 Abs. 6 MPV und für «sonstige» Medizinprodukte in § 7 Abs. 9 MPV festgelegt

Hauptziel eines Konformitätsbewertungsverfahrens ist es, sicherzustellen, dass die in den Verkehr zu bringenden Medizinprodukte insbesondere in Bezug auf den Gesundheitsschutz und die Sicherheit der Anwender und Patienten den regulatorischen Anforderungen der RL gerecht werden.

Anhand der Konformitätserklärungen, der erteilten Zertifikate und der CE-Kennzeichnung, die das Ergebnis der Konformitätsbewertung dokumentieren, können sich die zuständigen Behörden auf formaler Ebene von der Konformität der Medizinprodukte vergewissern. Darüber hinaus bleibt es den zuständigen Behörden unbenommen, auch eine inhaltliche Überprüfung der ordnungsgemäßen Konformitätsbewertung auf der Grundlage der Technischen Dokumentation eines Medizinprodukts vorzunehmen.

Konformitätserklärung

{EN: *Declaration of conformity*}
{FR: *Déclaration de conformité*}
{⇨ Amtsblatt der Europäischen Union, EG-Konformitätserklärung}

Konformitätsvermutung

{EN: *Presumption of conformity*}
{FR: *Présomption de conformité*}
{⇨ Harmonisierte Norm}

⇨ Anhang I Artikel R8 Beschluss 768/2008/EG [91]:
«Bei Produkten, die mit harmonisierten Normen oder Teilen davon übereinstimmen, deren Fundstellen im Amtsblatt der Europäischen Union veröffentlicht worden sind, wird eine Konformität mit den Anforderungen von [Verweis auf den betreffenden Teil des Rechtsaktes] vermutet, die von den betreffenden Normen oder Teilen davon abgedeckt sind.»

Eine Harmonisierte Norm gemäß der in der Verordnung (EU) Nr. 1025/2012 [99] gegebenen Definition begründet die Vermutung der Konformität mit den in den Medizinprodukte-Richtlinien aufgeführten Grundlegenden Anforderungen, die sie abdecken.

Notwendige Voraussetzung für die Konformitätsvermutung ist, dass die Fundstellen der entsprechenden Harmonisierten Normen als Mitteilungen von der Kommission in der Reihe C im Amtsblatt der Europäischen Union veröffentlicht sind. Entscheidend für die Gültigkeit der Konformitätsvermutung ist das Datum der Veröffentlichung im Amtsblatt der Europäischen Union.

«Wendet der Hersteller nur einen Teil der harmonisierten Norm an oder deckt die entsprechende harmonisierte Norm nicht alle einzuhaltenden wesentlichen Anforderungen ab, so besteht die Konformitätsvermutung nur in dem Ausmaß, in dem die harmonisierte Norm den wesentlichen Anforderungen entspricht.» [86]

Konformitätszeichen

{EN: *Marks of conformity*}
{FR: *Marques de conformité*}
{⇨ CE-Kennzeichnung}

Konsultationsverfahren

{EN: *Consultation procedure*}
{FR: *Procédure de consultation*}
{⇨ Benannte Stelle, EMA, Kombinationsprodukt aus Medizinprodukt und Arzneimittel}

Wenn Medizinprodukte als festen Bestandteil einen Stoff enthalten, der bei gesonderter Verwendung als Arzneimittel angesehen wird und eine ergänzende Wirkung auf den menschlichen Körper entfalten kann (Kombinationsprodukte), sind die Qualität, die Sicherheit und der Nutzen dieses Stoffs nach arzneimittelrechtlichen Kriterien zu bewerten. Hierbei ist die Konsultation einer nationalen Zulassungsbehörde für Arzneimittel oder der Europäische Arzneimittel-Agentur (abhängig von der Art des Stoffes) vorgeschrieben. Diese erstellt auf Ersuchen der Benannten Stelle ein wissenschaftliches Gutachten zur Qualität und Sicherheit des Stoffes, einschließlich des klinischen Nutzen-Risiko-Profils bei Verwendung des Stoffes in dem betreffenden Medizinprodukt. Der Nutzen der Verwendung des Stoffes in dem Produkt ist primär von der Benannten Stelle zu bewerten.

Das Gutachten der Arzneimittelbehörde ist von der Benannten Stelle bei ihrer Entscheidung über die Zertifizierung gebührend zu berücksichtigen. Sofern es sich bei dem bewerteten Stoff um einen Stoff oder ein Derivat aus menschlichem Blut handelt, darf ein Zertifikat nicht ausgestellt werden, wenn das (in diesem Fall zwingend bei der EMA einzuholende) Gutachten negativ ausfällt.

Im Falle späterer Änderungen an dem verwendeten Stoff ist eine ergänzende Konsultation erforderlich. Erhält die konsultierte Arzneimittelbehörde (z. B. im Rahmen der Pharmakovigilanz) sicherheitsrelevante neue Informationen zu dem verwendeten Stoff, informiert sie die Benannte Stelle, ob sich hieraus eine veränderte Einschätzung des Nutzen-Risiko-Profils ergibt. Die Benannte Stelle ihrerseits hat dann zu prüfen, ob durch das aktualisierte Gutachten das erteilte Zertifikat in Frage gestellt wird.

Kontrollperiode

{EN: *Control period*}
{FR: *Période de contrôle*}

⇨ Teil B 1 Nr. 2.1.3 RiliBÄK [83]:
«[...] Eine Kontrollperiode umfasst in der Regel den Zeitraum eines Kalendermonats. Wenn weniger als 15 Ergebnisse von Kontrollprobeneinzelmessungen je Kontrollprobe eines Messverfahrens, die zur Freigabe zur Messung geführt haben, pro Kontrollperiode vorliegen, verlängert sich der Zeitraum um jeweils einen Monat, bis mindestens 15 derartige Ergebnisse vorliegen. Der Gesamtzeitraum darf jedoch drei Monate nicht überschreiten.»

Körperöffnung

{EN: *Body orifice*}
{FR: *Orifice du corps*}

⇨ Anhang IX Nr. 1.2 MDD:
«Eine natürliche Öffnung in der Haut, sowie die Außenfläche des Augapfels oder eine operativ hergestellte ständige Öffnung, wie z. B. ein Stoma.»

Korrektive Maßnahme[42]

{EN: *Corrective action*}
{FR: *Mesure corrective*}

⇨ § 2 Nr. 2 MPSV:
«korrektive Maßnahme: eine Maßnahme zur Beseitigung, Verringerung oder Verhinderung des erneuten Auftretens eines von einem Medizinprodukt ausgehenden Risikos».

Korrektive Maßnahmen können unterschieden werden in

- Maßnahmen bei Medizinprodukten, die sich im Verantwortungsbereich des Herstellers befinden. Diese Maßnahmen zielen auf eine Beseitigung, Verringerung oder Verhinderung des erneuten Auftretens eines von einem Medizinprodukt ausgehenden Risikos. Sie umfassen damit auch die Maßnahmen zur Beseitigung der Ursachen der aufgetretenen Probleme, die sich auf künftig herzustellende Produkte beziehen (präventive Maßnahmen des Herstellers).
- Maßnahmen bei Medizinprodukten, die auf dem Markt bereit gestellt sind zur Schadensbegrenzung: korrektive Maßnahmen im Feld, auch «field safety corrective actions» (FSCA) genannt.

Kosmetische Mittel

{EN: *Cosmetic products*}
{FR: *Produits cosmétiques*}

⇨ Artikel 2 Abs. 1 lit. a) Verordnung (EG) Nr. 1223/2009 [122]:
«kosmetisches Mittel: Stoffe oder Gemische, die dazu bestimmt sind, äußerlich mit den Teilen des menschlichen Körpers (Haut, Behaarungssystem,

42) mit Unterstützung von Herrn *Dr. Ekkehard Stößlein*

> Nägel, Lippen und äußere intime Regionen) oder mit den Zähnen und den Schleimhäuten der Mundhöhle in Berührung zu kommen, und zwar zu dem ausschließlichen oder überwiegenden Zweck, diese zu reinigen, zu parfümieren, ihr Aussehen zu verändern, sie zu schützen, sie in gutem Zustand zu halten oder den Körpergeruch zu beeinflussen;»

Nach § 2 Abs. 5 Nr. 2 MPG sind kosmetische Mittel keine Medizinprodukte.

Krankenhaustechniker

{EN: *Hospital technician*}
{FR: *Technicien hospitalier*}
{⇨ Medizintechniker}

Krankheit

{EN: *Disease*}
{FR: *Maladie*}

§ 21 MPG enthält besondere Voraussetzungen zur Durchführung einer klinischen Prüfung von Medizinprodukten «bei einer Person, die an einer Krankheit leidet, zu deren Behebung das zu prüfende Medizinprodukt angewendet werden soll» (vgl. § 21 Satz 1 MPG). Offen bleibt dabei die Frage, was der Gesetzgeber unter dem Begriff «Krankheit» versteht.

Der Begriff «Krankheit» wird in der Begriffsbestimmung eines Medizinprodukts in § 3 Nr. 1 MPG neben den Begriffen «Verletzung» und «Behinderung» verwendet., ist aber im MPG nicht definiert Hieraus könnte abgeleitet werden, dass der Gesetzgeber durch die Verwendung dreier unterschiedlicher Begriffe auch drei unterschiedliche «Zustände» einer Person verbindet. Diese Vermutung wird im Grunde durch die Festlegungen im § 21 MPG widerlegt, denn ansonsten würden für klinische Prüfungen bei verletzten oder behinderten Personen die besonderen Anforderungen von § 21 MPG nicht greifen.

Bemerkenswert ist, dass selbst im Arzneimittelrecht die Begriffsbestimmung «Krankheit» nicht zu finden ist. *Burgardt, Clausen* und *Wigge* [108] stellen in diesem Zusammenhang fest, dass sich – in Ermangelung einer Legaldefinition «Krankheit» – die Rechtsprechung eine eigene Definition zugrunde legt. Danach wäre «Krankheit»

> «ein regelwidriger Körper- oder Geisteszustand, der die Notwendigkeit einer ärztlichen Heilbehandlung oder zugleich oder allein Arbeitsunfähigkeit zur Folge hat.» [108]

Diese in der Rechtsprechung übliche Verwendung des Begriffs «Krankheit» ist zu ergänzen mit dem durch die Weltgesundheitsorganisation (WHO) definierten Begriff «Gesundheit»:

> «Gesundheit ist ein Zustand vollkommenen körperlichen, geistigen und sozialen Wohlbefindens und nicht allein das Fehlen von Krankheit und Gebrechen.» [109]

Ausführlicher wird der Begriff «Krankheit» in [1] definiert:

> «Krankheit ist definiert als Störung des körperlichen, seelischen und sozialen Wohlbefindens. Bei der Abgrenzung der Krankheit von Gesundheit ist eine bestimmte, aus einer Vielzahl von Beobachtungen mit Hilfe statistischer Methoden gewonnene Schwankungsbreite zu berücksichtigen, innerhalb derer der Betroffene noch als gesund angesehen wird.
>
> Bei der Beschreibung einer Krankheit muss zwischen ihren Ursachen (Krankheitsursache) und ihren sichtbaren Anzeichen (Symptomen) unterschieden werden.
>
> Außerdem können sich unterschiedliche Verläufe zeigen:
> - Eine akute Krankheit setzt plötzlich und heftig ein.
> - Eine chronische Krankheit (Malum) beginnt langsam und verläuft schleichend.
> - Manche Krankheiten verlaufen in Schüben, d. h., es wechseln sich Phasen der Besserung mit Phasen der Verschlechterung (Exazerbationen) ab, oder sie treten nach scheinbarer Ausheilung erneut auf (Rezidiv).
>
> Die Feststellung einer Krankheit (Diagnose) beruht auf der Erhebung der Krankengeschichte (Anamnese) sowie der Untersuchung des Betroffenen mit Auswertung der geschilderten und festgestellten Symptome. Die erhobene Diagnose dient der Festlegung einer evtl. notwendigen Behandlung, der Voraussage über den Verlauf der Krankheit (Prognose) und Maßnahmen der Krankheitsverhütung (Prävention).»

Wenner versteht – wie *Burgardt, Clausen* und *Wigge* [108] – Krankheit als

> «regelwidrigen Körper- oder Geisteszustand, der die Notwendigkeit einer Heilbehandlung zur Folge hat und/oder zur Arbeitsunfähigkeit führt.» [2]

Folgt man diesen Begriffsbestimmungen in Verbindung mit dem in der Rechtsprechung üblichen Verständnis für den Begriff «Krankheit», so sind

- Verletzungen und
- Behinderungen

unter den Begriff «Krankheit» zu subsumieren.

Kritisches Medizinprodukt

{EN: *Critical medical device*}
{FR: *Dispositif médical catégorie critique*}
{⇨ Semikritisches Medizinprodukt, Unkritisches Medizinprodukt}

Im Hinblick auf die Aufbereitung werden Medizinprodukte in verschiedene Risikoklassen eingeteilt:

- unkritische Medizinprodukte,
- semikritische Medizinprodukte,
- kritische Medizinprodukte.

«Kritische Medizinprodukte sind solche zur Anwendung von Blut, Blutprodukten und anderen sterilen Arzneimitteln und Medizinprodukte, die die Haut oder Schleimhaut durchdringen und dabei in Kontakt mit Blut, inneren Geweben oder Organen kommen, einschließlich Wunden.

Die kritischen Medizinprodukte werden wiederum in Untergruppen eingeteilt:

- kritisch A (ohne besonderen Anforderungen an die Aufbereitung, z. B. Wundhaken),
- kritisch B (mit erhöhten Anforderungen an die Aufbereitung, z. B. Trokare),
- kritisch C (mit besonders hohen Anforderungen an die Aufbereitung, z. B. Herzkatheter).» [111]

Kundenreklamation

{EN: *Customer complaint*}
{FR: *Réclamation client*}

⇨ DIN EN ISO 13485 (11.2012) [82]:
«Schriftliche, elektronische oder mündliche Mitteilung über angebliche Unzulänglichkeiten hinsichtlich Identität, Qualität, Haltbarkeit, Zuverlässigkeit, Sicherheit oder Leistungsfähigkeit eines Medizinprodukts, das in Verkehr gebracht wurde.»

L

Laboratorium

{EN: *Laboratory*}
{FR: *Laboratoire*}
{⇨ Medizinisches Laboratorium}

Laborgerät für das medizinische Laboratorium

{EN: *Laboratory apparatus for the medical laboratory*}
{FR: *Appareil de laboratoire pour le laboratoire médical*}
{⇨ Bestandsverzeichnis, In-vitro-Diagnostikum, Medizinisches Laboratorium}

Laborgeräte als Ausrüstung, Apparat oder System für die In-vitro-Diagnose fallen unter das MPG.

Unter Laborgeräten für das medizinische Laboratorium sind z. B. folgende Laborgeräte zu verstehen:

- Geräte zur Bestimmung von Blutbildern und Differenzialblutbildern,
- Blutzuckermessgeräte,
- Geräte zur zytologischen Untersuchung von Punktaten (Liquor, Pleura),
- Geräte zu Routine- und Notfalluntersuchungen (Enzyme, Substrate, Elektrolyte),
- Geräte zur Bestimmung von immunchemischen Parametern (Hormone, Tumormarker, Vitamine),

- Geräte zum therapeutischen Drugmonitoring (Immunsuppressiva, Psychopharmaka)
- Geräte zur hämostaseologischen Basisdiagnostik (INR, aPTT, Fibrinogen, Antithrombin),
- Geräte zur quantitativen Bestimmung viraler Erreger,
- Geräte zur Anzucht und Charakterisierung von Erregern von Infektionskrankheiten und zur Untersuchung von Patientenmaterialien auf pathogene Bakterien, Pilze, Parasiten.

Hinzuweisen ist, dass ein Betreiber elektrisch betriebene Laborgeräte einschließlich des elektrisch betriebenen Zubehörs (z. B. Software) im Bestandsverzeichnis zu dokumentieren hat.

Erzeugnisse für den allgemeinen Laborbedarf gelten nicht als In-vitro-Diagnostika, es sei denn, sie sind aufgrund ihrer Merkmale nach ihrer vom Hersteller festgelegten Zweckbestimmung speziell für In-vitro-Untersuchungen zu verwenden.

Leihgerät

{EN: *Loan device*}
{FR: *Appareil de prêt*}
{⇨ Inverkehrbringen}

Leihgeräte sind Geräte, die ein Verleiher – z. B. ein Hersteller – dem Kunden zum Zwecke der Kaufentscheidung bzw. als Überbrückungsgerät zur Verfügung stellt.

Juristisch bedeutet Leihe die unentgeltliche Überlassung einer (beweglichen oder unbeweglichen) Sache auf vertraglicher Basis [3]. In der Praxis wird jedoch gelegentlich auch ein gegen Entgelt für eine bestimmte Zeit überlassenes Gerät – Miete oder Leasing – als Leihgerät bezeichnet.

Hinzuweisen ist, dass ein Betreiber bei Leihgeräten die Anforderungen der MPBetreibV zu beachten hat, da er bei Leihgeräten die Sachherrschaft besitzt. Der Betreiber ist in diesen Fällen Besitzer, aber nicht Eigentümer der Leihgeräte.

Leistung eines Medizinprodukts

{EN: *Performance of a medical device*}
{FR: *Performance d'un dispositif médical*}
{⇨ Medizinische Leistung, Technische Leistung}

Leistung im Sinne des MPG ist nicht die physikalische/technische Leistung im eigentlichen Sinne, sondern vielmehr der Oberbegriff für die technische und medizinische Leistungsfähigkeit eines Medizinprodukts.

Leistungsbewertungsprüfung – Bericht

{EN: *Performance evaluation study report*}
{FR: *Rapport des études d'évaluation des performances*}
{⇨ Äquivalentes Medizinprodukt, Klinische Bewertung – Bericht, Klinische Daten}

Die zur Leistungsbewertung herangezogenen klinischen Daten sind gemäß § 19 Abs. 2 Satz 2 Nr. 1 MPG in einem schriftlichen Bericht einer kritischen Würdigung zu unterziehen. Gemeint ist hiermit eine Art (internes) Sachverständigengutachten, in dem insbesondere die Übertragbarkeit der Daten auf das in Rede stehende In-vitro-Diagnostikum sowie deren Aussagekraft kritisch diskutiert werden.

In dem Bericht muss klar herausgearbeitet werden, welche Aspekte der Produktleistung durch die Literaturdaten belegt sind. Er kann von einem entsprechend qualifizierten Mitarbeiter des Herstellers angefertigt werden. Besondere Anforderungen an die Qualifikation des Berichtsverfassers sind nicht vorgegeben. Die Beteiligung externen Sachverstands bleibt dem Hersteller unbenommen.

In Analogie zu MEDDEV 2.7/1 Rev. 3 [62] sollte der Bewertungsbericht folgende Punkte enthalten:

- eine Beschreibung des In-vitro-Diagnostikums, seiner Zweckbestimmung und seiner Anwendung;
- eine Auflistung der identifizierten Gefahren und Risiken sowie der daraus abgeleiteten Produktanforderungen und Leistungsspezifikationen;
- eine kritische Diskussion der vorgegebenen Leistungsspezifikationen im Hinblick auf deren Übereinstimmung mit dem allgemein anerkannten Stand der Technik;
- eine Aufstellung der herangezogenen Literatur;
- die Darlegung, auf welche Aspekte der Eignung des zu bewertenden In-vitro-Diagnostikums sich die Daten jeweils beziehen;
- eine Gewichtung – unter Angabe der zugrunde gelegten Kriterien – und kritische Diskussion der Daten einschließlich statistischer Überlegungen, wobei alle Daten – günstige und ungünstige – einzubeziehen sind;
- ggf. auch eine Analyse der Erkenntnisse aus der Marktbeobachtung für das betreffende In-vitro-Diagnostikum oder für vergleichbare In-vitro-Diagnostika;
- falls Daten herangezogen werden, die sich auf ein vergleichbares In-vitro-Diagnostikum beziehen, eine Begründung, warum dieses insoweit als dem zu bewertenden In-vitro-Diagnostikum äquivalent angesehen werden kann;
- eine Bewertung im Einzelnen sowie eine zusammenfassende Darstellung, welche Eignungs- und Leistungsmerkmale als belegt gelten können und welche ergänzenden Daten gegebenenfalls noch benötigt werden – z. B. Verifizierung bestimmter Aspekte an authentischen Proben in der klinischen Routine;
- Angaben zur Person und Qualifikation des Berichtsverfassers sowie
- Datum und Unterschrift.

Leistungsbewertungsprüfung von In-vitro-Diagnostika

{EN: *Performance evaluation study of in vitro diagnostic medical devices*}
{FR: *Études d'evaluation des performances des dispositifs médicaux de diagnostic in vitro*}
{⇨ Klinische Bewertung, Klinische Daten, Klinische Prüfung von Medizinprodukten, Medizinprodukte Klinische Prüfungsverordnung}

⇨ § 24 MPG:
«Auf Leistungsbewertungsprüfungen von In-vitro-Diagnostika sind die §§ 20 bis 23b entsprechend anzuwenden, wenn

1. eine invasive Probenahme ausschließlich oder in erheblicher zusätzlicher Menge zum Zwecke der Leistungsbewertung eines In-vitro-Diagnostikums erfolgt oder
2. im Rahmen der Leistungsbewertungsprüfung zusätzlich invasive oder andere belastende Untersuchungen durchgeführt werden oder
3. die im Rahmen der Leistungsbewertung erhaltenen Ergebnisse für die Diagnostik verwendet werden sollen, ohne dass sie mit etablierten Verfahren bestätigt werden können.

In den übrigen Fällen ist die Einwilligung der Person, von der die Proben entnommen werden, erforderlich, soweit das Persönlichkeitsrecht oder kommerzielle Interessen dieser Person berührt sind.»

⇨ DIN EN 13612:2002 [125]:
«Leistungsbewertungsstudie: Untersuchung eines In-vitro-Diagnostikums zur Validierung der Leistungsangaben unter den zu erwartenden Anwendungsbedingungen.»

Die Leistungsbewertungsprüfung

- ist durchzuführen, um geeignete klinische Daten für eine Leistungsbewertung eines In-vitro-Diagnostikums zu erheben, soweit diese nicht aus Literaturdaten zu erheben sind (vgl. § 19 MPG),
- findet innerhalb und/oder außerhalb der Betriebsstätte des Herstellers statt (vgl. Artikel 1 Abs. 2 lit. e) IVDD,
- ist unter Berücksichtigung der einschlägigen Harmonisierten Norm DIN EN 13612 [125] für die Durchführung einer Leistungsbewertungsprüfung durchzuführen,
- eines In-vitro-Diagnostikums entspricht der klinischen Prüfung eines «sonstigen» Medizinprodukts.

Leistungsbewertungsprüfungen von In-vitro-Diagnostika werden häufig mit vorhandenem überschüssigem Probenmaterial durchgeführt, das im Rahmen der medizinischen Behandlung von Patienten für medizinisch-diagnostische Zwecke entnommen wurde. In derartigen Fällen sind die Leistungsbewertungsprüfungen im Normalfall nicht mit zusätzlichen Risiken für die Personen verbunden, von denen das Probenmaterial stammt.

Es gibt jedoch Leistungsbewertungsprüfungen, in denen die Gesundheit und die körperliche Unversehrtheit der Personen, von denen die Probe entnommen wird, durch

- die Probenahme,
- zusätzlich Untersuchungen oder
- eine auf die Ergebnisse der In-vitro-Untersuchung gestützte Therapie

beeinträchtigt werden könnten.

Diese «belastenden» Leistungsbewertungsprüfungen können wegen des damit für die Probanden verbundenen Risikos als «kritische Leistungsbewertungsprüfungen» bezeichnet werden. Welche Leistungsbewertungsprüfungen zu diesen «kritischen Leistungsbewertungsprüfungen» zählen, wird im § 24 MPG spezifiziert.

Die kritischen Leistungsbewertungsprüfungen sind nach § 24 MPG den klinischen Prüfungen mit Medizinprodukten rechtlich gleichgestellt.

Mit anderen Worten:
Für kritische Leistungsbewertungsprüfungen von In-vitro-Diagnostika gelten – soweit anwendbar – die gleichen Vorschriften hinsichtlich des Beginns und der Durchführung wie für klinische Prüfungen von Medizinprodukten.

Hierzu zählen neben
- den Allgemeinen Voraussetzungen des § 20 MPG auch
- die besonderen Voraussetzungen des § 21 MPG,
- die Vorschriften für die Genehmigung durch die BOB und die zustimmende Bewertung durch die zuständige Ethik-Kommission nach Landesrecht nach §§ 22 bis 23 a MPG sowie
- die Vorschriften für den Abschluss einer Prüfung nach § 23 a MPG.

Für eine Leistungsbewertungsprüfung, die vom Regelungsbereich des § 24 MPG nicht erfasst wird und damit nicht die Vorschriften der §§ 20 bis 23a MPG einhalten muss, ist jedoch die Einwilligung des Probanden erforderlich, soweit dessen Persönlichkeitsrechte oder kommerzielle Interessen berührt sind.

Leistungsbewertung von In-vitro-Diagnostika

{EN: *Performance evaluation of in vitro diagnostic medical devices*}
{FR: *Évaluation des performances des dispositifs médicaux de diagnostic in vitro*}
{⇨ Klinische Bewertung, Leistungsbewertungsprüfung von In-vitro-Diagnostika}

⇨ § 16 Abs. 2 MPG:
«Die Eignung von In-vitro-Diagnostika für den vorgesehenen Verwendungszweck ist durch eine Leistungsbewertung anhand geeigneter Daten zu belegen. Die Leistungsbewertung ist zu stützen auf
1. Daten aus der wissenschaftlichen Literatur, die die vorgesehene Anwendung des Medizinproduktes und die dabei zum Einsatz kommenden Techniken behandeln, sowie einen schriftlichen Bericht, der eine kritische Würdigung dieser Daten enthält, oder
2. die Ergebnisse aller Leistungsbewertungsprüfungen oder sonstigen geeigneten Prüfungen.»

Der Begriff Leistungsbewertung ist weder im MPG noch in der IVDD legal definiert. In der IVDD findet sich lediglich in Artikel 1 Abs. 2 lit. e) die Definition für ein «Produkt für Leistungsbewertungszwecke». Danach ist ein Produkt für Leistungsbewertungszwecke jedes Medizinprodukt, das vom Hersteller dazu bestimmt ist, einer oder mehreren Leistungsbewertungsprüfungen in Labors für medizinische Analysen oder in einer anderen angemessenen Umgebung außerhalb der eigenen Betriebsstätte unterzogen zu werden.

«Außerhalb der Betriebstätte» bedeutet in diesem Zusammenhang, dass die Probenahme und die Untersuchung der Proben mit dem zu prüfenden In-vitro-Diagnostikum außerhalb von Geschäftseinrichtungen, Fertigungsstätten und Betriebsräumen des Sponsors durchgeführt werden.

Davon abweichend können Leistungsbewertungsprüfungen einschließlich der Probenahme und der Untersuchung der Proben in der Betriebsstätte des Sponsors stattfinden, wenn die Betriebsstätte des Sponsors über geeignete Räume für die Probenahme sowie über Labore für die medizinische Analyse verfügt.

In den Fällen, in denen die Probenahme und/oder die Analyse der Proben beim Sponsor stattfinden, ist die Betriebsstätte als Prüfstelle im Rahmen der Leistungsbewertungsprüfung anzusehen und beim Antrag auf Genehmigung und auf zustimmende Bewertung mit zu benennen.

Leistungsfähigkeit

{EN: *Efficiency*}
{FR: *Efficacité*}
{⇨ Messverfahren}

⇨ Teil A Nr. 3 RiliBÄK [83]:
«Die Leistungsfähigkeit eines Messverfahrens wird durch die Kriterien analytische Empfindlichkeit, analytische Spezifität, Messgenauigkeit, Richtigkeit ausgedrückt als systematische Messabweichung, Vergleichspräzision ausgedrückt als zufällige Messabweichung, Wiederholpräzision, Messbereich, theoretische und praktische Nachweisgrenze sowie Linearität beschrieben.»

Leitlinie «Medizinprodukte-Beobachtungs- und Meldesystem»

{EN: *Guideline on a medical devices vigilance system*}
{FR: *Document d'orientation pour la matériovigilance des dispositifs médicaux*}
{⇨ In-vitro-Fertilisation (IVF)/Assistierte Reproduktionstechnik (ART) – Medizinprodukte}

Die Leitlinie MEDDEV 2.12/1 Rev. 8 beschreibt ein System zur Meldung und Bewertung von Vorkommnissen, das die Bezeichnung «Medizinprodukte-Beobachtungs- und Meldesystem» trägt [52]. Sie erläutert die Anforderungen der AIMDD, der MDD sowie der IVDD im Hinblick auf die Vigilanz. Die Leitlinie ist als Grundlage für die Erarbeitung der MPSV herangezogen worden.

> «Ziel dieser Leitlinie ist es, die Wahrscheinlichkeit des Wiederauftretens von Vorkommnissen zu reduzieren und somit die Sicherheit bei deren Anwendung zu erhöhen.» [124]

Die Leitlinie berücksichtigt u. a. die Anwendungen des Medizinprodukte-Beobachtungs- und Meldesystem bei In-vitro-Fertilisation (IVF)-Produkten und Assistierte Reproduktions-Technik (ART)-Produkten. U. a. wird angegeben, wann bei diesen Medizinprodukten ein Vorkommnis vorliegt.

M

Marktüberwachung

{EN: *Market surveillance*}
{FR: *Surveillance du marché*}
{⇨ Neuer Rechtsrahmen}

⇨ Artikel 2 Nr. 17 Verordnung (EG) Nr. 765/2008 [87]:
«Die von den Behörden durchgeführten Tätigkeiten und von ihnen getroffenen Maßnahmen, durch die sichergestellt werden soll, dass die Produkte mit den Anforderungen der einschlägigen Harmonisierungsrechtsvorschriften der Gemeinschaft übereinstimmen und keine Gefährdung für die Gesundheit, Sicherheit oder andere im öffentlichen Interesse schützenswerte Bereiche darstellen.»

Diese Verordnung findet auf Medizinprodukte keine Anwendung (Erwägungsgrund 5 der VO (EG) Nr. 765/2008 [87]).

Die europäischen Medizinprodukte-Richtlinien sehen Maßnahmen der Marktüberwachung vor, die im MPG und MPSV konkretisiert werden:

- Verpflichtung des Herstellers, «ein systematisches Verfahren einzurichten und auf dem neuesten Stand zu halten, mit dem Erfahrungen mit Produkten in den der Herstellung nachgelagerten Phasen ausgewertet werden, und angemessene Vorkehrungen zu treffen, um erforderliche Korrekturen durchzuführen. Dies schließt die Verpflichtung des Herstellers ein, die zuständigen Behörden unverzüglich über [...] Vorkommnisse zu unterrichten, sobald er davon Kenntnis erlangt hat. [...]». In der MPSV sind die Maßnahmen über die Erfassung, Bewertung und Abwehr von Risiken bei Medizinprodukten konkretisiert.
- Verpflichtung des Sponsors, bei genehmigungspflichtigen klinischen Prüfungen von Medizinprodukten und bei genehmigungspflichtigen Leistungsbewertungsprüfungen von In-vitro-Diagnostika schwerwiegende unerwünschte Ereignisse zu erfassen und zu melden.

Das MPG schreibt ein risikogestuftes Vorgehen vor. Danach haben die zuständigen Behörden sich in angemessenem Umfang unter besonderer Berücksichtigung möglicher Risiken der Medizinprodukte zu vergewissern, ob die Voraussetzungen zum Inverkehrbringen und zur Inbetriebnahme erfüllt sind, und gegebenenfalls die zur Beseitigung festgestellter und zur Verhütung künftiger Verstöße notwendigen Maßnahmen zu treffen.

Die behördliche Überwachung erstreckt sich in Deutschland auch auf weitere Bereiche bzw. Aktivitäten, die nicht Gegenstand der europäischen Medizinprodukte-Richtlinien sind (z. B. den Handel mit Medizinprodukten, das professionelle Betreiben und Anwenden sowie die Aufbereitung von Medizinprodukten).

Zuständig für die Überwachung sind in Deutschland grundsätzlich die Landesbehörden. Lediglich die zentrale Erfassung und Bewertung von Risiken im Rahmen des Medizinprodukte- Beobachtungs- und -Meldesystems obliegt dem BfArM bzw. dem PEI.

Marktüberwachungsbehörde

{EN: *Market surveillance authority*}
{FR: *Autorité de surveillance du marché*}

⇨ Artikel 2 Nr. 18 Verordnung (EG) Nr. 765/2008 [87]:
«Marktüberwachungsbehörde: Eine Behörde eines Mitgliedstaats, die für die Durchführung der Marktüberwachung auf seinem Staatsgebiet zuständig ist.»

Die Marktüberwachung erfolgt in Deutschland grundsätzlich durch die für das Medizinprodukterecht zuständigen Landesbehörden.

Maschine

{EN: *Machinery*}
{FR: *Machine*}
{⇨ Maschinenrichtlinie 2006/42/EG}

⇨ Artikel 2 lit. a) RL 2006/42/EG [106]):
«Maschine:

- eine mit einem anderen Antriebssystem als der unmittelbar eingesetzten menschlichen oder tierischen Kraft ausgestattete oder dafür vorgesehene Gesamtheit miteinander verbundener Teile oder Vorrichtungen, von denen mindestens eines bzw. eine beweglich ist und die für eine bestimmte Anwendung zusammengefügt sind;
- eine Gesamtheit im Sinne des ersten Gedankenstrichs, der lediglich die Teile fehlen, die sie mit ihrem Einsatzort oder mit ihren Energie- und Antriebsquellen verbinden;
- eine einbaufertige Gesamtheit im Sinne des ersten und zweiten Gedankenstrichs, die erst nach Anbringung auf einem Beförderungsmittel oder Installation in einem Gebäude oder Bauwerk funktionsfähig ist;
- eine Gesamtheit von Maschinen im Sinne des ersten, zweiten und dritten Gedankenstrichs oder von unvollständigen Maschinen im Sinne des Buchstabens g, die, damit sie zusammenwirken, so angeordnet sind und betätigt werden, dass sie als Gesamtheit funktionieren;
- eine Gesamtheit miteinander verbundener Teile oder Vorrichtungen, von denen mindestens eines bzw. eine beweglich ist und die für Hebevorgänge zusammengefügt sind und deren einzige Antriebsquelle die unmittelbar eingesetzte menschliche Kraft ist.»

Aus Artikel 1 Abs. 2 der RL 2006/42/EG ergibt sich, dass Medizinprodukte nicht vom Anwendungsbereich dieser RL ausgenommen sind.

Nach § 7 Abs. 2 MPG müssen aktive implantierbare oder sonstige Medizinprodukte, bei denen ein einschlägiges Risiko besteht und die Maschinen im Sinne Maschinenrichtlinie sind, auch die grundlegenden Gesundheits- und Sicherheitsanforderungen gemäß Anhang I der Maschinenrichtlinie beachtet werden, sofern diese grundlegenden Gesundheits- und Sicherheitsanforderungen spezifischer sind als die Grundlegenden Anforderungen gemäß Anhang I MDD oder gemäß Anhang 1 AIMDD.

Maschinenrichtlinie 2006/42/EG

{EN: *Directive on machinery*}
{FR: *Directive relative aux machines*}
{⇨ Maschine}

Medizinprodukte der MDD sowie aktive implantierbare medizinische Geräte der AIMDD, die der Begriffsbestimmung «Maschine» der RL 2006/42/EG entsprechen, sind grundsätzlich nicht von der Maschinenrichtlinie ausgenommen. Zu beachten ist der Artikel 3 der RL 2006/42/EG [106].

Der Hersteller muss danach für sein spezielles Medizinprodukt im Einzelfall prüfen, ob von dem Medizinprodukt ausgehende Gefährdungen ganz oder teilweise von anderen europäischen RL genauer erfasst werden. Werden für die von dem Medizinprodukt ausgehenden Gefährdungen spezifischere «Grundlegende Sicherheits- und Gesundheitsschutzanforderungen für Konstruktion und Bau von Maschinen» gefordert als in den Medizinprodukte-Richtlinien, so sind diese zusätzlich bei der Konformitätsbewertung zu berücksichtigen.

Mit anderen Worten: Diejenigen «Grundlegenden Sicherheits- und Gesundheitsanforderungen» der RL 2006/42/EG, die auf das jeweilige Medizinprodukt zutreffen und die spezifischer sind als die Grundlegenden Anforderungen der betreffenden Medizinprodukte-Richtlinie werden Teil der betreffenden Medizinprodukte-Richtlinie [94, 106].

Maßnahmenempfehlung

{EN: *Recommended measures*}
{FR: *Actions recommandées*}

⇨ § 2 Nr. 4 MPSV
«Maßnahmenempfehlung: eine Mitteilung des Verantwortlichen nach § 5 des Medizinproduktegesetzes, mit der eine korrektive Maßnahme veranlasst wird.»

Das BfArM hat auf seiner Webseite eine Übersetzung und Konkretisierung der in der Leitlinie MEDDEV 2.12/1 [52] veröffentlichten Vorlage für den Inhalt und die Form von Informationsschreiben (Maßnahmenempfehlungen) des Herstellers an die Anwender/Betreiber im Falle von korrektiven Maßnahmen im Feld gegeben. Folgende Informationen müssen mit den angegebenen Überschriften vorliegen:

- Überschrift: Dringende Sicherheitsinformation;
- Art der Maßnahme: (z. B. Rückruf, Software-Update, etc.) betreffend (Handelsname des/der betroffenen Medizinprodukte;
- Datum, Absender, Adressat;
- Identifikation der betroffenen Medizinprodukte.
- Beschreibung des Problems einschließlich der ermittelten Ursache;

- Welche Maßnahmen sind durch den Adressaten zu ergreifen?
- Weitergabe der hier beschriebenen Informationen;
- Kontaktperson;
- Unterschrift.

MEDDEV-Leitlinien

{EN: *MEDDEV-guidelines*}
{FR: *Documents d'orientation MEDDEV*}
{⇨ EG-Leitlinie}

Von der Europäischen Kommission werden Leitlinien zur einheitlichen Anwendung und Interpretation der AIMDD, MDD, IVDD in englischer Sprache erarbeitet und ggf. aktualisiert.

Diese Leitlinien haben keinen rechtsverbindlichen Charakter.

Zu folgenden Fragestellungen sind MEDDEV-Leitlinien erarbeitet und veröffentlicht worden[43]:

2.1 Scope, field of application, definition
2.2 Essential requirements
2.4 Classification of MD
2.5 Conformity assessment procedure
2.7 Clinical investigation, clinical evaluation
2.10 Notified bodies
2.11 Products using materials of biological origin
2.12 Market surveillance
2.13 Transitional period
2.14 IVD
2.15 Other guidances

Hinweis: Die durch die RL 2007/47/EG oder frühere Änderungsrichtlinien eingeführten Änderungen sind noch nicht in allen MEDDEV-Leitlinien berücksichtigt.

Medical Devices Expert Group (MDEG)

{EN: *Medical Devices Expert Group, MDEG*}
{FR: *Groupe européen d'experts pour les dispositifs médicaux, MDEG*}

Die europäische Expertengruppe für Medizinprodukte (MDEG) ist ein europäisches Steuergremium zu Fragen der Regulierung von Medizinprodukten.

Unter der Leitung der Kommission treffen sich die zuständigen Vertreter der Mitgliedstaaten, der europäischen Industrieverbände sowie anderer Vertreter von europäischen Medizinprodukte Interessengruppen. Wesentliche Aufgaben der MDEG sind:

- Unterstützung der Kommission bei der Vorbereitung von Rechtsvorschriften und in der Politikgestaltung;
- Koordinierung des Erfahrungsaustauschs mit den Mitgliedstaaten;

43) Eine vollständige Liste ist zu finden unter: http://ec.europa.eu/health/medical-devices/documents/guidelines/index_en.htm (Stand: November 2014)

- Überwachung der Entwicklung der nationalen Medizinprodukte-Politik und der Umsetzung des EU-Rechts durch die nationalen Behörden;
- Koordinierung und Überwachung der Aktivitäten der einzelnen MDEG-Arbeitsgruppen und Freigabe der Arbeitsergebnisse z. B. in Form von «MEDDEV- Leitlinien».

In nicht öffentlicher Sitzung ist die MDEG ein Forum für die Kommission und die zuständigen Behörden der Mitgliedstaaten zur Erörterung aller Fragen im Zusammenhang mit der Umsetzung der Medizinprodukte-Richtlinien.

Medizinische Grundlagenforschung

{EN: *Basic medical research*}
{FR: *Recherche médicale fondamentale*}
{⇨ Klinische Prüfung von Medizinprodukten, Klinische Studie für Medizinprodukte}

Werden wissenschaftliche Untersuchungen im Sinne einer medizinischen oder auch biomedizinischen Grundlagenforschung durchgeführt, die nicht dem Nachweis der Sicherheit und/oder Leistungsfähigkeit eines Medizinprodukts dienen, so werden diese Untersuchungen nicht von der Definition «klinische Prüfung» der DIN EN ISO 14155 [63] erfasst. Diese wissenschaftlichen Untersuchungen sind somit keine klinischen Prüfungen im Sinne des Medizinprodukterechts [101].

Medizinische Leistung

{EN: *Medical performance*}
{FR: *Performance médicale*}
{⇨ Leistung eines Medizinprodukts}

Die medizinische Leistung umfasst im Wesentlichen die diagnostische oder therapeutische Leistungsfähigkeit eines Medizinprodukts.

Ohne eine entsprechende technische Leistung ist jedoch eine adäquate medizinische Leistung nicht denkbar, da in einem solchen Fall das Medizinprodukt von vornherein ungeeignet oder «überflüssig» wäre.

Medizinisches Gerät

{EN: *Medical device*}
{FR: *Dispositif médical*}
{⇨ Aktives implantierbares Medizinprodukt, Medizinprodukt}

⇨ Artikel 1 Abs. 2 lit. a) AIMDD:
«Medizinisches Gerät: alle einzeln oder miteinander verbunden verwendete/n Instrumente, Apparate, Vorrichtungen, Software, Stoffe oder anderen Gegenstände samt der Zubehörteile, einschließlich der vom Hersteller speziell zur Anwendung für diagnostische und/oder therapeutische Zwecke bestimmten und für ein einwandfreies Funktionieren des medizinischen Geräts eingesetzten Software, die vom Hersteller zur Anwendung für Menschen für folgende Zwecke bestimmt sind:

- Erkennung, Verhütung, Überwachung, Behandlung oder Linderung von Krankheiten,
- Erkennung, Überwachung, Behandlung, Linderung oder Kompensierung von Verletzungen oder Behinderungen,
- Untersuchung, Ersatz oder Veränderung des anatomischen Aufbaus oder eines physiologischen Vorgangs,
- Empfängnisregelung,

und deren bestimmungsgemäße Hauptwirkung im oder am menschlichen Körper weder durch pharmakologische oder immunologische Mittel noch metabolisch erreicht wird, deren Wirkungsweise aber durch solche Mittel unterstützt werden kann.»

Diese Definition ist im MPG nicht wiedergegeben. Somit wird im MPG nicht gefordert, dass ein Zubehörteil, das zum einwandfreien Funktionieren des aktiven implantierbaren medizinischen Geräts erforderlich ist, der AIMDD zuzuordnen ist. Hier wird jedem Hersteller empfohlen, für seine Entscheidungen die Texte der europäischen RL zugrunde zu legen.

Im Unterschied zur Begriffsbestimmung «Medizinprodukt» gemäß § 3 Nr. 1 MPG sind Zubehörteile explizit in der Begriffsbestimmung «medizinisches Gerät» der AIMDD aufgeführt.

Mit der Begriffsbestimmung wird auch klargestellt, dass Software als solche, wenn sie spezifisch vom Hersteller für einen oder mehrere der in der Definition von «medizinisches Gerät» genannten medizinischen Zwecke bestimmt ist, ein Medizinprodukt ist. Software für allgemeine Zwecke ist kein «medizinisches Gerät», auch wenn sie im Zusammenhang mit der Gesundheitspflege genutzt wird.

Medizinische Sicherheit

{EN: *Medical safety*}
{FR: *Sécurité médicale*}
{⇨ Leistung eines Medizinprodukts, Technische Leistung, Nebenwirkung, Wechselseitige Beeinflussung}

Medizinische Sicherheit umfasst u. a. alle Aspekte einer Diagnosefindung und Therapieauswahl durch den behandelnden Arzt/Zahnarzt [7], wie beispielsweise:

- Fragestellungen zur Indikation/Kontraindikation des Behandlungsverfahrens im Hinblick auf eine Abschätzung von Nutzen und Risiko,
- Festlegung der zu applizierenden Energie- oder Arzneimittelmenge zur Erzielung des beabsichtigten Therapieerfolges,
- Festlegung der Geräteeinstellung vor der Geräteanwendung.

Die medizinische Sicherheit ist damit unmittelbar abhängig von dem Wissen, der Ausbildung und der Erfahrung des behandelnden Arztes/Zahnarztes und im Wesentlichen auf seine ethische Verpflichtung zur Abwendung von Gefährdungen für den Patienten begründet. Oberstes Gebot des ärztlichen Handelns ist, dem Patienten unter allen Umständen keinen Schaden zuzufügen [7].

Somit ist im Grunde die medizinische Sicherheit nicht – zumindest aber nicht unmittelbar – durch Aufstellen rechtlicher Anforderungen beeinflussbar.

Im Sinne des MPG bedeutet «medizinische Sicherheit» jedoch die Vermeidung nicht technisch bedingter Risiken wie beispielsweise

- hygienische Risiken (Infektion, mikrobielle Kontamination),
- Bio-Inkompatibilitäten von Materialien,
- Nebenwirkungen von Medizinprodukten,
- wechselseitige Beeinflussung (Wechselwirkung) zwischen Medizinprodukten.

Medizinisches Laboratorium

{EN: *Medical laboratory*}
{FR: *Laboratoire médical*}
{⇨ Verantwortung des Zentrallabors, Zentrallabor}

⇨ Teil A Nr. 3 RiliBÄK [83]:
«Ein medizinisches Laboratorium im Sinn dieser Richtlinie bedeutet abhängig vom Zusammenhang
- einen Raum, einen Anteil daran oder mehrere Räume, in dem/denen laboratoriumsmedizinische Laboratoriumsuntersuchungen durchgeführt werden (räumliche Definition),
- eine Person, in deren Verantwortung laboratoriumsmedizinische Untersuchungen durchgeführt werden (personale Definition) oder
- eine Funktions- oder Organisationseinheit (organisatorische Definition).»

Medizinprodukt

{EN: *Medical device*}
{FR: *Dispositif médical*}
{⇨ Arzneimittel, Arzneimittel – Abgrenzung zu Medizinprodukten, Eigenherstellung, Hersteller, Konformitätsbewertungsverfahren, Persönliche Schutzausrüstung, Stoff, Zubehör, Zwischenprodukt}

⇨ § 3 Nr. 1 MPG:
«Medizinprodukte sind alle einzeln oder miteinander verbunden verwendeten Instrumente, Apparate, Vorrichtungen, Software, Stoffe und Zubereitungen aus Stoffen oder andere Gegenstände einschließlich der vom Hersteller speziell zur Anwendung für diagnostische oder therapeutische Zwecke bestimmten und für ein einwandfreies Funktionieren des Medizinprodukts eingesetzten Software, die vom Hersteller zur Anwendung für Menschen mittels ihrer Funktionen zum Zwecke
a) der Erkennung, Verhütung, Überwachung, Behandlung oder Linderung von Krankheiten,
b) der Erkennung, Überwachung, Behandlung, Linderung oder Kompensierung von Verletzungen oder Behinderungen,
c) der Untersuchung, der Ersetzung oder der Veränderung des anatomischen Aufbaus oder eines physiologischen Vorgangs oder
d) der Empfängnisregelung

zu dienen bestimmt sind und deren bestimmungsgemäße Hauptwirkung im oder am menschlichen Körper weder durch pharmakologisch oder immunologisch wirkende Mittel noch durch Metabolismus erreicht wird, deren Wirkungsweise aber durch solche Mittel unterstützt werden kann.

Medizinprodukte sind auch Produkte, die einen Stoff oder eine Zubereitung aus Stoffen enthalten oder auf die solche aufgetragen sind, die bei gesonderter Verwendung als Arzneimittel im Sinne des § 2 Abs. 1 des Arzneimittelgesetzes angesehen werden können und die in Ergänzung zu den Funktionen des Produkts eine Wirkung auf den menschlichen Körper entfalten können.»

⇨ § 3 Nr. 2 MPG:
«Medizinprodukte sind auch Produkte nach Nummer 1, die einen Stoff oder eine Zubereitung aus Stoffen enthalten oder auf die solche aufgetragen sind, die bei gesonderter Verwendung als Arzneimittel im Sinne des § 2 Abs. 1 des Arzneimittelgesetzes angesehen werden können und die in Ergänzung zu den Funktionen des Produktes eine Wirkung auf den menschlichen Körper entfalten können.»

Die Begriffsbestimmung in § 3 Nr. 1 MPG gilt für Medizinprodukte jeglicher Antriebsenergie – auch für Medizinprodukte, die für ihren Betrieb keine Antriebsenergie benötigen.

Entscheidend für die Abgrenzung «Medizinprodukt» und «Arzneimittel» ist die Hauptwirkungsweise des Produkts. Die bestimmungsgemäße Hauptwirkung eines Produkts mit einem Zweck gemäß § 3 Nr. 1 MPG im oder am menschlichen Körper darf nicht pharmakologisch, nicht metabolisch oder nicht immunologisch sein.

Die Festlegung in der Begriffsbestimmung «zur Anwendung für Menschen» beinhaltet Medizinprodukte, die nicht unmittelbar am Menschen zum Einsatz kommen, wie z. B. In-vitro-Diagnostika, Sterilisatoren und Aufbereitungsgeräte für Medizinprodukte.

Im MPG werden unter Medizinprodukten Produkte verstanden, die einer der folgenden europäischen RL zugeordnet werden können:

- AIMDD
- MDD
- IVDD.

Als generelle Regel ist zu beachten, dass jedes Medizinprodukt nur einer dieser RL zuzuordnen ist. Damit ein Produkt beispielsweise unter die MDD fällt, ist der Nachweis erforderlich, dass es

- die Definition gemäß § 3 Nr. 1 MPG erfüllt und
- durch den Anwendungsbereich § 2 MPG nicht ausgeschlossen wird.

Hieraus folgt: Für den Fall, dass das Produkt unter die MDD fällt, sind die für dieses Produkt zulässigen Konformitätsbewertungsverfahren der MDD zu entnehmen.

Grundvoraussetzung, dass ein Produkt als Medizinprodukt dem MPG unterliegt, ist die vom Hersteller/Eigenhersteller im Rahmen der Zweckbestimmung gemäß § 3 Nr. 1 MPG vorgesehene Nutzung. Dies bedeutet, dass der Hersteller/Eigen-

hersteller jedem der «einzeln oder miteinander verbunden verwendeten Instrumente, Apparate, Vorrichtungen, Software, Stoffe und Zubereitungen aus Stoffen oder anderen Gegenständen» einen Zweck gemäß § 3 Nr. 1 MPG zuzuordnen hat.
Ausschließlich Hersteller/Eigenhersteller legen den Zweck gemäß § 3 Nr. 1 MPG fest, für das ein Medizinprodukt bestimmungsgemäß zum Einsatz kommen kann. Notwendige Voraussetzung dafür, dass ein Medizinprodukt vorliegt, ist, dass die «bestimmungsgemäße Hauptwirkung im oder am menschlichen Körper weder durch pharmakologisch oder immunologisch wirkende Mittel noch durch Metabolismus erreicht wird».
Zu beachten ist die Satzergänzung: «deren Wirkungsweise aber durch solche Mittel unterstützt werden kann». Hieraus folgt, dass Medizinprodukte in jedem Falle vorliegen, wenn die Funktion mit physikalisch-technischen (einschließlich elektrischen, chemischen und/oder mechanischen) Verfahren erreicht wird. Dies ist ein wesentliches Abgrenzungskriterium zu Arzneimitteln, deren bestimmungsgemäße Hauptwirkung im oder am menschlichen Körper pharmakologisch, immunologisch oder metabolisch ist.
Die alleinige Anwendung eines Produkts in medizinischer Umgebung ist nicht hinreichend zur Einstufung als Medizinprodukt im Sinne des MPG [56]. So ist beispielsweise die Bleischürze als Schutzkleidung gegen Röntgenstrahlung als persönliche Schutzausrüstung einzustufen.
Die Festlegung «alle einzeln oder miteinander verbunden verwendeten» Produkte in der Begriffsbestimmung «Medizinprodukt» führt zu dem Begriff «Zubehör». Die Voraussetzung der «Verwendungsfertigkeit» eines Medizinprodukts entfällt im MPG, da Zubehör eigenständig definiert ist.
Eine Ausnahme bilden die Zwischenprodukte, die von Gesundheitshandwerkern (Zahntechniker, Orthopädiemechaniker, Orthopädieschuhmacher, Hörgeräteakustiker, Augenoptiker) für die Herstellung von Sonderanfertigungen verwendet werden.

- Beispiele für Medizinprodukte
  Im Folgenden werden einige Beispiele für Medizinprodukte angegeben, die gemäß § 3 Nr. 1 MPG für Menschen vorgesehen sind und deren Hauptwirkung auf physikalisch-technischen (inklusive chemischen oder mechanischen) Prinzipien beruht. Die Beispiele werden dem in § 3 Nr. 1 MPG vorgegebenem Zweck zugeordnet. Hinzuweisen ist, dass dieser Zweck ausschließlich vom Hersteller/Eigenhersteller des Medizinprodukts festzulegen ist. In [84] wird darauf hingewiesen, dass der Hersteller/Eigenhersteller für den Fall, dass er dem Produkt einen Zweck zuordnet, der im Widerspruch zu gegenwärtigen klinischen Daten steht, dies wissenschaftlich zu begründen hat.
  - Medizinprodukte zum Zwecke der Erkennung von Krankheiten – beispielsweise Kanülen zur Blutentnahme, Stethoskope, Röntgen- und Ultraschallgeräte, Blutdruckmessgeräte, Spirometer, Magnetresonanztomografen, Ergometer.

Zu diesen Medizinprodukten gehört auch eigenständige Software, die beispielsweise über ein Bildauswertungsprogramm einen Tumor erkennen kann.

- Medizinprodukte zum Zwecke der Verhütung von Krankheiten – beispielsweise Phototherapiegeräte, Blutfilter, Atemfilter, Kompressionsstrümpfe, Anti-Dekubitusmatratzen, Pflaster, Verbandstoffe.
- Medizinprodukte zum Zwecke der Überwachung von Krankheiten – beispielsweise Pulmonaliskatheter, Pulsoxymeter, Patientenmonitore für EKG, Pulsfrequenz, Blutdruck, Körpertemperatur.
  Zu diesen Medizinprodukten gehört auch eigenständige Software, die beispielsweise 24-Stunden Blutdruckwerte oder über 24 Stunden aufgenommene EKG-Signale auswertet zur Überwachung von Krankheiten und zur Optimierung der Therapie.
- Medizinprodukte zum Zwecke der Behandlung von Krankheiten – beispielsweise chirurgische Instrumente, Infusionspumpen, Herz-Lungen-Maschinen, Stents (beschichtet oder unbeschichtet), Herzklappen, Knochennägel, Knochenschrauben, Knochenzemente, Dialysegeräte, Lithotripter, Inkubatoren für Frühgeborene, Beatmungsgeräte, Narkosegeräte, Hochfrequenz Chirurgiegeräte, Operationsmikroskope, Operationstische.
- Medizinprodukte zum Zwecke der Linderung von Krankheiten – beispielsweise Insulinpumpen, Medikamentenpumpen, Zahnprothesen, künstliche Gelenke, Knochenersatzmaterialien (z. B. Hydroxylapatit).
- Medizinprodukte zum Zwecke der Erkennung von Verletzungen und Behinderungen – beispielsweise Reflexhammer, Untersuchungsliegen, Untersuchungsleuchten, Röntgenfilme, Ultraschalldiagnostikgeräte, Endoskope, EKG-Elektroden, Blutdruckaufnehmer, zentrale Venenkatheter, Magensonden, Sehschärfenmessgeräte.
- Medizinprodukte zum Zwecke der Überwachung von Verletzungen und Behinderungen – beispielsweise Sammelvorrichtungen zur Volumenbestimmung von Wundsekreten und Körperflüssigkeiten, Blasenkatheter, Absaugvorrichtungen.
- Medizinprodukte zum Zwecke der Behandlung von Verletzungen und Behinderungen – beispielsweise Punktionsnadeln, Venenverweilkatheter, Trokare, chirurgische Geräte wie Gipssägen, Thermokauter, HF-Chirurgiegeräte, Knochenschienen, Knochenzemente, Muskelstimulationsgeräte.
- Medizinprodukte zum Zwecke der Linderung von Verletzungen und Behinderungen – beispielsweise Bandagen, Verbandmaterialien, Akupunkturnadeln, TENS-Geräte, Zahnprothesen, Augenprothesen, Intraokularlinsen, Brillen, Kontaktlinsen, Gehhilfen, Rollstühle, Hörgeräte, Dentalprodukte, Gelenkprothesen, Vakuummatratzen.
- Medizinprodukte zum Zwecke der Kompensierung von Verletzungen und Behinderungen – beispielsweise Stützverbände, künstliche Synovialflüssigkeiten, Stützkorsette, Biostimulatoren.

- Medizinprodukte zum Zwecke der Untersuchung des anatomischen Aufbaus oder eines physiologischen Vorgangs – beispielsweise Röntgengeräte, Hochdruck-Kontrastmittelpumpen, Nukleardiagnostikgeräte, Thermographiegeräte, Endoskope, Ultraschallgeräte, Audiometer, Sehschärfenbestimmungsgeräte.
- Medizinprodukte zum Zwecke der Ersetzung des anatomischen Aufbaus oder eines physiologischen Vorgangs – beispielsweise externe Herzschrittmacher, Reizschwellenmessgeräte, Beatmungsgeräte, Herz-Lungen-Maschinen, Dialysegeräte.
- Medizinprodukte zum Zwecke der Veränderung des anatomischen Aufbaus oder eines physiologischen Vorgangs – beispielsweise chirurgische Instrumente, Laryngoskope, Gase, die ausschließlich in der minimal invasiven Chirurgie verwendet, z. B. zum Abheben der Bauchdecke.
- Medizinprodukte zum Zwecke der Empfängnisregelung – beispielsweise Kondome, Intrauterinpessare, Diaphragma.

Das MPG verwendet den Begriff «Medizinprodukt» in einer doppelten Bedeutung:

- allgemeine Verwendung im Sinne eines Oberbegriffs
- im engeren Sinne als Produkt der MDD («sonstige Medizinprodukte»).

1. Oberbegriff im Sinne des MPG

Wird im MPG ausschließlich der Begriff «Medizinprodukt» ohne weitergehende Ergänzungen verwendet, so subsumiert der Gesetzgeber darunter – im Sinne eines Oberbegriffs –:

- aktive implantierbare medizinische Geräte im Sinne der AIMDD,
- «sonstige» Medizinprodukte im Sinne der MDD und
- In-vitro-Diagnostika im Sinne der IVDD.

2. Sonstige Medizinprodukte

Zur Abgrenzung der allgemeinen Verwendung des Begriffs «Medizinprodukt» zu der Legaldefinition in Art. 1 Abs. 2 lit. a) MDD führt der Gesetzgeber im MPG den Begriff «sonstiges Medizinprodukt» ein, ohne aber in § 3 Nr. 1 MPG auf diese Unterscheidung hinzuweisen.

Dass unter «sonstige Medizinprodukte» nur die Medizinprodukte im Sinne der MDD gemeint sind, ist gleichwohl eindeutig. Dies ergibt sich daraus, dass die «sonstigen Medizinprodukte» immer am Ende einer Aufzählung nach den aktiven Implantaten im Sinne der AIMDD und den In-vitro-Diagnostika im Sinne der IVDD genannt werden.

Der Begriff «sonstiges Medizinprodukt» umfasst somit das ganze Spektrum der Medizinprodukte, die der MDD unterliegen. Stark vereinfacht lassen sich diese Produkte umschreiben als «technische Produkte für die medizinische Anwendung für Menschen».

Der Zweck von «sonstigen Medizinprodukten» wird vorwiegend – im Sinne von bestimmungsgemäßer Hauptwirkung – auf physikalischem (technischem) Wege erreicht.

Medizinprodukte-Abgabeverordnung (MPAV)

{EN: *Ordinance on the Supply of Medical Devices*[44], *MPAV*}
{FR: *Ordonnance fédérale relative à la déliverance des dispositifs médicaux*[44], *MPAV*}

Die MPAV wurde als Artikel 1 der Verordnung vom 25. Juli 2014 (BGBl. I S. 1227) vom BMG erlassen. Es ist eine Verordnung zum MPG auf der Grundlage von § 37 Abs. 2 und 3 MPG. Sie ersetzt die MPVerschrV und die MPVertrV, die mit Artikel 6 Abs. 1 der Verordnung vom 25. Juli 2014 zum 29. Juli 2014 außer Kraft gesetzt wurden.

Mit der MPAV werden Anforderungen an
- verschreibungspflichtige Medizinprodukte und
- apothekenpflichtige Medizinprodukte

festgelegt. Sie richtet sich im Wesentlichen an:
- Ärzte/Zahnärzte,
- Apotheken.

Die Änderungen vom 19. Dezember 2014 betreffen zwei Regelungen zur Verschreibungspflicht bzw. zu Abgabebeschränkungen von Medizinprodukten[45]:
- Die Angaben zur Kontaktaufnahme werden an Änderungen im Arzneimittelbereich angepasst, welche lediglich eine Telefonnummer vorsehen (§ 1 MPAV).
- Zur Abgabe von Medizinprodukten, welche nicht für Laien vorgesehen sind, erfolgt eine redaktionelle Klarstellung (§ 3 MPAV).

Entwicklung:
- Erste Fassung als Artikel 1 der Verordnung über die Abgabe von Medizinprodukten und zur Änderung medizinprodukterechtlicher Vorschriften vom 25. Juli 2014 (BGBl. I S. 1227);
- Änderung durch Artikel 4 der Verordnung zur Änderung der Arzneimittelverordnung, der Apothekenbetriebsordnung, der Verordnung über apothekenpflichtige und freiverkäufliche Arzneimittel und der Medizinprodukte-Abgabeverordnung vom 19. Dezember 2014 (BGBl. I S. 2371).

Medizinproduktebeauftragter

{EN: *Authorized agent for medical devices*}
{FR: *Responsable des dispositifs médicaux*}
{⇨ Anlage 1-Medizinprodukt, Beauftragte Person, Betreiber, Dienstanweisung Einweisung, Medizinprodukteverantwortlicher}

⇨ Empfehlung der DGAI [54]:
«Medizinprodukte-Beauftragter: Diese Funktion ist im Gesetzes- und Verordnungstext nicht vorgesehen. Zur praktischen Umsetzung der Pflichtaufgaben aus der MPBetreibV wird dem Medizinprodukte-Verantwortlichen empfohlen, anwendernah einen oder mehrere Medizinprodukte-Beauftragte

44) inoffizielle Übersetzung
45) https://www.medizintechnologie.de/aktuelles/nachrichten/2014-4/bundesrat-beschliesst-aenderung-der-medizinprodukte-abgabeverordnung/ (Stand: Januar 2015)

zu benennen. In Anlehnung an die Pflichten des Anwenders sollte der Medizinprodukte-Beauftragte die Rahmenbedingungen für die sichere Anwendung organisieren und überwachen und als Bindeglied zwischen Anwender und Medizinprodukte-Verantwortlichem bzw. Betreiber fungieren.»

Der Medizinproduktbeauftragte ist eine vom Betreiber zu benennende Person zur Wahrnehmung von Aufgaben gemäß § 5 MPBetreibV. In Gesundheitseinrichtungen überträgt der Betreiber in aller Regel diese Aufgabe dem Medizinprodukteverantwortlichen. Dieser hat eine (oder mehrere) entsprechend befähigte Person(en) (Arzt, Pflegekraft, Laborant, MTA, etc.) zu benennen, die in dessen räumlichen und sachlichen Zuständigkeitsbereich Aufgaben des Medizinprodukteverantwortlichen wahrnimmt/wahrnehmen.

Die Funktion des Medizinproduktebeauftragten entspricht u. a. der vom Betreiber «beauftragten Person» nach § 5 Abs.1 Nr.2 MPBetreibV und ist in der hier verwendeten Bezeichnung als Medizinproduktebeauftragter im MPG bzw. der MPBetreibV nicht gefordert, ergibt sich aber aus organisatorischen Gründen.

Der Medizinproduktebeauftragte wird schriftlich vom Betreiber – auf Vorschlag des Medizinprodukteverantwortlichen – beauftragt. Die Form der Beauftragung und seine Pflichten sollten im Rahmen einer Dienstanweisung festgelegt werden, so z. B.:

- Einweisung der Anwender bei Medizinprodukten der Anlage 1 MPBetreibV Vorschlag (keine regulatorische Forderung): Einweisung von allen Medizinprodukten – neues und altes Recht, Unfallverhütungsvorschrift [25] – gleich organisieren;
- für unterschiedliche Gerätegruppen und Organisationseinheit sollten mehrere Medizinproduktebeauftragte beauftragt werden;
- Einweisung durch Hersteller oder durch die vom Hersteller befugte Person – üblicherweise zum Zeitpunkt der «erstmaligen Inbetriebnahme» (§ 5 Abs. 1 Nr. 2 MPBetreibV), ggf. schriftliche Bestätigung (Beleg) der Einweisung der Medizinproduktebeauftragten (Hinweis: Die Einweisung des Medizinproduktebeauftragten umfasst mehr als eine Anwender-Einweisung [80]).

Wendet der Medizinproduktebeauftragte Medizinprodukte am Patienten persönlich an, so gelten für ihn die Pflichten des Anwenders.

Medizinprodukte-Beobachtungs- und -Meldesystem

{EN: *Medical devices vigilance system*}
{FR: *Système de matériovigilance pour les dispositifs médicaux*}
{⇨ Marktüberwachung, Medizinprodukte-Sicherheitsplanverordnung, Meldepflicht}

Das Medizinprodukte- Beobachtungs- und -Meldesystem (Vigilanzsystem) ist eine speziell auf die Erkennung und Abwehr von Risiken fokussierte besondere Form der Marktüberwachung. Es sieht vor, dass schwerwiegende Produktprobleme, die bei im Verkehr oder in Betrieb befindlichen Medizinprodukten beobachtet werden, der zuständigen BOB gemeldet und von dieser zentral erfasst und in Zusammenarbeit mit dem betroffenen Hersteller (oder dessen Bevollmächtigten oder Vertreiber) im Hinblick auf das damit verbundene Risiko und das Erfordernis korrektiver Maßnahmen bewertet werden. Damit soll sichergestellt werden, dass derartige Probleme ordnungsgemäß untersucht und die gegebenenfalls erforderlichen Maßnahmen zur Risikoabwehr veranlasst werden (einschließlich der Verhinderung des erneuten Auftretens).

> «Die Verantwortlichen für das erstmalige Inverkehrbringen von Medizinprodukten (Hersteller, Bevollmächtigte oder Einführer) sind nach den Bestimmungen der Medizinprodukte-Sicherheitsplanverordnung (MPSV) verpflichtet, Vorkommnisse, die in Deutschland aufgetreten sind (unter bestimmten Voraussetzungen auch Vorkommnisse, die sich in Drittländern ereignet haben), sowie in Deutschland durchgeführte Rückrufe an das Bundesinstitut für Arzneimittel und Medizinprodukte (BfArM) bzw. entsprechend seiner Zuständigkeit an das Paul-Ehrlich-Institut (PEI) zu melden.
>
> Die Meldeverpflichtung besteht ebenfalls für professionelle Betreiber und Anwender (z. B. Ärzte und Zahnärzte) und Personen, die beruflich oder gewerblich oder in Erfüllung gesetzlicher Aufgaben oder Verpflichtungen Medizinprodukte zur Eigenanwendung an den Endanwender abgeben. Die Meldeverpflichtungen gelten für Angehörige der Heilberufe als erfüllt, soweit Meldungen an Kommissionen oder andere Einrichtungen der Heilberufe erfolgen und dort eine unverzügliche Weiterleitung an das BfArM bzw. das PEI sichergestellt ist.
>
> Vorkommnisse sind Funktionsstörungen, Ausfälle oder Änderungen der Merkmale oder der Leistung oder Unsachgemäßheiten der Kennzeichnung oder der Gebrauchsanweisung eines Medizinproduktes, die unmittelbar oder mittelbar zum Tod oder einer schwerwiegenden Verschlechterung des Gesundheitszustands eines Patienten, eines Anwenders oder einer anderen Person geführt haben, geführt haben könnten oder führen könnten.»[46]

Auf nationaler Ebene sind die Aufgaben und Verpflichtungen der Beteiligten sowie sonstige nähere Einzelheiten des Medizinprodukte- Beobachtungs- und -Meldesystems im Wesentlichen in der MPSV geregelt. Die zentrale Erfassung und wissenschaftliche Bewertung der Risiken von Medizinprodukten obliegt in Deutschland dem BfArM und (für eine Teilmenge der In-vitro-Diagnostika) dem PEI. Für die Überwachung und gegebenenfalls Durchsetzung von korrektiven Maßnahmen sind die Landesbehörden zuständig.

46) http://www.bfarm.de/DE/Medizinprodukte/risikoerfassung/RisikenMelden/_node.html (Stand: November 2014)

Medizinprodukteberater

{EN: *Medical devices consultant*}
{FR: *Consultant spécialisé en dispositifs médicaux*}
{⇨ Ausbildung Medizinprodukteberater, Beauftragung Medizinprodukteberater, Fachkreise, Qualifikation Medizinprodukteberater, Sicherheitsbeauftragter für Medizinprodukte}

§ 31 MPG verpflichtet jedes Unternehmen, das Fachkreise über Medizinprodukte informiert bzw. in die sachgerechte Handhabung von Medizinprodukten einweist, bestimmte, im MPG vorgegebene Aufgaben, sogenannten Medizinprodukteberatern zu übertragen [32, 33]. Diese Forderung ist eine rein nationale Forderung.

Die Aufgaben eines Medizinprodukteberaters sind:
- fachliche Information der Fachkreise über Medizinprodukte;
- Einweisung der Fachkreise in die sachgerechte Handhabung der Medizinprodukte;
- schriftliche Aufzeichnung von Mitteilungen der Angehörigen der Fachkreise über
  - Nebenwirkungen,
  - wechselseitige Beeinflussungen,
  - Fehlfunktionen
  - technische Mängel,
  - Gegenanzeigen,
  - Verfälschungen und
  - sonstige Risiken bei Medizinprodukten;
- schriftliche Übermittlung der Mitteilungen der Angehörigen der Fachkreise an den Sicherheitsbeauftragten für Medizinprodukte des Herstellers oder an das Unternehmen, das ihn beauftragt hat (so z. B. Händler, Großhändler, externer Serviceanbieter).

Die Beauftragung eines Medizinprodukteberaters ist eindeutig an die in § 31 MPG genannten Aufgaben gebunden, auch dann, wenn sie telefonisch erfolgt.

Daraus folgt:
- Nicht alle Mitarbeiter eines Unternehmens müssen die Qualifikation eines Medizinprodukteberaters besitzen.
- Unternehmen, die ausschließlich Medizinprodukte verkaufen ohne jegliche Informationsübermittlung über das verkaufte Medizinprodukt, zu dessen Anwendung/Verwendung oder zu anderen Medizinprodukten des Angebots (sogenannter Verkauf nach Katalog), müssen für diese Tätigkeit keine Medizinprodukteberater beauftragen.

Der Personenkreis, der eine Qualifikation als Medizinprodukteberater benötigt, umfasst nicht nur Mitarbeiter des Vertriebs, sondern kann darüber hinaus auch Mitarbeiter aus den Bereichen
- Produktmanagement,
- Marketing,
- technischer Service,

- Applikationsberatung,
- Entwicklung, etc.

umfassen. Jedes Unternehmen hat diesen Personenkreis an Hand der unternehmensspezifischen organisatorischen Rahmenbedingungen festzulegen.

Der Mitarbeiter, der die Aufgaben eines Medizinprodukteberaters wahrnimmt, muss nicht (kann aber) die Bezeichnung «Medizinprodukteberater» beispielsweise auf der Visitenkarte führen. Zur Erfüllung der rechtlichen Anforderungen ist es vollkommen ausreichend, dass der Mitarbeiter die Anforderungen an die Qualifikation eines Medizinprodukteberaters erfüllt.

Hinzuweisen ist, dass ein Medizinprodukteberater – und nicht sein Auftraggeber – seine Sachkenntnis der zuständigen Behörde auf Verlangen nachzuweisen hat

Medizinprodukte-Betreiberverordnung (MPBetreibV)

{EN: *Ordinance on Operators of Medical Devices, MPBetreibV*}
{FR: *Ordonnance fédérale relative aux exploitants des dispositifs médicaux*[47], *MPBetreibV*}
{⇨ Anlage 1-Medizinprodukt, Anlage 2-Medizinprodukt, Anlage 3-Medizinprodukt, Anwender, Befugte Person, Betreiber, Einweisung, Medizinprodukt, Medizinproduktegesetz}

Die MPBetreibV vom 29. Juni 1998 (BGBl. I S. 1762) in der Fassung der Bekanntmachung vom 21. August 2002 (BGBl. I S. 3396) – zuletzt geändert durch Artikel 2 der Verordnung vom 25. Juli 2014 (BGBl. I S. 1227) – ist eine Verordnung zum MPG, die auf der Grundlage von § 37 Abs. 5 MPG vom BMG erlassen wurde.

Mit der MPBetreibV werden Anforderungen an das Errichten, Betreiben, Anwenden und Instandhalten von Medizinprodukten festgelegt. Ein Schwerpunkt liegt bei der Einweisung in Medizinprodukte.

Die MPBetreibV gilt nicht für Medizinprodukte der klinischen Prüfung und der Leistungsbewertungsprüfung. Sie gilt ebenfalls nicht für Medizinprodukte, die weder gewerblichen noch wirtschaftlichen Zwecken dienen und in deren Gefahrenbereich keine Arbeitnehmer beschäftigt werden – Homecare bzw. Anwendung von Medizinprodukten durch Laien.

Sie richtet sich im Wesentlichen an

- Betreiber und
- Anwender,
- aber auch an Hersteller und befugte Personen, die im Einvernehmen mit dem Hersteller handeln.

Darüber hinaus sind auch Anforderungen enthalten, die sich richten an

- Prüfer für STK (vgl. § 6 MPBetreibV),
- Prüfer für MTK (vgl. § 11 MPBetreibV),
- Instandhalter von Medizinprodukten (vgl. § 3 MPBetreibV) und
- Aufbereiter von Medizinprodukten (vgl. § 4 MPBetreibV).

---

47) inoffizielle Übersetzung

Mit der Änderung durch Artikel 2 der Verordnung vom 25. Juli 2014 wurde u. a. § 10 MPBetreibV neu gefasst. Er beinhaltet besondere Pflichten des Betreibers bei implantierbaren Produkten, die in der neuen Anlage 3 MPBetreibV aufgeführt sind und die ab dem 1. Oktober 2015 vom Betreiber zu beachten und umgesetzt sein müssen.

Mit dem 2. MPG-Änderungsgesetz ist die MedGV zum 1. Januar 2002 vollständig außer Kraft gesetzt worden. Für das Betreiben und Anwenden von Medizinprodukten, die nach den Vorschriften der MedGV in Betrieb genommen wurden, gelten die Vorschriften des MPG bzw. der MPBetreibV mit den in § 15 MPBetreibV festgelegten Maßgaben.

Entwicklung:

- Erste Fassung vom 29. Juni 1998 (BGBl. I S. 1762);
- Änderung durch Artikel 11 des 2. Medizinprodukte-Änderungsgesetzes vom 13. Dezember 2001 (BGBl. I S. 3586, 3604);
- Veröffentlichung der Neufassung durch Bekanntmachung vom 21. August 2002 (BGBl. I S. 3396);
- Änderung der Bezeichnung und Zuständigkeiten der Bundesministerien durch Artikel 288 der Achten Zuständigkeitsanpassungsverordnung vom 25. November 2003 (BGBl. I S. 2304, 2340) und durch Artikel 368 der Neunten Zuständigkeitsanpassungsverordnung vom 31. Oktober 2006 (BGBl. I S. 2407, 2458);
- Änderung durch Artikel 4 des Gesetzes zur Änderung medizinprodukterechtlicher Vorschriften vom 29. Juli 2009 (BGBl. I S. 2326);
- Änderung durch Artikel 2 der Verordnung über die Abgabe von Medizinprodukten und zur Änderung medizinprodukterechtlicher Vorschriften vom 25. Juli 2014 (BGBl. I S. 1227).

Medizinproduktebuch

{EN: *Medical devices book*}
{FR: *Livre de dispositifs médicaux*}
{⇨ Anlage 1-Medizinprodukt, Anlage 2-Medizinprodukt, Bestandsverzeichnis, Betreiber, Betriebsort, Einweisung}

Das Medizinproduktebuch ist eine vom Betreiber zu führende Dokumentation für alle nichtimplantierbaren aktiven Medizinprodukte der Anlage 1 und Medizinprodukte der Anlage 2 MPBetreibV zum Nachweis des ordnungsgemäßen Betriebs.

Durch das Gesetz zur Änderung medizinprodukterechtlicher und sonstiger Vorschriften gelten nach § 2 Abs. 2 MPG auch Nicht-Medizinprodukte als Medizinprodukte im Sinne des MPG, wenn sie im Sinne der Anlage 1 und 2 MPBetreibV angewendet, betrieben und instand gehalten werden. Daraus ergibt sich, dass auch für diese aktiven Nicht-Medizinprodukte ein Medizinproduktebuch zu führen ist.

In das Medizinproduktebuch sind folgende Angaben aufzunehmen (vgl. § 7 MPBetreibV):

- Bezeichnung und sonstige Angaben zur Identifikation des Medizinprodukts (Hinweis: es sollte die Bezeichnung nach der vom DIMDI veröffentlichten Nomenklatur für Medizinprodukte eingesetzt werden),
- Beleg über Funktionsprüfung und Einweisung (§ 5 Abs. 1 MPBetreibV),
- Name der vom Betreiber Beauftragten Person(en) – § 5 Abs. 1 Nr. 2 MPBetreibV –, Zeitpunkt der Einweisung sowie Namen der eingewiesenen Anwender.
  Hinweis: Aufgrund von häufigen Personaländerungen in Gesundheitseinrichtungen empfiehlt es sich, Zeitpunkt der Einweisung sowie Namen der eingewiesenen Anwender in einer separaten elektronischen Dokumentation zu führen und im Medizinproduktebuch lediglich zu vermerken, wo diese Dokumentation verfügbar ist.
- Fristen und Datum der Durchführung sowie das Ergebnis von vorgeschriebenen STK und MTK und Datum von Instandhaltungen sowie der Name der verantwortlichen Person oder der Firma, die diese Maßnahme durchgeführt hat,
- Name oder Firma sowie Anschrift von Personen oder Institutionen, mit denen Verträge zur Durchführung von STK und MTK oder Instandhaltungsmaßnahmen bestehen (soweit vorhanden),
- Datum, Art und Folgen von Funktionsstörungen und wiederholten gleichartigen Bedienungsfehlern,
- Meldungen von Vorkommnissen an Behörden und Hersteller.

Das Medizinproduktebuch dokumentiert den Lebenslauf eines Medizinprodukts vom Zeitpunkt der Inbetriebnahme bis zur Außerbetriebnahme mit allen wesentlichen Ereignissen und Einweisungen. Es soll vorrangig dem Anwendungs-, Kontroll- und Instandhaltungspersonal einen Überblick über vorangegangene Störungen und Maßnahmen verschaffen. Für das Medizinproduktebuch sind elektronische Datenträger zulässig, wenn die gespeicherten Informationen während der vorgeschriebenen Aufbewahrungsfrist – nach Außerbetriebnahme noch fünf Jahre – verfügbar sind.

In das Medizinproduktebuch ist auf Verlangen der zuständigen Landesbehörde am Betriebsort Einsicht zu gewähren.

Medizinprodukte-Durchführungsverordnung (MPGVwV)

{EN: *Medical Devices Implementing Ordinance*[48], *MPGVwV*}
{FR: *Ordonnance fédérale d'exécution relative aux dispositifs médicaux*[48], *MPGVwV*}

Die MPGVwV vom 18. Mai 2012 (BAnz. AT 24.05.2012 B2 S. 1) ist eine allgemeine Verwaltungsvorschrift zur Durchführung des MPG, die auf der Grundlage von Artikel 84 Abs. 2 GG in Verbindung mit § 37a MPG durch die Bundesregierung erlassen wurde. Sie ist am 1. Januar 2013 in Kraft getreten.

48) inoffizielle Übersetzung

Mit der MPGVwV werden Grundsätze für eine bundeseinheitliche Überwachung durch die zuständigen Behörden geschaffen. Sie richtet sich an die für die Durchführung des Medizinprodukterechts zuständigen Behörden und Stellen des Bundes und der Länder. Sie gilt auch für die Überwachung der Einhaltung der Vorgaben des HWG.
Die Verwaltungsvorschrift wird auch angewendet auf die Überwachung von Medizinprodukten für die Bundeswehr und für den Zivil- und Katastrophenschutz oder für Medizinprodukte zur Behandlung lebensbedrohlicher Erkrankungen bzw. bedrohlicher übertragbarer Krankheiten.

Die Behörden führen nach § 2 Abs. 1 MPGVwV Überwachungsaufgaben gemäß § 26 MPG durch. Bei der Durchführung der Überwachungsaufgaben haben die zuständigen Behörden ein System zur Qualitätssicherung gemäß § 9 MPGVwV anzuwenden, das von den zuständigen Obersten Landesbehörden gemeinsam und einheitlich festzulegen ist.

Entwicklung:

- Erste Fassung vom 18. Mai 2012 (BAnz. AT 24.05.2012 B2 S. 1).

Medizinprodukte-Gebührenverordnung (BKostV-MPG

{EN: *Medical Devices Ordinance on Fees to be charged*[49], *BKostV-MPG*}
{FR: *Ordonnance fédérale de taxes concernant dispositifs médicaux*[49], *BKostV-MPG*}

Die BKostV-MPG vom 27. März 2002 (BGBl. I S. 1228) – zuletzt geändert durch Artikel 1 der Verordnung vom 3. November 2014 (BGBl. I S. 1676) – ist eine Verordnung zum MPG und wurde auf der Grundlage von § 37 Abs. 9 MPG durch das BMG erlassen.

Mit der BKostV-MPG werden die gebührenpflichtigen Tatbestände bestimmt und die dafür zu erhebenden Gebührensätze festgelegt. Sie richtet sich an Alle, die Amtshandlungen von einer BOB in Anspruch nehmen, wie beispielsweise:

- Hersteller, Bevollmächtigter des Herstellers über die Zulassung eines Medizinprodukts (vgl. § 11 Abs. 1 MPG),
- Hersteller, Bevollmächtigter des Herstellers bzw. Benannte Stelle für eine Entscheidung zur Klassifizierung eines Medizinprodukts bzw. zur Abgrenzung von anderen Produkten (vgl. § 13 Abs. 2 und 3 MPG),
- Sponsor für die Leistungen im Rahmen der Antragstellung einer klinischen Prüfung/Leistungsbewertungsprüfung (vgl. § 20 Abs. 1 in Verbindung mit § 22a Abs. 1, § 22c Abs. 2 MPG),
- Beratung des Verantwortlichen nach § 5 MPG, von Benannten Stellen und von Sponsoren (vgl. § 32 MPG),
- Antragsteller für wissenschaftliche Stellungnahmen und Gutachten,
- Bearbeitung einer Meldung eines schwerwiegenden unerwünschten Ereignisses durch den Sponsor nach § 3 Abs. 6 der Medizinprodukte-Sicherheitsplanverordnung.

49) inoffizielle Übersetzung

Entwicklung:

- Erste Fassung vom 27. März 2002 (BGBl. I S. 1228);
- Änderung durch Artikel 2 der Verordnung zur Änderung medizinprodukterechtlicher Vorschriften vom 16. Februar 2007 (BGBl. I S. 155);
- Änderung durch Artikel 5 des Gesetzes zur Änderung medizinprodukterechtlicher Vorschriften vom 29. Juli 2009 (BGBl. I S. 2326);
- Änderung durch Artikel 2 Abs. 81 des Gesetzes zur Strukturreform des Gebührenrechts des Bundes vom 7. August 2013 (BGBl. I S. 3154, 3176);
- Verordnung zur Änderung der Medizinprodukte-Gebührenverordnung vom 3. November 2014 (BGBl. I S. 1676);
- Aufhebung zum 14. August 2018 durch Artikel 4 Abs. 63) in Verbindung mit Artikel 5 Abs. 3 des Gesetzes zur Strukturreform des Gebührenrechts des Bundes vom 7. August 2013 (BGBl. I S. 3154).

Medizinproduktegesetz (MPG)

{EN: *Medical Devices Act*, MPG}
{FR: *Loi sur les dispositifs médicaux*[50]*, MPG*}

Mit dem MPG vom 2. August 1994 (BGBl. I S.1963) werden

- die AIMDD, zuletzt geändert durch Artikel 1 der RL 2007/47/EG,
- die MDD, zuletzt geändert durch Artikel 2 der RL 2007/47/EG und
- die IVDD, zuletzt geändert durch die RL 2011/100/EU

in deutsches Recht umgesetzt.

§ 37 MPG erteilt dem BMG die Ermächtigung, Rechtsverordnungen zu erlassen. Bislang sind für Medizinprodukte folgende nationale Verordnungen erlassen worden:

- MPV,
- MPBetreibV,
- MPKPV,
- MPSV,
- DIMDIV,
- MPAV,
- BKostV-MPG.

Mit dem MPG werden die Anforderungen an Medizinprodukte in einem Gesetz zusammengefasst, die vor 1994 in den verschiedensten Gesetzen, wie beispielsweise

- Geräte- und Produktsicherheitsgesetz mit der zugehörigen Medizingeräteverordnung,
- Arzneimittelgesetz,
- Bedarfsgegenständegesetz,
- Eichgesetz,
- Lebensmittelgesetz,

50) inoffizielle Übersetzung

- Gesetz zur Bekämpfung von Geschlechtskrankheiten,
- Atomgesetz mit der zugehörigen Röntgenverordnung und Strahlenschutzverordnung, etc.)

geregelt waren.

Das MPG gilt für technische Produkte, die in der Medizin zur Anwendung kommen und für Menschen bestimmt sind. Es richtet sich im Wesentlichen an

- den Hersteller bzw. seinen Bevollmächtigten einschließlich Fachhandel und
- den Betreiber und Anwender

von Medizinprodukten mit dem Ziel

- eine ordnungsgemäße Medizinprodukteversorgung sicherzustellen,
- die medizinische und technische Sicherheit und Leistung von Medizinprodukten zu gewährleisten,
- für den Schutz von Patienten, Anwendern und Dritten zu sorgen,
- den freien Warenverkehr aller mit einer CE-Kennzeichnung versehenen, in Deutschland hergestellten Medizinprodukte im EWR zu ermöglichen.

Zur Erreichung des wesentlichen Ziels des MPG's – Verwirklichung einer hohen Produktsicherheit – konzentrieren sich die Vorschriften auf die Forderung, dass

- das Medizinprodukt medizinisch und technisch unbedenklich ist (Nutzen-Risiko-Abwägung),
- der medizinische Zweck, den das Medizinprodukt nach den Angaben des Herstellers besitzen soll, durch den Hersteller zu belegen ist und
- das Medizinprodukt die erforderliche Qualität aufweist (Qualitätssicherung im Rahmen der Konformitätsbewertung).

Wesentliche inhaltliche Änderungen:

- Mit dem 1. MPG-Änderungsgesetz wurde insbesondere der Begriff «Inverkehrbringen» im Sinne des erstmaligen Inverkehrbringens präzisiert und eine Verlängerung für bei der Übergangsregelung für die Abverkaufsfrist beim Handel bzw. die Frist zur erstmaligen Inbetriebnahme beim Betreiber bis zum 30. Juni 2001 verlängert.
- Mit dem 2. MPG-Änderungsgesetz vom 13. Dezember 2001 wurde insbesondere der Begriff «Inverkehrbringen» im Sinne des erstmaligen Inverkehrbringens erneut konkretisiert und eine Verlängerung für bei der Übergangsregelung für die Abverkaufsfrist beim Handel bzw. die Frist zur erstmaligen Inbetriebnahme beim Betreiber bis zum 7. Dezember 2005 verlängert.

  Mit dem 2. MPG-Änderungsgesetz werden weiterhin u. a. die RL 98/79/EG des Europäischen Parlaments und des Rates über In-vitro-Diagnostika und die RL 2000/70/EG des Europäischen Parlaments und des Rates zur Änderung der RL 93/42/EWG des Rates hinsichtlich Medizinprodukten, die stabile Derivate aus menschlichem Blut oder Blutplasma enthalten
  in deutsches Recht umgesetzt.
- Mit der dritten Änderung durch das Gesetz zur Änderung medizinprodukterechtlicher und sonstiger Vorschriften vom 14. Juni 2007 wurde insbesondere der

Anwendungsbereich des MPG auf das Anwenden, Betreiben und Instandsetzen von Nicht-Medizinprodukten ausgedehnt, der Begriff «In-Haus-Herstellung» durch den Begriff «Eigenherstellung» ersetzt und differenziert zwischen Medizinprodukten aus Eigenherstellung und In-vitro-Diagnostika aus Eigenherstellung. Des Weiteren wurden Ausnahmeregelungen für den Zivil- und Katastrophenschutz getroffen und die Anzeigepflichten bei klinischen Prüfungen und Sonderanfertigungen reduziert.

- Mit der vierten Änderung durch das Gesetz zur Änderung medizinprodukterechtlicher Vorschriften vom 29. Juli 2009 wurde insbesondere die Einbeziehung der grundlegenden Gesundheits- und Sicherheitsanforderungen der Maschinen-Richtlinie in die Konformitätsbewertung von Medizinprodukten gefordert, falls das Medizinprodukt auch unter die Begriffsbestimmung «Maschine» fällt.

  Des Weiteren wurden mit der vierten Änderung u. a. folgende Festlegungen getroffen:
  - befristete Abgabe von In-vitro-Diagnostika zur Erkennung von HIV-Infektionen an festgelegte Personen und Einrichtungen,
  - Novellierung der Anforderungen an die Genehmigung und Durchführung klinischer Prüfungen (zustimmende Bewertung, Genehmigungspflicht),
  - Neuregelung der Zuständigkeiten der Bundesoberbehörden,
  - Aufnahme der Ermächtigung zum Erlassen einer allgemeinen Verwaltungsvorschrift, um die Maßnahmen und die Qualität behördlicher Überwachung zu vereinheitlichen und die Überwachungsqualität zu verbessern.
  - Die Registrierung von Ethik-Kommissionen wird nicht mehr gefordert.
- Mit der fünften Änderung durch Artikel 12 des Gesetzes zur Änderung krankenversicherungsrechtlicher und anderer Vorschriften vom 24. Juli 2010 (BGBl. I S. 983, 993) werden die Aufgaben des DIMDI der geänderten DIMDIV angepasst und die Straf- und Bußgeldvorschriften entsprechend der vierten Änderung des MPG korrigiert.

Entwicklung:

- Erste Fassung vom 2. August 1994 (BGBl. I S. 1963);
- Änderung durch das 1. MPG-Änderungsgesetz vom 6. August 1998 (BGBl. I S. 2005;
- Änderung und Neustrukturierung durch das 2. MPG-Änderungsgesetz vom 13. Dezember 2001 (BGBl. I S. 3586);
- Veröffentlichung der Neufassung durch Bekanntmachung vom 7. August 2002 (BGBl. I S. 3146);
- Änderung der Bezeichnung und Zuständigkeiten der Bundesministerien durch Artikel 109 der Achten Zuständigkeitsanpassungsverordnung vom 25. November 2003 (BGBl. I S. 2304, 2316) und durch Artikel 145 der Neunten Zuständigkeitsanpassungsverordnung vom 31. Oktober 2006 (BGBl. I S. 2047, S. 2423);

- Änderung durch Artikel 1 des Gesetzes zur Änderung medizinprodukterechtlicher und anderer Vorschriften vom 14. Juni 2007 (BGBl. I S. 1066);
- Änderung durch Artikel 1 des Gesetzes zur Änderung medizinprodukterechtlicher Vorschriften vom 29. Juli 2009 (BGBl. I S.2326);
- Änderung durch Artikel 12 des Gesetzes zur Änderung krankenversicherungsrechtlicher und anderer Vorschriften vom 24.Juli 2010 (BGBl. I S. 983, 993);
- Änderung durch Artikel 13 des Gesetzes über die Neuordnung des Geräte- und Produktsicherheitsrechts vom 8. November 201 (BGBl. I S. 2178);
- Änderung durch Artikel 11 des Zweiten Gesetzes zur Änderung arzneimittelrechtlicher und anderer Vorschriften vom 19. Oktober 2012 (BGBl. I S. 2192);
- Änderung durch Artikel 2 Abs. 80 und Artikel 4 Abs. 62 des Gesetzes zur Strukturreform des Gebührenrechts des Bundes vom 7. August 2013 (BGBl. I S. 3154);
- Änderung durch Artikel 16 des Gesetzes zur Weiterentwicklung der Finanzstruktur und der Qualität in der gesetzlichen Krankenversicherung vom 21. Juli 2014 (BGBl. I S. 1133).

Medizinprodukte Klinische Prüfungsverordnung (MPKPV)[51]

{EN: *Ordinance on Clinical Investigations with Medical Devices[52], MPKPV*}
{FR: *Ordonnance fédérale relative aux investigations cliniques des dispositifs médicaux[52], MPKPV*}
{⇨ Klinische Prüfung von Medizinprodukten, Leistungsbewertungsprüfung von In-vitro-Diagnostika}

Die «Verordnung über klinische Prüfungen von Medizinprodukten – MPKPV» (Medizinprodukte Klinische Prüfungsverordnung[43]) vom 10. Mai 2010 (BGBl. I S: 555) ist eine Verordnung zum MPG, die auf der Grundlage von § 37 Abs. 2a MPG vom BMG erlassen wurde und die am 13. Mai 2010 in Kraft getreten ist.

Mit der MPKPV werden – ohne einen ausdrücklichen Verweis – die einschlägigen Anforderungen

- AIMDD: Artikel 10, Anhang 6 und Anhang 7,
- MDD: Artikel 15, Anhang VIII und Anhang X,
- IVDD: Artikel 9, Anhang VIII

in nationales Recht umgesetzt.

Die MPKPV gilt für klinische Prüfungen und genehmigungspflichtige Leistungsbewertungsprüfungen gemäß der §§ 20 bis 24 MPG, deren Ergebnisse verwendet werden sollen zu:

- der Durchführung eines Konformitätsbewertungsverfahrens gemäß der MPV,
- der Durchführung eines Konformitätsbewertungsverfahrens mit einem Medizinprodukt, das die CE-Kennzeichnung tragen darf, zur Erlangung einer neuen

51) inoffizieller Kurzbegriff
52) inoffizielle Übersetzung

Zweckbestimmung, die über die der CE-Kennzeichnung zugrunde liegende Zweckbestimmung hinausgeht, oder
- der Gewinnung und Auswertung von Erfahrungen des Herstellers bezüglich der klinischen Sicherheit und Leistung eines Medizinprodukts, das die CE-Kennzeichnung tragen darf, sofern zusätzlich invasive oder andere belastende Untersuchungen durchgeführt werden.

Keine Anwendung findet die MPKPV auf Leistungsbewertungsprüfungen nach § 24 Satz 1 Nr. 1 MPG, bei denen eine nicht chirurgisch-invasive Probenahme aus der Mundhöhle erfolgt.

Mit der MPKPV werden im Wesentlichen die Anforderungen geregelt bezüglich:
- des Verfahrens der Antragstellung bei der nach Landesrecht gebildeten Ethik-Kommission und der zuständigen BOB,
- des Genehmigungsverfahrens,
- des Bewertungsverfahrens,
- des Verfahrens zur Befreiung von der Genehmigungspflicht,
- des Verfahrens bei Änderungen der klinischen Prüfung/Leistungsbewertungsprüfung,
- der Anforderungen an die Qualifikation des Prüfers für klinische Prüfungen/ Leistungsbewertungsprüfungen,
- der Durchführung klinischer Prüfungen/Leistungsbewertungsprüfungen und
- der Überwachung der Durchführung dieser Prüfungen durch die zuständige Landesbehörde.

Die Verordnung richtet sich an
- den Sponsor und den Prüfer klinischer Prüfungen von Medizinprodukten/ Leistungsbewertungsprüfungen von In-vitro-Diagnostika,
- den Hersteller/Produzenten von Medizinprodukten zur klinischen Prüfung/ Leistungsbewertungsprüfung,
- die nach Landesrecht gebildeten Ethik-Kommissionen,
- die zuständige BOB (BfArM, PEI) und
- die zuständigen Landesbehörden.

Medizinprodukte zur klinischen Prüfung müssen den Hinweis tragen «nur für klinische Prüfungen» bzw. «nur für Leistungsbewertungszwecke». Ausgenommen sind lediglich die Medizinprodukte, die die CE-Kennzeichnung tragen dürfen und die der Gewinnung und Auswertung von Erfahrungen des Herstellers bezüglich der klinischen Sicherheit und Leistung eines Medizinprodukts dienen.

Entwicklung:

- Erste Fassung als Artikel 1 der Verordnung über klinische Prüfungen von Medizinprodukten und anderer medizinprodukterechtlicher Vorschriften vom 10. Mai 2010 (BGBl. I S. 555).
- Änderung durch Artikel 3 der Verordnung über die Abgabe von Medizinprodukten und zur Änderung medizinprodukterechtlicher Vorschriften vom 25. Juli 2014 (BGBl. I S. 1227).

Medizinprodukterisiken

{EN: *Risks of medical devices*}
{FR: *Risques liés aux dispositifs médicaux*}
{⇨ Medizinprodukte-Sicherheitsplanverordnung, Risiko, Sicherheitsbeauftragter für Medizinprodukte}

Medizinprodukterisiken sind alle Risiken, die von Medizinprodukten ausgehen. Zweck des MPG's ist es u. a., für die Sicherheit der Medizinprodukte zu sorgen. Vor dem erstmaligen Inverkehrbringen eines Medizinprodukts im EWR ist ein Hersteller verpflichtet, den Nachweis zu erbringen, dass das Produkt so ausgelegt und hergestellt ist, dass die

> «[...] Anwendung unter den vorgesehenen Bedingungen und zu den vorgesehenen Zwecken weder den klinischen Zustand und die Sicherheit der Patienten noch die Sicherheit und die Gesundheit der Anwender oder gegebenenfalls Dritter gefährdet, wobei etwaige Risiken im Zusammenhang mit der vorgesehenen Anwendung gemessen am Nutzen für den Patienten vertretbar [...] sein müssen.» (vgl. Anhang I Nr. 1 MDD)

Im Rahmen von Risikomanagement-Prozessen hat der Hersteller von Medizinprodukten vor dem erstmaligen Inverkehrbringen nachzuweisen, dass durch Gefahren keine Schäden hervorgerufen werden können und dass das verbleibende Restrisiko akzeptabel ist. Zu betrachten sind beispielsweise:

- primäre Gefahren, die speziell bei aktiven Medizinprodukten durch Energie bedingt sein können, wie Hitze, Elektrizität, ionisierende Strahlung;
- biologische Gefahren wie Toxizität, Abbau eines Werkstoffs, falsche Abgabe von Substanzen, Unvermögen, die hygienische Sicherheit zu erhalten;
- Gefahren durch Umwelteinflüsse während der Herstellungs- und Betriebsphase, wie zum Beispiel Lagerung, Betrieb außerhalb der spezifizierten Umweltbedingungen, elektromagnetische Störungen;
- Gefahren, die mit der Medizinprodukteanwendung verbunden sind, wie Anwendungsfehler, die beispielsweise durch unzureichende Kennzeichnung, unzureichende Gebrauchsanweisung, unzureichende Angaben zu Zubehör, unklare Darstellungen von Bedienschritten, von Einstellungen oder Messergebnissen (unzureichende Gebrauchstauglichkeit) verursacht werden können;
- Gefahren durch Funktionsfehler des Medizinprodukts, unzureichende Instandhaltung, Alterung.

Nach dem Inverkehrbringen ist der Hersteller zu einer systematischen Produktbeobachtung im Markt verpflichtet. Er muss auch von den Medizinprodukteberatern mitgeteilte und aus anderen Quellen in Erfahrung gebrachte Risiken erfassen und bewerten sowie gegebenenfalls erforderliche korrektive Maßnahmen veranlassen.

Wesentliche Quellen für bekannt gewordene Meldungen über Medizinprodukterisiken sind u. a.:

- Mitteilungen der Medizinprodukteberater;
- Serviceberichte des Hersteller-Kundendienstes;

- hauseigene Untersuchungen, z. B. Ergebnisse von Risikoanalysen, hauseigene Meldungen;
- Meldungen von Unterlieferanten, z. B. im Rahmen der Qualitätssicherung, Reklamationsberichte;
- Mitteilungen des Fachhandels;
- Berichte der ausländischen Vertretungen;
- direkte Mitteilungen eines Kunden an den Hersteller, z. B. an die Geschäftsleitung;
- Veröffentlichungen in der Fachliteratur;
- Mitteilungen von zuständigen Behörden, von Benannten Stellen, von Betreibern und Anwendern, etc.;
- Mitteilungen im Internet zu Vorkommnissen mit Medizinprodukten, wie z. B. von Behörden (BfArM, FDA, Medicines and Healthcare Products Regulatory Agency (MHRA));
- bekannt gewordene Veröffentlichungen in der Fachliteratur und in Presseberichten;
- bekannt gewordene Erkenntnisse und Informationen aus der Beobachtung von Konkurrenzprodukten.

Von besonderer Bedeutung sind die meldepflichtigen Vorkommnisse, die der zuständigen Behörde – in Deutschland dem BfArM oder bei speziellen In-vitro-Diagnostika dem PEI – angezeigt werden müssen. Eine Meldepflicht besteht nach der MPSV ferner für alle aus Risikogründen durchgeführte Rückrufe.

Nicht meldepflichtig sind dagegen beispielsweise sogenannte «Erste Fehler» im Sinne von DIN EN 60 601-1 [28], für die der Hersteller entsprechende Schutzsysteme konstruktiv vorgesehen hat, wenn diese ordnungsgemäß funktionieren und somit nicht zu einer Verletzung oder potenziellen Verletzung geführt haben.

Für die Sammlung und Bewertung von Medizinprodukterisiken, die Koordinierung erforderlicher Maßnahmen und die Erfüllung von Meldepflichten, soweit sie Medizinprodukterisiken betreffen, muss in Deutschland ein Sicherheitsbeauftragter für Medizinprodukte (betriebsintern vom Verantwortlichen für das Inverkehrbringen) bestellt werden.

Mit dem Gesetz zur Änderung medizinprodukterechtlicher Vorschriften vom 29. Juli 2009 sind auch «schwerwiegende unerwünschte Ereignisse» in das Medizinprodukte-Beobachtungs- und -Meldesystem einbezogen worden. Die Zuständigkeit lieg beim BfArM.

Medizinprodukte-Sicherheitsplanverordnung (MPSV)

{EN: *Medical Devices Safety Plan Ordinance, MPSV*}
{FR: *Ordonnance fédérale relative au plan de sécurité des dispositifs médicaux*[53], *MPSV*}

53) inoffizielle Übersetzung

Die MPSV vom 24. Juni 2002 (BGBl. I S. 2131) ist eine Verordnung zum MPG, die auf der Grundlage von § 37 Abs. 7 und 11 MPG vom BMG erlassen wurde und die am 28. Juni 2002 in Kraft getreten ist.

Die MPSV regelt die Verfahren zur Erfassung, Bewertung und Abwehr von Risiken im Verkehr oder in Betrieb befindlicher Medizinprodukte. Insbesondere enthält sie Anforderungen an

- die Meldepflicht bei Vorkommnissen und von Rückrufen,
- die Meldepflicht bei schwerwiegenden unerwünschten Ereignissen,
- die Meldefristen,
- die Modalitäten der Meldung,
- die Aufgaben der zuständigen BOB (BfArM, PEI),
- die Mitwirkungspflicht des Herstellers bzw. dessen Bevollmächtigten,
- die Festlegung und Durchführung von korrektiven Maßnahmen,
- den Informationsaustausch zwischen den zuständigen BOB, den zuständigen Landesbehörden und den europäischen und internationalen Informationsaustausch,
- die Risikobewertung und die wissenschaftliche Aufarbeitung und deren Veröffentlichung durch die zuständige BOB.

Die MPSV richtet sich im Wesentlichen an

- den Hersteller bzw. dessen Bevollmächtigten,
- den Sponsor,
- den Prüfer und Hauptprüfer einer klinischen Prüfung/Leistungsbewertungsprüfung
- den Betreiber und den Anwender,
- das BfArM und das PEI.

Entwicklung:

- Erste Fassung als Artikel 1 der Verordnung über die Erfassung, Bewertung und Abwehr von Risiken bei Medizinprodukten vom 24. Juni 2002 (BGBl. I S. 2131);
- Änderung durch Artikel 279 der Achten Zuständigkeitsanpassungsverordnung vom 25. November 2003 (BGBl. I S. 2304, 2339);
- Änderung durch Artikel 3 des Gesetzes zur Änderung medizinprodukterechtlicher und anderer Vorschriften vom 14. Juni 2007 (BGBl. I S. 1066);
- Änderung durch Artikel 3 des Gesetzes zur Änderung medizinprodukterechtliche Vorschriften vom 29. Juli 2009 (BGBl. I S. 2326);
- Änderung durch Artikel 4 der Verordnung über die Abgabe von Medizinprodukten und zur Änderung medizinprodukterechtlicher Vorschriften vom 25. Juli 2014 (BGBl. I S. 1227).

Medizinprodukteverantwortlicher

{EN: *Responsible person for medical devices*}
{FR: *Responsable des dispositifs médicaux*}
{⇨ Beauftragte Person, Dienstanweisung Medizinprodukte, Medizinproduktebeauftragter}

Medizinprodukteverantwortlicher ist der Leiter einer Fachabteilung (z. B. Leiter/ Direktor einer Klinik, einer Abteilung oder eines Instituts, Leiter des medizinischen Labors, Leiter der Apotheke), in der Medizinprodukte betrieben werden – bei Belegkrankenhäusern, Medizinischen Versorgungszentren (MVZ) oder Gemeinschaftspraxen eine fachlich verantwortliche Person.

> «Die Übertragung der Verantwortung vom Betreiber auf den Verantwortlichen muss schriftlich erfolgen und den Bereich der Verantwortung genau beschreiben. Einem MP-Verantwortlichen wird empfohlen, sich für diese Übertragung Expertenrat einzuholen. Bei Unklarheiten sollte immer die zuständige Landesbehörde eingeschaltet werden. Der MP-Verantwortliche (oder eine nun durch diesen beauftragte Person) muss vom Hersteller (oder einer dazu vom Hersteller befugten Person) eingewiesen werden, wenn es sich um ein Medizinprodukt der Anlage 1 laut MPBetreibV handelt.» [54]

Die Funktion des Medizinprodukteverantwortlichen ist im MPG bzw. der MPBetreibV nicht gefordert, ergibt sich aber aus organisatorischen Gründen.

Der Medizinprodukteverantwortliche ist in seinem Zuständigkeitsbereich für die Umsetzung und Einhaltung der Vorschriften des MPG, der MPBetreibV, der MPSV und ggf. weiterer Verordnungen des MPG (z. B. die MPV bei Eigenherstellung) verantwortlich und übernimmt Pflichten des Betreibers.

Die Pflichten des Medizinprodukteverantwortlichen können im Rahmen einer Dienstanweisung festgelegt werden, so z. B.:

- Der Medizinprodukteverantwortliche legt schriftlich die Stellvertretung und die Delegation von ihn betreffenden Betreiberpflichten an den Medizinproduktebeauftragten im Einvernehmen mit dem Betreiber fest.

Wendet der Medizinprodukteverantwortliche Medizinprodukte am Patienten persönlich an, so gelten für ihn die Pflichten des Anwenders.

Medizinprodukte-Verordnung (MPV)

{EN: *Ordinance on Medical Devices*[54]*, MPV*}
{FR: *Ordonnance fédérale relative aux dispositifs médicaux*[54]*, MPV*}
{⇨ Aufbereitung von Medizinprodukten, Inverkehrbringen, Konformitätsbewertung, Medizinprodukt, Medizinproduktegesetz}

Die MPV vom 20. Dezember 2001 (BGBl. S. 3854) ist eine Verordnung zum MPG und auf der Grundlage von § 37 Abs. 1, 8 und 11 MPG, die vom BMG erlassen wurde. Die Neufassung erfolgte im unmittelbaren Zusammenhang mit dem 2. MPG-Änderungsgesetz.

54) inoffizielle Übersetzung

Mit der MPV wird im Wesentlichen die Bewertung und Feststellung der Übereinstimmung mit den Grundlegenden Anforderungen von

- aktiven implantierbaren medizinischen Geräten,
- In-vitro-Diagnostika und
- sonstigen Medizinprodukten

geregelt.

Darüber hinaus wird festgelegt, unter welchen Voraussetzungen zur Bewertung der biologischen Verträglichkeit von Medizinprodukten biologische Sicherheitsprüfungen mit Tierversuchen durchzuführen sind.

Weiterhin regelt die MPV

- die Verfahren der Konformitätsbewertung für Sonderanfertigungen, Systeme und Behandlungseinheiten, im Lohnauftrag sterilisierte Medizinprodukte bzw. Systeme und Behandlungseinheiten sowie aufbereitete Sterilprodukte, die der Aufbereiter nach der Aufbereitung nicht an den Auftraggeber wieder zurückgibt, sondern an andere abgibt.
- die Änderung der Klassifizierung von Brustimplantaten und von Gelenkersatz für Hüfte, Knie und Schulter.

Die MPV richtet sich im Wesentlichen an den Hersteller von

- aktiven implantierbaren Medizinprodukten (vgl. § 4 MPV),
- In-vitro-Diagnostika (vgl. § 5 MPV),
- Medizinprodukten, die unter Verwendung von tierischem Gewebe hergestellt werden (vgl. § 6 MPV) und
- sonstigen Medizinprodukten (vgl. § 7 MPV).

Darüber hinaus richtet sich die MPV aber auch an

- den Hersteller von Sonderanfertigungen,
- den Betreiber bezüglich der Inbetriebnahme von Eigenherstellungen,
- den Sterilisierer, der Medizinprodukte für das erstmalige Inverkehrbringen sterilisiert und
- den Aufbereiter, der steril zur Anwendung kommende Medizinprodukte nach dem erstmaligen Inverkehrbringen aufbereitet und an andere abgibt.

Durch die Verordnung zur Änderung medizinprodukterechtlicher Vorschriften vom 16. Februar 2007 erfolgte eine Neustrukturierung der MPV in vier Abschnitte. Weiterhin wurden die Änderungen der Klassifizierung von Medizinprodukten (z. Z. § 8 MPV «Brustimplantate» und § 9 MPV «Gelenkersatz für Hüfte, Knie und Schulter») in den Anwendungsbereich der MPV aufgenommen. Gleichzeitig wurde die Brustimplantate-Verordnung aufgehoben.

Entwicklung:

- Erste Fassung vom 17. Dezember 1997 (BGBl. I S. 3138);
- Neufassung aufgrund der Neustrukturierung des MPG und der damit verbundenen Übernahme einzelner Regelungen, die bisher in der MPV enthalten waren, vom 20. Dezember 2001 (BGBl. I S. 3854);

- Streichung von § 7 MPV i. d. F. von 2001 durch Artikel 1 § 10 der DIMDI-Verordnung vom 4. Dezember 2002 (BGBl. I S. 4456);
- Änderung der Bezeichnungen und Zuständigkeiten der Bundesministerien durch Artikel 109 der Achten Zuständigkeitsanpassungsverordnung vom 25. November 2003 (BGBl. I S. 2304, 2316);
- Änderung durch die Verordnung zur Änderung der MPV vom 13. Februar 2004 (BGBl. I S. 216), mit der eine Anpassung des Anwendungsbereichs an den tatsächlichen Verordnungsinhalt (§ 1 MPV) erfolgte und Anforderungen an Konformitätsbewertungsverfahren für unter Verwendung von tierischem Gewebe hergestellte Medizinprodukte einschl. zugehöriger Übergangsbestimmungen neu aufgenommen wurden;
- Änderung durch Artikel 1 der Verordnung zur Änderung medizinprodukterechtlicher Vorschriften vom vom 16. Februar 2007 (BGBl. I S. 155), mit der u. a. der Anwendungsbereich der Medizinprodukte-Verordnung erweitert wird auf die Klassifizierung von speziellen Medizinprodukten;
- Änderung durch Artikel 2 der Verordnung über klinische Prüfungen und zur Änderung medizinprodukterechtlicher Vorschriften vom 10. Mai 2010 (BGBl. I. S. 555), mit der die Geltungsdauer von Konformitätsbescheinigungen auf höchstens fünf Jahre befristet werden.

Medizinprodukte-Verschreibungspflicht-Verordnung (MPVerschrV)

{EN: *Ordinance on Medical Devices Subject to Medical Prescription*[55], *MPVerschrV*}
{FR: *Ordonnance fédérale relative aux dispositifs médicaux soumis à prescription médicale*[55], *MPVerschrV*}
{⇨ Medizinprodukte-Abgabeverordnung}

Die MPVerschrV in der Fassung der Bekanntmachung vom 21. August 2002 (BGBl. I S. 3393 – zuletzt geändert durch Artikel 2 der Verordnung vom 26. Mai 2014 (BGBl. S. 598) – ist seit dem 29. Juli 2014 durch Artikel 6 Abs. 1 der Verordnung über die Abgabe von Medizinprodukten und zur Änderung medizinprodukterechtlicher Vorschriften vom 25. Juli 2014 (BGBl. I S. 1227) außer Kraft getreten.

Die Anforderungen an verschreibungspflichtige Medizinprodukte sind nunmehr geregelt in der MPAV.

Medizinprodukte-Vertriebswege-Verordnung (MPVertrV)

{EN: *Ordinance on the Distribution Channels of Medical Devices*[56], *MPVertrV*}
{FR: *Ordonnance fédérale relative aux circuits de distribution des dispositifs médicaux*[56], *MPVertrV*}
{⇨ Medizinprodukte-Abgabeverordnung}

55) inoffizielle Übersetzung
56) inoffizielle Übersetzung

Die MPVertrV vom 17. Dezember 1997 (BGBl. I S. 3148 – geändert durch Artikel 382 der Verordnung vom 31. Oktober 2006 (BGBl. S. 2407) – ist seit dem 29. Juli 2014 durch Artikel 6 Abs. 1 der Verordnung über die Abgabe von Medizinprodukten und zur Änderung medizinprodukterechtlicher Vorschriften vom 25. Juli 2014 (BGBl. I S. 1227) außer Kraft getreten.

Die Anforderungen an apothekenpflichtige Medizinprodukte sind nunmehr in der MPAV geregelt.

Medizinprodukt – in der EU nicht reguliert

{EN: *Medical device – not regulated in the EU*}
{FR: *Dispositif médical – pas réglémenté sur le marché de l'UE*}

Folgende Medizinprodukte fallen zurzeit nicht in den Geltungsbereich der AIMDD, MDD und IVDD:

- Medizinprodukte, die ausschließlich aus nicht lebensfähigen menschlichen Zellen und/oder Geweben und/oder ihren Derivaten bestehen;
- Medizinprodukte, die solche Zellen und/oder Gewebe und/oder ihre Derivate mit einer Wirkung enthalten, die jene des Medizinprodukts selbst ergänzt;
- Medizinprodukte aus Eigenherstellung (§ 3 Nr. 21 MPG), für die in Deutschland Anforderungen durch das MPG festgelegt sind (z. B. in § 12 MPG).

Medizinprodukt mit doppeltem Verwendungszweck – «dual use» Medizinprodukt

{EN: *Dual use medical device*}
{FR: *Dispositif médical à double usage*}

⇨ § 7 Abs. 3 MPG:
«Bei Produkten, die vom Hersteller nicht nur als Medizinprodukt, sondern auch zur Verwendung entsprechend den Vorschriften über persönliche Schutzausrüstungen der Richtlinie 89/686/EWG bestimmt sind, müssen auch die einschlägigen grundlegenden Gesundheits- und Sicherheitsanforderungen dieser Richtlinie erfüllt werden.»

⇨ Artikel 1 Abs. 6 MDD:
«Bei Produkten, die vom Hersteller sowohl zur Verwendung entsprechend den Vorschriften über persönliche Schutzausrüstungen der Richtlinie 89/686/EWG des Rates als auch der vorliegenden Richtlinie bestimmt sind, müssen auch die einschlägigen grundlegenden Gesundheits- und Sicherheitsanforderungen der Richtlinie 89/686/EWG erfüllt werden.»

§ 7 Abs. 3 MPG ermöglicht es einem Hersteller, Produkte sowohl zur Verwendung entsprechend den Vorschriften über persönliche Schutzausrüstungen der RL 89/686/EWG als auch zur Verwendung entsprechend den Vorschriften der MDD vorzusehen. Die Konsequenz dieser Festlegung ist, dass sogenannte Produkte mit doppeltem Verwendungszweck (Medizinprodukt und Persönliche Schutzausrüstung) von der MDD abgedeckt werden.

§ 7 Abs. 3 MPG/Artikel 1 Nr. 6 MDD ermöglicht es dem Hersteller, ein Medizinprodukt mit doppeltem Verwendungszweck («dual use» Produkt) einem Konformitätsbewertungsverfahren gemäß der MDD zu unterziehen. Da das Produkt sowohl Medizinprodukt als auch Persönliche Schutzausrüstung ist, muss das Produkt neben den für das Produkt zutreffenden Grundlegenden Anforderungen der MDD auch die für das Produkt zutreffenden einschlägigen Grundlegenden Gesundheits- und Sicherheitsanforderungen der RL 89/686/EWG erfüllen [89].

Hinzuweisen ist auf das interpretative Dokument, das von der Kommission am 21. August 2009 veröffentlicht wurde: «Interpretation of the relation between the revised Directive 93/42/EEC concerning medical devices and Directive 89/686/EEC on personal protective equipment» [89].

In dem interpretativen Dokument wird im Abschnitt (11) klar gestellt, dass Produkte mit zweifachem Verwendungszweck (dual use products) nicht nur die zutreffenden Grundlegenden Anforderungen und Grundlegenden Gesundheits- und Sicherheitsanforderungen erfüllen müssen, sondern dass für die Produkte mit zweifachem Verwendungszweck ein Konformitätsbewertungsverfahren gemäß der MDD und für die auf das Produkt zutreffenden Grundlegenden Gesundheits- und Sicherheitsanforderungen ein entsprechendes Konformitätsbewertungsverfahren gemäß der RL 89/686/EWG durchzuführen ist.

Gemäß Abschnitt (14) des interpretativen Dokuments ist das Produkt nach erfolgreichem Abschluss der zwei Konformitätsbewertungsverfahren nur mit einer CE-Kennzeichnung zu versehen. Sind zwei unterschiedliche Benannte Stellen bei diesen Konformitätsbewertungsverfahren involviert, so sind beide Kennnummern der involvierten Benannten Stellen anzugeben.

Medizinprodukt mit geringem Sicherheitsrisiko

{EN: *Low risk medical device*}
{FR: *Dispositif médical à faible risque pour la sécurité*}

Bei klinischen Prüfungen von Medizinprodukten differenziert der Gesetzgeber in Deutschland zwischen Medizinprodukten und Medizinprodukten mit geringem Sicherheitsrisiko.

Bei der klinischen Prüfung von Medizinprodukten mit einem geringen Sicherheitsrisiko kann die zuständige BOB auf Antrag von einer Genehmigung absehen.

Medizinprodukte mit einem geringen Sicherheitsrisiko sind in Deutschland gemäß § 7 Abs. 1 MPKPV:

- Medizinprodukte der Klasse I;
- Nicht invasive Medizinprodukte der Klasse IIa;
- Medizinprodukte, die nach den §§ 6 und 10 MPG die CE-Kennzeichnung tragen dürfen und deren klinische Prüfung zusätzliche invasive oder andere belastende Untersuchungen beinhaltet, es sei denn, diese Prüfung hat eine andere Zweckbestimmung des Medizinprodukts zum Inhalt;
- In-vitro-Diagnostika, die für eine Leistungsbewertungsprüfung gemäß § 24 Satz 1 und 2 des MPG bestimmt sind.

MDD und AIMDD unterscheiden bei der klinischen Prüfung zwischen

- «risikoreichen» Medizinprodukten:
  - Produkten der Klasse III und
  - implantierbaren und zur langzeitigen Anwendung bestimmten invasiven Produkten der Klassen IIa und IIb (Artikel 15 Abs. 2 MDD);
  - aktiven implantierbaren medizinischen Geräten (Artikel 10 Abs. 1 AIMDD).
- «risikoarmen» Medizinprodukten:
  - den übrigen Medizinprodukten (Artikel 15 Abs. 3 MDD).

Anmerkung: Österreich legt bei klinischen Prüfungen von Medizinprodukten u. a. die in der AIMDD und MDD aufgeführte Differenzierung zu Grunde.

Medizinprodukt mit Messfunktion

{EN: *Medical device with a measuring function*}
{FR: *Dispositif médical avec fonction de mesure*}

In der MDD wird der Begriff der Messfunktion nicht näher spezifiziert. In den Grundlegenden Anforderungen werden aber zusätzliche besondere Anforderungen für diese Medizinprodukte festgelegt:

- Die Produkte müssen so ausgelegt und hergestellt sein, dass entsprechend der Zweckbestimmung des Medizinprodukts eine ausreichende Konstanz und Genauigkeit des Messwertes – unter Berücksichtigung der vom Hersteller spezifizierten Messabweichungen – gewährleistet wird.
- Messskalen, Bedienungs- und Anzeigeeinrichtungen müssen – ebenfalls unter Berücksichtigung der Zweckbestimmung – nach ergonomischen Gesichtspunkten gestaltet sein.
- Es sind die gesetzlichen Einheiten im Messwesen gemäß den Vorschriften der RL 80/181/EWG des Rates (zuletzt geändert durch die RL 89/617/ EWG) zu verwenden (vgl. MEDDEV 2.1/5 vom Juni 1998 [137]).

Im § 32 Abs. 2 MPG wird der PTB die Zuständigkeit für die Sicherung der Einheitlichkeit des Messwesens in der Heilkunde übertragen.

Im § 11 MPBetreibV ist festgelegt, dass der Betreiber MTK durchzuführen hat für Medizinprodukte mit Messfunktion,

- die in der Anlage 2 MPBetreibV aufgeführt sind,
- die nicht in der Anlage 2 MPBetreibV aufgeführt sind, für die der Hersteller Messtechnische Kontrollen vorgesehen hat.

Zur einheitlichen Durchführung der MTK wurde von der PTB der «Leitfaden zu messtechnischen Kontrollen von Medizinprodukten mit Messfunktion (LMKM)» erarbeitet [46].

Medizinprodukt zur einmaligen Verwendung

{EN: *Single use medical device*}
{FR: *Dispositif médical à usage unique*}
{⇨ Einmalprodukt}

Medizinprodukt zur In-vitro-Diagnose

{EN: *In vitro diagnostic medical device*}
{FR: *Dispositif médical de diagnostic in vitro*}
{⇨ In-vitro-Diagnostikum}

Medizintechniker

{EN: *Biomedical technician; Biomedical engineer*}
{FR: *Technicien biomédical; Ingénieur biomédical*}
{⇨ Dienstanweisung Medizinprodukte}

Medizintechniker ist ein vom Betreiber bestimmter Mitarbeiter in der Regel des Technischen Dienstes, der für den Bereich Medizintechnik im Krankenhaus zuständig ist.

Die Pflichten des Medizintechnikers sollten im Rahmen einer Dienstanweisung nachvollziehbar festgelegt werden, so z. B.:

- Umsetzung und Einhaltung der technischen Anforderungen des MPG, insbesondere aus der MPBetreibV;
- Instandhaltung von Medizinprodukten nur entsprechend der Zweckbestimmung des Medizinprodukts und nach den Vorschriften der MPBetreibV, den allgemein anerkannten Regeln der Technik sowie den Arbeitsschutz- und Unfallverhütungsvorschriften;
- Medizinprodukte dürfen nicht errichtet bzw. betrieben werden, wenn der begründete Verdacht besteht, dass sie die Sicherheit und die Gesundheit der Patienten, der Anwender oder Dritter bei sachgemäßer Anwendung, Instandhaltung und ihrer Zweckbestimmung entsprechender Verwendung über ein nach den Erkenntnissen der medizinischen Wissenschaften vertretbares Maß hinausgehend gefährden (§ 4 Abs. 1 Nr. 1 MPG);
- organisatorische Durchführung und Dokumentation (bei Medizinprodukten der Anlage 1 und 2 MPBetreibV) von STK und MTK einschließlich Terminüberwachung (§§ 6 und 11 MPBetreibV);
- ggf. auch Durchführung der Sicherheitstechnischen Kontrollen und Messtechnischen Kontrollen – bei Messtechnischen Kontrollen auf Anzeige bei zuständiger Behörde achten;
- ggf. auf Qualifikation externer Prüfer achten (§§ 6 und 11 MPBetreibV);
- Führung des Bestandsverzeichnisses für alle aktiven nichtimplantierbaren Medizinprodukte und des Medizinproduktebuchs für alle Medizinprodukte der Anlagen 1 und 2 MPBetreibV (§§ 7 und 8 MPBetreibV);
- nach Wartung und Instandsetzung müssen die für die Sicherheit und Funktionstüchtigkeit wesentlichen konstruktiven und funktionellen Merkmale geprüft werden, soweit sie durch die Instandhaltungsmaßnahmen beeinflusst werden können. Über die Instandhaltungsmaßnahmen und die abschließende Prüfung ist ein Servicebericht zu erstellen (§ 4 Abs. 4 MPBetreibV);
- Medizintechniker können entsprechend ihrer Ausbildung und Erfahrung als «beauftragte Person» vom Betreiber beauftragt werden zur Einweisung der

Anwender, nachdem sie vom Hersteller oder einer hierzu befugten Person eingewiesen wurden;

- Nachweis der Einhaltung der Anforderungen an Eigenherstellung entsprechend der MPV (Durchführung des Konformitätsbewertungsverfahrens zum Nachweis der Einhaltung der zutreffenden Grundlegenden Anforderungen, Risikoanalyse, klinische Bewertung, etc.).

Meldeformular

{EN: *Report form*}
{FR: *Formulaire de déclaration*}
{⇨ Vorkommnis, schwerwiegendes unerwünschtes Ereignis}

Zur Meldung von Vorkommnissen und schwerwiegenden unerwünschten Ereignissen sind die auf der Website des BfArM verfügbaren und in der Bekanntmachung zur Sicherheitsplanverordnung (MPSV) empfohlenen Formblätter für Meldungen und Berichte zu verwenden.

Meldefrist

{EN: *Timeline for reporting*}
{FR: *Délai de déclaration*}
⇨ Meldepflicht, Medizinprodukte-Sicherheitsplanverordnung, Vorkommnis, Rückruf, Schwerwiegendes unerwünschtes Ereignis}

⇨ § 5 MPSV:

«(1) Der Verantwortliche nach § 5 des Medizinproduktegesetzes hat Vorkommnisse entsprechend der Eilbedürftigkeit der durchzuführenden Risikobewertung zu melden, spätestens jedoch innerhalb von 30 Tagen, nachdem er Kenntnis hiervon erhalten hat. Bei Gefahr im Verzug hat die Meldung unverzüglich zu erfolgen. Rückrufe sowie Vorkommnisse im Sinne des § 3 Abs. 1 Satz 3 sind spätestens mit Beginn der Umsetzung der Maßnahmen zu melden.

(2) Die Meldungen und Mitteilungen nach § 3 Absatz 2 bis 5 und 6 Satz 3 haben unverzüglich zu erfolgen. Dies gilt auch für Meldungen von schwerwiegenden unerwünschten Ereignissen, für die ein Zusammenhang mit dem zu prüfenden Medizinprodukt, einem Vergleichsprodukt oder den in der klinischen Prüfung angewandten therapeutischen oder diagnostischen Maßnahmen oder den sonstigen Bedingungen der Durchführung der klinischen Prüfung nicht ausgeschlossen werden kann. Alle anderen schwerwiegenden unerwünschten Ereignisse sind vollständig zu dokumentieren und in zusammenfassender Form vierteljährlich oder auf Aufforderung der zuständigen Bundesoberbehörde zu melden.»

Die Meldefrist beginnt mit dem Zeitpunkt, ab dem dem Meldepflichtigen das zu meldende Ereignis bekannt gemacht wurde. Wenn beispielsweise ein Anwender dem Medizinprodukteberater ein Vorkommnis mitgeteilt wird, so beginnt ab diesem Zeitpunkt die Meldefrist.

1. Meldefristen für einen Hersteller bzw. dessen Bevollmächtigten und Einführer

- In Deutschland aufgetretene Vorkommnisse sind entsprechend der Eilbedürftigkeit der durchzuführenden Risikobewertung spätestens innerhalb von 30 Kalendertagen der zuständigen BOB zu melden.

  Hinweis: In MEDDEV 2.12/1 rev. 8 [52] werden im Hinblick auf die Eilbedürftigkeit drei Fälle unterschieden:
  - bei Vorliegen einer akuten Gefahr für die öffentliche Gesundheit bedeutet unverzüglich: Meldung innerhalb von zwei Tagen nach Kenntnis durch den Hersteller/dessen Bevollmächtigten;
  - bei Tod oder schwerwiegenden Verschlechterung des Gesundheitszustands bedeutet unverzüglich: Meldung innerhalb von zehn Tagen nach Kenntnis durch den Hersteller/dessen Bevollmächtigten;
  - bei allen anderen Vorkommnissen bedeutet unverzüglich: Meldung innerhalb von 30 Tagen nach Kenntnis durch den Hersteller/dessen Bevollmächtigten.
- Dies gilt auch für einen Hersteller bzw. dessen Bevollmächtigten, der nicht seinen Sitz in Deutschland hat, aber das Vorkommnis in Deutschland aufgetreten ist.
- In Deutschland durchgeführte Rückrufe und außerhalb des EWR aufgetretene Vorkommnisse, die Rückrufe innerhalb des EWR zur Folge haben, sind spätestens mit Beginn der Rückrufe der BOB zu melden. Dies gilt auch dann, wenn der Hersteller oder dessen Bevollmächtigter seinen Sitz nicht in Deutschland hat.

2. Meldefristen für Betreiber und Anwender

- Betreiber, die Medizinprodukte gewerblich betreiben, und professionelle Anwender haben Vorkommnisse unverzüglich – d. h. ohne schuldhafte Verzögerung – der zuständigen BOB zu melden.
- Ärzte und Zahnärzte, denen im Rahmen der Diagnostik oder Behandlung von mit Medizinprodukten versorgten Patienten Vorkommnisse zu diesen Medizinprodukten bekannt werden, haben diese Vorkommnisse unverzüglich der zuständigen BOB zu melden.
- Sonstige Personen und Einrichtungen, die beruflich, gewerblich oder in Erfüllung gesetzlicher Aufgaben Medizinprodukte zur Eigenanwendung an den Endanwender abgeben, haben bekannt gewordene Vorkommnisse unverzüglich an die zuständige BOB zu melden.

3. Meldefristen für Sponsoren, Prüfer und Hauptprüfer

- Prüfer und Hauptprüfer haben schwerwiegende unerwünschte Ereignisse, die während der Durchführung einer klinischen Prüfung oder einer genehmigungspflichtigen Leistungsbewertungsprüfung aufgetreten sind, unmittelbar dem Sponsor (und nicht an die zuständige BOB) zu melden.
- Der Sponsor einer klinischen Prüfung oder einer genehmigungspflichtigen Leistungsbewertungsprüfung hat die aufgetretenen schwerwiegenden uner-

wünschten Ereignisse unverzüglich der zuständigen BOB zu melden. Dies gilt auch, wenn die klinischen Prüfungen oder genehmigungspflichtigen Leistungsbewertungsprüfungen außerhalb Deutschlands durchgeführt werden.

Meldepflicht[57]

{EN: *Notification obligation; Reporting obligation*}
{FR: *Obligation de déclarer; Obligation de notifier*}
{⇨ Anzeigepflicht, Meldefrist, Medizinprodukte-Sicherheitsplanverordnung, Rückruf, Schwerwiegendes unerwünschtes Ereignis, Vorkommnis}

Meldepflichtig sind

- bei Vorkommnissen, die in Deutschland eingetreten sind:
  - Hersteller oder dessen Bevollmächtigter,
  - Einführer,
  - Betreiber und professionelle Anwender (Ärzte, Zahnärzte, Pflegekräfte),
  - sonstige Personen und Einrichtungen, die beruflich, gewerblich oder in Erfüllung gesetzlicher Aufgaben Medizinprodukte zur Eigenanwendung an den Endanwender abgeben z. B Apotheker;
- bei Rückrufen:
  - Hersteller oder dessen Bevollmächtigter,
  - Einführer;
- bei schwerwiegenden unerwünschten Ereignissen, die bei der Durchführung einer klinischen Prüfung bzw. einer genehmigungspflichtigen Leistungsbewertungsprüfung aufgetreten sind,
  - Prüfer und Hauptprüfer gegenüber dem Sponsor,
  - Sponsor gegenüber der zuständigen BOB.

Meldung[57]

{EN: *Notification; Report*}
{FR: *Déclaration; Notification*}

Abschnitt 2 MPSV befasst sich schwerpunktmäßig mit Meldungen von Vorkommnissen und Rückrufen, die einen Bezug zu im Verkehr oder im Betrieb befindlichen Medizinprodukten haben.

Unter «Meldung» im Sinne der MPSV ist die vorgeschriebene Unterrichtung einer Behörde zu verstehen. Eine Meldung ist die Übermittlung

- eines Vorkommnisses,
- einer korrektiven Maßnahme,
- eines Rückrufs,
- eines schwerwiegenden unerwünschten Ereignisses

an die für die Meldung zuständige BOB.

Bei der Meldung an die zuständige BOB ist in dem Meldeformular u. a. anzugeben, ob es sich um eine

- Erstmeldung,
- Folgemeldung,

57) mit Unterstützung von Herrn Dr. *Ekkehard Stößlein*

- kombinierte Erst-/Abschlussmeldung,
- Abschlussmeldung

handelt.

Meldung: schwerwiegendes unerwünschtes Ereignis[58]

{EN: *Report: Serious Adverse Event; Notification: Serious Sdverse Event*}
{FR: *Rapport: événement indésirable grave; Déclaration: événement indésirable grave*}
{⇨ Medizinprodukte-Beobachtungs- und -Meldesystem, Schwerwiegendes unerwünschtes Ereignis}

⇨ § 3 Abs. 5 MPSV:
«Der Prüfer oder der Hauptprüfer hat dem Sponsor jedes schwerwiegende unerwünschte Ereignis zu melden.»

⇨ § 3 Abs. 6 MPSV:
«Der Sponsor hat schwerwiegende unerwünschte Ereignisse der zuständigen Bundesoberbehörde zu melden. Dies gilt auch, wenn sie außerhalb von Deutschland aufgetreten sind. Wird eine klinische Prüfung auch in anderen Vertragsstaaten des Abkommens über den Europäischen Wirtschaftsraum durchgeführt, hat der Sponsor den dort zuständigen Behörden ebenfalls Meldung über in Deutschland aufgetretene schwerwiegende unerwünschte Ereignisse zu erstatten.»

1. Sponsor (§ 3 Abs. 6 MPSV)

Der Sponsor ist nach der MPSV verpflichtet, jedes bei der Durchführung von genehmigungspflichtigen klinischen Prüfungen von Medizinprodukten bzw. genehmigungspflichtigen Leistungsbewertungsprüfungen von In-vitro-Diagnostika aufgetretene schwerwiegende unerwünschte Ereignis der zuständigen BOB zu melden. Der Sponsor hat sicherzustellen, dass er von den Prüfern/vom Hauptprüfer über jedes schwerwiegende unerwünschte Ereignis informiert wird. Das Sicherstellen beinhaltet eine vertragliche Regelung und die Überwachung der Einhaltung dieser Regelung im Rahmen des Monitoring bzw. durch Audit.

2. Prüfer und Hauptprüfer (§ 3 Abs. 5 MPSV)

Mit dem Änderung der MPSV vom 25. Juli 2014 (vgl. Artikel 4 der Verordnung über die Abgabe von Medizinprodukten und zur Änderung medizinprodukterechtlicher Vorschriften vom 25. Juli 2014 (BGBl. I S. 1227)) wurde die unmittelbare Meldepflicht von Prüfer und Hauptprüfer an die zuständige BOB dahin gehend geändert, dass nunmehr Prüfer und Hauptprüfer ausschließlich dem Sponsor jedes schwerwiegende unerwünschte Ereignis zu melden haben.

58) mit Unterstützung von Herrn *Dr. Ekkehard Stößlein*

Meldung von Vorkommnissen[59]

{EN: *Incident report*}
{FR: *Rapport de matériovigilance*}
{⇨ Dienstanweisung Medizinprodukte, Medizinprodukte-Beobachtungs- und -Meldesystem, Vorkommnis}

⇨ § 3 Abs. 1 MPSV:
«Der Verantwortliche nach § 5 des Medizinproduktegesetzes hat Vorkommnisse, die in Deutschland aufgetreten sind, sowie in Deutschland durchgeführte Rückrufe der zuständigen Bundesoberbehörde zu melden. In anderen Vertragsstaaten des Abkommens über den Europäischen Wirtschaftsraum aufgetretene Vorkommnisse und durchgeführte Rückrufe hat er den dort zuständigen Behörden zu melden. Rückrufe, die auf Grund von Vorkommnissen, die außerhalb des Europäischen Wirtschaftsraums aufgetreten sind, auch im Europäischen Wirtschaftsraum durchgeführt werden, sind meldepflichtig. Die Meldung derartiger korrektiver Maßnahmen, einschließlich des zugrunde liegenden Vorkommnisses, hat an die zuständige Bundesoberbehörde zu erfolgen, wenn der Verantwortliche nach § 5 des Medizinproduktegesetzes seinen Sitz in Deutschland hat.»

⇨ § 3 Abs. 2 MPSV:
«Wer Medizinprodukte beruflich oder gewerblich betreibt oder anwendet, hat dabei aufgetretene Vorkommnisse der zuständigen Bundesoberbehörde zu melden. Satz 1 gilt entsprechend für Ärzte und Zahnärzte, denen im Rahmen der Diagnostik oder Behandlung von mit Medizinprodukten versorgten Patienten Vorkommnisse bekannt werden.»

Meldung: Vorkommnis, Rückruf, korrektive Maßnahme[59]

{EN: *Report: incident, recall, corrective action; Notification: incident, recall, corrective action*}
{FR: *Rapport: incident, retrait, action corrective; Déclaration: incident, retrait, action corrective*}
{⇨ CAPA, Dienstanweisung, Medizinprodukte-Beobachtungs- und -Meldesystem, korrektive Maßnahme, Rückruf, Vorkommnis, Sicherheitsbeauftragter für Medizinprodukte}

⇨ § 3 Abs. 1 MPSV:
«Der Verantwortliche nach § 5 des Medizinproduktegesetzes hat Vorkommnisse, die in Deutschland aufgetreten sind, sowie in Deutschland durchgeführte Rückrufe der zuständigen Bundesoberbehörde zu melden. In anderen Vertragsstaaten des Abkommens über den Europäischen Wirtschaftsraum auf- getretene Vorkommnisse und durchgeführte Rückrufe hat er den dort zuständigen Behörden zu melden. Rückrufe, die auf Grund von Vorkommnissen, die außerhalb des Europäischen Wirtschaftsraums aufgetreten sind, auch im Europäischen Wirtschaftsraum durchgeführt werden,

59) mit Unterstützung von Herrn *Dr. Ekkehard Stößlein*

sind melde- pflichtig. Die Meldung derartiger korrektiver Maßnahmen, einschließlich des zugrunde liegenden Vorkommnisses, hat an die zuständige Bundesoberbehörde zu erfolgen, wenn der Verantwortliche nach § 5 des Medizinproduktegesetzes seinen Sitz in Deutschland hat.»

⇨ § 3 Abs. 2 MPSV:
«Wer Medizinprodukte beruflich oder gewerblich betreibt oder anwendet, hat dabei aufgetretene Vorkommnisse der zuständigen Bundesoberbehörde zu melden. Satz 1 gilt entsprechend für Ärzte und Zahnärzte, denen im Rahmen der Diagnostik oder Behandlung von mit Medizinprodukten versorgten Patienten Vorkommnisse bekannt werden.»

1. Hersteller oder dessen Bevollmächtigter

Der Hersteller oder dessen Bevollmächtigter sind nach der MPSV verpflichtet, entsprechende Vorkommnisse und Rückrufe der zuständigen BOB zu melden. Nach § 30 Abs. 4 MPG ist der Sicherheitsbeauftragte für Medizinprodukte für die Meldung von Vorkommnissen an die BOB verantwortlich, wenn der Hersteller bzw. dessen Bevollmächtigter seinen Sitz in Deutschland hat.

Unabhängig davon, ob die Verantwortung des Sicherheitsbeauftragten für Medizinprodukte im Sinne des MPG

- die Entscheidung über eine Meldepflicht subsumiert oder
- ob er ausschließlich die Verantwortung für die Durchführung des eigentlichen Meldevorgangs umfasst,

sollte im Unternehmen ein interner Meldeweg mit einem zuständigen Beratungs- und/oder Entscheidungsgremium organisatorisch festgelegt werden. Die Bewertungen eines Vorkommnisses des Sicherheitsbeauftragten für Medizinprodukte können für ein Unternehmen weitreichende Maßnahmen zur Folge haben – im ungünstigsten Fall den Rückruf eines Medizinprodukts.

Aus diesem Grunde ist es empfehlenswert, reproduzierbare Bewertungskriterien festzulegen, die eine personenunabhängige Bewertung für die möglicherweise daraus resultierenden Maßnahmen ermöglichen

Weiterhin ist es zur Unterstützung des Sicherheitsbeauftragten für Medizinprodukte empfehlenswert, bei der Bewertung von Meldungen und Entscheidungen über eine bestehende Meldepflicht beispielsweise den Rat eines betriebsinternen «Kompetenten Kreises» vorzusehen. Der «Kompetente Kreis» ist ein Gremium, das bei Bedarf vom Sicherheitsbeauftragten für Medizinprodukte jederzeit einberufen werden kann.

Dieses Gremium entbindet den Sicherheitsbeauftragten für Medizinprodukte nicht von seinen Verpflichtungen, es kann ihn bei der Wahrnehmung seiner Aufgaben beraten. Diesem Gremium kann ferner die Zuständigkeit für die Entscheidung oder die Vorbereitung der Entscheidung über die durchzuführenden korrektiven Maßnahmen übertragen werden. Maßnahmen zur Durchführung von korrektiven Maßnahmen können in einem Unternehmen auch dem CAPA-Board zugeordnet werden (CAPA: Corrective And Preventive Action).

Diese oder ähnliche organisatorischen Maßnahmen sind vom Gesetzgeber nicht vorgesehen. Es ist aber empfehlenswert, in einem Unternehmen entsprechende Verfahrensweisen für den Fall von meldepflichtigen Vorkommnissen mit Medizinprodukten festzulegen und umzusetzen.

Damit das Unternehmen erforderlichenfalls schnell handlungsfähig ist, kann die Festlegung einer Eilzuständigkeit des Sicherheitsbeauftragten für Medizinprodukte für dringende Fälle hilfreich sein.

2. Betreiber und Anwender

Der Betreiber und der Anwender sind nach der MPSV verpflichtet, entsprechende Vorkommnisse an die zuständige BOB zu melden.

Aus organisatorischen Gründen ist es empfehlenswert, den innerbetrieblichen Meldevorgang im Rahmen einer Dienstanweisung festzulegen. Insbesondere sind Verantwortlichkeiten festzulegen im Hinblick:

- Wer meldet wem das Vorkommnis?
- Wer entscheidet über die weitere Bearbeitung dieser Meldung?
- Wer ist verantwortlich für die Meldung an das BfArM und damit auch Ansprechpartner der zuständigen Behörden, ggf. auch des Herstellers für das gemeldete Vorkommnis?

In diesem Zusammenhang sollte nicht nur der Meldeweg zu Vorkommnissen geregelt werden, die sich in der Einrichtung ereignen, sondern darüber hinaus auch, wie Sicherheitshinweise von Herstellern oder des BfArM, die an die Gesundheitseinrichtung adressiert sind, an die zuständigen Medizinproduktebeauftragten und die betroffenen Anwender gelangen.

Messabweichung

{EN: *Error of measurement*}
{FR: *Erreur de mesure*}
{⇨ Quadratischer Mittelwert der Messabweichung, Systematische Messabweisung, Zufällige Messabweichung, Zielwert}

⇨ Teil A Nr. 3 RiliBÄK [83]:
«Die Differenz eines Messergebnisses zum wahren Wert der Messgröße. Zur Schätzung der Messabweichung wird im Rahmen der Qualitätssicherung laboratoriumsmedizinischer Untersuchungen die Differenz eines Messergebnisses einer Kontrollprobe zum Zielwert dieser Kontrollprobe verwendet.

Die relative Messabweichung ergibt sich durch Division der Messabweichung durch den Zielwert.»

Messgenauigkeit

{EN: *Precision of measurements*}
{FR: *Précision de la mesure*}

⇨ Teil A Nr. 3 RiliBÄK [83]:
«Ausmaß der Übereinstimmung zwischen dem Messergebnis und einem wahren Wert der Messgröße.

Die Messgenauigkeit kann in Bezug auf eine Messgröße nicht als nummerischer Wert angegeben werden, sondern nur in der Form von Beschreibungen wie z. B. «ausreichend» oder «nicht ausreichend.»

Messgröße

{EN: *Measured variable*}
{FR: *Mesurande*}

⇨ Teil A Nr. 3 RiliBÄK [83]:
«Spezielle Größe, die Gegenstand einer Messung ist.»

Messmethode

{EN: *Measurement method*}
{FR: *Méthode de mesure*}

⇨ Teil A Nr. 3 RiliBÄK [83]:
«Allgemeine Beschreibung der logischen Abfolge von Handlungen zur Durchführung von Messungen.»

Messtechnische Kontrolle (MTK)

{EN: *Metrological control, MTK*}
{FR: *Contrôle métrologique, MTK*}
{⇨ Inspektion, Sicherheitstechnische Kontrolle}

Das Ziel einer MTK ist das rechtzeitige Erkennen einer unzulässigen Überschreitung der maximalen Messabweichung (Fehlergrenzen), bevor sie sich für die Therapie bzw. Diagnose zum Nachteil des Patienten auswirken kann.

Die Messtechnische Kontrolle umfasst somit nach § 11 MPBetreibV:

- die Beurteilung der Messgenauigkeit zum Zeitpunkt der Durchführung der Messtechnischen Kontrolle und
- die Beurteilung der voraussichtlichen messtechnischen Entwicklung des geprüften Medizinprodukts im Zeitraum bis zum nächsten Prüftermin – insbesondere im Hinblick auf eine absehbare Entwicklung beispielsweise durch Alterung oder Verschleiß – zur Gewährleistung einer ausreichenden Messbeständigkeit.

Der Betreiber hat MTK für die in der Anlage 2 MPBetreibV aufgeführten Medizinprodukte fristgerecht durchzuführen bzw. durchführen zu lassen. Die in der Anlage 2 MPBetreibV bzw. die vom Hersteller angegebenen Fristen beginnen mit Ablauf des Jahres, in dem das Medizinprodukt in Betrieb genommen wurde. Hinzuweisen ist, dass ein Hersteller MTK auch für Medizinprodukte festlegen kann, die nicht in der Anlage 2 MPBetreibV aufgeführt sind.

Nach § 2 Abs. 2 MPG unterliegen auch Nicht-Medizinprodukte, wie z. B. Tretkurbelergometer, die im Sinne der Anlage 2 MPBetreibV betrieben, angewendet und instand gehalten werden, dem Medizinprodukterecht. Auch für diese Nicht-Medizinprodukte sind MTK durchzuführen.

Messung

{EN: *Measurement*}
{FR: *Mesure*}

⇨ Teil A Nr. 3 RiliBÄK [83]:
«Gesamtheit der Tätigkeiten zur Ermittlung eines Größenwertes.»

Messverfahren

{EN: *Measurement method*}
{FR: *Procédure de mesure*}
{⇨ Leistungsfähigkeit}

⇨ Teil A Nr. 3 RiliBÄK [83]:
«Gesamtheit der genau beschriebenen Tätigkeiten, wie sie bei der Ausführung spezieller Messungen entsprechend einer vorgegebenen Messmethode angewandt werden.»

Metabolische Wirkungsweise

{EN: *Action by metabolic means*}
{FR: *Action par moyens métaboliques*}

⇨ AGMP-Arbeitshilfe [67]:
«Eine metabolische Wirkungsweise im Sinne des MPG wird verstanden als eine Wirkungsweise, die auf einer Veränderung (Stoppen, Starten, Geschwindigkeit) normaler biochemischer Prozesse beruht, die an der normalen Körperfunktion beteiligt sind oder deren Verfügbarkeit für diese von Bedeutung sind. Die Tatsache, dass ein Produkt selbst verstoffwechselt wird, bedeutet nicht, dass seine bestimmungsgemäße Hauptwirkung auf metabolische Art und Weise erzielt wird.»

Monitor

{EN: *Monitor*}
{FR: *Moniteur*}

Der Begriff «Monitor» leitet sich aus dem lateinischen Wort «monere» ab in der Bedeutung von «mahnender/warnender Person». Der Monitor hat die Aufgabe, im Rahmen einer klinischen Prüfung/Leistungsbewertungsprüfung den Fortschritt zu überwachen, um sicherzustellen, dass diese in Übereinstimmung mit den regulatorischen Anforderungen (z. B. Einhalten des klinischen Prüfplans, der Sicherung des Patientenschutzes) durchgeführt und dokumentiert wird.

Für den Fall, dass der Sponsor die Überwachung und Berichterstattung der klinischen Prüfung eines Medizinprodukts nicht selbst übernimmt, hat er für diese

Aufgaben eine Person (Monitor) zu benennen, die die Aufgabe der Überwachung und Berichterstattung über den Verlauf der klinischen Prüfung eines Medizinprodukts verantwortlich übernimmt.

Das Monitoring dient der Qualitätssicherung im Verlauf der klinischen Prüfung, z. B. zum:

- Einhalten der gesetzlichen Vorgaben,
- Einhalten des Prüfplans,
- Einhalten der Datenqualität,
- Schutz der an der klinischen Prüfung teilnehmenden Patienten.

Der Monitor übernimmt somit eine wesentliche Aufgabe in der Vorbereitung von Audits und Inspektionen bei klinischen Prüfungen/Leistungsbewertungsprüfungen.

Monographien des Europäischen Arzneibuchs

{EN: *Monograph of the European Pharmacopoeia*}
{FR: *Monographie de la Pharmacopée Européenne*}
{⇨ Arzneimittel, Harmonisierte Norm}

⇨ § 3 Nr. 18 MPG:
«[...] Den Normen nach den Sätzen 1 und 2 sind die Medizinprodukte betreffenden Monographien des Europäischen Arzneibuches, deren Fundstellen im Amtsblatt der Europäischen Union veröffentlicht und die als Monographien des Europäischen Arzneibuches, Amtliche Deutsche Ausgabe, im Bundesanzeiger bekannt gemacht werden, gleichgestellt.»

Aus der Formulierung der Begriffsbestimmung im § 3 Nr. 18 MPG bezüglich Harmonierten Normen ergibt sich, dass im Europäischen Arzneibuch auch Anforderungen an Medizinprodukte spezifiziert werden. So sind bisher beispielsweise Festlegungen zu sterilem Nahtmaterial und medizinischer Druckluft im Europäischen Arzneibuch zu finden.

Aus diesem Sachverhalt ergibt sich zweifelsfrei, dass im Umkehrschluss alle Produkte, die im Europäischen Arzneibuch genannt sind, nicht zwangsläufig dem Arzneimittelrecht unterliegen. Medizinprodukte im Sinne von § 3 MPG sind somit entsprechend dem Medizinprodukterecht zu behandeln.

MPAV

{EN: *Ordinance on the Supply of Medical Devices*[60]*, MPAV*}
{FR: *Ordonnance fédérale relative à la déliverance des dispositifs médicaux*[60]*, MPAV*}
{⇨ Medizinprodukte-Abgabeverordnung (MPAV}

60) inoffizielle Übersetzung

MPBetreibV
{EN: *Ordinance on Operators of Medical Devices, MPBetreibV*}
{FR: *Ordonnance fédérale relative aux exploitants de dispositifs médicaux*[61], *MPBetreibV*}
{⇨ Medizinprodukte-Betreiberverordnung (MPBetreibV)}

MPG
{EN: *Medical Devices Act*, MPG}
{FR: *Loi sur les dispositifs médicaux*[61], *MPG*}
{⇨ Medizinproduktegesetz (MPG)}

MPGVwV
{EN: *Medical Devices Implementing Ordinance*[61], *MPGVwV*}
{FR: *Ordonnance fédérale d'exécution relative aux dispositifs médicaux*[61], *MPGVwV*}
{⇨ Medizinprodukte-Durchführungsverordnung (MPGVwV)}

MPKPV
{EN: *Ordinance on Clinical Investigations with Medical Devices*[61], *MPKPV*}
{FR: *Ordonnance fédérale relative aux investigations cliniques des dispositifs médicaux*[61], *MPKPV*}
{⇨ Medizinprodukte- Klinische Prüfungsverordnung (MPKPV)}

MPSV
{EN: *Medical Devices Safety Plan* Ordinance[61], *MPSV*}
{FR: *Ordonnance fédérale relative au plan de sécurité des dispositifs médicaux*[61], *MPSV*}
{⇨ Medizinprodukte-Sicherheitsplanverordnung (MPSV)}

MPV
{EN: *Ordinance on Medical Devices*[61], *MPV*}
{FR: *Ordonnance fédérale relative aux dispositifs médicaux*[61], *MPV*}
{⇨ Medizinprodukte-Verordnung (MPV)}

MPVerschrV
{EN: *Ordinance on Medical Devices Subject to Medical Prescription*[61], *MPVerschrV*}
{FR: *Ordonnance fédérale relative aux dispositifs médicaux soumis à prescription médicale*[61], *MPVerschrV*}
{⇨ Medizinprodukte-Verschreibungspflicht-Verordnung (MPVerschrV)}

61) inoffizielle Übersetzung

MPVertrV

{EN: *Ordinance on the Distribution Channels of Medical Devices*[62], *MPVertrV*}
{FR: *Ordonnance fédérale relative aux circuits de distribution des dispositifs médicaux*[62], *MPVertrV*}
{⇨ Medizinprodukte-Vertriebswege-Verordnung (MPVertrV)

Multizentrische klinische Prüfung eines Medizinprodukts

{EN: *Multi-centre clinical investigation of a medical device*}
{FR: *Investigation clinique multicentrique d'un dispositif médical*}

Eine multizentrische klinische Prüfung eines Medizinprodukts ist eine klinische Prüfung, die entsprechend einem einzigen klinischen Prüfplan an mehreren Prüfstellen durchgeführt wird.

N

Nach Landesrecht gebildete Ethik-Kommission

{EN: *Ethics committee under Land law*}
{FR: *Comité d'éthique sous loi du Land*}
{⇨ Ethik-Kommission nach Landesrecht}

NANDO-Informationssystem

{EN: *NANDO Information System*}
{FR: *Base de données NANDO*}

Die Generaldirektion «Enterprise and Industry» bei der Europäischen Kommission stellt Informationen zu den Benannten Stellen in dem Informationssystem NANDO (New Approach Notified and Designated Organisations) zur Verfügung[63].

Dem NANDO-Informationssystem ist zu entnehmen, dass einem Hersteller für Produkte, die der

- AIMDD zuzuordnen sind, 18 Benannte Stellen – davon 6 in Deutschland –,
- MDD zuzuordnen sind, 69 Benannte Stellen – davon 14 in Deutschland –,
- IVDD zuzuordnen sind, 25 Benannte Stellen – davon 5 in Deutschland –

zur Verfügung stehen.

Dem NANDO-Informationssystem sind ebenfalls die Benannten Stellen zu entnehmen, deren Notifizierung erloschen ist, zurückgenommen wurde oder ausgesetzt wurde.

Hinzuweisen ist, dass NANDO lediglich Informationszwecken dient und daher keine Rechtsgültigkeit hat. Die Behörden der Mitgliedstaaten sind für die Informationen verantwortlich, die sie veröffentlichen.

---

62) inoffizielle Übersetzung
63) http://ec.europa.eu/enterprise/newapproach/nando/ (Stand: November 2014)

Nationale Akkreditierungsstelle

{EN: *National accreditation body*}
{FR: *Organisme national d'accréditation*}

⇨ Artikel 2 Nr. 11 Verordnung (EG) Nr. 765/2008 [87]:
«Die einzige Stelle in einem Mitgliedstaat, die im Auftrag dieses Staates Akkreditierungen durchführt.»

Nebenwirkung

{EN: *Side effect*}
{FR: *Effet secondaire*}

Nebenwirkungen sind die bei einer bestimmungsgemäßen Verwendung des Medizinprodukts auftretenden unerwünschten Begleiterscheinungen.

Neuer Rechtsrahmen

{EN: *New Legislative Framework*}
{FR: *Nouveau cadre législatif*}

Der «Neue Rechtsrahmen» stellt eine Weiterentwicklung der «Neuen Konzeption» dar und wird durch folgende europäische Rechtsakte reformiert [92]:

- Beschluss 768/2008/EG [91] über einen gemeinsamen Rechtsrahmen für die Vermarktung von Produkten;
- Verordnung (EG) 765/2008 [87] über die Vorschriften für die Akkreditierung und Marktüberwachung im Zusammenhang mit der Vermarktung von Produkten. Diese Verordnung trat am 2. September 2008 in Kraft und ist ab dem 1. Januar 2010 anzuwenden.

Dem Erwägungsgrund (1) der Verordnung (EG) Nr. 765/2008 ist zu entnehmen, dass Produkte für den freien Warenverkehr innerhalb der EU Anforderungen für ein hohes Niveau in Bezug auf den Schutz öffentlicher Interessen wie Gesundheit und Sicherheit im Allgemeinen, Gesundheit und Sicherheit am Arbeitsplatz, Verbraucher- und Umweltschutz und Sicherheit erfüllen müssen. Gleichzeitig muss gewährleistet sein, dass der freie Warenverkehr nicht über das nach den Harmonisierungsrechtsvorschriften der EU oder anderen einschlägigen EU-Vorschriften zulässige Maß hinaus eingeschränkt wird. Daher werden Bestimmungen für die Akkreditierung, die Marktüberwachung, die Kontrollen von Produkten aus Drittstaaten und die CE-Kennzeichnung vorgesehen [87].

Mit dem Beschluss 768/2008/EG wird ein präziserer Rahmen für die Konformitätsbewertung, Akkreditierung und Marktüberwachung geschaffen. Aus Artikel 2 des Beschlusses 768/2008/EG ergibt sich, dass dieser Beschluss als eine Art «Baukasten» sowohl für die Überarbeitung bestehender RL – beispielsweise der Medizinprodukte-Richtlinie – als auch für die Erarbeitung neuer RL/europäischer Verordnungen angesehen werden kann.

Nichtinvasive Anwendung

{EN: *Non-invasive use*}
{FR: *Application non invasive*}
{⇨ Anwendungsort}

Bei der nichtinvasiven Anwendung erfolgt die Anwendung des Medizinprodukts außerhalb des menschlichen Körpers oder an der Körperoberfläche (äußerlich am menschlichen Körper. Die Anwendung eines Medizinprodukts in einem extrakorporalen Kreislauf kann einer Anwendung im Körper gleichgesetzt werden. Derartige Produkte können eine Interaktion mit dem menschlichen Körper haben, wenn sie mit dem menschlichen Körper in Kontakt kommen.

Bei nichtaktiven Produkten umfasst der Kontakt oder die Interaktion mit dem Körper auch den Kontakt mit Körperöffnungen oder Körperflüssigkeiten, die beispielsweise in einem extrakorporalen Kreislauf biologisch oder chemisch verändert werden. Derartige Produkte werden auch als quasi-invasiv bezeichnet.

Norm

{EN: *Standard*}
{FR: *Norme*}

⇨ Artikel 2 Nr. 1 Verordnung (EU) Nr. 1025/2012 [99]:
«Norm: eine von einer anerkannten Normungsorganisation angenommene technische Spezifikation zur wiederholten oder ständigen Anwendung, deren Einhaltung nicht zwingend ist und die unter eine der nachstehenden Kategorien fällt:

a) internationale Norm: eine Norm, die von einer internationalen Normungsorganisation angenommen wurde;
b) europäische Norm: eine Norm, die von einer europäischen Normungsorganisation angenommen wurde;
c) harmonisierte Norm: eine europäische Norm, die auf der Grundlage eines Auftrags der Kommission zur Durchführung von Harmonisierungsrechtsvorschriften der Union angenommen wurde;
d) nationale Norm: eine Norm, die von einer nationalen Normungsorganisation angenommen wurde.»

Normale Einsatzbedingungen

{EN: *Normal conditions of use*}
{FR: *Conditions normales d'utilisation*}

«Normale Einsatzbedingungen» sind Umweltbedingungen, Umgebungsbedingungen und Anwenderbedingungen, die bei der Anwendung eines Medizinprodukts zu beachten sind. Bei der Bewertung eines Medizinprodukts unter «Normalen Einsatzbedingungen» sind auch der naheliegende Fehlgebrauch oder Missbrauch sowie vernünftigerweise vorhersehbare Abweichungen von den vom Hersteller vorgegebenen Bedingungen zu berücksichtigen.

Norm-Entwurf

{EN: *Draft standard*}
{FR: *Projet de norme*}

⇨ Artikel 2 Nr. 3 Verordnung (EU) Nr. 1025/2012 [99]:
«Normentwurf: ein Schriftstück, das den Text von technischen Spezifikationen für ein bestimmtes Thema enthält und dessen Annahme nach dem einschlägigen Normungsverfahren in der Form beabsichtigt ist, in der das Schriftstück als Ergebnis der Vorbereitungsarbeiten zur Stellungnahme oder für eine öffentliche Anhörung veröffentlicht wurde.»

Notified Body Operations Group (NBOG)

{EN: *Notified Body Operations Group, NBOG*}
{FR: *Groupe opérationnel des organismes notifiés, GOON*}

Im Juli 2000 haben die Mitgliedstaaten und die Europäische Kommission beschlossen, die Notified Body Operations Group (NBOG) ins Leben zu rufen. Dies war in Reaktion auf die weit verbreitete Sorge, dass die Leistungen der Benannten Stellen im Medizinproduktsektor unterschiedlich und widersprüchlich sind. Verantwortung für die Benennung der Benannten Stellen tragen die zuständigen Behörden der Mitgliedstaaten.

NBOG hat die Aufgabe, zur Verbesserung der Gesamtleistung der im Medizinproduktsektor tätigen Benannten Stellen Best-Practice-Beispiele zu identifizieren und zu veröffentlichen, so dass Empfehlungen von den für die Benennung zuständigen Behörden und den Benannten Stellen übernommen werden können.

NBOG hat bislang folgende Dokumente auf http://www.nbog.eu veröffentlicht:

1. Handbuch
   - Handbuch für Benennende Behörden
2. NBOG's Best Practice Guide
   - NBOG BPG 2014-3: Guidance for manufacturers and Notified Bodies on reporting of Design Changes and Changes of the Quality System (Nov 2014)
   - NBOG BPG 2014-2: Guidance on the Information Required for Notified Body Medical Device Personnel Involved in Conformity Assessment Activities (Nov 2014)
   - NBOG BPG 2014-1: Renewal of EC Design-Examination and Type-Examination Certificates: Conformity assessment procedures and general rules (Nov 2014)
   - NBOG BPG 2010-3: Certificates issued by Notified Bodies with reference to Council Directives 93/42/EEC, 98/79/EC, and 90/385/EEC (Mar 2010)
   - NBOG BPG 2010-2: Guidance on Audit Report Content (Mar 2010)
   - NBOG BPG 2010-1: Guidance for Notified Bodies auditing suppliers to medical device manufacturers (Mar 2010)
   - NBOG BPG 2009-4: Guidance on Notified Body's Tasks of Technical Documentation Assessment on a Representative Basis (Jul 2009)

- NBOG BPG 2009-3: Guideline for Designating Authorities to Define the Notification Scope of a Notified Body Conducting Medical Devices Assessment (Mar 2009)
- NBOG BPG 2009-2: Role of Notified Bodies in the Medical Device Vigilance System (Mar 2009)
- NBOG BPG 2009-1: Guidance on Design-Dossier Examination and Report ContentGuidance on Design-Dossier Examination and Report Content (Mar 2009)
- NBOG_BPG_2006-1: Change of Notified BodyChange of Notified Body (Nov 2008)

3. NBOG Checklists
   - NBOG CL 2010-1: Checklist for audit of Notified Body's review of Clinical Data/Clinical Evaluation (Mar 2009)Change of Notified Body (NBOG BPG 2006-1, 11.2008),
4. NBOG Forms
   - NBOG F 2014-1: Application form to be submitted when applying for designation as a notified body (Nov 2014)
   - NBOG F 2014-2: Qualification of personnel (see NBOG BPG 2014-2) (Nov 2014)
   - NBOG F 2012-1: Notification form – Directive 93/42/EEC (Jan 2013)
   - NBOG F 2012-2: Notification form – Directive 90/385/EEC (Jan 2013)
   - NBOG F 2012-3: Notification form – Directive 98/79/EC (Jan 2013)
   - NBOG F 2010-1: Certificate Notification to the Commission and other Member States (Mar 2010)

Notifizierung einer Benannten Stelle

{EN: *Notification of a notified body*}
{FR: *Notification d'un organisme notifié*}
{⇨ Akkreditierung, Benannte Stellen, Benennung, NANDO-Informationssystem}
⇨ KAN-Studie [138]:
«Notifizierung (Mitteilung) – notification: Verfahren, mit dem ein Mitgliedstaat die Europäische Kommission sowie die anderen Mitgliedstaaten über die Benennung einer Stelle informiert.»

Die Notifizierung ist ein von der Benennung getrennter Vorgang. Die Benennung hat von ihrem Wesen her primär eine innerstaatliche Bedeutung. Die Notifizierung ist die Bestätigung eines Mitgliedstaats (in Deutschland durch die ZLG) an die Europäische Kommission, den anderen Vertragsstaaten des Abkommens über den EWR und den Staaten, mit denen die EU ein Abkommen über die gegenseitige Anerkennung der Konformitätsbewertung getroffen hat, dass eine Benannte Stelle kompetent und berechtigt ist, Aufgaben im Rahmen einer Konformitätsbewertung innerhalb eines Rechtsaktes auf einem festgelegten Aufgabengebiet durchzuführen.

Benannte und notifizierte Stellen veröffentlicht die europäische Kommission in der NANDO-Datenbank[64]. In NANDO sind alle Benannten Stellen nach verschiedenen Kriterien (z. B. nach Richtlinie, Land, Kennnummer) recherchierbar.

Nukleinsäuren-Amplifikationstechniken (NAT)

{EN: *Nucleic acid amplification techniques, NAT*}
{FR: *Techniques d'amplification des acides nucléiques, NAT*}

⇨ Gemeinsame technische Spezifikationen für In-vitro-Diagnostika, Anhang Nr. 2 [118]:
«Der Begriff „NAT" bezeichnet Tests für den Nachweis bzw. die Quantifizierung von Nukleinsäuren entweder durch Amplifikation einer Zielsequenz oder durch Amplifikation eines Signals oder auch durch Hybridisierung.»

O

Off-Label-Use

{EN: *Off-label-use*}
{FR: *Utilisation non approuvée*}
{⇨ Zweckbestimmung}

Als Off-Label-Use bezeichnet man die Anwendung eines Medizinprodukts außerhalb der vom Hersteller/Eigenhersteller vorgesehenen Zweckbestimmung.

Organigramm

{EN: *Organisation chart*}
{FR: *Organigramme*}
{⇨ Dienstanweisung Medizinprodukte}

Grafische Darstellung von innerbetrieblichen Organisationsstrukturen z. B. eines Krankenhauses bzw. einer Gesundheitseinrichtung.

Das Organigramm bildet die organisatorischen Einheiten der Gesundheitseinrichtung und deren hierarchische Beziehungen ab und ist die Grundlage für Zuständigkeitsregelungen und -abgrenzungen.

Ein aktuelles Organigramm ist beispielsweise Grundlage für eine zu erstellende «Dienstanweisung zum Betrieb von Medizinprodukten (DA-MPG)».

Organisationseinheit

{EN: *Organisational unit*}
{FR: *Unité d'organisation*}

⇨ Teil A Nr. 3 RiliBÄK [83]:
«Eine Organisationseinheit ist jeder abgegrenzter Bereich einer medizinischen Einrichtung (z. B. das Zentrallabor oder eine andere Teileinheit eines Kranken-

64) http://ec.europa.eu/enterprise/newapproach/nando/ (Stand: November 2014)

hauses), in dem laboratoriumsmedizinische Untersuchungen durchgeführt werden. Sie ist gekennzeichnet durch:

- einen festgelegten Bereich von Anwendern (Ärzte, Pflegepersonal),
- einem nur diesem Bereich zugeordneten Pool von Messplätzen/Messgeräten und
- das Betreiben der Messplätze nur durch den festgelegten Anwenderkreis.»

P

Patient

{EN: *Patient*}
{FR: *Patient*}

⇨ DIN EN 60601-1:2013-12 [28]:
«3.76 Patient: Lebewesen (Mensch oder Tier), das einem medizinischen, chirurgischen oder zahnmedizinischem Verfahren unterzogen wird.»

Der Begriff «Patient» ist weder im Medizinproduktegesetz noch in den zugehörigen Medizinprodukte-Richtlinien definiert. Im Medizinprodukterecht beziehen sich die regulatorischen Anforderungen nur auf das Lebewesen «Mensch».

In [28] wird in einer Anmerkung darauf hingewiesen, dass der Patient auch Bediener eines Medizinprodukts sein kann (z. B. im «Home-care» Bereich).

Nach [41] ist – im engeren Sinn – der Patient:

> «[...] ein an einer Krankheit bzw. an Krankheitssymptomen Leidender, der ärztlich behandelt wird; auch für einen Gesunden, der Einrichtungen des Gesundheitswesens zu Diagnose oder Therapie in Anspruch nimmt.»

Patienten – im Sinne des Medizinprodukterechts – sind somit Personen, an denen, für die oder von denen Medizinprodukte unmittelbar (z. B. Infusionspumpe, Herzschrittmacher, Pflaster) oder mittelbar (z. B. Blutzuckermessgerät) im Rahmen einer diagnostischen oder therapeutischen Intervention in der Heilkunde oder Zahnheilkunde angewendet bzw. verwendet werden.

Patientennahe Sofortdiagnostik

{EN: *Point-of-care testing, POCT*}
{FR: *Diagnostic immédiat auprès du patient*}
{⇨ POCT: Point of Care Testing}

Patientensicherheit

{EN: *Patient safety*}
{FR: *Sécurité des patients*}
{⇨ Anwendersicherheit}

Im allgemeinen Verständnis umfasst Patientensicherheit alle Aspekte [7] der

- medizinischen Sicherheit (Indikation/Kontraindikation des Behandlungsverfahrens, Dosierung der Energie- und Stoffmengen, Einstellung des Geräts, etc.),
- hygienische Sicherheit (Gerätepflege, Sterilität der Anwendungsteile, Kontaminationsschutz, etc.),
- technische Sicherheit (Konzeption und Konstruktion, Installations- und Anschlussbedingungen, Instandhaltung, Handhabung, etc.).

Die medizinische Sicherheit ist eine zentrale Zielstellung des MPG. Die Bedeutung der hygienischen Sicherheit wird hervorgehoben durch die Anforderungen von § 4 MPBetreibV zur Aufbereitung von Medizinprodukten.

Im Sinne der Patientensicherheit wird in den Grundlegenden Anforderungen der AIMDD und der MDD auch die Berücksichtigung der ergonomischen Produktauslegung ausdrücklich festgehalten.

Einen wesentlichen Beitrag zur Verbesserung der Patientensicherheit ergibt sich auch aus der klinischen Bewertung bzw. Leistungsbewertung, die in

- Anhang 7 AIMDD,
- Anhang X MDD und
- Anhang VIII IVDD.

gefordert werden. Hier hat der Hersteller den Nachweis zu erbringen, dass alle zugesagten merkmal- und leistungsrelevanten Anforderungen von dem Medizinprodukt bei normalen Einsatzbedingungen erfüllt werden.

Paul-Ehrlich-Institut (PEI)

{EN: *Federal Institute for Vaccines and Biomedicines, PEI*}
{FR: *Institut fédéral de vaccins et médicaments biomédicaux, PEI*}

Das PEI ist eine selbstständige BOB im Geschäftsbereich des BMG.

Im § 32 Abs. 2 MPG sind die Aufgaben und Zuständigkeiten des PEI im Hinblick auf Medizinprodukte festgelegt. Sie umfassen insbesondere die gleichen Aufgaben wie beim BfArM, sofern es sich In-vitro-Diagnostika handelt, die im Anhang II IVDD genannt sind. Die In-vitro-Diagnostika müssen zur Prüfung der Unbedenklichkeit oder Verträglichkeit von Blut- oder Gewebespenden bestimmt sein oder Infektionskrankheiten betreffen.

Meldungen von Vorkommnissen nach § 3 MPSV sind u. a.

- vom Hersteller,
- vom Bevollmächtigten,
- vom Betreiber und
- vom Anwender

zu richten an:

Paul-Ehrlich-Institut
Bundesinstitut für Impfstoffe und biomedizinische Arzneimittel
Paul-Ehrlich-Straße 51-59
63225 Langen

PEI

{EN: *Federal Institute for Vaccines and Biomedicines, PEI*}
{FR: *Institut fédéral de vaccins et médicaments biomédicaux, PEI*}
{⇨ Paul-Ehrlich-Institut}

Persönliche Schutzausrüstung (PSA)

{EN: *Personal protective equipment, PPE*}
{FR: *Équipement de protection individuelle, EPI*}
{⇨ Medizinprodukt, Medizinprodukt mit doppeltem Verwendungszweck – «dual use» Medizinprodukt}

⇨ Artikel 1 Abs. 2 der RL 89/686/EG
«Für die Zwecke dieser Richtlinie gilt als PSA jede Vorrichtung oder jedes Mittel, das dazu bestimmt ist, von einer Person getragen oder gehalten zu werden, und das diese gegen ein oder mehrere Risiken schützen soll, die ihre Gesundheit sowie ihre Sicherheit gefährden können.

Als PSA gelten ferner:

a) eine aus mehreren vom Hersteller zusammengefügte Vorrichtungen oder Mitteln bestehende Einheit, die eine Person gegen ein oder mehrere gleichzeitig auftretende Risiken schützen soll;
b) eine Schutzvorrichtung oder ein Schutzmittel, das mit einer nichtschützenden persönlichen Ausrüstung, die von einer Person zur Ausübung einer Tätigkeit getragen oder gehalten wird, trennbar oder untrennbar verbunden ist;
c) austauschbare Bestandteile einer PSA, die für ihr einwandfreies Funktionieren unerlässlich sind und ausschließlich für diese PSA verwendet werden.»

Aus Artikel 1 Abs. 4 der RL 89/686/EG ergibt sich, dass alle die PSA nicht unter den Anwendungsbereich dieser RL fallen, die unter eine andere RL fallen (z. B. RL 93/42/EWG), die dieselben Ziele des Inverkehrbringens, des freien Verkehrs und der Sicherheit wie die RL 89/868/EWG verfolgen. Diesem Sachverhalt trägt § 2 Abs. 4a MPG Rechnung.

Nach § 2 Abs. 4a MPG fallen persönliche Schutzausrüstungen in den Anwendungsbereich des Medizinproduktegesetzes, wenn der Hersteller das Produkt mit einer Zweckbestimmung sowohl als Medizinprodukt als auch als PSA in den Verkehr bringt (Medizinprodukt mit doppeltem Verwendungszweck). Hierunter fallen z. B.:

- Op-Handschuhe und Untersuchungs-Handschuhe als Medizinprodukt, die auch im klinisch-chemischen Labor als Schutzhandschuhe Verwendung finden,
- Laserschutzbrillen als Zubehör für einen medizinischen Laser, die auch bei konventionellen Lasern zur Anwendung kommen.

In § 7 Abs. 3MPG ist festgelegt, dass in diesem Fall nicht nur die Grundlegenden Anforderungen nach Anhang I MDD zu beachten sind, sondern zusätzlich auch die einschlägigen grundlegenden Gesundheits- und Sicherheitsanforderungen der RL 89/686/EWG zu erfüllen sind.

Pharmakologische Wirkungsweise

{EN: *Action by pharmacological means*}
{FR: *Action par moyens pharmacologiques*}

⇨ AGMP-Arbeitshilfe [67]:
«Eine pharmakologische Wirkungsweise im Sinne des Medizinproduktegesetzes wird verstanden als eine Wechselbeziehung zwischen den Molekülen des betreffenden Stoffs und einem gewöhnlich als Rezeptor bezeichneten Zellbestandteil, die entweder zu einer direkten Wirkung führt oder die Reaktion auf einen anderen Liganden (Agenz) blockiert (Agonist oder Antagonist). Das Vorhandensein einer Dosis-Wirkung-Korrelation ist ein Indikator für eine pharmakologische Wirkungsweise, jedoch ist dies kein unbedingt verlässliches Kriterium.»

Physikalisch-Technische Bundesanstalt (PTB)

{EN: *National metrology institute, PTB*}
{FR: *Institut national de métrologie allemand, PTB*}

Die Physikalisch-Technische Bundesanstalt (PTB) ist das nationale Metrologie-Institut. Sie ist eine wissenschaftlich-technische BOB und Ressortforschungseinrichtung mit Sitz in Braunschweig und Berlin.

Die Aufgaben der PTB im Hinblick auf Medizinprodukte sind in § 32 MPG festgelegt. Die PTB ist zuständig

«[...] für die Sicherung der Einheitlichkeit des Messwesens in der Heilkunde und hat

1. Medizinprodukte mit Messfunktion gutachterlich zu bewerten und, soweit sie nach § 15 dafür benannt ist, Baumusterprüfungen durchzuführen,
2. Referenzmessverfahren, Normalmessgeräte und Prüfhilfsmittel zu entwickeln und auf Antrag zu prüfen und
3. die zuständigen Behörden und Benannten Stellen wissenschaftlich zu beraten.»

Point-of-care Testing (POCT)

{EN: *Point-of-care testing, POCT*}
{FR: *Analyses de biologie délocalisées, ADBD*}

Unter POCT ist eine Untersuchung mit Hilfe eines medizinischen Messgeräts (z. B. Glukose-Messgerät) am Ort des Patienten oder in dessen Nähe zu verstehen. Das Ergebnis steht sofort zur Diagnose und /oder zur Therapie des Patienten zur Verfügung (patientennahe Sofortdiagnostik).

Die patientennahe Sofortdiagnostik ist sehr weit verbreitet. Sie umfasst beispielsweise die Sofortdiagnose folgender Werte:

- Glukose,
- Hämoglobin A1c,
- Blutgasanalyse (mit/ohne Elektrolyte, Metabolite, ...),
- Blutgerinnungswerte,
- Diagnostik des Herzinfarkts (z. B. Troponin T Test),
- neonatales Bilirubin,
- Allergie-Diagnostik,
- Drogenscreening,
- Teststreifen z. B. für Harnuntersuchungen.

Die RiliBÄK von 2014 [83] fordert die komplette Integration der patientennahen Sofortdiagnostik in ein Qualitätsmanagementsystem. Die Mitarbeiter von medizinischen Laboratorien werden dadurch in die Situation gebracht, sich mit den Abläufen und Organisationsstrukturen z. B. einer Pflegestation, Intensivtherapiestation, Intensivüberwachungsstation, Intermediate Care Station, Aufwachraum, Ambulanz, Notaufnahme, Kreissaal, Neugeborenenstation, minimal invasive Radiologie, OP-Bereichen auseinander setzen zu müssen.

Außerhalb eines Krankenhauses ist beispielsweise an folgende Bereiche zu denken: Notarzteinsatz, Apotheke, Praxis eines niedergelassenen Arztes, ambulante Pflege, Pflegeheim.

Präanalytik

{EN: *Pre-analytics*}
{FR: *Pré-analytique*}

⇨ Teil A Nr. 3 RiliBÄK [83]:
«Unter Präanalytik werden alle Arbeitsschritte verstanden, die bis zur eigentlichen Messung durchlaufen werden:
- Gewinnung des Untersuchungsmaterials,
- Transport und Verwahrung des Untersuchungs- oder Probenmaterials,
- Beurteilung des Untersuchungs- oder Probenmaterials,
- Probenvorbereitung (z. B. Abtrennung korpuskulärer Bestandteile durch Zentrifugation).»

Präzision

{EN: *Precision*}
{FR: *Précision*}

⇨ Teil A Nr. 3 RiliBÄK [83]:
«Im Zusammenhang dieser Richtlinie handelt es sich um die Vergleichspräzision. Es ist dann die Bezeichnung für das Ausmaß der gegenseitigen Annäherung von Messergebnissen aufeinanderfolgender Messungen derselben Messgröße, gewonnen unter veränderten Messbedingungen (z. B. untersuchende Person, Zeit, Reagenzalterung). Das Ausmaß der Präzision wird üblicherweise durch die statistischen Maße der Unpräzision von Messungen «Standardabweichung» und «relative Standardabweichung

(Variationskoeffizient)» quantifiziert, die in umgekehrter Beziehung zur Präzision stehen.»

Präzision eines Messverfahrens

{EN: *Precision of measurement method*}
{FR: *Précision de procédure de mesure*}
{⇨ Reproduzierbarkeit, Wiederholbarkeit}

Die Präzision eines Messverfahrens («Reproduzierbarkeit» und «Wiederholbarkeit») gehört zu den in Anhang I, Teil A, Nr. 3 IVDD geforderten Leistungsparameter von In-vitro-Diagnostika. Sie beschreibt das Ausmaß der Annäherung wiederholter Messungen derselben Messgröße in demselben Probenmaterial unter veränderten Messbedingungen – z. B. Labor, Person, Serie, Zeit.

Maße für die Präzision eines Messverfahrens sind:

- «Reproduzierbarkeit» – wiederholte Messungen unter verschiedenen Bedingungen, z. B. in verschiedenen Serien oder in unterschiedlichen Laboratorien,
- «Wiederholbarkeit» – aufeinander folgende Messungen innerhalb eines Labors unter ansonsten gleichen Bedingungen, d. h. in einer Serie

Das Ausmaß der Präzision wird in der Regel durch die statistischen Maße der Unpräzision – Standardabweichung und relative Standardabweichung (Variationskoeffizient) – angegeben, die in umgekehrter Beziehung zur Präzision stehen.

Proben der frühen HIV-Serokonversion

{EN: *Early sero-conversion HIV samples*}
{FR: *Échantillons de séroconversion précoce au VIH*}

⇨ Gemeinsame technische Spezifikationen für In-vitro-Diagnostika, Anhang Nr. 2 [118]:
«Proben der frühen HIV-Serokonversion sind wie folgt definiert:
– p24-Antigen- und/oder HIV-RNA-positiv,
– nicht von allen Antikörper-Screeningtests erkannt,
– Bestätigungstests mit negativem oder nicht eindeutigem Befund.»

Proben der HIV-Serokonversion

{EN: *Sero-conversion HIV samples*}
{FR: *Échantillons de séroconversion au VIH*}

⇨ Gemeinsame technische Spezifikationen für In-vitro-Diagnostika, Anhang Nr. 2 [118]:
«Proben der HIV-Serokonversion sind wie folgt definiert:
– p24-Antigen- und/oder HIV-RNA-positiv,
– von allen Antikörper-Screeningtests erkannt,
– Bestätigungstests mit positivem oder nicht eindeutigem Befund.»

Probenmaterial

{EN: *Sample material*}
{FR: *Matériau échantillon*}

⇨ Teil A Nr. 3 RiliBÄK [83]:
«Das bei der laboratoriumsmedizinischen Untersuchung mit oder ohne vorhergehende Probenvorbereitung verwendete Untersuchungsmaterial.»

Probenvorbereitung

{EN: Preparation of *sample material*}
{FR: *Préparation des matériaux d'échantillons*}

⇨ Teil A Nr. 3 RiliBÄK [83]:
«Probenvorbereitung ist jegliche durch denjenigen, der das Untersuchungsmaterial entnimmt, oder den Untersucher herbeigeführte Veränderung des Untersuchungsmaterials, die vor Einbringen in das Messgerät oder den Analysengang erfolgt. Eine Pipettierung/Volumendosierung ist keine Probenvorbereitung im Sinne dieser Richtlinie. Ebenso ist es keine Probenvorbereitung, wenn das Entnahmesystem vom Hersteller eingebrachte Zusätze enthält.»

Produkt-Anwendungsbereich

{EN: *Scope of product – area of action*}
{FR: *Champ de produit – domaine d'action*}
{⇨ Handlungs-Anwendungsbereich, Medizinprodukt mit doppeltem Verwendungszweck – «dual use» Medizinprodukt}

Der Produkt-Anwendungsbereich des MPG umfasst alle Medizinprodukt sowie deren Zubehör. In Verbindung mit der Begriffsbestimmung in § 3 Nr. 1 MPG kann der Produkt-Anwendungsbereich dahin gehend konkretisiert werden, dass es sich um Medizinprodukte handelt, die vom Hersteller zur Anwendung für Menschen bestimmt sind.

Im Einzelnen sind regulatorische Anforderungen enthalten für:

- aktive implantierbare medizinische Geräte der AIMDD,
- In-vitro-Diagnostika der IVDD,
- «sonstige» Medizinprodukte der MDD,
- Sonderanfertigungen,
- Zwischenprodukte für Sonderanfertigungen,
- Systeme/Behandlungseinheiten,
- Software,
- Kombinationsprodukte aus Medizinprodukt und Arzneimittel,
- Medizinprodukte zur klinischen Prüfung,
- In-vitro-Diagnostika zur Leistungsbewertungsprüfung,
- Medizinprodukte/In-vitro-Diagnostika aus Eigenherstellung,
- Nicht-Medizinprodukte, die mit einer Zweckbestimmung im Sinne von Medizinprodukten zur Anwendung kommen und der Anlage 1 und 2 MPBetreibV zuzuordnen sind,

- persönliche Schutzausrüstungen, wenn der Hersteller in der Zweckbestimmung festlegt, dass das Produkt sowohl als persönliche Schutzausrüstung als auch als Medizinprodukt bestimmt ist («dual use» Medizinprodukt).

Produktinformation

{EN: *Labelling*}
{FR: *Étiquetage*}
{⇨ Zweckbestimmung}

⇨ § 11 Abs. 2 MPG:
«Medizinprodukte dürfen nur an den Anwender abgegeben werden, wenn die für ihn bestimmten Informationen in deutscher Sprache abgefasst sind. In begründeten Fällen kann eine andere für den Anwender des Medizinproduktes leicht verständliche Sprache vorgesehen oder die Unterrichtung des Anwenders durch andere Maßnahmen gewährleistet werden. Dabei müssen jedoch die sicherheitsbezogenen Informationen in deutscher Sprache oder in der Sprache des Anwenders vorliegen.»

Die Produktinformation besteht aus
- der Kennzeichnung,
- der Gebrauchsanweisung und
- den in der Werbung gemachten Aussagen zu einem Medizinprodukt.

Aus der Produktinformation ergibt sich insbesondere auch die Zweckbestimmung des Medizinprodukts.

In den Grundlegenden Anforderungen im Anhang I Nr. 13 MDD ist die «Bereitstellung von Informationen durch den Hersteller» geregelt. Allgemein gilt, dass Informationen jedem Medizinprodukt beizugeben sind, die die sichere Anwendung des Medizinprodukts und die Ermittlung des Herstellers möglich machen. Diese Informationen umfassen die Angaben in der Kennzeichnung und in der Gebrauchsanweisung.

Das MPG fordert darüber hinaus, dass Medizinprodukte nur an den Anwender oder Verwender weitergeben werden dürfen, wenn die für sie bestimmten Informationen in deutscher Sprache abgefasst sind.

In begründeten Fällen kann auch eine andere, für den Verwender bzw. Anwender verständliche Sprache vorgesehen werden, wobei die sicherheitsbezogenen Informationen immer in deutscher Sprache oder in der Sprache des Verwenders bzw. Anwenders vorliegen müssen.

Hinzuweisen ist darauf, dass die Festlegungen des HWG zu beachten sind, da auch Medizinprodukte unter den Anwendungsbereich dieses Gesetzes fallen.

Produzentenhaftung

{EN: *Manufacturer's liability*}
{FR: *Responsabilité du fabricant*}
{⇨ Verantwortlicher für das erstmalige Inverkehrbringen}

Maßstab für die Produzentenhaftung nach § 823 BGB bzw. dem Produkthaftungsgesetz [123] sind die Grundlegenden Anforderungen des MPG.

Mit anderen Worten: Bietet ein Medizinprodukt beim Inverkehrbringen nicht die Sicherheit/Leistung, die aufgrund der Erfüllung der Grundlegenden Anforderungen von dem Produkt zu erwarten ist, so ist es fehlerhaft. Kommt es mit diesem Produkt zu einem Personenschaden, so wird der Verantwortliche für das erstmalige Inverkehrbringen für diesen Fehler verantwortlich gemacht werden.

In diesem Zusammenhang ist auch das sogenannte «Honda-Urteil» des Bundesgerichtshofes von Interesse. Mit diesem Urteil hat der Bundesgerichtshof den Hersteller verpflichtet, nicht nur seine eigenen Produkte, sondern auch Fremdprodukte auf dem Markt zu beobachten, um Gefahren, die aus der Kombination entstehen können, rechtzeitig aufzudecken und entsprechend entgegenzuwirken [16 bis 18].

Professionelle Nutzer

{EN: *Professional users*}
{FR: *Utilisateurs professionnels*}

⇨ Artikel 1 lit. c) Verordnung (EU) Nr. 207/2012 [12]:
«Professionelle Nutzer: Personen, die die Medizinprodukte in Ausübung ihrer beruflichen Tätigkeit und im Rahmen einer professionellen Gesundheitsdienstleistung nutzen.»

Prüfer einer klinischen Prüfung

{EN: *Investigator of a clinical investigation*}
{FR: *Investigateur d'une investigation clinique*}
{⇨ Klinische Prüfung von Medizinprodukten}

⇨ § 3 Nr. 24 MPG
«Prüfer ist in der Regel ein für die Durchführung der klinischen Prüfung bei Menschen in einer Prüfstelle verantwortlicher Arzt oder in begründeten Ausnahmefällen eine andere Person, deren Beruf auf Grund seiner wissenschaftlichen Anforderungen und der seine Ausübung voraussetzenden Erfahrungen in der Patientenbetreuung für die Durchführung von Forschungen am Menschen qualifiziert. Wird eine Prüfung in einer Prüfstelle von mehreren Prüfern vorgenommen, so ist der verantwortliche Leiter der Gruppe der Hauptprüfer. Wird eine Prüfung in mehreren Prüfstellen durchgeführt, wird vom Sponsor ein Prüfer als Leiter der klinischen Prüfung benannt. Die Sätze 1 bis 3 gelten für genehmigungspflichtige Leistungsbewertungsprüfungen von In-vitro-Diagnostika entsprechend.»

Der Prüfer einer klinischen Prüfung wird gemäß [63] vom Prüfungsleiter eines Prüforts benannt und überwacht. Seine Aufgabe ist es, *«wesentliche prüfungsbezogene klinische Maßnahmen durchzuführen oder wichtige prüfungsrelevante klinische Entscheidungen zu treffen.»*

Prüfer für Sicherheitstechnische Kontrollen (STK)

{EN: *Test operator of technical safety controls, STK*}
{FR: *Opérateur d'essai des contrôles de securité technique, STK*}
{⇨ Sicherheitstechnische Kontrolle}

⇨ Leitfaden für Sicherheitstechnische Kontrollen – LSTK [24]:
«Gem. § 6 Abs. 5 der Medizinprodukte-Betreiberverordnung darf der Betreiber nur Personen mit der Durchführung Sicherheitstechnischer Kontrollen beauftragen, die die Voraussetzungen gemäß § 6 Abs. 4 MPBetreibV erfüllen.

Diese Voraussetzungen erfüllt, wer

1. aufgrund seiner
   (a) Ausbildung,
   (b) Kenntnisse und
   (c) durch praktische Tätigkeit gewonnenen Erfahrungen
   die Gewähr für eine ordnungsgemäße Durchführung der sicherheitstechnische Kontrollen bietet.
2. hinsichtlich der Kontrolltätigkeit keiner Weisung unterliegt und
3. über geeignete Mess- und Prüfeinrichtungen verfügt.

Die Anforderungen nach Ziffer 1 Buchstabe (a) gelten als erfüllt, wenn der Prüfer einen Studiengang auf dem Gebiet des Ingenieurwesens, der Physik oder eines entsprechenden technischen Fachgebiets erfolgreich abgeschlossen hat oder eine andere Ausbildung nachweist, die in gleicher Weise zur Durchführung von sicherheitstechnischen Kontrollen befähigt.

Die Erfüllung der Anforderungen nach Ziffer 1 Buchstabe (b) liegt in der Regel vor, wenn der Prüfer für das jeweils zu prüfende Medizinprodukt spezifische Kenntnisse (betriebliche Ausbildung, Fachlehrgänge) nachweisen kann. Er muss das Medizinproduktegesetz, den Verordnungen sowie die einschlägigen allgemein anerkannten Regeln der Technik so weit kennen und anwenden können, wie es seine Kontrolltätigkeit erfordert.

Er muss den Nachweis führen können, dass er die genannten Gesetze, Verordnungen und Regeln der Technik besitzt bzw. jederzeit Zugriff auf diese hat.

Die Anforderungen nach Ziffer 1 Buchstabe (c) sind erfüllt, wenn der Prüfer eine in der Regel zweijährige Erfahrung im Unternehmen des Dienstleisters bzw. in der Instandhaltung oder mit der Prüfung aktiver nichtimplantierbarer Medizinprodukte nach Anlage 1 MPBetreibV hat.

Der Prüfer muss die spezifizierte Messgenauigkeit seiner Messmittel gemäß VDE 0751 Anhang C1 im Rahmen der Qualitätssicherung nachweisen.

Die Voraussetzungen der Punkte 1 bis 3 sind durch die Person, die die Sicherheitstechnische Kontrolle durchführt, auf Verlangen der zuständigen Behörde nachzuweisen.»

Prüfung gemäß Unfallverhütungsvorschrift

{EN: *Test subject to accident prevention regulation*}
{FR: *Essai conforme au règlement de prévention des accidents du travail*}
{⇨ Sicherheitstechnische Kontrolle}

Auf die Durchführung von Prüfungen, die in UVV gefordert werden, ist hinzuweisen, da Medizinprodukte u. a. nur unter Beachtung der Arbeitsschutz- und Unfallverhütungsvorschriften errichtet, betrieben und angewendet werden dürfen.

Die in den UVV geforderten Prüfungen beinhalten Maßnahmen zur Feststellung und Beurteilung des sicherheitstechnischen Istzustands. Sie können damit als eine Untermenge der Maßnahmen einer Inspektion angesehen werden.

Prüfungen nach DGUV Vorschrift 3 (bisher BGV A 3) [25] beziehen sich beispielsweise auf «elektrische Anlagen und Betriebsmittel» – und damit auch auf elektrisch betriebene medizinisch-technische Geräte. Sie beschränken sich auf Aspekte der elektrischen Sicherheit – speziell für Anwender.

PSA

{EN: *Personal protective equipment, PPE*}
{FR: *Équipements de protection individuelle, EPI*}
{⇨ Persönliche Schutzausrüstung}

Q

Quadratischer Mittelwert der Messabweichung

{EN: *Root mean square error of measurement*}
{FR: *Valeur moyenne quadratique d'erreur de mesure*}
{⇨ Messabweisung, Messgröße, Messverfahren, Systematische Messabweichung, Zufällige Messabweichung}

⇨ Teil A Nr. 3 RiliBÄK [83]:
«Der quadratische Mittelwert der Messabweichung ist ein Maß für die Streuung der Messwerte um den (konventionellen) wahren Wert der Messgröße (hier: Zielwert der Kontrollprobe). Er berechnet sich aus

$$\Delta = \sqrt{\frac{1}{n}\sum_{i=1}^{n}(x_i - x_0)^2}$$

wobei

- Δ quadratischer Mittelwert der Messabweichung
- x_0 wahrer Wert der Messgröße, hier: Zielwert der Kontrollprobe
- x_i Wert der Einzelmessung
- n Anzahl der zur Berechnung herangezogenen Einzelergebnisse

Zwischen dem quadratischen Mittelwert der Messabweichung, der systematischen Messabweichung und der empirischen Standardabweichung einer Stichprobe besteht rechnerisch folgender Zusammenhang

$$\Delta = \sqrt{\frac{n-1}{n} s^2 + \delta^2}$$

wobei

s empirische Standardabweichung der Stichprobe

δ systematische Messabweichung

Der relative quadratische Mittelwert der Messabweichung ergibt sich durch Division von Δ durch den Zielwert x_0.»

Qualifikation Medizinprodukteberater

{EN: *Qualification of the medical devices consultant*}

{FR: *Qualification du consultant spécialisé en dispositifs médicaux*}

{⇨ Beauftragung Medizinprodukteberater, Medizinprodukteberater}

⇨ § 31 Abs. 2 MPG:

«Die Sachkenntnis besitzt, wer

1. eine Ausbildung in einem naturwissenschaftlichen, medizinischen oder technischen Beruf erfolgreich abgeschlossen hat und auf die jeweiligen Medizinprodukte bezogen geschult worden ist oder
2. durch eine mindestens einjährige Tätigkeit, die in begründeten Fällen auch kürzer sein kann, Erfahrungen in der Information über die jeweiligen Medizinprodukte und, soweit erforderlich, in der Einweisung in deren Handhabung erworben hat.»

Der Auftraggeber des Medizinprodukteberaters muss zum Zeitpunkt der Beauftragung sicherstellen, dass die von ihm zu beauftragende Person die Qualifikation als Medizinprodukteberater besitzt.

Darüber hinaus ist derjenige, der den Auftrag als Medizinprodukteberater übernimmt, in der Verantwortung, seine Qualifikation gegenüber der zuständigen Behörde nachweisen zu können (vgl. § 31 Abs. 3 MPG). Die Ausübung der Tätigkeit als Medizinprodukteberater ohne entsprechende Qualifikation stellt eine Ordnungswidrigkeit nach § 42 Abs. 2 Nr. 14 MPG dar.

Das MPG stellt folgende Anforderungen an die Qualifikation des Medizinprodukteberaters:

- Eine Ausbildung im
  - naturwissenschaftlichen (z. B. Physik-Laborant, Chemie-Laborant, Diplom-Physiker),
  - medizinischen (z. B. Arzthelferin, Pflegekraft, medizinisch-technische Assistentin, Arzt),

- technischen (z. B. Fernsehtechniker, Medizintechniker, Diplom-Ingenieur) Beruf.

- Alternativ ist auch eine mindestens einjährige Berufserfahrung in der Information der jeweiligen Medizinprodukte und – soweit erforderlich – in der Einweisung in die Handhabung der jeweiligen Medizinprodukte möglich. Diese Erfahrung kann entweder im Vorfeld des MPG erworben worden sein (z. B. Einweisung nach § 15 Nr. 5 MPBetreibV) oder ist unter der Aufsicht eines qualifizierten Medizinprodukteberaters zu erwerben. Durch diese Alternative besteht auch für kaufmännische Berufe die Möglichkeit zur Qualifizierung als Medizinprodukteberater. In begründeten Fällen kann die Dauer der geforderten einjährigen beruflichen Tätigkeit auch kürzer sein.

In allen Fällen kommt zu der beruflichen Qualifikation eine auf die Tätigkeit des Medizinprodukteberaters ausgerichtete Schulung durch den Hersteller oder eine durch den Hersteller «Befugte Person» hinzu.

Die Entscheidung über eine ausreichende Qualifikation eines Mitarbeiters trifft ausschließlich der Auftraggeber des Medizinprodukteberaters. Eine förmliche Qualifizierung, wie dies beispielsweise bei den Pharmareferenten der Fall ist, wird vom MPG nicht gefordert. Der Nachweis über die Qualifikation kann jedoch von der zuständigen Behörde verlangt werden. Die zuständige Behörde besitzt darüber hinaus das Recht, die Rücknahme der Beauftragung eines Medizinprodukteberaters bei unzureichender Qualifikation anzuordnen [5].

Qualifikation Sicherheitsbeauftragter für Medizinprodukte

{EN: *Qualification of the safety officer for medical devices*}
{FR: *Qualification du responsable affecté à la sécurité des dispositifs médicaux*}
{⇨ Beauftragung Sicherheitsbeauftragter für Medizinprodukte, Sicherheitsbeauftragter für Medizinprodukte, Verantwortlicher für das erstmalige Inverkehrbringen}

⇨ § 30 Abs. 3 MPG:
«Der Nachweis der erforderlichen Sachkenntnis als Sicherheitsbeauftragter für Medizinprodukte wird erbracht durch

1. das Zeugnis über eine abgeschlossene naturwissenschaftliche, medizinische oder technische Hochschulausbildung oder
2. eine andere Ausbildung, die zur Durchführung der unter Absatz 4 genannten Aufgaben befähigt,

und eine mindestens zweijährige Berufserfahrung. Die Sachkenntnis ist auf Verlangen der zuständigen Behörde nachzuweisen.«

Das MPG verpflichtet den Verantwortlichen für das erstmalige Inverkehrbringen eine Person mit der erforderlichen Sachkenntnis als Sicherheitsbeauftragten für Medizinprodukte zu beauftragen.

Der Nachweis der erforderlichen Sachkenntnis gilt als erbracht durch

- das Zeugnis einer abgeschlossenen naturwissenschaftlichen, medizinischen oder technischen Ausbildung an einer Universität, Technischen Hochschule oder Fachhochschule oder
- alternativ zu einer Hochschulausbildung eine andere Ausbildung, die zur Durchführung der Aufgaben eines Sicherheitsbeauftragten für Medizinprodukte befähigen (z. B. langjährige Tätigkeit in einem Unternehmen) und

eine mindestens zweijährige Berufserfahrung im Bereich Herstellung, Anwendung, Prüfung, etc. von Medizinprodukten, wobei dieser Bezug auf Medizinprodukte nicht ausdrücklich im MPG gefordert ist.

Die Verantwortung über den Nachweis der erforderlichen Sachkenntnis und persönlichen Zuverlässigkeit liegt bei dem beauftragenden Unternehmen. Die zuständige Behörde kann den Nachweis über die Qualifikation verlangen und besitzt darüber hinaus das Recht, bei unzureichender Qualifikation oder Zuverlässigkeit die Benennung eines anderen Sicherheitsbeauftragten für Medizinprodukte anzuordnen [5].

Quantitative Untersuchung

{EN: *Quantitative determination*}
{FR: *Détermination quantitative*}

⇨ Teil A Nr. 3 RiliBÄK [83]:
«Mit einer quantitativen laboratoriumsmedizinischen Untersuchung wird ein quantitatives Merkmal bestimmt.

Ein Merkmal ist dann quantitativ, wenn dessen Werte einer Skala zugeordnet sind, auf der Abstände definiert sind (Metrische oder Kardinalskala).

Entscheidend für die Zuordnung einer laboratoriumsmedizinischen Untersuchung zum Teil B1 oder B2 ist, wie das Ergebnis im Bericht angegeben wird (Skalenniveau).»

Qualitätsmanagementsystem

{EN: *Quality management system*}
{FR: *Système de gestion de la qualité*}

Basierend auf den Definitionen der DIN EN ISO 9000:2005 [81] ist unter einem Qualitätsmanagementsystem (QM-System) ein strukturiertes Managementsystem zum Leiten und Lenken einer Organisation bezüglich der Qualität zu verstehen. Es handelt sich hierbei um ein prozessorientiertes System, das neben dem Festlegen von Qualitätspolitik und messbaren Qualitätszielen auch Methoden und Verfahren zum Erreichen dieser Ziele festlegt – einschließlich der Maßnahmen zur Prüfung der erreichten Qualität. Von entscheidender Bedeutung ist das Festlegen von Korrekturmaßnahmen für den Fall, dass Abweichungen zwischen der spezifizierten Soll-Qualität und der Ist-Qualität auftreten.

Zum Erreichen der Qualitätsziele ist das von dem Qualitäts-Pionier *Deming* formulierte Prinzip empfehlenswert: Plan, Do, Check, Act (Planen, Handeln, Prüfen, bei Abweichungen Agieren in Form von präventiven oder korrektiven Maßnahmen).

Qualitätsmanagementsystem für Medizinprodukte

{EN: *Quality management system for medical devices*}
{FR: *Système de gestion de la qualité pour dispositifs médicaux*}

Anforderungen an ein Qualitätsmanagementsystem, das von einem Hersteller für die Entwicklung, Produktion und Installation und Kundendienst von Medizinprodukten (einschließlich In-vitro-Diagnostika) angewendet werden kann, wird durch die prozessorientierte Harmonisierte Norm DIN EN ISO 13485 [82] beschrieben.

DIN EN ISO 13485 ist eine eigenständige Norm. Sie folgt in ihrer Systematik der Norm DIN EN ISO 9001. Die Forderungen der Norm DIN EN ISO 9001 zum Nachweis der Erhöhung der Kundenzufriedenheit und der ständigen Verbesserung des Qualitätssystems lassen sich im geregelten Bereich nicht mit objektiven Kriterien überprüfen. In DIN EN ISO 13485 wird der Begriff «Kundenzufriedenheit» durch den Begriff «Erfüllung der Kundenanforderungen» und der Begriff «Ständige Verbesserung» durch den Begriff «Aufrechterhaltung der Wirksamkeit» ersetzt.

Mit DIN EN ISO 13485 werden mit Ausnahme von nationalen regulatorischen Forderungen die Anforderungen der RL für Medizinprodukte an Qualitätssicherungssysteme erfüllt. Bei den nationalen Forderungen handelt es sich beispielsweise um den Sicherheitsbeauftragten für Medizinprodukte (§ 30 MPG) und den Medizinprodukteberater (§ 31 MPG), deren Funktionen in das Qualitätssystem einzubinden sind.

Qualitätspolitik

{EN: *Quality policy*}
{FR: *Politique de qualité*}

⇨ DIN EN ISO 9000 [81]:
«Übergeordnete Absichten und Ausrichtung einer Organisation zur Qualität, formell ausgedrückt durch die oberste Leitung.»

⇨ Teil A Nr. 3 RiliBÄK [83]:
«Umfassende Absichten und Zielsetzungen eines medizinischen Laboratoriums zur Qualität, wie sie durch die Leitung formell ausgedrückt werden.»

Der Begriff «Qualitätspolitik» ist sowohl in DIN EN ISO 9000 [81] als auch in der RiliBÄK [83] inhaltlich vergleichbar definiert.

Qualitative Untersuchung

{EN: *Qualitative determination*}
{FR: *Détermination qualitative*}

⇨ Teil A Nr. 3 RiliBÄK [83]:
«Mit einer quantitativen laboratoriumsmedizinischen Untersuchung wird ein quantitatives Merkmal bestimmt.

Ein Merkmal ist dann quantitativ, wenn dessen Werte einer Skala zugeordnet sind, auf der Abstände definiert sind (topologische Skala).

Nominalmerkmale sind qualitative Merkmale, für deren Werte keine Ordnungsbeziehung besteht (Nominalskala): z. B. nachweisbar, nicht nachweisbar. Ordinalmerkmale sind qualitative Merkmale, für deren Werte eine Ordnungsbeziehung besteht (Ordinalskala): z. B. Titerstufe, + bis +++, Angabe eines Wertebereichs, pH-Wert auf Teststreifen.

Entscheidend für die Zuordnung einer laboratoriumsmedizinischen Untersuchung zum Teil B1 oder B2 ist, wie das Ergebnis im Bericht angegeben wird (Skalenniveau).»

R

Rat der Europäischen Union

{EN: *Council of the European Union*}
{FR: *Conseil de l'Union européenne*}

Der Rat der Europäischen Union, auch Ministerrat oder nur Rat, ist neben dem Europäischen Parlament das zentrale Gesetzgebungsorgan auf Gemeinschaftsebene. Er ist zu unterscheiden vom Europäischen Rat und vom Europarat [98].

Referenzmessverfahren

{EN: *Reference measurement method*}
{FR: *Méthode de mesure de référence;* Procédure de mesure de référence}

⇨ Teil A Nr. 3 RiliBÄK [83]:
«Sorgfältig untersuchtes Messverfahren, dessen Ergebnisse eine Messunsicherheit besitzen, die ihrer vorgesehenen Verwendung entspricht, z. B. der Bewertung der Richtigkeit anderer Messverfahren für dieselbe Messgröße oder der Charakterisierung von Referenzmaterialien.»

Referenzmethodenwert

{EN: *Reference method value*}
{FR: *Valeur du mode opératoire de référence*}

⇨ Teil A Nr. 3 RiliBÄK [83]:
«Mit einem Referenzmessverfahren ermittelter Wert.»

Registrierte Ethik-Kommission

{EN: *Registered ethics committee*}
{FR: *Comité d'éthique régistré*}
{⇨ Ethik-Kommission, Ethik-Kommission nach Landesrecht}

Überholter regulatorischer Begriff. Mit der Gesetz zur Änderung medizinprodukterechtlicher Vorschriften vom 29. Juli 2009 (BGBl. I S. 2326) sind nunmehr die nach

Landesrecht gebildeten Ethik-Kommission für die zustimmende Bewertung einer klinischen Prüfung zuständig.

Regulatorische Inspektion

{EN: *Regulatory Inspection*}
{FR: *Inspection réglementaire*}
{⇨ Audit}

Eine Inspektion im regulatorischen Sinn entspricht eine von einer Behörde durchgeführten Überprüfung z. B. eines Herstellers, eines Fachhändlers, einer Gesundheitseinrichtung, eines Medizinprodukts. Die Überprüfung kann auch in Form eines Audits durchgeführt werden..

Remote-Service

{EN: *Remote-services*}
{FR: *Service distant*}
{⇨ Ferngesteuerte Instandhaltung}

Reproduzierbarkeit

{EN: *Reproducibility*}
{FR: *Reproductibilité*}
{⇨ Präzision eines Messverfahrens, Wiederholbarkeit}

Reproduzierbarkeit – wiederholte Messungen unter verschiedenen Bedingungen, z. B. in verschiedenen Serien oder in unterschiedlichen Laboratorien – und Wiederholbarkeit – aufeinander folgende Messungen innerhalb eines Labors unter ansonsten gleichen Bedingungen, d. h. in einer Serie – sind Maße für die Präzision eines Messverfahrens, also das Ausmaß der gegenseitigen Annäherung wiederholter Messungen derselben Messgröße in demselben Probenmaterial unter veränderten Messbedingungen – z. B. Labor, Person, Serie, Zeit.

Richtigkeit

{EN: *Accuracy*}
{FR: *Justesse*}
{⇨ Systematische Messabweichung}

⇨ Teil A Nr. 3 RiliBÄK [83]:
«Ausmaß der Übereinstimmung zwischen dem in einem Kontrollzyklus aus den Messergebnissen erhaltenen Mittelwert und dem Zielwert. Sie wird üblicherweise numerisch durch die systematische Messabweichung quantifiziert, die in umgekehrter Beziehung zur Richtigkeit steht.»

Richtlinie der Bundesärztekammer zur Qualitätssicherung laboratoriums-medizinischer Untersuchungen (RiliBÄK)

{EN: *Guideline for the Quality Assurance of Medical Laboratory Examinations of the German Medical Association, RiliBÄK*}

{FR: *Directive de l'ordre fédéral des médecins allemands pour l'assurance de la qualité des examens médicaux de laboratoire, RiliBÄK*}

⇨ § 4a Abs. 1 MPBetreibV:
«Wer laboratoriumsmedizinische Untersuchungen durchführt, hat ein Qualitätssicherungssystem nach dem allgemein anerkannten Stand der medizinischen Wissenschaft und Technik zur Aufrechterhaltung der erforderlichen Qualität, Sicherheit und Leistung bei der Anwendung von In-vitro-Diagnostika sowie zur Sicherstellung der Zuverlässigkeit der damit erzielten Ergebnisse einzurichten. Eine ordnungsgemäße Qualitätssicherung in medizinischen Laboratorien wird vermutet, wenn die Teile A und B1 der Richtlinie der Bundesärztekammer zur Qualitätssicherung laboratoriumsmedizinischer Untersuchungen vom 23. November 2007 (Deutsches Ärzteblatt 105, S. A 341 bis 355)[65] beachtet werden.»

Die Richtlinie der Bundesärztekammer dient der Qualitätssicherung quantitativer laboratoriumsmedizinischer Untersuchungen in der Heilkunde. Sie basiert auf internen und externen Qualitätssicherungsmaßnahmen und ist ein wesentlicher Modul eines umfassenden Qualitätsmanagementsystems in medizinischen Laboratorien.

Die Richtlinie wurde von der Bundesärztekammer komplett überarbeitet und am 20. April 2014 als Neufassung veröffentlicht [83]. Diese Neufassung ist mit Veröffentlichung im Deutschen Ärzteblatt (19. September 2014) in Kraft getreten.

In der Richtlinie zur Qualitätssicherung quantitativer laboratoriumsmedizinischer Untersuchungen von 2014 werden die fachlichen Grundlagen bzw. die erforderlichen Maßnahmen zur Durchführung von Qualitätskontrollen an Laborgeräten beschrieben. Im Sinne eines allgemeinen Verständnisses von Qualitätsmanagement werden Ansprüche und Forderungen an die damit zusammenhängende Dokumentation sowohl der Prozesse, als auch der Qualitätskontrollen und -bewertung definiert.

65) redaktionelle Anmerkung: Die Neufassung der Richtlinie ist im Deutschen Ärzteblatt 111, Heft 38 vom 19. September 2014, S. C 1295 erschienen.
http://www.bundesaerztekammer.de/downloads/Rili-BAEK-Laboratoriumsmedizin.pdf
(Stand: November 2014)

RiliBÄK

{EN: *Guideline for the Quality Assurance of Medical Laboratory Examinations of the German Medical Association, RiliBÄK*}
{FR: *Directive de l'ordre fédéral des médecins allemands pour l'assurance de la qualité des examens médicaux de laboratoire, RiliBÄK*}
{⇨ Richtlinie der Bundesärztekammer zur Qualitätssicherung laboratoriumsmedizinischer Untersuchungen (RiliBÄK)}

Risiko

{EN: *Risk*}
{FR: *Risque*}

⇨ DIN EN ISO 14971 (04.2013) [72]:
«Kombination der Wahrscheinlichkeit des Auftretens eines Schadens und des Schweregrades dieses Schadens.[66]»

Das Risiko wird beschrieben durch eine Wahrscheinlichkeitsaussage,

- die die bei einem bestimmten technischen Vorgang oder Zustand zu erwartende Häufigkeit des Eintritts eines unerwünschten Ereignisses und
- den bei Ereigniseintritt zu erwartenden Schadensumfang

zusammenfasst [36].

Risikoanalyse

{EN: *Risk analysis*}
{FR: *Analyse de risque*}

⇨ DIN EN ISO 14971 (04.2013) [72]:
«Systematische Verwendung von verfügbaren Informationen zur Identifizierung von Gefährdungen und Einschätzung von Risiken.[67]»

Die Risikoanalyse ist heute unverzichtbarer Bestandteil aller Bemühungen im Hinblick auf die Sicherheit von Produkten unterschiedlichster Art [42, 43].

Hinsichtlich der Medizinprodukte erlangt die Risikoanalyse eine besondere Bedeutung, denn ein Medizinprodukt soll so ausgelegt und hergestellt werden, dass die

> «[...] Anwendung unter den vorgesehenen Bedingungen und zu den vorgesehenen Zwecken weder den klinischen Zustand und die Sicherheit der Patienten noch die Sicherheit und die Gesundheit der Anwender oder gegebenenfalls Dritter gefährdet, wobei etwaige Risiken im Zusammenhang mit der vorgesehenen Anwendung gemessen am Nutzen für den Patienten vertret-

66) ISO/IEC Guide 51:1999, Begriff 3.2
aktuell: ISO/IEC Guide 51:2014, Begriff 3.9 «combination of the probability of occurrence of harm and the severity of that harm»
https://www.iso.org/obp/ui/#iso:std:iso-iec:guide:51:ed-3:v1:en (Stand: November 2014)

67) ISO/IEC Guide 51:1999, Begriff 3.10]
aktuell: ISO/IEC Guide 51:2014, Begriff 3.10 «systematic use of available information to identify hazards and to estimate the risk»
https://www.iso.org/obp/ui/#iso:std:iso-iec:guide:51:ed-3:v1:en (Stand: November 2014)

bar und mit einem hohen Maß an Gesundheitsschutz und Sicherheit vereinbar sein müssen. [...]» (vgl. Anhang I Nr. 1 MDD).

Somit ist die Durchführung der Risikoanalyse notwendiger Bestandteil des Konformitätsbewertungsverfahrens zum Nachweis der Einhaltung der Grundlegenden Anforderungen.

Nach Anhang I Nr. 2 MDD gilt:

«Die vom Hersteller bei der Auslegung und der Konstruktion der Produkte gewählten Lösungen müssen sich nach den Grundsätzen der integrierten Sicherheit richten, und zwar unter Berücksichtigung des allgemein anerkannten Standes der Technik.

Bei der Wahl der angemessensten Lösungen muss der Hersteller folgende Grundsätze anwenden, und zwar in der angegebenen Reihenfolge:

- Beseitigung oder Minimierung der Risiken (Integration des Sicherheitskonzepts in die Entwicklung und den Bau des Produkts);
- gegebenenfalls Ergreifen angemessener Schutzmaßnahmen, einschließlich Alarmvorrichtungen, gegen nicht zu beseitigende Risiken;
- Unterrichtung der Benutzer über die Restrisiken, für die keine angemessenen Schutzmaßnahmen getroffen werden können.»

Risikobewertung

{EN: *Risk evaluation*}
{FR: *Évaluation des risques*}

⇨ DIN EN ISO 14971 (04.2013) [72]:
«Prozess des Vergleichs des eingeschätzten Risikos mit vorgegebenen Risikokriterien, um die Akzeptanz des Risikos zu bestimmen.»

Der Begriff der Risikobewertung hat in der MPSV eine wesentliche Bedeutung. Nach § 9 MPSV hat die von den BOB BfArM oder PEI vorzunehmende Risikobewertung zum Ziel, festzustellen, «ob ein unvertretbares Risiko vorliegt und welche korrektiven Maßnahmen geboten sind».

Die Risikobewertung des BfArM als zuständige BOB erfolgt nach § 10 MPSV in Zusammenarbeit mit dem Verantwortlichen nach § 5 MPG und soweit erforderlich, mit den jeweils betroffenen Betreibern und Anwendern. Weitere Einrichtungen, Stellen und Personen können von der BOB hinzugezogen werden.

Risikomanagement

{EN: *Risk management*}
{FR: *Gestion des risques*}

⇨ DIN EN ISO 14971 [72]:
«Systematische Anwendung von Managemenstrategien, Verfahren und Praktiken auf die Aufgaben der Analyse, Bewertung, Beherrschung und Überwachung von Risiken.»

RKI-Empfehlung

{EN: *Guideline of the Robert Koch Institut, RKI*}
{FR: *Directive du Robert Koch Institut, RKI*}

Der Begriff «RKI-Empfehlung» wird umgangssprachlich verwendet für die «gemeinsame Empfehlung der Kommission für Krankenhaushygiene und Infektionsprävention am Robert Koch Institut und des Bundesinstituts für Arzneimittel und Medizinprodukte zu den Anforderungen an die Hygiene bei der Aufbereitung von Medizinprodukten » [51].

Nach § 4 Abs. 2 MPBetreibV wird eine ordnungsgemäße Aufbereitung vermutet, wenn diese Empfehlung beachtet wird.

Robustheit

{EN: *Robustness*}
{FR: *Robustesse*}

⇨ Gemeinsame technische Spezifikationen für In-vitro-Diagnostika, Anhang Nr. 2 [118]:
«Die Robustheit eines Analyseverfahrens sagt aus, in welchem Ausmaß ein Analyseverfahren von kleinen, absichtlichen Veränderungen der Verfahrensparameter unbeeinflusst bleibt, und gibt an, wie verlässlich es unter normalen Einsatzbedingungen ist.»

Rückführbarkeit

{EN: *Traceability*}
{FR: *Traçabilité*}

Rückführbarkeit im metrologischen Sinne bedeutet, dass ein Wert in einer nachvollziehbaren Beziehung zu einem anerkannten Normal oder einem Referenzverfahren steht. Diese Beziehung muss durch eine ununterbrochene Kette von Vergleichsmessungen mit bekannter Messunsicherheit hergestellt worden sein.

Rücknahme

{EN: *Withdrawal*}
{FR: *Retrait*}

⇨ Artikel 2 Nr. 15 Verordnung (EG) Nr. 765/2008 [87]:
«Jede Maßnahme, mit der verhindert werden soll, dass ein in der Lieferkette befindliches Produkt auf dem Markt bereitgestellt wird.»

Rückruf

{EN: *Recall*}
{FR: *Rappel*}

⇨ § 2 Nr. 3 MPSV:
«Eine korrektive Maßnahme, mit der die Rücksendung, der Austausch, die Um- oder Nachrüstung, die Aussonderung oder Vernichtung eines Medizin-

produkts veranlasst wird oder Anwendern, Betreibern oder Patienten Hinweise für die weitere sichere Anwendung oder den Betrieb von Medizinprodukten gegeben werden.»

⇨ Artikel 2 Nr. 14 Verordnung (EG) Nr. 765/2008 [87]:
«Jede Maßnahme, die auf Erwirkung der Rückgabe eines dem Endverbraucher bereits bereitgestellten Produkts abzielt.»

Ein meldepflichtiger Rückruf bezieht sich ausschließlich auf sicherheitsrelevante Maßnahmen, die bei Medizinprodukten vorgenommen werden müssen, die bereits in Verkehr gebracht wurden.

Wenn ein «Inverkehrbringer» Medizinprodukte nicht aus Sicherheitsgründen, sondern z. B. aus kommerziellen Gründen austauscht, handelt es sich nicht um einen Rückruf im Sinne der MPSV. Solche Maßnahmen müssen nicht gemeldet werden, da sie nicht dazu dienen, einer Lebensgefährdung oder schwerwiegenden Verschlechterung des Gesundheitszustands vorzubeugen.

Maßnahmen, die beim Hersteller an Medizinprodukten durchgeführt werden, die noch nicht in Verkehr gebracht wurden, fallen ebenfalls nicht unter die Definition eines Rückrufs.

Rückverfolgbarkeit

{EN: *Traceability*}
{FR: *Traçabilité*}
{⇨ Rückführbarkeit}

Die Allgemeinen Anforderungen des Anhangs I IVDD enthalten als spezifische Regelung für In-vitro-Diagnostika die Vorschrift, dass die Rückverfolgbarkeit der Zielwerte von Kalibrier- und Kontrollmaterialien durch Referenzmessverfahren und/oder Referenzmaterialien höherer Ordnung – soweit verfügbar – gewährleistet sein muss.

Der Begriff «Rückverfolgbarkeit» ist zwar in diesem Zusammenhang noch gebräuchlich, vorzugsweise sollte hier jedoch von «Rückführbarkeit» gesprochen werden.

S

Schaden

{EN: *Harm*}
{FR: *Dommage*}

⇨ DIN EN ISO 14971 (04.2013) [72]:
«Physische Verletzung oder Schädigung der menschlichen Gesundheit oder Schädigung von Gütern oder der Umwelt.[68]»

68) ISO/IEC Guide 51:1999, Begriff 3.3
aktuell: ISO/IEC Guide 51:2014, Begriff 3.1 «injury or damage to the health of people, or damage to property or the environment»
https://www.iso.org/obp/ui/#iso:std:iso-iec:guide:51:ed-3:v1:en (Stand: November 2014)

Schaden im Sinne von DIN 31004 ist eine Beeinträchtigung von Rechtsgütern auf Grund eines bestimmten technischen Vorganges oder Zustandes.

Schnelltest

{EN: *Rapid test*}
{FR: *Test rapide*}

⇨ Gemeinsame technische Spezifikationen für In-vitro-Diagnostika, Anhang Nr. 2 [118]:
«Der Begriff „Schnelltest" bezeichnet qualitative oder semi-quantitative In-vitro-Diagnostika, die einzeln oder in Kleinserien verwendet werden, bei denen mit nicht automatisierten Verfahren gearbeitet wird und die dazu konzipiert wurden, ein rasches Ergebnis anzuzeigen.»

Schutz

{EN: *Protection*}
{FR: *Protection*}

Schutz ist die Verringerung oder Ausschaltung des Risikos durch geeignete Vorkehrungen, die entweder die Eintrittshäufigkeit oder den Umfang des Schadens oder beides verringern.

Schutz vor Gefährdung

{EN: *Protection against hazards*}
{FR: *Protection contre les dangers*}

⇨ § 4 Abs. 1 Nr. 1 MPG:
«Es ist verboten, Medizinprodukte in den Verkehr zu bringen, zu errichten, in Betrieb zu nehmen, zu betreiben oder anzuwenden, wenn

1. der begründete Verdacht besteht, dass sie die Sicherheit und die Gesundheit der Patienten, der Anwender oder Dritter bei sachgemäßer Anwendung, Instandhaltung und ihrer Zweckbestimmung entsprechender Verwendung über ein nach den Erkenntnissen der medizinischen Wissenschaften vertretbares Maß hinausgehend unmittelbar oder mittelbar gefährden [...]»

Die Zentralvorschrift zur Gefahrenabwehr enthält § 4 Abs. 1 Nr. 1 MPG. Die Festlegung des Schutzniveaus erfolgt dabei unter folgenden Voraussetzungen:

- sachgemäße Anwendung des Medizinprodukts,
- sachgerechte Instandhaltung,
- Nutzung entsprechend der Zweckbestimmung,
- vertretbares Risiko entsprechend den Erkenntnissen der medizinischen Wissenschaft.

Schwerwiegendes unerwünschtes Ereignis

{EN: *Serious Adverse Event*}
{FR: *Événement indésirable grave*}
{⇨ Vorkommnis}

⇨ § 2 Nr. 5 MPSV:
«Schwerwiegendes unerwünschtes Ereignis: jedes in einer genehmigungspflichtigen klinischen Prüfung oder einer genehmigungspflichtigen Leistungsbewertungsprüfung auftretende ungewollte Ereignis, das unmittelbar oder mittelbar zum Tod oder zu einer schwerwiegenden Verschlechterung des Gesundheitszustands eines Probanden, eines Anwenders oder einer anderen Person geführt hat, geführt haben könnte oder führen könnte ohne zu berücksichtigen, ob das Ereignis vom Medizinprodukt verursacht wurde; das Vorgesagte gilt entsprechend für schwerwiegende unerwünschte Ereignisse, die in einer klinischen Prüfung oder Leistungsbewertungsprüfung, für die eine Befreiung von der Genehmigungspflicht nach § 20 Absatz 1 Satz 2 des Medizinproduktegesetzes erteilt wurde, aufgetreten sind.»

Schwerwiegende unerwünschte Ereignisse unterscheiden sich von Vorkommnissen dadurch, dass sie keinen Produktbezug aufweisen müssen.

Prüfer oder Hauptprüfer haben jedes schwerwiegende unerwünschte Ereignis dem Sponsor zu melden. Verantwortlich für die Meldung an die zuständige BOB ist der Sponsor (§ 3 Abs. 6 MPSV). Zuständig für die Bewertung des schwerwiegenden unerwünschten Ereignisses und der vom Sponsor vorgeschlagenen korrektiven Maßnahmen ist die zuständige BOB.

Wird die klinische Prüfung auch in anderen Vertragsstaaten des Abkommens über den EWR durchgeführt, hat der Sponsor den in diesen Staaten zuständigen Behörden ebenfalls Meldung zu erstatten. Wird eine klinische Prüfung oder eine Leistungsbewertungsprüfung auch in Deutschland durchgeführt, hat der Sponsor der zuständigen BOB auch schwerwiegende unerwünschte Ereignisse außerhalb von Deutschland zu melden (§ 3 Abs. 6 MPSV).

Schwerwiegende Verschlechterung des Gesundheitszustands

{EN: *Serious deterioration in state of health*}
{FR: *Dégradation grave de l'état de santé*}
{⇨ Vorkommnis}

⇨ MEDDEV 2.12-1 rev. 8, Nr. 5.1.1 C [52]:
«[...] Eine schwerwiegende Verschlechterung des Gesundheitszustands kann folgendes umfassen:

a) lebensbedrohende Krankheit (oder Verletzung);
b) dauerhafte Beeinträchtigung einer Körperfunktion oder dauerhafter Körperschaden;
c) ein Zustand, der eine medizinische oder chirurgische Intervention erfordert, um a) oder b) zu vermeiden (z. B. klinisch relevante Ver-

längerung der Dauer einer Operation; Erfordernis einer Krankenhausbehandlung oder wesentliche Verlängerung eines Krankenhausaufenthalts);

d) eine indirekte Schädigung [...] als Folge
   - eines fehlerhaften diagnostischen IVD Ergebnisses
   - des Einsatzes eines IVD/ART-Medizinprodukts,

   wenn die Produkte gemäß der Gebrauchsanweisung des Herstellers angewendet wurden – meldepflichtige Anwendungsfehler sind in diesem Zusammenhang ebenfalls zu betrachten;

e) Gefährdung oder Tod eines ungeborenen Kinds, jegliche angeborene Anomalien oder Geburtsschäden.»[69]

Der Begriff «Verschlechterung des Gesundheitszustands» ist in der Legaldefinition «Vorkommnis» der MPSV enthalten.

Semikritisches Medizinprodukt

{EN: *Semi-critical medical device*}
{FR: *Dispositif médical catégorie semi-critique*}
{⇨ Kritisches Medizinprodukt, Unkritisches Medizinprodukt}

Im Hinblick auf die Aufbereitung werden Medizinprodukte in verschiedene Risikoklassen eingeteilt:

- unkritische Medizinprodukte (z. B. EKG-Elektrode);
- semikritische Medizinprodukte;
- kritische Medizinprodukte:

  «Semikritische Medizinprodukte sind solche Medizinprodukte, die mit Schleimhaut oder krankhaft veränderter Haut in Berührung kommen» [51].

Semikritische Medizinprodukte werden nach [51] unterteilt in

- Gruppe A: ohne besondere Anforderung an die Aufbereitung (z. B. Spekulum),
- Gruppe B: mit erhöhten Anforderungen an die Aufbereitung (z. B. flexibles Endoskop – Gastroskop).

Sensitivität

{EN: *Sensitivity*}
{FR: *Sensibilité*}
{⇨ Analytische Sensitivität, Diagnostische Sensitivität}

Set

{EN: *Set*}
{FR: *Trousse*}
{⇨ System}

⇨ Beschluss des EK-Med – Dokument 3.10 A1 (2008):
«Sets sind definiert zusammengestellte Behandlungseinheiten beispielsweise zur Appendektomie oder Tonsillektomie, d. h. die Zusammenstellungen von Geräten/Instrumenten, Besteck, Tupfern, Nahtmaterial, Zubehör ein-

69) inoffizielle Übersetzung des englischen Originaltextes.

schließlich der Kombination mit anderen Produkten, die nicht dem MPG unterliegen (sog. „sonstige Produkte").»

Eine funktionell zusammengesetzte Einheit von Produkten wird dann als «Set» bezeichnet, wenn ihr eine eindeutig definierte Zweckbestimmung zugeordnet wird. Ein «Set» kann erstmalig in Verkehr gebracht werden, wenn die jeweils zutreffende Bedingung des §10 MPG erfüllt ist.

Sicherheit

{EN: *Safety*}
{FR: *Sécurité*}

⇨ ISO/IEC Guide 51, 2014:
«Freiheit von unvertretbaren Risiken.»

Mit Sicherheit bei einem Medizinprodukt soll zum Ausdruck gebracht werden, dass das Risiko kleiner ist als das Grenzrisiko (akzeptierbares/vertretbares Risiko).

So logisch diese Definition bzw. Erläuterung auf den ersten Blick auch erscheinen mag, umso unlogischer ist der alltägliche Sprachgebrauch insbesondere bei Wortverbindungen wie beispielsweise:

- Funktionssicherheit,
- Sicherheitszuschlag, der in der Technik mehr aus dem Gefühl der Unsicherheit als dem Gefühl einer Sicherheit heraus angewendet wird. Ist das Risiko einer möglichen Gefährdung nicht eindeutig abschätzbar, so versucht man durch eine Vergrößerung des Sicherheitsabstands die Gefährdungsmöglichkeit zu reduzieren. Aus diesem Gesichtspunkt heraus müsste dieser Begriff besser als «Unsicherheitszuschlag» bezeichnet werden.

Sicherheitsbeauftragter für Medizinprodukte

{EN: *Safety officer for medical devices*}
{FR: *Responsable affecté à la sécurité des dispositifs médicaux*}
{⇨ Beauftragung Sicherheitsbeauftragter für Medizinprodukte, Qualifikation Sicherheitsbeauftragter für Medizinprodukte}

Der Sicherheitsbeauftragte für Medizinprodukte hat bekannt gewordene Meldungen über Risiken bei Medizinprodukten zu sammeln, zu bewerten und die notwendigen Maßnahmen zu koordinieren. Er ist für die Erfüllung von Anzeigepflichten verantwortlich, soweit sie Medizinprodukterisiken betreffen.

Die Forderung zur Beauftragung eines Sicherheitsbeauftragten für Medizinprodukte ist eine rein nationale Forderung des MPG und gilt für alle Verantwortlichen für das erstmalige Inverkehrbringen mit Sitz in Deutschland. Verantwortlicher nach § 5 MPG ist

- der Hersteller,
- der Bevollmächtigte – mit Sitz in Deutschland – eines Herstellers außerhalb des
- EWR, oder
- der Einführer – mit Sitz in Deutschland –, wenn kein Bevollmächtigter ernannt ist.

Wesentliche Quellen für bekannt gewordene Meldungen über Risiken bei Medizinprodukten sind u. a.:

- Mitteilungen der Medizinprodukteberater,
- Serviceberichte des Hersteller-Kundendienstes,
- hauseigene Untersuchungen, z. B. Ergebnisse von Risikoanalysen
- hauseigene Meldungen,
- Meldungen von Unterlieferanten z. B. im Rahmen der Qualitätssicherung,
- Reklamationsberichte,
- Mitteilungen des Fachhandels,
- Berichte der ausländischen Vertretungen,
- direkte Mitteilungen eines Kunden an den Hersteller, z. B. an die Geschäftsleitung,
- Veröffentlichungen in der Fachliteratur,
- Mitteilungen von zuständigen Behörden, von Benannten Stellen, von Betreibern
- und Anwendern, etc.,
- Mitteilungen im Internet zu Vorkommnissen mit Medizinprodukten – wie z. B. von Behörden (BfArM, FDA, MHRA),
- bekannt gewordene Veröffentlichungen in Fachliteratur oder Presseberichte,
- bekannt gewordene Erkenntnisse und Informationen aus der Beobachtung von Konkurrenzprodukten.

Unternehmensintern ist zu organisieren – beispielsweise durch Festlegungen in Verfahrensanweisungen des Qualitätshandbuchs – wie sichergestellt wird, dass bekannt gewordene Informationen zu «Medizinprodukterisiken» aus den genannten Informationsquellen dem Sicherheitsbeauftragten für Medizinprodukte rechtzeitig, vollständig und in der Originalfassung zur Verfügung stehen.

Der Sicherheitsbeauftragte für Medizinprodukte ist verantwortlich für die Einhaltung der Pflicht, bestimmte Medizinprodukterisiken der zuständigen Behörde anzuzeigen.

Der Verantwortliche für das erstmalige Inverkehrbringen – z. B. der Hersteller – ist verpflichtet, unverzüglich nach Aufnahme seiner Tätigkeit der zuständigen Behörde Name und Anschrift des Sicherheitsbeauftragten für Medizinprodukte mitzuteilen. Jeder Wechsel in der Funktion des Sicherheitsbeauftragten für Medizinprodukte ist ebenfalls unverzüglich der zuständigen Behörde anzuzeigen, d. h. ohne schuldhafte Verzögerung innerhalb weniger Tage.

Als Sicherheitsbeauftragter für Medizinprodukte kann nur eine Person mit mindestens zweijähriger Berufserfahrung bestimmt werden, die die zur Ausübung der Tätigkeit erforderliche Sachkenntnis und Zuverlässigkeit besitzen muss. Der Nachweis der erforderlichen Sachkenntnis als Sicherheitsbeauftragter für Medizinprodukte wird erbracht durch

- das Zeugnis über eine abgeschlossene naturwissenschaftliche, medizinische oder technische Hochschulausbildung oder
- eine andere Ausbildung, die zur Durchführung der in § 30 Absatz 4 MPG genannten Aufgaben befähigt.

Die Sachkenntnis des Sicherheitsbeauftragten für Medizinprodukte ist auf Verlangen der zuständigen Behörde nachzuweisen.

Sicherheitsbezogene Information

{EN: *Safety related information*}
{FR: *Information reliée à la sécurité*}

§ 11 Abs. 2 MPG legt Sondervorschriften für das Inverkehrbringen und die Inbetriebnahme von Medizinprodukten fest. U. a. wird gefordert, dass «sicherheitsbezogene Informationen» in deutscher Sprache oder in der Sprache des Anwenders vorliegen müssen.

«Sicherheitsbezogene Informationen» sind die Informationen, die zur sicheren Anwendung des Medizinprodukts erforderlich sind. Zugrunde zu legen sind die Informationen, die in den Grundlegenden Anforderungen in Anhang 1 Nr. 15 AIMDD, Anhang I Nr. 13 MDD, Anhang I Nr. 8 IVDD gefordert werden.

Für die sichere Anwendung sind von Bedeutung:

- Zweckbestimmung des Medizinprodukts,
- Anwendungsbeschränkungen,
- Angaben zur Instandhaltung (einschließlich Aufbereitung),
- Angaben zu STK und MTK.

Sicherheitsrelevante korrektive Maßnahme im Feld (FSCA)[70]

{EN: *Field safety corrective actions, FSCA*}
{FR: *Action corrective de sécurité, FSCA*}

Eine sicherheitsrelevante korrektive Maßnahme im Feld ist eine Untergruppe der korrektiven Maßnahmen und bezieht sich auf Medizinprodukte,

- die sich auf dem Markt befinden (z. B. bei einem Betreiber, einem Anwender, einem Patienten),
- für die ein Hersteller bzw. dessen Bevollmächtigter im Rahmen des Medizinprodukte-Beobachtungs- und Meldesystem gemäß MPSV eine Vorkommnis-Meldung an die zuständige BOB gemacht hat und
- für die der Hersteller nach Untersuchung des Vorkommnisses sicherheitsrelevante Korrekturmaßnahmen im Feld der BOB mitteilt.

Sicherheitsrelevante korrektive Maßnahmen im Feld können beispielsweise umfassen:

- Änderung des Medizinprodukts (technische Aufbereitung z. B. durch Austausch von Bauteilen, Funktionsgruppen, Softwareänderung, Änderung der Gebrauchsanweisung),
- Rückruf des Medizinprodukts (z. B. Rücksendung, Aussonderung, Vernichtung),
- Empfehlungen/Hinweise zur sicheren Handhabung/Betrieb, hygienischen Aufbereitung, zur Durchführung von Empfehlungen zur engmaschigeren Überwachung von Gerätefunktionen wie Funktionsüberprüfungen vor der Anwendung, zusätzliche STK/MTK),

70) mit Unterstützung von Herrn *Dr. Ekkehard Stößlein*

- Empfehlungen zu zusätzlichen Kontrolluntersuchungen von Patienten (z. B. bei Implantaten).

Das BfArM informiert auf seiner Internetseite durch Veröffentlichung der von den Herstellern oder in deren Auftrag herausgegebenen Maßnahmenempfehlungen die interessierte Fachöffentlichkeit fortlaufend über durchgeführte Maßnahmen, die im Verkehr und/oder im Betrieb befindliche Medizinprodukte betreffen.

Sicherheitstechnische Kontrolle (STK)

{EN: *Technical safety control, STK*}
{FR: *Contrôle de sécurité technique, STK*}
{⇨ Messtechnische Kontrolle}

⇨ § 6 MPBetreibV
«Der Betreiber hat bei Medizinprodukten, für die der Hersteller sicherheitstechnische Kontrollen vorgeschrieben hat, diese nach den Angaben des Herstellers und den allgemein anerkannten Regeln der Technik sowie in den vom Hersteller angegebenen Fristen durchzuführen oder durchführen zu lassen. [...]»

Das Ziel einer STK ist das rechtzeitige Erkennen von sicherheitstechnischen Mängeln an nichtimplantierbaren aktiven Medizinprodukten und Systemen – und zwar bevor Patienten, Anwender oder Dritte gefährdet werden.

Sie dient der Feststellung und der Erhaltung des ordnungsgemäßen Zustands der Medizinprodukte bzw. des Systems/der Behandlungseinheit und damit auch dem sicheren Betrieb zwischen zwei STK.

STK sind Stück-Prüfungen, d. h. sie müssen an jedem einzelnen Medizinprodukt durchgeführt werden. Dies gilt auch für Medizinprodukte, Zubehör, Software und andere Gegenstände, die mit einem prüfpflichtigen Medizinprodukt verbunden sind.

Sie beschränken sich auf die Feststellung und Bewertung der Betriebs- und Funktionssicherheit eines Medizinprodukts oder eines Systems/einer Behandlungseinheit und sind in regelmäßigen Abständen vom Betreiber durchzuführen bzw. durchführen zu lassen.

Adressat für die Durchführung der STK ist der Betreiber der von dieser Regelung betroffenen Medizinprodukte. Der Betreiber hat diese Prüfungen fristgerecht durchzuführen bzw. durchführen zu lassen und das STK-Protokoll bis zur nächsten STK aufzubewahren.

Hinzuweisen ist darauf, dass die nicht rechtzeitige Durchführung bzw. das nicht rechtzeitige Durchführen lassen von STK als Ordnungswidrigkeit mit einem Bußgeld geahndet werden kann.

In der MPBetreibV ist festgelegt, dass STK für diejenigen Medizinprodukte durchzuführen sind,

- die der Anlage 1 MPBetreibV zuzuordnen sind, und
- für sonstige nichtimplantierbare aktive Medizinprodukte, für die der Hersteller eine STK vorgeschrieben hat.

Nach den Festlegungen der MPBetreibV müssten auch für nichtimplantierbare aktive Einmal-Medizinprodukte der Anlage 1 MPBetreibV STK durchgeführt werden, was aber für Einmalprodukte als nicht sinnvoll angesehen wird. Beispielsweise sind zu nennen aktive nichtimplantierbare Einmal-Infusionspumpen für die Chemotherapie.

Software

{EN: *Software*}
{FR: *Logiciel*}
{⇨ Betriebssoftware, Eigenständige Software, Funktionssoftware}

⇨ § 3 Nr. 1 MPG:
«Medizinprodukte sind alle einzeln oder miteinander verbunden verwendete [...]Software, [...], einschließlich der vom Hersteller speziell zur Anwendung für diagnostische oder therapeutische Zwecke bestimmten und für ein einwandfreies Funktionieren des Medizinproduktes eingesetzten Software, die vom Hersteller zur Anwendung für Menschen mittels ihrer Funktion zum Zwecke [...] zu dienen bestimmt sind und deren bestimmungsgemäße Hauptwirkung im oder am menschlichen Körper weder durch pharmakologisch oder immunologisch wirkende Mittel noch durch Metabolismus erreicht wird, deren Wirkungsweise aber durch solche Mittel unterstützt werden kann.»

Mit dem durch das Gesetz zur Änderung medizinprodukterechtlicher Vorschriften vom 21. Juli 2009 geänderten Definition eines Medizinprodukts ist eine Klarstellung dahin gehend erfolgt, dass eigenständige Software (stand-alone Software), wenn sie spezifisch vom Hersteller/Eigenhersteller für einen oder mehrere der in der Definition von Medizinprodukt genannten Zwecke gemäß § 3 Nr. 1 MPG bestimmt ist, ein Medizinprodukt ist. Der Begriff «Medizinprodukt» ist in diesem Zusammenhang als Oberbegriff zu verstehen, der «sonstige» Medizinprodukte, aktive implantierbare medizinische Geräte und In-vitro-Diagnostika umfasst.

In der Begriffsbestimmung von § 3 Nr. 1 MPG wird der Begriff «Software» vom Gesetzgeber zweimal verwendet.

- «Medizinprodukte sind alle einzeln oder miteinander verbunden verwendeten Instrumente, Apparate, Vorrichtungen, Software, [...]».

  In diesem Fall ist unter dem Begriff «Software» eine «eigenständige Software» zu verstehen. Diese «stand alone Software» bedeutet auch, dass sie auf einem eigenen Rechner betrieben wird und über keine funktionelle Verbindung zu anderen Medizinprodukten verfügen muss. Gemäß Anhang IX, I, 1.4 MDD gilt «eigenständige Software» als aktives Medizinprodukt.

  Diese «stand alone Software» ist dann ein Medizinprodukt, wenn der Hersteller/ Eigenhersteller ihr einen Zweck gemäß § 3 Nr. 1 MPG zugeordnet hat und sie für diagnostische und/oder therapeutische Zwecke genutzt werden kann, wie beispielsweise:
  - Therapieplanungssysteme,
  - Auswertesoftware für Langzeit EKG-Aufzeichnungen,

- Auswertesoftware für Langzeit Blutdruck-Aufzeichnungen,
- Bildauswertesoftware,
- Informationssysteme
  - der Radiologie zur Therapieplanung,
  - der Kardiologie zur Diagnose- und Therapieplanung,
  - des Labors zur Diagnose- und Therapieplanung,
- Software zur Weiterleitung von Patienten-Messwerten und Alarmen,
- elektronische Gesundheitskarten mit Daten zur Diagnose und Befundung
- Software zur Schätzung des Risikos von Trisomie 21 (IvD-Software, die unter die Regelungen des MPG fällt).

- «Medizinprodukte sind [...] einschließlich der vom Hersteller speziell zur Anwendung für diagnostische oder therapeutische Zwecke bestimmten und für ein einwandfreies Funktionieren des Medizinproduktes eingesetzten Software, [...]».

  Diese Software kann als «eigenständige Funktionssoftware» bezeichnet werden. Dieser Begriff «eigenständige Funktionssoftware» wurde gewählt, um den Unterschied zur «eigenständigen Software» deutlich zu machen.

  Im Sinne von § 3 Nr. 1 MPG wird sie «vom Hersteller [...] für ein einwandfreies Funktionieren des Medizinproduktes eingesetzt». Mit dieser «eigenständigen Funktionssoftware» wird ein Medizinprodukt für diagnostische oder therapeutische Zwecke beispielsweise gesteuert, die Leistung überwacht oder beeinflusst.

  Im Gegensatz zur «eigenständigen Software» erfüllt die «eigenständige Funktionssoftware» keinen Zweck gemäß § 3 Nr. 1 MPG, ist aber zum Erreichen des therapeutischen Zwecks und für das einwandfreie Funktionieren des Medizinprodukts eine notwendige Voraussetzung.

  Als Beispiel sei die «eigenständige Funktionssoftware» zur Blutdruckstabilisierung genannt. Diese «eigenständige Funktionssoftware» verfügt über einen Algorithmus, mit dessen Hilfe eine Infusionspumpe angesteuert wird, um den Blutdruck eines Patienten in vorgegebenen Grenzen zu stabilisieren.

Von der «eigenständigen Funktionssoftware» zu unterscheiden ist die «Betriebssoftware» eines mirkroprozessorgesteuerten Medizinprodukts. Diese «Betriebssoftware» ist für das einwandfreie Funktionieren eines Medizinprodukts für diagnostische und/oder therapeutische Zwecke erforderlich, sie ist aber kein eigenständiges Medizinprodukt. «Betriebssoftware» ist integraler Bestandteil des mirkroprozessorgesteuerten Medizinprodukts [4].

Software für allgemeine Zwecke (z. B. Textverarbeitung, Tabellenkalkulation, Grafikprogramm, Bildbearbeitungsprogramm, Betriebssystem) ist kein Medizinprodukt, auch wenn sie im Zusammenhang mit der Gesundheitspflege genutzt wird.

Aus der Definition in Anhang IX Nr. 1.4 MDD ist zu entnehmen, dass eigenständige Software als ein aktives Medizinprodukt im Sinne der MDD gilt. Der Grund für diese

Zuordnung ergibt sich aus dem Sachverhalt, dass Software nur in Verbindung mit einer «aktiven» Hardware funktionsfähig ist. Die Klassenzuordnung erfolgt in die Klassen I bis III entsprechend der vom Hersteller festgelegten Zweckbestimmung.

Mit dem Gesetz zur Änderung medizinprodukterechtlicher Vorschriften vom 29. Juli 2009 wird gleichzeitig in der Legaldefinition «Zubehör» von § 3 Nr. 9 MPG der Begriff «Software» gestrichen. Die Konsequenz daraus ist, dass Software, die der MDD zuzuordnen ist, nur als Medizinprodukt klassifiziert werden kann. Software als Zubehör zu einem Medizinprodukt ist definitionsgemäß nicht möglich.

Sollwert

{EN: *Setpoint*}
{FR: *Point de consigne*}

⇨ Teil A Nr. 3 RiliBÄK [83]:
«Ohne Anwendung eines Referenzmessverfahrens ermittelter Zielwert.»

Sonderanfertigung

{EN: *Custom-made device*}
{FR: *Dispositif sur mesure*}

⇨ § 3 Nr. 8 MPG:
«Sonderanfertigung ist ein Medizinprodukt, das nach schriftlicher Verordnung nach spezifischen Auslegungsmerkmalen eigens angefertigt wird und zur ausschließlichen Anwendung bei einem namentlich benannten Patienten bestimmt ist. Das serienmäßig hergestellte Medizinprodukt, das angepasst werden muss, um den spezifischen Anforderungen des Arztes, Zahnarztes oder des sonstigen beruflichen Anwenders zu entsprechen, gilt nicht als Sonderanfertigung.»

Im Sinne des MPG ist eine Sonderanfertigung jedes Medizinprodukt, das

- nach schriftlicher Verordnung eines Arztes oder Zahnarztes,
- nach spezifischen Auslegungsmerkmalen eigens angefertigt wird und
- zur ausschließlichen Anwendung bei einem namentlich genannten Patienten bestimmt ist.

Alle drei Voraussetzungen müssen zutreffen. Es wird jedoch nicht zwingend vorausgesetzt, dass es sich um Einzelanfertigungen handelt. So ist es durchaus denkbar, dass aufgrund einer ärztlichen Verordnung für einen namentlich genannten Patienten Einmalartikel mit spezifischen Auslegungsmerkmalen in größerer Stückzahl hergestellt werden.

Sonderanfertigungen können erstellt werden

- als Veränderung oder Ergänzung eines CE-gekennzeichneten Serienprodukts (z. B. Hörhilfen, Schuheinlagen),
- Herstellung aus Zwischenprodukten (z. B. Endoprothesen, die nach MR-Daten auf einer CNC-Fräsmaschine speziell gefertigt werden, Inlay-Herstellung beim Zahnarzt mit Hilfe spezieller Kopierverfahren),

- als patientenspezifische Herstellung eines Medizinprodukts (z. B. Sonderformen bei Endoprothesen, Zahnprothesen, Brillen mit ganz individuell geschliffenen Gläsern).

Sonderanfertigungen können hergestellt werden beispielsweise durch den Hersteller im eigentlichen Sinn des MPG, aber auch durch Betreiber z. B. im Rahmen einer klinikeigenen Orthopädie-Werkstatt. Jeder, der Sonderanfertigungen herstellt, muss gewährleisten, dass die für das Inverkehrbringen von Sonderanfertigungen vorgesehenen Verfahren des MPG eingehalten werden:

- schriftliche Erklärung über die Einhaltung der zutreffenden Grundlegenden Anforderungen,
- schriftliche Erklärung über die Einhaltung aller erforderlichen Maßnahmen für den Herstellungsprozess zur Gewährleistung der zugesicherten Eigenschaften.

Sonderanfertigungen sind Medizinprodukte ohne CE-Kennzeichnung. Für eine Sonderanfertigung ist von dessen Hersteller eine (vereinfachte) Konformitätserklärung zu erstellen (vgl. § 7 Abs. 5 MPV).

Beispiele von Sonderanfertigungen sind Zahnprothesen, Beinprothesen, Sehhilfen, orthopädische Schuheinlagen.

Durch die Änderungsrichtlinie 2007/47/EG wurden u. a. folgende Anforderungen neu aufgenommen:

- Verpflichtung des Herstellers der Sonderanfertigung zur systematischen Marktüberwachung nach dem Inverkehrbringen;
- zur Verbesserung der Patienteninformation ist die Erklärung nach Anhang 6 AIMDD bzw. nach Anhang VII MDD für den Patienten verfügbar zu halten. Sie muss den Namen des Herstellers enthalten.

Spezifikation

{EN: *Specification*}
{FR: *Spécification*}

Anforderungen, die in einem Dokument festgelegt sind, wie z. B. Produktspezifikation, Leistungsspezifikation, Prüfspezifikation, Prozessspezifikation, Zeichnung.

Sponsor

{EN: *Sponsor*}
{FR: *Promoteur*}
{⇨ Auftraggeber klinische Prüfung/Leistungsbewertungsprüfung}

⇨ § 3 Nr. 23 MPG:
«Sponsor ist eine natürliche oder juristische Person, die die Verantwortung für die Veranlassung, Organisation und Finanzierung einer klinischen Prüfung bei Menschen oder einer Leistungsbewertungsprüfung von In-vitro-Diagnostika übernimmt.»

Diese Begriffsbestimmung hat der Gesetzgeber wortgleich aus dem Arzneimittelrecht übernommen, sie ersetzt den im MPG zuvor verwendeten Begriff des Auftraggebers einer klinischen Prüfung. Gemäß § 3 Nr. 23 MPG trägt der Sponsor (oder sein Vertreter) die gesamte Verantwortung der klinischen Prüfung/Leistungsbewertungsprüfung eines Medizinprodukts.

Nach § 26 MPG unterliegt der Sponsor einer klinischen Prüfung/Leistungsbewertungsprüfung von Medizinprodukten der Überwachung durch die zuständigen Behörden.

Der Sponsor bzw. sein Vertreter hat beispielsweise folgende Anforderungen bzw. Aufgaben zu erfüllen:

- Sitz in einem Mitgliedstaat der EU oder in einem anderen Vertragsstaat des Abkommens über den EWR (§ 20 MPG),
- Benennung eines angemessen qualifizierten Prüfers als Leiter der klinischen Prüfung, wenn eine Prüfung in mehreren Prüfstellen durchgeführt wird (§ 3 Nr. 24 MPG),
- Auswahl der geeigneten Prüfstelle(n) (§ 20 Abs. 1 Nr. 4 MPG),
- Beantragung der nach § 20 Absatz 1 Satz 1 MPG erforderlichen zustimmenden Bewertung der Ethik-Kommission bei der nach Landesrecht für den Prüfer zuständigen unabhängigen interdisziplinär besetzten Ethik-Kommission (§ 22 MPG),
- Vorlage aller für eine zustimmende Bewertung erforderlichen Angaben und Unterlagen der zuständigen Ethik-Kommission (§ 22 MPG),
- Beantragung der nach § 20 Absatz 1 Satz 1 MPG erforderlichen Genehmigung bei der zuständigen BOB und Vorlage aller für eine Bewertung erforderlichen Angaben und Unterlagen der zuständigen BOB (§ 22a MPG),
- Anzeige jeder Änderung der Dokumentation der zuständigen BOB (§ 22c MPG);
- Beachtung der Auflagen der Ethik-Kommission (§ 22c MPG),
- Meldung der Beendigung der klinischen Prüfung der zuständigen BOB innerhalb von 90 Tagen nach Beendigung einer klinischen Prüfung (§ 23a MPG),
- Einreichung des Schlussberichts bei der zuständigen BOB innerhalb von zwölf Monaten nach Abbruch oder Abschluss der klinischen Prüfung (§ 23a MPG),
- Aufbewahrung der Dokumentation nach Nummer 3.2 des Anhangs 6 der AIMDD mindestens 15 Jahre und der Dokumentation nach Nummer 3.2 des Anhangs VIII MDD mindestens fünf und im Falle von implantierbaren Medizinprodukten mindestens 15 Jahre nach Beendigung der klinischen Prüfung. Bei einer Leistungsbewertungsprüfung muss er die Dokumentation nach Nr. 3 des Anhangs VIII der IVDD mindestens fünf Jahre nach Beendigung der Prüfung aufbewahrt werden (§ 12 MPG).

Im § 3 Abs. 5 MPSV ist festgelegt, dass der Sponsor verantwortlich ist für die Meldung eines «schwerwiegenden unerwünschten Ereignisses». Er hat geeignete korrektive Maßnahmen vorzuschlagen und mit dem BfArM abzustimmen (§ 14a MPSV).

Anmerkung: Gemäß DIN EN ISO 14155:2012-01 [63] wird ein Prüfer, der eine klinische Prüfung initiiert, durchführt und für sie die volle Verantwortung übernimmt, Sponsorprüfer genannt.

Standardabweichung

{EN: *Standard deviation*}
{FR: *Déviation standard*}
{⇨ Empirische Standardabweichung}

Stand der medizinischen Wissenschaft

{EN: *Status of medical science*}
{FR: *État de la science médicale*}

Das MPG legt bei der Bewertung des vertretbaren Risikos den Stand der medizinischen Wissenschaft zugrunde. Der Stand der medizinischen Wissenschaft umfasst über den Stand der Technik hinausgehend auch noch Lösungsmöglichkeiten, für die ein experimenteller Nachweis beispielsweise im Rahmen wissenschaftlicher Untersuchungen erbracht wurde.

Der Stand der medizinischen Wissenschaft wird somit geprägt durch die Meinungen einzelner Fachleute, soweit diese hinreichend substanziiert sind. Es kommt nicht darauf an, ob diese Erkenntnisse in der Fachwelt bereits allgemeine Anerkennung gefunden und/oder sich in der Praxis bereits bewährt haben.

Aus einer Entscheidung des Bundesverfassungsgerichts vom 8. August 1978 (NJW 1979, S. 359) lässt sich der Stand der Wissenschaft ableiten zu [5]:

> «Wissenschaftliche Erkenntnisse sind die Ergebnisse wissenschaftlicher Untersuchungen und Prüfungen über Eigenschaften eines Medizinprodukts, wenn ihre Ergebnisse auf Grund abstrakter Denkvorgänge und/oder Erfahrungen mit Hilfe zielgerichteter Methoden gefunden werden.»

Damit geht das MPG deutlich über das Sicherheitsniveau der RL, aber auch der bisherigen Regelung der MedGV hinaus. In beiden Rechtsgrundlagen wird der Stand der Technik als Maß für das vertretbare Risiko zugrunde gelegt.

Als Konsequenz hieraus stellt die noch fehlende Bewährung von Maßnahmen zur Gefahrenabwehr (Schutzmaßnahmen) in der Praxis keinen Grund dar, auf eine nach dem Stand der medizinischen Wissenschaft gebotene Produktverbesserung oder -weiterentwicklung zu verzichten.

Stand der Technik

{EN: *Code of practice; State of the art*}
{FR: *Code practique; État de la technique*}

Der Stellungnahme des Bundesrates zum Entwurf des MPG (Bundestags-Drucksache 12/6991 vom 8. März 1994) ist zu entnehmen:

> «Der Stand der Technik ist der Entwicklungsstand fortschrittlicher Verfahren, Einrichtungen und Betriebsweisen, der nach herrschender Auffassung

führender Fachleute die Erreichung des gesetzlich vorgegebenen Ziels gesichert erscheinen lässt.»

Der Stand der Technik wird durch die allgemein anerkannten Regeln der Technik umschrieben. Im Wesentlichen umfasst der Stand der Technik alle sicherheitstechnischen Lösungsmöglichkeiten, die

- von der Mehrzahl der Fachleute angewendet werden und
- die sich in der Fachpraxis unter Betriebsbedingungen bewährt haben.

Die RL legen bei der Bewertung des noch vertretbaren Risikos (Restrisiko) den Stand der Technik zugrunde. In dem 7. Erwägungsgrund MDD wird festgestellt:

«Die in den Anhängen festgelegten Grundlegenden Anforderungen und sonstigen Anforderungen, einschließlich der Hinweise auf Minimierung oder Verringerung der Gefahren, sind so zu interpretieren und anzuwenden, dass dem Stand der Technik und der Praxis zum Zeitpunkt der Konzeption sowie den technischen und wirtschaftlichen Erwägungen Rechnung getragen wird, die mit einem hohen Maß des Schutzes von Gesundheit und Sicherheit zu vereinbaren sind.»

Sterilisation

{EN: *Sterilisation*}
{FR: *Stérilisation*}

«Im Gegensatz zur Desinfektion werden bei der Sterilisation alle vorhandenen Mikroorganismen einschließlich ihrer Sporen (auch der Hitzestabilen) abgetötet oder inaktiviert.» [105]

Stoff[71]

{EN: *Material*}
{FR: *Matière*}

⇨ § 3 Nr. 1 MPG:
«Medizinprodukte sind alle einzeln oder miteinander verbunden verwendete [...]Stoffe und Zubereitungen aus Stoffen, [...], die vom Hersteller zur Anwendung für Menschen mittels ihrer Funktion zum Zwecke [...] zu dienen bestimmt sind und deren bestimmungsgemäße Hauptwirkung im oder am menschlichen Körper weder durch pharmakologisch oder immunologisch wirkende Mittel noch durch Metabolismus erreicht wird, deren Wirkungsweise aber durch solche Mittel unterstützt werden kann.»

Hinzuweisen ist darauf, dass ein Vergleich der Definition eines Medizinprodukts im Hinblick auf «Stoffe» Abweichungen zeigt zwischen dem Text der englischsprachigen MDD (material), der deutschsprachigen MDD (Stoffe) und dem MPG (Stoffe und Zubereitungen aus Stoffen).

Der Begriff «Stoff» ist weder in der MDD noch im MPG definiert. Der Stoffbegriff umfasst unterschiedliche Arten von Stoffen, wie beispielsweise: anorganische und organische Stoffe natürlicher oder synthetischer Herkunft. Eine diesbezüglich all-

71) mit Unterstützung von Herrn *Dr. Guido Middeler*

gemein gültige Stoffdefinition findet sich im § 3 AMG und im Artikel 1 Nr. 3 der RL 2001/83/EG.

Notwendige Voraussetzung, dass ein Stoff ein Medizinprodukt mit einer Zweckbestimmung gemäß § 3 Nr. 1 MPG sein kann, ist seine nicht pharmakologische, nicht metabolische oder nicht immunologische Hauptwirkung. Der Status eines Medizinprodukts bleibt erhalten, wenn die Wirkungsweise durch eine ergänzende pharmakologische, metabolische oder immunologische Wirkung unterstützt wird.

Beispiele für Stoffe oder Zubereitungen aus Stoffen (jeweils ohne unterstützende Wirkung von pharmakologisch, immunologisch oder metabolisch wirkende Mittel), die aus diesem Grund dem MPG unterliegen, sind (teilweise entnommen aus [84]):

- Dentalfüllungen,
- Knochenzement,
- Stoffe zur Versiegelung,
- Stoffe zum Kleben von Gewebe,
- Knochenfüllstoffe,
- abgetötetes tierisches Gewebe,
- simethikonhaltige Produkte zur Behandlung von Magen-Darmbeschwerden,
- stoffliche Filterung (z. B. Reduktion der Bioverfügbarkeit von schadhaften Substanzen),
- Hyaluron.

Beispiele für Produkte aus Stoffen oder Zubereitungen aus Stoffen (jeweils ohne unterstützende Wirkung von pharmakologisch, immunologisch oder metabolisch wirkende Mittel), die als Zubehör dem MPG unterliegen, sind (teilweise entnommen aus [84]):

- Kontaktlinsenpflegemittel (z. B. Desinfektionslösung für Kontaktlinsen, Reinigungslösung für Kontaktlinsen, Spüllösung für Kontaktlinsen für Kontaktlinsen, Befeuchtungslösung für Kontaktlinsen, Kontaktlinsenlösung),
- Desinfektionslösungen mit der Zweckbestimmung für Medizinprodukte (z. B. für Endoskope),
- Gleitstoffe mit der Zweckbestimmung für Medizinprodukte (z. B. für Endoskope, Handschuhe, Kondome),
- Gase zum Antrieb von chirurgischen Instrumenten,
- Gase zum Betreiben von Kryosonden.

Beispiele für Stoffe oder Zubereitungen aus Stoffen (jeweils mit unterstützender Wirkung von pharmakologisch, immunologisch oder metabolisch wirkenden Mitteln), die aus diesem Grund dem MPG unterliegen, sind (teilweise entnommen aus [84, 95]):

- antibiotikumhaltiger Knochenzement,
- antibiotisch beschichteter Katheter,
- Wurzelkanalfüllstoff, der Arzneimittel mit unterstützender Funktion enthält,
- resorbierbarer Stent mit Arzneimittelbeschichtung,
- Kondom mit Spermizidbeschichtung
- Blutbeutel, der Antikoagulantien enthält.

Störeinflüsse

{EN: *Disturbing influences*}
{FR: *Influences perturbatrices*}

⇨ Teil A Nr. 3 RiliBÄK [83]:
«Störeinflüsse wirken auf die laboratoriumsmedizinische Untersuchung ein. Sie stören das Untersuchungsverfahren und führen so zu Veränderungen des Untersuchungsergebnisses. Sie reflektieren nicht die Verhältnisse im Patienten.»

Subkategorie von Medizinprodukten

{EN: *Device subcategory*}
{FR: *Sous-catégorie de dispositifs*}

⇨ Artikel 2, Abs. 2, lit. l) MDD
«Subkategorie von Medizinprodukten: eine Gruppe von Produkten, die in den gleichen Bereichen verwendet werden sollen oder mit den gleichen Technologien ausgestattet sind»

Die Begriffsbestimmung «Subkategorie von Medizinprodukten» wurde in die MDD eingefügt, um zusätzliche Anforderungen im Rahmen der Konformitätsbewertungsverfahren aufzunehmen. Die Benannte Stelle hat gemäß den Anforderungen in

- Abschnitt 7 des Anhangs II MDD,
- Abschnitt 6 des Anhangs V MDD und
- Abschnitt 6 des Anhangs VI MDD

bei Medizinprodukten der Klasse IIa die technische Dokumentation für eine repräsentative Probe einer jeden Subkategorie auf Einhaltung der regulatorischen Anforderungen zu prüfen.

Beispiele für Subkategorien von aktiven Medizinprodukten der MDD sind [130]:

- MD 1101 Geräte für extrakorporale Kreisläufe, Infusionen sowie zur Hämophorese;
- MD 1102 Beatmungs-, Sauerstofftherapie- (einschließlich hyperbare Therapiekammern) und Inhalationsnarkosegeräte;
- MD 1111 Software

System

{EN: *System*}
{FR: *Système*}
{⇨ Gerät, Gerätekombination}

Im § 10 MPG werden u. a. Voraussetzungen für das erstmalige Inverkehrbringen und die Inbetriebnahme von Systemen festgelegt, ohne dass weder im MPG noch in den entsprechenden RL dieser Begriff «System» definiert wird.

Im allgemeinen Sinn wird als System jede Ansammlung von Teilen verstanden, die zueinander in irgendeiner Form in Beziehung stehen [59, 60]. Der Begriff «Teil» kann im allgemeinsten Fall sowohl Produkte als auch Personen umfassen.

Im Sinne der Begriffsverwendung im MPG bezieht sich dieser Begriff «System» auf eine Ansammlung von Teilen mit einer Zweckbestimmung im Sinne von § 3 MPG. § 10 MPG legt u. a. die Voraussetzungen fest, unter denen diese Ansammlung von Teilen gemeinsam als System und nicht als einzelne Medizinprodukte in den Verkehr gebracht und in Betrieb genommen werden dürfen.

Kennzeichnend für ein System ist, dass zwischen den einzelnen Produkten, die gemeinsam als System in den Verkehr gebracht werden, eine funktionelle Kopplung besteht, um gemeinsam die beabsichtigte Zweckbestimmung gemäß § 3 Nr. 1 MPG zu erzielen. Diese funktionelle Kopplung der einzelnen Produkte bedeutet u. a., dass sich die Funktionen der einzelnen Produkte gegenseitig beeinflussen – diese funktionelle Kopplung ist nicht rückwirkungsfrei.

Systematische Messabweichung (Unrichtigkeit)

{EN: *Systematic error of measurement (incorrectness)*}
{FR: *Erreur de mesure systématique (incorrection)*}
{⇨ Messabweichung, Messgröße, Messverfahren, Quadratischer Mittelwert der Messabweichung, Zufällige Messabweichung}

⇨ Teil A Nr. 3 RiliBÄK [83]:
«Mittelwert, der sich aus einer unbegrenzten Anzahl von Wiederholungsmessungen derselben Messgröße ergeben würde, minus eines wahren Wert der Messgröße. Die systematische Messabweichung d eines Messverfahrens wird geschätzt durch Bildung der Differenz des arithmetischen Mittelwertes aus einer angemessenen Anzahl von Wiederholungsmessungen zum Zielwert x_0, d. h.

$$\delta = \overline{x} - x_0$$

Die relative systematische Messabweichung ergibt sich durch Division von δ durch den Zielwert x_0.»

T

Technische Dokumentation eines Medizinprodukts

{EN: *Technical documentation of a medical device*}
{FR: *Documentation technique d'un dispositif médical*}

Die technische Dokumentation eines Medizinprodukts ist notwendige Voraussetzung zum Nachweis der Erfüllung der regulatorischen Anforderungen. Sie ist für jedes Medizinprodukt vom Hersteller/Eigenhersteller zu erstellen, bei Medizinprodukten der MDD unabhängig davon, ob es sich um ein Produkt der Klasse I, IIa, IIb oder III handelt.

Die Anforderungen an die technische Dokumentation für ein Medizinprodukt der AIMDD ergeben sich aus:

- Anhang 2: EG-Konformitätserklärung (Vollständiges Qualitätssicherungssystem), 3.1, 3.2, 3.4;
- Anhang 3: EG-Baumusterprüfung, 3;
- Anhang 4: EG-Prüfung, 3;
- Anhang 5: EG-Erklärung zur Übereinstimmung mit dem Baumuster (Qualitätssicherung der Produktion), 3.1, 3.2, 3.4;
- Anhang 6: Erklärung zu Geräten für besondere Zwecke, 2.1, 2.2, 3.1, 3.2;
- Anhang 7: Klinische Bewertung, 1, 2.

Die Anforderungen an die technische Dokumentation für ein Medizinprodukt der MDD ergeben sich aus:

- Anhang II: EG-Konformitätserklärung (Vollständiges Qualitätssicherungssystem), 3.1, 3.2, 3.4, 4.2;
- Anhang III: EG-Baumusterprüfung, 2. ,3;
- Anhang IV: EG-Prüfung, 2;
- Anhang V: EG-Konformitätserklärung (Qualitätssicherung Produktion), 3.1, 3.4;
- Anhang VI: EG-Konformitätserklärung (Produkt), 3.1, 3.4;
- Anhang VII: EG-Konformitätserklärung, 3;
- Anhang VIII: Erklärung zu Produkten für besondere Zwecke, 2.1, 2.2, 3.1, 3.2;
- Anhang IX: Klassifizierungskriterien;
- Anhang X: Klinische Bewertung, 1., 2.

Die Anforderungen an die technische Dokumentation für ein Medizinprodukt der IVDD ergeben sich aus:

- Anhang III: EG-Konformitätserklärung, 2, 3, 6;
- Anhang IV: EG-Konformitätserklärung (Vollständiges Qualitätssicherungssystem), 3.1, 3.2, 3.4, 4.2;
- Anhang V: EG-Baumusterprüfung, 2, 3;
- Anhang VI: EG-Prüfung, 2.1;
- Anhang VII: EG-Konformitätserklärung (Qualitätssicherung Produk-tion), 3.1, 3.2, 3.4;
- Anhang VIII: Erklärung und Verfahren bei Produkten für Leistungsbewertungszwecke, 2, 3.

Ein Überblick über den Aufbau und die Struktur einer technischen Dokumentation eines Medizinprodukts ist [121] zu entnehmen.

Hinzuweisen ist, dass die technische Dokumentation eine Zusammenstellung von Dokumenten ist, die fallbezogen zu aktualisieren ist, um den jeweils aktuellen Stand des Medizinprodukts wiederzugeben.

Technische IKT-Spezifikation

{EN: *ICT technical specification*}
{FR: *Spécification technique des TIC*}

⇨ Artikel 2 Nr. 5 Verordnung (EU) Nr. 1025/2012 [99]:
«Technische IKT-Spezifikation: eine technische Spezifikation im Bereich der Informations- und Kommunikationstechnologien.»

Technische Leistung

{EN: *Technical performance*}
{FR: *Performance technique*}
{⇨ Leistung eines Medizinprodukts, Medizinische Leistung}

Die technische Leistung umfasst die physikalisch/technische Leistungsfähigkeit eines Medizinprodukts.

Die technische Leistung ist notwendige Voraussetzung zur Erbringung der medizinischen Leistung, wobei auch der Fall, dass keine medizinische Leistung erbracht wird, grundsätzlich nicht ausgeschlossen ist. Das Medizinprodukt würde in einem derartigen Fall eine Placebo-Funktion erfüllen, wäre aber medizinisch gesehen wirkungslos, da die ordnungsgemäße technische Leistung nicht zu der gewünschten medizinischen Wirkung führt (z. B. bei umstrittenen Therapieverfahren).

Technische Sicherheit

{EN: *Technical safety*}
{FR: *Sécurité technique*}
{⇨ Patientensicherheit}

Technische Sicherheit umfasst alle Aspekte zur Vermeidung von gerätebedingten, technisch induzierten Gefährdungen wie beispielsweise:

- Fehler in der Gerätekonzeption bzw. -konstruktion,
- Produktionsfehler,
- Mängel bei Umgebungs- und Anschlussbedingungen,
- Verschleißerscheinungen bzw. nicht erkennbare Defekte,
- Mängel in der Handhabung der Geräte sowohl in der Phase der Anwendungsvorbereitung als auch unmittelbaren Anwendung.

Technische Spezifikation

{EN: *Technical specification*}
{FR: *Spécification technique*}

⇨ Artikel 2 Nr. 8 Verordnung (EG) Nr. 765/2008 [87]:
«Ein Dokument, in dem die technischen Anforderungen vorgeschrieben sind, denen ein Produkt, ein Verfahren oder Dienstleistungen genügen müssen.»

⇨ Artikel 2 Nr. 4 Verordnung (EU) 1025/2012 [99]:
«Technische Spezifikation: ein Schriftstück, in dem die technischen Anforderungen dargelegt sind, die ein Produkt, ein Verfahren, eine Dienstleistung oder ein System zu erfüllen hat, und das einen oder mehrere der folgenden Punkte enthält:

a) die Eigenschaften, die ein Produkt erfüllen muss, wie Qualitätsstufen, Leistung, Interoperabilität, Umweltverträglichkeit, Gesundheit, Sicherheit oder Abmessungen, einschließlich der Anforderungen an die Verkaufsbezeichnung, Terminologie, Symbole, Prüfungen und Prüfverfahren, Verpackung, Kennzeichnung oder Beschriftung des Produkts sowie die Konformitätsbewertungsverfahren;

b) die Herstellungsmethoden und -verfahren für die landwirtschaftlichen Erzeugnisse gemäß der Definition in Artikel 38 Absatz 1 AEUV, für die Erzeugnisse, die zur menschlichen und tierischen Ernährung bestimmt sind, und Arzneimittel sowie die Herstellungsmethoden und -verfahren für andere Produkte, sofern sie die Eigenschaften dieser Erzeugnisse beeinflussen;

c) die Eigenschaften, die eine Dienstleistung erfüllen muss, wie Qualitätsstufen, Leistung, Interoperabilität, Umweltverträglichkeit, Gesundheit oder Sicherheit, einschließlich der Anforderungen an die Informationen, die der Dienstleistungserbringer gemäß Artikel 22 Absätze 1 und 2 der Richtlinie 2006/123/EG dem Dienstleistungsempfänger zur Verfügung stellen muss;

d) die Verfahren und Kriterien zur Bewertung der Leistung von Bauprodukten gemäß Artikel 2 Nummer 1 der Verordnung (EU) Nr. 305/2011 des Europäischen Parlaments und des Rates vom 9. März 2011 zur Festlegung harmonisierter Bedingungen für die Vermarktung von Bauprodukten[72] in Bezug auf ihre wesentlichen Eigenschaften.»

U

Überführung in den zollrechtlich freien Verkehr

{EN: *Release for free circulation*}
{FR: *Mise en libre pratique*}

⇨ Artikel 2 Nr. 19 Verordnung (EG) Nr. 765/2008: [87]
«Das Verfahren gemäß Artikel 79 der Verordnung (EWG) Nr. 2913/92 des Rates vom 12. Oktober 1992 zur Festlegung des Zollkodex der Gemeinschaften (ABl. L 302 vom 19.10.1992, S. 1. Zuletzt geändert durch die Verordnung (EG) Nr. 1791/2006 (ABl. L 363 vom 20.12.2006, S. 1).»

UMDNS-Nomenklatur System

{EN: *Universal Medical Device Nomenclature System, UMDNS*}
{FR: *Système de nomenclature universel des dispositifs médicaux, UMDNS*}
{⇨ EDMS-Nomenklatur, GMDN-Nomenklatur}

72) ABl. L 88 vom 4.4.2011, S. 5.

UMDNS steht für Universal Medical Device Nomenclature System. Diese Nomenklatur umfasst im Wesentlichen alle Medizinprodukte sowie auch einige Nicht-Medizinprodukte, die in der Medizin Verwendung finden. Sie wurde vom Emergency Care Research Institute (ECRI) herausgegeben.

UMDNS ist in Deutschland und anderen Ländern noch als einheitliche Nomenklatur für regulatorische Zwecke vorgesehen, insbesondere für die im Medizinprodukterecht gesetzlich vorgeschriebenen Anzeigen. Für die Codierung und exakte Bezeichnung von In-vitro-Diagnostika wird die speziellere und besser strukturierte EDMS-Nomenklatur verwendet. UMDNS und EDMS-Nomenklatur sollen durch die Global Medical Device Nomenclature (GMDN) abgelöst werden.

Unangekündigtes Audit

{EN: *Unannounced audit*}
{FR: *Audit inopiné*}
{⇨ Audit}

Die EU-Kommission hat im September 2013 eine Empfehlung zu Audits und Bewertungen, die von Benannten Stellen im Bereich der Medizinprodukte durchgeführt werden, herausgegeben [11]. Ein wesentlicher Punkt der Empfehlung sind «unangekündigte Audits» bei allen Herstellern, die nach AIMDD, MDD und/oder IVDD zertifiziert sind – auch bei Herstellern, die ihre Betriebsstätten außerhalb des EWR haben.

Gemäß dieser Empfehlung [11]

- soll die Benannte Stelle mindestens einmal alle drei Jahre «unangekündigte Audits», also Audits ohne vorherige Terminabstimmung, durchführen. Bei einem begründeten «Verdachtsfall» auch häufiger.
- Ein «unangekündigtes Audit» soll mindestens einen Tag dauern und von mindestens zwei Auditoren durchgeführt werden. Dies dient der Überprüfung im täglichen Betrieb, dass die regulatorischen Anforderungen an das QM-System und an die Medizinprodukte nachweisbar erfüllt werden.

Hinzuweisen ist auch darauf, dass z. B. in Anhang II Nr. 5.4 MDD festgelegt ist:

> «Darüber hinaus kann die Benannte Stelle unangemeldete Besichtigungen beim Hersteller durchführen. […]».

Unfall

{EN: *Accident*}
{FR: *Accident*}

Unerwünschtes Ereignis, das unerwartet eintritt und Schäden verursacht oder verursachen kann.

Unfallverhütungsvorschrift

{EN: *Accident prevention regulation*}
{FR: *Règlement de prévention des accidents de travail*}

⇨ § 20 Abs. 1 Nr. 6 MPG:
«[...] soweit erforderlich, die sicherheitstechnische Unbedenklichkeit für die Anwendung des Medizinproduktes unter Berücksichtigung des Standes der Technik sowie der Arbeitsschutz- und Unfallverhütungsvorschriften nachgewiesen wird, [...]»

⇨ § 2 Abs. 1 MPBetreibV:
«Medizinprodukte dürfen nur ihrer Zweckbestimmung entsprechend und nach den Vorschriften dieser Verordnung, den allgemein anerkannten Regeln der Technik sowie den Arbeitsschutz- und Unfallverhütungsvorschriften errichtet, betrieben, angewendet und in Stand gehalten werden.»

«Unfallverhütungsvorschriften (UVVen) sind verbindliche autonome Rechtsnormen, die von den Unfallversicherungsträgern (UV-Trägern) gemäß § 15 SGB VII erarbeitet werden können, um Maßnahmen zur Verhütung arbeitsbedingter Erkrankungen, Arbeitsunfälle und Berufskrankheiten festzulegen.»[73]

Unfallverhütungsvorschriften sind Vorschriften, um u. a. Unfälle und Berufskrankheiten bei Anwendern/Bedienern von Medizinprodukten zu vermeiden, z. B.:

- DGUV Vorschrift 1: «Grundsätze der Prävention» [26],
- DGUV Vorschrift 3 «Elektrische Anlagen und Betriebsmittel» [25],
- DGUV Information 207-019 «Gesundheitsdienst» [27].

Sie enthalten technische, organisatorische und persönliche Maßnahmen für Unternehmer und Versicherte (Arbeitnehmer) und haben den Status einer nationalen Rechtsvorschrift.

Mit dem Unfallversicherungsmodernisierungsgesetz wurde eine rechtliche Verpflichtung für Bund, Länder und Unfallversicherungsträgern festgeschrieben [31]. § 15 SGB VII schafft restriktive Voraussetzungen für das Erlassen und Genehmigen von Unfallverhütungsvorschriften [31]:

- Die Unfallverhütungsvorschrift muss zur Prävention geeignet sein.
- Die Unfallverhütungsvorschrift muss zur Prävention erforderlich sein.
- Fehlen staatlicher Arbeitsschutzvorschriften, die über den Anwendungsbereich einer in Aussicht genommenen Unfallverhütungsvorschrift bereits eine Regelung treffen.
- Eine Regelung der in einer Unfallverhütungsvorschrift vorgesehenen Maßnahmen ist in staatlichen Arbeitsschutzvorschriften nicht zweckmäßig.
- Das Präventionsziel wird ausnahmsweise nicht durch Regeln erreicht, die von einem auf der Grundlage des § 18 Abs. 2 Nr. 5 ArbSchG eingerichteten Ausschuss ermittelt werden.
- Die Erfüllung der dieser Voraussetzungen ist in einem formalisierten Verfahren von dem jeweiligen Unfallversicherungsträger unter Mitwirkung der Deutschen Gesetzlichen Unfallversicherung e.V. bzw. vom Spitzenverband der Landwirtschaftlichen Sozialversicherung für die landwirtschaftlichen Berufsgenossen-

73) http://www.kan.de/publikationen/kanbrief/vorschriften-und-regeln-im-arbeitsschutz/das-vorschriften-und-regelwerk-der-unfallversicherungstraeger/ (Stand: November 2014)

schaften nachvollziehbar dargelegt und mit Bund und Ländern abgestimmt worden (Bedarfsprüfung).

Unit-use-Reagenzien

{EN: *Unit-use reagent*}
{FR: *Réactif à usage unique*}

⇨ Teil A Nr. 3 RiliBÄK [83]:
«Unit-use-Reagenzien sind solche Reagenzien, die für Einzelbestimmungen portioniert und mit einer Untersuchung verbraucht sind.»

«Unit-use» bedeutet, dass das Reagenz nach einer Messung verbraucht sein muss.

Unkritisches Medizinprodukt

{EN: *Noncritical medical device*}
{FR: *Dispositif médical catégorie non critique*}
{⇨ Kritisches Medizinprodukt, Semikritisches Medizinprodukt}

Im Hinblick auf die Aufbereitung werden Medizinprodukte in verschiedene Risikoklassen eingeteilt:

- unkritische Medizinprodukte,
- semikritische Medizinprodukte,
- kritische Medizinprodukte.

«Unkritische Medizinprodukte sind solche Medizinprodukte, die lediglich mit intakter Haut in Berührung kommen.» [51]

Ein unkritisches Medizinprodukt im Hinblick auf die Aufbereitung ist z. B. eine EKG-Elektrode [51].

Unpräzision

{EN: *Imprecision*}
{FR: *Imprécision*}
{⇨ Zufällige Messabweichung}

Untersuchungsmaterial

{EN: *Candidate material; Specimen*}
{FR: *Matériau candidat; Échantillon*}

⇨ Teil A Nr. 3 RiliBÄK [83]:
«Für Untersuchungszwecke einem zu Untersuchenden entnommenes oder von ihm ausgeschiedenes Körpermaterial (z. B. venöses Blut, Liquor cerebrospinalis, Punktatflüssigkeit, Gewebe, Urin, Stuhl) einschließlich eventueller Zusätze in einem geeigneten Behältnis.»

V

Validierung

{EN: *Validation*}
{FR: *Validation*}

⇨ DIN EN ISO 9000 [81]:
«Validierung: Bestätigung durch Bereitstellung eines objektiven Nachweises, dass die Anforderungen für einen spezifischen beabsichtigten Gebrauch oder eine spezifische beabsichtigte Anwendung erfüllt worden sind.»

Mit anderen Worten: Unter Validierung ist der dokumentierte Nachweis zu verstehen, dass ein Medizinprodukt,

- das in einer Gesundheitseinrichtung zum Einsatz kommt, die Anforderungen des Betreibers und Anwenders erfüllt;
- das bei Patienten im Home-care Bereich zum Einsatz kommt, die Anforderungen des Arztes und des Patienten erfüllt.

Bezogen auf die Aufbereitung eines Medizinprodukts in einem Desinfektor/Sterilisator bedeutet die Validierung, dass die Wirksamkeit eines jeden Aufbereitungsprozesses dokumentiert wird und die Freigabe für die nächste Anwendung erst nach Bewertung der Dokumentation erfolgt.

Im Medizinprodukterecht werden Forderungen zur Validierung sowohl an Hersteller/Eigenhersteller als auch an Betreiber gestellt.

Hersteller/Eigenhersteller haben den Nachweis zu führen, dass jedes in Verkehr gebrachte Medizinprodukt sowohl die regulatorischen Anforderungen als auch die Anforderungen des Kunden erfüllt. Damit jedes Medizinprodukt diese Anforderungen erfüllen kann, kann ein Hersteller ein Qualitätssicherungssystem zum Beispiel gemäß Anhang II MDD einrichten und anwenden. Die Harmonisierte Norm DIN EN ISO 13485 [82] fordert hierzu beispielsweise die Validierung der Prozesse zur Produktion und zur Dienstleistungserbringung und die Entwicklungsvalidierung.

Weitere regulatorische Forderungen sind:

- Anhang I, 8.4. MDD:
  «In sterilem Zustand gelieferte Produkte müssen nach einem geeigneten, validierten Verfahren hergestellt und sterilisiert worden sein.»
- Anhang I, 12.1a MDD und Anhang 1, 9 AIMDD:
  «Bei Produkten (Geräten), die Software enthalten oder bei denen es sich um medizinische Software an sich handelt, muss die Software entsprechend dem Stand der Technik validiert werden, wobei die Grunds-ätze des Software-Lebenszyklus, des Risikomanagements, der Validierung und Verifizierung zu berücksichtigen sind.»
- Anhang VII, Abschnitt 3, fünfter Gedankenstrich MDD:
  «Die technische Dokumentation muss die Bewertung der Konformität des Produkts mit den Anforderungen der Richtlinie ermöglichen. Sie enthält insbesondere:

– [...] sofern die Produkte in sterilem Zustand in den Verkehr gebracht werden, eine Beschreibung der angewandten Verfahren und den Validierungsbericht; [...]»

Der Betreiber wird in § 4 (1) MPBetreibV bei der Aufbereitung von bestimmungsgemäß keimarm oder steril zur Anwendung kommenden Medizinprodukten verpflichtet, diese unter Berücksichtigung der Angaben des Herstellers mit geeigneten validierten Verfahren durchzuführen. Dies gilt auch für Medizinprodukte, die vor der erstmaligen Anwendung desinfiziert oder sterilisiert werden.

Validierung eines Messverfahrens

{EN: *Validation of a measurement method*}
{FR: *Validation d'une méthode de mesure*}

⇨ Teil A Nr. 3 RiliBÄK [83]:
«Objektiver Nachweis, dass die Anforderungen an das Messverfahren erfüllt werden.

Objektive Nachweise können durch Beobachtung, Messung, Test oder mit anderen Mitteln erbracht werden.»

Validierung eines Untersuchungsergebnisses

{EN: *Validation of an examination result*}
{FR: *Validation d'un résultat d'enquête*}

⇨ Teil A Nr. 3 RiliBÄK [83]:
«Sie setzt sich zusammen aus der technischen Validierung (Beurteilung der analytischen Qualität), und medizinischen Validierung (Plausibilität), gegebenenfalls einschließlich der Bewertung der Übereinstimmung mit einer vom Anfordernden mitgeteilten Orientierungsdiagnose (u. a. Konstellationskontrolle).»

Verantwortliche Organisation

{EN: *Responsible organisation*}
{FR: *Organisme responsable*}

⇨ DIN EN 60601 (07.2007):
«3.101 Verantwortliche Organisation
Einheit, die für den Gebrauch und die Instandhaltung eines medizinischen elektrischen Geräts oder eines medizinischen elektrischen Systems verantwortlich ist.

Anmerkung 1: Die verantwortliche Einheit kann ein Krankenhaus, ein praktizierender Arzt oder ein Laie sein. Bei der Anwendung zu Hause können der Patient, der Bediener und die verantwortliche Organisation ein und dieselbe Person sein.

Anmerkung 2: Ausbildung und Schulung sind im „Gebrauch" inbegriffen.»

Verantwortlicher für das erstmalige Inverkehrbringen

{EN: *Person responsible for the first placing on the market*}
{FR: *Personne responsable pour la mise des dispositifs sur le marché*}
{⇨ Inverkehrbringen}

Das MPG verlangt, dass entweder

- der Hersteller eines Medizinprodukts oder – falls dieser nicht seinen Sitz im EWR hat –
- sein Bevollmächtigter oder
- der Einführer – wenn das Medizinprodukt nicht unter der Verantwortung des Bevollmächtigten in den EWR eingeführt wird –

verantwortlich ist für das erstmalige Inverkehrbringen eines Medizinprodukts im EWR.

Zu den Pflichten des Verantwortlichen für das erstmalige Inverkehrbringen gehört

- die Verantwortung im Sinne der Produzentenhaftung,
- die Verantwortung für den vom Hersteller dem Produkt zugewiesenen Verwendungszweck gemäß § 3 Nr. 1 MPG,
- die CE-Kennzeichnung des Medizinprodukts und die damit verbundene Verantwortung bezüglich der Aussage im Hinblick auf die Konformität mit den Grundlegenden Anforderungen,
- die Verantwortung für die Vollständigkeit der Produktinformation, insbesondere der in der Gebrauchsanweisung gegebenen Informationen,
- die Verantwortung, dass das Medizinprodukt die Anforderungen des MPG sowie die zugehörigen nationalen und ggf. europäischen Verordnungen, die das Inverkehrbringen betreffen – einschließlich der Durchführung von notwendigen korrektiven Maßnahmen – im vollen Umfang erfüllt.

Verantwortung des Zentrallabors

{EN: *Responsibility of the central laboratory*}
{FR: *Responsabilité du laboratoire central*}
{⇨ Zentrallabor}

⇨ Teil A Nr. 3 RiliBÄK [83]:
«Verantwortung bedeutet in diesem Zusammenhang Anleitung und Aufsicht. Bezogen auf die patientennahe Sofortdiagnostik bedeutet „in Verantwortung des Zentrallabors", dass das Zentrallabor die richtlinienkonforme Durchführung der internen Qualitätssicherung in den einzelnen Organisationseinheiten der Einrichtung überwacht.

Verantwortung bedeutet nicht, dass die Kontrollprobenmessungen und ihre Bewertung von Mitarbeitern des Zentrallabors durchgeführt werden.»

Verbände der Medizinprodukte-Industrie

{EN: *Associations of the medical devices industry*}
{FR: *Fédérations représentant l'industrie des dispositifs médicaux*}

In der Bundesrepublik Deutschland sind u.a. folgende Verbände tätig, die die Interessen der Medizinprodukte-Industrie vertreten. Angabe der Verbände in alphabetischer Reihenfolge:

- Bundesverband der Arzneimittel-Hersteller e. V. – BAH
  Ubierstr. 71-73
  53173 Bonn
  (http://www.bah-bonn.de – Stand: November 2014)
- Bundesverband der Pharmazeutischen Industrie e. V. – BPI
  Friedrichstraße 148
  10117 Berlin
  (http://www.bpi.de – Stand: November 2014)
- BVMed – Bundesverband Medizintechnologie e.V.
  Reinhardtstr. 29b
  10117 Berlin
  (http://www.bvmed.de – Stand: November 2014)
- SPECTARIS – Deutscher Industrieverband für optische, medizinische und mechatronische Technologien e. V.
  Werderscher Markt 15
  10117 Berlin
  (http://www.spectaris.de – Stand: November 2014)
- Verband der Deutschen Dental-Industrie e. V. – VDDI
  Aachener Straße 1053-1055
  50858 Köln
  (http://www.vddi.de – Stand: November 2014)
- VDGH – Verband der Diagnostica-Industrie e. V.
  Neustädtische Kirchstr. 8
  10117 Berlin
  (http://www.vdgh.de – Stand: November 2014)
- ZVEI – Zentralverband Elektrotechnik- und Elektronikindustrie e.V.
  Fachverband Elektromedizinische Technik
  Lyoner Straße 9
  60528 Frankfurt
  (http://www.zvei.org – Stand: November 2014)

Verbesserung

{EN: *Improvement*}
{FR: *Amélioration*}
{⇨ Instandsetzung, Instandhaltung}

⇨ DIN 31051 (09.2012) [77]:
«Kombination aller technischen und administrativen Maßnahmen sowie Maßnahmen des Managements zur Steigerung der Zuverlässigkeit und/oder Instandhaltbarkeit und/oder Sicherheit einer Einheit, ohne die von ihr geforderte Funktion zu ändern.»

Werden durch eine Verbesserung die wesentlichen konstruktiven und funktionellen Merkmale des Medizinprodukts geändert, so muss das Medizinprodukt nach der Instandsetzung sinngemäß den Beschaffenheitsanforderungen (zutreffende Grundlegende Anforderungen) von § 6 Abs. 2 MPG entsprechen. Diese wesentliche Änderung des Medizinprodukts steht der Herstellung eines Medizinprodukts gleich – das geänderte Medizinprodukt wird im Sinne von § 3 Nr. 11 lit. c) MPG erneut in den Verkehr gebracht.

Verfahren

{EN: *Procedure*}
{FR: *Procédure*}

Im Zusammenhang mit Qualitätssicherung ist ein Verfahren ein Dokument, das den Weg beschreibt, um eine Tätigkeit oder einen Prozess auszuführen.

Ein Verfahren enthält üblicherweise den Zweck und den Anwendungsbereich einer Tätigkeit oder eines Prozesses:

- Was muss getan werden durch wen, wann, wo?
- Wie muss es getan werden?
- Welche Ressourcen müssen genutzt werden?
- Wie muss dies gelenkt und dokumentiert werden?

Verfalldatum

{EN: *Expiry date*}
{FR: *Date de péremption*}

⇨ § 4 Abs. 1 Nr. 2 MPG
«Es ist verboten, Medizinprodukte in den Verkehr zu bringen, zu errichten, in Betrieb zu nehmen, zu betreiben oder anzuwenden, wenn
[...]
2. das Datum abgelaufen ist, bis zu dem eine gefahrlose Anwendung nachweislich möglich ist.»

Dieses Datum ist entsprechend Anhang I Nr. 13.3 lit. e) MDD ggf. bei neuen Medizinprodukten vom Hersteller festzulegen.

Verifizierung

{EN: *Verification*}
{FR: *Vérification*}
{⇨ Spezifikation}

⇨ ISO 9000:2005
«Bestätigung durch Bereitstellung eines objektiven Nachweises, dass Anforderungen erfüllt werden.»

Mit anderen Worten: Durch Verifizierung wird bestätigt und dokumentiert, dass beispielsweise die Spezifikation für ein Medizinprodukt richtig realisiert ist. Das Medizinprodukt erfüllt die in der Spezifikation festgelegten Anforderungen.

Verkehr mit Medizinprodukten

{EN: *Trade in medical devices*}
{FR: *Circulation des dispositifs médicaux*}

Der Zweck des MPG's – den Verkehr mit Medizinprodukten zu regeln – hat zwei wesentliche Aspekte:

- Schaffung der Voraussetzungen für einen freien Warenverkehr innerhalb des EWR's und
- Schaffung der Voraussetzungen für einen geordneten Verkehr der Medizinprodukte von ihrer Herstellung über den gesamten Vertriebsweg bis hin zum Anwender bzw. Verwender.

Unter dem Begriff «Verkehr mit Medizinprodukten» im Sinne des MPG's wird mehr subsumiert als nur die Maßnahmen im Zusammenhang mit dem erstmaligen Inverkehrbringen. Auch die dem erstmaligen Inverkehrbringen vor- und nachgeschalteten Tätigkeiten sind geregelt. Der Verkehr mit Medizinprodukten umfasst u. a.:

- Herstellung
  - Entwicklung,
  - Erprobung,
  - Fertigung,
  - Qualitätsmanagement,
  - klinische Bewertung,
  - gegebenenfalls klinische Prüfung,
  - Risikobewertung,
  - Bewertung der Gebrauchstauglichkeit,
  - Konformitätsbewertung,
  - Kennzeichnung,
  - Verpackung,
- Ausstellung (Aufstellung, Vorführung),
- Inverkehrbringen (Überlassung an einen Anderen),
- Errichten (Zusammenbau, Installation beim Betreiber),
- Einweisen,
- Betreiben (Bereithaltung zur Nutzung durch den Anwender),
- Anwenden bzw. Verwenden (Nutzung am, für oder durch den Patienten).

Verletzung

{EN: *Injury*}
{FR: *Blessure*}
{⇨ Krankheit}

Verordnung (EG)

{EN: *Regulation (EC)*}
{FR: *Règlement (CE)*}
{⇨ Verordnung (EU)}

Verordnung (EG) Nr. 765/2008

{EN: *Regulation (EC) No. 765/2008*}
{FR: *Règlement (CE) no. 765/2008*}
{⇨ Akkreditierungsstellengesetz, Verordnung (EU)}

Verordnung (EG) Nr. 765/2008 des Europäischen Parlaments und des Rates vom 9. Juli 2008 über die Vorschriften für die Akkreditierung und Marktüberwachung im Zusammenhang mit der Vermarktung von Produkten und zur Aufhebung der Verordnung (EWG) Nr. 339/93 des Rates (ABl. L 218 vom 13. August 2008, S. 30) [87].

Diese Verordnung ist am 2. September 2008 in Kraft getreten und ab dem 1. Januar 2010 anzuwenden. Das Akkreditierungsstellengesetz basiert auf dieser Verordnung.

Verordnung (EU)

{EN: *Regulation (EU)*}
{FR: *Règlement (UE)*}

> «Die Verordnung zählt zu den Instrumenten, die den Organen der EU im Rahmen ihrer Rechtsetzung zur Verfügung stehen. Sie ist ein sehr starkes Mittel zur Rechtsdurchsetzung: Eine Verordnung gilt unmittelbar in jedem Mitgliedstaat, sie muss nicht wie bspw. RL in nationales Recht umgesetzt werden. Im Vertrag über eine Verfassung für Europa (VVE) war vorgesehen, die Verordnung in «Gesetz» umzubenennen. Dies ist im Vertrag von Lissabon nicht der Fall.» [98])

Hiermit wird ausgeschlossen, dass von einem Mitgliedstaat Modifikationen vorgenommen werden.

> «Verordnungen werden unmittelbar in allen Mitgliedstaaten geltendes Recht. Sie gleichen dort also den nationalen Gesetzen, haben aber in der Anwendung Vorrang vor ihnen.»[74]

Verordnung (EU) Nr. 722/2012

{EN: *Regulation (EU) No. 722/2012*}
{FR: *Règlement (UE) no. 722/2012*}
{⇨ Verordnung (EU)}

Verordnung (EU) Nr. 722/2012 der Kommission vom 8. August 2012 über besondere Anforderungen betreffend die in der RL 90/385/EWG bzw. 93/42/EWG des Rates festgelegten Anforderungen an unter Verwendung von Gewebe tierischen Ursprungs hergestellte aktive implantierbare medizinische Geräte und Medizinprodukte (ABl. L 212 vom 9. August 2012, S. 3)

Mit Artikel 8 dieser Verordnung wird die RL 2003/32/EG bezüglich der in der RL 93/42/EWG des Rates festgelegten Anforderungen an unter Verwendung von Gewebe tierischen Ursprungs hergestellte Medizinprodukte wurde mit Wirkung

74) http://www.europarl.europa.eu/brussels/website/content/modul_03/start.html (Stand: Januar 2015)

zum 29. August 2013 aufgehoben. Verweise auf die RL 2003/32/EG gelten als Verweise auf die Verordnung (EU) Nr. 722/2012.

Diese Verordnung ist am 29. August 2012 in Kraft getreten und ist ab dem 29. August 2013 anzuwenden. Sie ist unmittelbar geltendes nationales Recht.

§ 6 MPV basiert (noch) auf der RL 2003/32/EG und muss vom BMG entsprechend angepasst werden.

Verordnung (EU) Nr. 1025/2012

{EN: *Regulation (EU) No 1025/2012*}
{FR: *Règlement (UE) no 1025/2012*}

Die Umsetzung der Verordnung (EU) Nr. 1025/2012 [99] ist die seit 1. Januar 2013 in Kraft getretene rechtliche Grundlage für die Normung in den EU-Mitgliedstaaten. Diese Verordnung enthält Vorschriften für die Zusammenarbeit zwischen Europäischen Normungsorganisationen, nationalen Normungsorganisationen, den Mitgliedstaaten und der Kommission für die Erarbeitung von Europäischen Normen und Dokumenten der Europäischen Normung.

Verschleißteil

{EN: *Wear part*}
{FR: *Pièce d'usure*}
Verschleißteile sind Teile, die bei bestimmungsgemäßer Verwendung aufgebraucht werden und somit entsprechend der Gerätenutzung rechtzeitig vor ihrem endgültigen Versagen ausgewechselt werden müssen.

Verwendung

{EN: *Use*}
{FR: *Utilisation*}
{⇨ Anwendung}

Verwendung ist die Nutzung eines Medizinprodukts entsprechend der Zweckbestimmung des Herstellers

- durch den Patienten (z. B. Gehhilfen, Rollstuhl, Brille, Hörhilfe) oder
- durch einen Dritten – aber für den Patienten (z. B. Verbandmaterial).

Der Begriff «Verwendung» wird nicht ausdrücklich im Zusammenhang mit der Festlegung des Anwendungsbereiches des MPG (§ 2 Abs. 1 MPG) benannt, ist jedoch durch seine häufige Nutzung – insbesondere im Zusammenhang mit dem Begriff «Anwendung» – zumindest indirekt in den Handlungs-Anwendungsbereich des MPG mit einzubeziehen.

Verwendungsfertiges Produkt

{EN: *Product ready for use*}
{FR: *Produit prêt à l'emploi*}
{⇨ Medizinprodukt}

Obwohl das MPG nicht explizit in der Definition «Medizinprodukt» von verwendungsfertigen Produkten spricht, darf unterstellt werden, dass es sich bei Medizinprodukten im Allgemeinen um verwendungsfertige Produkte handelt. Die vorausgesetzte medizinische Nutzung kann im Allgemeinen nur bei verwendungsfertigen Produkten sinnvoll angegeben werden.

Verwendungsfertig in diesem Zusammenhang unterstellt dabei aber keinesfalls, dass das Medizinprodukt bereits für eine unmittelbare Anwendung vorbereitet ist. Es können noch Maßnahmen des Betreibers bzw. Anwenders erforderlich sein, wie beispielsweise Installation, Konfiguration elektronischer Geräte, anwendungsbezogene Modifikationen oder Anpassungen, Zusammenbau, Sterilisation von unsteril gelieferten Medizinprodukten.

Die Verwendungsfähigkeit ist kein Kriterium dafür, ob ein Produkt nach den Vorschriften des MPG eigenständig in den Verkehr gebracht werden kann oder nicht. Einmalartikel oder Zubehör, die üblicherweise gesondert beschafft und bei bestimmungsgemäßer Verwendung des Grundgerätes hinzugefügt werden müssen (Infusionsbesteck, EKG-Elektroden, Atemschlauchsystem, etc.) sind eigenständige Medizinprodukte und unterliegen somit denselben Anforderungen bezüglich des Inverkehrbringens wie das eigentliche Grundgerät.

Verwendungszweck

{EN: *Intended purpose*}
{FR: *Utilisation prévue*}
{⇨ Anwendungsbeschränkung, Zweckbestimmung}

Der Begriff «Verwendungszweck» kommt im § 19 MPG zweimal zur Anwendung, ohne im MPG definiert zu werden. Folgt man den Begriffsbestimmungen in § 2 Nr. 5 ProdSG, so lässt sich für den Verwendungszweck eines Medizinprodukts sinngemäß folgende Definition angeben:

> «Verwendungszweck: Zweck der vom Hersteller vorgegebenen Verwendung des Medizinprodukts unter „normalen Einsatzbedingungen“ (Anhang X Nr. 1.1 MDD) einschließlich der üblichen Verwendung, die sich aus der Bauart und der Ausführungsform des Medizinprodukts ergibt. Mit anzugeben hat der Hersteller die Patientengruppe, für die das Medizinprodukt vorgesehen ist, die Umgebungsbedingungen, in denen das Medizinprodukt zum Einsatz kommen kann und die zu beachtenden Anwendungsbeschränkungen.»

Zur Erfüllung der Grundlegenden Anforderung Anhang I, Nr. 1 MDD ist auch «eine weitestgehende Verringerung der durch Anwendungsfehler bedingten Risiken aufgrund der ergonomischen Merkmale des Produkts und der Umgebungsbedingungen, in denen das Produkt eingesetzt werden soll» sicherzustellen.

Bei der Risikoanalyse und Risikobewertung, die die klinische Anwendung des Medizinprodukts beinhaltet, sind vom Hersteller/Eigenhersteller diese Fälle zu behandeln, um nicht akzeptable Risiken auszuschließen.

Vergleicht man die Begriffe «Zweckbestimmung gemäß § 3 Nr. 10 MPG» und «Verwendungszweck gemäß § 19 MPG», so ergeben sich keine nennenswerten Unterschiede.

Vigilanzsystem für Medizinprodukte

{EN: *Vigilance system for medical devices*}
{FR: *Système de matériovigilance*}
{⇨ Medizinprodukte-Beobachtungs- und -Meldesystem}

Virustypisierungstest

{EN: *Virus typing assay*}
{FR: *Test de typage du virus*}

⇨ Gemeinsame technische Spezifikationen für In-vitro-Diagnostika, Anhang Nr. 2 [118]:
«Bei einem Virustypisierungstest handelt es sich um einen Test, der zur Typisierung mithilfe bereits als positiv bekannter Proben, nicht aber zur Primärdiagnose einer Infektion oder zu Screeningzwecken eingesetzt wird.»

Vorkommnis

{EN: *Incident*}
{FR: *Incident*}

⇨ § 2 Nr. 1 MPSV:
«Vorkommnis: eine Funktionsstörung, ein Ausfall oder ein Änderung der Merkmale oder der Leistung oder eine Unsachgemäßheit der Kennzeichnung oder der Gebrauchsanweisung eines Medizinprodukts, die unmittelbar oder mittelbar zum Tod oder zu einer Verschlechterung des Gesundheitszustands eines Patienten, eines Anwenders oder einer anderen Person geführt hat, geführt haben könnte oder führen könnte.»

Vorrichtung

{EN: *Appliance*}
{FR: *Equipement*}

⇨ § 3 Nr. 1 MPG:
«Medizinprodukte sind alle einzeln oder miteinander verbunden verwendete [...], Vorrichtungen, [...], die vom Hersteller zur Anwendung für Menschen mittels ihrer Funktion zum Zwecke [...] zu dienen bestimmt sind und deren bestimmungsgemäße Hauptwirkung im oder am menschlichen Körper weder durch pharmakologisch oder immunologisch wirkende Mittel noch durch Metabolismus erreicht wird, deren Wirkungsweise aber durch solche Mittel unterstützt werden kann.»

Gemäß Duden ist unter «Vorrichtung» ein für einen bestimmten Zweck, für eine bestimmte Funktion hergestelltes Hilfsmittel zu verstehen.[75] Im Hinblick auf das

75) http://www.duden.de/rechtschreibung/Apparat (Stand: November 2014)

MPG muss ein Zweck gemäß § 3 Nr.1 MPG vorliegen und die Hauptwirkung darf nicht pharmakologisch, nicht metabolisch oder nicht immunologisch sein. Beispiele für Vorrichtungen sind:

- Vorrichtung zum Lagern eines Patienten: OP-Tisch, Patientenliege, Untersuchungsliege, Zahnarztstuhl;
- Vorrichtung zur Aufnahme von Medizinprodukten: Deckenversorgungseinheit, Deckenampel, Schienensystem, Infusionsständer, Monitorträger;
- Vorrichtung zum Gasaustausch: Oxygenator, ECMO (extrakorporale Membranoxygenierung) Vorrichtung;
- Vorrichtung zum Messen der Atemgaskonzentration: Sauerstoffmessgerät, CO_2-Messgerät, Narkosegasmittelmessgerät;
- orthopädische Vorrichtung: Orthese, Prothese;
- etc..

W

Wartung

{EN: *Maintenance*}
{FR: *Entretien*}
{⇨ Inspektion, Instandhaltung, Instandsetzung}

⇨ DIN 31051 (06.2003) [77]:
«Maßnahmen zur Verzögerung des Abbaus des vorhandenen Abnutzungsvorrats.»

Die Wartung ist eine wesentliche Maßnahme zur Vermeidung technisch bedingter Störungen. Eine periodische Durchführung verbessert die Zuverlässigkeit eines medizinisch-technischen Geräts und ist somit eine wesentliche Voraussetzung zur Erhaltung der Funktions- und Betriebssicherheit.

Maßnahmen der Wartung umfassen u. a:

- Erstellen eines Wartungsplanes, der auf die spezifischen Belange des jeweiligen Betriebes oder der betrieblichen Anlage abgestellt ist und hierfür verbindlich gilt;
- Vorbereitung der Durchführung;
- Durchführung;
- Funktionsprüfung;
- Rückmeldung.

«Wartung ist ein Teilaspekt der präventiven Instandhaltung nach DIN EN 13306: 2010-12.» [77, 78]

Wechselseitige Beeinflussung

{EN: *Mutual interaction*}
{FR: *Influences réciproques*}
{⇨ Gerätekombination, Klinische Bewertung, Medizinprodukteberater}

Wechselseitige Beeinflussung ist der unerwünschte Einfluss, den Medizinprodukte oder Medizinprodukte und andere Gegenstände oder Medizinprodukte und Arzneimittel bei ihrer Zweckbestimmung entsprechender Verwendung untereinander ausüben.

Dieser Begriff wird in den RL weder definiert noch verwendet. Im § 31 MPG wird dieser Begriff im Zusammenhang mit den Aufgaben des Medizinprodukteberaters und den zu meldenden Ereignissen im Rahmen des Medizinprodukte-Beobachtungs- und -Meldesystems benutzt.

Im § 29 MPG wird dieser Begriff in Verbindung mit den enumerativ gelisteten auftretenden Risiken genannt.

Weltgesundheitsorganisation (WHO)

{EN: *World Health Organization, WHO*}
{FR: *Organisation mondiale de la Santé, OMS*}

Die WHO ist im Rahmen der Vereinten Nationen für die öffentliche Gesundheit zuständig. Sie wurde 1948 mit dem Ziel gegründet, für alle Völker das höchstmögliche Gesundheitsniveau zu erreichen. Mit ihren 194 Mitgliedstaaten ist die WHO federführend in globalen Gesundheitsfragen und in der Gestaltung der Forschungsagenda für Gesundheit, im Aufstellen von Normen und Standards und in der Formulierung evidenzbasierter Grundsatzoptionen.[76]

Wesentliche Änderung

{EN: *Substantial modification*}
{FR: *Modification essentielle*}
{⇨ Inverkehrbringen}

1. QM-System

⇨ Anhang 2 Abschnitt 3 und 4 AIMDD, Anhang II Abschnitt 3 und 4 MDD

Wesentliche Änderungen des QM-Systems sind Änderungen, die die Konformität des QM-Systems mit den regulatorischen Anforderungen des MPG, der entsprechenden europäischen RL oder der entsprechenden Harmonisierten Norm EN ISO 13485:2003 + AC 2007 in Frage stellen, beispielsweise:

- neuer Eigentümer,
- Ausweitung der Entwicklungs- und/oder Fertigungsüberwachung,
- Hinzufügen eines weiteren Subsystems zu dem QM-System,
- Zusammenlegen von Entwicklungs- und/oder Fertigungsstellen,
- neue Entwicklungs- und/oder Fertigungsstellen,
- wesentliche Veränderungen in Spezialprozessen (z. B. Änderung des Sterilisationsverfahrens) und/oder in Herstellungstechnologien,
- wesentliche personelle Veränderungen, die einen Einfluss auf die Wirksamkeit des QM-Systems und/oder die Einhaltung regulatorischer Anforderungen haben,

76) http://www.euro.who.int/de/home (Stand: November 2014)

- Veränderung der im Zertifikat zum QM-System aufgeführten, in die Genehmigung eingeschlossenen Medizinprodukte/Medizinprodukte-Kategorien.

Der Hersteller hat die Benannte Stelle über wesentliche Änderungen des QM-Systems zu informieren.

2. Medizinprodukt

Wesentliche Änderungen des Medizinprodukts sind Änderungen, die die Konformität des Medizinprodukts mit den Anforderungen des MPG oder den zutreffenden Grundlegenden Anforderungen der entsprechenden europäischen RL in Frage stellen.

Wesentliche Änderungen eines Medizinprodukts sind auch verbunden mit einer Änderung

- der medizinischen Zweckbestimmung,
- der sicherheitstechnischen Eigenschaften,
- der technischen Leistung und/oder
- der medizinischen Leistung.

Wesentliche Änderungen führen zu einer neuen Konformitätsbewertung des Medizinprodukts.

Zu wesentlichen Änderungen eines Medizinprodukts zählen beispielsweise:

- Einsatz neuer Werkstoffe bei Implantaten,
- Einsatz neuer Technologien – beispielsweise der Nanotechnologie.

Wesentliche Änderungen eines Medizinprodukts sind nur dann der Benannten Stelle zu melden, wenn diese im Rahmen des Konformitätsbewertungsverfahrens in Produktprüfungen involviert war. Dies trifft beispielsweise bei der AIMDD auf alle Produkte zu und bei der MDD auf Designauslegungsprüfungen nach Anhang II Nr. 4 (Produkte der Klasse III) und EG-Baumusterprüfungen nach Anhang III (Produkte der Klasse III oder IIb).

Hinzuweisen ist auf die Empfehlung der Notified-Body Gruppe NB-MED 2.5.2 Rec.2 – Rev. 7: „Reporting of design changes and changes of the quality system" [120].

Empfohlen wird jedem Hersteller in einer Verfahrensanweisung festzulegen, welche wesentlichen Änderungen im Hinblick auf das genehmigte Qualitätssystem und die im Zertifikat aufgeführten Medizinprodukte/Medizinprodukte-Kategorien zu melden sind.

3. Klinische Prüfung

In § 22c MPG wird eine Anzeigepflicht für jede Änderung in der Dokumentation der klinischen Prüfung von Medizinprodukten nach erteilter Genehmigung durch die zuständige Bundesoberbehörde vorgeschrieben.

Unterschieden wird zwischen

- (einfache) Änderungen und
- wesentliche Änderung

der Dokumentation.

Zu den (einfachen) Änderungen der Dokumentation zählen beispielsweise:

- Änderungen von Kommunikationsadressen, wie Telefonnummern, Fax-Nummern oder E-Mail-Adressen;
- Wechsel eines im Prüfplan aufgeführten Ansprechpartners des Sponsors;
- Wechsel oder Ausscheiden eines Monitors, der im Prüfplan benannt ist, oder Hinzukommen eines neuen Monitors;
- Einführung weiterer nicht belastender oder nichtinvasiver Untersuchungen;
- Änderung des Titels der klinische Prüfung oder der Bezeichnung des Prüfplans.

Wesentliche Änderungen sind eine Untermenge aller möglichen Änderungen, die während der Durchführung einer klinischen Prüfung von Medizinprodukten notwendig werden. Sie sind vom Sponsor zu beantragen und unterliegt dem förmlichen Genehmigungsverfahren:

- durch die zuständige BOB nach § 22a MPG (Prüfung des Prüfplans und der erforderlichen Unterlagen insbesondere nach wissenschaftlichen und technischen Gesichtspunkten – vgl. § 22a Abs. 2 MPG i. V. m. § 6 MPKPV) und
- durch die zuständige Ethik-Kommission nach § 22 MPG (Prüfung des Prüfplans und der erforderlichen Unterlagen insbesondere nach ethischen und rechtlichen Gesichtspunkten – vgl. § 22 Abs. 2 MPG i. V. m. § 5 MPKPV).

Als wesentliche gelten nach § 22c Abs. 3 MPG insbesondere Änderungen, die:

- sich auf die Sicherheit der Probanden auswirken können,
- die Auslegung der Dokumente beeinflussen, auf die die Durchführung der klinischen Prüfung gestützt wird oder
- die anderen von der Ethik-Kommission beurteilten Anforderungen beeinflussen.

Zu den wesentlichen Änderungen zählen beispielsweise folgende Änderungen:

- Aufnahme einer neuen oder zusätzlichen Prüfstelle sowie der Austausch einer Prüfstelle gegen eine andere;
- Wechsel eines Prüfers oder die Aufnahme eines neuen Prüfers;
- Wechsel des Leiters der klinischen Prüfung;
- Änderung des Studiendesign, wie z. B. von monozentrische auf multizentrische Prüfung, Einführung einer Vergleichsgruppe, Änderung der Verblindung, Änderung der Probandenpopulation;
- zeitliche Verlängerung oder Verkürzung der klinischen Prüfung von Medizinprodukten;
- Veränderung (Erhöhung oder Verminderung) der Probandenzahl;
- Änderung der Ein- oder Ausschlusskriterien von Probanden;
- Einführung weiterer belastender oder invasiver Untersuchungen in den Prüfplan;
- Designänderung des zu prüfenden Medizinprodukts;
- Änderungen im Zubehör des zu prüfenden Medizinprodukts;
- Aufnahme neuer Hinweise auf Risiken in den Prüfplan oder in das Handbuch der Prüfers;

- Änderung der statistischen Verfahren zur Auswertung der mit der klinischen Prüfung gewonnenen klinischen Daten.

4. Instandsetzung

Wesentliche Änderungen können auch im Rahmen einer Instandsetzung erfolgen, beispielsweise durch den Einbau leistungsfähigerer Ersatzteile, wodurch beispielsweise der Leistung oder Zweckbestimmung eines Medizinprodukts erweitert wird.

Bei einem «Software-Upgrade» handelt es sich um eine wesentliche Änderung des Medizinprodukts «Software», wenn beispielsweise durch das Upgrade die Zweckbestimmung des Medizinprodukts geändert/erweitert wird. Dies kann sowohl bei eigenständiger Software als auch als Betriebssoftware eines Medizinprodukts (wesentliche Änderung des «Ersatzteils» „Betriebs- oder Steuerungssoftware") zutreffen.

Wiederaufbereitung

{EN: *Reprocessing*}
{FR: *Retraitement*}
{⇨ Aufbereitung von Medizinprodukten}

Wiederholbarkeit

{EN: *Repeatability*}
{FR: *Répétabilité*}
{⇨ Präzision eines Messverfahrens, Reproduzierbarkeit}

Wiederholbarkeit – aufeinander folgende Messungen innerhalb eines Labors unter den gleichen Bedingungen – und Reproduzierbarkeit – wiederholte Messungen unter verschiedenen Bedingungen, z. B. in verschiedenen Serien oder in unterschiedlichen Laboratorien – sind Maße für die Präzision eines Messverfahrens, also das Ausmaß der gegenseitigen Annäherung wiederholter Messungen derselben Messgröße in demselben Probenmaterial unter veränderten Messbedingungen – z. B. Labor, Person, Zeit.

Wiederverwendbares chirurgisches Instrument

{EN: *Reusable surgical instrument*}
{FR: *Instrument chirurgical réutilisable*}

⇨ Anhang IX Nr. 1.3 MDD:
«Ein nicht in Verbindung mit einem aktiven Medizinprodukt eingesetztes, für einen chirurgischen Eingriff bestimmtes Instrument, dessen Funktion im Schneiden, Bohren, Sägen, Kratzen, Schaben, Klammern, Spreizen, Heften oder ähnlichem besteht und das nach Durchführung geeigneter Verfahren wiederverwendet werden kann.»

Unabhängig vom Einsatzort im menschlichen Körper wird ein wiederverwendbares chirurgisches Instrument aufgrund von Regel 6 im Anhang IX der RL 93/42/EWG der Klasse I zugeordnet [57].

Wirtschaftsakteure

{EN: *Economic operators*}
{FR: *Opérateurs économiques*}

⇨ Artikel 2 Nr. 7 Verordnung (EG) Nr. 765/2008 [87]:
«Hersteller, Bevollmächtigter, Einführer und Händler.»

Z

Zentrales Kreislaufsystem

{EN: *Central circulatory system*}
{FR: *Système circulatoire central*}

⇨ Anhang IX Nr. 1.7 MDD:
«Im Sinne dieser Richtlinie [red. Anmerkung: gemeint ist die MDD] sind unter dem «zentralen Kreislaufsystem» folgende Gefäße zu verstehen:
Arteriae pulmonales, Aorta ascendens, arcus Aortae, Aorta descendens bis zur Bifurcatio aortae, Arteriae coronariae, Arteria carotis communis, Arteria carotis externa, Arteria carotis interna, Arteriae cerebrales, Truncus brachiocephalicus, Venae cordis, Venae pulmonales, Vena cava superior, Vena cava inferior.»

Zentrales Nervensystem

{EN: *Central nervous system*}
{FR: *Système nerveux central*}

⇨ Anhang IX Nr. 1.8 MDD:
«Im Sinne dieser Richtlinie [red. Anmerkung: gemeint ist EG-Richtlinie 93/42/EWG] ist unter dem «zentralen Nervensystem» folgendes zu verstehen: Gehirn, Hirnhaut, Rückenmark.»

Zentrallabor

{EN: *Central laboratory*}
{FR: *Laboratoire central*}
{⇨ Medizinisches Laboratorium, Verantwortung des Zentrallabors}

⇨ Teil A Nr. 3 RiliBÄK [83]:
«Zentrallabor bedeutet, dass die laboratoriumsmedizinischen Untersuchungen in der Regel von einer einzigen Organisationseinheit «medizinisches Laboratorium» für die gesamte Einrichtung (z. B. Krankenhaus) von entsprechend qualifiziertem Fachpersonal durchgeführt werden. Das Zentrallabor kann auch ein externes Labor sein, das einem anderen Rechtsträger/Betreiber untersteht.»

Zentralstelle der Länder für Arzneimittel und Medizinprodukte (ZLG)

{EN: *Central Authority of the Länder for Health Protection with regard to Medicinal Products and Medical Devices, ZLG*}
{FR: *Autorité centrale des Länder pour la protection sanitaire pour les médicaments et les dispositifs médicaux*[77]*, ZLG*}

Die ZLG ist eine nordrheinwestfälische Behörde mit Sitz in Bonn, die Aufgaben der Länder im Medizinprodukte- und Arzneimittelbereich für alle 16 Länder wahrnimmt. Diese Aufgaben sind in dem aktualisierten Staatsvertrag, der zum 01. April 2013 in Kraft getreten ist, festgeschrieben. Ausschließlich die Aufgaben im Hinblick auf Medizinprodukte, die hier dargestellt werden, sind dem Staatsvertrag entnommen [22]:

> «Die ZLG vollzieht im Bereich der Medizinprodukte die Aufgaben der Länder im Dritten Abschnitt des Gesetzes über Medizinprodukte (MPG) vom 02. August 1994 in der Neufassung vom 07. August 2002 (BGBl. I S. 3147) und die Aufgaben der Befugnis erteilenden Behörde im Gesetz über die Akkreditierungsstelle (AkkStelleG) vom 31. Juli 2009 (BGBl. I S. 2625) in den jeweils geltenden Fassungen. Der ZLG obliegen insbesondere folgende Aufgaben:
>
> 1. Benennung und Überwachung der Benannten Stellen,
> 2. Bekanntmachung der deutschen Benannten Stellen,
> 3. Anerkennung und Überwachung von Prüflaboratorien,
> 4. Benennung und Überwachung von Konformitätsbewertungsstellen für Drittstaaten,
> 5. Rücknahme, Widerruf und Ruhen der Benennung und Anerkennung,
> 6. Anordnungen zur Beseitigung festgestellter oder zur Verhütung künftiger Verstöße,
> 7. Begutachtung und Überwachung im Rahmen von Akkreditierungsverfahren,
> 8. Mitwirkung im Akkreditierungsausschuss.»
>
> «Die ZLG ist Geschäftsstelle für den Erfahrungsaustausch der anerkannten Laboratorien und Benannten Stellen. Sie nimmt teil am Erfahrungsaustausch auf der Ebene der Europäischen Union und an Konsultationen im Rahmen der Drittstaaten-Abkommen und arbeitet an vertrauensbildenden Maßnahmen und in Arbeitsgruppen der Gemischten Ausschüsse mit.»
>
> «Die ZLG ist zentrale Koordinierungsstelle für die Medizinprodukteüberwachung und für die sich aus der Verordnung (EG) 765/2008 des Europäischen Parlaments und des Rates vom 9. Juli 2008 über die Vorschriften für die Akkreditierung und Marktüberwachung im Zusammenhang mit der Vermarktung von Produkten und zur Aufhebung der Verordnung (EWG) Nr. 339/93 des Rates vom 09. Juli 2008 (ABl. L 218 vom 13.8.2008, S. 30) ergebenden Aufgaben der Länder im Bereich der Marktüberwachung. Ihr obliegen insbesondere folgende Aufgaben:
>
> 1. Koordinierung der Weiterentwicklung des Qualitätssicherungssystems der Medizinprodukteüberwachung,

77) inoffizielle Übersetzung

2. Koordinierung von Schwerpunkten für die Überwachung auf Veranlassung der Europäischen Union,
3. Koordinierung der Erstellung und Aktualisierung des sektorspezifischen Marktüberwachungsprogramms für Medizinprodukte, das der Europäischen Kommission, den Mitgliedsstaaten und der Öffentlichkeit zur Verfügung zu stellen ist,
4. Koordinierung der Prüfung und Bewertung der Überwachungstätigkeit,
5. nationale Kontaktstelle im Rahmen der Marktüberwachung zur Koordinierung des Informationsaustausches zu den Marktüberwachungsbehörden der anderen Mitgliedstaaten, der Europäischen Kommission und Drittstaaten,
6. Prüfung von Medizinprodukteangeboten und von -werbung im Internet sowie die Bereitstellung entsprechenden speziellen Sachverstandes,
7. nationale Kontaktstelle für Amtshilfeersuchen anderer Mitgliedstaaten,
8. Koordinierung der Erstellung von Risikoprofilen für die Zollbehörden.“

Zertifikat

{EN: *Certificate*}
{FR: *Certificat*}
{⇨ Bescheinigung}

Zertifizierung

{EN: *Certification*}
{FR: *Certification*}
{⇨ Bescheinigung, EG-Zertifikat}

Das Wort Zertifizierung beinhaltet das lateinische Wort «certificare» in der Bedeutung von «bescheinigen».

Der Begriff «zertifizieren» kommt aus dem Bereich der Qualitätssicherung und entspricht im Grunde dem Begriff «bescheinigen».

Unter Zertifizierung ist ein Verfahren zu verstehen, das von einer unabhängigen dritten Stelle durchgeführt wird. Nach DIN EN ISO/IEC 17000:2005 Nr. 5.5 [68] bestätigt eine dritte Seite, dass festgelegte Anforderungen erfüllt werden.

Zielwert

{EN: *Target value*}
{FR: *Valeur cible*}

⇨ Teil A Nr. 3 RiliBÄK [83]:
«Der vom Hersteller deklarierte oder von einer Referenzinstitution festgelegte Wert in einer Kontrollprobe.»

Zubehör

{EN: *Accessory*}
{FR: *Accessoire*}
{⇨ Medizinprodukt zur einmaligen Verwendung}

⇨ § 3 Nr. 9 MPG:
«Zubehör für Medizinprodukte sind Gegenstände, Stoffe sowie Zubereitungen aus Stoffen, die selbst keine Medizinprodukte nach Nummer 1 sind, aber vom Hersteller dazu bestimmt sind, mit einem Medizinprodukt verwendet zu werden, damit dieses entsprechend der von ihm festgelegten Zweckbestimmung des Medizinprodukts angewendet werden kann. Invasive, zur Entnahme von Proben aus dem menschlichen Körper zur In-vitro-Untersuchung bestimmte Medizinprodukte sowie Medizinprodukte, die zum Zwecke der Probenahme in unmittelbaren Kontakt mit dem menschlichen Körper kommen, gelten nicht als Zubehör für In-vitro-Diagnostika»

⇨ DIN EN 60601-1 (07.2007)[78]:
«3.3 Zubehör zusätzliches Teil zum Gebrauch mit einem Gerät, um

- die Zweckbestimmung zu ermöglichen,
- es für einige Spezialanwendungen anzupassen,
- den Gebrauch zu erleichtern,
- die Leistungsfähigkeit zu verbessern,
- seine Funktionen mit denjenigen von anderen Geräten zusammenführen zu können.»

Unter Zubehör sind zusätzliche Medizinprodukte zu verstehen,

- die erforderlich sind, damit das Grundgerät entsprechend der Zweckbestimmung des Herstellers betrieben werden kann oder
- die optional, d. h. bei entsprechendem Bedarf ergänzt werden, um die Funktion des Medizinprodukts zu unterstützen.

Obwohl Zubehör kein eigenständiges Medizinprodukt im Sinne eines verwendungsfertigen Medizinprodukts ist, wird aufgrund der Festlegungen in § 2 Abs. 1 Satz 2 MPG Zubehör grundsätzlich als eigenständiges Medizinprodukt behandelt.. Dieses hat zur Konsequenz, dass Zubehör – unabhängig vom eigentlichen Grundgerät – die Konformität mit den Grundlegenden Anforderungen – insbesondere auch im Hinblick auf die Verwendung mit dem/den in der Zweckbestimmung angegebenen Grundgerät(en) – zu bewerten ist.

Mit dem Gesetz zur Änderung medizinprodukterechtlicher Vorschriften vom 29. Juli 2009 wird gleichzeitig in der Legaldefinition «Zubehör» der Begriff «Software» gestrichen. Die Konsequenz daraus ist, dass Software, die der MDD zuzuordnen ist, nur als Medizinprodukt klassifiziert werden kann. Software als Zubehör zu einem Medizinprodukt ist definitionsgemäß nicht möglich.

78) IEC 60788:2004, rm-83-06, modifiziert

Zufällige Messabweichung (Unpräzision)

{EN: *Random errors (Imprecision)*}
{FR: *Erreur aléatoire (Imprécision)*}
{⇨ Messabweichung, Messgröße, Messverfahren, Quadratischer Mittelwert der Messabweichung, Systematische Messabweichung}

⇨ Teil A Nr. 3 RiliBÄK [83]:
«Die Differenz eines Messergebnisses zum Mittelwert, der sich aus einer unbegrenzten Anzahl von Wiederholungsmessungen derselben Messgröße ergeben würde. Die zufällige Messabweichung wird geschätzt durch Bildung der Differenz des Wertes der Einzelmessung zum arithmetischen Mittelwert der Messwerte.»

Zuständige Behörde

{EN: *Competent authority*}
{FR: *Autorité compétente*}

In Deutschland erfolgt sowohl die Anzeige als auch die behördliche Überwachung durch eine Länderbehörde des jeweiligen Bundeslandes, in dem die anzeigepflichtige bzw. überwachungsbedürftige Person/der anzeigepflichtige bzw. überwachungsbedürftige Betrieb ihren/seinen Sitz hat. Dies kann beispielsweise das Regierungspräsidium, die Gesundheitsbehörde, das Gesundheitsministerium oder die Gewerbeaufsicht sein. Die Festlegung erfolgt eigenständig durch die einzelnen Bundesländer und ist nicht einheitlich.

Eine Übersicht über alle in der Bundesrepublik Deutschland für Medizinprodukte zuständigen Behörden findet sich auf den Internetseiten des DIMDI[79].

Bei zentralen Fragestellungen bzw. Wahrnehmung von Bundesaufgaben sind das BfArM, das PEI bzw. die PTB zuständig.

Zuständige Bundesoberbehörde

{EN: *Competent higher federal authority*}
{FR: *Autorité fédérale supérieure compétente*}
{⇨ Bundesoberbehörden}

Zuständige Ethik-Kommission

{EN: *Competent ethics Committee*}
{FR: *Comité d'éthique compétent*}
{⇨ Ethik-Kommission, Ethik-Kommission nach Landesrecht}

Zustimmende Bewertung

{EN: *Favourable evaluation*}
{FR: *Évaluation favorable*}
{⇨ Ethik-Kommission nach Landesrecht, Klinische Prüfung von Medizinprodukten, Klinischer Prüfplan, Sponsor}

79) http://www.dimdi.de (Stand: November 2014)

Bei einer genehmigungspflichtigen klinischen Prüfung/Leistungsbewertungsprüfung eines Medizinprodukts schreibt der Gesetzgeber im MPG vor, dass diese u. a. von einer nach Landesrecht gebildeten, interdisziplinär zusammengesetzten Ethik-Kommission zustimmend zu bewerten ist. Das Nähere zur Bildung, Zusammensetzung und Finanzierung der Ethik-Kommission wird gemäß § 22 MPG durch Landesrecht bestimmt.

Die nach Landesrecht gebildete Ethik-Kommission prüft die vom Sponsor eingereichten Unterlagen insbesondere nach ethischen und rechtlichen Gesichtspunkten (§ 22 MPG). Einzelheiten zu den Antragsunterlagen ergeben sich aus § 3 Abs. 2 und Abs. 3 MPKPV. Anforderungen an Bewertungsverfahren der zuständigen Ethik-Kommission ergeben sich aus § 22 MPG in Verbindung mit § 5 MPKPV.

Die Ethik-Kommission erteilt eine zustimmende Bewertung, wenn keine Versagungsgründe gemäß § 22 Abs. 3 MPG vorliegen. Die zustimmende Bewertung bezieht sich auf die via DIMDI eingereichten Unterlagen. Die zustimmende Bewertung ist ausschließlich für die (in der Regel in einer Anlage) aufgeführten Prüferinnen/Prüfer und Prüfstellen gültig.

Zustimmende Stellungnahme

{EN: *Favourable opinion*}
{FR: *Avis favorable*}
{⇨ Zustimmende Bewertung}

Überholter regulatorischer Begriff für Medizinprodukte.

Zweckbestimmung

{EN: *Intended purpose*}
{FR: *Destination*}
{⇨ Anwendungsbeschränkung, Bestimmungsgemäße Verwendung, Grundlegende Anforderungen für Medizinprodukte, Verwendungszweck}

⇨ § 3 Nr. 10 MPG:
«Zweckbestimmung ist die Verwendung, für die das Medizinprodukt in der Kennzeichnung, der Gebrauchsanweisung oder den Werbematerialien nach den Angaben des in Nummer 15 genannten Personenkreises [red. Anmerkung: Hersteller] bestimmt ist.»

Dieser Definition ist zu entnehmen, dass es Aufgabe des Herstellers/Eigenherstellers ist, die Zweckbestimmung eines Medizinprodukts festzulegen.

Die Zweckbestimmung ist die vom Hersteller festgelegte Verwendungsmöglichkeit für ein Medizinprodukt und ergibt sich für den Betreiber oder Anwender aus

- der Kennzeichnung des Produkts,
- der Gebrauchsanweisung oder/und
- der Werbung.

Mit anzugeben hat der Hersteller/Eigenhersteller

- die Patientengruppe(n), für die das Medizinprodukt vorgesehen ist,

- die Umgebungsbedingungen, in denen das Medizinprodukt zum Einsatz kommen kann und
- die zu beachtenden Anwendungsbeschränkungen.

Berücksichtigt man die regulatorische Forderung, dass ein Medizinprodukt bei der Anwendung unter «normalen Einsatzbedingungen» sicher sein muss und die vom Hersteller/Eigenhersteller festgelegten Eigenschaften zu erbringen hat, so ist es empfehlenswert, die «normalen Einsatzbedingungen» als Teil der Zweckbestimmung mit anzugeben. Da die Anwendungsbeschränkungen Teil der «normalen Einsatzbedingungen» sind, sollten auch diese in der Zweckbestimmung angegeben werden.

Die im Produktsicherheitsgesetz getroffene Regelung, die sogenannte «übliche Verwendung» automatisch – also ohne ausdrückliche Festlegung durch den Hersteller – als Zweckbestimmung eines Produkts anzusehen, entfällt bei Medizinprodukten, da das Produktsicherheitsgesetz für Medizinprodukte keine Gültigkeit besitzt und das MPG in seiner Definition der Zweckbestimmung dieses nicht vorsieht.

Unabhängig davon kann aber ein Hersteller die Zweckbestimmung nicht vollkommen unabhängig von dieser «üblichen Verwendung» festlegen, da sonst durchaus die Möglichkeit einer irreführenden Kennzeichnung gegeben ist.

Die Festlegung der Zweckbestimmung kommt im Rahmen des MPG eine entscheidende Bedeutung zu, da bei allen Maßnahmen, denen ein Medizinprodukt mittelbar oder unmittelbar unterzogen wird, auf die vom Hersteller festgelegte Zweckbestimmung Bezug genommen wird, wie beispielsweise:
- Zuordnung als Medizinprodukt,
- Klassifizierung bei Medizinprodukten im Sinne der RL 93/42/EWG,
- Klinische Bewertung bei Medizinprodukten im Sinne der RL 93/42/EWG,
- Bewertung von Medizinprodukterisiken im Rahmen der Risikoanalyse,
- sachgerechte Anwendung bzw. Verwendung,
- Produkthaftung.

Eine wesentliche Aufgabe des Herstellers/Eigenherstellers ist der Nachweis, dass im Hinblick auf die Anwendung unter den vorgesehenen Bedingungen und den vorgesehenen Zwecken weder der klinische Zustand und die Sicherheit der Patienten noch die Sicherheit und Gesundheit der Anwender oder ggf. Dritter gefährdet wird. Dieser Nachweis schließt die Risikobewertung ein, dass etwaige Risiken im Zusammenhang mit der vorgesehenen Anwendung gemessen am Nutzen für den Patienten vertretbar und mit einem hohen Maß an Gesundheitsschutz und Sicherheit vereinbar sein müssen.

Diese Grundlegende Anforderung (vgl. Anhang I, Nr. 1. MDD) wird durch folgende Punkte ergänzt:
- eine weitestgehende Verringerung der durch Anwendungsfehler bedingten Risiken aufgrund der ergonomischen Merkmale des Produkts und der Umgebungsbedingungen, in denen das Produkt eingesetzt werden soll (Produktauslegung im Hinblick auf die Sicherheit des Patienten);

- die Berücksichtigung der technischen Kenntnisse, der Erfahrung, Aus- und Weiterbildung sowie gegebenenfalls der medizinischen und physischen Voraussetzungen der vorgesehenen Anwender (Produktauslegung für Laien, Fachleute, Behinderte oder sonstige Anwender).

Bei der Überprüfung, ob sich ein Medizinprodukt für den vorgesehenen Verwendungszweck eignet und hierfür angemessen sicher ist, muss der Hersteller auch die vorhersehbare Fehlanwendung berücksichtigen. Diese kann insoweit auch als Teil der Zweckbestimmung angesehen werden.

Für den Anwender und Betreiber ergibt sich aus dem Nachweis dieser Grundlegenden Anforderung, dass er bei Anwendung eines Medizinprodukts innerhalb der vom Hersteller/Eigenhersteller vorgegebenen Zweckbestimmung davon ausgehen kann, dass weder der klinische Zustand und die Sicherheit der Patienten noch die Sicherheit und Gesundheit der Anwender oder ggf. Dritter gefährdet wird.

> «Handelt der Arzt jedoch außerhalb der durch den Hersteller festgelegten Zweckbestimmung, dann handelt er in voller Eigenverantwortung und ist auf vertragsrechtlicher beziehungsweise deliktischer Haftungsgrundlage verantwortlich zu machen. Daher ist es unabdingbar, dass sich der anwendende Arzt, ob im Krankenhaus oder in der Arztpraxis, über die relevante Zweckbestimmung des Medizinprodukts explizit auf der Basis der relevanten Produktinformationen, insbesondere der Gebrauchsanweisung, kundig macht.
>
> Durch das Gebot der zweckmäßigen Verwendung des Medizinprodukts lässt sich auch die Pflicht des Anwenders (des Arztes) ableiten, sich bei unklaren Angaben des Herstellers zur Zweckbestimmung beziehungsweise zur sachgerechten Anwendung gegebenenfalls persönlich an diesen zwecks genauer Erläuterung zu wenden. Deshalb sind die Hersteller gemäß MPG § 31, in Anlehnung an die Pharmaberater bei Arzneimitteln, verpflichtet, Medizinprodukteberater auszubilden, um [...]. Fachkreise fachlich zu informieren und in den sachgerechten Umgang mit dem Medizinprodukt einzuweisen [...].
>
> Zum Schutz der Patienten wird unter MPBetreibV § 2 Abs. 1 gefordert, Medizinprodukte nur gemäß ihrer Zweckbestimmung auf der Basis der anerkannten Regeln der Technik und der Arbeitsschutz- beziehungsweise Unfallverhütungsvorschriften zu errichten, zu betreiben, anzuwenden und instand zu halten und dabei (nach Abs. 2) zu gewährleisten, dass dies nur durch Personen geschieht, die dafür die erforderliche Ausbildung oder Kenntnis und Erfahrung besitzen.» [119]

Zwischenprodukt

{EN: *Intermediate device*}
{FR: *Produit intermédiaire*}
{⇨ Sonderanfertigung}

Der Begriff «Zwischenprodukt» wird im MPG nicht definiert. Aus dem Zusammenhang, in dem dieser Begriff verwendet wird ergibt sich, dass darunter Produkte zu verstehen sind, aus denen Gesundheitshandwerker Sonderanfertigungen herstellen [61].

Dieses ergibt sich auch aus dem Zusammenhang mit der Möglichkeit zur CE-Kennzeichnung nach § 6 Abs. 2 letzter Satz MPG:

> «Zwischenprodukte, die vom Hersteller spezifisch als Bestandteil für Sonderanfertigungen bestimmt sind, [...]»

Zwischenprodukte sind somit keine Medizinprodukte im engsten Sinne des MPG, da sie nicht unmittelbar einem Zweck im Sinne von § 3 Nr. 1 MPG dienen. Sie können auch nicht als Zubehör zu einem Medizinprodukt behandelt werden, da sie nicht mit einem Medizinprodukt gemeinsam verwendet werden. Sie werden vielmehr benötigt, um eine Sonderanfertigung herstellen zu können.

Zwischenprodukte, die die entsprechend zutreffenden Grundlegenden Anforderungen erfüllen, dürfen mit der CE-Kennzeichnung versehen werden (vgl. § 6 Abs. 2 letzter Satz MPG). Durch diese Regelung wird es einem Gesundheitshandwerker (Zahntechniker, Optiker, Orthopädiemechaniker, etc.) wesentlich erleichtert, der Verpflichtung des Anhangs VIII MDD nachzukommen, bei den durch ihn hergestellten Sonderanfertigung die Einhaltung der Grundlegenden Anforderung zuzusichern.

Typische Zwischenprodukte sind beispielsweise:

- Brillengläser,
- Materialien zur Herstellung von Inlays, Zahnkronen etc.

Weiterführende Literatur

[1] Der Gesundheits-Brockhaus, F. A. Brockhaus GmbH, Leipzig – Mannheim

[2] *Wenner, U.*: Sozialgesetzbuch (SGB V). In *Prütting, D.*: Fachanwaltskommentar Medizinrecht; Luchterhand, Köln 2010

[3] Alpmann Brockhaus: Fachlexikon Recht. Alpmann & Schmidt juristische Lehrgänge, Münster und F. A. Brockhaus, Mannheim 2004

[4] COCIR: Decision diagram for qualification of software as medical device. Positionspapier vom 22. November 2010 http://www.cocir.org/site/fileadmin/Position_Paper_2010/cocir_medical_software_qualification_as_medical_device_-_22_nov_2010.pdf Stand: November 2014)

[5] *Nöthlichs, M.*: Sicherheitsvorschriften für Medizinprodukte. Ergänzbarer Kommentar zum Medizinproduktegesetz und zur Medizingeräteverordnung, Stand April 2007. Erich Schmidt Verlag, Berlin

[6] *Meyer-Lüerßen, D.*: Medizinproduktegesetz – Software für In-vitro-Diagnostika im MPG. Medizinprodukte Journal 16 (2009), Nr. 1, S. 16

[7] *Friesdorf, W., Ahnefeld, F. W., Kilian, J.*: Organisation der Geräteübernahme und der Einweisung. Anästh. Intensivmedizin 25 (1984), S. 331

[8] Gesetz über die Akkreditierungsstelle (Akkreditierungsstellengesetz – AkkStelleG) vom 31. Juli 2009 (BGBl. I S. 2625) http://www.gesetze-im-internet.de/bundesrecht/akkstelleg/gesamt.pdf (Stand: November 2014)

[9] *Aktionsbündnis Patientensicherheit* (Hrsg).: Patientensicherheit durch Prävention medizinproduktassoziierter Risiken – Für Anwender, Betreiber und Gesetzgeber – Teil 1: Aktive Medizinprodukte, insbesondere medizintechnische Geräte in Krankenhäusern. Berlin, Juni 2014 http://www.aps-ev.de/fileadmin/fuerRedakteur/PDFs/Handlungsempfehlungen/MPAR/APS_Handlungsempfehlungen_2014_WEB_lang.*PDF* (Stand: November 2014)

[10] *Anselmann, N.*: EG-Richtlinien für Medizinprodukte. DIN-Mitteilungen 72 (1993), Nr. 11, S. 689

[11] Empfehlung der Kommission vom 24. September 2013 zu den Audits und Bewertungen, die von benannten Stellen im Bereich der Medizinprodukte durchgeführt werden (2013/473/EU), ABl. L 253/27 vom 25. September 2013

[12] Verordnung (EU) Nr. 207/2012 der Kommission vom 9. März 2012 über elektronische Gebrauchsanweisungen für Medizinprodukte; ABl. L 72 vom 10. März 2012, S. 28

[13] DIN EN ISO/IEC 17011 (02.2005): Konformitätsbewertung – Allgemeine Anforderungen an Akkreditierungsstellen, die Konformitätsbewertungsstellen akkreditieren (ISO/IEC 17011:2004); Deutsche und Englische Fassung EN ISO/IEC 17011:2004; Beuth Verlag, Berlin

[14] Handbuch für benennende Behörden. http://www.nbog.eu/resources/da_handbook_de.pdf (Stand: November 2014

[15] ZLG: Allgemeines Regelwerk; Dokumente Medizinprodukte https://www.zlg.de/medizinprodukte/dokumente/allgemeines-regelwerk.html (Stand: November 2014)

[16] *Otto, F.*: Zusatzeinrichtungen zu fremder Ware. mt-Medizintechnik 106 (1986), Nr. 1, S. 25

[17] *Otto, F.*: Pflicht zur Produktbeobachtung. mt-Medizintechnik 107 (1987), Nr. 4, S. 25

[18] *Miethe, B.*: Bundesgerichtshof schafft neue Fakten in der Produzentenhaftung. mt-Medizintechnik 107 (1987), Nr. 5, S. 182

[19] *Berghaus, H.*: Das CE-Zeichen. 3th Annual Global Medical Device Conference, Nizza 1992

[20] *Böckmann, R.-D.*: CE-Kennzeichnung – das neue Sicherheitszeichen? – Der CE-Kennzeichnung gehört die Zukunft! Oder? mt-Medizintechnik 114 (1994), Nr. 3, S. 84

[21] *Böckmann, R.-D.*: CE-Kennzeichnung – na und? mt-Medizintechnik 115 (1995), Nr. 5, S. 164

[22] Abkommen über die Zentralstelle der Länder für Gesundheitsschutz bei Arzneimitteln und Medizinprodukten (konsolidierte Fassung) https://www.zlg.de/zlg/staatsvertrag.html (Stand: November 2014)

[23] *Lange, D.*: EG-Zeichen (CE). In: *Schorn, G.* (Hrsg.): Aktive implantierbare Medizinprodukte – Texte mit Einführung. Wissenschaftliche Verlagsgesellschaft mbH, Stuttgart 1993

[24] *AGMP*: Leitfaden für Sicherheitstechnische Kontrollen – LSTK (siehe Kapitel 1.2.5.5 in: *Böckmann, R.-D., Frankenberger, H.*: Durchführungshilfen zum Medizinproduktegesetz, 42. Lieferung 01.15, TÜV Media, Köln)

[25] DGUV Vorschrift 3 – Unfallverhütungsvorschrift Elektrische Anlagen und Betriebsmittel, Januar 1997 (bisher: BGV A3) http://publikationen.dguv.de/dguv/pdf/10002/a3.pdf (Stand: November 2014)

[26] DGUV Vorschrift 1 – Grundsätze der Prävention, November 2013 (bisher: BGV A 1) http://publikationen.dguv.de/dguv/pdf/10002/1.pdf (Stand: November 2014)

[27] DGUV Information 207-019: Gesundheitsdienst, aktualisierte elektronische Fassung August 2012 (bisher BGI/GUV-I 8682) http://publikationen.dguv.de/dguv/udt_dguv_main.aspx?FDOCUID=25593 (Stand: November 2014)

[28] DIN EN 60601-1 (12-2013); VDE 0750-1 (12-2013): Medizinische elektrische Geräte – Teil 1: Allgemeine Festlegungen für die Sicherheit einschließlich der wesentlichen Leistungsmerkmale (IEC 60601-1:2005 + Cor. :2006 + Cor. :2007 + A1:2012); Deutsche Fassung EN 60601-1:2006 + Cor. :2010 + A1:2013), Beuth Verlag, Berlin

[29] CEN/Cenelec Guide 4: General Guidelines for the Cooperation between CEN, CENELEC and ETSI and the European Commission and the European Free Trade Associations vom 28. März 2003 ftp://ftp.cencenelec.eu/EN/EuropeanStandardization/Guides/4_CENCLCGuide4.pdf (Stand: November 2014)

[30] *Obermayer, A.*: Technische Ausbildung für Anwender medizinisch-technischer Geräte. mt-Medizintechnik 107 (1987), Nr. 6, S. 214

[31] Leitlinienpapier zur Neuordnung des Vorschriften- und Regelwerks im Arbeitsschutz

http://www.gda-portal.de/de/pdf/Leitlinien-Vorschriften_Regelwerk.pdf;jsessionid=C48368C71F7497F7B0AEEDE86839BA13.2_cid333?__blob=publicationFile&v=7 (Stand: November 2014)

[32] *Künzel, I.*: Der Medizinprodukteberater – eine neue Aufgabe für die Hersteller. Medizinprodukte-Journal 2 (1995), Nr. 2, S. 18

[33] *Böckmann, R.-D.*: Der Medizinprodukteberater. mt-Medizintechnik 115 (1995), Nr. 2, S. 44

[34] *Kaiser, J.*: Was ist bei der Beschaffung von Medizinprodukten zur Integration in IT-Netzwerke zu beachten? Vortrag auf dem FFM-Seminar „Beschaffung von Medizinprodukten und Laborsystemen einschließlich der Integration dieser Produkte in IT-Netzwerke", Tübingen 2013.

[35] Duden online: http://www.duden.de/woerterbuch (Stand: November 2014)

[36] *Schwanbom, E.*: Risikoanalyse in der Medizintechnik. mt-Medizintechnik 113 (1993), Nr. 6, S. 215

[37] DIMDI: http://www.dimdi.de/static/de/mpg/europa/index.htm (Stand: November 2014)

[38] *Kubon, M.:, Stett, A.*: Biokompatibilität und Biomaterialien – Überblick. http://www.vde.com/de/fg/DGBMT/Arbeitsgebiete/Projekte/intelligente-implantate/bub/Seiten/bub.aspx (Stand: November 2014)

[39] *D. F. Williams, D. F.*: proceedings of a consensus conference of the European Society for Biomaterials, Chester, England, March 3-5, 1986/ edited by *D. F. Williams*. Elsevier Amsterdam; New York: 1987

[40] *Williams, D. F.*: On the nature of biomaterials; Biomaterials; 30 (2009); S. 5897 bis 5909

[41] Pschyrembel: Klinisches Wörterbuch, 266. Auflage, Walter de Gruyter, Berlin 2014

[42] *Schwanbom, E., Rothballer, W.*: Die Risiko- und Akzeptanzmatrix. Medizinprodukte Journal 3 (1996), Nr. 3, S. 27

[43] Guidelines for Regulatory Auditing of Quality Management Systems of Medical Device Manufacturers – Part 1: General Requirements (GHTF/SG4/N28R4:2008), 27. August 2008 http://www.imdrf.org/docs/ghtf/final/sg4/technical-docs/ghtf-sg4-guidelines-auditing-qms-part-1-general-requirements-080827.pdf (Stand: November 2014)

[44] *Verband der Diagnostik-Industrie e. V. (VDGH)*: Allgemeine Informationen zu den gesetzlichen Anforderungen und denen der Normen an IVD-Geräte; Arbeitsgruppe Diagnostikageräte im VDGH. MPR 1/2009 S. 28

[45] *Lücker, V.*: Krankenhäuser als mögliche Betreiber von Medizinprodukten – Von Patienten eingebracht, am Beispiel des Apnoe-Patienten. mt-Medizintechnik 128 (2008), Nr. 4, S. 151

[46] *Mieke, S., Schade, T.* (Hrsg.): Leitfaden zu messtechnischen Kontrollen von Medizinprodukten mit Messfunktion (LMKM), Ausgabe 2.2. Physikalisch-Technische Bundesanstalt, Medizinische Messtechnik, Braunschweig und Berlin, Februar 2009.
https://www.ptb.de/cms/publikationen/unterseiten/publikationendownload0/allgemeines/leitfaden-zu-messtechnischen-kontrollen-von-medizinprodukten-mit-messfunktion-lmkm.html (Stand: November 2014)

[47] *Böckmann, R.-D.*: Die «beauftragte Person» kündigt, was nun? mt-Medizintechnik 119 (1999), Nr. 4, S. 125

[48] *Obermayer, A.*: Wer ist «die vom Betreiber beauftragte Person»? mt-Medizintechnik 121 (2001), Nr. 1, S. 17

[49] *Böckmann, R.-D.*: Anforderungen an die Ausbildung der Einweisenden. mt-Medizintechnik 121 (2001), Nr. 1, S. 1

[50] *Frankenberger, H.*: Entwurf eines Zweiten Gesetzes zur Änderung des Medizinproduktegesetzes – Was ändert sich? Eine Stellungnahme. mt-Medizintechnik 121 (2001), Nr. 2, S. 47

[51] Gemeinsame Empfehlung der Kommission für Krankenhaushygiene und Infektionsprävention am Robert Koch Institut und des Bundesinstituts für Arzneimittel und Medizinprodukte zu den «Anforderungen an die Hygiene bei der Aufbereitung von Medizinprodukten», Bundesgesundheitsbl. 55 (2012), S. 1244 -1310
http://www.rki.de/DE/Content/Infekt/Krankenhaushygiene/Kommission/Downloads/Medprod_Rili_2012.pdf?__blob=publicationFile
(Stand: November 2014)

[52] MEDDEV 2.12/1 Rev. 8 (01-2013): Guidelines on a Medical Device Vigilance System
http://ec.europa.eu/health/medical-devices/documents/guidelines/index_en.htm (Stand: November 2014)

[53] Blue Guide 2014 – „Leitfaden für die Umsetzung der Produktvorschriften der EU", Europäische Kommission.
http://ec.europa.eu/DocsRoom/documents/4942 (Stand: Januar 2015)

[54] *Deutsche Gesellschaft für Anästhesiologie und Intensivmedizin e. V., Berufsverband Deutscher Anästhesisten e. V.*: Entschließungen,-Empfehlungen-Vereinbarungen, 5. Auflage, Kapitel VII. Technische Sicherheit und Arbeitsschutz, Empfehlungen der DGAI zur Medizinprodukte-Betreiberverordnung, S. 507-511
http://www.dgai.de/publikationen/vereinbarungen#vii__technische_sicherheit_und_arbeitsschutz (Stand: Januar 2015)

[55] Schriftliche Anfrage E-0002/01 von *Rolf Linkohr* (PSE) an die Kommission vom 17. Januar 2001; Betrifft: Aufbereitung von Medizinprodukten. ABl. EG C E vom 19. Juni 2001, S. 243

[56] Urteil des Oberlandesgerichts München – 6 U 1860/01 vom 22. November 2001: Pigmentiergeräte zum Zwecke der Herstellung eines dauerhaften Make-up fallen nicht unter das Medizinproduktegesetz

[57] MEDDEV 2.4/1 Rev. 9 (06-2010): Classification of medical devices.

[58] BVMed-Richtlinien zum Nachweis der Qualifikation zum Medizinprodukteberater.
Teil 1 – Basismodul: Grundwissen/Rechtliche Grundlagen/Aufgaben/Pflichten (Stand: November 2012).
Teil 2 – Aufbaumodul: Unternehmensinternes Ausbildungs-/Schulungskonzept (Stand: April 2011).

[59] *Friesdorf, W., Schwilk, B., Hähnel, J.*: Ergonomie in der Intensivmedizin. Bibliomed Verlag Melsungen, 1990

[60] *Daenzer, W. F.*: Systems Engineering. Verlag Industrielle Organisation, Zürich, 1987

[61] *Thomae, D., Altherr, W. F.*: Bericht des Ausschusses für Gesundheit (15. Ausschuss) zu dem Entwurf eines Gesetzes über den Verkehr mit Medizinprodukten (Medizinproduktegesetz – MPG) der Bundesregierung. Bundestags-Drucksache 12/7930 vom 15. Juni 1994

[62] MEDDEV 2.7/1 rev. 3 (12-2009): Clinical data: A guide for manufacturers and notified bodies
MEDDEV 2.7/1 App.1 (12.2008): Evaluation of Clinical Data: a guide for manufacturers and notified bodies. Appendix 1: Clinical Evaluation of Coronary Stents
http://ec.europa.eu/health/medical-devices/documents/guidelines/index_en.htm (Stand: November 2014)

[63] DIN EN ISO 14155 (01.2012): Klinische Prüfung von Medizinprodukten an Menschen – Gute klinische Praxis (ISO 14155:2011 + Cor. 1:2011); Deutsche Fassung EN ISO 14155:2011 + AC:2011, Beuth Verlag, Berlin

[64] MEDDEV 2.1/1 (04.1994): Definitions of «medical devices», «accessory» and «manufacturer»
http://ec.europa.eu/health/medical-devices/documents/guidelines/index_en.htm (Stand: November 2014)

[65] MEDDEV 2.10/2 rev. 1 (04.2001): Designation and monitoring of Notified Bodies within the framework of EC Directives on Medical devices
http://ec.europa.eu/health/medical-devices/documents/guidelines/index_en.htm (Stand: November 2014)

[66] Urteil des Bundesverwaltungsgerichts Leipzig – 3 C 47.02 vom 16. Dezember 2003

[67] AGMP: Arbeitshilfe: Einstufung und Klassifizierung von Medizinprodukten. vom 29. Juni 2007;

https://www.zlg.de/index.php?eID=tx_nawsecuredl&u=0&file=fileadmin/downloads/MP/Leitfaden20070629_Lesefassung%20_AGMP.pdf&hash=84704b2237008aea37836e6e74c90fd4508d832c (Stand: November 2014)

[68] DIN EN ISO/IEC 17000 (03-2005): Konformitätsbewertung – Begriffe und allgemeine Grundlagen (ISO/IEC 17000:2004); Dreisprachige Fassung EN ISO/IEC 17000:2004; Beuth Verlag, Berlin

[69] DIN VDE 0753 Teile 4: Anwendungsregeln zum sicheren Betrieb/Gebrauch von Medizinprodukten in der extrakorporalen Nierenersatztherapie; Beuth Verlag, Berlin
http://www.beuth.de/de/norm/din-vde-0753-4-vde-0753-4-2009-05/116433594 (Stand: November 2014)

[70] DIN EN ISO 19011 (12.2011): Leitfaden zur Auditierung von Managementsystemen; Beuth Verlag, Berlin

[71] *Williams, D. F.*: On the mechanisms of biocompatibility; Biomaterials; 29 (2008); S. 2941 bis 2953

[72] DIN EN ISO 14971 (04.2013): Medizinprodukte – Anwendung des Risikomanagements auf Medizinprodukte (ISO 14971:2007, korrigierte Fassung 2007-10-01); Deutsche Fassung EN ISO 14971:2012; Beuth Verlag, Berlin

[73] DIN EN ISO 10993 Teil 1 bis ISO/TS 10993-20: Biologische Beurteilung von Medizinprodukten; Beuth Verlag, Berlin

[74] DIN EN 60601-1-6 (10.2010); VDE 0750-1-6 (10.2010): Medizinische elektrische Geräte – Teil 1-6: Allgemeine Festlegungen für die Sicherheit einschließlich der wesentlichen Leistungsmerkmale – Ergänzungsnorm: Gebrauchstauglichkeit (IEC 60601-1-6:2010); Deutsche Fassung EN 60601-1-6:2010; Beuth Verlag, Berlin

[75] DIN EN 60601-1-6/A1 (07.2012); VDE 0750-1-6/A1 (07.2012): Medizinische elektrische Geräte – Teil 1-6: Allgemeine Festlegungen für die Sicherheit einschließlich der wesentlichen Leistungsmerkmale – Ergänzungsnorm: Gebrauchstauglichkeit (IEC 62A/814/CDV:2012); Deutsche Fassung EN 60601-1-6:2010/FprA1:2012

[76] DIN EN ISO 15225 (10.2010): Medizinprodukte – Qualitätsmanagement – Datenstruktur für die Nomenklatur von Medizinprodukten (ISO 15225:2010); Deutsche Fassung EN ISO 15225:2010; Beuth Verlag, Berlin

[77] DIN 31051 (09.2012): Grundlagen der Instandhaltung; Beuth Verlag, Berlin

[78] DIN EN 13306 (12.2010): Instandhaltung – Begriffe der Instandhaltung; Dreisprachige Fassung EN 13306:2010; Beuth Verlag, Berlin

[79] DIN 1319-1 (01.1995): Grundlagen der Messtechnik – Teil 1: Grundbegriffe; Beuth Verlag, Berlin

[80] Forum für Medizintechnik e. V. Lübeck: Einweisung Medizinprodukte in Deutschland, Stand: 25. April 2012

http://www.ffm-luebeck.com/fileadmin/website/pdf/Einweisung%20Medizinprodukte_25042012.pdf (Stand: November 2014)

[81] DIN EN ISO 9000 (12.2005): Qualitätsmanagementsysteme – Grundlagen und Begriffe (ISO 9000:2005); Dreisprachige Fassung EN ISO 9000:2005; Beuth Verlag, Berlin

DIN EN ISO 9000 Entwurf (08.2014): Qualitätsmanagementsysteme – Grundlagen und Begriffe (ISO/DIS 9000:2014); Deutsche und Englische Fassung prEN ISO 9000:2014, Beuth Verlag, Berlin

[82] DIN EN ISO 13485 (11.2012): Medizinprodukte – Qualitätsmanagementsysteme – Anforderungen für regulatorische Zwecke (ISO 13485:2003 + Cor. 1:2009); Deutsche Fassung EN ISO 13485:2012 + AC:2012, Beuth Verlag, Berlin

DIN EN ISO 13485 Entwurf (04.2014): Medizinprodukte – Qualitätsmanagementsysteme – Anforderungen für regulatorische Zwecke (ISO/DIS 13485:2014); Deutsche Fasung prEN ISO 13485:2014, Beuth Verlag, Berlin

[83] Richtlinie der Bundesärztekammer zur Qualitätssicherung quantitativer laboratoriumsmedizinischer Untersuchungen, Neufassung vom August 2014 (Deutsches Ärzteblatt 111 (2014), Heft 38 vom 19. September 2014, S. A 1583)

[84] MEDDEV 2.1/3 rev. 3 (12.2009): Guidelines relating to the application of the Council Directive 90/385/EEC on active implantable medical devices, the Council Directive 93/42/EEC on medical devices: Borderline products, drug-delivery products and medical devices intcorporating, as an integral part, an ancillary medicinal substance or an ancillary human blood derivative (12-2009)
http://ec.europa.eu/health/medical-devices/documents/guidelines/index_en.htm (Stand: November 2014)

[85] *Kubon, M.*: Biomaterial screening: A microsensor system for monitoring material/tissue interactions in vivo, NMI results ed. vol. 1. Der Andere Verlag Reutlingen, 2012

[86] *Europäische Kommission*: Blue Guide – Leitfaden für die Umsetzung der Produktvorschriften der EU; 2014;
http://ec.europa.eu/DocsRoom/documents/4942 (Stand: November 2014)

[87] Verordnung (EG) Nr. 765/2008 des Europäischen Parlaments und des Rates vom 9. Juli 2008 über die Vorschriften für die Akkreditierung und Marktüberwachung im Zusammenhang mit der Vermarktung von Produkten und zur Aufhebung der Verordnung (EWG) Nr. 339/93 des Rates (ABl. Nr. L 218 vom 13. 8. 2008, S. 30)

[88] *Wintermantel, E., Ha, S. W.:*, Medizintechnik Life Science Engineering, 5. Auflage ed. Springer, 2009

[89] Interpretative Document of the Commission's Services: Interpretation of the relation between the revised Directive 93/42/EEC concerning medical devices and Directive 89/686/EEC on personal protective equipment – 21. August 2009
http://ec.europa.eu/health/medical-devices/files/guide-stds-directives/interpretative_ppe_2009_en.pdf (Stand: November 2014)

[90] *Hench, L. L., Wilson, J.:*, An introduction to bioceramics vol. 1. World Scientific Pub Co Inc, 1993

[91] Beschluss Nr. 768/2008/EG des Europäischen Parlaments und des Rates vom 9. Juli 2008 über einen gemeinsamen Rechtsrahmen für die Vermarktung von Produkten und zur Aufhebung des Beschlusses 93/465/EWG des Rates [ABl. Nr. L218 vom 13. 8. 2008, S. 82]

[92] *Anselmann, N.*: Europäische technische Vorschriften und Normen – Grundlegende Reform mit Auswirkung auf Medizinprodukte. Medizinprodukte Journal 16 (2009), Nr. 1, S. 36

[93] *Hench, L. L., Polak, J. M.*: Third-generation biomedical materials. Science. 2002 Feb 8; 295(5557):1014-7.

[94] Interpretative Document of the Commission's Services: Interpretation of the relation between the revised Directive 93/42/EEC concerning medical devices and Directive 2006/42/EEC on machinery – 21. August 2009
http://ec.europa.eu/health/medical-devices/files/guide-stds-directives/interpretative_machinery_2009_en.pdf (Stand: November 2014)

[95] Manual on Borderline and Classification in the Community Regulatory Framework for Medical Devices – Version 1.16 (07.2014)
http://ec.europa.eu/health/medical-devices/files/wg_minutes_member_lists/borderline_manual_ol_en.pdf (Stand: November 2014)

[96] Leitlinie der Global Harmonization Task Force (GHTF SG 5/N2R8) «Clinical Evaluation» (Mai 2007)
http://www.ghtf.org/sg5/sg5-final.html (Stand November 2014)

[97] NBOG BPG 2009-4: Guidance on Notified Body's Tasks of Technical Documentation Assessment on a Representative Basis (Juli 2009)
http://www.nbog.eu/2.html (Stand: November 2014)

[98] EU Glossar – Centrum für Europäische Politik:
http://www.cep.eu/publikationen/eu-lexikon.html (Stand: Januar 2015)

[99] Verordnung (EU) Nr. 1025/2012 des Europäischen Parlaments und des Rates vom 25. Oktober 2012 zur europäischen Normung, zur Änderung der Richtlinien 89/686/EWG und 93/15/EWG des Rates sowie der Richtlinien 94/9/EG, 94/25/EG, 95/16/EG, 97/23/EG, 98/34/EG, 2004/22/EG, 2007/23/EG, 2009/23/EG und 2009/105/EG des Europäischen Parlaments und des Rates und zur Aufhebung des Beschlusses 87/95/EWG des Rates und des Beschlusses Nr. 1673/2006/EG des Europäischen Parlaments und des Rates (ABl. L 316 vom 14. November 2012, S. 12)

[100] *Kollinger, R.*: Kurzportrait der AGMP. https://www.zlg.de/medizinprodukte/gremien/agmp.html, (Stand: November 2014)

[101] *Lehmann, E., Neumann, M., Reischl, W., Tolle, I.*: Neuregelung des Rechts der klinischen Prüfung von Medizinprodukten und Leistungsbewertungsprüfung von In-vitro-Diagnostika in Deutschland, Medizinprodukte Journal 17 (2010), Nr. 3, S. 172

[102] ICH Topic E 6 (R1), July 2002: Guideline for Good Clinical Practice. European Medicines Agency EMEA http://www.ema.europa.eu/docs/en_GB/document_library/Scientific_guideline/2009/09/WC500002874.pdf (Stand: November 2014)

[103] Recommendation NB-MED/2.1/Rec5 Rev. 5, Juni 2000: Placing on the market of fully refurbished medical devices. http://www.team-nb.org/documents/2010/Recommendation-NB-MED-2_1-5_rev5_Placing_on_the_market_of_fully_refurbished_medical_devices.pdf (Stand: November 2014)

[104] Inverkehrbringen von instandgesetzten Fingerclipsensoren ohne neue CE-Kennzeichnung. Urteil LG Frankfurt am Main – 2/3 O 214/00 – vom 14. Dezember 2000

[105] EK-Med Antworten und Beschlüsse: Aufbereitung von Medizinprodukten (3.16 A 2 - Mai 2008). Zentralstelle der Länder für Gesundheitsschutz bei Arzneimitteln und Medizinprodukten https://www.zlg.de/index.php?eID=tx_nawsecuredl&u=0&file=fileadmin/downloads/ab/316_0508_A02.pdf&hash=2646009524973678212f9409884a532901504414 (Stand: November 2014)

[106] Richtlinie 2006/42/EG des Europäischen Parlaments und des Rates vom 17. Mai 2006 über Maschinen und zur Änderung der Richtlinie 95/16/EG (Neufassung) (ABl. Nr. L 157 vom 9. 6. 2006, S. 24)

[107] ZLG Antworten und Beschlüsse des EK-Med: Dokument 3.9 B 20: Konformitätsbewertung (April 2010)

[108] *Burgardt, C., Clausen, C., Wigge, P.*: Kostenerstattung für Medizinprodukte. In *Anhalt, E., Dieners, P.*: Handbuch des Medizinprodukterechts. Verlag C. H. Beck München 2003

[109] Verfassung der Weltgesundheitsorganisation vom 22. Juli 1946; Stand: 8. Mai 2014

[110] MEDDEV 2.14/3 rev. 1: IVD Guidance: Supply of Instructions For Use (IFU) and other information for In-vitro Diagnostic (IVD) Medical Devices (Januar 2007) http://ec.europa.eu/health/medical-devices/documents/guidelines/index_en.htm (Stand: November 2014)

[111] *Jäkel, C.*: Rechtliche Rahmenbedingungen für die Aufbereitung von Medizinprodukten, HygMed 2008; 33 (7-8), S. 296

[112] DIMDI: https://www.dimdi.de/static/de/mpg/ismp/wegweiser/glossar.htm (Stand: November 2014)

[113] DAkkS: http://www.dakks.de (Stand: November 2014)

[114] *Mattiuzzo, C.*: Mandatierte Normen – wie läuft das eigentlich? KANBrief 2/14 http://www.kan.de/publikationen/kanbrief/wie-viel-politik-braucht-die-normung/mandatierte-normen-wie-laeuft-das-eigentlich/ (Stand: November 2014)

[115] FDA: http://www.fda.gov/MedicalDevices/default.htm (Stand: November 2014)

[116] ZVEI – Elektromedizinische Technik: Service in der Medizintechnik – Remote Service, 1. Auflage, Frankfurt 2007

[117] E DIN EN 62366-1 (04.2014); E VDE 0750-241-1 (04.2014): Medizinprodukte – Teil 1: Anwendung der Gebrauchstauglichkeit auf Medizinprodukte (IEC 62A/900A/CDV:2014); Deutsche Fassung FprEN 62366-1: 2013; Beuth Verlag, Berlin

[118] Entscheidung der Kommission 2009/886/EG vom 27. November 2009 zur Änderung der Entscheidung 2002/364/EG über Gemeinsame Technische Spezifikationen für In-vitro-Diagnostika (ABl. L 318 vom 4. Dezember 2009, S. 25)

[119] *Dräger, J., Cave, L.*: Medizinprodukterecht: Regeln für den Umgang mit Medizinprodukten; Dtsch Arztebl 2007; 104(15): A 1000–2

[120] Recommendation NB-MED/2.5.2/Rec2 Rev. 8, November 2008: Reporting of design changes and changes of the quality system. http://www.team-nb.org/documents/2011/Approved_NB-MED_2_5_2_rec_2_november_2008.pdf (Stand: November 2014)

[121] NB-MED/2.5.1/Rec. 5: Technical Documentation; http://www.team-nb.org/documents/2010/Recommendation-NB-MED-R2_5_1-5_rev4_Technical_Documentation.pdf (Stand: November 2014)

[122] Verordnung (EG) Nr. 1223/2009 des Europäischen Parlaments und des Rates vom 30. November 2009 über kosmetische Mittel. (ABl. L 342 vom 22. Dezember 2009, S. 59)

[123] Gesetz über die Haftung für fehlerhafte Produkte (Produkthaftungsgesetz – ProdHaftG) http://www.gesetze-im-internet.de/bundesrecht/prodhaftg/gesamt.pdf (Stand: November 2014)

[124] *Stößlein, E.* Neue europäische MP-Vigilanz-Leitlinie: wesentliche Änderungen für Hersteller und Behörden; Medizinprodukte Journal, Nr. 1 S. 7. März 2008

[125] DIN EN 13612 (08.2002) Leistungsbewertung von In-vitro-Diagnostika; Deutsche Fassung EN 13612:2002, Text in Deutsch und Englisch; Beuth Verlag, Berlin

[126] DIN EN ISO 7396-1 (08.2010): Rohrleitungssysteme für medizinische Gase – Teil 1: Rohrleitungssysteme für medizinische Druckgase und Vakuum (ISO 7396-1:2007 + Amd 1:2010 + Amd 2:2010); Deutsche Fassung EN ISO 7396-1:2007 + A1:2010 + A2:2010); Beuth Verlag, Berlin

DIN EN ISO 7396-1 Entwurf (06.2014): Rohrleitungssysteme für medizinische Gase – Teil 1: Rohrleitungssysteme für medizinische Druckgase und Vakuum (ISO/DIS 7396-1:2014); Deutsche Fassung prEN ISO 7396-1:2014); Beuth Verlag, Berlin

[127] *Backhaus, C.*: Usability-Engineering in der Medizintechnik. Grundlagen – Methoden – Beispiele. Springer Verlag Berlin 2009

[128] DIN EN ISO 10993-6 (08.2009): Biologische Beurteilung von Medizinprodukten – Teil 6: Prüfungen auf lokale Effekte nach Implantationen (ISO 10993-6:2007); Deutsche Fassung EN ISO 10993-6:2009, Beuth Verlag GmbH, Berlin

[129] DIN EN ISO 22794 (11.2009): Zahnheilkunde – Implantierbare Materialien zum Auffüllen von Knochendefekten und zur Augmentation bei oralen und maxillofazialen Eingriffen – Inhalt der Technischen Dokumentation (ISO 22794:2007, korrigierte Fassung 2009-01-15); Deutsche Fassung EN ISO 22794:2009, Beuth Verlag GmbH, Berlin

[130] GMDN User Guide – Version 2010; http://www.who.int/medical_devices/innovation/GMDN_Agency_User_Guide_v120810.pdf (Stand: November 2014)

[131] DIN EN 80001-1 (11.2011): Anwendung des Risikomanagements für IT-Netzwerke, die Medizinprodukte beinhalten – Teil 1: Aufgaben, Verantwortlichkeiten und Aktivitäten (IEC 80001-1:2010); Deutsche Fassung EN 80001-1:2011; Beuth Verlag, Berlin

[132] *Zentralstelle der Länder für Gesundheitsschutz bei Arzneimitteln und Medizinprodukten*: 220 RE01: Regeln für die Benennung; 03/2010 https://www.zlg.de/medizinprodukte/dokumente/allgemeines-regelwerk.html (Stand: November 2014)

[133] Hygienisch-mikrobiologische Überprüfung von flexiblen Endoskopen nach ihrer Aufbereitung; Deutsche Gesellschaft für Krankenhaushygiene; Hyg Med 35 (2010); Nr. 3

[134] Anforderungen an die Hygiene bei der Aufbereitung flexibler Endoskope und endoskopischen Zusatzinstrumentariums – Empfehlung der

Kommission für Krankenhaushygiene und Infektionsprävention beim Robert Koch Institut (RKI) Bundesgesundheitsblatt, Gesundheitsforschung, Gesundheitsschutz 45 (2002); S. 395 - 411, Springer Verlag

[135] Durchführungsverordnung (EU) Nr. 920/2013 der Kommission vom 24. September 2013 über die Benennung und Beaufsichtigung benannter Stellen gemäß der Richtlinie 90/385/EWG des Rates über aktive implantierbare medizinische Geräte und der Richtlinie 93/42/EWG des Rates über Medizinprodukte (ABl. L 253 vom 25. September 2013, S. 8)

[136] Beschluss der Kommission vom 19. April 2010 über die Europäische Datenbank für Medizinprodukte (Eudamed): 2010/22/EU (ABl. L 102 vom 23. April 2010, S. 45)

[137] MEDDEV 2.1/5 rev. 1: Medical devices with a measuring function (Juni 1998) http://ec.europa.eu/health/medical-devices/documents/guidelines/index_en.htm (Stand: November 2014)

[138] Verein zur Förderung der Arbeitssicherheit in Europa e.V.: Akkreditierung von Prüf- und Zertifizierungsstellen, KAN-Bericht Nr. 30 (2003-10)

[139] DIN EN ISO 15223-1 (02.2013): Medizinprodukte – Bei Aufschriften von Medizinprodukten zu verwendende Symbole, Kennzeichnung und zu liefernde Informationen – Teil 1: Allgemeine Anforderungen (ISO 15223-1: 2012); Deutsche Fassung EN ISO 15223-1:2012, mit CD-ROM; Beuth Verlag, Berlin

[140] Verordnung (EG) Nr. 352/2009 der Kommission vom 24. April 2009 über die Festlegung einer gemeinsamen Sicherheitsmethode für die Evaluierung und Bewertung von Risiken gemäß Artikel 6 Absatz 3 Buchstabe a der Richtlinie 2004/49/EG des Europäischen Parlaments und des Rates [redaktionelle Ergänzung: über Eisenbahnsicherheit] (ABl. L 108 vom 29. April 2009, S. 4)

Ergänzende Literatur

Anhalt, E., Dieners, P.:
Handbuch des Medizinprodukterechts – Grundlagen und Praxis. Verlag C. H. Beck, München, 2003

Böckmann, R.-D., Frankenberger, H.:
Durchführungshilfen zum Medizinproduktegesetz
Schwerpunkt Medizintechnik und In-vitro-Diagnostika
Praxisnahe Hinweise, Erläuterungen, Textsammlung
Loseblattwerk, TÜV Media GmbH, Köln

Deutsch, E., Lippert, H.-D., Ratzel, R., Tag, B.:
Kommentar zum Medizinproduktegesetz (MPG), Springer-Verlag Berlin Heidelberg, 2010

Deutsch, E., Spickhoff, A.:
Medizinrecht – Arztrecht, Arzneimittelrecht, Medizinprodukterecht, Transfusionsrecht. 7. Auflage, Springer Verlag Berlin Heidelberg, 2014

Hill, R., Schmitt, J. M.:
WiKo – Medizinprodukterecht, Kommentar. Loseblattsammlung, Verlag Dr. O. Schmidt, Köln.

Kindler, M., Menke, W.:
Medizinproduktegesetz – MPG. Loseblattsammlung, ecomed Verlagsgesellschaft AG &Co. KG, Landsberg

Nöthlichs, M., Kage, U.:
Sicherheitsvorschriften für Medizinprodukte – Kommentar zum MPG und zur MPBetreibV mit weiteren Vorschriften, Texten und Abbildungen. Loseblattsammlung, Erich Schmidt Verlag GmbH Co., Berlin

Rehmann, W. A., Wagner, S. A.:
Medizinproduktegesetz (MPG), 2. Auflage. Verlag C. H. Beck oHG, München, 2010

Schorn, G., Baumann, H. G.:
Medizinprodukte-Recht – Recht – Materialien – Kommentar. Loseblattsammlung, Wissenschaftliche Verlagsgesellschaft mbH, Stuttgart

Spickhoff, A.:
Medizinrecht – AMG, ApoG, BGB, GenTG, KHG, MBO, MPG, SGB V, SGB XI, StGB, TFG, TPG. 2. Auflage, Verlag C. H. Beck München, 2014, 2003